SCHÄFFER
POESCHEL

Ulrich Baßeler/Jürgen Heinrich/Burkhard Utecht

Grundlagen und Probleme der Volkswirtschaft

18., überarbeitete Auflage

2006
Schäffer-Poeschel Verlag Stuttgart

Autoren:
Dr. Ulrich Baßeler, Professor an der Freien Universität Berlin;
Dr. Jürgen Heinrich, Professor für Journalistik, Schwerpunkt Ökonomie, an der Universität Dortmund;
Dr. Burkhard Utecht, Professor an der Berufsakademie Thüringen, Studienabteilung Eisenach

Bibliografische Information Der Deutschen Bibliothek
Die Deutschen Bibliothek verzeichnet diese Publikation in der Deutschen Nationalbibliografie; detaillierte bibliografische Daten sind im Internet über <http://dnb.ddb.de> abrufbar

Gedruckt auf chlorfrei gebleichtem, säurefreiem und alterungsbeständigem Papier

ISBN-13: 978-3-7910-2437-0
ISBN-10: 3-7910-2437-X

Dieses Werk einschließlich aller seiner Teile ist urheberrechtlich geschützt. Jede Verwertung außerhalb der engen Grenzen des Urheberrechtsgesetzes ist ohne Zustimmung des Verlages unzulässig und strafbar. Das gilt insbesondere für Vervielfältigungen, Übersetzungen, Mikroverfilmungen und die Einspeicherung und Verarbeitung in elektronischen Systemen.

© 2006 Schäffer-Poeschel Verlag für Wirtschaft · Steuern · Recht GmbH
www.schaeffer-poeschel.de
info@schaeffer-poeschel.de

Einbandgestaltung: Willy Löffelhardt (Motiv: MEV Verlag GmbH, Augsburg)
Lektorat: Bernd Marquard, Stuttgart
Satz: Dörr + Schiller GmbH, Stuttgart
Druck und Bindung: Ebner & Spiegel GmbH, Ulm

18. Auflage 2006
223 – 238 Tausend

Printed in Germany
März/2006

Schäffer-Poeschel Verlag Stuttgart
Ein Tochterunternehmen der Verlagsgruppe Handelsblatt

Vorwort zur 18. Auflage

Die 18. Auflage ist wiederum gründlich überarbeitet und aktualisiert worden.

Neu bearbeitet wurde der Komplex der Finanzwissenschaft in den Kapiteln 13 bis 15. Neben einer neuen Darstellung der Steuern und der Staatsausgaben haben wir die Darstellung der Fiskalpolitik gestrafft und in das Kapitel 14 integriert. Der Bereich der Sozialpolitik wird gesondert und umfassend im Kapitel 15 beschrieben.

Die Änderungen in den übrigen Kapiteln betreffen Aktualisierungen. Hervorzuheben sind in diesem Zusammenhang das Kapitel 7, darin ist die Novellierung des Gesetzes gegen Wettbewerbsbeschränkungen eingearbeitet, die Kapitel 8 und 9, welche die Revisionen 2005 der Volkswirtschaftlichen Gesamtrechnung berücksichtigen, und die Kapitel 18, 21, 22 und 23, in denen die EU-Institutionen und -Politikbereiche thematisiert sind.

Erstmals ist eine CD mit einem interaktiven Lernprogramm beigefügt. Die didaktisch optimierten, abgeschlossenen Lernmodule ermöglichen den Studierenden ein selbstständiges »Modelltraining«. Ausführliche Tutorien bieten zusätzlich eine kompakte Wiederholung der Inhalte. Dozenten können das Programm in Übungen und Vorlesungen »live« mit Gewinn einsetzen und zudem komfortabel Abbildungen generieren.

Berlin, Dortmund, Eisenach im Dezember 2005

Ulrich Baßeler
Jürgen Heinrich
Burkhard Utecht

Dozenten finden pdf-Daten der Abbildungen aus diesem Lehrbuch unter www.sp-dozenten.de (Anmeldung erforderlich).

Inhalt

Vorwort zur 18. Auflage V
Einleitung: Einteilung und Aufgaben der Wirtschaftswissenschaft 1
Literatur 10

1. Kapitel
Grundtatbestände von Wirtschaftsgesellschaften 11

1	Bedürfnisse	12
2	Güter	14
3	Produktion	15
4	Produktionsmöglichkeiten	17
5	Knappheit	19
6	Arbeitsteilung	21
7	Tausch, Transaktionen und Transaktionskosten	23
8	Koordination	24
9	Wirtschaftssysteme	25
9.1	Wirtschaftssystem und Wirtschaftsverfassung	26
9.2	Bausteine von Wirtschaftssystemen	27
9.3	Einteilung der Wirtschaftssysteme	28
10	Institutionen und Institutionenökonomik	29
10.1	Institutionen	29
10.2	Institutionenökonomik	30
10.3	Prinzipal-Agent-Theorie	30

Arbeitsaufgaben 32

Literatur 33

2. Kapitel
Funktionsweise der Marktwirtschaft (Überblick) 35

1	Koordinierungsmechanismus Markt	36
2	Privateigentum an Produktionsmitteln	39
2.1	Ausgestaltung von Eigentumsrechten	39
2.2	Privateigentum als Leistungsanreiz	40
2.3	Privateigentum als Fundament persönlicher Freiheit	41

3	Die prinzipielle Optimalität der kapitalistischen Marktwirtschaft	42
4	Marktversagen	44
4.1	Öffentliche Güter	44
4.2	Externe Effekte	46
4.3	Strukturprobleme des Wettbewerbs	46
4.4	Mangelnde Transparenz für die Konsumenten	47
5	Funktionsprobleme der Marktwirtschaft	47
5.1	Schwankungen der wirtschaftlichen Aktivitäten	47
5.2	Ungleiche Einkommens- und Vermögensverteilung	48
6	Soziale Marktwirtschaft	48
6.1	Grundidee	49
6.2	Wettbewerb als Aufgabe	50
6.3	Umverteilung von Einkommen und Vermögen	51
6.4	Stabilisierung der Konjunktur	52
6.5	Wirtschaftsverfassung und Soziale Marktwirtschaft	53
6.5.1	Wirtschaftsverfassung und Koordinierungsmechanismus	54
6.5.2	Wirtschaftsverfassung und Eigentumsordnung	54
7	Staatsversagen	55
8	Das klassisch-liberale Wirtschaftssystem – das einfache System der natürlichen Freiheit	56
	Arbeitsaufgaben	58
	Literatur	59

3. Kapitel
Funktionsweise der Sozialistischen Zentralverwaltungswirtschaft und die Transformation der ehemaligen DDR 61

1	Marxistische Kapitalismuskritik	62
1.1	Kritik am Privateigentum an Produktionsmitteln	62
1.1.1	Kapitalistische Ausbeutung	63
1.1.2	Tendenzieller Fall der Profitrate	67
1.2	Kritik am Koordinationsmechanismus	69
2	Zentrale Planung	71
2.1	Grundkonzeption der zentralen Planung	71
2.2	Grundprinzip der Mengenplanung	72
2.3	Probleme zentraler Planung	76
2.3.1	Das Informationsproblem	76
2.3.2	Das Sanktionsproblem	77
2.3.3	Fehlende Innovationsdynamik	78
2.3.4	Fazit: Effizienzmangel	78

3	Die Transformation von Wirtschaftssystemen	79
3.1	Grundprobleme der Transformation	79
3.2	Die Transformation der DDR	83
3.2.1	Die institutionellen Bedingungen des Transformationsprozesses in der DDR	83
3.2.2	Die Ausgangslage der Wirtschaft der DDR	87
3.2.3	Die gesamtwirtschaftliche Entwicklung in Ostdeutschland	88
3.2.4	Die Entwicklung auf dem Arbeitsmarkt	90
3.2.5	Die Transferleistungen und der Verbrauchsüberhang	91
3.2.6	Perspektiven der Entwicklung	93
	Arbeitsaufgaben	94
	Literatur	95

4. Kapitel
Nachfrage der Haushalte ... 97

1	Vorbemerkungen	98
2	Markt	99
3	Nachfrage privater Haushalte	100
3.1	Bestimmungsgründe der Nachfrage privater Haushalte	100
3.2	Nachfrage nach einem Gut in Abhängigkeit von seinem Preis	101
4	Preis- und Einkommensempfindlichkeit der Nachfrage	106
4.1	Preiselastizität	106
4.2	Kreuzpreiselastizität	111
4.3	Einkommenselastizität	113
5	Ein genauerer Blick hinter die Nachfragekurven	114
5.1	Die möglichen Konsumgüterbündel	115
5.2	Die Bedarfsstruktur (Präferenzordnung) des Haushaltes	116
5.3	Die Auswahl des besten Konsumgüterbündels	119
5.4	Die Wirkung einer Preissenkung eines Gutes	121
5.5	Einkommens- und Substitutionseffekt	122
5.6	Erhöhung des Geldeinkommens (Nominaleinkommens)	123
5.7	Intertemporale Substitution	124
5.8	Arbeitsangebot	128
5.9	Nutzenfunktion	130
	Arbeitsaufgaben	131
	Literatur	132

5. Kapitel
Produktion, Kosten und Güterangebot der Unternehmen 133

1	Die Produktionsfunktion	135
2	Typen von Produktionsfunktionen	136
2.1	Linear-limitationale Produktionsfunktion	136
2.2	Substitutionale Produktionsfunktion	136
2.2.1	Ertragsgesetz	137
2.2.2	Isoquanten	140
3	Skalenerträge	142
4	Produktionsfunktion und minimale Kosten	143
4.1	Minimalkostenkombination bei substitutionaler Produktionsfunktion	143
4.2	Kostenfunktion	148
5	Fixe und variable Kosten	149
6	Durchschnittsproduktivität und Kosten	152
6.1	Durchschnittsproduktivität	152
6.2	Zusammenhang von Produktivität und Kosten	153
7	Arbeitsnachfrage	155
8	Güterangebot eines einzelnen Unternehmens	157
9	Marktangebot	161
10	Private Investitionen	161
Arbeitsaufgaben		166
Literatur		167

6. Kapitel
Preisbildung auf unterschiedlichen Märkten 169

1	Einteilung der Märkte	170
2	Preisbildung bei vollkommener Konkurrenz auf einem Auktionsmarkt (Börse)	171
2.1	Preisbildung bei vollkommener Konkurrenz	171
2.2	Wirkungen von Angebots- und Nachfrageverschiebungen auf den Gleichgewichtspreis	173
3	Preissetzung durch den Anbieter	176
3.1	Grundvorstellung	176
3.2	Preissetzung im Monopol	177
3.3	Preissetzung im Oligopol	180
3.4	Preissetzung im heterogenen Polypol	183

| 4 | Zusammenfassung der wesentlichen Funktionen des Preismechanismus | 185 |

Arbeitsaufgaben 187

Literatur 188

7. Kapitel
Wettbewerb, Konzentration und Wettbewerbspolitik 189

1	Wettbewerb	190
1.1	Wettbewerbsbegriff	190
1.2	Aufgaben des Wettbewerbs	190
1.3	Leitbilder und Konzeptionen der Wettbewerbspolitik	192
1.4	Marktzutritt und Marktzutrittsschranken	194
1.5	Marktabgrenzung – der relevante Markt	195
2	Konzentration	196
2.1	Begriff und Formen der Konzentration	196
2.2	Ursachen und Folgen der Konzentration	199
2.2.1	Ursachen der Konzentration	199
2.2.2	Folgen der Konzentration	201
2.2.3	Ausmaß der Konzentration	202
3	Wettbewerbspolitik in der Bundesrepublik	203
3.1	Grundsatz des Kartellverbots	205
3.2	Missbrauchsaufsicht über marktbeherrschende Unternehmen	208
3.3	Zusammenschlusskontrolle	210
3.4	Sanktionsmöglichkeiten des GWB	213
3.5	Beurteilung und Ausblick	213

Arbeitsaufgaben 214

Literatur 215

8. Kapitel
Aufbau und Bedeutung der Volkswirtschaftlichen
Gesamtrechnung (VGR) 217

1	Was sind Gesamtwirtschaftliche Rechnungssysteme, welche Aufgaben haben sie und welches sind die wichtigsten Teilsysteme?	219
2	Volkswirtschaftliche Gesamtrechnung im engeren Sinne	221
2.1	Die gesamtwirtschaftlichen Funktionskonten	222
2.1.1	Nationales Produktionskonto	223
2.1.2	Nationales Einkommenskonto	232
2.1.3	Nationales Vermögensänderungskonto	236

2.1.4	Auslandskonto	238
2.1.5	Besonderheiten im Zusammenhang mit der Behandlung des Staates und der Privaten Haushalte in der VGR	239
3	Wichtige definitorische Beziehungen	245
3.1	Das Inlandsprodukt von der Verwendungsseite	246
3.2	Das Nationaleinkommen von der Aufteilungsseite	246
3.3	Die Vermögensbildung	247
3.4	Die Kreislaufgleichungen für die geschlossene Volkswirtschaft	248
4	Sektoren in der neuen VGR	251
5	Das Kontensystem des Sektors Private Haushalte (einschließlich der Organisationen ohne Erwerbszweck)	253
6	Kreislaufbild der ökonomischen Aktivitäten	258
7	Erweiterungen und Probleme	260
7.1	Mängel bei der Erfassung von Produktionsoutput und Produktionsinput	260
7.2	Die enge Fassung des Begriffs des Produktivvermögens einer Volkswirtschaft	261
7.3	Verwendung der Nichtmarktproduktion des Staates?	262
Arbeitsaufgaben		263
Literatur		265

9. Kapitel
Strukturgrößen und Zahlungsbilanz der deutschen Volkswirtschaft 267

1	Nominales und reales Inlandsprodukt und Nationaleinkommen	268
1.1	Reales Inlandsprodukt	268
1.1.1	Festpreisbasis und Vorjahrespreisbasis	268
1.1.2	Qualitätsänderungen	276
1.1.3	Realeinkommen	277
1.2	Zeitliche Entwicklung des Inlandsproduktes und der Strukturgrößen für Deutschland	278
2	Zahlungsbilanz	282
2.1	Begriff und konzeptioneller Aufbau der Zahlungsbilanz	282
2.2	Die Zahlungsbilanz der Bundesrepublik Deutschland und der Europäischen Währungsunion	287
Arbeitsaufgaben		293
Literatur		294

10. Kapitel
Basismodelle der klassischen und keynesianischen Makroökonomie ... 295

1	Vorbemerkungen	296
2	Das klassische Modell	298
2.1	Der Arbeitsmarkt	299
2.2	Der Gütermarkt	300
2.3	Der Geldmarkt	301
3	Der traditionelle Keynesianismus	305
3.1	Der keynesianische Gütermarkt	305
3.2	Die IS-Kurve	317
3.3	Der Geldmarkt und die LM-Kurve	320
3.3	Simultanes Gleichgewicht auf dem Güter- und Geldmarkt	326
3.4	Der Einkommensmultiplikator bei Berücksichtigung von Güter- und Geldmarkt	327

Arbeitsaufgaben ... 329

Literatur ... 330

11. Kapitel
Weiterentwicklungen von keynesianischer und klassischer Theorie 331

1	Das Modell der neoklassischen Synthese (Festlohnfall)	332
1.1	IS/LM-Gleichgewicht bei variablem Preisniveau	332
1.2	Arbeitsmarkt und Güterangebot	338
1.3	Das vollständige Modell der neoklassischen Synthese	341
1.3.1	Gleichgewicht auf dem Gütermarkt	341
1.3.2	Wirtschaftspolitik im Modell der neoklassischen Synthese	343
1.4	Vollbeschäftigung durch Nachfragesteuerung oder Lohnsenkung?	345
2	Unvollkommene Information und adaptive Erwartungen	349
2.1	Ein neoklassisches »Kontrakt-Modell« mit adaptiven Erwartungen	352
2.2	Die Friedmansche Phillips-Kurve	354
2.2.1	Die traditionell keynesianische Phillips-Kurve	355
2.2.2	Die monetaristische Phillips-Kurve (Friedman/Phelps)	356

Arbeitsaufgaben ... 359

Literatur ... 360

12. Kapitel
Neuere Entwicklungen in der Einkommens- und Beschäftigungstheorie 361

1	Neue Klassische Makroökonomik	362
1.1	Rationale Erwartungen	362
1.2	Politikunwirksamkeit	362
2	Neuere Entwicklungen der keynesianischen Beschäftigungstheorie	364
2.1	Rationierungstheorie	365
3	Der »Neue Keynesianismus«	370

Arbeitsaufgaben 375

Literatur 376

13. Kapitel
Einnahmen und Ausgaben des Staates 377

1	Abgrenzung des Staates	378
2	Begründung staatlicher Finanzwirtschaft: Allokation, Distribution und Stabilisierung	379
2.1	Staatliche Allokationspolitik	379
2.2	Staatliche Distribution und Stabilisierung	381
3	Steuern	382
3.1	Grundsätze der Besteuerung	382
3.2	Wichtige Steuern in der Bundesrepublik Deutschland	385
3.3	Das Ausmaß der steuerlichen Belastung: der Steuertarif	389
3.4	Steuerwirkungen	393
3.5	Steuerreform	395
4	Andere staatliche Einnahmen	397
5	Staatsausgaben	397
5.1	Struktur und Entwicklung der Staatsausgaben	397
5.2	Subventionen	399
5.3	Erklärungen der Staatsausgaben	401
5.4	Finanzausgleich	402

Arbeitsaufgaben 405

Literatur 406

14. Kapitel
Staatshaushalt, Staatsverschuldung und Stabilisierungspolitik ... 407

1	Staatshaushalt	408
1.1	Begriff und Bestimmung des Staatshaushalts	408
1.2	Haushaltsgrundsätze	409
1.3	Haushaltskreislauf	411
1.4	Haushaltssystematik	413
1.5	Mittelfristige Finanzplanung	415
2	Staatsverschuldung	416
2.1	Struktur und Entwicklung der Staatsverschuldung	416
2.2	Grenzen und Problematik der Staatsverschuldung	420
2.2.1	Rechtliche Grenzen der Staatsverschuldung	420
2.2.2	Ökonomische Grenzen der Staatsverschuldung	421
3	Stabilisierungspolitik und Fiskalpolitik	425
3.1	Konzeption der Fiskalpolitik	425
3.2	Fiskalpolitik durch Steuerpolitik	426
3.3	Fiskalpolitik durch Ausgabenpolitik	428
3.4	Automatische Stabilisatoren	430
3.5	Das Stabilitätsgesetz	430
3.6	Probleme der Fiskalpolitik	433

Arbeitsaufgaben ... 434

Literatur ... 435

15. Kapitel
Grundlagen der Sozialen Sicherung ... 437

1	Grundprinzipien der Sozialen Sicherung	438
2	Einrichtungen der Sozialen Sicherung	440
2.1	Das deutsche Sozialbudget nach Institutionen, Funktionen und Finanzierungsarten	441
2.2	Die Gesetzliche Rentenversicherung (GRV)	449
2.3	Die Gesetzliche Krankenversicherung (GKV)	451
2.4	Die Gesetzliche Unfallversicherung (GUV)	453
2.5	Die Arbeitslosenversicherung (ALV)	453
2.6	Die gesetzliche Pflegeversicherung (GPV)	456
3	Probleme der Sozialen Sicherung	458
3.1	Kostenentwicklung und Kostenverteilung der Sozialen Sicherung	458
3.2	Spezielle Probleme in der Gesetzlichen Rentenversicherung	462
3.3	Spezielle Probleme in der Gesetzlichen Krankenversicherung	468

Arbeitsaufgaben ... 471

Literatur ... 472

16. Kapitel
Begriffe, Institutionen und Märkte des Geldbereichs einer Volkswirtschaft ... 473

1	Begriff und Funktionen des Geldes	474
1.1	Tauschmittel	474
1.2	Recheneinheit	475
1.3	Wertaufbewahrungsmittel	476
2	Erscheinungsformen des Geldes	477
3	Geldmenge	478
4	Die Europäische Zentralbank und das Europäische System der Zentralbanken	480
4.1	Organisation der Europäischen Zentralbank und des Europäischen Systems der Zentralbanken	481
4.1.1	Eurosystem und ESZB	481
4.1.2	Die Europäische Zentralbank	482
4.2	Ziele und Aufgaben von ESZB und EZB	484
4.3	Die Unabhängigkeit der EZB	485
5	Die Deutsche Bundesbank	486
6	Geschäftsbanken (Kreditinstitute)	487
7	Geldmarkt	488
7.1	Inlandsgeldmarkt	488
7.2	Euro-Geldmarkt	491
8	Finanzmärkte	491

Arbeitsaufgaben ... 493

Literatur ... 494

17. Kapitel
Geldangebot, Geldnachfrage und Geldwirkungen ... 495

1	Geldschöpfung und Geldvernichtung	496
1.1	Zentralbankgeld	496
1.2	Geschäftsbankengiral(buch-)geld	499
2	Grenzen der Geldschöpfung	501
2.1	Geldschöpfungspotenzial der Zentralbank	501
2.2	Geldschöpfungspotenzial der Geschäftsbanken	502
2.2.1	Grenzen der Geldschöpfung einer einzelnen Bank	502
2.2.2	Grenzen der Geldschöpfung des Geschäftsbankensystems	503
3	Geldangebot, Geldnachfrage und Geldmarktgleichgewicht	508
3.1	Geldangebot der Geschäftsbanken	508
3.2	Geldnachfrage der Nichtbanken	510

3.3	Geldmarktgleichgewicht und Gleichgewichtszins	514
4	Geldwirkungen	515
Arbeitsaufgaben		518
Literatur		519

18. Kapitel
Geldpolitik der Europäischen Zentralbank ... 521

1	Vorbemerkungen – Ziele und Mittel der Geldpolitik	522
2	Offenmarktpolitik	523
2.1	Begriff und prinzipielle Funktionsweise	523
2.2	Offenmarktpolitik der Europäischen Zentralbank	525
2.2.1	Überblick über die Instrumente der EZB	525
2.2.2	Tenderverfahren	526
2.2.3	Die Hauptrefinanzierung und die längerfristige Refinanzierung	527
3	Ständige Fazilitäten	528
4	Mindestreservepolitik	530
5	Zinssteuerung durch die Europäische Zentralbank	533
6	Allgemeine Regelungen der Geldpolitik	533
7	Geldpolitische Strategie des Eurosystems	534
7.1	Geldpolitische Strategien in Europa im Überblick	534
7.2	Die geldpolitische Strategie des Eurosystems	536
Arbeitsaufgaben		538
Literatur		539

19. Kapitel
Bedeutung, Ordnung, Bestimmungsgründe und Globalisierung des internationalen Handels ... 541

1	Bedeutung des internationalen Handels für Deutschland	542
2	Begründung und Erklärung des internationalen Handels	543
2.1	Vorteile der weltweiten Arbeitsteilung insgesamt	543
2.2	Preisdifferenzen als Ursache internationaler Handelsströme	544
2.2.1	Unterschiede im Produktionsverfahren	544
2.2.2	Unterschiede in der Faktorausstattung	546
2.3	Produktdifferenzierung als Bestimmungsgrund von internationalen Handelsströmen	547
2.4	Das Theorem der komparativen Kosten (Ricardo)	548
2.5	Die Vorteilhaftigkeit des internationalen Handels	551

3	Freihandel oder Protektionismus?	551
4	Instrumente der Außenhandelspolitik	553
5	Die Terms of Trade (Das reale Austauschverhältnis)	554
6	Gestaltung der Welthandelsordnung	555
6.1	Grundprinzipien des GATT	555
6.2	Weiterentwicklung des GATT zur WTO	556
7	Globalisierung der Weltwirtschaft	558
7.1	Begriff der Globalisierung	558
7.2	Ebenen der Globalisierung	559
7.3	Ursachen der Globalisierung	559
7.4	Folgen der Globalisierung	560
8	Standortwettbewerb von Staaten und Beschränkung der nationalen Autonomie	562
Arbeitsaufgaben		564
Literatur		565

20. Kapitel
Funktionsweise verschiedener Währungssysteme ... 567

1	Währungspolitische Alternativen	568
2	Die Bestimmungsgründe des Außenbeitrags	569
2.1	Wechselkurs und Außenbeitrag (Wechselkursmechanismus)	570
2.2	Preisänderung und Außenbeitrag (Preismechanismus)	574
2.3	Änderung des Nationaleinkommens und Außenbeitrag (Einkommensmechanismus)	575
3	Währungssystem mit flexiblen Wechselkursen	576
3.1	Der Devisenmarkt	576
3.2	Veränderungen des flexiblen Wechselkurses	577
3.3	Bestimmungsgründe des flexiblen Wechselkurses	579
4	Währungssystem mit festen Wechselkursen	582
4.1	Finanzierung eines Zahlungsbilanzungleichgewichts	583
4.2	Korrektur eines Zahlungsbilanzungleichgewichts	587
5	Feste oder flexible Wechselkurse?	588
6	Währungsunion und Theorie des optimalen Währungsraumes	591
7	Das IS/LM-Modell der offenen Volkswirtschaft bei flexiblen und festen Wechselkursen (Mundell/Fleming-Modell)	592
7.1	Ausgangsbetrachtungen	593
7.2	Güter-, Geld- und Devisenmarktgleichgewicht	596
7.3	Flexibler Wechselkurs im Mundell/Fleming-Modell (bei vollkommener Kapitalmobilität)	605

7.4	Fester Wechselkurs im Mundell/Fleming-Modell (bei vollkommener Kapitalmobilität)	610
Arbeitsaufgaben		619
Literatur		620

21. Kapitel
Internationale Währungsordnung und Europäische Wirtschafts- und Währungsunion 621

1	Das Währungssystem des Internationalen Währungsfonds (IWF)	622
1.1	Entstehung, Mitgliedschaft, Organisation und Grundprinzip des IWF	622
1.2	Das Wechselkurssystem im IWF-Abkommen	623
1.2.1	Die Entwicklung des Wechselkurssystems	623
1.2.2	Vielfalt der Wechselkurssystems	624
1.2.3	Formen und Risiken der Wechselkursbindung	625
1.3	Kreditmöglichkeiten im IWF-System	627
1.3.1	Quoten	627
1.3.2	Weitere Mittelbeschaffungen des IWF	628
1.3.3	Sonderziehungsrechte	629
1.3.4	Zusätzliche Kreditmöglichkeiten	631
1.3.5	Bedingungen der Kreditgewährung	633
1.4	Probleme und Reformbedarf im IWF-System	633
2	Die Finanzierung des Welthandels- und Zahlungsverkehrs – Volumen und Struktur der internationalen Liquidität	634
2.1	Die offizielle internationale Liquidität	634
2.2	Die private internationale Liquidität	637
3	Die Europäische Wirtschafts- und Währungsunion (EWWU)	639
3.1	Vorgeschichte: Währungsschlange und EWS	639
3.2	Der politische Weg zur Europäischen Wirtschafts- und Währungsunion	640
3.3	Der ökonomische Weg zur Europäischen Wirtschafts- und Währungsunion: die Konvergenz der Wirtschaftspolitik	641
3.4	Funktionsweise der EWWU: einheitliche Geldpolitik und koordinierte Fiskalpolitik	643
3.4.1	Errichtung der EWWU	643
3.4.2	Einheitliche Geldpolitik in der EWWU	643
3.4.3	Koordinierung der Wirtschafts- und Fiskalpolitik	644
3.5	Problematik der EWWU: Zentrale Bedeutung der Lohn- und Arbeitsmarktpolitik als Anpassungsmechanismus	648
3.6	Wechselkursmechanismus II (WKM II)	650
3.7	Die wirtschaftliche Entwicklung in der EWWU	651
3.8	Kosten und Nutzen der EWWU	653
Arbeitsaufgaben		654
Literatur		655

22. Kapitel
Grundlagen der Europäischen Union 657

1	Der Weg zur europäischen Einheit	658
1.1	Der Weg zur Zollunion	658
1.2	Der Weg zum Binnenmarkt	659
1.3	Der Weg zur Europäischen Union	659
1.4	Die regionalen Erweiterungen der europäischen Integration ..	661
2	Chancen und Risiken einer regional begrenzten Integration von Märkten	663
2.1	Integrationsformen	663
2.2	Integrationseffekte	664
2.3	Integrationsprobleme	665
3	Das institutionelle System der EU	666
3.1	Die Kommission	666
3.2	Der Rat	667
3.3	Das Europäische Parlament	668
3.4	Der Europäische Gerichtshof	669
3.5	Der Europäische Rat	670
3.6	Weitere Organe der EU	670
4	Der Haushalt der EU	671
4.1	Gesamthaushalt	671
4.2	Ausgaben	672
4.3	Einnahmen	673
4.4	Finanzielle Vorausschau	675
4.5	Nettoposition	676
5	Agrarpolitik der EU	679
5.1	Begründung staatlicher Regulierung des Agrarsektors	679
5.2	Grundstruktur der traditionellen EU-Agrarpolitik	680
5.3	Funktionsweise von Intervention und Agrarabschöpfung	680
5.4	Bewertung	682
5.5	Reform der Agrarpolitik	683
6	Strukturpolitik der EU	684
7	Die Osterweiterung der EU	687
7.1	Die Herausforderung der Erweiterung	687
7.2	Die wirtschaftliche Lage der Beitrittsländer	688
7.3	Auswirkungen auf die alte EU	690

Arbeitsaufgaben 691

Literatur 692

23. Kapitel
Der Binnenmarkt und begleitende Politikbereiche 695

1	Theorie der Integrationspolitik	696
1.1	Integrationsverfahren	696
1.2	Integrationsebenen	697
1.3	Anwendungsbeispiele	698
1.4	Integrationspolitik im EG-Vertrag	698
2	Grundstrukturen des Binnenmarktes	699
2.1	Prinzipien und Bereiche des Binnenmarktes	699
2.2	Beseitigung der Grenzkontrollen	700
2.3	Technische Harmonisierung und Normung	701
2.4	Liberalisierung des öffentlichen Auftragswesens	703
2.5	Freizügigkeit	703
2.6	Beseitigung der technischen Schranken im Dienstleistungssektor	704
2.7	Liberalisierung des Kapitalverkehrs und des Zahlungsverkehrs	706
2.8	Förderung der Kooperation von Unternehmen	707
2.9	Beseitigung der Steuerschranken	708
2.9.1	Probleme einer Harmonisierung der indirekten Steuern	708
2.9.2	Perspektiven einer Harmonisierung der direkten Steuern	710
2.10	Bewertung	711
3	Begleitende Politikbereiche	712
3.1	Überblick	712
3.2	Sozialpolitik	713
3.2.1	Aktivitäten der EU	713
3.2.2	Grundprobleme der EU-Sozialpolitik	715
3.3	Umweltpolitik	715
3.3.1	Aktivitäten der EU	715
3.3.2	Grundprobleme einer EU-Umweltpolitik	717
3.4	Industrie-, Forschungs- und Technologiepolitik	718
3.5	Wettbewerbspolitik der EU	719
3.5.1	Grundstruktur und Anwendungsbereich der EU-Wettbewerbspolitik	719
3.5.2	Wettbewerbspolitik im engeren Sinne	720
3.5.3	Beihilfenkontrolle	722
Arbeitsaufgaben		723
Literatur		724

24. Kapitel
Inflation 725

1	Definition, Messung und Bedeutung der Inflation	726
2	Arten und Ausmaß der Inflation	729

3	Erklärung der Inflation	732
3.1	Nachfrageinflation	733
3.2	Angebotsinflation	735
3.2.1	Kostendruckinflation	735
3.2.2	Gewinndruckinflation	739
3.3	Überlagerung von Nachfrage- und Angebotsinflation	739
3.4	Monetaristische Inflationserklärung	740
3.5	Inflation als Verteilungskampf	741
4	Wirkungen der Inflation	742
4.1	Beschäftigungswirkungen	742
4.2	Wirkungen auf die Einkommens- und Vermögensverteilung	743
4.3	Wirkungen auf das Wachstum	744
5	Antiinflationspolitik	745
5.1	Bekämpfung der Nachfrageinflation	745
5.2	Bekämpfung der Kosteninflation	746

Arbeitsaufgaben 747

Literatur 748

25. Kapitel
Einkommens- und Vermögensverteilung 749

1	Zur Bedeutung der Verteilung	750
2	Einkommensentstehung und Einkommensverteilung	750
2.1	Einkommensentstehung	750
2.2	Funktionelle und personelle Einkommensverteilung	751
2.3	Primäre und sekundäre Einkommensverteilung	752
2.4	Lohnquote und ihre verteilungspolitische Bedeutung	752
3	Bestimmungsgründe der Einkommensverteilung	755
3.1	Grundprinzipien der Verteilungstheorien	755
3.2	Klassische Theorien der Einkommensverteilung	755
3.3	Grenzproduktivitätstheorie der Verteilung	757
3.4	Ungleichheit der Löhne	758
3.5	Gewinne und Risikoprämien als Ursachen der Ungleichheit	760
3.6	Ungleiche Machtverteilung als Ursache der Ungleichheit	760
4	Normen der Verteilungsgerechtigkeit	761
4.1	Leistungsgerechtigkeit	761
4.2	Bedarfsgerechtigkeit	762
4.3	Abstimmung hinter dem Schleier des Nichtwissens	763
4.4	Funktionale Notwendigkeit der Ungleichheit	763
5	Einkommensverteilung in Deutschland	764
5.1	Lohnquote und Verteilung des Volkseinkommens	764
5.2	Personelle Einkommensverteilung	765

5.2.1	Zur Verteilungsstatistik	765
5.2.2	Verteilungsmaße der Einkommen	766
5.2.3	Verteilungsmaße des Lohns	768
6	Strategien zur Veränderung der Einkommensverteilung	769
6.1	Institutionelle Gegebenheiten: Tarifvertrag, Tarifparteien und Arbeitskampf	769
6.2	Expansive (aggressive) Lohnpolitik der Gewerkschaften	773
6.3	Staatliche Umverteilung	775
6.3.1	Steuern und Transfers	775
6.3.2	Öffentliche Güter	776
6.4	Einkommensumverteilung durch Umverteilung des Eigentums am Produktivvermögen	776
7	Vermögensverteilung	776
7.1	Vermögen und Vermögensverteilung	776
7.2	Maßnahmen zur Veränderung der Vermögensverteilung	779
7.2.1	Eingriff in bestehende Eigentumsverhältnisse	780
7.2.2	Umverteilung der Vermögenszuwächse	781
	Arbeitsaufgaben	783
	Literatur	783

26. Kapitel
Arbeitslosigkeit: empirischer Befund und Theorie ... 785

1	Vorbemerkungen	786
2	Definitorisches und Statistisches	786
3	Ein Analyserahmen zur Erklärung dauerhaft fortbestehender Arbeitslosigkeit	793
3.1	Allgemeines	793
3.2	Ein Modell mit »gleichgewichtiger« Arbeitslosigkeit	794
3.3	Sozial- und Steuerpolitik als mögliche Ursache eines Anstiegs der gleichgewichtigen Arbeitslosigkeit	799
3.4	»Mismatch« als mögliche Ursache eines Anstiegs der gleichgewichtigen Arbeitslosigkeit	804
3.5	»Hysterese« als mögliche Ursache eines Anstiegs der gleichgewichtigen Arbeitslosigkeit	806
4	Unzureichendes Nachfragewachstum als mögliche Ursache wachsender Arbeitslosigkeit	808
5	Aktuelle Lösungsansätze für die anhaltende Arbeitsmarktkrise	810
	Arbeitsaufgaben	813
	Literatur	814

27. Kapitel
Bedeutung und Sicherung des Wachstums 815

1	Begriff des wirtschaftlichen Wachstums	816
2	Begründung und Kritik des Wachstums	816
2.1	Begründung des Wachstumsziels	816
2.2	Wachstumskritik	818
3	Bestimmungsgründe des Wachstums: Investitionen und technischer Fortschritt	820
4	Ansatzpunkte einer Wachstumspolitik	822
5	Sonstige Vorbedingungen und Antriebskräfte des Wachstums	825
6	Kosten des Wachstums	826
6.1	Opportunitätskosten des Wachstums in Form entgangenen Gegenwartskonsums	826
6.2	Umweltschäden	827
7	Strukturwandel als Begleiterscheinung des Wachstums ...	828
8	Grenzen des Wachstums	831
8.1	Ertragsgesetz	831
8.2	Natürliche Grenzen des Wachstums	831
8.3	Schumpeters These von der »Stagnation der kapitalistischen Entwicklung«	834
9	Exkurs: Grundmodelle der Wachstumstheorie	834
9.1	Postkeynesianische Wachstumstheorie	835
9.1.1	Die Modellannahmen des postkeynesianischen Wachstumsmodells	835
9.1.2	Der gleichgewichtige Wachstumspfad des postkeynesianischen Wachstumsmodells	839
9.1.3	Konjunkturelle Instabilität (»Wachstum auf Messers Schneide«)	840
9.1.4	Säkulare Instabilität	842
9.2	Neoklassische Wachstumstheorie	843
9.2.1	Die Modellannahmen des neoklassischen Wachstumsmodells	843
9.2.2	Der gleichgewichtige Wachstumspfad des neoklassischen Wachstumsmodells (Steady-State)	846
9.2.3	Stabilität des Steady-State-Gleichgewichts	850
9.3	Die »neue« Wachstumstheorie	852

Arbeitsaufgaben 856

Literatur 857

28. Kapitel
Konjunktur und Krise ... 859

1	Das Erscheinungsbild der Konjunktur	860
2	Konjunkturindikatoren	862
3	Erklärung des Konjunkturzyklus	864
3.1	Das postkeynesianische Konjunkturmodell (Akzelerator-Multiplikator-Modell)	865
3.2	Beharrungsvermögen der Konsumausgaben	874
3.3	Schwankungen der Gewinne	875
3.4	Schumpeters Konjunkturerklärung	875
3.5	Staatliche Wirtschaftspolitik	876
Arbeitsaufgaben		879
Literatur		880

29. Kapitel
Umweltökonomie ... 881

1	Begriff und Nutzung der Umwelt	882
2	Ursachen für Umweltbelastungen	883
2.1	Entwicklungsbedingte Zunahme der Produktion	883
2.2	Versagen des Preismechanismus	884
3	Erfassung der Umweltqualität	885
4	Umweltpolitische Ziele und Prinzipien	888
4.1	Ziele der Umweltpolitik	888
4.2	Prinzipien der Umweltpolitik	890
5	Instrumente der Umweltpolitik	892
5.1	Die Leitidee der Internalisierung externer Umwelteffekte	892
5.2	Internalisierung externer Effekte durch Verhandlungen	892
5.3	Internalisierung externer Effekte durch das Umwelthaftungsrecht	893
5.4	Internalisierung externer Effekte durch Steuern und Subventionen	894
5.5	Umweltauflagen	895
6	Globale Umweltprobleme	896
Arbeitsaufgaben		897
Literatur		898

30. Kapitel
Probleme der Entwicklungsländer 899

1	Was ist ein Entwicklungsland?	900
2	Ursachen der Unterentwicklung und entwicklungspolitische Strategien in traditioneller Sicht	904
2.1	Kapitalmangel	906
2.2	Bevölkerungswachstum	907
2.3	Auslandsverschuldung als beschränkender Faktor für die Kapitalakkumulation	908
2.4	»Enge« der heimischen Märkte	909
2.5	»Dependenz« als Ursache von Unterentwicklung	910
2.6	Kulturelle Ursachen der Unterentwicklung	914
3	Ziele der Entwicklungszusammenarbeit	915
4	Neuere Paradigmen der Entwicklungspolitik	918
4.1	Der »Washington Konsensus«	919
4.2	Ein umfassendes Rahmenwerk der Entwicklungspolitik	920
5	Entwicklungshilfe	927
5.1	Begriff und Formen der »Entwicklungshilfe«	927
5.2	Bilaterale Entwicklungshilfe Deutschlands	932
5.3	Entwicklungshilfe der Europäischen Union und der deutsche Beitrag	933
5.4	Entwicklungshilfe multinationaler Organisationen und der deutsche Beitrag	936
6	Wie weit sind die Millenniumsziele im Jahr 2005 realisiert? ...	939

Arbeitsaufgaben 943

Literatur 944

Stichwortverzeichnis 945

Einleitung: Einteilung und Aufgaben der Wirtschaftswissenschaft

Einteilung der Wirtschaftswissenschaft

Gegenstandsbereich der Wirtschaftswissenschaft ist die Erforschung der wirtschaftlichen Wirklichkeit (vgl. Kapitel 1). Damit ist die Wirtschaftswissenschaft eine Erfahrungs- oder Realwissenschaft im Gegensatz zu Idealwissenschaften wie z. B. die Mathematik oder die Logik. Die Realwissenschaften werden nach ihrem Gegenstand in Naturwissenschaft, Geisteswissenschaft und Sozialwissenschaft unterteilt. Weil die Wirtschaftswissenschaft sich (auch) mit dem wirtschaftlichen Handeln von Menschen befasst, wird sie zu den Sozialwissenschaften gerechnet.

Wirtschaftswissenschaft als Sozialwissenschaft

Die **Gliederung** der Wirtschaftswissenschaft trennt vor allem in Volkswirtschaftslehre und Betriebswirtschaftslehre. Die Betriebswirtschaftslehre erklärt vor allem das Wirtschaften des einzelnen Betriebes, also z. B. Fragen von Investition und Finanzierung, von Marketing und Management oder Beschaffung und Produktion. Die Volkswirtschaftslehre zielt mehr auf gesamtwirtschaftliche Fragestellungen wie Wachstum und Verteilung, Arbeitslosigkeit und Inflation oder Steuern und Staatsausgaben. Eine ganz klare Trennung zwischen Betriebswirtschaftslehre und Volkswirtschaftslehre existiert nicht, weil sich auch die Volkswirtschaftslehre mit einzelnen Wirtschaftseinheiten wie Haushalt und Unternehmung befasst. In diesem Buch wird ausschließlich die Volkswirtschaftslehre behandelt.

Volkswirtschaftslehre und Betriebswirtschaftslehre

Die **Volkswirtschaftslehre** gliedert sich traditionell in folgende Bereiche:
- Wirtschaftstheorie,
- Wirtschaftspolitik und
- Finanzwissenschaft.

Gliederung der Volkswirtschaftslehre

Dabei wird die Wirtschaftstheorie in der Regel zusätzlich in Mikroökonomik und Makroökonomik[1] unterteilt: In der Mikroökonomik wird das wirtschaftliche Verhalten einzelner Wirtschaftssubjekte wie Haushalte und Unternehmen untersucht; in der Makroökonomik wird das gesamtwirtschaftliche Verhalten der großen Gruppen wie Unternehmen, Haushalte oder Staat insgesamt behandelt.

Im **vorliegenden Buch** streben wir an, die herkömmliche Trennung der Volkswirtschaftslehre ein wenig aufzuheben und stattdessen eine am Objekt oder am Problem orientierte Darstellung der zentralen ökonomischen Erkenntnisse zu bieten. Wir beginnen mit einer Klärung der Grundtatbestände der Wirtschaft (Kapitel 1) und der Beschreibung der Funktionsweise und der Funktionsprobleme der beiden grundlegenden Wirtschaftssysteme der

Aufbau des Buches

---

[1] Ökonomie ist die Wirtschaft und Ökonomik ist die Lehre von der Wirtschaft. Dies wird allerdings nicht durchgängig auseinander gehalten.

kapitalistischen Marktwirtschaft (Kapitel 2) und der sozialistischen Zentralplanwirtschaft (Kapitel 3). Daran schließen sich drei Kapitel an, die üblicherweise der mikroökonomischen Wirtschaftstheorie zugerechnet werden, die Theorie des Haushalts (Kapitel 4), die Theorie der Unternehmung (Kapitel 5) und die Preistheorie (Kapitel 6). Diese Kapitel erklären die zentralen wirtschaftlichen Verhaltensweisen der Wirtschaftssubjekte, nämlich konsumieren und produzieren, sowie die grundlegende Koordination durch den Preis. Und das Kapitel über Wettbewerb beschreibt den zentralen Antriebsmechanismus der Marktwirtschaft, seine Bedrohung und das Bemühen der Wettbewerbspolitik, den Wettbewerb zu schützen. Damit sind die Grundlagen der Mikroökonomik behandelt.

Die folgenden fünf Kapitel sind dann der klassischen Makroökonomik zuzuordnen: Zunächst werden die Methoden beschrieben, die angewendet werden, um die gesamtwirtschaftlichen Leistungsströme zu erfassen, also die volkswirtschaftlichen Gesamtrechnungen (Kapitel 8) und die Zahlungsbilanz (Kapitel 9) und anschließend werden die Bestimmungsgründe der Höhe des Volkseinkommens und der Beschäftigung analysiert, zunächst im Rahmen des Grundmodells (Kapitel 10), das nachfolgend um grundlegende Weiterentwicklungen ergänzt wird (Kapitel 11 und 12).

Kapitel 14 bis 16 sind der Finanzwissenschaft zuzuordnen: Hier werden Steuern und Staatsausgaben beschrieben und das Konzept der Fiskalpolitik vorgestellt. Die folgenden sechs Kapitel verbinden jeweils Elemente der Wirtschaftstheorie und der Wirtschaftspolitik und behandeln die Grundzüge von Geldtheorie und Geldpolitik (Kapitel 16 bis 18) und die Grundlagen des Außenhandels und der Währungstheorie bzw. -politik. Die zwei Kapitel über die Europäische Integration schließen den Komplex von Außenhandel und Währungspolitik ab, sie passen sich nicht nahtlos in die herkömmliche Gliederung der Volkswirtschaftslehre ein, werden aber wegen der überragenden Bedeutung der europäischen Wirtschaftspolitik für alle Bereiche der nationalen Wirtschaften eingefügt. Die letzten sieben Kapitel behandeln dann in kompakter Form die zentralen Probleme der Volkswirtschaft und der Volkswirtschaftslehre: Die Inflation, die Verteilung von Einkommen und Vermögen, die Arbeitslosigkeit, Wachstum und Konjunkturschwankungen, Umweltökonomie und wirtschaftliche Entwicklung.

Die Kapitel bauen im Prinzip aufeinander auf. Sie sind aber in sich abgeschlossen und eignen sich daher jeweils als Lektüre-, Lern- und Diskussionseinheit. Je nach Erkenntnisziel können die Teile des Buches, die stärker der formalen Theorie gewidmet sind, zunächst überschlagen werden, ohne dass damit Zusammenhänge verloren gehen, insbesondere Kapitel 11 und 12 oder die als Exkurs behandelten Theorieabschnitte. Gleichwohl ist die formale Theorie, die Modellbildung und das Arbeiten mit ökonomischen Modellen unverzichtbar und von unschätzbarem Wert für das Verständnis ökonomischer Zusammenhänge. Dies soll im Folgenden gezeigt werden.

Die **Aufgaben der Wirtschaftswissenschaft** lassen sich vier Bereichen zuordnen:

- Die Beschreibung der Wirtschaft,
- die Erklärung der Wirtschaft,
- die Prognose der Wirtschaft und
- die Beratung der Politik.

Schon die Beschreibung der Wirtschaft setzt neben einer geeigneten Fachsprache das Wissen um Zusammenhänge voraus, soll sie nicht letztlich inhaltsleer bleiben; und die Prognose wirtschaftlicher Entwicklungen sowie die Beratung der Politik setzt die Erklärung wirtschaftlicher Zusammenhänge zwingend voraus.

> Die Erklärung der Wirtschaft ist daher die zentrale Aufgabe der Wirtschaftswissenschaft.

Die Erklärung der Wirtschaft ist allerdings schwierig, weil die Zusammenhänge in der Regel äußerst vielfältig sind und nicht den klaren Gesetzen z. B. der Naturwissenschaften unterliegen.

Will man etwa die Arbeitslosigkeit erklären, also die Ursachen der Arbeitslosigkeit erfassen, so muss man sich in einem ersten Schritt Gedanken darüber machen, welche Faktoren die Arbeitslosigkeit bewirkt haben könnten. So kann Arbeitslosigkeit bestehen, weil zum Beispiel

- die Nachfrage nach Konsumgütern zu gering ist;
- die Investitionstätigkeit zurückgegangen ist;
- die Löhne zu hoch sind;
- der technische Fortschritt Arbeitskräfte freisetzt;
- der Wert des Euro im Ausland gestiegen ist;
- das Arbeitskräfteangebot zugenommen hat.

Eine solche Zusammenstellung von vermuteten Erklärungszusammenhängen (so genannte Hypothesen) muss äußerst sorgfältig erfolgen. Ein bekannter Wirtschaftswissenschaftler der Gegenwart, *Herbert Giersch* (geb. 1921), bemerkt hierzu sehr illustrativ: »Wie dem Detektiv, der ein Verbrechen aufklären soll, muss uns zunächst alles, was überhaupt von Bedeutung sein könnte, verdächtig erscheinen.«

Zusammenstellung vermuteter Erklärungsfaktoren (Hypothesenbildung)

Für eine präzise Erklärung wirtschaftlicher Zusammenhänge reicht aber auch eine solche Zusammenstellung möglicher Erklärungsursachen nicht aus. Es müssen vielmehr Aussagen über die vermutete genaue Form der Ursachen(Kausal-)Zusammenhänge gemacht werden, etwa dergestalt: Wenn die Nachfrage nach Konsumgütern um soundsoviel Prozent zunimmt, dann nimmt die Arbeitslosigkeit um soundsoviel Prozent ab. Bei weniger exakten Untersuchungen wird häufig auf eine solche Quantifizierung der Hypothesen verzichtet.

Quantifizierung von Hypothesen

Überdenkt man die oben beispielhaft genannten Ursachen der Arbeitslosigkeit, so erkennt man, dass die in Betracht gezogenen Faktoren ihrerseits wiederum erklärungsbedürftig sind. Die Nachfrage nach Konsumgütern kann zum Beispiel zurückgegangen sein, weil die Einkommen der Haushalte zu gering sind oder weil die Haushalte mehr sparen wollen. Die höhere Sparneigung wiederum kann z. B. auf pessimistische Zukunftserwartungen, auf erwartete Preissenkungen oder auf allgemeinen Konsumüberdruss zurückzuführen sein. Und die pessimistischen Zukunftserwartungen schließlich könnten durch allgemeinpolitische Krisensituationen bedingt sein. In ähnlicher Weise müssten die übrigen genannten Einflussfaktoren ihrerseits erklärt werden; etwa die Zunahme des Arbeitsangebots durch geburtenstarke Jahrgänge, die auf den Arbeitsmarkt drängen, durch verstärkte Frauenarbeit oder durch eine Zuwanderung.

Einflussfaktoren sind ihrerseits erklärungsbedürftig

Man erkennt ferner, dass Ursache und Wirkung in einer untrennbaren Wechselbeziehung zueinander stehen können: eine zu niedrige private Konsumnachfrage als Begründung der Arbeitslosigkeit und Arbeitslosigkeit als Begründung für eine zu niedrige private Konsumnachfrage.

Wechselbeziehungen zwischen Ursache und Wirkung

Und schließlich wird im Allgemeinen auch zwischen den verschiedenen Ursachen der Arbeitslosigkeit eine kausale Beziehung bestehen: Eine abnehmende Konsumgüternachfrage kann die Investitionstätigkeit negativ beeinflussen: ein hoher Lohn kann den technischen Fortschritt (Rationalisierung) fördern oder den Wert des Euro im Ausland vermindern usw. Festzuhalten ist, dass es sich nicht um einfache monokausale Beziehungen, sondern um ein komplexes Beziehungsgeflecht handelt, um ein System **allgemeiner Interdependenz**.

Kausalbeziehungen zwischen Einflussfaktoren

Damit wird deutlich, dass man eine außerordentliche Fülle möglicher Ursachen und gegenseitiger Abhängigkeiten beachten muss und man häufig auch auf Zusammenhänge stößt, die man nicht mit Hilfe der Volkswirtschaftslehre, sondern mit Hilfe anderer Wissenschaften wie der Psychologie, Politologie, Soziologie oder Medizin erklären muss.

Vollständige Erklärung macht die Einbeziehung anderer Wissenschaften notwendig

Abbildung 1 verdeutlicht und verallgemeinert diese Zusammenhänge.

Die zu erklärende Größe (die Arbeitslosigkeit) ist hier von den unmittelbaren Einflussgrößen 1 bis 6 abhängig, wobei die Einflussrichtung durch die Pfeilrichtung gekennzeichnet ist. Auf eine Quantifizierung der Kausalbeziehungen ist zur Vereinfachung verzichtet worden. Es ist angenommen worden, dass der unmittelbare Einflussfaktor 1 gleichzeitig von der zu erklärenden Größe beeinflusst wird (im obigen Beispiel wäre der private Konsum Einflussfaktor 1). Außerdem wird in Abbildung 1 davon ausgegangen, dass der unmittelbare Einflussfaktor 1 auch auf den unmittelbaren Einflussfaktor 2 wirkt (bei der Erklärung der Arbeitslosigkeit: der Konsum wirkt auf die privaten Investitionen). Die unmittelbaren Einflussfaktoren werden ihrerseits durch weitere Einflussfaktoren bestimmt, die in der Abbildung durch große Buchstaben (A bis S) gekennzeichnet sind.

Es ist unterstellt, dass auf jeden unmittelbaren Einflussfaktor drei mittelbare Einflussfaktoren wirken. Selbstverständlich können auch Wechselbeziehungen zwischen unmittelbaren und mittelbaren Einflussfaktoren (wie z. B. zwischen Einflussfaktor F und Einflussfaktor 2 in Abbildung 1) sowie zwischen mittelbaren Einflussfaktoren (z. B. zwischen den Einflussfaktoren K und L der Abbildung 1) bestehen. Um anzudeuten, dass auch die mittelba-

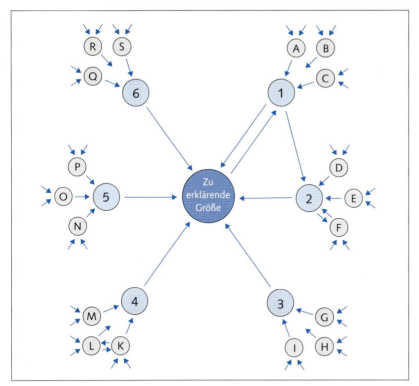

Abb. 1: Die Erklärung wirtschaftlicher Vorgänge

ren Einflussfaktoren A, B, …, S erklärungsbedürftig sind, sind weitere Pfeile eingezeichnet.

Da die wirtschaftliche Wirklichkeit im Allgemeinen also äußerst komplex und mit ihren vielfältigen Abhängigkeiten kaum zu überschauen ist, ist es unmöglich, im Rahmen der Erklärung wirtschaftlicher Ereignisse alle Einzelheiten zu erfassen und zu berücksichtigen. Daher muss man sich ein – manchmal rigoros – vereinfachtes Abbild der Wirklichkeit konstruieren, um damit die Wirklichkeit wenigstens grob erklären zu können. Diese Vereinfachung der wirtschaftlichen Wirklichkeit auf eine überschaubare Anzahl wesentlicher Zusammenhänge nennt man ein **Modell**.

Notwendigkeit der Modellbildung

Die Vereinfachung besteht dabei im Prinzip aus drei Schritten.

Vereinfachungen bei der Modellbildung

1. Es werden nur solche vermuteten Kausalbeziehungen berücksichtigt, von denen man annimmt, dass sie das zu erklärende Ereignis – hier die Arbeitslosigkeit – wesentlich beeinflussen.
2. Die Erklärungskette wird an bestimmten Stellen unterbrochen, weil man sich sonst in andere Wissensgebiete vorwagen müsste oder einfach deshalb, weil man eben nicht »alles auf einmal« erklären kann.
3. Die Kausalbeziehungen zwischen den berücksichtigten wirtschaftlichen Größen werden in möglichst einfacher Form quantifiziert.

Beschränkung auf die wesentlichen Einflussfaktoren

Die Bildung eines Modells lässt sich, ausgehend von Abbildung 1, anschaulich erläutern. Im ersten Schritt werden die Einflussfaktoren ausgewählt, deren Wirkung als wesentlich angesehen wird. Zur Illustration wollen wir annehmen, dass der Einfluss der Faktoren 3, 4, 5 und 6 auf die Arbeitslosigkeit vernachlässigbar sei (was in der Realität nicht der Fall sein muss), sodass diese Kausalbeziehungen in dem Modell unberücksichtigt bleiben können. Es verbleiben dann die unmittelbaren Einflussfaktoren 1 und 2 (Konsum- und Investitionsgüternachfrage). Im zweiten Schritt wird die Erklärungskette unterbrochen, z. B. bei den mittelbaren Einflussfaktoren A, B, C, D, E und F. Man berücksichtigt dann zwar, dass die Konsumnachfrage vom Einkommen der Haushalte (A), von ihrer Sparneigung (B) und ihrem Vermögen (C) abhängt und die Investitionstätigkeit von der Höhe der erwarteten Gewinne (D), dem erwarteten Absatz (E) und dem Zinssatz (F) bestimmt wird; Einkommen, Sparneigung, Vermögen, Gewinne, Absatz und Zinssatz werden ihrerseits aber nicht mehr erklärt. Sie sind **Daten** (exogene Variable) des Modells. Weil in diesem Fall bestimmte Einflussfaktoren konstant gehalten werden, spricht man auch von der **Ceteris-Paribus-Klausel** (ceteris paribus: wobei alles Übrige konstant bleibt). Schließlich werden in einem dritten Schritt die aufgezeigten Kausalbeziehungen quantitativ in möglichst einfacher Form erfasst, indem zum Beispiel angenommen wird, dass zwischen der Höhe des Konsums der Haushalte und ihrem Einkommen eine proportionale Beziehung besteht.

Unterbrechung der Erklärungskette

Einfache mathematische Formulierung der Kausalbeziehungen

Abbildung 2 zeigt die Struktur des sich so ergebenden Modells, wobei (wie in Abbildung 1) zur Vereinfachung auf eine Quantifizierung der Hypothesen verzichtet worden ist.

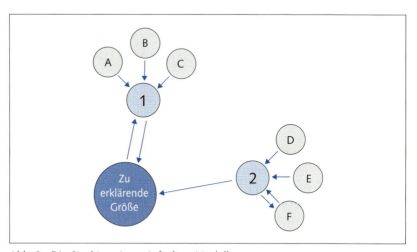

Abb. 2: Die Struktur eines einfachen Modells

Welchem Erklärungsanspruch kann ein solches Modell grundsätzlich gerecht werden? Offenbar kann das Modell nur dann die Wirklichkeit erklären, wenn die Auswahl der als wesentlich angesehenen Einflussfaktoren richtig getroffen und ihr genauer Einfluss auf die zu erklärende Größe exakt eingeschätzt wird. Beides wird in der Praxis nur unvollkommen gelingen. Die uneingeschränkt richtige Auswahl der wichtigen Einflussfaktoren scheitert im Allgemeinen daran, dass die exakte Trennung zwischen Wesentlichem und Unwesentlichem streng genommen voraussetzt, dass man die Erklärung schon kennt. Da dies in der Praxis eben nicht der Fall ist – sonst gäbe es nicht mehr viel zu erklären –, hat man in der Volkswirtschaftslehre nicht selten mehrere, miteinander **konkurrierende Erklärungsansätze** bzw. Modelle. Und die genaue Quantifizierung scheitert, weil die Kausalbeziehungen zwischen wirtschaftlichen Größen sehr häufig vom menschlichen Verhalten bestimmt werden. Menschliche Verhaltensweisen aber unterliegen Schwankungen und können deshalb nie so exakt berechnet werden wie zum Beispiel die Umlaufbahn von Satelliten um die Erde.

Beide Faktoren bewirken, dass ein Modell praktisch niemals geeignet ist, ein konkretes wirtschaftliches Ereignis genau zu erklären.

Für welches Modell soll man sich aber entscheiden, wenn unterschiedliche Erklärungen desselben wirtschaftlichen Vorgangs geliefert werden? Allgemein kann gesagt werden, dass dem Modell der Vorzug zu geben ist, das den geringsten Teil der Veränderungen der zu erklärenden Größe unerklärt lässt und zu empirischen Beobachtungen nicht in Widerspruch steht. Solange das verfügbare statistische Material einen solchen Rückschluss durch »Testen der Modelle« nicht eindeutig zulässt, gelten die konkurrierenden Erklärungsansätze gleichermaßen als (vorläufig) richtig, genauer: als nicht falsifiziert (widerlegt).

Um das Modelldenken zu üben, das Denken in wirtschaftlichen Kausalzusammenhängen und Interdependenzen, haben wir zum vorliegenden Buch eine CD-ROM entwickelt, die es erlaubt, das Denken in den zentralen Modellen der Volkswirtschaftslehre interaktiv zu üben. Ein solches Denken ist unverzichtbar, weil nur auf diese Weise Zusammenhänge erkannt und eingeordnet werden können.

Ob die **Festsetzung wirtschaftspolitischer Ziele** zu den Aufgaben der Volkswirtschaftslehre gehört, ist seit langem umstritten. Das Problem liegt darin, dass Ziele bereits eine Bewertung wirtschaftlicher Sachverhalte voraussetzen und etwas Gewolltes, Angestrebtes zum Ausdruck bringen, also ein Urteil über das enthalten, was »sein soll«, ein so genanntes **Werturteil**. Setzt man z. B. als Ziel eine gleichmäßigere Einkommens- und Vermögensverteilung fest, so beinhaltet dies das Werturteil, dass eine solche Verteilung erstrebenswert ist. Ob und inwieweit nun Werturteile Platz in einer Wissenschaft haben, darüber waren und sind die Meinungen sehr geteilt (so genannte Werturteilsproblematik) – eine Frage, die weit über den Bereich der Volkswirtschaftslehre hinausgehend zu den Grundproblemen der Wissenschaften überhaupt zählt. In der Regel wird die Meinung vertreten, dass Werturteile (und damit auch Ziele) wissenschaftlich nicht ableitbar und

---

Randnotizen:

Erklärungsanspruch eines Modells ist begrenzt ...

... weil die Auswahl der wesentlichen Einflussfaktoren sehr schwierig ist ...

... und menschliche Verhaltensweisen Schwankungen unterliegen.

Modelle müssen an der Wirklichkeit überprüft werden.

Ist eine wissenschaftliche Formulierung der Ziele möglich?

überprüfbar sind und deshalb mit Wissenschaft im strengen Sinn nichts zu tun haben. Wo sie dennoch in die Beschreibung, Erklärung oder Prognose des Wirtschaftsprozesses einfließen, sind sie eindeutig als Wertungen kenntlich zu machen, um der Argumentation jede Scheinobjektivität zu nehmen. Um Missverständnisse zu vermeiden: Auch diese »wertfreie« Position erkennt die Existenz von Werturteilen, z. B. in Form der Zielsetzungen von Unternehmen, Haushalten und politischen Entscheidungsträgern, an. Sie nimmt diese Wertungen aber als »von außen gegeben«, als Daten hin. Die Festsetzung von gesellschaftspolitischen Zielen jedenfalls kann nach dieser Auffassung niemals Aufgabe der Wissenschaft sein, sondern muss rein politisch erfolgen. Dies wird an der gesellschaftspolitischen Diskussion über Einkommens- und Vermögensverteilung, Wachstum und Umwelt besonders deutlich.

Gesamtwirtschaftliche Ziele des Staates in der Bundesrepublik Deutschland

In der Bundesrepublik Deutschland sind die gesamtwirtschaftlichen Ziele im »Gesetz zur Förderung der Stabilität und des Wachstums der Wirtschaft« vom 08.06.1967 (im so genannten »Stabilitätsgesetz«, vgl. Kapitel 14, Abschnitt 3.5) festgelegt worden.

Für die Bundesrepublik gilt es, die vier Ziele Vollbeschäftigung, Stabilität des Preisniveaus, außenwirtschaftliches Gleichgewicht und stetiges und angemessenes Wirtschaftswachstum im Rahmen einer marktwirtschaftlichen Ordnung zu erreichen. Ein weiteres wichtiges Ziel, das häufig genannt wird, ist eine gleichmäßigere Einkommens- und Vermögensverteilung (vgl. Kapitel 25).

Je nachdem, wie viele Ziele in den gesamtwirtschaftlichen Zielkatalog einbezogen sind, spricht man vom »magischen« Dreieck, Viereck oder allgemein vom »magischen« Vieleck.

Das Verhältnis zwischen den Zielen ist komplex und die Ziele sind nur schwer gleichzeitig erreichbar.

Die Bezeichnung »magisch« soll dabei zum Ausdruck bringen, dass das Verhältnis zwischen den Zielen sehr komplex und allgemein kaum zu erfassen ist und vor allem, dass es schwierig ist, alle Ziele zugleich zu erreichen.

Insbesondere, wenn ein Ziel nur auf Kosten eines anderen (in stärkerem Ausmaß) verwirklicht werden kann, ist offenbar die gleichzeitige Erreichung aller Ziele unmöglich. Man spricht in diesem wichtigen Fall von einer **Zielkonkurrenz**. So wird z. B. häufig von einer Konkurrenz der Ziele Vollbeschäftigung und Preisstabilität oder Wachstum und Preisstabilität ausgegangen. Das hieße, ein Mehr an Beschäftigung oder Wachstum würde zu Lasten der Preisstabilität gehen. Nun sind aber die Beziehungen zwischen den Zielen nicht ein für allemal gegeben. Ob eine Zielkonkurrenz vorliegt, hängt entscheidend von der wirtschaftlichen Lage und den gewählten Instrumenten der Wirtschaftspolitik ab.

Die Zielbeziehung hängt ab ...

... von der Ausgangslage ...

So kann bei bestehender Massenarbeitslosigkeit und Preisstabilität eine Zunahme der staatlichen Nachfrage nach Gütern im Allgemeinen die Beschäftigung erhöhen, ohne das Ziel der Preisstabilität kurzfristig zu gefährden. Besteht hingegen schon eine Inflation, dann wird die Erhöhung der Staatsnachfrage zwar die Beschäftigungssituation verbessern, aber gleichzeitig die Preissteigerungstendenzen verstärken.

Wenn zur Bekämpfung der Arbeitslosigkeit eine Lohnsenkung bzw. »Lohnpause« vorgeschlagen wird, wie verschiedentlich vom *Sachverständigenrat zur Begutachtung der gesamtwirtschaftlichen Entwicklung*[2], dann wird dies als ein Instrument angesehen, das Vollbeschäftigung und Preisstabilität zugleich erreichen lässt.

... von den gewählten Instrumenten ...

Damit ist angesprochen, dass die vermutete Zielbeziehung auch von dem gewählten Erklärungsansatz (Modell) abhängt. Da, wie wir ausgeführt haben, oft mehrere, miteinander konkurrierende Erklärungsansätze existieren, gibt es auch für die gleiche Lage und das gleiche Instrument im vorhinein mehrere mögliche Zielbeziehungen. So wird insbesondere von den Gewerkschaften bestritten, dass Lohnsenkungen zu einer höheren Beschäftigung führen. Die Gewerkschaften würden also glauben, dass Lohnsenkungen vielleicht Preisstabilität, aber nicht Vollbeschäftigung herbeiführen könnten.

... und von dem gewählten Erklärungsansatz.

Man kann diese Frage inhaltlich nicht in der Einleitung diskutieren, aber wir wollen deutlich machen, vor welch schwierigen Aufgaben die Wirtschaftspolitik steht, die entscheiden muss, mit welchen Mitteln unter Abwägung der unterschiedlichsten Interessen welche Ziele, in welchem Umfang und in welcher Frist erreicht werden können und sollen.

Die Komplexität der Sachverhalte, die Existenz meist unterschiedlicher Theorien und die persönliche Fundierung von Werturteilen führt dazu, dass die Positionen, Meinungen und Begutachtungen von Ökonomen selten einhellig sind. Dennoch ist die Beschäftigung mit der Wirtschaft und der Wirtschaftswissenschaft von zentraler Bedeutung. Wirtschaft geht uns alle an (so *Jürgen Eick,* langjähriger Mitherausgeber der Frankfurter Allgemeinen Zeitung), Wirtschaft beeinflusst das Leben aller Bürger als Arbeiter, Konsument oder Sparer, als Steuerzahler, Geldanleger oder Schuldner, und Wirtschaft hat in gewisser Weise den funktionalen Primat (Vorrang) vor der Politik, weil die Wirtschaft den Entfaltungsbereich der Politik begrenzt (ob Zinssenkungen zu mehr Investitionen führen, entscheiden z. B. die Unternehmen oder ob Steuersenkungen den Konsum ankurbeln, entscheiden auch die Haushalte usw.). Die Politik kann Wirtschaft nicht befehlen, die Politik kann nur Anreize setzen und Rahmenbedingungen schaffen.

Wirtschaft ist von zentraler Bedeutung

---

2 Der Sachverständigenrat zur Begutachtung der gesamtwirtschaftlichen Entwicklung wurde vom Gesetzgeber 1963 ins Leben gerufen. Seine Aufgabe ist die periodische Begutachtung der gesamtwirtschaftlichen Entwicklung in der Bundesrepublik Deutschland zwecks Erleichterung der Urteilsbildung bei allen wirtschaftlichen Instanzen und in der Öffentlichkeit. Der Sachverständigenrat ist ein unabhängiges Gremium, das aus fünf Mitgliedern besteht, die – so fordert es das Gesetz – über besondere wirtschaftswissenschaftliche Kenntnisse und volkswirtschaftliche Erfahrungen verfügen müssen. Die Mitglieder des Sachverständigenrates werden auf Vorschlag der Bundesregierung vom Bundespräsidenten für die Dauer von fünf Jahren ernannt. Turnusmäßig scheidet jährlich ein Mitglied aus und ein neues Mitglied wird ernannt. Zu dem jeweiligen Jahresgutachten des Sachverständigenrates über die gesamtwirtschaftliche Lage und deren absehbare Entwicklung nimmt die Bundesregierung in ihrem Jahreswirtschaftsbericht Stellung. Treten auf Teilgebieten der Volkswirtschaft Entwicklungen ein, die die gesamtwirtschaftlichen Ziele gefährden, so erstellt der Sachverständigenrat ein Sondergutachten.

Dabei üben die Konzepte der Wirtschaftswissenschaft einen nachhaltigen Einfluss auf Politik und wirtschaftliche Praxis aus. So ist die Diskussion über die europäische Integration, über die Steuerreform, über die Reform des Gesundheitswesens und der sozialen Sicherheit, über Unternehmensverfassungen oder die Globalisierung der Weltwirtschaft entscheidend von ökonomischen Konzepten geprägt. *John Maynard Keynes* (1883–1946, einer der bedeutendsten Ökonomen überhaupt) glaubte sogar, dass die Welt von nicht viel anderem beherrscht wird: »Von dieser zeitgenössischen Stimmung (damals in der Weltwirtschaftskrise) abgesehen, sind aber die Gedanken der Ökonomen und Staatsphilosophen, sowohl wenn sie im Recht, als wenn sie im Unrecht sind, einflussreicher, als gemeinhin angenommen wird. Die Welt wird in der Tat durch nicht viel anderes beherrscht.« (Allgemeine Theorie der Beschäftigung, des Zinses und des Geldes, Berlin 1936, S. 323).

Literatur

Einen guten Überblick über die in der Einleitung angesprochenen Problemkreise gibt:

Bartel, Rainer: Charakteristik, Methodik und wissenschaftsmethodische Probleme der Wirtschaftswissenschaften, in: Wirtschaftswissenschaftliches Studium (WiSt), Heft 2, 1990, S. 54–59.

Aufgaben und Methoden der Volkswirtschaftslehre werden übersichtlich dargestellt in:

Stobbe, Alfred: Volkswirtschaftliches Rechnungswesen, 8. Aufl., Berlin u. a. 1994.

Heertje, Arnold: Die Bedeutung der deduktiven Methode für das Studium der Wirtschaftswissenschaften, in: Wirtschaftswissenschaftliches Studium (WiSt), 8. Jg. (1979), S. 145–149.

Speziell zur Modellbildung in der Ökonomik informiert allgemein verständlich:

Bombach, Gottfried: Die Modellbildung in der Wirtschaftswissenschaft, in: Studium Generale 18 (1965), S. 339–346.

Eine geschlossene Darstellung der Methoden bieten:

Kromphardt, Jürgen / Peter Clever / Heinz Klippert: Methoden der Wirtschafts- und Sozialwissenschaften, Wiesbaden 1979.

Einzelbeiträge zu Themenbereichen der Wissenschaftstheorie enthalten die Sammelbände:

Albert, Hans (Hrsg.): Theorie und Realität. Ausgewählte Aufsätze zur Wissenschaftslehre oder Sozialwissenschaften, 2. Aufl., Tübingen 1972.

Jochimsen, Reimut / Helmut Knobel (Hrsg.): Gegenstand und Methoden der Nationalökonomie, Köln 1971.

Raffée, Hans / Bodo Abel (Hrsg.): Wissenschaftstheoretische Grundlagen der Wirtschaftswissenschaften, München 1979.

1. Kapitel
Grundtatbestände von Wirtschaftsgesellschaften

LERNZIELE

Leitfrage:
Was sind Grundtatbestände des Wirtschaftens?
- Was sind Bedürfnisse?
- Wie werden Güter produziert?
- Wie lassen sich die Produktionsmöglichkeiten einer Volkswirtschaft beschreiben?
- Warum besteht Knappheit und welche Möglichkeiten gibt es, sie zu vermindern?
- Welche Vor- und Nachteile sind mit der Arbeitsteilung verbunden?
- Welche Kosten entstehen im Tauschprozess?
- Wie können Koordinationsprobleme grundsätzlich gelöst werden?
- Worin liegt der zentrale Unterschied im Koordinationsmechanismus einer Marktwirtschaft und einer zentralgeleiteten Wirtschaft?
- Welche Eigentumsordnung kennzeichnet ein kapitalistisches, welche ein sozialistisches Wirtschaftssystem?
- Welche »reinen« Formen von Wirtschaftssystemen gibt es?
- Welche Rolle spielen Institutionen im Tauschprozess?

Gegenstandsbereich der Wirtschaftswissenschaften ist die Analyse von Produktion, Distribution (Verteilung) und Konsum von Gütern und Dienstleistungen, und ihre zentrale Frage ist die Zuordnung knapper Mittel auf alternative Ziele, also die Frage der Allokation (Verteilung) der Ressourcen (Produktivkräfte) in einer Welt der Knappheit. Dieser Frage kann zunächst sehr grundlegend nachgegangen werden. In jeder Wirtschaftsgesellschaft haben die Menschen eine Fülle von Wünschen und Bedürfnissen. Die Mittel, die zur Befriedigung dieser Bedürfnisse dienen, nennt man Güter. Güter müssen in der Regel produziert werden, d. h. man benötigt Mittel zur Erstellung von Gütern (Produktionsmittel). Die Produktionsmittel, über die eine Volkswirtschaft verfügt, sind begrenzt und damit auch die Güter, die maximal produziert werden können, die Produktionsmöglichkeiten. Im Gegensatz zu im Prinzip unendlichen Bedürfnissen gibt es also in jeder Wirtschaftsgesellschaft nur in begrenztem Umfang Güter, sodass Knappheit existiert. Diese Knappheit kann nur vermindert werden, wenn man entweder die Bedürfnisse einschränkt oder die Produktionsmöglichkeiten erhöht. Der wichtigste und in allen Gesellschaften verwirklichte Weg zur Erhöhung der Produktionsmöglichkeiten ist Arbeitsteilung und Tausch der arbeitsteilig erstellten Güter. Mit der Arbeitsteilung ergibt sich das Problem der Koordination der Wirtschaftspläne der Wirtschaftssubjekte. Eine Koordination setzt wiederum geeignete Informations- und Sanktionssysteme (auch Motivationssysteme genannt) voraus. Diese werden in unterschiedlichen Wirtschaftssystemen in unterschiedlicher Weise organisiert. Darüber hinaus existieren in jedem Wirtschaftssystem Institutionen, die die Koordination der Wirtschaftspläne in der arbeitsteiligen Tauschwirtschaft erleichtern. Damit gibt es folgende Grundtatbestände des Wirtschaftens:

- Bedürfnisse
- Güter
- Produktion
- Produktionsmöglichkeiten
- Knappheit
- Arbeitsteilung
- Tausch
- Koordination
- Wirtschaftssystem und
- Institutionen.

Diese werden im Folgenden beschrieben.

1 Bedürfnisse

Bedürfnisse sind Gefühle des Mangels.

Bedürfnisse lassen sich allgemein definieren als Gefühle des Mangels, die von dem Wunsch begleitet sind, den Mangel zu beseitigen. In genauerer Differenzierung unterscheidet man häufig das Bedürfnis als handlungswirksame Antriebsempfindung, das aber noch nicht auf konkrete Objekte der Bedürfnisbefriedigung gerichtet ist und den Bedarf, der sich auf ein konkretes Objekt richtet. Über die häufig zu findende Gliederung der Bedürfnisse in »primäre« (angeborene, triebhafte) und »sekundäre« (aus den sozialen Kontakten erworbene) Bedürfnisse hinaus kann man mit dem amerikanischen Psychologen A. MASLOW mehrere **Bedürfnisebenen** unterscheiden:

(1) Grundbedürfnisse (physiologische Bedürfnisse), also Hunger, Durst, Verlangen nach Schlaf, Wohnung und Sexualität.
(2) Sicherheitsbedürfnisse, die sich darauf richten, die Befriedigung der Grundbedürfnisse auch für die Zukunft zu sichern.
(3) Soziale Bedürfnisse, die aus den sozialen Kontakten des Individuums hervorgehen und sich in dem Wunsch nach Leben in der Gemeinschaft, nach Geselligkeit und ähnlichem niederschlagen. Man spricht auch vom Bedürfnis nach Zugehörigkeit.
(4) Wertschätzungsbedürfnisse, die sich auf Anerkennung und Bestätigung durch andere richten.
(5) Entwicklungsbedürfnisse, die insbesondere auf Selbstverwirklichung zielen und sich von dem Wunsch nach Bestätigung durch die Gesellschaft lösen.

Mehrere Bedürfnisebenen können unterschieden werden.

Die verschiedenen Bedürfnisebenen stehen nicht beziehungslos nebeneinander, sondern bauen aufeinander auf: Solange die Grundbedürfnisse nicht ausreichend befriedigt sind, sind sie bestimmend für die menschlichen Bedürfnisse überhaupt und überdecken die übrigen Bedürfnisebenen. Erst wenn die Grundbedürfnisse befriedigt sind, will der Mensch mehr, zunächst eine gewisse Sicherheit. Wenn diese gegeben ist, strebt er nach sozialen Kontakten, innerhalb derer der Mensch Anerkennung und Bestätigung von außen sucht, was schließlich das Bedürfnis nach Selbstverwirklichung entstehen lässt.

Auch innerhalb der einzelnen Bedürfnisebenen kann man eine Stufenleiter erkennen, die von dem Wunsch nach einer beliebigen und möglichst ausreichenden bis zu einer qualitativ hochwertigen und exzessiven Form der Bedürfnisbefriedigung reicht. Auf das Grundbedürfnis Hunger bezogen bedeutet dies: In Zeiten akuter Mangellage ist es dem Menschen nahezu gleichgültig, durch welche Güter (»Brot oder Kartoffeln«) sein Hunger gestillt wird. In Zeiten des Überflusses aber entsteht im Zusammenhang mit der Entwicklung der übrigen Bedürfnisebenen der Wunsch nach qualitativ immer besseren, differenzierteren und quantitativ umfassenderen Formen der Befriedigung des Grundbedürfnisses, es entsteht der Wunsch nach »Kaviar und Rehrücken«. Die Abbildung 1.1 zeigt die verschiedenen Bedürfnisebenen in Form der so genannten *MASLOW*-Pyramide:

Stufenleiter der Bedürfnisse

Wichtig ist, zu erkennen, dass eine Wechselbeziehung zwischen den auftretenden Bedürfnissen und dem Grad der Bedürfnisbefriedigung besteht. Es scheint, als wenn in doppelter Beziehung eine bessere Bedürfnisbefriedigung zu einer Zunahme der Bedürfnisse führt: Zum einen durch die Erschließung »höherer« Bedürfnisebenen, zum anderen durch eine angestrebte bessere Befriedigung der schon bisher vorhandenen Bedürfnisse (qualitativ und quantitativ).

Wechselbeziehungen zwischen Bedürfnisbefriedigung und Bedürfnissen

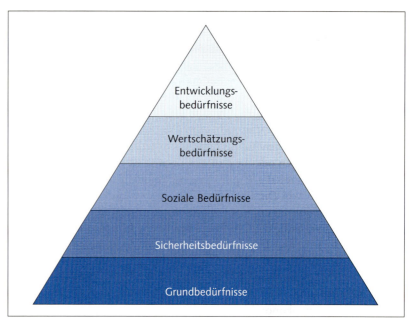

Abb. 1.1: Die verschiedenen Bedürfnisebenen

In welchem Umfang Bedürfnisse angeboren sind bzw. in welchem Umfang sie durch Werbung, durch die Entwicklung neuer Produkte oder durch die Lebensumstände verändert werden (können), ist nicht genau bekannt. Die Position der Ökonomie – als etwa allgemein akzeptierte Anschauung von Wirtschaftswissenschaftlern – ist die Folgende: Es wird angenommen, dass Bedürfnisse als grundlegende Antriebsempfindungen für Leben, Gesundheit, Unterhaltung, Anerkennung usw. sich im Zeitablauf nicht substanziell ändern und dass sich auch die Bedürfnisse von Menschen in verschiedenen Kulturen und Gesellschaften nicht sehr voneinander unterscheiden, dass aber der konkrete Bedarf erheblichen Veränderungen unterworfen ist. Um nur ein Beispiel zu nennen: Das Bedürfnis nach Unterhaltung ist vermutlich universell und zeitlos gegeben. Der Bedarf nach einer Buschtrommel, einem Buch, einem Farbfernsehgerät oder einem Handy ist aber abhängig von den Lebensumständen, von der Entwicklung solcher Produkte und von der Werbung.

Sind Bedürfnisse angeboren oder veränderbar?

2 Güter

Güter sind Mittel der Bedürfnisbefriedigung, sei es direkt oder auf Umwegen, ihr Verbrauch bzw. ihre Nutzung erhöht die Wohlfahrt der Menschen.

Güter lassen sich nach zahlreichen Gesichtspunkten einteilen; üblich ist vor allem eine Differenzierung nach ihrem materiellen Gehalt, nach ihrer Dauerhaftigkeit und nach ihrem primären Verwendungszweck.

Güter sind Mittel der Bedürfnisbefriedigung.

Nach ihrem materiellen Gehalt unterscheidet man Sachgüter und Dienstleistungen. **Sachgüter**, wie Brot und Bier, haben einen materiellen Gehalt und sie sind daher lagerfähig. **Dienstleistungen** sind immateriell. Bei ihnen fallen Produktion und Verbrauch zeitlich zusammen, sie sind nicht lagerfähig und Eigentumsrechte können kaum definiert und durchgesetzt werden. Beispiele sind die Dienstleistungen eines Arztes, eines Busfahrers oder einer Sängerin. Wenn in der Ökonomie allgemein von Gütern gesprochen wird, sind in der Regel sowohl Sachgüter als auch Dienstleistungen gemeint. Daneben lässt sich streng genommen eine weitere Kategorie von Gütern abgrenzen, die **Nutzungen** oder Leistungen, die von den Produktionsfaktoren Arbeit, Boden und Kapital abgegeben werden (vgl. auch Abschnitt 3). Diese unterscheiden sich von Dienstleistungen dadurch, dass man Eigentum an den Produktionsfaktoren und ihren Nutzungen erwerben kann.

Einteilung der Güter: nach ihrem materiellen Gehalt ...

Nach der Dauerhaftigkeit der Nutzung unterscheidet man **dauerhafte Güter**, die während ihrer Lebenszeit einen Strom von Nutzungen abgeben, wie z. B. ein Kühlschrank oder ein PC, und **nicht dauerhafte Güter**, die bei ihrer Verwendung einer Verwandlung unterworfen sind oder untergehen, wie z. B. Nahrungsmittel oder Energie. Dauerhaftigkeit ist hier also kein physisches, sondern ein ökonomisches Konzept.

... nach ihrer Dauerhaftigkeit ...

Nach dem Verwendungszweck unterscheidet man vor allem **Konsumgüter**, die der unmittelbaren Befriedigung von Bedürfnissen dienen wie z. B. Bier oder die Nutzung eines Fernsehgerätes, und **Produktionsgüter**, die zur Herstellung anderer Güter dienen und nur mittelbar der Bedürfnisbefriedigung dienen, wie z. B. Bagger oder Baukräne.

... nach ihrem Verwendungszweck

In Kombination der Kriterien lassen sich jetzt dauerhafte Konsumgüter, die auch **Gebrauchsgüter** genannt werden, und nichtdauerhafte Konsumgüter, die auch **Verbrauchsgüter** genannt werden, genauso unterscheiden wie dauerhafte Produktionsgüter, die auch **Produktionsfaktoren** genannt werden, und nichtdauerhafte Produktionsgüter. Abbildung 1.2 stellt die Einteilungen zusammen.

3 Produktion

Produktion ist der von Menschen gelenkte Erstellungsprozess von Sachgütern und Dienstleistungen unter Einsatz von Produktionsmitteln. Alle Güter, die in einem solchen Produktionsprozess eingesetzt werden, nennt man Produktionsgüter oder **Produktionsmittel**. Die dauerhaften Produktionsmittel nennt man üblicherweise **Produktionsfaktoren.** Diese gehen nicht selbst in die produzierten Güter ein, sondern nur die von ihnen abgegebenen Nutzungen oder Leistungen; die Produktionsfaktoren selbst bleiben über längere Zeiträume erhalten.

Bei den Produktionsfaktoren unterscheidet man meist Arbeit, Boden und Kapital. Der Produktionsfaktor **Arbeit** ist das gesamte Arbeitskräftepotenzial einer Wirtschaftsgesellschaft einschließlich der in der Arbeitskraft ste-

Einteilung der Produktionsfaktoren

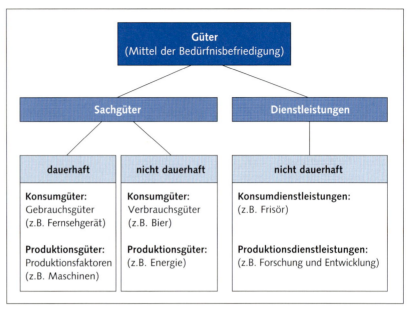

Abb. 1.2: Einteilung der Güter

ckenden Potenziale an Wissen und Fähigkeiten. Zum Produktionsfaktor **Boden** zählt man die für die Produktion verwendete Bodenfläche einschließlich der von der Natur bzw. Umwelt abgegebenen Nutzungen. Der Produktionsfaktor **Kapital** umfasst die produzierten Produktionsmittel, die Werkzeuge, die Maschinen, die Gebäude und die Anlagen sowie die Infrastruktur in Form der Verkehrs- und Kommunikationswege. Kapital ist in diesem Sinne als **Realkapital** zu sehen, nicht als eine Geldsumme, die dem Wert des Realkapitals entspricht bzw. zu seinem Kauf verwendet werden kann (Geldkapital).

Kapitalbildung durch Sparen und Investieren

Kapital entsteht durch Sparen und Investieren. Zunächst muss ein Konsumverzicht vorliegen (= Sparen). Damit werden Ressourcen freigesetzt, mit denen das Kapitalgut erstellt werden kann. Diese Ressourcen müssen dann auch tatsächlich für die Kapitalbildung eingesetzt werden (= Investieren): Die Erhöhung des Bestands an Kapitalgütern wird **Investition** genannt, sie erhöht die zukünftigen Produktions- und Einkommensmöglichkeiten einer Gesellschaft.

Produktionsumweg

Dieser Zusammenhang sei anhand des von Böhm-Bawerk (österreichischer Nationalökonom, 1851–1914) verwendeten Beispiels illustriert: Ein Fischer fängt täglich drei Fische und verwendet diese zur Ernährung seiner Familie. Dieser Fischer entschließt sich nun zu sparen und legt jeden Tag einen Fisch zur Vorratshaltung beiseite (= Konsumverzicht). Nach neun Tagen sind genügend Fische angesammelt worden, damit der Fischer drei Tage lang ein Netz knüpfen kann (= Investition), ohne dass er und seine Familie verhungern. Dies ist ein Produktionsumweg, der die Produktivität nachfolgend erhöht: Mit dem Netz kann der Fischer täglich mehr als drei Fische fangen.

Die Produktivität der Produktionsfaktoren Arbeit, Boden und Kapital wird entscheidend vom **Stand des technischen Wissens** beeinflusst. Die Zunahme des technischen Wissens, der technische Fortschritt, führt zur Entwicklung und Verbreitung neuerer und/oder verbesserter Produkte und Produktionsverfahren. Dieser technische Fortschritt wird bisweilen auch als eigenständiger Produktionsfaktor definiert; in der Regel wird aber der technische Fortschritt nur in seiner Wirkung auf die Produktivität der vorhandenen Faktoren erfasst.

Technischer Fortschritt erhöht die Produktivität.

Neben den dauerhaften Produktionsmitteln werden im Produktionsprozess auch nichtdauerhafte Produktionsmittel wie z. B. Rohstoffe, Verbrauchsmaterial und Energie eingesetzt. Sofern diese nichtdauerhaften Produktionsmittel von anderen Unternehmen geliefert werden – was meistens der Fall ist –, nennt man sie auch **Vorleistungen.**

Eine zentrale Fragestellung der Ökonomen ist die Analyse der Möglichkeiten, eine gegebene Produktion mit den geringsten Kosten bzw. mit gegebenen Kosten eine größtmögliche Produktionsmenge zu erstellen. Dieser Fragestellung gehen wir im fünften Kapitel nach. Hier im ersten Kapitel erläutern wir das zentrale Konzept der insgesamt beschränkten Produktionsmöglichkeiten, das Konzept der Transformationskurve.

4 Produktionsmöglichkeiten

Der Bestand an Produktionsfaktoren begrenzt die Produktionsmöglichkeiten einer Volkswirtschaft.

Diese Tatsache kann anhand einer einfachen Modelldarstellung – der Kurve der volkswirtschaftlichen Produktionsmöglichkeiten – verdeutlicht werden. Wir nehmen an, in einer Volkswirtschaft werden nur zwei Güter – ein Konsumgut (Nahrungsmittel) und ein Investitionsgut (Maschinen) – hergestellt. Setzt man alle vorhandenen Produktionsfaktoren zur Produktion von Nahrungsmitteln ein, ohne Produktionsfaktoren zu verschwenden, so kann man höchstens eine bestimmte Menge Nahrungsmittel herstellen (z. B. 1.000 Tonnen). Setzt man hingegen alle vorhandenen Produktionsfaktoren zur Produktion von Maschinen ein, so kann man auch hiermit nur eine bestimmte Höchstmenge (z. B. 500 Maschinen) erzeugen (vgl. Abbildung 1.3).

Die entscheidende Überlegung ist nun: Will man, ausgehend von der Höchstmenge an überhaupt produzierbaren Nahrungsmitteln, auch einige Maschinen erstellen (z. B. 100), so ist dies nur möglich, wenn ein Teil der Produktionsmittel, die bisher für die Nahrungsmittelproduktion eingesetzt wurden, jetzt zur Maschinenproduktion verwendet wird. Folglich können jetzt nur weniger als 1.000 Tonnen Nahrungsmittel erzeugt werden (z. B. 860). In der Volkswirtschaft wird damit der Punkt A in Abbildung 1.3 ver-

Die Produktionskapazität einer Volkswirtschaft ist begrenzt.

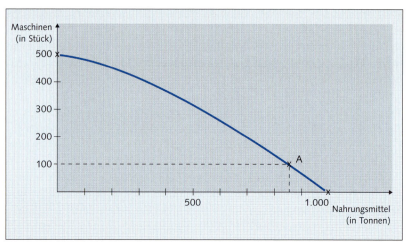

Abb. 1.3: Die Transformationskurve

wirklicht. Ausgehend von diesen Produktionsmengen (100 Maschinen, 860 Tonnen Nahrungsmittel) kann die obige Überlegung wiederholt werden: Will man noch mehr Maschinen erzeugen, so müssen weitere Produktionsfaktoren für die Maschinenproduktion abgezogen werden. Die Mehrproduktion von einem Gut ist also nur auf Kosten der Produktion des anderen Gutes möglich. Diesen Verzicht auf die Produktion des »anderen« Gutes nennt man **Opportunitätskosten**. Sämtliche Produktionsmengen der beiden Güter, die in der betrachteten Volkswirtschaft hergestellt werden können, liegen also auf einer fallenden Kurve (vgl. Abbildung 1.3).

Man nennt diese Kurve die Kurve der volkswirtschaftlichen Produktionsmöglichkeiten oder auch (volkswirtschaftliche) **Transformationskurve**. Sie bringt in Modellform die Begrenztheit der Güterproduktion jeder Volkswirtschaft plastisch zum Ausdruck.

> Bei vollständigem und effizientem Einsatz der Produktionsfaktoren kann die Produktion eines Gutes nur auf Kosten der Produktion eines anderen Gutes ausgedehnt werden.

> Die Transformationskurve gibt alle Gütermengenkombinationen an, die in der Volkswirtschaft mit dem gegebenen Bestand an Produktionsfaktoren maximal produziert werden können.

Der Leser mag sich fragen, warum die Transformationskurve nach oben gekrümmt (konkav) gezeichnet worden ist. Ökonomisch bedeutet dies, dass die Produktion weiterer Mengeneinheiten des einen Gutes nur durch Verzicht auf immer größere Mengen des anderen Gutes erreicht werden kann. Die einfachste Erklärung ist die, dass es immer schwieriger wird, die Produktionsfaktoren, die bisher für die Herstellung von Nahrungsmitteln eingesetzt wurden, bei der Erzeugung von Maschinen zu verwenden, weil die Ergiebigkeit eines bestimmten Produktionsfaktors in der Regel in einer der beiden Produktionen größer ist (»Ein Dreher ist meist kein guter Melker«).

Erhöht sich der Bestand an Produktionsfaktoren, so ist klar, dass mehr von jedem Gut erzeugt werden kann: Die Transformationskurve verschiebt sich nach außen. Zu einer solchen Verschiebung kann es z. B. dadurch kommen, dass die Volkswirtschaft mit der Zeit ihren Bestand an Kapitalgütern erhöht. Eine andere Möglichkeit, die Transformationskurve nach außen zu verschieben, stellt der technische Fortschritt dar, der, einfach ausgedrückt, die Qualität der Produktionsfaktoren verbessert.

Es ist keine Selbstverständlichkeit, dass die tatsächliche Produktion der Volkswirtschaft einem Punkt auf der Transformationskurve entspricht. Werden nicht alle Produktionsfaktoren beschäftigt (z. B. infolge Arbeitslosigkeit), so verzichtet die Volkswirtschaft auf einen Teil ihrer Produktionsmöglichkeiten. Es besteht **Unterbeschäftigung** eines oder mehrerer Produktionsfaktoren (vgl. Abbildung 1.4, Punkt B, der eine Gütermengenkombination darstellt, bei der ungefähr 330 Maschinen und 135 t Nahrungsmittel produziert werden, während z. B. ca. 330 Maschinen und 580 t Nahrungsmittel bzw. 135 t Nahrungsmittel und 480 Maschinen erstellt werden könnten).

Verschiebung der Transformationskurve

Produktionsfaktoren können unterbeschäftigt sein.

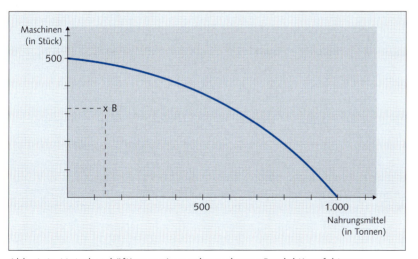

Abb. 1.4: Unterbeschäftigung eines oder mehrerer Produktionsfaktoren

5 Knappheit

Wir haben bisher die Bedürfnisse, die Produktion und die Produktionsmöglichkeiten betrachtet. Wie wir festgestellt haben, sind die Produktionsmöglichkeiten einer Volkswirtschaft zu einem gegebenen Zeitpunkt begrenzt. Wie aber sieht es mit dem Wunsch aus, Güter zur Befriedigung der Bedürfnisse zu erhalten? Es ist schwierig, die Bedürfnisse einer Volkswirtschaft mengenmäßig zu erfassen. Man wird aber davon ausgehen können, dass sich bei vollständiger Erfüllung sämtlicher Bedürfnisse Gütermengenkombinationen ergeben, die außerhalb der Transformationskurve der Volkswirtschaft liegen (vgl. Punkt A in Abbildung 1.5).

> Das aber bedeutet, dass die Güter, gemessen an den Bedürfnissen, knapp sind. Sie sind deshalb knapp, weil nicht beliebig viele Produktionsfaktoren zur Herstellung der Güter zur Verfügung stehen.

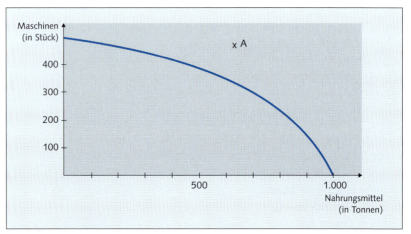

Abb. 1.5: Bedürfnisse und Produktionsmöglichkeiten

Knappheit als Grundgesetz der Ökonomie

Die Knappheit ist zentrales Charakteristikum **aller** Wirtschaftsgesellschaften, Knappheit ist das Grundgesetz der Ökonomie: Zwar ist es denkbar, dass einzelne Menschen »wunschlos glücklich« sind und die Knappheit individuell nicht spüren. Aber für eine Wirtschaftsgesellschaft insgesamt übersteigt die Summe der Bedürfnisse die Summe der Produktionsmöglichkeiten in jedem Fall. Die Fülle individueller Wünsche z. B. nach einem Auto, einem Haus oder einer Weltreise und die Fülle der gesellschaftlichen Aufgaben, z. B. im Bereich der Bildung, der Gesundheit oder der Verkehrsinfrastruktur, mag die Knappheit anschaulich machen und der Hinweis auf die Armut in weiten Teilen der Welt (vgl. Kapitel 30) macht die Knappheit als zentrales Problem der Weltwirtschaft deutlich.

Die Existenz von Knappheit erfordert Wirtschaften als planmäßigen Einsatz knapper Güter zur Erfüllung menschlicher Bedürfnisse. Und die zentrale Aufgabe der Wirtschaftswissenschaft ist es zu erforschen, wie die Knappheit vermindert werden kann. Als wesentliche Organisationsform des Wirtschaftens gilt die Arbeitsteilung, die in herausragender Weise geeignet ist, die Knappheit zu vermindern.

6 Arbeitsteilung

Menschliches Wirtschaften beginnt, historisch gesehen, mit der einfachen Selbstversorgungswirtschaft. Hier produzieren die Menschen das, was sie konsumieren im Wesentlichen selbst und das, was sie produzieren, konsumieren sie im Wesentlichen selbst. Auf Grund der Vorteilhaftigkeit der Arbeitsteilung entstand dann im Zuge der Entwicklung der Menschheit eine zunehmend arbeitsteilige Produktion. Die Vorteilhaftigkeit der **Arbeitsteilung** wird besonders anschaulich im berühmten Stecknadelbeispiel von *Adam Smith* (1723–1790, Begründer der Volkswirtschaftslehre) dargestellt:

»Der eine Arbeiter zieht den Draht, ein anderer streckt ihn, ein dritter schneidet ihn ab, ein vierter spitzt ihn zu, ein fünfter schleift ihn am oberen Ende, damit der Kopf angesetzt werden kann. Die Anfertigung des Kopfes macht wiederum zwei oder drei verschiedene Tätigkeiten erforderlich: das Ansetzen desselben ist eine Arbeit für sich, das Weißglühen der Nadeln ebenso, ja sogar das Einwickeln der Nadeln in Papier bildet eine selbständige Arbeit. Auf diese Weise zerfällt die schwierige Aufgabe, eine Stecknadel herzustellen, in etwa achtzehn verschiedene Teilarbeiten, die in manchen Fabriken alle von verschiedenen Händen ausgeführt werden, während in anderen zuweilen zwei oder drei derselben von einem Arbeiter allein besorgt werden. Ich habe eine kleine Manufaktur dieser Art gesehen, in der nur zehn Mann beschäftigt waren und folglich einige zwei oder drei verschiedene Arbeiten zu übernehmen hatten. Obgleich sie nur sehr arm und infolgedessen mit den nötigen Maschinen nur ungenügend versehen waren, so konnten sie doch, wenn sie sich tüchtig daran hielten, an einem Tage zusammen etwa zwölf Pfund Stecknadeln anfertigen. Ein Pfund enthält über viertausend Nadeln mittlerer Größe. Diese zehn Arbeiter konnten demnach täglich über achtundvierzigtausend Nadeln herstellen. Da nun auf jeden der zehnte Teil von achtundvierzigtausend Nadeln entfällt, so kann man auch sagen, dass jeder täglich viertausendachthundert Nadeln herstellte. Hätten sie dagegen alle einzeln und unabhängig voneinander gearbeitet und wäre niemand besonders angelernt gewesen, so hätte gewiss keiner zwanzig, vielleicht sogar nicht einmal einer eine Nadel täglich anfertigen können, d. h. sicher nicht den zweihundertvierzigsten, vielleicht nicht einmal den viertausendachthundertsten Teil von dem, was sie jetzt infolge einer entsprechenden Teilung und Vereinigung der verschiedenen Arbeitsvorgänge zu leisten imstande sind.« (*Smith, Adam*, Der Reichtum der Nationen 1924, englisches Original 1776, S. 5 ff. Dieses klassische Buch ist einer der größten Erfolge der wirtschaftswissenschaftlichen Weltliteratur.)

Stecknadelbeispiel von Adam Smith

Aus dem Stecknadelbeispiel lässt sich der **Begriff der Arbeitsteilung** ableiten. Man versteht darunter die Zerlegung der Produktion in Teilverrichtungen, die von spezialisierten Arbeitern oder Betrieben durchgeführt werden. Vollzieht sich die Spezialisierung innerhalb eines Betriebes, so spricht man von **innerbetrieblicher** Arbeitsteilung. Vollzieht sie sich zwischen Betrieben, so spricht man von **zwischenbetrieblicher** Arbeitsteilung. Gehören

Begriff der Arbeitsteilung

die Betriebe dabei zu unterschiedlichen Volkswirtschaften, so liegt **internationale Arbeitsteilung** vor.

Vorteile der Arbeitsteilung

Die Vorteile der Arbeitsteilung liegen auf der Hand:
- Arbeitsteilung ermöglicht den Einsatz spezialisierter Maschinen und damit kostengünstige Massenproduktion.
- Die Spezialisierung auf einige wenige Tätigkeiten erhöht die Schnelligkeit, mit der diese Tätigkeiten ausgeführt werden können.
- Menschen mit den unterschiedlichsten Fertigkeiten können so im Produktionsprozess eingesetzt werden, dass ihre speziellen Fertigkeiten am besten ausgeschöpft werden.

Nachteile der Arbeitsteilung

Es darf aber nicht übersehen werden, dass mit der Arbeitsteilung auch Nachteile verbunden sind:
- Die Arbeit wird fremdbestimmt, d. h. man produziert nicht mehr das, was man konsumiert, und konsumiert nicht mehr das, was man produziert. Dies begründet die Notwendigkeit von Hierarchien und die Schaffung von Leistungsanreizen.
- Arbeitsteilung zwingt zu einer straffen Arbeitsdisziplin.
- Arbeitsteilung schafft Abhängigkeiten der Menschen, Betriebe usw. voneinander, die in Krisenzeiten zu Versorgungsproblemen führen können.
- Sofern die Art und Menge der Nachfrage im Voraus nicht mit Sicherheit bekannt ist, kann es zu Über- und Unterproduktion kommen.
- Da nur noch Teile gefertigt werden, geht die Beziehung zum Arbeitsprodukt verloren.
- Mit der Fließbandfertigung können auch negative psychische Rückwirkungen verbunden sein. Einseitige Beanspruchung des Beschäftigten und vorgegebenes Arbeitstempo vermindern oft die Arbeitslust.

Arbeitsteilung ist eine wesentliche Quelle der Wohlstandssteigerung.

Per Saldo überwiegen die wirtschaftlichen Vorteile der Arbeitsteilung ihre Nachteile bei weitem. Insgesamt ist die Arbeitsteilung die wesentliche Quelle der Produktivitätssteigerungen und damit die wesentliche Quelle der Wohlstandssteigerung der Menschheit.

Mittlerweile hat die Arbeitsteilung weltweite Dimensionen erreicht. Man spricht von einer Globalisierung der Weltwirtschaft. **Globalisierung** heißt nichts anderes als eine zunehmend weltweite (globale) Arbeitsteilung.

Gesellschaftlicher Charakter der Produktion

In der Arbeitsteilung, im Verzicht auf Selbstversorgung und in der Bereitschaft zur Spezialisierung offenbart sich der gesellschaftliche Charakter der Produktion. In der arbeitsteiligen Produktion sind die Menschen von anderen Menschen abhängig, die Gesellschaft ist auf die wirtschaftliche Leistung ihrer Mitglieder angewiesen und die Menschen benötigen gesellschaftliche Regeln zur Organisation der arbeitsteiligen Produktion. Arbeitsteilung bedeutet gesellschaftliches Wirtschaften.

7 Tausch, Transaktionen und Transaktionskosten

Die arbeitsteilige Wirtschaft ist zugleich eine Tauschwirtschaft. Wirtschaftssubjekte tauschen die von ihnen erstellten Güter auf dem Umweg über Lohnzahlungen und Geld in Güter, die ihrer unmittelbaren Bedürfnisbefriedigung dienen. Dieser Tausch setzt Märkte (vgl. Kapitel 2) und ein entwickeltes Geldwesen (vgl. Kapitel 16) voraus.

Im Zuge der Weiterentwicklung der Wirtschaftswissenschaft wird nicht nur der Austausch von Gütern als Tausch interpretiert, sondern letztlich das gesamte gesellschaftliche Handeln. Individuen tauschen nicht nur ihre Arbeitskraft gegen Lohn und Güter, sondern sie tauschen generell ihre Zeit und ihr Geld gegen Dinge, die sie für vorteilhaft halten. So tauschen z. B. Studierende Zeit und Geld gegen eine Berufsausbildung. Der Wahlbürger tauscht seine Stimme gegen die Wahlversprechen der Politiker und sogar persönliche Beziehungen wie z. B. die Ehe werden als Tauschbeziehung interpretiert. »Man bringt sich in diese Beziehung ein«, wenn man dies für vorteilhaft hält. Für den Fortgang der Analyse ist es nicht entscheidend, ob Sie einer so weitgehenden ökonomischen Analyse menschlichen Verhaltens folgen wollen, weil wir im Folgenden die Analyse auf den Gütertausch beschränken.

Gesellschaftliches Handeln wird als Tausch interpretiert.

In der neueren Wirtschaftstheorie wird der Tausch mittlerweile zunehmend als **Transaktion** bezeichnet, um den umfassenden Charakter von Tauschbeziehungen deutlich zu machen und diesem Sprachgebrauch müssen wir folgen.

Tausch als Transaktion

Jeder Tausch (= Transaktion) beruht auf Verträgen, auf so genannten Kontrakten. Das sind entweder so genannte **explizite Kontrakte**, also ausformulierte Verträge wie z. B. normale Kaufverträge. Oder es sind **implizite Kontrakte**, denen nicht ausformulierte und nicht ausgesprochende Erwartungen zu Grunde liegen. Wenn Sie in Ihrer Stammkneipe ein »König Pils«[1] bestellen, ist dies ein einfacher impliziter Kontrakt: Sie erwarten, ein frisches Bier Ihrer Wahl zu bekommen und der Wirt erwartet die Bezahlung. Wenn Sie ein Haus kaufen, schließen Sie in der Regel einen genau ausformulierten Kaufvertrag, in dem sehr viele Eventualitäten geregelt sind: Dies ist ein expliziter Kontrakt. Und wenn Sie sich an einer Hochschule für einen Studiengang einschreiben, schließen Sie einen recht impliziten Vertrag: Hier haben Sie nur sehr grobe implizite Erwartungen hinsichtlich Inhalt, Qualität und Dauer der Ausbildung.

In diesen Beispielen wird ein Wesensmerkmal von Transaktionen (= Tauschbeziehungen) deutlich: Wesensmerkmal von Transaktionen ist die Unsicherheit, die Unvollkommenheit der Information darüber, ob sich die Transaktion lohnt, ob die Erwartungen auch erfüllt werden. Dies begründet die Notwendigkeit, Informationen einzuholen, um die Vorteilhaftigkeit der Transaktion beurteilen zu können. Die Kosten dieser Information, wenn

Wesensmerkmal von Transaktionen ist die Unsicherheit.

---

[1] Dies Buch wird nicht von »König Pils« gesponsert; »König Pils« ist nur das Lieblingsbier der Autoren.

Transaktionskosten

man diese Information einholt, werden als **Transaktionskosten** bezeichnet. Solche Transaktionskosten sind vor allem:

- Kosten der Sammlung von Informationen über Preise, Qualitäten und Modalitäten;
- Kosten der Aushandlung und des Abschlusses von Verträgen und
- Kosten der Kontrolle der Einhaltung der Verträge z. B. in Bezug auf Termine, Qualitäten und Mengen.

Transaktionskosten sind also in aller Regel Informations- und Kommunikationskosten. Sie bestehen zu einem großen Teil aus dem Zeitverbrauch für die oben genannten Aktivitäten.

Transaktionskosten hängen von der Komplexität der Tauschbeziehung ab. Sie sind niedrig, im Grunde gleich Null, wenn Sie in Ihrer Stammkneipe Ihr »König Pils« bestellen. Sie sind höher, wenn Sie z. B. einen Anzug kaufen und sie sind sehr hoch, wenn Sie ein Haus kaufen, einen Standort für Ihre Existenzgründung suchen oder wenn Sie einen Lebensgefährten auswählen.

Zentrale Bedeutung der Transaktionskosten

Transaktionskosten, die in einer Tauschwirtschaft als eigenständige Kostenkategorie neben den Produktionskosten und neben den Transportkosten zu unterscheiden sind, spielen eine sehr große Rolle im Wirtschaftsleben entwickelter Wirtschaftsgesellschaften: Sie werden mittlerweile auf etwa 60 Prozent des Bruttoinlandsprodukts (vgl. Kapitel 9) geschätzt. Da im Zuge der Globalisierung der Weltwirtschaft Arbeitsteilung und Tausch zunehmen, werden grundsätzlich auch die Transaktionskosten steigen. Diese Zunahme der Transaktionskosten, die ja im Wesentlichen Informationskosten sind, verstärkt die Bedeutung der Information und verstärkt den allgemeinen Trend der Entwicklung zur Informationsgesellschaft.

8 Koordination

Die beschriebene arbeitsteilige Tauschwirtschaft mit ihren vielen Millionen Produktions- und Konsumplänen muss koordiniert werden:

Das Koordinationsproblem

- Die Produktionspläne müssen aufeinander abgestimmt werden, d. h. die Rohstoffproduktion, die Produktion von Zwischenprodukten und die Produktion von Endprodukten muss in vielfältiger Weise koordiniert werden, z. B. so, dass genügend Stahl, genügend Blech oder genügend Speicherchips für die Automobilproduktion erstellt werden und
- die Produktionspläne müssen den Konsumplänen der Verbraucher entsprechen.

In diesem Zusammenhang müssen folgende zentrale Fragen geklärt werden:
- Was soll produziert werden?
- Wie viel soll produziert werden?
- Wie soll produziert werden, mit welcher Produktionstechnik und in welcher Organisationsform?

- Für wen soll produziert werden? Wer erhält was und wie viel vom Produktionsergebnis?

Dies ist insgesamt ein riesiges Koordinationsproblem, weil es viele Millionen von Gütern, von Produktionsverfahren und von Konsumenten mit ganz unterschiedlichen Präferenzen gibt, weil alle Entscheidungen interdependent sind und weil im Zuge des technischen Fortschritts die Produktionsverfahren und im Zuge der gesellschaftlichen Entwicklung die Konsumentenpräferenzen einem permanenten Wandel unterworfen sind.

Eine Koordination setzt ein Informations- und ein Sanktionssystem (Motivationssystem) voraus: Die Wirtschaftssubjekte müssen über Produktionsmöglichkeiten und Konsumwünsche informiert werden und zugleich muss sichergestellt werden, dass die Wirtschaftssubjekte einen Anreiz haben, den Informationen gemäß zu handeln.

Information und Sanktion als Voraussetzung der Koordination

Abgesehen von sehr alten Gesellschaften, in denen häufig überlieferte Traditionen die Wirtschaftspläne koordiniert haben, gibt es zwei große Verfahren der Koordination der arbeitsteiligen Tauschwirtschaft: das Verfahren der zentralen Planung und das Verfahren der dezentralen Planung. Bei **zentraler Planung** entscheidet eine zentrale Instanz, meistens die Spitze des Staates, über Produktion und Konsum und setzt die Entscheidungen in einem System von Hierarchien mit direkten Leistungsanweisungen und Erfolgskontrollen durch. Weil die Entscheidungen von oben nach unten gefällt und durchgesetzt werden, spricht man auch von einer **vertikalen Koordination** (die Funktionsweise einer zentralen Planung wird im 3. Kapitel am Beispiel der ehemaligen DDR beschrieben). Bei einer **dezentralen Planung** entscheiden die Unternehmen und die Haushalte über Produktion und Konsum, gesteuert über den Preismechanismus in einer Wettbewerbsordnung und motiviert über das Privateigentum an Produktionsmitteln. Weil hier die Entscheidungen auf allen Ebenen formal gleichberechtigt getroffen werden und keiner zentralen Instanz unterliegen, spricht man auch von **horizontaler Koordination** (die Funktionsweise der dezentralen Planung wird im Kapitel 2 beschrieben).

Verfahren der Koordination:

... die zentrale Planung

... die dezentrale Planung

9 Wirtschaftssysteme

Wie gezeigt, ergibt sich aus der Tatsache der hochgradig arbeitsteiligen Produktion die Notwendigkeit, ein Wirtschaftssystem zu konzipieren, das insbesondere das Problem der sinnvollen Abstimmung der Wirtschaftspläne (Koordination) löst. Soll ein ungeordnetes Nebeneinander einzelwirtschaftlicher Tätigkeiten vermieden werden, so sind Regeln, Normen und Institutionen für wirtschaftliches Handeln erforderlich. Diese konstituieren das Wirtschaftssystem.

9.1 Wirtschaftssystem und Wirtschaftsverfassung

Das Wirtschaftssystem wird durch den organisatorischen Aufbau und Ablauf einer Volkswirtschaft bestimmt.

> Als **Wirtschaftssystem** bezeichnen wir den gesamten organisatorischen Aufbau und Ablauf einer Volkswirtschaft. Da diese Organisationsstruktur in einer hochgradig arbeitsteiligen Volkswirtschaft sehr komplex ist und viele Elemente umfasst, ist eine genauere inhaltliche Bestimmung des Begriffs Wirtschaftssystem schwierig. Trotzdem wird eine solche Konkretisierung häufig vorgenommen, indem man ein Wirtschaftssystem definiert als die
>
> Gesamtheit der
>
> - rechtlichen Vorschriften,
> - Koordinationsmechanismen,
> - Zielsetzungen, Verhaltensweisen und
> - Institutionen,
>
> die den Aufbau und Ablauf einer Volkswirtschaft bestimmen.

Dabei gehören zu den Institutionen sowohl die für die Wirtschaftspolitik des Staates (Bund, Länder und Gemeinden) verantwortlichen Parlamente, Ministerien, Ausschüsse als auch z. B. die Zentralbank, das Bundeskartellamt, Gewerkschaften und Arbeitgeberverbände. Zu den Zielen gehören die einzelwirtschaftlichen Zielsetzungen der Unternehmungen (z. B. höchstmöglicher Gewinn) und Verbraucher (z. B. größtmögliche Bedürfnisbefriedigung) ebenso wie gesamtwirtschaftliche Ziele (z. B. Vollbeschäftigung und Preisstabilität). Das Verhalten von Wirtschaftseinheiten, etwa bei Tarifverhandlungen, im Arbeitsprozess, bei Entscheidungen über Arbeitsplatzbesetzung und -gestaltung, ist entscheidend geprägt durch ihre Interessenlage und Machtposition. Ergänzend kommen mit unterschiedlichem Gewicht religiöse und weltanschauliche Bestimmungsfaktoren hinzu.

Bei dem Koordinationsmechanismus geht es um das schon angesprochene Problem, wie die Vielzahl von Wirtschaftsplänen aufeinander abgestimmt wird. Zentrale und dezentrale Planung sind die Pole, an denen sich konkrete Koordinationsmechanismen orientieren.

Die Wirtschaftsverfassung ist die Gesamtheit der für die Wirtschaftsordnung bedeutsamen rechtlichen Vorschriften.

Die rechtlichen Vorschriften einer Volkswirtschaft, die in den wirtschaftlichen Bereich eingreifen, beeinflussen oder bestimmen die bisher angesprochenen Elemente der Wirtschaftsordnung. Die Gesamtheit der in einer Volkswirtschaft bedeutsamen wirtschaftsrechtlichen Vorschriften nennt man **Wirtschaftsverfassung**. Zu beachten ist, dass zur Wirtschaftsverfassung nicht nur die in den Verfassungen von Bund und Ländern verankerten Vorschriften gehören, sondern auch wirtschaftlich bedeutsame Bundes- und Landesgesetze (z. B. das Aktiengesetz, das Gesetz gegen Wettbewerbsbeschränkungen, die Steuergesetze, die Bankgesetze oder das Tarifvertragsrecht).

9.2 Bausteine von Wirtschaftssystemen

Zur vollständigen Beschreibung eines Wirtschaftssystems müssten sämtliche Bausteine herangezogen werden. Zwei der Bausteine spielen indes in der Diskussion eine besondere Rolle:
- der Koordinationsmechanismus und
- die Eigentumsordnung für Produktionsmittel.

Zentrale Bedeutung des Koordinationsmechanismus und der Eigentumsordnung

Es ist fraglich, ob diese beiden Elemente eines Wirtschaftssystems voneinander unabhängig sind. Wahrscheinlich funktioniert die Koordination über Preise bei Privateigentum anders als bei Gemeineigentum an Produktionsmitteln. Und möglicherweise setzt eine zentrale Planung die Aufhebung des Privateigentums voraus. Dennoch unterstellen wir im Folgenden eine gedankliche Isolierung dieser Bausteine. Neben diesen beiden zentralen Bausteinen eines Wirtschaftssystems wird bisweilen als dritte Determinante die Motivationsstruktur (Tradition, Eigennutz, Altruismus oder Zwang) eingeführt. Da in der Wirtschaftswissenschaft angenommen wird, dass der Eigennutz dominierendes Handlungsmotiv der Menschen ist (nicht: sein soll), verzichten wir auf diese zusätzliche Unterscheidung.

Im Rahmen des bereits beschriebenen Koordinationsmechanismus unterscheidet man
- die zentrale Planung, auch zentrale Verwaltungswirtschaft, Kommandowirtschaft, vertikale Koordination oder verkürzt nur Planwirtschaft genannt und
- die dezentrale Planung, auch Marktwirtschaft, horizontale Koordination oder freie Verkehrswirtschaft genannt.

Die **Eigentumsordnung** gilt als zentrales Element, bisweilen sogar als entscheidendes Element eines Wirtschaftssystems, weil sie die Art des Sanktionssystems bestimmt. Dabei geht es nur um die Frage des Eigentums an Produktionsmitteln (Maschinen, Anlagen, Fabriken: kurz um das »Kapital«), weil die Handlungsmotive von Unternehmern von zentraler Bedeutung sind. Das Eigentum an Konsumgütern wird dagegen in allen Wirtschaftssystemen immer als Privateigentum vorgesehen. Eigentum an Produktionsmitteln kann grundsätzlich zwei Formen annehmen:
- Privateigentum und
- Gemeineigentum (Gesellschafts-, Volks- oder Staatseigentum).

Eine Gesellschaft, in der die Produktionsmittel Privaten gehören, bezeichnet man als **kapitalistisches** Wirtschaftssystem. Eine Gesellschaft, in der die Produktionsmittel Gemeineigentum sind, nennt man ein **sozialistisches** Wirtschaftssystem. Hervorzuheben ist, dass die Begriffe »kapitalistisch« und »sozialistisch« hier ohne jede Wertung als Fachbegriffe nur für die bestehende Eigentumsordnung verwendet werden.

Kapitalistisches und Sozialistisches Wirtschaftssystem

9.3 Einteilung der Wirtschaftssysteme

Aus der Kombination der zentralen Bauelemente ergibt sich folgende Einteilung der Wirtschaftssysteme:

Koordinationsprinzip ↓ / Eigentumsordnung →	Privateigentum an Produktionsmitteln	Gemeineigentum an Produktionsmitteln
Dezentrale Planung	Kapitalistische Marktwirtschaft	Sozialistische Marktwirtschaft
Zentrale Planung	Kapitalistische Zentralverwaltungswirtschaft	Sozialistische Zentralverwaltungswirtschaft

Es sei betont, dass diese Aufstellung Modellcharakter hat. Die in der Wirklichkeit zu beobachtenden Wirtschaftsordnungen stellen Mischformen dar, bei denen das Koordinationsproblem überwiegend marktwirtschaftlich oder überwiegend zentral geplant gelöst ist und die Eigentumsordnung überwiegend kapitalistisch oder sozialistisch ist. Das Modell der »sozialistischen Marktwirtschaft« war z. B. in Ansätzen in Ungarn und Jugoslawien verwirklicht oder kapitalistische Planwirtschaften wurden z. B. in Kriegszeiten errichtet. Zur Zeit existieren sozialistische Zentralplanwirtschaften nur noch in einigen Resten in China, in Kuba und in Nordkorea. Es ist auch nicht zu erwarten, dass eine zentrale Planwirtschaft und/oder Gemeineigentum an Produktionsmitteln in naher Zukunft wieder in größerem Umfang eingeführt werden. Dennoch ist eine Betrachtung der grundlegenden Gestaltungsmöglichkeiten eines Wirtschaftssystems sinnvoll, weil in der jeweiligen Gegenüberstellung der Elemente ihre Funktionsmechanismen deutlicher werden.

Schließlich sollte beachtet werden, dass eine Marktwirtschaft, ein System horizontaler Koordination, in großem Umfang auch Elemente einer zentralen Planung, einer vertikalen Koordination, umfasst, nämlich die Unternehmung. Innerhalb einer Unternehmung gibt es eine zentrale Unternehmensplanung, Hierarchien, Leistungsanweisungen und direkte Erfolgskontrollen, also eine vertikale Koordination. Im Unterschied zu zentralen Planwirtschaften entscheidet in einer Marktwirtschaft aber der Markt selbst, im Rahmen des Wettbewerbs von Unternehmen, ob sich eine Unternehmung in der dominierenden Marktkoordination als effizient erweist. Insofern ist die Vorstellung, dass auch ein ganzes Land im Prinzip wie ein Riesenkonzern organisiert werden könnte, ein Trugschluss, dem z. B. Lenin erlegen war. Es ist ein Trugschluss, weil in einem solchen nationalen Riesenkonzern auf den Wettbewerb als dominierendes Koordinations- und Kontrollprinzip verzichtet würde.

Die Unternehmung als System zentraler Planung

10 Institutionen und Institutionenökonomik

Die Diskussion um die Gestaltung von Wirtschaftssystemen, die vornehmlich im deutschsprachigen Raum geführt worden ist, wird seit einiger Zeit um eine sehr allgemeine Diskussion zur Rolle von Institutionen als Ordnungen zur Kanalisierung menschlichen/wirtschaftlichen Handelns ergänzt. Diese Diskussion soll hier kurz zusammengefasst werden.

10.1 Institutionen

In Abschnitt 7 ist dargelegt worden, dass die arbeitsteilige Wirtschaft zugleich eine Tauschwirtschaft ist und dass ein Tausch = Transaktion je nach der Unsicherheit und der Komplexität der Transaktion in unterschiedlicher Weise, aber generell in erheblichem Umfang, Transaktionskosten verursacht. Im Zuge der Entwicklung der Wirtschaftssysteme bilden sich nun Einrichtungen, Normen, Regeln oder Gepflogenheiten heraus, die geeignet sind, Transaktionskosten zu sparen. Diese werden Institutionen genannt. Eine **Institution** ist ein System von wechselseitig respektierten Regeln einschließlich ihrer Garantieinstrumente, die bei den Individuen wechselseitig verlässliche Verhaltensweisen bewirken. Sie strukturieren das tägliche Leben und verringern dessen Unsicherheiten. Die ökonomische Funktion der Institution besteht darin, Handlungsspielräume der Individuen einzugrenzen, zu stabilisieren und stabile Verhaltenserwartungen herauszubilden. Dies reduziert die Informationskosten, indem die Unsicherheit und Komplexität von Entscheidungssituationen verringert wird: Institutionen ersparen Transaktionskosten.

Institutionen sparen Transaktionskosten.

In diesem Sinne ist z. B. die Marke »König Pils« eine Institution wie jeder andere Markenname auch. Ihre Stammkneipe ist eine Institution (weil Sie verlässlich wissen, dass Sie dort ein gutes Bier bekommen und bekannte Leute treffen …), die Unternehmung als Netzwerk von Verträgen ist eine Institution (weil sie Arbeitsprozesse verlässlich regelt), der Markt ist eine Institution (weil er Tauschprozesse erleichtert) und auch das Geld ist eine Institution (weil ein allgemein akzeptiertes Zahlungsmittel ebenfalls die Tauschprozesse erleichtert). Im Grunde können wohl alle Einrichtungen des Wirtschaftslebens als Institutionen interpretiert werden. Darüber hinaus können auch Einrichtungen/Regelungen außerhalb des Wirtschaftslebens als Institutionen interpretiert werden, z. B. die Familie, die das Verhalten der Familienmitglieder kanalisiert und stabilisiert und sogar die Ehe, die mit dem öffentlichen Versprechen, von der Möglichkeit der (Ehe-)Vertragskündigung keinen Gebrauch machen zu wollen, das Zusammenleben stabilisiert, ist eine Institution.

Beispiele für Institutionen

10.2 Institutionenökonomik

Institutionenökonomik

Die Institutionenökonomik[2] untersucht zum einen die Ursachen für die Entstehung und den Wandel von Institutionen und zum anderen die Wirkungen von Institutionen, letztlich mit dem Ziel, optimale Institutionen zu beschreiben. Bezüglich der Entstehung und des Wandels von Institutionen existieren zwei unterschiedliche Denkrichtungen. Zum einen die Vorstellung des englischen Liberalismus, Institutionen entstünden als spontanes Ergebnis individueller Handlungen, autonom und nicht als Ergebnis geplanter menschlicher Vernunft. Zum anderen die Vorstellung eines eher französischen Liberalismus, Institutionen entstünden (oder könnten entstehen) als Ergebnis rationaler Planung im Sinne der vertragstheoretischen Denkrichtung.

Entstehung und Wandel von Institutionen

Wirkungen von Institutionen

Bezüglich der Wirkungen von Institutionen kann man Wohlfahrtseffekte und Verteilungseffekte unterscheiden. Wohlfahrtseffekte entstehen im Übergang zu effizienteren Institutionen, beispielsweise im Übergang von der Institution der Personengesellschaft zur Institution der Kapitalgesellschaft, die das Wachstum in kapitalistischen Marktwirtschaften im Grunde erst ermöglicht hat. Verteilungseffekte entstehen, wenn solche Institutionen entstehen, die individuelle Verteilungsgewinne und nicht kollektive Wohlfahrtsgewinne realisieren beispielsweise im Übergang von Allgemeineigentum zum Privateigentum an Produktionsmitteln.

Die Institutionenökonomik rückt den institutionellen Rahmen menschlichen Handelns stärker in den Blickpunkt ökonomischer Forschung, sie erklärt die Existenz zahlreicher Einrichtungen des Wirtschaftslebens mit ihrer Effizienz. Sie bietet damit eine neue Interpretation der Wirtschaft, aber sie bietet keine grundlegend neuen Erkenntnisse bezüglich ihrer Funktionsweise und bezüglich alternativer Organisationsformen der Wirtschaft.

10.3 Prinzipal-Agent-Theorie

Im Zuge von Tauschprozessen/Transaktionen spielt die Asymmetrie der Information (eigentlich Asymmetrie der Informiertheit) der Tauschpartner eine besondere Rolle. In der Regel kennt der Verkäufer die Qualität des Produkts ungleich besser als der Käufer, insbesondere bei komplexen Gütern wie z. B. Gebrauchtwagen, wie z. B. bei medizinischen Leistungen oder wie z. B. beim Erwerb von Informationen. Diese Asymmetrie der Information erhöht die Transaktionskosten des Tauschprozesses und verstärkt die Bemühungen, durch geeignete Institutionen Transaktionskosten wieder einzusparen. Insbesondere begründet die Asymmetrie der Information die Notwendigkeit spezieller und verstärkter Schutzmechanismen, um eine Übervortei-

Asymmetrie der Informationen

---

[2] Die heutige Institutionenökonomik wird häufig auch als »Neue Institutionenökonomik« bezeichnet, weil sich auch die ältere Wirtschaftswissenschaft, z. B. die deutsche historische Schule (Roscher, Schmoller), mit der Rolle von Institutionen befasst hat.

lung des schlechter informierten Tauschpartners zu verhindern. Diese Fragen werden im Rahmen der Prinzipal-Agent-Theorie behandelt, die als Teil der Institutionenökonomik angesehen werden kann.

Die **Prinzipal-Agent-Theorie** (principal-agent-theory) untersucht die ökonomischen Beziehungen zwischen Auftraggeber (Prinzipal) und Auftragnehmer (Agent) bei

- Unsicherheit,
- Informationsasymmetrie und
- Opportunismus.

Prinzipal-Agent-Theorie als Teil der Institutionenökonomik

Es besteht Unsicherheit über die Folgen ökonomischer Aktivitäten, wobei der Auftragnehmer, der Agent, einen Wissensvorsprung gegenüber dem Auftraggeber, dem Prinzipal, hat. Und der Auftragnehmer, der Agent, handelt opportunistisch, d.h. er verfolgt seine eigenen Interessen und ist auch bereit, Informationen zu unterdrücken oder verzerrt weiterzugeben. Dies ist die in der Ökonomie übliche Annahme über das Verhalten von Menschen. Solche Prinzipal-Agent-Beziehungen bestehen vor allem in den verschiedenen Formen von Arbeitgeber-Arbeitnehmer-Beziehungen wie Eigentümer-Manager, Patient-Arzt, Klient-Rechtsanwalt oder Kunde-Handwerker und in den verschiedenen Arten von Käufer-Verkäufer-Beziehungen speziell bei komplexen Gütern wie Versicherungen, Gebrauchtwagen, Urlaubsreisen, Häusern usw.

Der Agent verfügt also über Handlungsspielräume, weil der Prinzipal bei seinem beschränkten Informationsstand detaillierte Handlungsanweisungen nicht geben und nicht kontrollieren kann. Dies ist problematisch, weil der Agent andere Interessen als der Prinzipal hat. Der Agent wird nämlich seinen eigenen Nutzen auch dann maximieren, wenn seinem Vorteil ein größerer Schaden bei dem Prinzipal gegenübersteht, insgesamt also Wohlfahrtsverluste entstehen. Umgekehrt wird der Prinzipal versuchen, durch geeignete Kontrollverfahren einen Schaden für sich zu vermeiden.

Handlungsspielraum des Agenten

Die Prinzipal-Agent-Problematik erfordert Phantasie und Logik bei der Konzipierung geeigneter Institutionen, die das Anreiz- und Kontrollproblem lösen können. Prinzipiell geeignete Institutionen sind z.B. Garantien, eine Verkäufer/Produzenten-Haftung für Schäden, eine Erfolgsbeteiligung des Agenten (z.B. Erfolgsprämien von Managern) oder auch entwickelte Berufsnormen wie der ärztliche Eid.

Eine besondere Rolle spielt in diesem Zusammenhang der gute Ruf des Agenten, seine so genannte **Reputation**. Zwar kann der Käufer eines Gutes dessen Qualität meist nicht erkennen, aber bei häufig wiederholten Käufen besteht doch immer das Risiko für den Verkäufer, einmal bei der Lieferung einer schlechten Qualität ertappt zu werden. Dies kann sich herumsprechen und zu einem dauernden Abwandern der Käufer führen. Daher ist eine gute Reputation, insbesondere für längerfristige Tauschbeziehungen, für beide Partner des Tauschgeschäfts von großer Bedeutung. Daher wird der Wirt in der Stammkneipe »König Pils« ausschenken und kein billiges Ersatzbier da-

Reputation als Institution

runter mischen, obwohl dies normalerweise nicht bemerkt würde, und der Stammkunde weiß dies und verlässt sich darauf.

Arbeitsaufgaben

1) Definieren Sie folgende Begriffe:
   - Produktion,
   - Güter,
   - Knappheit,
   - Arbeitsteilung,
   - Kapital,
   - Investitionen,
   - Institution.
2) Diskutieren Sie die Wechselbeziehung zwischen Bedürfnissen und Produktion anhand von Beispielen. Welche Rolle spielt die Werbung in diesem Zusammenhang?
3) Warum entstehen im Rahmen von Tauschprozessen Transaktionskosten?
4) Warum führt Arbeitsteilung zur Notwendigkeit von Leistungsanreizen und Hierarchien?
5) Diskutieren Sie Vor- und Nachteile der Arbeitsteilung.
6) Was sind die zentralen Bausteine eines Wirtschaftssystems?
7) In einer Volkswirtschaft kann bei Einsatz sämtlicher Produktionsfaktoren eine Produktion von entweder 5.000 Einheiten Investitionsgütern oder 20.000 Einheiten Konsumgütern erstellt werden. Stellen Sie das Wahlproblem dieser Volkswirtschaft mit Hilfe der volkswirtschaftlichen Transformationskurve dar.
8) Zeigen Sie anhand von Beispielen in welchen Formen Transaktionskosten entstehen und zeigen Sie, was die Höhe der Transaktionskosten bestimmt.
9) Bewerten Sie die Prinzipal-Agent-Problematik und nennen Sie Institutionen, die zu seiner Lösung beitragen können.
10) Nennen und erläutern Sie die zentralen Fragen, die der Koordinierungsmechanismus einer Volkswirtschaft beantworten muss.

Lösungsvorschläge für die Arbeitsaufgaben finden Sie im »Übungsbuch zu Grundlagen und Probleme der Volkswirtschaft«.

Literatur

Die Grundbegriffe des ersten Kapitels werden in zahlreichen einführenden Werken zur Volkswirtschaftslehre erklärt. Wir nennen insbesondere:
Siebert, Horst: Einführung in die Volkswirtschaftslehre, 14. Aufl., Stuttgart u. a. 2003, 1. Kapitel.
Stobbe, Alfred: Volkswirtschaftliches Rechnungswesen, 8. Aufl., Berlin u. a. 1994, 1. Kapitel.
Woll, Artur: Allgemeine Volkswirtschaftslehre, 14. Aufl., München 2003, 2. Kapitel.

Speziell zum Themenkreis »Bedürfnisse« siehe:
May, Hermann: Die menschlichen Bedürfnisse, in: *May, H.*, (Hrsg.), Handbuch zur ökonomischen Bildung, München 1992, Kapitel 1.1.
sowie das Standardwerk von:
Kroeber-Riel, Werner / Peter Weinberg: Konsumentenverhalten, 8. Aufl., München 2003.

Zum Themenkreis »Wirtschaftsordnung, Wirtschaftsverfassung und Wirtschaftssystem« informieren kurz:
Leipold, Helmut: Wirtschafts- und Gesellschaftssysteme im Vergleich, 5. Aufl., Stuttgart 1988, insbesondere im ersten Teil.
Thieme, H. Jörg: Wirtschaftssysteme, in: Vahlens Kompendium der Wirtschaftstheorie und Wirtschaftspolitik, Band 1, 8. Aufl., München 2003.

Zum Themenkreis Institutionenökonomik informiert
kurz:
Richter, Rudolf: Institutionen ökonomisch analysiert, Tübingen 1994.
ausführlich:
Richter, Rudolf / Eirik Furubotn: Neue Institutionenökonomik, 3. Aufl., Tübingen 2003.

2. Kapitel
Funktionsweise der Marktwirtschaft (Überblick)

LERNZIELE

Leitfrage:
Wie gestaltet sich die Funktionsweise der kapitalistischen Marktwirtschaft im Prinzip?
- Welches sind die Grundprinzipien dieses Wirtschaftssystems?
- Wie sieht der einfache Wirtschaftskreislauf in einer Marktwirtschaft aus?
- Wie werden die Fragen des »Was«, »Wie« und »Für Wen« der Produktion im marktwirtschaftlichen Modell gelöst?
- Welche ökonomischen Funktionen hat das Privateigentum an Produktionsmitteln?
- Wie funktioniert das Informations- und das Sanktionssystem?
- Was sind die Grundvorstellungen des klassischen Liberalismus?

Leitfrage:
Worin ist ein mögliches Marktversagen begründet und was sind die Funktionsprobleme der Marktwirtschaft?
- Warum muss der Staat die Produktion bestimmter Güter übernehmen?
- Welche Ursachen und Konsequenzen hat das Auseinanderfallen von privaten und sozialen Kosten und Erträgen?
- Unter welchen Bedingungen kann der Wettbewerb nicht funktionieren?
- Bei welchen Gütern ist eine staatliche Qualitätskontrolle sinnvoll?
- Inwiefern besteht eine Tendenz zur Ungleichheit der Einkommens- und Vermögensverteilung?

Leitfrage:
Wie gestaltet sich die Soziale Marktwirtschaft als konkretes Wirtschaftssystem?
- Was sind die beiden Grundelemente der Sozialen Marktwirtschaft?
- Welche Bedeutung hat die Wettbewerbspolitik?
- Welche Rolle spielt die Stabilisierungspolitik?
- Was sind die Grundzüge der Politik der Umverteilung?
- Schreibt das Grundgesetz ein bestimmtes Wirtschaftssystem vor?
- Warum ist auch ein Staatsversagen zu befürchten?

Die kapitalistische Marktwirtschaft, kurz auch nur Marktwirtschaft genannt, beruht auf dem dezentralen Koordinationsmechanismus des Marktes und auf dem Prinzip des Privateigentums an Produktionsmitteln. Beide Elemente zusammen konstituieren ein Wirtschaftssystem, das durch Effizienz und Freiheit gekennzeichnet ist. Allerdings gibt es eine Reihe von Ausnahmetatbeständen, bei denen der Markt nicht gut funktioniert, die ein so genanntes Marktversagen begründen. Daneben gibt es in der Marktwirtschaft das grundsätzliche Problem der Ungleichheit der Einkommens- und Vermögensverteilung und das temporäre Problem von Konjunkturschwankungen. In der konkreten Gestaltung von Wirtschaftssystemen wird stets versucht, ein Marktversagen zu korrigieren und die Marktprobleme zu lösen. Die so genannte Soziale Marktwirtschaft ist ein Beispiel für ein solches Wirtschaftssystem. Bei Diagnose und Therapie von Marktversagen und Marktproblemen darf nicht außer Acht gelassen werden, dass auch der Staat und die staatliche (Wirtschafts-)Politik versagen können. Diese Elemente der Marktwirtschaft werden in diesem Kapitel kurz beschrieben und analysiert. Zum Schluss geben wir einen Überblick über die theoriegeschichtlichen Wurzeln der kapitalistischen Marktwirtschaft.

1 Koordinierungsmechanismus Markt

Bevor wir den Koordinationsmechanismus »Markt« näher betrachten, wollen wir zunächst den Wirtschaftskreislauf modellhaft darstellen. Wir fassen sämtliche private Haushalte zu einer großen Gruppe Haushalte zusammen (man spricht auch vom Sektor Haushalte). Ebenso verfahren wir mit den Unternehmen, die zusammengefasst den Sektor Unternehmen bilden. In unserem einfachen Modell sehen wir ab von staatlicher wirtschaftlicher Tätigkeit und von außenwirtschaftlichen Beziehungen. Die beiden Sektoren Haushalte und Unternehmen sind auf zweierlei Weise miteinander ökonomisch verbunden. Wenn die privaten Haushalte Konsumgüter kaufen wollen, treten sie auf den Konsumgütermärkten als Nachfrager auf, wo die Unternehmen ihrerseits Konsumgüter anbieten. Da Käufe mit Geld bezahlt werden, fließt dem Strom der Konsumgüter von Unternehmen an die Haushalte ein wertgleicher Strom von Konsumausgaben (Geldstrom) entgegen. Zum anderen begegnen sich Haushalte und Unternehmen auf den Märkten für produktive Leistungen. Für die Produktion müssen die Unternehmen Produktionsfaktoren einsetzen, für deren Nutzung sie den Haushalten ein Geldeinkommen zahlen. Dem Strom der produktiven Leistungen (z. B. der Arbeitskraft) fließt auch hier ein Geldstrom entgegen.

Wie in Abbildung 2.1 dargestellt, fließt also zwischen dem Sektor private Haushalte und dem Sektor private Unternehmen ein Güterstrom und entgegengesetzt ein Geldstrom. Man spricht daher in Anlehnung an den Blutkreislauf vom **Wirtschaftskreislauf**.

Konsumgüter fließen von Unternehmen an Haushalte; entsprechende Konsumausgaben von den Haushalten an die Unternehmen.

Produktivleistungen fließen von Haushalten an Unternehmen; entsprechende Einkommen von Unternehmen an Haushalte.

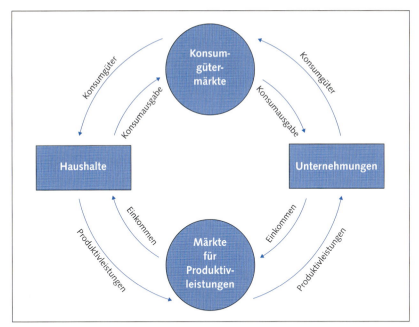

Abb. 2.1: Der einfache Wirtschaftskreislauf

Mit Hilfe des Wirtschaftskreislaufs und seiner Märkte soll die marktwirtschaftliche Lösung des Koordinationsproblems erläutert werden. Dabei sind einige Vorgriffe auf die Preisbildung, die wir im 6. Kapitel eingehend behandeln werden, notwendig. Zudem ist hervorzuheben, dass es sich bei den folgenden Erörterungen um eine reine Modellbetrachtung handelt. Erläutert wird, wie der Marktmechanismus grundsätzlich funktioniert. Beobachtbare Mängel marktwirtschaftlicher Systeme und die sich daraus ergebenden Einschränkungen für die folgenden Ausführungen werden in Abschnitt 4 und 5 behandelt.

Wie wird in der Marktwirtschaft entschieden, welche Güter in welchen Mengen produziert werden? (Das »**Was**« der Produktion.)

Das »Was« der Produktion

Auf den **Konsumgütermärkten** treffen Angebot und Nachfrage nach Gütern zusammen und bestimmen die Preise der Güter. Bei diesen »gleichgewichtigen« Preisen sind Angebot und Nachfrage ausgeglichen, und die Unternehmen erzielen einen bestimmten Gewinn.

Angenommen, die Nachfrage nach einem Gut (z. B. nach Einfamilienhäusern) steigt, ohne dass sich zunächst die Produktionskosten wesentlich verändern. Die Folge wird sein, dass der Preis für dieses Gut steigt und der Gewinn in diesem Produktionszweig zunimmt. Dies veranlasst die Unternehmer, ihre Produktion des Gutes auszudehnen, und lockt neue Unternehmer auf den lukrativen Markt. D.h. aber zugleich, dass insbesondere mehr Arbeiter und Maschinen, Boden und Rohstoffe zur Produktion von Einfamilienhäusern gebraucht werden.

Was bedeuten diese Vorgänge für das »**Was**« der Produktion? Die gestiegene Nachfrage, die letztlich Käuferwünsche widerspiegelt, regt über den gestiegenen Preis und Gewinn die Produktion dieses Gutes an.

> Die Nachfrager entscheiden also letztlich durch ihre Käufe (»Stimmzettel«), was in der Volkswirtschaft in welchen Mengen produziert wird.

Man spricht deshalb auch von der **Konsumentensouveränität**. Mit der Entscheidung über die Menge der zu produzierenden Güter wird gleichzeitig entschieden, in welche Verwendungen die knappen Produktionsfaktoren der Volkswirtschaft fließen. Preise und Gewinne haben in diesem Prozess die wichtige Aufgabe, dem Unternehmer zu signalisieren, welche Produktion die Konsumenten wünschen. Nur solche Unternehmer, die diese Signale beachten, können langfristig am Markt bleiben.

Das »Für Wen« der Produktion

Wenden wir uns der Frage zu, »**Für Wen**« in der Marktwirtschaft produziert wird.

Güter kann nur kaufen, wer ein Einkommen erzielt. (Zur Vereinfachung wollen wir von Käufen aus Vermögen absehen.) Ein Einkommen erzielt nur, wer seine Arbeitskraft oder sonstige Produktivleistungen für Produktionsprozesse erfolgreich anbietet. Die Höhe des Einkommens ergibt sich dabei – abgesehen vom Gewinn, der sich als Restgröße ergibt (Umsatz – Kosten) – als mathematisches Produkt aus der Menge der verkauften Leistungen und ihrem Preis. Die Preise und die ge- bzw. verkauften Mengen der Produktivleistungen ergeben sich auf den so genannten **Faktormärkten**, die Preise für die Arbeitskraft z. B. auf dem Arbeitsmarkt.

> Die Angebots- und Nachfragesituation auf den Faktormärkten entscheidet also über die Höhe der Einkommen und damit über das »Für Wen« der Produktion.

Das »Wie« der Produktion

Wie, d. h. durch Einsatz welcher Produktionsfaktoren, werden die produzierten Güter erzeugt?

Angenommen, der Faktor Arbeit ist aufgrund einer hohen Nachfrage nach Arbeit relativ (d. h. im Verhältnis zu anderen Produktionsfaktoren) teuer. Es leuchtet ein, dass die Unternehmer, die zum Zwecke der Gewinnerhöhung möglichst niedrige Kosten anstreben, in einem solchen Fall versuchen werden, möglichst wenig Arbeitskraft einzusetzen, Arbeitskraft also durch Kapital zu ersetzen.

> Da sich der Preis des Faktors Arbeit (Lohn) und des Faktors Kapital (Zins) auf den Faktormärkten bildet, entscheidet – bei gegebenem

> Stand des technischen Wissens – die Preisbildung auf den Faktormärkten über das Einsatzverhältnis der Produktionsfaktoren und damit über das »Wie« der Produktion.

Abschließend ist auf zwei wichtige Punkte hinzuweisen.
(1) Über die Fragen des »Was«, »Wie« und »Für Wen« der Produktion wird – was zum Teil schon anklang – nicht isoliert auf den Güter- bzw. Faktormärkten entschieden.

> Die Vorgänge auf den Gütermärkten haben ebenso Rückwirkungen auf die Faktormärkte wie die Vorgänge auf den Faktormärkten auf die Gütermärkte.

Wenn im obigen Beispiel der Preis eines Konsumgutes steigt und daraufhin die Produktion ausgedehnt wird, nimmt in der Volkswirtschaft die Nachfrage nach Arbeitskräften für diese Branche zu. Die Nachfrage nach Arbeit ist also, wie die Nachfrage nach Produktivleistungen überhaupt, eine **abgeleitete Nachfrage**. Die Löhne steigen und damit verändert sich die Kostensituation bei der Konsumgüterproduktion, was nicht ohne Rückwirkungen auf die Produktionsentscheidungen bleibt: Einerseits lohnt es sich in dieser Branche tendenziell, Arbeit durch Kapital zu ersetzen. Andererseits führen die gestiegenen Kosten im Marktmodell zu einer Abnahme der Produktion. Ferner ist zu berücksichtigen, dass die gestiegenen Löhne Einkommen darstellen und damit nachfragewirksam werden. Hier wird der wechselseitige Zusammenhang zwischen den Märkten einer Volkswirtschaft – die **generelle ökonomische Interdependenz** – sehr deutlich.

Die Nachfrage nach Produktionsfaktoren ist eine abgeleitete Nachfrage.

(2) Es ist hervorzuheben, dass im klassischen Modell der Marktmechanismus nicht nur die Funktion erfüllt, die Wirtschaftspläne der Wirtschaftssubjekte zu koordinieren. Vielmehr wird auch davon ausgegangen, dass der Marktmechanismus eine automatische Tendenz zur Vollbeschäftigung und bestmöglichen Ausnutzung der Produktionsfaktoren hat.

Tendenz zur Vollbeschäftigung

2 Privateigentum an Produktionsmitteln

2.1 Ausgestaltung von Eigentumsrechten

Eigentumsrechte (Property Rights) sind Rechte in Form von
- Nutzungsrechten (Recht auf Nutzung und Erträge) und
- Verfügungsrechten (Recht auf Erwerb, Verwendung und Übertragung).

Bisweilen wird noch weiter differenziert in das Recht auf Nutzung, das Recht auf Einbehaltung der Gewinne, das Recht auf Veränderung und das Recht auf Veräußerung. Ausgestaltung und Umfang dieser Rechte können sehr unterschiedlich sein. So ist z. B. möglich, dass alle Mitglieder der Gesellschaft das Recht haben, den Meeresstrand zu nutzen (wie in Frankreich). Oder es ist möglich, dass private Nutzungsrechte, aber keine Verfügungsrechte bestehen, wie z. B. bei der Erbpacht, oder es ist möglich, dass Nutzungs- und Verfügungsrechte bestehen, diese aber sehr eng definiert sind, wie z. B. bei Arztpraxen, oder es können unbeschränkte Nutzungs- und Verfügungsrechte bestehen, was in der Regel für das Eigentum an dauerhaften Konsumgütern gilt.

Privateigentum ist ein Eigentum, dass dem Eigentümer volle Nutzungs- und Verfügungsrechte einräumt. Hier wird die Bedeutung des Wortes privat deutlich: Privat kommt von privare (lat.: rauben) und Privateigentum wird so genannt, weil es die Nichteigentümer der Nutzung und der Verfügung »beraubt«.

Funktion des Privateigentums

Die zentrale Funktion des Privateigentums ist die Zurechnung von Handlungsfolgen auf den Verursacher; mit Privateigentum z. B. an einer Unternehmung darf der Eigentümer die Unternehmung nutzen. Er kann über den Einsatz der Produktionsmittel frei entscheiden und über die erwirtschafteten Gewinne frei verfügen und/oder die Unternehmung ganz oder teilweise verkaufen. Privateigentum wird im Wesentlichen mit zwei Argumenten begründet:

Begründung des Privateigentums

- Privateigentum als Leistungsanreiz und
- Privateigentum als Fundament persönlicher Freiheit.

2.2 Privateigentum als Leistungsanreiz

Die Zurechnung von Handlungsfolgen auf den Privateigentümer gilt als optimales Leistungsanreizsystem. Man glaubt, dass die Inrechnungstellung von erwarteten Gewinnen und Verlusten die unternehmerischen Entscheidungen über Investitionen und über den Einsatz der Produktionsmittel optimiert. Die Kosten- und Erfolgsrechnung bei Privateigentum an Produktionsmitteln erscheint effizienter und flexibler als andere mögliche Zurechnungen. Wenn die Zurechnung von Handlungsfolgen gesichert ist, kann mit Eigeninitiative, Innovationsbereitschaft und großer Sorgfalt bei der Kalkulation von unternehmerischen Entscheidungen gerechnet werden. Unternehmer beachten im eigenen Interesse dann die Signale des Marktes, z. B. die Nachfragewünsche der Konsumenten, die Veränderungen von Knappheit und Preisen oder die Veränderung im Bereich der Produktionstechnik. Mit dieser Argumentation wird zunächst der Typ des klassischen Unternehmers begründet, der sowohl Eigentümer als auch Geschäftsführer seiner Unternehmung ist.

Begründung des Eigentümer-Unternehmers

In der modernen **Kapitalgesellschaft**[1], vor allem in der Aktiengesellschaft mit breit gestreutem Eigentum (Publikumsaktiengesellschaft), ist der Eigentümer aber nicht mehr zugleich Geschäftsführer, sondern die Geschäftsführung wird von angestellten Managern übernommen. In diesem Fall haben die Eigentümer nur noch die Funktion, die richtigen, also die besten Manager auszuwählen und Anreizsysteme zu entwickeln, die die Manager anspornen, eine Leistung zu erbringen, die den Zielen der Eigentümer entspricht. Dies ist eine klassische Prinzipal-Agent-Beziehung (vgl. Kapitel 1, Abschnitt 10); geeignet erscheinende Anreizsysteme sind hier Gehaltsdifferenzierungen und Gewinnbeteiligungen. Im Fall der modernen Kapitalgesellschaft mit der Trennung von Geschäftsführung und Eigentum *scheint* die Funktion des Privateigentums gering zu sein. Diese Überlegung hatte dazu geführt, Unternehmen auch in Staatseigentum zu überführen und die Geschäftsführung auf angestellte Manager zu übertragen. Weil Funktionäre des Staates aber kein Eigentum an der staatlichen Unternehmung haben, also auch nicht das Recht haben, Dividenden zu erzielen und Anteile an staatlichen Unternehmen zu verkaufen, verringert sich ihr Anreiz, die richtigen Manager auszuwählen und ihre Geschäftsführung zu überwachen. Manager von Staatsunternehmen waren dementsprechend sehr häufig »verdiente Parteigenossen«, deren Einsatz in der Politik nicht mehr gewünscht war.

2.3 Privateigentum als Fundament persönlicher Freiheit

Privateigentum, allerdings nicht nur an Produktionsmitteln, sondern an Vermögen ganz allgemein, schafft einen Lebensraum für den Menschen, eine Sphäre persönlicher Freiheit, einen Schutzzaun vor staatlicher Machtentfaltung und vor persönlichen Abhängigkeiten. Eigentumsrechte definieren also einen gesetzlich geschützten Freiheitsspielraum, daher wurde und wird Eigentum häufig mit Freiheit gleichgesetzt. »Freiheit besteht im sicheren und geheiligten Besitz von des Menschen Eigentum« (*Charles J. Fox*, englischer Staatsmann, 1749–1806). Zugleich wurde aber gesehen, dass dies nur für den gilt, der Eigentum hat. Mithin ist mit dieser Begründung zugleich die Forderung nach einer relativ gleichmäßigen Vermögensverteilung verknüpft. »Wealth is like muck. It is not good but if it be spread«[2]. Dies ist die Basis der in der Aufbauphase der Bundesrepublik so populär gewesenen Forderung »Wohlstand für alle«. Zugleich ist damit vorzugsweise eine bestimmte Form des Eigentums gemeint, ein Eigentum, das sich zur Streuung eignet und zugleich von vitaler Bedeutung ist: das Haus- und Bodeneigen-

Begründung einer gleichmäßigen Vermögensverteilung

---

1 Bei einer Kapitalgesellschaft existiert keine volle persönliche Haftung der Eigentümer, sondern ihre Haftung ist beschränkt auf das Eigentum der Unternehmung. Rechtsformen sind vor allem die Aktiengesellschaft (AG) und die Gesellschaft mit beschränkter Haftung (GmbH).
2 »Wohlstand ist wie Mist. Er taugt nichts, wenn er nicht gestreut ist.« Ausspruch von *Francis Bacon*, englischer Staatsmann und Philosoph, 1561–1626.

tum. »Der Industriearbeiter, den wir nicht zum Handwerker machen können, kann und soll wenigstens zum Eigentümer seines Hauses und eines Garten- oder Ackerlandes werden, das ihm neben seinem Hauptberuf und während seiner freiwilligen oder unfreiwilligen Muße als Produktionseigentum dienen kann und zwar zur Produktion des Lebenswichtigsten, mit der er endlich den Tücken des Marktes mit seinen Lohn- und Preiskämpfen und mit seinen Konjunkturen entrinnt« (*Wilhelm Röpke*, Civitas Humana, 4. Aufl., Bern 1979).

3 Die prinzipielle Optimalität der kapitalistischen Marktwirtschaft

> Die in ihren Grundzügen dargestellte kapitalistische Marktwirtschaft wird konstituiert durch
> - ein gut funktionierendes Informationssystem in Form des beschriebenen Marktmechanismus bzw. Preismechanismus und
> - ein gut funktionierendes Sanktionssystem in Form des Privateigentums an Produktionsmitteln.

Im Zusammenspiel von Angebot und Nachfrage bilden sich Preise, die in der Regel und im Durchschnitt Produktionskosten, Knappheiten und Konsumentenpräferenzen reflektieren. Es bilden sich also die richtigen Preise, ohne dass eine zentrale Behörde tätig werden muss. Und die Zurechnung von Handlungsfolgen über das Privateigentum sorgt dafür, dass die Marktteilnehmer den Preissignalen folgen.
Wesensmerkmale dieses Systems sind die **Effizienz** und die **Freiheit**.

System von Wissensteilung

- Im Marktmechanismus/Preismechanismus werden in einem System von Wissensteilung – analog zum System der Arbeitsteilung – das technische und wirtschaftliche Wissen, die technischen und wirtschaftlichen Fähigkeiten sowie die Präferenzen aller Marktteilnehmer genutzt bzw. berücksichtigt, ohne dass an einer Stelle dieses Wissen zentralisiert werden muss. Es werden nur Wissensfragmente kombiniert, die in ihrer Gesamtheit aber ein **optimales Informationskonzentrat** bilden. Damit sind auch die Ziele, denen der Marktmechanismus folgt, die Ziele aller Marktteilnehmer in all ihrer Vielfältigkeit und Gegensätzlichkeit. Und in Verbindung mit dem Privateigentum ergibt sich ein Anreiz für die Marktteilnehmer, sich die benötigten Informationen zu beschaffen und anderen Marktteilnehmern Informationen zu liefern. Dies ist die Interpretation von Wettbewerb als optimales Entdeckungsverfahren, die insbesondere auf *Friedrich August von Hayek* (1899–1992) zurückgeht.

Wettbewerb als optimales Entdeckungsverfahren

Sicherung der formalen Freiheitsrechte

- Daneben konstituiert dieses System die **formale Freiheit** aller Marktteilnehmer. Die Freiheit der Wirtschaftssubjekte wird durch Märkte gesichert. Märkte sind notwendig, um die Freiheit der Arbeitsplatzwahl, die Freiheit der Konsumwahl und die Unternehmerfreiheit zu ermöglichen. Man sieht Anbieter und Nachfrager sozusagen freiwillig auf die Marktsignale reagieren, die gewählten Tauschgeschäfte werden offenbar freiwillig anderen Möglichkeiten vorgezogen. Man konsumiert, produziert und arbeitet allenfalls vom »sanften Druck des Hungers« getrieben, und solche unpersönlichen Autoritäten werden wohl weniger drückend empfunden als persönliche Befehle oder Anweisungen einer Behörde.

Insgesamt resultiert ein System effizienter Produktionsweise bei formaler Freiheit der Wirtschaftssubjekte: Ohne Zwang wird effizient produziert in dem Sinne, dass keine Produktionsmittel verschwendet werden und dass gemäß den Konsumentenpräferenzen produziert wird.

Unter bestimmten Annahmen, nämlich unter den allerdings sehr wirklichkeitsfremden Annahmen der vollständigen Konkurrenz (vgl. Kapitel 6, Abschnitt 4), lässt sich sogar beweisen, dass eine optimale Allokation der Ressourcen resultiert: Es resultiert ein so genanntes **Pareto-Optimum** (*Vilfredo Pareto*, 1848–1923). Dies ist ein Zustand, der dadurch gekennzeichnet ist, dass

Beweis der Optimalität

- durch keine Reorganisation des Wirtschaftsprozesses es möglich wird, von einem Gut mehr zu produzieren, ohne von einem anderen weniger zu produzieren (**produktive Effizienz**) und
- durch keine Umverteilung der Produktion es möglich ist, den Nutzen eines Menschen zu steigern, ohne den Nutzen eines anderen gleichzeitig zu mindern (**allokative Effizienz**).

Im Pareto-Optimum wird sozusagen nichts verschwendet. Wohl wäre es möglich, statt Maschinen Konsumgüter zu produzieren, aber nicht von beidem mehr, oder wohl wäre es möglich, dass der Reiche dem Armen etwas abgibt, aber beide zusammen können nicht mehr Güter erhalten.

Sehr viel relevanter und wirklichkeitsnäher ist die Interpretation des Marktes und des Wettbewerbs als optimales Entdeckungsverfahren. Beweisen lässt sich die Optimalität des Marktes dann allerdings nicht mehr, sie ist lediglich plausibel und durch die Geschichte bestätigt. Der Markt erfüllt in dieser weniger stringenten Interpretation positive Funktionen im Sinne erfahrungsgestützter Erwartungen über Verlaufsmuster, die funktionierenden Märkten eigen sind.

Plausibilität der Optimalität

Es wird dann angenommen, dass Märkte gut funktionieren, wenn folgende Strukturbedingungen erfüllt sind:

Strukturbedingungen gut funktionierender Märkte

- Auf dem Markt werden angemessen definierte Eigentumsrechte, also Nutzungs- und Verfügungsrechte an Gütern und Dienstleistungen, getauscht.
- Die Marktteilnehmer haben eine gute Transparenz bezüglich der Qualitäten, der Nutzen und der Preise der gehandelten Güter und Dienstleistungen.
- Die Strukturbedingungen für gut funktionierenden Wettbewerb sind erfüllt.

Wenn diese Bedingungen nicht erfüllt sind, resultiert das so genannte Marktversagen, das in Abschnitt 4 beschrieben wird.

Zuvor muss in aller Deutlichkeit darauf hingewiesen werden, dass die allokative und produktive Effizienz der kapitalistischen Marktwirtschaft nichts mit Gerechtigkeit zu tun hat. **Effizienz und Gerechtigkeit stehen** vielmehr **in einem nicht aufgelösten Konkurrenzverhältnis**, weil der Markt im Wettbewerb Leistungsanreize benötigt und bietet, die mit einer materiellen Gleichbehandlung der Menschen nicht vereinbar sind.

Effizienz und Gerechtigkeit stehen in einem nicht aufgelösten Konkurrenzverhältnis

4 Marktversagen

Die Behauptung der Optimalität der kapitalistischen Marktwirtschaft gilt, wie ausgeführt, nur grundsätzlich, nur bei Erfüllung der oben genannten Bedingungen:
- Definition und Durchsetzung von Eigentumsrechten ist möglich;
- Strukturbedingungen des Wettbewerbs sind erfüllt und
- Transparenz der Marktteilnehmer ist gegeben.

Wenn diese Bedingungen nicht hinreichend erfüllt sind – in der Regel ist dies eine Frage des Grades, nicht der Existenz – resultieren eine Reihe von Ausnahmetatbeständen, die in der Ökonomie unter dem Begriff **Marktversagen** zusammengefasst werden. In diesen Fällen funktioniert die Allokation durch Märkte nicht optimal. Das bedeutet dann allerdings nicht, dass andere Organisationsmodelle a priori überlegen sind. Dies könnte nur durch konkrete Kosten-Nutzen-Analysen festgestellt werden.

Ausnahmetatbestände

Die Ausnahmetatbestände sind:
- die Existenz öffentlicher Güter,
- die Existenz externer Effekte (in beiden Fällen können bzw. sollen Eigentumsrechte nicht definiert und durchgesetzt werden),
- die Existenz kontinuierlich sinkender Durchschnittskosten der Produktion (diese begründen Strukturprobleme des Wettbewerbs) und
- die Existenz von Informationsmängeln insbesondere der Konsumenten.

4.1 Öffentliche Güter

Öffentliche Güter sind durch …

Ein Gut hat den Charakter eines reinen öffentlichen Gutes, wenn es ohne Rivalität von allen Nachfragern konsumiert werden kann (Nicht-Rivalität) und wenn ein Ausschluss vom Konsum nicht möglich ist (Nicht-Ausschluss). Dies steht im Gegensatz zu einem privaten Gut, wie z. B. Champagner, bei dem Nicht-Zahler von der Nutzung im Regelfall ausgeschlossen werden und der Konsum durch einen Konsumenten den Konsum durch einen anderen Konsumenten ausschließt.

Nicht-Rivalität im Konsum liegt dann vor, wenn ein Gut von vielen Personen gleichzeitig konsumiert werden kann, ohne dass der Konsum einer Person den Konsum anderer Personen beschränkt. Beispiele sind zahlreich zu finden, etwa die Nicht-Rivalität im Konsum der Güter Sicherheit, saubere Umwelt, Straßenbeleuchtung, Fernsehprogramme, Informationen usw.

... Nicht-Rivalität im Konsum ...

Nicht-Ausschluss (Versagen des Marktausschlussprinzips) liegt vor, wenn potenzielle Konsumenten nicht von der Nutzung des Gutes ausgeschlossen werden können – auch dann nicht, wenn sie keinen (angemessenen) Beitrag zur Finanzierung der Produktion leisten (Free-Rider oder Trittbrettfahrer). Die Möglichkeit des Ausschlusses bzw. Nicht-Ausschlusses ist, anders als bei der Nicht-Rivalität, in der Regel eine Frage der Technik und der Kosten. So könnte man Nicht-Zahler von der Straßennutzung oder der Nutzung eines Leuchtturms oder der Nutzung eines Rundfunkprogramms ausschließen, aber dies ist in der Regel teuer. Der Leser wird erkennen, dass ein Ausschluss vom Gut Sicherheit auch technisch nicht möglich ist.

... und die Nicht- anwendbarkeit des Marktausschlussprinzips definiert.

Die Konsequenzen dieser Tatbestände sind zweierlei. Wenn Nicht-Rivalität im Konsum besteht, dann ist es **nicht sinnvoll**, Preise zu fordern und damit einen Konsumenten vom Konsum auszuschließen, denn dieser zusätzliche Konsum würde ja keine zusätzlichen gesellschaftlichen Ressourcen verbrauchen. In der Sprache der Theorie der Eigentumsrechte ausgedrückt, ist die Definition und Durchsetzung von Eigentumsrechten nicht effizient, sie würde unnötige volkswirtschaftliche Kosten verursachen. Andererseits ist zu sehen, dass die Produktion eines solchen Gutes auch Kosten verursacht und dass diese Kosten gedeckt werden müssen.

Hieraus resultiert ein **Dilemma**: Entweder finanzieren die privaten Konsumenten – sofern möglich – ihren privaten Konsum doch durch Preise, die die Nutzung durch andere dann ausschließen (z. B. Pay-TV), oder ein Typ kollektiver Finanzierung durch alle bezahlt die Produktion, was dazu führt, dass der individuelle Finanzierungsbeitrag im Allgemeinen nicht der individuellen Nutzung entspricht (z. B. bei der Gebührenfinanzierung des öffentlich-rechtlichen Rundfunks). Aus diesem Dilemma resultieren die volkswirtschaftlich nicht optimale Produktionsmenge, Produktionsstruktur und Zuteilung dieses Gütertyps. Man spricht von **Suboptimalität**: Es wird zu viel, zu wenig oder in falscher Zusammensetzung produziert.

Dilemma-Situation bei Nicht-Rivalität

Wenn Nicht-Ausschluss gegeben ist, dann **können** Preisforderungen nicht durchgesetzt werden. In der Sprache der Theorie der Eigentumsrechte können Eigentumsrechte also nicht definiert und durchgesetzt werden. Kein ökonomisch rational handelnder Konsument würde nämlich für ein Gut zahlen, von dessen Nutzung er nicht ausgeschlossen werden kann. Er könnte vielmehr als Free-Rider unentgeltlich in den Genuss solcher Güter kommen. Da Preisforderungen also nicht durchgesetzt werden können, wird auch kein privater Unternehmer bereit sein, ein solches öffentliches Gut zu produzieren. Gemessen an den ja durchaus vorhandenen Präferenzen der Konsumenten für ein solches Gut wird es dann in zu geringem Umfang oder gar nicht produziert. Man spricht von **Unterproduktion**; klassische Beispiele

Öffentliche Güter werden nicht gemäß den Präferenzen der Konsumenten produziert.

sind der Umweltschutz, die innere und äußere Sicherheit und die Grundlagenforschung.

4.2 Externe Effekte

Externe Effekte sind die unmittelbaren Auswirkungen der ökonomischen Aktivitäten eines Wirtschaftssubjekts, die vom Verursacher nicht berücksichtigt werden und – im Gegensatz zu anderen ökonomischen Transaktionen – zwischen den Beteiligten keine Rechte auf Entgelt oder Kompensation begründen. Es sind also Wirkungen auf unbeteiligte Dritte (Drittwirkungen). Wenn es externe Effekte gibt, kann die Marktproduktion die optimale Allokation nicht gewährleisten, weil die Drittwirkungen ex definitione nicht in die privaten Kosten-Nutzen-Kalküle der Produzenten eingehen.

Keine optimale Allokation bei externen Effekten

> Die privaten Kosten und Erträge entsprechen somit nicht den sozialen (gesellschaftlichen) Kosten und Erträgen.

Typisches Beispiel ist eine Unternehmung, die ihre Abwässer und Abgase an die Umwelt abgibt, ohne für die Schädigung zu zahlen. Da niemand Privateigentum an Luft und Wasser besitzt, werden den Verursachern die entstandenen Schäden nicht in Rechnung gestellt. Entsprechende Überlegungen gelten für den privaten Konsumenten – man denke z. B. an die Luftverschmutzung durch Autoabgase. Es gibt dann keine Preise, z. B. für die Luftverschmutzung, und die Konsumenten und Produzenten haben keinen Anreiz, die Luftverschmutzung einzuschränken.

4.3 Strukturprobleme des Wettbewerbs

Strukturprobleme des Wettbewerbs entstehen, wenn die Stückkosten der Produktion mit steigender Ausbringung (kontinuierlich) sinken. In diesem Fall bietet der Markt Raum nur für einen einzigen Anbieter, oder einfacher formuliert: Am billigsten produziert dann der Alleinanbieter, der Monopolist. Wettbewerb kann es dann auf die Dauer nicht mehr geben.

Sinkende Durchschnittskosten der Produktion beruhen auf Größenvorteilen der Produktion, den so genannten **Economies of Scale** und **Scope**. Diese liegen vor, wenn mit wachsender Betriebsgröße die Produktionskosten langsamer wachsen als die Produktionsmenge, kurz: Wenn größere Betriebe billiger produzieren als kleine (vgl. dazu Kapitel 7, Abschnitt 2.2.1). Dies ist ein häufig zu beobachtendes Phänomen und erfordert eine Kontrolle des Wettbewerbs.

4.4 Mangelnde Transparenz für die Konsumenten

Ob der Wettbewerb eine vom Konsumenten gewünschte Qualität hervorbringt, hängt auch davon ab, ob Konsumenten die Qualität der Produkte erkennen und bewerten können. Hier gibt es erhebliche Mängel. Ganz generell besteht ein strukturelles Informationsgefälle zwischen Produzent und Konsument. Der Produzent kennt die Qualität seiner Produkte in der Regel ungleich besser als der Konsument und kann die Transparenz zudem durch Werbung beeinflussen. Und generell gibt es Güter, deren Qualität nur schwierig bestimmt werden kann. Dies gilt z. B. für die Qualität von Arzneimitteln, von Lebensmitteln allgemein oder für die Qualität »komplizierter« Produkte wie Bankkredite und Versicherungen.

Die beschriebenen Bereiche von möglichem Marktversagen sind Gegenstandsbereich staatlicher Wirtschaftspolitik. Die staatliche Verhaltenskontrolle von privaten Unternehmen und die angestrebte Marktkorrektur durch öffentliche Unternehmen wird häufig als Regulierung bezeichnet. **Regulierung** ist eine Form staatlicher Intervention mit dem Ziel, Marktversagen zu vermeiden oder zu korrigieren. Sie war in der Bundesrepublik sehr ausgeprägt im Verkehrssektor, im Bereich der Post und der Telekommunikation, im Bereich von Banken und Versicherungen sowie im Bereich der Qualitätskontrolle (Arzneimittel, TÜV, Kontrolle der Tierhaltung usw.). Mittlerweile ist die Regulierung in vielen Bereichen der Wirtschaft wieder reduziert worden; man spricht dann von **Deregulierung**, die bei der Bahn, der Post und der Telekommunikation weit fortgeschritten ist.

Marktkorrektur durch Regulierung

5 Funktionsprobleme der Marktwirtschaft

5.1 Schwankungen der wirtschaftlichen Aktivitäten

Wie die geschichtliche Entwicklung gezeigt hat, stürzt die Marktwirtschaft mehr oder weniger periodisch in Wirtschaftskrisen, die durch Erscheinungen wie Unternehmenszusammenbrüche (Insolvenzen), Arbeitslosigkeit, allgemeine wirtschaftliche Stagnation oder sogar wirtschaftlichen Rückgang gekennzeichnet sind.

Dies wird als Indiz dafür gewertet, dass eine automatische Tendenz zur **Vollbeschäftigung** in der Marktwirtschaft nicht gegeben ist. Man muss dann durch staatliche Beeinflussung des Wirtschaftsablaufs versuchen, die Schwankungen wirtschaftlicher Größen (insbesondere der Beschäftigung und der Preise) möglichst gering zu halten. Dieser Standpunkt ist jedoch nicht unbestritten. Manche Ökonomen sind der Meinung, dass gerade die Beeinflussung der Wirtschaftsprozesse durch den Staat solche Schwankungen erst hervorruft (vgl. Kapitel 28).

Besteht eine automatische Tendenz zur Vollbeschäftigung?

Die in Marktwirtschaften häufig zu beobachtenden permanenten Preissteigerungen (Inflation, vgl. Kapitel 24) kann man als Zeichen dafür anse-

Ist Inflation notwendige Begleiterscheinung?

hen, dass das marktwirtschaftliche System auch nicht automatisch zur **Preisstabilität** führt. Daher hat in allen entwickelten Volkswirtschaften die jeweilige Zentralbank die vornehmliche Aufgabe, für Preisstabilität zu sorgen. Auch hier ist jedoch nicht sicher, inwieweit nicht Fehler in der vom Staat geregelten Geldversorgung für inflationäre Preissteigerungen zumindest mitverantwortlich sind.

5.2 Ungleiche Einkommens- und Vermögensverteilung

Tendenz zur Ungleichheit in der Marktwirtschaft

Ein zentraler Mangel des marktwirtschaftlichen Systems wird in der sich ergebenden ungleichen Einkommens- und Vermögensverteilung gesehen (vgl. Kapitel 25). Eine solche Tendenz zur Ungleichheit ist dem marktwirtschaftlichen System deshalb systemeigen, weil die Tatbestände, die letztlich zum Einkommens- und Vermögenserwerb führen, in der Bevölkerung ungleich verteilt sind. Man denke an Geschicklichkeit, Intelligenz, Ausdauer, Durchsetzungsvermögen, Glück, Erbschaft oder Verzinsung von Vermögen. Diese Tendenz wird mit fortschreitender Zeit – sofern keine Korrekturen vorgenommen werden – verstärkt, weil die zunächst entstehenden Ungleichheiten sich selbst verstärken: Wer wenig verdient, kann auch nur wenig in seine Ausbildung investieren und kein Vermögen bilden. Damit werden zwei der entscheidenden Bestimmungsgründe der Einkommenshöhe durch niedrige Einkommen selbst negativ beeinflusst. Zudem sind Einkommensunterschiede als Leistungsanreize und Steuerungsinstrumente in der Marktwirtschaft funktional notwendig. Es muss Einkommensunterschiede geben, damit höhere Anstrengungen auch entlohnt werden und damit die Wirtschaftssubjekte sich anstrengen, mehr zu leisten.

Preis als unsoziales Zuteilungsprinzip

Bei ungleicher Einkommens- und Vermögensverteilung wird schließlich deutlich, dass das grundlegende Steuerungsprinzip der Marktwirtschaft, der Preis, ein unsoziales Zuteilungsprinzip ist. Um dies mit einem extremen Beispiel zu demonstrieren: Es ist denkbar, dass – weil Milch knapp und teuer ist – wohl die Reichen Milch für ihre Katzen, nicht aber die Armen Milch für ihre Kinder kaufen können. Man kann die Allokationswirkung von Preisen (die Funktion, Angebot und Nachfrage zu lenken) nicht von der Verteilungswirkung (die Auswirkung auf die Verteilung von Konsumgütern, Einkommen und Vermögen) trennen.

6 Soziale Marktwirtschaft

Ausgehend von den Elementen des Marktversagens und den Funktionsproblemen eines marktwirtschaftlichen Systems sind eine Reihe von ordnungspolitischen Ergänzungs- und Verbesserungsvorschlägen gemacht und realisiert worden. Grundlegend für eigentlich alle Marktwirtschaften sind die staatliche Gewährleistung der Produktion öffentlicher Güter (vor allem äußere Sicherheit, Rechtsordnung, Bildung...) und die staatliche Regulierung im Falle externer Effekte (z. B. Umweltpolitik) und bei mangelnder Transparenz (z. B. Bundesaufsicht über das Gesundheitswesen, Kontrolle von Lebensmitteln...). Daneben werden in unterschiedlicher Weise Konzeptionen zur Wettbewerbspolitik, zur Verteilungspolitik und zur Stabilisierungspolitik verwirklicht. Wegen ihrer Bedeutung für die Wirtschaftsordnung der Bundesrepublik Deutschland beschränken wir unsere Darstellung auf die Konzeption **der Sozialen Marktwirtschaft**. Grundlegend bleibt immer die weitgehende Koordination durch den Markt und das Prinzip des Privateigentums an Produktionsmitteln.

6.1 Grundidee

»Die Soziale Marktwirtschaft wird von ihren Initiatoren als ›Dritter Weg‹ angesehen, der zwischen der Scylla[3] eines ungebändigten, bewusst gestalteter Ordnungsformen entbehrenden marktwirtschaftlichen Kapitalismus, wie er im 19. und frühen 20. Jahrhundert in den meisten westlichen Nationen vorherrschte, und der Charybdis totalitärer Verwaltungswirtschaften, wie *Hitler* und *Stalin* sie durchgesetzt hatten, hindurchführt zu einer freiheitlichen, wirtschaftlich leistungsfähigen, dauerhaften, sozialen und gerechten Ordnung von Gesellschaft und Wirtschaft. Die Soziale Marktwirtschaft zielt als eine wirtschaftspolitische Konzeption auf eine Synthese zwischen rechtsstaatlich gesicherter Freiheit, wirtschaftlicher Freiheit – die wegen der Unteilbarkeit der Freiheit als notwendiger Bestandteil einer freiheitlichen Ordnung überhaupt angesehen wird – und den sozialstaatlichen Idealen der sozialen Sicherheit und der sozialen Gerechtigkeit. Diese Zielkombination von Freiheit und Gerechtigkeit gibt der Begriff Soziale Marktwirtschaft wieder: Marktwirtschaft steht für wirtschaftliche Freiheit. Sie besteht in der Freiheit der Verbraucher, Güter nach beliebiger Wahl aus dem Sozialprodukt zu kaufen (Konsumfreiheit), in der Freiheit der Produktionsmitteleigentümer, ihre Arbeitskraft, ihr Geld, ihre Sachgüter und unternehmerischen Fähigkeiten nach eigener Wahl einzusetzen (Gewerbefreiheit, Freiheit der Berufs- und Arbeitsplatzwahl, Freiheit der Eigentumsnutzung), in der Freiheit der Unternehmer, Güter eigener Wahl zu produzieren und abzusetzen (Produktions- und Handelsfreiheit), und in der Freiheit jedes Käufers und Verkäufers von Gütern oder Leistungen, sich neben anderen um das gleiche Ziel zu bemühen (Wettbewerbsfreiheit). Ihre Grenzen finden diese Freiheitsrechte da, wo die Rechte Dritter, die verfassungsmäßige Ordnung oder das Sittengesetz verletzt werden (Art. 2 GG). Das Attribut ›sozial‹ soll zum Ausdruck bringen:

Synthese von Freiheit und Gerechtigkeit als Ziel

1. dass die Marktwirtschaft allein wegen ihrer wirtschaftlichen Leistungsfähigkeit, wegen der Schaffung der wirtschaftlichen Voraussetzungen eines

---

[3] Scylla und Charybdis sind Meeresstrudel in der Straße von Messina: Zwei Übel, denen man kaum entrinnen kann.

›Wohlstands für alle‹ und wegen der Gewährung wirtschaftlicher Freiheitsrechte, die an den Rechten Dritter ihre Schranken finden, einen sozialen Charakter trägt,
2. dass die Marktfreiheit aus sozialen Gründen dort beschränkt werden soll, wo sie sozial unerwünschte Ergebnisse zeitigen würde, bzw. dass die Ergebnisse eines freien Wirtschaftsprozesses korrigiert werden sollen, wenn sie nach den Wertvorstellungen der Gesellschaft nicht sozial genug erscheinen.« (*Heinz Lampert*, Die Wirtschafts- und Sozialordnung der Bundesrepublik Deutschland, 13. Aufl., München/Wien 1997, S. 88 ff.)

Nach *Müller-Armack* kann der Begriff der Sozialen Marktwirtschaft »als eine ordnungspolitische Idee definiert werden, deren Ziel es ist, auf der Basis der Wettbewerbswirtschaft die freie Initiative mit einem gerade durch die marktwirtschaftliche Leistung gesicherten sozialen Fortschritt zu verbinden. Auf der Grundlage einer marktwirtschaftlichen Ordnung kann ein vielgestaltiges und vollständiges System sozialen Schutzes errichtet werden.« (*Alfred Müller-Armack*, Soziale Marktwirtschaft, in: Handwörterbuch der Sozialwissenschaften (HdSW), Bd. 9, Stuttgart, Tübingen, Göttingen 1956, S. 390.)

Es gibt unterschiedliche Vorstellungen vom Inhalt der Sozialen Marktwirtschaft.

In der gesellschaftspolitischen Diskussion ist man sich nicht immer darüber einig, ob die derzeitige Ausgestaltung der Sozialen Marktwirtschaft in der Bundesrepublik Deutschland den Intentionen der Väter der Sozialen Marktwirtschaft (insbesondere *Ludwig Erhard* und *Alfred Müller-Armack*) entspricht. So haben Unternehmerverbände und Gewerkschaften, Regierungs- und Oppositionsparteien graduell durchaus unterschiedliche Vorstellungen von der anzustrebenden konkreten Ausgestaltung unserer Wirtschaftsordnung. Seit einigen Jahren wird in der öffentlichen Diskussion auch von einer ökologisch-sozialen Marktwirtschaft gesprochen. Damit soll der Notwendigkeit, umweltpolitische Erfordernisse und Ziele auf marktwirtschaftliche Weise zu erfüllen, Rechnung getragen werden (vgl. Kapitel 29). Generell ist zu sehen, dass die Soziale Marktwirtschaft eine **Idee** ist, deren Realisierung im Bereich des »Sozialen« immer auf besondere Probleme stößt. Wir beschreiben im Folgenden einige Grundzüge der Wirtschaftsordnung der Bundesrepublik Deutschland und verstehen diese als Prototyp der Sozialen Marktwirtschaft.

Die Realisierung des sozialen Anspruchs steht noch aus.

6.2 Wettbewerb als Aufgabe

Im Marktmodell ist das Prinzip des Wettbewerbs von entscheidender Bedeutung: Nur wenn Wettbewerb herrscht, werden über die Preise und Gewinne die Wirtschaftspläne so aufeinander abgestimmt, dass die Wirtschaft quasi automatisch dem bestmöglichen Zustand zustrebt. Und generell besteht die Einsicht, dass sich Wettbewerb nicht von selbst veranstaltet, sondern vor Beschränkungen geschützt werden muss (Wettbewerb als staatliche Aufgabe). Die **Ordoliberalen** wie *Walter Eucken* und *Franz Böhm* nehmen diesen Gedanken folgerichtig auf. Im Prinzip schwebt ihnen auf jedem Markt der Volkswirtschaft ein Wettbewerb zwischen sehr vielen Anbietern und sehr vielen Nachfragern vor, sodass jeder Anbieter oder Nachfrager nur einen winzigen Anteil des Gesamtangebotes bzw. der Gesamtnachfrage auf dem Markt repräsentiert. Man spricht hier sehr plastisch von der **atomistischen bzw. vollkommenen Konkurrenz** (vgl. Kapitel 6). Sie ist ursprünglich das wettbewerbspolitische Leitbild der Wettbewerbsordnung der Bundesrepublik gewesen und hat noch eine Rolle bei der Konzeption des 1957 verabschiedeten »Gesetzes gegen Wettbewerbsbeschränkungen« (GWB) gespielt. Nachfolgend hat sich indes eine bedeutsame Veränderung in der Auffassung vom Wettbewerb entwickelt. Strebten die Ordoliberalen noch »atomistische Konkurrenz« auf den Märkten an, so zeigte sich doch sehr bald, dass im Zuge des technischen Fortschrittes und damit letztlich auch im Interesse der Konsumenten in manchen Bereichen der Volkswirtschaft große, leistungsfähige Betriebe mit Massenproduktion erforderlich sind. Schon von der Technik her kann es deshalb auf manchen Märkten nur sehr wenige Anbieter geben. Die Wettbewerbskonzeption des **»funktionsfähigen Wettbewerbs«** trägt dieser Entwicklung Rechnung. Entscheidend ist nicht die Zahl der Anbieter, sondern ein befriedigendes Marktergebnis, d. h. dass sich bei steigender Produktivität, sinkenden Kosten und Preisen eine steigende Produktion und Qualitätsverbesserungen und somit eine verbesserte Versorgung der Verbraucher ergeben (vgl. Kapitel 7).

Funktionsfähiger Wettbewerb als Leitbild der Wirtschaftsordnungspolitik

6.3 Umverteilung von Einkommen und Vermögen

Ausgehend von der zu erwartenden Ungleichheit der Einkommens- und Vermögensverteilung im Modell der reinen Marktwirtschaft haben die Initiatoren der Sozialen Marktwirtschaft die Notwendigkeit einer Umverteilung von Einkommen und Vermögen im Prinzip ebenso erkannt wie die Repräsentanten der Parteien und der Tarifpartner. So hieß es z. B. im Aktionsprogramm des Deutschen Gewerkschaftsbundes von 1971:

»Der Anteil der Arbeitnehmer am Ertrag der Wirtschaft muss erhöht werden, der Lebensstandard ihrer Familien steigen ... Die Benachteiligung der Arbeitnehmer bei der Vermögensbildung ist zu beseitigen. Diesem Ziel müssen die Wirtschafts-, Finanz-, Steuer- und Sozialpolitik entsprechen. Die Gewerkschaften werden ihre tarifpolitischen Möglichkeiten zur besseren Vermögensbildung nutzen.«

Notwendigkeit einer Umverteilung wird von den Gewerkschaften hervorgehoben, aber auch von den Arbeitgebern im Prinzip anerkannt.

Und in der Erklärung zu gesellschaftspolitischen Grundsatzfragen »Fortschritt aus Idee und Leistung« der Bundesvereinigung der Deutschen Arbeitgeberverbände von 1975:

»Die Arbeitgeber bejahen eine Verbesserung der Einkommenssituation der Arbeitnehmer im Rahmen der wirtschaftlichen Möglichkeiten, insbesonre über den Weg einer breiteren Vermögensstreuung, die zu einer gleichmäßigeren personellen Vermögens- und Einkommensverteilung führt.«

Auf eine solche Umverteilung sind heute bestimmte Bereiche der staatlichen Einnahmen- und Ausgabenpolitik ansatzweise ebenso angelegt wie die Lohnpolitik der Gewerkschaften. Auf Instrumente zur Umverteilung, wie z. B. die Progression bestimmter Steuern (vgl. Kapitel 13), das System der sozialen Sicherung (vgl. Kapitel 15), die aktive (aggressive) Lohnpolitik der Gewerkschaften und Vermögensumverteilung (vgl. Kapitel 25), wird später eingegangen.

Ansätze der Umverteilung

Gerade in Verbindung mit der ungleichen Einkommens- und Vermögensverteilung zeigt sich die ungerecht erscheinende Zuteilung der Güter durch den Preismechanismus, der die jeweils weniger kaufkräftigen Nachfrager nicht zum Zuge kommen lässt. Mithin gehört auch die unentgeltliche Bereitstellung bestimmter Güter wie Bildung, Gesundheit und Sicherheit durch den Staat prinzipiell zu den Umverteilungsmaßnahmen.

Die Einkommensverteilung ist auch regional und sektoral ungleichmäßig. So ergibt sich die Notwendigkeit, bestimmte Regionen der Bundesrepublik, wie z. B. die neuen Bundesländer oder die Westküste Schleswig-Holsteins, oder einzelne Sektoren der Volkswirtschaft, wie z. B. die Landwirtschaft und den Bergbau, durch spezielle staatliche Maßnahmen zu stützen (so genannte regionale und sektorale **Strukturpolitik**).

Gesellschaftliche Hilfe soll vor allem solchen Mitgliedern der Gesellschaft zugute kommen, die kein eigenes Einkommen erzielen können, vor allem Kinder, Alte, Kranke, Behinderte und Arbeitslose. Eine solche Umverteilungspolitik wird in der Bundesrepublik Deutschland in breitem Umfang durch Zahlungen und Leistungen im System der **sozialen Sicherung** betrieben. Der Aufbau dieses Systems wurde 1883 von *Otto v. Bismarck* mit der Schaffung der Krankenversicherung für gewerbliche Arbeiter (1884: Unfallversicherung; 1889: Rentenversicherung) begonnen und seitdem ständig weiter ausgebaut (1927: Arbeitslosenversicherung; 1938: Altersversicherung für das Handwerk; 1957: Altershilfe für Landwirte; 1960: Wohngeld usw.). Dabei gilt als Prinzip, nicht nur das Existenzminimum derjenigen zu sichern, die am Leistungswettbewerb nicht, noch nicht oder nicht mehr teilnehmen können, sondern ihnen auch eine **Teilhabe am wirtschaftlichen Fortschritt** der Volkswirtschaft zu gewähren. Aus diesem Grund ist die Höhe der Rentenzahlungen an die Entwicklung der Löhne und Gehälter der Volkswirtschaft gekoppelt (Prinzip der »dynamischen« Rente).

Auf- und Ausbau des Systems der sozialen Sicherung

6.4 Stabilisierung der Konjunktur

Die geschichtliche Erfahrung zeigt, dass die Intensität wirtschaftlicher Tätigkeit in marktwirtschaftlichen Systemen Schwankungen unterworfen ist. Es existieren relativ ausgeprägte **Konjunkturzyklen** (vgl. Kapitel 27). In der ersten Phase der Entwicklung der Sozialen Marktwirtschaft der Bundesrepublik traten Konjunkturschwankungen allerdings nicht deutlich hervor.

Konjunkturzyklen kennzeichnen die Entwicklung von Marktwirtschaften.

Konjunkturelle Schwankungen wurden überlagert durch den kräftigen Wachstumsprozess der Wiederaufbauphase. Staatliche Wirtschaftspolitik konnte sich – entsprechend den zu der Zeit vorherrschenden klassisch-liberalen Ideen – weitgehend auf die Setzung von Rahmenbedingungen beschränken. Die **Ordnungspolitik,** vor allem die »Veranstaltung« des Wettbewerbs stand im Vordergrund. **Ablaufpolitik** (also eine auf die Beeinflussung der ökonomischen Aktivität zielende staatliche Wirtschaftspolitik) gab es nur im Rahmen der Geldpolitik (Veränderung der Geldmenge und Zinssätze, vgl. Kapitel 16 bis 18).

Bis Mitte der 60er-Jahre praktisch nur ordnungspolitische Maßnahmen in der Bundesrepublik

Erst als Mitte der 60er-Jahre deutlicher wurde, dass mit einer solchen Politik ein fühlbarer Rückgang der Produktion und Beschäftigung nicht wirksam zu bekämpfen war, setzte sich der Gedanke einer auch die **Finanzpolitik** (Veränderung der Staatseinnahmen und -ausgaben) umfassenden **Globalsteuerung** durch. Diese Entwicklung fand ihren Niederschlag im Gesetz zur Förderung der Stabilität und des Wachstums der Wirtschaft (1967). Grundgedanke der Globalsteuerung ist es, dass der Staat zwar aktiv mit geld- und fiskalpolitischen Mitteln eine Stabilisierungspolitik betreibt, sich aber auf marktkonforme Maßnahmen beschränkt (vgl. Kapitel 14). Dies bedeutet, dass die Maßnahmen den Marktmechanismus nicht außer Kraft setzen dürfen. Direkte Eingriffe wie Lohn- und Preisstopps scheiden also nach dieser Konzeption aus.

Seit Mitte der 60er-Jahre versuchte man verstärkt, auch den Wirtschaftsablauf zu beeinflussen.

Die Vorstellung, der Staat könne mit den Instrumenten der Globalpolitik – nach ihrem »Erfinder«, dem Engländer *John Maynard Keynes* (1883–1946) auch keynesianische Wirtschaftspolitik genannt – den Wirtschaftsablauf steuern, wurde in der Bekämpfung der kleinen Wirtschaftskrise von 1967 zunächst glänzend bestätigt. Die 1974/75 beginnende erste »Ölkrise« und die folgende Krise von 1981/82 haben dann allerdings die Euphorie bezüglich der Steuerbarkeit der kapitalistischen Marktwirtschaft wieder erheblich gedämpft. Und auch in der Wissenschaft wurde der Keynesianismus zunehmend wieder durch den mehr an klassischen Ideen orientierten Monetarismus verdrängt (vgl. Kapitel 11 und 12).

Erneute Skepsis bezüglich der Steuerbarkeit der Marktwirtschaft

6.5 Wirtschaftsverfassung und Soziale Marktwirtschaft

Bisher ist die Frage offen geblieben, ob im Grundgesetz und in sonstigen rechtlichen Vorschriften ein bestimmtes Wirtschaftssystem zwingend vorgeschrieben ist und ob die oben aufgezeigten Merkmale der Sozialen Marktwirtschaft dieser Wirtschaftsverfassung entsprechen. Wir wollen dieser Frage getrennt für die entscheidenden Bauelemente eines Wirtschaftssystems, den Koordinierungsmechanismus und die Eigentumsordnung, nachgehen.

Grundgesetz und Soziale Marktwirtschaft

6.5.1 Wirtschaftsverfassung und Koordinierungsmechanismus

Das Grundgesetz der Bundesrepublik garantiert dem einzelnen Bürger eine Vielzahl von Freiheitsrechten: Die freie Entfaltung der Persönlichkeit schließt Konsumfreiheit, Unternehmensfreiheit und Wettbewerbsfreiheit ein. Hinzu kommen die persönliche Freizügigkeit, die Freiheit der Berufs- und Arbeitsplatzwahl sowie die Vereinigungsfreiheit, die z. B. die Bildung von Gewerkschaften und Arbeitgeberverbänden zulässt. Damit ist nach herrschender Meinung eine zentrale Lenkung des Wirtschaftsprozesses ausgeschlossen. Andererseits bestimmt Art. 20 Abs. 1 Grundgesetz:

Zentrale Lenkung ist durch das Grundgesetz ebenso ausgeschlossen ...

»Die Bundesrepublik Deutschland ist ein demokratischer und sozialer Bundesstaat.«

... wie ein extrem liberalistisches Wirtschaftssystem.

Damit wird auch ein extrem liberalistisches Wirtschaftssystem ausgeschlossen, das nicht genügend Raum für soziale Korrekturen des Marktergebnisses lässt. Welcher Spielraum für direkte Eingriffe in den Wirtschaftsprozess besteht und welche Einengung insbesondere der Unternehmensfreiheit möglich ist, ist im Grundgesetz nicht eindeutig beantwortet.

6.5.2 Wirtschaftsverfassung und Eigentumsordnung

Grundsätzliche Entscheidungen über die Eigentumsordnung sind in Art. 14 und 15 Grundgesetz verankert:

Art. 14 Eigentum, Erbrecht, Enteignung
(1) Das Eigentum und das Erbrecht werden gewährleistet. Inhalt und Schranken werden durch die Gesetze bestimmt.
(2) Eigentum verpflichtet. Sein Gebrauch soll zugleich dem Wohle der Allgemeinheit dienen.
(3) Eine Enteignung ist nur zum Wohle der Allgemeinheit zulässig. Sie darf nur durch Gesetz und auf Grund eines Gesetzes erfolgen, das Art und Ausmaß der Entschädigung regelt ...

Art. 15 Sozialisierung
Grund und Boden, Naturschätze und Produktionsmittel können zum Zwecke der Vergesellschaftung durch ein Gesetz, das Art und Ausmaß der Entschädigung regelt, in Gemeineigentum oder in andere Formen der Gemeinwirtschaft überführt werden ...

Grundsatz des Privateigentums auch für Produktionsmittel

Sozialbindung des Eigentums

Es gilt also der Grundsatz des **Privateigentums**, und zwar trotz des Wortlautes des Artikels 15 nach herrschender Meinung auch für Produktionsmittel. Allerdings unterliegt das Privateigentum einer Sozialbindung. Das schlägt sich vor allem in der Verpflichtungsklausel des Art. 14 Absatz 2 Grundgesetz nieder, aber auch in der Möglichkeit zur Enteignung zum Wohle der Allgemeinheit (Art. 14.3, Art. 15). Eine Einengung des Eigentumsrechtes ergibt sich darüber hinaus aus der Möglichkeit einer entschädigungsfreien Begrenzung des Eigentumsrechts, wie sie z. B. im Wohnraumbewirtschaftungsgesetz, im Städtebau- und Raumordnungsgesetz und in den Gesetzen über die wirtschaftlichen Mitbestimmungsrechte der Arbeitnehmer festgelegt ist.

Zusammenfassend ist festzuhalten, dass es keinem Zweifel unterliegen kann, dass die in der Bundesrepublik Deutschland verwirklichte Form der Sozialen Marktwirtschaft fest auf dem Boden des Grundgesetzes steht, also die im Grundgesetz festgelegten Rahmenbedingungen für eine Wirtschaftsverfassung positiv umsetzt. Das bedeutet aber nicht, dass eine Soziale Marktwirtschaft nur in dieser spezifischen Ausprägung vorgeschrieben ist, das Grundgesetz lässt Raum für entsprechende Veränderungen.

7 Staatsversagen

Marktversagen und Funktionsprobleme der Marktwirtschaft sind nur eine notwendige, aber keine hinreichende Begründung für eine staatliche Wirtschaftspolitik.

Auch Staatsversagen/Politikversagen muss ins Kalkül gezogen werden, d. h. durch staatliches Handeln herbeigeführte Fehlallokation von Ressourcen. Als wesentliche Begründung für ein Staatsversagen können die folgenden Probleme angeführt werden:

Das Informationsproblem: Grundsätzlich entstehen Kosten der Informationsbeschaffung und -verarbeitung, weil sich der Staat über ein mögliches Marktversagen und seine Regulierung erst informieren muss. Weiterhin entstehen Such-, Entscheidungs- und Kontrollkosten, wenn der Staat Regulierungsmaßnahmen prüft und durchführt. Häufig können die regulierungsrelevanten Informationen auch prinzipiell nicht gewonnen werden, weil hier – etwa im Bereich einer Monopolkontrolle, im Bereich einer Bereitstellung öffentlicher Güter oder im Bereich der Abschätzung von externen Effekten – äußerst komplexe Tatbestände und Wirkungszusammenhänge erkannt werden müssten, die eine zentrale Institution gar nicht erfassen kann.

Das Interessenproblem: Staatliches Handeln ist Handeln von Individuen, die sich im Staatsdienst befinden. Ihre Interessen sind nicht die Interessen »der Allgemeinheit« (diese kennt niemand), sondern ihre eigenen Interessen. Politiker wollen wiedergewählt werden und die auf sie entfallenden Stimmen maximieren. Sie verfolgen daher Ziele, die sichtbar werden und die von Wählergruppen nachgefragt werden: Und das sind spezielle Interessen spezieller Gruppen. Und Bürokraten wollen ihren Einfluss vergrößern, ihren Aufstieg fördern und ihr Einkommen vermehren. Sie setzen sich daher ein für die Größe ihres Büros, ihrer Abteilung, ihrer Behörde und ihres Gehaltes, aber nicht für die Interessen eines Allgemeinwohls. Daher werden gerne zusätzliche Regulierungsbehörden geschaffen, wie z. B. die Bundesaufsichtsämter für Verkehr und Versicherung oder die Regulierungsbehörde für die Telekommunikation oder die Landesmedienanstalten.

Begründung des Staatsversagens:
– *zu wenig Informationen*

– *individueller Egoismus*

Das Problem der **Ineffizienz** bürokratischen Handelns: Wenn die Regulierung durch öffentliche Unternehmen wie z. B. durch die öffentlich rechtlichen Rundfunkanstalten oder staatliche Universitäten erfolgt, dann ist von mangelnder produktiver Effizienz auszugehen; Ursache sind fehlender Wettbewerb, fehlende Sanktionen ineffizienten Verhaltens (etwa durch das Insolvenzrecht), die Unkündbarkeit und die wenig leistungsorientierte Lohn- und Gehaltsstruktur des öffentlichen Dienstes.

– fehlende Sanktionen ineffizienten Verhaltens

8 Das klassisch-liberale Wirtschaftssystem – das einfache System der natürlichen Freiheit

Die von uns dargestellte kapitalistische Marktwirtschaft entspricht weitgehend dem von *Adam Smith* (1723–1790) konzipierten wirtschaftspolitischen Leitbild des Liberalismus, das heute meist als klassischer englischer Liberalismus bezeichnet wird. Wichtige Vertreter nach *Adam Smith* waren insbesondere *David Ricardo* (1772–1823) und *John Stuart Mill* (1806–1873).

Grundlage des Liberalismus war die Überzeugung, jeder Mensch habe ein angeborenes, allgemeines und unveräußerliches Recht auf **persönliche Freiheit**, also Freiheit von Zwang und Freiheit zur persönlichen Selbstgestaltung des Lebens. Dies war deswegen revolutionär, weil bis dahin die persönliche Freiheit an das Eigentum von Produktionsmitteln gebunden war, also Vorrecht der Privilegierten war. Der grundlegende Anspruch des Liberalismus ist damit die Auflösung von Herrschaftsverhältnissen und persönlichen Abhängigkeiten generell und er findet eine spezifisch liberale Ausprägung in der Forderung nach persönlicher Freiheit gegenüber dem Staat. Der Einfluss des Staates auf das Leben seiner Bürger sollte auf ein Minimum beschränkt werden. Daraus folgt die Forderung nach einem Abbau der staatlichen Beschränkungen der Wirtschaft.

Recht auf persönliche Freiheit

Triebfeder menschlichen Handelns ist nach Smith, und diese Überzeugung wird in der herrschenden Ökonomik geteilt, der **Eigennutz**, das egoistische Erwerbsstreben freier und gleicher Menschen. Jedem Menschen wird zugestanden, dass er seine eigenen Interessen selbst am besten kenne und selbst am besten verfolgen könne. Daraus folgt die Konstituierung fundamentaler wirtschaftlicher Freiheitsrechte:

Handeln aus Eigennutz

- die **Produzentensouveränität**, d.h. die Freiheit des Unternehmers, zu produzieren, was ihm am vorteilhaftesten erscheint und sich niederzulassen, wo es ihm beliebt (Produktions-, Investitions- und Gewerbefreiheit),
- die **Konsumentensouveränität**, d.h. Freiheit der Konsumwahl und die Lenkung der Produktion durch den Konsumenten. Die Wohlfahrt des Einzelnen, nicht ein obrigkeitlich verordnetes Glück, sollte der Wertmaßstab sein, der die Produktion lenkt,
- die **Arbeitnehmersouveränität**, d.h. die Freiheit der Berufswahl und der Arbeitsplatzwahl des Einzelnen.

Die Abstimmung der im Prinzip von unterschiedlichen Interessen geleiteten Aktionen von Arbeitern, Produzenten und Konsumenten sollte auf dem Markt durch den freien Wettbewerb erfolgen:

- die **unsichtbare Hand des freien Wettbewerbs**, so die Überzeugung der Klassiker des Liberalismus, sorge dafür, dass die jeweils im Interesse des Eigennutzes getroffenen Entscheidungen von Arbeitern, Produzenten und Konsumenten nicht nur miteinander vereinbar sind, sondern ungewollt auch ein **gesellschaftliches Gesamtwohl** herbeiführen, wie es besser nicht erreicht würde, wenn statt des eigenen ein Gesamtinteresse verfolgt würde.

  Koordinierung durch den Wettbewerb führt zum Gesamtwohl.

- Das **Privateigentum an Produktionsmitteln** wird schließlich als ein elementares Grundrecht gewertet, das in einem inneren Zusammenhang mit der persönlichen Freiheit gesehen wird: Ein Eigentum ermöglicht einen Freiheitsspielraum gegenüber anderen und dem Staat. Zugleich fördert Privateigentum die Leistungsbereitschaft.

Ergänzt werden diese grundlegenden Elemente durch einige wichtige dem Staat verbleibende Aufgaben. Der Staat sollte die Rechtsordnung und eine geregelte Verwaltung garantieren, er sollte für innere und äußere Sicherheit, für das Verkehrswesen und für Bildung und Gesundheit sorgen und schließlich dem Einzelnen, der in Not geraten ist, helfen.

Dies einfache System der natürlichen Freiheit ist, wie man sieht, immer noch die zentrale Grundlage unseres Wirtschaftssystems. Neuere Ergänzungen beziehen sich insbesondere auf die staatliche Wirtschaftspolitik in folgenden Bereichen:

- im Bereich der Wettbewerbspolitik,
- im Bereich der Sozialpolitik und
- im Bereich der Konjunkturpolitik.

Arbeitsaufgaben

1) Worauf gründet sich die Vorstellung von der prinzipiellen Optimalität der kapitalistischen Marktwirtschaft?
2) In einer Volkswirtschaft gebe es nur Unternehmungen und private Haushalte. Die Unternehmungen produzieren Konsum- und Investitionsgüter, die Haushalte liefern Arbeitskraft und sonstige Produktivleistungen an die Unternehmungen. Zeichnen Sie den entsprechenden Wirtschaftskreislauf.
3) Erläutern Sie die Vorgänge, die in einer marktwirtschaftlich organisierten Volkswirtschaft durch eine Nachfragesteigerung nach Automobilen ausgelöst werden. Zeigen Sie an diesem Beispiel, wie in einer Marktwirtschaft über die Fragen des »Was«, »Wie« und »Für Wen« der Produktion entschieden wird.
4) Nehmen Sie Stellung zu folgender These: »Der marktwirtschaftliche Koordinierungsmechanismus sorgt dafür, dass diejenigen Güter produziert werden, die den Bedürfnissen der Bevölkerung entsprechen. Es herrscht also Konsumentensouveränität.«
5) Nennen Sie Beispiele für das Auseinanderfallen von privaten und sozialen Kosten und Erträgen. Welche Probleme werden durch die Unterschiede zwischen privaten und sozialen Kosten und Erträgen aufgeworfen?
6) Warum muss der Staat die Produktion des öffentlichen Gutes »Grundlagenforschung« organisieren?
7) Warum ergibt sich in marktwirtschaftlichen Ordnungen in der Regel eine ungleiche Verteilung von Einkommen und Vermögen?
8) Welche Aussagen enthält das Grundgesetz über die Ausgestaltung des Wirtschaftssystems?
9) Beschreiben Sie die Grundvorstellungen des klassischen Liberalismus.
10) Warum ist bei staatlicher Wirtschaftspolitik grundsätzlich ein Staatsversagen in Rechnung zu stellen?

Lösungsvorschläge für die Arbeitsaufgaben finden Sie im »Übungsbuch zu Grundlagen und Probleme der Volkswirtschaft«.

Literatur

Speziell die Marktwirtschaft und die Soziale Marktwirtschaft werden umfassend beschrieben von:

Thieme, H. Jörg: Soziale Marktwirtschaft. Ordnungskonzeption und wirtschaftspolitische Gestaltung, 2. Aufl., München (Reihe Beck-Wirtschaftsberater im dtv) 1994.

Lampert, Heinz: Die Wirtschafts- und Sozialordnung der Bundesrepublik Deutschland, 14. Aufl., München 2001.

Ludwig-Erhard-Stiftung (Hrsg.): Ludwig Erhard 1897–1997. Soziale Marktwirtschaft als historische Weichenstellung, Düsseldorf 1997.

Zur Vertiefung, insbesondere in theoretischer Perspektive, werden empfohlen:

Kromphardt, Jürgen: Konzeptionen und Analysen des Kapitalismus. Von seiner Entstehung bis zur Gegenwart, 4. Aufl., Göttingen 2004.

Streissler, Erich / Christian Watrin (Hrsg.): Zur Theorie marktwirtschaftlicher Ordnungen, Tübingen 1980.

Dobb, Maurice: Entwicklung des Kapitalismus vom Spätkapitalismus bis zur Gegenwart, Köln/Berlin 1970.

Im Rahmen breiter angelegter Publikationen zum Gesamtkomplex von Wirtschaftssystemen wird die Marktwirtschaft behandelt von:

Baßeler, Ulrich/Jürgen Heinrich: Wirtschaftssysteme, Würzburg/Wien 1984.

Leipold, Helmut: Wirtschafts- und Gesellschaftssysteme im Vergleich, 5. Aufl., Stuttgart 1988.

Thieme, H. Jörg: Wirtschaftssysteme, in: Vahlens Kompendium der Wirtschaftstheorie und Wirtschaftspolitik, Band 1, 8. Aufl., München 2003.

Eher philosophische Abhandlungen zum Problem von Marktwirtschaft und Freiheit sind die grundlegend vom Liberalismus geprägten und umgekehrt den modernen Liberalismus prägenden Bücher von:

Hayek, Friedrich August von: Die Verfassung der Freiheit (dt. Übersetzung), Tübingen 1983.

Friedman, Milton: Kapitalismus und Freiheit (dt. Übersetzung), Stuttgart 1971.

3. Kapitel
Funktionsweise der Sozialistischen Zentralverwaltungswirtschaft und die Transformation der ehemaligen DDR

LERNZIELE

Leitfrage:
Mit welchen Argumenten kritisiert Marx Privateigentum an Produktionsmitteln und marktwirtschaftliche Koordination?
- Was ist der Mehrwert (das Mehrprodukt)?
- Wie eignet sich nach Marx der »Kapitalist« das Mehrprodukt (den Mehrwert) in einer Marktwirtschaft an?
- Was ist die Aussage der Marx'schen Arbeitswertlehre?
- Was ist nach Marx die Quelle jeden Mehrwertes?
- Warum kommt es nach Marx zu einem Fall der Profitrate?
- Warum hat die marktwirtschaftliche Produktion nach Marx anarchischen Charakter?

Leitfrage:
Wie funktioniert prinzipiell ein Wirtschaftssystem zentraler Planung?
- Wie sieht die Grundkonzeption einer zentralen Planung aus?
- Was ist eine Mengenplanung, und wie wird diese mit Produktbilanzen durchgeführt?
- Was sind die wesentlichen Informationsprobleme der zentralen Planung?
- Was sind die wesentlichen Sanktionsprobleme der zentralen Planung?
- Warum ist der technische Fortschritt in zentralen Verwaltungswirtschaften so schwierig durchzusetzen?

Leitfrage:
Nach welchen Prinzipien gestaltete und gestaltet sich der Transformationsprozess in der ehemaligen DDR bzw. in den neuen Bundesländern?
- Welche Strategien der Transformation gibt es?
- Was waren die institutionellen Bedingungen des Transformationsprozesses in der ehemaligen DDR?
- Wie war die wirtschaftliche Ausgangslage?
- Wie lief der Prozess der Umgestaltung bis jetzt ab?

Die sozialistische Zentralverwaltungswirtschaft gibt es vorläufig wohl nur noch für eine Übergangsperiode in wenigen Ländern der Welt. Im Übrigen ist dieses Wirtschaftssystem durch Misserfolg obsolet geworden. Dennoch soll es in seinen Grundzügen beschrieben werden. Dies hat folgende Gründe:

- *Marx'* Beschreibung und Kritik der kapitalistischen Marktwirtschaft als theoretisches Fundament der sozialistischen Zentralverwaltungswirtschaft ist von bleibendem Wert und vermittelt Einsichten in ihre Funktionsweise, die zum Verständnis »unseres« Wirtschaftssystems unverzichtbar sind. *Karl Marx* (1818–1883, deutscher Philosoph und Volkswirt) gehört nach wie vor zu den großen Ökonomen der Geschichte. Der entscheidende Fehler war, mit dem Marxismus an die Existenz einer »objektiven Wahrheit« zu glauben, statt, wie in den pluralistischen westlichen Gesellschaften, auf die prinzipielle Offenheit und den Wandel des Erkenntnisprozesses zu setzen.
- Die immer wieder diskutierten Vorschläge zur Gestaltung einer Wirtschaftsordnung »zwischen Kapitalismus und Sozialismus« setzen stets auf einige Elemente der zentralen Planung und/oder des Sozialismus. Daher ist es sinnvoll, die Funktionsweise dieser Elemente in Grundzügen zu kennen.

Es sei vorab darauf hingewiesen, dass es falsch ist, aus der Kritik an einem Wirtschaftssystem darauf zu schließen, dass die Alternative besser ist. Die Alternative kann sehr wohl wesentlich schlechter sein.

1 Marxistische Kapitalismuskritik

In seiner Analyse der kapitalistischen Marktwirtschaft formuliert *Marx* vor allem eine Kritik am kapitalistischen Privateigentum und am marktwirtschaftlichen Koordinationsmechanismus.

1.1 Kritik am Privateigentum an Produktionsmitteln

Marx lehnt das kapitalistische Privateigentum ab, d.h. das Privateigentum an Produktionsmitteln, das die Arbeit fremder Menschen verwertet.

> Seine Argumente sind im Wesentlichen:
> - Privateigentum an Produktionsmitteln führt zur Ausbeutung der Arbeiter;
> - Privateigentum an Produktionsmitteln erfüllt keine positiven ökonomischen Funktionen, sondern behindert die schrankenlose Entwicklung der Produktivkräfte durch den Fall der Profitrate und die damit verbundenen Krisen.

Um diese Argumente verstehen zu können, müssen die Grundlinien marxistischer Wirtschaftstheorie entwickelt werden. Hier wird wie folgt argumentiert:

Mit Ausnahme völlig unterentwickelter Gesellschaften wird in jeder Gesellschaft – auch in einer sozialistischen – ein Gesamtprodukt erzeugt, das über den notwendigen Konsum der an seiner Erstellung Beteiligten und den Ersatzbedarf an bei der Produktion verbrauchten Maschinen, Werkzeugen, Vorprodukten und Rohstoffen hinausgeht. Es wird also ein Überschuss, ein **Mehrprodukt** erzeugt (vgl. Abbildung 3.1).

Produktion eines Mehrprodukts

Produktion	Mehrprodukt
	Notwendige Konsumgüter für die produktiv Tätigen
	Ersatz der verbrauchten Maschinen, Werkzeuge, Vorprodukte und Rohstoffe

Abb. 3.1: Das Mehrprodukt

Vorsozialistische Gesellschaften zeichnen sich dadurch aus, dass das von anderen Menschen hergestellte Mehrprodukt mit dem Ziel, sich zu bereichern, **privat angeeignet** wird. Entsprechend wird die Geschichte als Geschichte von Klassenkämpfen interpretiert, als Kampf um das Mehrprodukt. Vorsozialistische Gesellschaften beruhen auf Ausbeutung, auch wenn die Art und Weise der Aneignung des Mehrprodukts sich in der Sklavenhalter-Gesellschaft und der feudalistischen Gesellschaft voneinander unterscheidet.

Private Aneignung des Mehrprodukts

Die Entstehung des Mehrprodukts in einer kapitalistischen Wirtschaft erläutert *Marx* anhand des durchschnittlichen Arbeitstages:

Die Arbeiter arbeiten z. B. im Durchschnitt zehn Stunden pro Tag. Sie erhalten dafür einen Lohn, der ausreicht, ihre Arbeitskraft zu »reproduzieren«, der also ausreicht, die notwendigen Ausgaben für Essen, Wohnen, Kleidung und Unterhalt für sich und ihre Familien zu bestreiten. Die Produktion dieser Güter (Konsumgüter, Wohnungen etc.) beansprucht nun eine durchschnittliche Arbeitszeit der Arbeiter von weniger als zehn Stunden; z. B. sieben Stunden (»notwendige« Arbeit). In den drei Stunden (»Mehr-« oder »Surplus«arbeit) erarbeiten die Arbeiter also einen Überschuss. *Marx* bezeichnet den Wert dieses Überschusses als Mehrwert und als Mehrwertrate das Verhältnis der Mehrarbeit zur notwendigen Arbeit (im Beispiel beträgt der Mehrwert 3 Stunden und die Mehrwertrate 3/7).

Zweiteilung des durchschnittlichen Arbeitstags in »notwendige« Arbeit und Mehrarbeit

1.1.1 Kapitalistische Ausbeutung

Charakteristisch für die kapitalistische Produktionsweise ist nach *Marx* die **Form**, wie dieser Überschuss aus der Produktion entnommen wird. Um die

Arbeitswertlehre

spezielle Form der kapitalistischen Ausbeutung, die nach *Marx* durch die freie Lohn- und Preisbildung nur verschleiert wird, zu verstehen, muss die Marx'sche **Arbeitswertlehre** skizziert werden.

> Marx sagt, dass der Wert eines Gutes sich nach der durchschnittlichen, gesellschaftlich notwendigen Arbeitszeit bemisst, die benötigt wird, um dieses Gut zu produzieren.

Wenn also zur Produktion eines Tisches im Durchschnitt 12 Stunden und zur Produktion eines Zentners Kartoffeln im Durchschnitt 2 Stunden benötigt werden, verhält sich der Wert von einem Tisch zu einem Zentner Kartoffeln wie 12 zu 2.

Grundprinzip der Marx'schen Analyse ist der **wertäquivalente Tausch**: Alle Waren (Waren sind in der Marx'schen Begriffswelt Güter, die für den Austausch produziert werden) tauschen sich zu ihrem Wert, dem Arbeitswert. So wird auch die Ware Arbeitskraft auf dem Markt zu ihrem Wert – der in ihr steckenden Arbeitskraft – getauscht, d. h. die Ware Arbeitskraft erhält einen Lohn, der ausreicht, den Arbeiter und seine Familie zu »reproduzieren«. Für den besitzlosen Arbeiter besteht nämlich der ökonomische Zwang, die einzige Ware, die er besitzt – seine Arbeitskraft –, an die Eigentümer der Produktionsmittel zu verkaufen. Der Kapitalist erwirbt also die Arbeitskraft und setzt sie im Produktionsprozess ein.

Waren tauschen sich zu ihrem Wert.

> Die Arbeit hat nach *Marx* die einzigartige Fähigkeit, mehr Wert zu produzieren, als der Wert der Arbeitskraft selbst beträgt.

Lohn ist kleiner als der Wert des Arbeitsproduktes.

In unserem Beispiel hat die Arbeitskraft einen Wert von 7 (7 Arbeitsstunden sind erforderlich, um die existenznotwendigen Konsumgüter zu erzeugen) und produziert insgesamt einen Wert von 10. Die Differenz, den Mehrwert, eignet sich auf dem Wege des wertäquivalenten Tausches der Eigentümer der Produktionsmittel (der Kapitalist) an, der als Eigentümer der Produktionsmittel auch das Eigentum an den produzierten Waren erwirbt und diese auf dem Markt in der Regel zu den in ihnen steckenden Arbeitswerten (in unserem Beispiel 10) verkaufen kann. In diesem Sinne spricht *Marx* von Ausbeutung: Ausgebeutet wird also der Arbeiter, der einen größeren Wert produziert, als er an Lohn erhält. Das Verhältnis des Mehrwerts m (10 − 7 = 3) zum lebensnotwendigen Konsum v (= 7) bezeichnet Marx als **Mehrwertrate** $\left(\frac{m}{v}\right)$.

Mehrwertrate als Maß der Ausbeutung

»Die Rate des Mehrwerts ist daher der exakte Ausdruck für den Exploitationsgrad (Ausbeutungsgrad) der Arbeitskraft durch das Kapital oder des Arbeiters durch den Kapitalisten.« (*Karl Marx*, Das Kapital, Kritik der politischen Ökonomie, Erster Band, S. 232)

Die Ausbeutung bleibt im Kapitalismus hinter dem Prinzip des wertäquivalenten Tausches verborgen – Kapitalisten erwerben ja die Arbeitskraft zu ihrem Wert. Sie wird daher nicht so deutlich erkennbar wie z. B. die Fronarbeit als Form der Ausbeutung im Feudalismus.

In der Beurteilung dieser Analyse ist zunächst drei häufigen Fehlinterpretationen vorzubeugen.

Fehlinterpretationen

(1) Es ist müßig, darüber zu streiten, ob der Wert eines Gutes »wirklich« durch die notwendige Arbeitszeit bestimmt wird. Es reicht, diese Aussage als Arbeitshypothese im Rahmen eines ökonomischen Modells anzusehen. Diese Arbeitshypothese ergibt jedenfalls das Fundament für eine gehaltvolle Erklärung der Entstehung des Gewinns.

(2) *Marx* behauptet nicht, dass man durch Mehreinsatz von Kapital (Maschinen) nicht eine größere Gütermenge mit entsprechend höherem Wert produzieren kann. *Marx* behauptet lediglich, dass der Wert der Produktion allein von der eingesetzten Menge an durchschnittlich notwendiger Arbeit bestimmt wird und ein Mehrwert nur von der eingesetzten (lebendigen) Arbeit erzeugt wird.

Wir wollen dies kurz anhand der Marx'schen Wertformel verdeutlichen. Nach *Marx* setzt sich der Wert einer Ware aus drei Elementen zusammen:
- dem Wert der in der Produktion verbrauchten Maschinen, Werkzeuge, Vorprodukte und Rohstoffe (das sog. »konstante« Kapital);
- dem Wert der unmittelbar eingesetzten Arbeitskraft (»variables« Kapital, entspricht dem existenznotwendigen Konsum);
- dem Mehrwert.

Diese Form der Bestimmung des Wertes einer Ware steht keineswegs im Gegensatz zur Arbeitswertlehre, sondern ergibt sich unmittelbar aus dieser. Arbeitskraft fließt ja in zweifacher Form in das Produkt ein:
- in Form der Arbeitskraft, die in den verbrauchten Maschinen, Werkzeugen, Vorprodukten und Maschinen gespeichert ist (so genannte »geronnene« Arbeit);
- in Form von »lebendiger« Arbeit bei der laufenden Produktion.

Entscheidend ist nun, dass die geronnene Arbeit nur ihren eigenen Wert auf das neue Produkt überträgt (deshalb wählt *Marx* die Bezeichnung »konstantes« Kapital). Die lebendige Arbeit dagegen reproduziert wertmäßig ihr eigenes Äquivalent und einen Überschuss darüber, den Mehrwert (deshalb wählt *Marx* die Bezeichnung »variables« Kapital).

Bezeichnet man den Wert des Gutes mit w, das konstante Kapital mit c, das variable Kapital mit v und den Mehrwert mit m, so gilt also nach *Marx*:

$w = c + v + m$ (siehe Abbildung 3.2)

(3) Auch in einer sozialistischen Volkswirtschaft wird ein Überschuss, ein Mehrwert geschaffen, der nicht zur Gänze den Arbeitern zufließt. *Marx* for-

Mehrwert = m	Mehrarbeit = Surplusarbeit		
Wert der bei dieser Produktion eingesetzten Arbeitskraft = variables Kapital = v	notwendige Arbeit = Reproduktionskosten der Arbeitskraft	Lohn / lebendige Arbeit	Wert der Ware = w (entspricht im Durchschnitt dem Preis)
Wert der verbrauchten Maschinen, Werkzeuge, Vorprodukte, Rohstoffe = konstantes Kapital = c	Reproduktionskosten des konstanten Kapitals	geronnene Arbeit	

Abb. 3.2: Die Wertbildung bei *Marx*

Die Aneignung des Mehrwerts ist für *Marx* primär kein Verteilungsproblem.

dert nicht, dass den Arbeitern der gesamte Mehrwert für Konsumzwecke zufließen soll. Einen Teil des Mehrwertes braucht man in jeder Gesellschaft, die sich weiterentwickeln soll, vor allem zur Investition (Akkumulation von konstantem Kapital), den Rest für den individuellen Konsum der nicht produktiv Tätigen und für den gesellschaftlichen Konsum (die staatlich bereitgestellten Güter). Es ist deshalb ein Irrtum zu glauben (und auch *Marx* hat vor diesem Irrtum gewarnt), dass sich der Lebensstandard der Arbeiter kurzfristig nennenswert erhöhen würde, wenn die Kapitalisten sich den Mehrwert nicht länger aneigneten. Letztlich verbliebe zum Mehrkonsum der Arbeiter nur das, was man Luxuskonsum der Unternehmer nennt, und dieser ist gesamtwirtschaftlich verhältnismäßig unbedeutend.

Kritik der Konzentration der Entscheidungsbefugnis

Politisch bedeutsam ist das Argument von *Marx*, die Übertragung der Entscheidungsbefugnis über Produktion, Beschäftigung, Investitionen und Preise an die relativ kleine Gruppe der Eigentümer an Produktionsmitteln spalte die Gesellschaft in eine kleine Gruppe von Verfügungsberechtigten und eine große Gruppe von Befehlsempfängern. Diese Kritik wird durch folgende Argumente relativiert:
- In jedem Wirtschaftssystem wird es eine Zweiteilung in Verfügungsberechtigte und Verfügungsverpflichtete geben, weil nicht über jede betriebliche Entscheidung abgestimmt werden kann.
- In der kapitalistischen Marktwirtschaft entscheiden letztlich die Nachfrager über Volumen und Struktur der Produktion, jedenfalls bei gut funktionierendem Wettbewerb.
- Schließlich lässt sich auch in kapitalistischen Marktwirtschaften eine gewisse Mitbestimmung der Arbeiter realisieren, sei es durch Mitbestimmungsgesetze oder sei es durch eine Förderung der Streuung des Produktiveigentums.

Beurteilung der Ausbeutungshypothese

Ein gewisses Maß an Ausbeutung im *Marx*'schen Sinne existiert in der Tat in kapitalistischen Marktwirtschaften. Zwar erhalten die Arbeiter nicht nur einen Lohn in Höhe ihrer »Reproduktionskosten«, wie auch immer der Umfang des existenzminimalen Konsums festgelegt werden mag. Aber die Arbeiter erhalten im Durchschnitt und in der Regel auch nicht den gesamten Gegenwert ihrer Arbeitsleistung. Üblicherweise verbleibt den Eigentümern der Produktionsmittel ein Gewinn, und dieser Gewinn ist im Sinne von *Marx* Ausbeutung; aber der Gewinn (und damit die »Ausbeutung«) ist funktional notwendig als Leistungsanreiz und Erfolgskontrolle.

Ausbeutung und Gewinn sind funktional notwendig.

Dies war wohl der entscheidende Fehler in der *Marx*'schen Analyse: Übersehen zu haben, dass die beschriebene Form der Organisation von Arbeitsbeziehungen – die Ausbeutung in einer kapitalistischen Unternehmung – funktional notwendig oder zumindest funktional sinnvoll ist. Das Konzept der Ausbeutung – die Aneignung der Arbeit anderer Menschen – ist ja letztlich nur dann eine sinnvolle Bezeichnung, wenn eine materiell bessere Alternative realisierbar ist. Die denkbare Alternative ist die **Arbeiterunternehmung**: Arbeiter schließen sich zusammen, beschaffen sich Kapital, produzieren gemeinsam und teilen das Arbeitsergebnis unter sich auf. Solche Arbeiterunternehmungen haben in der Praxis meist nicht zufrieden stellend funktioniert, vor allem weil eine erfolgreiche Unternehmung offenbar Hierarchien, Leistungsanreize und Erfolgskontrollen voraussetzt, die in einer Arbeiterunternehmung nur schwer durchsetzbar sind. Umgekehrt scheint die kapitalistische Unternehmung ein ausreichendes Maß an Organisationseffizienz aufzuweisen und sie kann damit den Arbeitern – trotz Ausbeutung – einen höheren Lohn zahlen als die Arbeiterunternehmung – ohne Ausbeutung. Daher ist der Begriff »Ausbeutung« irreführend.

Arbeiterunternehmungen haben nicht funktioniert.

1.1.2 Tendenzieller Fall der Profitrate

Neben der Ausbeutung begründet das Privateigentum an Produktionsmitteln nach *Marx* ein Hindernis für die Entwicklung der Produktivkräfte. Das Hemmnis ist der »tendenzielle Fall der Profitrate« (**Profitrate** = Verhältnis von Gewinn zu eingesetztem Kapital) und die damit verbundenen Krisen. Damit erhob der Sozialismus, was häufig übersehen wird, nicht nur den Anspruch, eine gerechtere, sondern auch den Anspruch, eine materiell wohlhabendere Gesellschaft zu schaffen.

Marx argumentiert, dass die Profitrate die Tendenz habe, im Zuge der langfristigen Investitionstätigkeit (Kapitalakkumulation) zu fallen. Und da die Profitrate nach Marx'scher Ansicht die treibende Kraft der kapitalistischen Produktion ist, produziert diese Produktion gleichsam die eigene Schranke für ihre ungehinderte Expansion.

Ohne auf die Einzelheiten einzugehen, wollen wir die Grundstruktur der *Marx*'schen Erklärung skizzieren. Im Zuge des Wachstumsprozesses zwingt die Konkurrenz zu dauernder **Kapitalakkumulation**, weil jeder **einzelne** Unternehmer danach strebt, jeweils modernere Produktionsverfahren anzuwenden und damit einen **Extraprofit** zu machen. Das Verhältnis der Produktionsfaktoren Kapital zu Arbeit – die **Kapitalintensität** – nimmt damit laufend zu. Relativ immer weniger Arbeiter produzieren mit relativ immer

Die Profitrate fällt, weil die Kapitalintensität zunimmt.

mehr Kapital. Da nach *Marx* nur die lebendige Arbeit einen Mehrwert (letztlich einen Gewinn) erzeugt, wird das Verhältnis von Gewinn zu eingesetztem Kapital, also die Profitrate, dann abnehmen, wenn der Profit, den der einzelne Arbeiter produziert, im Zuge der Entwicklung konstant bleibt.

Drücken wir die Aussage in der Terminologie von *Marx* aus. Im Zuge der wirtschaftlichen Entwicklung steigt der Wert des konstanten Kapitals c (Materialaufwand und Abschreibung pro Periode) stärker als der Wert des variablen Kapitals v (notwendige Lohnkosten pro Periode). Da das konstante Kapital lediglich seinen eigenen Wert auf das Produkt überträgt und nur die im variablen Kapital verkörperte Arbeit einen Mehrwert m produziert, wird die Profitrate p

$$p = \frac{m}{c+v}$$

Voraussetzung: die Konstanz der Mehrwertrate

dann abnehmen, wenn die **Mehrwertrate** $\frac{m}{v}$ konstant bleibt. (Es steigt ja nur das c im Nenner des obigen Ausdrucks. Im Übrigen sind weitere spezielle Kombinationen denkbar, die hier nicht beschrieben werden sollen.) Der Leser wird bemerken, dass für *Marx* Kapital etwas anderes ist, als nach dem heutigen Sprachgebrauch üblich, doch trifft die obige Darstellung in heutigen Begriffen den Kern der Marx'schen Behauptung.

Von fundamentaler Bedeutung für die Richtigkeit des berühmten **Gesetzes vom tendenziellen Fall der Profitrate** ist die Annahme, dass die Mehrwertrate bei fortgesetzter Kapitalakkumulation tatsächlich konstant bleibt oder mindestens nicht stärker steigt als zur Aufrechterhaltung des Gesetzes notwendig. Und dies ist fraglich, weil die Entwicklung der Arbeitsproduktivität im Lohngütersektor im Zuge der Kapitalakkumulation eben auch die Tendenz hat, die Mehrwertrate zu erhöhen.

Entscheidender ist ein zweiter Einwand. Eine fallende Profitrate und im Extremfall eine Profitrate von Null bedeutet, dass eine Investition gerade noch so viel einbringt, wie sie kostet. Und in einem solchen Fall lohnt die Investition im Sozialismus genauso wenig wie im Kapitalismus.

Konjunkturkrisen begleiten den Fall der Profitrate.

Der Fall der Profitrate wird nun nach *Marx* von **Konjunkturkrisen** begleitet. Eine mögliche Erklärung bietet die »Selbstreinigungskrise«. Wenn die Profitrate allgemein sinkt, versucht jeder Unternehmer für sich, dies zu verhindern, indem er besonders fortschrittliche Produktionsmethoden anwendet und damit einen Extraprofit erwirtschaftet und/oder die Produktionsmenge ausdehnt, um das, was er an der Profit**rate** verliert, durch die Profit**menge** zu kompensieren. Die Konkurrenz zwingt mithin zu allgemeiner Überproduktion, und die Kaufkraft der Arbeiter steigt nicht entsprechend, weil die Unternehmen mit dem Fall der Profitrate auch die Ausbeutungsrate erhöhen: Es kommt dann zur Krise, zu Konkursen, zur Vernichtung von Kapital. Wenn genügend Kapital vernichtet ist, steigt die Profitrate wieder an, der Akkumulationsprozess kann wieder beginnen.

Nach *Marx* werden diese Krisen immer größer. Die Arbeiter verarmen im Zyklus immer mehr, bis es sich für sie lohnt, zu revoltieren und die Kapitalisten zu enteignen. Dies sei ein unvermeidbarer geschichtlicher Prozess.

Krisen werden größer und führen zur Revolution.

Es genügt, darauf zu verweisen, dass die Ausbeutung im Trend und im Zyklus nicht zugenommen, sondern abgenommen hat; produktivitätsorientierte Löhne (vgl. Kapitel 25) und eine gewisse Vermögensbildung der Arbeitnehmer waren die wesentlichen Elemente der Beteiligung der Arbeitnehmer am wirtschaftlichen Fortschritt.

1.2 Kritik am Koordinationsmechanismus

In marxistischer Sicht ist die private Aneignung des von den eigentlichen Produzenten (den Arbeitern) hervorgebrachten Mehrprodukts durch die »Kapitalisten« die eigentliche Ursache für den bemängelten »anarchischen« (ohne jede Ordnung) Charakter der Produktion.

»Anarchischer« Charakter der Produktion in der Marktwirtschaft

> Die Entscheidung über die Produktion von Gütern und die Entscheidung über die Nachfrage nach Gütern wird nach marxistischer Auffassung von zwei unabhängig voneinander entscheidenden Gruppen auf der Grundlage unterschiedlicher Motivation gefällt.

Während die »Kapitalisten« solche Güter produzieren, von denen sie sich den höchsten Profit (einen Tauschwert) versprechen, haben die Haushalte ein Interesse an den Gütern, die sie am meisten benötigen, am Gebrauchswert. Damit ist nicht von vornherein sichergestellt, dass die Waren, die produziert werden, auch den Konsumentenbedürfnissen entsprechen.

Unterschiedliche Interessenlage von Produzenten und Konsumenten

Ergibt sich schon aus diesem Grund ein anarchischer Charakter der Produktion, so wird dieser Aspekt noch verstärkt durch die Tatsache, dass die Unternehmen ihre Produktionsentscheidungen unabhängig voneinander treffen. Der Einzelne weiß also nicht, was der andere produziert. Selbst wenn der einzelne Produzent eine vorhandene Nachfrage richtig abschätzt, kann es sein, dass die Gesamtheit der Unternehmer an der Nachfrage vorbeiproduziert. Jedenfalls stellt sich die Richtigkeit der unternehmerischen Entscheidung erst nachträglich anhand nicht absetzbarer Gütermengen oder Fehlmengen heraus. Die Unternehmen produzieren in dieser Sicht also ins »Blaue« hinein. Bei nicht absetzbaren Mengen sind knappe Produktionsfaktoren vergeudet worden, und bei unzureichender Produktion mit Fehlmengen offenbart sich eine Fehlallokation der Ressourcen, die über steigende Preise der zu knappen Güter sogar noch honoriert wird.

Unternehmer treffen ihre Produktionsentscheidungen unabhängig voneinander.

Schließlich begründet die Ausrichtung der Produktion auf die Tauschprozesse eines anonymen Marktes mit unbekannten Käufern und unbekannten Bedürfnissen eine **Entfremdung** des Menschen. Es fehlt die rationale Gesamtplanung des Produktionsprozesses und es fehlt das Bewusstsein, nützliche Dinge für die Mitglieder der Gesellschaft zu produzieren. Der Mensch entfremdet sich nach *Marx* von seiner Tätigkeit, von »seinem« Produkt, von den Mitmenschen und schließlich von sich selbst als gesellschaftlich schöpferischem Menschen.

Ebenen der Entfremdung

Will man eine Bewertung dieser Argumentation vornehmen, so ist richtig, dass der Marktmechanismus über Gewinne und Verluste die Unternehmerentscheidungen erst nachträglich bewertet. Das bringt wegen der Unabhängigkeit der unternehmerischen Entscheidungen und wegen der subjektiven Ungewissheit in gewissem Umfang eine Verschwendung volkswirtschaftlicher Produktivkräfte mit sich. Es wird dabei aber die Verbindung zwischen Gewinnstreben und Nachfrageanalyse der Unternehmer verkannt: Weil der Unternehmer im Verlustfall sein Kapital verliert, hat der kapitalistische Unternehmer den größtmöglichen Anreiz, sich die richtigen Informationen zu beschaffen und diese im Produktionsprozess zu verwerten. Letztlich ist es für eine Bewertung des marktwirtschaftlichen Systems entscheidend, in welchem Verhältnis die Verschwendung volkswirtschaftlicher Produktivkräfte im Vergleich zu Alternativsystemen steht. Diese Frage hat die Geschichte eindrucksvoll zugunsten der Marktkoordination beantwortet.

Markt bewertet Unternehmerentscheidungen erst nachträglich.

Verbindung zwischen Gewinnstreben und Nachfrage wird übersehen.

Das Konzept der Entfremdung ist schwer fassbar, schwer nachvollziehbar. Aber auch hier hat jedenfalls der »real existierende Sozialismus« seine behauptete Überlegenheit nicht nachweisen können.

Marx' Kritik der kapitalistischen Marktwirtschaft hat ein Wirtschaftssystem begründet, in dem das kapitalistische Privateigentum an Produktionsmitteln aufgehoben wird und die Marktkoordination durch »etwas anderes« ersetzt wird. Dabei ist die positive Beschreibung der Alternative durch Marx unterblieben. Es war auch nicht ganz klar, ob die zentrale Planung notwendigerweise zur Sozialisierung der Produktionsmittel gehört. Allerdings ermöglicht das gesellschaftliche Eigentum an Produktionsmitteln die zentrale Planung, und die Kritik der Marktkoordination legt ja eine Form der zentralen Planung nahe. Jedenfalls ist Sozialismus im Wesentlichen – von einigen Reformversuchen in Jugoslawien und Ungarn abgesehen – immer mit zentraler Planung verbunden gewesen. Diese zentrale Planung, die in ihrer Grundkonzeption in der Sowjetunion nach dem 1. Weltkrieg entwickelt worden ist und später u. a. auch in der DDR übernommen worden ist, soll im Folgenden in ihren Grundzügen beschrieben werden, so wie sie in der DDR verwirklicht war.

Marx beschreibt das alternative Wirtschaftssystem nicht ...

... aber eine zentrale Planung liegt nahe.

Die Eigentumsordnung, die in der DDR verwirklicht war, war naturgemäß eine sozialistische Eigentumsordnung; Privateigentum an Produktionsmitteln existierte nur in ganz geringem Umfang für rund fünf Prozent der Beschäftigten in kleinen, auf persönlicher Arbeit beruhenden Gewerbebetrieben, vor allem im Einzelhandel und im Gaststättengewerbe. Im Übrigen bestand gesellschaftliches Eigentum an Produktionsmitteln. Darauf gehen wir nicht mehr ein.

2 Zentrale Planung

2.1 Grundkonzeption der zentralen Planung

In einer zentralgeleiteten Verwaltungswirtschaft (Zentralplanwirtschaft) – häufig auch nur Planwirtschaft genannt – wird versucht, die wirtschaftliche Tätigkeit der Millionen Produktions- und Konsumeinheiten (Betriebe und Haushalte) in einem zentralen Plan im Voraus aufeinander abzustimmen und festzulegen.

Ausgangspunkt und Grundlage dieses Planes sind die gesellschaftlichen Zielsetzungen und Produktionsmöglichkeiten. Im Grundsatz bestimmen also die für die Volkswirtschaft festgelegten Gesamtziele (z. B. größtmögliches Wachstum, forcierter Ausbau der Schwerindustrie) über entsprechende Planauflagen zwingend die wirtschaftliche Tätigkeit der planausführenden Betriebe und Haushalte. Hierin liegt ein ganz **wesentlicher Unterschied zum Modell der Marktwirtschaft**, in dem die individuellen Ziele der Millionen von Haushaltungen und Unternehmungen unmittelbar deren wirtschaftliches Handeln und damit mittelbar auch das gesamtwirtschaftliche Geschehen bestimmen. Dass man in der marktwirtschaftlichen Praxis das gesamtwirtschaftliche Geschehen seit geraumer Zeit ebenfalls im Sinne bestimmter gesamtwirtschaftlicher Ziele (wie Vollbeschäftigung und Preisstabilität) zu beeinflussen versucht, beeinträchtigt diese Feststellung nicht, da grundsätzlich keine direkten Eingriffe in die einzelwirtschaftliche Tätigkeit (durch sog. Einzel- oder Mikrosteuerung) vorgenommen werden, sondern die einzelwirtschaftlichen Pläne nur indirekt (im Rahmen einer so genannten Gesamt- oder Makro- oder Globalsteuerung) beeinflusst werden.

Gesellschaftliche Ziele sollen zwingend die wirtschaftlichen Handlungen der Betriebe und Haushalte bestimmen.

Wie kann man sich die **Funktionsweise** einer zentralgeleiteten Volkswirtschaft im Prinzip vorstellen?

Eine aus Experten bestehende zentrale Plankommission legt den politischen Entscheidungsinstanzen (auf der Grundlage ihrer Erfahrung und in Zusammenarbeit mit untergeordneten Planbehörden und den Betrieben) Möglichkeiten für die gesamtwirtschaftliche Produktion vor (sie zeigt gewissermaßen einige Punkte der volkswirtschaftlichen Transformationskurve auf). Die politischen Entscheidungsträger wählen aufgrund ihrer gesellschaftlichen Zielvorstellungen eine Kombination aus, die damit zum verbindlichen zentralen Plan für die Volkswirtschaft wird. Die zentrale Planungskommission setzt auf dieser Grundlage (wieder in Kooperation mit untergeordneten Planbehörden) die Produktion der entsprechenden Güter für die einzelnen Betriebe der Volkswirtschaft fest und ordnet eine dem Plan entsprechende Verteilung der Güter an. Die Betriebe handeln auf der Grundlage dieser Planauflagen und melden das Ergebnis ihrer Tätigkeit der zentralen Planbehörde, die damit die Durchführung kontrollieren kann.

Zentrale Plankommission arbeitet Alternativen aus.

Politische Zentrale wählt eine Alternative aus.

Zentrale Plankommission leitet aus dem Gesamtplan Plandirektiven für die Betriebe ab.

2.2 Grundprinzip der Mengenplanung

Das Planverfahren ist überaus kompliziert. Die Planbehörde muss genaue Kenntnisse von den Produktionsbedingungen in den einzelnen Betrieben der Volkswirtschaft haben. Sie muss z. B. für einen bestimmten Betrieb X wissen, wie viel Arbeitskräfte und Maschinen zu Beginn der Planungsperiode (z. B. eines Jahres) zur Verfügung stehen, welche Lagerbestände an Vorprodukten im Betrieb vorhanden sind, welche zusätzlichen Vorprodukte und welche Kapitalgüter dem Betrieb X von anderen Betrieben der Volkswirtschaft oder durch Importe zu welchen Zeitpunkten zur Verfügung gestellt werden können, welche Produkte in dem Betrieb beim gegenwärtigen Stand des technischen Wissens mit welchen Produktionsverfahren in welcher Zeit hergestellt werden können usw. Aus der Zusammenfügung solcher Informationen für die gesamte Volkswirtschaft kann die Planungsbehörde dann letztlich die gesamten Produktionsmöglichkeiten in der Volkswirtschaft bestimmen. Wird auf dieser Grundlage der endgültige Volkswirtschaftsplan beschlossen, so kann die Planbehörde auf der Basis der bei der Planaufstellung verwendeten Informationen den einzelnen Betrieben entsprechende Planauflagen machen.

Hoher Informationsbedarf

Hauptinstrument der zentralen Planung war das System der so genannten **Planbilanzen**, mit dem Produktionsmengen geplant wurden. So gab es in der DDR in der Mitte der 80er-Jahre etwa 4.500 solcher Bilanzen. Das Prinzip sei anhand eines Beispiels erläutert.

System der Planbilanzen

Angenommen, das Industrieministerium meldet einen Bedarf von 1.100 Automobilen an und lässt die Möglichkeit zur Bedarfserfüllung von der Plankommission durchrechnen. Die Plankommission stellt diesen Bedarf dem angenommenen Lagerbestand von 50 und den geplanten Importen von 50 gegenüber und ermittelt so eine notwendige Produktion von 1.000 Autos:

Bedarfsbilanz Autos			
Geplante Möglichkeiten der Bedarfsdeckung		Bedarf	
Lagerbestand	50	inländischer Konsum	1.100
Importe	50		
Produktion	1.000		
	1.100		1.100

Im nächsten Schritt werden die notwendigen Gütereinsatzmengen zur Produktion der 1.000 Autos bestimmt. Ausgehend von Erfahrungswerten für den Faktorverbrauch (so genannte »Normen«) kommt man zu folgender Aufstellung (wir beschränken uns der Einfachheit halber auf drei homogene Produktionsgüter):

Produktionsbilanz Autos			
Notwendige Faktoreinsatzmengen		Produktion	
Arbeit	5.000 Std.	Produktion	1.000 Stück
Maschinen	500 Std.		
Blech	10.000 m²		

Um die Durchführungsmöglichkeiten zu überprüfen, muss die Planungskommission nun für sämtliche Faktoren feststellen, ob sie im notwendigen Umfang zur Verfügung stehen (d. h. Produktbilanzen aufstellen). Das bedeutet, dass die Produktion sämtlicher Güter mit in die Betrachtung einbezogen werden muss, für die diese spezielle Form der Arbeitskraft, der Maschinenleistung sowie Blech notwendig sind.

In unserem Beispiel verfolgen wir nur die Verfügbarkeit des Produktionsgutes Blech.

Die für Blech zuständige Abteilung des Planungsstabes erhält die Bedarfsmeldung für die sonstigen blechverarbeitenden Industrien (z. B. 50.000 m² für Panzer und 20.000 m² für Schiffe). Sie stellt dem Gesamtbedarf (einschließlich der Automobilindustrie) in Höhe von 80.000 m² den Bestand von 5.000 m² und die Importe von 5.000 m² gegenüber und ermittelt so die notwendige Produktionsmenge von 70.000 m² (wir unterstellen dabei vereinfachend, dass es sich immer um die gleiche Blechsorte handelt).

Bedarfsbilanz Blech			
Geplante Möglichkeiten der Bedarfsdeckung		Bedarf	
Lagerbestand	5.000 m²	Automobile	10.000 m²
Importe	5.000 m²	Panzer und Schiffe	70.000 m²
Produktion	70.000 m²		
	80.000 m²		80.000 m²

Anschließend werden die notwendigen Gütereinsatzmengen für die Blechproduktion von 70.000 m² ermittelt.

Produktionsbilanz Blech			
Notwendige Faktoreinsatzmengen		Produktion	
Arbeit	1 500 Std.	Blech	70.000 m²
Maschinen	1.000 Std.		
Stahl	7.000 t		
davon für die Produktion von			
Autos:	1.000 t		
Panzern:	4.000 t		
Schiffen:	2.000 t		

Um die Produktionsmöglichkeiten für Blech zu ermitteln, muss die Plankommission die Verfügbarkeit sämtlicher Produktionsgüter weiter verfolgen. Wir beschränken uns hier auf den Faktor Stahl, dessen Verbrauchsmengen deshalb in obiger Aufstellung schon aufgegliedert sind.

Die Stahlabteilung erhält die Bedarfsmeldungen der Blechabteilung (7.000 t) und der übrigen stahlverarbeitenden Industrien (z. B. für den Maschinenbau 8.000 t). Aufgrund von Anfangsbeständen (1.000 t) und Importen (1.000 t) ermittelt die Stahlabteilung eine Produktionsmenge von 13.000 t.

Bedarfsbilanz Stahl			
Geplante Möglichkeiten der Bedarfsdeckung		Bedarf für	
Lagerbestand	1.000 t	Blech	7.000 t
Importe	1.000 t	Sonst. stahlverarb.	
Produktion	13.000 t	Industrien	8.000 t
	15.000 t		15.000 t

Wiederum sind die Verbrauchsmengen an Produktionsgütern zu ermitteln.

Produktionsbilanz Stahl			
Notwendige Faktoreinsatzmengen		Produktion	
Arbeit	200 Std.	Stahl	13.000 t
Maschinen	100 Std.		
Eisenerz	33.000 t		
davon für:			
Blechindustrie	14.000 t		
1.000 Autos	2.000 t		
100 Panzer	8.000 t		
10 Schiffe	4.000 t		
Maschinenbau	19.000 t		
200 Kräne	10.000 t		
3.000 Werkzeugmaschinen	9.000 t		

Zu prüfen ist wiederum, ob die notwendigen Arbeitsstunden, Maschinenstunden und das notwendige Eisenerz zur Verfügung stehen. Wir beschränken uns auf das Produktionsgut Eisenerz.

Die Eisenerzabteilung erhält nun die Bedarfsmeldung der Stahlabteilung (33.000 t) und ermittelt aufgrund von Anfangsbeständen (0 t) und Importen (15.000 t) eine notwendige Produktionsmenge von 18.000 t Eisenerz. Damit sind wir bei der Grundstoffindustrie angelangt, deren Produktionskapazitäten durch die Abbaumöglichkeiten in der Planperiode begrenzt sind.

Angenommen, es können nur 15.000 t Eisenerz abgebaut werden. Es verbleibt eine **Fehlmenge** von 3.000 t Eisenerz.

Das Beispiel gibt uns einen guten Einblick in das Kernstück der **Mengenplanung** in einer zentralgeleiteten Volkswirtschaft, das System von miteinander verbundenen **Produktbilanzen**.

Mengenplanung mittels eines Systems miteinander verbundener Produktbilanzen

Bedarfsbilanz Erz			
Geplante Möglichkeiten der Bedarfsdeckung		**Bedarf**	
Anfangsbestand	0 t	Blech	14.000 t
Importe	15.000 t	davon für	
Produktion	15.000 t	1.000 Autos 2.000 t	
Fehlmenge	3.000 t	100 Panzer 8.000 t	
		10 Schiffe 4.000 t	
		Maschinenbau	19.000 t
		davon für	
		200 Kräne 10.000 t	
		3.000 Werkzeugbänke 9.000 t	
	33.000 t		33.000 t

In unserem Beispiel ergibt sich kein »stimmiges« System von Produktbilanzen, da beim Eisenerz eine Fehlmenge von 3.000 t entsteht (Eisenerz ist offenbar ein sehr knappes Produktionsmittel). Die Plankommission steht deshalb vor der Aufgabe, für einen Ausgleich zu sorgen. Hierzu hat sie mehrere Möglichkeiten, die einzeln oder kombiniert zur Anwendung kommen können.

Möglichkeiten des Ausgleichs der Produktbilanzen

(1) Sie kann versuchen, zusätzliches Eisenerz durch Importe zu beschaffen.
(2) Sie kann versuchen, die Normen zu ändern, z. B. für die Automobilindustrie nur 8 m² Blech pro Auto anzusetzen (»Normendruck«).
(3) Sie kann prüfen, ob einzelne Produkte nicht auch mit Hilfe von anderen Rohstoffen erzeugt werden können (z. B. Kunststoff für Autos).
(4) Sie kann die Produktion von Gütern, bei denen Eisenerz benötigt wird, vermindern, also z. B. die Automobilproduktion, den Maschinenbau usw.

In der Praxis zentralgeleiteter Verwaltungswirtschaften wurde von sämtlichen Möglichkeiten Gebrauch gemacht.

Nehmen wir an, die Möglichkeiten 1–3 würden ausscheiden, sodass der Plan bezüglich des »Was« der Produktion revidiert werden müsste. Es muss dann entschieden werden, wie die Produktion von Autos, Panzern, Schiffen, Kränen oder Werkzeugmaschinen eingeschränkt werden soll. Eine Entscheidungshilfe wird den politischen Instanzen durch die an Eisenerz gemessenen Alternativkosten der Produktion der verschiedenen Güter gegeben. Im obigen Beispiel:

1 Auto kostet in Erz	2 Tonnen
1 Panzer kostet in Erz	80 Tonnen
1 Schiff kostet in Erz	400 Tonnen
1 Kran kostet in Erz	50 Tonnen
1 Werkzeugmaschine kostet in Erz	3 Tonnen

Es ergeben sich mithin folgende Transformationsraten:

> 1 Schiff = 5 Panzer = 8 Kräne = 133 $^1/_3$ Werkzeugmaschinen = 200 Autos.

Kosten- und Nutzenüberlegungen bei Produktionseinschränkungen

Die Rangordnung der Bedürfnisse muss jetzt herangezogen werden, um zu einer Entscheidung über das »Was« der Produktion zu kommen. Um zu einer Entscheidung über die endgültige Zusammensetzung der Produktion zu gelangen, müssen zusätzlich zu der Kostenüberlegung Nutzenüberlegungen herangezogen werden. Es muss also berücksichtigt werden, welchen Nutzen z. B. 1 Auto, 1 Kran oder 1 Panzer für die Gesellschaft hat. Kennt man diesen Nutzen, so kann man unmittelbar den Nutzen pro Tonne Eisenerz bestimmen, die für Autos, Kräne etc. verwendet wird. Die Produktionseinschränkung ist dann so vorzunehmen, dass
(1) die Fehlmenge verschwindet und
(2) der Nutzen jeder Tonne Eisenerz, die in Autos, in Panzer, in Schiffe, in Kräne und Werkzeugmaschinen gesteckt wird, für die Gesellschaft gleich groß ist.

Wir haben dieses Beispiel so ausführlich geschildert, damit wenigstens ungefähr eine Vorstellung über die ganz gewaltigen Planungsprobleme einer zentralen Verwaltungswirtschaft vermittelt werden kann. Zugleich soll dabei auch noch einmal deutlich werden, welche Koordinierungsaufgaben der Markt quasi nebenbei erfüllt. Eine solche Planung konnte wegen ihrer Komplexität nur für eine begrenzte Zahl wichtiger Güter, so genannte Prioritätsgüter, erstellt werden. In der DDR wurde die Mengenplanung in etwa 4 500 Produktbilanzen durchgeführt. Die Mengenplanung wurde ergänzt durch eine Wertplanung, eine Planung unter Zuhilfenahme von Preisen, die hier allerdings nicht mehr beschrieben werden soll.

2.3 Probleme zentraler Planung

Die grundlegenden Probleme zentraler Planung waren die Unmöglichkeit, das Informationsproblem und das Sanktionsproblem zu lösen.

2.3.1 Das Informationsproblem

Die Aufstellung des zentralen Planes erfordert die zentrale Kenntnis
- der vorhandenen Ressourcen,
- der (optimalen) Produktionsverfahren und,
- jedenfalls idealiter, der Präferenzen der Konsumenten.

Tendenz zu weichen Plänen

Weil die relevanten Informationen von den Betrieben selbst geliefert werden und die Betriebe nicht an »harten« Plänen interessiert sind, die schwer zu erfüllen sind, liefern die Betriebe in der Regel nach unten manipulierte Informationen. Es resultieren dann die so genannten »weichen« Pläne, die das volkswirtschaftliche Produktionspotenzial nicht ausschöpfen. Aber selbst wenn die »richtigen« Informationen geliefert würden, bleibt zu bezweifeln, dass eine zentrale Behörde diese Informationen befriedigend verarbeiten kann.

Das Grundproblem ist die prinzipielle Unfähigkeit der Planbehörde, die Produktion **optimal** zu koordinieren. In kapitalistischen Marktwirtschaften existieren Knappheitspreise, und diese Knappheitspreise reflektieren hinlänglich genau
- die Knappheit der vorhandenen Ressourcen,
- den Stand moderner Produktionstechnik und
- die Präferenzen der Konsumenten.

Solche Knappheitspreise existieren in der sozialistischen Planwirtschaft nicht, und daher ist es für die Planbehörde unmöglich, den optimalen Plan zu erstellen. Die Planbehörde kann z. B. nicht wissen, ob Strom billiger durch Braunkohle- oder Atomkraftwerke produziert wird oder ob Importe wirtschaftlicher sind. Und sie kann nicht wissen, ob Automobile besser vertikal integriert in einem großen Werk oder eher dezentralisiert in kleineren Betrieben produziert werden sollten usw. Die Planbehörde kann mithin **allenfalls** einen Plan aufstellen, der in sich stimmt, aber niemals eine optimale Koordination erreichen. Die zentrale Planung vergeudet mithin volkswirtschaftliche Ressourcen.

Knappheitspreise existieren nicht ...

... daher konnte der optimale Plan nicht aufgestellt werden.

2.3.2 Das Sanktionsproblem

Die Hoffnung, in sozialistischen Wirtschaftssystemen eine Übereinstimmung von Handlungsmotiv und gesellschaftlicher Funktion erreichen zu können, hat getrogen. Es war falsch anzunehmen, dass Individuen die Interessen der Gesellschaft kennen, sich mit diesen identifizieren und nach ihnen handeln. Auch im Sozialismus verfolgen die Menschen ihre eigenen Interessen, und Leistungsanreize und Erfolgskontrollen müssen daher geschaffen werden.

Während in kapitalistischen Marktwirtschaften der Preis- und Gewinnmechanismus Leistungsanreiz und Erfolgskontrolle quasi automatisch und nebenbei produziert, muss dies in sozialistischen Planwirtschaften veranstaltet werden. Erfolgsmaßstab ist hier die Planerfüllung

Leistungsanreize und Kontrollen mussten veranstaltet werden.

Erfolg = Istproduktion − Sollproduktion

Aus leicht einsichtigen Gründen ist das Interesse der produktiv Tätigen dabei niemals auf eine Maximierung der Istproduktion, sondern immer auf eine Minimierung der Sollproduktion gerichtet. Dies, weil die Planerfüllung dieses Jahres die Basis für die Planfestsetzung des nächsten Jahres ist. Alle Versuche, dies zu ändern, waren erfolglos.

Der Erfolgsmaßstab war falsch.

2.3.3 Fehlende Innovationsdynamik

Sozialistische Planwirtschaften sind durch einen ganz zentralen Mangel an Innovationsdynamik gekennzeichnet. Die Entwicklung neuer Produkte (Produktinnovation) und die Entwicklung neuer Verfahren (Prozessinnovation) sind hier ungleich seltener als in kapitalistischen Marktwirtschaften. Dies ist einsichtig, denn in diesem Feld kumulieren sich die Informations- und Sanktionsprobleme.

> Bei der Innovation kumulieren sich die Informations- und Sanktionsprobleme.

- Eine Prozessinnovation ist kaum planbar. Woher soll die Planbehörde wissen, wie man effizienter produziert?
- Eine Produktinnovation ist ebenfalls kaum planbar, weil die Mengenplanung mit quantifizierbaren Produktionsauflagen arbeiten muss und eine Qualitätsverbesserung oder eine Neuerung nicht quantifiziert werden kann (wie soll man die Schönheit von Sommerkleidern oder den Geschmack von Wurst quantifizieren?).
- Vor allem haben die Produzenten – die Betriebe und die Arbeitnehmer – kein Interesse an Innovationen. Diese würden in der Einführungsphase den eingefahrenen Betriebsablauf und damit den zentralen Plan nur stören und in der Folgezeit zu entsprechend revidierten Planauflagen führen. Die Nachteile für den Betrieb würden die Vorteile bei weitem übersteigen.

2.3.4 Fazit: Effizienzmangel

Diese zentralen Mängel lassen sich vielfältig ergänzen. Genannt seien die folgenden Punkte:

- die Kumulation von Fehlplanungen und Planuntererfüllungen,
- die darauf folgende Neigung, »strategische Reserven« zu bilden, um bei ausbleibenden Lieferungen dennoch weiter produzieren zu können,
- der schrittweise Übergang zu bilateralen Tauschgeschäften zwischen Betrieben und zwischen Endverbrauchern,
- die »Tonnenideologie«, die Neigung, Produktionsauflagen, die in Gewicht, Menge usw. formuliert werden, durch die Produktion besonders schwerer, besonders großer oder besonders vieler Produkte zu erfüllen. Damit wird z. B. ein Speditionsbetrieb, dessen Planproduktion in Tonnenkilometern vorgegeben wird, besonders viel und besonders umwegreich fahren. Ein Anreiz, Transportwege zu minimieren, besteht jedenfalls nicht,
- die ausgeprägte Beharrungstendenz: Fehler werden schwerer erkannt und werden, wenn überhaupt, nur mühsam beseitigt (z. B. die Konzentration auf die Braunkohleproduktion in der DDR).

Das Resultat war eine ganz deutliche ökonomische Ineffizienz der sozialistischen Planwirtschaft. Folgende grobe Kalkulation gibt sicherlich die

> Größenordnung richtig wieder: »Im Endergebnis liegt der Lebensstandard in der DDR heute (1989) bei etwa einem Drittel des unsrigen. Das also ist das Ergebnis der besten aller Planwirtschaften« (Wirtschaftswoche Nr. 48 v. 24.11.1989, S. 174).

Eine Wertung des politischen Systems soll hier unterbleiben. Faktisch hat sich indes in allen sozialistischen Zentralverwaltungswirtschaften die »**Unteilbarkeit der Freiheit**« bestätigt: Wirtschaftliche Freiheit war ohne politische Freiheit und politische Freiheit war ohne wirtschaftliche Freiheit nicht zu realisieren.

3 Die Transformation von Wirtschaftssystemen

Als Transformation bezeichnet man allgemein die Umwandlung der zentralen Elemente eines Wirtschaftssystems, nämlich die Umwandlung der Eigentumsordnung und/oder die Umwandlung des Koordinationsmechanismus. So wäre z. B. die Umwandlung einer kapitalistischen Marktwirtschaft in eine sozialistische Marktwirtschaft, also die Veränderung der Eigentumsordnung, eine Transformation. Im Zuge der tatsächlichen Entwicklung der Weltwirtschaft hat sich aber eine engere Verwendung des Transformationsbegriffes herausgebildet: Mit Transformation ist praktisch durchgängig die Überführung einer sozialistischen Zentralplanwirtschaft in eine kapitalistische Marktwirtschaft gemeint. Dies deshalb, weil es andere Transformationen zur Zeit nicht gibt. Die Erfahrung hat die Erkenntnisse der Ordnungstheorie bestätigt, dass ökonomische Effizienz dauerhaft nur in einer kapitalistischen Marktwirtschaft erreichbar ist. Daher beschreiben wir die Transformation einer sozialistischen Zentralplanwirtschaft in eine kapitalistische Marktwirtschaft und beziehen uns anschließend konkret auf den Transformationsprozess in der ehemaligen DDR bzw. in den neuen Bundesländern.

Transformation heißt Umwandlung mindestens eines zentralen Systemelementes.

Überführung einer sozialistischen Zentralplanwirtschaft in eine kapitalistische Marktwirtschaft

3.1 Grundprobleme der Transformation

Die Transformation von Wirtschaftssystemen war und ist eine gewaltige Aufgabe, zu deren Lösung gesicherte wissenschaftliche Erkenntnisse nicht vorlagen und nicht vorliegen. Entsprechend unterschiedlich waren und sind die Strategien der Transformationsländer. Rund 30 ehemalige Zentralplanwirtschaften, darunter die 15 Nachfolgestaaten der Sowjetunion, die Reformländer Mittel- und Osteuropas (Polen, Ungarn, Tschechien, Slowakei, Bulgarien und Rumänien) und China versuchten und versuchen eine Anpassung an die Marktwirtschaft. Die Grundprobleme sind indes überall die gleichen. Im Zuge einer Transformation müssen folgende zentrale Probleme der Wirtschaftsordnung gelöst werden:

Grundprobleme der Transformation

- Privatisierung der staats- und volkseigenen Betriebe.
- Abschaffung der zentralen Planung und Einführung der Marktkoordination,
- Aufbau eines funktionierenden Finanzierungs- und Kreditvergabesystems,
- Aufbau eines Systems der sozialen Sicherung und
- Aufbau einer stabilen Geld- und Währungspolitik.

Und diese Aufbaumaßnahmen im Bereich der Wirtschaftsordnung müssen begleitet werden vom Aufbau eines gut funktionierenden Rechtssystems und vom Aufbau einer gut funktionierenden Verwaltung.

Zur **Privatisierung sozialistischer Betriebe** werden meist unterschiedliche Methoden zur gleichen Zeit angewendet:

Formen der Privatisierung

- die allgemeine und offene Versteigerung,
- die organisierte Suche nach potenziellen Investoren und der Verkauf auf dem Wege der Verhandlung,
- der bevorzugte Verkauf an die jeweiligen Manager und Mitarbeiter des Betriebes und/oder
- die so genannte Coupon-Privatisierung, bei der die Bürger des Landes Coupons erhalten und in Aktien und Anteile ihrer Wahl tauschen können.

Aufgaben der Privatisierung

Wichtig ist, dass die Privatisierung eine Reihe von Bedingungen erfüllt:

- Die Privatisierung soll Kapital zur Finanzierung des Betriebes aufbringen,
- die Privatisierung soll technisches und wirtschaftliches Wissen (Know-how) einbringen,
- die Privatisierung soll eine effiziente Kontrolle der Betriebsführung gewährleisten und
- die Möglichkeiten einer Beteiligung sollten in der Bevölkerung gleichmäßig verteilt sein.

Dies ist leicht gefordert und schwer zu realisieren; in der Privatisierungspraxis sind erhebliche Kompromisse zu schließen. Zentrales Problem ist der meist sehr schlechte wirtschaftliche Zustand der Betriebe.

Probleme der Coupon-Finanzierung

Bei der Coupon-Privatisierung erhält jeder Bürger eines Landes zunächst einmal die gleiche Anzahl von Coupons, also Gutscheine, die dann in Aktien einzelner Unternehmen oder auch in Anteile an Investmentfonds eingetauscht werden können. Dies bietet eine gleichmäßige Beteiligung der Bürger, aber es bringt weder Kapital noch Know-how ein und eine effiziente Kontrolle der Unternehmensführung wird mit einer breiten Streuung der Aktienbesitzer in der Regel auch nicht erreicht.

Probleme der Mitarbeiter-Privatisierung

Der Verkauf der Betriebe an die jeweiligen Manager und Mitarbeiter bringt meist auch kein Kapital ein, sondern ist oft nur eine Übereignung zu symbolischen Preisen, weil Mitarbeiter und Manager über Kapital meist nicht verfügen. Ein gewisses Know-how bleibt erhalten und eine gewisse Kontrolle der Unternehmensführung erscheint möglich. Aber eine gleichmäßige Beteiligung der Bürger bietet diese Methode nicht, weil die Mitarbeiter guter Betriebe gegenüber den Mitarbeitern schlechter Betriebe bevorzugt werden.

Der Verkauf von Betrieben an ausländische Investoren öffnet den Zugang zum internationalen Kapitalmarkt und bringt wirtschaftliches und technisches Know-how ein. Aber damit wird die Bevölkerung am Produktionsvermögen des Landes nicht beteiligt. Es kommt zu einem politisch oft nicht erwünschten »Ausverkauf der Wirtschaft des Landes«. *Probleme des Verkaufs an ausländische Investoren*

Die **Abschaffung der zentralen Planung** und die Einführung der Marktkoordination ist formal recht einfach. Praktisch gibt es hier aber erhebliche Übergangsprobleme und Inflationsgefahren: Zum einen dauert es eine gewisse Zeit, bis im Prozess von Versuch und Irrtum die Preise so kalkuliert werden können, dass sie sowohl die Produktionskosten reflektieren als auch den Nachfragerpräferenzen entsprechen. Zum anderen bestand in den zentralen Planwirtschaften meist ein erheblicher Geldüberhang, der nach der Freigabe der Preise zu einem Nachfrageüberhang mit entsprechender Inflation führte. Hier muss eine restriktive Geldpolitik gegensteuern und eine effiziente Wettbewerbspolitik für Preis- und Qualitätswettbewerb der Anbieter sorgen. *Probleme der Einführung des Marktmechanismus*

Mit der Abschaffung der zentralen Planung erhält ein gut funktionierendes **Finanz- und Kreditvergabesystem** eine zentrale Bedeutung. Dieses System hat die Aufgabe, die Ersparnisse der Bevölkerung in die ertragreichsten Investitionen zu lenken und über die Vergabe neuer Kredite den Aufbau der Wirtschaft zu fördern und zu kontrollieren. Zu einer solchen Risikoanalyse und einer fortlaufenden Kreditüberwachung waren die alten Staatsbanken und ihre Mitarbeiter nicht qualifiziert worden. Hier musste also eine erhebliche Umorientierung erfolgen. Vor allem musste das Bankensystem dem Wettbewerb geöffnet werden, ohne aber durch Bankzusammenbrüche das Vertrauen der Anleger zu untergraben. Das Bankensystem musste um eine funktionierende Zentralbank ergänzt werden, die dem Ziel der Preisstabilität verpflichtet ist und eine Finanzierung von Staatsschulden nicht zulässt. *Funktion und Probleme des Bankensystems*

Notwendigkeit einer stabilitätsorientierten Geldpolitik

Im Bereich des **Außenhandels** und der **Währungspolitik** bestand ein zentrales Problem darin, den richtigen Wechselkurs bzw. die richtige Wechselkurspolitik zu finden. Eine Freigabe des Wechselkurses führt in der Anfangsphase meist zu drastischen Abwertungen der heimischen Währung, was die Importe dann sehr teuer macht und den billigen Ausverkauf der heimischen Wirtschaft begünstigt. Eine Bindung des Wechselkurses an eine ausländische Währung wie z. B. den US-Dollar bietet dagegen eine gewisse Stabilität, überfordert aber sehr leicht die Finanzierungsmöglichkeiten eines Transformationslandes, das in der Regel nur über geringe Dollarguthaben verfügt. *Probleme der Wechselkurspolitik*

Schier unlösbar schienen die Probleme im Bereich der **sozialen Sicherung** der Bevölkerung: *Probleme der sozialen Sicherung*
- Es gab kaum funktionierende Sozialversicherungssysteme, weil zur Zeit der Planwirtschaft die Betriebe einen großen Teil der Sozialleistungen finanziert hatten. Daher mussten Systeme der Alterssicherung, der Kran-

kenversicherung, der Arbeitslosenversicherung und der Sozialhilfe neu geschaffen werden.
- Und es gab nur ganz geringe Mittel, die umverteilt werden konnten, weil – insbesondere in der Anfangsphase der Transformation – die gesamtwirtschaftliche Produktion praktisch zusammengebrochen war und eigentlich nur ein allgemeiner Mangel zu verwalten war.

Kein Patentrezept

Insgesamt hat die Wirtschaftswissenschaft kein Patentrezept für die optimale Gestaltung einer Transformation von Wirtschaftssystemen entwickelt. Relativ große Einigkeit besteht unter Wirtschaftswissenschaftlern allerdings in der Beurteilung des Preismechanismus: Der Preismechanismus sollte so schnell wie möglich seine Wirksamkeit entfalten und seine Allokationsfunktion (Lenkung von Investition, Produktion und Nachfrage) erfüllen können; Notwendig bleibende Schutzmaßnahmen sollten dabei nach dem Subjektprinzip Personen bzw. Haushalten zukommen und nicht nach dem Objektprinzip zum Erhalt von Unternehmen dienen. Zwei Beispiele: Statt den Wohnungsbau zu subventionieren, sollte der Staat einkommensschwachen Haushalten Wohngeld zahlen oder statt Unternehmen zu subventionieren, sollte der Staat die Löhne pauschal subventionieren. Eine sozial adressierte Einkommenspolitik ist aus ökonomischer Sicht einer sozial adressierten Preispolitik grundsätzlich vorzuziehen: Sie ist billiger und verzerrt den Preismechanismus nicht. Die Notwendigkeit von Schutzmaßnahmen für arme Mitglieder der Gesellschaft bleibt dabei unberührt.

Die Allokationsfunktion der Preise ist zentral.

Unterschiedliches Tempo der Transformation

Strittig war und ist z. T. auch heute noch das optimale **Tempo der Transformation**. Man unterscheidet die so genannte »Schocktherapie« und einen graduellen, schrittweisen Übergang in die neue Ordnung. Die Vertreter der Schocktherapie glauben, dass nur eine schnelle Transformation gelingen kann. Dies wird mit dem von *Rüdiger Dornbusch* (einflussreicher Wirtschaftswissenschaftler, 1942–2002) beschriebenen Gleichnis illustriert: Setzt man einen Frosch in einen Topf mit Wasser und kocht dann das Wasser, so kommt der Frosch um; wirft man hingegen einen Frosch in einen Topf mit kochendem Wasser, so springt der Frosch schockartig heraus und überlebt.

Vorteil einer schnellen Transformation

Die wirtschaftlichen Erfolge der relativ schnellen Transformation in Polen, Slowenien, Ungarn, Estland und Tschechien deuten in der Tat eher auf die Vorteilhaftigkeit einer schnellen und umfassenden Transformation hin. Und auch vorläufige Überlegungen zeigen, dass eine schnelle Transformation die Kosten der Transformation kleiner hält als eine Transformation von Teilordnungen über einen langen Zeitraum. Solche Überlegungen sind z. B.:
- ein längeres Nebeneinander ordnungspolitisch inkonsistenter Teilordnungen erhöht die Friktionen sowie
- ein längerer Zeitpfad der Transformation verdeckt die strukturellen Ungleichgewichte der Wirtschaft für einen unnötig langen Zeitraum und verhindert eine rasche Anpassung und eine individuelle Antizipation der Entwicklung.

Möglicherweise kann eine solche schnelle Transformation aber nur in den Ländern gelingen, die erhebliche geschichtliche Erfahrungen mit dem System der kapitalistischen Marktwirtschaft haben; in China scheint dagegen auch eine schrittweise Transformation erfolgreich sein zu können und die Entwicklungschancen Russlands können bislang nicht abgeschätzt werden.

3.2 Die Transformation der DDR

Die Transformation der DDR ist aus folgenden Gründen ein Sonderfall einer Transformation:

- Ein existierendes Wirtschaftssystem mitsamt seiner Geld- und Sozialordnung ist übernommen worden; Transformation war zugleich Integration.
- Zentral war die Übernahme der DM im Verhältnis 1:1. Damit stand eine Abwertung der DDR-Mark als Puffer im Transformationsprozess nicht zur Verfügung. Vielmehr war eine faktische Aufwertung um etwa 400 Prozent zu verkraften.
- Ein existierendes Rechts- und Verwaltungssystem ist übernommen worden.
- Die von außen stammende Hilfeleistung war und ist immens.
- Mit der Transformation ist auch die politische Identität aufgegeben worden.

DDR als Sonderfall einer Transformation

Dennoch soll diese Transformation, die als **politisches** Wunder gelten kann, hier kurz beschrieben werden, weil sie für die Wirtschaftsgeschichte unseres Landes von zentraler Bedeutung ist. Sie beginnt mit der Öffnung der Mauer am 09.11.1989.

3.2.1 Die institutionellen Bedingungen des Transformationsprozesses in der DDR

Zunächst hatte die DDR unter Ministerpräsident *Modrow* eine eigenständige Reform der Wirtschaft der DDR mit finanzieller Hilfe Westdeutschlands angestrebt und zugleich wurde eine Konföderation beider deutscher Staaten diskutiert. Nach der überraschend hohen Zustimmung der DDR-Bevölkerung zu einer baldigen Wiedervereinigung am 18.03.1990 hat eine große Koalition unter Ministerpräsident *de Maizière* dann die Verhandlungen zur Wiedervereinigung mit Westdeutschland geführt. Und als sich die Chance für eine schnelle politische Wiedervereinigung ergeben hatte, wurde deutlich, dass damit auch eine wirtschaftliche Einheit zu erstreben war. Am 17.05.1990 wurde der erste Staatsvertrag geschlossen. Dieser hatte die Errichtung einer **Währungs-, Wirtschafts-** und **Sozialunion** zum 01.07.1990 zum Gegenstand.

Erster Staatsvertrag: Währungs-, Wirtschafts- und Sozialunion

Dem ersten Staatsvertrag entsprechend, wurde zum 1. Juli der Geltungsbereich der DM auf die DDR ausgeweitet und die Deutsche Bundesbank mit der Schaffung der institutionellen Voraussetzungen für ein Geldwesen nach westdeutschem Muster und mit der Durchführung der Geldpolitik betraut.

Im Zuge der Währungsumstellung in der DDR wurde für Löhne, Gehälter, Mieten, Renten und sonstige Transfers (einschließlich Steuern und Abgaben) ein Umrechnungskurs von 1:1 zugrunde gelegt. Die Geld- und Sparguthaben der DDR-Bürger wurden bis zu einem altersabhängigen Höchstbetrag zwischen 2.000 und 6.000 Mark im Verhältnis 1:1 umgetauscht, darüber hinausgehende Beträge im Verhältnis 2:1. Damit wurden ca. zwei Drittel der Ersparnisse der DDR-Bürger im Verhältnis 1:1 umgetauscht, eine beachtliche Relation bei einem »Währungsschnitt«.

Übernahme der sozialen Marktwirtschaft

Gemäß Artikel 1 des ersten Staatsvertrages wurde auch die Wirtschaftsverfassung der Bundesrepublik Deutschland, also die »Soziale Marktwirtschaft« mit Privateigentum, Leistungswettbewerb, freier Preisbildung und grundsätzlich voller Freizügigkeit von Arbeit, Kapital, Gütern und Dienstleistungen, von der DDR übernommen. Mit Ausnahme der Mieten und der Tarife für öffentliche Dienstleistungen (Verkehr, Energie, Wasser u. a.) wurden deshalb alle Preise zum 1. Juli freigegeben, die Reste der staatlichen Planung beseitigt und die Lohnbildung den Tarifvertragsparteien übertragen.

Da auch eine Sozialunion vereinbart wurde, ist auch die bundesdeutsche Arbeitsrechtsordnung und das System der sozialen Sicherung auf die DDR übertragen worden.

Zweiter Staatsvertrag: Beitritt der DDR

Mit dem **zweiten Staatsvertrag (Einigungsvertrag)** vom 31.08.1990 wurde festgelegt, dass die DDR zum 03.10.1990 der Bundesrepublik gem. Art. 23 Absatz 2 Grundgesetz beitritt. Damit wurde das gesamte Rechtssystem der Bundesrepublik einschließlich des Steuersystems und einschließlich des Verwaltungssystems übernommen.

Die Übernahme des Rechts- und Steuersystems sowie die schon vorher erfolgte Übernahme des westdeutschen Bankensystems und die Einführung der Marktkoordination ist relativ schnell bewältigt worden. Dagegen erforderte die Schaffung einer funktionsfähigen Verwaltung und vor allem die Privatisierung der volkseigenen Betriebe deutlich mehr Zeit. Wir beschreiben im Folgenden den Ablauf der Privatisierung der Betriebe; auf den Aufbau der Verwaltung gehen wir nicht ein.

Privatisierung als zentrales Element der Transformation

Die Privatisierung der volkseigenen Betriebe ist, neben der Einführung der Marktkoordination, das zentrale Element des Transformationsprozesses gewesen. Mit der Einführung des Privateigentums an Produktionsmitteln werden die Anreizwirkungen privater Nutzungs- und Verfügungsrechte realisiert. Letztlich wird der gesamte Unternehmenssektor reformiert. Diese Aufgabe war der so genannten Treuhandanstalt übertragen worden.

Die **Treuhandanstalt** (THA) war am 1.03.1990 noch von der damaligen Regierung der DDR gegründet worden. Nach der Wiedervereinigung organisierte die THA die Privatisierung bis zu ihrer Auflösung Ende 1994. Die verbliebenen Aufgaben werden seitdem von der **Bundesanstalt für vereinigungsbedingte Sonderaufgaben** (BvS) bearbeitet, mit einem bislang zeitlich unbefristeten Mandat.

Prinzipien der THA

Bei ihrer Tätigkeit ließ sich die THA von folgenden Prinzipien leiten:
- Sanieren durch Privatisieren; mit der zeitlichen Reihenfolge: erst privatisieren, danach sanieren,

- finanzielle Hilfe für prinzipiell lebensfähige Unternehmen,
- vertragliche Fixierung der Verpflichtung der Investoren, das Unternehmen fortzuführen, Investitionen zu tätigen und Arbeitsplätze zu erhalten,
- Unternehmen oder Unternehmensteile, die auf Dauer als nicht wettbewerbsfähig eingestuft wurden, sollten aufgelöst werden (Liquidation).

Insgesamt verfolgte die THA das Prinzip der organisierten Suche nach potenziellen Investoren und einen Verkauf auf dem Verhandlungsweg.

Dieser Privatisierungsprozess ist dadurch erschwert worden, dass der Grundsatz »Rückgabe vor Entschädigung« bestand. Den Besitzansprüchen von Alteigentümern, die zu DDR-Zeiten enteignet worden waren, war Vorrang eingeräumt worden, statt sie für ihre Verluste nachträglich zu entschädigen. Wegen der Unklarheit vieler Eigentumsansprüche resultierten hieraus langwierige Eigentumsprozesse, die eine mögliche Investitionstätigkeit investitionsbereiter Unternehmer hemmten. Auch deshalb sind in Ostdeutschland Einkaufszentren auf der grünen Wiese entstanden, statt die Kaufhäuser in den Innenstädten wieder zu beleben. Der deutsche Industrie- und Handelstag[1] (DIHT) schätzte, dass wegen der Unklarheit vieler Eigentumsansprüche Investitionen bis zu 200 Milliarden DM gehemmt worden sind.

Grundsatz »Rückgabe vor Entschädigung«

Die Aufgabe der THA war außerordentlich schwierig, weil sie eine sehr große Zahl von Betrieben privatisieren musste, die sich meistens in einem denkbar schlechten Zustand befanden. Zur ursprünglichen Privatisierungsaufgabe der THA gehörten rund 8.500 Unternehmen (vgl. Tabelle 3.1), die aus mehr als 45.000 Betriebsstätten bestanden. Daneben waren rund 20.000 Handelseinrichtungen, 7.500 Hotels und Gaststätten sowie Tausende von Apotheken, Buchhandlungen, Kinos usw. zu privatisieren, außerdem 2,3 Millionen Hektar Land und 1,9 Millionen Hektar Wald. Diese Unternehmensobjekte waren zum größten Teil sehr schwer zu vermitteln: Maschinen und Anlagen waren wirtschaftlich veraltet und technisch verschlissen, die Produktion fand nur geringe Nachfrage, dem Management fehlte es an wirtschaftlichem Know-how und der Mitarbeiterstand war überhöht. Unter diesen Bedingungen fanden viele Unternehmen keinen Käufer und/oder die THA musste potenziellen Investoren erhebliche finanzielle Zugeständnisse machen. Während der erste Treuhandchef Detlef Karsten Rohwedder die möglichen Verkaufserlöse auf 600 Milliarden DM geschätzt hatte, endete die THA und ihre Nachfolgerin, die BvS, schließlich mit einem Defizit von 230 Milliarden DM.

Aufgabe der THA

THA endet mit großem Defizit

Die Bilanz der THA ist, bei berechtigter Kritik im Einzelfall, die indes eher den zahlreichen dubiosen Geschäftemachern dieser Zeit gelten sollte, insgesamt recht beeindruckend. Wie die Tabelle 3.1 zeigt, ist der Hauptteil der Privatisierungsaufgabe im relativ kurzen Zeitraum von 1990 bis 1994 gelöst worden: In diesen vier Jahren sind 14.600 Unternehmen und Unterneh-

Die Bilanz der THA

Zahl der Privatisierungen

---

1 Spitzenorganisation der Industrie- und Handelskammern, die die Interessen der gewerblichen Wirtschaft gegenüber der Politik vertritt.

	1990	1994	1998
Unternehmensobjekte insgesamt	8.490	23.200	23.610[3]
Abgebaut[1]	680	19.120	20.370
davon: privatisiert	570	14.600	15.130
vollständig/mehrheitlich privatisierte Unternehmen	–	6.550	6.980
privatisierte Betriebs-/Unternehmensteile	–	8.050	8.150
reprivatisiert (Unternehmen und Unternehmensteile)	110[2]	4.360	4.510
liquidiert (Liquidation abgeschlossen)	–	160	730
Durch Fusion/Aufspaltung aufgelöst	–	330	500
Im Portfolio der THA/BvS	7.810	3.750	2.740
davon: in Liquidation	120	3.560	2.710
im Operativbestand	7.690	190	30

[1] Ohne Objekte, die kommunalisiert oder anderweitig verwertet wurden.
[2] Ohne 3.000 Rückgaben nach dem Unternehmensgesetz der DDR vom 07.03.1990, die den Regelungen des Vermögensgesetzes anzupassen waren (Nachbearbeitung/Heilung).
[3] Einschließlich 190 Gesellschaften bzw. Objekten, die aus dem THA-Unternehmensbestand nicht der BvS, sondern anderen Nachfolgeeinrichtungen der Treuhandanstalt (TLG/BMGB) zur Privatisierung bzw. Verwertung übertragen wurden.
Quelle: Gesamtwirtschaftliche und unternehmerische Anpassungsfortschritte in Ostdeutschland, 19. Bericht 1999, S. 15.

Tab. 3.1: Die Privatisierungsbilanz der Treuhandanstalt (kumulierte Anzahl der privatisierten Objekte)

mensteile privatisiert worden, 3.750 Objekte befanden sich noch im Bestand der THA, davon waren 3.560 zu liquidieren und 190 sollten noch privatisiert werden. Nachfolgend sind nur noch wenige Unternehmensobjekte privatisiert worden, die Sanierungsfälle wurden zunehmend schwieriger. Seit 1996 werden die Rettungsaktionen für Unternehmen als »**konzertierte Aktion**« bezeichnet. Hieran beteiligen sich die jeweiligen Landesregierungen, die Banken, das Management, die Belegschaft und die BvS.

Erfolg der Privatisierung

Der Erfolg der Privatisierung lässt sich nur in langer Frist beurteilen. Bis Ende 1998 sind rund 1.200 privatisierte Unternehmen insolvent[2] geworden, das sind rund 12 Prozent der Privatisierungsfälle (19. Anpassungsbericht, S. 23). Dies gilt als nicht sehr hoch: Im Vergleich dazu beträgt die jährliche Insolvenzrate in Westdeutschland etwa sechs bis acht Prozent. Allerdings ist

---

2 Die früher so genannten Konkurse, Vergleiche und Gesamtvollstreckungen werden nach der neuen Insolvenzordnung vom 01.01.1999 einheitlich als Insolvenz bezeichnet. Ein Insolvenzantrag ist zu stellen, wenn ein Unternehmen zahlungsunfähig und/oder überschuldet ist.

wegen der schlechten Ertragslage vieler ostdeutscher Unternehmen mit weiteren Insolvenzen zu rechnen.

Die vertraglichen Verpflichtungen zu investieren und Arbeitsplätze zu schaffen sind bis 1999 per Saldo übererfüllt: bei den Arbeitsplätzen um sieben Prozent und bei den Investitionen um 23 Prozent. Allerdings ist dies eine Durchschnittsbetrachtung, die verdeckt, dass 16 Prozent der Investoren ihre Investitionszusagen und 22 Prozent ihre Arbeitsplatzzusagen nicht erfüllt haben (19. Anpassungsbericht, S. 22). In solchen Fällen waren und sind langwierige Nachverhandlungen zwischen den beteiligten Unternehmen und der BvS notwendig.

3.2.2 Die Ausgangslage der Wirtschaft der DDR

Die Wirtschaft der DDR befand sich Ende der 80er-Jahre in einem desolaten Zustand.

> Die **Produktionsanlagen** waren überwiegend **verbraucht**, da ihre Erneuerung stark vernachlässigt worden war, auch weil man dem Konsum auf Druck der Bevölkerung schon seit Jahren einen höheren Stellenwert einräumen musste. Der Anteil der Investitionen am Nationaleinkommen der DDR war von 16 Prozent (1970) auf 10 Prozent (1989) gefallen. Es galt die Devise: Konsum statt Investitionen. Der im Vergleich zu anderen Ostblockländern hohe Lebensstandard der DDR-Bevölkerung wurde also aus der Substanz gespeist.
> »Folglich waren die Anlagen technisch meist überholt, zu einem erheblichen Teil schrottreif und häufig in einem ökologisch bedenklichen Zustand. 1988 betrug das Durchschnittsalter der industriellen Anlagen 18 Jahre, in Westdeutschland hingegen nur acht Jahre. Lediglich ein Fünftel der industriell genutzten Gebäude war in guter Verfassung, ein Fünftel war mehr oder weniger unbrauchbar« (18. Anpassungsbericht, S. 49).

Produktionsanlagen waren verbraucht.

Zudem waren die eingesetzten Produktionsverfahren höchstens zufällig kostenoptimal, da volkswirtschaftliche Knappheiten anzeigende Produktionsmittelpreise in der zentralplangeleiteten Wirtschaft fehlten. So kennzeichneten hoher Energie- und Materialeinsatz viele Produktionsprozesse, die zudem eine hohe Umweltbelastung mit sich brachten. Systembedingt gab es kaum Anreize für Produkt- und Prozessinnovationen.

Schließlich war das **Produktsortiment** stark auf die osteuropäischen Partnerländer zugeschnitten und bestenfalls in Bezug auf den RGW-Wirtschaftsraum (Rat für gegenseitige Wirtschaftshilfe) durch komparative Kostenvorteile bestimmt. Die Struktur des volkswirtschaftlichen Produktionsapparates entsprach deshalb nicht den Weltmarkterfordernissen. Für die produzierbaren Güter gab es deshalb außerhalb des Ostblocks kaum Absatzchancen. Erschwerend kam die schlechte Produktqualität hinzu.

Geringe Arbeitsproduktivität

Der schlechte technische Zustand der Produktionsanlagen, die geringe ökonomische Effizienz der Produktionsgüter und die generell stark überhöhte Personalausstattung der ostdeutschen Betriebe führte dazu, dass die Arbeitsproduktivität in der DDR nur etwa 20 bis 30 Prozent der westdeutschen Arbeitsproduktivität betrug. Und nach der Einführung der Wirtschafts-, Währungs- und Sozialunion sank die Arbeitsproduktivität zusätzlich deswegen, weil die ostdeutschen Produkte kaum Käufer fanden.

Anfänglich wirkte das niedrigere Lohnniveau der DDR – es betrug etwa ein Drittel des westdeutschen Niveaus – noch als Wettbewerbsvorteil der ostdeutschen Betriebe. Schon bald gab es aber erhebliche Lohnsteigerungen, die zu einer Angleichung der Lebensverhältnisse in Ost- und Westdeutschland führen sollten, zugleich aber zu einem Abschmelzen der komparativen Lohnkostenvorteile führten.

Mangelhafte Infrastruktur

Ein wichtiger Grund für die fehlende Wettbewerbsfähigkeit war auch die mangelhafte öffentliche Infrastruktur. Im Bereich der materiellen Infrastruktur sind besonders der schlechte Zustand und die unzureichende Dichte von Straßen, Eisenbahnnetz und Einrichtungen des Personennahverkehrs zu nennen sowie die praktisch nicht vorhandene telekommunikative Infrastruktur. In Bezug auf die institutionelle Infrastruktur waren die Engpässe vor allem im Bereich leistungsfähiger Verwaltungen auf Landes- und Gemeindeebene sowie im mangelhaften Rechtssystem zu sehen.

3.2.3 Die gesamtwirtschaftliche Entwicklung in Ostdeutschland

Indikatoren der gesamtwirtschaftlichen Entwicklung

Die gesamtwirtschaftliche Entwicklung wird häufig anhand globaler Indikatoren zur Produktion, zur Produktivität, zu den Kosten der Produktion und zum Einkommen dargestellt:

- Die Produktion wird im Bruttoinlandsprodukt (BIP) erfasst. Das ist der Wert der pro Jahr produzierten Güter und Dienstleistungen (abzüglich der Vorleistungen/vgl. Kapitel 9).
- Die Produktivität wird als Produktionsmenge pro Kopf der Erwerbstätigen erfasst (vgl. Kapitel 5).
- Die Kosten werden meist nicht insgesamt erfasst, sondern es werden vornehmlich die Lohnkosten ausgewiesen. Dies sind hier einmal Arbeitskosten (Bruttolohnkosten) pro Beschäftigtem und zum anderen Lohnstückkosten, Lohnkosten, die im Durchschnitt in jedem Produkt stecken (vgl. Kapitel 5).
- Das Einkommen wird meist pro Haushalt und netto ausgewiesen, also nach Abzug von Steuern und zuzüglich Sozialleistungen.

Damit solche Angaben eingeordnet werden können, werden sie im Vergleich zu Westdeutschland ausgewiesen. Tabelle 3.2 zeigt die Entwicklung in Ostdeutschland im Verhältnis zu Westdeutschland.

Das BIP pro Kopf hat nach 35 Prozent des westdeutschen Niveaus im Jahre 1991 recht schnell rund 60 Prozent erreicht und stagniert mittlerweile auf

	1991	1995	1999	2002	2004
Bruttoinlandsprodukt je Einwohner	35	60	61	63	64
Haushaltseinkommen[1]	63	79	82	81	77
Arbeitskosten je Beschäftigten	48	72	75	77	78
Produktivität (reales BIP/Erwerbstätigen)	41	64	67	72	72
Lohnstückkosten	144	113	114	108	109

[1] Nach dem Sozioökonomischen Panel (SOEP)
Quelle: iw-trends, Heft 4/2003, S. 48, Deutschland in Zahlen 2005 (Institut der deutschen Wirtschaft).

Tab. 3.2: Wichtige gesamtwirtschaftliche Größen im Ost-West-Vergleich 1991–2002[3] (Westdeutschland = 100)

diesem Stand. Ähnliches gilt für die Indikatoren Arbeitskosten und Produktivität. Die Produktivität der Erwerbstätigen ist zunächst sehr kräftig, anschließend nur noch moderat gestiegen. Dieser Anstieg ist vor allem auf folgende Faktoren zurückzuführen:

- Eine Modernisierung von Maschinen und Anlagen,
- eine damit verbundene Rationalisierung der Arbeit und
- ein Anstieg von Nachfrage und Produktion.

Stand der Entwicklung

Mit der Zunahme der Produktivität haben sich die Lohnstückkosten, die Lohnkosten, die im Durchschnitt in jedem Produkt stecken, reduziert. Dennoch sind die Lohnstückkosten im Vergleich zu Westdeutschland immer noch recht hoch.

Immer noch hohe Lohnstückkosten

Im **Vergleich zu Westdeutschland** werden zwei eng miteinander verbundene zentrale Strukturprobleme der ostdeutschen Wirtschaft sichtbar:
- die geringere Produktivität von gut 70 Prozent der westdeutschen Produktivität und verbunden damit
- die höheren Lohnstückkosten.

Diese höheren Lohnstückkosten sind bislang zentrales Hemmnis für die Wettbewerbsfähigkeit der ostdeutschen Wirtschaft gewesen.

Nicht in der Tabelle 3.2 ausgewiesen ist der katastrophale Einbruch der Produktionstätigkeit in Ostdeutschland vom Fall der Mauer bis etwa Mitte 1991. 1990 sank die industrielle Produktion um etwa die Hälfte und im ersten Halbjahr 1991 noch einmal um ein Viertel. Damit lassen sich drei Phasen der wirtschaftlichen Entwicklung in Ostdeutschland unterscheiden:

- die Phase eines drastischen Einbruchs der Produktion von Anfang 1990 bis Mitte 1991,
- die Phase eines deutlichen Aufschwungs bis 1995 und

Drei Phasen der wirtschaftlichen Entwicklung in Ostdeutschland

---

[3] Weil solche Daten aus den volkswirtschaftlichen Gesamtrechnungen der Länder gewonnen werden und Berlin in diesen Rechnungen als Einheit ausgewiesen wird, wird Ostdeutschland ohne Berlin erfasst.

- die Phase anhaltender Wachstumsschwäche bis heute (2005). So liegen die realen Wachstumsraten des Bruttoinlandsprodukts seit 1997 unter denen von Westdeutschland.

Etwas stärker als die Produktion haben sich die Haushaltsnettoeinkommen dem westdeutschen Niveau angenähert. Sie erreichten 2004 knapp 80 Prozent des Niveaus von Westdeutschland.

3.2.4 Die Entwicklung auf dem Arbeitsmarkt

Einbruch der Beschäftigung nach der Wende

Die Transformation der DDR hatte dramatische Folgen für die Erwerbstätigkeit in Ostdeutschland. Im November 1989 waren rund 8,9 Millionen Personen erwerbstätig. Nur zwei Jahre später hatte sich ihre Zahl um rund ein Viertel auf rund 6,8 Millionen verringert. Dabei war der Beschäftigungsabbau im Verarbeitenden Gewerbe (in »der Industrie«) weitaus am größten (Jahresgutachten des Sachverständigenrates 2000/2001, S. 125).

Die Entwicklung auf dem Arbeitsmarkt seit 1991[4] zeigt Tabelle 3.3.

- Eine Abnahme der Zahl der Erwerbstätigen (Personen, die überhaupt einer Erwerbstätigkeit nachgehen) von 6,8 auf rund 5,7 Millionen; eine Abnahme um 15,7 Prozent.
- Eine Zunahme der offiziell als arbeitslos registrierten Personen von 913.000 auf 1.600.000 mit einer Arbeitslosenquote von 18,4 Prozent im Jahre 2004.
- Eine sehr große, allerdings abnehmende Bedeutung des so genannten »zweiten« Arbeitsmarktes, in dem Kurzarbeit, Beschäftigung in Arbeitsbeschaffungsmaßnahmen und Weiterbildung zusammengefasst werden. Hier sind 2004 insgesamt knapp 600.000 Personen registriert, die eigentlich als arbeitslos bezeichnet werden müssen.

	1991	1995	1999	2001	2003	2004
Erwerbstätige	6.798	5.977	5.731	k.A.	5.650	k.A.
Registrierte Arbeitslose	913	1.047	1.344	1.374	1.623	1.600
Verdeckte Arbeitslose[1]	1.810	1.215	931	914	723	569
Arbeitslosenquote[2] (v.H.)	11,1	14,0	17,6	17,5	18,5	18,4

[1] Teilnehmer an Maßnahmen (vor allem Arbeitsbeschaffung (ABM) und Weiterbildung), vorgezogene Altersrente, Kurzarbeiteräquivalenz
[2] Anteil der registrierten Arbeitslosen an allen zivilen Erwerbspersonen
Quelle: Statistisches Bundesamt, Bundesanstalt für Arbeit, Sachverständigenrat.

Tab. 3.3: Der Arbeitsmarkt in Ostdeutschland 1991–2004 (in 1000)

---

4 Wegen der Umstellung der Statistik sind verlässliche Angaben für die meisten ökonomischen Größen erst ab 1991 verfügbar.

Damit beträgt die Zahl der Arbeitslosen eher gut zwei Millionen und die Arbeitslosenquote eher 25 Prozent.

> Die Gründe für das Entstehen und für das Anhalten einer solchen gewaltigen Arbeitslosigkeit sind im Wesentlichen die folgenden:
> - der Abbau des überhöhten Personalbestandes aus DDR-Zeiten,
> - die hohe Erwerbsquote in Ostdeutschland,
> - die anhaltende Nachfrageschwäche in Deutschland,
> - das Wegbrechen der Osteuropa-Märkte,
> - die hohen Lohnstückkosten, die seit 1991 trotz hoher durchschnittlicher Produktivitätssteigerungen nur leicht zurückgingen, da die Lohnsteigerungsraten sehr hoch waren. Viele Betriebe waren unter diesen Bedingungen ohne Subventionierung nicht überlebensfähig.

Anhaltend hohe Arbeitslosigkeit

3.2.5 Die Transferleistungen und der Verbrauchsüberhang

Die **Finanztransfers** (finanzielle Leistungen ohne direkte Gegenleistungen) für Ostdeutschland sind für die Jahre 1991 bis 1998 in der Tabelle 3.4 aufgeführt. Sie betragen brutto insgesamt 1.370 Milliarden DM, pro Jahr knapp 180 Milliarden DM und netto, d. h. unter Gegenrechnung der Steuer- und Verwaltungseinnahmen in Ostdeutschland, insgesamt 1.031 Milliarden DM, pro Jahr rund 130 Milliarden DM, ein Volumen, das in der Wirtschaftsgeschichte ohne Beispiel ist. Die Leistungen werden überwiegend vom Bund erbracht, daneben in geringem Umfang von Ländern und Gemeinden, von der EU und von der Bundesanstalt für Arbeit sowie von der Rentenversicherung. Seit 1998 ist die Transferleistung weiter gestiegen und beträgt im Jahre 2003 brutto 103,8 und netto 69,5 Milliarden Euro (IWH, Wirtschaft im Wandel, 5/2005, S. 137). Insgesamt sind bis Ende 2003 brutto rund 1.250 Milliarden Euro geleistet worden (Spiegel 15/2004, S. 25).

Gewaltiges Transfervolumen

Funktional betreffen die Transfers vor allem
- Sozialleistungen (Leistungen der Bundesanstalt für Arbeit, Leistungen der Rentenversicherung, Kindergeld, Wohngeld, Ausbildungsförderung, Sozialhilfe) und
- allgemeine Finanzzuweisungen für die ostdeutschen Länder- und Gemeindehaushalte, daneben in geringerem Umfang
- Mittel zur Förderung der Investitionen und
- Subventionen für Unternehmen.

Die Transfers sind mithin stark konsumorientiert. Sie dienen in großem Umfang der Angleichung der wirtschaftlichen Lebensverhältnisse und sind in diesem Umfang durch die allgemeinen Leistungsgesetze (Arbeitslosengeld, Rente, Sozialhilfe …) bestimmt. Eine Reduktion ist mithin nur dann zu erwarten, wenn der Umfang der Leistungsfälle (Arbeitslosigkeit, Armut …) abnimmt. Daneben dienen die Transfers auch der Wirtschaftsförderung,

Starke Konsumorientierung der Transfers

Position	1991	1992	1993	1994	1995	1996	1997	1998
I. Bruttoleistungen für Ostdeutschland								
1. Bund	75	88	114	114	135	138	131	139
2. Westdeutsche Länder und Gemeinden	5	5	10	14	10	11	11	11
3. Fonds »Deutsche Einheit«	31	24	15	5	–	–	–	–
4. EG-Haushalt	4	5	5	6	7	7	7	7
5. Bundesanstalt für Arbeit	24	24	14	18	16	12	16	14
6. Gesetzliche Rentenversicherung	–	5	9	12	17	19	18	18
Zusammen	139	151	167	169	185	187	183	189
davon:[1]								
Sozialleistungen	56	68	77	74	79	84	81	84
Subventionen	8	10	11	17	18	15	14	16
Investitionen	22	23	26	26	34	33	32	33
Allgemeine Finanzzuweisungen	53	50	53	52	54	55	56	56
II. Einnahmen des Bundes in Ostdeutschland (–)								
Steuereinnahmen	–31	–35	–37	–41	–43	–45	–45	–46
Verwaltungseinnahmen	–2	–2	–2	–2	–2	–2	–2	–2
Zusammen	–33	–37	–39	–43	–45	–47	–47	–48
III. Nettoleistungen, insgesamt	106	114	128	126	140	140	136	141
Nachrichtlich: Defizit der Treuhandanstalt[2]	9	14	24	24	–	–	–	–

[1] teilweise geschätzt.
[2] Defizit bereinigt um Zinsausgaben und -erstattungen der Treuhandanstalt.
Quelle: Deutsche Bundesbank, Monatsbericht April 1998, S. 53

Tab. 3.4: Öffentliche Leistungen für Ostdeutschland (in Mrd. DM) auf der Grundlage des Haushaltsplans 1998 des Bundes

der Subventionierung von Unternehmen und der Investitionsförderung. In diesem kleinen Umfang sind die Transfers politisch bestimmt und gestaltbar. Allerdings unterliegen Wirtschaftsfördermaßnahmen einer Überwachung durch die Beihilfenkontrolle der EU-Kommission (vgl. Kapitel 23, Abschnitt 3.5.3).

Insgesamt beträgt der Nettotransfer zugunsten der neuen Länder gut 3 Prozent des *westdeutschen* Bruttoinlandsprodukts; gemessen am ostdeutschen Bruttoinlandsprodukt beläuft er sich auf knapp ein Drittel. Das bedeutet auch, dass der Ressourcenverbrauch der privaten Haushalte, der Investoren und des Staates in Ostdeutschland die ostdeutsche Produktion bei weitem übersteigt: Man spricht von einer Lücke zwischen Verbrauch und Produktion oder auch vom **Verbrauchsüberhang**. Die Transfers erlauben ein Nachfrageniveau, das um fast 30 Prozent über dem selbst erwirtschafteten Einkommen liegt, d. h. fast jeder dritte Euro, der in Ostdeutschland ausgegeben wird, wird nicht dort erwirtschaftet, sondern kommt aus dem Westen.

Lücke zwischen Verbrauch und Produktion

3.2.6 Perspektiven der Entwicklung

Die Wirtschaftswissenschaft weiß, dass die wirtschaftliche Erneuerung einer Region eine ungemein schwierige und langdauernde Aufgabe ist. Dies zeigen theoretische Überlegungen und praktische Erfahrungen, in Deutschland etwa aus dem Ruhrgebiet oder dem Saarland, in anderen Teilen der Welt etwa aus dem »Rust Belt« im Nordosten der USA oder im Nordosten von Frankreich in der Region »Nord-Pas-de-Calais/Lorraine«. Um eine Region wirtschaftlich zu erneuern, muss den mobilen Produktionsfaktoren – wie insbesondere Kapital und hochqualifizierte Arbeit – ein spezieller Anreiz geboten werden, sich dort anzusiedeln. Dazu gehört in erster Linie ein attraktives Preis-Qualitätsverhältnis der immobilen Produktionsfaktoren Boden, Umwelt, Infrastruktur und Arbeit und ein Angebot an »weichen« Standortfaktoren wie innovatives Milieu und Leistungsmotivation. Hier hat die Wirtschaftspolitik große finanzielle Anstrengungen unternommen, um die Standortnachteile Ostdeutschlands – unzureichende Infrastruktur und hohe Produktionskosten – auszugleichen. Die Bilanz der Evaluierung der bisherigen Wirtschaftsförderung fällt bislang allerdings nur gemischt aus (vgl. 15. Anpassungsbericht, DIW-Wochenbericht Nr. 3/1997). Sehr groß war das Volumen der Fördermaßnahmen und nur gering war letztlich das damit erzielte Wirtschaftswachstum Ostdeutschlands im Verhältnis zum Wachstum in Westdeutschland. Eine Alternative zeichnet sich indes nicht ab. Vielmehr gehen die mit der Analyse der ostdeutschen Anpassungsfortschritte beauftragten Wirtschaftsforschungsinstitute (Deutsches Institut für Wirtschaftsforschung, Berlin, Institut für Wirtschaftsforschung, Halle, und Institut für Weltwirtschaft, Kiel) davon aus, dass der Anpassungsprozess noch viel Zeit und viel Geld benötigt:

Notwendig ist ein attraktives Preis-Qualitäts-Verhältnis der immobilen Produktionsfaktoren.

Bilanz der Wirtschaftsförderung ist ernüchternd.

Hohes Fördervolumen und geringes Wirtschaftswachstum

»Für die Wirtschaftspolitik gilt: Man kann die Zeit nicht überspringen. Alles in allem hat sie bei der Wirtschaftsförderung für die neuen Bundesländer die Weichen richtig gestellt. Es wäre kontraproduktiv, nun in einen hektischen Aktionismus zu verfallen und zusätzliche Programme aufzulegen. Dennoch bleibt einiges zu tun. Vorrangig ist der weitere Ausbau der öffentlichen Infrastruktur – insbesondere der überörtlichen und innerstädtischen Verkehrswege. Dadurch werden Standortnachteile beseitigt und die Bedingungen für künftiges Wachstum verbessert; kurzfristig wird auch die regionale Nachfrage gestützt. Bei der Finanzierung sind sowohl der Bund als auch die Bundesländer gefordert. Dem Infrastrukturausbau in Ostdeutschland Mittel zu entziehen, etwa auf dem Wege einer Reformierung des Länderfinanzausgleichs, hieße auf dem eingeschlagenen Wege stehen zu bleiben. Statt auf die Bremse sollte noch für einige Jahre auf das Gaspedal getreten werden. Erst wenn hier der Rückstand zu vergleichbaren Regionen im Westen entscheidend verringert ist, können die hohen Transfers für diesen Zweck zurückgeführt werden.« (18. Anpassungsbericht 1998, S. 82)

Die **spezielle Unternehmensförderung für Ostdeutschland** im Rahmen des so genannten **Solidarpaktes I** lief im Jahr 2004 aus. Der am 23.06.2001 verabschiedete **Solidarpakt II** sieht für die Jahre 2005 bis 2019 Bundeshilfen für Ostdeutschland in Höhe von insgesamt 156,5 Milliarden Euro vor. Dabei stammen die Mittel aus dem Investitionsfördergesetz und aus der allgemeinen Wirtschaftsförderung des Bundes. Diese Mittel dienen im Wesentlichen der Finanzierung von Infrastrukturinvestitionen, für die immer noch ein deutlicher Nachholbedarf besteht.

Hohe Abwanderung

Bedrohlich für die weitere Entwicklung Ostdeutschlands ist indes nicht nur der Nachholbedarf im Bereich der Infrastruktur, sondern vor allem die Abwanderung. Seit 1999 suchen jährlich etwa 200.000 Bürger aus Ostdeutschland eine neue Berufschance in Westdeutschland. Damit verschlechtert sich das Humankapital in Ostdeutschland Besorgnis erregend.

Arbeitsaufgaben

1) Erläutern Sie folgende Konzepte von *Marx*:
   – Mehrprodukt,
   – Mehrwert,
   – Ausbeutung,
   – Profitrate,
   – Entfremdung.
2) Welche Voraussetzungen müssen erfüllt sein, damit kapitalistische Ausbeutung im Sinne von *Marx* stattfindet?
3) Diskutieren Sie die Marx'sche Ausbeutungskonzeption. Was erscheint Ihnen auf die heutige Zeit als übertragbar, was erscheint Ihnen als fragwürdig?
4) Diskutieren Sie das Konzept der Arbeiterunternehmung unter dem Gesichtspunkt der Effizienz.
5) Beschreiben Sie Voraussetzung, Wirkung und Ergebnis des Gesetzes vom tendenziellen Fall der Profitrate.

6) Warum kann die Planbehörde nicht einen Plan aufstellen, der die volkswirtschaftlichen Ressourcen optimal nutzt?
7) Beschreiben Sie das Sanktionsproblem im Rahmen einer zentralen Wirtschaftsplanung.
8) Warum ist technischer Fortschritt eher Fremdkörper im System sozialistischer Zentralverwaltungswirtschaft?
9) Diskutieren Sie das Konzept der »Unteilbarkeit der Freiheit«.
10) Was sind die Grundprobleme der Transformation von sozialistischen Zentralplanwirtschaften in kapitalistische Marktwirtschaften?

Lösungsvorschläge für die Arbeitsaufgaben finden Sie im »Übungsbuch zu Grundlagen und Probleme der Volkswirtschaft«.

Literatur

Die sozialistische Zentralverwaltungswirtschaft wird in zahlreichen Werken zum Vergleich der Wirtschaftssysteme beschrieben. Einen kurzen Überblick bietet:

Thieme, H. Jörg: Wirtschaftssysteme, in: Vahlens Kompendium der Wirtschaftstheorie und Wirtschaftspolitik, Band 1, 8. Aufl., München 2003.

Hier werden auch Transformationsprozesse dargestellt. Ausführlicher sind:

Leipold, Helmut: Wirtschafts- und Gesellschaftssysteme im Vergleich, 5. Aufl., Stuttgart 1988.

Baßeler, Ulrich / Jürgen Heinrich: Wirtschaftssysteme, Würzburg/Wien 1984.

Die Marxistische Wirtschaftstheorie wird knapp und klar dargestellt in:

Kromphardt, Jürgen: Konzeptionen und Analysen des Kapitalismus, 3. Aufl., Göttingen 1991, Kapitel III, D.

Speziell das Wirtschaftssystem der ehemaligen DDR wird beschrieben von:

Gutmann, Gernot (Hrsg.): Das Wirtschaftssystem der DDR. Wirtschaftspolitische Gestaltungsprobleme, Stuttgart/New York 1983.

sowie sehr detailliert in den vom früheren Bundesministerium für innerdeutsche Beziehungen herausgegebenen Bänden:

Materialien zum Bericht zur Lage der Nation im geteilten Deutschland 1987, Bonn 1987 und

DDR-Handbuch, Köln 1985.

Einen Überblick über Grundprinzipien, Empirie und Ergebnisse des Transformationsprozesses in der ehemaligen DDR geben:

Hungenberg, Harald / Torsten Wulf: Transformationsprozess in Ostdeutschland, in: Wirtschaftswissenschaftliches Studium, Heft 12 (2000), S. 669–677.

Sinn, Hans-Werner: Zehn Jahre deutsche Wiedervereinigung, in: ifo Schnelldienst, Heft 26–27/2000, S. 10–22.

Im Rahmen eines Forschungsprojekts des Bundeswirtschaftsministeriums »Gesamtwirtschaftliche und unternehmerische Anpassungsfortschritte in Ostdeutschland« erstellten das Deutsche Institut für Wirtschaftsforschung (DIW) Berlin, das Institut für Weltwirtschaft Kiel, und das Institut für Wirtschaftsforschung Halle, regelmäßig Berichte zur Situation in Ostdeutschland. Diese Berichte wurden veröffentlicht in den Institutsreihen:
Kieler Diskussionsbeiträge,
Wochenberichte des DIW und
Forschungsreihe Halle.
Mit dem 19. Bericht (Kieler Diskussionsbeitrag 346/347) aus dem Jahre 1999 endete dieses Forschungsprojekt. Seit 2002 erstellen diese Institute zusätzlich mit dem Institut für Arbeitsmarkt- und Berufsforschung (IAB) und dem Zentrum für Europäische Wirtschaftsforschung (ZEW) einen mittlerweile so genannten Fortschrittsbericht. Der bislang zweite und letzte ist 2003 erschienen.

In den Jahresgutachten des Sachverständigenrates zur Begutachtung der gesamtwirtschaftlichen Entwicklung wird in der Regel auch die wirtschaftliche Lage in Ostdeutschland gesondert dargestellt.

4. Kapitel
Nachfrage der Haushalte

LERNZIELE

Leitfrage:
Was bestimmt die Höhe und Struktur der Konsumgüternachfrage der Haushalte?
- Was ist ein Markt und welche Funktionen erfüllt er?
- Welche Größen haben Einfluss auf die Konsumgüternachfrage der Haushalte?
- Was ist eine Nachfragefunktion?

Leitfrage:
Wie misst man die Preis- und Einkommensempfindlichkeit der Nachfrage?
- Was gibt die direkte Preiselastizität an?
- Was gibt die Einkommenselastizität an?
- Welche Bedeutung hat die direkte Preiselastizität für die Ausgaben der Haushalte und die Preisbildungsspielräume der Firmen?
- Welche Bedeutung hat die Einkommenselastizität für die Entwicklung einzelner Wirtschaftszweige?

Leitfrage:
Wie kann die Nachfrageentscheidung eines Haushalts erklärt werden?
- Welche Konsumgüterbündel kann der Haushalt mit seinem Einkommen (Budget) erwerben?
- Wie kann man die Rangordnung, in die der Haushalt unterschiedliche Konsumgüterbündel bringt, näher beschreiben?
- Wodurch ist das beste Konsumgüterbündel, welches er sich leisten kann, gekennzeichnet?
- Wie verändert sich dieses beste Konsumgüterbündel mit den Preisen der Güter und dem Haushaltseinkommen (-budget)?

1 Vorbemerkungen

Jede entwickelte Wirtschaft, in der die Güter in einem arbeitsteiligen Produktionsprozess erstellt werden, ist **eine Tauschwirtschaft in Form einer Geldwirtschaft**, da die Vielzahl der notwendigen Tauschakte ohne die Zwischenschaltung des Tauschmediums Geld gar nicht zu realisieren wäre. Deshalb wird der in grauer Vorzeit übliche Tausch »Ware gegen Ware« seit langem ersetzt durch einen Verkaufsakt »Ware gegen Geld«, womit der Verkäufer allgemein verwendbare Kaufkraft erwirbt, und einen Kaufakt »Geld gegen Ware«. Im Allgemeinen wird der Tausch heute auch nicht mehr direkt zwischen den ursprünglichen Produzenten und den Verbrauchern durchgeführt, sondern der Zwischenhandel konzentriert die Nachfrage und bringt das Angebot in die Reichweite der Käufer und erfüllt damit eine wichtige ökonomische Funktion. Bei jedem Tausch muss es nun ein **Tauschverhältnis** geben, und bei dem Tausch »Ware gegen Geld« und »Geld gegen Ware« muss es in Geld ausgedrückte Preise der Güter geben. Setzt man zwei Geldpreise zueinander ins Verhältnis, so ergibt sich das **reale Austauschverhältnis** zwischen den beiden Gütern:

> Die relativen Preise bestimmen das reale Tauschverhältnis zwischen den Gütern.

$$\frac{P_1}{P_2} = \frac{x\,€/ME_1}{y\,€/ME_2} = \frac{\frac{x}{y}\,ME\ \text{von Gut 2}}{1\ ME\ \text{von Gut 1}}.$$

Beträgt der (Geld-)Preis eines Buches $p_1 = 10$ Euro und der einer Aktentasche $p_2 = 30$ Euro, so wird eine Aktentasche gegen drei Bücher getauscht. Die **Güterpreise** »bilden sich auf dem Markt«, sie hängen ab von Angebot und Nachfrage, von den Kosten der Produktion, vom Gewinnstreben der Marktteilnehmer und von der Möglichkeit, Gewinne gegen Konkurrenz und Nachfrageinteressen durchzusetzen.

Die folgende Abbildung 4.1 gibt einen Überblick über die Bestimmungsgründe der Preisbildung.

Wichtig ist, dass der Leser sich daran erinnert (vgl. Kapitel 2, Abschnitt 2), dass es die Preise sind, die in einer Marktwirtschaft die Wirtschaftspläne der unabhängig voneinander handelnden Anbieter (meist Produzenten) und

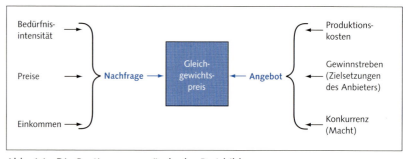

Abb. 4.1: Die Bestimmungsgründe der Preisbildung

Nachfrager (oft Konsumenten) aufeinander abstimmen und für einen Ausgleich der Interessen von Anbietern und Nachfragern sorgen.

> Der Preismechanismus übernimmt die Lenkung des Wirtschaftsprozesses in Marktwirtschaften.

Selbststeuerung der Marktwirtschaft durch den Preismechanismus

Nach einer Klärung des Begriffes »Markt« wollen wir die oben aufgezählten Bestimmungsgründe der Preisbildung erörtern.

2 Markt

Wenn man das Wort »Markt« hört, denkt man vielleicht zunächst an einen Wochenmarkt. Hier treffen sich zu bestimmten Tagen Anbieter (Verkäufer) und Nachfrager (Käufer) an einem bestimmten Ort, um Güter zu kaufen und zu verkaufen. Ein ähnlich **organisiertes** Zusammentreffen von Anbietern und Nachfragern kann man auf Waren- und Wertpapierbörsen, bei Auktionen und Versteigerungen beobachten, so z. B. auf dem Frankfurter Wertpapiermarkt oder dem Hamburger Fischmarkt. Nun sind solche örtlich konzentrierten Märkte vergleichsweise selten. »Der« Markt für Wohnungen in einer großen Stadt manifestiert sich in den Zeitungsangeboten und -nachfragen sowie den Karteien der Wohnungsmakler für Wohnungen bestimmter Größe, Lage und Qualität zu einem bestimmten Zeitpunkt. Ähnlich wird »der« Arbeitsmarkt in den Stellenangeboten und -gesuchen in Zeitungen sowie in den Karteien der Arbeitsämter sichtbar. Bei näherem Hinsehen entpuppt sich »der« Markt als eine Vielzahl von Teilmärkten, die sich durch qualitative, räumliche oder zeitliche Charakteristika des gehandelten Objektes unterscheiden. Genau genommen ist es häufig recht schwer, einen Markt, den man allgemein als die Gesamtheit der Angebots- und Nachfragebeziehungen für ein Gut oder eine Gütergruppe definieren kann, abzugrenzen und zu bestimmen. Ein in der Praxis häufig verwendetes Kriterium ist die Enge der Substitutionsbeziehung zwischen den Gütern (vgl. hierzu Kapitel 7, Abschnitt 1.5).

Der Markt als gedankliche Konstruktion

Der Markt ist letztlich eine Einrichtung, die die für einen geplanten Tausch notwendigen Informationen (Preise, Kauf- und Verkaufswünsche anderer Personen) und Gelegenheiten (Kontakte zwischen Tauschpartnern) bietet und damit die Tauschmodalitäten gegenüber dem individuellen direkten und indirekten Tausch wesentlich erleichtert.

Der Markt erleichtert die Tauschprozesse.

3 Nachfrage privater Haushalte

3.1 Bestimmungsgründe der Nachfrage privater Haushalte

Als typischen Nachfrager wählen wir den privaten Verbraucher (Konsumenten), behalten jedoch in Erinnerung, dass auch der Unternehmer Güter und Dienstleistungen nachfragt, die er im Produktionsprozess einsetzen will, und der Staat Güter zur Befriedigung von Kollektivbedürfnissen erwirbt. Da wir alle Konsumenten sind, werden wir die **Bestimmungsgründe** unserer Nachfrage nach dauerhaften und nicht-dauerhaften Konsumgütern unschwer erkennen. Die Nachfrage eines Haushalts, z. B. nach einem Auto, hängt ab:

(1) vom Preis dieses Autos,
(2) vom Preis vergleichbarer Automobile und von den Preisen der Güter, die mit der Nutzung eines Automobils verbunden sind (Benzin, Öl, Versicherung, Reparatur, Steuer, Garagenmiete usw.),
(3) von den Preisen sonstiger vom Haushalt nachgefragter Güter,
(4) von seinem verfügbaren Einkommen, d. h. dem Einkommen nach Abzug der Abgaben (Steuern und Sozialversicherung) bzw. genauer von dem Teil seines verfügbaren Einkommens, den der Haushalt für Konsumgüter auszugeben plant (seine Konsumsumme, zur Vereinfachung sprechen wir im Folgenden vom Einkommen),
(5) von der subjektiven Wertschätzung, die der mögliche Nachfrager mit dem Auto im Vergleich zu anderen Gütern verbindet (z. B. Komfort, Schnelligkeit, Unabhängigkeit etc.); diese subjektive Nutzenvorstellung wird auch Bedarfsstruktur oder Präferenzordnung genannt.

Die Nachfrage nach Konsumgütern hängt ab von den Preisen, vom verfügbaren Einkommen und von der Bedarfsstruktur.

Die **Bedarfsstruktur** eines Haushaltes ist nun nicht unveränderlich, sondern wesentlich bestimmt von der Einführung neuer Produkte (Produktinnovation), der Werbung und der Altersstruktur des Haushaltes. So ist unmittelbar einsichtig, dass das Bedürfnis nach einem Fernsehgerät oder einem Videorecorder im Wesentlichen erst nach deren Produktion entstanden sein kann und der Kaufentschluss bzw. die Auswahl zwischen verschiedenen Geräten sich nicht unbeeinflusst von der Werbung vollzieht. Das Ausmaß der Beeinflussung der Verbraucher durch Werbung und Produktinnovationen ist im Grunde nicht bekannt. Sicher wird man nicht sagen können, dass alle Bedürfnisse angeboren sind, und sicher auch nicht, dass alle Bedürfnisse durch Werbung bestimmt sind. Grundbedürfnisse und Wünsche allgemeiner Art sind dem Menschen wohl eher angeboren, wie z. B. das Bedürfnis nach Essen, Trinken, Wohnung, Kleidung oder die Wünsche nach Freiheit, Abenteuer, Unterhaltung, Gemütlichkeit etc. Dass allerdings das Bedürfnis nach Trinken wesentlich von der Brause X oder der Wunsch nach Freiheit vom Rasierwasser Y und der Wunsch nach Abenteuern vom Rauchen einer Zigarette Z befriedigt wird, ist als Ergebnis der Werbung anzusehen (vgl. hierzu auch Kapitel 1, Abschnitt 1).

Produktinnovationen und Werbung beeinflussen die Bedarfsstruktur.

Die Nachfrage, die ein Haushalt nach Konsumgütern entfaltet, hängt also von den Preisen der Konsumgüter, von seinem verfügbaren Einkommen und von seiner Bedarfsstruktur ab.

Die Nachfrage eines Haushaltes ist – um einen auch in der Volkswirtschaftslehre häufig verwendeten Begriff zu gebrauchen – eine **Funktion** (d. h.: ist abhängig von) einer Vielzahl von Einflussgrößen. Wir können an diesem Beispiel sehen, dass unsere Aufgabe, die wirtschaftliche Wirklichkeit zu erklären, außerordentlich schwierig ist. Die Wirklichkeit ist von so unübersehbarer Vielfalt, dass es unmöglich wäre, sie in all ihren Spielarten zu beschreiben oder gar zu erklären. Und selbst wenn dies möglich wäre, wäre es im Allgemeinen nicht einmal zweckmäßig. Wir sind also zum einen gezwungen, für unwichtig gehaltene Einzelheiten zu vernachlässigen, von uns unwesentlich Erscheinendem zu abstrahieren. Zum anderen ist es oft schwierig, die Wirkung der aufgezählten Einflussgrößen Einkommen, Preise und Bedarfsstruktur gleichzeitig zu erklären. Zum Beispiel wird es nicht oder nur unter sehr großen Schwierigkeiten möglich sein zu erklären, wie sich die Nachfrage nach Butter verändern wird, wenn der Butterpreis sinkt, das Einkommen sinkt, die Preise anderer Güter ebenfalls eine Veränderung erfahren und sich schließlich noch die Bedarfsstruktur verschiebt.

Komplexität der wirtschaftlichen Wirklichkeit

Um mögliche Gesetzmäßigkeiten erkennen zu können, müssen wir also zwei Dinge tun:

(1) Wir müssen von Einzelheiten absehen, die für das untersuchte Problem weniger wichtig erscheinen. Wir vereinfachen die vielfältigen Erscheinungsformen in der Realität auf ein einfaches System, das wir **Modell** nennen. Anhand dieses Modells versuchen wir, die wesentlichen Erkenntnisse zu gewinnen. Die Methode des Modelldenkens ist für die Volkswirtschaftslehre unabdingbar, doch sollte man sich ihrer Problematik bewusst bleiben. Zum einen kann man im Vorhinein nicht sicher wissen, welche Einzelheiten als unwesentlich vom Wesentlichen getrennt werden können, zum anderen muss man bei der Anwendung der Erkenntnisse auf konkrete Probleme immer prüfen, inwieweit die Voraussetzungen und Vereinfachungen angemessen sind.

Notwendigkeit des Modelldenkens

(2) Die Wirkung der als wesentlich erkannten Einflussgrößen können wir in aller Klarheit nur erkennen, wenn wir sie einzeln betrachten. Daher nehmen wir in einem Denkmodell häufig an, dass bis auf eine Einflussgröße alle übrigen Determinanten fest vorgegeben sind, d. h. für unsere Untersuchung ein Datum sind. Wir arbeiten mit der Annahme, »dass alles Übrige gleich bleibt« (**Ceteris-paribus-Klausel**).

Notwendigkeit der Ceteris-paribus-Methode

3.2 Nachfrage nach einem Gut in Abhängigkeit von seinem Preis

Entsprechend der Notwendigkeit des Modelldenkens und der Ceteris-paribus-Methode nehmen wir nun an, dass Einkommen, Bedarfsstruktur und Güterpreise mit Ausnahme des Preises des Gutes, das wir betrachten, eine vorgegebene konstante Höhe bzw. Struktur haben. Wir wollen also wissen, wie die Nachfrage z. B. nach Butter vom Butterpreis allein abhängt. Zu diesem Zweck befragen wir einen Haushalt nach seiner geplanten Butternachfrage bei unterschiedlichen Butterpreisen und konstanten Preisen der übrigen Güter sowie konstantem Einkommen. Das Ergebnis ist in Tabelle 4.1 aufgezeichnet:

Butterpreis pro Pfund in Geldeinheiten (GE)	Nachgefragte Menge in Pfund pro Monat
10,–	0
9,–	2
8,–	4
7,–	6
6,–	8
5,–	10
4,–	12
3,–	14
2,–	16
1,–	18
0,–	20

Tab. 4.1: Geplante Butternachfrage des Haushalts pro Monat

Bevor wir auf den Verlauf der Nachfrage eingehen, wollen wir das Ergebnis der Befragung in einer anderen Form – in einer Grafik – darstellen:

Auf der senkrechten Achse (Ordinate) tragen wir den Butterpreis ein, auf der waagerechten Achse (Abszisse) die zu diesem Preis nachgefragte Buttermenge. Dann tragen wir die Preise und Mengen aus der Tabelle 4.1 ein und verbinden die Punkte. Damit haben wir eine (in diesem Fall gerade) Linie, die uns jetzt angibt, welche Menge Butter bei verschiedenen Preisen nachgefragt wird, z. B. 12 Pfund Butter bei einem Preis von 4,– Euro pro Pfund (vgl. Abbildung 4.2, dabei steht GE für Geldeinheiten z. B. Euro, ME für Mengeneinheiten und GE/ME für Geldeinheiten pro 1 ME). Da die nachgefragte Menge vom Preis abhängt, kann man auch sagen, der Preis ist die Ursache (die unabhängige Variable) und die nachgefragte Menge die Wirkung (die abhängige Variable).

Schließlich können wir das Nachfrageverhalten des Haushaltes auch algebraisch ausdrücken:

$x = f(p)$.

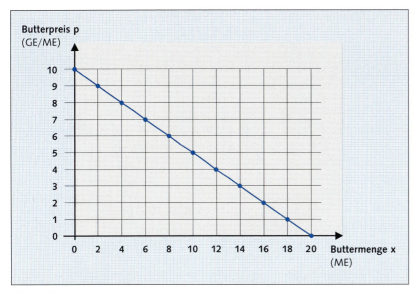

Abb. 4.2: Die Nachfragekurve

Dies soll einfach bedeuten: x (die nachgefragte Gütermenge) ist f (eine Funktion) von p (vom Preis). Für unser Beispiel nimmt diese Funktion eine spezielle Form an:

$x = 20 - 2\,p.$

Setzt man jetzt für den Preis p bestimmte Werte ein, z. B. p = 2,50 Euro, so erhält man die nachgefragte Menge an Butter

$x = 20 - 2 \cdot 2{,}50 = 15$ Pfund Butter.

Eine solche Funktion wird als **Nachfragefunktion** bezeichnet. Sie gibt an, welche Mengen des betreffenden Gutes der Haushalt nachfragen würde, wenn der Preis des Gutes verschiedene Höhen annehmen würde, bei Konstanz des Einkommens, der übrigen Preise und der Bedarfsstruktur.

Nachfragefunktion

Das grafische Abbild der Nachfragefunktion wird als Nachfragekurve bezeichnet (auch wenn es, wie hier, eine gerade Linie ist). Die Erfahrung zeigt, dass die nachgefragte Menge eines Gutes in der Regel mit sinkendem Preis des Gutes ceteris paribus zunimmt und umgekehrt mit steigendem Preis abnimmt. Die Steigung der Nachfragekurve ist also im Regelfall negativ. Es lassen sich hierfür zwei Begründungen angeben:

Begründung für eine fallende Nachfragekurve

(1) Der Substitutionseffekt:
Steigt z. B. der Butterpreis und bleiben die anderen Preise konstant, so wird Butter relativ teurer, andere Güter wie Margarine und Öl relativ billiger. Dann lohnt es sich für jeden Verbraucher, das relativ teurer gewordene Gut durch das relativ billigere zu ersetzen (zu substituieren).

(2) Der Einkommenseffekt:
Hat man ein bestimmtes Geldeinkommen, das man zum Kauf von Konsumgütern verwenden will, so wird man merken, dass bei gegebener nominaler Höhe des Einkommens mit steigenden Preisen eines Gutes geringere Mengen davon gekauft werden können. Jede Preissteigerung führt also – sofern das teurer gewordene Gut noch nachgefragt wird – zu einer Senkung des **Realeinkommens**, die besonders spürbar wird, wenn es sich um Preise für Güter handelt, die einen großen Raum im Rahmen der Haushaltsausgaben einnehmen (z. B. Mieten), oder wenn es sich um allgemeine Preissteigerungen in Zeiten inflationärer Entwicklung ohne entsprechende Einkommenssteigerungen handelt. Mit Ausnahme einiger weniger Spezialfälle wird dieser (Real-)Einkommenseffekt in die gleiche Richtung wirken wie der Substitutionseffekt des in seinem Preis gestiegenen Gutes: Mit sinkendem Realeinkommen wird die nachgefragte Menge abnehmen.

Insgesamt wird also in der Regel eine Preiserhöhung zu einer Verringerung der Nachfrage nach dem verteuerten Gut führen.

Beschränkter Aussagegehalt der Nachfragefunktion

Es ist wichtig, dass der Leser über den Aussagewert einer Nachfragefunktion völlige Klarheit besitzt und sich insbesondere der Einschränkung ihres Aussagegehaltes durch die Ceteris-paribus-Klausel stets bewusst ist. Die Nachfragefunktion

$$x = 20 - 2p$$

gilt nur bei gegebenem Geldeinkommen (Budget), gegebener Bedarfsstruktur und konstanten Preisen der übrigen Güter. Nur unter dieser Voraussetzung wird die nachgefragte Menge in der durch die Befragung ermittelten Weise auf Preisänderungen reagieren. Wir sprechen dann von einer **Bewegung auf der Nachfragekurve** (Veränderung der nachgefragten Menge aufgrund von Preisänderungen des Gutes bei unveränderter Nachfragefunktion, vgl. Abbildung 4.3).

Bewegung auf der Nachfragekurve

Streng von Bewegungen auf der Nachfragekurve zu unterscheiden sind **Verschiebungen** der Nachfragekurve selbst. In der Regel wird immer dann, wenn die übrigen Preise oder das Einkommen andere Werte annehmen oder die Bedarfsstruktur sich verändert, die ceteris paribus ermittelte Nachfragefunktion eine Verschiebung erfahren. So könnte sich die in Abbildung 4.4 dargestellte Rechtsverschiebung der Nachfragekurve nach dem betrachteten Gut dadurch ergeben, dass der Preis eines anderen Gutes ansteigt.

Verschiebungen der Nachfragekurve

Beobachtungen zeigen, dass – oftmals in scheinbarem Gegensatz zu dem in Abbildung 4.3 dargestellten Zusammenhang – die nachgefragte Menge vieler Güter zugenommen hat, obwohl deren Preise gestiegen sind. Diese Tatsache widerlegt jedoch nicht die übliche Erfahrung, dass die Haushalte **ceteris paribus** planen, bei steigendem Preis eines Gutes weniger von diesem nachzufragen. Dass trotz steigender Preise in der Praxis häufig mehr nachgefragt wird, kann damit erklärt werden, dass

(1) das Geldeinkommen gestiegen ist,
(2) die Bedarfsstruktur sich verändert hat,
(3) die Preise anderer Güter stärker gestiegen sind,

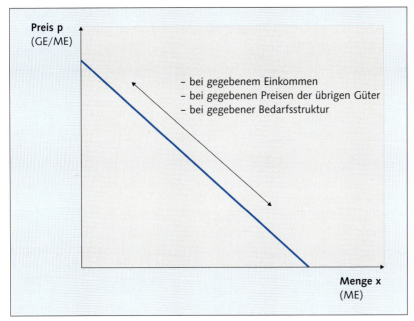

Abb. 4.3: Bewegung auf der Nachfragekurve

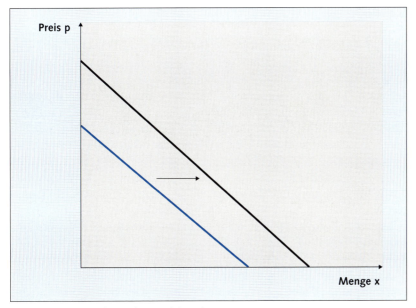

Abb. 4.4: Verschiebung der Nachfragekurve

(4) in der Zukunft weiter steigende Preise erwartet werden und man daher lieber heute kauft als morgen, wenn das Gut noch teurer geworden ist (Inflationsmentalität).

Daneben kann es Güter geben, die von einigen Haushalten mehr nachgefragt werden, gerade weil ceteris paribus ihr Preis gestiegen ist. Man spricht in diesem Zusammenhang in der Literatur auch vom so genannten **Prestigeeffekt** (*Veblen*-Effekt).

Außerdem werden in der Realität der so genannte Mitläufereffekt und der Snobeffekt beobachtet.

Der **Mitläufereffekt** besteht darin, dass die Nachfrage eines Haushaltes nach einem Gut ceteris paribus zunimmt, wenn der Gesamtabsatz des Gutes auf dem Markt steigt.

Der **Snobeffekt** ist das Gegenstück zum Mitläufereffekt: Die Nachfrage eines Snobs nimmt ab, wenn die Gesamtnachfrage nach dem Gut steigt. Darin drückt sich das Streben nach Exklusivität aus, das Streben anders zu sein, mit der großen Masse nichts zu tun haben zu wollen.

4 Preis- und Einkommensempfindlichkeit der Nachfrage

4.1 Preiselastizität

Mit der einfachen Feststellung, dass die Nachfrage nach einem Gut ceteris paribus vom Preis dieses Gutes abhängt und im Regelfall mit steigendem Preis abnimmt, kann sich der Volkswirt nicht begnügen.

Die Nachfrage nach den Gütern reagiert unterschiedlich stark auf Preisänderungen.

Da man bei den verschiedenen Gütern beobachten kann, dass die Nachfrage auf Preisänderungen unterschiedlich stark reagiert, will man auch das **Ausmaß** dieser Reaktion erkennen und messen; man will wissen, wie »stark« oder wie »schwach« die nachgefragte Menge eines Gutes auf eine Preisänderung reagiert.

Zunächst soll ein Beispiel die Bedeutung der Kenntnis des Zusammenhangs zwischen Preis- und daraufhin erfolgender Mengenänderung klarmachen.

Ein Fußballverein, der bei einem wichtigen Europacup-Spiel seine Einnahmen erhöhen will, muss sich überlegen, wie stark bei einer Preiserhöhung der Eintrittskarten die Nachfrage nach diesen zurückgeht. Ohne bereits die exakte Formulierung zu kennen, kann man vermuten, dass sich die Preiserhöhung lohnen wird, wenn sich die Nachfrage daraufhin »kaum« ändert. Auf der anderen Seite kann eine Preissenkung für Eintrittskarten zu unattraktiven Spielen so viele zusätzliche Zuschauer anlocken, dass die Gesamteinnahmen steigen.

Um ausdrücken zu können, wie stark die von einer Preisänderung eines Gutes ausgelöste Änderung der nachgefragten Menge dieses Gutes ist, wird in der Volkswirtschaftslehre der Begriff der **Elastizität** der Nachfrage nach einem Gut in Bezug auf den Preis dieses Gutes – kurz: **direkte Preiselastizität** – verwendet. Damit dieses Maß allgemein vergleichbar und für die Charakterisierung einer Nachfragebeziehung generell verwendbar ist, genügt es nicht, die absoluten Preis- und Mengenveränderungen ins Verhältnis zu setzen. Ein Beispiel mag dieses zeigen:

Ein Haushalt kauft bei einem Bierpreis von 0,50 Euro pro Flasche 100 Flaschen pro Monat und bei einem Schokoladenpreis von 1,– Euro pro Tafel 10 Tafeln pro Monat. Angenommen, die Preise für beide Güter steigen. Der neue Bierpreis betrage 0,75 Euro pro Flasche, die Nachfrage sinke auf 80 Flaschen. Der Schokoladenpreis steige auf 1,25 Euro pro Tafel, die Nachfrage sinke auf 5 Tafeln.

Abgesehen davon, dass es sich bei diesem Beispiel um verschiedene Güter und Maßeinheiten handelt (Tafeln Schokolade und Flaschen Bier) und schon von daher ihre Vergleichbarkeit außerordentlich schwierig ist, besagt der Vergleich der absoluten Änderungen nichts. Um ihre Bedeutung zu erkennen, muss man sie auf ihre Ausgangsgrößen beziehen, also **relative Änderungen** betrachten, also das Verhältnis der Änderung zur Ausgangsgröße. So ist die Information, dass bei einer Bierpreiserhöhung von 0,25 Euro die Nachfrage um 20 Flaschen sinkt, sehr viel weniger aussagekräftig als die folgende Behauptung: Bei einer Bierpreiserhöhung um 50 % sinkt die nachgefragte Menge pro Monat um 20 %.

Daher – und es ist wichtig, sich dies ganz klar zu machen – handelt es sich bei dem Begriff der Elastizität immer um zwei relative Änderungen, die miteinander in Beziehung gesetzt werden. Allgemein misst die Elastizität die Stärke eines Ursache-Wirkung-Zusammenhanges. Es gilt folgende Formulierung:

Die direkte Preiselastizität der Nachfrage misst die Intensität der Reaktion der Nachfrage nach einem Gut auf eine Änderung seines Preises.

$$\text{Elastizität} = \frac{\text{relative Änderung der Wirkung (in \%)}}{\text{relative Änderung der Ursache (in \%)}}$$

Man versteht dann speziell unter der **direkten Preiselastizität** der Nachfrage das Verhältnis der relativen (prozentualen) Änderung der nachgefragten Menge eines Gutes bezogen auf die sie bewirkende relative (prozentuale) Änderung des Preises dieses Gutes.

Etwas einfacher, wenn auch nicht ganz exakt, kann man sagen: Die direkte Preiselastizität der Nachfrage gibt an, um wie viel Prozent sich die nachgefragte Menge ändert, wenn sich der Preis um 1 % verändert.

Berechnung der direkten Preiselastizität der Nachfrage am Beispiel

Sagt man z. B., die Nachfrage nach Zigaretten der Marke Z habe eine direkte Preiselastizität von −5, so bedeutet dies, dass bei einer Preiserhöhung von 1 % die nachgefragte Menge sich um 5 % verringern wird.

Umgekehrt könnte man aus der Beobachtung des Nachfrageverhaltens die Preiselastizität berechnen. Verwenden wir hierfür unser Beispiel, um die Elastizität der Bier- und Schokoladennachfrage zu berechnen, und schreiben wir unsere Elastizitätsdefinition in einer Formel auf. Die direkte Preiselastizität ist

$$E = \frac{\text{relative Mengenänderung}}{\text{relative Preisänderung}}.$$

Bezeichnen wir die Ausgangsmenge mit x, ihre (absolute) Änderung mit Δx, den Ausgangspreis mit p und seine (absolute) Änderung mit Δp, so können wir auch schreiben:

$$E = \frac{\frac{\Delta x}{x}}{\frac{\Delta p}{p}}.$$

Die relative Änderung der Biernachfrage beträgt dann:

$$\frac{\Delta x}{x} = \frac{-20 \text{ Flaschen}}{100 \text{ Flaschen}} = -\frac{1}{5};$$

die relative Preisänderung ist:

$$\frac{\Delta p}{p} = \frac{0{,}25 \text{ €}}{0{,}50 \text{ €}} = +\frac{1}{2}.$$

Die Preiselastizität der Biernachfrage ist also:

$$\frac{\frac{\Delta x}{x}}{\frac{\Delta p}{p}} = \frac{\frac{-20 \text{ Flaschen}}{100 \text{ Flaschen}}}{\frac{0{,}25 \text{ €}}{0{,}50 \text{ €}}} = \frac{-\frac{1}{5}}{+\frac{1}{2}} = -\frac{2}{5}.$$

Entsprechend berechnen wir die direkte Preiselastizität der Schokoladennachfrage:

$$\frac{\frac{\Delta x}{x}}{\frac{\Delta p}{p}} = \frac{\frac{-5 \text{ Tafeln}}{10 \text{ Tafeln}}}{\frac{0{,}25 \text{ €}}{1{,}00 \text{ €}}} = \frac{-\frac{1}{2}}{+\frac{1}{4}} = -2.$$

Die direkte Preiselastizität ist immer dann negativ, wenn eine Preiserhöhung (+) mit einer Nachfragesenkung (–) einhergeht. Häufig lässt man jedoch das Minuszeichen weg und betrachtet nur den Betrag der Elastizität.

Die numerische Größe der Elastizität kann nun zur Charakterisierung des Nachfrageverhaltens dienen. Es muss jedoch darauf hingewiesen werden, dass immer nur von der **Elastizität bei einem bestimmten Preis** gesprochen werden kann, und dass diese Elastizität bei einem anderen Ausgangspreis in aller Regel einen anderen Wert aufweist.

Die direkte Preiselastizität ändert sich im Regelfall mit der Preishöhe.

Sehen wir uns zur Erläuterung die Nachfragefunktion x = 20 – 2·p noch einmal an. Jeder Preiserhöhung von 1,– Euro entspricht eine jeweils gleiche absolute Verringerung der nachgefragten Menge von 2 Einheiten. Die relativen Änderungen weisen jedoch erhebliche Unterschiede auf:

Steigt der Preis von 1,– Euro auf 2,– Euro, so sinkt die nachgefragte Menge Butter von 18 auf 16 Pfund. Die Elastizität beträgt dann

$$E = \frac{\frac{\Delta x}{x}}{\frac{\Delta p}{p}} = \frac{-\frac{2}{18}}{+\frac{1}{1}} = -\frac{1}{9}.$$

Steigt der Preis aber von 8,– Euro auf 9,– Euro, so sinkt die nachgefragte Menge von 4 auf 2 Pfund Butter, und die Elastizität beträgt:

$$E = \frac{\frac{\Delta x}{x}}{\frac{\Delta p}{p}} = \frac{-\frac{2}{4}}{+\frac{1}{8}} = -4.$$

Man kann die einer geradlinigen (linearen) Nachfragekurve entsprechenden Elastizitätswerte anhand der nachfolgenden Abbildung 4.5 ermitteln (wir lassen im Folgenden das Minuszeichen weg): Punkt X ist ein Punkt auf der Nachfragekurve. Die direkte Preiselastizität in diesem Punkt der Nachfragekurve ist dann gegeben durch das Verhältnis der Strecken XB : XA. Daraus ergeben sich die eingezeichneten Elastizitätswerte.

Beim Höchstpreis 5 (in Punkt A) ist E unendlich groß, beim halben Preis (2,5) ist E = 1, und beim Preis von 0 (in Punkt B) ist E = 0.

Wichtig ist, ob die Elastizität größer oder kleiner als 1 ist. Bei einer Elastizität zwischen unendlich und 1 spricht man von einer **elastischen Nachfrage**. Steigt der Preis um 1 %, so wird die nachgefragte Menge um mehr als 1 Prozent sinken. Bei einer Elastizität zwischen 1 und Null spricht man von einer **unelastischen Nachfrage**. Eine Preissteigerung von 1 Prozent führt hier zu einem Nachfragerückgang von weniger als 1 Prozent.

Elastische Nachfrage

Unelastische Nachfrage

Im Folgenden seien die Werte für die direkte Preiselastizität der Nachfrage einiger Güter angegeben[1]:

---
[1] Vgl.: *A. Woll*, Allgemeine Volkswirtschaftslehre, 14. Aufl., München 2003.

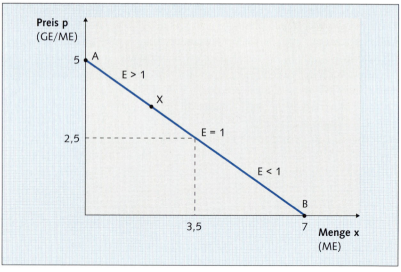

Abb. 4.5: Veränderung der direkten Preiselastizität bei linearer Nachfragekurve

Kraftfahrzeugnutzung – 0,36, Kraftfahrzeugreparaturen – 0,29, Brot- und Backwaren – 1,8, Bildung und Unterhaltung – 2,9, Körper- und Gesundheitspflege + 0,3.

Dabei ist zu beachten, dass diese Werte zu einer bestimmten Zeit gemessen wurden, insbesondere bei den gegebenen Preis- und Einkommensverhältnissen. Die Elastizitäten können sich mithin inzwischen durchaus verändert haben oder zukünftig verändern.

Um die Bedeutung des Unterschiedes zwischen einer elastischen und unelastischen Nachfrage zu erkennen, kehren wir zu unserem Bier-Schokolade-Beispiel zurück. Insbesondere interessiert uns, wie der dem Konsum von Bier bzw. Schokolade gewidmete Geldbetrag – die **Ausgabe** des Haushalts (und damit die Einnahme, der Umsatz des Unternehmens) – mit Preisänderungen variiert. Die Ausgabe für ein Gut ergibt sich als Produkt aus Preis und nachgefragter Menge des Gutes. In der Tabelle 4.2 sind die entsprechenden Werte aufgezeichnet.

Reaktion der Ausgabe auf Preisänderungen

Gut	Bier			Schokolade			
Situation	Preis	Menge	Ausgabe	Situation	Preis	Menge	Ausgabe
1.	0,50	100	50,–	1.	1,–	10	10,–
2.	0,75	80	60,–	2.	1,25	5	6,25

Tab. 4.2: Ausgabe bei unterschiedlichen Preisen

Bei unelastischer Nachfrage steigt die Ausgabe bei einer Preiserhöhung.

In beiden Fällen steigt der Preis und sinkt die nachgefragte Menge. Beim Bier steigt die Ausgabe jedoch von 50,– auf 60,–; im Falle der Schokolade sinkt die Ausgabe von 10,– auf 6,25. Dies liegt daran, dass die Biernachfrage mit E = 2/5 unelastisch ist. Der Preis steigt relativ stärker als die nachgefragte Menge sinkt; damit muss das Produkt aus beiden Größen zunehmen. Auf der anderen Seite ist die Schokoladennachfrage elastisch, d. h. die nachgefragte Menge sinkt relativ stärker als der Preis steigt, und das Produkt aus diesen Größen nimmt in diesem Falle ab. Als Regel kann man folgenden Satz aufstellen:

> Ist die Nachfrage bei einem bestimmten Preis elastisch (unelastisch), so nimmt bei einer kleinen Preiserhöhung die Ausgabe für dieses Gut ab (zu).

Bei elastischer Nachfrage nimmt die Ausgabe bei einer Preiserhöhung ab.

So ist z. B. die Nachfrage nach Wohnraum relativ preisunelastisch; bei einer Mieterhöhung wird also die Mietausgabe steigen und bei einer Mietsenkung abnehmen. Auf der anderen Seite ist die Nachfrage nach Limonade der Marke Z vermutlich preiselastisch, hier wird bei einer Preiserhöhung (-senkung) die Ausgabe abnehmen (zunehmen).

> Eine hohe Preiselastizität der Nachfrage begrenzt also den Spielraum für Preiserhöhungen der Hersteller sehr wirksam.

Eine sehr preiselastische Nachfrage begrenzt den Spielraum für Preiserhöhungen stark.

4.2 Kreuzpreiselastizität

Ebenfalls von Bedeutung ist der Zusammenhang zwischen der nachgefragten Menge x_1 eines Gutes Nr. 1 (z. B. eines Volkswagens) und dem Preis p_2 eines anderen Gutes Nr. 2 (z. B. eines Opel Astra, dem Benzinpreis oder dem Preis für Schallplatten) ceteris paribus. Wie schon den Beispielen zu entnehmen ist, kann dieser Zusammenhang prinzipiell drei Formen annehmen: Mit steigendem Preis des Gutes Nr. 2 (Opel Astra) steigt c. p. die Nachfrage nach dem Gut Nr. 1 (Volkswagen, s. Abbildung 4.6). In diesem Fall spricht man von **substitutionalen Gütern** oder kurz von **Substituten**.

Bei substitutionalen Gütern steigt die Nachfrage nach dem einen Gut, wenn der Preis des anderen Gutes steigt.

Der Grad der Substituierbarkeit und damit das Ausmaß einer möglichen Konkurrenz zwischen den Anbietern der beiden Güter wird häufig durch die **Kreuzpreiselastizität** gemessen. Die Kreuzpreiselastizität gibt an, um wieviel Prozent sich die nachgefragte Menge eines Gutes Nr. 1 anpasst, wenn sich der Preis eines Gutes Nr. 2 um 1 % erhöht. Oder noch genauer: die Kreuzpreiselastizität ist das Verhältnis der relativen Änderung der nachgefragten Menge eines Gutes Nr. 1 zur relativen Preisänderung eines anderen Gutes Nr. 2. Diese Elastizität ist bei Substituten immer positiv. Je größer die Kreuzpreiselastizität, desto stärker werden die Nachfrager bei einseitigen Preiserhöhungen das Konkurrenzprodukt kaufen. So wird die Kreuzpreiselastizität

Die Kreuzpreiselastizität der Nachfrage misst die Intensität der Reaktion der Nachfrage nach einem Gut auf eine Änderung des Preises eines anderen Gutes.

bei Gütern, die im Urteil der Nachfrager als relativ gleichwertig angesehen werden (z. B. verschiedene Benzinmarken, Zigarettensorten oder auch Reifenmarken), sehr hoch sein.

(1)

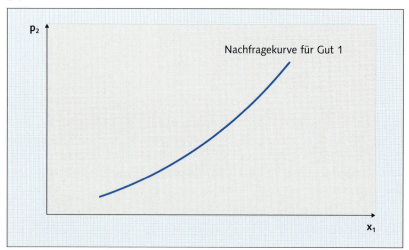

Abb. 4.6: Substitutionale Güter

(2)

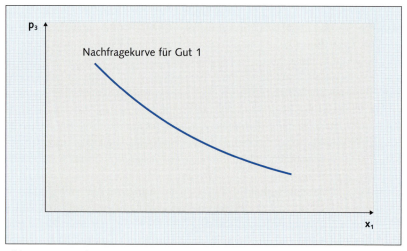

Abb. 4.7: Komplementäre Güter

(3)

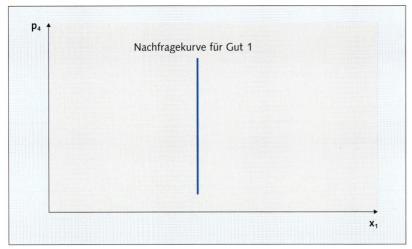

Abb. 4.8: Unabhängige Güter

Mit steigendem Preis eines Gutes Nr. 3 sinkt ceteris paribus die Nachfrage nach dem Gut Nr. 1 (s. Abbildung 4.7). Dies ist der Fall bei den so genannten **Komplementen** bzw. **komplementären Gütern** (z. B. Auto und Reifen, Pfeife und Tabak). Bei komplementären Gütern ist die Kreuzpreiselastizität negativ. Erhöht der Hersteller des Gutes Nr. 3 seinen Preis, so beeinflusst er damit auch die Nachfrage nach komplementären Produkten anderer Hersteller negativ (in unserem Fall Gut Nr. 1).

Schließlich kann die nachgefragte Menge des Gutes Nr. 1 gänzlich **unabhängig** sein vom Preis des Gutes Nr. 4 (z. B. Klavier/Spazierstöcke; Möbel/Salz, s. Abbildung 4.8). In diesem Fall ist die Kreuzpreiselastizität gleich Null. Von der Preiserhöhung eines Gutes gehen dann keine Nachfragewirkungen auf das andere Gut aus.

> Bei komplementären Gütern sinkt die Nachfrage nach dem einen Gut, wenn der Preis des anderen Gutes steigt.

4.3 Einkommenselastizität

Aus empirischen Untersuchungen weiß man, dass der Betrag, den man insgesamt für Konsumgüter ausgeben will – die Konsumsumme bzw. das Budget für Konsumausgaben – mit steigendem Einkommen zunimmt. Die Frage ist dann, wie sich dieser Betrag auf die einzelnen Güter verteilt. In der Regel wird die Nachfrage nach einem Gut mit steigendem Einkommen (Budget) zunehmen, man spricht dann von **superioren** Gütern. Ganz sicher gilt dies für »Güter des gehobenen Bedarfs« – wie Möbel, Reisen, Automobile und Luxusgüter. Daneben gibt es einige Ausnahmen: Vor allem Güter einfacher oder minderer Qualität, wie z. B. Margarine, Kunsthonig, billiger Alkohol, Textilien aus Reißwolle etc. werden mit steigendem Einkommen weniger nachgefragt. Man kann es sich eben leisten, statt Margarine und Kartoffeln mehr Butter, Fleisch und Obst zu kaufen. Güter, deren nachgefragte Menge mit steigendem Einkommen (Budget) sinkt, nennt man **inferiore Güter**.

Etwas genauer kann man den Zusammenhang von Einkommen und Nachfrage mit Hilfe der Einkommenselastizität der Nachfrage beschreiben. Die **Einkommenselastizität** ist das Verhältnis der relativen Änderung der nachgefragten Menge zur relativen Änderung des Einkommens. Anschaulicher ausgedrückt gibt diese Elastizität an, um wie viel Prozent die nachgefragte Menge eines Gutes ceteris paribus steigt, wenn das Einkommen um 1 % zunimmt.

Die Einkommenselastizität der Nachfrage misst die Intensität der Reaktion der Nachfrage nach einem Gut auf eine Änderung des Einkommens.

> Die Werte der Einkommenselastizität für verschiedene Produkte bzw. Produktgruppen entscheiden über die Entwicklung der Nachfrage nach diesen Gütern und damit über die wirtschaftliche Zukunft der entsprechenden Herstellergruppen.

So weist die Nachfrage nach Agrarprodukten im Allgemeinen einen Wert für die Einkommenselastizität von kleiner als 1 auf, bisweilen ist sie sogar negativ. Das bedeutet, dass der Anteil der Nachfrage nach Agrarprodukten an der Gesamtnachfrage und damit die Bedeutung dieses Sektors langfristig abnehmen wird. Umgekehrt wird die Bedeutung der Industriezweige, die Güter mit einer Einkommenselastizität von größer als 1 herstellen, langfristig zunehmen.

5 Ein genauerer Blick hinter die Nachfragekurven

In Lehrbüchern wird häufig ein etwas genauerer Blick hinter das beschriebene Nachfrageverhalten der Haushalte geworfen. Der hieran weniger interessierte Leser kann diesen Abschnitt überschlagen.

Den Ausgangspunkt der Analyse bildet die Annahme, dass der Haushalt bei seiner Entscheidung über die Nachfrage nach Konsumgütern versucht, das für ihn »**beste**« **Güterbündel** zu kaufen, das er sich leisten kann. Unterstellt wird also, dass der Haushalt das Konsumgüterbündel wählt, welches er allen anderen mit seinem Einkommen (Budget) »kaufbaren« Konsumgüterbündeln vorzieht.

Dieses Entscheidungsproblem des Haushaltes kann in drei Schritte zerlegt werden:

Das Entscheidungsproblem des Haushalts

(1) Welches sind die möglichen Konsumgüterbündel, die der Haushalt bei Ausschöpfung seines Budgets kaufen kann?
(2) Wie sieht die Bedarfsstruktur des Haushaltes nach Konsumgüterbündeln aus?
(3) Wie wird die Auswahl des besten Konsumgüterbündels getroffen?

5.1 Die möglichen Konsumgüterbündel

Welche Konsumgüterbündel kann der Haushalt mit seinem Einkommen bzw. Budget kaufen, wenn die Preise der Güter gegebene Größen sind, auf die der einzelne Haushalt keinen Einfluss hat?

Abbildung 4.9 zeigt die so genannte **Budgetgerade**, die angibt, welche Güterbündel (d. h. Mengenkombinationen der hier allein betrachteten Güter 1 und 2) der Haushalt bei vollständiger Verausgabung seines Konsumgüterbudgets kaufen kann. Wir finden diese Linie mittels einer einfachen Überlegung: Wenn der Haushalt sein gesamtes Budget B für den Kauf des Gutes 1 ausgibt, so kann er B/p_1 Mengeneinheiten dieses Gutes kaufen (vgl. Abbildung 4.9, Punkt a), verwendet der Haushalt sein ganzes Budget für den Kauf des Gutes 2, so kann er die Menge B/p_2 erwerben (vgl. Abbildung 4.9, Punkt g). Da das Preisverhältnis als gegeben und damit insbesondere als unabhängig vom Nachfrageverhalten des einzelnen Haushaltes angenommen wird, kann der Haushalt durch **Umschichtung seiner Ausgaben** für die beiden Güter eine durch das Preisverhältnis bestimmte Menge des Gutes 1 gegen eine Mengeneinheit des Gutes 2 (und umgekehrt) eintauschen. Beträgt das Preisverhältnis

$$\frac{p_1}{p_2} = \frac{20}{10} = 2,$$

so kann der Haushalt anstelle einer Einheit von Gut 1 zwei Einheiten von Gut 2 kaufen (Markttauschrate).

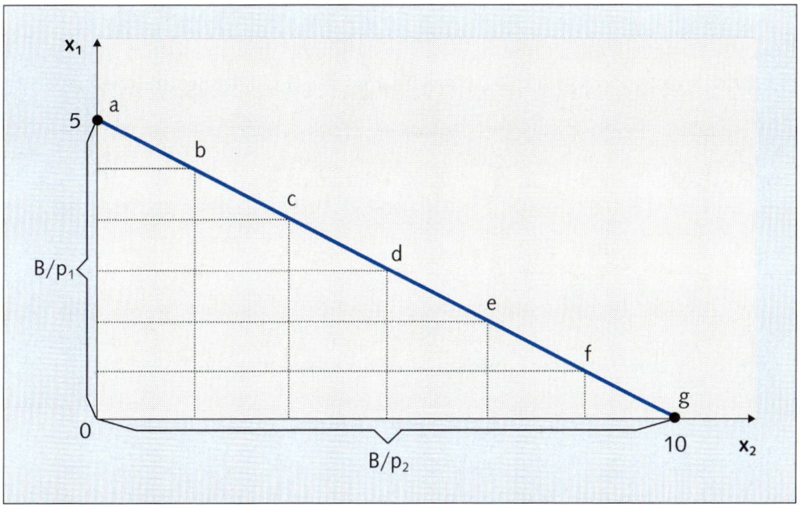

Welche Konsumgüterbündel kann sich der Haushalt leisten?

Das Preisverhältnis zeigt, in welchem Umfang der Haushalt über die Märkte das eine Gut durch das andere ersetzen kann.

Abb. 4.9: Budgetgerade

> Die **Markttauschrate** ist dasjenige Austauschverhältnis, zu welchem zwei Güter auf dem Markt bei gegebenen Güterpreisen getauscht werden können, also die »objektive« Austauschrate.

Bei einem Budget in Höhe von B =100 ergeben sich also in Abbildung 4.9, ausgehend von Punkt a, zunächst die Punkte b, c, d, …, g als mögliche Punkte auf der Budgetgeraden.

Die Budgetgerade spiegelt die einkommensmäßige Beschränkung des Haushalts bei seiner Nachfrageentscheidung wider.

Wir wollen annehmen, dass die Güter in beliebig kleine Einheiten zerlegt werden können (wie etwa Mehl in Gramm und Milligramm). Dann sind auch die Punkte auf der Verbindungslinie zwischen den Punkten a, b, c,…, g durch Kauf realisierbare Güterbündel für den Haushalt.

> Auf der Budgetgeraden liegen alle Konsumgüterbündel, die der Haushalt bei vollständiger Verausgabung seines Budgets bei den gegebenen Preisen kaufen kann.

Zum »Möglichkeitsbereich« des Haushaltes gehören natürlich auch die unterhalb der Budgetgeraden (einschließlich der Achsen) liegenden Güterbündel. In der Regel kommen diese aber – wie wir noch sehen werden – für eine Wahl nicht in Frage.

Doch welche Mengeneinheiten der Güter 1 und 2 wird der Haushalt wählen, was ist seine beste Position? Um diese Frage zu beantworten, müssen wir etwas darüber wissen, wie der Haushalt unterschiedliche Güterbündel in Bezug auf sein Wohlergehen (seine »Wohlfahrt« bzw. seinen »Nutzen«) einschätzt und wie diese Rangordnung in der Ökonomie beschrieben wird.

5.2 Die Bedarfsstruktur (Präferenzordnung) des Haushaltes

Die Präferenzordnung gibt an, in welche Rangordnung der Haushalt unterschiedlich zusammengesetzte Güterbündel bringt.

> Der Ökonom nennt die Bewertung unterschiedlicher Konsumgüterbündel durch den Haushalt und die damit geschaffene Rangordnung unterschiedlicher Konsumgüterbündel »**Präferenzordnung**«.

Das hört sich vielleicht etwas gekünstelt an, ist aber im Prinzip recht einfach. Gemeint ist, dass der Haushalt von je zwei Güterbündeln – unabhängig davon wie teuer diese sind und ob er sie sich leisten kann – sagen kann, ob (und gegebenenfals welches) der beiden Güterbündel er bevorzugen (»präferieren«) würde oder ob er die beiden Güterbündel als gleichwertig einschätzt (also diesbezüglich »indifferent« ist). Der Leser beachte die Annahme, dass der Haushalt diese Bewertung unabhängig von seinem Einkommen und den herrschenden Preisen vornehmen soll – eine Annahme, die häufig zu Verständnisschwierigkeiten führt.

Geht man von einigen recht allgemeinen Eigenschaften der Präferenzordnung des Haushaltes aus, so lässt sich die Präferenzordnung durch ein System von sich nicht schneidenden **Indifferenzkurven** darstellen. Im Einzelnen sind dies:

Eigenschaften der Präferenzordnung

- »Vollständigkeit« (der Haushalt kann alle Konsumgüterbündel vergleichen),
- »Widerspruchsfreiheit« (wenn der Haushalt ein Güterbündel 1 einem anderen Güterbündel 2 vorzieht und Güterbündel 2 gegenüber einem weiteren Güterbündel 3 präferiert, so zieht er auch Güterbündel 1 dem Güterbündel 3 vor),
- »Nicht-Sättigung« (jede zusätzliche Mengeneinheit eines Gutes bei Konstanz der Versorgung mit allen anderen Gütern stellt den Haushalt besser).

Jede **Indifferenzkurve** bildet alle Güterbündel ab, welche im Urteil des Haushaltes ein bestimmtes (konstantes) Wohlfahrts- bzw. Nutzenniveau repräsentieren. Anders ausgedrückt: Auf einer gegebenen Indifferenzkurve bleibt der Nutzen des Haushaltes unverändert. Sie hat wegen der Annahme der Nicht-Sättigung notwendig einen fallenden Verlauf[2] und wird als zum Ursprung des Koordinatensystems gekrümmt verlaufend (streng konvex) angenommen (vgl. Abbildung 4.10). Wie wir gleich sehen werden, ist die Annahme der »strengen Konvexität« nicht so willkürlich, wie es zunächst vielleicht den Anschein hat, sie ist aber auch nicht selbstverständlich.

Streng konvexer Verlauf der Indifferenzkurven

Die Krümmung der Indifferenzkurve (formal ihre Steigung) gibt in jedem Punkt an, welche sehr kleine zusätzliche Menge von Gut 2 der Haushalt gerade noch als Ausgleich für den Verlust einer sehr kleinen Menge von Gut 1 ansieht. In Abbildung 4.10 sind z. B. die Güterbündel B (x_2^0, x_1^0) und C $(x_2^0 + \Delta x_2^0, x_1^0 - \Delta x_1^0)$ für den Haushalt gleichwertig. $\Delta x_1 / \Delta x_2$ wird als »**Grenzrate der Substitution**« bezeichnet. Abbildung 4.10 zeigt, dass die **Grenzrate der Substitution** entlang einer Indifferenzkurve, also mit zunehmender Menge x_2, abnimmt (vgl. $\Delta x_1 / \Delta x_2$ ausgehend von Punkt B und von Punkt D).

---

2 Dies wird in Abbildung 4.10 anhand von Punkt A deutlich. Jedes Güterbündel, das im Quadranten I oder III liegt (einschließlich der Achsen) muss im Urteil des Haushaltes besser oder schlechter sein als das durch Punkt A gekennzeichnete Güterbündel: In Quadrant I hat der Haushalt von keinem der Güter weniger und zumindest von einem Gut mehr als in Punkt A (er würde sich also besser stellen), in Quadrant III hat der Haushalt von keinem der Güter mehr und zumindest von einem Gut weniger als in Punkt A (er würde sich also schlechter stellen). Also kann ein gleichwertiges Güterbündel nur im Quadranten II oder IV liegen (ohne die Achsen). Das aber heißt, dass die Indifferenzkurve »fallend« verlaufen muss.

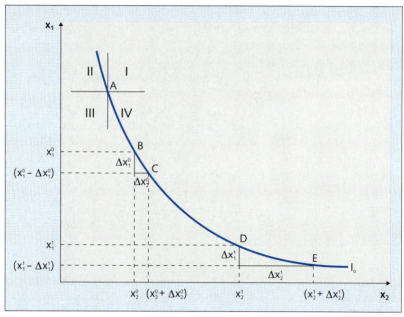

Abb. 4.10: Indifferenzkurve

Das scheint im Allgemeinen plausibel, da für den Haushalt Gut 2 immer reichlicher vorhanden ist und Gut 1 immer knapper wird. Insoweit ist auch der konvexe Verlauf der Indifferenzkurven plausibel.

Wir halten fest:

Die Grenzrate der Substitution gibt das subjektive Austauschverhältnis der Güter an.

> Die Grenzrate der Substitution ist das »subjektive« Austauschverhältnis zwischen den Gütern, bei dem das Versorgungsniveau sich aus der Sicht des Haushaltes nicht verändert. Es ist also dasjenige Tauschverhältnis, zu welchem der Haushalt gerade noch bereit wäre, das eine Gut gegen das andere Gut zu tauschen.

Jede Indifferenzkurve, die oberhalb einer anderen liegt, enthält Güterbündel, die der Haushalt denen der näher zum Ursprung liegenden Indifferenzkurve vorzieht. Das folgt unmittelbar aus der Nicht-Sättigungs-Annahme: Erhöht sich bei Konstanz der Gütermenge x_1 (x_2) die Gütermenge x_2 (x_1) um einen beliebigen kleinen Betrag Δx_2 (Δx_1) oder erhöht sich die Versorgungsmenge mit beiden Gütern, so verbessert sich die Versorgungsposition des Haushalts. Jeder Punkt »oberhalb« der betrachteten Indifferenzkurve repräsentiert also ein Güterbündel, welches der Haushalt höher einschätzt, liegt also auf einer anderen Indifferenzkurve mit einem höheren Wohlfahrts- bzw. Nutzenniveau. Diese Überlegungen machen auch deutlich, dass Indifferenzkurven – wie oben schon erwähnt – sich nicht schneiden können.

Außerdem würden sich schneidende Indifferenzkurven die Annahme der Widerspruchslosigkeit der Präferenzordnung verletzen. Die Präferenzordnung des Haushaltes kann also durch ein System sich nicht schneidender Indifferenzkurven beschrieben werden, die streng genommen unendlich »dicht« beieinander liegen. Je höher eine Indifferenzkurve liegt, desto höher ist das Versorgungsniveau (das Nutzenniveau), das der Haushalt den auf der betrachteten Indifferenzkurve liegenden Güterbündeln beimisst (vgl. Abbildung 4.11).

> Die Präferenzordnung kann grafisch durch ein System von Indifferenzkurven abgebildet werden.

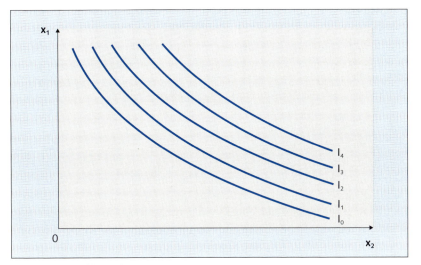

Abb. 4.11: Indifferenzkurvensystem

5.3 Die Auswahl des besten Konsumgüterbündels

Durch Zusammenführung der Budgetgeraden und der Präferenzordnung in Gestalt des Indifferenzkurvensystems können wir nun die Auswahl des besten Güterbündels für den Haushalt beschreiben.

Wandern wir in Abbildung 4.12, ausgehend von Punkt A, auf der Budgetgeraden (die der in Abbildung 4.9 entspricht) nach rechts unten, so erreicht der Haushalt Schritt für Schritt ein Güterbündel, das er, wie die Indifferenzkurven zeigen, den weiter oben auf der Budgetgeraden liegenden Güterbündeln vorzieht. Das liegt daran, dass der Haushalt, wenn er sich auf der Budgetgeraden nach unten bewegt, auf den Märkten beim gegebenen Preisverhältnis $p_1/p_2 = 2$ zwei Mengeneinheiten vom Gut 2 anstelle von einer Mengeneinheit des Gutes 1 erhält. Subjektiv reichen aber gemäß der Grenzrate der Substitution (bei die Budgetgerade von oben schneidenden Indifferenzkurven) weniger als zwei Güterweinheiten von Gut 2 aus, um den Haushalt für den Verlust einer Mengeneinheit von Gut 1 zu entschädigen. Die beschriebene Wanderung auf der Budgetgeraden ist also für den Haushalt

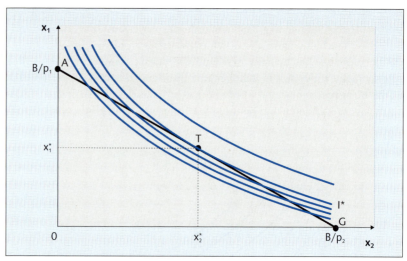

Abb. 4.12: Haushaltsgleichgewicht (-optimum)

vorteilhaft. Dies gilt solange, bis der Haushalt den Punkt T erreicht hat. Hier stimmt das Verhältnis, zu dem er durch Umschichtung seiner Ausgaben von Gut 1 auf Gut 2 die beiden Güter über den Markt substituieren kann (Markttauschrate p_1/p_2), mit seiner subjektiven Tauschrate (der Grenzrate der Substitution) überein. Er bekommt also über den Markt genau jene zwei Gütereinheiten von Gut 2 für eine Gütereinheit von Gut 1, die nach seiner subjektiven Einschätzung den Verlust einer Mengeneinheit von Gut 1 gerade noch ausgleichen, sodass keine weitere Substitution lohnend ist. Eine entsprechende Überlegung gilt, wenn man, ausgehend vom Punkt G, nach links oben auf der Budgetgeraden wandert: Durch Umschichtung seiner Ausgaben von Gut 2 auf Gut 1 bekommt der Haushalt auf dem Markt die Hälfte einer Mengeneinheit von Gut 1 für eine Mengeneinheit von Gut 2. Subjektiv fühlt er sich aber – wie die Grenzrate der Substitution an dieser Stelle zeigt – für den Verlust von einer Mengeneinheit des Gutes 2 schon durch weniger als eine halbe Mengeneinheit des Gutes 1 entschädigt. Nimmt der Haushalt also die Umschichtung seiner Ausgaben vor, so stellt er sich subjektiv besser als vorher, d. h., das jeweils neue Güterbündel wird von ihm als besser eingestuft. Dies gilt, bis der Punkt T erreicht ist.

Im Haushaltsgleichgewicht (-optimum) ist das Preisverhältnis p_2/p_1 gleich dem Betrag der Grenzrate der Substitution von Gut 1 durch Gut 2. Bei gegebener Rangordnung der Güterbündel, wie sie durch das Indifferenzkurvensystem beschrieben ist, wird der Haushalt bei dem gegebenen Budget B also das durch den Punkt T bestimmte Güterbündel (x_1^*, x_2^*) wählen und nachfragen, wenn er sich so gut wie möglich stellen will. Güterbündel auf höheren Indifferenzkurven kann er bei den gegebenen Preisen mit seinem Budget nicht realisieren. Güterbündel unterhalb der Budgetgeraden wird er nicht wählen, wenn er sich (was hier implizit unterstellt ist) für Konsumausgaben

---

Der Haushalt sucht auf seiner Budgetgeraden diejenige Indifferenzkurve, die er gerade noch erreichen kann.

Im Haushaltsgleichgewicht entspricht das objektive Tauschverhältnis zwischen den Gütern der subjektiven Tauschbereitschaft.

in Höhe von B bei den gegebenen Preisen entschieden hat, denn dann würde seine Ressourcen (also B) nicht optimal nutzen.[3]

Wie ändern sich die nachgefragten Mengen des Haushaltes nach einem Gut mit dem Preis dieses Gutes und dem Einkommen? Um diese Frage zu beantworten, betrachten wir hier die Auswirkungen einer Preissenkung des Gutes 1 bei Konstanz des Einkommens (bzw. Budgets) und des Preises p_2 sowie die Wirkung einer Erhöhung des Einkommens bei Konstanz beider Preise.

5.4 Die Wirkung einer Preissenkung eines Gutes

Sinkt der Preis des Gutes 1 (bei Konstanz des Preises des Gutes 2 und des Budgets B), so wird, wie Abbildung 4.13 zeigt, der Achsenabschnitt B/p_1 größer. Dagegen bleibt der Abszissenabschnitt B/p_2 unverändert. Insgesamt wird die Budgetgerade steiler (die absolute Steigung nimmt zu). Die Budgetgerade dreht sich also im Punkt G nach oben. Die beste für den Haushalt erreichbare Position ist jetzt T'. In Abbildung 4.13 enthält das T' entsprechende Güterbündel mehr von Gut 1, das Ergebnis entspricht also dem im Normalfall erwarteten Effekt einer Preissenkung dieses Gutes. Darüber hinaus hat sich in dem hier dargestellten Fall die optimale Nachfragemenge von Gut 2 vermindert. Es sei hier schon erwähnt, dass diese Ergebnisse nicht zwangsläufig sind.

Die Preisänderung verändert das Markttauschverhältnis zwischen den Gütern und die Kaufkraft des Haushalts bei gegebenem Budget.

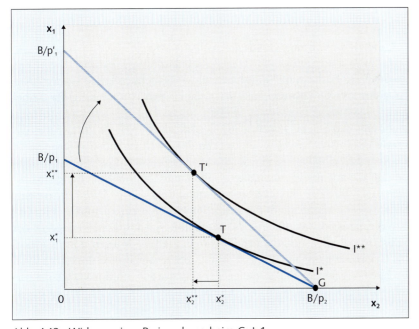

Abb. 4.13: Wirkung einer Preissenkung beim Gut 1

---

3 Zur Wahl von B vgl. Abschnitt 5.7 dieses Kapitels.

5.5 Einkommens- und Substitutionseffekt

Die Wirkung der Veränderung von Tauschrelation und Kaufkraft kann gedanklich in Substitutions- und Einkommenseffekt aufgespalten werden.

Wie kann man nun die mengenmäßige Veränderung der Nachfrage nach Gut 1 (und auch der Nachfrage nach Gut 2) als Folge der ceteris paribus durchgeführten Preissenkung des Gutes 1 in den im Abschnitt 3.2 dieses Kapitels erwähnten **Substitutions-** und **Einkommenseffekt** aufspalten? Hierzu überlegen wir uns, dass durch die Preissenkung des Gutes 1 der Haushalt (abgesehen von Punkt G) mehr von beiden Gütern erwerben kann, sein in Güterkaufkraft gemessenes Einkommen bzw. Budget also gestiegen ist. Im hier betrachteten Normalfall, d. h. wenn die Güter superior sind (vgl. Abschnitt 4.3), führt eine gestiegene Kaufkraft bei unveränderten relativen Preisen zu einem höheren Konsum der Güter. Die gedankliche Aufspaltung der sich aus der Preisänderung ergebenden Änderung von x_1^* (und x_2^*) in den Einkommens- und den Substitutionseffekt erfolgt nun so, dass man fiktiv die Kaufkrafterhöhung des Haushaltes rückgängig macht, aber das neue Preisverhältnis beibehält. Die sich dann ergebende Änderung von x_1 ist allein auf die Veränderung der Austauschrelation zwischen Gut 1 und Gut 2, also die Veränderung des Preisverhältnisses p_1/p_2 zurückzuführen. Fiktiv kann man die aus der Preissenkung von Gut 1 resultierende Erhöhung der Kaufkraft rückgängig machen, indem man unterstellt, dass der Haushalt nach wie vor nur die Indifferenzkurve I* erreichen und damit ein Güterbündel kaufen kann, das in der Einschätzung des Haushaltes dem Güterbündel des ursprünglichen Optimalpunktes T gleichwertig ist. Wenn der Haushalt seine bestmögliche Position realisieren will, so muss er das neue Preisverhältnis berücksichtigen, was in Abbildung 4.14 durch die (gestrichelt gezeichnete) fiktive Budgetgerade geschieht.

Wo diese fiktive Budgetgerade die Indifferenzkurve I* berührt (Punkt T"), ist die beste Position des Haushaltes unter Berücksichtigung der Veränderung des Preisverhältnisses und der gedanklichen Eliminierung der sie begleitenden Kaufkraftänderung. SE_1 bzw. SE_2 ist dann der Teil der Nachfrageänderung nach Gut 1 bzw. Gut 2, der allein auf die Änderung des Preisverhältnisses zurückzuführen (also der jeweilige **Substitutionseffekt**). EE_1 bzw. EE_2 gibt den Teil der Nachfrageänderung nach Gut 1 bzw. Gut 2 an, der auf die aus der Preissenkung resultierende Kaufkrafterhöhung zurückführen ist (also der jeweilige **Einkommenseffekt**). Es ist zu erkennen, dass Substitutions- und Einkommenseffekt im vorliegenden Fall in Bezug auf Gut 1 in dieselbe (positive) Richtung wirken. In Bezug auf Gut 2 ist dagegen der Substitutionseffekt negativ, der Einkommenseffekt dagegen positiv, sodass die Gesamtwirkung a priori, d. h. ohne weitere Annahmen unbestimmt ist. Im hier betrachteten Fall dominiert der negative Substitutionseffekt, die Güter sind hier also Substitute (vgl. Abschnitt 4.3). Würde der Einkommenseffekt dominieren, wären Gut 1 und Gut 2 komplementäre Güter und die Nachfrage von Gut 2 würde nicht sinken, sondern wie die von Gut 1 zunehmen.

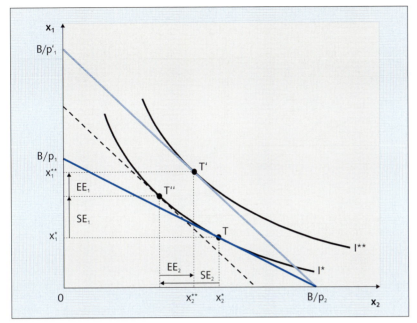

Abb. 4.14: Substitutions- und Einkommenseffekt

5.6 Erhöhung des Geldeinkommens (Nominaleinkommens)

Nach den vorangegangenen Erläuterungen ist es relativ einfach, die Wirkungen einer Zunahme des Geldeinkommens auf die Nachfrage nach einem Gut bei Konstanz der beiden Preise zu untersuchen. Wir setzen wieder voraus, dass eine solche Einkommenserhöhung auch zu einer Zunahme des Budgets für Konsumausgaben des Haushaltes führt. Steigt das Budget des Haushaltes, so steigen die maximal realisierbaren Mengen der Güter 1 und 2. Da annahmegemäß die Preise und damit auch das Preisverhältnis der Güter unverändert bleiben, verändert sich die Steigung der Budgetgeraden nicht, sie verschiebt sich also parallel nach außen. Abbildung 4.15 zeigt die Ergebnisse für den Fall, dass beide Güter **superior** sind. Die Nachfrage nach den Gütern steigt, wenn das Geldeinkommen bzw. Budget des Haushaltes zunimmt.

Superiore und inferiore Güter

Denkbar ist allerdings bei entsprechender Gestalt der Indifferenzkurven auch (der hier grafisch nicht dargestellte Fall), dass die Nachfrage nach einem der Güter ceteris paribus bei einer Erhöhung des Einkommens abnimmt, der Einkommenseffekt ist dann negativ und nicht wie im Normalfall positiv. Man nennt ein solches Gut »**inferior**« (Gut minderwertiger Qualität), weil dieser Effekt bei – am Einkommen des Haushalts gemessen – eher minderwertigen Gütern eintreten kann. Ein Beispiel könnte die Nachfrage nach Kartoffeln sein, wenn der Haushalt bei steigendem Einkommen seine Ernährung stärker von Kartoffeln auf Gemüse, Fleisch und höherwertigen Reis umstellt. Die mögliche negative Reaktion der nachgefragten Menge nach einem Gut

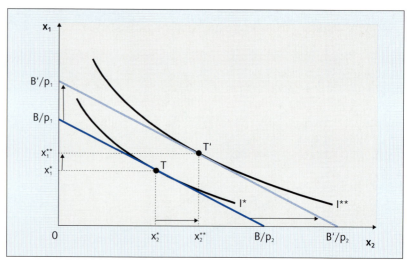

Abb. 4.15: Wirkung einer Erhöhung des Geldeinkommens bzw. Konsumbudgets

auf eine Erhöhung des Geldeinkommens bei konstanten Preisen erklärt auch, warum eine Preissenkung nicht notwendig zu einer Erhöhung der Nachfrage nach einem inferioren Gut führen muss: Zwar wird eine Preissenkung von Kartoffeln tendenziell die Neigung des Haushaltes verstärken, den Kartoffelkauf auf Kosten anderer Güter zu erhöhen, der nachfragemindernde Einkommenseffekt kann aber bei einem inferioren Gut diesen Nachfrage vermehrenden Substitutionseffekt überkompensieren. Man spricht in so einem Fall auch von einem **Giffen-Gut**.

5.7 Intertemporale Substitution

Der Haushalt muss nicht nur über die Aufteilung seines Einkommens auf die verschiedenen Konsumgüterarten entscheiden, er muss auch entscheiden, welchen Teil seines gegenwärtigen Einkommens er für seinen aktuellen Konsum verwenden will (laufendes Konsumbudget) und welchen Teil er für zukünftige Konsumzwecke (gegebenenfalls) sparen möchte. Wir vereinfachen dieses **intertemporale Entscheidungsproblem**, indem wir annehmen, es würde nur 2 Perioden (z. B. Jahre) geben, in denen der Haushalt die realen Arbeitseinkommen[4] e_1 und e_2 erzielt. Des Weiteren wollen wir unterstellen, dass er über kein Ausgangsvermögen verfügt und am Ende der zweiten Periode nichts vererben möchte.

Ein intertemporales Entscheidungsproblem für den Haushalt besteht darin, in jeder Periode sein Einkommen auf Konsum und Ersparnis optimal aufzuteilen.

---

[4] Das »reale Arbeitseinkommen« bestimmt sich aus dem Verhältnis zwischen dem Geld(arbeits)einkommen des Haushalts und dem Preisniveau (Konsumentenpreisindex). Es gibt gewissermaßen an, wie viele Einheiten des vom Haushalt präferierten Güterbündels dieser mit seinem Arbeitseinkommen finanzieren kann.

Der Haushalt muss also entscheiden, ob er
- in der ersten Periode bei dem gegebenen Zinssatz i sparen will, oder ob er
- sich in der ersten Periode zum Zinssatz i verschulden will.

Im ersten Fall ist der reale Konsum in Periode 1 (c_1) kleiner als das reale Einkommen e_1 der Periode, sodass ihm für seinen Konsum in Periode 2 neben seinem dann anfallenden Arbeitseinkommen e_2 auch Vermögen und Kapitalerträge zur Verfügung stehen. Im zweiten Fall nimmt der Haushalt in der ersten Periode einen (Konsumenten-)Kredit auf und konsumiert mehr als er an Einkommen in dieser Periode erzielt ($c_1 > e_1$). Der Haushalt muss dann den Kredit einschließlich Zinsen zu Beginn der Periode 2 aus seinem Arbeitseinkommen e_2 zurückzahlen.

Zur Lösung des Entscheidungsproblems sehen wir uns die **Möglichkeiten** des Haushalts etwas genauer an.

Der Möglichkeitsbereich des Haushaltes

In der ersten Periode kann der Haushalt (im eigentlichen Wortsinne) sparen oder eine negative Ersparnis durch entsprechende Verschuldung verwirklichen. Bezeichnen wir die Ersparnis mit s, so gilt also:

$$c_1 = e_1 - s_1 \text{ bzw. } s_1 = e_1 - c_1.$$

Das ist die Beschränkung (die Budgetrestriktion), welcher der Haushalt in der Periode 1 unterliegt. Dabei kann die Ersparnis – wie schon gesagt – negativ sein, d. h. einem Kredit entsprechen, der dann zu Beginn der Periode 2 zuzüglich Zinsen aus dem Einkommen der Periode 2 zurückgezahlt werden muss, sodass sich die Konsummöglichkeiten für die zweite Periode entsprechend verringern.

Wodurch ist der Konsum des Haushaltes in der zweiten Periode beschränkt? Der Haushalt kann in der Periode 2 das Arbeitseinkommen der Periode 2 zuzüglich der Ersparnis aus Periode 1 zuzüglich der Verzinsung der Ersparnis in Periode 1 konsumieren, also:

$$c_2 = e_2 + s_1 + s_1 \cdot i = e_2 + (1+i) \cdot s_1.$$

Wenn die Ersparnis positiv ist, ist die Interpretation dieser Budgetrestriktion für die Periode 2 unmittelbar klar. Ist s_1 negativ, so stellt es einfach den Kredit dar, den der Haushalt samt Zinsen zu Beginn der Periode 2 zurückzahlen muss.

Da der Haushalt in beiden Perioden seine Budgetrestriktion einhalten muss, kann man die »**intertemporale**« **Budgetrestriktion**, die über beide Perioden gilt, einfach durch gleichzeitige Berücksichtigung beider Budgetrestriktionen erhalten. Mathematisch geschieht dies, indem wir die Budgetrestriktion für die erste Periode in die der zweiten Periode einsetzen. Wir ersetzen s_1 in der zweiten Budgetrestriktion, indem wir s_1 aus der ersten Budgetrestriktion in die Budgetrestriktion für die zweite Periode einsetzen: $c_2 = e_2 + (1+i) \cdot (e_1 - c_1)$. Beachtet man, dass e_1 und e_2 gegebene (konstante) Größen sind, so sieht man sofort, dass die Budgetrestriktion für beide Perioden einen negativen linearen Zusammenhang zwischen c_2 und c_1 definiert. Dieser Zusammenhang ist in Abbildung 4.16 durch die Gerade $^0c_2^{max}$ $^0c_1^{max}$

Das intertemporale Haushaltsoptimum bei unterschiedlichen Zinssätzen

wiedergegeben, wobei ein Zinssatz i_0 angenommen wurde. Der Leser beachte, dass die Steigung der Kurve durch $(1+i_0)$ gegeben, also bei positivem Zinssatz absolut größer als 1 ist. Ökonomisch bedeutet dies, dass $c_2^{max} > c_1^{max}$. Man beachte ferner, dass für $c_1 = e_1$ auch $c_2 = e_2$ wird, d. h. die Budgetgerade verläuft immer durch die Koordinaten für e_1 und e_2 (Punkt A in Abbildung 4.16).

Welchen Punkt auf der Budgetgeraden wird der Haushalt wählen?

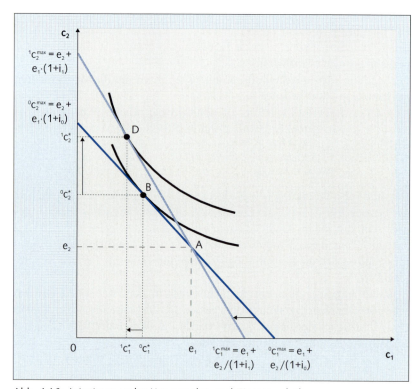

Abb. 4.16: Intertemporaler Konsumplan und Zinssatzerhöhung

Die intertemporale Präferenzordnung des Haushaltes

Es leuchtet ein, dass dies von seiner Vorliebe (seinen **Präferenzen**) für **Gegenwarts- und Zukunftskonsum** abhängt. Diese lassen sich, wie bei der Wahl des optimalen Konsumbündels des Haushaltes, durch ein System von **Indifferenzkurven** darstellen, für die auch hier ein (streng) konvexer Verlauf plausibel ist. Das Gewicht der Einschätzung von Gegenwarts- und Zukunftskonsum kommt dabei in der Steigung der Indifferenzkurve(n) zum Ausdruck.

Die optimale Entscheidung

Wenn der Haushalt seinen Nutzen maximieren will, so wird er die Kombination von c_1 und c_2 wählen, bei welcher seine intertemporale Budgetrestriktion die höchste erreichbare Indifferenzkurve (also die Indifferenzkurve mit dem höchsten Nutzenniveau) gerade noch tangiert.

In Abbildung 4.16 ist das der Tangentialpunkt B mit dem Konsum $^0c_1^*$ und $^0c_2^*$. Es handelt sich also um einen Haushalt, der in Periode 1 **positiv spart**, also einen Konsum c_1 wählt, der kleiner ist als das Einkommen der Periode 1. Diese Lösung ist aber keineswegs zwangsläufig. Je nach Gestalt der Indifferenzkurven – und damit der Präferenz des Haushaltes für Gegenwarts- und Zukunftskonsum – kann das Optimum auch bei einem Verbrauch in Periode 1 liegen, der größer ist als das Einkommen der Periode 1.

Wichtig ist nun noch zu untersuchen, wie sich c_1^* und c_2^* anpassen, wenn sich der Zinssatz i ändert.

Gehen wir von einer Zinssteigerung von i_0 auf i_1 aus. Das Indifferenzkurvensystem als solches wird von der Zinssteigerung nicht verändert, wohl aber die intertemporale Budgetgerade. Die Zinssteigerung erhöht die Konsummöglichkeiten für Haushalte, die positiv sparen, da die Zinserträge steigen. Für einen Haushalt, der sich in Periode 1 verschuldet, werden dagegen die Konsummöglichkeiten geringer, da er mehr Zinsen zahlen muss. Da der Haushalt in Periode 1 sein Einkommen voll konsumieren kann, Punkt A also weiterhin realisierbar bleibt, muss die neue Budgetgerade ebenfalls durch Punkt A verlaufen. Sie dreht sich also im Uhrzeigersinn im Punkt A, da c_2^{max} von $^0c_2^{max}$ auf $^1c_2^{max}$ steigt und c_1^{max} von $^0c_1^{max}$ auf $^1c_1^{max}$ fällt (vgl. Abbildung 4.16).

Der Haushalt passt seinen intertemporalen Konsumplan an diese neuen Rahmenbedingungen an. Im dargestellten Fall konsumiert er in Periode 1 weniger ($^1c_1^*$), d. h. er erhöht sein Sparvolumen, während er in der Periode 2 mehr konsumiert ($^1c_2^*$) (vgl. Punkt D in Abbildung 4.16).

Wirkung einer Zinsänderung

> Vor diesem theoretischen Hintergrund nimmt die klassische Makrotheorie (vgl. Kapitel 10) (bei gegebenem laufenden und gegebenem zukünftig erwarteten Einkommen) eine negative Zinsabhängigkeit des Gegenwartkonsums an. Dies ist ein Beispiel für die heute stark im Vordergrund stehende Mikrofundierung der Makroökonomik.

Die klassische Konsumhypothese

Eine solche negative Zinsabhängigkeit von c_1 ist allerdings **nicht zwingend**. Hat der Haushalt in der Ausgangssituation in Periode 1 eine positive Ersparnis, so wird zwar der Gegenwartskonsum wegen der gestiegenen Opportunitätskosten teurer (negativer Substitutionseffekt für c_1), gleichzeitig steigt aber das Realeinkommen des Haushaltes, da er mehr Zinsen bekommt und sich deshalb mehr Konsum in beiden Perioden leisten kann (positiver Einkommenseffekt für c_1). Bei einer geringeren Präferenz des Haushaltes für Zukunftskonsum als in Abbildung 4.16 durch die Gestalt der Indifferenzkurven implizit angenommen, ist es deshalb denkbar, dass der positive Einkommenseffekt den negativen Substitutionseffekt überkompensiert und c_1 bei einer Zinssteigerung zunimmt.

5.8 Arbeitsangebot

Der Haushalt muss sich zwischen Freizeit und Einkommen entscheiden.

Arbeit als Produktionsfaktor wird von den privaten Haushalten angeboten. Der einzelne Haushalt hat ein »Gesamtbudget« an Zeit Z (z. B. 18 Stunden pro Tag), welches aufgeteilt werden kann in Freizeit (F) und Arbeitszeit (Z–F). Für eine Arbeitszeiteinheit erhält der Haushalt eine (reale) Entlohnung in Höhe des Reallohnsatzes w. Sein (reales) Gesamteinkommen e entspricht dann (wenn wir zur Vereinfachung von Kapitaleinkommen absehen) dem Produkt aus Reallohnsatz w und Arbeitszeit (Z–F):

$$e = w \cdot (Z-F).$$

Die Einkommensrestriktion

Dieses ist die so genannte **Einkommensrestriktion** (Einkommensgerade), welcher der Haushalt bei seiner Arbeitsangebots- bzw. Freizeitentscheidung unterliegt. Sein Arbeitsangebot entspricht also gerade Z–F. Setzt er Z ganz für Arbeit ein, so erzielt er ein Einkommen in Höhe von w·Z, arbeitet er gar nicht (F=Z), so ist sein Einkommen Null. In Abbildung 4.17 sind zwei derartige Einkommensgeraden für unterschiedliche Reallohnsätze w_0 und w_1 eingezeichnet.

Optimale Arbeitsangebotsentscheidung und Reallohnsatz

Der Haushalt hat darüber hinaus eine Präferenzordnung bezüglich seiner Freizeit und seines Realeinkommens. Diese kann analog zu unseren vorangegangenen Betrachtungen durch ein Indifferenzkurvensystem abgebildet werden. Er wird dann bei seiner Arbeitsangebotsentscheidung gerade denjenigen Punkt auf der Einkommensgeraden wählen, in welchem die höchste erreichbare Indifferenzkurve gerade noch von der Einkommensgeraden tangiert wird. Ein solcher Optimalpunkt ist Punkt T in Abbildung 4.17 mit einem Freizeitvolumen F* und Einkommen e* beim Reallohnsatz w_0 sowie T' mit F** und e** beim höheren Reallohnsatz w_1. Im dargestellten Fall führt also die Erhöhung des Reallohnsatzes zu einer Verminderung der gewünschten Freizeit und damit zu einer Ausdehnung des Arbeitsangebots des Haushalts. Die Bewegung von T nach T' lässt sich wieder in Substitutions- und Einkommenseffekte zerlegen: Einerseits erhöht sich mit dem Reallohnsatzanstieg der »Preis« der Freizeit, weil nun jede konsumierte Freizeiteinheit einen höheren Einkommensverzicht als zuvor mit sich bringt. Dies führt zu einem negativen Substitutionseffekt in Bezug auf die Freizeit. Andererseits verbessert sich mit dem Anstieg des Reallohnsatzes gewissermaßen die »Kaufkraft« des dem Haushalt zur Verfügung stehenden Zeitvolumens (der Haushalt erlangt für jede Arbeitszeiteinheit eine höhere Entlohnung als im Ausgangspunkt), was einen im Hinblick auf die Freizeit positiven Einkommenseffekt bewirkt. Dominiert der Substitutionseffekt, so ergibt sich ein mit dem Reallohnsatz wachsendes Arbeitsangebot, wie in Abbildung 4.17 dargestellt.

Alternative Verläufe der Arbeitsangebotsfunktion

Wie der Leser schon vermuten wird, ist jedoch auch dieses Ergebnis nicht zwingend, weil natürlich auch der Einkommenseffekt den Substitutionseffekt der Freizeit überkompensieren könnte. In diesem Fall würde mit steigendem Reallohnsatz das gewünschte Freizeitvolumen zu- und damit das Arbeitsangebot des Haushaltes abnehmen. Variante a) in Abbildung 4.18 zeigt eine Arbeitsangebotsfunktion, bei welcher der Substitutionseffekt

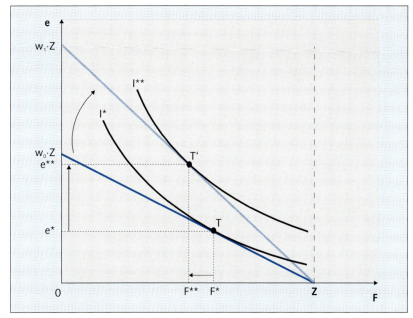

Abb. 4.17: Optimale Freizeit-Einkommens-Entscheidungen bei unterschiedlichen Reallohnsätzen

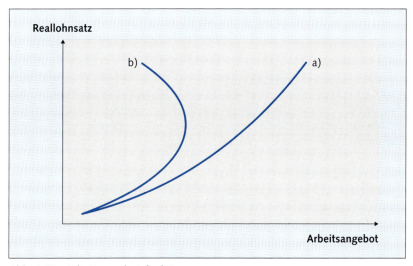

Abb. 4.18: Arbeitsangebotsfunktionen

durchgängig dominiert, sodass das Arbeitsangebot bei steigendem Reallohnsatz **stets** zunimmt. Dem gegenüber zeigt Variante b) eine Arbeitsangebotsfunktion, bei der für hinreichend hohe Reallohnsätze (aufgrund steigender Freizeitpräferenzen) der Einkommenseffekt den Substitutionseffekt der Freizeit dominiert, sodass das Arbeitsangebot mit weiter steigendem Reallohnsatz (wieder) abnimmt.

5.9 Nutzenfunktion

Die Präferenzordnung kann auch durch eine ordinale Nutzenfunktion abgebildet werden.

Die dargestellte Wahl des optimalen Konsumbündels und die Veränderung der optimalen Nachfrage nach einem Gut bei Preis- bzw. Einkommensänderungen sowie die intertemporale Konsumentscheidung usw. werden in der Literatur häufig auch mittels der so genannten Nutzenfunktion des Haushaltes dargestellt. Diese Nutzenfunktion ordnet alternativen Güterbündeln des Haushaltes (bzw. Konsumniveaus der Periode) eine bestimmte (Nutzen-)Zahl zu. In gewissem Maße haben wir bereits in den vorangegangenen Ausführungen hierauf Bezug genommen, ohne jedoch den Begriff der »Nutzenfunktion« explizit verwendet zu haben. Wir wollen deshalb abschließend zur Theorie des Haushaltes kurz die Beziehung zwischen einer solchen Nutzenfunktion und der beschriebenen Präferenzordnung skizzieren.

Wenn der Haushalt bestimmte Güterbündel als gleichwertig ansieht, so kann man diesen Sachverhalt auch so ausdrücken, dass die Güterbündel für den Haushalt denselben »Nutzen« stiften. Eine Nutzenfunktion des Haushalts erhält man, wenn man sämtlichen Güterbündeln, denen gegenüber sich der Haushalt jeweils indifferent verhält, eine bestimmte Zahl (als Nutzenindex) zuordnet. Güterbündel, die auf einer »höheren« Indifferenzkurve liegen, erhalten eine größere Nutzenzahl als Güterbündel die auf einer »niedrigeren« Indifferenzkurve liegen. Da die Zugehörigkeit eines Güterbündels zu einer höheren Indifferenzkurve nur aussagt, dass der Haushalt dieses Güterbündel für besser hält als eines auf einer niedrigeren Indifferenzkurve – nicht aber, um wie viel besser –, geben die Nutzenindizes nur eine Rangordnung der Güterbündel an. Man spricht von einer **ordinalen** Nutzenfunktion, die die Präferenzordnung des Haushaltes widerspiegelt.

Unmöglichkeit der kardinalen Nutzenmessung

Früher gingen die Volkswirte davon aus, dass der Nutzen kardinal gemessen werden könne: Ein Güterbündel mit der Nutzenzahl 30 wäre für den Haushalt dann genau dreimal so wertvoll wie ein Güterbündel mit der Nutzenzahl 10. Nur wenn man eine solche kardinale Messbarkeit des Nutzens annimmt – was heute weitgehend abgelehnt wird – ist der so genannte Grenznutzen eine Größe, welche einen nicht bloß qualitativen, sondern auch **quantitativen** Vergleich zwischen Nutzenänderungen erlaubt. Der Grenznutzen gibt dann an, um wie viel Einheiten der (kardinale) Nutzen des Haushalts zunimmt, wenn er ceteris paribus (also bei unveränderter Versorgung mit anderen Gütern) eine Einheit von einem Gut mehr erhält.

Wegen der aufgezeigten Problematik in Bezug auf den Begriff des Grenznutzens soll hier eine Gesetzmäßigkeit, die vom deutschen Volkswirt *Herrmann Gossen* (1810–1858) zu Beginn des 19. Jahrhunderts beschrieben worden ist, nur am Rande erwähnt werden. Nach *Gossen* nimmt der Nutzenzuwachs, der sich aus dem Konsum einer zusätzlichen Mengeneinheit eines Gutes bei Konstanz des Konsums der übrigen Güter ergibt, also der Grenznutzen, mit zunehmender Verfügbarkeit des Gutes ab (Gesetz vom abnehmenden Grenznutzen, 1. *Gossen*sches Gesetz).

Arbeitsaufgaben

1) Erläutern Sie die folgenden Begriffe:
   - Markt,
   - Nachfragefunktion,
   - direkte Preiselastizität der Nachfrage,
   - Kreuzpreiselastizität,
   - Konsumfunktion,
   - Budgetgerade,
   - Präferenzordnung,
   - Indifferenzkurve,
   - inferiores Gut,
   - *Giffen*-Gut.
2) Geben Sie allgemein die Bestimmungsgründe der Nachfrage eines Haushaltes nach einem Konsumgut an.
3) a) Geben Sie genau die Dimension des Preises eines Gutes an.
   b) Was gibt das Preisverhältnis zwischen zwei Gütern X und Y an?
4) In welche Richtung und um wie viel Prozent verändert sich die Ausgabe eines Haushaltes für Rindfleisch, wenn seine entsprechende Preiselastizität der Nachfrage –0,5 beträgt und der Rindfleischpreis um 10 % steigt?
5) Wie verändert sich die direkte Preiselastizität entlang einer linearen Nachfragefunktion und wie kann man die Elastizität grafisch bestimmen?
6) Worin sehen Sie den Sinn des Elastizitätsmaßes?
7) Was bedeutet für ein Land, welches im Wesentlichen nur Bananen exportiert, die Aussage, dass die Einkommenselastizität der Nachfrage nach Bananen
   a) positiv, aber kleiner als 1 ist,
   b) negativ ist?
8) Es wird gesagt, dass die nachgefragte Menge mit steigendem Preis stets abnimmt. Diese Aussage ist offenbar falsch, da die Preise, wie man weiß, meist steigen und die Nachfrage dennoch nicht zurückgeht. Versuchen Sie, diesen Widerspruch zu lösen.
9) Wie verschiebt sich die Budgetgerade eines Haushaltes wenn
   a) die Preise beider Güter und das Konsumbudget des Haushaltes um 10 % zunehmen?
   b) das Konsumbudget ceteris paribus fällt?
   c) ceteris paribus der Preis des Gutes 1 steigt und der des Gutes 2 fällt?
10) Spalten Sie grafisch die Wirkung einer Preiserhöhung des Gutes 2 bei Konstanz des Konsumbudgets und des Preises des Gutes 1 in den Substitutions- und den Einkommenseffekt auf.
11) Erläutern Sie die intertemporale Konsumentscheidung des Haushaltes.

Lösungsvorschläge für die Arbeitsaufgaben finden Sie im »Übungsbuch zu Grundlagen und Probleme der Volkswirtschaft«.

Literatur

Elementare Einführungen in die Theorie der privaten Nachfrage bieten:

Demmler, Horst: Einführung in die Volkswirtschaftslehre. Elementare Preistheorie, 10. Aufl., München, Wien 2001.

Herdzina, Klaus: Einführung in die Mikroökonomik, 10. Aufl., München 2005.

Kruber, Klaus-Peter: Konsum und Arbeit, München 1977.
   Dieses Buch besitzt den Vorteil, dass es den Erklärungswert der hier dargestellten traditionellen Theorie problematisiert und auch alternative Erklärungsansätze diskutiert.

Eine sehr klare Darstellung (unter Verwendung einfacher formaler Instrumente) findet der Leser bei:

Schneider, Erich: Einführung in die Wirtschaftstheorie, Bd. 2, 13. Aufl., Tübingen 1972, Kapitel I, §§ 1–4.

Elementare und vertiefende Aspekte der Nachfragetheorie sind dargestellt bei:

Cezanne, Wolfgang: Allgemeine Volkswirtschaftslehre, 6. Aufl., München 2005.

Lancaster, Kelvin: Moderne Mikroökonomie, 4. Aufl., Frankfurt a. M. 1991.

Lipsey, Richard G.: Eine Einführung in die positive Ökonomie, 2. Aufl., Köln 1973.

Schumann, Jochen: Grundzüge der mikroökonomischen Theorie, 7. Aufl., Berlin u. a. 1999.

Varian, Hal R.: Grundzüge der Mikroökonomik, 6. Aufl., München 2004.

> Zur Vertiefung der Modellzusammenhänge in grafischer Form eignet sich das Computerprogramm auf der beiliegenden CD.

5. Kapitel
Produktion, Kosten und Güterangebot der Unternehmen

LERNZIELE

Leitfrage:
Welcher Zusammenhang besteht zwischen Produktion, Faktoreinsatz und Kosten?
- Was ist eine Produktionsfunktion?
- Wodurch ist eine linear-limitationale Produktionsfunktion gekennzeichnet?
- Wie ergeben sich die minimalen Kosten bei einer linear-limitationalen Technologie?
- Was ist eine substitutionale Produktionsfunktion?
- Was sind die Eigenschaften einer substitutionalen Produktionsfunktion bei partieller Faktorvariation und bei Skalenvariation?
- Wie bestimmt man bei einer substitutionalen Produktionsfunktion die Minimalkostenkombination und die Kostenfunktion?
- Welche Rolle spielen »economies of scale« für den Kostenverlauf?

Leitfrage:
Welche wichtigen Kostenbegriffe werden unterschieden?
- Was sind variable Kosten?
- Was sind fixe Kosten?
- Was sind Grenzkosten?
- Was sind Durchschnittskosten, und wie hängen sie mit den Grenzkosten zusammen?

Leitfrage:
Was ist die Durchschnittsproduktivität eines Faktors, und welchen Einfluss hat diese auf die Kosten?
- Was versteht man unter der Durchschnittsproduktivität eines Faktors?
- Welche Produktivitätsbegriffe sind gebräuchlich?
- Wie werden über den Preis und die Durchschnittsproduktivität eines Produktionsmittels seine Durchschnittskosten bestimmt?

LERNZIELE

Leitfrage:
Wie lässt sich die Güterangebotskurve eines Unternehmens bei vollständiger Konkurrenz bestimmen?
- Von welcher Zielsetzung des Unternehmens wird ausgegangen?
- Wann herrscht auf einem Markt vollständige Konkurrenz?
- Was ist der Gewinn eines Unternehmens?
- Wie ist die Produktmenge gekennzeichnet, bei der der Gewinn am größten wird?
- Welches ist bei unterschiedlichen Preisen des Produktes die gewinnmaximierende Angebotsmenge des Unternehmens?
- Wie gelangt man von der Angebotskurve des einzelnen Unternehmers zur gesamten Marktangebotskurve?

1 Die Produktionsfunktion

Bevor Güter auf den Märkten ver- und gekauft werden, müssen sie in aller Regel unter Einsatz von Produktionsmitteln wie Arbeit, Boden, Kapital, Material, Energie und technisches Wissen produziert werden. Da der Einsatz der Produktionsmittel (im Folgenden auch kurz »Faktoren« genannt) Kosten verursacht, muss man sie **wirtschaftlich** einsetzen. Hierzu muss der Produzent zunächst wissen, wie die **technische Beziehung** zwischen den Faktoreinsatzmengen und der Produktionsmenge aussieht, d.h. er muss die so genannte Produktionsfunktion kennen.

Begriff der Produktionsfunktion

> Die Produktionsfunktion gibt an, welche Produktionsmenge (welchen Output) man maximal erstellen kann, wenn die Faktoreinsatzmengen (Inputs) vorgegeben sind.

Im Gegensatz zum Nutzen, der nach herrschender Auffassung nur ordinal gemessen werden kann (vgl. Kapitel 4, Abschnitt 5.9), ist die Produktionsmenge mit so genannten Kardinalzahlen (kardinal) messbar, d.h. es werden absolute Beträge gemessen. Das liegt daran, dass man das Produktionsergebnis genau zählen, wiegen oder abmessen kann, während dies beim Nutzen nicht möglich ist.

Die Produktionsfunktion kann man sich als ein Verfahrenshandbuch vorstellen, in dem angegeben ist, welche verschiedenen Möglichkeiten bestehen, z.B. Getreide, Stahl oder Automobile zu produzieren. Mit wachsendem technischen Fortschritt ändern sich die Verfahren und damit die Produktionsfunktionen. Es ist wichtig, dass der Leser den Charakter der Produktionsfunktion als nützliche und einfache Gedankenkonstruktion erkennt. So ist es für manche Fragestellungen sinnvoll, sich die Produktion z.B. der Bundesrepublik Deutschland an Hand einer Produktionsfunktion vorzustellen:

Produktionsfunktion als gedankliche Konstruktion

$Y = f(A, B, K, TW)$, d.h.

die maximal mögliche (technisch effiziente) Produktion der Bundesrepublik pro Jahr (Y) ist eine Funktion (f) der zur Verfügung stehenden Produktionsfaktoren Arbeit (A), Boden (B), Kapital (d.h. Maschinen und Gebäude und Anlagen einschließlich des Bestandes an Zwischenprodukten) (K) und technisches Wissen (TW). Es gibt sehr unterschiedliche Produktionsfunktionen, mit denen wir uns im Folgenden etwas näher beschäftigen wollen.

2 Typen von Produktionsfunktionen

Zwei wichtige Beispiele für Technologien

Zwei besonders wichtige Typen von Produktionsfunktionen (Technologien) sind die
(1) linear-limitationale Produktionsfunktion,
(2) substitutionale Produktionsfunktion.

Bei der ersten Technologie müssen die Produktionsmittel, wenn man von der Möglichkeit der Verschwendung von Faktoren absieht, in einem festen Verhältnis zueinander eingesetzt werden; bei der zweiten Technologie kann das Einsatzverhältnis zwischen den Faktoren (zumindest in bestimmten Grenzen) variiert werden.

2.1 Linear-limitationale Produktionsfunktion

Konstante Faktorproportionen bei linear-limitationaler Produktionsfunktion

Betrachten wir das Ausheben einer Baugrube mittels eines Baggers und eines Baggerführers im Ein-Schicht-Betrieb. Die Hinzufügung eines zweiten Baggers ohne zusätzlichen Führer erhöht ebensowenig die Produktion wie die alleinige Erhöhung der Zahl der Baggerführer. Die Produktionsmittel stehen in einem komplementären Verhältnis zueinander. Will man die Produktionsleistung verdoppeln, so muss man die Zahl der eingesetzten Bagger und Baggerführer verdoppeln. Ähnlich stehen bei einer typischen Fließbandfertigung die Zahl der eingesetzten Arbeiter, das verarbeitete Material und die eingesetzten Maschinen in einem (praktisch) fixen Verhältnis zueinander. Es erhöht die Produktion nicht, wenn allein ein zusätzlicher Arbeiter an das Band gestellt wird.

2.2 Substitutionale Produktionsfunktion

Einen ganz anderen Technologietyp spiegelt die substitutionale Produktionsfunktion wider.

Möglichkeit der Faktorsubstitution

> Die substitutionale Produktionsfunktion ist dadurch gekennzeichnet, dass (zumindest innerhalb bestimmter Grenzen) der verminderte Einsatz eines Faktors durch vermehrten Einsatz eines anderen Faktors ausgeglichen werden kann.

Eine bestimmte Produktmenge kann also mit vielen Faktormengenkombinationen technisch effizient erstellt werden.

Als praktisches Beispiel für eine substitutionale Produktionsfunktion wird häufig eine landwirtschaftliche Produktion herangezogen: Es ist möglich, eine bestimmte Menge Weizen mit den unterschiedlichsten Kombinationen von Arbeit, Boden, Saatgut und Düngemitteln zu erzeugen. Bei intensiver

Bewirtschaftung werden viel Arbeit und viele Düngemittel auf wenig Bodenfläche eingesetzt. Bei extensiver Bewirtschaftung ersetzt die zunehmende Bodenfläche Arbeitsstunden und Düngemittel.

2.2.1 Ertragsgesetz

Bei substitutionaler Produktionsfunktion ist es möglich, den verminderten Einsatz des Faktors 1 (2) bei unveränderter Produktion durch den Mehreinsatz des Faktors 2 (1) auszugleichen. Das impliziert, dass ein einzelner Faktor auch bei isoliertem Mehreinsatz zusätzlich produktiv ist. Erhöht man also die Einsatzmenge des Faktors 1 (2) bei Konstanz der Einsatzmenge des Faktors 2 (1) – nimmt man also eine so genannte **partielle Faktorvariation** vor –, so ergibt sich eine zusätzliche Produktion (ein positives **Grenzprodukt**). Diese Zusammenhänge sind Gegenstand des Ertragsgesetzes. Betrachten wir hierzu das folgende Beispiel:

Positives Grenzprodukt bei Variation eines Faktors

Wir halten in einem Experiment den Einsatz der Faktoren Boden, Saatgut und Arbeit konstant und erhöhen lediglich den Einsatz des Düngemittels. Das Ergebnis dieses Experiments ist in Tabelle 5.1 festgehalten.

Düngung in Gramm pro Flächeneinheit (1)	Körnerertrag von Roggen in Gramm pro Flächeneinheit (2)	Durchschnittliche Roggenproduktion pro 1 Gramm Düngemittel (3) = (2)/(1)	Zusätzliche Roggenproduktion (Grenzprodukt) in Gramm pro 1 Gramm zusätzlich eingesetztes Düngemittel (4) = $\frac{\Delta (2)}{\Delta (1)}$
0	5,8	–	–
2,5	10,4	4,16	1,84
5,0	15,5	3,1	2,04
7,5	19,3	2,57	1,52
10,0	21,7	2,17	0,96
15,0	17,8	1,19	–0,78
20,0	16,2	0,81	–0,32
Quelle: Laur, Wirtschaftslehre des Landbaus, Berlin 1930, S. 143			

Tab. 5.1: Abhängigkeit des Ernteertrages von der Düngung

Die Tabelle 5.1 zeigt, dass die Produktion mit zunehmendem Düngemitteleinsatz – bei Konstanz der Menge der übrigen Produktionsfaktoren – zunächst deutlich zunimmt, dann immer langsamer zunimmt und schließlich sogar abnimmt. Anders ausgedrückt: der **Produktionszuwachs** – das Grenzprodukt – (4. Spalte der Tabelle) nimmt von einem bestimmten Punkt an ab und wird schließlich sogar negativ, wenn lediglich ein Produktionsmittel vermehrt eingesetzt wird.

Diese Aussage ist – verallgemeinert – Inhalt des berühmten »**Gesetzes vom abnehmenden Ertragszuwachs**«, das schon Mitte des 18. Jahrhunderts formuliert worden ist:

> Wird der Einsatz eines Produktionsfaktors bei Konstanz der Menge der übrigen Faktoren kontinuierlich erhöht, so wird von einem bestimmten Punkt ab der Ertragszuwachs abnehmen, möglicherweise schließlich sogar negativ werden.

Die Aussage des Ertragsgesetzes ist plausibel, weil der variable Faktor bei zunehmender Einsatzmenge schließlich in ein immer größer werdendes Missverhältnis zu den konstant gehaltenen Faktoren gerät.

Grafische Illustration des Ertragsgesetzes

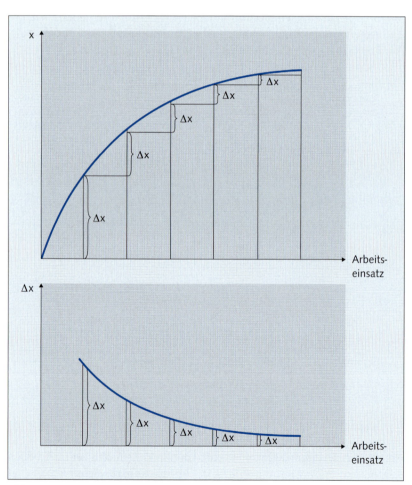

Abb. 5.1: Das Ertragsgesetz

Grafisch können wir das Ertragsgesetz verdeutlichen, indem wir einmal die Gesamtproduktion x und zum anderen den Ertragszuwachs Δx jeweils in Abhängigkeit vom Einsatz eines einzigen Produktionsfaktors, z. B. Arbeit, aufzeichnen (vgl. Abbildung 5.1).

Im gesamtwirtschaftlichen Bereich konnte man die im Experiment festgestellte Entwicklung der Produktion sehr deutlich im 18. und beginnenden 19. Jahrhundert beobachten. Es gab im Wesentlichen nur die Produktionsfaktoren Arbeit und Boden. Mit der in Europa einsetzenden Bevölkerungsentwicklung bei nicht vermehrbarer Bodenfläche nahm also der Produktionsfaktor Arbeit bei Konstanz des Produktionsfaktors Boden laufend zu, und der Produktionszuwachs pro mehr eingesetzter Arbeitskraft wurde immer geringer. Der Menschheit drohten Armut und Hunger, da jeder zusätzlich geborene Mensch nur einen immer kleiner werdenden Produktionszuwachs an Nahrungsmitteln erzeugen konnte. Die Bedeutung des abnehmenden Produktionszuwachses der Arbeit wurde von dem berühmten klassischen Nationalökonomen *Robert Thomas Malthus* (1766–1834) in aller Klarheit erkannt. Er glaubte, dass sich die Bevölkerung in geometrischer Progression (1, 2, 4, 8, 16 …) entwickeln werde, während aufgrund des abnehmenden Arbeitsertragszuwachses die Nahrungsmittelproduktion nur in arithmetischer Progression (1, 2, 3, 4, 5 …) wachse. Dass die prophezeite Katastrophe nicht eintrat, lag schließlich u. a. an dem vermehrten Kapitaleinsatz und dem mit ihm einhergehenden technischen Fortschritt.

Den technischen Fortschritt hatten auch jene zahlreichen Ökonomen unterschätzt, die abnehmende Grenzerträge des Kapitals prognostizierten, als im Zuge der industriellen Revolution der Einsatz von Kapital im Verhältnis zum Arbeitseinsatz gewaltig anstieg. Durch den technischen Fortschritt ver-

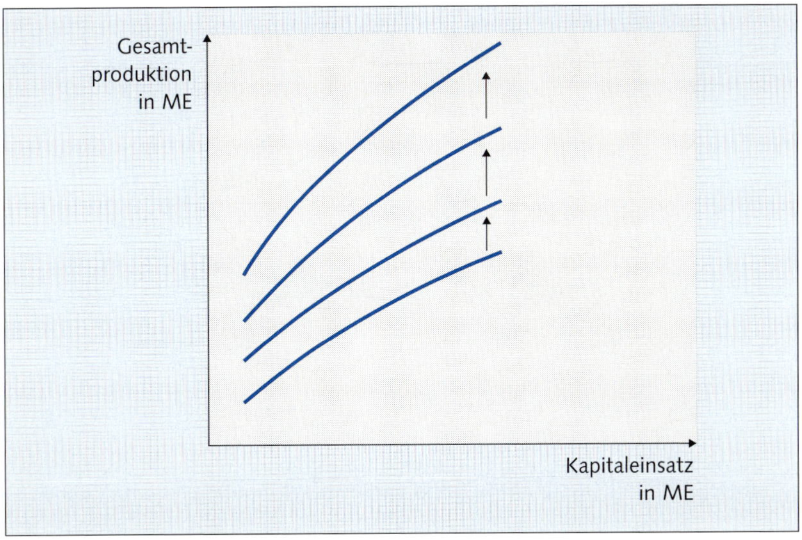

Vermeintliche Auswirkungen des Ertragsgesetzes in der Historie

Abb. 5.2: Die Verschiebung der »speziellen« Produktionsfunktion mit zunehmendem technischen Wissen

schob sich aber die Kurve der Gesamtproduktion in Abhängigkeit vom Kapitaleinsatz bis heute laufend nach oben (vgl. Abbildung 5.2), das Kapital wurde immer produktiver.

2.2.2 Isoquanten

Bei Substituierbarkeit der Produktionsmittel kann man, wie schon erwähnt, den verminderten Einsatz eines Faktors durch vermehrten Einsatz eines anderen Faktors so ausgleichen, dass die Produktmenge konstant bleibt. Wie sieht unter diesen Bedingungen eine **Isoquante** aus, die alle Faktormengenkombinationen angibt, mit der eine bestimmte Produktmenge x produziert werden kann?

Isoquante einer substitutionalen Produktionsfunktion

Unterstellt man bei 2 variablen Produktionsmitteln für beide Faktoren positive, aber abnehmende Grenzerträge und nimmt weiterhin an, dass der Grenzertrag des Faktors 1 (2) mit zunehmendem Einsatz des Faktors 2 (1) zunimmt[1], so verlaufen die Isoquanten wie die in Abbildung 5.3 dargestellte Isoquante $\bar{x}$, »streng konvex zum Ursprung«[2].

Praktisch beinhaltet der konvexe Verlauf, dass sich bei einer Wanderung auf einer Isoquante das Substitutionsverhältnis zwischen den Faktoren permanent verändert. Betrachten wir diesen Zusammenhang etwas genauer.

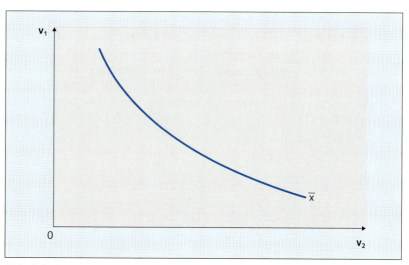

Abb. 5.3: Isoquante

---

[1] Anschaulich ausgedrückt bedeutet Letzteres, dass z. B. das Grenzprodukt des Düngers in Tabelle 5.1 für jede Düngermenge größer wäre, wenn die bearbeitete Bodenfläche etwas größer wäre. In Abbildung 5.2 ist ein ähnlicher Zusammenhang für die Erträge des Faktors Kapital bei technischem Fortschritt dargestellt.

[2] Die genannten Bedingungen sind hinreichend, aber nicht notwendig für den streng konvexen Verlauf der Isoquanten. Dies kann hier nicht näher erläutert werden.

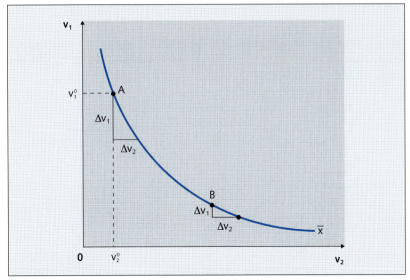

Abb. 5.4: Abnehmende Grenzrate der technischen Substitution

In Abbildung 5.4 zeige der Punkt A die realisierte Einsatzmenge der beiden variablen Faktoren (v_1^0, v_2^0). Erhöht man nur v_2 um einen sehr kleinen Betrag Δv_2, so kann bei konstantem $x = \bar{x}$ von v_1 der Betrag Δv_1 weniger eingesetzt werden. Den Quotienten $\Delta v_1/\Delta v_2$ nennt man auch »**Grenzrate der technischen Substitution**« von Faktor 1 durch Faktor 2.

Betrachtet man nur den absoluten Wert der Grenzrate, so zeigt Abbildung 5.4, dass dieser bei fortgesetzter Substitution von Faktor 1 durch Faktor 2 permanent abnimmt. Dies wird deutlich, wenn man in Abbildung 5.4 $\Delta v_1/\Delta v_2$ in Punkt A und in Punkt B vergleicht.

Abnehmende Grenzrate der technischen Substitution

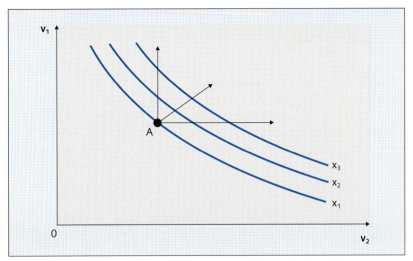

Abb. 5.5: Partielle Faktorvariation und gleichzeitige Erhöhung der Einsatzmengen beider Faktoren

Setzt man in Abbildung 5.5 – ausgehend von Punkt A auf der Isoquante x_1 – etwas mehr von dem Faktor 2 (1) bei Konstanz der Einsatzmenge des Faktors 1 (2) oder etwas mehr von beiden Faktoren ein, so muss – wegen der positiven Grenzerträge – die zugehörige Produktmenge zunehmen, d.h. die Faktormengenkombinationen müssen auf einer Isoquante liegen, die eine größere Produktmenge repräsentiert. Da diese Überlegung für jeden Punkt der Isoquante x_1 und auch für jede andere Isoquante wiederholt werden kann, liegen rechts von x_1 Isoquanten für größere Produktmengen, die alle fallenden Verlauf aufweisen und sich niemals schneiden können (vgl. Abbildung 5.6).

Die substitutionale Technologie, dargestellt durch eine Schar von Isoquanten

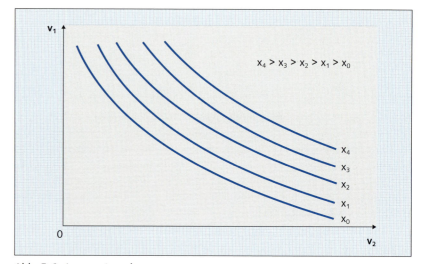

Abb. 5.6: Isoquantenschar

3 Skalenerträge

Für die im nächsten Abschnitt dieses Kapitels behandelten Zusammenhänge zwischen der Produktionsfunktion und den Kosten sind die so genannten **Skaleneigenschaften** der Produktionsfunktion bedeutsam. Sie geben an, wie die Produktionsmenge reagiert, wenn **alle** Faktoren bei unverändertem Einsatzverhältnis vermehrt eingesetzt werden, also alle Faktoreinsatzmengen um denselben Prozentsatz erhöht werden. Man spricht dann von einer so genannten **Skalenvariation** (Niveauvariation, totale Faktorvariation).

> Denkbar ist eine zur Erhöhung der Faktoreinsatzmengen proportionale, unterproportionale oder überproportionale Erhöhung des Outputs. Dementsprechend liegen dann konstante, abnehmende oder zunehmende Skalenerträge vor.

Werden wirklich sämtliche Faktoreinsatzmengen vervielfacht, so erwartet man **konstante Skalenerträge**, da man praktisch eine Fabrik neben die andere stellt.

Konstante Skalenerträge

In der Praxis werden bei der Erhöhung der Produktion jedoch häufig bestimmte Faktoren nicht oder nicht proportional zu den anderen Faktoren vermehrt eingesetzt. Die Existenz solcher fixer Faktoren verhindert dann eine vollständige Skalenvariation, und es kann zu **abnehmenden Skalenerträgen** kommen. Ein einfaches Beispiel ist ein Unternehmen, das bei Betriebsgrößenerhöhungen sein Management nicht erweitert.

Abnehmende Skalenerträge

Große praktische Bedeutung wird häufig **zunehmenden Skalenerträgen** beigemessen: Eine Vervielfachung der Faktoreinsatzmengen mit einem Faktor k > 1 führt zu einer Erhöhung der Produktionsmenge um mehr als das k-fache. Oder umgekehrt ausgedrückt: Eine bestimmte Vervielfachung der Ausbringung macht nur eine geringere Vervielfachung der Faktoreinsatzmengen notwendig. Ein Beispiel bietet der Flugzeugbau. Eine Verdoppelung, Verdreifachung, Verzehnfachung des Output ist hier häufig möglich, ohne dass die Faktoreinsatzmengen entsprechend vervielfacht werden müssen, da bei der Produktion der ersten Maschinen Lerneffekte auftreten. Ähnliche »**economies of scale**« werden häufig Forschungsaufwendungen und Aufwendungen für die Organisation und die Werbung zugeschrieben.

Zunehmende Skalenerträge

4 Produktionsfunktion und minimale Kosten

Bei linear-limitationaler Produktionsfunktion legt die Technik eindeutig die Faktoreinsatzmengen für einen bestimmten Output fest. Bei gegebenen Preisen q der Produktionsmittel sind damit auch die Kosten bestimmt.

Bei einer substitutionalen Produktionsfunktion existieren sehr viele Einsatzmengenkombinationen der Faktoren, die es gestatten, dieselbe Produktmenge x zu produzieren. Für den Unternehmer entsteht dann das Problem, die billigste Faktormengenkombination (»Minimalkostenkombination«) zu finden.

4.1 Minimalkostenkombination bei substitutionaler Produktionsfunktion

Wir nehmen wieder an, dass die Preise der Produktionsmittel Größen sind, die das Unternehmen nicht beeinflussen kann und die unabhängig von den gekauften Mengen gegeben sind. Zwecks einfacher grafischer Darstellungsmöglichkeit gehen wir darüber hinaus davon aus, dass die betrachtete Produktionstechnologie nur die Faktoren 1 und 2 benötigt, welche gegeneinander substituiert und von den Unternehmen in ihren Mengen frei angepasst werden können. Die Kosten K sind dann

$K = v_1 \cdot q_1 + v_2 \cdot q_2,$

Konstruktion einer Isokostengeraden

und das Problem besteht darin, jene Faktoreinsatzmengen v_1^* und v_2^* zu bestimmen, bei denen die Kosten (bei gegebener Ausbringungsmenge) so niedrig wie möglich sind.

Für eine gegebene Kostensumme $K = \overline{K}$ lässt sich die obige Kostengleichung anschaulich grafisch darstellen. Sind z. B. $q_1 = 4$, $q_2 = 2$ und $\overline{K} = 20$, so gilt:

$$20 = 4 \cdot v_1 + 2 \cdot v_2.$$

Würde das Unternehmen die gesamte Kostensumme für den Kauf des Faktors 1 verwenden, erhielte es 5 Mengeneinheiten von diesem. Entsprechend ergibt sich der Achsenabschnitt $\overline{0A}$ der Abbildung 5.7. Würde das Unternehmen die gesamte Kostensumme für den Kauf des Faktors 2 verwenden, so erhielte es 10 Mengeneinheiten. Entsprechend ergibt sich der Achsenabschnitt $\overline{0B}$.

Kauft das Unternehmen nun, ausgehend vom Punkt A, sukzessive eine Mengeneinheit von Faktor 2 hinzu – anstatt das Geld für den Faktor 1 auszugeben –, so vermindert sich die vom Faktor 1 erwerbbare Menge bei dem gegebenen Preisverhältnis jeweils um 1/2 Mengeneinheit.

> Die so genannte **Isokostengerade**, die alle Faktormengenkombinationen angibt, welche dieselben Kosten verursachen, hat also eine konstante, durch das Preisverhältnis q_2/q_1 gegebene Steigung und verläuft im Beispiel durch die Punkte A und B.

(Dabei ist angenommen worden, dass beliebig kleine Mengeneinheiten der Faktoren gekauft werden können.)

Steigt die Kostensumme auf 40, so verdoppeln sich die Achsenabschnitte auf der Abszisse und der Ordinate ($v_1 = 10$, $v_2 = 20$), wobei die Neigung der Kurve unverändert bleibt (grob gestrichelte Gerade in Abbildung 5.7). Entsprechend liegt die Isokostenlinie für eine Kostensumme von $K = 10$ näher zum Ursprung (fein gestrichelte Gerade in Abbildung 5.7). Insgesamt kann man sich die (v_1, v_2)-Ebene als von sehr vielen Isokostenlinien für unterschiedliche Kostensummen, die jeweils eine gleiche Steigung aufweisen, überdeckt vorstellen (vgl. Abbildung 5.8). Je weiter rechts die Kurve liegt, desto größer die Kostensumme, die sie repräsentiert.

Welches sind nun für eine **bestimmte Produktmenge** die Faktoreinsatzmengen, die diese Produktmenge mit den geringsten Kosten herzustellen gestatten? Um dies heraus zu bekommen, betrachten wir die Isoquante für $x = \bar{x}$, die durch die in Abbildung 5.9 eingezeichnete Kurve gegeben sein soll, und eine Schar von Isokostenlinien.

Kann der Punkt C in Abbildung 5.9 die billigste Faktormengenkombination angeben? Dies ist offenbar nicht der Fall, denn wenn das Unternehmen z. B. Punkt D verwirklichen würde (der durch eine kleinere Menge von Faktor 1 und eine größere Menge von Faktor 2 gekennzeichnet ist), so würde es auf eine

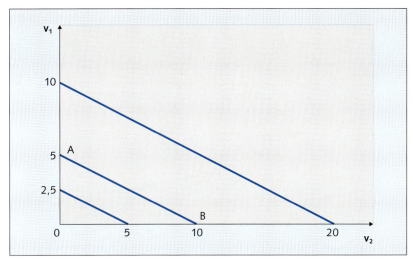

Abb. 5.7: Isokostenlinien für unterschiedliche Kostensummen

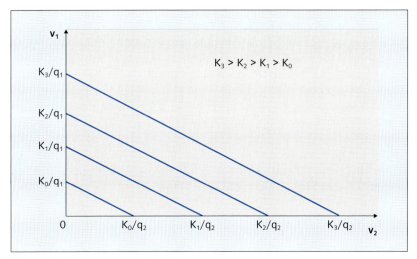

Abb. 5.8: Schar von Isokostenlinien

Isokostenlinie gelangen, die durch geringere Kosten gekennzeichnet ist. Dies ist auch nicht verwunderlich: Die Technik, die in der Isoquante $\bar{x}$ ihren Ausdruck findet, gestattet in der Nähe von Punkt C **bei unveränderter Produktion** eine Einschränkung der Einsatzmenge von Faktor 1 um mehr als 1/2 Mengeneinheiten, wenn die Einsatzmenge von Faktor 2 um eine Einheit erhöht wird. Wenn das Unternehmen aber Faktor 1 um mehr als 1/2 Mengeneinheiten einschränkt, spart es bei einem Faktorpreis $q_1 = 4$ mehr als 2 Euro, während es nur 2 Euro für eine zusätzliche Einheit des Faktors 2 zahlen muss. Seine Kosten werden also durch diese Faktorsubstitution sinken.

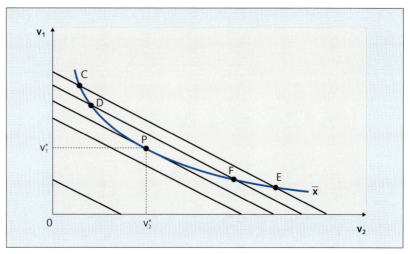

Abb. 5.9: Die Minimalkostenkombination

Übereinstimmung von Grenzrate der technischen Substitution und dem (umgekehrten) Faktorpreisverhältnis

Unter Verwendung des Begriffs der »Grenzrate der technischen Substitution« kann man den soeben beschriebenen Sachverhalt auch ausdrücken, indem man sagt: In Punkt C ist die Grenzrate der technischen Substitution von Faktor 1 durch Faktor 2 $\Delta v_1/\Delta v_2$ absolut (d.h. ohne Berücksichtigung des wegen $\Delta v_1 < 0$ negativen Vorzeichens) größer als die durch das Faktorpreisverhältnis ausgedrückte Marktsubstitutionsrate. Offenbar lohnt sich eine Substitution von Faktor 1 durch Faktor 2, bis Punkt P erreicht ist, in dem die Grenzrate der technischen Substitution gleich ist der durch die Faktorpreise bestimmten Marktsubstitutionsrate.

Ganz entsprechend lohnt es sich, Faktor 2 durch Faktor 1 teilweise zu ersetzen, wenn das Unternehmen sich in der Ausgangssituation auf der Isoquante rechts von Punkt P, z.B. im Punkt E befindet.

Man kann zeigen, dass die Aussage, dass die **Minimalkostenkombination** der Faktoren gekennzeichnet ist durch die Gleichheit von technischer Grenzrate der Substitution und umgekehrtem Faktorpreisverhältnis, identisch ist mit der Aussage, dass bei Verwirklichung der Minimalkostenkombination die Grenzprodukte der Faktoren (GP) sich zueinander verhalten wie die Faktorpreise:

$$\frac{GP_1}{GP_2} = \frac{q_1}{q_2}$$

Gleiches Grenzprodukt pro letztem verausgabtem Euro für alle Faktoren

Diese Bedingung leuchtet unmittelbar ein, wenn man sie umformt zu

$$\frac{GP_1}{q_1} = \frac{GP_2}{q_2}$$

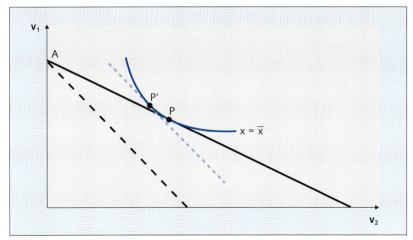

Abb. 5.10: Auswirkungen der Erhöhung eines Faktorpreises

Diese Gleichung besagt, dass bei Verwirklichung der Minimalkostenkombination der letzte für jeden Faktor ausgegebene Euro dasselbe Grenzprodukt hervorbringt. Wäre dies nicht der Fall, so wäre für das Unternehmen offenbar eine Umschichtung innerhalb seiner Kostensumme lohnend. Es würde sich besser stellen, wenn es mehr (weniger) von dem Faktor mit dem größeren (kleineren) Grenzprodukt pro letztem verausgabtem Euro kaufen und in der Produktion einsetzen würde.

Betrachten wir kurz, wie sich eine Erhöhung des Preises eines Faktors bei Konstanz des Preises des anderen Faktors auswirken würde.

Die Zunahme von q_2 bedeutet in Abbildung 5.10, dass der Achsenabschnitt auf der v_2-Achse kleiner wird: Bei gegebener Kostensumme kann bei vollständiger Verausgabung der Kostensumme nur für diesen Faktor nur noch weniger von diesem gekauft werden als bisher. Da q_1 unverändert bleibt, ändert sich die maximal erwerbbare Menge des Faktors 1 nicht. Insgesamt dreht sich also die Isokostenlinie in Punkt A, wobei die Veränderung der Steigung das veränderte Preisverhältnis q_2/q_1 und damit das veränderte reale Marktaustauschverhältnis zwischen den Faktoren zum Ausdruck bringt. Für eine Mengeneinheit des Faktors 1, die das Unternehmen weniger kauft, kann es jetzt weniger Mengeneinheiten von Faktor 2 kaufen als bisher. Hieraus ergeben sich zumindest drei Konsequenzen:

Konsequenzen der Erhöhung des Preises eines Faktors ...

(1) Die alte Kostensumme reicht – wie Abbildung 5.10 zeigt – nicht mehr aus, um $\bar{x}$ zu produzieren: Die Kosten für $\bar{x}$ steigen.

... die Produktion wird teurer

(2) Zur Produktion von $\bar{x}$ wird das Unternehmen die höhere Kostensumme so aufteilen, dass es mehr von Faktor 1 und weniger von dem teurer gewordenen Faktor 2 einsetzt. Diesen Substitutionseffekt zeigt Abbildung 5.10, in der P' die Minimalkostenkombination für $\bar{x}$ bei dem gestiegenen Preis q_2 angibt.

... der verteuerte Faktor wird teilweise substituiert

(3) Wegen der gestiegenen Kosten wird (wie wir später noch in Kapitel 8 zeigen werden) für das Unternehmen die Herstellung einer kleineren

... die Produktion sinkt.

Produktmenge x < x̄ optimal sein und damit eine weitere – über den unter (2) beschriebenen Substitutionseffekt hinausgehende – Nachfragesenkung für Faktor 2 eintreten.

Stellt man sich nun vor, der teurer gewordene Faktor 2 sei der Faktor Arbeit, so erkennt man in den beschriebenen Konsequenzen die Argumente, die in Wirtschaft und Politik immer wieder gegen Lohnerhöhungen (oder »zu hohe« Lohnerhöhungen) ins Feld geführt werden.

Man beachte bei der Würdigung dieser Argumente:
- Der Substitutionseffekt ergibt sich nur, wenn sich der Preis des zweiten Faktors nicht oder nur um einen geringeren Prozentsatz ändert, sodass sich das Faktorpreisverhältnis zu Ungunsten des ersten Faktors (Arbeit) verschiebt.
- Es wird von unveränderter Technik ausgegangen.
- Die Argumentation ist rein »angebotsorientiert« oder »kostenorientiert«. Es mag Situationen geben, in denen der »Kaufkrafteffekt« von Lohnerhöhungen gesamtwirtschaftlich bedeutsamer ist als der Kosteneffekt.

4.2 Kostenfunktion

Die Kostenfunktion gibt die minimalen Kosten in Abhängigkeit von der Produktmenge an.

Bei der Bestimmung der Minimalkostenkombination sind wir von einer bestimmten Produktmenge x ausgegangen. Es stellt sich nun die Frage, welcher Zusammenhang allgemein zwischen einer beliebigen Produktmenge x und den zu ihrer Erstellung notwendigen (minimalen) Kosten besteht, welchen Verlauf also die so genannte (Minimal-)**Kostenfunktion** $K = K(x)$ (bei konstanten Faktorpreisen) hat. Dieses explizit vorzuführen ist mit einigen technischen Schwierigkeiten verbunden und soll hier unterbleiben. Wir beschränken uns stattdessen auf die Darlegung einiger zentraler Ergebnisse (vgl. Abbildung 5.11 (a)–(c)).

Kostenverläufe und Skalenerträge

Zunächst ist es unmittelbar plausibel, dass mit steigendem Output die minimalen Kosten zunehmen müssen, $K(x)$ hat also einen steigenden Verlauf. Darüber hinaus lässt sich zeigen, dass bei **konstanten Skalenerträgen** eine Vervielfachung der Ausbringung dann kostenminimal erfolgt, wenn auch die Faktoreinsatzmengen entsprechend vervielfacht werden. Dies bedeutet, dass die Kostenfunktion $K(x)$ linear ist, also der sich aus der Produktion einer weiteren Outputeinheit ergebende Kostenzuwachs (Grenzkosten) immer derselbe bleibt. Bei **zunehmenden Skalenerträgen** ist es möglich, die doppelte Produktmenge mit weniger als der doppelten Faktoreinsatzmenge zu erzeugen, sodass die minimalen Kosten mit der Ausbringungsmenge **degressiv** zunehmen werden: Der sich bei Ausweitung der Produktion um eine weitere Einheit ergebende Kostenzuwachs fällt hier also umso geringer aus, je mehr produziert wird. Entsprechend führen **abnehmende Skalenerträge** zu einer **progressiven** Veränderung der (minimalen) Kosten bei Zunahme der Produktmenge.

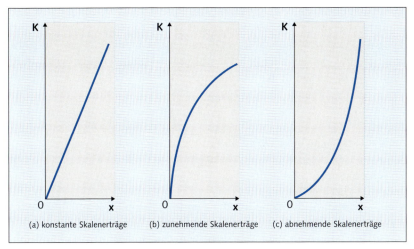

Abb. 5.11 (a)–(c): Skalenerträge und Kostenverlauf

Häufig nimmt man auch zunächst steigende, dann fallende Skalenerträge an, sodass sich der viel zitierte (umgekehrt) S-förmige Kostenverlauf ergibt:

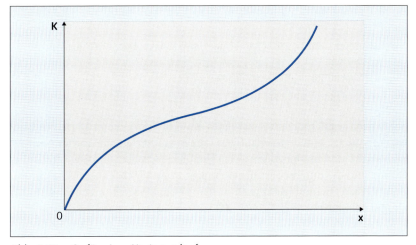

Abb. 5.12: »S«-förmiger Kostenverlauf

5 Fixe und variable Kosten

Die bisherige Argumentation unterstellte, dass alle Produktionsfaktoren in ihren Mengen durch das Unternehmen angepasst werden können. Dies ist langfristig sicherlich der Fall, jedoch nicht notwendigerweise auch in der kurzen Frist. Manche Faktoreinsatzentscheidungen sind kurzfristig nicht revidierbar. So können z. B. Kündigungsschutzbestimmungen eine kurzfristi-

Kurzfristige Nichtanpassbarkeit von einzelnen Faktoren

ge Anpassung der Beschäftigtenzahl eines Unternehmen verhindern. Ebenso können bestehende Produktionskapazitäten häufig nicht »von heute auf morgen« einer veränderten Absatzlage angepasst werden. Ist ein Produktionsfaktor im Betrachtungszeitraum bezüglich seiner Einsatzmenge nicht anpassbar, so spricht man von einem fixen Faktor. Die hieraus resultierenden Kosten sind dann ebenfalls im Betrachtungszeitraum fix und werden entsprechend als Fixkosten bezeichnet. Dagegen sich solche Faktoren, die im Betrachtungszeitraum in ihrer Einsatzmenge anpassbar sind, variable Faktoren mit entsprechend variablen Kosten.

Kostenbegriffe

Fixe Kosten plus variable Kosten ergeben die **Gesamtkosten**, auch totale Kosten genannt.

> **Fixe (feste) Kosten** sind die Kosten, die für den Einsatz der fixen Produktionsfaktoren anfallen. Sie fallen auch dann an, wenn in der Periode nichts produziert wird, und sind damit unabhängig von der Größe der Produktion.

> **Variable Kosten** sind die Kosten, die für den Einsatz der variablen Faktoren anfallen. Sie sind von der Produktmenge x abhängig.

> Ein weiterer wichtiger Begriff ist der der **Grenzkosten** (Kostenzuwachs). Hierunter versteht man den Zuwachs an Kosten, der entsteht, wenn eine Produkteinheit mehr produziert wird.

Schließlich werden die gesamten fixen Kosten, die gesamten variablen Kosten und die Gesamtkosten häufig auf die produzierte Gütermenge bezogen und so die durchschnittlichen Fixkosten, die durchschnittlichen variablen Kosten und die durchschnittlichen totalen Kosten (**Stückkosten**) bestimmt.

Beispiele für Kostenbegriffe

Am Beispiel eines Telefons seien die verschiedenen Kostenbegriffe noch einmal erläutert:

Die Grundgebühr von angenommen 27,– Euro stellt den fixen Kostenanteil dar. Sie muss gezahlt werden, auch wenn nicht telefoniert wird, und bleibt unverändert, ob 100 oder 150 Gesprächseinheiten anfallen. Die gesamten variablen Kosten ergeben sich als Produkt aus gebührenpflichtigen Einheiten und dem Preis pro Gebühreneinheit (variable Kosten pro Stück), also bei 100 gebührenpflichtigen Gesprächseinheiten à 0,23 Euro als $100 \times 0{,}23$ Euro = 23,– Euro.

Die Gesamtkosten für 100 Einheiten ergeben sich aus den gesamten fixen Kosten und variablen Kosten = 27,– Euro + 23,– Euro = 50,– Euro. Die Stückkosten pro Einheit ermittelt man, indem man die Gesamtkosten von 50,– Euro durch die Anzahl der Einheiten teilt, also Stückkosten = 0,50 Euro.

Die Grenzkosten eines innerhalb des »Zeittaktes« erfolgenden Telefongesprächs sind allein die Zusatzkosten dieses einen Gesprächs, also 0,23 Euro.

Den Zusammenhang zwischen den verschiedenen Kostenbegriffen wollen wir nochmals am Beispiel einer linear steigenden Gesamtkostenfunktion veranschaulichen (vgl. Abbildung 5.13), wobei wir uns vom Telefonbeispiel lösen.

Den Grenzkostenverlauf kann man aus der Gesamtkostenkurve ermitteln, wenn man sich vergegenwärtigt, dass die Steigung der Gesamtkostenkurve als Maß für die Grenzkosten interpretiert werden kann. So kann man aus der Zeichnung ersehen, dass die Mehrproduktion einer Einheit 0,50 Euro kostet oder dass die Steigung der Kostenfunktion konstant 1/2 beträgt. Den Verlauf der Stückkostenkurve kann man ermitteln, indem man für jede Ausbringungsmenge die Gesamtkosten durch die Stückzahl dividiert.

Die angenommene Kostenkurve zeigt ein stetiges Sinken der Stückkosten mit steigender Ausbringung. Dies liegt daran, dass mit steigender Produktion der Anteil der fixen Kosten pro Stück immer kleiner wird. Man spricht von **Fixkostendegression**.

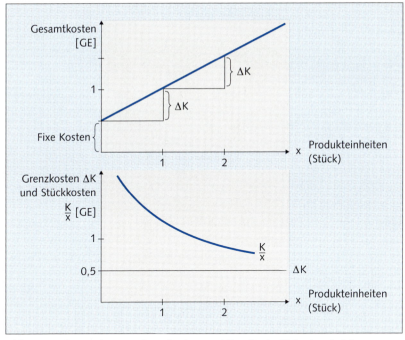

Abb. 5.13: Gesamtkosten, Grenzkosten und Durchschnittskosten bei linearem Gesamtkostenverlauf

6 Durchschnittsproduktivität und Kosten

6.1 Durchschnittsproduktivität

Als Durchschnittsproduktivität (häufig auch nur Produktivität genannt) bezeichnet man das Verhältnis von gesamter Produktionsmenge zur Einsatzmenge **eines einzigen** Produktionsfaktors. Produziert z. B. ein Arbeiter mit einem Mähdrescher auf zwei Hektar Ackerfläche 10 Zentner Weizen pro Stunde, kann man die Arbeitsproduktivität, die Kapitalproduktivität und die Bodenproduktivität berechnen.

$$\text{Arbeitsproduktivität} = \frac{10 \text{ Zentner Weizen}}{1 \text{ Arbeitsstunde}}$$

$$\text{Kapitalproduktivität} = \frac{10 \text{ Zentner Weizen}}{1 \text{ Mähdrescherstunde}}$$

$$\text{Bodenproduktivität} = \frac{10 \text{ Zentner Weizen}}{2 \text{ Hektar Boden}} = \frac{5 \text{ Zentner Weizen}}{1 \text{ Hektar Boden}}$$

<small>Die Produktivität misst nicht den produktiven Beitrag einzelner Faktoren.</small>

> Die Durchschnittsproduktivität (im Folgenden sprechen wir nur von Produktivität) ist also eine reine Mengengröße und kann, da in diesem Begriff die von allen Produktionsfaktoren gemeinsam erstellte Ausbringung ins Verhältnis zum Einsatz eines einzigen Produktionsfaktors gesetzt wird, niemals die Leistungsfähigkeit oder den produktiven Beitrag dieses einen Produktionsfaktors isoliert angeben. Alle Versuche, den produktiven Beitrag der einzelnen Produktionsfaktoren gesondert zu ermitteln, erweisen sich als unmöglich.

Wird ein Produktionsfaktor im Produktionsprozess vermehrt eingesetzt, erhöht sich die Ausbringung. Dies bewirkt, dass sich die Produktivitäten der übrigen Faktoren erhöhen. Steigt in unserem Beispiel der Einsatz von Kapital – der Arbeiter produziert jetzt mit einem verbesserten Mähdrescher –, so erhöht sich die Produktion z. B. auf 15 Zentner Weizen pro Stunde. Und es steigt die Arbeitsproduktivität, obwohl der Arbeiter nicht mehr leistet.

<small>Bedeutung der gesamtwirtschaftlichen Arbeitsproduktivität</small>

> Die **gesamtwirtschaftliche Arbeitsproduktivität** definiert als Gesamtproduktion einer Volkswirtschaft dividiert durch den gesamten Arbeitsstundeneinsatz, ist von herausragender Bedeutung für die Entwicklung des materiellen Wohlstandes der Bevölkerung. Je mehr ein Arbeiter pro Arbeitsstunde produziert, desto mehr kann – bei gleichbleibender Arbeitszeit – die Bevölkerung im Durchschnitt konsumieren. Anders formuliert: Der Output pro Kopf der Beschäftigten, abzüglich des Teiles,

> der für die Erhaltung von Maschinen und Anlagen benötigt wird, bleibt für den Konsum der Bevölkerung und für eine Erhöhung des Bestandes an Maschinen und Anlagen (Nettoinvestitionen) übrig.

6.2 Zusammenhang von Produktivität und Kosten

Die Produktionskosten eines Gutes setzen sich im Allgemeinen aus einer Vielzahl von Kostenarten zusammen, wie Material- und Energiekosten, wie Abschreibungen, Steuern, Zinsen, Löhne, Gehälter, Versicherungsbeiträge usw. Überdenkt man, welche Kostenarten nun wiederum in den aufgezählten Kosten stecken, so erkennt man, dass letztlich alle Kosten sich zusammensetzen aus

Kostenbestandteil

- Löhnen (Arbeit),
- Zinsen und Abschreibungen (Kapital),
- Bodenpacht (Boden),
- Steuern (Staat) und
- Kosten importierter Produktionsfaktoren (Ausland).

Lässt man – der Einfachheit halber – einmal den Staat und das Ausland außer Acht, so bleiben nur die Kosten der Produktionsfaktoren Arbeit, Kapital und Boden übrig.

Will man die Kosten der Produktion einer Einheit eines Gutes – die Stückkosten – ermitteln, so setzen sich diese zusammen aus den:
- Lohnstückkosten,
- Kapitalstückkosten und
- Bodenstückkosten.

Und diese jeweiligen Stückkosten hängen ab von Preis und Produktivität der Produktionsfaktoren. Ein einfaches Beispiel, in dem auch von den im Allgemeinen nicht besonders ins Gewicht fallenden Bodenpachten abgesehen werden soll, kann dies zeigen:

Ein Arbeiter produziert mit einem einfachen Mähdrescher 10 Zentner Weizen pro Stunde. Der Lohnsatz betrage 10,– Euro pro Stunde, die Zinskosten für den Mähdrescher betragen 100,– Euro pro Stunde. Andere denkbare Kosten, die aber immer auf Löhne, Zinsen oder Pachten zurückgeführt werden könnten, sollen nicht berücksichtigt werden.

Dividieren wir den Faktorpreis durch die entsprechende Produktivität, so erhalten wir die Lohnstück- bzw. Kapitalstückkosten.

$$\text{Lohnstückkosten} = \frac{\text{Lohnsatz}}{\text{Arbeitsproduktivität}}$$

$$= \frac{10\ \text{€ Lohnkosten pro Stunde}}{10\ \text{Zentner Weizen pro Stunde}}$$

$$= \frac{1\ \text{€ Lohnkosten}}{1\ \text{Zentner Weizen}}$$

$$\text{Kapitalstückkosten} = \frac{\text{Kapitalkosten pro Stunde}}{\text{Kapitalproduktivität}}$$

$$= \frac{100\ \text{€ Kapitalkosten pro Stunde}}{10\ \text{Zentner Weizen pro Stunde}}$$

$$= \frac{10\ \text{€ Kapitalkosten}}{1\ \text{Zentner Weizen}}$$

Die Stückkosten hängen ab von Preis und Produktivität der Produktionsfaktoren.

Vernachlässigen wir die Kosten für Boden, Düngemittel und Saatgut, so ergeben sich die Produktionskosten pro Stück als Summe von Lohn- und Kapitalstückkosten zu 11,– Euro pro Zentner Weizen.

Diese Stückkosten ändern sich mit veränderter Produktivität und/oder Faktorpreisen. Wird in unserem Beispiel jetzt ein besserer Mähdrescher eingesetzt, der 200,– Euro pro Stunde kostet und die Produktion pro Stunde verdoppelt, so ergeben sich folgende Werte:

$$\text{Lohnstückkosten} = \frac{\text{Lohnsatz}}{\text{Arbeitsproduktivität}}$$

$$= \frac{10\ \text{€ Lohnkosten pro Stunde}}{20\ \text{Zentner Weizen pro Stunde}}$$

$$= \frac{0{,}50\ \text{€ Lohnkosten}}{1\ \text{Zentner Weizen}}$$

$$\text{Kapitalstückkosten} = \frac{\text{Kapitalkosten pro Stunde}}{\text{Kapitalproduktivität}}$$

$$= \frac{200\ \text{€ Kapitalkosten pro Stunde}}{20\ \text{Zentner Weizen pro Stunde}}$$

$$= \frac{10\ \text{€ Kapitalkosten}}{1\ \text{Zentner Weizen}}$$

Die Lohnstückkosten haben sich halbiert, die Kapitalstückkosten bleiben konstant, und die Produktionskosten pro Stück ergeben 10,50 Euro pro Zentner Weizen. Der Mehreinsatz von Kapital in Form eines besseren und teureren Mähdreschers hat sich also gelohnt, vorausgesetzt, die Mehrproduktion kann auch verkauft werden.

Verdoppelt man nun den Lohnsatz auf 20,– Euro pro Stunde, so erhöhen sich die Lohnstückkosten wiederum auf den Ausgangswert von 1,– Euro pro Zentner. Bei Verdoppelung von Lohnsatz und Arbeitsproduktivität bleiben die Lohnstückkosten konstant. Bleiben dann auch noch die Kapitalstückkosten konstant, dann verändern sich auch die Produktionskosten pro Stück, wie in unserem Beispiel, nicht.

An Hand unseres Beispiels sollen die Grundlagen der **produktivitätsorientierten Lohnpolitik** (vgl. Kapitel 25) aufgezeigt werden, die eine Lohnerhöhung im Ausmaß der Zunahme der Arbeitsproduktivität vorsieht.

Steigen die Löhne um den selben Prozentsatz wie die Arbeitsproduktivität, so bleiben die Lohnstückkosten konstant. Wenn die Preise so gebildet werden, dass immer ein konstanter Aufschlag auf die Lohnstückkosten erhoben wird, dann bleiben bei der produktivitätsorientierten Lohnpolitik auch die Preise konstant. Wenn die Preise aber so gebildet werden, dass immer ein konstanter Aufschlag auf die gesamten Produktionskosten pro Stück erhoben wird, ist für die Preisbildung auch die Veränderung der Kapitalstückkosten (und der hier vernachlässigten Bodenstückkosten) bedeutsam.

Produktivitätsorientierte Lohnpolitik

In unserem Beispiel blieben die Kapitalstückkosten bei Einsatz des verbesserten Mähdreschers konstant, mithin könnten trotz Verdoppelung der Lohnsätze und bei konstantem Gewinnaufschlag die Preise konstant bleiben. Nun setzt dies aber voraus, dass die Kapitalstückkosten tatsächlich konstant bleiben, was dann der Fall ist, wenn bei einer Verdoppelung der Kapitalkosten sich auch die Produktion verdoppelt (also doppelt so teurer = doppelt so produktiver Mähdrescher). Dies war in der Bundesrepublik in den letzten Jahrzehnten in der Tat näherungsweise der Fall. Ob dies in Zukunft so bleibt, hängt wesentlich davon ab, ob der technische Fortschritt, der seiner Natur nach nicht vorausberechenbar ist, auch weiterhin dafür sorgt, dass »doppelt so teure Maschinen auch doppelt so produktiv sind«.

7 Arbeitsnachfrage

Die Höhe der nachgefragten Arbeit richtet sich nach dem Beitrag, den die Arbeit als Produktionsfaktor für die Einnahmen des Unternehmens hat, im Verhältnis zu dem Einfluss der Arbeit auf die Kosten. Genauer gesagt geht es darum, wie sich der Grenzumsatz der zusätzlichen Arbeitseinheit (der Wert des Grenzproduktes $p \cdot dx/dN$) im Vergleich zu den Grenzkosten der zusätzlichen Arbeitseinheit (dem Geldlohnsatz) entwickelt. Solange der Wert des Grenzproduktes der Arbeit höher ist als die Grenzkosten, wird ein Unternehmen mehr Arbeit nachfragen, da der Gewinn dadurch gesteigert werden kann (vorausgesetzt, der zusätzliche Output kann auch abgesetzt werden).

Im Gewinnmaximum ist der Wert des Grenzproduktes der Arbeit gleich dem Geldlohnsatz (Nominallohnsatz).

Damit hängt die Arbeitsnachfrage von folgenden Größen ab:
- Grenzprodukt
- Preis des Produkts
- Geldlohnsatz.

Reallohnsatzabhängigkeit der Arbeitsnachfrage

Das Verhältnis von Geldlohnsatz zum Güterpreis bezeichnet man als Reallohnsatz[3]. Er gibt als relativer Preis das Tauschverhältnis zwischen einer (Zeit-)Einheit Arbeit und einer neu produzierten Gütereinheit an. Der Reallohnsatz bringt letztlich zum Ausdruck, wie viel Zeit der Arbeiter anbieten muss, um eine Einheit des betrachteten Gutes kaufen zu können, und umgekehrt, welchen Teil der Produktionsmenge das Unternehmen (rechnerisch) einem Arbeitnehmer für eine Zeiteinheit Arbeit überlassen muss. Der Vergleich zwischen Reallohnsatz und Grenzprodukt entscheidet also über die Vorteilhaftigkeit, mehr Arbeit einzusetzen, sofern die Produkte auch absetzbar sind.

Arbeitsnachfragekurve

Die Arbeitsnachfrage eines Unternehmens wird damit üblicherweise als vom Reallohnsatz abhängig angesehen. Da nach dem Gesetz vom abnehmenden Ertragszuwachs (vgl. Abschnitt 2.2.1 dieses Kapitels) das Grenzprodukt der Arbeit mit steigendem Arbeitseinsatz abnimmt, wird ceteris paribus nur ein fallender Reallohnsatz den Einsatz zusätzlicher Arbeit lohnend machen. Umgekehrt kann man sehen, dass mit steigendem Reallohnsatz die Arbeitsnachfrage des Unternehmens sinkt, da ein höheres Grenzprodukt der Arbeit ceteris paribus nur bei einer geringeren Arbeitsmenge erreicht werden kann. Dies bringt Abbildung 5.14 zum Ausdruck.

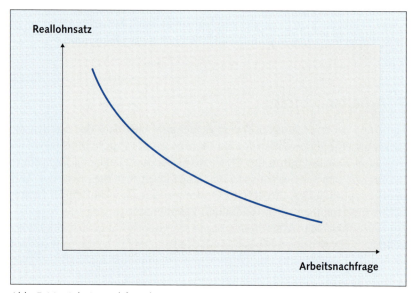

Abb. 5.14: Arbeitsnachfragekurve

---

[3] Da es sich hier um eine einzelwirtschaftliche Betrachtung handelt, müsste man streng genommen vom **Produktlohnsatz** sprechen, denn es geht hier um das Verhältnis zwischen dem Geldlohnsatz und dem Güterpreis des einzelnen Unternehmens und nicht um das allgemeine Preisniveau. Da jedoch der Terminus Produktlohnsatz eher unüblich ist, wollen wir dennoch auch im hier behandelten einzelwirtschaftlichen Zusammenhang vom **Reallohnsatz** sprechen.

Man sollte indes die Bedingungen für die Existenz einer negativ geneigten Arbeitsnachfrage beachten. Diese sind insbesondere ein abnehmendes Grenzprodukt der Arbeit, die Konstanz des Einsatzes der übrigen Produktionsfaktoren und die Gleichgewichtsposition des Produktpreises, sodass die geplante Menge auch verkauft werden kann.

Konstanz des Einsatzes der übrigen Faktoren bedeutet vor allem konstante Technik und konstanter Kapitaleinsatz. Die negativ geneigte Arbeitsnachfragefunktion gilt damit für die kurze Frist. Mittel- und langfristig ist es dagegen das typische Erscheinungsbild moderner Industriegesellschaften, dass Kapitaleinsatz und technischer Fortschritt zunehmen. Dies verschiebt die (kurzfristige) Arbeitsnachfragefunktion nach rechts, sofern es hierbei zu einem Anstieg der Grenzprodukte der Arbeit kommt. Dies bedeutet inhaltlich, dass der zusätzliche Output der jeweils nächsten Einheit Arbeit um so größer ausfallen wird, je größer der Kapitaleinsatz bzw. je höher der technische Fortschritt ist.

8 Güterangebot eines einzelnen Unternehmens

Welche Gütermenge wird ein Unternehmen auf dem Markt anbieten? Diese Frage ist nur beantwortbar, wenn man die Zielsetzung des Unternehmens, die technischen Bedingungen der Produktion, die schließlich ihren Niederschlag in der Kostenfunktion finden, und die Organisation der Märkte, auf denen das Unternehmen sein Produkt verkauft bzw. auf denen es die eingesetzten Produktionsmittel erwirbt, kennt.

Üblicherweise wird angenommen, dass ein Unternehmen nach Gewinnmaximierung strebt. Das mag in der Praxis nicht in jedem einzelnen Fall zutreffen, und ergänzende Zielsetzungen können auch Bedeutung besitzen. Zur Vereinfachung vernachlässigen wir solche ergänzenden Ziele hier und unterstellen Gewinnmaximierung als alleiniges Unternehmensziel.

Gewinnmaximierung als Verhaltensannahme

Die Absatz- und die Beschaffungsmärkte des Unternehmens sollen Märkte mit »**vollständiger Konkurrenz**« sein, auf denen das Unternehmen als Anbieter oder Nachfrager »einer« von »sehr vielen« ist (vgl. Kapitel 6, Abschnitt 2.1). Dementsprechend soll der Preis des Produktes und sollen die Preise der Produktionsmittel für das Unternehmen vorgegebene Größen sein. Die Technik des betrachteten Unternehmens soll so sein, dass es sich steigenden Grenzkosten bei gegebenen Fixkosten gegenüber sieht. Wir betrachten also die kurze Frist (vgl. auch Abschnitt 5).

Gegebene Güter- und Faktorpreise

Wenn ein Unternehmen auf dem Absatzmarkt für sein Produkt einen so geringen Marktanteil hat, dass es den Produktpreis nicht beeinflussen kann und bei dem gegebenen Produktpreis jede beliebige Menge absetzen kann, so wird es diese abgesetzte Menge so festzulegen versuchen, dass sein Gewinn maximiert wird. Man spricht auch vom **Mengenanpasserverhalten** des Unternehmers auf dem Absatzmarkt.

Das Gewinnmaximierungskalkül eines Mengenanpassers

Der **Gewinn** des Unternehmens ist gegeben als Differenz aus seinem Umsatz (verkaufte Menge multipliziert mit dem Preis) und den (Produktions-) Kosten der verkauften Produktmenge:

$$G = x \cdot p - K(x)$$

Um herauszufinden, bei welcher Produktmenge das Unternehmen seinen Gewinn maximiert, führen wir die folgende Überlegung durch: Angenommen, das Unternehmen bietet bisher eine bestimmte Produktmenge x_0 auf dem Markt an. Bei dieser Produktmenge x_0 erzielt es den Umsatz $U_0 = x_0 \cdot p$ und die Kosten betragen $K_0 = K(x_0)$. Wie kann das Unternehmen feststellen, ob x_0 seine Gewinn maximierende Produktmenge ist? Das Einfachste wird sein, es prüft, wie sich sein Gewinn verändert, wenn es seinen Absatz um eine Mengeneinheit erhöht oder vermindert. Überlegen wir, was passiert, wenn das Unternehmen seinen Absatz um eine Mengeneinheit erhöht. Da der Umsatz das Produkt aus abgesetzter Menge und dem fest vorgegebenen Preis ist, wird die Erhöhung des Absatzes x um eine Mengeneinheit den Umsatz gerade um den Preis p erhöhen. Diese Absatz- und Umsatzerhöhung ist für das Unternehmen auch mit einer Erhöhung der Kosten verbunden, und zwar in Höhe der Grenzkosten.

> Offenbar nimmt als Folge der Erhöhung der Absatzmenge um eine Einheit sein Gewinn zu, wenn der zusätzliche Umsatz, den das Unternehmen durch die zusätzliche Mengeneinheit realisiert, also der Preis, größer ist als die mit der zusätzlichen Mengeneinheit verbundenen zusätzlichen Kosten (die Grenzkosten).

Preis = Grenzkosten

Das Unternehmen wird also seine Produktion so lange ausdehnen, bis der mit der letzten Mengeneinheit verbundene zusätzliche Umsatz (Grenzumsatz), der wegen des angenommenen Konkurrenzmarktes gleich dem Preis ist, den Grenzkosten der letzten Produktionseinheit entspricht.

Wir verdeutlichen diese Überlegung grafisch, indem wir auf der Ordinate den Produktpreis sowie die als steigend angenommenen Grenzkosten des Unternehmens und auf der Abszisse die Produktions- und Absatzmenge eintragen.

Zeichnen wir in dieses Koordinatensystem den Verlauf der Grenzkosten des Unternehmens ein, so finden wir die Gewinn maximierende Produktmenge bei einem gegebenen Produktpreis p_0, indem wir jenen Punkt suchen, bei dem die Grenzkosten gerade gleich dem Preis sind, in Abbildung 5.15 der Punkt T mit der Menge x^*. Bei Produktmengen links von x^* (z. B. bei x') könnte das Unternehmen durch Ausdehnung der Produktion seinen Gewinn steigern, da der zusätzliche Umsatz p_0 immer größer ist als die zusätzlichen Kosten; rechts von x^* (z. B. bei x'') könnte es seinen Gewinn erhöhen, indem es die Produktionsmenge senkt, denn nun wäre die Einschränkung der Pro-

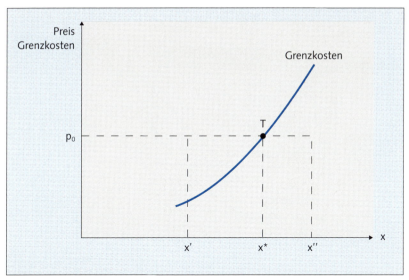

Abb. 5.15: Gewinnmaximierende Produktion eines einzelnen Unternehmers

duktion mit einer Kostensenkung verbunden, die größer ist als der Umsatzrückgang.

Ändert sich der auf dem Markt gültige Produktpreis für das Unternehmen, so ändert sich, bei dem angenommenen Verlauf der Grenzkosten, auch seine angebotene Produktmenge: Ein steigender Produktpreis zieht eine steigende Gewinn maximierende Produkt- und Absatzmenge des Unternehmens nach sich.

> Wir können also festhalten: Die steigende Grenzkostenkurve stellt die Angebotskurve des Unternehmens für unterschiedliche Marktpreise dar.

Die Angebotskurve des Unternehmens

Einschränkend ist hinzuzufügen, dass der Preis langfristig so hoch sein muss, dass er die Durchschnittskosten der Produktion zumindest deckt.

Wir können die Überlegungen zur Gewinn maximierenden Güterangebotsmenge noch in einer etwas anderen Form illustrieren: In einem Koordinatensystem tragen wir in Abbildung 5.16 auf der Ordinate den Umsatz und die Gesamtkosten des Unternehmens und auf der Abszisse die Produkt- und Absatzmenge x ab. Da der Umsatz das Produkt aus dem vorgegebenen Marktpreis und der Produktmenge ist, ergibt sich die Umsatzkurve für einen gegebenen Preis als eine Ursprungsgerade, deren Steigung durch den Produktpreis bestimmt ist. Beträgt der Produktpreis z. B. 10, so ergibt sich für eine Absatzmenge von 10 der Umsatz von 100; ist die Absatzmenge 20, so beträgt der Umsatz 200. Tragen wir in das gleiche Diagramm die totalen Kosten des Unternehmens ein, so stellt die vertikale Differenz zwischen Umsatzlinie

Ein Umsatz-Gesamtkosten-Diagramm

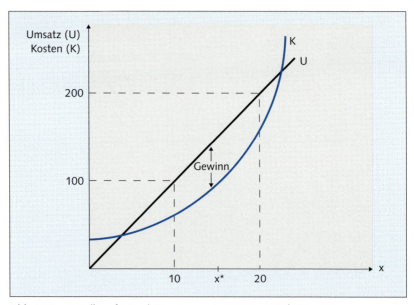

Abb. 5.16: Das (kurzfristige) Gewinnmaximum im »Total«-Diagramm

und Kostenlinie den Gesamtgewinn des Unternehmens dar. Wie sich nachweisen lässt, ist die Produktmenge, bei der der vertikale Abstand zwischen Umsatzlinie und Kostenkurve am größten ist, diejenige, bei der die Neigung (Steigung) beider Kurven gleich ist. Da die Steigung der Umsatzlinie durch den Preis bestimmt ist und die Steigung der Kostenkurve die Grenzkosten angibt, ist die Gewinn maximierende Produktmenge x* durch die Gleichheit von Grenzkosten und Preis charakterisiert.

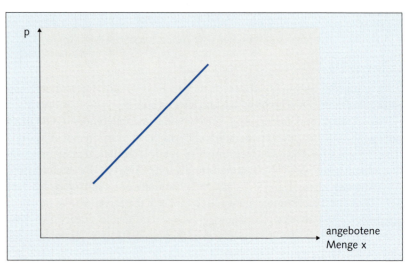

Abb. 5.17: Individuelle Angebotskurve

9 Marktangebot

Wir haben im 8. Abschnitt dieses Kapitels gezeigt, dass – bei steigenden Grenzkosten, die bei Existenz eines oder mehrerer kurzfristig konstanter Faktoren in einem Unternehmen (Gebäude, Boden, Maschinenbestand) realistisch sind – die kurzfristige Angebotskurve eines Unternehmens durch den steigenden Teil seiner Grenzkostenkurve gegeben ist (vgl. Abbildung 5.17).

Befindet sich eine Vielzahl von Anbietern dieses Produktes auf dem Markt, so erhält man das von ihnen getätigte Gesamtangebot, indem man bei jedem Preis die individuellen Angebotsmengen aufeinander addiert. Abbildung 5.18 zeigt die individuellen Angebotskurven und die Marktangebotskurve für 2 Unternehmungen U_1 und U_2.

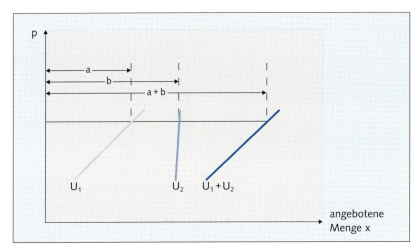

Die Gesamtangebotsmenge auf dem Markt ergibt sich, indem bei jedem Preis die individuellen Angebotsmengen addiert werden.

Abb. 5.18: Ableitung der Marktangebotskurve

10 Private Investitionen

> Als Investitionsausgaben können im weitesten Sinne sämtliche Ausgaben verstanden werden, die ein bestehendes Einkommen sichern bzw. zukünftige Einkommensmöglichkeiten erhöhen.

Investitionen im weitesten Begriffssinne

In diesem umfassenden Sinn wird der Investitionsbegriff selten in der Volkswirtschaftslehre verwendet. In Anlehnung an die volkswirtschaftliche Gesamtrechnung beschränkt man ihn in der Regel auf Ausgaben, die Unternehmungen zwecks Erhaltung, Erweiterung oder Verbesserung ihres sachlichen Produktionsapparates tätigen. Anstatt von Investitionen spricht man gelegentlich auch von Akkumulation des Kapitals oder von Realkapitalbildung.

Investitionen im engeren Begriffssinne

Da der Produktionsapparat einem Verschleiß durch Gebrauch unterliegt (Abschreibung), ist die Investition, die gerade diesen Kapitalverzehr ausgleicht, lediglich **Ersatzinvestition** (oder Reinvestition).

Die darüber hinausreichende Investition ist die **Nettoinvestition**. Ersatz- und Nettoinvestition bilden zusammen die **Bruttoinvestition**.

Nettoinvestitionen können der bloßen Vergrößerung eines qualitativ unveränderten Produktionsapparates dienen (**Erweiterungsinvestitionen**) oder den Produktionsapparat in seiner Effizienz verbessern (**Rationalisierungsinvestitionen**). Allerdings können auch Ersatzinvestitionen der Rationalisierung dienen, die Gliederungskriterien überschneiden sich hier ein wenig.

Nach einem weiteren Gliederungskriterium unterscheidet man bei den Brutto- und Nettoinvestitionen **zwischen Anlage- und Lagerinvestitionen**. Anlageinvestitionen betreffen das Produktionspotenzial der Volkswirtschaft, sie können **Ausrüstungsinvestitionen** (Maschinen, maschinelle Anlagen, Fahrzeuge, Betriebs- und Geschäftsausstattung) oder **Bauinvestitionen** (Wohnbauten, gewerbliche Bauten, Straßen, Brücken) sein. Die Lagerinvestition besteht aus der Änderung der Bestände der Volkswirtschaft an nicht dauerhaften Produktionsmitteln und Halb- und Fertigfabrikaten der Betriebe.

Die folgende Abbildung 5.19 zeigt am Beispiel der gesamtwirtschaftlichen Investitionen der Unternehmen, dass die privaten Investitionen relativ stark schwanken, sodass man plastisch von **Investitionswellen** sprechen kann.

Um erkennen zu können, welche Faktoren die Investitionstätigkeit der Unternehmen beeinflussen, wollen wir prüfen, wann eine Investition für den Investor lohnend ist. Dabei wird sich zeigen, dass hier ein wichtiger Faktor der Marktzins ist.

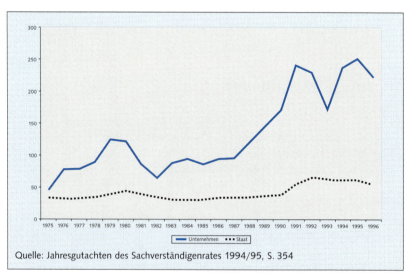

Abb. 5.19: Nettoinvestitionen von Unternehmen und Staat in Mrd. DM (früheres Bundesgebiet)

Bei jeder Investition entstehen zu Beginn Anschaffungs- oder Herstellungskosten (A), und üblicherweise erbringt jede Investition während ihrer Lebensdauer einen Strom von jährlichen Nettoeinnahmen (E) (Einnahmen minus Betriebsausgaben, ohne Abschreibungen).

Ein Beispiel stellt der Kauf einer Fotokopiermaschine dar, mit der der Investor gegen ein bestimmtes Entgelt pro angefertigter Fotokopie als selbständiger Unternehmer Kopierarbeiten übernehmen will. Am Anfang der Investition steht der Kauf der Maschine, der zu einem Preis von 5.000 Euro (Anschaffungsausgabe) erfolgen soll. Der Investor schätzt, dass das Gerät eine wirtschaftliche und technische Lebensdauer[4] von 4 Jahren haben wird und danach ohne Restkaufwert (aber auch ohne Kosten) verschrottet wird. Während der vier Jahre seiner Lebensdauer werden mit Hilfe des Gerätes Nettoeinnahmen erzielt, die sich in jedem Jahr aus dem Umsatz (verkaufte Fotokopien mal Stückpreis) vermindert um die Betriebsausgaben für Papier, Strom, Raummiete, Reparaturen, Arbeitslohn und Ähnlichem, ergeben.

Beispiel einer Wirtschaftlichkeitsüberlegung

Bezeichnen wir die erwarteten Nettoeinnahmen der Betriebsjahre des Gerätes mit E_1, E_2, E_3 und E_4, so können wir die Investition schematisch wie folgt darstellen.

0	1. Jahr	2. Jahr	3. Jahr	4. Jahr
–A	+E_1	+E_2	+E_3	+E_4
(–5.000)	(+1.700)	(+1.700)	(+1.700)	(+1.700)

Investition als Auszahlungs- und Einzahlungsreihe

Natürlich wird es für den Unternehmer im Einzelfall eine schwierige Aufgabe sein, die jährlichen Nettoeinnahmen und die wirtschaftliche Lebensdauer der Investition zu ermitteln. Da es sich um Zukunftsgrößen handelt, können sie je nach Art der Investition nur mit mehr oder weniger **Unsicherheit** geschätzt werden. Wir wollen die Unsicherheit zur Vereinfachung zunächst vernachlässigen und fragen, wann sich eine Investition unter diesen vereinfachten Bedingungen lohnt. Später berücksichtigen wir dann auch die Unsicherheit.

Damit wir nicht zwischen einer Kreditfinanzierung und einer Eigenfinanzierung zu unterscheiden brauchen, wollen wir annehmen, dass der Zinssatz für einen aufgenommenen Kredit dem Zinssatz entspricht, den man für eine Geldanlage im finanziellen Bereich – im Folgenden repräsentiert durch den Wertpapiermarkt – erhält. Es soll also nur **einen** Marktzinssatz für finanzielle Aktiva in der Volkswirtschaft geben. Ferner sei angenommen, dass es jederzeit möglich ist, zum Marktzinssatz Kredite im gewünschten Umfang zu erhalten oder liquide Mittel anzulegen.

---

[4] Man unterscheidet zwischen der technischen Lebensdauer einer Maschine, die angibt, wie lange sie technisch funktionsfähig sein wird, und der wirtschaftlichen Lebensdauer, die angibt, wie lange eine Maschine rentabel arbeitet. So sind z. B. Dampflokomotiven wirtschaftlich veraltet, aber technisch oft noch funktionsfähig.

Prüfung der Wirtschaftlichkeit einer Investition

In unserem Beispiel wendet der Investor heute 5.000 Euro (im Zeitpunkt 0) für den Kauf der Fotokopiermaschine auf. Er erhält – so wollen wir annehmen – **am Ende** jedes der vier Betriebsjahre der Maschine in einer Summe eine Nettoeinnahme von 1.700 Euro, insgesamt also 6.800 Euro. Damit ist die Summe der zukünftigen Nettoeinnahmen größer als die Anschaffungsausgabe. Dies ist zwar eine notwendige, nicht aber eine hinreichende Bedingung für die Wirtschaftlichkeit einer Investition. Es ist zu bedenken, dass z. B. 1.700 Euro, die nach vier Jahren dem Investor zufließen, heute nicht 1.700 Euro wert sind, sondern nur einen **Barwert** (= Gegenwartswert) haben in Höhe des Betrages, der – heute – angelegt in vier Jahren mit Zins und Zinseszins auf 1.700 Euro anwächst. Also sind die 1.700 Euro über vier Jahre mit dem Marktzins abzuzinsen, ihr Gegenwartswert beträgt

$$\frac{1.700}{(1+i)^4},$$

wobei i den Marktzinssatz bezeichnet.

Entsprechende Überlegungen gelten für die nach drei, zwei und nach einem Jahr anfallenden Nettoeinnahmen. Der Gegenwartswert sämtlicher Nettoeinnahmen ist dann gegeben als:

$$\frac{1.700}{(1+i)^1}+\frac{1.700}{(1+i)^2}+\frac{1.700}{(1+i)^3}+\frac{1.700}{(1+i)^4}.$$

Bei einem Marktzinssatz i per annum von z. B. 0,1 (10 %) ergibt dies:

1.545 + 1.405 + 1.277 + 1.161 = 5.388.

Die Summe der abgezinsten (diskontierten) Nettoeinnahmen ist also mit 5.388 Euro größer als die Anschaffungsausgabe von 5.000 Euro. Das aber bedeutet nichts anderes, als dass der Investor sich schlechter stehen würde, wenn er anstelle des Kaufes der Maschine das investierte Kapital vier Jahre mit Zins und Zinseszins in Wertpapieren anlegen würde. Denn der Gegenwartswert der Nettoeinnahmen (im Beispiel 5.388 Euro – zinstragend auf dem Wertpapiermarkt angelegt) würde einen höheren Ertrag erbringen als die Wertpapieranlage des vor Investitionsbeginn verfügbaren Kapitals von Euro 5.000. Das Kapital wird also bei Durchführung der **Realinvestition** höher verzinst als bei Alternativanlage auf dem Wertpapiermarkt (**Finanzinvestition**).

Wir halten fest:

> Eine (Real-)Investition ist lohnend, wenn die Summe der auf den Ausgabezeitpunkt für das Investitionsobjekt abgezinsten Nettoeinnahmen (ihr »Gegenwartswert«) größer ist als die Anschaffungsausgabe.

Bezeichnet man die Differenz aus der Summe der abgezinsten Nettoeinnahmen und der Anschaffungsausgabe als den **Kapitalwert** der Investition, so kann man die obige Bedingung für die Vorteilhaftigkeit einer Investition auch folgendermaßen ausdrücken:

Kapitalwertmethode

> Eine (Real-)Investition ist lohnend, wenn ihr Kapitalwert positiv (im Grenzfall Null) ist.

Die obigen Überlegungen zeigen, dass der Kapitalwert einer Investition bei gegebener Höhe und zeitlicher Verteilung der Nettoeinnahmen und gegebener Anschaffungsausgabe von **dem** Zinssatz abhängt, mit dem die zukünftigen Nettoeinnahmen abgezinst werden müssen. Je höher dieser Zinssatz ist, desto geringer ist ceteris paribus der Kapitalwert. Im Beispiel ergibt sich ein negativer Kapitalwert, wenn man von einem Zinssatz von 14 % ausgeht. Die Realinvestition ist dann nicht lohnend, denn der Investor würde sich besser stellen, wenn er sein Kapital zu 14 % Zinsen auf dem Wertpapiermarkt anlegen würde.

Investitionen sind abhängig vom Marktzins.

> Eine Investition ist also ceteris paribus umso eher lohnend, je niedriger der Marktzins ist.

Wir können unsere Überlegungen zur Wirtschaftlichkeit einer Investition noch in einer etwas anderen Weise ausdrücken, die für unsere weiteren Betrachtungen bedeutsam ist. Die zugrunde liegende Überlegung ist bei der Darstellung der Kapitalwertmethode schon angeklungen: Ein positiver Kapitalwert impliziert, dass die Verzinsung der Realinvestition größer ist als der zur Abzinsung der Nettoeinnahmen verwendete Zins. Ein negativer Kapitalwert zeigt an, dass die Verzinsung der Realinvestition kleiner ist als der zur Abzinsung der Nettoeinnahmen verwendete Zins. Ein Kapitalwert von Null zeigt also an, dass die Verzinsung (**Rendite**) der Realinvestition gleich ist dem zur Abzinsung der Nettoeinnahmen verwendeten Zins. Man kann also die Rendite der Realinvestition bestimmen, indem man **den** Zins sucht, der zu einem Kapitalwert der Investition von Null führt. Man nennt diesen Zins auch den **internen Zins** oder in Anlehnung an *Keynes* die **Grenzleistungsfähigkeit des Kapitals**. In unserem Beispiel ist der interne Zins r der Zins, der die Gleichung

Die Keynes'sche Grenzleistungsfähigkeit des Kapitals

$$\frac{1.700}{(1+r)^1} + \frac{1.700}{(1+r)^2} + \frac{1.700}{(1+r)^3} + \frac{1.700}{(1+r)^4} = 5.000$$

erfüllt. Auf die Beschreibung der rechnerischen Bestimmung des internen Zinses – die sehr kompliziert sein kann – soll hier nicht eingegangen werden.

Im Beispiel kann man durch Probieren finden, dass der interne Zins ca. 13,5 % beträgt. Bei einem Marktzins von 10 % würde sich der Kauf der Fotokopiermaschine also lohnen, weil die Verzinsung, die mit dieser Realinvestition verbunden ist (13,5 %), höher ist als die auf dem Wertpapiermarkt erzielbare Verzinsung (10 %). Anstatt zu sagen, eine Investition ist lohnend, wenn ihr Kapitalwert größer als Null ist, kann man also – logisch äquivalent – formulieren:

> Eine Realinvestition ist rentabel, wenn die Grenzleistungsfähigkeit des Kapitals größer ist als der Marktzins.

Auch in dieser Formulierung wird deutlich, dass sich ein bestimmtes Investitionsprojekt um so eher lohnt, je niedriger der Marktzins in der Volkswirtschaft ist. Hätte der Marktzins im Beispiel 14 % betragen, so wäre die Investition nicht rentabel gewesen.

Arbeitsaufgaben

1) Was verstehen Sie unter einer Produktionsfunktion?
2) Wodurch ist eine linear-limitationale, wodurch eine substitutionale Produktionsfunktion gekennzeichnet?
3) Was versteht man unter einer Isoquante, und wie verläuft diese bei einer substitutionalen Produktionsfunktion?
4) Was besagt das »Gesetz vom abnehmenden Ertragszuwachs«?
5) Wodurch ist die Minimalkostenkombination gekennzeichnet? Interpretieren Sie die Bedingung(en).
6) Erläutern Sie, warum der Verlauf der (Minimal-)Kostenkurve von den Skaleneigenschaften der Produktionsfunktion abhängt?
7) Zeichnen Sie bei einem »S«-förmigem Gesamtkostenverlauf und Existenz von Fixkosten die
   – Grenzkostenkurve,
   – Kurve der durchschnittlichen variablen Kosten,
   – Kurve der durchschnittlichen totalen Kosten.
8) Gegeben sei die Produktionsfunktion eines Unternehmens, das sich auf Absatz- und Beschaffungsmärkten als Mengenanpasser verhält.
   Seine kurzfristige Gewinnfunktion lautet:
   $$G = p \cdot y(N, \overline{K}) - W \cdot N - i \cdot \overline{K} = p \cdot a \cdot N^\beta - W \cdot N - i \cdot \overline{K}.$$
   Leiten Sie die kurzfristige Arbeitsnachfrage als Funktion des Reallohnsatzes her!
9) Geben Sie mögliche Begründungen für die negative Zinsabhängigkeit der Investitionen.

10) Erläutern Sie die der produktivitätsorientierten Lohnpolitik zu Grunde liegenden theoretischen Zusammenhänge.
11) Erläutern Sie die »Preis = Grenzkosten«-Regel für einen als Mengenanpasser handelnden Unternehmer.

Lösungsvorschläge für die Arbeitsaufgaben finden Sie im »Übungsbuch zu Grundlagen und Probleme der Volkswirtschaft«.

Literatur

Eine präzise, trotzdem einfach gehaltene Darstellung grundlegender produktions- und kostentheoretischer Begriffe und Zusammenhänge findet der Leser bei:
Demmler, Horst: Einführung in die Volkswirtschaftslehre. Elementare Preistheorie, 7. Aufl., München 2001.

Unter Verwendung einfacher formaler Instrumente informiert umfassender:
Herdzina, Klaus: Einführung in die Mikroökonomik, 10. Aufl., München 2005.
Lancaster, Kelvin: Moderne Mikroökonomie, 4. Aufl., Frankfurt a. M. 1991.
Schumann, Jochen: Grundzüge der mikroökonomischen Theorie, 7. Aufl., Berlin u. a. 1999.
Varian, Hal R.: Grundzüge der Mikroökonomik, 6. Aufl., München 2004.

Empfehlenswert – aber mathematische Kenntnisse voraussetzend – ist der Übersichtsartikel von:
Gabisch, Günter: Haushalte und Unternehmungen. In: Vahlens Kompendium der Wirtschaftstheorie und Wirtschaftspolitik, Bd. 2, 8. Aufl., München 2002, Kap. 1.

Zur Vertiefung der Modellzusammenhänge in grafischer Form eignet sich das Computerprogramm auf der beiliegenden CD.

6. Kapitel
Preisbildung auf unterschiedlichen Märkten

LERNZIELE

Leitfrage:
Wie bilden sich die Preise an einer Börse?
- Wie beeinflusst der Preis Angebot und Nachfrage?
- Wie beeinflussen Angebot und Nachfrage den Preis?
- Wie hängen die Einnahmen der Anbieter von der Preisbildung ab?

Leitfrage:
Welche Bedeutung hat die Marktform »vollkommene Konkurrenz«?
- Wie bilden sich Preise bei vollkommener Konkurrenz?
- Welche Vorzüge weist die vollkommene Konkurrenz auf?
- Warum ist vollkommene Konkurrenz nicht realisiert?

Leitfrage:
Welche Faktoren begrenzen den Preissetzungsspielraum eines den Preis selbst festsetzenden Anbieters?
- Wie wird üblicherweise der Preis kalkuliert?
- Welche Kontrollmechanismen begrenzen den Preisbildungsspielraum eines Monopolisten?
- Wie wird der Gewinn maximierende Monopolpreis ermittelt?
- Was ist ein natürliches Monopol?
- Was versteht man unter monopolistischer Konkurrenz?
- Welche Kontrollmechanismen begrenzen den Preisbildungsspielraum eines Oligopolisten?

1 Einteilung der Märkte

Märkte werden häufig nach der Zahl der Marktteilnehmer und nach der Organisationsform eingeteilt.

Märkte können verschiedene Erscheinungsformen annehmen. Diese unterschiedlichen Ausprägungen üben einen Einfluss auf den Preisbildungsprozess aus. Wir wollen uns damit begnügen, zwei Einflussgrößen herauszugreifen, nämlich die Organisationsform des Marktes und die Zahl der Anbieter und Nachfrager.

Hinsichtlich der Organisationsform sind zu unterscheiden:

Börsen

(a) Märkte, auf denen die Preise durch einen **Auktionator** nach Angebot und Nachfrage festgesetzt werden (Börsen). Auf solchen Märkten werden im Regelfall **homogene Güter** gehandelt, welche von einer sehr großen Zahl von Anbietern produziert und einer ebenfalls sehr großen Zahl von Wirtschaftseinheiten nachgefragt werden (**homogenes Polypol** bzw. vollständige Konkurrenz). Homogene Güter bedeutet, dass die von den verschiedenen Produzenten angebotenen Güter im Urteil der Nachfrager identisch sind, also perfekte Substitute darstellen (z. B. unverarbeitete Rohstoffe). Es gibt also auf Seiten der Nachfrager keine »Präferenzen« sachlicher, räumlicher oder persönlicher Natur in Bezug auf die einzelnen Anbieter bzw. deren Angebote. Aufgrund dessen kann es zwischen den Preisen der einzelnen Produzenten keine Unterschiede geben, da die Nachfrager bei Preisunterschieden sofort vollständig auf die preisgünstigsten Angebote ausweichen werden. Es wird sich ein **einheitlicher Marktpreis** einstellen, den beide Marktseiten (aufgrund ihrer »Gewichtslosigkeit« am Markt) als ein nicht von ihnen beeinflussbares Datum ansehen. Die Wirtschaftseinheiten sind hier also **Preisnehmer** bzw. Mengenanpasser (vgl. Kapitel 5, Abschnitt 8), d.h. sie verfügen über keine eigene Preissetzungsmacht.

Preisfixierer

(b) Märkte, auf denen der Anbieter den Preis seines Produktes festsetzt (**Preisfixierer**). Diese Form der Preisbildung setzt voraus, dass der Anbieter zumindest ein gewisses Maß an Preissetzungsmacht besitzt. Dies könnte z. B. darauf begründet sein, dass die Zahl der Anbieter eher klein ist, sodass der einzelne Anbieter »Gewicht« am Markt hat. Oder es existieren zu dem Produkt des Anbieters keine perfekten, sondern bestenfalls unvollkommene Substitute anderer Anbieter auf dem Markt. Natürlich kann auch beides gleichzeitig vorliegen. Preissetzung durch die Anbieter ist üblich für Industrie, Handwerk und Handel. Im Folgenden werden wir das Preissetzungsverhalten von Anbietern, die einer sehr großen Zahl von Nachfragern gegenüber stehen, für den Fall des **Monopols** (der Anbieter hat keine Konkurrenten), des **Oligopols** (der Anbieter hat einige wenige Konkurrenten) und des **heterogenen Polypols** (monopolistische Konkurrenz, der Anbieter hat viele Konkurrenten, die **ähnliche** Güter anbieten) untersuchen.

Von Spezialformen der Preisbildung wollen wir absehen, lediglich einige Hinweise geben. Von Bedeutung ist die Preisbildung auf dem **Arbeitsmarkt**. Hier stehen sich häufig ein Anbieter (Gewerkschaft als Vertreter der Arbeitnehmer) und ein Nachfrager (Arbeitgeberverband als Nachfrager nach Arbeit) in einem so genannten bilateralen (zweiseitigen) Monopol gegenüber. Hier hängt die Höhe des Preises der Arbeit (Geldlohnsatz) von der Stärke der Vertragsparteien (die unter anderem durch die gesamtwirtschaftliche Lage mitbestimmt wird) und von der Verhandlungsstrategie und -taktik der Tarifpartner ab.

Von Bedeutung ist auch die Festsetzung staatlicher Preise (z. B. bei Post-, Verkehrs- und kommunalen Versorgungsbetrieben) und staatlich kontrollierter Preise (insbesondere beim Agrarmarkt der Europäischen Union). Wir beschränken uns auf die Beschreibung der Preisbildung im Bereich der privaten Wirtschaft und bei staatlichen Monopolen.

2 Preisbildung bei vollkommener Konkurrenz auf einem Auktionsmarkt (Börse)

2.1 Preisbildung bei vollkommener Konkurrenz

Wir beschreiben die Preisbildung bei vollkommener Konkurrenz, weil sie lange Zeit Leitbildcharakter für den Koordinationsmechanismus in einer Marktwirtschaft besaß und auch heute zum Teil noch besitzt.

Vollkommene Konkurrenz als Leitbild?

Wie schon eingangs erläutert, spricht man von **vollkommener Konkurrenz** bzw. von einem **homogenen Polypol**, wenn ein Markt folgendermaßen beschrieben werden kann:

(1) Es stehen sich auf jeder Marktseite eine **sehr große Zahl** von Anbietern und Nachfragern gegenüber, deren individuelle Größe für den Gesamtmarkt unbedeutend ist. Ihr jeweiliger Anteil an der Gesamtkapazität von Angebot und Nachfrage ist also verschwindend gering.

Große Zahl von Marktteilnehmern

(2) Der Markt ist vollkommen in dem Sinn, dass alle Anbieter und Nachfrager ein praktisch **identisches (homogenes) Gut** handeln, dass sie über die Preise bestens informiert sind (**vollkommene Transparenz**), und dass sie auch ansonsten keinen Grund haben, einen Marktteilnehmer einem anderen vorzuziehen (**keine persönlichen oder räumlichen Präferenzen**).

Vollkommener Markt

Es stellt sich nun die Frage, wie sich der Preisbildungsprozess innerhalb eines solchen Marktes vollziehen kann. Die »natürliche« Organsitationsform ist hier die Auktion in Form einer Börse. Der Auktionator (Börsenveranstalter) ermittelt über die Kauf- und Verkaufsgebote der Marktteilnehmer denjenigen Preis, welcher Angebot und Nachfrage ins Gleichgewicht bringt. Der Marktpreis wird auf dieser Höhe festgesetzt und die Marktteilnehmer tätigen dann ihre bei diesem Preis geplanten Käufe und Verkäufe. Es herrscht Marktgleichgewicht. Der Auktionator kann diesen Gleichgewichtspreis – bildlich gesprochen – ermitteln, indem er für verschiedene Preise die jeweiligen Angebots- und Nachfragemengen miteinander vergleicht. Er wird also

Die Börse als »natürliche« Marktorganisation bei vollkommener Konkurrenz

Preise »ausrufen«, zu denen die Marktteilnehmer ihrer jeweiligen Mengenplanungen äußern. Solange noch keine Übereinstimmung von Angebot und Nachfrage hergestellt ist, wird er bei einem Nachfrageüberhang den ausgerufenen Preis erhöhen, bei einem Angebotsüberhang dagegen den ausgerufenen Preis senken. Da – wie bereits in den Kapiteln 4 und 5 erläutert – die nachgefragte Menge mit dem Preis abnimmt, die angebotene Menge dagegen zunimmt, wird über dieses »Trial-and-Error«-Verfahren schließlich der Gleichgewichtspreis bzw. Marktpreis gefunden (p^* in Abbildung 6.1), zu welchem die gewünschten Mengen (x^*) dann gehandelt werden. (Es sei darauf hingewiesen, dass Transaktionen **vor** der Bestimmung des Gleichgewichtspreises hier **nicht** möglich sind.)

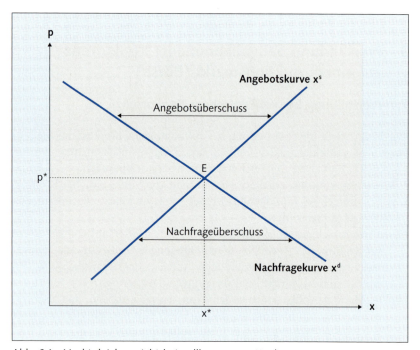

Abb. 6.1: Marktgleichgewicht bei vollkommener Konkurrenz

Der Markt als Institution für die Koordination der Wirtschaftspläne

Am Auktionsbeispiel wird die herausragende Bedeutung der Institution »Markt« für die Koordination der Wirtschaftspläne in einer Volkswirtschaft deutlich: Obwohl alle Marktteilnehmer ihre Pläne **unabhängig voneinander** aufstellen, führt der Preisbildungsprozess zu einer Abstimmung der Pläne, die es allen Marktteilnehmern ermöglicht, die von ihnen gewünschten Angebots- und Nachfragemengen auch tatsächlich zu realisieren. Der Leser mache sich klar, dass im Rahmen unseres Auktionsbeispiels die hierfür notwendigen Informationen der Marktteilnehmer denkbar gering sind. Genau genommen ist hier nur die Kenntnis des letztlich geltenden Marktpreises erforderlich, weil über den Auktionator sicher gestellt ist, dass die bei diesem Preis gewünschten Transaktionen auch tatsächlich durchführbar sind. Für die Koordination der Wirtschaftspläne genügen hier also lediglich **Preissignale**.

Das beschriebene Marktgleichgewicht bei vollkommener Konkurrenz lässt sich – zumindest theoretisch – auch ohne Existenz eines den Preis festsetzenden Auktionators herbeiführen. In einem solchen Fall müssten die Unternehmen allerdings den Preis ihres Gutes selbst setzen. Um dennoch (sofort) zu einem gleichgewichtigen Preis zu kommen, welcher die Absetzbarkeit der Produktmenge des einzelnen Anbieters gerade noch sicherstellt, ist hier jedoch der Informationsbedarf auf der Angebotsseite ungleich höher als im Auktionsfall. Genau genommen muss jeder Anbieter vollkommene Information über alle wirtschaftlichen Tatbestände besitzen, welche Einfluss auf das Angebots- und Nachfrageverhalten der anderen Teilnehmer auf seinem Markt haben. Nur dann kann er denjenigen (höchsten) Preis korrekt antizipieren, zu welchem er seine Absatzplanungen auch verwirklichen kann. Da ein solcher Informationsgrad unrealistisch ist, wird auch hier das Marktgleichgewicht bestenfalls über einen »Trial-and-Error«-Prozess erreichbar sein: Setzt das Unternehmen seinen Preis z. B. zu hoch, so wird es feststellen, dass es nicht die gewünschte Menge absetzen kann. Setzt es den Preis zu niedrig, so wird es mit einem Nachfrageüberhang konfrontiert werden, was nichts anderes bedeutet, als dass es seine Absatzmenge zu einem höheren Preis hätte verkaufen können. Die Fehleinschätzung zeigt sich hier also erst nachträglich (ex post) und ist mit entsprechenden Kosten verbunden (sei es in Form unerwünschter Lagerbestände bei zu hohem Preis oder in Form entgangener Gewinne bei zu niedrigem Preis).

Koordinationsprobleme bei Fehlen eines Auktionators

Dieser Problemkreis wird in der Volkswirtschaftslehre zumeist vernachlässigt. Üblicherweise wird hier lediglich auf den Zustand abgehoben, in welchem die »richtigen« Preise bereits bekannt sind, während der diesbezügliche Anpassungsprozess nicht weiter untersucht wird. Da in der Realität auf sehr vielen Märkten die Preise durch die Unternehmen gesetzt werden, sollte es jedoch klar sein, dass das theoretische Marktgleichgewicht in den seltensten Fällen (wenn überhaupt) erreicht wird. Dass die allgemeine Räumung der Märkte dennoch das zentrale Paradigma der modernen Volkswirtschaftslehre (geblieben) ist, kann allerdings dadurch gerechtfertigt werden, dass sie quasi den theoretisch möglichen Idealzustand widerspiegelt, in dessen Nähe sich die Volkswirtschaft bei im Grundsatz funktionierendem Preisanpassungsmechanismus befindet.

2.2 Wirkungen von Angebots- und Nachfrageverschiebungen auf den Gleichgewichtspreis

Wie wirken nun Angebots- oder Nachfrageverschiebungen auf die Höhe des Gleichgewichtspreises? Dies kann man sehr einfach durch Verschiebungen der Kurven in unserem Angebots-/Nachfragediagramm aufzeigen (Abbildungen 6.2, 6.3).

Steigt das Angebot bei unveränderter Nachfrage, so sinkt der gleichgewichtige Preis und steigt die gleichgewichtige Absatzmenge.

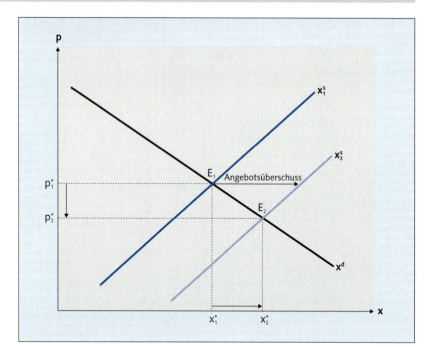

Abb. 6.2: Verschiebung des Marktgleichgewichts bei einer Angebotserhöhung

Steigt die Nachfrage bei unverändertem Angebot, so erhöhen sich der gleichgewichtige Preis und die gleichgewichtige Absatzmenge.

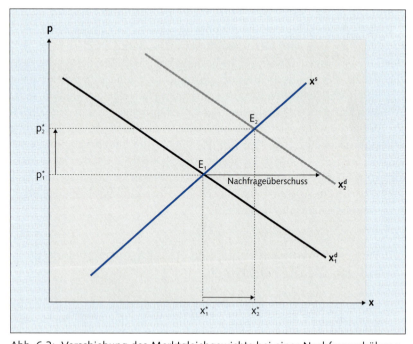

Abb. 6.3: Verschiebung des Marktgleichgewichts bei einer Nachfrageerhöhung

Nehmen wir z. B. an, dass auf dem betrachteten Markt zusätzliche Unternehmen als Anbieter auftreten. Dies führt dazu, dass sich jetzt bei jedem Preis des Gutes eine größere Angebotsmenge als zuvor ergibt. Die Angebotskurve verschiebt sich also nach rechts von x_1^s auf x_2^s. Beim alten Gleichgewichtspreis läge nun ein Angebotsüberhang vor. Infolge dessen sinkt der Gleichgewichtspreis von p_1^* auf p_2^*, während sich die gleichgewichtige Absatzmenge von x_1^* auf x_2^* erhöht.

> Bei unveränderter Nachfragekurve bewirkt eine Angebotserhöhung (Rechtsverschiebung der Angebotskurve) einen Preisrückgang und umgekehrt eine Angebotsverringerung (Linksverschiebung der Angebotskurve) eine Preiserhöhung.

Es stellt sich dabei die Frage, welche Auswirkungen sich auf den Gesamtumsatz der Unternehmen durch die Erhöhung der Absatzmenge bei gleichzeitig sinkendem Güterpreis ergeben. In Kapitel 4, Abschnitt 4.1 haben wir das Konzept der direkten Preiselastizität erläutert, welche die relative Mengenänderung zur relativen Preisänderung in Beziehung setzt. Ist die Nachfrage »unelastisch«, so wird die für das Gleichgewicht notwendige Preissenkung so stark ausfallen, dass die Unternehmen trotz gestiegener Absatzmenge einen geringeren Gesamtumsatz als vorher erzielen; die prozentuale Mengenerhöhung ist also geringer als der Betrag der sie bewirkenden prozentualen Preisverringerung. Bei »elastischer« Nachfrage wird dagegen die Preissenkung so gering sein, dass die Erhöhung der Absatzmenge ausreicht, um trotz gesunkenen Preises einen höheren Gesamtumsatz als zuvor zu erreichen; hier ist die prozentuale Zunahme der Nachfrage betragsmäßig größer als die sie bewirkende prozentuale Preissenkung.

Die Veränderung des Umsatzes bei Erhöhung des Angebotes hängt ab von der direkten Preiselastizität der Nachfrage.

Kommt es z. B. zu einem Anstieg der Güternachfrage aus dem Ausland, so wird die Nachfragekurve nach rechts verschoben (von x_1^d auf x_2^d), d. h. bei jedem Preis des Gutes wird nun eine größere Menge nachgefragt als zuvor. Beim alten Gleichgewichtspreis entsteht ein Nachfrageüberhang, der zu einer Erhöhung des Gleichgewichtspreises (von p_1^* auf p_2^*) und der gleichgewichtigen Absatzmenge (von x_1^* auf x_2^*) führt.

> Bei unveränderter Angebotskurve bewirkt eine Erhöhung der Nachfrage (Rechtsverschiebung der Nachfragekurve) einen Preisanstieg. Umgekehrt würde ein Rückgang der Nachfrage (Linksverschiebung der Nachfragekurve) eine Preissenkung hervorrufen.

3 Preissetzung durch den Anbieter

3.1 Grundvorstellung

Industrie und Handwerk setzen zumeist selbst die Preise fest, zu denen sie ihre Produkte zu verkaufen bereit sind, anstatt die Preisbildung einem Auktionator zu überlassen. Diese Preise sollen im Allgemeinen die Herstellungskosten decken und den Produzenten einen Gewinn erbringen.

In volkswirtschaftlichen Lehrbüchern wird in diesem Zusammenhang häufig davon ausgegangen, dass die Anbieter nach maximalem Gewinn streben (**Gewinnmaximierungshypothese**, vgl. Kapitel 5, Abschnitt 8). Ob dies tatsächlich der Fall ist, oder ob häufig nicht eher ein »angemessener« Gewinn angestrebt wird, sei hier dahingestellt. Jedenfalls ist Gewinnstreben in einer Marktwirtschaft durchaus notwendig und auch ein legitimes Ziel, da bei Gewinnmaximierung die Kaufbereitschaft der Güternachfrager (und damit deren Bedarfsstruktur) adäquat Berücksichtigung findet.

Gewinnmaximierung erfolgt bei Gleichheit von Grenzerlös und Grenzkosten.

> Jede unternehmerische Planung muss sich nun im Grunde auf den Vergleich der zusätzlichen Kosten (Grenzkosten) einer Maßnahme mit dem daraus resultierenden zusätzlichen Umsatz (Grenzumsatz bzw. Grenzerlös) zurückführen lassen. Solange die Grenzkosten von Produktion und Absatz kleiner sind als der zusätzliche Umsatz, erhöht eine Produktionsausweitung den Gewinn des Anbieters (möglicherweise vermindert sie auch nur seinen Verlust). Entsprechendes gilt umgekehrt. Wenn Anbieter also nach maximalem Gewinn streben, müssten sie den Preis für ihr Produkt so festsetzen, dass bei Absatz der gemäß ihrer Preis-Absatz-Funktion zugehörigen Menge **Grenzerlös gleich Grenzkosten** ist.

In der Praxis erfolgt häufig ein Aufschlag auf die Normalkosten.

In der Praxis scheint eine solche Grenzkalkulation jedoch häufig zu kompliziert zu sein, insbesondere da Grenzerlös und Grenzkosten oft gar nicht bekannt sind. Anbieter setzen ihre Preise deshalb häufig so, dass sie auf die Stückkosten der Produktion, die bei normaler Kapazitätsauslastung anfallen (Normalkosten), einen Aufschlag erheben.[1] Bei fallendem Verlauf der Stückkostenkurve kann dann die Preisbildung durch die folgende Abbildung 6.4 illustriert werden.

Geht die Firma von einer normalen Kapazitätsauslastung z. B. x_1 aus und setzt den Preis p_1, hat sie einen Gewinnaufschlag in Höhe von g. Diese Gewinnspanne wird bei konstantem Preis steigen, wenn die Firma ihre Kapazität zu mehr als x_1 auslasten kann, und sinken, wenn sie ihre Kapazität aufgrund geringer Nachfrage zu weniger als x_1 auslasten kann. Dass die Gewinne mit sinkender Kapazitätsauslastung sinken, ist ein Argument, mit

---

[1] Dies muss nicht notwendigerweise in einem Widerspruch zur »Grenzerlös = Grenzkosten«-Regel stehen.

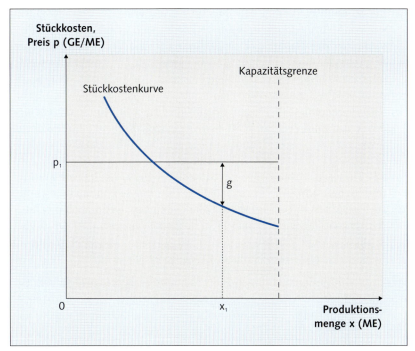

Abb. 6.4: Gewinnaufschlag auf die Stückkosten (Normalkostenprinzip)

dem Anbieter Preiserhöhungen bei sinkender Nachfrage begründen. Es wären dann umgekehrt mit steigender Nachfrage – die bei konstantem Preis ja Gewinnspanne und Gesamtgewinn erhöht – sinkende Preise zu erwarten. Doch fehlt bei steigender Nachfrage der Druck, Preise zu senken, sofern nicht Anbieterkonkurrenz dafür sorgt. Mit der Existenz bzw. Nicht-Existenz dieser Konkurrenz wollen wir uns im Folgenden befassen.

3.2 Preissetzung im Monopol

Man spricht von einem **Monopol**, wenn auf einem Markt nur ein Anbieter vorhanden ist, der Monopolist hat also keine Konkurrenten, die das gleiche Gut oder (hinreichend) ähnliche Güter produzieren. Unter ähnlichen Gütern versteht man hier solche Güter, die in einer engen Substitutionskonkurrenz zueinander stehen (hohe positive Kreuzpreiselastizität, vgl. Kapitel 4, Abschnitt 4.2). Der Absatz des Monopolisten ist dann nicht (genau genommen nicht fühlbar) von den Preisen **einzelner** anderer Anbieter abhängig.[2] Um falsche Vorstellungen zu vermeiden, wollen wir auf drei Dinge hinweisen:

Ein Monopolist hat keine Konkurrenten auf seinem Markt.

---

[2] Die in vielen Lehrbüchern zu findende Defintion, der Monopolist sei ein Anbieter, dessen Absatz unabhängig von den Preisen aller anderen Güter ist, ist streng genommen ungenau. Letztlich konkurrieren alle Anbieter um das Gesamtbudget der Güternachfra-

(a) Ein Monopolist kann nicht seinen Preis und gleichzeitig unabhängig davon die Menge festsetzen, die er verkaufen will. Er muss sehr wohl das **Verhalten der Nachfrager** in Rechnung stellen und berücksichtigen, dass er in der Regel umso weniger absetzen kann, je höher er seinen Preis setzt. Er steht also einer fallenden Nachfragekurve für sein Produkt gegenüber (**Preis-Absatz-Kurve**).

(b) Kein Monopolist im obigen Begriffssinne ist z. B. der Produzent von BMW-Automobilen. BMW ist zwar der einzige Anbieter von BMW-Automobilen, steht aber dennoch in enger **Substitutionskonkurrenz** z. B. zu Mercedes, Porsche, Alfa Romeo etc.

(c) Ein Monopolist muss normalerweise die so genannte **latente Konkurrenz** berücksichtigen. Es ist möglich, dass bei sehr hohen Gewinnen auch andere Anbieter auf diesen Markt drängen, wenn auch die Tatsache, dass ein Monopol besteht, i. d. R. darauf hinweist, dass der Zugang zu diesem Markt erschwert ist oder die Marktgröße bei der gegebenen Technologie nur einem Anbieter Gewinnmöglichkeiten lässt.

Wie setzt ein Monopolist seinen Preis, wenn er nach größtmöglichem Gewinn strebt?

Abbildung 6.5 zeigt eine normal verlaufende Nachfragekurve, der der Monopolist gegenübersteht und die ihm bekannt sein soll.[3] Da er im Allgemeinen versuchen wird, den Gewinn maximierenden Preis (Aktionsparameter) festzulegen, der zu einer bestimmten Absatzmenge (Erwartungsparameter) führen wird, bezeichnet man die Nachfragekurve aus der Sicht des Monopolisten auch als seine **Preis-Absatz-Kurve**. Welchen Punkt auf der Nachfragekurve wird er bei der angenommenen Zielsetzung realisieren? Wie schon ausgeführt, ist die grundsätzliche Überlegung die des Vergleichs zwischen Grenzerlös (Grenzumsatz) und Grenzkosten. Das Gewinnmaximum ist durch die Gleichheit von Grenzerlös und Grenzkosten gekennzeichnet. Da der Monopolist, ausgehend von einer beliebigen Preis-Mengen-Kombination auf der Nachfragekurve, seinen Absatz nur steigern kann, wenn er mit dem Preis heruntergeht, ist der Grenzerlös kleiner als der Preis. Für die zusätzlich abgesetzte Gütereinheit erhält er den (gesenkten) Preis, gleichzeitig müssen die bisher abgesetzten Produkteinheiten ebenfalls zu dem niedrigeren Preis abgesetzt werden. Die Grenzerlöskurve verläuft deshalb in ihrem ganzen Bereich unterhalb der Nachfragekurve. Bei einer linearen Absatzfunktion hat sie den in Abbildung 6.5 eingezeichneten Verlauf. Man beachte, dass – abhängig von der Elastizität der Nachfrage – der Grenzerlös auch negative Werte annimmt, eben dann, wenn die aufsummierten Preiseinbußen bei der bisherigen Absatzmenge den Preis der letzten Absatzeinheit über-

---

ger, sodass **gesamtwirtschaftlich spürbare** Preisänderungen auf den anderen Märkten und damit Preisniveauänderungen wegen der Einkommensbeschränkung der Güternachfrager notwendigerweise auf die Absatzsituation des Monopolisten spürbar rückwirken werden.

3 Tatsächlich wird der Monopolist in der Realität nur eine ungefähre Vorstellung von der Nachfragekurve haben.

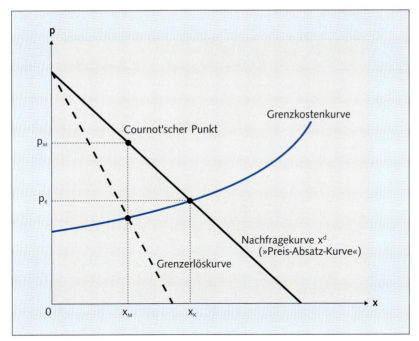

Abb. 6.5: Gewinnmaximierung im Angebotsmonopol

schreiten. Durch den Punkt, in dem sich Grenzerlöskurve und Grenzkostenkurve schneiden und damit die Grenzkosten dem Grenzerlös entsprechen, ist die Gewinn maximierende Menge x_M bestimmt. Der dieser Menge entsprechende Monopolpreis ist auf der Nachfragekurve durch p_M gegeben. Dieser Punkt **auf der Nachfragekurve** wird auch als *Cournot'scher Punkt* bezeichnet.

Bei der Cournotmenge x_M sind die Grenzerlöse des Monopolisten gleich seinen Grenzkosten.

Würde sich der Monopolist wie die Anbieter bei vollständiger Konkurrenz verhalten, so würde er der »Preis = Grenzkosten«-Regel folgen und die Menge x_K zum Preise p_K anbieten.[4] Aus diesem Grund wird der Monopolist in der Volkswirtschaftslehre kritisch beurteilt: Er produziert weniger und verlangt einen höheren Preis als Anbieter unter Konkurrenzbedingungen. Allerdings ist zu dieser Argumentation anzumerken, dass sie eine Identität der aggregierten Grenzkostenkurve der Konkurrenzanbieter und der des Monopolisten unterstellt. Dies ist jedoch nicht zwingend (vermutlich nicht einmal wahrscheinlich), denn es ist nicht auszuschließen, dass die Betriebsgröße des einzelnen Anbieters Einfluss auf die einzelwirtschaftlich optimale Technologie und damit auf den Grenzkostenverlauf hat.

Was sind die **Gründe für die Entstehung eines Monopols**? Zwei Gründe sind zentral:

Warum gibt es Monopole?

---

[4] Für den Anbieter bei vollständiger Konkurrenz ist der Grenzerlös gleich dem Preis, da er zum Marktpreis annahmegemäß jede beliebige Menge absetzen kann (Mengenanpasser, vgl. Kapitel 5, Abschnitt 8).

6. Preisbildung auf unterschiedlichen Märkten

Künstliche Zugangsbeschränkungen

1. Der Zugang zu einem Markt, auf dem aufgrund der Marktgröße mehrere Unternehmen mit Gewinn oder zumindest Kosten deckend anbieten könnten, ist künstlich auf einen Anbieter beschränkt. Das kann z. B. durch Patente oder auch durch willkürliche staatliche Setzung bedingt sein.

»Natürliche Zugangsbeschränkungen«

2. Aufgrund der gegebenen technischen Bedingungen ergeben sich für alle Ausbringungsmengen unterhalb derjenigen des Cournotschen Punktes abnehmende Durchschnittskosten (z. B. wegen wachsender Skalenerträge oder sehr hoher Fixkosten). Der Monopolist wird dann immer zu geringeren Durchschnittskosten produzieren, als wenn dieselbe Produktmenge insgesamt von mehreren (kleineren) Unternehmen hergestellt werden würde. Infolge dessen können kleinere Unternehmen im Preiswettbewerb nicht bestehen und werden bei korrekter Einschätzung dieser Situation auf den Markteintritt verzichten. Gleichzeitig ergibt sich hieraus für mehrere Anbieter der Anreiz, sich in einem Unternehmen zusammenzuschließen, weil durch diese Konzentration dieselbe Gesamtmenge zu geringeren Durchschnittskosten produziert, der Gewinn für alle Beteiligten also erhöht werden kann. Dies ist der Fall des so genannten **»natürlichen« Monopols**.

Für die Marktform des (reinen) Monopols lassen sich nur relativ wenige Beispiele finden. Zu der unter 1. beschriebenen Gruppe gehörte etwa das frühere Zündholz-Monopol in der Bundesrepublik. Private Monopole mit größerer wirtschaftlicher Bedeutung sind kaum zu finden. Häufig gibt es kleinere, meist regional beschränkte Monopole, wie die Skischule eines Wintersportortes. Die unter 2. erläuterten besonderen technischen Bedingungen wurden (vor der Liberalisierung der Energie- und Telekommunikationsmärkte in der Bundesrepublik) häufig als Rechtfertigung monopolistischer kommunaler Versorgungsunternehmen, wie Elektrizitätswerke, Erdgasanbieter oder Telefongesellschaften, angeführt. Solche Versorgungsunternehmen werden gerne als Beispiel für ein »natürliches« Monopol genannt, weil die Technologie hier im Regelfall gewaltige Investitionen (und damit Fixkosten) voraussetzt. Sinnvoll kann es in einer solchen Situation sein, dem Staat die entsprechende Produktion zu übertragen und ihn zu verpflichten, zu Kosten deckenden Preisen anzubieten, also zum Preis, bei dem die Durchschnittskosten gerade gedeckt werden. Problematisch an dieser Argumentation ist vor allem, dass solche staatlichen Unternehmen häufig nicht sehr auf Kostensenkung achten und/oder die Kosten zu hoch beziffern, was ein Motiv für die oben angeführte Liberalisierung gewesen sein mag.

3.3 Preissetzung im Oligopol

Oligopole als vorherrschende Marktform einer modernen Wirtschaft

Befinden sich auf einem Markt einige **wenige, relativ große Anbieter,** so spricht man von einem Oligopol. Sind die angebotenen Produkte im Urteil der Käufer (praktisch) identisch, so handelt es sich um ein **homogenes Oligopol**, sonst um ein **heterogenes Oligopol**. Wir wollen uns hier auf die Behandlung des heterogenen Oligopols beschränken. In diesem Fall bieten die Oligopolisten ähnliche (aber nicht identische) Güter an und der Absatz eines Anbieters ist nicht nur von seinem eigenen Preis abhängig (wie beim Monopol), sondern auch vom Preis jedes einzelnen der Mitanbieter. Die wechselseitige Abhängigkeit ist umso größer, je homogener die Produkte in den Augen der Käufer sind. Beispiele für die Marktform des (heterogenen) Oligopols sind in großer Zahl zu finden: der Markt für Automobile bestimmter Klassen, Reifen, Mineralöl, Zigaretten, Stahl und Kunststoffe.

> Man kann sagen, dass das Oligopol die vorherrschende Marktform einer modernen Wirtschaft ist.

Während ein Monopolist bei seiner Preissetzung nur die Reaktion der Nachfrager berücksichtigen muss und gegebenenfalls die latente Konkurrenz, hat ein Oligopolist gewissermaßen zwei Fronten zu berücksichtigen: Da der Absatz der Konkurrenten des Oligopolisten fühlbar von seinem Preis abhängt, werden diese auf seine Preisänderungen reagieren. Ein Oligopolist muss also sowohl die Marktseite der Nachfrager beobachten als auch das Verhalten seiner Konkurrenten in seine Planungen einbeziehen.

Generell gilt, dass die Preise, die ein oligopolistischer Anbieter fordern kann, im Wesentlichen durch die Preise der Konkurrenten bestimmt sind. So können die Benzinpreise verschiedener Firmen nicht wesentlich differieren, so kann ein VW Golf nicht merklich teurer sein als ein Honda Civic, so muss ein VW Golf billiger sein als ein 3er BMW und dieser wiederum billiger als ein Peugeot 406. Die Gewinnspanne der Hersteller hängt damit im Wesentlichen von ihrer Kostenkurve ab. Je rationeller die Fertigungsmethoden, desto größer die Gewinnspanne.

Der Preissetzungsspielraum eines Oligopolisten wird begrenzt durch die Preise seiner Konkurrenten.

Besonders deutlich wird die wechselseitige Preisabhängigkeit bei beabsichtigten Preisänderungen, die ein Anbieter sehr sorgfältig planen muss.

Überlegungen bei ...

Senkt ein oligopolistischer Anbieter seinen Preis, werden die Konkurrenten einen großen Teil ihres Absatzes verlieren, wenn die Nachfrager keinen wesentlichen Unterschied bei den Produkten sehen. Um den Absatzverlust zu verhindern, werden die Konkurrenten ebenfalls ihre Preise senken müssen, möglicherweise in gleichem Ausmaß oder noch stärker. So wird jeder Anbieter die auf ihn entfallende Nachfrage unter der Voraussetzung schätzen müssen, dass bei einer Preissenkung die Konkurrenten folgen werden. Die Konsequenz ist, dass jeder Anbieter sich eine Preissenkung sehr genau überlegen muss, vor allem, da er nicht sicher sein kann, dass sich nicht aus der ursprünglichen Preissenkung ein ruinöser Preiskampf entwickelt.

... einer beabsichtigten Preissenkung

Erhöht ein oligopolistischer Anbieter seinen Preis, wird sein Absatz fühlbar zurückgehen, der Absatz der übrigen hingegen zunehmen, wenn diese ihre Preise konstant lassen. Während bei einer Preissenkung eines einzelnen Anbieters für diesen zu »befürchten« ist, dass die anderen folgen, muss er

... einer beabsichtigten Preiserhöhung

jetzt »befürchten«, dass sie einer Preiserhöhung nicht folgen. Daher muss auch eine Preiserhöhung vom Anbieter gründlich überlegt sein.

Aus dieser Unsicherheit über die Reaktion der Konkurrenten ergeben sich Risiken für den Anbieter, der mit der Preisänderung beginnt. Dies ist eine Erklärung dafür, dass man auf oligopolistischen Märkten häufig lange Perioden fester Preise beobachten kann, auch wenn sich Kosten und Nachfrage verändern. Diese Preisstarrheit bei Kosten und/oder Nachfrageverschiebungen bezeichnet man oft mit dem Begriff »**administrierte Preise**«[5].

Die Gewinnspanne und der Gesamtgewinn oligopolistischer Anbieter hängen mithin – bei vergleichsweise großer Preisstarrheit und gegebenem Stückkostenverlauf – von der Höhe der Nachfrage ab. Es liegt folglich die in Abschnitt 3.1 (Abbildung 6.4) dargestellte Situation vor.

Mögliche Gruppensolidarität

Wegen der starken wechselseitigen Abhängigkeit der Anbieter können sich in einem Lernprozess bestimmte Verhaltensregeln herausbilden mit dem Ziel, das Risiko von Einzelaktionen zu vermindern. Möglich ist z. B. die Anerkennung eines **Preisführers**. Ein Anbieter erhöht seine Preise und gibt seinen Konkurrenten damit das Signal zu Preiserhöhungen ihrerseits. Wenn sie alle ihre Preise erhöhen, so haben alle einen Vorteil, sofern die Nachfrage nicht drastisch reagiert; wenn die Konkurrenten dagegen der Preiserhöhung nicht folgen, wäre auch der Preisführer gezwungen, seinen Preis wieder zu senken, und kein Anbieter hätte dann einen Vorteil. Weitergehende Möglichkeiten, die Rivalität unter den Anbietern zu verringern, wären direkte Absprachen über gemeinsame Preisänderungen oder andere Formen eines Kartells.

> Die Frage ist, ob der Wettbewerb im Oligopol seine Funktionen erfüllt. Der Wettbewerb zwischen Anbietern sollte unter anderem dafür sorgen, dass[6]:
> (1) die Gewinnspanne der Hersteller auf die Dauer nicht ungerechtfertigt hoch ist;
> (2) laufend neue Produkte eingeführt werden, die den Verbraucherwünschen besser entsprechen als die alten;
> (3) laufend verbesserte Produktionsverfahren angewendet werden, die die Herstellkosten und Preise der Produkte senken.

Grundsätzlich **kann** der Wettbewerb einiger weniger Anbieter diese Funktionen erfüllen. Jedenfalls besteht ein Anreiz, die eigenen Gewinne durch Produktinnovationen oder verbesserte Produktionsverfahren zu erhöhen; nur der Druck zu Preissenkungen ist nicht sehr ausgeprägt, weil Oligopolisten immer annehmen müssen, dass Konkurrenten der Preissenkung folgen.

---

5 Administrierte Preise sind **nicht** mit »administrativen Preisen«, also staatlich festgesetzten Preisen, zu verwechseln.
6 Eine umfassendere Beschreibung der Aufgaben des Wettbewerbs enthält Kapitel 7.

Zum Schaden der Verbraucher ist es allerdings oft einfacher, statt neue Produkte zu entwickeln, dem Verbraucher mit den Mitteln der Werbung einzureden, eine neue Verpackung oder ein neuer Werbeslogan bedeuteten ein neues Produkt. Und generell sind stets mögliche Absprachen ein einfaches Mittel, unerwünschtem Wettbewerb zu entgehen. Dass aber Absprachen getroffen werden, ist nicht die notwendige Folge oligopolistischer Märkte.

Wesentlich für unsere Wirtschaftordnung ist es, dass **Kontrollmechanismen** vorhanden sind, die die wirtschaftliche Macht von einzelnen Marktteilnehmern beschränken. Wichtig ist hier vor allem die Sicherung des freien Marktzuganges.

3.4 Preissetzung im heterogenen Polypol

Sowohl vollkommene Konkurrenz als auch Monopole gibt es in der Realität selten. Wir wollen deshalb auf eine Zwischenform von Konkurrenz und Monopol hinweisen: die **monopolistische Konkurrenz** bzw. das heterogene Polypol. Diese Marktform ist durch das Bestehen vieler Anbieter (polypolistische Konkurrenz) gekennzeichnet, die aber nicht auf einem vollkommenen Markt ein homogenes Gut, sondern **heterogene, jedoch ähnliche Güter** anbieten. Dies hat – wie im Fall des heterogenen Oligopols – die Folge, dass für den einzelnen Anbieter nachfrageseitige **Preisspielräume innerhalb bestimmter Grenzen** existieren.[7] Im Unterschied zum Oligopol muss der Anbieter hier jedoch aufgrund seines (verschwindend) geringen Marktanteils **nicht** befürchten, dass eigene Preisänderungen zu spürbaren Reaktionen der Mitanbieter auf dem Markt führen. Die Frage ist allerdings, wie groß der Preisspielraum des einzelnen Anbieters ist, innerhalb dessen Preisänderungen nur zu **moderaten** Anpassungen der Nachfrage nach seinem Gut führen werden (»monopolistischer Preisspielraum«). Hier wird üblicherweise zwischen zwei Fällen unterschieden:

> Das heterogene Polypol ist eine Marktform zwischen Monopol und vollkommener Konkurrenz.

1. Der monopolistische Preisspielraum umfasst den gesamten Bereich der Preis-Absatz-Funktion des Anbieters, d.h. der Absatz passt sich durchgehend moderat an Preisänderungen des Monopolisten an.
2. Der monopolistische Preisspielraum umfasst nur einen eingeschränkten Bereich um den Durchschnittspreis der Konkurrenten herum, während jenseits dieses Bereiches von Preisänderungen des Anbieters **drastische** Anpassungen der Nachfrage nach seinem Gut ausgehen werden.

> Zwei unterschiedliche Formen der Preis-Absatz-Funktion

Betrachten wir zunächst den 1. Fall: Der – monopolistischer Konkurrenz unterliegende – einzelne Anbieter sieht sich hier einer Preis-Absatz-Funktion bzw. Nachfragekurve gegenüber, welche grundsätzlich dieselbe Gestalt hat wie die Preis-Absatz-Funktion eines »echten« Monopolisten. Allerdings ist sie nur auf ein kleines Marktsegment bezogen. Das individuelle Markt-

---

7 Entsprechende Preisspielräume würden sich auch ergeben, wenn zwar die Güter homogen wären, jedoch die Markttransparenz bezüglich der Güterpreise eingeschränkt wäre.

Kurz- und langfristige Gewinnsituation des Anbieters

gleichgewicht lässt sich für diesen Anbieter wie im Monopolfall gemäß der »Grenzerlös = Grenzkosten«-Regel bestimmen. Die gewinnmaximale Position wird wie gehabt im *Cournot*'schen Punkt erreicht (siehe Abbildungen 6.5 und 6.6).

Das Geschehen auf einem solchen Markt wird allerdings nicht nur durch viele grundsätzlich konkurrierende Anbieter bestimmt, sondern auch durch die Möglichkeit eines leichten Marktzugangs, von dem neue Anbieter immer dann Gebrauch machen werden, wenn sie durch Extragewinne auf diesem Markt angelockt werden. Unter Extragewinnen versteht man solche Gewinne, welche über die »normale« Verzinsung des Kapitals hinausgehen. Dies ist so lange der Fall, wie der Gewinn maximierende Preis des Anbieters oberhalb der Stückkosten liegt (vgl. Punkt C in Abbildung 6.6). Mit dem Markteintritt neuer Anbieter verteilt sich dann die insgesamt vorhandene Nachfrage auf mehr Anbieter, d. h. die individuelle Preis-Absatz-Kurve verschiebt sich nach links. Dieser Prozess vollzieht sich so lange, bis der Extragewinn auf Null abgebaut ist. Die neue Nachfragekurve des betrachteten Anbieters (x_2^d) ist dann Tangente der Stückkostenkurve, wobei der Tangentialpunkt gleichzeitig der neue (langfristige) Cournot'sche Punkt C' ist.

Die »doppelt geknickte« Preis-Absatz-Funktion

Im 2. Fall erstreckt sich der monopolistische Preisspielraum – wie bereits oben erläutert – nicht über die gesamte Preis-Absatz-Funktion (was auch eine extreme Bindung der Nachfrager an die jeweiligen Anbieter voraussetzen würde), sondern er ist nach oben und unten begrenzt. Innerhalb dieses

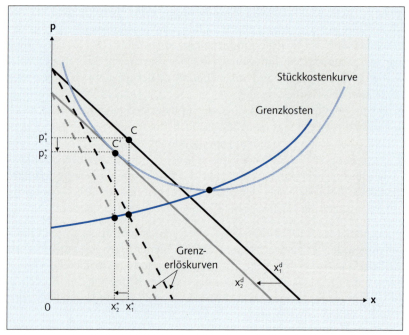

Abb. 6.6: Kurz- und langfristiges Gleichgewicht des Anbieters bei monopolistischer Konkurrenz

Bereiches führen Preisänderungen nur zu geringen Absatzveränderungen, jenseits dagegen zu drastischen. Die nachfolgende Abbildung 6.7 verdeutlicht den Sachverhalt: Der monopolistische Preisspielraum liegt innerhalb des Preisintervalls [p_A, p_B]. Der Versuch den Preis über p_B hinaus anzuheben, würde mit einem praktisch vollständigen Wegbrechen der Nachfrage, d.h. einem Abwandern der Nachfrager zur Konkurrenz sanktioniert werden. Eine Senkung des Preises unter p_A würde **bei unverändertem Preisverhalten der Mitanbieter** zu einer massiven Abwerbung der Nachfrager der Konkurrenten führen. Die dadurch bedingte Zunahme des Marktanteils des betrachteten Anbieters wäre jedoch für die Konkurrenten deutlich spürbar, sodass diese ebenfalls ihre Preise senken würden. Die Folge wäre – ähnlich wie im Fall des heterogenen Oligopols – ein ruinöser Preiswettbewerb.

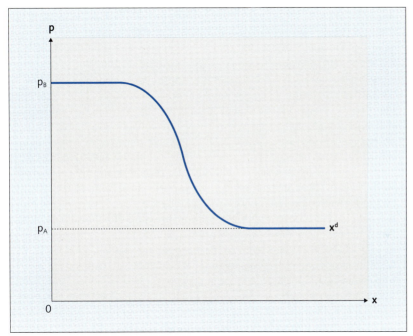

Abb. 6.7: Die »doppelt geknickte« Preis-Absatz-Funktion bei beschränktem monopolistischen Preisspielraum

4 Zusammenfassung der wesentlichen Funktionen des Preismechanismus

Zusammenfassend können wir feststellen: Im Grundsatz unabhängig von der Marktform kommt dem Preis die zentrale Rolle zu, die Pläne der Anbieter und Nachfrager ohne dirigistische Maßnahmen aufeinander abzustimmen. Dies gelingt durch die **Funktionsweise des Preismechanismus**, die hier noch einmal dargestellt werden soll:

Ist das geplante Angebot größer als die geplante Nachfrage, so sinkt der Preis. Daraufhin steigt die nachgefragte Menge, und das geplante Angebot geht zurück bis Gleichgewicht herrscht. Ist umgekehrt die geplante Nachfrage größer als das geplante Angebot, so steigt der Preis. Mit steigendem Preis sinkt die nachgefragte Menge, und es erhöht sich das geplante Angebot so lange, bis Gleichgewicht herrscht (**Gleichgewichtsfunktion des Preises**). Es gibt auf die Dauer weder unverkäufliche Mengen bei den Produzenten (kein Angebotsüberhang) noch eine Nachfrage, die bei diesem Preis nicht befriedigt wird (kein Nachfrageüberhang).

Man muss dabei aber sehen, dass die Koordination durch den Preis in einem bestimmten Sinn unsozial ist: Ein steigender Preis »rationiert« die Nachfrage und beschränkt tendenziell die Nachfrage der weniger Kaufkräftigen. Wegen dieser unsozialen Rationierungsfunktion des Preises (vgl. Kapitel 2, Abschnitt 4.4) werden bei der Koordination der Wirtschaftspläne von Produzenten und Konsumenten also eher die Bedürfnisse der kaufkräftigen Nachfrager berücksichtigt als die Wünsche aller Verbraucher. So wird teures Hundefutter produziert, während manche Menschen sich kein Fleisch kaufen können.

Der Preis ist weiterhin ein ideales Instrument, die für die Entscheidungen von Produzenten und Konsumenten notwendigen Informationen zu liefern. Verschiebt sich z. B. die Nachfragekurve nach rechts (Erhöhung der Nachfrage), so wird bei dem alten Preis ein Nachfrageüberhang entstehen, und die Konkurrenz unter den Nachfragern wird den Preis in die Höhe treiben. Dies ist dann ein Signal für die bisherigen Anbieter, mehr zu produzieren, und für andere Anbieter, ebenfalls auf diesem Markt zu produzieren und anzubieten (**Informationsfunktion des Preises**). Es müssen dann mehr Produktionsfaktoren (Arbeitskräfte und Rohstoffe) für die Produktion auf diesem Markt nachgefragt werden, und somit lenkt der Preis auch die Verteilung der Produktivkräfte (**Allokation der Ressourcen**) auf die Produktion von Gütern, die von den kaufkräftigen Verbrauchern begehrt werden. Andererseits »lenken« die Preise wiederum die Nachfrage: Wird z. B. ein Rohstoff (etwa Zinn) knapp, so werden die steigenden Preise für Zinnprodukte dem Verbraucher signalisieren, weniger davon zu kaufen. Es sollte gesehen werden, dass der Preis die Informationen so wirtschaftlich wie möglich vor allem an diejenigen liefert, für die sie von Bedeutung sind (z. B. nur an mögliche Nachfrager von Zinnprodukten) und nur in einem Ausmaß, das notwendig ist (so braucht man nicht zu wissen, warum Zinn knapp und teuer ist).

Die Information durch den Preis genügt jedoch nicht; es muss auch erreicht werden, dass die Produzenten das Gewünschte produzieren. Dazu ist ein **Sanktionssystem** erforderlich, das in einer Marktwirtschaft durch die Möglichkeit der Gewinnerzielung geschaffen wird. Anbieter, die sich einer veränderten Marktlage schneller anpassen als ihre Konkurrenten, werden durch vorübergehend höhere Gewinne oder geringere

Verluste belohnt, Nachzügler durch entgangene Gewinne oder größere Verluste bestraft. Dass auf diese Weise der Egoismus der einzelnen Produzenten zu einem gesamtwirtschaftlichen Vorteil führt, ist eine Erkenntnis, die der Begründer der Volkswirtschaftslehre, *Adam Smith*, bereits vor über 200 Jahren formulierte:

»Nicht von dem Wohlwollen des Fleischers, Brauers oder Bäckers erwarten wir unsere Mahlzeit, sondern von ihrer Bedachtnahme auf ihr eigenes Interesse. Wir wenden uns nicht an ihre Humanität, sondern an ihren Egoismus und sprechen ihnen nie von unseren Bedürfnissen, sondern von ihren Vorteilen« (*Adam Smith*, Der Reichtum der Nationen, englischsprachige Originalausgabe 1776).

Der Gewinn ist auf dem Markt eine Belohnung für kostengünstige Produktion, für schnelles Eingehen auf die Wünsche der Nachfrager; also Leistungsanreiz und Erfolgskontrolle.

Arbeitsaufgaben

1) Erklären Sie folgende Begriffe:
   – Monopol,
   – Oligopol,
   – Vollkommene Konkurrenz,
   – Monopolistische Konkurrenz,
   – Latente Konkurrenz,
   – Administrierte Preise.
2) Was verstehen Sie unter dem Preismechanismus und welche Funktionen hat er in einer Marktwirtschaft?
3) Wie funktioniert ein Auktionsmarkt bei vollkommener Konkurrenz?
4) Welche Koordinationsprobleme ergeben sich in der Realität, wenn die Preisbildung ohne Auktionator erfolgt?
5) Wie verändern sich die Einnahmen der Anbieter, die bei unelastischer Nachfrage ihre Angebotsmenge erhöhen (verringern)?
6) Erläutern Sie das Preissetzungskalkül eines Monopolisten?
7) Erläutern Sie den folgenden Satz: »Der Preissetzungsspielraum eines Monopolisten fällt umso größer aus, je unelastischer die Nachfrage ist.«
8) Schildern Sie die Überlegungen, die ein oligopolistischer Anbieter bei geplanten Preisänderungen anstellen muss.
9) Stellen Sie eine Liste der Kontrollmechanismen auf, die eine schrankenlose Preiserhöhung von Anbietern verhindern.
10) Was verstehen Sie unter monopolistischer Konkurrenz?

Lösungsvorschläge für die Arbeitsaufgaben finden Sie im »Übungsbuch zu Grundlagen und Probleme der Volkswirtschaft«.

Literatur

Fachwissenschaftlich vertretbare, allgemeinverständlich gehaltene Einführungen existieren kaum. Der Leser sei verwiesen auf:

Demmler, Horst: Grundlagen der Mikroökonomie, 4. Aufl., München 2000.
Lancaster, Kelvin: Moderne Mikroökonomie, 4. Aufl., Frankfurt a. M. 1991.
Lipsey, Richard G.: Eine Einführung in die positive Ökonomie, 2. Aufl., Köln 1973, Zweiter Teil, Abschnitt 5–10.
Herdzina, Klaus: Einführung in die Mikroökonomik, 10. Aufl., München 2005.

Eine sehr fundierte, ökonomische Grundkenntnisse voraussetzende Übersicht gibt:

Siebke, Jürgen: Preistheorie, in: Bender, D. u. a. (Hrsg.), Vahlens Kompendium der Wirtschaftstheorie und Wirtschaftspolitik, Bd. 2, 8. Aufl., München 2002, Kap. 2.

Anspruchsvolle Standardlehrbücher sind:

Schumann, Jochen: Grundzüge der mikroökonomischen Theorie, 7. Aufl., Berlin u. a. 1999.
Henderson, James M., / Richard E. Quandt: Mikroökonomische Theorie, 5. Aufl., München 1998.
Varian, Hal R.: Grundzüge der Mikroökonomik, 6. Aufl., München 2004.

Einzelaspekte behandeln:

Berg, Hartmut: Wettbewerbsprozess, Wettbewerbsbeschränkung und Wettbewerbspolitik im Oligopol. In: Wirtschaftswissenschaftliches Studium (WiSt), 8. Jg. (1979), S. 449–454.
Röper, Burkhardt: Börsen, in: Wirtschaftswissenschaftliches Studium (WiSt), 6. Jg. (1977), S. 566–571.

> Zur Vertiefung der Modellzusammenhänge in grafischer Form eignet sich das Computerprogramm auf der beiliegenden CD.

7. Kapitel
Wettbewerb, Konzentration und Wettbewerbspolitik

LERNZIELE

Leitfrage:
Worin liegt die Bedeutung des Wettbewerbs für die Funktionsfähigkeit einer Marktwirtschaft?
- Was bedeutet Wettbewerb?
- Inwiefern lenkt der Wettbewerb die Produktionsfaktoren einer Volkswirtschaft und sorgt für ihre sparsame Verwendung?
- Wie kommt es zur Innovationsfunktion des Wettbewerbs?
- Was versteht man unter funktionsfähigem Wettbewerb?
- Ist ein funktionsfähiger Wettbewerb im Oligopol gesichert? Welche Rolle spielt ein freier Marktzutritt?

Leitfrage:
Was versteht man unter der Unternehmenskonzentration und wie ist sie zu beurteilen?
- Was heißt Konzentration im wirtschaftlichen Bereich?
- Welches sind die wichtigsten Formen der Unternehmenskonzentration?
- Was sind die Ursachen der Konzentration?
- Was sind die Folgen der Konzentration?
- Inwiefern kann es zu einem Konflikt zwischen Wettbewerb und produktiver Effizienz kommen?

Leitfrage:
Wie schützt der Gesetzgeber die Volkswirtschaft gegen Wettbewerbsbeschränkungen?
- Was sind Kartelle und wie werden sie im Gesetz gegen Wettbewerbsbeschränkungen (GWB) behandelt?
- Was sind marktbeherrschende Unternehmen und wann üben sie ihre Macht mißbräuchlich aus?
- Welche Maßnahmen zum Schutz des Wettbewerbs sind bei Unternehmenszusammenschlüssen vorgesehen?
- Welche »Strafen« sieht das GWB vor?
- Was sind grundsätzliche Probleme einer Kontrolle des Wettbewerbs?

In den vorangegangenen Kapiteln ist wiederholt auf die Bedeutung des Wettbewerbs für eine Marktwirtschaft hingewiesen worden. Wir wollen in diesem Kapitel das Wesen und die Aufgaben des Wettbewerbs konkreter fassen, seine zentrale Bedrohung durch Konzentrationsprozesse beschreiben und aufzeigen, in welcher Form ein Wettbewerbsschutz in der Bundesrepublik angestrebt wird. Wir behandeln damit einen Bereich, der der Wirtschaftspolitik zugerechnet wird.

1 Wettbewerb

1.1 Wettbewerbsbegriff

Wettbewerb ist ein dynamisches Ausleseverfahren, bei dem die Wettbewerber (z. B. Unternehmen) das gleiche Ziel haben und außenstehende Dritte (z. B. Käufer) darüber entscheiden, wer das Ziel in welchem Umfang erreicht. Daraus ergibt sich eine **Rivalität** und ein **gegenseitiges Abhängigkeitsverhältnis** zwischen den Wettbewerbern, eine so genannte parametrische Interdependenz.

> Wettbewerb lässt sich damit – auf die Wirtschaft bezogen – verstehen als ein Verhältnis wechselseitiger Abhängigkeit und Rivalität zwischen Marktteilnehmern.

1.2 Aufgaben des Wettbewerbs

Wettbewerb ist kein Selbstzweck

Wettbewerbsfreiheit hat als individuelles Freiheitsrecht auch einen individuellen Nutzen, aber vor allem soll der Wettbewerb gesamtwirtschaftlich vorteilhafte Ergebnisse erbringen.

> Wettbewerb soll den Marktteilnehmern die fundamentalen ökonomischen Freiheitsrechte gewähren:
> - Freiheit der Unternehmertätigkeit,
> - Freiheit der Konsumwahl und
> - Freiheit der Arbeitsplatzwahl.
>
> Daneben soll Wettbewerb die optimale Allokation der Ressourcen sichern:
> - die Produktionsfaktoren nachfrage- und kostengerecht lenken (Allokationsfunktion),
> - zu Produkt- und Verfahrenserneuerungen anregen (Innovationsfunktion),

- eine leistungsgerechte Einkommensverteilung gewährleisten (Verteilungsfunktion),
- und schließlich soll der Wettbewerb die Entstehung dauerhafter wirtschaftlicher Machtpositionen verhindern (Kontrollfunktion).

Diese Funktionen werden im Folgenden modellhaft erläutert.

(1) Der Wettbewerb soll die knappen Produktionsfaktoren der Volkswirtschaft in die von den Nachfragern gewünschte Verwendung lenken und dafür sorgen, dass die Produktionsfaktoren in den einzelnen Unternehmungen möglichst sparsam verwendet werden (Allokationsfunktion des Wettbewerbs).

Lenkung der Produktionsfaktoren

(2) Der Wettbewerb soll zur Einführung kostengünstigerer Produktionsverfahren und zur Entwicklung und Durchsetzung neuer Güter und besserer Produktqualitäten führen (Prozess- und Produktinnovationen). Zur Entwicklung und Anwendung neuer, kostengünstigerer Produktionsverfahren werden die Unternehmer im Wettbewerb angeregt, da die entsprechenden Kostenvorteile ihnen Gewinnvorteile gegenüber weniger fortschrittlichen Konkurrenten verschaffen. Zur Erstellung und marktmäßigen Durchsetzung neuer und qualitativ verbesserter Produkte bieten die auf neuen Märkten durchsetzbaren höheren Preise und die guten Absatzchancen Anreiz. Im Wettbewerb haben die durch Produkt- und Verfahrenserneuerungen erzielbaren Sondergewinne der »**Pionierunternehmer**« (*Schumpeter*) jedoch nur kurzfristig Bestand. Mittelfristig führt das Nachziehen der Wettbewerber (durch Nachahmung oder eigene Entwicklungen) zu einem Abbau der Pioniergewinne, da die Kostenvorteile infolge des Konkurrenzdrucks in Form sinkender Preise an die Nachfrager weitergegeben werden müssen und auch die Preise auf den neu erschlossenen Märkten bei zunehmendem Angebot sinken. In diesem Sinne kommt es zu einer Abfolge von Innovation und Imitation, zu einem »**Prozess der schöpferischen Zerstörung**« (*Josef A. Schumpeter*, 1883–1950).

Verfahrens- und Produktneuerungen

Abfolge von Innovation und Imitation

(3) Da bei funktionierendem Wettbewerb nur die Unternehmen Gewinne erzielen, die sich nachfragegerecht und kostenbewusst verhalten, trägt der Wettbewerb zu einer der Marktleistung entsprechenden Verteilung der Unternehmenseinkommen bei. Ob diese Verteilung gerecht ist, ist eine andere Frage (vgl. Kapitel 25).

(4) Unternehmen besitzen wirtschaftliche Macht, wenn sie einen Preis durchsetzen können, der deutlich über den Kosten (einschließlich der Entwicklungskosten und normaler Kapitalverzinsung) liegt, ihnen also die Erzielung überdurchschnittlicher Gewinne gestattet. Die Möglichkeit hierzu ist im Wettbewerbssystem in Form der erwähnten Pioniergewinne vorgesehen und erwünscht. Der Wettbewerb soll aber zugleich dafür sorgen, dass diese wirtschaftliche Machtposition nicht dauerhaft ist.

Wirtschaftliche Macht darf nicht dauerhaft sein.

Eine erfolgreiche Bekämpfung dauerhafter wirtschaftlicher Machtpositionen durch den Wettbewerb hat über den wirtschaftlichen Bereich hinaus einen bedeutsamen gesamtgesellschaftlichen Aspekt: Die Umsetzung wirtschaftlicher Macht in politische Macht wird erschwert.

1.3 Leitbilder und Konzeptionen der Wettbewerbspolitik

Die Vorstellungen darüber, wie und unter welchen Voraussetzungen der Wettbewerb (gut) funktioniert, sind im Zeitablauf Wandlungen unterworfen gewesen, verschiedene Leitbilder der Wettbewerbspolitik sind entwickelt worden und konkurrieren miteinander, wobei die Unterschiede nicht immer deutlich werden.

Freier Leistungswettbewerb im Liberalismus

Für die Vertreter des **klassischen Liberalismus**, insbesondere *Adam Smith* (1723–1790) und *John Stuart Mill* (1806–1873) ist ein freier Leistungswettbewerb das prinzipiell optimale Steuerungsinstrument der Wirtschaft. Voraussetzung eines freien Leistungswettbewerbs war insbesondere die Beseitigung staatlicher Wettbewerbshemmnisse (z. B. Schutzzölle, Steuerprivilegien oder der Schutz von Berufsständen); eine Bedrohung des Wettbewerbs durch Unternehmenskonzentration sahen die Klassiker dagegen allenfalls in zweiter Linie.

Allgemeines Gleichgewicht in der vollständigen Konkurrenz

In der Folgezeit verengte sich die Wettbewerbstheorie zunehmend zu einer statischen Preistheorie und zur Analyse eines vollständigen Produktions- und Tauschgleichgewichtes auf der Basis der Marktform der **vollständigen Konkurrenz** (vgl. Kapitel 6, Abschnitt 2), insbesondere durch *Leon Walras* (1834–1910) und *Alfred Marshall* (1842–1924) begründet. Dieses Modell der vollständigen Konkurrenz ist als Leitbild der Wettbewerbspolitik, vor allem auf Drängen der Vertreter des Ordoliberalismus (*Walter Eucken* 1891–1950) später in die Konzeption des 1958 in Kraft getretenen »Gesetzes gegen Wettbewerbsbeschränkung« (GWB) eingegangen. Weil in diesem Leitbild aber einseitig die Kontrolle der wirtschaftlichen Macht im Vordergrund des Interesses stand, hingegen die dynamischen Innovationsfunktionen des Wettbewerbs und die Effizienzvorteile großer Unternehmen ausgeblendet blieben, wurde das Leitbild der vollständigen Konkurrenz sehr bald durch Leitbilder ersetzt, die die Dynamik des Wettbewerbs betonen.

Mangelnde Berücksichtigung der Dynamik

Wesentlich ist die Vorstellung von Wettbewerb als einem dynamischen Prozess, in dem Unternehmen marktstrategische Vorstöße vornehmen – sie senken Preise, verbessern die Qualität der Produkte, schaffen neue Produkte oder Verfahren – und in dem Imitatoren nachstoßen, nicht sofort, aber auch nicht mit großer Verzögerung, damit der Vorsprung einholbar bleibt und die Nachfrager in ihrer Gesamtheit die Vorteile besserer und/oder billigerer Produkte erlangen. In dieser Abfolge von Innovation und Imitation wird der Wettbewerb als »Prozess der schöpferischen Zerstörung« (*Schumpeter*) und als »Such- und Entdeckungsverfahren« (*v. Hayek*) gesehen. Im Einzelnen bleiben einige Unterschiedlichkeiten der Sichtweise erhalten.

Der funktionsfähige Wettbewerb

Das **Leitbild des funktionsfähigen Wettbewerbs** (workable competition), in Deutschland vor allem von *Kantzenbach* vertreten, stellt weniger auf die Marktform, sondern mehr auf die Erfüllung der erwünschten Funktionen des Wettbewerbs ab. Zu Grunde liegt hier die Vorstellung, dass die Marktstruktur insgesamt das Marktverhalten und das Marktergebnis beeinflusst bzw. bestimmt.

Bei einem solchen Wettbewerbskonzept kann die Zu- oder Abnahme der Zahl der Wettbewerber nicht ohne weiteres als Zu- oder Abnahme des Wettbewerbs interpretiert werden. Schließen sich z. B. auf einem Markt zwei Unternehmen zusammen, so können sie gerade durch diesen Zusammenschluss eine Marktstärke erlangen, die es ihnen ermöglicht, mit den übrigen Anbietern des Marktes in Wettbewerb zu treten, um so den Wettbewerb auf dem Markt in Gang zu bringen. Auch ist keineswegs sicher, dass eine zunehmende Markttransparenz sich immer positiv auf den Wettbewerb auswirkt. Häufig kann der einzelne Anbieter sogar nur im Schutze einer unvollständigen Markttransparenz seiner Konkurrenten Preissenkungen durchführen, die er bei vollkommener Markttransparenz wegen der zu befürchtenden parallelen Reaktion der Konkurrenten unterlassen müsste.

Ein Unternehmenszusammenschluss oder eine Abnahme der Marktübersicht beschränken nicht immer den Wettbewerb.

Mit dem Konzept des funktionsfähigen Wettbewerbs sind im Prinzip auch oligopolistische Märkte, die bei dem hohen Konzentrationsgrad in der Bundesrepublik Deutschland typisch sind, vereinbar. Allerdings nur, solange sichergestellt ist, dass zwischen den verbleibenden Marktparteien tatsächlich Wettbewerb herrscht. Ob und inwieweit dies im Allgemeinen der Fall ist, bleibt strittig. In der Regel wird aber angenommen, dass Märkte, die durch einen hohen Grad an Konzentration gekennzeichnet sind, für die zudem hohe Marktzutrittsschranken bestehen und die sich in der Marktsättigungsphase befinden (»**enge**« und »**reife**« **Oligopole**), keine günstigen Wettbewerbsvoraussetzungen bieten. Infolge der starken gegenseitigen Absatzinterdependenz wird sich in der Regel eine Gruppensolidarität der Marktteilnehmer herausbilden, die einen Wettbewerb in Frage stellt.

Wettbewerb im Oligopol

Gruppensolidarität ist möglich.

Günstige Wettbewerbsvoraussetzungen werden häufig auf solchen Märkten vermutet, die weder eine sehr hohe noch eine sehr niedrige Wettbewerbsintensität aufweisen, sondern die sog. **optimale Wettbewerbsintensität**.

Bedingungen der optimalen Wettbewerbsintensität

> Die optimale Wettbewerbsintensität wird nach *Kantzenbach* zu vermuten sein bei
> - weiten Oligopolen, also Oligopolen, in denen aufgrund der Vielzahl der Konkurrenten die gegenseitige Abhängigkeit nicht so groß ist, dass wettbewerbliche Aktionen unterbleiben, aber auch nicht so klein, dass Reaktionen ausbleiben, und
> - mäßiger Produktdifferenzierung, also mäßiger Unterschiedlichkeit der Produkte.

Wenngleich dieses Konzept der optimalen Wettbewerbsintensität vermutlich zu stringent ist – ein funktionsfähiger Wettbewerb ist letztlich nicht an die Erfüllung bestimmter Strukturmerkmale gebunden – so dient es doch als Grundlage für eine grobe Evaluierung der Wettbewerbsbedingungen.

Das Leitbild der Wettbewerbsfreiheit setzt auf die Offenheit des Wettbewerbs.

Das **Leitbild der Wettbewerbsfreiheit**, in Deutschland vor allem von *Friedrich August von Hayek* und *Erich Hoppmann* unter dem Begriff der neuklassischen Wettbewerbsfreiheit vertreten, in den USA als Konzept der »Chicago School« bekannt, setzt stark auf die Offenheit des Wettbewerbsprozesses, auf die Selbstheilungskräfte des Marktes und konkret auf die wettbewerblichen Wirkungen eines **freien Marktzutritts**; auf Marktstrukturen und Unternehmenskonzentrationen kommt es dagegen weniger an. Damit ist, wie bei den Klassikern, die Vorstellung verbunden, dass wirksamer Wettbewerb dauerhaft nur dann erhalten bleibt, wenn für neue Anbieter die Möglichkeit des Marktzutritts besteht, und umgekehrt die Vorstellung, dass die Möglichkeit des Marktzutritts hinreichend für die Funktionsfähigkeit des Wettbewerbs ist. Die stärkere Betonung der Rolle des Marktzutritts ist sicher richtig, die bisweilen damit verbundene Ausschließlichkeit vermutlich zu rigoros.

Freier Marktzutritt spielt eine große Rolle für den Wettbewerb.

1.4 Marktzutritt und Marktzutrittsschranken

Die Möglichkeit eines Marktzutritts ist essenziell für den Wettbewerb, und die Höhe von Marktzutrittsschranken ist damit wichtig zur Beurteilung des Potenzials an Wettbewerb.

Arten von Marktzutrittsschranken

> Dabei lassen sich drei Arten von Zutrittsschranken unterscheiden:
> - **Strukturelle** Marktzutrittsschranken, die unabhängig vom aktuellen Unternehmensverhalten existieren; hierzu gehören insbesondere absolute Kostenvorteile, Betriebsgrößenvorteile und Produktdifferenzierungsvorteile.
> - **Institutionelle** Marktzutrittsschranken, die auf politischen Rahmenbedingungen beruhen (z. B. staatliche Rundfunkfrequenzvergabe).
> - **Strategische** Marktzutrittsschranken, die auf zutrittssperrende Handlungen der etablierten Anbieter zurückgehen. Hierzu zählen die Limitpreisstrategie, die Schaffung von Überkapazitäten und Produktdifferenzierungsstrategien.

Marktzutritt bei bestreitbaren Märkten

Solche Schranken erschweren einen Marktzutritt, weil etablierte Anbieter zunächst Wettbewerbsvorteile haben, die Newcomer durch Investitionen, Produktion und Marketing erst erwerben müssen. Wenn aber solche Kosten eines Marktzutritts im Falle eines Misslingens nicht verloren sind (sunk costs), sondern bei dem Marktaustritt wieder erlöst werden können, also reversibel sind, dann ist der Zutritt zu einem solchen Markt ökonomisch gesprochen frei – trotz bestehender Zutrittsschranken. Man spricht dann von einem **angreifbaren** oder **bestreitbaren Markt** (contestable market) und kann annehmen, dass auf solchen Märkten Bedingungen wie bei einem aktuellen Wettbewerb herrschen. Allerdings ist zu vermuten, dass solche bestreitbaren Märkte selten sind, weil die Kosten des Marketings in aller Regel irreversibel sind. Im Übrigen kommt es darauf an, ob die erworbenen Maschinen und Anlagen anderweitig verwendet werden können, wie z. B. Lkw im Speditionsgewerbe, oder nicht, wie z. B. bei Kernkraftwerken.

Für die Wettbewerbspolitik ist es wichtig zu erkennen, ob bestehende Marktzutrittsschranken das (erwünschte) Ergebnis einer effizienten Unternehmensführung sind und daher kaum zu ahnden sind, was bei den strukturellen Schranken zu vermuten ist, oder ob die Schranken das Ergebnis eines wettbewerbsbeschränkenden Verhaltens sind, was bei institutionellen und strategischen Schranken zu vermuten ist. In diesem Fall wären die Zutrittsschranken abzubauen.

1.5 Marktabgrenzung – der relevante Markt

Wettbewerb und Wettbewerbspolitik beziehen sich auf Märkte. Wie viele Anbieter auf einem Markt anbieten, wie hoch die Konzentration ist, wie ausgeprägt die Marktbeherrschung ist, kann nur für einen konkreten Markt untersucht werden. Die Abgrenzung dieses sog. **relevanten Marktes** ist sowohl theoretisch als auch insbesondere praktisch äußerst schwierig.

> Allgemein ist der relevante Markt der Bereich wirksamer Konkurrenz, und den relevanten Markt definieren alle die Produkte, die aus der Sicht der Nachfrager kurzfristig substituierbar sind.

Diese Substitutionsmöglichkeiten werden durch Substitutionselastizitäten gemessen, insbesondere durch die **Kreuzpreiselastizität** (vgl. Kapitel 4). Denn ein absolut genommen hoher Wert der Kreuzpreiselastizität bedeutet, dass eine Änderung des Preises des Gutes 1 um beispielsweise 10 Prozent bei einem anderen Gut 2 zu einer deutlich spürbaren Nachfrageänderung führt. Eine solche hohe Kreuzpreiselastizität wird dann als Indiz dafür genommen, dass die Güter substituierbar sind, dass zwischen ihnen Konkurrenz besteht, dass sie mithin den relevanten Markt bilden. In diesem Sinn gehören sicherlich Autos der gleichen Klasse, z. B. der unteren Mittelklasse, zum gleichen relevanten Markt, aber es ist schon fraglich, ob Autos der gehobenen Mittelklasse dazu gehören.

Eine hohe Kreuzpreiselastizität zeigt Konkurrenz an.

Da in der Praxis solche Kreuzpreiselastizitäten in der Regel nicht ermittelt werden können, stützt man sich häufig auf Befragungen und Plausibilitätserwägungen. So verwendet das Bundeskartellamt – die Behörde, die in der Bundesrepublik den Wettbewerb überwacht – das Konzept **der »funktionalen Austauschbarkeit aus der Sicht des verständigen Verbrauchers (Abnehmers)«**. Dabei wird in erster Linie die funktionale Austauschbarkeit anhand einer vergleichenden Analyse der Produkteigenschaften und Verwendungszwecke erfasst. So kann man z. B. sicher vermuten, dass Erdöl und

Die Praxis verwendet das Konzept der funktionalen Austauschbarkeit.

Erdgas auf dem Brennstoffmarkt miteinander funktional austauschbar sind, während z. B. die Bildzeitung und die Süddeutsche Zeitung, obwohl beides Tageszeitungen sind, funktional sicher nicht austauschbar sind.

2 Konzentration

2.1 Begriff und Formen der Konzentration

Konzentration bezeichnet eine Ballung von Merkmalen, eine Häufung von Merkmalen auf Merkmalsträger. Um welche Merkmale und um welche Merkmalsträger es sich handeln soll, hängt ab vom Untersuchungsziel. Untersuchungsziele der Ökonomie, bei denen Konzentration eine wichtige Rolle spielt, sind die Verteilung von Einkommen und Vermögen (Einkommenskonzentration/Vermögenskonzentration), die raumstrukturelle Bindung von Entwicklungsprozessen (Agglomerationen/Ballungsräume) und vor allem die Analyse der Bestimmungsgründe des Wettbewerbs. Darum geht es in diesem Kapitel.

> *Absolute und relative Konzentration sind zu unterscheiden.*

Zu unterscheiden ist die absolute und die relative Konzentration. Die **absolute Konzentration** erfasst die Zahl der Unternehmen im Markt, unabhängig von ihrer relativen Größe. Die übliche Maßgröße ist die sog. **Konzentrationsrate**, auch Konzentrationskoeffizient genannt (nach der englischen Bezeichnung concentration ratio häufig mit CR abgekürzt). Gemessen wird hier der Merkmalsanteil (meist Umsatzanteil) der jeweils größten 3 oder der größten 6 oder der größten 10 Unternehmen eines Marktes usw. In Kurzform spricht man dann von CR-3, CR-6, CR-10 usw. und fügt die Konzentrationsrate an. CR-10 = 80 bedeutet dann, dass die 10 größten Firmen des Marktes 80 Prozent des Umsatzes auf sich vereinen.

Die **relative Konzentration** erfasst dagegen die Unterschiedlichkeit der Größe der Unternehmen, ihre Disparität. So würden z. B. drei (und nur drei) gleich große Unternehmen im Markt eine große absolute, aber gar keine relative Konzentration bedeuten.

Zur Unternehmenskonzentration kann es – abgesehen von vom Markt ausscheidenden oder neu gegründeten Unternehmungen – auf zwei Arten kommen:

> *Unternehmenskonzentration durch internes und externes Unternehmenswachstum*

(1) durch **internes Wachstum** eines Unternehmens, d. h. durch die Umsatzerweiterung eines bestehenden Unternehmens, die über dem Durchschnitt des Umsatzzuwachses anderer Gruppenmitglieder liegt, oder

(2) durch **externes Wachstum**, d. h. durch einen Zusammenschluss bestehender Unternehmen.

Formen des externen Wachstums, also Formen von Unternehmensverbindungen, stehen im Mittelpunkt wettbewerbspolitischer Analysen und Aktivitäten, weil sie wesentlich häufiger als internes Wachstum zu beobachten sind und weil ihre Auswirkungen auf den Wettbewerb besonders problematisch sind.

Unternehmen können auf vielfältige Weise miteinander verbunden sein. Alle möglichen Verbindungen liegen zwischen den Transaktionsformen Markt und unternehmensinterne Integration. Dabei beschreibt die Dichotomie Markt versus Unternehmung nur die Pole möglicher Strukturen von Unternehmensverflechtungen. Dazwischen liegt ein Spektrum mehr oder weniger enger Unternehmensbeziehungen. Von zentraler wettbewerbspolitischer Bedeutung ist, dass durch Unternehmensverflechtungen das Marktverhalten ex ante koordiniert wird. Eine solche Koordination reduziert im Prinzip den Entscheidungs- und Handlungsspielraum aller Beteiligten, reduziert also die Freiheit des Wettbewerbs. Nach dem Grad der Verbindlichkeit der Ex-ante-Koordination unterscheidet man die Fusion, den Konzern, die Gemeinschaftsunternehmung (Jointventure), Kartelle und ein kooperatives Marktverhalten selbstständig bleibender Unternehmen. Die Grenzen sind fließend.

Bei einer **Fusion** vereinigen sich die Unternehmen zu einer neuen rechtlichen (und wirtschaftlichen) Einheit. Diese Konzentrationsform ist praktisch unbedeutend. Umgangssprachlich und in der juristischen Praxis wird der Begriff Fusion aber häufig auch als Sammelbegriff für alle Formen von Unternehmenszusammenschlüssen verwendet.

Formen der Unternehmenskonzentration

Eine **Konzernbildung** liegt vor, wenn mehrere rechtlich selbstständige und selbstständig bleibende Unternehmen sich zu einer wirtschaftlichen Einheit unter einheitlicher Leitung zusammenschließen. Dabei ist die **Einheitlichkeit der Leitung** das entscheidende Merkmal.

Man unterscheidet:
- Vertragskonzerne, die auf Gesellschaftsverträgen beruhen und faktische Konzerne, die aufgrund einer faktischen, wirtschaftlichen Beherrschung ohne Vertrag existieren, sowie
- Unterordnungskonzerne mit Mutter- und Tochtergesellschaften sowie Gleichordnungskonzerne, bei denen die beteiligten Unternehmen gleichberechtigt eine einheitliche Leitung begründen.

Konzernarten

In der Praxis dominiert der **Unterordnungskonzern auf vertraglicher Basis**. Es existiert eine Muttergesellschaft und die Einheitlichkeit der Leitung wird begründet durch:
- einen Beherrschungsvertrag,
- einen Gewinnabführungsvertrag und
- eine Mehrheitsbeteiligung.

Neben den Konzernbeteiligungen gibt es eine kaum übersehbare Zahl von Beteiligungen zwischen Unternehmen, die deutlich unter 50 Prozent liegen und in der Regel Abhängigkeiten begründen, ohne indes zu einem Konzern zu führen.

Eine **Gemeinschaftsunternehmung** (GU), auch Jointventure genannt, entsteht, wenn sich mehrere Unternehmen gleichzeitig oder nacheinander an einem anderen Unternehmen beteiligen oder ein Unternehmen entsprechend neu gründen. Diese Art von Zusammenarbeit spielt zunehmend eine große Rolle. Wettbewerbspolitisch problematisch ist dabei vor allem, dass die beteiligten Unternehmen auf dem gemeinsamen Markt ebenso wie auf anderen Märkten auf die Zusammenarbeit im Gemeinschaftsunternehmen Rücksicht nehmen, eine Abnahme des Wettbewerbs ist daher auf Dauer zu erwarten.

Eine sehr bedeutsame Form der Konzentration ist das **Kartell**. Es handelt sich dabei um einen Zusammenschluss juristisch und zum Teil auch wirtschaftlich selbstständig bleibender Unternehmen mit dem Ziel, den Wettbewerb zwischen den Kartellmitgliedern zu beschränken.

Kooperatives Marktverhalten selbstständig bleibender Unternehmen kann außerordentlich viele Formen annehmen. Nach dem Grad der eingegangenen Bindungen reicht das Spektrum der Verhaltenskoordination von Absprachen, verschiedenen Formen vertraglicher Vereinbarungen bis hin zu »Gentlemen Agreements«, und die Verhaltenskoordination kann sich auf ganz unterschiedliche Wettbewerbsparameter beziehen, z. B. auf den Einkauf, den Vertrieb oder Forschung und Entwicklung.

Formen strategischer Verbindungen

Mittlerweile werden viele Unternehmensverbindungen »strategisch« genannt. Als **strategische Allianz** bezeichnet man förmliche, langfristige Verbindungen von rechtlich und wirtschaftlich selbstständig bleibenden Unternehmen, die bestimmte Aspekte der Geschäftstätigkeit wie z. B. Lieferverträge, Lizenzverträge, Vertriebsverträge oder gemeinsame Forschungs- und Entwicklungsaktivitäten miteinander vereinbaren. Eine **strategische Gruppe** ist die Gruppe der Unternehmen in einer Branche, die dieselbe oder eine ähnliche Strategie entsprechend den strategischen Dimensionen (Lieferanten, Abnehmer, Wettbewerb) verfolgt. Als **strategische Familie** werden mehrere Unternehmen bezeichnet, deren Erfolg am Markt entscheidend voneinander abhängt und deren Strategien komplementär sind, etwa Abnehmer und Lieferanten oder Unternehmung und Hausbank.

Horizontale, vertikale und diagonale Konzentration

Bei den Verflechtungsebenen differenziert man nach der Art der betroffenen Märkte. Bei der **horizontalen Konzentration** sind die beteiligten Unternehmen auf dem gleichen relevanten Markt tätig, ein Beispiel ist der Zusammenschluss von Krupp und Hoesch. Bei der **vertikalen Konzentration** sind Unternehmen beteiligt, die auf vor- und/oder nachgelagerten Produktionsstufen tätig sind und in einer Abnehmer-Lieferanten-Beziehung stehen, ein Beispiel war die Beteiligung des Filmhändlers Leo Kirch an ProSieben und SAT 1 und an Filmproduktionsfirmen sowie Kinos. Bei der **diagonalen (konglomeraten) Konzentration** sind Unternehmen beteiligt, die auf unterschiedlichen relevanten Märkten tätig sind und nicht in einer Abnehmer-Lieferanten-Beziehung stehen.

2.2 Ursachen und Folgen der Konzentration

Ursachen und Folgen der Konzentration sind kaum zu trennen, weil erwartete Folgen oft die Ursache von Konzentrationsprozessen sind. Dennoch soll wenigstens gedanklich eine Trennung versucht werden.

2.2.1 Ursachen der Konzentration

Die folgende Übersicht enthält die wesentlichen Ursachen der Konzentration. In der Regel liefert die zunehmende Firmengröße – als begleitendes Element der Konzentration – ökonomische Vorteile für die beteiligten Unternehmen.

Ursachen der Unternehmenskonzentration			
Finanzierungsvorteile großer Firmen	Größenvorteile (economies of scale; Lernkurveneffekte)	Diversifizierungsvorteile (economies of scope)	Staatliche Rahmenbedingungen (Steuersystem; Patentrecht; Umweltpolitik; Forschungs- u. Technologiepolitik u. a. m.)

Quelle: Berg, Hartmut, Wettbewerbspolitik, in: Vahlens Kompendium der Wirtschaftstheorie und Wirtschaftspolitik, Band 2, 5. Auflage, München 1992, S. 271

Größenvorteile (economies of scale)

Größenvorteile liegen vor, wenn mit wachsender Betriebsgröße die Produktionskosten langsamer wachsen als die Ausbringungsmenge, wenn also die Stückkosten der Produktion mit steigender Betriebsgröße sinken. Die Ursachen hierfür sind vielfältig. Man kann unteilbare Maschinenkapazitäten besser nutzen, man kommt mit relativ weniger Reserven an Ersatzteilen aus, die so genannte 2/3-Regel begründet, dass der Materialaufwand für zylindrische Produktionskapazitäten (z. B. Hochöfen, Pipelines, aber auch annähernd Schiffe usw.) in der zweiten, das Volumen hingegen in der dritten Potenz wächst. Auch Lerneffekte (learning by doing) sind relevant: Wenn ein Betrieb immer das Gleiche produziert, steigt die Geschicklichkeit der Arbeiter, die Werksleitung lernt besser zu organisieren und die Werkzeuge können optimal angepasst werden. So hat man z. B. in der Flugzeugindustrie eine 80-Prozent-Lernkurve ermittelt, d. h. bei jeder Verdoppelung der Ausbringung sinkt der durchschnittliche Arbeitsinput um 20 Prozent auf 80 Prozent des vorangegangenen Arbeitsinputs pro Stück. Das bedeutet dann, dass ein kleinerer Betrieb, der nur wenige Flugzeuge pro Jahr produziert, diese Lernkurveneffekte sehr viel geringer nutzen kann als ein Großbetrieb.

Unteilbarkeiten

2/3-Regel

Lerneffekte

Diversifizierungsvorteile (economies of scope)

Diversifizierungsvorteile – auch Verbundvorteile genannt – liegen vor, wenn die Herstellung mehrerer Produkte durch das gleiche Unternehmen zu niedrigeren Gesamtkosten führt, als wenn die einzelnen Produkte von jeweils unterschiedlichen Unternehmen produziert würden. So hat eine Unternehmung, die, wie z. B. Bertelsmann, sowohl Bücher, Zeitschriften und Zeitungen produziert als auch Spielfilme, Tonträger und Fernsehprogramme, gewisse Vorteile gegenüber Firmen, die sich auf nur eine Produktion spezialisieren. Die Vorteile ergeben sich z. B. daraus, dass bestimmte Produktionsfaktoren oft nicht teilbar sind und daher in einer einzigen Aktivität nicht ganz verbraucht werden – z. B. Leistungen des Managements und der Verwaltung –, dass bestimmte Produktionsfaktoren überhaupt nicht verbraucht werden – z. B. Urheberrechte an Büchern und Filmen – oder dass an den gleichen Nachfrager verkauft wird – z. B. verkaufen Buchhandlungen Bücher und Zeitungen, und das nutzt die Kapazitäten besser, als wenn nur Bücher oder nur Zeitungen verkauft würden.

Unteilbarkeiten

Nichtverbrauch von Produktionsfaktoren

Solche und ähnliche Effekte begründen die Vorteilhaftigkeit wachsender Betriebsgrößen. In der Regel existiert für jeden Produktionszweig eine **mindestoptimale Betriebsgröße (MOB)**, das ist diejenige Produktionskapazität, bei der das Minimum der Stückkosten erreicht wird. Nachfolgend gibt es Effekte, die die Vorteilhaftigkeit einer wachsenden Betriebsgröße wieder zunichte machen, insbesondere Transportkosten und die Effizienzverluste einer zunehmenden Bürokratisierung. Schematisch werden diese Zusammenhänge in Abbildung 7.1 dargestellt: Zunächst sinken die Stückkosten mit steigender Produktionskapazität, dann bleiben sie für eine Weile etwa konstant, um schließlich wieder anzusteigen.

Bei der MOB wird das Minimum der Stückkosten erreicht.

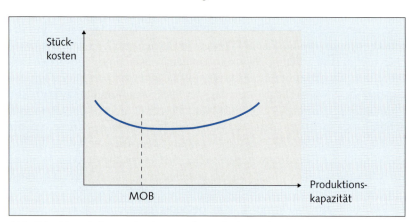

Abb. 7.1: Die mindestoptimale Betriebsgröße (MOB)

Finanzierungsvorteile bestehen für große Firmen, weil diese in der Regel sowohl leichter als auch billiger Kredite erhalten als kleine Firmen. Dies hat aus der Sicht von Banken im Wesentlichen den Grund, dass das Rückzahlungsrisiko kleiner ist.

Auch die **Rahmenbedingungen des staatlichen Handelns** begünstigen häufig die größeren Firmen.

»In Bedrängnis geratene Großunternehmen werden durch Subventionen gestützt, die die Wettbewerbsposition ihrer kleineren Konkurrenten verschlechtern; Forschungs- und Technologiepolitik fördert erfahrungsgemäß häufig die größeren Unternehmen einer Branche oder macht die Gewährung von Mitteln davon abhängig, dass zuvor durch Unternehmenszusammenschlüsse größere Unternehmenseinheiten gebildet werden. Umweltauflagen können Finanzierungserfordernisse begründen, die nur die großen Betriebe einer Branche zu erfüllen vermögen. Auch das Steuersystem und das Patentrecht sind zumeist nicht so ausgestaltet, dass sie in ihren Wirkungen ›konzentrationsneutral‹ wären. Schließlich führt vermutlich auch Protektionismus zu einem höheren Konzentrationsgrad, als er bei Freihandel zu erwarten wäre, da Importbeschränkungen den Markteintritt leistungsfähiger ausländischer Anbieter verhindern können, ohne dass der Marktaustritt ineffizienter heimischer Produzenten dauerhaft vermieden werden könnte.« (*Berg, Hartmut*, Wettbewerbspolitik, a. a. O., S. 272.)

2.2.2 Folgen der Konzentration

Die in diesem Zusammenhang zentrale Frage ist die nach den Wettbewerbswirkungen einer zunehmenden Konzentration. Leider kann man diese Frage nicht eindeutig beantworten.

Konzentration kann den Wettbewerb verbessern und verschlechtern.

- Die Wettbewerbsbedingungen können sich verbessern, z. B. wenn auf einem Markt, auf dem bisher ein großer und 17 kleine Anbieter vorhanden waren, diese 17 sich zu 3 großen Anbietern zusammenschließen, die dann als gleich starke Wettbewerber auftreten (»**Aufholfusion**«).
- Die Wettbewerbsbedingungen können insgesamt etwa unverändert bleiben.
- Die Wettbewerbsbedingungen können sich auch verschlechtern, nämlich dann, wenn den Unternehmen durch den Zusammenschluss (weitere) Macht zuwächst, die ihnen einen dauerhaften Wettbewerbsvorsprung sichert und damit vor allem den Marktzutritt von möglicherweise neuen Anbietern erschwert. Dies ist sicherlich z. B. im Fall der Fusion Daimler-Chrysler der Fall gewesen.

Nur wenn sich die Wettbewerbsbedingungen verschlechtern, hat zunehmende Konzentration die ihr häufig zugeschriebenen negativen Auswirkungen: Die Preise sind zu hoch, die Innovationstätigkeit erlahmt, die Flexibilität der Anpassung an veränderte Marktbedingungen nimmt ab, und die Möglichkeit, die marktbeherrschende Stellung zu einer Behinderung der Wettbewerbsmöglichkeiten anderer zu missbrauchen, nimmt zu.

Negative Folgen bei Verschlechterung des Wettbewerbs

Zum **Konflikt** zwischen Wettbewerb an sich und produktiver Effizienz kommt es immer dann, wenn ein Markt von gegebener Größe weniger kostenoptimalen Unternehmen – die also die mindestoptimale Betriebsgröße

Konflikt zwischen Wettbewerb und Effizienz denkbar

(MOB) aufweisen – Raum bietet, als ein »guter« Wettbewerb erfordert. Wenn man in solchen Fällen die Märkte nicht erweitern kann – etwa durch eine Zollunion oder einen Binnenmarkt (vgl. z. B. die Integration der EU, Kapitel 22 und 23) –, dann bleibt abzuwägen zwischen ökonomischen Effizienzgesichtspunkten und den machtbegrenzenden Aspekten eines Wettbewerbs per se. Hier wird je nach wettbewerbspolitischer Grundüberzeugung unterschiedlich entschieden. Dabei sollte eine mögliche **Dilemmasituation** ins Kalkül gezogen werden: Entscheidet man sich für effizient produzierende Großunternehmen, so ist damit nicht sichergestellt, dass die Effizienzvorteile an die Verbraucher weitergegeben werden, wenn der Wettbewerb fehlt.

Für die Entscheidung in einer solchen Konfliktsituation muss dann auch bedacht werden, dass die ökonomische Macht, die als Konzentrationsfolge entsteht, als politische Macht gegenüber staatlichen Entscheidungsträgern missbraucht werden kann, indem z. B. Entscheidungen in der Steuerpolitik, Verkehrspolitik (Bau von Autobahnen oder Testzentren…) oder der Subventionspolitik zugunsten von Großunternehmen beeinflusst werden. Die berühmte Frage: »Does concentration matter?« (»Spielt Konzentration eine Rolle?«) ist also nicht einfach und eindeutig zu beantworten. Es kommt, wie generell in der Wettbewerbspolitik, immer auf den Einzelfall an, und selbst dieser ist oft nicht eindeutig zu beurteilen.

2.2.3 Ausmaß der Konzentration

Das Ausmaß von Konzentration wird häufig anhand der in Abschnitt 2.1 genannten Konzentrationsrate für die verschiedenen Märkte dargestellt. So erstellt die Monopolkommission (vgl. Abschnitt 3) regelmäßig umfangreiche Berichte zum Stand der Konzentration, wobei auch andere Konzentrationsmaße verwendet werden. Wir wollen auf eine Wiedergabe solcher meist umfangreichen Tabellen verzichten und nur einen Eindruck von der weltweiten Zunahme der Konzentration anhand der Zahl und des Volumens der Zusammenschlussfälle (kurz Fusionen genannt) vermitteln.

Erhebliche Zunahme der Zahl …

Abbildung 7.2 zeigt, dass sich zwischen 1990 und 2000 die Zahl der Unternehmenszusammenschlüsse weltweit vervierfacht hat und Abbildung 7.3 zeigt, dass sich dabei das Transaktionsvolumen von 450 Milliarden US-Dollar auf 3.495 Milliarden US-Dollar verachtfacht hat. Spektakuläre Megafusionen waren dabei der Zusammenschluss von Vodafone und Mannesmann mit einem Transaktionsvolumen von rund 200 Milliarden US-Dollar und der Zusammenschluss von AOL mit dem Medienkonzern Time Warner mit einem Volumen von rund 185 Milliarden US-Dollar.

… und des Volumens der Zusammenschlüsse weltweit

Die Ursachen dieser Konzentrationswelle sind ganz allgemein die in Abschnitt 2.2.1 genannten Ursachen. Sie sind allerdings ganz erheblich durch die einsetzende weltweite **Deregulierung** der Wirtschaft und durch die **Globalisierung** der Weltwirtschaft (vgl. Kapitel 19) verstärkt worden.

Abb. 7.2: Anzahl der Fusionen weltweit

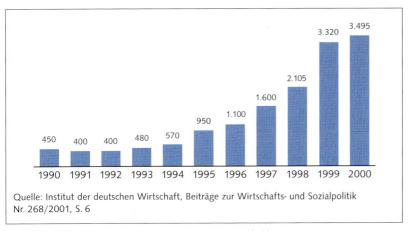

Abb. 7.3: Volumen der Fusionen weltweit (in Mrd. $)

3 Wettbewerbspolitik in der Bundesrepublik

Der Schutz des Wettbewerbs ist eine zentrale staatliche Aufgabe und zugleich eine schwierige Aufgabe, weil die Zahl der in der Praxis vorfindbaren Wettbewerbsbeschränkungen groß ist, weil dem Erfindungsgeist der Marktteilnehmer kaum Grenzen gesetzt sind und weil eine Beweisführung meist schwierig ist.

Zum Schutz des Wettbewerbs ist in der Bundesrepublik am 01.01.1958 das Gesetz gegen Wettbewerbsbeschränkungen (GWB) in Kraft getreten. Es ist bisher insgesamt siebenmal überarbeitet worden (1965, 1973, 1976, 1980,

Schutz des Wettbewerbs als staatliche Aufgabe

1989, 1998 und 2005). Im Rahmen der sechsten GWB-Novelle ist das Gesetz grundlegend neu geordnet und gestrafft worden und an europäische Wettbewerbsregeln angepasst worden und im Rahmen der siebten GWB-Novelle ist eine weitere erhebliche Anpassung an europäisches Recht erfolgt. Das GWB wird häufig als ein Grundgesetz der Wirtschaftsordnung bezeichnet. Es wird durch das Bundeskartellamt, eine selbstständige Bundesoberbehörde mit Sitz in Bonn, durchgesetzt; die nächsten Instanzen im Beschwerdeverfahren sind die Kartellsenate der Oberlandesgerichte und der Bundesgerichtshof. Ist die Wettbewerbsbeschränkung auf ein einzelnes Bundesland bezogen, so werden Landeskartellbehörden tätig. Die Kartellbehörden können Auskünfte verlangen sowie Durchsuchungen und Vereidigungen vom Amtsgericht anordnen lassen (§§ 57 ff).

Das Gesetz gegen Wettbewerbsbeschränkungen (GWB) als Grundgesetz der Wirtschaftsordnung

Zur Begutachtung von Konzentration, Wettbewerb und Wettbewerbspolitik ist 1973 die **Monopolkommission** errichtet worden. Diese berichtet in ihren alle zwei Jahre erstellten Hauptgutachten über den Stand der Unternehmenskonzentration, wertet die Wettbewerbspolitik des Bundeskartellamtes und nimmt zu wichtigen Fragen des Wettbewerbs Stellung. Die fünf unabhängigen Mitglieder der Kommission werden auf Vorschlag der Bundesregierung für vier Jahre berufen; Auskunfts-, Untersuchungs- und Entscheidungsbefugnisse bestehen nicht (§§ 44 bis 47 GWB).

Die Monopolkommission als Begutachterin

Die **internationale Reichweite** des GWB ist ein wenig strittig. Nach § 130 Abs. 2 gilt das GWB für sämtliche Wettbewerbsbeschränkungen, die sich im Inland auswirken, auch wenn sie im Ausland veranlasst wurden, z. B. wenn sich ausländische Unternehmen zusammenschließen, die über Tochtergesellschaften im Inland tätig sind. Zugleich gilt neben dem GWB das Wettbewerbsrecht der EU. Dies umfasst, ähnlich wie das GWB, vor allem ein Kartellverbot (Art. 81 EGV), eine Missbrauchsaufsicht (Art. 82 EGV) und eine Zusammenschlusskontrolle (Fusionskontrollverordnung, ABl. 1997, Nr. L. 180/1). Dabei gilt grundsätzlich der Vorrang des Gemeinschaftsrechts der EU vor nationalem Wettbewerbsrecht. Das Wettbewerbsrecht der EU wird in Kapitel 23 dargestellt.

Vorrang des EU-Wettbewerbsrechts

Die Grundstruktur des GWB

Das GWB umfasst folgende zentrale Bereiche:
- das Kartellverbot (§ 1),
- die Missbrauchsaufsicht über marktbeherrschende Unternehmen (§§ 19 ff) und
- die Zusammenschlusskontrolle (§§ 35 ff).

Daneben existieren weniger bedeutsame Regelungen für Wettbewerbsregeln von Wirtschafts- und Berufsverbänden (§§ 24 ff), zu Ausnahmebereichen (§§ 28 ff), zu Sanktionen (§§ 32 ff) und zu Verfahrensfragen (§§ 54 ff).

3.1 Grundsatz des Kartellverbots

Nach dem GWB sind Kartelle grundsätzlich verboten. § 1 GWB lautet:

»**Kartellverbot**. Vereinbarungen zwischen Unternehmen, Beschlüsse von Unternehmensvereinigungen und aufeinander abgestimmte Verhaltensweisen, die eine Verhinderung, Einschränkung oder Verfälschung des Wettbewerbs bezwecken oder bewirken, sind verboten.«

Kartellverbot

Verboten sind also nicht nur explizite Vereinbarungen, sondern auch ein aufeinander abgestimmtes Verhalten. Ein **aufeinander abgestimmtes Verhalten** liegt vor, wenn Unternehmen ihr Verhalten bewusst und gewollt voneinander abhängig machen und damit die Risiken des Wettbewerbs, insbesondere die Unsicherheiten über das wechselseitige Verhalten, beseitigen. Entscheidend ist die Verständigung im Voraus, wie auch immer diese bewerkstelligt worden ist; ein bloßes Parallelverhalten reicht als Indiz für ein aufeinander abgestimmtes Verhalten nicht aus. Von einem **Parallelverhalten** spricht man, wenn Konkurrenten ihre Wettbewerbsparameter – insbesondere die Preise – in (etwa) gleichem Ausmaß und in gleicher Richtung variieren. Ein solches Parallelverhalten kann die Folge einer formlosen Abstimmung sein, kann aber genauso gut die Folge einer starken wechselseitigen Abhängigkeit der Marktteilnehmer sein (vgl. Kapitel 6). Daher kann von außen nicht beurteilt werden, ob z. B. die häufigen und in der Regel gleichgerichteten Preisänderungen bei Benzin nur Parallelverhalten darstellen – was nicht verboten ist – oder Ergebnis eines aufeinander abgestimmten Verhaltens sind. Daher ist der Nachweis eines aufeinander abgestimmten Verhaltens sehr schwer zu führen.

Verbot auch eines aufeinander abgestimmten Verhaltens

Kein Verbot eines bloßen Parallelverhaltens

Das Kartellverbot umfasst jetzt horizontale und vertikale Wettbewerbsbeschränkungen. **Horizontale Absprachen** sind Absprachen zwischen Unternehmen, die auf den gleichen Markt agieren. Nach dem Ansatzpunkt der Wettbewerbsbeschränkung unterscheidet man verschiedene Arten von horizontalen Absprachen, von denen hier beispielhaft die wichtigsten genannt seien:

- das **Preiskartell**, bei dem verabredet wird, einen bestimmten Preis beim Verkauf nicht zu unterschreiten;
- das **Gebietsschutzkartell**, bei dem der Markt regional zwischen den Mitgliedern aufgeteilt wird;
- das **Kontingentierungs-(Quoten-)Kartell**, bei dem die Mitglieder sich verpflichten, einen bestimmten Absatz (bzw. einen bestimmten Anteil am Absatz) nicht zu überschreiten.

Wichtige Kartellarten

Vertikale Absprachen sind Absprachen zwischen Unternehmen, die zueinander in einer Lieferanten-Abnehmer-Beziehung stehen. Solche Vereinbarungen können den Wettbewerb beschränken. Von großer praktischer Relevanz sind Preisbindungen und Preisempfehlungen sowie Vereinbarungen über die Ausschließlichkeit von Lieferbeziehungen (Ausschließlichkeitsbindungen).

Preisbindung und Preisempfehlung

Preisbindung der zweiten Hand

Preisbindung (»der zweiten Hand«) liegt vor, wenn ein Unternehmer den Abnehmer seines Gutes durch Vertrag verpflichtet, das Gut nur zu einem bestimmten Preis zu verkaufen.

Preiswettbewerb auf der Handelsstufe entfällt.

Die Wettbewerbsbeschränkung bei der Preisbindung ist offensichtlich: Auf der Handelsstufe entfällt der Preiswettbewerb. Häufig ist allerdings auch eine Abnahme des Wettbewerbs auf der Ebene der Hersteller zu beobachten, wenn es nämlich ihren Abnehmern weniger auf niedrige Preise als auf hohe gebundene Handelsspannen ankommt.

Preisbindungen sind verboten.
Ausnahme: Verlagserzeugnisse

Preisbindungen sind grundsätzlich verboten (§ 1 GWB). Eine Ausnahme vom Verbot der Preisbindung gilt nur für Zeitungen und Zeitschriften (§ 30 GWB). Diese sollen für alle Bürger zu den gleichen Bedingungen erhältlich sein. Diese Preisbindung unterliegt jedoch einer Missbrauchsaufsicht durch die Kartellbehörde und einer sehr kritischen Beurteilung durch die EU-Kommission.

Zulässigkeit von Preisempfehlungen

Zulässig sind **Preisempfehlungen** für Markenartikel, die mit gleichartigen Waren in Wettbewerb stehen. Die Preisempfehlungen müssen jedoch ausdrücklich als unverbindlich bezeichnet werden, und es darf kein irgendwie gearteter Druck zu ihrer Durchsetzung ausgeübt werden. Die Preisempfehlung setzt auch voraus, dass der empfohlene Preis demjenigen entspricht, der von der Mehrheit der Händler voraussichtlich gefordert wird (keine »Mondpreise«). Die Preisempfehlungen unterliegen, obwohl nicht anmeldepflichtig, der Missbrauchsaufsicht durch die Kartellbehörde. Liegt ein solcher Missbrauch vor, so kann die Behörde die Empfehlung für unzulässig erklären und eine gleichartige Empfehlung für dieses Produkt zukünftig untersagen.

Ausschließlichkeitsbindung

Ausschließlichkeitsbindungen sind grundsätzlich verboten ...

Wie bei der Preisbindung handelt es sich auch bei der **Ausschließlichkeitsbindung** um eine vertraglich festgelegte vertikale Wettbewerbsbeschränkung: Ein Vertragspartner verpflichtet sich zum ausschließlichen Bezug (zur ausschließlichen Lieferung) eines Gutes nur von dem (an den) anderen Vertragspartner. Der praktisch bedeutsamste Fall der Ausschließlichkeitsbindung ist der der Bindung des Verkäufers. Bekannte Beispiele sind der Bier-, Benzin- und Kfz-Bezug durch Gaststätten, Tankstellen und Autohändler. Die Wettbewerbsbeschränkung ist offensichtlich: Der gebundene Vertragspartner kann sich seinen Verkäufer (oder Käufer) nicht von Fall zu Fall nach Belieben aussuchen, wodurch der Wettbewerb zwischen den Anbietern (oder Nachfragern) abnimmt.

So kann man sich z. B. gut vorstellen, dass die Brauereien sich in saisonbedingten Flautezeiten ohne Ausschließlichkeitsverträge gegenseitig unterbieten würden, um mehr Bier an die Gaststätten verkaufen zu können. Mit Ausschließlichkeitsbindungen beschränkt sich der Wettbewerb auf das Konkurrieren um die dauerhaften Abnehmer, wobei räumliche Abgrenzungen häufig für zusätzliche Wettbewerbshemmnisse sorgen. Anderseits wird argumentiert, dass die Ausschließlichkeitsbindung einem neu auf den Markt drängenden Anbieter (Erzeuger) eine wertvolle »Einstiegshilfe« in einen erstarrten Oligopolmarkt bieten könne.

Nach dem GWB unterliegen Ausschließlichkeitsbindungen dem Grundsatz des Kartellverbots nach § 1 GWB.

Freistellung und Legalausnahme

Vom Grundsatz des Kartellverbots gibt es eine als Generalklausel formulierte Freistellungsmöglichkeit, die exakt geltendem EU-Recht (Art. 81, Abs. 3) entspricht:

»§ 2 (GWB)
Freigestellte Vereinbarungen

(1) Vom Verbot des § 1 freigestellt sind Vereinbarungen zwischen Unternehmen, Beschlüsse von Unternehmensvereinigungen oder aufeinander abgestimmte Verhaltensweisen, die unter angemessener Beteilungung der Verbraucher an dem entsprechenden Gewinn zur Verbesserung der Warenerzeugung oder -verteilung oder zur Förderung des technischen oder wirtschaftlichen Fortschritts beitragen, ohne dass den beteiligten Unternehmen
1. Beschränkungen auferlegt werden, die für die Verwirklichung dieser Ziele nicht unerlässlich sind oder
2. Möglichkeiten eröffnet werden, für einen wesentlichen Teil der betroffenen Waren den Wettbewerb auszuschalten.«

Kartelle sind also nicht mehr per se verboten, sondern sie unterliegen einer Art von Kosten-Nutzen-Analyse. Sie können erlaubt sein, wenn die mit ihnen verbundenen Wettbewerbsbeschränkungen auch Vorteile haben, an denen die Verbraucher beteiligt werden. Zudem werden so genannte Mittelstandskartelle freigestellt (§ 3 GWB), das sind Vereinbarungen, die wirtschaftliche Vorgänge rationalisieren (z.B. Absprachen über die übliche Breite von Tapeten) und die Wettbewerbsfähigkeit kleiner oder mittlerer Unternehmen verbessern.

Kosten-Nutzen-Analyse der Kartelle

Sehr neu für das deutsche Kartellrecht ist das nach EU-Vorbild eingeführte System der **Legalausnahme**. Es gibt nicht mehr das alte behördliche Kontroll- und Erlaubnissystem, sondern die Unternehmen sollen selbst einschätzen, ob ihre Vereinbarungen unter das Kartellverbot fallen. Das Kartellamt soll nur nachträglich, aufgrund eigener Marktbeobachtung oder auf der Grundlage von Beschwerden Dritter im Streitfall klären, ob die Selbsteinschätzung richtig war. Dieses Prinzip der Legalausnahme entlastet einerseits die Unternehmen vom bürokratischen Aufwand der früher vorgeschriebenen Anmeldung und entlastet andererseits das Kartellamt von den zahlreichen Prüfungen oft unproblematischer Vereinbarungen. Im Übrigen werden sich erhebliche Veränderungen in der Rechtspraxis ergeben, deren Auswirkungen bislang nicht abgeschätzt werden können.

3.2 Missbrauchsaufsicht über marktbeherrschende Unternehmen

Wettbewerbsbeschränkungen können sich daraus ergeben, dass ein Unternehmen oder eine Gruppe von Unternehmen den Markt beherrscht, völlig unabhängig davon, wie es zu dieser Marktbeherrschung gekommen ist (durch Zusammenschluss, durch internes Unternehmenswachstum, durch Ausscheiden von Konkurrenten). Nimmt das GWB die Existenz solcher Unternehmen hin, so ist doch wenigstens eine **missbräuchliche Ausübung ihrer Marktmacht** untersagt (§ 19, Abs. 1). Entscheidend für die Eingriffsmöglichkeit des Kartellamtes sind die Tatbestandsmerkmale:

Missbräuchliche Ausübung von Marktmacht ist untersagt

- Marktbeherrschung und
- Missbrauch der Marktmacht

Marktbeherrschung definiert § 19 Abs. 2 GWB:

»(2) Ein Unternehmen ist marktbeherrschend, soweit es als Anbieter oder Nachfrager einer bestimmten Art von Waren oder gewerblichen Leistungen auf dem sachlich und räumlich relevanten Markt
1. ohne Wettbewerber ist oder keinem wesentlichen Wettbewerb ausgesetzt ist oder

Kriterien der Marktbeherrschung

2. eine im Verhältnis zu seinen Wettbewerbern überragende Marktstellung hat; hierbei sind insbesondere sein Marktanteil, seine Finanzkraft, sein Zugang zu den Beschaffungs- oder Absatzmärkten, Verflechtungen mit anderen Unternehmen, rechtliche oder tatsächliche Schranken für den Marktzutritt anderer Unternehmen, der tatsächliche oder potenzielle Wettbewerb durch innerhalb oder außerhalb des Geltungsbereichs dieses Gesetzes ansässige Unternehmen, die Fähigkeit, sein Angebot oder seine Nachfrage auf andere Waren oder gewerbliche Leistungen umzustellen, sowie die Möglichkeit der Marktgegenseite, auf andere Unternehmen auszuweichen, zu berücksichtigen.

Zwei oder mehr Unternehmen sind marktbeherrschend, soweit zwischen ihnen für eine bestimmte Art von Waren oder gewerblichen Leistungen ein wesentlicher Wettbewerb nicht besteht und soweit sie in ihrer Gesamtheit die Voraussetzungen des Satzes 1 erfüllen ...«

Marktbeherrschungsvermutung

Um den schwierigen Nachweis der Existenz einer marktbeherrschenden Stellung durch das Kartellamt und die Gerichte zu erleichtern, besteht nach dem GWB die **Vermutung einer** solchen **Marktbeherrschung,** wenn von dem oder den Unternehmen ein bestimmter Marktanteil sowie bestimmte Jahresumsätze erreicht werden.

Diese Marktanteile, die die Vermutung einer marktbeherrschenden Stellung begründen, sind:
1 Unternehmen ≥ ein Drittel
3 Unternehmen ≥ die Hälfte
5 Unternehmen ≥ zwei Drittel.

Neben der Marktbeherrschung muss **Missbrauch** der Marktmacht vorliegen, damit das Kartellamt einschreiten kann. Zwei Fälle von missbräuchlicher Ausübung von Marktmacht werden unterschieden, der Behinderungsmissbrauch und der Ausbeutungsmissbrauch.

Behinderungsmissbrauch liegt vor, wenn ein marktbeherrschendes Unternehmen als Anbieter oder Nachfrager eines Gutes

- »die Wettbewerbsmöglichkeiten anderer Unternehmen in einer für den Wettbewerb erheblichen Weise ohne sachlich gerechtfertigten Grund beeinträchtigt«; oder
- »sich weigert, einem anderen Unternehmen gegen angemessenes Entgelt Zugang zu den eigenen Netzen oder anderen Infrastruktureinrichtungen zu gewähren, wenn es dem anderen Unternehmen aus rechtlichen oder tatsächlichen Gründen ohne die Mitbenutzung nicht möglich ist, auf dem vor- oder nachgelagerten Markt als Wettbewerber des marktbeherrschenden Unternehmens tätig zu werden; dies gilt nicht, wenn das marktbeherrschende Unternehmen nachweist, dass die Mitbenutzung aus betriebsbedingten oder sonstigen Gründen nicht möglich oder nicht zumutbar ist« (§ 19 Abs. 4 Ziffer 1 und Ziffer 4).

Die Kontrolle eines Behinderungsmissbrauchs ist von zentraler Bedeutung für die Wettbewerbspolitik, weil eine missbräuchliche Behinderung von Konkurrenten den Wettbewerb stark einschränkt. Wichtige Formen der Behinderung sind die folgenden:

- **Ausschließlichkeitsbindungen** von Lieferanten (nur den Marktbeherrscher zu beliefern) oder von Abnehmern (nur Produkte des Marktbeherrschers zu führen);
- Verpflichtende **Koppelungsgeschäfte** (z. B. Verkauf nur im Paket);
- **Gegenseitigkeitsgeschäfte** (der Marktbeherrscher kauft nur bei Lieferanten, die auch bei ihm kaufen);
- **Sperrkäufe** wichtiger Ressourcen (z. B. Film- und Sportübertragungsrechte), um Konkurrenten am Marktzutritt zu hindern;
- **Diskriminierungen** von Marktteilnehmern durch unterschiedliche Preise oder unterschiedliche Belieferungen;
- ein »**Squeezing**« von Konkurrenten dadurch, dass der Marktbeherrscher, der sowohl auf dem Markt für Vorleistungen als auch auf dem Markt für Endprodukte dominiert, Preise für Vorleistungen erhöht und den Preis des Endprodukts reduziert.

Recht neu und von erheblicher Relevanz ist die in § 19 Abs. 4 Ziffer 4 entwickelte Forderung nach einem allgemeinen Netzzugang, die sich eng an die in der US-amerikanischen Rechtsprechung entwickelte »**Essential Facilities Doctrine**« anlehnt. Hiernach muss ein marktbeherrschender Inhaber eines Netzes oder einer anderen wichtigen Infrastruktur anderen Unternehmen in der Regel einen nichtdiskriminierenden Netzzugang ermöglichen. Dies ist relevant vor allem für die Netze der Telekommunikation, für Verkehrsnetze und für die Netze der Versorgungsunternehmen (Strom, Gas, Wasser). Zum

Teil ist hier der freie Netzzugang allerdings schon auf Grund spezieller Gesetze gefordert (z. B. Telekommunikationsgesetz).

Ausbeutungsmissbrauch ist nach dem Gesetz gegeben, wenn ein marktbeherrschendes Unternehmen:

- Entgelte oder sonstige Geschäftsbedingungen fordert, die von denjenigen abweichen, die sich bei wirksamem Wettbewerb mit hoher Wahrscheinlichkeit ergeben würden; hierbei sind insbesondere die Verhaltensweisen von Unternehmen auf vergleichbaren Märkten mit wirksamem Wettbewerb zu berücksichtigen (sog. **sachliches Vergleichsmarktkonzept**);
- ungünstigere Entgelte oder sonstige Geschäftsbedingungen fordert, als sie das marktbeherrschende Unternehmen selbst auf vergleichbaren Märkten von gleichartigen Abnehmern fordert, es sei denn, dass der Unterschied sachlich gerechtfertigt ist (sog. **räumliches Vergleichsmarktkonzept**; § 19 Absatz 4 Ziffer 2 und 3).

Problem der Bestimmung des Wettbewerbspreises

Den Maßstab dafür, ob der Preis eines marktbeherrschenden Unternehmens missbräuchlich überhöht ist, bildet also der Preis, der sich bei Existenz echten Wettbewerbs einstellen würde (Vorstellung von der »Als-ob-Konkurrenz«). Ein solcher fiktiver Konkurrenzpreis kann allerdings kaum bestimmt werden, weil es in der Marktwirtschaft keine Obergrenze für den Gewinnaufschlag gibt. Auch hohe Gewinnspannen können, z. B. durch intensive Forschungstätigkeit in der Vergangenheit, als Innovationsgewinne gerechtfertigt sein. Zudem ist eine Umrechnung der Kosten auf ein spezielles Produkt bei einer Mehrproduktunternehmung recht schwierig, jedenfalls für eine gerichtsfeste Begründung. Auch Vergleiche mit sachlich oder räumlich gleichartigen Märkten halten in der Regel vor Gericht nicht stand. Daher wird die Missbrauchsaufsicht über Preise vom Bundeskartellamt nur sehr vorsichtig ausgeübt; andere Bereiche der Wettbewerbspolitik erscheinen wichtiger.

3.3 Zusammenschlusskontrolle

Ein Zusammenschluss von Unternehmen ist wettbewerbspolitisch nicht eindeutig zu beurteilen (vgl. Abschnitt 2.2.2); in der Regel kann indes von einer Wettbewerbsbeschränkung ausgegangen werden. Entsprechend formuliert das Gesetz (§ 36 Absatz 1):

Grundsatz des Verbots eines Zusammenschlusses ...

»(1) Ein Zusammenschluss, von dem zu erwarten ist, dass er eine marktbeherrschende Stellung begründet oder verstärkt, ist vom Bundeskartellamt zu untersagen, es sei denn, die beteiligten Unternehmen weisen nach, dass durch den Zusammenschluss auch Verbesserungen der Wettbewerbsbedingungen eintreten und dass diese Verbesserungen die Nachteile der Marktbeherrschung überwiegen.«

... bei entstehender Marktbeherrschung

Voraussetzung für ein Verbot ist also die **Prognose** über die Entstehung oder Verstärkung einer marktbeherrschenden Stellung – dabei sind die Kriterien der Marktbeherrschung von § 19, die im Absatz 3.2 bereits dargestellt worden sind, heranzuziehen. Diesem Verbot können die Unternehmen durch den Nachweis entgehen, dass durch den Zusammenschluss der Wettbewerb verbessert wird – z. B. durch die beschriebene Aufholfusion[1] (Abschnitt 2.2.2).

Der **Zusammenschlusstatbestand** ist recht weit gefasst; als Zusammenschluss gilt vor allem:

- ein Anteilserwerb an einem anderen Unternehmen, wenn dadurch 25 Prozent oder 50 Prozent[2] des Kapitals oder der Stimmrechte erreicht werden;
- der Erwerb der Kontrolle über ein anderes Unternehmen und
- jede sonstige Verbindung von Unternehmen, auf Grund derer ein wettbewerblich erheblicher Einfluss auf ein anderes Unternehmen ausgeübt werden kann (§ 37).

Zusammenschlusskriterien

Das Konzept des **Kontrollerwerbs**, das der europäischen Wettbewerbspolitik entlehnt ist, ist recht auslegungsbedürftig. Ein Kontrollerwerb gilt dann als gegeben, wenn ein Unternehmen insbesondere über Eigentums- und Nutzungsrechte bzw. über Rechte und Verträge einen bestimmenden Einfluss auf ein anderes Unternehmen ausüben kann. Hier wird eine ausreichende Klarheit erst nach langjähriger Rechtsanwendung erreicht werden können. Auch ein **wettbewerblich erheblicher Einfluss** ist recht schwer zu fassen: Er gilt als gegeben, wenn ein Unternehmen, trotz einer Minderheitsbeteiligung unter 25 Prozent, die gesicherte Fähigkeit erwirbt, seine eigenen Interessen bei dem anderen Unternehmen zur Geltung zu bringen. Unmittelbar einsichtig und leicht feststellbar ist die Grenze des Anteilserwerbs von 25 Prozent: Ab einem Anteil von 25 Prozent gilt eine Sperrminorität der Hauptversammlung (der Versammlung der Eigentümer) bei wichtigen Beschlüssen einer Aktiengesellschaft (§§ 179 ff. Aktiengesetz).

Auslegungsbedürftige Konzepte des Kontrollerwerbs und des wettbewerblich erheblichen Einflusses

Zusammenschlüsse müssen vor ihrem Vollzug beim Bundeskartellamt angemeldet werden (§ 39 Absatz 1). Es gilt das Prinzip der generellen **Prävention** (Vorbeugung).

Anmeldepflicht

All diese Vorschriften gelten nur für größere Unternehmen, d. h. wenn

- die beteiligten Unternehmen weltweite Umsatzerlöse von mehr als 500 Millionen Euro aufweisen und
- mindestens ein Unternehmen im Inland Umsatzerlöse von mehr als 25 Millionen Euro erzielt (§ 35 Abs. 1).

Daneben gilt eine **Bagatellklausel**; demnach fallen nicht unter die Zusammenschlusskontrolle:

Ausnahme für kleine Unternehmen

---

1 Der Kürze halber wird häufig jede Art von Zusammenschluss als Fusion bezeichnet, im engeren Sinn bezeichnet die Fusion die Verschmelzung zu einer neuen rechtlichen Einheit.

2 Diese zweifache Grenze ermöglicht eine erneute Kontrolle eines Zusammenschlusses, wenn z. B. der erste Erwerb von 25 Prozent der Anteile nicht untersagt worden ist, bei der Aufstockung der Anteile auf 50 Prozent und mehr.

- der Zusammenschluss eines Unternehmens mit weltweit weniger als 10 Millionen Euro Umsatz mit einem beliebigen anderen Unternehmen;
- Zusammenschlüsse auf einem mindestens fünf Jahre alten Markt mit weniger als 15 Millionen Euro Gesamtumsatz (§ 35 Abs. 2)

Zuständigkeit der EU für »große« Zusammenschlüsse

Daneben werden explizit solche »großen« Zusammenschlüsse ausgenommen, die nach der Fusionskontrollverordnung der EU unter die Zuständigkeit der Europäischen Kommission fallen (§ 35 Abs. 2; vgl. Kapitel 23, Abschnitt 3.5).

Ministererlaubnis möglich

Schließlich kann der Bundeswirtschaftsminister einen Zusammenschluss erlauben, »wenn im Einzelfall die Wettbewerbsbeschränkung von gesamtwirtschaftlichen Vorteilen des Zusammenschlusses aufgewogen wird oder der Zusammenschluss durch ein überragendes Interesse der Allgemeinheit gerechtfertigt ist« (§ 42). Während das Bundeskartellamt bei seinen Entscheidungen immer nur Wettbewerbswirkungen in Rechnung stellen darf, kann der Bundeswirtschaftsminister also auch andere Interessen, wie z. B. Arbeitsplätze, Umweltschutz oder weltweite Wettbewerbsfähigkeit, berücksichtigen. Solche Ministererlaubnisse werden recht selten ausgesprochen, bekanntes Beispiel ist der Zusammenschluss von Daimler Benz und MBB.

Probleme der Zusammenschlusskontrolle

Generell werden Zusammenschlüsse relativ selten zu untersagen sein. Dies liegt daran, dass die Unternehmen zu klein sind oder dass eine Verbesserung des Wettbewerbs erwartet werden kann oder dass die Prognose über eine Marktbeherrschung nicht leicht fundiert werden kann. Dies ist insbesondere schwierig bei einem vertikalen Zusammenschluss, weil sich ein vertikaler Zusammenschluss auf unterschiedliche relevante Märkte bezieht und daher Marktanteile nicht einfach addiert werden können. Hier kann im Wesentlichen nur geprüft werden, ob sich der wettbewerbliche Verhaltensspielraum der zusammengeschlossenen Unternehmen durch die Verbindung mit Abnehmern oder Lieferanten wesentlich erweitert hat. Ein Beispiel ist der Zusammenschluss eines marktbeherrschenden Zeitungsverlages (Springer) mit einem bedeutenden Einzelhändler (Stilke; Bahnhofsbuchhandlungen). Praktisch nicht zu untersagen sind konglomerate Zusammenschlüsse, auch wenn es sich um Größtfusionen handelt wie im Fall von Daimler Benz und AEG, weil es sich um unterschiedliche Märkte handelt. Zum Befund der schwierigen Beweisführung passt, dass von 1973 bis Ende 2001 insgesamt rund 30.000 angezeigte Zusammenschlüsse auch vollzogen worden sind und

Nur wenig Untersagungen

dass nur 81 geplante Zusammenschlüsse endgültig rechtskräftig untersagt worden sind (Bericht des Bundeskartellamtes und Bericht der Monopolkommisson).

Hervorzuheben ist, dass bestehende Machtzusammenballungen, die in der Zeit vor 1973 ihren Ursprung haben, und generell Großunternehmen nach internem Wachstum nicht »entflochten« werden können. Hier bleibt nur die Möglichkeit der Missbrauchsaufsicht.

3.4 Sanktionsmöglichkeiten des GWB

In der Bundesrepublik gelten die Verstöße gegen die Verbote des GWB grundsätzlich nicht als Straftaten und damit nicht als kriminelles Unrecht, sondern nur als Ordnungswidrigkeiten (§ 81 GWB). Diese Ordnungswidrigkeiten werden mit Geldbußen bestraft. Der Bußgeldrahmen beläuft sich auf 1 Million Euro und darüber hinaus auf die Abschöpfung des durch die Zuwiderhandlung erzielten Mehrerlöses.

Sanktionsmöglichkeiten bestehen im Wesentlichen aus Bußgeldern.

Die verhängten Bußgelder sind z. T. durchaus spürbar gewesen. So betrug die Summe der verhängten Bußgelder in den Jahren 1997 bis 2004 insgesamt 1.116,3 Millionen Euro. Besonders hoch war das Bußgeld, das gegen 12 Unternehmen der Zementbranche verhängt worden ist: Wegen verbotener Preis- und Gebietsabsprachen sind ihnen im Jahr 2003 Bußgelder in Höhe von 702 Millionen Euro auferlegt worden (Bericht des Bundeskartellamtes über seine Tätigkeit in den Jahren 2002/2004, S. 35 ff.). Allerdings ist das Verfahren noch nicht rechtskräftig abgeschlossen.

Daneben besteht eine Schadensersatzpflicht bei schuldhaften Verstößen gegen Schutzgesetze oder Schutzverfügungen, und schließlich kann unter bestimmten Voraussetzungen ein Unternehmen, das über ein Kartell z. B. den Zuschlag für ein Bauvorhaben erhält, wegen Submissionsbetrugs bestraft werden (§ 298 StGB). Ein Beispiel ist das vom »Stern« aufgedeckte Kartell von vier Baufirmen im Stuttgarter Raum, die Preise und Auftragsquoten abgesprochen haben (»Stern« vom 1. 12. 1994). Nach § 33 GWB kann jetzt jeder Betroffene Unterlassungs- und Schadensersatzansprüche geltend machen. Die Verletzung einer Schutznorm wird nicht mehr vorausgesetzt.

3.5 Beurteilung und Ausblick

Das GWB hat die ordnungspolitische Aufgabe, den Wettbewerb in unserer Volkswirtschaft zu sichern. Auch in seiner derzeitigen Fassung hat das Wettbewerbsgesetz indes starken Kompromisscharakter. So geht es zwar grundsätzlich vom Kartellverbot aus, aber der generelle Freistellungstatbestand in § 2 GWB schwächt die Klarheit des Gesetzes und schafft Spielräume für Begehrlichkeit. Die verstärkte Anwendung einer Kosten-Nutzen-Analyse von Kartellen sowie das Prinzip der Legalausnahme müssen sich in der Praxis erst einmal bewähren, bislang können sie nicht fundiert beurteilt werden.

Generell könnten indes auch Änderungen des Gesetzestextes die grundsätzliche Schwierigkeit des Kartellamtes nicht beseitigen, Verstöße gegen das Gesetz beweisen zu müssen. Die Beweislast ist bei einem Kartell offensichtlich, aber auch Ausbeutungs- und Behinderungsmissbrauch sind in der Regel sehr schwer zu beweisen. Zudem ist jedenfalls das deutsche Kartellamt mit seinen rund 300 Mitarbeitern eine kleine, unzureichend ausgestattete Behörde. Von zentraler Bedeutung wird zunehmend die weltweite Kooperation von Kartellbehörden und die Errichtung von weltweit agierenden Kartellbehörden sein. Doch dies ist ein weiter Weg.

Beweislast ist groß

Arbeitsaufgaben

1) Definieren Sie folgende Begriffe:
   - Wettbewerb,
   - Konzentration, Umsatzkonzentration,
   - Konzern,
   - Kartell,
   - Marktbeherrschung,
   - Machtmissbrauch.
2) Inwiefern kann man beim GWB vom »Grundgesetz der Wirtschaftsordnung« sprechen?
3) Erläutern Sie das Konzept der optimalen Wettbewerbsintensität. Nennen Sie einige Beispiele.
4) Diskutieren Sie die Bedeutung eines freien Marktzutritts für den Wettbewerb.
5) Welche speziellen wettbewerbspolitischen Probleme ergeben sich im »engen« Oligopol?
6) Warum hat das Kartellamt seine Bemühungen, einen Preismissbrauch zu verfolgen, so gut wie aufgegeben?
7) Was verstehen Sie unter Behinderungsmissbrauch? Suchen Sie hierzu einige Beispiele aus dem Bericht des Bundeskartellamtes über seine Tätigkeit.
8) Welche Regelungen sieht das GWB bei Unternehmenszusammenschlüssen vor?
9) Stellen Sie dar, welche Kriterien das Kartellamt bei der Beurteilung einer Wettbewerbsbeschränkung verwendet und welche gegebenenfalls der Bundesminister für Wirtschaft bei einer Sondererlaubnis anwendet?
10) Wie wird in der Theorie und wie in der Praxis der relevante Markt abgegrenzt?

> Lösungsvorschläge für die Arbeitsaufgaben finden Sie im »Übungsbuch zu Grundlagen und Probleme der Volkswirtschaft«

Literatur

Funktionen des Wettbewerbs, Konzept des Wettbewerbs und die Grundzüge der Wettbewerbspolitik werden knapp, aber doch umfassend dargestellt von:
Berg, Hartmut: Wettbewerbspolitik, in: Vahlens Kompendium der Wirtschaftstheorie und Wirtschaftspolitik, Band 2, 8. Aufl., München 2003.

Eher ökonomisch orientierte Lehrbücher sind:
Herdzina, Klaus: Wettbewerbspolitik, 4. Aufl., Stuttgart 1993.
Schmidt, Ingo: Wettbewerbspolitik und Kartellrecht, 7. Aufl., Stuttgart, New York 2001.

Eher juristisch orientiert ist das Lehrbuch von:
Emmerich, Volker: Kartellrecht, 9. Aufl., München 2001.

Zur Praxis der Wettbewerbspolitik in der Bundesrepublik informieren regelmäßig:
Bundeskartellamt: Bericht des Bundeskartellamtes über seine Tätigkeit in den Jahren ... (alle zwei Jahre)
Monopolkommission: Hauptgutachten ... (alle zwei Jahre)

sowie monatlich die Zeitschrift:
Wirtschaft und Wettbewerb (WuW).
Neumann, Manfred: Wettbewerbspolitik, Wiesbaden 2000.

Über den Ordoliberalismus informiert:
Holzwarth, Fritz: Ordnung der Wirtschaft durch Wettbewerb, Freiburg 1985.

Über zahlreiche ausgewählte Märkte in der Bundesrepublik, wobei Fragen des Wettbewerbs immer eine zentrale Rolle spielen, liegen Analysen vor in:
Oberender, Peter (Hrsg.): Marktstruktur und Wettbewerb in der Bundesrepublik Deutschland, München 1984 und
Derselbe, (Hrsg.): Marktökonomie, Marktstruktur und Wettbewerb in ausgewählten Branchen der Bundesrepublik Deutschland, München 1989.

Über Megafusionen informiert umfassend:
Kleinert, Jörn / Henning Klodt: Megafusionen: Trends, Ursachen und Implikationen, Kieler Studie 302, Tübingen 2000.

8. Kapitel
Aufbau und Bedeutung der Volkswirtschaftlichen Gesamtrechnung (VGR)

LERNZIELE

Leitfrage:
Was sind Gesamtwirtschaftliche Rechnungssysteme und welche Aufgaben haben sie?
- Wie kann man Gesamtwirtschaftliche Rechnungssysteme definieren?
- Welche Aufgaben haben solche Systeme?

Leitfrage:
Worin besteht die methodische Vorgehensweise bei der Erstellung Gesamtwirtschaftlicher Rechnungssysteme? Welches sind die wichtigsten Zweige?
- Warum und wie aggregiert man in Gesamtwirtschaftlichen Rechnungssystemen?
- Welches sind die wichtigsten Gesamtwirtschaftlichen Rechnungssysteme?

Leitfrage:
Welches sind die wichtigsten Teilsysteme der Volkswirtschaftlichen Gesamtrechnungen und was beinhaltet die Volkswirtschaftliche Gesamtrechnung im engeren Sinne (VGR)?

Leitfrage:
Nach welchen Gesichtspunkten und Konzepten ist die VGR aufgebaut?
- Welche ökonomischen Funktionen werden in der VGR unterschieden und wie sind diese definiert?
- Wie ist der Grundaufbau des Nationalen Produktionskontos, des Nationalen Einkommenskontos und des Nationalen Vermögensänderungskontos? Welche Kontensalden werden ausgewiesen?
- Welche Funktion hat das Auslandskonto?
- Welche Sektoren und Sektorenkonten werden in der VGR des Statistischen Bundesamtes unterschieden?
- Was sind Produktionsabgaben und Subventionen und wie werden sie in der VGR behandelt?

Leitfragen:

Welche zentralen Kreislaufbeziehungen lassen sich aus dem Kontensystem der VGR für die offene und die geschlossene Volkswirtschaft ableiten?

Was ist ein Kreislaufdiagramm und wozu dient es?

Wie sind Inlandsprodukt und Nationaleinkommen in Bezug auf ihre unterschiedlichen Verwendungszwecke zu beurteilen?

1 Was sind Gesamtwirtschaftliche Rechnungssysteme, welche Aufgaben haben sie und welches sind die wichtigsten Teilsysteme?

In dem Kapitel über die Funktionsweise des marktwirtschaftlichen Systems wurde bereits gesagt, dass hier Millionen von privaten Wirtschaftseinheiten aufgrund eigener Zielvorstellungen im Rahmen der ihnen gesetzten Daten (wie technische Gegebenheiten, Steuersätze u. a.) selbstständig ihre Produktions-, Verbrauchs-, Investitions-, Finanzierungs- und sonstigen Wirtschaftspläne aufstellen.

In den marktwirtschaftlich orientierten Volkswirtschaften unserer Zeit sind indes die privaten Haushalte und Unternehmungen nicht die einzigen Akteure. Bekanntlich greift der Staat insbesondere zwecks Verwirklichung gesamtgesellschaftlicher Wertvorstellungen sowie wegen bestimmter Defizite der Marktmechanismen (vgl. Kapitel 13) in das »freie Spiel der Kräfte« ein. Neben die Ziele der einzelnen Wirtschaftseinheiten treten damit die gesamtwirtschaftlichen Ziele wie z. B. Vollbeschäftigung, Preisstabilität, Wachstum und gerechte Einkommensverteilung.

> Um diese gesamtwirtschaftlichen Ziele erreichen zu können, braucht der Staat vielfältige Informationen über die Ausgangssituation der Volkswirtschaft: über die Höhe der derzeitigen Produktion, über die bestehende Einkommens- und Vermögensverteilung, über die Bedeutung einzelner Wirtschaftsbereiche, über die interindustriellen Verknüpfungen, über die Sach- und Geldvermögensbestände und ihre Veränderungen usw. Entsprechende Informationen können auch für private Entscheidungsträger von großer Bedeutung sein.

Warum braucht man Gesamtwirtschaftliche Rechnungssysteme?

Solche Informationen bereitzustellen ist eine wesentliche Aufgabe der Gesamtwirtschaftlichen Rechnungssysteme.

> In einem Gesamtwirtschaftlichen Rechnungssystem werden auf makroökonomischer Basis ex post ausgewählte Strömungs- und/oder Bestandsgrößen einer Volkswirtschaft (oder eines anders abgegrenzten geografischen Gebietes) systematisch registriert.

Registrierung auf **makroökonomischer Grundlage** bedeutet, dass nicht die wirtschaftlichen Handlungen oder Bestände einzelner Wirtschaftseinheiten erfasst werden, sondern dass große Gruppen von Wirtschaftseinheiten (Sektoren) und zusammengefasste Transaktionen (z. B. der Konsum der Privaten Haushalte) sowie zusammengefasste Bestände (z. B. das Sachvermögen der Unternehmen) dargestellt werden. Es wird also nach **institutionellen Ge-**

Bedeutung und Formen der Aggregation

sichtpunkten (Sektoren) und **funktionalen Gesichtspunkten** (makroökonomische Variablen) aggregiert. Bei der Aggregation gehen zwangsläufig viele Informationen verloren. So kann man dem Aggregat »gesamtwirtschaftlicher Konsum« nicht entnehmen, welche individuellen Wirtschaftseinheiten oder Teilgruppen der Volkswirtschaft die Konsumgüter gekauft haben. Der Notwendigkeit der Aggregation liegt darin begründet, dass sie die registrierten Daten überhaupt erst **überschaubar** werden lässt.

Strömungs- und Bestandsgrößen

Strömungsgrößen beziehen sich auf einen bestimmten Zeitraum, sind also z. B. Mengen oder Wertgrößen pro Jahr (die Zahl der produzierten Autos, die Umsätze). **Bestandsgrößen** beziehen sich auf einen bestimmten Zeitpunkt, haben also z. B. die Dimension Mengen- oder Werteinheiten am 31.12.2005 (der Bestand an Autormobilen, der Wert des volkswirtschaftlichen Produktivvermögens).

Systematisch heißt, dass innerhalb des jeweiligen Rechnungssystems Definitionen (z.B der Investitionen des Staates) und Klassifikationen (z. B. die Sektorenbildung) aufeinander abgestimmt sind und die Erfassung der Transaktionen und Bestände konsistent ist.[1] So ist z. B. der Konsum des Staates in allen Volkswirtschaftlichen Gesamtrechnungen einheitlich definiert. Wird die Größe an unterschiedlichen Stellen des Rechnungssystems ausgewiesen, so muss der Ausweis wertgleich erfolgen.

Ex post bedeutet, dass realisierte Größen rückschauend erfasst werden, die Betrachtung ist also vergangenheitsorientiert.

Volkswirtschaftliche Gesamtrechnungen als zentraler Bestandteil gesamtwirtschaftlicher Rechnungssysteme

Sofern mehrere Gesamtwirtschaftliche Rechnungssysteme auf einheitlichen Konzeptionen, Klassifikationen und Definitionen basieren, bilden sie ein homogenes System. Ein solches homogenes System stellen vor allem die **Volkwirtschaftlichen Gesamtrechnungen** dar, die einen wesentlichen Teil der Gesamtwirtschaftlichen Rechnungssysteme insgesamt ausmachen.

Zum System Volkswirtschaftlicher Gesamtrechnungen gehören:
- die Darstellung der Entstehung, Verteilung und Verwendung von Inlandsprodukt (zentrales gesamtwirtschaftliches Produktionsmaß) und Nationaleinkommen (zentrales gesamtwirtschaftliches Einkommensmaß) und im Zusammenhang hiermit die Bildung neuen Vermögens (**traditionelle Volkswirtschaftliche Gesamtrechnung**),

Standardsysteme der Volkswirtschaftlichen Gesamtrechnung und ihre Bedeutung

- die Registrierung der Transaktionen zwischen Inländern und Ausländern für eine abgelaufene Periode (**Zahlungsbilanz**), die Darstellung der Strö-

---

1 Hinter Definitionen und Klassifikationen stehen bestimmte Konzeptionen, die sich an der Zielsetzung des Rechnungssystems und an theoretischen Vorstellungen orientieren. So werden z. B. in der in diesem Kapitel im Vordergrund stehenden Volkswirtschaftlichen Gesamtrechnung im engeren Sinn vor allem über Märkte laufende Vorgänge erfasst. Dahinter steht die Zielsetzung, mit den gelieferten Daten einen Beitrag zur Erklärung des gesamtwirtschaftlichen Wirtschaftsablaufes zu geben, und die Auffassung, dass hierfür Marktvorgänge von besonderer Bedeutung sind. Wegen der zentralen Bedeutung von Konzeptionen für die Definitionen und Klassifikationen spricht man häufig auch von den Definitionen, Klassifikationen und Konzeptionen eines Gesamtwirtschaftlichen Rechnungssystems.

me von Forderungen und Verbindlichkeiten zwischen den Sektoren einer Volkswirtschaft und der übrigen Welt (**Finanzierungsrechnung**)[2],
- die Darstellung der interindustriellen Lieferverflechtungen (**Input-Output-Rechnung**),
- **Satellitensysteme**, wie die Umweltökonomische Gesamtrechnung (vgl. hierzu Kapitel 29) und die Haushaltsproduktionsrechnung.

Andere Gesamtwirtschaftliche Rechnungssysteme, Systeme die also nicht zu den Volkswirtschaftlichen Gesamtrechnungen gehören, sind z. B.:
- Soziale Indikatoren,
- die Bankstatistischen Gesamtrechnungen.

Das zentrale Rechnungssystem der Volkswirtschaftlichen Gesamtrechnung ist die **traditionelle Volkswirtschaftliche Gesamtrechnung** (hier **VGR** abgekürzt). Sie wird in diesem Kapitel ausschließlich in Preisen des betrachteten Jahres (in »jeweiligen« Preisen) ausgedrückt. Im nächsten Kapitel gehen wir dann auf »reale« Größen der VGR, auf aus der VGR ableitbare **Strukturgrößen** für die deutsche und die europäische Volkswirtschaft sowie auf die **Zahlungsbilanz** ein.

2 Volkswirtschaftliche Gesamtrechnung im engeren Sinne

Die VGR beschreibt für eine abgelaufene Periode (ex post) die Entstehung, Verteilung und Verwendung von Inlandsprodukt (volkswirtschaftliches Netto-Produktionsmaß) und Nationaleinkommen (volkswirtschaftliches Einkommensmaß) und im Zusammenhang hiermit die Bildung neuen Vermögens.[3]

Definition VGR

Damit die Volkswirtschaftlichen Gesamtrechnungen und die aus ihnen abgeleiteten Größen **international vergleichbar** sind, existieren »**Handbücher**«, die für eine möglichst große Einheitlichkeit sorgen. Solche Handbücher sind seit dem Zweiten Weltkrieg von verschiedenen internationalen

---

2 Das Statistische Bundesamt, das in Deutschland für die Erstellung der Volkswirtschaftlichen Gesamtrechnungen zuständig ist, versteht Zahlungsbilanz und Finanzierungsrechnung nicht als Teilsysteme der Volkswirtschaftlichen Gesamtrechnungen. Das ist aber anscheinend nur dadurch begründet, dass diese Systeme nicht vom Statistischen Bundesamt, sondern von der Deutschen Bundesbank erstellt werden. Gleichwohl sind die Systeme weitgehend mit den übrigen Teilsystemen der Volkswirtschaftlichen Gesamtrechnungen harmonisiert und können deshalb zu diesen gerechnet werden.
3 Das Statistische Bundesamt sieht in seinem Rechnungssystem grundsätzlich auch die Registrierung von Bestandsgrößen vor. In dem bislang publizierten Kontensystem sowie in den Standardtabellen wird dies aber noch nicht geleistet, sodass eine Beschränkung der Darstellung auf eine Strömungsrechnung gerechtfertigt werden kann.

Organisationen, wie den Vereinten Nationen oder der OEEC (Organisation for European Economic Cooperation; Vorgängerin der späteren OECD – Organisation for Economic Cooperation and Development) entwickelt worden. Trotzdem wurde in Deutschland bis 1999 vom Statistischen Bundesamt ein in den 60er-Jahren entwickeltes relativ eigenständiges System praktiziert. Seit 1999 ist für die Volkswirtschaftlichen Gesamtrechnung der EU-Mitgliedstaaten das »**Europäische System Volkswirtschaftlicher Gesamtrechnungen**« von 1995 (**ESVG 1995**) mit weiteren Modifikationen im Jahre 2005 zwingend als Bezugsgrundlage vorgeschrieben, ein Handbuch der VGR, das seinerseits auf dem **Standardsystem der Vereinten Nationen** (System of National Accounts) von 1993 (**SNA 1993**) basiert, aber speziell auf die Erfordernisse der EU abgestimmt ist.

Das Europäische System Volkswirtschaftlicher Gesamtrechnungen

Damit ist ein entscheidender Schritt in Richtung auf die **Harmonisierung** der europäischen Volkswirtschaftlichen Gesamtrechnungen (Homogenität auf europäischer Ebene) vollzogen worden. Auf der Grundlage der neuen VGR werden unter anderem die Mitgliedszahlungen der EU-Länder festgelegt sowie die Einhaltung der Vorschriften des »Stabilitäts- und Wachstumspaktes« (vgl. Kapitel 13) überprüft.

> Ziel dieses Kapitels ist es, die VGR in ihren Grundzügen darzustellen und aus ihr ableitbare Begriffe wie Inlandsprodukt, Nationaleinkommen, Investitionen und Sparen, die in der wirtschaftspolitischen Tagesdiskussion eine besondere Rolle spielen, näher zu beleuchten.

2.1 Die gesamtwirtschaftlichen Funktionskonten

Das wichtigste Kriterium, nach dem die wirtschaftlichen Aktivitäten einer Wirtschaftseinheit, eines Sektors oder einer gesamten Volkswirtschaft gegliedert und damit übersichtlich gemacht werden, besteht in der Gliederung verschiedener Transaktionen nach **ökonomischen Funktionen**. Obwohl die Gliederungstiefe der Funktionsbereiche in der VGR unterschiedlich gestaltet werden kann, hat sich als didaktisches Konzept die Unterscheidung der Funktionsbereiche

Die funktionale Gliederung der ökonomischen Transaktionen

- Produktion und Einkommensentstehung,
- Einkommensverteilung, -umverteilung und -verwendung sowie
- Vermögensbildung

Funktionskonten

als besonders nützlich erwiesen. Bei der **kontenmäßigen Darstellung** des wirtschaftlichen Geschehens unterscheiden wir dementsprechend das **Produktionskonto** (erfasst die Produktion und die Einkommensentstehung im Inland), das **Einkommenskonto** (zeigt die primäre und sekundäre Einkommensverteilung sowie die Einkommensverwendung) und das **Vermögensänderungskonto** (erfasst die Bildung neuen Vermögens, die Form, in der es sich niederschlägt und seine Finanzierung). Im Kontensystem des Statistischen Bundesamtes werden weitere disaggregierte Funktionskonten unterschieden, und zwar sowohl für die gesamte Volkswirtschaft als auch für die gebildeten Teilsektoren (vgl. Abschnitte 4 und 5). In dieser Einführung stellen wir die Konten von Teilsektoren der Volkswirtschaft exemplarisch nur am Beispiel des Sektors Private Haushalte vor (vgl. Abschnitt 5).

2.1.1 Nationales Produktionskonto

Wesentliche Aspekte von Produktion- und Einkommensbildung in einer Volkswirtschaft und der sie beschreibenden Begriffe lassen sich an einem einfachen Beispiel klarmachen, das sich auf die Marktproduktion bezieht, also eine Produktion, die grundsätzlich für den Verkauf bestimmt ist.

Stellen Sie sich einen Schneider vor, der einen Anzug herstellt. Nehmen wir an, der fertige Anzug wird von ihm für 300 Euro verkauft. Damit ist klar, dass der Marktwert der Produktion des Schneiders (Fachterminus: der Produktionswert zu Marktpreisen) 300 Euro beträgt. Zur Erstellung des Anzuges musste der Schneider verschiedene Inputs verwenden. Nehmen wir an, er benötigte Anzugstoff im Werte von 100 Euro und sonstige Vorprodukte wie Garn, Knöpfe, Futterstoff usw. im Werte von 50 Euro (Vorleistungen). Außerdem braucht er für Beleuchtung, Heizung und Maschinenstrom 30 Euro und seine Maschinen nutzen durch die Erstellung des Anzuges im Werte von 10 Euro ab (Abschreibungen).

Ein einfaches Beispiel zur Erfassung der Produktionsaktivität

Eine zentrale Frage ist nun, wie viel Güter der Schneider wertmäßig **zusätzlich neu produziert** hat. Würde die Antwort hierauf 300 Euro lauten, so wäre sie wenig überzeugend, denn Anzugstoff, sonstige Vorprodukte einschließlich Strom im Wert von insgesamt 180 Euro mussten eingesetzt (»verbraucht«) werden, um den Anzug zu erstellen. Also kann der durch die Tätigkeit des Schneiders »hinzugefügte Wert« (brutto) nur 120 Euro betragen. Berücksichtigt man zusätzlich den Wert der Abnutzungen der Maschinen, so beträgt der Wert der »netto« zusätzlich neu produzierten Güter 110 Euro.[4] Beachten wir nun noch, dass der wertmäßige Verbrauch an nicht dauerhaften Produktionsmitteln im Zuge der Produktion (im Beispiel 180 Euro) in der VGR als **Vorleistungen**[5] bezeichnet wird, so lässt sich der be-

Erfassung der Nettoproduktion

---

4 Die Zusätze »netto« oder »brutto« beziehen sich – insbesondere in Verbindung mit den Begriffen Inlandsprodukt, Nationaleinkommen, Investitionen, Wertschöpfung – in der VGR in der Regel darauf, ob die Abschreibungen abgezogen worden sind oder nicht. Gelegentlich wird aber von uns (und in der Literatur allgemein) auch von »Netto«-Produktion in dem Sinne gesprochen, dass die Vorleistungen herausgerechnet sind. Wir sprechen dann von einem **Netto-Produktionsmaß**.

5 In betriebswirtschaftlicher Ausdrucksweise besteht ein Großteil der Vorleistungen aus den so genannten Roh-, Hilfs- und Betriebsstoffen. Allerdings ist der Begriff der Vorleistungen schon insofern erheblich weiter, als er auch von anderen Produktionseinheiten gelieferte Dienstleistungen (zu denen **nicht** die betriebliche Arbeitsleistung und die Nutzung von Kapital zählen!) einschließt. Zu den Vorleistungen gehören also z. B. auch Postgebühren, Anwaltskosten, gewerbliche Mieten und Benutzungsgebühren für öffentliche Einrichtungen.

schriebene Produktionsvorgang (einschließlich des Verkaufs) in Kontenform wie folgt darstellen:

Produktionskonto

Vorleistungen	180	Produktion und Verkauf des Anzuges	300
Abschreibungen	10		
Wert der zusätzlich neu geschaffenen Güter	110		
Produktionswert zu Marktpreisen	300	Produktionswert zu Marktpreisen	300

Man erkennt, dass es zu erheblichen **Doppelzählungen** kommen würde, wenn man als Maß für die Nettoproduktion in einer Volkswirtschaft einfach die Produktionswerte (also den Wert der neu produzierten Güter) addieren würde. Schon der Wert des Anzugstoffes und des Anzuges würden sich auf 400 aufaddieren.

Welche **Einkommen** sind nun im Zuge der Produktion entstanden? Vom Verkaufserlös der Produktion sind auf der linken Seite des Kontos mit den Vorleistungen und den Abschreibungen alle nicht Einkommen darstellenden Produktionsaufwendungen (die im Beispiel entstehen) abgezogen. Folglich muss der verbleibende Rest, der identisch ist mit dem Wert der zusätzlich neu produzierten Güter, im Zuge der Produktion und des Verkaufs entstandenes Einkommen darstellen. Dieses entstandene Einkommen kann entweder für Einkommenszahlungen an andere Wirtschaftseinheiten (Arbeitnehmerentgelte, Zinsen für aufgenommenes Kapital, Gewinnausschüttung an eventuelle Teilhaber) verwendet werden oder als Einkommen des Schneiders verbleiben.[6]

Die Symmetrie von Nettoproduktion und dabei entstehenden Einkommen

> Wichtig ist, dass der Leser die **Symmetrie** zwischen dem Wert der Produktion neuer zusätzlicher Güter durch eine Wirtschaftseinheit und dem Wert der hierdurch geschaffenen Einkommen erkennt. Es handelt sich um zwei Seiten derselben Medaille!

An dieser Symmetrie zwischen Nettoproduktion und entstandenen Einkommen ändert sich in der Systematik der neuen VGR auch nichts, wenn man den Staat und die EU mit ihren Eingriffen in die Produktions- und Absatzprozesse von Gütern berücksichtigt. Diese Eingriffe vollziehen sich nach der Konzeption der neuen VGR über vom Staat (oder der EU) erhobene **Produktions- und Importabgaben** (z. B. Mehrwertsteuer, Kfz-Steuer, Importzölle) – im Folgenden kurz als **Produktionsabgaben** bezeichnet – bzw. über vom Staat oder der EU geleistete **Subventionen** (z. B. Kohlesubventionen, Investitionshilfen), die im Zusammenhang mit dem Produktionsprozess (und dem Absatz der Güter) stehen.[7]

Produktionsabgaben und Subventionen

---

6 Der Wert der eingesetzten Arbeitskraft, der Unternehmensleistung und der Nutzung des eingesetzten Kapitals gehören **nicht** zu den Vorleistungen.
7 Vgl. die detaillierteren Definitionen in Abschnitt 5 dieses Kapitels.

Wichtig für das Einkommenskonzept der neuen VGR ist, dass die **Nettoproduktionsabgaben** (die Differenz aus von den Produktionseinheiten an Staat und EU geleisteten Produktionsabgaben und den vom Staat und von der EU empfangenen Subventionen) – die für Deutschland im Jahr 2004 immerhin 232 Milliarden Euro ausmachten – als **Bestandteil des Einkommens**, das bei den im Inland produzierenden Wirtschaftseinheiten entstanden ist, angesehen werden. Man rechnet die Nettoproduktionsabgaben, wie es in der neuen Terminologie heißt, zu den bei den inländischen Produktionseinheiten geschaffenen und den vom Staat bzw. der EU empfangenen **Primäreinkommen**.[8]

Die Nettoproduktionsabgaben sind Bestandteil der geschaffenen Primäreinkommen.

Nach diesen Vorüberlegungen können wir den Aufbau des gesamtwirtschaftlichen Produktionskontos erläutern. Das Konto entsteht, indem die Produktionskonten sämtlicher im Inland ansässigen Wirtschaftseinheiten[9] (sog. **Inlandskonzept**) zum **Nationalen Produktionskonto** zusammengefasst und dabei die wirtschaftlichen Transaktionen (z. B. der individuelle Einsatz von Vorleistungen im Zuge der Produktion) zu übergeordneten Kategorien (den gesamtwirtschaftlichen Vorleistungen) aggregiert werden. Wir verwenden bei unserer Darstellung die Zahlen für Deutschland im Jahr 2004 (Stand März 2004), ausgedrückt in Milliarden Euro.

Im Produktionsbereich gilt das Inlandskonzept.

Nationales Produktionskonto 1

Vorleistungen	1.847	Produktionswert der inländischen Wirtschaftseinheiten (Bewertung zu Marktpreisen)[10]	4.024
Abschreibungen	324		
Saldo: Nettoinlandsprodukt (NIP)	1.853		
Produktionswert zu Marktpreisen	4.024	Produktionswert zu Marktpreisen	4.024

---

8 Im ESVG 1995 sind Primäreinkommen sinngemäß definiert als Einkommen
   – die gebietsansässige Einheiten aufgrund ihrer unmittelbaren Teilnahme am Produktionsprozess erhalten oder
   – die Eigentümer von Vermögenswerten als Gegenleistung für die Bereitstellung dieser Vermögenswerte zu Produktionszwecken von anderen produzierenden Einheiten erhalten (z. B. in Form von Zinsen und ausgeschütteten Gewinnen einschließlich Dividenden).
   Da die Nettoproduktionsabgaben zu den Primäreinkommen gerechnet werden und der Staat keine Vermögenswerte für die Produktion zur Verfügung stellt, wird der Eingriff des Staates in die Produktion mittels Produktionsabgaben und Subventionen also anscheinend als unmittelbare Teilnahme am Produktionsprozess betrachtet.
9 Staatsangehörigkeit und Eigentumsverhältnisse spielen dabei grundsätzlich keine Rolle. Die Produktion eines im Inland produzierenden Unternehmens, das sich in ausländischem Eigentum befindet, gehört also zur Inlandsproduktion.
10 Das Statistische Bundesamt bewertet gemäß ESVG 1995 die Produktion im Rahmen seines Kontensystems zu sog. **Herstellungspreisen**, eine etwas seltsam anmutende Bewertung, bei denen ein Teil der Produktionsabgaben (die sog. Gütersteuern, z. B. Zölle aus Nicht-EU-Ländern, Mineralölsteuer, Mehrwertsteuer) vom Marktwert abgezogen und ein Teil der Subventionen (die sog. Gütersubventionen) zum Marktwert addiert werden (vgl. Abschnitt 5). Der Grund für diese Vorgehensweise ist nicht ganz klar. Vermutlich sind diese Gütersteuern und Gütersubventionen in den Ländern der Welt und auch in-

Das Inlandsprodukt als wichtigstes gesamtwirtschaftliches Produktionsmaß

> Das **Nettoinlandsprodukt** ergibt sich, indem man vom zu Marktpreisen bewerteten Produktionswert des Inlandes die Vorleistungen und die Abschreibungen abzieht. Ohne die Subtraktion der Abschreibungen erhält man das **Bruttoinlandsprodukt**. Das Inlandsprodukt (ob brutto oder netto) ist das wichtigste gesamtwirtschaftliche Produktionsmaß.[11] In der angegebenen Weise bestimmt spricht man auch von einer Ermittlung des Inlandsproduktes von der **Entstehungsseite**.[12]

Damit das Nationale Produktionskonto die **Verwendung des Inlandsproduktes** in der üblichen, auch vom Statistischen Bundesamt verwendeten Form zeigt, sind nun noch einige Überlegungen und damit verbundene Veränderungen des Nationalen Produktionskontos notwendig:

- Berücksichtigt man wirtschaftliche Beziehungen zum Ausland, so können die Vorleistungen zum Teil aus dem Ausland bezogen werden und produzierte Güter ans Ausland geliefert werden.
- Der auf der rechten Seite des Produktionskontos ausgewiesene Marktwert Produktion der inländischen Wirtschaftseinheiten wird nach der Art der Güter aufgegliedert (»klassifiziert«). In der Verwendungsrechnung für den Produktionswert wird unterschieden:
  – ob es ich um Vorleistungen oder Endprodukte oder
  – ob es sich bei der Endnachfrage um Konsum-, Investitions- oder Exportgüter handelt.

Die Gliederung der Produktion in Vorleistungen und Endprodukte

---

nerhalb der EU sehr unterschiedlich, sodass man Produktionswerte, Brutto- und Nettowertschöpfung der Länder durch diese Korrektur entzerren will. Diese Begründung ist allerdings spekulativ, da inhaltliche Begründungen für den Wechsel von der Marktpreis- zur Herstellungspreis-Basis in den Standardsystemen leider **nicht** gegeben werden. Wir gehen bei unseren gesamtwirtschaftlichen Darstellungen weiterhin vom Produktionswert zu Marktpreisen aus. Von dieser Bewertung geht letztlich auch das Statistische Bundesamt aus, wenn es in den Standardtabellen zur VGR das Inlandsprodukt berechnet.

11 Es hat in dieser Funktion das frühere »**Sozialprodukt**« abgelöst. Ausgangspunkt zur Berechnung des Sozialproduktes war das Inlandsprodukt, von dem die an das Ausland fließenden Löhne und Gewinne (die »Faktoreinkommen« ans Ausland) abgezogen und zu dem die vom Ausland ans Inland fließenden Löhne und Gewinne addiert wurden um zum Sozialprodukt zu gelangen.

12 Das Statistische Bundesamt geht bei der Berechnung des Inlandsproduktes von der Entstehungsseite leicht abweichend von der oben dargestellten Weise vor, was mit der in Fußnote 10 beschriebenen Bewertung der Produktion zu Herstellungspreisen sowie mit der Einführung einer Zwischengröße bei der Berechnung des Inlandsproduktes, der sog. »**Wertschöpfung**« zusammenhängt: Verringert man den Produktionswert des Inlandes zu Herstellungspreisen um die Vorleistungen, so ergibt sich als Zwischenergebnis die gesamtwirtschaftliche »Bruttowertschöpfung«. Subtrahiert man von dieser die Abschreibungen, so ergibt sich die Nettowertschöpfung der Volkswirtschaft. Ausgehend von der Bruttowertschöpfung (Nettowertschöpfung) wird das Bruttoinlandsprodukt (Nettoinlandsprodukt) ermittelt, indem man die Gütersteuern addiert und die Gütersubventionen subtrahiert. Angemerkt sei, dass die Wertschöpfung in ihrer neuen Definition eine schwer interpretierbare Größe ist. Sie setzt sich zusammen aus den im Zuge der Produktion entstandenen Arbeitsentgelte Vermögenseinkommen sowie den »Sonstigen Produktionsabgaben« vermindert um die »Sonstigen Subventionen«.

Die nachfolgende Abbildung illustriert diese Klassifizierung:

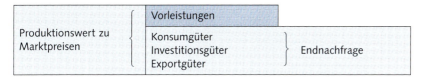

Die Aufteilung der Endprodukte in Konsum-, Investitions- und Exportgüter

Den Begriff der **Vorleistungen** haben wir bereits erläutert. Es handelt sich um den wertmäßigen Verbrauch an nicht dauerhaften Produktionsmitteln im Zuge der Produktion. Vorleistungen können aus der laufenden inländischen Produktion stammen oder aus dem Ausland importiert werden.[13]
Endprodukte sind solche in der Periode produzierten Güter, die in derselben Periode in keinem inländischen Produktionsprozess (vollständig[14]) als Inputs eingehen.[15]

Konsumgüter sind solche Endprodukte, die zur direkten Bedürfnisbefriedigung dienen. In der VGR ist es dabei gleichgültig, ob es sich um nicht dauerhafte Konsumgüter (Milch, Kartoffeln) oder um dauerhafte Konsumgüter (Automobile) handelt. Auch dauerhafte Konsumgüter gelten im Augenblick ihres Kaufes als untergegangen (verzehrt). Besonderheiten gelten beim staatlichen Konsum (vgl. Abschnitt 2.1.5).

Investitionsgüter haben wir in Kapitel 5, Abschnitt 10 schon als solche Güter definiert, die die Möglichkeit der Einkommenserzielung der Wirtschaftseinheit erhöhen oder sichern. In der VGR wird der Investitionsbegriff deutlich enger gefasst. Man unterscheidet Bruttoanlageinvestitionen und Vorrats-(Lager-)Investitionen. Bruttoanlageinvestitionen sind dauerhafte (materielle und immaterielle) Güter, die im Produktionsprozess über mehr als ein Jahr eingesetzt werden (vor allem: Maschinen, Gebäude, Computer-

Investitionen gliedern sich in Anlage- und Vorratsinvestitionen.

---

13 Der Fall, dass Vorleistungsgüter aus den aus dem Abbau von in der Vorperiode getätigten Vorratsinvestitionen stammen, wird hier zur Vereinfachung vernachlässigt.

14 Anlagegüter (also Investitionsgüter) können in Produktionsprozessen der Periode verwendet werden, gehen aber definitionsgemäß nicht »vollständig«, sondern nur in Höhe der Abschreibungen in die Produktion ein.

15 Es sei hier darauf hingewiesen, dass die gegebenen Abgrenzungen von Vorleistungen und Endprodukten sowie von Konsum- und Investitionsgütern nicht ganz trennscharf sind. So hängt die oben gegebene Abgrenzung zwischen Vorleistungen und Endprodukten davon ab, wie weit man den Begriff »Produktionsprozesse« oder »Produktion« fasst. Schließt man darin z. B. die Wäschereinigung durch eine Hausfrau/einen Hausmann ein, so sind die von ihr (ihm) gekauften Waschmittel streng genommen Vorleistungen. Fasst man die Produktionsgrenze (die »production boundary«) enger, so zählen die Waschmittel zum Konsum. Ähnlich verhält es sich mit der Trennung zwischen Konsum- und Investitionsgütern. Ausgaben für Forschung und Entwicklung von Unternehmen kann man ebenso wie Bildungsausgaben eines Haushaltes im ökonomischen Sinn als Investitionen ansehen (vgl. Kapitel 5, Abschnitt 9). In der VGR werden sie dagegen als Vorleistungen bzw. als Konsum klassifiziert. Ein Standardsystem Volkswirtschaftlicher Gesamtrechnungen wie das ESVG 1995 ist nicht zuletzt dazu da, hier Klarheit zu schaffen, auch wenn dies häufig nur mithilfe von Aufzählungen (Enumerationsprinzip) möglich ist und ökonomischen Überlegungen nicht ganz gerecht wird. Der Problemkreis ist ein gutes Beispiel für die Bedeutung von Konzeptionen und dadurch geprägte Konventionen in Bezug auf die Klassifikation in Gesamtwirtschaftlichen Rechnungssystemen.

programme). **Vorratsinvestitionen** sind solche in der Periode produzierten Halb- und Fertigfabrikate, die in der Periode von den Wirtschaftseinheiten auf Lager genommen worden sind.[16] Die in einem Jahr produzierten Investitionsgüter bilden die **Bruttoinvestitionen** aus inländischer Produktion.[17] Zieht man von den Bruttoinvestitionen jenen Teil ab, der zum Ersatz von in der Periode im Produktionsprozess abgenutzten Anlagegütern dient (Ersatzinvestitionen in Höhe der Abschreibungen), so ergeben sich die **Nettoinvestitionen**.

Schließlich kann man noch danach unterscheiden, ob Investitionsgüter von privaten Wirtschaftseinheiten oder vom Staat (öffentliche Straßen, Brücken, Gebäude usw.) gekauft werden. Im ersten Fall spricht man von **Privatinvestitionen**, im zweiten Fall von **staatlichen Investitionen**.

Einfach ist die Definition der **Exportgüter**: Es sind solche Güter, die vom Inland ins Ausland fließen, gleichgültig, ob sie dort als Vorleistungen, Konsumgüter oder als Investitionsgüter verwendet werden. Entsprechend sind **Importgüter** Waren und Dienstleistungen, die vom Ausland ins Inland fließen. Sie können im Inland als Vorleistungen, zum Konsum oder zur Investition verwendet werden.

Nach diesen Begriffklärungen können wir zu einer **verwendungsorientierten Form** des Nationalen Produktionskontos kommen:

Das Inlandsprodukt als Saldo des Produktionskontos

Nationales Produktionskonto 2

Aus dem Inland bezogene Vorleistungen V_I	Produktion, die den Verbrauch an aus dem Inland bezogenen Vorleistungen kompensiert (Inländische Vorleistungslieferungen) V_I
Abschreibungen D	Produktion, die den Verschleiß von Investitionsgütern im Zuge der Produktion kompensiert (Ersatzinvestition)
Aus dem Ausland bezogene Vorleistungen V_A	Konsum aus inländischer Produktion C_I
	Investitionen (netto) aus inländischer Produktion I_I
Saldo: **Nettoinlandsprodukt NIP**	Export aus inländischer Produktion Ex_I
Produktionswert zu Marktpreisen =	Produktionswert zu Marktpreisen

---

16 Vorratsinvestitionen werden zu Herstellungs**kosten** bewertet, enthalten also keine nicht realisierten Gewinne. Die Vorgehensweise entspricht der im Rechnungswesen eines Unternehmens. Werden Teile der Lagerproduktion in der nächsten Periode als Konsum- oder Anlageinvestition verwendet, so gehen sie, zu Herstellungskosten bewertet, in der laufenden Periode in gleicher Höhe als Endprodukte und negative Lagerinvestitionen ein, sind also in Bezug auf die Nettoproduktion nicht wirksam.

17 Wie wir weiter unten sehen werden, werden zu den Bruttoinvestitionen auch im Ausland gekaufte Investitionsgüter gerechnet, die natürlich nichts mit der inländischen Produktion der Periode zu tun haben. Sie müssen deshalb in Form entsprechender Importe wieder abgezogen werden.

Bei der Erläuterung des Nationalen Produktionskontos 2 gehen wir zunächst von einer »geschlossenen« Volkswirtschaft aus, in der keine Exporte und auch keine Vorleistungsimporte existieren. Auf der rechten Seite des Produktionskontos ist der Marktwert der gesamten Produktion nach Güterarten klassifiziert dargestellt. Auf der linken Seite sind zunächst die Inputs aufgelistet, deren produktionsseitige Äquivalente nicht zur Nettoproduktion gehören (Vorleistungen aus dem Inland und Abschreibungen). Die verbleibende Gütermenge besteht aus Endprodukten, die in der geschlossenen Volkswirtschaft nur Konsum- bzw. Investitionsgüter sein können. Auf der linken Seite des Produktionskontos ergibt sich in Höhe von $C_I + I_I$ das Nettoinlandsprodukt, das dem Saldo aus dem Produktionswert zu Marktpreisen und der Summe aus inländischen Vorleistungen und Abschreibungen entspricht.

Gehen wir zu einer offenen Volkswirtschaft über, so ist auf der Sollseite des Produktionskontos zu berücksichtigen, dass Vorleistungen aus dem Ausland importiert werden und Teile der Produktion exportiert werden können. Die Endproduktproduktion setzt sich jetzt aus C_I, I_I und Ex_I zusammen. Zu beachten ist jedoch, dass die Endprodukte in Höhe der Vorleistungen aus dem Ausland (V_A), die in die Produktion von C_I, I_I und Ex_I eingegangen sind, keine Nettoproduktion darstellen und zur Ermittlung des NIP subtrahiert werden müssen. Die auf dem Konto dargestellten Zusammenhänge lassen sich in Gleichungsform wie folgt ausdrücken:

$$NIP + V_A = C_I + I_I + Ex \quad \text{bzw.}$$

$$NIP = C_I + I_I + Ex - V_A$$

> Das Nettoinlandsprodukt wird gegeben durch die Wertsumme der aus **inländischer Produktion** stammenden Konsum-, Investitions- und Exportgütern vermindert um die Vorleistungsimporte (bewertet zu Marktpreisen). Bei dieser (zweiten Form) der Berechnung des Inlandsproduktes spricht man von der Darstellung des Inlandsproduktes von der **Verwendungsseite**.

Das Nettoinlandsprodukt von der Verwendungsseite

In der allgemein üblichen Darstellungsweise der Verwendung des Inlandsproduktes werden nun aber nicht nur die im Inland produzierten Konsum-, Investitions- und Exportgüter ausgewiesen, sondern auf der Verwendungsseite erscheinen der **gesamte Konsum**, die **gesamten Investitionen** und der **gesamte Export** (ob aus inländischer Produktion oder aus dem Ausland importiert).[18] Damit sich als Saldo des Kontos trotzdem das Nettoinlandsprodukt

---

18 Bei den Exporten kann man davon ausgehen, dass sie ganz aus inländischer Produktion stammen, wenn auch bei ihrer Produktion importierte Vorleistungen verwendet worden sind. Wir setzen deshalb $Ex = Ex_I$. Man beachte, dass z. B. im Ausland gefertigte und montierte Autoteile, die im Inland zu fertigen Produkten weiter verarbeitet und verkauft werden, konzeptionell in Höhe des Wertes von Verarbeitung und Montage im

ergibt, muss man die durch Direktimporte beschafften Teile der volkswirtschaftlichen Endnachfrage wieder abziehen, da diese nichts mit der heimischen Produktion zu tun haben. Man kann die notwendige Berichtigung durchführen, indem man die importierten Endprodukte mit den importierten Vorleistungen zusammen als Gesamtimport ausweist und subtrahiert:[19]

$$\text{NIP} = (C_I + C_A) + (I_I + I_A) + \text{Ex} - (V_A + C_A + I_A)$$

$$\text{NIP} = C + I + \text{Ex} - \text{Im} \quad \text{mit} \quad \text{Im} = V_A + C_A + I_A$$

Bezeichnet man die Differenz aus Exporten und Importen von Sachgütern und Dienstleistungen als **Außenbeitrag,** so lässt sich die letzte Gleichung auch wie folgt ausdrücken:

> Das Nettoinlandsprodukt ist von der Verwendungsseite gegeben durch die Wertsumme aus gesamtwirtschaftlichem Konsum, gesamtwirtschaftlichen Nettoinvestitionen und dem Außenbeitrag.

Häufig findet man auch eine Darstellung des **Brutto**inlandsproduktes von der Verwendungsseite. Um diese Darstellungsweise zu erhalten, addieren wir auf beiden Seiten der letzten Gleichung die Abschreibungen D. Als Ergebnis erhalten wir:

$$\text{NIP} + D = C + (I + D) + \text{Ex} - \text{Im} \quad \text{bzw.}$$

$$\text{BIP} = C + I^b + \text{Ex} - \text{Im},$$

wobei I (I^b) für die Nettoinvestitionen (Bruttoinvestitionen) steht.

Für Deutschland ergibt sich damit für das Jahr 2004 in Milliarden Euro das folgende Nationale Produktionskonto:

Nationales Produktionskonto 3

Abschreibungen	324	Konsum	1.678
Nettoinlandsprodukt	1.853	Investitionen (brutto)	385
		Exporte	835
		– Importe	–721
Bruttoinlandsprodukt	2.177	Bruttoinlandsprodukt	2.177

Ausland Vorleistungsimporte sind. Im Extremfall stellt nur die Verkaufsleistung eine inländische Produktion von Konsum-, Investitions- und Exportgütern dar.

19 Der Leser mache sich klar, dass ein Konto, das auf beiden Seiten die gleiche Wertsumme aufweist, mathematisch eine Gleichung darstellt. Man kann deshalb jede Größe – unter Wechsel des Vorzeichens – von der einen auf die andere Seite des Kontos bringen. Auf dem Nationalen Produktionskonto 3 können deshalb die gesamten Importe der Volkswirtschaft mit negativem Vorzeichen auf der Habenseite des Kontos ausgewiesen und damit von den Exporten abgezogen werden.

An dieser Stelle sei noch einmal angemerkt, dass dem Nettoinlandsprodukt ein gleich hohes (durch die Produktion der Periode entstandenes) Einkommen entspricht, das man als **Inlandsprimäreinkommen** bezeichnen könnte.[20] Es setzt sich aus drei Komponenten zusammen:

- den im Inland entstandenen Arbeitnehmerentgelten,
- den im Inland entstandenen Gewinn- und Vermögenseinkommen und den Nettoproduktionsgaben (Gesamte Produktionsabgaben an Staat und EU abzüglich der gesamten Subventionen vom Staat und von der EU).

Dem Inlandsprodukt entspricht das »Inlandsprimäreinkommen«.

In Zahlen von 2004 bedeutet dies:

Entstandene Arbeitnehmerentgelte[21]:	1.133
Entstandene Gewinn- und Vermögenseinkommen:	488
Nettoproduktionsabgaben:	232
Inlandsprimäreinkommen (= Nettoinlandsprodukt)	**1.853**

Auch die Nettoproduktionsabgaben sind seit 1999 Bestandteil der im Inland entstandenen Primäreinkommen.

Das Inlandsprodukt kann damit konzeptionell von **drei Seiten** dargestellt werden: von der Entstehungsseite, von der Verwendungsseite und von der Verteilungsseite.

I. Entstehungsrechnung:	II. Verwendungsrechnung:
Produktionswert zu Herstellungspreisen	Private Konsumausgaben
– Vorleistungen	+ Konsumausgaben des Staates
= Bruttowertschöpfung der Volkswirtschaft	+ Nettoinvestitionen
+ Gütersteuern – Gütersubventionen	+ Exporte – Importe
– Abschreibungen	

= Nettoinlandsprodukt =

III. Verteilungsrechnung[22]:	Im Inland entstandene Arbeitnehmerentgelte
	+ im Inland entstandene Gewinn- und Vermögenseinkommen
	+ Nettoproduktionsabgaben

(Quelle: In Anlehnung an: Statistisches Bundesamt, Volkswirtschaftliche Gesamtrechnungen 2004, Wichtige Zusammenhänge im Überblick, März 2005)

Tab. 8.1: Das Inlandsprodukt von der Entstehungs-, Verwendungs- und Verteilungsseite

---

20 Wir vermeiden die in der bis 1999 gültigen VGR verwendete Bezeichnung »Inlandseinkommen«, da diese den Saldo aus »**Indirekten Steuern und Subventionen**« (entspricht praktisch den **Nettoproduktionsabgaben**) gerade **nicht** zu den damaligen Faktoreinkommen rechnete. Der unseres Erachtens nützliche Begriff des Inlandsprimäreinkommens (oder eines entsprechenden Begriffs) wird vom Statistischen Bundesamt nicht verwendet. Man sieht das BIP und NIP als reinen Produktionsindikator. Allerdings verdeckt man damit unnötig wichtige systematische Zusammenhänge zwischen Nettoproduktion und Einkommensentstehung einer Volkswirtschaft.

21 Arbeitnehmerentgelte sind die Bruttolöhne und Gehälter plus Arbeitgeberanteil an der Sozialversicherung.

Der Leser beachte auch die Relation zwischen dem Netto-Produktionsmaß Nettoinlandsprodukt[23] und dem Produktionswert (zu Marktpreisen). Letztere war mit 4.024 Milliarden Euro (= 4,024 Billionen Euro) mehr als doppelt so groß wie das Nettoinlandsprodukt. Deshalb ist die häufig in den Medien zu findende Beschreibung für das Inlandsprodukt als »Maß für die insgesamt in der Volkswirtschaft in einem Jahr produzierten Güter und Dienstleistungen« nicht nur konzeptionell falsch, sondern sie wirkt auch in Bezug auf die suggerierte Größenordnung stark verzerrend.

2.1.2 Nationales Einkommenskonto

In der neuen VGR werden verschiedene Varianten sektoraler Einkommenskonten vorgestellt, auf die wir hier nicht im Einzelnen eingehen können (vgl. aber Abschnitt 5).

Vom Inlandsprodukt (Inlandsprimäreinkommen) zum Nationaleinkommen

Entscheidend ist zunächst der Übergang von den im Verständnis des neuen Systems Volkswirtschaftlicher Gesamtrechnung güterbezogenen Größen zu Einkommensgrößen. Ausgangspunkt ist, dass das Inlandsprodukt und das ihm konzeptionelle entsprechende Inlandsprimäreinkommen als Saldo des Produktionskontos übernommen wird. Bei der Berechnung des sog. **Nationaleinkommens** geht es jetzt aber nicht mehr um die Erfassung der in den geografischen Grenzen eines Landes hergestellten Güter (Inlandskonzept) und der dabei entstandenen Einkommen (gleichgültig ob diese Einkommen Inländern oder Ausländern zufließen), sondern um die **Inländern** zugeflossenen Primäreinkommen. Man spricht in Abgrenzung vom Inlandskonzept vom **Inländerkonzept,** das im Einkommensbereich Anwendung findet. In offenen Volkswirtschaften wird es in der Regel so sein, dass ein Teil der im Inland im Zuge der Produktion geschaffenen Einkommen an Ausländer abfließt. Andererseits werden Inländer am im Ausland geschaffenen Einkommen partizipieren. Es gilt also:

> Nettoinlandsprodukt (= Inlandsprimäreinkommen)
> – Primäreinkommen vom Inland an Ausländer
> + Primäreinkommen vom Ausland an Inländer
> = Nationaleinkommen (Primäreinkommen der Inländer).

---

22 Das Statistische Bundesamt weist hier das Nationaleinkommen aus und dementsprechend die Arbeitnehmerentgelte sowie die Gewinn- und Vermögenseinkommen der Inländer.

23 Hingewiesen sei noch einmal darauf, dass sich die Bezeichnung »Netto« beim Nettoinlandsprodukt auf den Abzug der Abschreibungen bezieht. Der Abzug der Vorleistungen und damit die Vermeidung von Doppelzählungen bei der Berechnung eines volkswirtschaftlichen Netto-Produktionsmaßes ist schon bei der Berechnung des Inlandsproduktes durch Abzug der Vorleistungen erfolgt.

Der Saldo der internationalen Primäreinkommensströme setzt sich nach dem neuen Einkommenskonzept aus **drei** Komponenten zusammen:
- aus dem Saldo der Arbeitnehmerentgelte, die zwischen Inland und Ausland fließen,
- aus dem Saldo der Unternehmens- und Vermögenseinkommen, die zwischen Inland und Ausland fließen sowie
- aus dem Saldo der Produktionsabgaben und Subventionen zwischen In- und Ausland (zwischen EU und Deutschland) (neu gegenüber der alten VGR und auf das erweiterte Einkommenskonzept zurückzuführen).[24]

Das nachfolgend dargestellte Nationale Einkommenskonto 1 zeigt den Übergang vom Inlandsprodukt zum Nationaleinkommen. Der Leser erkennt, dass derzeit zwischen dem Inlandsprodukt (dem Inlandsprimäreinkommen) und dem Nationaleinkommen für Deutschland keine gravierenden quantitativen, wohl aber wichtige konzeptionelle Unterschiede bestehen. In anderen Ländern könnten die Unterschiede auch quantitativ bedeutsam sein.

Nationales Einkommenskonto 1

		Nettoinlandsprodukt	1.853
Arbeitnehmerentgelte an das Ausland	5	Arbeitnehmerentgelte aus dem Ausland	5
Gewinn- und Vermögenseinkommen an das Ausland	100	Gewinn- und Vermögenseinkommen aus dem Ausland	94
Produktionsabgabe an das Ausland (EU)	6	Subventionen aus dem Ausland (EU)	6
Saldo: Primäreinkommen (Inländer) = Nettonationaleinkommen	1.847		
Summe	1.958	Summe	1.958

In einer offenen Volkswirtschaft finden **Transfers** (also Leistungen ohne Gegenleistungen) zwischen Inländern sowie zwischen Inländern und Ausländern statt. Dabei ist zunächst wichtig, dass auf den Einkommenskonten immer nur »**laufende**« Transfers, die also für beide beteiligten Parteien »normale« Vorgänge darstellen, erfasst werden.[25] Auf dem Nationalen Einkommenskonto entsprechen sich Transfers innerhalb des Inlandes (z.B. die Einkommensteuerzahlungen zwischen Staat und Privaten Haushalten), da jedem empfangenen Betrag ein gleich hoher geleisteter Betrag gegenüber-

---

24 Im alten System der VGR vollzog sich der Übergang vom Inlands- zum Inländerkonzept allein über die damals sog. Faktoreinkommenskomponenten Löhne und Gewinneinkommen vom bzw. ans Ausland. Den Nettoproduktionsabgaben zwischen In- und Ausland prinzipiell entsprechende Steuern, Zölle und Subventionen wurden hier **nicht** als Faktoreinkommensströme sondern als Transfers berücksichtigt.
25 Zur zweiten Gruppe der Transfers, den Vermögenstransfers, vgl. Abschnitt 2.3.1

steht. Deshalb rechnet man solche intranationale Transfers – wie im nachfolgenden Nationalen Einkommenskonto 2 – im Allgemeinen gegeneinander auf (»konsolidiert«).

Übrig bleiben dann nur laufende Transfers zwischen Inland und Ausland. Berücksichtigt man diese, so wird aus dem Nationaleinkommen das »**Verfügbare Einkommen der Volkswirtschaft**« (vgl. Nationales Einkommenskonto 2).

Vom Nationaleinkommen zum Verfügbaren Einkommen der Volkswirtschaft

Nationales Einkommenskonto 2

Geleistete laufende Transfers an das Ausland	36	Nationaleinkommen (netto)	1.847
Verfügbares Einkommen der Volkswirtschaft	1.821	Empfangene laufende Transfers aus dem Ausland	10
Summe	1.857	Summe	1.857

Das Verfügbare Einkommen der Volkswirtschaft wird aufgeteilt auf Konsum und Sparen.

Das verfügbare Einkommen kann entweder konsumiert oder gespart werden. Damit ergibt sich, wie auf dem Nationalen Einkommenskonto 3 dargestellt, das »**Sparen**« **S** der gesamten Volkswirtschaft, indem man von dem verfügbaren Einkommen die gesamtwirtschaftlichen Konsumausgaben abzieht.[26] Die beschriebenen Vorgänge sind wiederum für das Jahr 2004 auf dem folgenden Nationalen Einkommenskonto abgebildet:

Nationales Einkommenskonto 3

Gesamtwirtschaftlicher Konsum (privater und staatlicher)	1.678	Verfügbares Einkommen der Volkswirtschaft	1.821
Saldo: Gesamtwirtschaftliches Sparen	143		
Verfügbares Einkommen der Volkswirtschaft	1.821	Verfügbares Einkommen der Volkswirtschaft	1.821

Die dargestellten Nationalen Einkommenskonten 1 bis 3 sind aus didaktischen Gründen vorgestellt worden. Die drei Schritte
- der Übergang vom Inlandsprimäreinkommen zum Nationaleinkommen,
- die Bestimmung des verfügbaren Einkommens durch Berücksichtigung der internationalen laufenden Transfers,
- die Bestimmung der Ersparnis durch Abzug des gesamtwirtschaftlichen Konsums vom verfügbaren Einkommen

---

26 Früher sprach man von Ersparnis. Das Statistische Bundesamt war jedoch der Meinung, dass dieser Terminus zu sehr auf eine Bestandsgröße hinweist, während das »Sparen« (wie die frühere »Ersparnis«) natürlich eine Strömungsgröße darstellt Es stellt sich allerdings die Frage, ob solche Änderungen in der Terminologie tatsächlich zu mehr Klarheit beitragen.

lassen sich auch auf einem einzigen Nationalen Einkommenskonto durchführen:

Zusammengefasstes Nationales Einkommenskonto

		Nettoinlandsprodukt (Inlandsprimäreinkommen)	1.853
Arbeitsentgelte ans Ausland	5	Arbeitsentgelte aus dem Ausland	5
Gewinn- und Vermögenseinkommen ans Ausland	100	Gewinn- und Vermögenseinkommen vom Ausland	119
Produktionsabgabe ans Ausland (EU)	6	Subventionen vom Ausland (EU)	6
Zwischensaldo: Nettonationaleinkommen	1.847		
Geleistete lfd. Transfers ans Ausland	36	Empf. lfd. Transfers vom Ausland	10
		Zwischensaldo: Verfügbares Einkommen der Volkswirtschaft	1.821
Gesamtwirtschaftlicher Konsum	1.678		
Saldo: Gesamtwirtschaftliches Sparen	143		
Summe (ohne Zwischensalden)	1.968	Summe (ohne Zwischensalden)	1.968

Eine Übersicht über die wichtigsten bisher dargestellten Zusammenhänge gibt Abbildung 8.1.

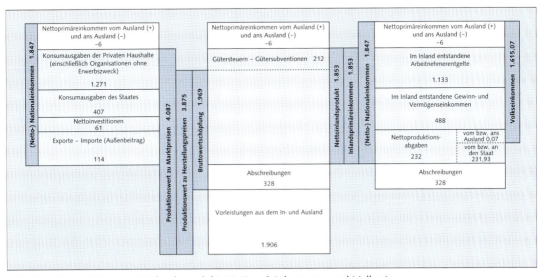

Abb. 8.1: Produktionswert, Inlandsprodukt, Nationaleinkommen und Volkseinkommen

2.1.3 Nationales Vermögensänderungskonto

Das Grundschema einer **Bilanz** sieht wie folgt aus:[27]

Grundschema einer Bilanz	
Sachvermögen	Verbindlichkeiten
Forderungen	*Saldo:* Reinvermögen (Eigenkapital)
Summe =	Summe

In Gleichungsform dargestellt:

Sachvermögen + Forderungen = Verbindlichkeiten + Reinvermögen (Eigenkapital).

Definiert man die Differenz aus Forderungen und Verbindlichkeiten als **Geldvermögen**, so folgt, dass das **Reinvermögen** einer Wirtschaftseinheit gegeben wird durch die Summe aus dem Real- oder **Sachvermögen** und dem Geldvermögen. Dementsprechend muss – auf die **Veränderungsbilanz** abstellend – jeder Änderung des Reinvermögens die Summe der Änderungen des Sach- und Geldvermögens entsprechen:

Veränderungsbilanz	
Veränderung des Sachvermögens	
Veränderung des Geldvermögens	*Saldo:* Veränderung des Reinvermögens
Summe =	Summe

Genau diese Bestandsveränderungen werden auf dem **Vermögensänderungskonto** eines Wirtschaftssubjektes, eines Teilsektors der Volkswirtschaft (z. B. dem Staat) oder der gesamten Volkswirtschaft erfasst; sie beschreiben auf jeder Aggregationsebene den Vorgang der **Vermögensbildung** während eines bestimmten Zeitraums. Bewegt man sich auf der gesamtwirtschaftliche Ebene, so ist zu berücksichtigen, dass sich Forderungen und Verbindlichkeiten zwischen Inländern gegenseitig aufheben. Das Geldvermögen (bzw. seine Veränderung) besteht dann nur aus den Nettoforderungen (bzw. deren Veränderung) gegenüber dem Ausland.

---

27 Wenn man die Bilanz auf ein solch einfaches Grundschema zurückführt, so müssen – wenn man verschiedene in der Realität in Bilanzen auftauchende Posten subsumieren will – die Vermögenskomponenten Sachvermögen, Forderungen und Verbindlichkeiten natürlich entsprechend breit definiert werden. An den im Folgenden vorgestellten Überlegungen ändert sich allerdings konzeptionell nichts, wenn man weitere Vermögenskomponenten, z. B. das immaterielle Anlagevermögen, explizit mit berücksichtigt. Immer gilt eine Bilanzgleichung der Art a + b + c + d = e + f + g, in der die Buchstaben a, b, c, d den Wert beliebiger Aktiva wiedergeben, die Buchstaben e und f die Werte beliebiger Passiva repräsentieren und g das Reinvermögen darstellt.

Bei der Übertragung der beschriebenen Systematik auf das Vermögensänderungskonto in der VGR sind allerdings terminologische Besonderheiten zu beachten: In der Sprache der VGR heißt die Reinvermögensänderung ohne Berücksichtigung der so genannten **Vermögenstransfers**[28] »Sparen«, die Sachvermögensänderung (einschließlich immaterieller Güter) »Nettoinvestition« und die Geldvermögensänderung »Finanzierungssaldo«. Um vom Sparen als Saldo des Nationalen Einkommenskontos (das nur sog. »laufende« Transaktionen und damit auch nur die laufenden Transfers enthält) zur Reinvermögensänderung zu kommen, muss man also vom Sparen die an das Ausland geflossenen Vermögenstransfers (etwa eine einmalige Kapitalhilfe oder einen Schuldenerlass) abziehen und die vom Ausland empfangenen Vermögenstransfers addieren. Berücksichtigt man ferner, dass sich

Veränderungsbilanz und Vermögenänderungskonto der VGR

- die Nettoinvestition auch durch Buchung der Bruttoinvestition bei Gegenbuchung der Abschreibungen darstellen lässt,
- Sachvermögensänderungen auch aus Verkäufen bzw. Käufen nicht produzierter Güter (z. B. von Grundstücken) resultieren,

so ergibt sich für das Nationale Vermögensänderungskonto folgender Aufbau, wobei zur Illustration die Zahlen für das Jahr 2004 verwendet werden:

Nationales Vermögensänderungskonto

		Gesamtwirtschaftliches Sparen	143
Vermögenstransfers an das Ausland	3	Vermögenstransfers aus dem Ausland	3
Bruttoinvestitionen	385	Abschreibungen	324
Nettozugang an nichtproduziertem Vermögen	0		
Saldo: Veränderung des Geldvermögens der Inländer = Finanzierungssaldo	82		
Summe	470	Summe	470

Mit einer Reinvermögenszunahme von 143 »finanzierte« das Inland seine Nettoinvestition von 61 und baute gleichzeitig seine Nettoforderungs-(Nettogläubiger-)Position gegenüber dem Ausland um 82 aus (Es existiert ein positiver Finanzierungssaldo, also ein Finanzierungsüberschuss).

---

28 Die Vermögenstransfers sind für zumindest eine der beteiligten Wirtschaftseinheiten keine »normalen« Vorgänge. Das Statistische Bundesamt versucht den Unterschied zwischen laufenden Transfers und Vermögenstransfers mit dem Hinweis deutlich zu machen, dass nur die Vermögenstransfers zu einer direkten Vermögensveränderung führen. Damit ist wohl gemeint, dass laufende Transfers erst über den Umweg des Sparens zu Vermögensänderungen führen.

2.1.4 Auslandskonto

Das Auslandskonto als Konto für die Gegenbuchungen bei Transaktionen zwischen Inländern und Ausländern schließt das System.

In dem bislang vorgestellten System VGR sind alle Buchungen zwischen inländischen Wirtschaftseinheiten **doppelt** gebucht[29]; z. B. der Konsum auf der rechten Seite des Nationalen Produktionskontos und der linken Seite des Nationalen Einkommenskontos, die Bruttoinvestitionen auf der Habenseite der Nationalen Produktionskontos und auf der Sollseite des Vermögensänderungskontos usw. Um das System zu schließen und stimmig zu halten, fehlen lediglich die Gegenpositionen bei den Vorgängen, die zwischen Inländern und Ausländern stattfinden, z. B. bei den Exporten und Importen. Diese Buchungen, welche die »zweite Seite« der aus den ökonomischen Aktivitäten zwischen In- und Ausländern resultierenden Ströme erfassen, erfolgen auf dem Konto »**Übrige Welt**« (Auslandskonto). Wir erhalten also das Auslandskonto, indem wir nacheinander das Nationale Produktionskonto, das nationale Einkommenskonto und das Nationale Vermögensänderungskonto nach Vorgängen untersuchen, die zwischen Inländern und Ausländern stattgefunden haben und diese Vorgänge auf einem Konto (Auslandskonto genannt) gegenbuchen.[30]

Wir wollen auf die Zahlen dieses Kontos an dieser Stelle nicht im Einzelnen eingehen, da sie im Zusammenhang mit der Darstellung der Zahlungsbilanz noch ausführlich erörtert werden.

Auslandskonto

Exporte	835	Importe	721
Arbeitsentgelte aus dem Ausland	5	Arbeitsentgelte an das Ausland	5
Vermögenseinkommen aus dem Ausland	94	Vermögenseinkommen an das Ausland	100
Subventionen aus dem Ausland	6	Produktionsabgabe an das Ausland	6
Empfangene laufende Transfers aus dem Ausland Empfangene Vermögenstransfers	10	Geleistete laufende Transfers an das Ausland Geleistete Vermögenstransfers	36
		Finanzierungsüberschuss	82
Summe	953	Summe	953

---

29 Doppelt gebucht heißt aber nicht »doppelt« im Sinne der Geschäftsbuchhaltung einer Unternehmung. Dort werden alle Transaktionen einer Wirtschaftseinheit X mit anderen Wirtschaftseinheiten bekanntlich zweimal auf den Konten der Wirtschaftseinheit X erfasst. In der VGR in der hier überwiegend betrachteten Form (Ebene: gesamte Volkswirtschaft) sind die Doppelbuchungen auf den nationalen Konten ganz überwiegend durch die Aggregation der Wirtschaftseinheiten bedingt.

30 Bei der Darstellung dieses Kontos folgen wir bei der Verwendung der Begriffe Exporte und Importe der inländischen Sichtweise.

Hingewiesen sei nur auf:
- den deutlichen Positivsaldo bei den Güterex- und -importen,
- die relativ ausgeglichene Bilanz bei den Primäreinkommensströmen (ein Teil der Produktionsabgaben an die EU (Zölle) sind EU-Eigenmittel),
- den Überschuss an geleisteten gegenüber empfangenen laufenden Transfers, woran die Zahlungen der Gastarbeiter (die Inländer) an ihre im Ausland lebenden Familien (Ausländer im Sinne der Statistik) erheblich beteiligt sind,
- den Tatbestand, dass der Finanzierungssaldo auf dem Auslandskonto dem auf dem Nationalen Vermögensänderungskonto entsprechen muss.

2.1.5 Besonderheiten im Zusammenhang mit der Behandlung des Staates und der Privaten Haushalte in der VGR

Die VGR ist primär darauf angelegt, **Marktvorgänge** zu erfassen. Zwei Gründe stehen dabei im Vordergrund:
- die Schwierigkeiten bei der Bewertung von nicht über Märkte laufenden Transaktionen,
- Marktvorgänge werden für die Erklärung des wirtschaftlichen Geschehens als wichtiger angesehen als nicht über Märkte laufende Vorgänge.

Trotzdem werden in der VGR einige quantitativ bedeutsame Nichtmarktvorgänge erfasst, die dann in der Regel das Produktions- sowie das Einkommens- oder das Vermögensänderungskonto berühren.[31]

Das Produktionskonto ist auf die wirtschaftliche Tätigkeit von Produktionsunternehmungen zugeschnitten, die auch einen Großteil der Produktion der Volkswirtschaft erstellen. Neben den Produktionsunternehmen produzieren allerdings auch der Staat, die Privaten Haushalte, die Organisationen ohne Erwerbszweck (Kirchen, Gewerkschaften, Vereine u.Ä.) und auch die Finanziellen Unternehmungen (Kreditinstitute und Versicherungsunternehmen).

Viele Produktionsvorgänge laufen nicht über den Markt.

Das Statistische Bundesamt unterscheidet bei der Erfassung der Nichtmarktproduktion der Volkswirtschaft die »Nichtmarktproduktion für den Eigenverbrauch« (z. B. in der Landwirtschaft produzierte Nahrungsmittel für den Eigenkonsum der Landwirte) und der »Sonstigen Nichtmarktproduktion«. Zu Letzterer gehört vor allem der ganz überwiegende Teil der Produktion des Staates.

Da die staatlichen Unternehmungen ganz überwiegend zum Unternehmenssektor gerechnet werden, könnte man der Meinung sein, dass der Staat keine Güter produziert. Wir haben aber schon im zweiten Kapitel dieses Buches öffentliche Güter (Kollektivgüter) wie öffentliche Sicherheit, Bereitstel-

Eine wichtige Komponente der Nichtmarktproduktion einer Volkswirtschaft ist die staatliche Produktion.

---

31 Selbst erstellte Gebäude und Anlagen oder selbst erstellte Computerprogramme erscheinen z. B. als produzierte Investitionsgüter auf der Habenseite des Produktionskontos und als Anlageinvestitionen auf der Sollseite des Vermögensänderungskontos.

lung von Verkehrswegen, Ausbildungsmöglichkeiten und Ähnliche kennen gelernt. Diese Güter werden vom Staat mithilfe seiner Arbeitskräfte, Gebäude und sonstigen Anlagen (Straßen, Wasserwege, Schulen, Universitätsgebäude) sowie der von ihm eingekauften Vorleistungen produziert und der Öffentlichkeit normalerweise **ohne direktes Entgelt** zur Verfügung gestellt. Zwar zahlt der Bürger Steuern für diese staatlichen Leistungen, jedoch lässt sich oft keine unmittelbare Zuordnung zwischen Steuern und Inanspruchnahme der öffentlichen Güter herstellen. So ist es z. B. für Ihre Steuerschuld unerheblich, ob Ihre Kinder höhere Schulen besuchen oder ob Sie häufig oder selten den Stadtpark benutzen. Die vom Staat produzierten Güter müssen – wenn man die Produktion der Volkswirtschaft einigermaßen vollständig erfassen will – auf der Habenseite des staatlichen Produktionskontos verbucht werden. Da diese Güter nicht verkauft werden, kennt man ihren Marktwert nicht und es erhebt sich die Frage, wie man ihren Wert bestimmen kann. Man behilft sich hier, indem man die bei ihrer Produktion entstehenden **Kosten** addiert: Löhne und Gehälter von Arbeitern, Angestellten und Beamten des Staates, Abschreibungen und Vorleistungskäufe des Staates.[32] Zu den Vorleistungskäufen des Staates rechnet man neben z. B. den Ausgaben für Energie und Gebäudereinigung, Käufen von Papier und Schreibmitteln auch die Käufe der meisten militärischen Güter wie Flugzeuge, Panzer, Kanonen usw., mit denen der Staat mithilfe weiterer Produktionsfaktoren das Gut »äußere Sicherheit« produziert. Abschreibungen beziehen sich auf die Abnutzung öffentlicher Gebäude und Anlagen sowie auf den Verschleiß bei öffentlichen Tiefbauten (Straßen, Brücken und Wasserstraßen, Kanalisation, Brücken).

Der Wert der staatlichen Produktion wird durch Aufsummierung der Kosten erfasst.

Als nächstes muss gefragt werden, wer die staatliche Produktion in Anspruch nimmt, d. h. verbraucht. Genau genommen müssten sie bei den die Güter nutzenden Privaten Haushalten als Konsum und bei den die Güter nutzenden Unternehmen als Vorleistungen ausgewiesen werden. In der neuen VGR versucht man dem Rechnung zu tragen, indem man beim staatlichen Konsum zwischen dem **Ausgabenkonzept** und dem **Verbrauchskonzept** unterscheidet.

Unterschieden werden das Ausgaben- und das Verbrauchskonzept.

Nach dem **Ausgabenkonzept** wird die Gesamtheit der vom Staat unentgeltlich bereitgestellten Dienstleistungen, die dieser mithilfe seiner eingesetzten Vorleistungen, Kapitalgüter (in Höhe der Abschreibungen) und Arbeitskräfte produziert, zu den »**Konsumausgaben des Staates**« gerechnet, da der Staat auch die Ausgaben (Aufwendungen) für ihre Produktion trägt. Nicht einbezogen werden also nur die Werte derjenigen Güter, die der Staat gegen Gebühren verkauft (z. B. gegen die Entrichtung von Passgebühren) oder »für sich selbst« erstellt (selbst erstellte Anlageinvestitionen). Zusätzlich zum Wert der unentgeltlich bereitgestellten Produktion werden nach

---

32 Das Statistische Bundesamt bezieht auch die Sonstigen Produktionsabgaben des Staates und seine empfangenen Subventionen bei der Berechnung des Produktionswertes des Staates ein. Wegen der geringen quantitativen Bedeutung dieses Postens lassen wir ihn hier ebenso unberücksichtigt wie die »Netto-Betriebsgewinne« des Staates.

dem Ausgabenkonzept die so genannten **Sozialen Sachleistungen** des Staates zu den staatlichen Konsumausgaben dazugerechnet. Da es sich bei den Sozialen Sachleistungen 2004 immerhin um einen Posten in Höhe von über 165 Milliarden Euro handelt, muss diese Position kurz näher erläutert werden.

Bei den Sozialen Sachleistungen handelt es sich um den Wert solcher Güter, die vom Staat (einschließlich Sozialversicherung) bezahlt und privaten Haushalten direkt vom Produzenten zur Verfügung gestellt werden. Zu diesen Gütern gehören Arztleistungen, Medikamente, Krankenhausleistungen und Ähnliches, die von der Sozialversicherung (vor allem der gesetzliche Krankenversicherung und der Bundesagentur für Arbeit) bezahlt werden. Soziale Sachleistungen von Bund, Ländern und Gemeinden werden vor allem im Rahmen der Sozialhilfe, der Jugendhilfe und der Kriegsopferfürsorge erbracht. Man könnte die Sozialen Sachleistungen auf dem Produktionskonto des Staates als Vorleistungen mit berücksichtigen und damit die »Produktion« des Staates, die ja über die Aufsummierung der entstehenden Kosten berechnet sind, erhöhen. Das Statistische Bundeamt macht dieses aber nicht.

Nach dem **Verbrauchskonzept** sollen sämtliche **individualisierbaren Konsumausgaben** des Staates den privaten Haushalten zugerechnet werden. Zusammen mit den übrigen Konsumausgaben der privaten Haushalte werden die individualisierbaren Konsumausgaben des Staates zum **Individualkonsum** der privaten Haushalte zusammengefasst. Zu den individualisierbaren Teilen des Konsums des Staates zählen zum einen die soeben erwähnten Sozialen Sachleistungen. Zum anderen werden die »**individuell zurechenbaren Sachleistungen**«[33] aus den vom Staat produzierten und den Haushalten unentgeltlich zur Verfügung gestellten Gütern herausgerechnet und dem Individualkonsum der Haushalte zugeordnet. Die Konsumausgaben des Staates werden dann entsprechend gemindert und es verbleibt der Kollektivverbrauch.

Zu den **individuell zurechenbaren Sachleistungen** gehören die von den Organisationen ohne Erwerbszweck produzierten und nicht verkauften Güter, d.h. der gesamte Konsum dieser Einrichtungen. Für den Staat legt das ESVG durch Konvention fest, welche Produktionsbereiche dem Individualverbrauch zwingend zuzurechnen sind. Es sind dies die Bereiche Unterrichtswesen (einschließlich Hochschulen), Gesundheitswesen, soziale Sicherung, Sport und Erholung sowie Kultur.[34] 2004 beliefen sich die individuell zurechenbaren Sachleistungen auf 72 Milliarden Euro.

Wer verbraucht die staatliche Nichtmarktproduktion?

---

33 Der Begriff »individuell zurechenbare Sachleistungen« ist zu unterscheiden von dem Oberbegriff der individualisierbaren Konsumausgaben, der die sozialen Sachleistungen und die individuell zurechenbaren Sachleistungen insgesamt umfasst.

34 Sofern die Ausgaben »bedeutsam« sind, können nach dem ESVG 1995 wahlweise auch Teilausgaben der Bereiche Bereitstellung von Wohnungen, Hausmüll und Abwasserentsorgung sowie Betrieb von Verkehrsnetzen als individuell zurechenbare Sachleistungen behandelt werden. Das Statistische Bundesamt tut dies zurzeit nicht.

Als Kollektivverbrauch des Staates verbleiben somit die Ausgaben für die Bereiche:
- Verwaltung der Gesellschaft[35],
- Gewährleistung von Sicherheit und Verteidigung,
- Aufrechterhaltung der öffentlichen Ordnung und Gesetzgebung,
- Aufrechterhaltung der öffentlichen Gesundheit,
- Umweltschutz,
- Forschung und Entwicklung,
- Infrastruktur und Wirtschaftsförderung.

Für 2004 ergibt sich damit das folgende Zahlenbild für den Staat (in Milliarden Euro):

Unentgeltlich bereitgestellte Güter des Staates aus eigener Produktion	240
+ Soziale Sachleistungen des Staates	+ 167
= Konsum des Staates nach dem Ausgabenkonzept	**407**
− Soziale Sachleistungen des Staates	− 167
− Individuell zurechenbare Sachleistungen des Staates	− 72
= Konsum des Staates nach dem Verbrauchskonzept (= Kollektivkonsum)	**168**

Für die Privaten Haushalte ergibt sich:

Konsumausgaben der Privaten Haushalte (Ausgabenkonzept)	1.226
+ Soziale Sachleistungen des Staates	167
+ Individuell zurechenbare Sachleistungen des Staates	72
+ Konsum der Organisationen ohne Erwerbszweck[36]	45
= Konsum der Privaten Haushalte nach dem Verbrauchskonzept (= Individualkonsum)	**1.510**

Im Rahmen des Kontensystems des Statistischen Bundesamtes findet bisher nur das Ausgabenkonzept Berücksichtigung. Für die Zukunft sind aber weitere Unterkonten für die Erfassung des Konsums nach dem Verbrauchsprinzip vorgesehen. Außerdem wird dieser in Standardtabellen des Statistischen Bundesamtes schon jetzt ausgewiesen.

Auch die Privaten Haushalte erstellen in großem Umfang Güter, die nicht auf Märkten gehandelt werden.

Schwierigkeiten ergeben sich auch bei der Erfassung der **Nichtmarktproduktion der Privaten Haushalte**, denn im weiteren Sinn des Wortes gibt es eine Vielzahl von Produktionstätigkeiten in Haushalten wie Essen kochen, Wohnung putzen, Kindererziehung, Wohnungsrenovierung, Beziehungsarbeit, für die Uni lernen. Bei einer entsprechend weit definierten »Produkti-

---

35 Soweit Verwaltungsleistungen in den individuell zurechenbaren Sachleistungen enthalten sind, werden sie herausgerechnet.
36 Dieser Konsum wird nach dem ESVG 1995 nach dem Verbrauchskonzept den Privaten Haushalten zugeordnet.

onsgrenze« wäre der Wert dieser Tätigkeiten auf dem Produktionskonto der Haushalte als Konsumgüterproduktion (z. B. Essen kochen) oder als Investitionsgüterproduktion (z. B. Wohnungsrenovierung) zu erfassen und auf dem Einkommens- oder Vermögensänderungskonto gegenzubuchen. Da man aber nicht weiß, mit welchem Wert man diese Produktion ansetzen soll und/oder die Grenze zwischen Freizeittätigkeit und Produktion schwer zu ziehen ist, berücksichtigt man in der VGR nur wenige Komponenten der Haushaltsproduktion: Neben der Marktproduktion der Hausangestellten (bewertet über deren Entlohnung) wird neuerdings im engeren Haushaltbereich (also ohne die im Haushaltssektor angesiedelten Einzelunternehmen und Selbstständigen) z. B. die Eigenrenovierung von Wohnungen in einem Schätzposten berücksichtigt. Es sei aber auf das Satellitensystem »Haushaltsproduktion« hingewiesen, im dem ergänzende Berechnungen zur Erfassung der Produktionstätigkeit der privaten Haushalte vorgenommen werden.

Im Zusammenhang mit der damit angesprochenen »**production boundary**« in der VGR sei noch auf einige weitere Produktionsvorgänge verwiesen, die – obwohl zumindest nicht direkt marktgerichtet – in der VGR berücksichtigt werden:

- die Produktion der Landwirtschaft, die in den bäuerlichen Haushalten direkt verbraucht wird, ohne über den Markt zu laufen, sowie das Gut Wohnungsnutzung (einschließlich Garagen), das in den Einfamilienhäusern und Eigentumswohnungen produziert und von den Eigentümern selbst verbraucht wird,
- bei den Finanziellen Unternehmungen (z. B. den Kreditinstituten) wird schon länger davon ausgegangen, dass diese nur einen Teil ihrer tatsächlich erbrachten Dienstleistungen in Form von Gebühren (z. B. für Bankschließfächer, Depots und Kontoverwaltung) den Kunden explizit in Rechnung stellen. Es wurde deshalb in der Vergangenheit eine »**unterstellte Bankgebühr**« in Höhe der Differenz zwischen Kredit- und Einlagenzinsen der Banken als zusätzliche Produktion berücksichtigt. Da es aber bislang nicht möglich erschien zu ermitteln, welchen anderen Sektoren der Volkswirtschaft diese Dienstleistungen als Vorleistungen oder Konsum zuzuordnen waren, zog man einen gleich hohen Betrag später wieder pauschal als vom Bankensektor in Anspruch genommene Vorleistungen ab. Der Vorgang wirkte sich also nicht auf das Inlandsprodukt und das Nationaleinkommen aus und hatte lediglich den Sinn, den Produktionswert des finanziellen Sektors präziser auszuweisen.

Diese Vorgehensweise hat sich mit den Revisionen der VGR im Jahre 2005 geändert. Die so genannten »Financial Intermediation Services Indirectly Measured« (**FISIM**), also die **Finanz-Serviceleistungen** (**indirekte Messung**), werden jetzt anders berechnet als die vormaligen »unterstellten Bankgebühren« **und den Nutzern zugeordnet**. Dabei wird eine Trennung zwischen Krediten und Einlagen vorgenommen.

Bei den Krediten zahlt der Kreditnehmer (also z. B. ein Haushalt oder ein Unternehmen) einen Zins, der höher liegt als der als Bezugsgrundlage verwendete Zins für Kredite zwischen Banken – »Referenzzins« oder »reiner Zins« (ohne Risiko- und Dienstleistungszuschlag), der für Geldanleger und Kreditnehmer gleich hoch ist. Implizit zahlt der Kreditnehmer dabei über den höheren Zins für die nicht in Rechnung gestellten Dienstleistungen. Die positive Differenz zwischen Kreditzins und Referenzzins multipliziert mit dem Kreditvolumen des Kredit nehmenden Sektors bestimmt den Wert der von diesem Sektor in Anspruch genommenen Finanzserviceleistungen. Dieser Wert wird zu dem Produktionswert der Kreditinstitute addiert und entweder als Konsum (oder Vorleistungen[37]) der Haushalte, des Staates, als Export[38] oder als Vorleistungen des Kredit nehmenden produzierenden Sektors gegengebucht.

Bei den Einlagen (Sicht-, Spar- und Termineinlagen) wird ähnlich verfahren, nur dass der Zins auf Einlagen jetzt niedriger liegt als der Referenzzinssatz (Interbankenkreditzins). Die Differenz der Zinssätze multipliziert mit dem Einlagevolumen wird als Dienstleistung der Bank interpretiert, die sich die Bank durch einen entsprechend niedrigeren gezahlten Einlagenzins indirekt entgelten lässt. Der so ermittelte Wert der Dienstleistung wird dem Bankensektor als Produktion angerechnet und die wertgleichen Gegenpositionen werden als Konsum, Export oder Vorleistung dem die Einlage haltenden Sektor in Rechnung gestellt (je nachdem ob der Verbrauch der Dienstleistungen Endverbrauch oder Vorleistungen darstellt).

Erwähnt sei noch, dass durch die neue Behandlung der Bankdienstleistungen die Zinsströme verändert werden, da sich die Kreditzinsen jetzt fiktiv um die Dienstleistungskomponente reduzieren und die Einlagenzinsen fiktiv um die Dienstleistungskomponente aufgestockt werden.

Durch die neue Vorgehensweise sind die Bankdienstleistungen nicht mehr neutral in Bezug auf das Inlandsprodukt und das Nationaleinkommen. Beträgt z. B. der Wert der Bankdienstleistungen 100 und werden hiervon 40 von Unternehmungen als Vorleistungen und 60 als Konsum der privaten Haushalte in Anspruch genommen, so steigen Inlandsprodukt und Nationaleinkommen gegenüber der alten Berechnungsweise um 60.

In dem oben dargestellten gesamtwirtschaftlichen Kontensystem (abgeleitet aus Statistisches Bundesamt, März 2004) ist diese Neuerung noch nicht berücksichtigt. Hätte man sie berücksichtigt, so hätte sich das Inlandsprodukt um 26,5 Milliarden Euro erhöht (Statistisches Bundesamt, Juni 2005). Beim Nationaleinkommen sind die Auswirkungen geringfügig anders, da sich hier das bisherige Primäreinkommen aus dem Ausland in Form von Zinsen um denselben Betrag reduziert, wie die Dienstleistungsexporte zunehmen bzw. sich das bisherige Primäreinkommen an das Ausland in Form von Zinszahlungen vermindert, während sich die Dienstleistungsimporte

---

[37] Die Dienstleistungen sind bei den Privaten Haushalten Vorleistungen, wenn es sich z. B. um einen Wohnungsbaukredit (der Wohnungsbau gehört zum Unternehmensbereich bzw. stellt Investitionen dar) oder um einen Kredit an Selbstständige handelt.
[38] Entsprechend wird ein zusätzlicher Dienstleistungsimport in Höhe der Bankdienstleistungen aus dem Ausland berücksichtigt (siehe unten).

betragsgleich erhöhen. Die Veränderungen bei den Primäreinkommen vom bzw. ans Ausland gleichen sich also mit entsprechenden gegenläufigen Änderungen bei den Dienstleistungsexporten und -importen aus. Beim Nationaleinkommen wirkt also nur die »inländische Komponente« der FISIM in Richtung auf eine Veränderung des Nationaleinkommens.

Ein weiteres Problem stellt die Erfassung wirtschaftlichen Aktivitäten im Bereich der **Schattenwirtschaft** dar. Der Begriff »Schattenwirtschaft« wird unterschiedlich verwendet: Schwarzarbeit, Reparaturen ohne Rechnung, Eigenleistungen und Nachbarschaftshilfe am Bau und sogar illegale – und damit strafbare Aktivitäten – werden unter diesen Begriff subsumiert.

Trotz dieser unklaren Begriffsbestimmung legt das ESVG 1995 fest, dass schattenwirtschaftliche Aktivitäten unter den Produktionsbegriff fallen. Deshalb bezieht auch das Statistische Bundesamt Produktionen und Einkommen im Bereich der Schattenwirtschaft mit in seine Berechnungen ein. Dieses geschieht zum einen durch Zuschläge im Bereich des Handwerks, des Gaststättengewerbes und des Handels sowie durch Sondererhebungen für Trinkgelder und für Eigenleistungen am Bau. Zum anderen werden schattenwirtschaftliche Aktivitäten – und zwar völlig unabhängig von der Meldung an das Finanzamt oder an die Sozialversicherung – implizit durch die Art der Datenermittlung bei der Berechnung der Produktion und der Einkommen erfasst. Ein Beispiel hierfür stellen die Wohnungsmieten dar, die anhand des Bestandes an Wohnungen (gegliedert nach Größe und anderen Merkmalen wie Wohnungslage und qualitative Ausstattung) und den jeweiligen durchschnittlichen Mieten pro Quadratmeter ermittelt werden.

Allerdings werden schattenwirtschaftliche Tätigkeiten – da nicht genau erfassbar – in der Volkswirtschaftlichen Gesamtrechnung nicht gesondert ausgewiesen.

Abschließend sei erwähnt, dass sich die Produktion des Haushaltssektors mit der Einführung der neuen VGR deutlich erhöht hat, da sich die Sektorenbildung verändert hat (vgl. Abschnitt 4): Einzelunternehmer und Selbstständige werden nunmehr mit ihrer Marktproduktion im Sektor Private Haushalte erfasst. Der Grund für diese veränderte Vorgehensweise liegt vor allem in den Schwierigkeiten der Trennung von Haushalts- und Unternehmensaktivitäten bei diesen Wirtschaftseinheiten.

3 Wichtige definitorische Beziehungen

Das Kontensystem eignet sich hervorragend, um einige Definitionen und Kreislaufgleichungen[39] zu entwickeln, die insbesondere in den makroökonomischen Kapiteln zur Einkommens- und Beschäftigungstheorie eine Rolle spielen.

---

39 Die Bezeichnung »Kreislaufgleichungen« soll die starken Interdependenzen zwischen den Teilen der Volkswirtschaft zum Ausdruck bringen. Vgl. hierzu genauer Abschnitt 6.

3.1 Das Inlandsprodukt von der Verwendungsseite

Die Verwendungsrechnung in der offenen Volkswirtschaft

Aus dem Nationalen Produktionskonto ergibt sich die Darstellung des Nettoinlandsproduktes von der Verwendungsseite als:

$$NIP = C + I + Ex - Im$$

Definiert man den Saldo aus Güterexporten Ex und Güterimporten als **Außenbeitrag (AB),** so lässt sich das Nettoinlandsprodukt von der Verwendungsseite auch schreiben als:

$$NIP = C + I + AB.$$

> Das Nettoinlandsprodukt kann für den gesamtwirtschaftlichen Konsum, die gesamtwirtschaftliche Investition und für den Außenbeitrag **verwendet** werden.

Noch etwas anschaulicher wird die Gleichung, wenn man die Importe auf die andere Seite der obigen Gleichung bringt:

$$NIP + Im = C + I + Ex.$$

Das gesamte **verfügbare Güteraufkommen** (linke Seite der Gleichung) kann verwendet werden für den Konsum, die Investition und den Export.

Disaggregation der Verwendungsrechnung

In den Gleichungen für die Verwendung des Nettoinlandsproduktes kann man die hochaggregierten Größen gesamtwirtschaftlicher Konsum (C) und gesamtwirtschaftliche Nettoinvestition jeweils in eine private (Index Pr) und eine staatliche Komponente (Index S) aufspalten. Die Gleichung für die Verwendung des Nettoinlandsproduktes lautet dann[40]:

$$NIP = C_{Pr} + I_{Pr} + C_S + I_S + Ex - Im.$$

Fasst man den staatlichen Konsum und die staatlichen Investitionen zu den »Staatlichen Ausgaben für Güter und Dienste« G zusammen, so gilt

$$NIP = C_{Pr} + I_{Pr} + G + Ex - Im.$$

3.2 Das Nationaleinkommen von der Aufteilungsseite

Das Nationale Einkommenskonto zeigt, dass folgende Beziehungen gelten:

$$\text{Verfügbares Einkommen } (NNE^v) = NNE - Tr_{IA}^\ell + Tr_{AI}^\ell = C + S,$$

wobei die tiefer gestellten Indizes I (Inland) und A (Ausland) die Richtung der Transferströme Tr und der hochgestellte Index ℓ die laufenden Transfers bezeichnen.

---

[40] Der private Konsum umfasst den Konsum der Privaten Haushalte und den der Privaten Organisationen ohne Erwerbscharakter.

> Das Verfügbare Einkommen der Volkswirtschaft kann entweder konsumiert oder gespart (S) werden.[41]

Die Verwendung des Verfügbaren Einkommens einer offenen Volkswirtschaft

Stellt man die Definitionsgleichung um, indem man die Transfers auf die rechte Seite der Gleichung bringt, so ergibt sich:

$$\text{NNE} = C + S + \text{Tr}_{IA}^{\ell} - \text{Tr}_{AI}^{\ell}$$

> Das Nettonationaleinkommen kann aufgeteilt werden auf den gesamtwirtschaftlichen Konsum, die gesamtwirtschaftliche Ersparnis und die laufenden Nettotransfers vom Inland an das Ausland.[42]

3.3 Die Vermögensbildung

Das Nationale Vermögensänderungskonto liefert – wenn man die Bruttoinvestition und die Abschreibungen zur Nettoinvestition aufrechnet – die Beziehung:

Die Vermögensbildung und ihre Finanzierung in der offenen Volkswirtschaft

$$S + \text{Tr}_{AI}^{V} - \text{Tr}_{IA}^{V} = I + FS,$$

wobei der hochgestellte Index V die Vermögenstransfers kennzeichnet. Damit steht links vom Gleichheitszeichen die Reinvermögensänderung, die sich in der Nettoinvestition und der Veränderung des Geldvermögens (= Finanzierungssaldo – FS) niederschlägt.

Dem Auslandskonto können wir entnehmen, dass der Finanzierungssaldo bestimmt ist als

Wie bildet sich der gesamtwirtschaftliche Finanzierungssaldo?

$$FS = (Ex - Im) + (PE_{AI} - PE_{IA}) + (\text{Tr}_{AI}^{\ell} - \text{Tr}_{IA}^{\ell}) + (\text{Tr}_{AI}^{V} - \text{Tr}_{IA}^{V}),$$

wobei PE die Primäreinkommensströme (zwischen Inland und Ausland) bezeichnet. Setzt man diese Definition für den Finanzierungssaldo in die obere Gleichung ein, so kann man auf der rechten und linken Seite die Vermögenstransfers (weg)kürzen und es verbleibt die Gleichung:

$$S = I + (Ex - Im) + (PE_{AI} - PE_{IA}) + (\text{Tr}_{AI}^{\ell} - \text{Tr}_{IA}^{\ell}).$$

Diese »S = I«-Gleichung für die offene Volkswirtschaft ist nicht ganz leicht zu interpretieren. Man findet sie in den Lehrbüchern deshalb häufig stark vereinfacht in der Form:

Eine stark vereinfachte Version der »S = I«-Gleichung für die offene Volkswirtschaft

$$S = I + Ex - Im$$

---

41 Diese Beziehung gilt auch für jeden Teilsektor der Volkswirtschaft, vgl Abschnitt 5.
42 Man könnte statt von »aufteilen« auch von »verwenden« sprechen. In der Literatur wird der Terminus »verwenden« im Allgemeinen nur für den güterwirtschaftlichen Aspekt verwendet.

Demgemäß gilt: Die Ersparnis in einer Volkswirtschaft kann verwendet werden, um die Investitionen zu finanzieren und in Höhe des Außenbeitrages das Geldvermögen der Volkswirtschaft zu erhöhen. Die korrekte Gleichung zeigt, dass Einfachheit hier mit Annäherungen erkauft wird. Inwieweit dies vertretbar ist, hängt von der Größenordnung der vernachlässigten Beziehungen ab und kann deshalb allgemein nicht gesagt werden.

Auf die vollständige I = S-Gleichung werden wir im nächsten Kapitel im Zusammenhang mit der Behandlung der Zahlungsbilanz zurückkommen. Man kann die Gleichung auch aus der Gleichung für die Verwendung des Inlandsproduktes und der Gleichung für die Aufteilung des verfügbaren Einkommens ableiten, worauf wir hier aber verzichten.

Das »Volkseinkommen«

Eine wichtige Einkommensgröße war in der Vergangenheit das Volkseinkommen. Obwohl diese Größe im ESVG 1995 nicht mehr definiert ist, wird sie vom Statistischen Bundesamt im Tabellenzusammenhang weiterhin bestimmt und veröffentlicht. Man erhält das Volkseinkommen, indem man vom Nettonationaleinkommen den Saldo aus Produktionsabgaben und Subventionen an bzw. vom Staat abzieht. Man beachte, dass in der abzuziehenden Größe nicht die Produktionsabgaben an die und die Subventionen von der EU enthalten sind.[43] Es gilt also

$$VE = NNE - PA_{IS} + Sub_{SI} = NNE - (PA_{IS} - Sub_{SI}),$$

wobei PA die Produktionsabgaben, Sub die Subventionen und die Indizes I und S die Sektoren Inland und Staat bezeichnen.

3.4 Die Kreislaufgleichungen für die geschlossene Volkswirtschaft

Wenn man aus Vereinfachungsgründen auf die Berücksichtigung außenwirtschaftlicher Beziehungen verzichtet und mit den Definitionen und Kreislaufbeziehungen für die so genannte geschlossene Volkswirtschaft (in der also von den wirtschaftlichen Beziehungen zum Ausland abstrahiert wird) arbeitet, vereinfachen sich die obigen Gleichungen erheblich.

Für die Verwendungsseite des Inlandsproduktes gilt dann:

$$NIP = C + I,$$

bzw. stärker aufgespalten:

Private und staatliche Komponenten der Endnachfrage können getrennt ausgewiesen werden.

$$NIP = C_{Pr} + I_{Pr} + C_S + I_S \text{ bzw.}$$

$$NIP = C_{Pr} + I_{Pr} + G.$$

---

[43] Diese sind bereits (vgl. Abbildung 8.1) bei der Berechnung des Nationaleinkommens vom Inlandsprodukt (Inlandsprimäreinkommen) subtrahiert bzw. addiert worden, um zum Nationaleinkommen zu kommen und dürfen deshalb nicht noch ein zweites Mal als Korrekturfaktoren berücksichtigt werden.

Bevor wir uns die anderen Kreislaufbeziehungen ansehen, sollten wir uns klar machen, dass in einer geschlossen Volkswirtschaft das Nationaleinkommen genau so groß ist wie das Inlandsprodukt:

Bei der Ableitung des Nationaleinkommens waren wir vom Inlandseinkommen ausgegangen und hatten dann die Primäreinkommen vom bzw. ans Ausland addiert bzw. subtrahiert.

Das Nationaleinkommen ist in der geschlossenen Volkswirtschaft gleich dem Inlandsprodukt.

> Da in der geschlossenen Volkswirtschaft annahmegemäß keine Primäreinkommen zwischen Inland und Ausland fließen, müssen Nationaleinkommen und Inlandsprodukt in diesem Fall also identische Größen sein.

Die Beziehungen für die Aufteilung des Nettonationaleinkommens lautet – da laufende Transfers zwischen Inland und Ausland annahmegemäß nicht existieren – einfach:

$$NIP = NNE = C + S.$$

Das Nationaleinkommen kann in der geschlossenen Volkswirtschaft auf Konsum und Sparen aufgeteilt werden.

Setzt man die Verwendungsseite des Inlandsproduktes mit der Aufteilungsseite des Nettonationaleinkommens gleich, so ergibt sich:

$$C + I = C + S,$$

woraus sich durch Kürzen von C auf beiden Seiten der Gleichung die Beziehung ergibt:

$$S = I.$$

> In einer geschlossenen Volkswirtschaft gilt für jeden zurückliegenden Zeitraum (ex post), dass das Sparen gleich der Nettoinvestition ist.

Das muss so sein, weil der nicht konsumierte Teil des Nettoinlandsproduktes investiert worden sein muss (gegebenenfalls »unfreiwillig«) und weil der nicht konsumierte Teil des Nationaleinkommens gespart worden sein muss. Da Inlandsprodukt und Nationaleinkommen gleich groß sind, muss also die Nettoinvestition gleich der Ersparnis sein:

Inlandsprodukt	
Konsum	Investition
Konsum	Sparen
Nationaleinkommen	

Diese berühmte I = S-Gleichung ergibt sich auch unmittelbar aus dem Nationalen Vermögensänderungskonto: Da es in der geschlossenen Volkswirtschaft keine Vermögenstransfers zwischen Inland und Ausland gibt, besteht die Reinvermögensänderung nur aus der Ersparnis, und da keine Forderungen zwischen Inland und Ausland bestehen, kann sich die Reinvermögensänderung nicht in einer Geldvermögensänderung niederschlagen, sondern ausschließlich in einer Sachvermögensänderung (Nettoinvestition).

Vernachlässigt man in einer geschlossenen Volkswirtschaft die Existenz von Produktionsabgaben und Subventionen und unterstellt weiter, dass die Unternehmen ihre Gewinne voll an die Haushalte ausschütten und der Staat keine von ihm selbst geschaffenen Primäreinkommen behält, so gilt für das verfügbare Einkommen der Haushalte:

Eine stark vereinfachte Definition des verfügbaren Einkommens der Privaten Haushalte

$$NNE_H^v = NNE - T,$$

wobei T die Einkommen- und Vermögensteuer der Haushalte und der Index H (v) die Haushalte (das verfügbare Einkommen) bezeichnen. Mit dieser stark vereinfachten Definition des verfügbaren Einkommens der Privaten Haushalte arbeitet man in der Volkswirtschaftslehre oft.

Kommen wir zu einem letzten Kreislaufzusammenhang. Gemäß der Verwendungsrechnung gilt:

$$NIP = C_{Pr} + I_{Pr} + G.$$

Ferner ist in der geschlossenen Volkswirtschaft definitionsgemäß

$$NIP = NNE.$$

Also gilt auch:

$$NNE - T = C_{Pr} + I_{Pr} + G - T.$$

Vermindert man das (auf der linken Seite der vorstehenden Gleichung stehende) verfügbare Einkommen der Haushalte um ihren Konsum, so erhält man die private Ersparnis. Wenn wir aber auf der linken Seite den privaten Konsum abziehen, müssen wir dies auch auf der rechten Seite tun:

$$NNE - T - C_{Pr} = S_{Pr} = I_{Pr} + G - T.$$

Die Gleichung:

$$S_{Pr} = I_{Pr} + (G - T)$$

ist einfach zu interpretieren. Da der Saldo aus Staatsausgaben für Güter und Dienste G und dem Steueraufkommen des Staates das **Haushaltsdefizit** des Staates angibt, bedeutet die Gleichung:

> In einer geschlossenen Volkswirtschaft muss die private Ersparnis ex post immer die privaten Nettoinvestitionen und das Staatsdefizit »finanzieren«.

Anders ausgedrückt: Bei gegebener privater Ersparnis bleibt umso weniger Raum für private Investitionen, je größer das staatliche Defizit ist. Praktisch kann dieser Zusammenhang dadurch hergestellt werden, dass steigende Zinsen die privaten Investitionen so stark reduzieren, bis das staatliche Defizit finanziert ist.[44]

In der geschlossenen Volkswirtschaft kann der Staat nur ein Budgetdefizit realisieren, wenn das private Sparen größer ist als die privaten Investitionen.

Bringen wir in

$$S_{Pr} = I_{Pr} + G - T$$

die Steuern auf die linke Seite; so erhalten wir:

$$S_{Pr} + T = I_{Pr} + G.$$

Mit dieser Gleichung werden wir (zum Teil bei Vernachlässigung der Steuern T) in Kapitel 10 und 11 arbeiten. Sie besagt, dass die Summe aus privater Ersparnis und dem Steueraufkommen immer gleich sein muss der Summe aus privaten Investitionen und Staatsausgaben für Güter und Dienste und drückt damit den zuvor formulierten Zusammenhang nur etwas anders aus.

4 Sektoren in der neuen VGR

Wie schon eingangs dieses Kapitels erwähnt, ist es für eine überschaubare Darstellung des ökonomischen Geschehens in einer Volkswirtschaft notwendig, Wirtschaftseinheiten und wirtschaftliche Vorgänge zusammenzufassen. Was die Zusammenfassung von Wirtschaftseinheiten betrifft, haben wir uns bisher fast ausschließlich auf dem für ein Land höchsten Aggregationsniveau bewegt, nämlich auf der Ebene der gesamten Volkswirtschaft. In der VGR wird darüber hinaus ein System von Funktionskonten für mehrere große Sektoren erstellt. Die Art der Zusammenfassung der Wirtschaftseinheiten richtet sich dabei nach verschiedenen Gesichtspunkten, wie z. B. dem Schwerpunkt ihrer ökonomischen Tätigkeit unter funktionalen Gesichtspunkten (Güterproduktion, Konsum, Kredit- und Versicherungsgeschäfte), der Dominanz von Markt oder Nichtmarktproduktion, ihrer rechtlichen

Die Sektorenbildung ist in der neuen VGR deutlich gegenüber dem alten System verändert worden.

---

44 Der Leser beachte, dass eine einfache über das Inlandsprodukt gegebene Güterrestriktion hinter dieser Gleichung steckt: Das Inlandsprodukt kann für privaten und staatlichen Konsum und Investitionen verwendet werden. Bei gegebenem Inlandsprodukt stehen also Private und Staat in einem gewissen Konkurrenzverhältnis bezüglich der Verwendung der Güter. Aus der Ex-post-Beziehung kann nicht festgestellt werden, ob die Ansprüche dabei im Vornhinein größer waren als das Inlandsprodukt und wer seine Ansprüche durchsetzen konnte. Aus der Beziehung:
$$NIP = C_{Pr} + I_{Pr} + G$$
ergibt sich durch einfache Subtraktion des privaten Konsums und der Steuern die obige Beziehung. Diese kann also nichts anderes ausdrücken als die beschriebene Güterrestriktion.

Organisationsform (Kapitalgesellschaften, Einzelunternehmen, Selbstständige) und Ähnlichem.

Als **Teilsektoren** der inländischen Volkswirtschaft werden im Kontensystem der neuen VGR unterschieden:

- nichtfinanzielle Kapitalgesellschaften (einschließlich Quasi-Kapitalgesellschaften),
- finanzielle Kapitalgesellschaften (einschließlich Quasi-Kapitalgesellschaften),
- Staat,
- private Haushalte und Organisationen ohne Erwerbszweck und
- übrige Welt.

Primär auf die Güterproduktion ausgerichtete Unternehmen werden von den Banken und Versicherungen getrennt.

Kapitalgesellschaften sind Aktiengesellschaften und Gesellschaften mit beschränkter Haftung, Quasi-Kapitalgesellschaften (bestimmte Personengesellschaften wie Offene Handelgesellschaften und Kommanditgesellschaften) sowie rechtlich nicht selbstständige Eigenbetriebe des Staates und der privaten Organisationen ohne Erwerbszweck wie Krankenhäuser und Pflegeheime sowie Wirtschaftsverbände. Liegt der Handlungsschwerpunkt dieser Wirtschaftseinheiten im Bereich der Produktion von Sachgütern (Waren) und Dienstleistungen, so gehören die betreffenden Unternehmen zu den **Nichtfinanziellen Kapitalgesellschaften**, liegt ihr Handlungsschwerpunkt im Kredit- oder Versicherungsbereich, so sind sie zu den **Finanziellen Kapitalgesellschaften** zu rechnen. Unter dem **Staat** selbst versteht man in der VGR die Gebietskörperschaften der verschiedenen Ebenen, also Bund, Länder und Gemeinden) sowie die Sozialversicherung. Der Handlungsschwerpunkt dieses Sektors liegt in der Wahrnehmung hoheitlicher Aufgaben und im Zusammenhang mit diesen in der Sonstigen Nichtmarktproduktion und der Einkommensumverteilung.

Ein beachtlicher Teil der Unternehmensproduktion wird in den Sektor Private Haushalte verlagert.

Der Sektor **Private Haushalte** umfasst neben den privaten Haushalten, deren Handlungsschwerpunkt üblicherweise im Bereich der Einkommenserzielung, des Konsums und des Sparens gesehen wird, die Einzelunternehmen und die Gruppe der Selbstständigen. Dadurch vermischen sich im Sektor Private Haushalte Unternehmens- und traditionelle Haushaltsaktivitäten. Organisationen ohne Erwerbszweck sind z. B. Kirchen, Gewerkschaften, politische Parteien, Wohlfahrtsverbände, Vereine usw. Die Organisationen ohne Erwerbszweck werden aus statistischen Gründen meist zusammen mit den Haushalten ausgewiesen. Der Begriff »Übrige Welt« ist selbsterklärend und löst die bisherigen Begriffe »Ausland« oder »Rest der Welt« ab, wobei wir hier den Begriff »Ausland« synonym verwenden.

Für jeden der inländischen Teilsektoren sieht die neue VGR ein System von Funktionskonten vor, das dem oben für die gesamte Volkswirtschaft beschriebenen ähnelt, aber stärker disaggregiert ist. Auf Einzelheiten kann hier nicht eingegangen werden. Beispielhaft wird im folgenden Abschnitt das leicht vereinfachte Kontensystem des Sektors Haushalte wiedergegeben.

5 Das Kontensystem des Sektors Private Haushalte (einschließlich der Organisationen ohne Erwerbszweck)

In den Veröffentlichungen zur neuen VGR stellt das Statistische Bundesamt ein grundsätzlich für alle Teilsektoren gültiges Kontenschema vor, das aber wenig übersichtlich ist, da sehr viele der vorgesehenen Transaktionen bei einzelnen Sektoren nicht vorkommen. Wir ziehen es deshalb vor, das System der Sektorenkonten des Statistischen Bundesamtes anhand des Sektors Private Haushalte (einschl. Organisationen ohne Erwerbszweck) für das Jahr 2004 exemplarisch vorzustellen (Zahlen in Milliarden Euro). Die Konten und Positionen sind – abgesehen vom Produktionskonto – nach den obigen Ausführungen weitgehend selbsterklärend. Hinweise werden am Ende dieses Absatzes gegeben.

Die Funktionskonten des Sektors Private Haushalte in der VGR gem. ESVG 1995

Produktionskonto

Vorleistungen	297	Produktionswert zu Herstellungspreisen	822
Zwischensaldo: **Brutto**wertschöpfung	525		
Abschreibungen	98		
Saldo: **Netto**wertschöpfung	427		
Produktionswert zu Herstellungspreisen	822	Produktionswert zu Herstellungspreisen	822

Einkommensentstehungskonto

		Nettowertschöpfung	427
Geleistete Arbeitsentgelte	174		
Sonst. Produktionsabgaben – Sonstige Subventionen	7		
Saldo: Nettobetriebsüberschuss bzw. Selbstständigeneinkommen	246		
Nettowertschöpfung	427	Nettowertschöpfung	427

Primäres Einkommensverteilungskonto

		Nettobetriebsüberschuss bzw. Selbstständigeneinkommen	246
		Empfangene Arbeitnehmerentgelte	1.133
Geleistete Gewinn- u. Vermögenseinkommen (Zinsen und Pachten)	94	Empfangene Gewinn- und Vermögenseinkommen (darunter vor allem Gewinnausschüttungen und -entnahmen)	315
Saldo: Primäreinkommen	1.600		
Summe	1.694	Summe	1.694

Sekundäre Einkommensverteilung

		Primäreinkommen	1.600
		Empfangene monetäre Sozialleistungen (darunter Renten und Arbeitslosengeld)	454
Geleistete Einkommen- und Vermögenssteuern	199	Empfangene sonstige lfd. Transfers (darunter Schadensversicherungsleistungen 52)	74
Sozialbeiträge	448		
Geleistete sonst. lfd. Transfers (darunter Prämien für Schadensversicherungen 52)	75		
Saldo: Verfügbares Einkommen	1.406		
Summe	2.128	Summe	2.128

Einkommensverwendungskonto (Ausgabenkonzept)

		Verfügbares Einkommen	1.406
Konsumausgaben	1.270	Zunahme betrieblicher Versorgungsansprüche	19
Saldo: Sparen	155		
Summe	1.425	Summe	1.425

Vermögensänderungskonto

		Sparen	155
Geleistete Vermögenstransfers	6	Empfangene Vermögenstransfers	22
Bruttoinvestitionen	137	Abschreibungen	98
Saldo: Finanzierungsüberschuss	132		
Summe	275	Summe	275

Hervorzuheben ist, dass die Produktionswerte zu Herstellungspreisen bewertet werden.

Anders als bei unserer Beschreibung des Nationalen Produktionskontos 1 (vgl. Abschnitt 2.1.1), auf dem wir den Produktionswert zu Marktpreisen bewertet ausgewiesen haben, wird in dem neuen System der VGR der Produktionswert zu **Herstellungspreisen** bewertet.[45]

Herstellungspreise ergeben sich, wenn man von den Marktpreisen die sog. Gütersteuern abzieht und die sog. Gütersubventionen addiert. Es gilt also:

---

45 Herstellungspreise sind nicht zu verwechseln mit Herstellungs**kosten**, zu denen Lagerbestände und viele Teile der Nichtmarktproduktion bewertet werden. Die Herstellungspreise enthalten, anders als die Herstellungskosten, vor allem auch Gewinne.

Bewertung zu Herstellungspreisen
= Bewertung zu Marktpreisen – (Gütersteuern – Gütersubventionen).

Um die unterschiedliche Bewertung zu verstehen, ist es notwendig, Gütersteuern und Gütersubventionen zu definieren.

Gütersteuern sind der Teil der Produktionsabgaben (einschließlich Zölle), die auf die Einheit oder den Wert einer Einheit des produzierten, abgesetzten oder importierten Gutes erhoben werden. Sie enthalten insbesondere den nicht abzugsfähigen Teil der Mehrwertsteuer, Importabgaben (Zölle, Abschöpfungsbeträge auf eingeführte Güter), Verbrauchsteuern (Mineralölsteuer, Tabaksteuer, Branntweinsteuer), Vergnügungssteuern, Versicherungssteuern sowie Produktionsabgaben an die EU (z. B. die Zuckerabgabe). Den verbleibenden Rest der Produktionsabgaben bilden die »**Sonstigen Produktionsabgaben**«. Sie umfassen sämtliche Steuern, die von produzierenden Einheiten zwar aufgrund ihrer Produktionstätigkeit, aber unabhängig von der Menge oder dem Wert der produzierten oder verkauften Güter zu entrichten sind. Hierzu gehören z. B. die Grundsteuer und die Kraftfahrzeugsteuer.

Subventionen sind laufende Zahlungen ohne Gegenleistungen vom Staat oder der Europäischen Union an gebietsansässige produzierende Wirtschaftseinheiten, in der Regel also an Unternehmen.

Die Unterteilung der Subventionen in Gütersubventionen und Sonstige Subventionen ist ähnlich wie bei den Produktionsabgaben. **Gütersubventionen** werden auf die Mengen- oder die Werteinheit eines produzierten oder eingeführten Gutes gezahlt, insbesondere um den Produktionspreis, die Produktionsmenge oder das Einkommen der beteiligten Produktionsfaktoren zu beeinflussen. Typische Beispiele sind Subventionen im öffentlichen Personenverkehr und die Kohlesubventionen. **Sonstige Subventionen** sind sämtliche Subventionen, die nicht zu den Gütersubventionen gehören, z. B. ABM-Zuschüsse, Subventionen zur Verminderung der Umweltverschmutzung, Zinszuschüsse zur Erleichterung von Investitionen und Mehrwertsteuervergünstigungen in der Landwirtschaft.

Das ESVG 1995 bzw. das SNA 1993 lässt den Ländern keinen Raum für andere Bewertungskonzepte.

> Zieht man vom Produktionswert zu Herstellungspreisen die Vorleistungen ab, so ergibt sich die **Bruttowertschöpfung**. Subtrahiert man darüber hinaus die Abschreibungen, so ergibt sich als Saldo des Produktionskontos die **Nettowertschöpfung**. Brutto- und Nettowertschöpfung werden häufig zur Messung des Produktionsbeitrages der Sektoren, der Wirtschaftsbereiche und Regionen einer Volkswirtschaft verwendet.

Der Leser beachte, dass die Wertschöpfung zwar nicht die Nettogütersteuern enthält, wohl aber die übrigen durch die Produktion der Wirtschaftseinheit entstandenen Einkommen, also Arbeitsentgelte, Betriebsüberschuss/Selbstständigeneinkommen und die Sonstigen Produktionsabgaben vermindert um die Sonstigen Subventionen.

Der relativ hohe Produktionswert und die relativ hohe Wertschöpfung der Haushalte erklären sich vor allem daraus, dass Einzelunternehmen und Selbstständige seit 1999 mit ihrer Produktionsleistung im Haushaltssektor erfasst werden. Auf dem **Einkommensentstehungskonto** werden von der Nettowertschöpfung die geleisteten Arbeitnehmerentgelte und der Saldo aus Sonstigen Produktionsabgaben und Sonstigen Subventionen subtrahiert, sodass der Gewinn als Saldo verbleibt. Wegen der Rechtsform der in dem Sektor Private Haushalte integrierten Einzelunternehmen und Selbstständigen wird dieser Gewinn vom Statistischen Bundesamt als »Selbstständigeneinkommen« bezeichnet. Der Leser beachte, dass die Nettogütersteuern auf dem Produktions- und Einkommensentstehungskonto gar nicht erst in das sektorale Kontensystem einbezogen werden.

Auf dem Konto der **primären Einkommensverteilung** werden die Einkommen erfasst, die dem Sektor direkt durch Beteiligung an inländischen und ausländischen Produktionsprozessen zufließen. Direkt heißt dabei – wenn man von den Produktionsabgaben und Subventionen absieht – ohne Einmischung (Umverteilungstransaktionen) des Staates. Trotz des relativ hohen Gewinn- und Vermögenseinkommens des Sektors Private Haushalte dominieren bei der primären Einkommensverteilung die empfangenen Arbeitsentgelte. Nicht unerheblich sind allerdings auch die aus der Einkommensschöpfung anderer (in- und ausländischer) Wirtschaftseinheiten stammenden empfangenen Gewinn- und Vermögenseinkommen (vor allem ausgeschüttete Gewinne).

Es wird zwischen primärer und sekundärer Einkommensverteilung unterschieden.

Auf dem Konto der **sekundären Einkommensverteilung (Ausgabenkonzept)** kommen Umverteilungsmaßnahmen des Staates und laufende sonstigen Transfers der Haushalte zur Darstellung. Nicht überraschend ist, dass die sekundäre Einkommensverteilung zulasten der Privaten Haushalte geht, da ihr verfügbares Einkommen kleiner ist als ihr Primäreinkommen. Der entscheidende Grund sind die über 200 Milliarden Euro betragenden Einkommen- und Vermögensteuern, die die Privaten Haushalte zu entrichten haben.

Auf dem **Einkommensverwendungskonto (Ausgabenkonzept)** sollte der hohe Konsumanteil am verfügbaren Einkommen beachtet werden. Trotzdem ist das Sparen der Privaten Haushalte der für die Gesamtvermögensbildung der Volkswirtschaft bei weitem wichtigste Posten, was sich auch in dem hohen Finanzierungsüberschuss (d. h. dem Aufbau von Geldvermögen gegenüber den übrigen inländischen Sektoren und dem Ausland) niederschlägt. Erwähnt sei noch, dass die Zunahme der betrieblichen Versorgungsansprüche mit in das Sparen der Privaten Haushalte und damit in ihren Finanzierungssaldo einfließt.

Exkurs: Das Nationale Produktionskonto bei Bewertung der Produktion zu Herstellungspreisen

Auf den Nationalen Produktionskonten 1, 2 und 3 haben wir den Produktionswert zu Marktpreisen ausgewiesen, obwohl im ESVG 1995 und damit in der neuen VGR nur noch die Bewertung zu Herstellungspreisen vorgesehen ist. Wie zu Beginn dieses Abschnitts dargelegt, ist die Bewertung zu Herstellungspreisen gegeben durch die um die Nettogütersteuern korrigierte Marktpreisbewertung. Man erhält im Umkehrschluss die Marktbewertung, indem man zu den Herstellungspreisen die Gütersteuern addiert und die Gütersubventionen subtrahiert:

Marktpreisbewertung
= Bewertung zu Herstellungspreisen
+ $\underbrace{(\text{Gütersteuern} - \text{Gütersubventionen})}_{\text{Nettogütersteuern}}$.

Wir können also die Bewertungspraxis des Statistischen Bundesamtes für den Produktionswert leicht integrieren, indem wir den Produktionswert zu Marktpreisen aufspalten in den Produktionswert zu Herstellungspreisen und den Saldo aus Gütersteuern und Gütersubventionen. Es ergibt sich dann das Nationale Produktionskonto 1a[46]:

Nationales Produktionskonto 1a

Vorleistungen	1.847	Produktionswert der inländischen Wirtschaftseinheiten (Bewertung zu Herstellungspreisen)	3.812
Abschreibungen	324	Gütersteuern – Gütersubventionen	212
Saldo: Nettoinlandsprodukt (NIP)	1.853		
Produktionswert zu Marktpreisen	4.024	Produktionswert zu Marktpreisen	4.024

Diese Vorgehensweise hat den Vorteil, dass sie unmittelbar an die Bewertungspraxis in der alten VGR anschließt und zudem die für die Netto-Produktionsmessung nicht relevante Aufspaltung der Produktionsausgaben und Subventionen, die das Verständnis unnötig erschwert, vermeidet. Außerdem geht das Statistische Bundesamt letztlich denselben Weg, wenn es bei der Berechnung des Inlandsproduktes bzw. des Primäreinkommens in seinen Standardtabellen die Nettogütersteuern addiert.

---

[46] Zur Marktpreisbewertung beim Nationalen Produktionskonto vgl. Abschnitt 2.1.1, Nationales Produktionskonto 1.

6 Kreislaufbild der ökonomischen Aktivitäten

Die Transaktionen zwischen den Sektoren (intersektorale Transaktionen), wie Einkommenszahlungen, Konsumgüterkäufe, laufende Transfers und Vermögenstransfers, tauchen bei den übrigen betroffenen Sektoren (einschließlich Ausland) wertgleich als Gegenbuchungen auf. Handelt es sich um intrasektorale Vorgänge, so erscheinen sie nur zweimal auf den Konten des betroffenen Sektors (z. B. die Abschreibungen auf dem Produktions- und dem Vermögensänderungskonto).

Kreislaufdiagramme geben einen Einblick in die volkswirtschaftlichen Interdepenzen.

Für alle Sektoren, einschließlich des Auslandes, bilden die Sektorenkonten also ein stimmiges System von Zu- und Abflüssen, das sich auch grafisch in Form eines so genannten **Kreislaufdiagramms** darstellen lässt.

Solche Kreislaufdiagramme haben vor allem didaktischen Wert, da sie für reale Systeme schnell zu kompliziert und unübersichtlich werden. Vereinfacht geben sie dem Betrachter jedoch einen hervorragenden Überblick über die Interdependenzen in einer modernen Volkswirtschaft. Mit der Abbildung 8.2 geben wir einen Überblick über wichtige Ströme zwischen den und innerhalb der Sektoren einer geschlossenen Volkswirtschaft.

Das Kreislaufdiagramm hat 6 »Pole«, nämlich für jeden der hier betrachteten Sektoren Private Haushalte, Unternehmen und Staat je ein zusammengefasstes Produktions- und Einkommenskonto und je ein Vermögensänderungskonto. Um zu viele interne Ströme beim Haushaltssektor zu vermeiden, haben wir die bis 1999 verwendete Sektorenbildung beibehalten. Das bedeutet vor allem, dass die Unternehmensaktivitäten der Einzelunternehmen und der Selbstständigen im Unternehmenssektor erfasst werden und nicht im Sektor Private Haushalte. Außerdem ist von einer Trennung finanzieller und nichtfinanzieller Unternehmen abgesehen worden. Schließlich sind nur die wichtigsten im Kontensystem vorgesehenen Vorgänge berücksichtigt worden, um die Darstellung nicht zu unübersichtlich werden zu lassen.

Die berücksichtigten Ströme repräsentieren die mit den Transaktionen verbundene Richtung der **finanziellen** Ströme, d. h. die Pfeilrichtung entspricht z. B. beim Konsum den Konsumausgaben und nicht dem Strom von Konsumgütern von den Unternehmen zu den Haushalten.

Das Kreislaufdiagramm macht unmittelbar ein konstituierendes Element jedes konsistenten Gesamtwirtschaftlichen Rechnungssystems deutlich: Jedem zufließenden Strom entspricht ein wertgleicher abfließender Strom. Für den **Gesamtkreislauf** gilt also, dass die Wertsumme der zufließenden Ströme immer gleich der Wertsumme der abfließenden Ströme ist. Darüber hinaus ist der obige Kreislauf geschlossen in dem Sinn, dass für **jeden Sektor** die Wertsumme der zufließenden Ströme gleich der Wertsumme der abfließenden Ströme ist. Dies wird dadurch erreicht, dass ein Saldostrom in Form

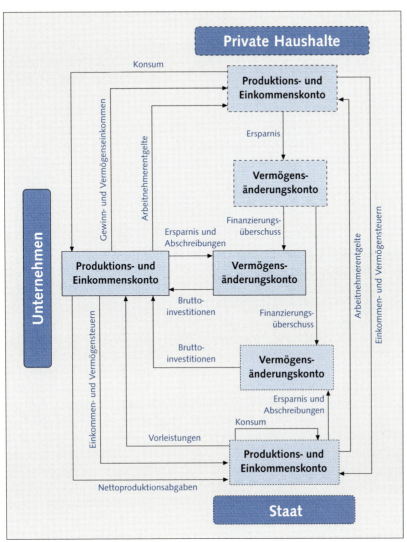

Abb. 8.2: Ein vereinfachtes Kreislaufdiagramm für die geschlossene Volkswirtschaft

des Finanzierungssaldos eines jeden Sektors berücksichtigt wird. Der Leser erkennt, dass in einem Kreislauf nichts wirklich »im Kreise fließt«. Der Konsumausgabenstrom der Haushalte fließt von den Privaten Haushalten zum Unternehmenssektor und endet dort. Ein Kreislauf liegt nur im Sinne eines **konsistenten interdependenten Systems** vor.

Historisch geht die Idee, die wirtschaftlichen Vorgänge in Form eines Kreislaufes darzustellen, auf den französischen Arzt *Francois Quesnay* zurück, der 1756 ein auf der damaligen Gesellschaftsordnung basierendes Kreislaufdiagramm entwickelte.

»Im Wirtschaftskreislauf fließt nichts im Kreise.«

7 Erweiterungen und Probleme

Wir haben schon darauf hingewiesen, dass es Problembereiche in der VGR gibt, die die Aussagefähigkeit abgeleiteter Aggregate, wie des Inlandsproduktes oder der Investitionen im Hinblick auf bestimmte Ziele (z. B. die Wohlfahrtsmessung) beeinträchtigen.

Im Prinzip sind drei Bereiche, die nicht überschneidungsfrei sind, von Belang:
- die Erfassung von Produktionsoutput und Produktionsinput,
- die Erfassung der Investitionen und ihre Abgrenzung von Konsum und Vorleistungen,
- die Zuordnung der Nichtmarktproduktion in Bezug auf ihre tatsächlichen Verwender.

7.1 Mängel bei der Erfassung von Produktionsoutput und Produktionsinput

Der enge Produktionsbegriff

Traditionell ist die »production boundary« in der VGR immer eng gezogen worden, d. h. es wurde – abgesehen vom Staat – vor allem die Marktproduktion erfasst und die Nichtmarktproduktion schwerpunktmäßig nur, wenn für ihre Bewertung Marktpreise herangezogen werden konnten, wie bei der Eigennutzung von Gebäuden oder Teilen von ihnen (Eigentumswohnungen). Das neue System der VGR hat hier einen kleinen Schritt nach vorn gemacht, indem z. B. die Eigenrenovierung von Häusern und Wohnungen und die Eigennutzung von Garagen als Produktion und Konsum erfasst werden. Insbesondere aber im Bereich häuslicher Arbeit sind die Grenzen der Erfassung von Produktion sehr eng geblieben. Erwähnt seien nur häusliche Arbeiten wie Wohnungs- und Kleidungsreinigung, Kindererziehung und häusliche Fortbildung. Damit hat man weite Bereiche der häuslichen Produktion aus der VGR – und damit dem Inlandsprodukt und dem Primäreinkommen – ausgeklammert. Das führt zu Verzerrungen im internationalen bzw. intertemporalen Vergleich, wenn der Grad der Vermarktung der Volkswirtschaften unterschiedlich ist oder sich im Zeitablauf signifikant ändert. Aber auch bei der kurzfristigen rein nationalen Betrachtung kommt es gelegentlich zu Ungereimtheiten. Gern zitiert wird in diesem Zusammenhang das Beispiel des Junggesellen, der seine Haushälterin heiratet und damit Marktproduktion in Gestalt von Wohnungspflege und Ähnlichem zu nicht erfasster Nichtmarktproduktion werden lässt. Das impliziert, dass nach den gegenwärtig gültigen Konventionen der VGR das Inlandsprodukt abnimmt. Insbesondere wenn man das Inlandsprodukt (total oder pro Kopf) als Maß für das Wohlergehen (die »Wohlfahrt«) einer Gesellschaft ansieht, ist ein solches Ergebnis skeptisch zu bewerten.

In Anlehnung an internationale Bemühungen und Vorschläge der Vereinten Nationen versucht man, das Problem des engen Produktionsbegrif-

Nichtmarktproduktionen werden in der VGR nur sehr begrenzt erfasst.

Probleme entstehen insbesondere bei internationalen und intertemporalen Vergleichen.

fes in der VGR durch Bereitstellung zusätzlicher Informationen in einem Satellitensystem »**Haushaltsproduktion**« zumindest partiell zu entschärfen.

Die unzureichende Erfassung von Produktionsinputs

Ein Teil der Nichterfassung von Vorleistungen in der VGR hängt mit der soeben beschriebenen engen Abgrenzung des Produktionsbegriffes zusammen. Wie erläutert sind Vorleistungen nicht dauerhafte Produktionsmittel, die in dem betrachteten Zeitraum vollständig wieder in andere Produktionsprozesse eingehen. Der Rest der Produktion besteht definitionsgemäß aus Endprodukten. Dies impliziert, dass Güter als Endprodukte eingestuft werden, weil der Prozess, in dem sie verbraucht werden, nicht zur Produktion im abgegrenzten Sinn gehört. So werden von einem Studenten gekaufte Fachbücher in der VGR als Konsum klassifiziert, weil die entsprechende Wissensakkumulation nicht als Produktion eines Investitionsgutes »Wissen« betrachtet wird, in die Fachbücher als Vorleistungen eingehen.

<small>Nicht-Erfassung von Inputs als Folge des engen Produktionsbegriffes</small>

Weitere erhebliche Einschränkungen in Bezug auf das Netto-Produktionsmaß Inlandsprodukt ergeben sich daraus, dass der Verbrauch nicht reproduzierbarer Ressourcen, wie der Abbau von Kohle-, Öl- und Gasfeldern, nicht als Vorleistungen der natürlichen Umwelt berücksichtigt wird.[47] Ähnlich gelagert ist der Fall des Verzehrs von Umweltressourcen im Zuge von Produktions- und Konsumprozessen, der zwar signifikant unter anderem in Wasser- und Luftverschmutzung zum Ausdruck kommt, nicht aber als Produktionsinput (oder negativer Output) in der VGR erfasst wird. Wenn aber z. B. die Luft im Zuge eines Produktionsprozesses zusätzlich mit Schadstoffen belastet wird, so führt die Nichtberücksichtigung dieses Ressourcenverbrauchs zu privaten Kosten, die unter den gesellschaftlichen Kosten liegen und damit zu einer suboptimalen Allokation der Ressourcen. In einem gesamtwirtschaftlichen Netto-Produktionsmaß sollte dies Berücksichtigung finden.

<small>Die natürliche Umwelt als »Lieferant« von Ressourcen</small>

7.2 Die enge Fassung des Begriffs des Produktivvermögens einer Volkswirtschaft

Die enge Fassung des Begriffs »Produktivvermögen einer Volkswirtschaft« führt ebenfalls zu Ungereimtheiten in der VGR. Ein bekanntes Beispiel ist die Behandlung eines Sachschadens bei einem Autounfall und seiner Behebung. Wegen der Klassifizierung privater Automobile als Konsumgüter erfolgt im Schadensfall keine Abschreibung auf Sachvermögen. Dies wiederum führt dazu, dass die nachfolgende Reparatur – die ja in der Regel nur den alten Zustand wiederherstellt – positiv als Konsum in das Netto-Produkti-

<small>Unterschiede zwischen gesellschaftlichen und privaten Kosten und Erträgen</small>

<small>47 Diese Aussage gilt nur für den »Erstproduzenten« der Ressourcen. Auf nachgelagerten Produktionsstufen wird z. B. der Ölverbrauch natürlich als Vorleistung erfasst.</small>

onsmaß Inlandsprodukt eingeht. Ähnlich gelagert ist die Behandlung der »F & E«-Ausgaben (Ausgaben für Forschung und Entwicklung) von Unternehmen. Da kein Kapitalgut »Wissen« bilanziert wird, werden die Ausgaben der Unternehmen für die Produktion dieses Gutes in der VGR nicht als investive Ausgaben, sondern als in Anspruch genommene Vorleistungen behandelt. Auch die oben erwähnte Umweltproblematik könnte in vielen Aspekten konzeptionell befriedigender gelöst werden, wenn ein Kapitalgut »Umwelt« mit entsprechenden Bruttoinvestitionen und Abschreibungen bilanziert würde. Die erheblichen Erfassungs- und Bewertungsprobleme sollen dabei hier nicht verkannt werden.

Das enge Investitionskonzept der VGR

Um der Umweltproblematik gerecht zu werden, versucht das Statistische Bundesamt – wiederum in Anlehnung an das SNA 1993 und das ESVG 1995 – ein Satellitensystem »Umweltökonomische Gesamtrechnung« zu entwickeln. Außerdem soll in Bezug auf die Problematik des engen Investitions- (und damit Kapital-)Begriffs nicht unerwähnt bleiben, dass das erweiterte Investitionskonzept in der neuen VGR für Verbesserungen gesorgt hat. Erwähnt sei hier insbesondere die Klassifizierung von selbst entwickelten oder gekauften Computerprogrammen als Investitionen in »Immaterielles Vermögen« sowie die breitere Erfassung des staatlichen Vermögens.

7.3 Verwendung der Nichtmarktproduktion des Staates?

Im Rahmen des Verbrauchskonzeptes versucht die neue VGR hier zu einer verbesserten Lösung zu kommen im Vergleich zum bis dahin allein verwendeten Ausgabekonzept, indem ein Teil der Konsumausgaben des Staates den Privaten Haushalten als Individualkonsum zugerechnet und der Kollektivkonsum damit entsprechend reduziert wird. Trotzdem kann dies nur ein (quantitativ allerdings recht bedeutsamer) Anfang sein, denn Teile der vom Staat produzierten und den Wirtschaftseinheiten der Volkswirtschaft »unentgeltlich« bereitgestellten Dienstleistungen fließen auch an inländische Unternehmen sowie an Ausländer (z. B. wenn sie das deutsche Straßennetz benutzen) und müssten entsprechend als Vorleistungen behandelt werden. Dies hätte eine nicht unerhebliche Reduktion des ausgewiesenen Inlandsproduktes zur Folge.

Die meisten der angesprochenen Defizite sind eng mit dem Problem der Verwendung des Inlandsproduktes und des Inlandeinkommens als Wohlfahrtsmaß verknüpft. Es ist inzwischen aber wohl unbestritten, dass ein – wie auch immer konzipiertes – Produktions- und Einkommensmaß kein adäquater Wohlfahrtsmaßstab sein kann. In begrenztem Umfang können Produktions- und Einkommensmaße **ein** Kriterium unter vielen (Arbeitslosigkeit, soziale Gerechtigkeit, Gesundheitsversorgung, innere und äußere Sicherheit, Zustand der Umwelt usw.) bei der Wohlfahrtmessung sein. Mithilfe »Sozialer Indikatoren« wird hier versucht, bessere Maßgrößen zu finden, wobei die Auswahl der verwendeten Indikatoren (Kriterien) und ihre Gewichtung ein kaum überwindbarer Problembereich zu sein scheint. Trotzdem muss man sehen, dass Inlandsprodukt und Nationaleinkommen im Bereich der internationalen Transfers eine herausragende Rolle spielen. Es ist schon darauf hingewiesen worden, dass z. B. die Zahlungen der Mitgliedsländer an die EU entscheidend von der Höhe ihres Nationaleinkommens abhängen. Ähnlich verhält es sich mit Zahlungen der Staaten der Weltgemeinschaft an die Vereinten Nationen und andere internationale Organisationen. Auch erscheint plausibel, dass die Höhe des Nationaleinkommens entscheidende Bedeutung für die Kreditwürdigkeit eines Landes besitzt. Auch aus diesen Gründen ist es unumgänglich, möglichst befriedigende Produktions- und Einkommensmaße zu entwickeln.

Arbeitsaufgaben

1) Was versteht man unter Gesamtwirtschaftlichen Rechnungssystemen und welches sind die wichtigsten Teilrechnungen?
2) Wie definiert man die Volkswirtschaftliche Gesamtrechnung im engeren Sinn (VGR)?
3) Was beinhaltet »Aggregation« und welche Bedeutung hat diese für die VGR?
4) Klären Sie folgende Begriffe:
    – Produktionswert zu Herstellungspreisen,
    – Produktionswert zu Marktpreisen,
    – Gütersteuern und Gütersubventionen,
    – Vorleistungen,
    – Abschreibungen,
    – Brutto- und Nettowertschöpfung,
    – Inlandsprodukt,
    – Nationaleinkommen,
    – Primäreinkommen,
    – Primäre Einkommensverteilung,
    – Sekundäre Einkommensverteilung.
5) Beschreiben Sie den Aufbau des Nationalen Produktionskontos, des Nationalen Einkommenskontos und des Nationalen Vermögensänderungskontos.
6) Warum ist es nicht korrekt, die Produktion staatlicher Dienstleistungen, die den Nutzern unentgeltlich zur Verfügung gestellt wird, als staatlichen Konsum zu klassifizieren? Welche Lösungsansätze sind im System der neuen VGR vorgesehen?
7) Nennen Sie neben dem staatlichen Konsum weitere Nichtmarktproduktionen, die in der VGR berücksichtigt werden.
8) In einer Volkswirtschaft werden in einem Jahr die folgenden ökonomischen Vorgänge registriert:

Nr.	Transaktion	Wert
(1)	Inländische Private Haushalte (H) kaufen von inländischen Unternehmen (U) Konsumgüter aus der laufenden Produktion	1.000
(2)	U kaufen Produktionsanlagen ■ aus der laufenden inländischen Produktion ■ aus dem Ausland	 200 60
(3)	Verschleiß an dauerhaften Produktionsmitteln bei U	30
(4)	U verbrauchen Vorleistungen ■ aus der laufenden Produktion von U ■ aus dem Ausland	 400 80
(5)	H kaufen bei Reisen im Ausland Konsumgüter	20
(6)	U zahlen Arbeitsentgelte ■ an H ■ an Ausländer	 600 10
(7)	U erhalten Gewinne aus dem Ausland	30
(8)	U verkaufen Vorleistungen an das Ausland	100
(9)	Staat erhält Gütersteuern von U	50
(10)	U bauen Straßen für den Staat	75
(11)	Beim Staat werden im Laufe des Jahres registriert: Arbeitsentgelte an H Vorleistungskäufe bei U Abschreibungen Die hiermit erstellten Dienstleistungen werden dem Inland ohne direktes Entgelt zur Verfügung gestellt	 150 70 50
(12)	Gastarbeiterfamilien überweisen an ihre Familien im Ausland	20
(13)	EU kassiert Importzölle aus Drittländern von U	20
(14)	EU zahlt Subventionen an U	10
(15)	Staat kassiert Einkommensteuer von H	200
(16)	U schütten ihre gesamten Gewinne an H aus	200

a) Stellen Sie das Nettoinlandsprodukt der Volkswirtschaft von der Verwendungsseite dar.

b) Wie hoch ist das Nationaleinkommen und wie verteilt es sich auf laufende Auslandstransfers, gesamtwirtschaftlichen Konsum und Sparen?

c) Stellen Sie die Vermögensbildung bei H, U und dem Staat dar. Wie lauten die sektoralen Finanzierungssalden?

9) Zeigen Sie, dass in einer geschlossenen Volkswirtschaft ex post die Nettoinvestitionen gleich der Ersparnis sind.

10) Wie kommt es in der VGR zu der Symmetrie zwischen den zusätzlich neu produzierten Gütern und den im Zuge der Produktion entstandenen Einkommen?

11) »Eine Erhöhung der Beamtengehälter erhöht ceteris paribus das Inlandsprodukt.« Nehmen Sie Stellung zu dieser Behauptung.

Lösungsvorschläge für die Arbeitsaufgaben finden Sie im »Übungsbuch zu Grundlagen und Probleme der Volkswirtschaft«.

Literatur

Literatur zur seit 2005 gültigen VGR ist noch relativ rar. Wir verweisen den Leser deshalb in erster Linie auf Publikationen des Statistischen Bundesamtes.

Statistisches Bundesamt: Volkswirtschaftliche Gesamtrechnungen. Wichtige Zusammenhänge im Überblick, Wiesbaden 2005 (www.destatis.de, Volkswirtschaftliche Gesamtrechnungen).

Wesentlich detaillierter ist:

Statistisches Bundesamt: Revisionen der Volkswirtschaftlichen Gesamtrechnungen 2005 für den Zeitraum 1991 bis 2004, in: Wirtschaft und Statistik, Heft 5, 2005.

Auf die Revision von 1999 geht detailliert, aber auf den Bereich der Einkommensrechnung beschränkt, ein:

Statistisches Bundesamt: Volkswirtschaftliche Gesamtrechnungen, Einkommensrechnungen, Wiesbaden 2001.

Dieser Beitrag enthält auch ein Glossar mit wichtigen Definitionen aus dem Bereich der Einkommensrechnung.

Eine umfassende, aber nicht immer einfach lesbare Darstellung findet der Leser im Originaltext zum neuen Europäischen System Volkswirtschaftlicher Gesamtrechnung, abgedruckt in *Verordnung (EG) Nr. 2223/96 des Rates* vom 25.06.1996.

Der Leser, der bereits mit der (alten) VGR vertraut ist, findet die wichtigsten Änderungen durch die Revision von 1999 in:

Statistisches Bundesamt: Revision der Volkswirtschaftlichen Gesamtrechnungen 1999 – Anlass, Konzeptänderungen und neue Begriffe. Wirtschaft und Statistik, Heft 4/1999.

Statistisches Bundesamt: Revision der Volkswirtschaftlichen Gesamtrechnungen 1991 bis 1998. Ergebnisse und Berechnungsmethoden. Wirtschaft und Statistik, Heft 6/1999.

Eine Lehrbuchdarstellung der VGR, die die Revision von 1999 einbezieht, geben:

Brümmerhoff, Dieter: Volkswirtschaftliche Gesamtrechnungen, 7. Aufl., München, Wien 2002.

Hildmann, Gabriele: Makroökonomie, Intensivtraining, 2. Aufl., Wiesbaden 2001.

Ausführlicher und gut verständlich ist:
Graf, Gerhard: Grundlagen der Volkswirtschaftslehre, 2. Aufl., Heidelberg 2002.

9. Kapitel
Strukturgrößen und Zahlungsbilanz der deutschen Volkswirtschaft

LERNZIELE

Leitfrage:
Was ist der Unterschied zwischen dem nominalen und dem realen Inlandsprodukt und dem Nationaleinkommen?
- Was versteht man unter dem Begriff »reales Inlandsprodukt« bzw. »reales Nationaleinkommen«?
- Warum ist die Unterscheidung zwischen »realem« und »nominalem« Inlandsprodukt bedeutsam?
- Was versteht man unter der »Deflationierung« von Inlandsprodukt und Einkommensgrößen?
- Was bedeuten Festpreisbasis und Vorjahrespreisbasis?

Leitfrage:
Wie lässt sich die Struktur der Wirtschaft der Bundesrepublik Deutschland beschreiben?
- Welche Produktions- und Einkommensgrößen sind besonders geeignet, die Struktur der deutschen Volkswirtschaft abzubilden?
- Welche Wirtschaftsbereiche sind für die Erstellung des deutschen Inlandsproduktes besonders bedeutsam?
- Wie verteilen sich die Produktionsbeiträge auf die Bundesländer?
- Welche Größenordnungen weisen die einzelnen Verwendungskomponenten des Inlandsproduktes auf?

Leitfrage:
Was versteht man unter einer Zahlungsbilanz?
- Welche Vorgänge werden in der Zahlungsbilanz erfasst?
- Wie ist der Grundaufbau einer Zahlungsbilanz?
- Welcher Zusammenhang besteht zwischen der Zahlungsbilanz und dem Auslandskonto der VGR?

Leitfrage:
Welche Strukturen weisen die Zahlungsbilanzen der Bundesrepublik Deutschland und der EWU auf?
- Welchen Aussagegehalt haben die Teilbilanzen der deutschen Zahlungsbilanz und ihre Salden?
- Warum gibt der ausgewiesene Saldo von Leistungs- und Vermögensübertragungsbilanz im Regelfall nicht die tatsächliche Änderung der Netto-Gläubigerposition der Bundesrepublik Deutschland an?
- Welches sind die wichtigsten Produktgruppen und Partnerländer des deutschen Außenhandels?

1 Nominales und reales Inlandsprodukt und Nationaleinkommen

Im Kapitel 8 haben wir uns ausschließlich mit »laufenden« nominalen Größen beschäftigt, also – abgesehen von Größen wie Gewinnen, Einkommensteuern und sonstigen Geldtransfers – mit Wertgrößen, die durch Multiplikation von Gütermengen mit Preisen des betrachteten Jahres entstehen. Zu Beginn dieses Kapitels wollen wir aus den erläuterten Produktions- und Einkommensgrößen in laufenden Preisen so genannte **reale Größen** ableiten, die die mengenmäßige Veränderung, die Veränderungen im Volumen anzeigen. Auf der Basis nominaler und realer Größen wollen wir anschließend einige wesentliche Aspekte der Entwicklung sowie der »**Struktur**« und der Veränderung der deutschen Volkswirtschaft beschreiben. Den Abschluss des Kapitels bildet die Darstellung eines weiteren Zweiges der Volkswirtschaftlichen Gesamtrechnungen, der **Zahlungsbilanz**.

1.1 Reales Inlandsprodukt

1.1.1 Festpreisbasis und Vorjahrespreisbasis

> Nominalwerte sind häufig mathematische Produkte aus Gütermengen und Preisen.

Nominale Größen setzen sich, soweit es sich um den Wert von Waren und Dienstleistungen handelt, aus Mengen und Preisen zusammen. Eine Erhöhung des nominalen Inlandsproduktes 2004 ausgedrückt in Preisen des Jahres 2004 (das heißt zu »jeweiligen« laufenden Preisen) kann sich also, je nach Entwicklung der Preise, bei konstanten, steigenden und abnehmenden Mengen ergeben. Im Allgemeinen wird es bei den Millionen Gütern einer Volkswirtschaft so sein, dass rückschauend einzelne Gütermengen zu- oder abgenommen haben oder konstant geblieben sind.

> Eine wichtige Frage für die Wirtschaftspolitik ist nun, wie sich die gütermäßige Versorgung einer Volkswirtschaft entwickelt hat, ob diese also konstant geblieben ist, zugenommen oder abgenommen hat.

Man könnte auf die Idee kommen, zur Beantwortung dieser Frage einfach die Entwicklung der Gütermengen zu betrachten. Die Frage der »realen« Entwicklung der Volkswirtschaft könnte bei einer solchen Betrachtungsweise selbst richtungsmäßig aber nur dann eindeutig beantwortet werden, wenn
- mindestens eine Gütermenge bei Konstanz der übrigen Gütermengen zugenommen hätte oder
- mindestens eine Gütermenge bei Konstanz der übrigen Gütermengen abgenommen hätte oder
- sämtliche Gütermengen konstant geblieben wären.

Selbst in einem solch unrealistischen Fall könnte man bei einer Zu- oder Abnahme der Gütermengen nichts Genaues über die Größe der Veränderung der gütermäßigen Versorgung der Volkswirtschaft sagen, denn eine Zunahme der Menge der produzierten Flugzeuge ist etwas ganz anderes als die Zunahme der Zigarettenproduktion und die Zunahme der Zahl der produzierten Flugzeuge schlägt sich in der Zunahme der Zahl unterschiedlicher Flugzeugtypen (Großraumjet, Helikopter, kleine Propellermaschinen) nieder und selbst die Zunahme der Produktion eines bestimmte Flugzeugtyps (Großraumjets) setzt sich aus der Veränderung der Zahl unterschiedlicher Maschinen (vom Typ Airbus, Boing usw.) zusammen. Mit einer rein gütermäßigen Betrachtung kommt man also nicht weiter: Äpfel und Birnen lassen sich bekanntlich nicht addieren. Deshalb kann man auf die Funktion des Geldes als Recheneinheit und damit auf die Güterpreise auch bei der Betrachtung der »realen« Entwicklung nicht verzichten. Doch welche einleuchtend erscheinenden Verfahren werden verwendet, um die Preissteigerungskomponente z. B. aus dem Wert des nominalen Inlandsproduktes zu zwei unterschiedlichen Zeitpunkten »herauszurechnen«? Anders ausgedrückt: Welche Möglichkeiten der **Deflationierung** von Wertgrößen gibt es?

> Bis vor kurzem (Mitte 2005) hat man in der VGR zur Eliminierung der Preissteigerungskomponente aus der Veränderung von in jeweiligen Preisen berechneten Wertgrößen die Gütermengen verschiedener Jahre, z. B. der Jahre 1995, 1996, 1997 und 1998, mit den Preisen eines **Preisbasisjahres** (z. B. des Jahres 1995) multipliziert (und damit gewichtet). Die so gewonnenen (Wert-)Größen wurden als »Mengen«-Größen, als **reale Größen** oder auch als (Wert-)Größen in **konstanten Preisen** interpretiert. Der Leser beachte, dass auch reale Größen, die durch eine Bewertung in einheitlichen Preisen berechnet werden, Wertgrößen (nominale Größen) sind.

Die Deflationierungsmethode der VGR bis Mitte 2005

Damit die als Bezugsbasis verwendete Preisstruktur nicht auf eine Güterstruktur angewendet werden musste, die sich mit fortschreitender Zeit qualitativ und in ihrer Zusammensetzung immer weiter von der des Basisjahres entfernte, ging man meistens alle fünf Jahre zu einem aktuelleren Preisbasisjahr über und berechnete die alten Zahlen für einen bestimmten zurückliegenden Zeitraum entsprechend neu. Das letzte verwendete Preisbasisjahr in Deutschland war 1995. Im Jahr 2000 oder danach erfolgte allerdings keine Umstellung mehr, weil schon Ende 1998 wegen einer von der EU-Kommission erlassenen, für alle Mitgliedstaaten verbindlichen Richtlinie klar war, dass dieses Verfahren nicht mehr lange Anwendung finden würde.[1] Deshalb blieb man bis Anfang 2005 zunächst bei dem Preisbasisjahr 1995.

---

[1] Entscheidung 98/715/EG der Kommission vom 30.11.1998 (Amtsblatt der EG Nr. L 340 vom 16.12.1998). Grundlage dieser Richtlinien waren das ESVG 1995 und das SNA 1993.

Ein Beispiel

Um das alte Verfahren genauer zu beleuchten und zugleich die Grundlage für die Betrachtung der neuen, in Deutschland seit Mitte 2005 im Rahmen der jüngsten Revision der VGR eingeführten **Vorjahrespreisbasis** zur Berechnung realer Inlandsproduktgrößen zu schaffen, wollen wir ein Zahlenbeispiel betrachten. Zur Vereinfachung reduzieren wir die Zahl der produzieren Güter auf die Güter A, B und C und nennen die produzierten Mengen dieser Güter x_A, x_B und x_C und die zugehörigen Preise p_A, p_B und p_C. Zusätzlich verwenden wir eine hochgestellte Jahreszahl, also z.B. X_A^{1996}, zur Kennzeichnung des Jahres, auf das sich die Mengen, Preise und Werte beziehen. In Tabelle 9.1 sind die angenommenen Mengen, Preise und jeweiligen nominalen Wertsummen für die Jahre 1995, 1996, 1997 und 1998 wiedergegeben.[2]

Güter	1995			1996			1997			1998		
	Mengen	Preise	Werte	Mengen	Preise	Werte	Mengen	Preise	Werte	Mengen	Preise	Werte
A	300	4	1.200	280	5	1.400	350	6	2.100	300	4	1.200
B	50	20	1.000	54	25	1.350	60	30	1.800	50	20	2.000
C	200	10	2.000	220	15	3.300	200	20	4.000	220	10	2.200
Summe			4.200			6.050			7.900			5.400

Tab. 9.1: Gütermengen, Preise und laufende Nominalwerte (Beispiel)

Bezeichnen wir den **aggregierten Volumenwert** mit X (im Beispiel also den Volumenwert für die Güter A, B und C) und wählen die Preise des Jahres 1995 als Basis (die Preisbezugsbasis kennzeichnen wir durch eine zweite hochgestellte Jahreszahl), so ergibt sich für 1995:

$$X^{1995,1995} = x_A^{1995} \cdot p_A^{1995} + x_B^{1995} \cdot p_B^{1995} + x_C^{1995} \cdot p_C^{1995}$$
$$= 300 \cdot 4 + 50 \cdot 20 + 200 \cdot 10 = 1.200 + 2.000 + 2.000$$
$$= 4.200.$$

Für 1995 entspricht der Nominalwert dem Realwert, da die Preise von 1995, wie beim Nominalwert von 1995, zur Bewertung der Gütermengen herangezogen werden.

---

[2] Wir vernachlässigen in der Tabelle die Dimensionen bei Mengen, Preisen und Werten (z.B. Kilogramm und Tonnen für die Mengen und Euro pro Kilogramm, Euro pro Tonne für die Preise) weil diese bei den hier allein wichtigen Produkten aus Mengen und Preisen sich auf Euro reduzieren:

$$\underbrace{\text{Kilogramm}}_{\text{Menge}} \cdot \underbrace{\frac{\text{Euro}}{\text{Kilogramm}}}_{\text{Preis}} = \text{Euro}.$$

Für 1996 ergibt sich der »reale« Wert $X^{1996,1995}$ als:

$$X^{1996,1995} = x_A^{1996} \cdot p_A^{1995} + x_B^{1996} \cdot p_B^{1995} + x_C^{1996} \cdot p_C^{1995}$$
$$= 280 \cdot 4 \quad + 54 \quad \cdot 20 \quad + 220 \cdot 10 = 1.120 + 1.080 + 2.200$$
$$= 4.400.^3$$

Reale Größen, bestimmt nach der Festpreismethode

Entsprechend ergeben sich die realen Größen für 1997 und 1998 als:

$$X^{1997,1995} = x_A^{1997} \cdot p_A^{1995} + x_B^{1997} \cdot p_B^{1995} + x_C^{1997} \cdot p_C^{1995}$$
$$= 350 \cdot 4 \quad + 60 \quad \cdot 20 \quad + 200 \cdot 10 = 1.400 + 1.200 + 2.000$$
$$= 4.600 \text{ und}$$

$$X^{1998,1995} = x_A^{1998} \cdot p_A^{1995} + x_B^{1998} \cdot p_B^{1995} + x_C^{1998} \cdot p_C^{1995}$$
$$= 300 \cdot 4 \quad + 50 \quad \cdot 20 \quad + 220 \cdot 10 = 1.200 + 1.000 + 2.200$$
$$= 4.400.$$

Die so berechneten realen Größen sind gut interpretierbar und miteinander vergleichbar. Gut interpretierbar sind sie, weil sie den Wert der Gütermengen im laufenden Jahr angeben, wenn man diese zu Preisen des Basisjahres bewertet. Vergleichbar sind die Größen, da die Gütermengen der verglichenen Jahre immer mit denselben Preisen gewichtet werden.

Gegen die vorgestellte Methode der Berechnung realer Größen für das Inlandsprodukt und seiner Verwendungskomponenten (Konsum, Investitionen und Außenbeitrag) wird vor allem auf internationaler Ebene angeführt, dass die Preise des Basisjahres mit zunehmendem Zeitabstand zum laufenden Berichtsjahr immer unrealistischer werden und zwar sowohl in Bezug auf ihre absoluten Werte als auch in Bezug auf die Preisrelationen (im obigen Beispiel also die Preisverhältnisse zwischen Gut A und Gut B, zwischen Gut A und C und zwischen Gut B und C). Außerdem wird moniert, dass die realen Werte für zurückliegende Jahre neu berechnet werden müssen, wenn das Basisjahr (zwecks Aktualisierung der Gewichte) verändert wird und es damit immer wieder zu einer Änderung der »realen« Entwicklung von Größen der VGR kommt.

Einwände gegen das bisherige Berechnungsverfahren

---

3   Der statistisch geschulte Leser wird erkennen, dass es sich wegen der konstanten Preisbasis 1995 um ein so genanntes Laspeyres-Volumenmaß handelt (benannt nach dem Statistiker *Etienne Laspeyres*, 1834–1913). Das Laspeyres-Mengen-(Volumen-)Maß lässt sich auch ermitteln, indem der zu laufenden Preisen ermittelte Nominalwert eines beliebigen laufenden Jahres t (z. B. 1997) durch den Paasche-Preisindex für dieses Jahr (1997) bezogen auf das Basisjahr 1995 dividiert wird (Paasche Preisindex, benannt nach *Herrmann Paasche*, 1851–1922, eine aggregierte gewichtete Preismesszahl, zu deren Ermittlung die Preise z. B. des laufenden Jahres 1998 und die Preise der Bezugsbasis 1995 jeweils mit den Mengen des laufenden Jahres 1998 multipliziert und die sich so ergebenden Wertsummen durcheinander dividiert werden):

$$X_{Laspeyres}^{1998,1995} = \frac{\sum p^{1998} \cdot x^{1998}}{p_{Paasche}^{1998,1995}} = \frac{\sum p^{1998} \cdot x^{1998}}{\dfrac{\sum p^{1998} \cdot x^{1998}}{\sum p^{1995} \cdot x^{1998}}} = \sum p^{1995} \cdot x^{1998}.$$

Σ steht dabei für die Summierung von p · x für die Güter A, B und C für die angegebenen Jahre.

Neue Deflationierungsmethode im SNA 1993 und ESVG 1995 im Grundsatz ...

Diese Kritik hat ihren Niederschlag in den aktuellen Standardsystemen Volkswirtschaftlicher Gesamtrechnungen SNA 1993 und ESVG 1995 gefunden, in denen ein neues Verfahren zur Bestimmung der realen Inlandsproduktwerte vorgeschlagen wird (Deutschland wurde in den zuständigen Gremien überstimmt). Wie schon erwähnt, hat die EU-Kommission auf der Basis der Standardsysteme 1998 für alle Mitgliedstaaten verbindlich die sog. **Vorjahrespreisbasis** zur Berechnung realer Größen im Inlandsproduktbereich vorgeschrieben, wobei Deutschland für diese Revision seiner VGR ein Zeitfenster bis 2005 zugestanden wurde. Seit Mitte 2005 wird das **neue Verfahren** vom Statistischen Bundesamt angewandt. Das Amt hat auch entsprechende Umrechnungen für zurückliegende Jahre vorgestellt. Für unsere Betrachtungen ist zunächst entscheidend, dass zur Bestimmung der realen Entwicklung der Volkswirtschaft die Gütermengen des aktuellen Jahres nun mit den Preisen des Vorjahres gewichtet (multipliziert) und dann addiert werden.

... und im Rechenbeispiel

Kommen wir auf unser Beispiel in Tabelle 9.1 zurück. Für das Jahr 1995 kann auf der Basis der dort gegebenen Daten keine Volumenangabe auf Vorjahrespreisbasis gemacht werden, da die Preise für 1994 nicht angegeben sind. Bezeichnen wir die nach dem neuen Verfahren berechneten Volumenwerte mit $\bar{X}$, so ergibt sich als Volumenwert für 1996 auf Vorjahrespreisbasis:

$$\begin{aligned}\bar{X}^{1996,1995} &= x_A^{1996} \cdot p_A^{1995} + x_B^{1996} \cdot p_B^{1995} + x_C^{1996} \cdot p_C^{1995} \\ &= 280 \cdot 4 \quad + 54 \cdot 20 \quad + 220 \cdot 10 = 1.120 + 1.080 + 2.200 \\ &= 4.400.\end{aligned}$$

Für das Jahr 1996 ergibt sich nach dem neuen Verfahren keine Veränderung des realen Wertes gegenüber dem alten Verfahren (4.400), da in dem auf das frühere Preisbasisjahr 1995 folgendem Jahr automatisch auch nach dem alten Verfahren die »Vorjahresbasis« Anwendung findet.

Dagegen verändern sich die realen Werte für 1997 und aller nachfolgenden Jahre gegenüber der Festpreismethode. Für 1997 müssen jetzt die Mengen dieses Jahres mit den Preisen des Jahres 1996 gewichtet werden. Es gilt also:

$$\begin{aligned}\bar{X}^{1997,1996} &= x_A^{1997} \cdot p_A^{1996} + x_B^{1997} \cdot p_B^{1996} + x_C^{1997} \cdot p_C^{1996} \\ &= 350 \cdot 4 \quad + 60 \cdot 25 \quad + 200 \cdot 15 = 1.750 + 1.500 + 3.000 \\ &= 6.250.\end{aligned}$$

Entsprechend ergibt sich als Realwert für 1998 bezogen auf die Preise von 1997:

$$\begin{aligned}\bar{X}^{1998,1997} &= x_A^{1998} \cdot p_A^{1997} + x_B^{1998} \cdot p_B^{1997} + x_C^{1998} \cdot p_C^{1997} \\ &= 300 \cdot 6 \quad + 50 \cdot 30 \quad + 220 \cdot 20 = 1.800 + 1.500 + 4.400 \\ &= 7.700.\end{aligned}$$

Probleme der neuen Berechnungsmethode ...

Das Dilemma der Vorjahrespreismethode ist nun aber, dass die Realwerte der einzelnen Jahre **nicht miteinander vergleichbar** sind, weil ihnen jeweils eine unterschiedliche Preisbasis zugrunde liegt. So ist das Realprodukt des Jahres 1998 – anderes als nach der alten Festpreismethode – nicht mit dem des Jahres 1997 vergleichbar, weil die Mengengrößen einmal mit Preisen von

1997 und einmal mit Preisen von 1996 multipliziert (gewichtet) werden. Man würde also Äpfel und Birnen miteinander vergleichen. Unter anderem deshalb veröffentlicht das Statistische Bundesamt neuerdings keine Absolutwerte des realen Inlandsproduktes auf Vorjahrespreisbasis mehr.

Die Statistik stellt ein Verfahren bereit, von dem man glaubt, solche Mängel beheben zu können.

... und Lösungsversuche

Im ersten Schritt werden die Realwerte (z. B. für das Inlandsprodukt) bestimmt. Das geschieht – wie oben dargestellt – durch Multiplikation der Gütermengen des betrachteten Jahres mit den Preisen der Vorperiode.[4]

Im zweiten Schritt werden für die Realprodukte der einzelnen Jahre (Laspeyres-)**Volumenindizes** berechnet. Ein solcher Index ergibt sich z. B. für das Jahr 1997, indem die Gütermengen der Jahre 1997 und 1996 jeweils mit den Preisen von 1996 multipliziert werden und die sich so ergebenden Größen durcheinander dividiert werden. Anders ausgedrückt: Der Volumen- bzw. Realwert des Jahres 1997 wird durch den Nominalwert des Jahres 1996 dividiert. Entsprechendes gilt für andere Jahre. Bezeichnet man den Volumenindex der auf der Basis der Vorjahrespreise ermittelten Realwerte mit $I_{\bar{X}}$, so gilt also (die Summenzeichen vor den $x \cdot p$-Produkten sind zur Vereinfachung weggelassen worden):[5]

$$I_{\bar{X}}^{1996} = \frac{x^{1996} \cdot p^{1995}}{x^{1995} \cdot p^{1995}} = \frac{280 \cdot 4 + 54 \cdot 20 + 220 \cdot 10}{300 \cdot 4 + 50 \cdot 20 + 200 \cdot 10} = \frac{4.400}{4.200} = 1{,}0476;$$

$$I_{\bar{X}}^{1997} = \frac{x^{1997} \cdot p^{1996}}{x^{1996} \cdot p^{1996}} = \frac{350 \cdot 5 + 60 \cdot 25 + 200 \cdot 15}{280 \cdot 5 + 54 \cdot 25 + 220 \cdot 15} = \frac{6.250}{6.050} = 1{,}0331 \quad \text{und}$$

$$I_{\bar{X}}^{1998} = \frac{x^{1998} \cdot p^{1997}}{x^{1997} \cdot p^{1997}} = \frac{300 \cdot 6 + 50 \cdot 30 + 220 \cdot 20}{350 \cdot 6 + 60 \cdot 30 + 200 \cdot 20} = \frac{7.700}{7.900} = 0{,}9747.$$

Die einzelnen Indizes sind für das jeweils betrachtete Jahr aussagefähig, da im Zähler und Nenner des jeweiligen Indexes immer dieselben Preise zur Gewichtung der Gütermengen verwendet werden.

Kettenindizes

In einem dritten Schritt werden nun sog. **Kettenindizes** für die einzelnen Jahre bestimmt. Die Werte des verketteten Indexes ergeben sich, indem man, ausgehend von dem Indexwert 1 für ein ausgewähltes Referenzjahr, die obigen Indizes (auch **Kettenglieder** genannt) für die einzelnen Jahre multipliziert. Würde man z. B. 1996 als Referenzperiode wählen, indem man diesem Jahr den Index-Referenzwert 1 zuordnet, so würden sich in unserem Beispiel die Kettenindizes $\tilde{I}_{\bar{X}}$ für die nachfolgenden Jahre ergeben als:[6]

---

4 Wie in Fußnote 3 beschrieben, kann man die realen Größen auch bestimmen, indem die jeweiligen Nominalwerte durch den Paasche-Preisindex (zur Messung der Preisveränderung von der Vorperiode auf die laufende Periode) dividiert werden.
5 Stellt t das jeweils betrachtete Jahr dar und t-1 das Vorjahr, so gilt allgemein:
$$I_{\bar{X}}^{t} = \frac{\sum x^{t} \cdot p^{t-1}}{\sum x^{t-1} \cdot p^{t-1}}.$$
6 Dieses Referenzjahr darf nicht verwechselt werden mit dem Preisbasisjahr bei der alten Festpreismethode. Dort stammten die Preise (die Gewichte) für die Gütermengen sämt-

$$\tilde{I}_{\bar{X}}^{1997} = 1 \cdot I_{\bar{X}}^{1997} = 1 \cdot 1{,}0331 = 1{,}0331 \quad \text{und}$$

$$\tilde{I}_{\bar{X}}^{1998} = 1 \cdot I_{\bar{X}}^{1997} \cdot I_{\bar{X}}^{1998} = 1 \cdot 1{,}0331 \cdot 0{,}9447 = 1{,}00696 \; .$$

Durch Multiplikation der obigen Kettenindizes mit 100 erhält man die **verketteten Indizes** für das Realprodukt (Inlandsprodukt bewertet zu Vorjahrespreisen), die das Statistische Bundesamt nunmehr neben Wachstumsraten auf der Basis dieser Kettenindizes nur noch veröffentlicht. Eine solche Wachstumsrate ergibt sich z. B. für das Jahr 1998, indem man zunächst über einen einfachen Dreisatz den Kettenindexwert 1997 von 1,0331 gleich 100 Prozent setzt und dann den zugehörigen Prozentwert für 1998 mit dem zugehörigen Indexwert 1,0069 errechnet. Als Prozentsatz für 1998 ergibt sich dann:

$$\frac{100\%}{1{,}0331} \cdot 1{,}0069 = 97{,}46\% .$$

Da der Wert für 1997 gleich 100 % gesetzt worden ist, beträgt die Änderungs- oder Wachstumsrate 1998 also –2,54 %.

Probleme von Kettenindizes

Wie schon angemerkt, fehlen in den Veröffentlichungen des Statistischen Bundesamtes von jetzt an sowohl die unverketteten absoluten Werte für das reale Inlandsprodukt und seine Komponenten als auch die verketteten Absolutwerte.[7] Abgesehen davon, dass das Verständnis der nunmehr veröffentlichten Zahlen erhebliches Abstraktionsvermögen voraussetzt und die Kettenindizes für ökonometrische Arbeiten kaum geeignet sind, haben Kettenindizes des dargestellten Typs Nachteile, die in der Literatur Anlass zu erheblicher Kritik an dem neuen Deflationsverfahren gegeben haben. Wir können dies hier nicht im Einzelnen darlegen. Es sei jedoch erwähnt, warum die Verwendung von Kettenindizes des obigen Typs nicht unproblematisch ist. So enthält der Kettenindex für die Mengen von 1998 mit dem Jahr 1996 als Referenzjahr (das heißt, dass der Index für 1996 den Wert 1 bzw. 100 erhält) nicht nur – wie in der Vergangenheit – **eine Preisbezugsbasis**, sondern zusätzlich die Preise und Mengen der Jahre 1996, 1997 und 1998.[8] Damit wird der Index schwer interpretierbar, da praktisch kaum noch etwas »fest« ist. Darüber hinaus resultieren schwer wiegende **Aggregationsprobleme**: Zum einen ergibt sich das Problem, dass die Addition der realen Verwendungskomponenten des Inlandsproduktes Konsum, Investitionen und Außenbeitrag in der Regel nicht mehr zu dem Gesamtaggregat »Reales Inlandsprodukt« führt. Zum anderen summiert sich z. B. das Inlandsprodukt der

---

licher in die Rechnung einbezogener Jahre aus dem Preisbasisjahr. Demgegenüber wechseln die Gewichte bei der Vorjahrespreismethode von Jahr zu Jahr.

7 Die verketteten Absolutwerte können für ein Jahr errechnet werden, indem man den Kettenindex des Jahres mit dem Nominaleinkommen des Referenzjahres multipliziert. Auf den Beweis wird hier verzichtet.

8 In der Literatur wird deshalb plastisch auch von einer »kumulativen« Bewertung gesprochen.

Bundesländer nicht mehr zum Inlandsprodukt Deutschlands. Man spricht in beiden Fällen vom Problem der »Nichtadditivität«. Und schließlich ist auch der Kettenindex z. B. für 1998 nur unter ganz restriktiven Bedingungen gleich dem Wert des Referenzjahres (also gleich 1), wenn die Gütermengen z. B. des Referenzjahres 1996 und des Jahres 1998 identisch sind. All diese Nachteile nimmt man wegen der größeren »Aktualität« der Vorjahrespreisbewertung gegenüber einer festen Preisbasis mit dem Ergebnis in Kauf, dass die ausgewiesenen Kettenindizes ein Mix von aktuellen Mengen und von Mengen und Preisen aus der Vergangenheit sind.[9]

Nichtadditivität

Zur Veranschaulichung sind in Tabelle 9.2 nominales Inlandsprodukt, Inlandsprodukt in Vorjahrespreisen, Kettenglieder und Kettenindex für die Jahre 1999 bis 2004 dargestellt. Referenzjahr ist das Jahr 2000.[10] Der vorgestellte Weg zur Bestimmung von verketteten Mengenindizes kann anhand dieser Daten nachvollzogen werden. So ergibt sich z. B. für 2003:

$$\frac{BIP_{real}^{2003,2002}}{BIP_{nominal}^{2002}} = \frac{2141,03}{2145,02} = 0,9981 \quad \text{und}$$

$$\tilde{I}^{2003} = 1 \cdot 1,0124 \cdot 0,99814 = 1,0110 \quad \Rightarrow \quad \tilde{I}^{2003} \cdot 100 = 101,10$$

Zur Ermittlung der Wachstumsrate für 2003 rechnet man wie folgt:

$$\frac{100}{101,30} \cdot 101,11 = 99,81$$

$$99,81\% - 100\% = -0,1876\%.$$

Jahr	Laufende Nominalwerte des Bruttoinlandsproduktes (Mrd. €)	Werte in Vorjahrespreisen (reale Absolutwerte) (Mrd. €)	Realeinkommen des laufenden Jahres/ Nominales Inlandsprodukt des Vorjahres (Kettenglieder)	Kettenindex für das reale Inlandsprodukt (Referenzjahr 2000)	Wachstumsraten %
2000	2.062,500	2.076,680	100,32[1]	100	
2001	2.113,160	2.088,070	101,240	101,24	1,2 %
2002	2.145,020	2.114,330	100,055	101,30	0,1 %
2003	2.163,400	2.141,030	99,814	101,11	−0,2 %
2004	2.215,650	2.198,710	101,632	102,76	1,6 %

[1] Zur Berechnung dieses Wertes ist der nicht in der Tabelle ausgewiesene, laufende Nominalwert des BIP 1999 verwendet worden.

Tab. 9.2: Nominale und reale Werte sowie Wachstumsraten des Bruttoinlandsproduktes in der VGR

---

9 Das Statistische Bundesamt führt zur Vorjahrespreismethode aus: »Durch ein möglichst aktuelles Basisjahres soll eine genauere Berechnung der »realen« Veränderungsraten erfolgen (insbesondere für das Wachstum des Bruttoinlandsproduktes) erfolgen.« (Statistisches Bundesamt, Revisionen der Volkswirtschaftlichen Gesamtrechnungen 2005 für den Zeitraum 1991 bis 2004).

10 Die Autoren danken dem Statistischen Bundesamt für die Bereitstellung der nicht mehr veröffentlichten Zahlen.

1.1.2 Qualitätsänderungen

Berücksichtigung von Qualitätsänderungen der Produkte bei der Berechnung von Preisänderungen

Wenn man die Preise eines Gutes, z. B. eines Pkw, zu unterschiedlichen Zeitpunkten vergleicht, so ist das nur sinnvoll, wenn sich die Qualität des Produktes zwischen den beiden Zeitpunkten nicht wesentlich verändert hat. Ist dies doch der Fall, so muss der Einfluss der besseren Qualität auf den neuen Preis herausgerechnet werden, um nur die »reine« Preissteigerung aus der Wertsumme zu laufenden Preisen zu eliminieren. Anders ausgedrückt: Es muss eine Qualitätsbereinigung vorgenommen werden, die das Ziel hat, den Geldwert der veränderten Güterqualität bei der Preismessung zu berücksichtigen. Die folgenden Ausführungen beziehen sich auf Qualitätsverbesserungen. Sie sind mit umgekehrten Vorzeichen anwendbar, wenn die Qualität sinkt.

Als Beispiel für eine Qualitätsbereinigung kann ein Pkw mit im Zeitablauf unterschiedlicher Serienausstattung dienen. Wenn z. B. die Servolenkung von einem bestimmten Zeitpunkt an mit zur Serienausstattung des Pkw gehört und in seinem Kaufpreis enthalten ist, während die Servolenkung vorher als Sonderausstattung bezahlt werden musste, so müsste zum Zwecke der Qualitätsbereinigung der Preis der Sonderausstattung (oder einen Teil hiervon) vom neuen Gesamtpreis abgezogen werden, um eine Vergleichbarkeit zum alten Preis herstellen zu können. Dies ist ein Beispiel für die so genannte Ausstattungsbereinigung, ein **traditionelles Qualitätsbereinigungsverfahren**, das schon lange in der VGR (und der Preisstatistik) verwendet wird.

»Hedonische« Preismessung

Ausgehend insbesondere von den USA hat sich seit Mitte der 80er-Jahre ein neues Verfahren zur Berücksichtigung von Qualitätsänderungen bei Gütern herausgebildet, die **»hedonische« Preismesssung**. Hierbei werden einem Gut, welches einem raschen technischen Wandel unterliegt, wie z. B. einem Computer, bestimmte Qualitätsmerkmale wie Prozessorgeschwindigkeit, Festplattengröße, Größe des Arbeitsspeichers usw. zugeordnet. Mithilfe statistischer Methoden (der Regressionsanalyse) wird dann versucht, einen Zusammenhang zwischen dem Preis des Gutes und diesen Qualitätsmerkmalen herzustellen. Nimmt dann z. B. die Taktfrequenz des Prozessors zu, so wird dieser Qualitätsverbesserung eine bestimmte (in der Vergangenheit beobachtete) Preiserhöhung zugeordnet, die von dem Marktpreis des Gutes zwecks Qualitätsbereinigung des Preises abgezogen wird. Die hedonische Preismessung hat mit der Revision der VGR 2005 auch verstärkt Eingang in die Berechnung des realen Inlandsproduktes in Deutschland gefunden. Da – wie oben beschrieben – die Realgrößen durch Division des Wertes der Produkte zu jeweiligen Preisen durch einen geeigneten Preisindex ermittelt werden, ist klar, dass das Realprodukt umso höher ausfällt, je kleiner die berücksichtige »reine Preiserhöhung« ist. Sofern also Qualitätsverbesserungen aus den Preisen insbesondere von EDV-Erzeugnissen herausgerechnet werden, führt dieses zu einer Erhöhung des ausgewiesenen realen Inlandsproduktes.

1.1.3 Realeinkommen

Bei den Einkommensgrößen stellt sich das Problem, dass ihr Nominalwert in Zeiten sich verändernder Preise nichts Präzises über die Möglichkeiten der Einkommensempfänger aussagt, mit diesem Einkommen (insbesondere) durch Kauf über Güter verfügen zu können. Im Gegensatz zum Inlandsprodukt werden in der VGR auch kaum Deflationierungen (Preisbereinigungen von Wertgrößen) vorgenommen. Trotzdem steht es dem Datennutzer frei, unter Verwendung bestimmter Maße für die Preise bzw. Preissteigerungen ein Realeinkommen oder dessen Veränderung zu berechnen. Aber unter Verwendung welchen Warenkorbes soll ein solches Realeinkommen bestimmt werden? Offensichtlich ist hier z. B. die Sichtweise eines Arbeitnehmerhaushaltes anders als die eines Unternehmerhaushaltes. Denn während der Arbeitnehmerhaushalt vor allem an dem gegenwärtigen und (abhängig von der Höhe seines geplanten Sparens) zukünftigen Preisen der in seinen Begehrskreis fallenden Konsumgüter (und evtl. denen von Häusern und Wohnungen) interessiert ist, sind für den Unternehmerhaushalt sowohl Konsumgüter- als auch Investitionsgüterpreise für die Bestimmung seines Realeinkommens von Bedeutung. Die Entscheidung, welche Preise für eine Gruppe von Individuen repräsentativ sind, hängt also von den Gütern ab, die die verschiedenen Gruppen kaufen.

Im Rahmen der Volkswirtschaftlichen Gesamtrechnung veröffentlicht das Statistische Bundesamt kaum noch reale Einkommenswerte. Wenn dies doch geschieht, so wird vom oben beschriebenen realen Inlandsprodukt ausgegangen, das dann um die preisbereinigten Primäreinkommen aus dem Ausland erhöht und um die preisbereinigten Einkommen vom Inland an das Ausland erhöht wird.[11]

Häufig wird der so genannte **Verbraucherpreisindex** zur Herausrechnung des Einflusses von Preisänderungen verwendet. Dies ist ein Preisindex, bei dem ein (meist im fünfjährigen Rhythmus wechselnder) Warenkorb, der dem durchschnittlichen Kaufverhalten der Konsumenten im Basisjahr entspricht, mit laufenden Preisen der enthaltenen Güter bewertet wird; die sich so ergebende Wertsumme wird dann durch die Ausgaben für diesen Warenkorb im Basisjahr dividiert.[12]

Realeinkommen und repräsentativer Warenkorb

---

[11] Vgl. z. B. Volkswirtschaftliche Gesamtrechnungen, Inlandsproduktsrechnung, Revidierte Jahresergebnisse, 1991 bis 2004, in: Volkswirtschaftliche Gesamtrechnungen, Fachserie 18, Reihe 26. Genau genommen wird das Inlandsprodukt noch um den »Terms-of-Trade-Effekt« ergänzt. Das ist jene gütermäßige Mehr- oder Minderversorgung der inländischen Volkswirtschaft, die sich aus der Veränderung der Exportgüterpreise in Relation zu den Importgüterpreisen ergibt. Nimmt dieses Preisverhältnis zu, so können für die exportierten Gütermengen mehr Güter importiert werden.

[12] Methodisch entspricht der Index also dem oben dargestellten Festpreisansatz, wobei die Gewichte die Mengen der verschiedenen Güter im Warenkorb sind.

Interpretation des Realeinkommens als Maß für die Kaufkraft

Die Zunahme des Realeinkommens zeigt dann, um wie viel die Kaufkraft der Einkommensempfänger zugenommen hat, wie viel Waren und Dienstleistungen sie also für ihr (Nominal-)Einkommen mehr kaufen können als im Vergleichsjahr.

Einzelheiten zu diesem **Verbraucherpreisindex** werden in Kapitel 24 (Inflation) dargestellt.

1.2 Zeitliche Entwicklung des Inlandsproduktes und der Strukturgrößen für Deutschland

Eine Frage, die in der Wirtschaftspolitik und im Urteil vieler Wirtschaftssubjekte einen besonderen Stellenwert aufweist, ist die nach den Wachstumsraten des realen Inlandsproduktes einer Volkswirtschaft im Zeitablauf (vgl. hierzu Kapitel 27, Wachstum). Dabei werden die Wachstumsraten durch die in Prozent ausgedrückten Veränderungen des realen Inlandsproduktes (bzw. des entsprechenden Indexes) eines Jahres im Vergleich zu der entsprechenden Größe des Vorjahres bestimmt. Wie oben dargestellt, wird dabei neuerdings ab 1991 ein verketteter Index für die preisbereinigte Inlandsproduktentwicklung verwendet. Abbildung 9.1 zeigt die Veränderungsraten des realen Bruttoinlandsproduktes in Deutschland 1951 bis 2004.

Langfristig abnehmende Wachstumsraten des realen BIP in Deutschland

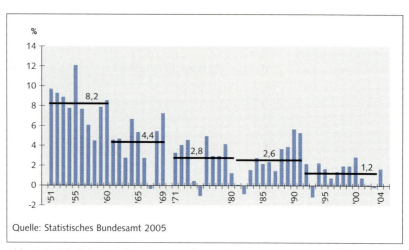

Quelle: Statistisches Bundesamt 2005

Abb. 9.1: Jährliche Wachstumsraten des realen BIP in Deutschland[13] 1951–2004 und durchschnittliche Wachstumsraten[14]

---

13 1951 bis 1960 früheres Bundesgebiet ohne Saarland und Berlin (West), von 1961 bis 1991 früheres Bundesgebiet, ab 1992 Deutschland. Wegen konzeptioneller Unterschiede und verschiedener Preisbasisjahre sind die Ergebnisse bis 1969 und ab 1971 nicht voll vergleichbar.

14 Berechnung der Durchschnittswerte nach der Methode des geometrischen Mittels.

Die Abbildung 9.1 zeigt, dass das Wirtschaftswachstum in Deutschland im Zeitablauf im Gesamttrend deutlich abgenommen hat und zu Beginn des dritten Jahrtausends beängstigend klein geworden ist. Völlig zu Recht wird hierin ein herausragender Grund für die hohe Arbeitslosigkeit, die hohen Defizite in den öffentlichen Haushalten und die Probleme in den Sozialversicherungssystemen gesehen.

Auch im internationalen Vergleich sind, wie Abbildung 9.2 zeigt, die Wachstumsraten in Deutschland im unteren Bereich angesiedelt.

Das Verhältnis von Teilen der Volkswirtschaft zueinander oder zur gesamten Volkswirtschaft beschreibt zu einem bestimmten Zeitpunkt die **Struktur** dieser Volkswirtschaft und im Zeitverlauf die Veränderung der Struktur. Wir wollen uns im Folgenden mit wichtigen – insbesondere durch Inlandspro-

Wachstumsschwäche Deutschlands im internationalen Vergleich

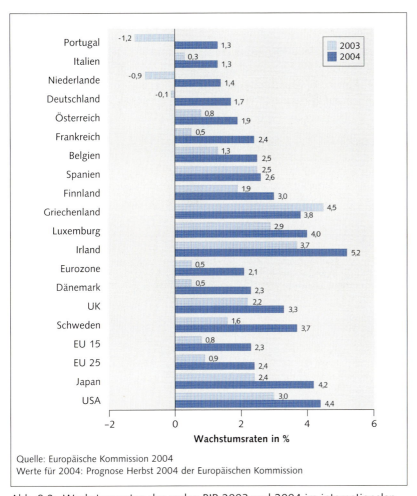

Abb. 9.2: Wachstumsraten des realen BIP 2003 und 2004 im internationalen Vergleich

duktsdaten darstellbaren – Strukturgrößen der deutschen Volkswirtschaft beschäftigen.

Abbildung 9.3 zeigt, welche Beiträge einzelne Wirtschaftsbereiche zur Bruttowertschöpfung in Deutschland im Jahre 1991 und 2004 geleistet haben. Die Abbildung zeigt, dass die Bruttowertschöpfung des **Dienstleistungssektors** (im weiteren Sinn, also einschließlich der Wohnungsvermietung, der Handelsleistung, der Leistungen des Gaststättengewerbes sowie der Bruttowertschöpfung der öffentlichen und privaten Dienstleister) von 62,2% im Jahr 1991 auf 69,9% der gesamten Bruttowertschöpfung im Jahr 2004 angestiegen ist. Der sog. »**Tertiäre Sektor**« ist damit der bedeutendste Wirtschaftsbereich. Berücksichtigt man, dass dieser Wert Mitte der 50er-Jahre noch erheblich niedriger lag, so findet die These von einem Trend zur **Tertiarisierung** der Wirtschaft also Bestätigung. Der früher einmal dominierende Beitrag des sekundären Sektors (produzierendes Gewerbe und Bauhauptgewerbe) zur Bruttowertschöpfung ist dagegen von 36,3% im Jahre 1991 auf 29% im Jahre 2004 gesunken. Verschwindend klein ist der Beitrag von Land- und Forstwirtschaft sowie Fischerei (»**primärer**« Sektor) mit nur leicht über 1% Anteil zur gesamtwirtschaftlichen Bruttowertschöpfung. Hier finden die im Kapitel 5 erwähnten niedrigen Einkommenselastizitäten der Nachfrage nach diesen Produkten ihren Niederschlag.

Tertiarisierung der deutschen Wirtschaft

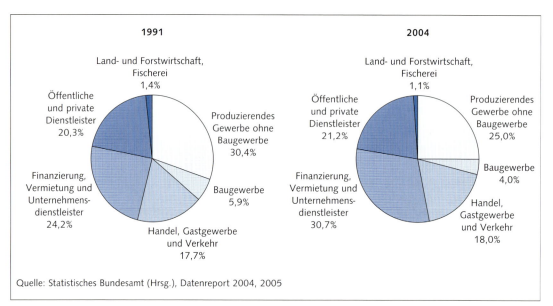

Quelle: Statistisches Bundesamt (Hrsg.), Datenreport 2004, 2005

Abb. 9.3: Beitrag der Wirtschaftsbereiche zur gesamtwirtschaftlichen Bruttowertschöpfung[15] 1991 und 2004

---

15 Die Bruttowertschöpfung ergibt sich, indem man vom Produktionswert zu Herstellungspreisen die Vorleistungen subtrahiert.

Abbildung 9.4 gibt für das Jahr 2004 an, welchen Beitrag die einzelnen Bundesländer zum Bruttoinlandsprodukt geleistet haben. Die Abbildung zeigt, dass Nordrhein-Westfalen mit 22,1 % den größten Anteil an der Erstellung des Bruttoinlandsproduktes hatte (gefolgt von Bayern und Baden-Württemberg), während Bremen Schlusslicht ist. Die dominierende Position Nordrhein-Westfalens ist angesichts der jahrzehntelangen Strukturprobleme in diesem Bundesland (der Leser denke an den Niedergang in der Kohle- und Stahlindustrie) nicht selbstverständlich und unter anderem darauf zurückzuführen, dass NRW auch das bevölkerungsstärkste Bundesland ist. In Pro-Kopf-Größen gerechnet liegen die süddeutschen Länder Bayern und Baden-Württemberg vor Nordrhein-Westfalen.

Regionale Verteilung der Wertschöpfungsanteile in Deutschland

Abbildung 9.5 zeigt für das Jahr 2004 den Anteil der Verwendungskomponenten Konsum, Bruttoinvestitionen und Außenbeitrag am Bruttoinlandsprodukt. Es wird deutlich, dass in Deutschland gegenwärtig beinahe 80 % des Bruttoinlandsproduktes für den (privaten und öffentlichen) Konsum verwendet werden. Das erscheint nicht besonders tragisch, wenn man bedenkt, dass alles Wirtschaften letztlich ja dem Konsum dienen soll. Andererseits ist der Anteil der Bruttoinvestitionen am Bruttoinlandsprodukt im historischen und auch im internationalen Vergleich niedrig. Das gilt umso mehr, wenn man bedenkt, dass der Zuwachs an Produktionskapazität vor allem von den Nettoinvestitionen getragen wird. Wie die in Kapitel 8 dargestellten Zahlen zeigen, beliefen sich die Bruttoinvestitionen 2004 auf 385 Milliarden Euro und die Abschreibungen auf 324 Milliarden Euro, sodass

Hoher Anteil der konsumptiven Verwendung des Inlandsproduktes

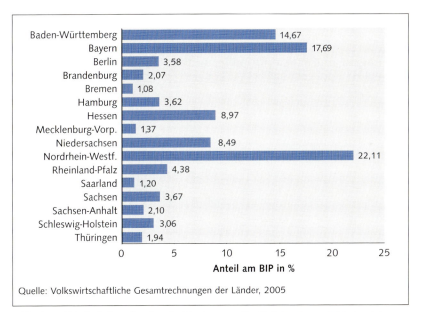

Abb. 9.4: Die Beiträge der Bundesländer zum Bruttoinlandsprodukt des Jahres 2004 (in %)

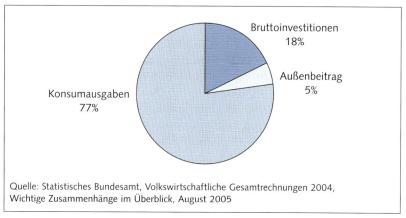

Abb. 9.5: Die Verwendung des deutschen Bruttoinlandsproduktes im Jahr 2004

die Nettoinvestitionen nur 61 Milliarden Euro betrugen. Berücksichtigt man weiter, dass in diesen Nettoinvestitionen auch noch die Lagerinvestitionen enthalten sind, so gingen 2004 die kapazitätswirksamen Investitionen gegen Null. Im Sektor Staat waren die Nettoinvestitionen sogar negativ. Unter Wachstumsgesichtspunkten ist diese Entwicklung sicherlich mehr als bedenklich.

2 Zahlungsbilanz

2.1 Begriff und konzeptioneller Aufbau der Zahlungsbilanz

Neben der Volkswirtschaftlichen Gesamtrechnung stellt die Zahlungsbilanz ein wichtiges gesamtwirtschaftliches Rechnungssystem dar.

Konzeptioneller Aufbau der Zahlungsbilanz

> Unter der **Zahlungsbilanz** eines Landes versteht man eine – nach bestimmten Gesichtspunkten gegliederte – Aufzeichnung der ökonomischen Transaktionen, die in einer abgelaufenen Periode (z.B. innerhalb eines Jahres) zwischen Inländern und Ausländern stattgefunden haben.

Zahlungsbilanz als missverständlicher Begriff

Diese Begriffsbestimmung zeigt schon, dass der Name »Zahlungsbilanz« unglücklich gewählt ist: Erstens handelt es sich nicht um eine Bilanz, d.h. um eine Zeitpunktrechnung, sondern um eine auf einen Zeitraum bezogene Rechnung, und zweitens werden keineswegs nur »Zahlungs«-Vorgänge erfasst.

Wichtige Bestandteile der Definition sind die Begriffe Inländer, Ausländer und ökonomische Transaktionen. Auf den Begriff der **Inländer** sind wir schon im Rahmen der VGR eingegangen, er soll hier dennoch kurz wiederholt werden. Inländer sind Wirtschaftssubjekte, die ihren festen Wohnsitz im Inland haben, sowie Produktionsstätten, die sich im Inland befinden, unabhängig davon, ob sie sich in in- oder ausländischem Eigentum befinden. Nicht zu den Inländern gehören vor allem Angehörige ausländischer Streitkräfte und diplomatischer Vertretungen. Entsprechend sind Ausländer definiert als Wirtschaftseinheiten, die ihren festen Wohnsitz im Ausland haben bzw. Produktionsstätten im Ausland.

Wirtschaftliche Transaktionen liegen vor, wenn Güter (Sachgüter, Dienstleistungen und Faktorleistungen), Eigentumsrechte sowie Forderungen und Verbindlichkeiten von einer Wirtschaftseinheit auf eine andere übertragen werden. Transaktionen können sich also beziehen auf Sachgüter (Waren), Dienstleistungen, Leistungen der Produktionsfaktoren Arbeit und Kapital sowie auf Forderungstitel (einschließlich Eigentumsrechten). Die Objekte können dabei durch Kauf (Verkauf), Tausch oder Transfer den Eigentümer wechseln.

Die Zahlungsbilanz lässt sich als ein System **doppelter Buchhaltung** verstehen, in der jede ökonomische Transaktion zwischen Inländern und Ausländern doppelt erfasst wird, einmal im Soll und einmal im Haben des Kontos. Daraus folgt, dass die Wertsumme aller Soll-Buchungen konzeptionell der Wertsumme aller Haben-Buchungen entsprechen muss.

> Die Zahlungsbilanz ist ein System doppelter Buchhaltung ...

> Die Zahlungsbilanz als Ganzes ist im Prinzip immer **ausgeglichen**. Salden können nur die Teilbilanzen aufweisen.

Wenn in den Medien trotzdem häufig vom »Saldo der Zahlungsbilanz« die Rede ist, so ist dies eine unpräzise Ausdrucksweise. Wie wir noch sehen werden, ist immer der Saldo einer Teilbilanz gemeint. Dass veröffentlichte Zahlungsbilanzen zumeist nur mithilfe eines buchhalterischen Kunstgriffes ausgeglichen werden können, ist auf Fehler bei der statistischen Erfassung der Transaktionen zurückzuführen. Empirische Zahlungsbilanzen enthalten deshalb zu ihrem buchhalterischen Ausgleich den Posten »Statistisch nicht aufgliederbare Transaktionen« (Restposten), im angelsächsischen Sprachgebrauch plastisch oft als »errors and omissions« (Irrtümer und Auslassungen) bezeichnet.[16]

> ... mit zeitweise erheblichen Erfassungsproblemen.

---

16 Solche Fehler und Auslassungen ergeben sich z. B. daraus, dass Warenexporte beim Grenzübergang (oder über entsprechende Meldungen der exportierenden Firmen) erfasst werden, dem ausländischen Käufer der Güter aber ein in keiner Statistik erscheinender Zahlungsaufschub eingeräumt worden ist. Der finanzielle Gegenposten zu dem Warenexport erscheint dann erst in der Zahlungsbilanz, wenn sich im Bankensektor Zahlungsvorgänge ergeben.

Die Zahlungsbilanz der Deutschen Bundesbank ist nach dem in Abbildung 9.6 gezeigten Schema aufgebaut.

AKTIVA	Teilbilanzen	PASSIVA
Warenexporte	Handelsbilanz	Warenimporte
Dienstleistungsexporte	Dienstleistungsbilanz	Dienstleistungsimporte
Empfangene Erwerbs- und Vermögenseinkommen	Bilanz der Erwerbs- und Vermögenseinkommen	Geleistete Erwerbs- und Vermögenseinkommen
Empfangene laufende Übertragungen	Bilanz der laufenden Übertragungen	Geleistete laufende Übertragungen
Empfangene Vermögenstransfers	Bilanz der Vermögenstransfers	Geleistete Vermögenstransfers
Netto-Direktinvestitionen im Inland		Netto-Direktinvestitionen im Ausland
Netto-Erwerb von inländischen Wertpapieren durch Ausländer	Kapitalbilanz	Netto-Erwerb von ausländischen Wertpapieren durch Inländer
Netto-Kredite von Ausländern an Inländer		Netto-Kredite von Inländern an Ausländer
Veränderung der Währungsreserven (Abnahme)	Devisenbilanz	Veränderung der Währungsreserven (Zunahme)
		Saldo der statistisch nicht aufgliederbaren Transaktionen (Restposten)
Summe	**=**	**Summe**

Abb. 9.6: Schematische Darstellung der Zahlungsbilanz

Empirische Zahlungsbilanzstatistik in Tabellenform

Erwähnt sei allerdings schon hier, dass die empirischen Zahlungsbilanzstatistiken nicht in Kontenform, sondern in **Tabellenform** veröffentlicht werden.[17] »Aktiva« unserer obigen Kontendarstellung erscheinen dann häufig mit einem Pluszeichen, »Passiva« mit einem Minuszeichen in der Tabelle. Da dieses Prinzip aber nicht immer durchgängig eingehalten wird, ist es immer ratsam, die »Legende« der Statistiken mit entsprechenden Erläuterungen zu Rate zu ziehen.

---

17 Hieraus erklärt es sich, dass in manchen Lehrbüchern z. B. die Warenexporte auf der Soll-Seite des Kontos, in anderen Lehrbüchern auf der Haben-Seite des Kontos ausgewiesen werden (die übrigen Buchungen erfolgen dann entsprechend). Logisch sind die Vorgehensweisen gleichwertig. Wir haben hier die Systematik gewählt, die sich aus dem Auslandskonto der VGR ergibt.

Eine Betrachtung des obigen Zahlungsbilanzschemas zeigt, dass wir mit dem **Auslandskonto**[18] schon einen wichtigen Teil der Zahlungsbilanz kennen gelernt haben, nämlich den Teil, der über dem waagerechten dicken Strich in der Mitte der Abbildung 9.6 liegt. Die Unterschiede zwischen dem Auslandskonto und diesem Teil der Zahlungsbilanz sind marginal. So werden in der Zahlungsbilanz die Sachgüterexporte und -importe von den Dienstleistungsexporten und -importen getrennt ausgewiesen, während sie auf dem Auslandskonto nicht differenziert, sondern gemeinsam als Export und Importe erscheinen. Man erhält also den Außenbeitrag der VGR in der Zahlungsbilanz, indem man die Waren- und die Dienstleistungsbilanz zusammenfasst. Die Teilbilanzen der »leistungsbezogenen« Transaktionen (das sind die Transaktionen »über dem Strich« in Abbildung 9.6) sind in der Tabelle benannt: Warenbilanz, Dienstleistungsbilanz, Bilanz der Erwerbs- und Vermögenseinkommen, Bilanz der laufenden Übertragung und die Bilanz der Vermögensübertragungen. Die stark blau schraffierten Teilbilanzen bilden zusammen die **Leistungsbilanz**.[19]

Das Auslandskonto ist ein Teil der Zahlungsbilanz.

Hinzuweisen ist noch auf ein Problem, das die Bewertung der Warenexporte und Warenimporte betrifft. Warenexporte (und Warenimporte, die aber die Exporte eines anderen Landes darstellen) werden nach Möglichkeit »**fob**« (»free on board«), d.h. an der Zollgrenze des jeweils exportierenden Landes erfasst. Noch anfallende Transport- und Versicherungskosten werden dann nicht in der Handelsbilanz, sondern in der Dienstleistungsbilanz verbucht. Die fob-Bewertung hat den Vorteil, dass die Zahlungsbilanzen der Länder besser vergleichbar werden. Wenn z.B. ein Export von Deutschland in die USA in beiden Ländern fob bewertet wird, wird in der Handelsbilanz beider Ländern derselbe Wert der Transaktion erfasst – einmal als Warenexport und einmal als Warenimport. Die »**cif**«(costs, insurance, freight)-Bewertung der Importe an der Zollgrenze des importierenden Landes (d.h. einschließlich von Transport und Versicherungskosten der Einfuhr) ist nur ein Behelf, wenn es aus zeitlichen Gründen – wie in der unten dargestellten Zahlungsbilanz Deutschlands für das Jahr 2004 – bei den Importen noch nicht möglich ist, die fob-Werte rechtzeitig in Erfahrung zu bringen. Deutsche Importe erscheinen dann in der Zahlungsbilanzstatistik Deutschlands cif-bewertet, während die (immer fob-bewerteten) Exporte in der US-Statistik fob registriert werden.

Unterschiedliche Bewertungskonzepte für die Warenströme

Neu und zusätzlich gegenüber dem Auslandskonto der VGR ist in der Zahlungsbilanz der unter dem (die Tabelle teilenden) waagerechten Strich liegende Teil der Bilanz, welcher die **finanziellen Aspekte** der Transaktionen zwischen Inländern und Ausländern betrifft. Hier werden die **Veränderungen von Forderungen und Verbindlichkeiten** zwischen Inland und Ausland

---

[18] Es sei daran erinnert, dass das Auslandskonto die Gegenbuchungen der in der VGR aufgezeichneten Transaktionen der inländischen Sektoren mit dem Ausland erfasst (vgl. Kapitel 8).

[19] Der Leser beachte, dass die »leistungsbezogenen« Vorgänge die Vermögenstransfers im Gegensatz zur Leistungsbilanz einschließen.

Aufspaltung des Finanzierungssaldos in die Veränderungen einzelner Arten von Forderungen und Verbindlichkeiten

erfasst. Dabei sind die Begriffe Forderungen und Verbindlichkeiten weit definiert. Forderungen umfassen jeden Anspruch von Inländern auf das Vermögen des Auslandes, gleichgültig, ob es sich um eine »normale« (nicht verbriefte) Forderung, um eine in Wertpapieren (Schuldverschreibungen, Obligationen, staatliche Schuldtitel) verbriefte Forderung oder um einen Eigentümeranspruch (z. B. in Form von Aktien) handelt. Entsprechend umfassen die Verbindlichkeiten jeden Anspruch von Ausländern auf das Vermögen des Inlandes. Grundsätzlich werden die Veränderungen der Gläubiger- und Schuldnerbeziehungen nach den verschiedenen Arten der betroffenen Forderungen und Verbindlichkeiten in Direktinvestitionen, Wertpapiere, Kredite und sonstige Anlagen aufgegliedert.

Wegen der herausragenden Stellung der Deutschen Bundesbank werden die Veränderungen ihrer Forderungen und Verbindlichkeiten (Währungsreserven) getrennt ausgewiesen. Die »Teilbilanz« dieser Vorgänge wird häufig kurz auch »**Devisenbilanz**« genannt. Die Veränderungen der übrigen Forderungen und Verbindlichkeiten, also sämtlicher Kapitalanlagen im Ausland oder im Inland, werden in der so genannten **Kapitalbilanz** erfasst. Sie gliedert sich in die Bilanz der Direktinvestitionen, die Wertpapierbilanz, die Bilanz der (normalen) Kreditgewährungen und die sonstigen Kapitalanlagen. Unter Direktinvestitionen fallen alle grenzüberschreitenden Investitionen zum Zwecke der Gründung von bzw. der Beteiligung an Unternehmen, Produktionsstätten oder Niederlassungen, die mit einer gleichzeitigen Übernahme unternehmerischer Verantwortung verbunden sind. Zu den Direktinvestitionen werden u. a. gezählt Finanzbeziehungen zu ausländischen Unternehmen, an denen der Investor 10 Prozent oder mehr der Anteile oder Stimmrechte unmittelbar hält, sowie die Kreditgewährung deutscher Direktinvestoren an Unternehmen, bei denen sie Direktinvestitionen getätigt haben. Als Direktinvestitionen gelten ferner sämtliche Anlagen in Grundbesitz im Ausland. **Wertpapiere** sind verbriefte Forderungen und Verbindlichkeiten, einschließlich Aktien, sofern sie Anteilen oder Stimmrechten von weniger als 10 Prozent entsprechen. Zur Vereinfachung haben wir die »Finanzderivate« (Optionen und Finanztermingeschäfte) hier mit eingerechnet. Als dritter Teilbereich wird der **Kreditverkehr** zwischen Inland und Ausland aufgezeigt. Als relativ unbedeutende Sammelkategorie verbleiben die »Sonstigen Kapitalanlagen«.

Devisenbilanz und Kapitalbilanz

Teilbilanzen der Kapitalbilanz

Kapitalexporte stellen den Nettoerwerb von Forderungen des Inlands gegenüber dem Ausland dar, Kapitalimporte den Nettoerwerb von Forderungen des Auslands gegenüber dem Inland.

In Verbindung mit der Kapitalbilanz muss noch der wichtige Begriff der Kapitalexporte und Kapitalimporte erläutert werden. **Kapitalexporte** sind Kapitalanlagen von Inländern im Ausland, also der Nettoerwerb von Forderungen gegenüber dem Ausland: ausländische Anteilsrechte, ausländische Wertpapiere, Kreditforderungen gegenüber dem Ausland und sonstige Forderungen. Dementsprechend sind **Kapitalimporte** Kapitalanlagen der verschiedenen Kategorien von Ausländern im Inland. Man beachte, dass es sich bei den Kapitalexporten und -importen streng genommen schon um Nettogrößen handelt. So werden z. B. ausländische Wertpapiere in der betrachteten Periode gekauft und verkauft. Die Differenz heißt trotzdem Kapitalexport bzw. Kapitalimport und erst die Differenz zwischen Kapitalexporten und Kapitalimporten wird als **Nettokapitalexport** oder **Nettokapitalimport** bezeichnet.

2.2 Die Zahlungsbilanz der Bundesrepublik Deutschland und der Europäischen Währungsunion

Nachdem wir im vorangegangenen Abschnitt den grundlegenden Aufbau der Zahlungsbilanz kennen gelernt haben, wollen wir nun die von der Deutschen Bundesbank erstellte Zahlungsbilanz der Bundesrepublik Deutschland für das Jahr 2004 in Kontenform betrachten (Tabelle 9.3).

Traditionsgemäß ist die Handelsbilanz (Warenbilanz) der Bundesrepublik Deutschland praktisch für jeden Zeitraum »**positiv**« oder »**aktiv**«, das heißt die Warenexporte waren größer als die Warenimporte. Im Jahre 2004 betrug der Positivsaldo knapp 143 Milliarden Euro. Das ist anders bei der Dienstleistungsbilanz und der Bilanz der laufenden Übertragungen. Dies hat bei der Dienstleistungsbilanz vor allem mit der Reiselust der Deutschen ins Ausland zu tun. Die Bilanz wäre noch stärker defizitär, wenn die Warenimporte nicht (wie oben) cif, sondern fob bewertet wären und damit die Transport- und Versicherungskosten für die Importgüter sich von der Warenbilanz in die Dienstleistungsbilanz verlagern würden. Für den Saldo der zusammengefassten Warenbilanz und Dienstleistungsbilanz spielt es also keine Rolle, ob die Importe fob oder cif bewertet sind. Bei der Bilanz der laufenden Übertragungen spielen die Überweisungen der Gastarbeiter an ihre Familienmitglieder im Ausland sowie die hohen Nettoleistungen Deutschlands an den EU-Haushalt eine wichtige Rolle. Die Bilanz der Erwerbs- und Vermögenseinkommen und die Bilanz der Vermögensübertragungen sind 2004 nahezu ausgeglichen. Das gilt auch für die nicht zur Leistungsbilanz gehörende Bilanz der Vermögensübertragungen. Insgesamt bleibt die Leistungsbilanz 2004 mit einem Überschuss von 83,6 Milliarden Euro deutlich »aktiv«. Da die Bilanz der Vermögensübertragungen mit 0,4 Milliarden Euro einen kleinen Überschuss ausweist, hat sich gem. der »Leistungstransaktionen« »über dem Strich« die Netto-Gläubigerposition Deutschlands gegenüber dem Ausland im Jahre 2004 um 84 Milliarden erhöht, denn diesen »Finanzierungsüberschuss« gibt die Summe der Salden von Leistungs- und Vermögensübertragungsbilanz an.[20] Ohne »errors and omissions« müsste der finanzielle Teil der Zahlungsbilanz deshalb einen deutschen Nettokapitalexport plus Veränderungen der Währungsreserven der Bundesbank von zusammen 84 Milliarden Euro ausweisen. Tatsächlich wird ein Nettokapitalexport von 96,7 Milliarden Euro und eine Abnahme der Währungsreserven

Traditioneller Überschuss beim Warenhandel (Außenhandel) Deutschlands

Leistungsbilanzüberschuss

Nettokapitalexport

---

20 Konzeptionell ist dieser Saldo gleich dem Saldo des Auslandskontos, also dem Finanzierungssaldo. Die Abweichungen zwischen beiden Rechnungssystemen (das Auslandskonto der VGR weist einen Finanzierungsüberschuss von 9 Milliarden Euro aus) hat lediglich erhebungstechnische Bedeutung und ist zudem quantitativ unbedeutsam im Vergleich zu dem Posten der »statistisch nicht aufgliederbaren Transaktionen«, die mit 38,6 Milliarden Euro einen künstlichen Ausgleich schaffen.

Aktiva (Zahlungseingänge)	Mrd. Euro		Passiva (Zahlungsausgänge)
A. Leistungsbilanz	**+83,6**		**Leistungsbilanzsaldo**
Warenexporte (fob)	731,1	588,3 142,8	Warenimporte (cif) Saldo
Dienstleistungsexporte	116,4	147,3 –30,9	Dienstleistungsimporte Saldo
Empfangene Erwerbs- und Vermögenseinkommen	106,9	106,8 0,1	Geleistete Erwerbs- und Vermögenseinkommen Saldo
Empfangene laufende Übertragungen	15,6	44,0 –28,4	Geleistete laufende Übertragungen Saldo
B. Bilanz der Vermögensübertragungen	**0,4**		**Saldo der Vermögensübertragungen**
Empfangene Vermögensübertragungen	2,6	2,2 0,4	Geleistete Vermögensübertragungen Saldo
C. Kapitalbilanz (Kapitalexporte: –, Kapitalimporte: +)	**–96,7**		**Kapitalbilanzsaldo** (–: Nettokapitalexport)
Direktinvestitionen von Ausländern im Inland	–28,1	–5,8 –22,3	Direktinvestitionen von Inländern im Ausland Saldo
Erwerb von inländischen Wertpapieren durch Ausländer (einschließlich Finanzderivate)	133,7	117,1 16,6	Erwerb von ausländischen Wertpapieren durch Inländer (einschließlich Finanzderivate) Saldo
Kreditgewährung an Inländer	35,5	123,2 –87,7	Kreditgewährung an Ausländer Saldo
Sonstige Kapitalanlagen von Ausländern im Inland	0,2	3,6 –3,4	Sonstige Kapitalanlagen von Inländern im Ausland Saldo
D. Veränderung der Währungsreserven zu Transaktionswerten (Zunahme: –, Abnahme: +)	**1,5**		**Devisenbilanzsaldo**
Nettodevisenabfluss		1,5	Saldo
E. Saldo der statistisch nicht aufgliederbaren Transaktionen (Restposten)		–11,2 +11,2	**Summe der Salden von Leistungs-, Vermögensübertragungs-, Kapital- und Devisenbilanz** **Saldo (Restposten)**

Quelle: Erstellt anhand der Angaben in: Deutsche Bundesbank, Zahlungsbilanzstatistik, Stand 11.08.2005.

Tab. 9.3: Die Zahlungsbilanz der Bundesrepublik Deutschland im Jahr 2004

von 1,5 Milliarden Euro, per Saldo also ein Zuwachs der Netto-Gläubigerposition Deutschlands gemäß der ausgewiesenen finanziellen Transaktionen von 95,2 Milliarden Euro registriert. Die Differenz zu den oben beschriebenen 84 Milliarden Euro wird durch den als Saldogröße der gesamten Zahlungsbilanz bestimmten »Restposten« von 11,2 Milliarden Euro buchhalterisch ausgeglichen. Es ist klar, dass ein Restposten dieser Größenordnung den Aussagewert des gesamten Rechnungswerkes beeinträchtigt. Die Bundesbank weist deshalb auch ausdrücklich auf die Unsicherheiten hin, mit denen die Zahlungsbilanzstatistiken in den EWU-Ländern derzeit behaftet sind.

Problematische Größenordnung des »Restpostens«

Der Leistungsbilanzsaldo Deutschlands war vor dem Jahr 2001 temporär negativ, was als Ausdruck des gewaltigen Ressourcenbedarfs auch aus dem Ausland beim »Aufbau Ost« interpretiert werden kann. Ab 2001 konnten dann wieder kontinuierlich steigende Leistungsbilanzüberschüsse realisiert werden, die auf die hohen Überschüsse in der Warenbilanz zurückzuführen sind.

Abschließend wollen wir noch einen Blick auf die Struktur des deutschen Warenhandels mit dem Ausland werfen. Tabelle 9.4 zeigt den Wert der Importe und der Exporte Deutschlands – aufgegliedert nach Warengruppen – für das Jahr 2004.

Deutliche **Exportüberschüsse** werden in den Produktbereichen Chemische Erzeugnisse; Metallerzeugnisse; Maschinen; Geräte der Elektrizitätserzeugung und -verteilung; Medizin-, mess-, steuerungs-, regelungstechnische und optische Erzeugnisse sowie Kraftwagen und Kraftwagenteile ausgewiesen. Erhebliche **Importüberschüsse** finden sich dagegen insbesondere bei Erdöl und Erdgas, Büromaschinen, Datenverarbeitungsgeräten und -einrichtungen, Büromaschinen und EDV-Geräten sowie bei Bekleidung. Die Aufgliederung zeigt damit, dass eine hohe internationale Wettbewerbsfähigkeit Deutschlands, abgesehen vom Bereich Medizin-, mess-, steuerungs-, regelungstechnische und optische Erzeugnisse, nach wie vor in den Bereichen liegt, welche schon in den 60er-, 70er-, 80er- und 90er-Jahren die Grundlage ihrer Exportstärke bildeten. Dagegen ist es der Bundesrepublik (bisher) nicht gelungen, im Bereich der neuen Technologien (Datenverarbeitungsgeräte und -einrichtungen) eine vergleichbare Position aufzubauen, hier ist Deutschland Nettoimporteur.

Exportüberschüsse bei Fahrzeugen, Maschinen und Chemischen Erzeugnissen

Produkte	Exporte (Mrd. €)	Importe (Mrd. €)
Erdöl und Erdgas	4.209	39.241
Erzeugnisse des Ernährungsgewerbes	25.949	27.141
Textilien	11.066	11.750
Bekleidung	7.598	15.912
Chemische Erzeugnisse	94.696	63.483
Metalle und Halbzeug daraus	35.645	31.387
Metallerzeugnisse	22.140	12.697
Maschinen	102.526	38.784
Büromaschinen, Datenverarbeitungsgeräte und -einrichtungen	21.598	27.797
Geräte der Elektrizitätserzeugung und -verteilung u. a.	36.116	24.590
Nachrichtentechnik, Rundfunk- und Fernsehgeräte sowie elektronische Bauelemente	36.238	37.746
Medizin-, mess-, steuerungs-, regelungstechnische und optische Erzeugnisse; Uhren	29.526	16.089
Kraftwagen und Kraftwagenteile	134.914	59.585
Sonstige Fahrzeuge	25.365	22.046
Möbel, Schmuck, Musikinstrumente, Sportgeräte, Spielwaren und sonstige Erzeugnisse	12.122	13.258
Sonstige Waren	56.731	57.883

Quelle: Statistisches Bundesamt, 2005

Tab. 9.4: Aus- und Einfuhren der Bundesrepublik Deutschland für das Jahr 2004 nach Warengruppen

Die wichtigsten Handelspartner Deutschlands sind überwiegend EU-Länder.

Abbildung 9.7 weist die wichtigsten Handelspartner Deutschlands aus – gemessen an der Wareneinfuhr und der Warenausfuhr. Unter den zehn wichtigsten Ländern für unsere Exporte befinden sich allein sechs EU-Staaten mit einem Anteil an der bundesdeutschen Gesamtausfuhr von circa 50 Prozent. Nach Frankreich sind allerdings die USA der zweitwichtigste Einzelabnehmer deutscher Produkte, was die relativ hohe konjunkturelle Abhängigkeit Deutschlands von den USA erklärt. Bei den Importen zeigt sich im Prinzip ein ähnliches Bild, jedoch sind mit Japan und China zwei der zehn wichtigsten Lieferländer Deutschlands asiatische Staaten, die in der Exportstatistik keine vergleichbare Rolle spielen. Dies könnte als Ausdruck der traditionell protektionistischen Handelspolitik dieser Länder gewertet werden.

Nach dieser Analyse des Warenhandels aus deutscher Sicht wollen wir noch einen kurzen Blick auf die Zahlungsbilanz der Länder der Europäischen Währungsunion (EWU) für das Jahr 2004 werfen (vgl. Tabelle 9.5).

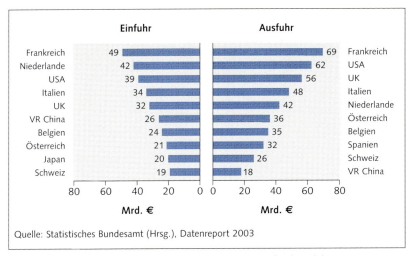

Abb. 9.7: Regionale Aufgliederung des deutschen Außenhandels 2003

Die »Bilanz« zeigt, dass auch die EWU als Gesamtheit mit 105,8 Milliarden Euro in 2004 einen positiven Saldo der Handelsbilanz aufweist. Wenn man bedenkt, dass der entsprechende Saldo Deutschlands beinahe 130 Milliarden Euro beträgt, so ist der EWU-Saldo insgesamt als klein zu betrachten. Er bringt unter anderem zum Ausdruck, dass ein Großteil des deutschen Saldos innerhalb der EWU ihren Ursprung hat (vgl. auch Tabelle 9.4). Bei den Dienstleistungen kompensieren sich offenbar ebenfalls große Teile des Reiseverkehrs der Mitgliedsländer, es verbleibt sogar mit 21,6 Milliarden Euro ein deutlich positiver Saldo. Bei den Erwerbs- und Vermögenseinkommen weist die EWU mit 32,2 Milliarden Euro einen negativen Saldo aus. Auch bei den laufenden Übertragungen ergibt sich mit 53,6 Milliarden Euro ebenfalls ein deutlicher Überschuss der geleisteten Zahlungen. Da sich die Beitragszahlungen der EWU-Länder an die EU als innergemeinschaftliche Vorgänge kompensieren (abgesehen von den Nettozahlungen der Nicht-EWU-Mitglieder Großbritannien, Schweden und Norwegen), leisten die Mitgliedsländer also in erheblichem Umfang Zahlungen an internationale Organisationen (UN, Weltbank usw.) sowie Entwicklungshilfe. Insgesamt weist die Leistungsbilanz der EWU mit rd. 41,6 Milliarden Euro einen bescheidenen Überschuss aus. Unter Einbeziehung der Vermögensübertragungen hat sich von den Leistungstransaktionen her der »Rest der Welt« gegenüber der EWU in 2004 netto im Betrag von 57,3 Milliarden Euro zusätzlich verschuldet. Das ist nicht kompatibel mit dem Saldo der Kapitalbilanz, die – einschließlich der Veränderung der Währungsreserven des Eurosystems einen Nettokapitalexport – also eine Nettozunahme der Gläubigerposition der EWU – in Höhe von nur 4,2 Milliarden Euro ausweist, da die Überschüsse bei den Direktinvestitionen und vor allem beim Kreditverkehr (einschließlich »Sonstige« Anlagen) fast vollständig kompensiert werden von den Kapitalimporten im Bereich der Wertpapieranlagen und dem Abfluss der Wäh-

Die EWU-Zahlungsbilanz weist in Bezug auf die Vorzeichen der Salden Ähnlichkeiten zur deutschen Zahlungsbilanz auf.

Aktiva (Zahlungseingänge)	Mrd. Euro		Passiva (Zahlungsausgänge)
A. Leistungsbilanz	**+41,6**		*Leistungsbilanzsaldo*
Warenexporte (fob)	1.131,1	1.025,3 +105,8	Warenimporte (fob) *Saldo*
Dienstleistungsexporte	344,9	323,3 +21,6	Dienstleistungsimporte *Saldo*
Empfangene Erwerbs- und Vermögenseinkommen		−32,2	Geleistete Erwerbs- und Vermögenseinkommen *Saldo*
Empfangene laufende Übertragungen	80,9	134,5 −53,6	Geleistete laufende Übertragungen *Saldo*
B. Bilanz der Vermögensübertragungen	**+15,7**		*Saldo der Vermögensübertragungen*
Empfangene Vermögensübertragungen		+15,7	Geleistete Vermögensübertragungen *Saldo*
C. Kapitalbilanz (Kapitalexporte: −, Kapitalimporte: +)	**−4,2**		*Kapitalbilanzsaldo* (−: Nettokapitalexport)
Direktinvestitionen von Ausländern im Inland	67,0	103,5 −36,5	Direktinvestitionen von Inländern im Ausland *Saldo*
Erwerb von inländischen Wertpapieren durch Ausländer (einschließlich Finanzderivate)	328,7	276,7 +52,0	Erwerb von ausländischen Wertpapieren durch Inländer (einschließlich Finanzderivate) *Saldo*
Kreditverkehr und sonstige Kapitalanlagen (Saldo) Inländische Nettokreditaufnahme		−32,1	*Saldo*
Veränderung der Währungs-Reserven des Eurosystems Nettodevisenabfluss		+12,4	*Saldo*
D. Saldo der statistisch nicht aufgliederbaren Transaktionen (Restposten)		−53,1	Summe der Salden von Leistungs-, Vermögensübertragungs-, Kapital- und Devisenbilanz *Saldo (Restposten)*

Quelle: Erstellt anhand Deutsche Bundesbank, Monatsbericht Februar 2005

Tab. 9.5: Die Zahlungsbilanz der Europäischen Währungsunion (EWU) für das Jahr 2004

rungsreserven.[21] Entgegen dem in der Leistungsbilanz zuzüglich Vermögenstransfers gezeichneten Bild hat die EWU auf der Basis der finanziellen Daten also einen Nettokapitalexport in Höhe von nur 4,2 Milliarden Euro getätigt (statt 57,3 Milliarden Euro gemäß dem Saldo aus Leistungs- und Vermögensübertragungsbilanz). Die Differenz in Höhe von 53,1 wird durch den »Restposten« buchhalterisch ausgeglichen. Allerdings bewegt sich der Saldo der »Statistisch nicht aufgliederbaren Transaktionen« damit in einer Größenordnung, die das gesamte Zahlenwerk infrage stellt.

Arbeitsaufgaben

1) Wie wird das so genannte »reale« Bruttoinlandsprodukt ermittelt und was sagt diese Größe aus?
2) Warum ist das nominale Nationaleinkommen ein nur beschränkt geeignetes Maß, um die Entwicklung der Konsummöglichkeiten einer Volkswirtschaft zu erfassen?
3) Was ist der »Preisindex für Lebenshaltung«?
4) Worin findet die so genannte Tertiarisierung entwickelter Ökonomien ihren Ausdruck?
5) Was verstehen Sie unter der Zahlungsbilanz eines Landes?
6) Beschreiben Sie den Grundaufbau einer Zahlungsbilanz. Wie heißen die wichtigsten Teilbilanzen?
7) Was versteht man unter der Leistungsbilanz?
8) Was ist der so genannte Restposten und wie wird er ermittelt?
9) Nennen Sie Beispiele für wirtschaftliche Vorgänge, welche
   – die Handelsbilanz,
   – die Dienstleistungsbilanz,
   – die Bilanz der Erwerbs- und Vermögenseinkommen,
   – die Bilanz der laufenden Übertragungen,
   – die Bilanz der Vermögensübertragungen,
   – die Kapitalbilanz
   berühren.
10) Wo liegen die Schwerpunkte Deutschlands bei den Warenexporten und -importen bezüglich der Produktgruppen und der Partnerländer?
11) Versuchen Sie die deutliche Verschlechterung der Leistungsbilanz Deutschlands nach der Wiedervereinigung ökonomisch zu erklären.

Lösungsvorschläge für die Arbeitsaufgaben finden Sie im »Übungsbuch zu Grundlagen und Probleme der Volkswirtschaft«.

---

21 In der Zahlungsbilanz des Euro-Systems sind die Veränderungen der Währungsreserven – entgegen dem Verfahren der Deutschen Bundesbank bei der nationalen Statistik – Teil der Kapitalbilanz.

Literatur

Bezüglich der Revision der Volkswirtschaftlichen Gesamtrechnungen 2005 gibt es zurzeit so gut wie keine Lehrbuchliteratur. Relativ einfache Darstellungen der neuerlichen Revision der VGR finden sich deshalb nur auf der Homepage des Statistischen Bundesamtes (www.destatis.de).

Relativ anspruchsvoll ist die ausführlichere Darstellung der Neuerungen in der VGR:
Statistisches Bundesamt: Revisionen der Volkswirtschaftlichen Gesamtrechnungen 2005 für den Zeitraum 1991 bis 2004, in: Wirtschaft und Statistik, Heft 5, 2005.

Gut aufbereitetes statistisches Material findet der Leser in:
Statistisches Bundesamt: Volkswirtschaftliche Gesamtrechnungen. Wichtige Zusammenhänge im Überblick, Wiesbaden 2005. (www.destatis.de, Volkswirtschaftliche Gesamtrechnungen).
Statistisches Bundesamt: Bruttoinlandsprodukt 2004 für Deutschland, Informationsmaterialien zur Pressekonferenz am 13.01.2005 in Wiesbaden (www.destatis.de, Volkswirtschaftliche Gesamtrechnungen).

Empirisches Material bieten insbesondere die folgenden laufenden Reihen:
Deutsche Bundesbank: Monatsberichte.
Deutsche Bundesbank: Zahlungsbilanzstatistik.
Europäische Zentralbank: Monatsberichte.
Statistisches Jahrbuch der Bundesrepublik Deutschland.
Statistisches Bundesamt: Datenreport.

10. Kapitel
Basismodelle der klassischen und keynesianischen Makroökonomie

LERNZIELE

Leitfrage:
Was bestimmt die Höhe von Inlandsprodukt und Beschäftigung im System der Klassik?
- Was ist die zentrale Annahme über die Funktionsweise von Märkten?
- Wie wird das Güterangebot bestimmt?
- Welche Bedeutung hat das Theorem von *Say*?
- Welche Bedeutung hat der Zins?
- Welche Rolle spielt das Geld im System der Klassik?

Leitfrage:
Worin liegen die besonderen Annahmen und Ergebnisse der traditionellen keynesianischen Theorie?
- Welches sind die Komponenten der gesamtwirtschaftlichen Güternachfrage, und was sind ihre Bestimmungsgründe?
- Welche Annahme wird bezüglich des Güterangebotes getroffen?
- Was bedeutet Gleichgewicht auf dem Gütermarkt und wie lässt es sich im keynesianischen Kreuz darstellen?
- Was ist die IS-Kurve?
- Welche Besonderheiten weist der keynesianische Geldmarkt im Vergleich zur Klassik auf?
- Was ist die LM-Kurve?
- Wie bestimmt sich das simultane Gleichgewicht auf dem Güter- und Geldmarkt (IS/LM-Gleichgewicht)?
- Wie wirken Staatsausgaben- und Geldmengenvariationen im IS/LM-Modell?

1 Vorbemerkungen

In den folgenden drei Kapiteln wollen wir untersuchen, welche Faktoren die Höhe des Inlandsproduktes und der Beschäftigung bestimmen. Dies ist eine zentrale Aufgabe der **Makroökonomik**, einer gesamtwirtschaftlichen Analyse, in der stark aggregierte (zusammengefasste) Größen, wie z. B. das Nationaleinkommen und das Preisniveau, nicht jedoch das Einkommen einzelner Individuen oder der Preis bestimmter Güter, untersucht werden. Dieses Zusammenfassen zu gesamtwirtschaftlichen Größen ist notwendig, um – wie in der Einleitung und in Kapitel 8 dargelegt – die kaum überschaubare wirtschaftliche Wirklichkeit zu vereinfachen. Eine weitere Vereinfachung besteht darin, dass wir weitgehend von der ökonomischen Aktivität mit dem Ausland absehen (Modell der »geschlossenen« Volkswirtschaft) und zudem eine kurz- bis mittelfristige Analyse durchführen. In der **kurzfristigen Analyse** wird dabei unterstellt, dass die im betrachteten Zeitraum stattfindenden Veränderungen im Bestand und der Qualität der Produktionsfaktoren (Arbeit, Kapital, Boden und technisches Wissen) zumindest relativ so klein sind, dass sie vernachlässigt werden können. Außerdem wird häufig davon ausgegangen, dass Güterpreise und/oder Geldlöhne nicht voll flexibel – im Extremfall vollkommen starr – sind. In der **mittelfristigen Betrachtungsweise** werden die Bestände der Produktionsfaktoren weiter als konstant, die Preise aber als flexibel angesehen, sodass die Märkte über Preisanpassungen geräumt werden. Eine **langfristige Analyse**, in der die Preise voll flexibel sind und sich zusätzlich die Bestände an Produktionsfaktoren (einschließlich der zur Verfügung stehenden Technik) ändern, wird im Kapitel 27 vorgestellt.

Zeithorizonte der makroökonomischen Analyse

Interdependenz der Märkte

Das wirtschaftliche Geschehen auf den einzelnen Märkten einer Volkswirtschaft ist miteinander verbunden. Letztlich kann man sagen, dass die Nachfrage nach den verschiedenen Gütern wie auch das Angebot der Güter jeweils von den Preisen aller Güter abhängt, wenn auch teilweise fast unmerklich (vgl. Kapitel 4). Da man im Rahmen einer ökonomischen Analyse nicht Millionen von Märkten gleichzeitig betrachten kann, ist die wirtschaftliche Wirklichkeit auf eine überschaubare Anzahl wesentlicher Zusammenhänge zu vereinfachen. Im Einklang mit der üblichen makroökonomischen Darstellungsweise reduzieren wir die Zahl der betrachteten Märkte auf vier:

System der makroökonomischen Märkte

- den gesamtwirtschaftlichen Arbeitsmarkt,
- den gesamtwirtschaftlichen Gütermarkt,
- den gesamtwirtschaftlichen Geldmarkt und
- den gesamtwirtschaftlichen Wertpapiermarkt (der für die Gesamtheit der Märkte steht, auf denen zinstragende Aktiva gehandelt werden).

Mit dem extrem hohen Aggregationsgrad werden also Unterschiede zwischen den verschiedenen Arten von Gütern und Wertpapieren ignoriert. So wird auf dem Gütermarkt das homogene Inlandsprodukt gehandelt, das trotzdem fiktiv in Vorleistungen, Konsum- Investitions-, Export- und Importgüter aufgespalten wird. Die Interdependenz (gegenseitige Abhängigkeit) der Märkte wird formal besonders deutlich durch das »**Gesetz von Walras**« (*Léon Walras*, französischer Nationalökonom 1834–1910). Für jede rational handelnde Wirtschaftseinheit gilt, dass sie Ausgaben (Käufe) für die unterschiedlichen Zwecke (z. B. auch für den Erwerb von Wertpapieren oder von Bankguthaben) nur in Höhe der geplanten Einnahmen (Verkäufe) aus den unterschiedlichen Quellen (z. B. auch durch Verschuldung oder Auflösung von Bankguthaben oder Bargeldbeständen) veranschlagen wird.[1] Was für die einzelnen Wirtschaftseinheiten gilt, gilt hier auch für die Summe der von allen Wirtschaftseinheiten auf allen Märkten geplanten Ausgaben (Käufe), die der Summe der auf allen Märkten geplanten Einnahmen (Verkäufe) entspricht.

Gesetz von *Walras*

Für die vier makroökonomischen Märkte bedeutet das Gesetz von *Walras*: Ist der Wert der Käufe und Verkäufe auf drei Märkten ausgeglichen, so muss dies auch auf dem vierten Markt der Fall sein. Dadurch wird die übliche Vorgehensweise, bei makroökonomischen Modellen nur drei Märkte zu untersuchen, gerechtfertigt. Meist wird der Wertpapiermarkt vernachlässigt, eine Vorgehensweise, die wir hier übernehmen wollen.

Im Folgenden wollen wir kurz auf die betrachteten Märkte eingehen. Auf dem **Arbeitsmarkt** wird Arbeit gegen Lohn getauscht. Arbeitsanbieter sind die Wirtschaftseinheiten, die ihre Arbeitskraft verkaufen wollen und Arbeitsnachfrager sind die Wirtschaftssubjekte, die diese Arbeitskraft im Produktionsprozess einsetzen wollen. Auf dem **Gütermarkt** wird die gesamte Marktproduktion einer Volkswirtschaft – also das Inlandsprodukt und die erforderlichen Vorleistungen – angeboten und nachgefragt. Im Folgenden setzen wir der Einfachheit halber die Produktion mit dem Inlandsprodukt gleich, vernachlässigen also die Vorleistungen. Anbieter von Gütern sind die Unternehmen, Nachfrager die privaten Haushalte, die Unternehmen und der Staat. Der dritte Markt, den wir im Folgenden immer betrachten werden, ist der **Geldmarkt**. Als Geld wird das Zahlungsmittel bezeichnet, das im Tauschprozess zur Erfüllung von Verbindlichkeiten akzeptiert wird und gleichzeitig als Wertaufbewahrungsmittel dienen kann. Auf den ersten Blick entzieht sich der Geldmarkt der üblichen Vorstellung von einem Markt. Aber ebenso wie für andere Güter existiert auch für Geld ein Angebot und eine Nachfrage. Zu jedem Zeitpunkt existiert in einer Volkswirtschaft eine bestimmte Menge an Geld, ein **Geldbestand**, der von irgendwelchen Wirtschaftseinheiten gehalten – d. h. nachgefragt – wird. Der Geldmarkt ist also ein Bestandsmarkt, er wird vor allem in Kapitel 17 detaillierter dargestellt. In den Kapiteln 10 bis 12 beschränken wir uns auf wenige Hinweise zum Geldmarkt.

---

[1] Der Leser erkennt, dass die Begriffe Ausgaben (Käufe) und Einnahmen (Verkäufe) hier sehr weit gefasst sind. Man spricht gelegentlich auch von »Quellen« und »Verwendungen« finanzieller Mittel.

Konkurrierende Erklärungsansätze

Wie in kaum einem anderen Zweig der Ökonomie konkurrieren in der makroökonomischen Analyse der Beschäftigung verschiedene Erklärungsansätze. Es lässt sich aber rechtfertigen, letztlich von nur zwei Erklärungsmustern (**Paradigmen**) zu sprechen. Auf der einen Seite steht die **klassische Makroökonomik** die durch den **Monetarismus** und die **Neue Klassische Makroökonomik** neu begründet und verfeinert wurde.

Auf der anderen Seite steht die **keynesianische Makroökonomik**, geprägt durch den Engländer *John Maynard Keynes* (1883–1946). Eine bestimmte Interpretation seiner Theorie, das IS/LM-Modell, hat sich nach dem 2. Weltkrieg über viele Jahren in den ökonomischen Lehrbüchern zu einem relativ starren Lehrgebäude entwickelt. Diesen so genannten **traditionellen Keynesianismus** stellen wir neben dem **klassischen Modell** in diesem Kapitel dar. Als Antwort auf die Herausforderung durch die Neue Klassische Makroökonomik hat auch der Keynesianismus eine Neubegründung und Verfeinerung seines Paradigmas versucht. Hier sind die **Rationierungstheorie** und der **Neue Keynesianismus** zu unterscheiden. Eine Zwitterstellung nimmt die **neoklassische Synthese** ein: Einerseits folgt sie im Hinblick auf die Angebotsseite weitgehend der klassischen Makroökonomik, andererseits enthält sie keynesianische Modellelemente, insbesondere im Hinblick auf die Determinanten der Güternachfrage. Die moderneren Theorievarianten werden in den Kapiteln 11 und 12 dargestellt.

2 Das klassische Modell

Als erstes in sich geschlossenes System makroökonomischer Märkte beschreiben wir das System der Klassik. Der Begriff Klassik wird leider nicht einheitlich verwendet: Meist versteht man darunter das theoretische Gedankengebäude von *Adam Smith*, *David Ricardo* und anderen Ökonomen des 18. und frühen 19. Jahrhunderts. Gerade in dem Problembereich der makroökonomischen Beziehungen zwischen Güter-, Geld- und Arbeitsmarkt hat es sich indes eingebürgert, den Begriff Klassik auch für das Gedankengebäude der Ökonomen, die gegen Ende des 19. Jahrhunderts bis zum Erscheinen von *Keynes'* »General Theory« (1936) gelehrt haben, zu verwenden, also etwa *Walras*, *Fisher* und *Pigou*, obwohl sonst für diese Zeit der Begriff Neoklassik gebräuchlicher ist.

> Kennzeichnend für das klassische System ist die Vorstellung einer vollständigen **Flexibilität** von Zinsen, Preisen und Löhnen und einer sehr raschen **Anpassung** der Wirtschaftssubjekte an veränderte Bedingungen. Im Fall eines Ungleichgewichtes reagieren die Preise jeweils schneller als realisierte Angebots- und Nachfragemengen und führen direkt zum Gleichgewicht zurück (**Stabilität des Gleichgewichtes**).

2.1 Der Arbeitsmarkt

Der Arbeitsmarkt ist das Herzstück der klassischen Analyse des Wirtschaftsprozesses. Auf dem Arbeitsmarkt stellen sich nach Vorstellung der Klassiker stets der **Vollbeschäftigungs-Reallohnsatz** und die **gleichgewichtige Arbeitsmenge** ein. Hierfür sorgt bei flexiblen Löhnen der Lohnmechanismus. Besteht Arbeitslosigkeit, so wird die Konkurrenz unter den Arbeitslosen den Lohnsatz so lange sinken lassen, bis Vollbeschäftigung erreicht ist. Entsprechendes gilt (nur mit umgekehrtem Vorzeichen), wenn die Arbeitsnachfrage größer ist als das Arbeitsangebot. Bei gegebenem Kapitalstock und gegebener Produktionstechnik bestimmt dann die Vollbeschäftigungs-Arbeitsmenge die reale Produktion. Diese Zusammenhänge sind im unteren Teil der Abbildung 10.1 dargestellt (Quadrant III und IV): Beim Gleichgewichts-Reallohnsatz $(W/P)^*$ entspricht das Arbeitsangebot der Arbeitsnachfrage; bei der eingesetzten Arbeitsmenge N^* (der Vollbeschäftigungsmenge) wird – gemäß der Produktionsfunktion – das Vollbeschäftigungs-Realeinkommen Y^* produziert[2], das für die Unternehmen die Gewinn maximierende Produktion darstellt, da man sich auf der Arbeitsnachfragefunktion befindet (vgl. Kap. 5). Im oberen Teil der Abbildung 10.1 wird gezeigt, dass das

Der Lohnmechanismus räumt den Arbeitsmarkt.

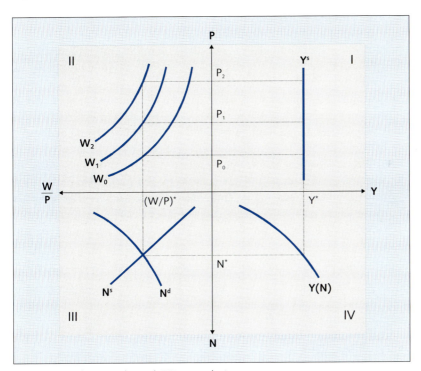

Abb. 10.1: Arbeitsmarkt und Güterangebot

---

[2] Abweichend von der Notation in Kapitel 8 bezeichnen wir das Inlandsprodukt – allgemeiner Lehrbuchpraxis folgend – im Weiteren mit »Y«.

Gleichgewichts-Inlandsprodukt unabhängig von der Höhe des Preisniveaus angeboten wird. Da sich auf dem Arbeitsmarkt bei vollständiger Konkurrenz immer der Gleichgewichtsreallohn einstellt, passt sich bei jedem Preisniveau der Geldlohnsatz so an, dass ein Arbeitsmarktgleichgewicht herrscht. Über die Produktionsfunktion ist das jeweilige Preisniveau mit dem Vollbeschäftigungsoutput verknüpft. Die angebotene Gütermenge kann deshalb im Quadranten I von Abbildung 10.1 als Parallele zur P-Achse auf Höhe von Y^* dargestellt werden.

Vollständig preisunelastische Güterangebotskurve bei Vollbeschäftigung

2.2 Der Gütermarkt

Das der Vollbeschäftigung entsprechende Produktionsniveau wird von den Unternehmen nur dann erstellt, wenn das aus der Produktion resultierende Güterangebot auf eine gleich große Güternachfrage trifft. Diese Bedingung wird im System der Klassik als gesamtwirtschaftlich immer erfüllt angesehen. Man geht von der Gültigkeit des *Say*schen **Theorems** aus, wonach sich jedes Güterangebot gesamtwirtschaftlich seine entsprechende Nachfrage schafft (*J. Baptiste Say*, französischer Nationalökonom 1767–1832).

Saysches Theorem und Gütermarkträumung über den Zins

Das *Say*sche Theorem stützt sich im Wesentlichen auf zwei Überlegungen:
(1) Jeder Produktion entspricht ein in gleicher Höhe geschaffenes Einkommen (vgl. Kapitel 8). Trotzdem ist nicht sichergestellt, dass das gesamte Einkommen für Güterkäufe verwendet wird und damit das gesamte Angebot auch nachgefragt wird. Hier kommt die zweite Überlegung ins Spiel.
(2) Der Zinsmechanismus sorgt dafür, dass das gesamte Einkommen jeweils auch nachfragewirksam ausgegeben wird. Würde nämlich ein Teil des Vollbeschäftigungseinkommens nicht ausgegeben, so würde es gespart. Da Geld im System der Klassik nur zu Transaktionszwecken (d. h. zu Käufen von Gütern und Vermögenstiteln) verwendet wird und nicht als Wertaufbewahrungsmittel, würde die Ersparnis unmittelbar als zusätzlicher Kredit angeboten. Der Zins wird sich dabei stets so anpassen, dass dieser Kredit auch nachgefragt, d. h. zur Finanzierung von Investitionen (und damit einer entsprechenden Güternachfrage) verwendet werden wird.

Der Nachfrageausfall an einer Stelle wird in der Sicht der Klassiker also durch eine Nachfrageerhöhung an anderer Stelle gerade ausgeglichen. Dafür sorgt letztlich der **Zins**, der eine solche Höhe erreicht, dass die Vollbeschäftigungsproduktion auch nachgefragt wird.

Abbildung 10.2. verdeutlicht diese Zusammenhänge.[3]

Der Konsum wird (bei dem gegebenen Vollbeschäftigungseinkommen!) – allein vom Zins beeinflusst. Ähnlich wie bei den Investitionen verringert ein

---

[3] Um einen Knick in der (C+ I)-Kurve zu vermeiden, wird angenommen, dass Investitionen und Konsum bei demselben Zins Null werden.

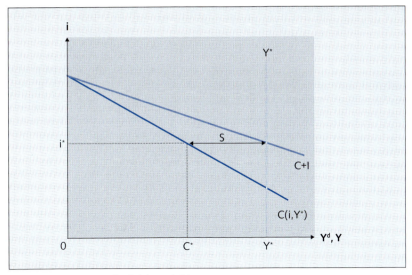

Abb. 10.2: Gütermarktgleichgewicht

erhöhter Zinssatz den Konsum, da Gegenwartskonsum höhere Opportunitätskosten (Verzicht auf höhere Zinserträge) verursacht. Für die gesamtwirtschaftliche Güternachfrage gilt bei Vernachlässigung der staatlichen Güternachfrage[4]:

$Y^d = C(i, Y^*) + I(i)$.

Da – wie oben erläutert – das Vollbeschäftigungs-Güterangebot über das Arbeitsmarktgleichgewicht und die Produktionsfunktion bestimmt wird, ergibt sich der in der Abbildung dargestellte Gütermarkt. Damit sind sämtliche realen Größen des Systems bestimmt: das reale Inlandsprodukt, die Beschäftigung, der Reallohnsatz und der (reale) Zins. Man spricht deshalb von einem **angebotsseitig** determinierten Modell. Lediglich die Aufteilung der Produktion auf Konsum und Investition wird über den Zins nachfrageseitig bestimmt.

2.3 Der Geldmarkt

Geld wird aus der Sicht der Klassiker nur zu Transaktionszwecken, letztlich also zur Durchführung von Güterkäufen verwendet. Kassenhaltung zum Zwecke der Vermögenshaltung ist für die Klassiker irrational, da es ökonomischer ist, eine verzinsliche Anlage zu wählen. Nimmt man an, dass die zu Transaktionszwecken gewünschte reale (d.h. in Einheiten des realen In-

Geld wird nur gehalten, um Güterkäufe tätigen zu können.

---

[4] Wir verzichten hier auf die Berücksichtigung der Staatsnachfrage nach Gütern und Diensten, da diese prinzipiell im System der Klassik keine bedeutende Rolle spielt, die Darstellung aber komplizierter macht.

landsproduktes ausgedrückte) Kassenhaltung proportional zum realen Inlandsprodukt Y ist, so gilt für die gewünschte reale Kassenhaltung:

$$L = k \cdot Y,$$

Der Kassenhaltungskoeffizient als gegebene Größe

wobei k der so genannte **Kassenhaltungskoeffizient** ist, der – wie die Klassiker annehmen – durch Zahlungssitten, Konzentrationsgrad der Volkswirtschaft u. Ä. institutionell gegeben und damit kurz- bis mittelfristig konstant ist. Geldmarktgleichgewicht herrscht, wenn die reale Geldnachfrage dem vorhandenen realen Geldbestand M/P entspricht:

$$k \cdot Y = \frac{M}{P}.$$

Wir nehmen an, das die Geldmenge M vom Staat oder seiner Zentralbank exogen (d. h. durch Faktoren, die wir im vorliegenden Modell nicht untersuchen) bestimmt wird. Aus der Gleichung für das Geldmarktgleichgewicht lässt sich ablesen, was der Kassenhaltungskoeffizient bedeutet. Nach k aufgelöst ergibt sich:

$$k = \frac{M}{Y \cdot P},$$

Der Kassenhaltungskoeffizient k beschreibt die durchschnittliche Verweildauer des Geldes.

d. h., der Kassenhaltungskoeffizient gibt an, wie viele Euro die Wirtschaftseinheiten im Durchschnitt pro Euro Inlandsprodukt halten. Anders ausgedrückt entspricht k der durchschnittlichen Verweildauer einer Geldeinheit in den Kassen der Wirtschaftssubjekte, bevor sie wieder für Güterkäufe verwendet wird. Hat k z. B. den Wert ½, so würde ein Euro auf das Jahr bezogen eine Verweildauer von 6 Monaten aufweisen.

Der Kehrwert des Kassenhaltungskoeffizienten ist v, die Umlaufgeschwindigkeit des Geldes. Es gilt:

$$\frac{1}{k} = v = \frac{Y \cdot P}{M}.$$

v zeigt also an, wie häufig eine Geldeinheit im Durchschnitt für Käufe des Inlandsproduktes innerhalb der betrachteten Periode verwendet wird. Unter Benutzung des Umlaufkoeffizienten v lässt sich das Geldmarktgleichgewicht auch schreiben als

$$M \cdot v = Y \cdot P.$$

Die Quantitätsgleichung ist im Nachhinein immer erfüllt.

Das ist die berühmte **Quantitätsgleichung**, die ex post immer erfüllt sein muss. Denn wenn bei einem Preisniveau von 2 z. B. 100 Gütereinheiten des Inlandsproduktes gekauft worden sind und die Geldmenge 20 betrug, dann **muss** jede Geldeinheit im Durchschnitt 10 Mal für Inlandsproduktkäufe verwendet worden sein.

Die Klassiker haben die obige Gleichung aber nicht nur als reine Definition gesehen. Wie erläutert, sehen sie das Inlandsprodukt – über den Arbeitsmarkt und die Produktionsfunktion – als auf dem Niveau Y* fixiert an. Da die Klassiker außerdem annehmen, dass v bzw. k konstant sind, folgt aus der Quantitätsgleichung

$$P = \frac{\overline{v} \cdot M}{Y^*}$$

und damit die

> Klassische Quantitätstheorie, der zufolge eine Geldmengenerhöhung um z. B. zehn Prozent zu einer ebenfalls zehnprozentigen Erhöhung des Preisniveaus führt, ohne dass die Höhe des realen Inlandsproduktes verändert wird.

Proportionaler Zusammenhang zwischen Geldmenge und Preisniveau

Das Geld spielt also in diesem System nur eine geringe Rolle: Es bestimmt lediglich die Höhe der absoluten Preise (das Preisniveau), hat aber keinerlei Einfluss auf die relativen Preise und den realen Sektor der Wirtschaft. In diesem Sinne spricht man von der **klassischen Dichotomie**, der Trennung von realem und monetärem Bereich der Wirtschaft, und der klassischen **Neutralität des Geldes**, d. h. Geld liegt wie ein »Schleier« über den realen Transaktionen, beeinflusst diese aber nicht.

Neutralität des Geldes

Damit ist schon angedeutet, dass im System der Klassik die Geldmenge das Preisniveau bestimmt. Man sieht dies sofort aus der Quantitätsgleichung:

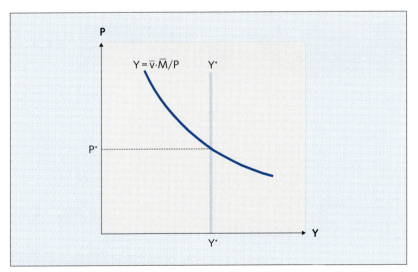

Abb. 10.3: Bestimmung des Preisniveaus in der Klassik

Wenn v und Y gegeben sind, dann ist mit der Geldmenge $\overline{M}$ das Preisniveau P bestimmt. Dieser Zusammenhang wird häufig grafisch mit Hilfe von Abbildung 10.3 illustriert. In der Abbildung zeigt die eingezeichnete Kurve (Hyperbel), welche (P,Y)-Kombinationen bei gegebenem $\overline{v}$ mit einer gegebenen Geldmenge $\overline{M}$ vereinbar sind. Zeichnet man zusätzlich das über den Arbeitsmarkt und die Produktionsfunktion gegebene Y* als Gerade in die Gleichung ein, so erhalten wir das gleichgewichtige Preisniveau P*.

Abbildung 10.4 fasst unsere Betrachtungen zum klassischen Modell zusammen und erweitert sie um zusätzliche Aspekte. In dem mit III bezeichneten Quadranten ist nochmals der Arbeitsmarkt dargestellt. Quadrant IV enthält die Produktionsfunktion, über die – zusammen mit dem Arbeitsmarkt-

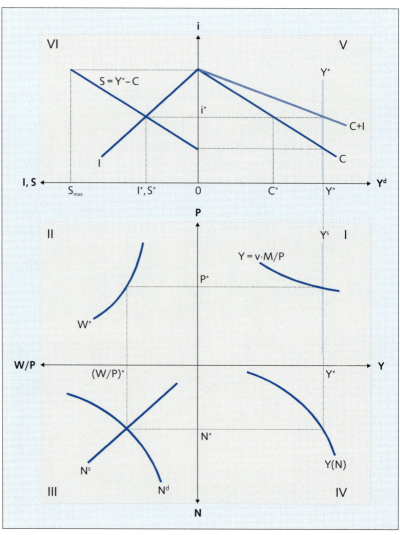

Abb. 10.4: Das klassische Gesamtmodell

gleichgewicht – das Güterangebot bestimmt wird. Im Quadranten I wird das Preisniveau bestimmt. Wenn das Preisniveau und der Reallohnsatz feststehen, dann ist auch der in Geldeinheiten ausgedrückte Lohnsatz bestimmt, der sich immer so dem Preisniveau anpasst, dass der gleichgewichtige Reallohnsatz erhalten bleibt. Damit ist das Güterangebot unabhängig von der Höhe des Preisniveaus, was im Quadranten II grafisch illustriert ist. Im Quadranten V ist der Gütermarkt dargestellt. Man erkennt, wie über den gleichgewichtigen Zins i* die Güternachfrage an das Güterangebot angepasst und die Verwendung der Produktion für Konsum und Investitionen bestimmt wird. Wie schon erwähnt, haben wir zur Vereinfachung den Staat bei der Darstellung des klassischen Modells nicht berücksichtigt. In diesem Fall ist sehr einfach erkennbar, dass beim gleichgewichtigen Zins auch Investitionen und Ersparnis übereinstimmen. Besonders deutlich wird dies noch einmal im Quadranten VI, der unmittelbar aus der Gütermarktdarstellung abgeleitet werden kann, also über den Demonstrationseffekt I = S hinaus keine eigenständige Funktion hat. Die private Ersparnis ergibt sich als horizontale Differenz zwischen privatem Konsum und dem Nationaleinkommen Y*. Die Investitionen aus Quadrant V werden durch Spiegelung an der i-Achse in den Quadranten VI übertragen. Es bestätigt sich, dass sich das Gütermarktgleichgewicht in der geschlossen Volkswirtschaft ohne Staat auch als (I = S)-Gleichgewicht dargestellt werden kann. Als Besonderheit ist lediglich anzumerken, dass im klassischen System Sparen automatisch mit dem vollständigen Angebot der gesparten Mittel auf dem Wertpapiermarkt verbunden ist. Dies wäre nicht zwangsläufig, wenn man – anders als im klassischen Modell – Geldhortung zum Zwecke der Vermögenshaltung als rationale Alternative der Wirtschaftseinheiten zulassen würde.

Bestimmung des Gütermarktgleichgewichts über die Übereinstimmung von Sparen und Investition

3 Der traditionelle Keynesianismus

3.1 Der keynesianische Gütermarkt

Die Grundidee der keynesianischen Theorie lässt sich am Gütermarkt festmachen. Da es sich um eine Analyse der kurzen Frist handelt (praktisch kann man sich hierunter einen Zeitraum von 1–3 Jahren vorstellen) und von unterausgelasteten Kapazitäten der Unternehmen ausgegangen wird, wird das Güterpreisniveau in der Volkswirtschaft ebenso wie auch der Lohnsatz bei Ausweitung der Produktion als gegeben angenommen:

> Ferner wird unterstellt, dass sich beim gegebenen Güterpreisniveau (und beim gegebenen Geldlohnsatz) **das Güterangebot immer an der Güternachfrage orientiert.** Steigt die Güternachfrage, so wird sie von den Unternehmen durch Produktion eines höheren Inlandsproduktes

Im Keynesianismus spielt die effektive Güternachfrage eine zentrale Rolle

befriedigt, sinkt die Nachfrage, passt sich die Produktion nach unten an.[5] Die Höhe der »effektiven Nachfrage« ist also im traditionellen Keynesianismus die entscheidende Bestimmungsgröße für die Höhe der Produktion.[6]

Die wesentlichen Komponenten der Endnachfrage haben wir in Kapitel 8 kennen gelernt: Die Nachfrage nach Endprodukten setzt sich in einer Volkswirtschaft ohne außenwirtschaftliche Beziehungen (Modell der geschlossenen Volkswirtschaft) zusammen aus der privaten Konsumnachfrage C_{Pr}, der privaten Investitionsnachfrage I_{Pr} und den staatlichen Ausgaben für Güter und Dienste G.[7] Die Höhe der staatlichen Nachfrage nach Gütern und Diensten wird in einfachen Analysen als von staatlichen Überlegungen abhängige, im Modellzusammenhang exogen gegebene Größe angesehen. Die Höhe der Investitionen wird bei gegebenen Zukunftseinschätzungen der Investoren von der Höhe des Wertapierzinssatzes bestimmt (vgl. Kapitel 5). Wir wollen die Investitionen aber zunächst auch als konstant ansehen. Damit bleibt die Frage, was die Höhe der Konsumnachfrage der privaten Haushalte bestimmt.

Dominanz des laufenden verfügbaren Einkommens in der keynesianischen Konsumfunktion

Eine wichtige Annahme von Keynes ist, dass die private Konsumnachfrage vor allem vom **verfügbaren Einkommen** der Haushalte abhängt.

Im Folgenden sehen wir zunächst von der Existenz von Einkommensteuern und staatlichen Transfers ab, sodass verfügbares Einkommen[8] und Nationaleinkommen (= Nettoinlandsprodukt) gleich groß sind. Es gilt dann: Je hö-

---

5 Diese Annahme bezüglich des Güterangebotes ist nicht mit der mikroökonomischen Analyse (vgl. Kapitel 5) vereinbar, nach der das Güterangebot bei gegebenem Geldlohnsatz vom Preisniveau abhängt. Obige Annahme ist auf mikroökonomischer Basis nur sinnvoll, wenn die Güternachfrage kleiner ist als das Güterangebot, sodass die Unternehmer bei dem herrschenden Reallohn mehr anbieten würden, aber durch die Güternachfrage beschränkt (rationiert) werden (vgl. Kapitel 12 Abschnitt 2, Rationierungstheorie).

6 Der Zusatz »effektive« Nachfrage deutet an, dass die Nachfragepläne der privaten Haushalte hier nicht diejenigen sind, die sie bei völlig flexiblen Preisen und Geldlöhnen aufstellen würden. Vielmehr können die Haushalte beim herrschenden Reallohn nicht die gewünschte Arbeitsmenge verkaufen, sondern, weil die Unternehmen weniger Arbeit nachfragen, nur die von den Unternehmen nachgefragte Arbeitsmenge. Folglich verdienen die Haushalte weniger als geplant, und richten ihre Güternachfrage an ihrem tatsächlichen Einkommen aus. Auch hier handelt es sich um einen Anwendungsfall der schon in Fußnote 5 erwähnten Rationierungstheorie (vgl. Kapitel 12, Abschnitt 2).

7 Sofern keine Missverständnisse möglich sind, lassen wir im Folgenden den tiefer gestellten Index »Pr« weg. Ohne Index ist C bzw. S dann immer der private Konsum bzw. die private Ersparnis.

8 Wir verwenden hier eine gegenüber Kapitel 8 stark vereinfachte Version des verfügbaren Einkommens, die in der Literatur üblich ist.

her das Einkommen der Haushalte, desto höher ihr Konsum und umgekehrt (sog. absolute Einkommenshypothese des Konsums). Genauer wird der Zusammenhang zwischen privatem Konsum der Haushalte und ihrem Einkommen häufig in der folgenden **Konsumfunktion** ausgedrückt:

$$C_{pr} = C^a + c \cdot Y_v.$$

Wir unterstellen zur Vereinfachung zunächst, dass es keine Einkommensteuer und keine Transfers des Staates an die Privaten Haushalte gibt. Unter diesen Bedingungen ist das verfügbare Einkommen gleich ist dem Nationaleinkommen: $Y = Y_v$. Der Zusammenhang zwischen privatem Konsum der Haushalte und ihrem Einkommen kann dann durch in die folgende **Konsumfunktion** ausgedrückt werden:

Der Konsum in Abhängigkeit von Y

$$C_{pr} = C^a + c \cdot Y_v = C^a + c \cdot Y.$$

Dabei bezeichnet C^a den vom Einkommen unabhängigen Teil des Konsums, der z. B. von sozialen Mindeststandards, dem Vermögen oder anderen außerhalb der Untersuchung stehenden Größen bestimmt wird. Wichtig in der Konsumfunktion ist die Größe c, bei der es sich um die berühmte keynesianische **Grenzneigung zum Konsum** handelt, auch **marginale Konsumquote** genannt. Die Quote gibt an, um wie viel der Konsum zunimmt (abnimmt), wenn das Einkommen der privaten Haushalte um eine Einheit steigt (sinkt).

Marginale Konsum- und marginale Sparquote

In Abbildung 10.5 ist die Konsumfunktion $C = C^a + c \cdot Y$ für den Fall dargestellt, dass c konstant ist und zwischen 0 und 1 liegt.[9] Die Funktion zeigt, dass der Konsum um c Einheiten zunimmt (zurückgeht), wenn das Einkommen um eine Einheit steigt (sinkt). Der nicht konsumierte Teil des Einkommens wird gespart. Bezeichnet man das zusätzliche Sparen, das mit einer zusätzlichen Einheit Einkommens einhergeht, als **marginale Sparquote**, so ergänzen sich marginale Sparquote und marginale Konsumquote (beide in Bezug auf das Einkommen) zu Eins. In der Grafik wird dies deutlich, indem wir die 45°-Linie als Hilfslinie verwenden, die die auf der Abszisse abgetragenen Einkommen als Ordinatenwert spiegelt. Die vertikalen Differenzen zwischen der Konsumfunktion und der 45°-Linie zeigen dann das geplante positive oder negative Sparen der Haushalte an.

Neben dem Konsum haben wir in der geschlossenen Volkswirtschaft als weitere Bestandteile der gesamtwirtschaftlichen Güternachfrage die (annahmegemäß) einkommensunabhängigen Staatsausgaben für Güter und Dienste und die (annahmegemäß) ebenfalls von der Höhe des Einkommens unabhängigen Investitionen. Die Höhe der Investitionen ist mit der Höhe des Zinssatzes bestimmt (vgl. Kapitel 5), den wir zunächst ebenfalls als konstant betrachten wollen.

Komponenten der gesamtwirtschaftlichen Güternachfrage

---

9 Empirische Untersuchungen zeigen, dass eine Konsumquote von ca. 0,8 dem Verhalten der Privaten Haushalte entspricht.

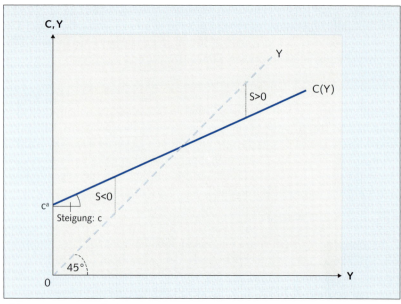

Abb. 10.5: Konsumfunktion

Bezeichnen wir die gesamtwirtschaftliche Güternachfrage mit Y^d, so gilt unter diesen Annahmen:

$$Y^d = C^a + c \cdot Y + I + G.$$

Gütermarktgleichgewicht

Bezeichnen wir das Güterangebot (das produzierte Inlandsprodukt) mit $Y^s = Y$ und unterstellen wir, dass sich das Güterangebot unverzüglich an die Güternachfrage anpasst, so herrscht bei sofortiger Anpassung stets Gleichgewicht auf dem Gütermarkt. Also gilt:

$$Y = C^a + c \cdot Y + I + G.$$

Löst man diese Gleichung nach Y auf, so ergibt sich:

$$Y = \frac{1}{1-c} \cdot (C^a + I + G)$$

Elementarer Multiplikator

Das Gleichgewichtseinkommen ist also ein durch den Ausdruck $1/(1-c) > 1$ gegebenes Vielfaches der gesamten **autonomen Nachfrage** $C^a + I + G$. Der Bruch $1/(1-c)$ wird als **elementarer Einkommensmultiplikator** bezeichnet.[10]

---

[10] Elementar wird dieser Multiplikator genannt, weil er sich nur auf den Gütermarkt bezieht. Man spricht auch vom Multiplikator im einfachen Einkommen-Ausgaben-Modell. Weiter unten lernen wir den IS/LM-Einkommensmultiplikator kennen, welcher etwaige Rückwirkungen von anderen Märkten berücksichtigt.

Durch Verwendung der 45⁰-Linie, die das auf der Abszisse dargestellt Güterangebot auf die Ordinate spiegelt, können wir das Gütermarktgleichgewicht im »Keynesianischen Kreuz« durch Vergleich von Güternachfrage und Güterangebot auch übersichtlich **grafisch** darstellen (Abbildung 10.6).

Das »keynesianische Kreuz«

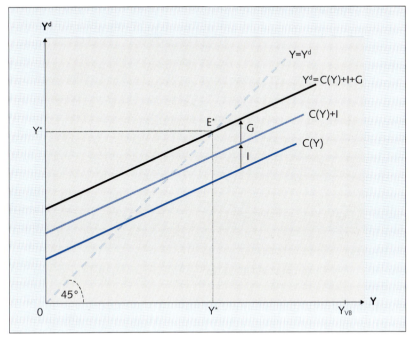

Abb. 10.6: Grafische Bestimmung des Gleichgewichtseinkommens im keynesianischen Kreuz (Einkommen-Ausgaben-Modell)

Im Punkt E*, also beim Inlandsprodukt Y*, entsprechen sich in diesem einfachen »**Einkommen-Ausgaben-Modell**« Güterangebot und -nachfrage, der Gütermarkt ist also im Gleichgewicht. Allerdings liegt hier das gleichgewichtige Inlandsprodukt – im Unterschied zum klassischen Modell – **unterhalb** des Inlandsproduktes bei Vollbeschäftigung (Y_{VB}).

Links von Y* ist die Güternachfrage größer als das Güterangebot. Das Güterangebot wird also steigen. Rechts von Y* ist die Nachfrage kleiner als das Güterangebot, das Güterangebot wird also sinken.

Ein wichtiges Element des Keynesianismus lässt sich ebenfalls mithilfe des keynesianischen Kreuzes illustrieren: das Prinzip des **elementaren Einkommensmultiplikators** (Abbildung 10.7).

Will der Staat die Produktion und die Beschäftigung (eine höhere Produktion lässt sich bei gegebenem Kapitalbestand nur bei höherer Beschäftigung erstellen) anheben und steigert er deshalb seine Nachfrage **dauerhaft** um den Betrag 100, so erhöht sich das Gleichgewichtseinkommen um mehr als 100. Die Wirkungen der Finanzierung der Staatsausgaben werden im vorliegenden Modellzusammenhang vernachlässigt, ebenso etwaige Rückwirkungen auf den Zins und damit auf die Investitionen.

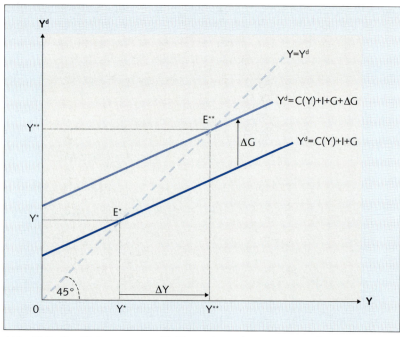

Abb. 10.7: Der Einkommensmultiplikator im Einkommen-Ausgaben-Modell

Man erkennt anhand der Grafik, dass die Zunahme des gleichgewichtigen Einkommens ΔY deutlich über der Zunahme der Staatsausgaben ΔG liegt.

Das Multiplikatorprizip

Zu diesem **multiplikativen Effekt** kommt es wie folgt:
Wenn der Staat seine Ausgaben G um 100 steigert, so passen die Unternehmen ihr Güterangebot dieser Nachfrage an. Produktion und Einkommen steigen also durch diesen »Anstoßeffekt« um 100. Damit ist der Prozess jedoch nicht abgeschlossen. Da die Haushalte ihren Konsum am Einkommen orientieren und dieses gestiegen ist, werden sie mehr Güter nachfragen. Die Unternehmen befriedigen annahmegemäß die erhöhte Nachfrage, wodurch Produktion und Einkommen erneut steigen. Dieser Prozess der **konsuminduzierten Einkommenssteigerung** setzt sich – da ein Teil des zusätzlichen Einkommens annahmegemäß gespart wird ($0 < s = 1 - c < 1$) – mit kleiner werdenden Schritten fort, bis (theoretisch nach unendlich vielen, praktisch nach mehreren Schritten) das neue, höhere Gleichgewichtseinkommen erreicht wird.

Unterstellt man eine marginale Konsumquote in Bezug auf das Nationaleinkommen von 0,75 und eine verzögerte Reaktion des Konsums in Bezug auf das Einkommen um 1 Periode (z. B. um einen Monat), so kann man sich den Einkommensmultiplikator als Sequenz folgender Schritte vorstellen:

Periode	Staats-ausgaben	Investitionen	Autonomer Konsum	Einkommensabhängiger Konsum	Nachfrage nach Y (Y^d)	Produktion von Y
0	400	300	100	2.400	3.200	3.200
1	500	300	100	2.400	3.300	3.300
2	500	300	100	2.475	3.375	3.375
3	500	300	100	2.531,25	3.431,25	3.431,25
4	500	300	100	2.573,44	3.473,44	3.473,44
5	500	300	100	2.605,1	3.505,1	3.505,1
6	500	300	100	2.628,81	3.528,81	3.528,81
...	...	...	...	...	...	...
∞	500	300	100	2.700	3.600	3.600

Tab. 10.1: Die Entwicklung von Y^d und Y bei einer dauerhaften Erhöhung der Staatsnachfrage

In **Periode 0** herrscht bei gegebener Höhe von Staatsausgaben, Investitionen, autonomen Konsum und Grenzneigung zum Konsum ein Gleichgewichtseinkommen von 3.200, denn bei diesem Einkommen entsprechen sich gerade Güternachfrage und Güterangebot. In **Periode 1** erhöht der Staat seine Ausgaben für Güter um 100. Da die Produktion annahmegemäß sofort auf die Erhöhung der Nachfrage mit einer gleich großen Erhöhung reagiert, steigen Inlandsprodukt und Nationaleinkommen in der Periode 1 um 100. In **Periode 2** reagieren die Haushalte auf die Erhöhung ihres Einkommens in Periode 1 um 100 gemäß ihrer marginalen Konsumquote mit einer Erhöhung ihrer einkommensabhängigen Nachfrage um 75 auf insgesamt 2.575. Die gesamtwirtschaftliche Nachfrage (einschließlich der Staatsnachfrage und Investitionen) beträgt also 3.375. Die Produktion reagiert unmittelbar auf diese Erhöhung der Nachfrage und steigt (gegenüber der Periode 1 um 75) auf ebenfalls 3.375. In **Periode 3** führt die erneute Einkommenssteigerung in Periode 2 in Höhe von 75 zu einer erneuten Zunahme des Konsums gegenüber der Periode 2 um $100 \cdot 0{,}75 = 56{,}25$ auf insgesamt 2.531,25. Die Gesamtnachfrage steigt damit auf 3.431,25, einer Nachfrage, an die sich die Produktion sofort durch eine Erhöhung auf 3.431,25 anpasst. Aufgrund der Einkommenszunahme in Periode 3 um 56,25 steigt der Konsum in **Periode 4** im Vergleich zu Periode 3 nochmals um $0{,}75 \cdot 56{,}25 = 42{,}19$ auf 2.573,44, was einer Gesamtnachfrage von 3.473,44 entspricht. Die Unternehmer befriedigen diese gestiegene Nachfrage sofort und erstellen ein Inlandsprodukt in Höhe von 3.473,44 usw. Dieser Prozess der Aufschaukelung des Konsums und damit der Gesamtnachfrage setzt sich fort, bis schließlich (streng genommen nach unendlich vielen Perioden) das neue Gleichgewichtseinkommen bei Y = 3.600 erreicht wird. Eine

Periode	Einkommenserhöhung (gegenüber Periode 0)
1	100
2	$100 + 100 \cdot 0{,}75 = 175$
3	$100 + 100 \cdot 0{,}75 + 100 \cdot 0{,}75 \cdot 0{,}75 = 231{,}25$
4	$100 + 100 \cdot 0{,}75 + 100 \cdot 0{,}75 \cdot 0{,}75 + 100 \cdot 0{,}75 \cdot 0{,}75 \cdot 0{,}75 = 273{,}44$
...	...
n	$100 + 100 \cdot 0{,}75 + 100 \cdot 0{,}75 \cdot 0{,}75 + 100 \cdot 0{,}75 \cdot 0{,}75 \cdot 0{,}75 + \ldots + 100 \cdot 0{,}75^{n-1}$

Tab. 10.2: Die Erhöhung von Y^d und Y bei einer dauerhaften Erhöhung der Staatsnachfrage

einmalige dauerhafte Erhöhung der Staatsausgaben um 100 erhöht also das Gleichgewichtseinkommen in der Volkswirtschaft um 400.

Dass dies so sein muss, wird auch deutlich, wenn man sich die Sequenz der Einkommenserhöhungen vor Augen führt (vgl. Tabelle 10.2):

In **Periode 1** steigen die gesamtwirtschaftliche Nachfrage und das erstellte Inlandsprodukt (= Nationaleinkommen) um den Betrag der Staatsausgabenerhöhung von 100.

Die Erhöhung des Einkommens in Periode 1 um 100 erhöht in **Periode 2** die Konsumnachfrage – bei Konstanz der übrigen Nachfragekomponenten – gegenüber Periode 1 um $100 \cdot 0{,}75 = 75$, die kumulierte Wirkung von Periode 1 und 2 beläuft sich damit auf

$$\underbrace{100}_{\text{Periode 1}} + \underbrace{100 \cdot 0{,}75}_{\text{Periode 2}} = 175.$$

Die Zunahme des Einkommens in Periode 2 im Vergleich zu Periode 1 in Höhe von 75 führt in **Periode 3** zu einer erneuten Erhöhung des Konsums um

$$\underbrace{100 \cdot 0{,}75}_{75} \cdot 0{,}75 = 56{,}25.$$

Zusammen mit den Nachfrage- und Produktionserhöhung in Periode 1 und 2 sind also am Ende von Periode 3 gesamtwirtschaftliche Nachfrage, Inlandsprodukt und Nationaleinkommen im Vergleich zu Periode 0 um

$$100 + \underbrace{100 \cdot 0{,}75}_{75} + \underbrace{100 \cdot 0{,}75 \cdot 0{,}75}_{56{,}25} = 231{,}25 \text{ gestiegen.}$$

In **Periode 4** erhöht sich infolge der Einkommenserhöhung in Periode 3 um 56,25 die Konsumnachfrage erneut um $100 \cdot 0{,}75 \cdot 0{,}75 \cdot 0{,}75 = 42{,}19$. Der kumulierte Einkommens- und Produktionseffekt gegenüber Periode 0 beläuft sich damit auf:

$$100 + \underbrace{100 \cdot 0{,}75}_{75} + \underbrace{100 \cdot 0{,}75 \cdot 0{,}75}_{56{,}25} + \underbrace{100 \cdot 0{,}75 \cdot 0{,}75 \cdot 0{,}75}_{42{,}19} = 273{,}34.$$

Man erkennt, dass (ab Periode 2) sich der Einkommenszuwachs in einer Periode ergibt, indem die Einkommenserhöhung der Vorperiode mit der marginalen Konsumquote von 0,75 multipliziert wird. Das neue Glied in der Kette des Gesamteffekts entsteht also jeweils durch Multiplikation des letzten Gliedes der Vorperiode mit 0,75. Da der beschriebene Prozess mit kleiner werdenden Effekten pro Periode streng genommen unendlich lange dauert, wird der kumulierte Einkommenseffekt über alle Perioden gegeben durch die Summenformel einer unendlichen geometrischen Reihe (mit 100 als Anfangsglied und 0,75 als multiplikativen Faktor) als

$$\Delta Y = \frac{1}{1-0,75} \cdot 100 = 400 \text{ oder allgemein}$$

$$\Delta Y = \frac{1}{1-c} \cdot \Delta G = \frac{1}{s} \cdot \Delta G$$

Der Multiplikatorprozess als Formel

mit $s = 1 - c$ als marginaler Sparquote.

> Der Ausdruck $1/(1 - c) > 1$ gibt den berühmten keynesianischen (elementaren) **Einkommensmultiplikator** (hier in Bezug auf die autonomen Staatsausgaben) an. Er zeigt, dass die Einkommenserhöhung im neuen Gütermarktgleichgewicht nach einer einmaligen, aber dauerhaften Erhöhung der Staatsausgaben bei einer marginalen Konsumquote von 0,75 viermal so groß ist wie die Staatsausgabenerhöhung selbst.

Der Grund liegt in der zusätzlich zu der Staatsausgabenerhöhung erfolgenden **einkommensinduzierten Konsumerhöhung**. Der Multiplikator ist umso größer, je größer die marginale Konsumquote c ist. Welche Komponente der autonomen Nachfrage (G, C^a, I) sich erhöht, ist für die Höhe des Multiplikators und damit für die resultierende Einkommensänderung bedeutungslos.

Betrachten wir nun unter den obigen Annahmen die Wirkung einer **nicht dauerhaften** Änderung der Staatsausgaben, z. B. einer Erhöhung von G nur in der Periode 1 (Tabelle 10.3).

Periode	Staats-ausgaben	Investi-tionen	Autonomer Konsum	Einkommensab-hängiger Konsum	Nachfrage nach Y (Y^d)	Produktion von Y
0	400	300	100	2.400	3.200	3.200
1	500	300	100	2.400	3.300	3.300
2	400	300	100	2.475	3.275	3.275
3	400	300	100	2.456,25	3.256,25	3.256,25
4	400	300	100	2.442,19	3.242,19	3.242,19
5	400	300	100	2.431,6	3.231,64	3.231,64
...	...	...	...	...	...	...
∞	400	300	100	2.400	3.200	3.200

Tab. 10.3: Inlandsprodukt und Nationaleinkommen bei einer einmaligen, nicht dauerhaften Erhöhung der Staatsausgaben

Für die Zunahme des Einkommens gegenüber der Periode 0 ergibt sich die folgende Sequenz:

Periode 1: 100
Periode 2: $100 \cdot c$
Periode 3: $100 \cdot c \cdot c = 100 \cdot c^2$
Periode 4: $100 \cdot c^2 \cdot c = 100 \cdot c^3$
Periode 5: $100 \cdot c^3 \cdot c = 100 \cdot c^4$

Man erkennt, dass Erhöhung des Einkommens gegenüber der Periode Null von Periode zu Periode geringer wird und schließlich gegen 0 geht.

> Eine **nicht dauerhafte** Erhöhung der Staatsnachfrage hat also nur eine temporäre Erhöhung von Inlandsprodukt und Nationaleinkommen zur Folge. Langfristig bleibt das Einkommen konstant.

Mithilfe des keynesianischen Kreuzes kann man noch einen anderen, für die keynesianische Theorie wichtigen Zusammenhang erläutern, der uns im nächsten Abschnitt zur IS-Funktion beschäftigen wird. Sinkt unter sonst unveränderten Bedingungen (ceteris paribus, c.p.) der Zinssatz, so wird die private Investitionstätigkeit zunehmen. Das bedeutet, dass sich die gesamtwirtschaftliche Güternachfrage (ganz entsprechend zur Staatsausgabenerhöhung in Abbildung 10.7) um den Betrag der Investitionserhöhung nach oben verschiebt und zu einer (multiplikativen) Erhöhung des Gleichgewichtseinkommens führt. Im Gütermarktgleichgewicht ist also ein niedrigerer Zins c.p. mit einem höheren Gleichgewichtseinkommen verbunden. Entsprechend gilt für einen – gegenüber der Ausgangssituation – höheren Zins, dass diesem ein niedrigeres Gleichgewichtseinkommen zugeordnet ist.

Exkurs: Der Gütermarkt bei Existenz von Einkommensteuern

Berücksichtigt man eine Einkommensteuer, so gilt für den Konsum der Haushalte, dass dieser jetzt abhängt von Einkommen der Haushalte nach Abzug ihrer Steuern, also von ihrem Nettoeinkommen oder ihrem **verfügbaren Einkommen**:

$$C_{pr} = \underbrace{C^a + c \cdot Y_v}_{C(Y_v)} \cdot \text{mit}$$

$Y_v = Y - T$, wobei Y_v das verfügbare Einkommen und T die Einkommensteuern bezeichnet

Wir können die Konsumfunktion deshalb auch schreiben als:

$$C = \underbrace{C^a + c \cdot (Y - T)}_{C(Y-T)}.$$

Wir unterstellen zunächst, dass T eine von Y unabhängige **Pauschalsteuer** ist. Nimmt die Pauschalsteuer den Wert Null an, so ergibt sich für die Abhängigkeit des Konsums vom Nationaleinkommen derselbe Zusammenhang wie zwischen Konsum und verfügbarem Einkommen. Hat T einen bestimmten positiven Wert T^p, so verschiebt sich die Konsumfunktion um den Betrag der Pauschalsteuer T^p nach rechts. Die Rechtsverschiebung ergibt sich, weil bei Existenz einer Pauschalsteuer das Einkommen genau um den Betrag der Steuer zunehmen muss, damit die Haushalt dasselbe Nettoeinkommen (verfügbare Einkommen) haben wie vor der Steuer und deshalb denselben Konsum tätigen wollen wie vor der Steuererhebung. Technisch ausgedrückt ist die Pauschalsteuer T^p ein Lageparameter für die Konsumfunktion (vgl. Abbildung 10.8).

Ist die Steuer T dagegen eine proportionale Einkommensteuer, gilt also $T = t \cdot Y$ mit $0 < t < 1$ als Steuersatz, so geht die Konsumfunktion über in:

$$C = C^a + c \cdot (Y - t \cdot Y) = \underbrace{C^a + c \cdot (1-t) \cdot Y}_{C[(1-t)\cdot Y]},$$

d.h. die Konsumfunktion dreht sich nach unten, da $c > (1-t) \cdot c$. Die Drehung entsteht, weil die Haushalte bei Existenz der Steuer denselben Konsum entfalten wie ohne die Steuer, wenn ihr Einkommen genau um den Betrag der Steuer gestiegen ist. Die horizontale Differenz zwischen der Geraden C(Y) und der Geraden C((1-t)Y) gibt also die bei unterschiedlichem Einkommen zu zahlende Einkommensteuer an. Der Steuerbetrag beläuft sich bei Y = 0 auf 0 und steigt dann proportional zum Einkommen an (vgl. Abbildung 10.9).

Pauschalsteuer und Konsumfunktion

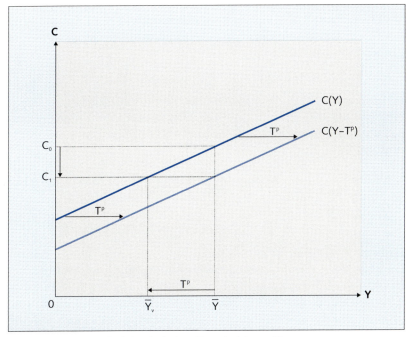

Abb. 10.8: Konsumfunktion bei einer Pauschalsteuer T^p

Proportionale Einkommensteuer und Konsumfunktion

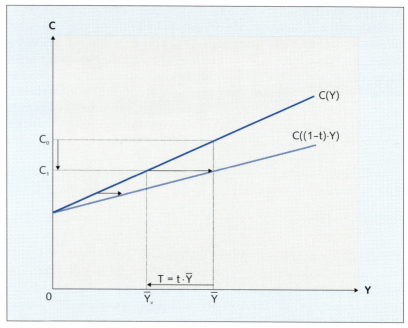

Abb. 10.9: Konsumfunktion bei einer proportionalen Einkommensteuer

Wir fragen uns abschließend, wie der elementare Multiplikator aussieht, wenn eine proportionale Einkommensteuer der Gestalt $T = t \cdot Y$ existiert. Steigt das Einkommen jetzt in Periode 1 um 100 und beträgt der Steuersatz $t = 0{,}1$ so nimmt das verfügbare Einkommen nur um 90 zu. Entsprechend steigen der Konsum, das Inlandsprodukt und das Nationaleinkommen in Periode 2 nur um

$$c(\Delta Y - t \cdot \Delta Y) = c(1-t)\Delta Y = 0{,}75 \cdot 0{,}9 \cdot 100 = 67{,}5 \text{ an.}$$

In Periode 3 beträgt die Zunahme des Konsums gegenüber Periode 2 $0{,}75 \cdot 0{,}9 \cdot 100 \cdot 0{,}75 \cdot 0{,}9 = 0{,}75^2 0{,}9^2 100$. Man erkennt, dass der multiplikative Faktor jetzt $(1-t) \cdot c$ ist. Entsprechend ergibt sich die kumulierte Änderung von Y als

$$\Delta Y = \frac{1}{1 - 0{,}75 \cdot 0{,}9} \cdot 100 = \frac{1}{1 - 0{,}675} 100 = \frac{1}{0{,}325} = 307{,}69 \text{ oder allgemein:}$$

$$\Delta Y = \frac{1}{1 - c(1-t)} \cdot \Delta G.$$

Da $1 - c \cdot (1-t)$ kleiner ist als $(1-c)$ im Fall ohne Steuern ist also der elementare Multiplikator bei Existenz einer einkommensabhängigen Steuer kleiner als ohne Steuern. Ein Rückgang der Investitionen oder der Staatsausgaben wirkt sich also in einer Volkswirtschaft mit einkommensabhängiger Steuer geringer aus als in einem System mit Steuern. Man spricht deshalb auch von einer »eingebauten Stabilisierung« (»built-in-flexibility«) der Ökonomie durch eine einkommensabhängige Steuer.

3.2 Die IS-Kurve

Mithilfe des keynesianischen Kreuzes haben wir herausgearbeitet, dass c.p. unterschiedlichen Zinssätzen (wegen der zugeordneten unterschiedlichen Investitionen) unterschiedliche Gleichgewichtseinkommen entsprechen. Genauer: Je höher (niedriger) der Zins, desto niedriger (höher) das Gleichgewichts-Inlandsprodukt. Man nennt diesen Zusammenhang IS-Funktion bzw. ihr grafisches Bild IS-Kurve.

> Die **IS-Kurve** zeigt, bei welchen Kombinationen von Zins und Inlandsprodukt (Nationaleinkommen) Gleichgewicht auf dem Gütermarkt herrscht.[11]

Definition der IS-Kurve

Die Steigung dieser Kurve ist negativ, da einem höheren Zins ein niedrigeres Gleichgewichtseinkommen und einem niedrigeren Zins ein höheres Gleichgewichtsseinkommen entspricht.

In der nachfolgenden Abbildung 10.10 leiten wir die IS-Kurve etwas genauer ab und erkennen dabei, wovon es abhängt, ob die IS-Kurve steiler oder flacher verläuft. Dabei benutzen wir eine alternative Formulierung für das Gütermarktgleichgewicht (bei Vernachlässigung von Steuern):

Alternative Formulierung des Gütermarktgleichgewichtes

$$I(i) + G = S(Y).$$

Diese Bedingung besagt nichts anderes, als dass das Güterangebot genau der Güternachfrage entspricht. Denn aus der Gütermarktgleichgewichtsbedingung

$$Y = C(Y) + I(i) + G$$

folgt nach Abzug des privaten Konsums auf beiden Seiten:

$$Y - C(Y) = I(i) + G.$$

Da das private Sparen S definiert ist als $S = Y - C(Y)$, folgt:

$$S(Y) = I(i) + G$$

oder kurz $S = I + G$.

Im linken oberen Teil der Abbildung (Quadrant II) sind die zinsabhängigen Investitionen dargestellt, vermehrt um die konstanten Staatsausgaben G. Im rechten unteren Teil der Abbildung (Quadrant IV) ist die Sparfunktion in

---

[11] Es sei hier angemerkt, dass sich Inlandsprodukt und Nationaleinkommen nur in der geschlossenen Volkswirtschaft entsprechen. In der offenen Volkswirtschaft unterscheiden sich beide Größen durch die Netto-Primäreinkommen vom bzw. ans Ausland (vgl. Kapitel 8).

Grafische Herleitung der IS-Kurve

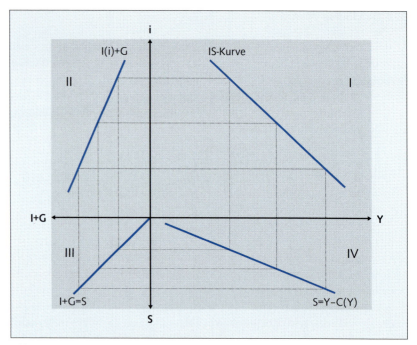

Abb. 10.10: Herleitung der IS-Kurve

Abhängigkeit vom Einkommen abgetragen. Die 45°-Linie im Quadranten III repräsentiert alle Kombinationen von S und I+G, bei denen Gütermarktgleichgewicht (also I+G = S) herrscht. Bei einem bestimmten Zins ergibt sich ein bestimmter Wert von I+G (Quadrant II). Diesem Wert ist über die (I+G=S)-Gerade diejenige Ersparnis zugeordnet, bei der Gleichgewicht auf dem Gütermarkt herrscht (Quadrant III). Über die Sparfunktion wird dann in Quadrant IV das zugehörige Einkommen bestimmt. Die im Quadranten I dargestellte IS-Kurve stellt also alle Kombinationen von Y und i dar, welche mit der Sparfunktion (Quadrant IV), mit der Investitions- und Staatsausgabenfunktion (Quadrant II) und mit Gütermarktgleichgewicht (Quadrant III) kompatibel sind. Man kann unschwer erkennen, dass die IS Kurve umso flacher verläuft,

Die konkrete Steigung der IS-Kurve hängt davon ab, wie stark die Investitionen auf Zinsänderungen und die Ersparnis auf Einkommensänderungen reagieren.

- je stärker die Investitionen auf den Zins reagieren (je flacher also die (I(i) + G) – Linie verläuft) und
- je flacher die Sparfunktion verläuft, je kleiner also die marginale Sparquote ist.

Ein Spezialfall ist gegeben, wenn die Investitionen nicht auf die Zinssatzänderung reagieren (»Investitionsfalle«): Es kommt dann weder zu einem Anstoß- noch zu einem Multiplikatoreffekt, sodass die gesamtwirtschaftliche Nachfrage und damit das gleichgewichtige Inlandsprodukt unverändert bleiben. Die IS-Kurve verläuft dann senkrecht (vgl. Abbildung 10.11).

Der traditionelle Keynesianismus

Zinsunabhängige Investitionen: die erste »keynesianische Rigidität«

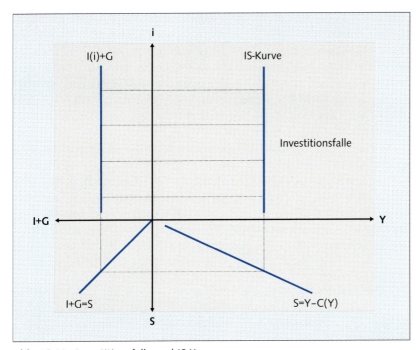

Abb. 10.11: Investitionsfalle und IS-Kurve

Eine dauerhafte Erhöhung von G verschiebt die IS-Kurve dem elementaren Multiplikator entsprechend nach rechts.

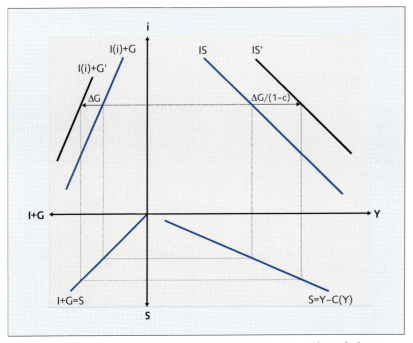

Abb. 10.12: Verschiebung der IS-Kurve durch eine Staatsausgabenerhöhung

Wir haben oben gezeigt, dass eine Erhöhung der Staatsausgaben bei konstantem Zinssatz und damit bei konstanten Investitionen einen expansiven Multiplikatorprozess auslöst. Diese Überlegung gilt für jeden Zinssatz der IS-Kurve. Deshalb verschiebt sich die IS-Kurve bei Erhöhung der Staatsausgaben für Güter und Dienste nach rechts: Bei jedem gegebenem Zinssatz steigt das zugehörige Gleichgewichtseinkommen gemäß dem elementaren Multiplikator an.[12] Der Wert von G bestimmt also die Lage der IS-Kurve, ist »Lageparameter«.

Der Leser kann diesen Zusammenhang auch anhand von Abbildung 10.12 nachvollziehen.

Zum Abschluss noch eine Anmerkung zur Bezeichnung »IS-Kurve«. Wie bereits oben dargelegt, lässt sich das Gütermarkt-Gleichgewicht auch beschreiben durch die Bedingung I + G = S. Eben solche Gleichgewichtswerte des Nationaleinkommens stellt die »I(i)+G=S(Y)«-Kurve, verkürzt geschrieben als »IS-Kurve«, für unterschiedliche Zinssätze im (Y,i)-Diagramm dar.

3.3 Der Geldmarkt und die LM-Kurve

Auf die Geldnachfrage und das Geldangebot wird im 17. Kapitel ausführlich eingegangen. Hier betrachten wir – wie im klassischen Modell – das nominale Geldangebot M, das gleich der Geldmenge in der Volkswirtschaft ist, als vom Staat (oder seiner Zentralbank) exogen festgelegte Größe.

Keynes sieht Geld auch als ein Mittel, um Vermögen zu halten.

Geld benötigt man (fragt man nach) – wie im klassischen Modell beschrieben –, um Zahlungen für Güterkäufe durchführen zu können. Geld kann aber auch nachgefragt werden, weil man sein Vermögen (oder Teile davon) in Form von Geld halten will. Diese Form der Geldhaltung (»spekulative Geldnachfrage«) hat zuerst *John Maynard Keynes* berücksichtigt. Die Neigung, sein Vermögen in Geldform halten zu wollen, wird mit abnehmendem Zins zunehmen, da die Opportunitätskosten der Geldhaltung – die entgangenen Wertpapierzinsen – sinken. Damit ist plausibel, dass die Geldnachfrage vom Inlandsprodukt (als Maßgröße für die geplanten Güterkäufe und -verkäufe) positiv und vom Zins negativ abhängt. Bezieht man sich auf die in Gütereinheiten ausgedrückte so genannte reale Geldnachfrage, so gilt also

$$L = L(\underset{+}{Y}, \underset{-}{i}),$$

wobei das Pluszeichen unter dem Y bzw. Minuszeichen unter dem i anzeigt, dass die reale Geldnachfrage bei einer **Zunahme** von Y steigt bzw. bei einer **Zunahme** von i sinkt.

Zeichnen wir die reale Geldnachfrage in einem Diagramm allein in Abhängigkeit vom Zins, so wird die Nachfragekurve einen fallenden Verlauf aufweisen, da der Wunsch nach Geldhaltung wegen der abnehmenden Zins-

---

12 Eine Rechtsverschiebung (Linksverschiebung) der IS-Kurve würde es auch geben, wenn der autonome Konsum steigt (fällt).

erträge auf Wertpapiere zunimmt. Bei den im Modell unterstellten **fest**verzinslichen Wertpapieren kann es für Anleger attraktiv sein, eine etwaige Wertpapieranlage hinauszuschieben, weil sie auf einen hinreichend höheren Zins in der Zukunft spekulieren (**spekulative Geldhaltung**). Je niedriger der Zins ausfällt, um so mehr Haushalte werden in diesem Sinne spekulieren, sodass die Geldnachfragekurve im Zins fällt. Dabei wird häufig angenommen, dass die Geldnachfrage umso elastischer auf Zinsänderungen reagiert (also umso flacher verläuft), je niedriger der Zins ist. Dies kann z. B. dadurch begründet werden, dass bei sehr niedrigen Zinsen der Wunsch nach Geldhaltung stark zunehmen wird, weil sich verzinsliche Anlagen auch in Anbetracht der mit der Geldanlage verbundenen Mühe kaum noch lohnen.

Die spekulative Geldhaltung nimmt mit steigendem Zins ab.

Im Geldmarktgleichgewicht wird sich dann genau derjenige Zins einstellen, bei dem die reale Geldnachfrage L dem realen Geldangebot M/P entspricht. Abbildung 10.13 verdeutlicht den Sachverhalt.

Da die Geldhaltung auch vom Inlandsprodukt abhängt, gilt die obige Geldnachfragekurve nur bei einem bestimmten Y_0. Bei i_0 sind bei dem gegebenen Y_0 Angebot und Nachfrage nach Geld ausgeglichen. Es herrscht Gleichgewicht auf dem Geldmarkt.

Bei einem höheren Inlandsprodukt $Y_1 > Y_0$ ist die Geldnachfrage wegen der gestiegenen Transaktionskassen-Nachfrage bei jedem Zins größer. Für steigende Inlandsprodukte erhält man also eine Schar von Geldnachfragekurven, die umso weiter rechts liegen, je höher Y ist.

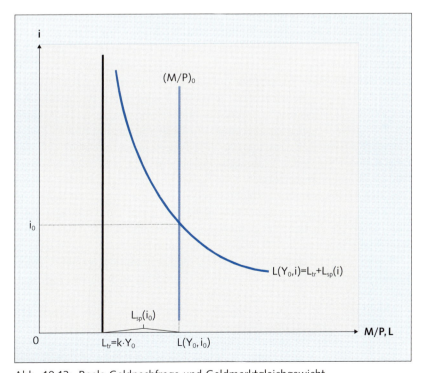

Der Zins räumt den Geldmarkt.

Abb. 10.13: Reale Geldnachfrage und Geldmarktgleichgewicht

Höheres Y impliziert ceteris paribus einen höheren Gleichgewichtszins.

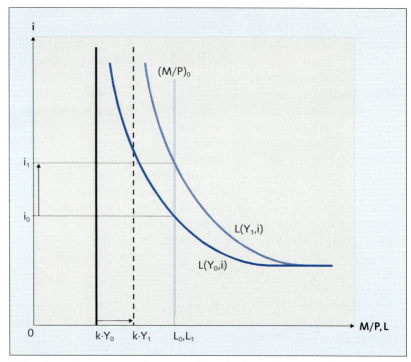

Abb. 10.14: Der Zusammenhang zwischen Gleichgewichtszins und Inlandsprodukt

Abbildung 10.14 verdeutlicht für die Inlandsprodukte Y_0 und Y_1 den Zusammenhang zwischen der Höhe des Inlandsproduktes und der Höhe des Gleichgewichtszinses.

Aus der Abbildung können wir unmittelbar entnehmen, dass der Gleichgewichtszins umso höher ausfällt, je größer Y und damit die gewünschte (reale) Transaktionskasse ist. Dieser Zusammenhang wird in der so genannten LM-Kurve festgehalten, die unterschiedlichen Inlandsprodukten unterschiedliche Gleichgewichtszinssätze zuordnet. Der Name erklärt sich daraus, dass der Kurve das Geldmarktgleichgewicht $P \cdot L = M$ zugrunde liegt. Den Zusammenhang zwischen Y und i bei Geldmarktgleichgewicht kann man sich plastisch auch wie folgt vorstellen: Das Inlandsprodukt steigt und die Wirtschaftseinheiten benötigen mehr Kasse zur Durchführung ihrer Güterkäufe. Da die Geldmenge insgesamt unverändert bleibt, versuchen die Wirtschaftseinheiten sich zusätzliches Geld durch Verkauf anderer Aktiva (z. B. von Wertpapieren) zu beschaffen. Dadurch werden vermehrt Wertpapiere angeboten, die nur bei einem höheren Zins auch nachgefragt werden.

Abbildung 10.15 zeigt, wie der Zusammenhang zwischen Y und dem Gleichgewichtszins auf dem Geldmarkt grafisch hergeleitet werden kann.

Im Quadranten IV ist die Nachfrage nach (realer) Transaktionskasse in Abhängigkeit von Y dargestellt. Der Quadrant III zeigt die reale Geldmenge und ihre möglichen Aufteilungen auf Transaktions- und Spekulationskasse

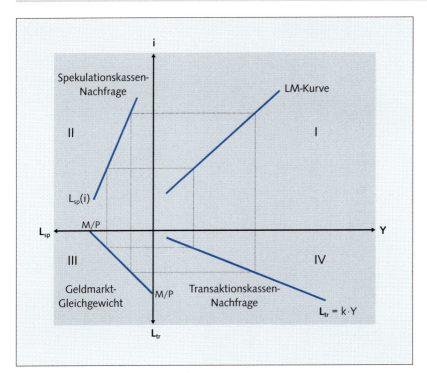

Abb. 10.15: Grafische Herleitung der LM-Kurve

im Geldmarktgleichgewicht. Bei der für ein bestimmtes Y benötigten Transaktionskasse bleibt der Rest der realen Kasse zur Befriedigung der spekulativen Geldnachfrage. Damit kann bei gegebener spekulativer Geldnachfrage im Quadranten II der Gleichgewichtszins bestimmt und im Quadranten I die mit Geldmarktgleichgewicht vereinbare Kombination von Zins und Einkommen eingezeichnet werden. Wie schon erläutert, hat die LM-Kurve eine positive Steigung. Bei gegebenem Kassenhaltungskoeffizienten k wird die LM-Kurve umso flacher verlaufen, je zinsreagibler (flacher) die Nachfragekurve nach Spekulationskasse ist, je stärker die Wirtschaftseinheiten also mit ihrer spekulativen Geldhaltung auf eine gegebene Zinsänderung reagieren. Ein Grenzfall ist gegeben, wenn die Geldnachfrage zum Zwecke der Vermögensanlage vollkommen zinselastisch ist. Wie Abbildung 10.16 zeigt, ist die LM-Kurve dann (praktisch) eine Waagerechte, d.h. unabhängig von der Höhe von Y ist der zugeordnete Gleichgewichtszins (praktisch) identisch.

Was passiert, wenn (beim angenommen konstanten Preisniveau) die nominale Geldmenge steigt? Abbildung 10.17 zeigt die Auswirkungen der resultierenden Erhöhung der realen Geldmenge auf den Gleichgewichtszins bei gegebenem Y.

Nach der Erhöhung der Geldmenge M könnte bei gegebenem Zins (also gegebener Spekulationskassen-Nachfrage) der Geldmarkt nur im Gleichgewicht bleiben, wenn die Nachfrage nach Transaktionskasse und damit Y hinreichend ansteigen würde. Da diese Feststellung für jedes i gilt, verschiebt

Die LM-Kurve ist umso flacher, je stärker die spekulative Geldnachfrage auf Zinsänderungen reagiert.

Vollkommen zinselastische Geldnachfrage: die zweite »keynesianische Rigidität«

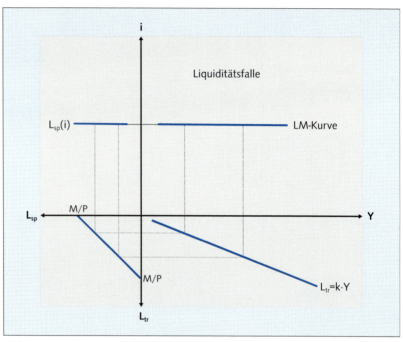

Abb. 10.16: LM-Kurve und Liquiditätsfalle

Eine Zunahme der Geldmenge senkt ceteris paribus den Gleichgewichtszins.

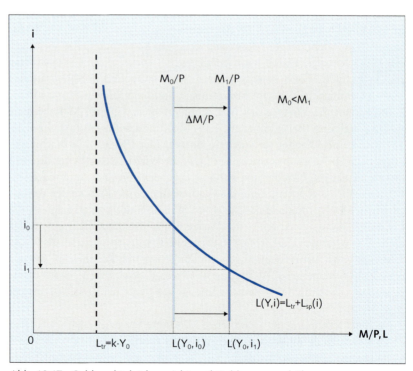

Abb. 10.17: Geldmarktgleichgewicht und Geldmengenerhöhung

sich die LM-Kurve nach rechts bzw. unten. Die **vertikale** Verschiebung wird dabei um so größer sein, je zinsunelastischer die Geldnachfrage reagiert. Der Grund ist, dass es bei geringer Zinsreagibilität der Geldnachfrage einer hohen Zinssenkung bedarf, damit die erhöhte Geldmenge bei gegebenem Y (also gegebener Nachfrage nach Transaktionskasse) von den Wirtschaftseinheiten gehalten werden würde. Die **horizontale** Verschiebung der LM-Kurve muss $1/k \cdot \Delta M/P$ betragen, da im Geldmarktgleichgewicht bei gegebenem Zins die Güternachfrage und damit auch das Inlandsprodukt Y so zunehmen müssten, dass die gesamte zusätzliche reale Geldmenge für Transaktionszwecke gehalten wird.

Abbildung 10.18 liefert eine grafische Herleitung der Verschiebung der LM-Kurve.

Auf den Sonderfall, dass der Schnittpunkt von realer Geldnachfragekurve und realer Geldmenge im vollkommen elastischen Bereich der Geldnachfragekurve liegt (Liquiditätsfalle), soll an dieser Stelle nicht näher eingegangen werden. Der Leser mache sich klar, dass die LM-Kurve in diesem Fall eine Waagerechte ist und Geldmengenerhöhungen zu keiner (spürbaren) Zinssenkung führen.

Liquiditätsfalle als Sonderfall

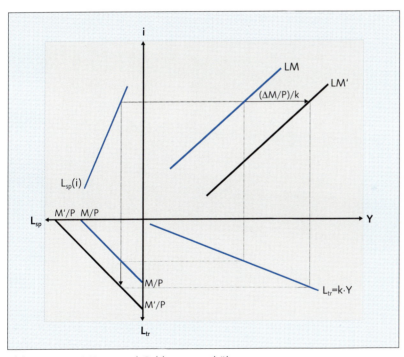

Eine Erhöhung der Geldmenge M verschiebt die LM-Kurve nach rechts.

Abb. 10.18: LM-Kurve und Geldmengenerhöhung

3.3 Simultanes Gleichgewicht auf dem Güter- und Geldmarkt

Es gibt sehr viele (streng genommen unendlich viele) Kombinationen von i und Y, die zu einem Gütermarktgleichgewicht führen, die also auf der IS-Kurve liegen. Ebenso gibt es sehr viele (streng genommen unendlich viele) Kombinationen von i und Y, die zu einem Gleichgewicht auf dem Geldmarkt führen, die also auf der LM-Kurve liegen.

> Zu gleichzeitigem (simultanem) Gleichgewicht auf dem Güter- und Geldmarkt führt aber nur eine (Y,i)-Kombination: die im Schnittpunkt von IS- und LM-Kurve.

Simultanes Gleichgewicht auf dem Geld- und Gütermarkt herrscht im Schnittpunkt von IS- und LM-Kurve beim Zinssatz i^* und beim Inlandsprodukt Y^* (das hier geringer als das Vollbeschäftigungsinlandsprodukt Y_{VB} ist, vgl. Abbildung 10.19).[13] Sind Gleichgewichtsinlandsprodukt und Gleichgewichtszins bestimmt, so ergeben sich auch die Gleichgewichtswerte für den Konsum und die Investition. Man braucht nur Y^* in die Konsumfunktion und i^* in die Investitionsfunktion einzusetzen.

Grafische Bestimmung der Gleichgewichtswerte von Y und i.

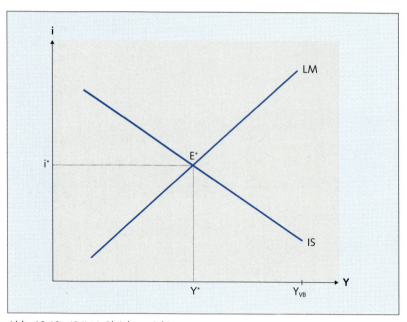

Abb. 10.19: IS/LM-Gleichgewicht

---

13 Da vorausgesetzt wird, dass sich das Güterangebot allein an der Güternachfrage orientiert und sich dieser vollständig anpasst, kann man das IS/LM-Gleichgewicht auch als nachfrageseitiges Gleichgewicht und das Gleichgewichtsinlandsprodukt als **nachfrageseitiges Gleichgewichtseinkommen** bezeichnen.

3.4 Der Einkommensmultiplikator bei Berücksichtigung von Güter- und Geldmarkt

Wir wollen die Frage, wie die Multiplikatoranalyse zu modifizieren ist, wenn neben dem Gütermarkt (vgl. Abschnitt 3.1) auch der Geldmarkt berücksichtigt wird, verbal und grafisch beantworten.

Aus Abschnitt 3.2 wissen wir, dass eine Erhöhung der Staatsausgaben für Güter und Dienste (stellvertretend für die Erhöhung einer beliebigen Komponente der autonomen Nachfrage) die IS-Kurve nach rechts verschiebt. Abbildung 10.20 rekapituliert diesen Fall unter der Voraussetzung normal geneigter Gleichgewichtskurven:

Steigen die staatlichen Ausgaben für Güter und Dienste, so ergibt sich wegen der Anstoßwirkung und der induzierten Konsumerhöhung ein expansiver Prozess:

Das Inlandsprodukt steigt. Die Rechtsverschiebung der IS-Kurve entspricht dabei dem Multiplikatoreffekt der Staatsausgaben bei konstantem Zins (elementarer Multiplikator), wie wir sie im Abschnitt 3.1 behandelt haben. Die Zunahme von Y hat Wirkungen auf den Geldmarkt (Spillover-Effekt), denn zur zahlungsmäßigen Bewältigung des höheren Inlandsproduktes wird mehr Transaktionskasse benötigt, ohne dass die Geldmenge steigt. Die Wirtschaftseinheiten versuchen sich die zusätzlich benötigte Kasse zu beschaffen, indem sie Wertpapiere verstärkt anbieten. Das erhöhte Wertpapierangebot kann nur untergebracht werden, wenn ein höherer Zins geboten

Der IS/LM-Multiplikator einer Staatsausgabenerhöhung ist im Normalfall kleiner als der elementare Multiplikator ...

... dies ist auf den »Crowding-out-Effekt« durch die Zinssteigerung zurückzuführen.

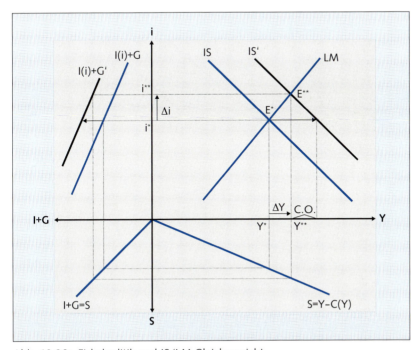

Abb. 10.20: Fiskalpolitik und IS/LM-Gleichgewicht

wird. Das Zinsniveau in der Volkswirtschaft steigt. Dies hat Rückwirkungen (Feedback-Effekte) auf den Gütermarkt, denn zu einem höheren Zins gehören in der Regel niedrigere private Investitionen: Der expansive Prozess wird durch diesen Verdrängungseffekt privater Nachfrage durch staatliche Nachfrage über den Zins (»Crowding-out-Effekt«[14]) abgeschwächt, es bleibt aber – abgesehen von dem extremen Fall einer senkrechten LM-Kurve[15] – bei einer Erhöhung des Gleichgewichtsinlandsproduktes von Y^* auf Y^{**}. Im Gegensatz zur reinen Gütermarktbetrachtung mit konstanten Investitionen ist hier allerdings nicht mehr sichergestellt, dass der Multiplikator größer als Eins ist.

Bei Berücksichtigung des Geldmarktes sind die Multiplikatoreffekte einer Veränderung der autonomen Nachfrage schwächer als bei alleiniger Berücksichtigung des Gütermarktes. Das impliziert, dass die Wirtschaft insgesamt weniger sensibel auf exogene Ereignisse – z. B. eine Veränderung der Staatsausgaben, der Exporte oder der Ertragserwartungen (und damit einer Verschiebung der Investitionsfunktion) – reagiert.

Betrachten wir abschließend die Wirkungen einer Geldmengenerhöhung im IS/LM-Modell.

Abbildung 10.21 zeigt den Effekt bei einem normalen Verlauf von IS- und LM-Kurve. Auch hier ergibt sich ein expansiver Prozess, der zu einem

Im Normalfall ist auch Geldpolitik effektiv.

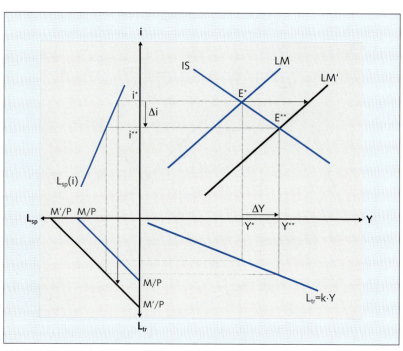

Abb. 10.21: Geldpolitik und IS/LM-Gleichgewicht

---

14 In der obigen Abbildung wird der Crowding-out-Effekt durch die Strecke C. O. angezeigt.
15 Entsprechendes ergäbe sich auch bei einer waagerechten IS-Kurve. Allerdings ist dieser Fall empirisch ohne Bedeutung und wird hier nicht betrachtet.

höheren Gleichgewichtseinkommen und damit zu höherer Beschäftigung führt.

Man beachte aber, dass die Wirkungen hier indirekter Natur sind. Die Geldmengenänderung wirkt zunächst auf dem Geldmarkt. Führt sie hier zu einer Zinssenkung (liegt also **keine Liquiditätsfalle** vor) und führt die Zinssenkung zu einer Erhöhung der Investitionen (liegt also **keine Investitionsfalle** vor), so setzt der expansive Multiplikatorprozess ein. Bei Vorliegen der Liquiditätsfalle oder der Investitionsfalle bleibt Geldpolitik im IS/LM-Modell dagegen wirkungslos. Hier liegt die Skepsis des traditionellen Keynesianismus gegenüber der Wirksamkeit der Geldpolitik begründet.

Ineffektivität der Geldpolitik bei Investitionsfalle oder Liquiditätsfalle

Arbeitsaufgaben

1) Erläutern Sie kurz die makroökonomischen Märkte.
2) a) Was verstehen Sie unter dem Gesetz von *Walras*?
   b) Erläutern Sie die für eine einzelne Wirtschaftseinheit gültige Budgetrestriktion anhand eines Beispiels.
   c) Was bedeutet das Gesetz von *Walras* für ein System makroökonomischer Märkte?
3) Wie lässt sich eine negativ geneigte Arbeitsnachfragekurve begründen und wie ist es zu erklären, dass langfristig gesehen die Beschäftigung zugenommen hat, obwohl der Reallohnsatz gestiegen ist?
4) Beschreiben Sie den Arbeits- und den Gütermarkt im klassischen System und erläutern Sie in diesem Zusammenhang das *Say*sche Theorem.
5) Was besagt die Quantitätsgleichung und wie wird aus der Quantitätsgleichung die klassische Quantitätstheorie?
6) Interpretieren Sie die Begriffe »Neutralität des Geldes« und »klassische Dichotomie«.
7) Erläutern Sie die keynesianische Konsumhypothese.
8) Was besagt das Multiplikatorprinzip und wie ist es zu erklären?
9) Welche Rolle spielt eine zinsunelastische Investitionsnachfrage im keynesianischen Modell?
10) Erläutern Sie den keynesianischen Geldmarkt.
11) Definieren Sie IS- und LM-Kurve und erläutern Sie ihren Verlauf.
12) Erläutern Sie grafisch/verbal die Wirkungen einer Erhöhung der Staatausgaben für Güter und Dienste im IS/LM-Modell. Wo liegen die wesentlichen Unterschiede im Ergebnis, wenn man nur den Gütermarkt betrachtet?

Lösungsvorschläge für die Arbeitsaufgaben finden Sie im »Übungsbuch zu Grundlagen und Probleme der Volkswirtschaft«.

Literatur

Allgemeine Lehrbücher zur Makroökonomik sind:
Branson, William, H.: Makroökonomie, 4. Aufl., München u. a. 1997.
Cezanne, Wolfgang: Allgemeine Volkswirtschaftslehre, 4. Aufl., München 2005.
Hardes, Heinz-Dieter / Frieder Schmitz: Grundzüge der Volkswirtschaftslehre, 8. Aufl., München 2002.
Heubes, Jürgen: Makroökonomie, 4. Aufl., München 2001.
Kromphardt, Jürgen: Grundlagen der Makroökonomie, 2. Aufl., München 2001.
Mankiw, Nicholas Gregory: Makroökonomik, 5. Aufl., Stuttgart 2003.
Schäfer, Wolf: Volkswirtschaftstheorie, München 1997.

Eine sehr elementar gehaltene Darstellung des IS/LM-Modells mit vielen Beispielen liefert:
Rose, Klaus: Einkommens- und Beschäftigungstheorie. In: *Ehrlicher, Werner* u. a. (Hrsg.), Kompendium der Volkswirtschaftslehre, Bd. 1, 5. Aufl. 1975.

Zur Vertiefung der Modellzusammenhänge in grafischer Form eignet sich das Computerprogramm auf der beiliegenden CD.

11. Kapitel
Weiterentwicklungen von keynesianischer und klassischer Theorie

LERNZIELE

Leitfrage:
Welche Bestandteile des keynesianischen und des klassisch-neoklassischen Basismodells werden in das Modell der »neoklassischen Synthese« übernommen?
- Wie wird die gesamtwirtschaftliche Güternachfrage bestimmt?
- Welche zentralen Modifikationen werden gegenüber dem keynesianischen Basismodell in Bezug auf das Güterangebot vorgenommen?
- Durch welche zentrale Annahme weicht der Angebotssektor von dem klassisch-neoklassischen ab?

Leitfrage:
Was ist ein klassisches Unterbeschäftigungsgleichgewicht und wie reagiert es auf wirtschaftspolitische Maßnahmen?
- Welche Gleichgewichtskonstellationen gibt es?
- Wie effizient sind Geld-, Fiskal- und Einkommenspolitik?

Leitfrage:
Wodurch unterscheidet sich das »Kontrakt-Modell« der neoklassischen Synthese mit unvollkommener Information und adaptiven Erwartungen vom Standard-Ansatz der Synthese?
- Welche Rolle spielen Preiserwartungen im Kontrakt-Modell und wie bilden die Wirtschaftssubjekte ihre Erwartungen?
- Welche beschäftigungspolitischen Effekte ergeben sich aus expansiver Geld- und/oder Fiskalpolitik in der kurzen und in der langen Frist?
- Durch welchen Prozess wird die langfristige Neutralität des Geldes und die klassisch-neoklassische Dichotomie wieder hergestellt?

Leitfrage:
Wie lässt sich die Friedmansche Position mithilfe der Phillips-Kurve darstellen?
- Was ist die Phillips-Kurve und über welche Zusammenhänge kommt es zum dortigen »trade-off« zwischen Inflationsrate und Arbeitslosenquote?
- Wie unterscheidet sich die Friedmansche Phillips-Kurve von der traditionell keynesianischen?

1 Das Modell der neoklassischen Synthese (Festlohnfall)

1.1 IS/LM-Gleichgewicht bei variablem Preisniveau

Bisher waren wir bei der Darstellung des IS/LM-Gleichgewichts von einem konstanten Preisniveau ausgegangen. Lassen wir diese Voraussetzung fallen, so ändern sich offenbar die Lösungen für Y^* und i^* mit Änderungen des Preisniveaus. Ein Blick auf die Gütermarkt- und die Geldmarkt-Gleichgewichtsbedingungen[1]

$$Y = C(Y) + I(i) + G$$
$$M/P = L(Y,i)$$

Eine Preisniveauzunahme erhöht ceteris paribus den für Geldmarktgleichgewicht notwendigen Zins.

zeigt, dass das Preisniveau nur die Geldmarkt-Gleichgewichtsbedingung betrifft, da es nur hier als Variable auftaucht. Die Konsequenzen sind einfach: Verändert sich das Preisniveau, so verändert sich ceteris paribus die reale Geldmenge M/P. Die sich hierdurch ergebenden Wirkungen auf dem gesamtwirtschaftlichen Geldmarkt sind in Abbildung 11.1 dargestellt:

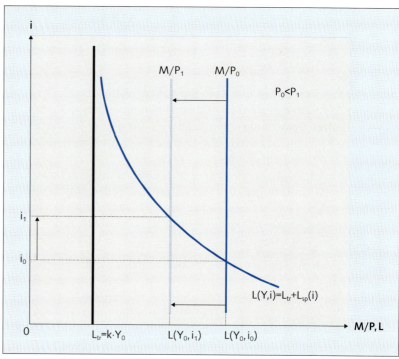

Abb. 11.1: Änderung der realen Geldmenge und des Geldmarktgleichgewichts

---

[1] Y, L, C, G und I sind reale, d. h. in Inlandsprodukteinheiten ausgedrückte Größen. M bezeichnet die nominale Geldmenge.

Die Verringerung der realen Geldmenge infolge einer Zunahme des Preisniveaus erhöht bei gegebenem Einkommen Y_0 den Gleichgewichtszins auf dem Geldmarkt von i_0 auf i_1. Eine solche Zinserhöhung ergibt sich für jedes Einkommen, sodass auf dem Geldmarkt jedem Y ein höherer Zins zugeordnet ist. Das bedeutet, dass die LM-Kurve sich nach oben (links) verschiebt. Durch diese Verschiebung der LM-Kurve bei steigendem Preisniveau ergeben sich abnehmende Werte von Y als Gleichgewichtslösungen im IS/LM-System (vgl. Abbildung 11.2).

Der obere Teil der Abbildung 11.2 zeigt die Linksverschiebung der LM-Kurve bei steigendem Preisniveau. Der untere Teil zeigt die sich dadurch er-

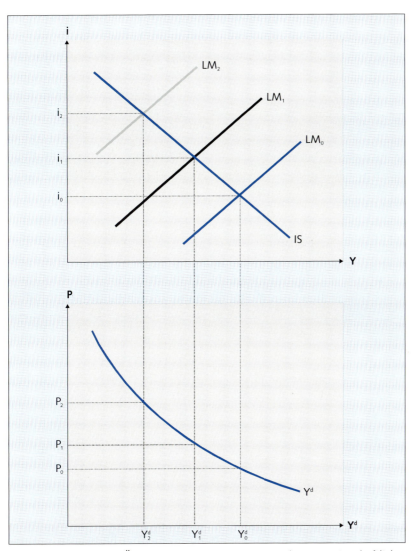

Steigende Preise führen zu einer sinkenden gesamtwirtschaftlichen Güternachfrage Y^d im IS/LM-System.

Abb. 11.2: Preisniveau-Änderungen im IS/LM-System und gesamtwirtschaftliche Güternachfragekurve

gebende gesamtwirtschaftliche Güternachfragekurve Y^d. In der Abbildung ist Y^d ein mit zunehmendem P abnehmende Funktion.

Bei unveränderter IS-Kurve, die ja von Veränderungen des Preisniveaus nicht berührt wird, führt also eine Zunahme des Preisniveaus zu einer Abnahme des (nachfrageseitigen) Gleichgewichts-Inlandsproduktes. Die Kausalkette ist dabei:

$$P \uparrow \rightarrow \frac{M}{P} \downarrow \rightarrow i \uparrow \rightarrow I \downarrow \rightarrow Y^d \downarrow$$

Der Keynes-Effekt

Man spricht auch von dem **Keynes-Effekt** einer Preisniveauänderung auf das gleichgewichtige Inlandsprodukt.

Nur wenn die preisbedingte Veränderung der realen Geldmenge nicht auf die Nachfrage durchschlägt, weil

- die Änderung der realen Geldmenge keine Wirkung auf den Zins hat (Liquiditätsfalle) oder
- die Zinsanpassung die Investitionen nicht beeinflusst (vollkommen zinsunelastische Investitionen, Investionsfalle),

die obige Kausalkette also unterbrochen wird, ergeben sich keine Veränderungen des Gleichgewichts-Inlandsproduktes. Die gesamtwirtschaftliche Nachfragekurve verläuft dann parallel zur Preisachse. Abbildung 11.3 verdeutlicht diese Aussage.

Liegt eine der »keynesianischen Rigiditäten« vor, so kommt es zu keinem Keynes-Effekt, die Y^d-Kurve ist dann preisunelastisch.

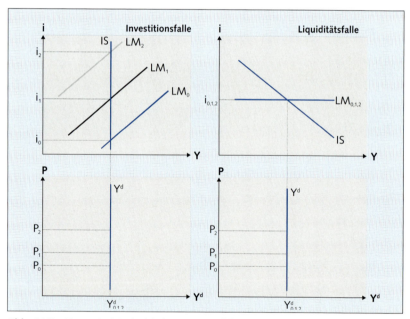

Abb. 11.3: Gesamtwirtschaftliche Güternachfragekurve bei Investitions- und Liquiditätsfalle[2]

---

2 Die reale Geldmengenerhöhung verändert den Zinssatz auf dem Geldmarkt nicht. Die LM-Kurve verschiebt sich quasi horizontal »in sich selbst«.

In dieser preisunelastischen gesamtwirtschaftlichen Güternachfrage wird allgemein ein typisches Element traditioneller keynesianischer Theorie gesehen.

Wie verändert sich die Lage der Y^d-Kurve, wenn die realen Staatsausgaben für Güter und Dienste G erhöht werden? Aus der IS/LM-Analyse des vorigen Kapitels wissen wir, dass sich bei konstantem Preisniveau im IS/LM-System die IS-Kurve gemäß dem elementaren Einkommensmultiplikator nach rechts verschiebt, sodass sich ein neues IS/LM-Gleichgewicht bei (im Normalfall) höherem Y und höherem i ergibt. Da diese Überlegung für jedes Preisniveau gilt, kommt es zu der in Abbildung 11.4 dargestellten Rechtsverschiebung der gesamtwirtschaftlichen Güternachfragekurve; sie verschiebt sich gerade im Umfang der IS/LM-Multiplikatorwirkung.

Die realen Staatausgaben G sind Lageparameter der Y^d-Kurve.

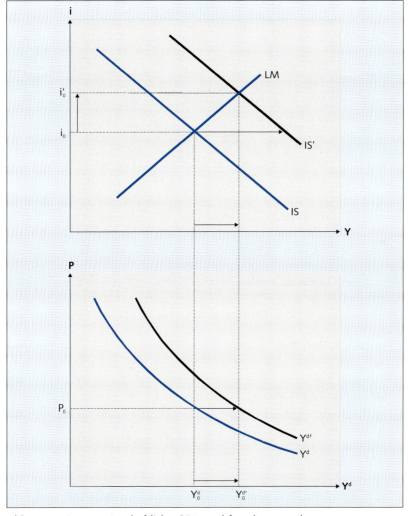

Eine Staatsausgabenerhöhung verschiebt die Y^d-Kurve gemäß dem IS/LM-Multiplikator nach rechts.

Abb. 11.4: Gesamtwirtschaftliche Güternachfragekurve und Staatsausgabenerhöhung (Normalfall)

Bei Vorliegen der Investitionsfalle oder der Liquiditätsfalle verschiebt sich die Y^d-Kurve bei einer Staatsausgabenerhöhung entsprechend dem elementaren Multiplikator.

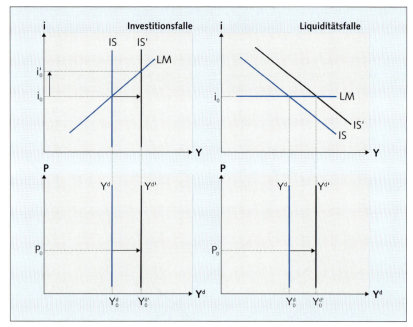

Abb. 11.5: Staatsausgabenerhöhung bei Investitions- und bei Liquiditätsfalle

Dieses Ergebnis bleibt im Grundsatz auch bei Vorliegen der Investitions- und der Liquiditätsfalle erhalten, allerdings kommt hier der volle elementare Multiplikator zum Tragen (vgl. Abbildung 11.5). Bei Vorliegen der Investitionsfalle entsteht kein Crowding-out-Effekt, da der Zinsanstieg die hier zinsunelastischen Investitionen unberührt lässt. Bei Existenz der Liquiditätsfalle bleibt der Zins (praktisch) konstant (horizontale LM-Kurve), sodass es zu keiner Abnahme der Investitionen und damit ebenfalls zu keinem Crowding-out kommt.

Nach der Analyse der Wirkungen einer Erhöhung der Staatsausgaben auf die gesamtwirtschaftliche Güternachfragekurve ist noch auf die Effekte einer Erhöhung der nominalen Geldmenge M einzugehen. Die Geldmengenerhöhung führt bei konstantem Preisniveau zu einer Rechtsverschiebung der LM-Kurve und damit zu einem neuen IS/LM-Gleichgewicht mit im Normalfall gestiegenem Y und gesunkenem i. Diese Überlegung gilt bei jedem Preisniveau, sodass sich auch die gesamtwirtschaftliche Güternachfragekurve der IS/LM-Multiplikatorwirkung entsprechend nach rechts verschiebt. Abbildung 11.6 verdeutlicht diese Zusammenhänge. Der Leser beachte, dass die Rechtsverschiebung der Y^d-Kurve mit abnehmendem P zunimmt. Das liegt daran, dass eine im Absolutbetrag gegebene Geldmengenänderung sich auf die reale Geldmenge umso stärker auswirkt, je kleiner das Preisniveau ist[3]. Je

Die Geldmenge M ist ebenfalls Lageparameter der Y^d-Kurve.

---

[3] Bei einem Preisniveau von 2 impliziert die Erhöhung der nominalen Geldmenge um 20 eine Zunahme der realen Geldmenge um 10 Einheiten; bei einem Preisniveau von 5 führt dieselbe Erhöhung der nominalen Geldmenge nur zu einem Zuwachs der realen Geldmenge um 4 Einheiten.

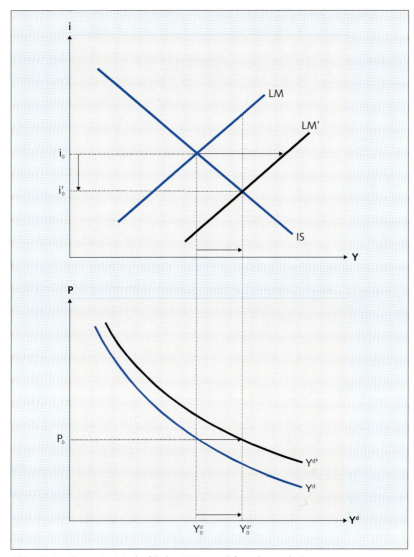

Abb. 11.6: Gesamtwirtschaftliche Güternachfragekurve bei Geldmengenerhöhung (Normalfall)

Im Normalfall verschiebt eine Geldmengenerhöhung die Y^d-Kurve nach rechts gemäß dem IS/LM-Multiplikator.

größer aber die Wirkung auf die reale Geldmenge, umso größer ceteris paribus die Zinswirkung.

Wichtig ist, dass es bei Vorliegen der Investitionsfalle und/oder der Liquiditätsfalle zu **keiner** Verschiebung der (dann senkrecht verlaufenden) gesamtwirtschaftlichen Güternachfragekurve kommt. Bei der Liquiditätsfalle liegt dies daran, dass es erst gar nicht zu einer Zinssenkung kommt; bei der Investitionsfalle schlägt die Zinssenkung nicht auf die Nachfrage durch (vgl. Abbildung 11.7).

Bei Vorliegen der Investitionsfalle oder der Liquiditätsfalle behält die Y^d-Kurve bei einer Geldmengenerhöhung ihre Ausgangslage bei.

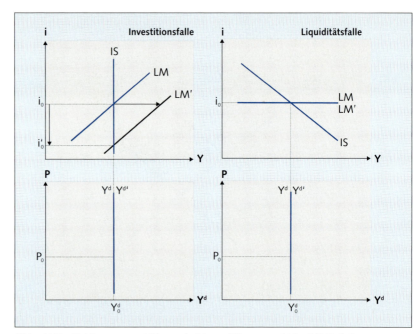

Abb. 11.7: Geldmengenerhöhung bei Investitions- und Liquiditätsfalle

1.2 Arbeitsmarkt und Güterangebot

In unserem keynesianischen Modell hat bisher die Güterangebotsseite keine Rolle gespielt. Einfachen Modellen des traditionellen Keynesianismus folgend wurde angenommen, dass sich das Angebot an Gütern (bei dem fixierten Güterpreis) vollständig an die Güternachfrage anpasst. Wir haben deshalb auch von einem nachfrageseitigen Gleichgewicht gesprochen.

Das Güterangebot ergibt sich aus der Gewinn maximierenden Arbeitsnachfrage der Unternehmen.

Wie im Kapitel 5 und im klassischen Modell (Kapitel 10) dargestellt, ist das Güterangebot der Unternehmen an der Zielsetzung Gewinnmaximierung ausgerichtet. Unter der vereinfachenden Annahme, dass Löhne der einzige variable Kostenfaktor sind, bedeutet dies, dass die Unternehmen ihre gewinnmaximierende Arbeitsnachfrage bestimmen (Grenzproduktivität der Arbeit entspricht dem Reallohnsatz) und diese über die Produktionsfunktion zugleich auch das Gewinn maximierende Güterangebot determiniert.

Gewinn maximierendes Güterangebot und Gewinn maximierende Arbeitsmenge sind also nur zwei Seiten derselben Medaille. Wir können also das Angebotsverhalten der Unternehmer auf dem Gütermarkt aus der Arbeitsmarktkonstellation ableiten.

Der Arbeitsmarkt, den wir den folgenden Überlegungen zugrunde legen wollen, weicht nur in einer wesentlichen Annahme vom klassischen Arbeitsmarkt ab (vgl. Kapitel 10):

> Es wird der so genannte **Festlohnfall** unterstellt, d. h. dass der Geldlohnsatz bei Unterbeschäftigung fix ist, da die Arbeiter keine Reallohnsatzsenkung über eine Senkung des Geldlohnsatzes akzeptieren. Steigt bei Unterbeschäftigung das Preisniveau, so bleibt der Geldlohnsatz konstant oder steigt um einen geringeren Prozentsatz als das Preisniveau, sodass der Reallohnsatz abnimmt. Diese Reallohnsenkung »akzeptieren« die Arbeiter. Ist Vollbeschäftigung erreicht, so bewirken bei vollständiger Konkurrenz die Marktkräfte, dass Preisniveau und Geldlohnsatz um denselben Prozentsatz steigen. Der Reallohnsatz bleibt dann konstant.

Es wird ein nach unten nicht flexibler Geldlohnsatz angenommen.

Damit ergibt sich der in Abbildung 11.8 dargestellte Angebotssektor im Modell der neoklassischen Synthese.

Im Quadranten III sind – wie im klassischen Modell – die reallohnsatzabhängige Arbeitsnachfrage und das reallohnsatzabhängige Arbeitsangebot eingezeichnet. Die Ausgangssituation ist durch ein Überschussangebot auf dem Arbeitsmarkt (also Arbeitslosigkeit) beim Reallohnsatz W_0/P_0 und dem zugehörigen Geldlohnsatz W_0 gekennzeichnet.

Die Unternehmer realisieren dann die Arbeitsnachfrage N_0, mit der – gemäß der im Quadranten IV abgetragenen Produktionsfunktion – das Inlandsprodukt Y_0 zum Preis P_0 angeboten wird (Quadrant I). Steigt jetzt das Preisniveau (z. B. weil die gesamtwirtschaftliche Nachfrage steigt), so sinkt bei dem als fest angenommenen Geldlohnsatz W_0 der Reallohnsatz. Folglich wird von den Unternehmen mehr Arbeit nachgefragt (und eingesetzt) und damit ein höheres Inlandsprodukt angeboten.

Die gesamtwirtschaftliche Güterangebotsfunktion im Festlohnfall hat also eine positive Steigung, solange auf dem Arbeitsmarkt Unterbeschäftigung herrscht. Steigt das Preisniveau – wie in der Abbildung angenommen auf P^*, so wird der Vollbeschäftigungs-Output Y^* angeboten. Bei weiteren Preissteigerungen steigt unter den Bedingungen der vollständigen Konkurrenz der Geldlohnsatz proportional, sodass Reallohnsatz und Güterangebot konstant bleiben.

Bei einem festen Geldlohnsatz fällt der Reallohnsatz bei steigendem Preisniveau, wodurch das Güterangebot zunimmt.

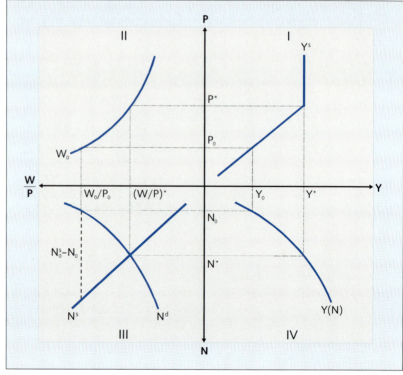

Abb. 11.8: Der Angebotssektor im Modell der neoklassischen Synthese

Gegenüber dem klassischen Modell ergibt sich also als wichtige Veränderung, dass die gesamtwirtschaftliche Güterangebotskurve nicht in ihrem ganzen Verlauf preisunabhängig ist, sondern dass ein preiselastischer Ast der Güterangebotskurve existiert[4].

Wie wirkt sich nun eine einmalige dauerhafte Senkung des Geldlohnsatzes W von W_0 auf W_1 im Angebotssektor aus? Die Antwort ist uns im Prinzip aus der Analyse des Unternehmensverhaltens im Kapitel 5 bekannt. Dort haben wir gesehen, dass ein Unternehmen bei vollständiger Konkurrenz gemäß seiner Grenzkostenkurve bzw. seiner Arbeitsnachfragefunktion Güter anbietet. Mit sinkendem Geldlohnsatz sinken (bei unveränderter Produktionsfunktion) die Grenzkosten für jede Produktmenge, sodass sich der elasti-

---

4 Gibt man die Festlohnannahme auf, so wird die Güterangebotsfunktion wieder eine preisunabhängige Senkrechte auf der Höhe von Y^* wie im klassischen Modell.

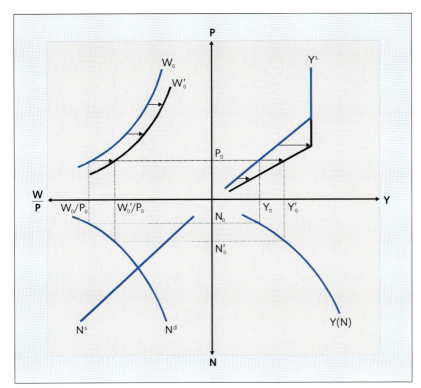

Bei einer Senkung des Geldlohnsatzes verschiebt sich der elastische Ast der Y^s-Kurve nach rechts.

Abb. 11.9: Güterangebotsfunktion und Geldlohnsatzsenkung

sche Teil der Güterangebotskurve nach unten verschiebt. Abbildung 11.9 macht dies in unserem Angebotsmodell deutlich.[5]

1.3 Das vollständige Modell der neoklassischen Synthese

1.3.1 Gleichgewicht auf dem Gütermarkt

In der gesamtwirtschaftlichen Güternachfragefunktion Y^d, die in Abschnitt 1.1 hergeleitet wurde, sind die Nachfragebedingungen in der Volkswirtschaft zusammengefasst. Die Funktion gibt an, welches nachfrageseitige reale Gleichgewichtsinlandsprodukt sich bei alternativen Preisniveaus ergibt.

Die gesamtwirtschaftliche Güterangebotsfunktion Y^s spiegelt die Arbeitsmarktkonstellation in der Volkswirtschaft wider. Sie gibt an, welche Güter-

---

[5] Wenn Arbeit der einzige variable Produktionsfaktor ist, dann sind die variablen Kosten definiert als: $K^v = W \cdot N(Y)$ und die Grenzkosten gegeben als $dK^v/dY = W \cdot dN/dY = W/(dY/dN)$. Verändert sich W, so ist die Veränderung der Grenzkosten umso größer, je größer N und damit Y ist, da abnehmende Grenzerträge angenommen werden.

Bei niedrigem Nachfrageniveau ist ein Unterbeschäftigungsgleichgewicht möglich.

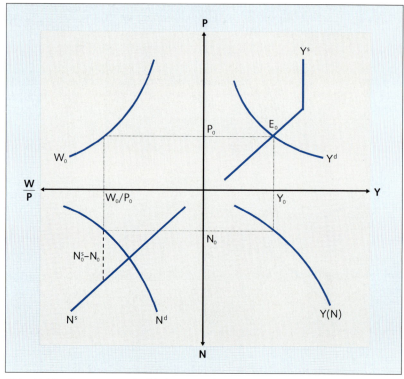

Abb. 11.10: Gesamtwirtschaftliches Unterbeschäftigungsgleichgewicht

angebotsmengen bei gegebenem Geldlohnsatz und alternativen Preisniveaus für die Produzenten Gewinn maximierend sind, also angebotsseitiges Gleichgewicht darstellen.

Gesamtwirtschaftliches Gleichgewicht herrscht im Schnittpunkt von gesamtwirtschaftlicher Güterangebots- und -nachfragekurve.

Gesamtwirtschaftliches Gleichgewicht herrscht bei dem Preisniveau, bei dem das angebotene Inlandsprodukt gleich ist dem nachgefragten Inlandsprodukt. Abbildung 11.10 zeigt ein solches Gleichgewicht bei Unterbeschäftigung. Streng genommen handelt es sich nicht um ein gesamtwirtschaftliches Gleichgewicht, da der steigende Ast der Güterangebotsfunktion mit Arbeitslosigkeit (Ungleichgewicht auf dem Arbeitsmarkt) einhergeht. Da der Zustand des Systems aber wegen des Gleichgewichtes auf dem IS/LM-Güter- und Geldmarkt und des fixen Geldlohnsatzes stabil ist, spricht man trotzdem von einem gesamtwirtschaftlichen Gleichgewicht.

Im Gegensatz zum IS/LM-Modell, in dem allein die Höhe der Güternachfrage (unter Einbeziehung der Wirkung der Geldmarktkonstellation auf die Nachfrage) die Höhe des Inlandsprodukts bestimmt, ist das

> Unterbeschäftigungsgleichgewicht in der neoklassische Synthese Resultat der Nachfrage- **und** Angebotsbedingungen in der Volkswirtschaft.

1.3.2 Wirtschaftspolitik im Modell der neoklassischen Synthese

Wir wollen im Folgenden die Wirkungen von Staatsausgaben-, Geldmengen- und Geldlohnsatzveränderungen untersuchen, wenn die gesamtwirtschaftliche Güternachfrage mit abnehmendem P zunimmt, also preiselastisch ist. Außerdem soll von einem Unterbeschäftigungsgleichgewicht ausgegangen werden. Die keynesianischen Rigiditäten, die zu einer preisunelastischen Güternachfragekurve führen, werden – abgesehen vom Fall der Geldlohnsatzsenkung – nur am Rande angesprochen.

Staatsausgaben- und Geldmengenerhöhung

Abbildung 11.11 zeigt die Wirkungen einer dauerhaften Erhöhung der Staatsausgaben (Fiskalpolitik) und/oder der Geldmenge (Geldpolitik) bei normalem Verlauf von Güterangebots- und Güternachfragekurve.

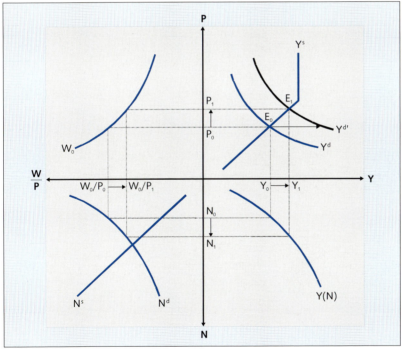

Eine Erhöhung der Staatsausgaben und/oder der Geldmenge erhöht im Normalfall Output- und Beschäftigung.

Abb. 11.11: Fiskal- und/oder Geldpolitik im Modell der neoklassischen Synthese (Normalfall)[6]

---

[6] Von dem Sachverhalt, dass die Geldmengenerhöhung zu keiner Parallelverschiebung der gesamtwirtschaftlichen Güternachfragefunktion führt, wird hier abstrahiert.

Es zeigt sich, dass beide Politiken expansiv wirken, also effektiv sind. Es ist allerdings zu bedenken, dass diese Aussage für die Geldpolitik an die Existenz einer preiselastischen Güternachfragefunktion gebunden ist. Verläuft diese vollkommen preisunelastisch (senkrecht), so ist Geldpolitik wirkungslos, weil sie in diesem Fall keine Verschiebung der Y^d-Kurve herbeiführen kann (vgl. Abbildung 11.7). Dies wäre bei der Investitions- oder Liquiditätsfalle gegeben.

Geldlohnsatzsenkung

Gedacht ist – um dies noch einmal hervorzuheben – an eine Senkung des Geldlohnsatzes bei dauerhafter Geltung des neuen Lohnsatzes. Die Vorarbeiten zur Analyse diese Falles haben wir in Abschnitt 1.2 durchgeführt. Wir haben dort gesehen, dass sich der elastische Ast der Güterangebotskurve bei einer Geldlohnsatzsenkung nach unten verschiebt. Damit ergeben sich bei preiselastischer Güternachfragefunktion die in Abbildung 11.12 dargestellten Wirkungen.

Die Geldlohnsatzsenkung erhöht also bei preiselastischer Güternachfragefunktion den Output Y und die Beschäftigung N, ist also unter diesem Gesichtspunkt effektiv. Eine Ausnahme würde gelten, wenn die Güternachfragefunktion vollkommen preisunelastisch wäre (vgl. den nachfolgenden Abschnitt 1.4).

Eine Senkung des Geldlohnsatzes wirkt bei Unterbeschäftigung im Normalfall expansiv auf Beschäftigung und Output.

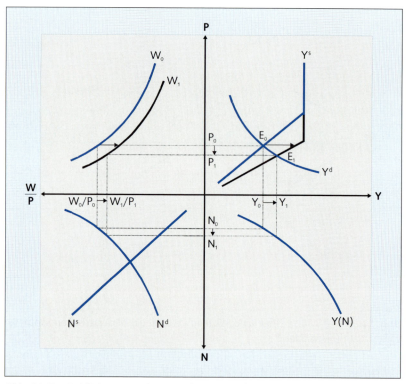

Abb. 11.12: Geldlohnsatzsenkung und Gütermarkt-Gleichgewicht (Normalfall)

> Die aufgezeigten Implikationen des keynesianisch-neoklassischen Modells rechtfertigen also prinzipiell sowohl eine keynesianischem Gedankengut nahe stehende Nachfragesteuerung (Veränderung von G) als auch eine klassischem und neoklassischem Gedankengut entsprechende angebotsorientierte Politik (Kostensenkung durch Lohnzurückhaltung). Auch in Bezug auf diese Ergebnisse ist die Bezeichnung »Synthese« zutreffend.

1.4 Vollbeschäftigung durch Nachfragesteuerung oder Lohnsenkung?

Wie gezeigt, ergeben sich im Modell der neoklassischen Synthese sowohl durch Erhöhung der Güternachfrage als auch durch Senkung des Geldlohnsatzes im Unterbeschäftigungsfall expansive Effekte, sofern bestimmte Voraussetzungen erfüllt sind (z. B. eine preiselastische Güternachfragekurve bei der Geldpolitik und bei der Geldlohnsatzsenkung). In den letzten 25 Jahren wurden verstärkt Argumente vorgetragen, um die Ergebnisse des Modells zu relativieren. Vertreter der Neuen Klassischen Makroökonomik stellen dabei die Wirkungen der Nachfragesteuerung in Frage und unterstreichen die Wirksamkeit des Lohnmechanismus, während keynesianische Ökonomen lange Zeit überwiegend eine entgegengesetzte Position einnahmen.

Der Crowding-out-Effekt beeinträchtigt die Effektivität von Nachfragepolitik.

Als zentrales Argument gegen die beschäftigungsfördernde Wirkung einer Erhöhung der staatlichen Ausgaben werden verschiedene Varianten des Crowding-out-Argumentes angeführt.

Zunächst unterscheidet man zwischen direkten und indirekten Verdrängungseffekten. Bei ersteren verdrängt der Staat direkt private Investitionen, etwa wenn eine Stadt notwendige Parkplätze im Umfeld eines Unternehmens baut, sodass eine (nahezu identische) geplante Investition des Privatunternehmens entfällt. Beim indirekten Crowding-out dagegen führen unterschiedliche Wirkungsketten zu einer Verdrängung privater durch staatliche Investitionen, wobei die konkurrierenden Investitionsobjekte in der Regel ganz unterschiedlich sind.

Direktes und indirektes Crowding-out

Wir haben im Rahmen des IS/LM-Modells schon eine erste Form des indirekten Crowding-out kennen gelernt, das so genannte **Transaktionskassen-Crowding-out**. Dies entsteht dadurch, dass es im Zuge eines durch die Fiskalpolitik induzierten expansiven Prozesses über eine verstärkte Geldnachfrage zu Transaktionszwecken (bei konstanter Geldmenge) zu einer Zinssteigerung kommt, die zinsreagible private Investitionen reduziert. Da hier die Zunahme der wirtschaftlichen Aktivität Voraussetzung für die Zinserhöhung ist, kann das neue Gleichgewichts-Inlandsprodukt nicht kleiner sein als das vor der Erhöhung der Staatsausgaben.

Über Zinserhöhungen ergeben sich unterschiedliche Formen des Crowding-out.

Eine weitere Form des indirekten Crowding-out ist das so genannte **Vermögens-Crowding-out**, das z. B. im Zuge einer kreditfinanzierten Staatsaus-

Vermögenseffekte infolge von durch Staatsanleihen finanzierte Staatsausgaben

gabenerhöhung auftreten kann. Die relativ komplizierten Modellvarianten hierzu lassen sich wie folgt zusammenfassen: In der modernen Volkswirtschaftslehre spielt das Vermögen als Bestimmungsgröße für das Verhalten von Wirtschaftseinheiten eine wichtige Rolle. So wird z. B. häufig angenommen, dass der Konsum und die Geldnachfrage des privaten Sektors nicht nur vom laufenden Einkommen und vom Zins, sondern auch vom Vermögen des Sektors bestimmt werden. Unter dieser Prämisse führen Änderungen des privaten Vermögens zu Änderungen der Konsum- und der Geldnachfrage. Wie kommt es nun zu der Änderung des Vermögens des privaten Sektors im Zuge der kreditfinanzierten Staatsausgabenerhöhung? Private geben dem Staat Kredite zur Finanzierung seiner erhöhten Ausgaben, sodass Geld vom privaten Sektor an den Staat und Kreditforderungen gegenüber dem Staat (meist verbrieft in Form staatlicher Wertpapiere) an den privaten Sektor fließen.

Im Zuge der Durchführung der zusätzlichen Ausgaben gelangen die Geldmittel wieder in den Besitz des privaten Sektors (z. B. an Unternehmungen, die staatliche Aufträge durchführen), sodass dieser nunmehr zusätzlich die staatlichen Wertpapiere besitzt. Betrachtet man diesen zusätzlichen Wertpapierbestand als zusätzliches Vermögen des privaten Sektors, so kommt es zu der erwähnten Erhöhung der Konsum- und Geldnachfrage. Ist nun der expansive Effekt auf die Konsumnachfrage kleiner als der kontraktive Effekt, der sich über die erhöhte Geldnachfrage ergibt, so kommt es zum Vermögens-Crowding-out. Bei realistischer Einschätzung der relevanten Größenordnungen wird trotz eines solchen Vermögens-Crowding-out die staatliche Ausgabenpolitik zunächst expansiv wirken, da die Erhöhung der Nachfrage durch die Zunahme der staatlichen Ausgaben in aller Regel größer sein dürfte als der Nachfrage-Verdrängungseffekt. Die zunächst resultierende Erhöhung des Inlandsproduktes und die damit bei festen Steuersätzen verbundene Zunahme des Steueraufkommens dürfte in der Regel aber das Loch in den Staatsfinanzen nicht sofort schließen, sodass es in den Folgeperioden – bei jetzt unverändertem (wenn auch erhöhtem) Niveau der Staatsausgaben – zu weiterer Staatsverschuldung und damit zu einer weiteren Erhöhung des Vermögens des privaten Sektors mit (dem angenommenen) Vermögens-Crowding-out kommt. Das Inlandsprodukt sinkt dann ceteris paribus von Periode zu Periode, sodass es schließlich sogar zu einem Absinken der Produktion unter das Niveau vor der Staatsausgabenerhöhung kommt.

Der Leser beachte die zentralen Voraussetzungen, an die diese Ergebnisse geknüpft sind:

Vorausetzungen des Vermögens-Crowding-out

(1) Staatsschuldtitelfinanzierte Ausgaben erhöhen das Vermögen des privaten Sektors.
(2) Das Vermögen wirkt positiv auf den privaten Konsum und auf die private Geldnachfrage.
(3) Der expansive Nachfrageeffekt der Vermögenszunahme über den privaten Konsum wird überkompensiert von dem negativen Nachfrageeffekt, der über die Wirkungskette »Erhöhung der Geldnachfrage, Zinssteigung, Abnahme der privaten Investitionen« ausgelöst wird.

Von diesen Voraussetzungen erscheint nur die zweite relativ unproblematisch. Entsprechend zweifelhaft ist die praktische Wirksamkeit des Vermögens-Crowding-out.

Abschließend sei auf eine Form des Crowding-out hingewiesen, die eine Zwischenstellung zwischen direktem und indirektem Crowding-out einnimmt, das so genannte **Erwartungs-Crowding-out**, bei dem die zusätzliche staatliche Verschuldung die Erwartungen der Wirtschaftseinheiten in Bezug auf zukünftige Lohn- und Gewinnerzielungsmöglichkeiten negativ beeinflusst und damit die gegenwärtige Konsum- und Investitionsnachfrage bremst oder das Güterangebot vermindert.

Erwartungs-Crowding-out

Wie die praktische Beurteilung der aufgeführten Formen des Crowding-out ausfallen muss, kann letztendlich nur empirisch beurteilt werden. Die Ergebnisse entsprechender Untersuchungen sind – wie sollte es auch anders sein? – kontrovers, wobei die Arbeiten, die die Wirksamkeit des Crowding-out für die Bundesrepublik Deutschland skeptisch beurteilen, überwiegen. Die Autoren stimmen dem Urteil *Kromphardt*s zu, wenn dieser feststellt: »Für die Bundesrepublik Deutschland kann also das Fazit gezogen werden, dass bisher in den Zeiten, in denen eine expansive Fiskalpolitik verfolgt wurde, eine Verdrängung privater Nachfrage nicht – oder nur in geringem Umfange – aufgetreten ist, und diese Verdrängung hätte sich durch eine bessere Strukturierung der Fiskalpolitik und eine bessere Abstimmung zwischen Geld- und Fiskalpolitik wohl auch noch verringern lassen.« (*Kromphardt, J.*: Arbeitslosigkeit und Inflation, Göttingen 1987, S. 169)

Anstelle einer Nachfragesteuerung fordern die klassischem Denken zugeneigten Ökonomen u. a. eine **Reaktivierung des Lohnmechanismus**: Wäre der Geldlohnsatz nach unten flexibel, so würde er bei Unterbeschäftigung sinken und so lange zu einer Rechtsverschiebung des elastischen Teils der Güterangebotskurve führen, bis es zu einem Schnittpunkt zwischen Güternachfragekurve und dem senkrechten Ast der Güterangebotskurve kommt, und damit Vollbeschäftigung erreicht ist (vgl. Abbildung 11.13).

Klassische Ökonomen setzen auf den Lohnmechanismus statt auf Nachfragesteuerung.

Bei Keynesianern (und vor allem auch bei *Keynes* selbst) ist die Wirksamkeit des Lohnmechanismus insbesondere in der Vergangenheit auf Skepsis gestoßen. Verbreitet ist ein Argument, das sich auf ein Versagen des Preismechanismus infolge eines zu schwachen oder ganz ausbleibenden *Keynes*-Effektes stützt. Wie in Abschnitt 1.3 dargelegt, führt eine als Folge einer Geldlohnsatzsenkung eintretende Preissenkung dann nicht zu einer Erhöhung des nachfrageseitigen Gleichgewichts-Inlandsproduktes, wenn die Liquiditätsfalle wirksam wird und/oder die Investitionen vollkommen zinsunelastisch sind. Geldlohnsatzsenkungen führen dann, wie aus Abbildung 11.14 ersichtlich, nicht zu einer Erhöhung des Inlandsproduktes und der Beschäftigung. Ähnlich ist die Situation bei einem sehr schwach ausgeprägten *Keynes*-Effekt.

Neoklassische Ökonomen führen gegen diese Argumentation den so genannten *Pigou*-Effekt (*Arthur C. Pigou*, 1877–1959, britischer Ökonom, *Keynes*-Kritiker in Cambridge) ins Feld. Nach dieser auch als Realkasseneffekt bekannten Hypothese hat eine Preissenkung über die sie begleitende Erhö-

Bei Existenz des Pigou-Effektes ist die Y^d-Kurve immer preiselastisch.

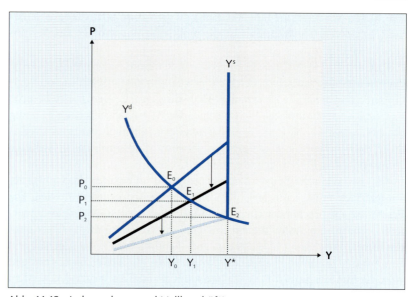

Abb. 11.13: Lohnsenkung und Vollbeschäftigung

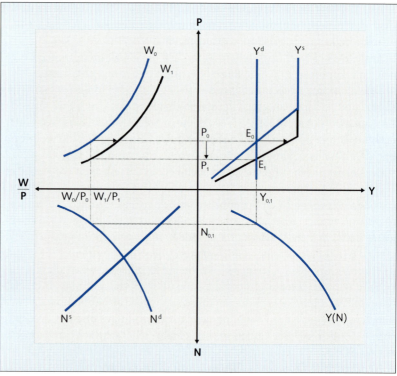

Abb. 11.14: Vollständige Ineffektivität einer Geldlohnsatzsenkung bei fehlendem Keynes-Effekt

hung des Realwertes des Geldes nicht nur einen Zinseffekt, sondern erhöht über das steigende reale Vermögen der Geldbesitzer auch die Konsumnachfrage. Sofern diese Hypothese zutrifft, wird die gesamtwirtschaftliche Güternachfragekurve flacher. Ein schwacher oder fehlender *Keynes*-Effekt kann so kompensiert werden.

Alternativ oder ergänzend zu dem Argument einer preisunelastischen Güternachfragekurve wird von Keynesianern ein Verteilungsargument angeführt. In dem vorgestellten Modell der neoklassischen Synthese wird nicht zwischen einer Konsumfunktion für Lohneinkommensempfänger (mit einer relativ hohen marginalen Konsumquote) und einer Konsumfunktion für Gewinneinkommensempfänger (mit einer relativ niedrigen marginalen Konsumquote) unterschieden. Deshalb bleiben Einkommensumverteilungen mit Wirkung auf die Kaufkraft – wie sie sich als Ergebnis einer Geldlohnsatzsenkung ergeben könnten – in dem Modell ohne Effekt auf das Niveau der Nachfrage.

Lohnsatzänderungen haben auch Verteilungswirkungen.

Vermutlich ist in der Realität das Verteilungsargument zutreffend. Wenn man allerdings auf die Nachfragewirkungen der Verteilung abstellt, so muss man auch die Wirkungen der Einkommensverteilung auf die Investitionsgüternachfrage in Rechnung stellen.

Schließlich wird gegen die aufgezeigte, mögliche positive Wirkung einer Lohnsenkung auf Inlandsprodukt und Beschäftigung eingewandt, dass in dem Modell lediglich zwei Gleichgewichtszustände miteinander verglichen werden. Selbst wenn man Stabilität des neuen Gleichgewichts voraussetzt, bleibt offen, wie lang der Weg dorthin ist und welche Opfer auf ihm zu bringen sind.

Insbesondere wird in diesem Zusammenhang auf die Möglichkeit der Entstehung von Preissenkungserwartungen hingewiesen. Kommt es im Zuge der Lohn- und Preissenkungen bei den Wirtschaftseinheiten zu der Erwartung, dass Güter- und Faktorpreise weiter sinken werden, so ist nicht auszuschließen, dass geplante Nachfrage aufgeschoben wird und es zu einer Deflationsspirale kommt.

2 Unvollkommene Information und adaptive Erwartungen

Abweichungen des tatsächlichen Beschäftigungsniveaus vom gleichgewichtigen Beschäftigungsniveau N^* sind im Modell der neoklassischen Synthese **auch bei flexiblen Löhnen** möglich, wenn man in das Modell **unvollkommene Information** einführt. In diesem Fall können sich zwar die Geldlohnsätze flexibel anpassen, allerdings kommt es hier bei Fehlerwartungen der Wirtschaftssubjekte bezüglich der Güterpreis-Entwicklung zu anderen Geldlohnsatz-Vereinbarungen als bei korrekten Erwartungen.

Bei unvollkommener Information kann es auch bei flexiblen Löhnen zu »fehlerhafter« Lohnbildung kommen.

Dogmenhistorisch geht dieser Ansatz auf *Milton Friedman* (geb. 1912, Nobelpreisträger 1976, bekanntester Vertreter des so genannten Monetarismus) zurück, welcher zu Beginn der 60er-Jahre die erste ernst zu nehmende Attacke gegen das Modell der neoklassischen Synthese führte. Er argumentierte, dass die Festlohnannahme des Modells, die die Ableitung eines Unterbeschäftigungsgleichgewichtes ermöglicht, ein willkürliches Element sei. Als Neoklassiker argumentierte er außerdem, dass eine wirksame Steuerung der Wirtschaft, sofern sie denn überhaupt möglich und/oder notwendig sei, auch bei flexiblem Geldlohnsatz (und Güterpreisen) theoretisch begründbar sein müsse. *Friedman* unterstellte im Rahmen seiner Theorie, dass die privaten Haushalte das aktuelle Preisniveau nicht unmittelbar beobachten können und daher diesbezüglich eine Erwartung bilden müssen. Abweichungen des tatsächlichen Beschäftigungsniveaus vom gleichgewichtigen bzw. (in der *Friedman*schen Wortwahl) »**natürlichen**« Beschäftigungsniveau sind hier nur bei **Erwartungsfehlern** möglich. *Friedman* ging dabei von so genannten **adaptiven Erwartungen** aus. Die Akteure korrigieren hier bei der Festlegung ihrer Preiserwartung für die laufende Periode t (P_t^e) ihre vorherige Erwartung für die Periode t-1 (P_{t-1}^e) um einen bestimmten Prozentsatz a ihres in der Vorperiode realisierten Erwartungsfehlers ($P_{t-1} - P_{t-1}^e$):

Friedmans »natürliches« Beschäftigungsniveau bei korrekten Erwartungen

Adaptive Erwartungsbildung

$$P_t^e = P_{t-1}^e + a \cdot (P_{t-1} - P_{t-1}^e) \text{ mit } 0 < a \leq 1.$$

Beträgt dieser Prozentsatz a gerade 100 %, so werden die Akteure für die laufende Periode t gerade den Preis der vorangegangenen Periode t-1 erwarten ($P_t^e = P_{t-1}$), wovon im Weiteren der Einfachheit halber ausgegangen sei.

Innerhalb der neoklassischen Synthese selbst existieren unterschiedliche Ansätze, derartige informationelle Unvollkommenheiten in der Analyse zu berücksichtigen.

Der »Informationsasymmetrie-Ansatz«

Im so genannten »**Informationsasymmetrie-Ansatz**« kennen **nur die Unternehmen** das aktuelle Preisniveau, während die Arbeitsanbieter diesbezüglich (adaptive) Erwartungen bilden müssen. Der Arbeitsmarkt wird hier als Auktionsmarkt behandelt, auf dem es – wie im klassisch-neoklassischen Modell – zu markträumenden Geldlohnsatz-Anpassungen kommt. Unterschätzen die Haushalte das Preisniveau, so wird das Arbeitsmarkt-Gleichgewicht bei einem niedrigeren Geldlohnsatz und folglich bei einer höheren Beschäftigung als unter korrekten Erwartungen erreicht. Überschätzen die Haushalte das Preisniveau, so wird der Geldlohnsatz höher und die Beschäftigung niedriger als bei korrekten Erwartungen sein.[7] Wir werden diesen Ansatz in modifizierter Form im Rahmen der Phillips-Kurven-Diskussion in Abschnitt 2.2 behandeln.

Der »Kontrakt-Ansatz«

Zu qualitativ entsprechenden Ergebnissen kommt auch der so genannte »**Kontrakt-Ansatz**«, welcher insbesondere auf Arbeiten von *Jo Anna Gray* (1976) und *Stanley Fischer* (1977) zurückgeht: In diesem Modellrahmen

---

[7] Eine gute Darstellung dieses in seinen Details verhältnismäßig komplexen Ansatzes findet sich bei *Branson*.

werden auf dem Arbeitsmarkt für jede Periode verbindliche Tarifabschlüsse zwischen den Unternehmen und Arbeitnehmern (Gewerkschaften) vereinbart, wobei zum Zeitpunkt des Abschlusses das Preisniveau der anstehenden Tarifperiode **beiden Seiten nicht bekannt** ist. Die Tarifpartner vereinbaren dann denjenigen Geldlohnsatz, welcher bei Korrektheit der Preiserwartungen das Arbeitsmarkt-Gleichgewicht herbeiführen würde. Gleichzeitig ist vertraglich geregelt, dass das tatsächliche Beschäftigungsvolumen in der Tarifperiode (d. h. die Arbeitszeit der Beschäftigten) einseitig durch die Unternehmen bestimmt wird ($N=N^d$, **»right-to-manage«**). Dabei ist zum Zeitpunkt der Beschäftigungsentscheidung der Unternehmen, welche dem Vertragsabschluss zeitlich nachgelagert ist, das tatsächliche Preisniveau bereits bekannt. Bei Fehleinschätzungen über das Preisniveau zum Vertragszeitpunkt kann es folglich zu **Kurzarbeit** bzw. unfreiwilliger **Arbeitslosigkeit** oder zu (bezahlten) **Überstunden** kommen.

Die **kurzfristige** Güterangebotsfunktion Y^s ist dann durchgehend preiselastisch und bestimmt sich einseitig aus dem Gewinnmaximierungskalkül bzw. der Arbeitsnachfrage der Unternehmen bei gegebenem Geldlohnsatz. Je höher bei gegebener Preiserwartung und damit gegebenem vertraglich vereinbartem Geldlohnsatz das tatsächliche Preisniveau ausfällt, umso niedriger ist der Reallohnsatz und umso größer sind Arbeitsnachfrage, Beschäftigung und Output der Unternehmen. Wir wollen dies am Beispiel der Güterangebotsfunktion Y^s in Abbildung 11.15 näher verdeutlichen. Dieser Angebotsfunktion liegt die an der P-Achse abgetragene Preiserwartung P^e mit dem korrespondierenden Geldlohnsatz W_0 zugrunde. Im Punkt A entspräche das tatsächliche Preisniveau dieser Preiserwartung und es ergäbe sich das gleichgewichtige Beschäftigungsniveau und damit der natürliche Output. Läge nun stattdessen das Preisniveau P_0' vor, so würde bei unveränderter Preiserwartung und damit unverändertem Geldlohnsatz (W_0) ein geringerer Reallohnsatz und damit höhere Arbeitsnachfrage, höhere Beschäftigung und höheres Güterangebot resultieren (Punkt B). Je höher wiederum die Preiserwartung ist, umso höher wird der Geldlohnsatz ausfallen, d. h. mit steigender Preiserwartung wird die kurzfristige Güterangebotskurve im (Y,P)-Diagramm immer weiter nach oben (links) verschoben, mit jedem gegebenem Outputniveau korrespondiert jetzt ein jeweils höheres Preisniveau als zuvor, sodass derselbe Reallohnsatz zustande kommt. Jede Güterangebotskurve verläuft gerade so, dass sich bei korrekter Erwartung stets der »natürliche« Output Y^* einstellen würde. Der Leser kann sich dies unmittelbar verdeutlichen, wenn er die Lage der in Abbildung 11.15 eingezeichneten Güterangebotskurven Y^s (bei Preiserwartung P^e und Geldlohnsatz W_0) und $Y^{s\prime}$ (bei Preiserwartung $P^{e\prime} > P^e$ und Geldlohnsatz $W_0' > W_0$) miteinander vergleicht. Sind die Erwartungen langfristig korrekt, ist die **langfristige** Güterangebotsfunktion wie im klassisch-neoklassischen Modell wieder vollkommen preis**un**elastisch und liegt auf der Höhe des natürlichen Output Y^*.

Preiselastisches Güterangebot im Kontrakt-Modell

Preisniveauerwartungsänderungen führen zu Verschiebungen der kurzfristigen Güterangebotsfunktion.

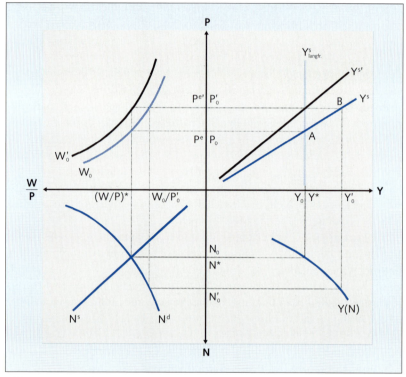

Abb. 11.15: Kurzfristige Güterangebotsfunktionen im Kontrakt-Ansatz

2.1 Ein neoklassisches »Kontrakt-Modell« mit adaptiven Erwartungen

Wir wollen nun die sich aus dem Kontrakt-Ansatz ergebenden kurz- und langfristigen Konsequenzen auf Beschäftigung und Produktion näher untersuchen (vgl. Abbildung 11.16).

In der Ausgangssituation (Periode 0) herrscht Arbeitsmarkt- und Gütermarktgleichgewicht mit $W_0/P_0 = (W/P)^*$, N^* und Y^*. In Periode 1 verschiebt sich z.B. aufgrund einer Geldmengenerhöhung die gesamtwirtschaftliche Güternachfragekurve von Y^d nach oben (rechts) auf $Y^{d'}$. Preisauftriebstendenzen sind die Folge der entstehenden Überschussnachfrage beim existierenden langfristigen Güterangebot Y^*. Da die Tarifpartner bei Tarifabschluss für Periode 1 jedoch abermals ein Preisniveau in Höhe von P_0 erwartet hatten, verblieb der verbindlich ausgehandelte Geldlohnsatz von Periode 1 auf der Höhe von W_0. Aufgrund des Preisanstiegs auf P_1 kommt es folglich zu einer Senkung des Reallohnsatzes, sodass die Arbeitsnachfrage der Unternehmen (und damit Beschäftigung und Output) ansteigt. Beim Preis P_1 entsprechen sich Güterangebot und Güternachfrage und es kommt zu einem kurzfristigen Gleichgewicht bei P_1, Y_1, N_1 (Gleichgewichtspunkt E_1).

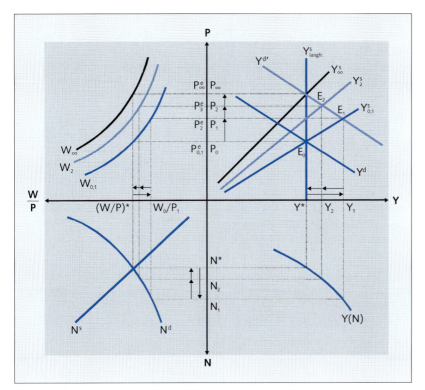

Eine expansive Nachfragepolitik erhöht kurzfristig Output und Beschäftigung. Im Zeitablauf kehrt die Ökonomie aber durch die Anpassung der Preiserwartungen zum natürlichen Output zurück.

Abb. 11.16: Kurz- und langfristige Gleichgewichte bei adaptiven Erwartungen (Kontrakt-Ansatz)

Am Ende von Periode 1 handeln die Tarifpartner einen neuen Geldlohnsatz für Periode 2 aus. Da sie ihre jüngste Preisniveau-Unterschätzung erkannt haben, korrigieren sie ihre letzte Preiserwartung entsprechend nach oben ($P_2^e = P_1$). Der neu ausgehandelte Geldlohnsatz W_2 fällt dann höher aus als in Periode 1 und zwar gerade so, dass sich bei Korrektheit dieser Erwartung (also einem unveränderten Preisniveau in Periode 2) der gleichgewichtige Reallohnsatz $(W/P)^*$ bzw. das natürliche Beschäftigungsniveau N^* ergeben würde. Der Anstieg des Geldlohnsatzes führt zu einer Erhöhung des Reallohnsatzes, sodass sich die kurzfristige Güterangebotsfunktion von Y_1^s nach oben bzw. links auf Y_2^s verschiebt und es bei der gegebenen Güternachfrage erneut zu einem Preisanstieg kommt (P_2 in Abbildung 11.16). Dies bringt nach dem vorangegangenen Reallohnsatzanstieg infolge der Erhöhung des Geldlohnsatzes eine gewisse Reallohnsatzsenkung. Trotzdem verbleibt der Reallohnsatz von Periode 2 über dem Niveau von Periode 1, da die prozentuale Geldlohnsatzerhöhung größer ist als die prozentuale Preissteigerung. Die Beschäftigung sinkt also im Vergleich zu Periode 1 ab, sodass sich der Output auf Y_2 verringert. Wieder haben die Tarifpartner das Preisniveau unterschätzt ($P_2^e < P_2$), sodass sie für die nachfolgende Tarifverhandlung abermals ihre Preiserwartung nach oben korrigieren. In der Folge wird sich der tarifvertraglich vereinbarte Geldlohnsatz weiter erhöhen, die Güterangebotsfunktion sich weiter nach links verschieben, das Preisniveau und der Reallohnsatz weiter ansteigen sowie Beschäftigung und Produktion weiter absinken. Diese Anpassungsprozesse laufen so lange, bis schließlich mit P_∞ ein neues langfristiges Gleichgewicht beim alten (natürlichen) Output Y^* und bei erfüllten Preiserwartungen erreicht ist.

> Kurzfristig führt also die Geldmengenerhöhung bei unvollkommener Information und adaptiven Erwartungen zu einem Anstieg des Outputs über sein natürliches Niveau (und als Pendant dazu zu einem Anstieg der Beschäftigung über N^*) sowie zu einer Preisniveausteigerung. Langfristig aber resultiert allein eine Preisniveausteigerung und ein konstanter Output, sodass die Neutralität des Geldes und die klassische Dichotomie wieder gelten.

Durch P_∞ verläuft wieder eine kurzfristige Güterangebotsfunktion, die relevant wird, wenn es zu weiteren Nachfrageschocks und damit Preisänderungen kommt.

Wie wir gesehen haben, kommt es also zu einer zeitweisen Ausdehnung des Güterangebotes, die allerdings an die Bedingung geknüpft ist, dass das tatsächliche Preisniveau größer ist als das von den Wirtschaftssubjekten erwartete: $P > P^e$. Man kann die Güterangebotsfunktion hier deshalb (vereinfachend linearisiert) schreiben als:

$$Y = Y^* + \beta \cdot (P - P^e)$$

wobei β ein positiver Faktor ist, dessen Höhe von der Reallohnsatz-Elastizität der Arbeitsnachfrage abhängt. Die Gleichung verdeutlicht, dass $Y = Y^*$ (natürlicher Output), sobald $P^e = P$. Löst man die Gleichung nach P auf, so ergibt sich:

$$P = P^e + (Y - Y^*)/\beta.$$

In dieser inversen Form zeigt die Gleichung für das Güterangebot, dass sich die kurzfristige Y^s-Funktion mit dem erwarteten Preisniveau P^e nach oben verschiebt.

2.2 Die Friedmansche Phillips-Kurve

Friedman kommt in seinen eigenen Arbeiten zu Ergebnissen, welche denen des obigen Kontrakt-Modells sehr ähnlich sind. Allerdings argumentierte er innerhalb eines anderen Modellrahmens, nämlich dem so genannten **Phillips-Kurven-Modell**. Dabei wird in neoklassischer Manier von Markträumung (also von voll flexiblen Preisen und Löhnen) ausgegangen sowie von unvollständiger Informationen auf Seiten der Arbeiter (Arbeitsanbieter) bezüglich der Preisentwicklung, während diese andererseits den Unternehmen bekannt ist (**Informationsasymmetrie**). Die Arbeitsanbieter bilden dabei analog zu oben adaptive Erwartungen bezüglich der Inflationsrate. Um *Friedmans* Argumentation zu verstehen, ist es sinnvoll, zunächst die so genannte »keynesianische« *Phillips*-Kurve näher zu betrachten, gegen welche sich *Friedman* im Rahmen seiner eigenen – so genannten »monetaristischen« – *Phillips*-Kurven-Interpretation wandte.

Informationsasymmetrie im Friedman-Modell

2.2.1 Die traditionell keynesianische Phillips-Kurve

Nachdem A. W. *Phillips* 1958 eine langfristige empirische Studie über einen negativen, nicht-linearen und **stabilen** Zusammenhang zwischen den durchschnittlichen **Geldlohn-Steigerungsraten** und den **Arbeitslosenquoten** im Vereinigten Königreich vorgelegt hatte, lieferten Frühkeynesianer wie *Lipsey* und *Hansen* eine theoretische Begründung für diesen empirischen Sachverhalt: Da Arbeit in der Realität kein homogenes, sondern vielmehr ein äußerst heterogenes Gut sei, komme es auf dem Arbeitsmarkt zu erheblichen Geldlohnunterschieden (Lohndifferentialen), über welche die Arbeitsanbieter nicht vollständig informiert sind. Infolge dessen befindet sich stets ein Teil der Arbeitsanbieter in so genannter **Such- bzw. friktioneller Arbeitslosigkeit**, d.h. auf der Suche nach einem (hinreichend) attraktiveren Lohnangebot. Je schneller nun die Geldlöhne im Durchschnitt steigen, umso früher werden diese Sucharbeitslosen auf eine ihren Vorstellungen entsprechend besser bezahlte Beschäftigungsmöglichkeit stoßen, umso niedriger wird folglich die Arbeitslosenquote im Jahresdurchschnitt ausfallen.

Die ursprüngliche Phillips-Kurve

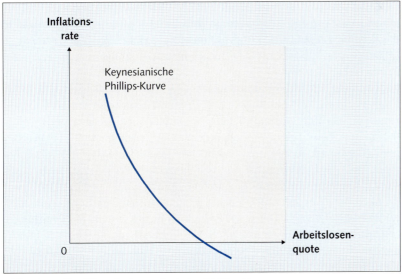

Abb. 11.17: Traditionelle keynesianische *Phillips*-Kurve

Traditionell keynesianische Phillips-Kurve mit dauerhaftem trade-off zwischen Inflation und Arbeitslosigkeit

Die »modifizierte« keynesianische Phillips-Kurve bei Preisaufschlagskalkulation

Die späteren Nobelpreisträger *Samuelson* und *Solow* ersetzten über die Verwendung einer Preisaufschlagskalkulation auf die Löhne diese *Phillips*-Kurven-Version durch eine Beziehung zwischen Arbeitslosenquote und **Preisänderungsrate** (Inflationsrate). Die Unternehmen reagieren hier auf jede prozentuale Änderung des Geldlohnes mit einer im Wert entsprechenden prozentualen Änderung der Güterpreise, sodass sich die in Abbildung 11.17 dargestellte »modifizierte« *Phillips*-Kurve ergibt. *Samuelson* und *Solow* verstanden, wie die meisten Ökonomen der damaligen Zeit, die *Phillips*-Kurve als eine **im Zeitablauf stabile Beziehung**, die eine **Wahlmöglichkeit** (einen »**trade-off**«) zwischen Arbeitslosigkeit und Inflationsrate ermöglicht. Zum Ausdruck kam diese Auffassung z. B. in dem bekannten Ausspruch des damaligen Bundeskanzlers Helmut Schmidt »Lieber 5 Prozent Inflation als 5 Prozent Arbeitslosigkeit«. Wegen ihrer wirtschaftspolitischen und theoretischen Bedeutung wurde die *Phillips*-Kurven-Beziehung nachfolgend recht häufig empirisch überprüft, mit wechselndem, doch eher abnehmendem Erfolg.

2.2.2 Die monetaristische Phillips-Kurve (Friedman/Phelps)

Friedmans Kritik an der keynesianischen Phillips-Kurve

Friedman (und mit ihm *Phelps*) wies diese Vorstellung einer stabilen *Phillips*-Kurve zurück. Er argumentierte, dass für den Arbeitsanbieter nicht der Geldlohn (bzw. dessen Steigerungsrate), sondern vielmehr sein erwarteter Reallohn (bzw. dessen Steigerungsrate) die entscheidende Größe sei. Die erwartete Steigerungsrate des Reallohns erhält man, wenn man von der Geldlohn-Steigerungsrate die **erwartete** Preissteigerungsrate (Inflationsrate) abzieht. Bei Preisaufschlagskalkulation à la *Samuelson/Solow* entspricht wieder die durchschnittliche Geldlohn-Steigerungsrate der **tatsächlichen** Inflationsrate, sodass die von den Haushalten im Durchschnitt erwartete Steigerungsrate des Reallohns gerade gleich ist der Differenz aus tatsächlicher und erwarteter Inflationsrate. Je höher diese Differenz ausfällt, je höher also die erwartete Reallohn-Steigerungsrate ist, umso niedriger wird in *Friedmans Phillips*-Kurven-Interpretation die Arbeitslosenquote sein, wobei bei korrekter Inflationserwartung (d. h. bei einer im Durchschnitt erwarteten Reallohn-Steigerungsrate von Null) die natürliche Arbeitslosenquote realisiert wird.

Da das Arbeitsangebotsverhalten der Sucharbeitslosen somit bei gegebener Geldlohn-Steigerungs- bzw. Inflationsrate von der Höhe ihrer Inflationsraten-Erwartung abhängig ist und sich Letztere wiederum aufgrund adaptiver Erwartungen im Zeitverlauf ändert (sofern nötig), wurde das schöne Wunschbild einer stabilen Wahlmöglichkeit zwischen mehr Inflation und weniger Arbeitslosigkeit zerstört. Bezeichnet man mit u die tatsächliche Arbeitslosenquote und mit π bzw. π^e die tatsächliche bzw. die erwartete Inflationsrate, so ergibt sich aus *Friedmans* Herangehensweise der folgende (zur Vereinfachung lineare) Zusammenhang:

Friedmans Phillips-Kurven-Version

$$u = u^* - b \cdot (\pi - \pi^e)$$

Dabei bezeichnet b einen positiven Faktor. Die *Friedman*'sche *Phillips*-Kurven-Gleichung weist trotz formaler Unterschiede auffällige Parallelen zu der kurzfristigen Güterangebotsfunktion im Kontrakt-Modell auf: Zwar bezieht sich die Mengengröße u nicht auf den Output, sondern auf die Arbeitslosigkeit, jedoch lässt sich der Bezug zum Güterangebot sofort über (1-u) (der Beschäftigungsquote) herstellen: Je höher die Beschäftigungsquote (je kleiner also die Arbeitslosenquote), umso höher der Output. Außerdem bezieht sich die Preisvariable nicht auf das absolute Preisniveau, sondern auf die Preisänderungsrate (Inflationsrate), was aber lediglich zum Ausdruck bringt, dass sich die Arbeitsanbieter in Friedmans Modell nicht am absoluten Preis- bzw. Reallohnniveau orientieren, sondern an den (erwarteten) Änderungsraten. Entscheidend ist, dass in beiden Fällen nur eine Differenz zwischen dem tatsächlichen und dem erwarteten Wert der Preisvariablen zu Beschäftigungs- und Outputabweichungen führt.

Entspricht die erwartete Inflationsrate π^e der tatsächlichen Inflationsrate π, so herrscht natürliche Arbeitslosigkeit. Steigt ausgehend von einem Niveau der tatsächlichen Inflationsrate $\pi_0 = \pi_0^e$ die tatsächliche Inflationsrate infolge einer expansiven Geldpolitik auf π_1 an, so erhöht sich im *Phillips*-Kurven-Modell bei zunächst unveränderter erwarteter Inflationsrate die Beschäftigung: Der Anstieg der Inflationsrate ist Ausdruck eines entsprechenden Anstiegs der Geldlohn-Änderungsrate. Dieser wird bei gegebener Inflationsraten-Erwartung als ein Anstieg der Reallohn-Steigerungsrate (miss-)interpretiert, sodass die Sucharbeitslosen schneller auf ein aus ihrer (fehlerhaften) Sicht befriedigendes Lohnangebot stoßen und ein Beschäftigungsverhältnis eingehen. Die durchschnittliche Arbeitslosenquote der betrachteten Periode sinkt also ab, was zu einer Bewegung **auf** der kurzfristigen *Phillips*-Kurve nach links führt. Passen die Arbeiter im Rahmen eines adaptiven Erwartungsbildungsprozesses ihre Inflationsraten-Erwartung der tatsächlichen Inflationsrate an, so **verschiebt sich die Phillips-Kurve selbst** nach oben (rechts) und zwar gerade so, dass bei einer Inflationsrate, welche der neuen Inflationsraten-Erwartung entspricht, wieder die natürliche Arbeitslosenquote realisiert werden würde. Um dieselbe Arbeitslosenquote wie zuvor erreichen zu können, müsste dieselbe erwartete Reallohn-Steigerungsrate wie zuvor vorliegen. Bei erhöhter Inflationsraten-Erwartung wäre dies nur möglich, wenn die Geldlohnsatz-Steigerungsrate und damit (via Preisaufschlagskalkulation) die Inflationsrate gerade im Umfang der Inflationsraten-Erwartung ansteigen würde. Je höher also die Inflationsraten-Erwartung ist, umso höher muss auch die tatsächliche Inflationsrate sein, damit dieselbe Arbeitslosenquote erreicht werden kann.

Man kann also die *Friedman*sche *Phillips*-Kurven-Beziehung in einem (u,π)- Diagramm nur für gegebenes π^e zeichnen. Die *Phillips*-Kurve wird immer gerade so verlaufen, dass bei einer der Erwartung der Arbeitsanbieter entsprechenden Inflationsrate die natürliche Arbeitslosenquote erreicht wird; je höher die Inflationsraten-Erwartung ist, umso höher ist auch die Lage der *Phillips*-Kurve. Sie verhält sich damit im Ergebnis so wie die Güterangebotsfunktion des obigen Kontrakt-Modells (Abbildung 11.18).

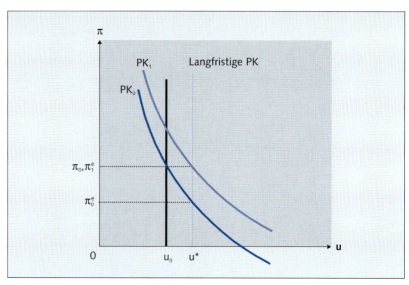

Abb. 11.18: Monetaristische *Phillips*-Kurven

Kurzfristig positive Output- und Beschäftigungseffekte durch expansive Nachfragepolititk, jedoch langfristige Ineffektivität

Arbeitslosenquoten unterhalb der natürlichen Arbeitslosenquote sind hier also nur möglich, wenn die Inflationsraten-Erwartung der Arbeitsanbieter hinter der tatsächlichen Inflationsrate zurückbleibt. Da die Arbeitsanbieter jedoch gemäß adaptiver Erwartungen nach einer Unterschätzung der Inflationsrate ihre Erwartung entsprechend nach oben korrigieren werden, wäre dauerhaftes Fortbestehen einer solchen Unterschätzung nur möglich, wenn der Staat mittels expansiver Geld- oder Fiskalpolitik die Inflationsrate immer weiter ansteigen ließe (**Akzelerationshypothese**). Eine solche Politik ist jedoch **langfristig** nicht durchhaltbar, wenn man unterstellt, dass im Hinblick auf die Funktionsfähigkeit einer Geldwirtschaft Obergrenzen bezüglich einer »akzeptablen« Inflationsrate existieren. Langfristig werden sich dann über den Anpassungsprozess der Erwartungsbildung die Inflationserwartungen der Arbeitsanbieter immer an die tatsächliche Inflationsrate anpassen. Auch hier werden folglich Beschäftigung und Produktion langfristig zu ihren natürlichen Niveaus zurückkehren, von Geld- und Fiskalpolitik können diesbezüglich nur kurzfristige, jedoch keine langfristigen Effekte ausgehen.

> Man sieht, dass eine einmalige Erhöhung der Inflationsrate nur kurzfristig zu einer Beschäftigungsausweitung führt, mittel- und langfristig aber wirkungslos in Bezug auf die realen Variablen Beschäftigung und Produktion bleibt. Anders ausgedrückt: Kurzfristig weist die *Phillips*-Kurve eine negative Steigung (und damit einen **trade-off** zwischen Inflationsrate und Arbeitslosenquote) auf, langfristig ist die *Phillips*-Kurve eine Senkrechte auf Höhe der natürlichen Arbeitslosenquote.

Friedman löste mit dieser *Phillips*-Kurven-Interpretation die traditionell keynesianische Theorie der *Phillips*-Kurve ab, da diese nicht erklären konnte, wie es bei unveränderten (oder sich sogar erhöhenden) Arbeitslosenquoten zu beobachtbaren erheblichen Steigerungen der Inflationsraten kommen konnte. Allerdings blieb auch dieser Theorieansatz nicht unwidersprochen, wie in Kapitel 12, Abschnitt 1 noch deutlich werden wird.

Arbeitsaufgaben

1) Leiten Sie grafisch aus dem IS/LM-Modell mit flexiblem Preisniveau die gesamtwirtschaftliche Güternachfrage her.
2) Welche Faktoren bestimmen die Steigung der gesamtwirtschaftlichen Güternachfragekurve?
3) Angenommen, die autonomen Investitionen steigen um 100. Ist dann die Rechtsverschiebung der gesamtwirtschaftlichen Güternachfragekurve größer, gleich oder kleiner 100? Begründen Sie Ihre Antwort.
4) Welche Gegebenheiten führen zu einem senkrechten Verlauf der Güternachfragekurve?
5) Was besagt die Festlohnannahme?
6) Wie wirkt sich die Festlohnannahme auf den Verlauf der gesamtwirtschaftlichen Güterangebotskurve aus?
7) Zeigen Sie grafisch, wie
   – eine Geldmengenerhöhung,
   – eine Erhöhung der Staatsausgaben,
   – eine Senkung des Geldlohnansatzes
   im Modell der neoklassischen Synthese auf das reale Inlandsprodukt wirken.
8) Worin sehen Sie die entscheidenden Unterschiede zwischen dem Standard-Modell der neoklassischen Synthese und dem »Kontrakt-Modell«?
9) Beschreiben Sie genau, wie es im Kontrakt-Modell der neoklassischen Synthese bei einer geld- oder fiskalpolitisch bewirkten Zunahme der gesamtwirtschaftlichen Güternachfrage zu einer Zunahme der Beschäftigung kommt.
10) Warum sind im Kontrakt-Modell Einkommens- und Beschäftigungseffekte bei Nachfrageschocks nur temporär?
11) Was unterscheidet die traditionell keynesianische *Phillips*-Kurve von der *Friedman*s?

Lösungsvorschläge für die Arbeitsaufgaben finden Sie im »Übungsbuch zu Grundlagen und Probleme der Volkswirtschaft«.

Literatur

Allgemeine Lehrbücher zur Makroökonomik sind:

Branson, William H.: Makroökonomie, 4. Aufl., München u. a. 1997.

Cezanne, Wolfgang: Allgemeine Volkswirtschaftslehre, 6. Aufl., München 2005.

Heubes, Jürgen: Grundlagen der modernen Makroökonomik, München 1995.

Schäfer, Wolf: Volkswirtschaftstheorie, München 1997.

Einen hervorragenden Überblick über das Modell der neoklassischen Synthese (mit Außenwirtschaft) liefert:

Siebke, Jürgen / Hans Jörg Thieme: Einkommen, Beschäftigung und Preisniveau, in: *Bender, Dieter* u. a., Vahlens Kompendium der Wirtschaftstheorie und Wirtschaftspolitik, Bd. 1, 8. Aufl. 2002, Kap. 3.

Zur Vertiefung der Modellzusammenhänge in grafischer Form eignet sich das Computerprogramm auf der beiliegenden CD.

12. Kapitel
Neuere Entwicklungen in der Einkommens- und Beschäftigungstheorie

LERNZIELE

Leitfrage:
Was sind die innovativen Elemente und die zentralen Ergebnisse der Neuen Klassischen Makroökonomik?
- Was bedeuten »rationale Erwartungen«?
- Was versteht man unter der Theorieschule »Neue Klassische Makroökonomik«?
- Wie begründet sich die »Überraschungs-Güterangebotsfunktion« der Neuen Klassischen Makroökonomik?
- Was besagt die »Politikineffektivitätshypothese« der Neuen Klassischen Makroökonomik?

Leitfrage:
Wie verändert die Berücksichtigung von relativ inflexiblen Preisen und von Marktungleichgewichten die Ergebnisse von makroökonomischen Gleichgewichtsmodellen?
- Welches sind im Vergleich zur allgemeinen Gleichgewichtstheorie die entscheidenden Annahmen der Rationierungstheorie?
- Warum und wie verändert sich bei Marktungleichgewichten und Preisstarrheit die Entscheidungsbasis der Wirtschaftseinheiten?
- Welche Übertragungs- und Rückkoppelungseffekte ergeben sich in einem interdependenten Marktsystem, wenn an irgendeiner Stelle des Systems Mengenbeschränkungen auftreten?
- Wie erklärt die Rationierungstheorie keynesianische Unterbeschäftigung?

Leitfrage:
Was ist die Grundidee des Neuen Keynesianismus?
- Was bedeutet eine mikroökonomische Fundierung von Preis- und Lohnstarrheiten?
- Inwiefern dürften nicht geräumte Märkte eher die Regel als die Ausnahme sein?
- Wie können »kleine« Menükosten »große« gesamtwirtschaftliche Folgewirkungen haben?

1 Neue Klassische Makroökonomik

1.1 Rationale Erwartungen

Kritik der adaptiven Erwartungsbildung

Die zum Abschluss von Kapitel 11 vorgestellte Theorie der adaptiven Erwartungen geriet Mitte der 70er-Jahre zunehmend unter Kritik. Als zentrales Defizit dieser Theorie wurde angesehen, dass die Wirtschaftssubjekte dort ihre Erwartungen rein »mechanistisch« bilden, d. h. unabhängig von den spezifischen Umständen des jeweiligen Zeitpunktes ihre Erwartung um einen gegebenen Anteil des vorangegangenen Schätzfehlers korrigieren (vgl. auch Kapitel 11, Abschnitt 2). Dies sei »irrational«, denn etwaige zusätzlich zur Verfügung stehende Informationen über die allgemeine Wirtschaftslage u. Ä. würden in diesem Ansatz nicht berücksichtigt. Käme es z. B. zu einem Regierungswechsel und wäre bekannt, dass die neue Regierung eine andere Wirtschaftspolitik verfolgt als die vorherige, so würde dieses von »rationalen« Akteuren in ihrer Erwartungsbildung entsprechend berücksichtigt werden.

Rationale statt adaptive Erwartungen

Ausgehend von dieser Kritik erlebte die Volkswirtschaftslehre Mitte der 70-Jahre eine kleine Revolution: Das schon in den 60er-Jahren von *John Muth* entwickelte Konzept der »**rationalen Erwartungen**«, zwischenzeitlich völlig in Vergessenheit geraten, wurde in gesamtwirtschaftliche Modelle integriert, wobei *Robert E. Lucas* (geb. 1937, Nobelpreisträger für Ökonomie) eine führende Rolle einnahm. Rationale Erwartungen werden in der Literatur unterschiedlich definiert. So formuliert der bekannte amerikanische Ökonom *Robert L. Gordon*: »Erwartungen sind rational, wenn die Leute mit den verfügbaren Daten die bestmögliche Voraussage machen. Es ist wichtig zu erkennen, dass diese Voraussage nicht korrekt sein muss ... Stattdessen argumentiert die Theorie der rationalen Erwartungen, dass die Leute nicht dauerhaft die gleichen Vorhersagefehler machen.« (Übersetzung durch die Autoren)

Andere Autoren definieren rationale Erwartungen sehr viel strenger (aber auch wirklichkeitsfremder). Rationale Erwartungen bedeuten in dieser strengen Version, dass die Wirtschaftseinheiten

- die Modellzusammenhänge (zumindest intuitiv) kennen, die in der Volkswirtschaft den Wert der zu prognostizierenden Variablen bestimmen, und zwar einschließlich der konkreten Werte der Verhaltensparameter und sonstigen Parameter der Modelle,
- die Regeln kennen, nach denen der Staat seine Wirtschaftspolitik betreibt.

1.2 Politikunwirksamkeit

Rationale Erwartungen im Kontrakt-Modell

Wir wollen nun zu dem in Kapitel 11, Abschnitt 2 behandelten »Kontrakt-Modell« der neoklassischen Synthese zurückkehren, jedoch statt von adaptiven Erwartungen von rationalen Erwartungen ausgehen. Man spricht dann von einem Modell der so genannten Neuen Klassischen Makroökonomik

beitsnachfrage ansteigen lassen, die – durch das rationierte Güterangebot bestimmte – **effektive** Arbeitsnachfrage aber bliebe unverändert. Die Arbeitsnachfragefunktion wird somit (in dem in Abbildung 12.3 eingezeichneten Bereich) vollkommen unelastisch im Bezug auf Reallohnsatzänderungen.

Die Haushalte können also (bei den herrschenden Preisen) ihr geplantes (notionales) Arbeitsangebot nicht absetzen, d. h. ihr tatsächliches Einkommen liegt unter ihrem notionalen Einkommen. Die Folge wird sein, dass sie ihre Güternachfrage einschränken (Spillover-Effekt), wodurch es zu einem weiteren Absinken der gesamtwirtschaftlichen Nachfrage (von Y_1^d auf Y_2^d), der Güterproduktion (auf $Y_2 = Y_2^d$) und der Beschäftigung (auf $N_2 = N_2^d$) kommt (Feedback-Effekte). Die damit verbundene abermalige Absenkung der Einkommen der Haushalte wird die Güternachfrage weiter reduzieren usw. Es ergibt sich also ein kontraktiver Multiplikatorprozess, welcher erst abgeschlossen ist, wenn das auf dem Gütermarkt angebotene Inlandsprodukt mit einer Arbeitsnachfrage verbunden ist, die ein tatsächliches Einkommen schafft, bei dem das angebotene Inlandsprodukt gerade nachgefragt wird. Dieses »**Rationierungsgleichgewicht**« wird also – bei fixen Preisen – durch Mengenanpassungen auf den Märkten erreicht.

Über Spillover- und Feedback-Effekte gelangt die Volkswirtschaft zum Rationierungsgleichgewicht.

Anders als im Modell der neoklassischen Synthese kann Arbeitslosigkeit von der Rationierungstheorie auch ohne Abweichung des herrschenden Reallohnsatzes vom Gleichgewichtsreallohnsatz erklärt werden. Eine Senkung des Reallohnsatzes führt bei bestimmten Marktkonstellationen nicht zu einer Zunahme der Beschäftigung. Die Beschäftigung kann dann nur durch eine Erhöhung des gesamtwirtschaftlichen Nachfrageniveaus erhöht werden. Dies ist genau das Szenario, welches der keynesianischen IS/LM-Analyse (implizit) zugrunde liegt. Den hier betrachteten Fall bezeichnet man daher auch als »**keynesianische Arbeitslosigkeit**«.

Bei keynesianischer Unterbeschäftigung ist unfreiwillige Arbeitslosigkeit auch beim gleichgewichtigen Reallohnsatz möglich.

Allerdings beschränkt sich die Rationierungstheorie nicht nur auf die Analyse der keynesianischen Arbeitslosigkeit, die durch eine Rationierungskonstellation gekennzeichnet ist, in der die Unternehmen ihre notionale Produktion und die arbeitsanbietenden Haushalte ihr notionales Arbeitsangebot nicht absetzen können. Auch andere Rationierungskonstellationen werden berücksichtigt, so z. B. die »**klassische Arbeitslosigkeit**«: Hier ist infolge eines zu hohen Reallohnsatzes für die Unternehmen die Produktion der nachgefragten Gütermenge nicht rentabel – es existiert also ein Nachfrageüberschuss auf dem Gütermarkt. Gleichzeitig führt in diesem »Regime« der über dem Gleichgewichtsniveau liegende Reallohnsatz auf dem Arbeitsmarkt zu einer Rationierung der Haushalte, sodass unfreiwillige Arbeitslosigkeit entsteht. In diesem Fall sind also die privaten Haushalte sowohl auf dem Arbeitsmarkt als auch auf dem Gütermarkt rationiert, während die Unternehmen auf beiden Märkten ihre notionalen Planungen umsetzen können.

Klassische Arbeitslosigkeit setzt stets einen zu hohen Reallohnsatz voraus.

Im Grenzfall fehlender Rationierung auf sämtlichen Märkten der Volkswirtschaft geht die Rationierungstheorie in die allgemeine Gleichgewichtstheorie über, d.h. aus makroökonomischer Sicht in das klassische Modell. Die Rationierungstheorie ermöglicht somit neben der traditionellen walrasianischen Gleichgewichtsanalyse die Analyse unterschiedlicher Ungleichgewichtssituationen (»Regime«) auf den Märkten der Volkswirtschaft.

Manche Keynesianer bemängeln an der Rationierungstheorie das Festhalten am Gleichgewichtskonzept.

Trägt somit die Rationierungstheorie auch der von *Keynes* betonten Bedeutung der effektiven Nachfrage für das Beschäftigungsniveau Rechnung, so wird sie gleichwohl selbst von einigen Keynesianern kritisiert. Nach Meinung dieser Kritiker akzeptiert die Rationierungstheorie grundsätzlich den Analyserahmen der walrasianischen Gleichgewichtstheorie. Zwar berücksichtigt sie hierbei die mögliche Existenz von Ungleichgewichten auf Märkten, gleichwohl bleibt das Gleichgewichtskonzept letztlich der relevante Bezugsrahmen: Auf makroökonomischer Ebene wird dies am Konstrukt des Rationierungs**gleichgewichtes** deutlich, im mikroökonomischen Bereich an den lediglich um die Berücksichtigung von Mengenbeschränkungen erweiterten Gewinn- und Nutzenmaximierungskalkülen neoklassischer Prägung. Gleichgewichtsansätze vermögen nach Meinung dieser Keynesianer einem zentralen Phänomen der Wirtschaft, der Unsicherheit, nicht adäquat Rechnung zu tragen.

Klassische Ökonomen bemängeln vor allem die fehlende ökonomische Begründung der Preisstarrheiten.

Im Vergleich zu dieser Kritik aus dem keynesianischen Lager sind die Einwände der Neoklassiker gegen die Rationierungstheorie fast moderat. In erster Linie wird kritisiert, dass die Rationierungstheorie keine theoretische Begründung für die angenommene Inflexibilität der Preise liefert, sondern diese einfach als »empirisch beobachtbares Phänomen« der Theorie zugrunde legt. Ansonsten werden die Ergebnisse der Rationierungstheorie mit dem Hinweis aufgenommen, dass eine Marktwirtschaft mit nicht flexiblen Preisen selbstverständlich nicht reibungslos funktionieren könne und deshalb auch Unterbeschäftigung möglich werde. Skeptisch sind die Neoklassiker bezüglich des Konzeptes des Rationierungsgleichgewichtes, da ein Zustand, in dem die Wirtschaftseinheiten ihre notionalen Angebots- und Nachfragepläne nicht verwirklichen können, kein dauerhaftes Gleichgewicht sein könne, sondern nach Veränderung strebe.

3 Der »Neue Keynesianismus«

Der Erfolg der Neuen Klassischen Makroökonomik in den späten 70er- und in den 80er-Jahren ist zum einen auf die Verwendung des Konzeptes der rationalen Erwartungen zurückzuführen, welches methodisch der »mechanistischen« Herangehensweise bei adaptiver Erwartungsbildung überlegen ist (vgl. Kapitel 1, Abschnitt 1), zum anderen auf die formale Eleganz dieser Modelle sowie auf ihre mikroökonomische Fundierung. Demgegenüber wurden **keynesianische** Versuche, empirisch beobachtbare Friktionen auf den Märkten, seien es Informationsdefizite, Elemente der unvollständigen

Konkurrenz und – im Zusammenhang hiermit – träge Löhne und Preise in makroökonomische Modelle einzubauen, stets weniger Aufmerksamkeit gewidmet. Auch der Rationierungstheorie, in der allseitige walrasianische Markträumung nur ein Grenzfall ist, war vor diesem Hintergrund viel weniger Erfolg im wissenschaftlichen Bereich beschieden, als sie es unseres Erachtens verdient hätte. Der Grund: Die angenommene Preisträgheit war nicht mikroökonomisch fundiert. Jedoch sind nicht geräumte Märkte in weiten Teilen der Ökonomie eher die Regel als die Ausnahme. Ist es nicht die Realität, wie *Gordon* zu Recht fragt, dass Arbeiter in der Rezession zum herrschenden Lohn ihre Arbeit nicht verkaufen können und Unternehmer bei den herrschenden Preisen auf ihren Produkten sitzen bleiben?

Die keynesianische Theorie der letzten zehn Jahre hat verstärkt versucht, Lohn- und Preisträgheiten auf der Basis von Nutzenmaximierungs- und Gewinnmaximierungskalkülen unter Verwendung der rationalen Erwartungsbildungshypothese mikroökonomisch zu fundieren und dann ihre Konsequenzen für die Gesamtwirtschaft aufzuzeigen. In diesem Zusammenhang ist es sogar zu einer gewissen Renaissance traditioneller keynesianischer Modellansätze gekommen – »mikroökonomisch fundiert« natürlich, eine Eigenschaft makroökonomischer Modelle, die seit den 70er-Jahren (leider) viel mehr das Kriterium zur Beurteilung einer Theorie geworden zu sein scheint als der empirische Erklärungsgehalt der Theorie.

> Der Neue Keynesianismus versucht Lohn- und Preisrigiditäten als wirtschaftlich rational zu begründen.

Bevor wir zu einzelnen Bausteinen der Theorie kommen, sei an einer einfachen Definition die Bedeutung träger Preise demonstriert. Definitionsgemäß gilt

$$Y = \frac{Y^{nom}}{P}.$$

Das reale Inlandsprodukt Y entspricht dem nominalen Inlandsprodukt Y^{nom} geteilt durch das, Preisniveau P. In Änderungsraten ausgedrückt gilt dann

$$\hat{Y} = \hat{Y}^{nom} - \hat{P},$$

d.h. die Änderungsrate des realen Inlandsproduktes ist gleich der Differenz zwischen den Änderungsraten des nominalen Inlandsproduktes und des Preisniveaus. Sinkt also das nominale Inlandsprodukt aufgrund eines Nachfrageeinbruchs um 5% und sinken die Preise nicht ebenfalls um 5%, sondern z.B. nur um 2%, so sinkt das reale Inlandsprodukt um 3%.

Preisträgheiten können bei Löhnen und Preisen (und natürlich auch bei Zinsen) auftreten. Ist z.B. der Nominallohnsatz träge, d.h. passt er sich bei einer Verschiebung der Arbeitsnachfragekurve nicht so schnell an, dass ein neues Gleichgewicht erreicht wird, so spricht man von einer **nominalen Preisträgheit**. Von **realer Preisträgheit** spricht man, wenn zwar Änderungen der absoluten Höhe des betrachteten Preises möglich sind, jedoch keine (oder keine hinreichenden) Anpassungen seiner Relation zum allgemeinen Preisniveau (Beispiel: W/P). Schon seit längerer Zeit beschäftigt sich die keynesianische Theorie mit den Trägheiten von Löhnen, z.B. bei langfristigen

> Nominale und reale Preisträgheit

Tarifverträgen, die häufig für Unternehmer und Arbeiter optimal sind, da sie Verhandlungs- und Streikkosten verringern. Erst im letzten Jahrzehnt ist die Analyse der Ursachen und Wirkungen von Preisstarrheiten, und zwar nominaler und realer, mehr in den Vordergrund getreten.

Es würde in unserem Zusammenhang zu weit führen, diese Diskussion nachzeichnen zu wollen; vielmehr wollen wir uns auf ein Beispiel von nominaler Preisrigidität und ihrer gesamtwirtschaftlichen Auswirkungen beschränken. Die am bekanntesten gewordene Begründung einer (nominalen) Preisrigidität und die Analyse ihrer möglichen gesamtwirtschaftlichen Auswirkungen ist unter dem Stichwort der so genannten **Menükosten** diskutiert worden.

Menükosten als Ursache für rigide Güterpreise

> Es geht darum, dass die Kosten des »Druckens von Speisekarten« (als Synonym für die Kosten, die einem Unternehmen durch eine Preisanpassung entstehen), das Unterlassen von Preisanpassungen für Unternehmen **rational** machen können. Aber auch wenn diese Preisanpassungskosten auf einzelwirtschaftlicher Ebene relativ gering sind, können **damit große gesamtwirtschaftliche Wirkungen** verbunden sein.

Wir wollen die Problematik der Menükosten an einem einzelnen (repräsentativen) Unternehmen vorführen. Zur Demonstration der obigen Aussage muss das betrachtete Unternehmen offensichtlich **Preissetzer** sein, also z. B. im Rahmen der monopolistischen Konkurrenz anbieten. Wie in Kapitel 5 im Einzelnen dargestellt, produziert hier jedes Unternehmen sein eigenes Produkt, welches sich von den Produkten aller anderen Unternehmen in mindestens einem für die Güternachfrager relevanten Merkmal unterscheidet. Dadurch ist jeder Anbieter streng genommen ein (kleiner) Monopolist, der Preissetzungsmacht für das von ihm produzierte Gut besitzt. Er steht dabei allerdings in Konkurrenz mit allen anderen Unternehmen um das aggregierte Budget der Güternachfrager, d. h. es gibt eine große Zahl von anderen Güterarten, welche von den anderen Unternehmen (ebenfalls als Monopolisten) produziert und von den Wirtschaftseinheiten nachgefragt werden. Für den einzelnen Anbieter ergibt sich damit die Situation, dass seine Preis-Absatz-Funktion, d. h. die Nachfragefunktion seines Gutes, nicht nur vom eigenen Preis, sondern auch von den Preisen der anderen Güter und natürlich vom Gesamtbudget der Güternachfrager abhängt. Aufgrund der gesamtwirtschaftlichen »Gewichtslosigkeit« des einzelnen Monopolisten kann dieser jedoch davon ausgehen, dass seine Preis-Absatz-Entscheidung keinen Einfluss auf die Preise der anderen Produzenten und auf das Gesamtbudget haben wird, sodass diese Größen aus seiner mikroökonomischen Perspektive gegebene, d. h. von ihm nicht beeinflussbare Rahmenbedingungen darstellen.

Rigide Güterpreise bei monopolistischer Konkurrenz

In Abbildung 12.4 ist die Nachfrage- und Kostensituation eines solchen Anbieters bei Vernachlässigung von Menükosten dargestellt, wobei die Absatzmenge des betrachteten Produzenten mit x und der Preis für eine Men-

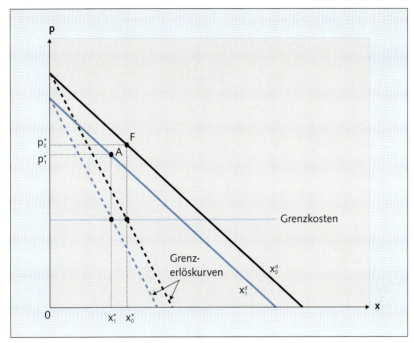

Abb. 12.4: Gewinnmaximale Entscheidungen eines Monopolisten (bei Vernachlässigung von Menükosten)

geneinheit seines Gutes mit p gekennzeichnet sind. In der Ausgangssituation gilt (bei gegebener gesamtwirtschaftlicher Nachfrage) für den betrachteten Anbieter die Nachfragekurve x_0^d mit der entsprechenden Grenzerlöskurve (= Grenzumsatzkurve). Außerdem ist die Grenzkostenkurve des Unternehmens eingezeichnet, wobei der Einfachheit halber von konstanten Grenzkosten ausgegangen wird. Durch den Schnittpunkt von Grenzerlös- und Grenzkostenkurve ergibt sich die gewinnmaximierende Angebotsmenge x_0^*. Der entsprechende Punkt F auf der Nachfragekurve (Preis-Absatz-Funktion) gibt den Preis p_0^* an, zu dem die Menge x_0^* unter den gegebenen Rahmenbedingungen gerade noch abgesetzt werden kann (*Cournot*scher Punkt). Diesen Preis wird der Anbieter fordern. Durch eine Abnahme der gesamtwirtschaftlichen Nachfrage, verursacht z. B. durch eine Verringerung der ausländischen Nachfrage, verschiebt sich die Nachfragekurve nach dem Produkt des betrachteten Unternehmens parallel nach links von x_0^d auf x_1^d, womit ebenfalls eine Linksverschiebung der Grenzerlöskurve verbunden ist. Das neue Gewinnmaximum des Anbieters wäre **ohne Menükosten** durch x_1^* und p_1^* (Punkt A) gegeben, sodass sich in diesem Punkt eine Abnahme der produzierten Menge und des geforderten Preises infolge der Nachfragesenkung einstellen würde.

Als nächstes wollen wir untersuchen, wie sich der Gewinn des Unternehmens ändert, wenn es bei der gesunkenen Nachfrage den alten Preis p_0^* fordert, also **keine Preisanpassung** vornimmt. Um die Abbildung 12.4 nicht zu

Gewinnsituation des Anbieters nach einem Nachfrageeinbruch mit und ohne Preisanpassung

überladen, reproduzieren wir sie in Abbildung 12.5 ohne die Grenzerlöskurven. Im eingezeichneten Punkt B ergibt sich dann die ohne Preisanpassung resultierende Preis-Absatz-Konstellation.

Der Gewinn ergibt sich aus Umsatz minus Kosten. Der Umsatz ist Preis mal Menge, entspricht also **bei Preisanpassung** der Fläche des Rechtecks $[0, p_1^*, A, x_1^*]$. Die bei der Produktion von x_1^* entstehenden Kosten ergeben sich aus der Fläche des Rechtecks $[0, E, D, x_1^*]$ (also der Fläche unter der Grenzkostenkurve), sodass **bei Preisanpassung** das Rechteck $[E, p_1^*, A, D]$ den Gewinn unter Vernachlässigung etwaiger Menükosten angibt. Entsprechend ist **bei Beibehaltung des alten Preises** (mit einer Absatzmenge von $x_1 < x_1^*$) der Gewinn gleich dem Rechteck $[E, p_0^*, B, C]$. Bei Preisanpassung ist der Gewinn des Unternehmens **ohne Menükosten** also um das graue Rechteck kleiner und um das schwarze Rechteck größer als ohne Preisanpassung, wobei das letzte Rechteck das größere von beiden ist. Ohne Menükosten ist also die Preisanpassung die vorteilhafte Alternative. Bei Existenz etwaiger Menükosten ist es jedoch möglich, dass diese größer sind als die sich bei der Preisanpassung ohne Menükosten gegenüber der Beibehaltung des alten Preises ergebende Gewinndifferenz. In diesem Fall ist die Nicht-Anpassung des Preises die vorteilhafte Alternative, der Monopolist wird also trotz des Nachfragerückganges seinen Preis nicht ändern. Es liegt eine nominale Preisrigidität vor, welche rational begründet ist, d. h. sich aus dem Gewinnmaximierungskalkül des Güteranbieters ergibt.

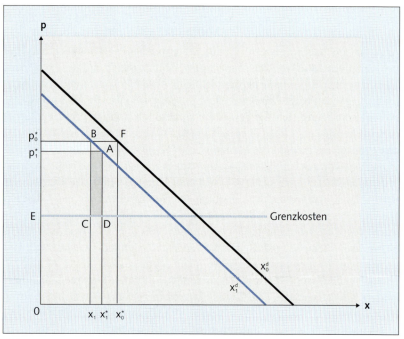

Abb. 12.5: Die Gewinnsituation des Anbieters mit und ohne Preisanpassung (bei Vernachlässigung von Menükosten)

> Im hier betrachteten Beispiel kommen sich beide Rechtecke einander in der Größe recht nahe, die Größendifferenz kann sich je nach den Annahmen über die Steigung der Nachfragekurve und den Verlauf der Grenzkostenkurve sogar noch vermindern, sodass **auch bei niedrigen Menükosten** die Gewinndifferenz leicht kleiner werden kann als die Menükosten und sich die Preisanpassung für das Unternehmen nicht lohnen würde.

Das Dramatische an diesem Ergebnis ist, dass kleine Menükosten hohe **gesellschaftliche** Kosten nach sich ziehen können. Wie die obige Abbildung zeigt, fällt die Produktion des betrachteten Unternehmens bei Nichtanpassung des Preises sehr stark (auf x_1). Da das bei allen betroffenen Unternehmen so ist – definitionsgemäß trifft ja ein gesamtwirtschaftlicher Nachfragerückgang alle Branchen gleichermaßen – ist die »gesamtwirtschaftliche Externalität«[3] des Verhaltens der Anbieter unter Umständen von gewaltigem Ausmaß, zumal infolge der fehlenden Preissenkungen die reale Geldmenge nicht wieder ansteigt und sich damit die gesamtwirtschaftliche Nachfrage nicht wieder erhöht (*Keynes*-Effekt). Um dieser »Externalität« entgegenzuwirken, müsste der Staat mittels expansiver Geld- und/oder Fiskalpolitik so auf die gesamtwirtschaftliche Nachfrage einwirken, dass auf einzelwirtschaftlicher Ebene die Gütermenge x_1^* (statt x_1) bei dem gegebenen Preis p_0^* abgesetzt werden kann.

Kleine einzelwirtschaftliche, aber große gesamtwirtschaftliche Wirkungen von Preisrigiditäten

Arbeitsaufgaben

1) Erläutern Sie, was Sie unter adaptiven Erwartungen verstehen und was der größte Mangel dieser Erwartungsbildungshypothese ist.
2) Was sind rationale Erwartungen? Erläutern Sie Ihnen bekannte unterschiedliche Ausprägungen dieser Hypothese.
3) Welche Rolle hat die Politikregel im Rahmen der Neuen Klassischen Makroökonomik?
4) Erläutern Sie, unter welchen Bedingungen im Modell der Neuen Klassischen Makroökonomik von einer Nachfrageverschiebung keine Wirkung auf den gesamtwirtschaftlichen Output ausgeht.
5) Warum sind bei Ungleichgewichtssituationen auf den Märkten der Volkswirtschaft die allein auf den Preisen beruhenden Wirtschaftspläne nicht durchführbar?
6) Was besagt die duale Entscheidungshypothese?

---

3 Diese Externalität durch Unterlassen gesellschaftlich wünschenswerten Verhaltens durch Unternehmen ist methodisch durchaus vergleichbar mit Luft- und Wasserverschmutzungen im Zuge der Produktion, für die die gesellschaftlichen Kosten von dem Unternehmen nicht getragen werden.

7) Welche Übertragungs- und Rückkoppelungseffekte ergeben sich in einer aus einem Güter- und einem Arbeitsmarkt bestehenden Volkswirtschaft, wenn, ausgehend von einem Vollbeschäftigungsgleichgewicht, die Nachfrage abnimmt? (Gehen Sie bei der Beantwortung der Frage von den Annahmen der Rationierungstheorie aus.)
8) Was ist ein Rationierungsgleichgewicht, und wie stellt es sich ein?
9) Erläutern Sie die wirtschaftspolitischen Konsequenzen der keynesianischen Unterbeschäftigung.
10) Geben Sie mögliche Begründungen für nominal träge Löhne und Preise.
11) Worin besteht der Unterschied zwischen nominalen und realen Rigiditäten?
12) Wie bestimmt ein Anbieter bei monopolistischer Konkurrenz seinen Gewinn maximierenden Preis?
13) Erläutern Sie, inwiefern »kleine« Menükosten »große« gesamtwirtschaftliche Wirkungen haben können.

Lösungsvorschläge für die Arbeitsaufgaben finden Sie im »Übungsbuch zu Grundlagen und Probleme der Volkswirtschaft«.

Literatur

Allgemeine Lehrbücher zur Makroökonomik sind:
Branson, William H.: Makroökonomie, 2. Aufl., München u. a. 1997.
Heubes, Jürgen: Grundlagen der modernen Makroökonomik, München 1995.
Mankiw, Nicholas Gregory: Makroökonomik, 5. Aufl., Stuttgart 2003.
Schäfer, Wolf: Volkswirtschaftstheorie, München 1997.

Speziell zur Neuen Klassischen Makroökonomie sind empfehlenswert:
Rahmeyer, Fritz: Neue klassische Makroökonomie, in: Wirtschaftswissenschaftliches Studium (WiSt), Heft 4, April 1984.
Utecht, Burkhard: Neuklassische Theorie, Marktunvollkommenheit und Beschäftigungspolitik, Berlin 1994.

Die Rationalisierung wird ausführlich dargestellt bei:
Hagemann, Harald / Heinz D. Kurz / Wolf Schäfer (Hrsg.): Die neue Makroökonomik, Frankfurt u.a. 1981.
Rothschild, Kurt W.: Einführung in die Ungleichgewichtstheorie, Berlin u. a. 1981.

Zur Vertiefung des »Kontrakt-Modells« mit rationalen Erwartungen in grafischer Form eignet sich das Computerprogramm auf der beiliegenden CD.

13. Kapitel
Einnahmen und Ausgaben des Staates

LERNZIELE

Leitfrage:
Nach welchen Grundprinzipien erfolgt die Erhebung und Verteilung der Staatseinnahmen in der Bundesrepublik Deutschland?
- Welches sind die wesentlichen staatlichen Einnahmearten?
- Was sind Steuern, und wozu dienen sie?
- Wie sind die Steuereinnahmen auf Bund, Länder und Gemeinden verteilt?
- Welche relative Bedeutung haben die einzelnen Steuerarten?
- Was ist ein Steuertarif, und wann spricht man von einem proportionalen, progressiven und regressiven Tarif?
- Wie lässt sich ein progressiver Einkommensteuertarif begründen?

Leitfrage:
Wie sind die Staatsaufgaben und -ausgaben in der Bundesrepublik Deutschland verteilt, und welche qualitativen und quantitativen Entwicklungen sind zu beobachten?
- Wie ist die Verteilung der Staatsaufgaben und -ausgaben auf die Gebietskörperschaften geregelt?
- Welche Entwicklung zeigen die Staatsausgaben insgesamt, und wie ist diese Entwicklung zu erklären?
- Wie verteilen sich die Staatsausgaben auf einzelne Ausgabearten und auf die Gebietskörperschaften?

1 Abgrenzung des Staates

Der Staat spielt auch in Marktwirtschaften eine zentrale Rolle bei der Produktion und Verteilung von Gütern und Dienstleistungen und bei der Steuerung von Wirtschaftsprozessen. Dies ist insbesondere mit dem Konzept des Marktversagens und der Existenz erheblicher Funktionsprobleme im Bereich der Wirtschaft zu begründen.

Zentrale Rolle des Staates

Diese zentrale Rolle des Staates auch in Marktwirtschaften wird deutlich, wenn man bedenkt, dass die Staatsquote, der Anteil der Staatsausgaben am BIP, in Deutschland wie in vielen anderen Ländern auch, fast 50 Prozent beträgt (2004: 46,9 Prozent). Damit werden fast die Hälfte der verfügbaren Ressourcen der Gesellschaft staatlich gelenkt.

Zum Sektor Staat werden nach der Konvention der Volkswirtschaftlichen Gesamtrechnung zusammengefasst:
- die **Gebietskörperschaften** (Bund, Länder, Gemeinden, Gemeindeverbände sowie Sonderfonds wie z. B. der Fonds »Deutsche Einheit« oder der Lastenausgleichsfonds und das ERP-Sondervermögen) und
- die **Sozialversicherungsträger** (insbesondere Renten-, Kranken-, Unfall-, Pflege- und Arbeitslosenversicherung) und die Bundesagentur für Arbeit.

Zu beachten ist, dass umgangssprachlich und in manchen Statistiken, so in der Finanzstatistik, nur die Gebietskörperschaften zum Staat gezählt werden, üblich ist aber obige Zuordnung.

Gemäß dem Prinzip der funktionalen Gliederung der Volkswirtschaftlichen Gesamtrechnung werden staatliche Unternehmen (Unternehmen im Eigentum des Staates) nicht zum Sektor Staat gezählt, sondern nur die Einrichtungen des Staates, die hoheitliche Funktionen ausüben. In diesen hoheitlichen Funktionen kann der Staat wirtschaftlichen **Zwang** ausüben, z. B. die Bürger zwingen, Steuern zu bezahlen oder ihre Heizung zu modernisieren. Dieser Zwang ist in der Regel gesetzlich und demokratisch legitimiert, stellt sich aber der Beurteilung durch das Recht und in gewissen Zeitabständen der Beurteilung durch die Wähler. Und staatliches Handeln ist **kollektives Handeln**, es basiert im Grundsatz auf Entscheidungen, die von Kollektiven (Wählern, Parteien, Parlamenten, Regierungen ...) getroffen werden. Im Idealfall bilden sich die Entscheidungen der Kollektive aus den individuellen Präferenzen ihrer Mitglieder. Aber auch in idealen Abstimmungsprozessen unterdrückt jede Mehrheitsentscheidung in gewissem Umfang die Präferenzen der Minderheit. Dies lässt sich in Abstimmungsprozessen nicht vermeiden.

Die Lehre von der Wirtschaftstätigkeit des Staates wird traditionell **Finanzwissenschaft** genannt und in ihrem Rahmen werden üblicherweise die Einnahmen und Ausgaben der Gebietskorperschaften, der Haushalt der Gebietskörperschaften und die Fiskalpolitik behandelt. Das System der sozialen Sicherung wird meist gesondert dargestellt, weil hier spezielle Ziele mit speziellen Mitteln verfolgt werden. So gehen auch wir vor.

2 Begründung staatlicher Finanzwirtschaft: Allokation, Distribution und Stabilisierung

Gemäß der Überzeugung von der prinzipiellen Optimalität der Marktwirtschaft wird dem Staat im Bereich der Wirtschaft nur die Aufgabe einer Korrektur marktwirtschaftlicher Ergebnisse übertragen, die Korrektur
- des Marktversagens, insbesondere die Bereitstellung öffentlicher Güter und die Vermeidung externer Effekte,
- der Ungleichheit der Einkommens- und Vermögensverteilung und
- der Schwankungen der wirtschaftlichen Aktivitäten.

Daher wird staatliches Handeln oft den Bereichen

Bereiche staatlichen Handelns

- der Allokation (vor allem Bereitstellung öffentlicher Güter),
- der Distribution (Umverteilung von Einkommen und Vermögen) und
- der Stabilisierung (vor allem von Konjunktur und Wachstum)

zugeordnet.

2.1 Staatliche Allokationspolitik

Im Bereich staatlicher Allokationspolitik soll der Staat Güter bereitstellen, die der Markt nicht oder nicht in ausreichendem Umfang bereitstellt, obwohl die Bürger als Individuen diese Güter begehren und im Prinzip auch bereit wären, für diese Güter zu zahlen. Dies sind die so genannten **öffentlichen Güter,** gekennzeichnet durch Nicht-Rivalität im Konsum und durch Nicht-Ausschluss (vgl. Kapitel 2, Abschnitt 4.1). Ein wichtiger Bereich ist die innere und äußere Sicherheit, also Polizei, Justiz und Landesverteidigung. Hier wird das Gut Sicherheit produziert, von dessen Nutzung auch Nichtzahler nicht ausgeschlossen werden können und bei denen der Konsum durch einen Bürger den Konsum durch andere nicht beschränkt. Ein anderer wichtiger Bereich ist der Verkehr und die Infrastruktur: Hier wäre es, wie z. B. bei der Straßennutzung, zwar technisch möglich, Nichtzahler von der Nutzung auszuschließen, aber dies wäre zu umständlich und zu teuer. Um Missverständnisse zu vermeiden, sei darauf hingewiesen, dass der Staat nur die Finanzierung dieser Güterangebote sichern muss, dass diese kollektiv organisierte Finanzierung aber nicht notwendigerweise bedeutet, dass »Beamte« diese Aufgaben übernehmen. Der Staat könnte auch eine private Berufsarmee finanzieren und, wie es generell üblich ist, die Infrastruktur durch private Unternehmen erstellen lassen.

Der Staat stellt öffentliche Güter bereit

Des Weiteren übernimmt der Staat die Bereitstellung solcher Güter, deren Konsum oder auch Nicht-Konsum gesellschaftspolitisch begründet wird. Man spricht von meritorischen bzw. demeritorischen Gütern. Sofern ein Mehrkonsum erreicht werden soll, wie z. B. bei Bildung und Ausbildung, spricht man von **meritorischen Gütern.** Wenn der Konsum reduziert werden soll, wie z. B. bei Alkohol und Rauschgift, spricht man von **demeritorischen Gütern.** Das Grundproblem eines solchen Konzeptes ist die Schwierigkeit, eine allgemein akzeptierte Basis für solche Werturteile zu finden, die sich über die geoffenbarten Präferenzen der Bürger hinwegsetzen.

Die klassische Begründung für Eingriffe in die Konsumentensouveränität ist die mögliche Existenz so genannter verzerrter Präferenzen aufgrund unvollkommener Information und/oder Irrationalität bzw. Willensschwäche. Das klassische Beispiel ist die Behauptung der systematischen Unterschätzung künftiger Bedürfnisse und künftiger Kosten (die mangelnde Weitsicht). Im Fall der systematischen Unterschätzung der Zukunft entsteht mithin eine verzerrte Wahrnehmung in der Abwägung von Kosten und Nutzen einer Aktivität. Bei meritorischen Gütern gilt: Die gegenwärtigen Kosten und Unannehmlichkeiten sind hoch, bekannt und sofort spürbar, während der zukünftige Nutzen relativ unbekannt ist und erst in der Zukunft anfällt. Dies gilt für den Erwerb von Humankapital durch Bildung, Aus- und Weiterbildung und für den Erwerb von Gesundheit durch Sport und eine gesunde Lebensweise. Die Meritorik begründet z. B. die Schulpflicht und die kostenlose Bereitstellung von Schulmilch oder die Pflicht der Bürger, sich gegen die Risiken von Alter und Krankheit zu versichern, es müssen aber keine staatlichen Schulen oder staatlichen Versicherungen sein.

Der Staat beeinflusst den Konsum meritorischer und demeritorischer Güter ...

Bei demeritorischen Gütern gilt: Der Nutzen aus ihrem Konsum ist bekannt, fällt in der Gegenwart an und ist relativ hoch, während die Kosten relativ unbekannt sind und erst in der Zukunft anfallen. Dies gilt für die klassischen Suchtmittel wie Alkohol, Rauschgift und Tabak, die meist verboten oder hoch besteuert sind.

... reguliert externe Effekte ...

Eine weitere Begründung für staatliche Allokationspolitik liefert die Existenz **externer Effekte,** also Wirkungen, die von Aktivitäten ausgehen, ohne dass die Verursacher dafür bezahlen müssen oder dafür bezahlt werden (vgl. Kapitel 2, Abschnitt 4.2). Das klassische Beispiel sind Umweltschäden, die bei einer Produktion anfallen oder Umweltleistungen, die z. B. die Forstwirtschaft erbringt. Hier greift der Staat regulierend ein (vgl. Kapitel 29). Wichtige positive externe Effekte liefern z. B. auch das Wissen oder die Forschungsleistung einer Gesellschaft. Daher und wegen ihrer Meritorik wird Wissenschaft und Forschung überwiegend staatlich finanziert.

In vielen Fällen kommen mehrere Begründungen staatlicher Allokationspolitik zusammen. Ein klassisches Beispiel ist der Impfschutz. Zum einen erscheint es gerechtfertigt, die Bürger zu ihrem »Glück zu zwingen«, sie also meritorisch zu zwingen, sich gegen Krankheiten impfen zu lassen, zum anderen, und dies ist in diesem Fall sicher wichtiger, steigt mit der Zahl der Geimpften auch der gesellschaftliche Nutzen, weil die Wahrscheinlichkeit von Epidemien verringert wird. Es entsteht ein positiver externer Effekt, der den staatlichen Impfzwang und auch seine subventionierte Durchführung legitimiert.

... und stellt Qualitätstransparenz her.

Und schließlich muss dafür Sorge getragen werden, dass in den Fällen gravierender **Transparenzmängel** (vgl. Kapitel 2, Abschnitt 4.4), wie bei Arzneimitteln oder generell bei medizinischen Leistungen, entweder Transparenz hergestellt oder die Qualität der Produkte überwacht wird. Daher gibt es ein Bundesaufsichtsamt für das Gesundheitswesen oder einen technischen Überwachungsverein (TÜV) und unzählige andere Ämter, z. B. im Bereich der Lebensmittelüberwachung oder der Funktionsfähigkeit von Kinderspielzeug.

Weil die Ökonomie aber von der prinzipiellen Optimalität des Marktes überzeugt ist, gilt in all diesen Feldern staatlicher Allokationspolitik der Grundsatz, so wenig staatliches Handeln wie möglich zuzulassen.

In vielen Fällen sorgt der Markt schon für eine Lösung, etwa durch die Einrichtung der »Stiftung Warentest« oder generell dadurch, dass der Markenname eines Herstellers glaubwürdig Qualität verspricht. Und meist reicht eine kollektiv organisierte Finanzierung einer Aktivität, sie muss nicht durch »Beamte« ausgeführt werden. Professoren müssen nicht Beamte sein, genauso wenig wie Lehrer. Und generell muss beachtet werden, dass nicht nur ein Marktversagen möglich ist, sondern dass immer auch ein Staatsversagen in Rechnung gestellt werden muss (vgl. Kapitel 2, Abschnitt 7).

2.2 Staatliche Distribution und Stabilisierung

Der Bereich der staatlichen Distributions- und Stabilisierungspolitik kann hier sehr kurz vorgestellt werden, weil er im Folgenden ausführlich dargestellt wird.

Staatliche Distributionspolitik ist im Wesentlichen eine Umverteilung von Einkommen und Vermögen (vgl. Kapitel 25) und eine Politik der sozialen Sicherung (vgl. Kapitel 15). Eine solche Politik ist notwendig, weil die Grundelemente der kapitalistischen Marktwirtschaft – Privateigentum an Produktionsmitteln und Steuerung durch den Preismechanismus im freien Wettbewerb – zwar grundsätzlich für eine hohe Effizienz der Produktionsweise sorgen, aber nicht zugleich soziale Gerechtigkeit bieten.

Distributionspolitik muss Effizienz und Gerechtigkeit verbinden.

Effizienz und Gerechtigkeit stehen vielmehr in einem unaufgelösten Spannungsverhältnis. Hier muss ein staatlich organisierter Kompromiss gefunden werden, ein Kompromiss, der auf der einen Seite die Anreiz- und Lenkungsfunktion des Marktes nicht verschüttet, auf der anderen Seite aber auch den armen Gruppen der Bevölkerung die Möglichkeit zur Teilhabe an der Produktion der Gesellschaft bietet. Diesen Kompromiss zu finden, ist die wohl **schwierigste Aufgabe der Wirtschaftspolitik**.

Staatliche Stabilisierungspolitik wird meist damit begründet, dass eine Marktwirtschaft nicht automatisch zu Vollbeschäftigung, Preisstabilität und angemessenem Wirtschaftswachstum führt (vgl. Kapitel 2, Abschnitt 5.1), sondern dass der Staat hier korrigierend eingreifen kann bzw. muss. Diese Positionen sind strittig. Unstrittig ist nur, dass der Staat, vertreten durch eine unabhängige Zentralbank, für Preisstabilität zu sorgen hat (vgl. Kapitel 16). Inwieweit es notwendig, möglich und sinnvoll ist, durch eine stabilisierende Fiskalpolitik Konjunkturschwankungen zu glätten, unterliegt wechselnden Einschätzungen; entsprechende Instrumente sind aber entwickelt worden (vgl. Kapitel 14). Und Wachstumspolitik beschränkt sich in der Regel auf das Setzen geeigneter Anreize sowie auf die staatliche Schaffung der

Infrastruktur und die Förderung von Bildung, Forschung und technischem Wandel (vgl. Kapitel 27).

Diesen im Überblick beschriebenen Zielen im Bereich der Allokation, Distribution und Stabilisierung sollten die Instrumente des Staates, die Staatseinnahmen, die Staatsausgaben und die Gestaltung der Stabilisierungspolitik entsprechen.

3 Steuern

Staatliche Einnahmen

Wir beginnen mit den Einnahmen, über die jede staatliche Ebene verfügen muss, um ihre Aufgaben zu erfüllen. Staatliche Einnahmen sind vor allem Steuern, Zölle und Kredite, daneben Gebühren, Beiträge, Erwerbseinkünfte, Zinsen und sonstige Einnahmen wie Münzeinnahmen oder Geldstrafen. Die eindeutig wichtigsten Einnahmen des Staates sind Steuern.

3.1 Grundsätze der Besteuerung

Steuern als Zwangseinnahmen ohne spezielle Gegenleistung

Steuern sind Zwangseinnahmen des Staates ohne spezielle Gegenleistung. Die Gegenleistung wird den Bürgern vielmehr in allgemeiner Form ohne Zurechnung auf den einzelnen Steuerzahler erbracht.

Grundsätzlich (also mit Ausnahmen) gilt für die Steuereinnahmen das **Prinzip der Nichtzweckbindung** (Nonaffektation): Alle Steuereinnahmen dienen zur Finanzierung aller Ausgaben. Eine Ausnahme ist aber z. B. die Ökosteuer, deren Einnahmen zur Mitfinanzierung der Rentenversicherung zweckgebunden sind.

Hauptzweck der Steuererhebung ist in der Regel die Erzielung von Einnahmen, die der Staat benötigt, um seine Aufgaben im Bereich der Allokation zu erfüllen. Es können aber auch andere Ziele verfolgt werden, vor allem die Umverteilung von Einkommen und Vermögen, die Beeinflussung regionaler und sektoraler Wirtschaftsstrukturen oder die Stabilisierung von Konjunktur und Wachstum. Und schließlich ist es denkbar, dass der Staat in die Wahlhandlungen der Bürger eingreift, um sie zu einem erwünschten Verhalten anzuregen, z. B. durch die Besteuerung von Alkohol und Tabak oder durch eine Steuerermäßigung bei Kulturgütern wie Bücher, Theater und Museen.

Grundsätze der Besteuerung statt optimales Steuersystem

Diese Vielzahl möglicher Ziele macht es schwierig, ein optimales (rationales) Steuersystem zu konzipieren, ein Steuersystem, das all diesen Zielen entspricht. Es sind aber eine Reihe von plausiblen **Grundsätzen der Besteuerung** entwickelt worden, die im Folgenden erläutert werden.

Effizienz, Transparenz und Billigkeit der Besteuerung erfordern einfache durchschaubare Steuern, deren Erhebungskosten gering sind, also einfache Steuersätze, einfache und breite Bemessungsgrundlagen und wenig Ausnahmetatbestände. Diese Prinzipien können aber mit dem Ziel der Gerechtigkeit kollidieren, weil damit individuelle Lebenslagen nicht berücksichtigt werden.

Neutralität der Besteuerung erfordert, dass die marktliche Allokation der Ressourcen möglichst wenig beeinflusst wird (»Leave them as you find them«); der Wettbewerb der Privaten soll möglichst wenig verzerrt werden. Dies erfordert z. B. eine einheitliche Besteuerung von allen Unternehmen und allen Produkten, nicht spezielle Steuern für spezielle Bereiche.

Die Besteuerung sollte der **Stabilisierungs- und Wachstumspolitik** dienen, d. h. Leistungsanreize nicht verschütten und Konjunkturschwankungen mildern.

Desgleichen sollte die Besteuerung eine sozial gerechte **Umverteilung** von Einkommen und Vermögen zulassen und fördern.

Leider bestehen erhebliche Zielkonflikte, meist zwischen dem Ziel der Effizienz und dem Ziel der sozialen Gerechtigkeit.

In der Entwicklung der Besteuerung sind immer wieder Ideen entwickelt worden, wie eine Steuerlast möglichst gerecht auf die Steuerpflichtigen verteilt werden kann. Das ist letztlich eine normative Frage, die nicht ohne Werturteile beantwortet werden kann, aber die Diskussion der entwickelten Ideen erlaubt eine bessere Fundierung der Entscheidung über die anzuwendenden Grundsätze der Besteuerung.

Problem der gerechten Verteilung der Steuerlast

Die Erhebung von Steuern kann nach dem **Äquivalenzprinzip** erfolgen. Dabei werden sie als Einnahmen verstanden, die ein direktes Entgelt für vom Staat erbrachte Leistungen darstellen. Hintergrund ist eine individualistische Staatsauffassung, wobei der Staat ein zweckgerichteter Zusammenschluss seiner Bürger ist und folglich »bezahlt« wird, wenn er zu ihren Gunsten Leistungen erbringt (verfassungsökonomischer Staat). Insofern hätten Steuern den Charakter von Preisen, die für staatliche Leistungen bezahlt werden. Eine steuerliche Gleichbehandlung von Personen wäre immer dann geboten, wenn sie den gleichen Nutzen aus den staatlichen Leistungen zögen. Der Ansatz ist jedoch praktisch nicht anwendbar, weil der einem Individuum zufließende Nutzen staatlicher Leistungen generell nicht erfasst werden kann.

Steuern als Preis für staatliche Leistungen

Große faktische Bedeutung hat dagegen das **Leistungsfähigkeitsprinzip**. Hier ist es ohne Bedeutung, welche Leistungen der Staat zur Verfügung stellt und wer die Leistungen in Anspruch nimmt. Jeder soll nach seiner Leistungsfähigkeit zum Steueraufkommen beitragen. Dies impliziert eine Staatsauffassung, die davon ausgeht, dass der Staat ein geschichtlich gegebener Tatbestand ist, der als Voraussetzung für gesellschaftliches und individuelles Leben überhaupt angesehen werden muss. Die Individuen sind Mitglieder eines »Ganzen«, zu dessen Funktionsfähigkeit sie beizutragen haben.

Steuern nach Leistungsfähigkeit

Ganz einfach ist die Bestimmung der Leistungsfähigkeit auch nicht, aber in der Regel orientiert man sich an einfachen Hilfsgrößen, vor allem am Einkommen, am Vermögen, am Vermögenszuwachs oder am Konsum. Nach allgemeiner Meinung ist das Einkommen die wichtigste und der Konsum die einfachste Hilfsgröße. Entsprechend wird in den meisten Steuersystemen verfahren: Die steuerliche Belastung steigt mit steigendem Einkommen und mit steigendem Konsum.

Ob eine Belastung absolut, proportional oder progressiv steigen soll, wird mithilfe der **Opfertheorie** diskutiert, die in der Diskussion um ein gerechtes Steuersystem eine große Rolle spielt. Grundprinzip ist die als Werturteil postulierte Behauptung, eine Besteuerung sei gerecht, wenn sie jedem Steuerzahler das **gleiche Opfer** im Sinne einer gleichen Einbuße an Nutzen auferlegt. Wir betrachten dies für das Postulat eines **gleichen absoluten Opfers.**

Steuern nach dem Ausmaß der Nutzeneinbuße

Entscheidend für die Festlegung der Steuerlast ist hierbei die Abhängigkeit des Nutzens vom Einkommen. Üblicherweise wird angenommen, dass der Nutzen des Einkommens mit steigendem Einkommen zunimmt, aber mit abnehmender Rate; oder anders formuliert, dass der Grenznutzen des Einkommens gleichmäßig fällt. Dies zeigt Abbildung 13.1.

Ein gleicher Nutzenentgang um eine Einheit N bedingt bei dem höheren Einkommen E_1 eine Einkommenseinbuße (durch Besteuerung) von A, bei einem kleineren Einkommen von E_2 eine wesentlich kleinere Einkommenseinbuße (durch Besteuerung) von B. Wenn, wie in Abbildung 13.1 angenommen, der Grenznutzen des Geldes linear fällt, folgt aus dem Postulat eines gleichen (absoluten) Opfers eine proportionale Steuer. Bei einem proportionalen Steuersatz von z. B. 25 Prozent zahlt der Einkommensmillionär also eine Steuer in Höhe von 250.000 Euro und ein Malergeselle mit einem Einkommen in Höhe von 20.000 Euro zahlt 5.000 Euro an Steuern. Es wird vermutet, dass dies für beide das gleiche Opfer bedeutet, dass der Nutzenentgang für beide gleich groß ist. Weil man den Nutzen zwischen verschiedenen Personen aber nicht vergleichen kann, bleibt obige Behauptung eine Vermutung, zu beweisen ist sie nicht.

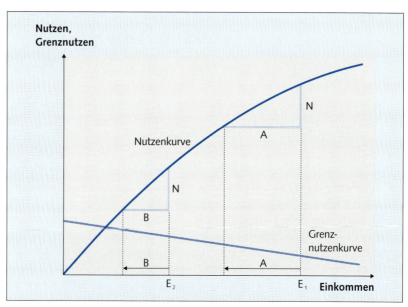

Abb. 13.1: Nutzen und Grenznutzen des Einkommens

Ergänzend zum vorgestellten Postulat des gleichen absoluten Opfers sei erwähnt, dass daneben das Postulat des gleichen relativen Opfers entwickelt worden ist. Nach dem Postulat des **gleichen relativen Opfers** gilt eine Besteuerung als gerecht, wenn bei allen Steuerpflichtigen der durch die Besteuerung bewirkte Nutzenentgang im Verhältnis zum Gesamtnutzen des Einkommens gleich bleibt. Dieses Postulat würde bei der in Abbildung 13.1 unterstellten Nutzenfunktion zu einer progressiven Besteuerung führen, also zu Steuersätzen, die mit steigendem Einkommen steigen. Letztlich bedingt die Festlegung der Steuerlast ein politisches Werturteil, eine gerechte Verteilung lässt sich nicht berechnen.

3.2 Wichtige Steuern in der Bundesrepublik Deutschland

In Deutschland gibt es immer noch rund 35 Steuern, dabei sind in den letzten Jahren und Jahrzehnten viele Steuern abgeschafft worden, vor allem Bagatellsteuern wie z.B. die Spielkartensteuer oder die Zündwarensteuer. Um die Steuern gliedern zu können, sind unterschiedliche Systematisierungen entwickelt worden.

Sytematisierung der Steuerarten

Häufig werden direkte und indirekte Steuern unterschieden, so in der Volkswirtschaftlichen Gesamtrechnung. **Direkte Steuern** sind Steuern, die die persönliche Leistungsfähigkeit des Steuerzahlers berücksichtigen, also etwa Lebensumstände und Reichtum. Zugleich wird vermutet, dass direkte Steuern nicht überwälzt werden, dass also derjenige, der die Steuer an das Finanzamt abführt, auch die wirtschaftliche Last der Steuer trägt. Direkte Steuern sind die Einkommensteuer und die Erbschaftsteuer. **Indirekte Steuern** berücksichtigen dagegen die persönliche Leistungsfähigkeit des Steuerzahlers nicht. Zugleich wird vermutet, dass sie überwälzt werden, dass also der Steuerzahler nicht die wirtschaftliche Last der Besteuerung trägt. Indirekte Steuern sind also die Umsatzsteuer und alle speziellen Verbrauchssteuern: Sie werden überwälzt und berücksichtigen die persönliche Leistungsfähigkeit nicht.

Uns erscheint die Gliederung nach der Stellung im Wirtschaftskreislauf hilfreicher. So unterscheidet man:

Gliederung nach der Stellung im Wirtschaftskreislauf

- Steuern, die bei der Einkommensentstehung anfallen,
- Steuern, die bei der Einkommensverwendung anfallen und
- Steuern auf das Vermögen und den Vermögensverkehr.

Abbildung 13.2 gibt einen Überblick über wichtige Steuern in Deutschland, gegliedert nach dieser Systematik. Spezielle, meist auch regional gebundene Steuern, wie z.B. die Getränkesteuer, die Hundesteuer, die Vergnügungssteuer oder die Zweitwohnungssteuer sind darin nicht enthalten. Diese Zusammenstellung sollte zweckmäßigerweise zusammen mit Tabelle 13.1 gelesen werden, die die monetäre Bedeutung der wichtigen Steuern zeigt.

Von zentraler Bedeutung sind die Steuern, die bei der Einkommensentstehung anfallen, und hier die so genannte Einkommensteuer, die »Königin der

Steuern bei der Einkommensentstehung	Steuern bei der Einkommensverwendung	Steuern auf Vermögen[1] und Vermögensverkehr
■ Lohnsteuer ■ Veranlagte Einkommensteuer ■ Kapitalertragsteuer ■ Körperschaftsteuer ■ Gewerbeertragsteuer	■ Umsatzsteuer, oft Mehrwertsteuer genannt ■ Einfuhrumsatzsteuer und ■ Spezielle Verbrauchsteuern (Bier-, Branntwein-, Tabak-, Mineralöl-, Kaffee-, Versicherungs- und Kraftfahrzeugsteuer) ■ Zölle	■ Grundsteuer ■ Erbschaft- und Schenkungsteuer

[1] Die Vermögensteuer wird seit dem 01.01.1997 nicht mehr erhoben.

Abb. 13.2: Wichtige Steuern in Deutschland

Die Einkommensteuer als Königin der Steuern

Steuern«. Die **Einkommensteuer** besteuert das Einkommen natürlicher Personen, nämlich die Einkünfte aus den sieben Einkommensarten (Land- und Forstwirtschaft, Gewerbebetrieb, selbstständige Arbeit, unselbstständige Arbeit, Kapitalvermögen, Vermietung und Verpachtung sowie sonstige Einkünfte, vor allem aus Renten). Von bestimmten Einkunftsarten wird die Einkommensteuer durch Steuerabzug an der Quelle, im so genannten **Quellenabzugsverfahren** erhoben. Dies ist die so genannte **Lohnsteuer**, die das Einkommen aus unselbstständiger Arbeit (den »Lohn«) an der Quelle im Abzugsverfahren besteuert, und die so genannte **Kapitalertragsteuer,** die das Einkommen aus Kapitalvermögen an der Quelle im Abzugsverfahren als Zinsabschlag besteuert. Die Einkommen aus den übrigen Einkommensarten, die in der Regel als Gewinn ermittelt werden, also als Überschuss der Einnahmen über die Ausgaben, werden im Rahmen der so genannten **veranschlagten Einkommensteuer** besteuert. Diese verschiedenen Formen der Einkommensteuer unterscheiden sich also durch die Art ihrer Erhebung, nicht aber durch den Steuertarif. Dieser ist für alle Einkommensarten gleich und wird wegen seiner prinzipiellen Bedeutung in Abschnitt 3.3 gesondert dargestellt.

Weitgehende Berücksichtigung der persönlichen Leistungsfähigkeit

Die Einkommensteuer ist eine direkte Steuer, hier wird, wie bei keiner anderen Steuer, die persönliche Leistungsfähigkeit des Steuerzahlers berücksichtigt. Zum einen werden die Lebensumstände berücksichtigt (wie Familienstand, Zahl der Kinder, außergewöhnliche Belastungen, Entfernung zur Arbeitsstätte usw.) und zum anderen ist der Steuersatz nach der Einkommenshöhe gestaffelt.

Die Einkommensteuer, in den drei Ausprägungen der Lohnsteuer, der veranlagten Einkommensteuer und der Kapitalertragsteuer, war im Jahr 2004 mit einem Anteil von 33 Prozent am gesamten Steueraufkommen die wichtigste Einzelsteuer im deutschen Steuersystem. Insbesondere die Lohnsteuer, als Einkommensteuer der unselbstständig Beschäftigten, trägt mit einem Anteil von 28 Prozent (2004) einen großen Teil der Steuerlast. Demgegenüber ist der Anteil der veranschlagten Einkommensteuer auf mittlerweile nur noch 1,2 Prozent gesunken.

	1980	1990	2000	2004	1980	1990	2000	2004
	in Mrd. €				in % des gesamten Steueraufkommens			
Einkommensteuer	77,9	115,0	168,8	146,0	41,8	40,9	36,1	33,0
davon: Lohnsteuer	57,0	90,8	135,7	123,9	31,2	32,3	29,0	28,0
veranschlagte Einkommensteuer	18,8	18,7	12,2	5,4	10,1	6,6	2,6	1,2
Kapitalertragsteuer	2,1	5,5	20,9	16,7	3,2	2,0	4,5	3,8
Körperschaftsteuer	10,9	15,3	23,6	13,1	4,2	5,5	5,1	3,0
Umsatzsteuer	27,0	39,9	107,1	104,7	25,1	14,2	22,9	23,6
Einfuhrumsatzsteuer	20,7	35,5	33,7	32,7	5,1	12,6	7,2	7,4
Gewerbesteuer	13,8	19,8	27,0	28,4	6,1	7,0	5,8	6,4
Mineralölsteuer	10,9	17,7	37,8	41,8	8,3	6,3	8,1	9,4
Tabaksteuer	5,7	8,9	11,4	13,6	2,7	3,2	2,4	3,1
Kraftfahrzeugsteuer	3,3	4,2	7,0	7,7	1,8	1,5	1,5	1,7
Grundsteuer	3,0	4,4	8,8	9,9	1,9	1,6	1,9	2,2
Erbschaftsteuer	k.A.	2,5	3,0	4,3	k.A.	0,9	0,6	0,9
Zölle	2,4	3,6	3,4	3,1	0,9	1,3	0,7	0,7
Branntweinsteuer	1,9	2,1	2,2	2,2	0,6	0,8	0,5	0,5
Biersteuer	0,6	0,7	0,8	0,8	0,2	0,2	0,2	0,1
Stromsteuer	-	-	-	6,6	-	-	-	1,5
insgesamt	186,6	281,0	467,3	443,0	100	100	100	100

Anmerkungen
Die Vermögensteuer wird seit dem 01.01.1997 nicht mehr erhoben.
Die Stromsteuer wird erst seit dem 01.04.1999 im Rahmen der ökologischen Steuerreform erhoben.
Die Daten ab 2000 beziehen sich auf den Gebietsstand der Bundesrepublik Deutschland ab 03.10.1991, also einschließlich der neuen Bundesländer. Die Differenz zur Gesamtsumme und 100 Prozent in der letzten Zeile wird durch das Aufkommen nicht genannter oder zwischenzeitlich abgeschaffter Steuern (Grunderwerbsteuer, Rennwett- und Lotteriesteuern, Wechselsteuer, Versicherungsteuer, Kapitalverkehrsteuern, Zuckersteuer, Kaffeesteuer, Lohnsummensteuer usw.) geschlossen.
Quelle: Statistisches Jahrbuch, verschiedene Jahrgänge, Monatsberichte der Deutschen Bundesbank und Angaben des Bundesministeriums der Finanzen.

Tab. 13.1: Das Aufkommen wichtiger Steuern in der Bundesrepublik 1980–2004

Die **Körperschaftsteuer** besteuert das Einkommen juristischer Personen, umgangssprachlich sagt man, sie besteuert den Gewinn von Unternehmen. Dieser Gewinn kann in der Unternehmung einbehalten oder an die Anteilseigner (meist Aktionäre) ausgeschüttet werden. Der Steuersatz beträgt in beiden Fällen 25 Prozent. Die ausgeschütteten Gewinne sind Einkünfte aus Kapitalvermögen und unterliegen als solche der veranschlagten Einkommensteuer für natürliche Personen. Weil die ausgeschütteten Gewinne durch die Körperschaftsteuer aber vorbelastet sind, werden sie nur zur Hälfte in die Bemessungsgrundlage für die persönliche Einkommensteuer einbezogen (Halbeinkünfteverfahren). Der Steuersatz, mit dem Unternehmensgewinne besteuert werden, spielt eine zentrale Rolle in der Diskussion um die Standortqualität von Ländern und um die Kapitalflucht von Unternehmen. Vor allem aus diesem Grund ist der Satz der Körperschaftsteuer in vielen Ländern fortlaufend gesenkt worden, so auch in Deutschland auf nunmehr 25 Prozent. Weitere Senkungen werden diskutiert. Dementsprechend gering ist der Anteil des Körperschaftsteueraufkommens am gesamten Steueraufkommen: Er beträgt 2004 drei Prozent.

Körperschaftsteuersatz als eine Determinante der Standortqualität

Die Steuern, die bei der Einkommensverwendung, ganz überwiegend beim Konsum, anfallen, sind relativ vielfältig. Von größter Bedeutung sind hier die **Umsatzsteuer**, die umgangssprachlich meist Mehrwertsteuer genannt wird, und die entsprechende Einfuhrumsatzsteuer, die eingeführte Waren der deutschen Umsatzsteuerbelastung anpasst. Dies geschieht dadurch, dass Einfuhren zunächst von der Umsatzsteuer des Auslands entlastet werden und dann mit der deutschen Umsatzsteuer belastet werden. Der Steuersatz ist also der gleiche wie für Umsätze in Deutschland. Diese Umsatzsteuer belastet letztlich den Endverbrauch, also die vom Endverbraucher (Staat und vor allem private Haushalte) erworbenen Güter und Dienstleistungen. Sie ist damit eine **allgemeine Verbrauchsteuer** (Konsumsteuer). Es gelten zwei Steuersätze, der allgemeine Steuersatz von 16 Prozent und der ermäßigte Steuersatz von 7 Prozent. Der ermäßigte Steuersatz gilt vor allem für Lebensmittel, für Kulturgüter wie Bücher und Zeitungen sowie für den Personennahverkehr. Die Umsatzsteuer wird in der Regel im Preis der Endverbrauchsgüter weitergegeben, also überwälzt. Die persönliche Leistungsfähigkeit der Steuerzahler wird nicht berücksichtigt. Mit einem Anteil von 31 Prozent am gesamten Steueraufkommen (einschließlich der Einfuhrumsatzsteuer) ist die Umsatzsteuer von ähnlicher Bedeutung wie die Einkommensteuer.

Die Umsatzsteuer (Mehrwertsteuer) als allgemeine Verbrauchsteuer

Die übrigen **speziellen Verbrauchsteuern** wie Mineralöl-, Tabak- oder Branntweinsteuer sollen nicht detailliert beschrieben werden; ihre Ausgestaltung kann beim Bundesministerium der Finanzen abgerufen werden. Insbesondere die Mineralölsteuer und die Tabaksteuer sind von großer fiskalischer Bedeutung. Generell werden alle speziellen Verbrauchsteuern im Preis der entsprechenden Konsumgüter weitergegeben, also überwälzt. Die persönliche Leistungsfähigkeit der Steuerzahler wird nicht berücksichtigt. Dies gilt auch für Zölle. **Zölle** gelten als Verbrauchsteuern auf importierte Güter; sie fließen in voller Höhe als eigene Einnahmen in den Haushalt der EU (vgl. Kapitel 22, Abschnitt 4).

Geringe Bedeutung der Steuern auf Vermögen

Steuern auf Vermögen und Vermögensverkehr sind mittlerweile relativ unbedeutend geworden. Die Vermögensteuer wird nach einem Urteil des Bundesverfassungsgerichtes, wonach die geringere steuerliche Belastung von Grundvermögen gegenüber der steuerlichen Belastung von sonstigem Vermögen verfassungswidrig war, seit dem 01.01.1997 nicht mehr erhoben. Als spezielle Form einer Vermögensteuer existiert nur noch die **Grundsteuer**, deren Ertrag den Gemeinden zufließt und die **Erbschafts- und Schenkungssteuer**, die das Vermögen besteuert, das der Erbe bzw. der Beschenkte erhält. Die Steuersätze sind nach dem Verwandtschaftsgrad und nach der Höhe des Erbes (der Schenkung) gestaffelt. Der höchste Steuersatz von 30 Prozent greift z. B. in der Steuerklasse I (Ehegatten, Kinder, Enkel …) bei einem Erbe von über 25.565.000 Euro.

Die Einnahmen aus den Steuern fließen den Gebietskörperschaften zu: Rund die Hälfte der Einnahmen entfällt auf den Bund (2004: 49,9 Prozent), ein gutes Drittel entfällt auf die Länder (2004: 37,4 Prozent) und gut 10 Prozent auf die Gemeinden (2004: 12,6 Prozent). Dabei gibt es reine Bundessteuern, z. B. Zölle und Verbrauchsteuern (mit Ausnahme der Biersteuer), reine Ländersteuern wie Erbschaftsteuer, Kraftfahrzeugsteuer und Biersteuer, reine Gemeindesteuern wie Grundsteuer und örtliche Verbrauchsteuern. Die wichtigsten Steuern, nämlich die Einkommensteuer, die Körperschaftsteuer und die Umsatzsteuer sind **Gemeinschaftssteuern**. Sie stehen – mit Ausnahme eines 15-prozentigen Anteils der Gemeinden an der Lohn- und Einkommensteuer – dem Bund und den Ländern gemeinsam zu. Am Aufkommen der Einkommensteuer (nach Abzug des Gemeindeanteils) und der Körperschaftsteuer sind der Bund und die Länder je zur Hälfte beteiligt, wobei die Verteilung auf die Länder grundsätzlich nach dem örtlichen Aufkommen (zuständiges Finanzamt nach Wohnsitz oder Firmensitz) erfolgt.

Verteilung der Einnahmen auf die Gebietskörperschaften

Die Anteile von Bund und Ländern an der Umsatzsteuer werden durch ein Bundesgesetz geregelt, das der Zustimmung des Bundesrates bedarf. Im Zeitablauf ist der Bundesanteil kontinuierlich geschrumpft und beträgt mittlerweile knapp 50 Prozent.

3.3 Das Ausmaß der steuerlichen Belastung: der Steuertarif

Für die Berechnung der steuerlichen Belastung des Einzelnen spielen der Steuertarif und die Steuerbemessungsgrundlage eine entscheidende Rolle. Beim Steuertarif unterscheidet man drei Typen:

Drei Tariftypen: progressiv, proportional und regressiv

1. Man spricht von einem **progressiven Tarif**, wenn mit steigender Bemessungsgrundlage (z. B. das zu versteuernde Einkommen) die steuerliche Belastung stärker steigt als die Bemessungsgrundlage. Man kann auch sagen, dass der Durchschnittssteuersatz mit wachsender Bemessungsgrundlage zunimmt. Der Verdeutlichung dient Abbildung 13.3, in der auf der senkrechten Achse der Steuerbetrag T und auf der waagerechten Achse die Bemessungsgrundlage Y (z. B. Einkommen) abgetragen sind. Der Tarif beginnt im Nullpunkt und steigt dann progressiv an. Die durchschnittliche Belastung im Punkt P_2, die durch $T_2 : Y_2$ ermittelt wird, ist größer als im Punkt P_1 (mit dem niedrigeren Einkommen Y_1).

Beispiel:

Einkommen	Steuerbetrag	Durchschnittssteuersatz
Y_1 = 1.000,– Euro	T_1 = 100,– Euro	$T_1/Y_1 = t_1 = 10\%$
Y_2 = 2.000,– Euro	T_1 = 250,– Euro	$T_2/Y_2 = t_2 = 12,5\%$

Direkte ...

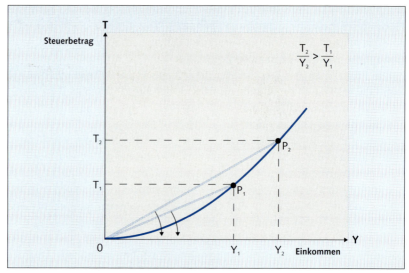

Abb. 13.3: Steuertarif mit direkter Progression

Tariftechnisch lässt sich die so genannte **indirekte Progression** durch den Einbau eines Freibetrages in einen linearen Steuertarif erreichen. Wie man aus Abbildung 13.4 ersehen kann, ist die durchschnittliche Belastung beim Einkommen Y_2 höher als bei Y_1. Es wird nur das den Freibetrag übersteigende Einkommen mit dem gleichen Steuersatz von z. B. 10 Prozent belastet.

Beispiel:

Einkommen	Steuerbetrag	Durchschnittssteuersatz
Y_1 = 1.000,– Euro	T_1 = 50,– Euro	$T_1/Y_1 = t_1 = 5\%$
Y_2 = 2.000,– Euro	T_2 = 150,– Euro	$T_2/Y_2 = t_2 = 7,5\%$
Freibetrag 500,– Euro		

und indirekte Progression

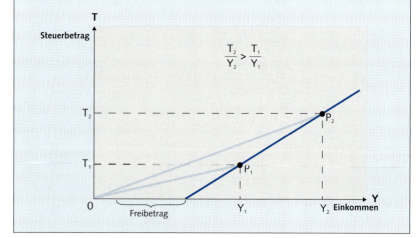

Abb. 13.4: Steuertarif mit indirekter Progression

2. Ein **proportionaler Steuertarif** liegt vor, wenn die durchschnittliche steuerliche Belastung immer gleich hoch ist. Beispiel: bei der Mehrwertsteuer beträgt gegenwärtig die Belastung im Regelfall 16 Prozent.
3. Sehr selten sind **regressive Tarife**, bei denen mit wachsender Bemessungsgrundlage das Ausmaß der steuerlichen Belastung abnimmt. Das Extrem stellt eine Kopfsteuer dar, bei der jeder Staatsbürger unabhängig von seiner Einkommenshöhe einen bestimmten Steuerbetrag zu entrichten hat.

Neben dem Durchschnittssteuersatz, an dessen Veränderung man den Tariftyp erkennen kann, spielt in der steuerpolitischen Diskussion der **Grenzsteuersatz** eine besondere Rolle. Er gibt an, wie viel Steuern man zusätzlich entrichten muss, wenn die Bemessungsgrundlage (z. B. das Einkommen) um eine Einheit steigt. Für höchste Einkommen wird der **Grenzsteuersatz** auch häufig Spitzensteuersatz genannt.

Zentrale Bedeutung des Grenzsteuersatzes

Wir erläutern die bisher verwendeten Begriffe anhand des ab dem Jahr 2005 geltenden Einkommensteuertarifs (Grundtabelle für Ledige, vgl. Abbildung 13.5). Nach diesem Tarif gilt:
- Bis zu einem steuerpflichtigen Einkommen von 7.664 Euro ist das Einkommen steuerfrei. 7.664 Euro ist der so genannte **Grundfreibetrag**.
- Ab einem steuerpflichtigen Einkommen von 7.665 Euro beginnt der Bereich der **Steuerprogression:** Von 7.665 bis 12.739 Euro steigt der Grenzsteuersatz von 15 Prozent – das ist der so genannte **Eingangssteuersatz** – relativ schnell auf 24 Prozent; von 12.740 bis 52.151 Euro steigt der Grenzsteuersatz dann etwas langsamer von 24 auf 42 Prozent. Das ist dann der **Spitzensteuersatz**.

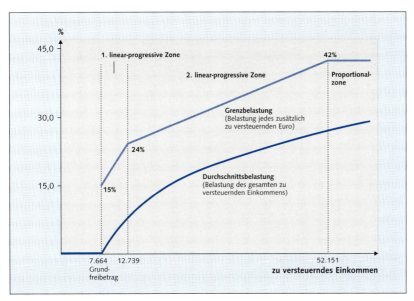

Abb. 13.5: Der Einkommensteuertarif 2005

Progressive Besteuerung des Einkommens

Man spricht von zwei linear-progressiven Zonen: Linear, weil der Grenzsteuersatz gleichmäßig ansteigt, und zwei Zonen unterscheidet man, weil der Anstieg des Grenzsteuersatzes in der ersten Zone schneller erfolgt als in der zweiten Zone.

- Ab einem steuerpflichtigen Einkommen von 52.152 Euro bleibt der Grenzsteuersatz konstant bei 42 Prozent: Jeder Einkommenszuwachs wird jetzt mit 42 Prozent besteuert. Man spricht von der oberen **Proportionalzone**.

Durch den Grundfreibetrag und den Anstieg des Grenzsteuersatzes von 15 Prozent auf schließlich 42 Prozent ergibt sich ein Anstieg des Durchschnittssteuersatzes: Es gilt mithin eine progressive Besteuerung des Einkommens.

Begründung der Progression

Prinzip und Ausmaß der Progression waren und sind in der steuerpolitischen Diskussion immer heftig umstritten. Progressive Einkommensteuertarife sind meist mit folgenden Argumenten begründet worden:

- Reiche sind leistungsfähiger als Arme und können daher einen höheren Anteil ihres Einkommens an Steuern aufbringen (Leistungsfähigkeitsprinzip).
- Reiche profitieren überproportional mehr als Arme von den staatlichen Leistungen wie Sicherheit und Infrastruktur und sollen daher einen höheren Anteil ihres Einkommens an Steuern aufbringen (Äquivalenzprinzip).
- Da Reiche wegen ihres in Bezug auf ihr Einkommen geringen Konsums einen relativ geringen Anteil indirekter Steuern (Regressionswirkung der indirekten Steuer) zu tragen haben, sollen sie als Kompensation bei den direkten Steuern überproportional herangezogen werden.
- Unter der Voraussetzung eines abnehmenden Grenznutzens des Einkommens (also desjenigen Nutzens, den ein zusätzlich verfügbarer Euro stiftet) werden die Reichen die Besteuerung zusätzlicher Einkommenteile als weniger schmerzhaft empfinden als die Bezieher niedriger Einkommen, sodass erstere entsprechend ihrer Opferfähigkeit progressiv belastet werden können (Opfertheorie).

Diese Argumente erscheinen plausibel. Sie enthalten aber Aussagen, die nicht messbar sind (Leistungsfähigkeit, Opfer, Nutzen) und sich daher einer wissenschaftlichen Fundierung entziehen.

Kritik der Progression

Auch die Kritik der Progression verwendet Argumente, die plausibel, aber nicht messbar sind. Die zentrale Kritik lautet:

- Eine progressive Einkommensbesteuerung verschüttet die Leistungsanreize und
- eine progressive Einkommensbesteuerung verführt zu Ausweichreaktionen, insbesondere zur Abwanderung in die Schattenwirtschaft (Schwarzarbeit) oder ins Ausland.

3.4 Steuerwirkungen

Bevor Steuerwirkungen in ihren Grundzügen beschrieben werden, sollen einige Begriffe geklärt werden. Zunächst muss man zwischen Steuerschuldner, Steuerzahler und Steuerträger unterscheiden.
- **Steuerschuldner** ist die Person, die nach dem Gesetz den Tatbestand erfüllt, an den die Steuerpflicht anknüpft. So ist der Arbeitnehmer Steuerschuldner der Lohnsteuer.
- **Steuerzahler** ist die Person, die die Steuer an das Finanzamt faktisch zahlt. Dies ist im Fall der Lohnsteuer der Arbeitgeber, der die Lohnsteuer einbehält und abführt.
- **Steuerträger** ist die Person, die die ökonomische Last der Steuer letztlich trägt. Wer dies ist, kann nicht immer leicht festgestellt werden, weil Steuerlasten auch überwälzt werden können (s. u.).

Will man die Steuern als Mittel zur Durchsetzung wirtschafts- und finanzpolitischer Ziele einsetzen, so ist die Kenntnis ihrer Wirkungen von Bedeutung. Dabei ist zu untersuchen, ob und wenn ja wie es den Besteuerten möglich ist, sich der Steuerbelastung zu entziehen (Steuerabwehrwirkungen).

Allgemein bekannt ist die **Steuerhinterziehung,** die eine rechtswidrige, durch das Steuerstrafrecht zu ahnende Form der Steuerminderung darstellt (z. B. Abgabe einer falschen Steuererklärung oder Schwarzarbeit). Demgegenüber ist die **Steuervermeidung** eine rechtlich zulässige, u. U. sogar erwünschte Form der Steuerminderung. Sie ist definiert als eine Einschränkung des steuerlichen Tatbestandes durch den Besteuerten (z. B. durch Einschränkung des Verbrauchs besteuerter Güter, durch Verlegung von Produktionsstätten in Steueroasen, durch Änderung der Rechtsform von Unternehmen). Bei der **Steuereinholung** versucht der Steuerschuldner, eine wachsende steuerliche Belastung durch eine Steigerung seiner Leistung zu kompensieren. Ein Zwang zu einem solchen Verhalten kann vorliegen, wenn man einen erreichten Lebensstandard halten möchte oder wenn man hohe laufende finanzielle Verpflichtungen zu erfüllen hat. Die wichtigste Steuerwirkung ist die **Steuerüberwälzung,** die man als den gelungenen Versuch des Steuerschuldners bezeichnen kann, ihm auferlegte Steuern im Preisbildungsprozess auf andere Marktteilnehmer zu verlagern (seinen Nachfragern durch höhere Preise, seinen Lieferanten durch niedrigere Preise). Während man bei den so genannten indirekten Steuern (Kostensteuern wie Verbrauchsteuern, Umsatzsteuern usw.) allgemein die Überwälzbarkeit unterstellen kann, ist diese Steuerwirkung bei den direkten Steuern (insbesondere bei der Einkommensteuer) umstritten.

Inwieweit Steuern überwälzt werden, lässt sich am Beispiel einer Mengensteuer partialanalytisch leicht zeigen, wenn man die üblichen Angebots- und Nachfragekurven bei vollständiger Konkurrenz unterstellt (vgl. Kapitel 4 und Kapitel 5, Abschnitt 8). Pro verkaufte Mengeneinheit des Gutes müssen die Anbieter t Euro an den Staat abführen (wie z. B. bei der Mineralölsteuer). Der Anbieter wird auch in diesem Fall jeweils eine weitere Einheit des Gutes

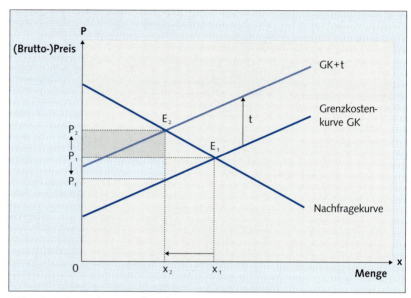

Abb. 13.6: Steuerlastverteilung bei einer Mengensteuer

anbieten, wenn er dafür mindestens die Grenzkosten erhält. Die Grenzkosten (GK) erhöhen sich aber um den Betrag der Steuer, um t. Damit verschiebt sich die Angebotskurve, die der Grenzkostenkurve entspricht, um den Betrag t nach oben. Dies zeigt die Abbildung 13.6.

Die Steuer treibt sozusagen einen Keil zwischen den Preis, den der Anbieter erhält und den Preis, den der Nachfrager zahlt. Als Resultat steigt der Marktpreis P vom ursprünglichen Niveau P_1 auf den neuen Marktpreis P_2. Interessant ist nun, dass der Preisanstieg kleiner ist als der Steuerbetrag t. Dies liegt daran, dass die Nachfrager auf die steuerinduzierte Preiserhöhung mit einem Rückgang der Nachfrage reagieren und diese Reaktion verhindert eine vollständige Weitergabe der Steuererhöhung im Preis. Dies ist der Normalfall. Über den Umfang, in dem die Steuer im Preis weitergegeben wird, entscheidet die Elastizität von Angebot und Nachfrage. Verläuft die Nachfragekurve z. B. senkrecht, ist sie also völlig preisunelastisch, dann wird die Steuer vollständig im Preis weitergegeben.

... hängt ab von der Elastizität von Angebot und Nachfrage

Welche Marktseite trägt nun die Steuerlast?

Die Steuerlast entspricht der Menge x_2 multipliziert mit dem Steuersatz t. Dieser Betrag fließt an den Staat. Die Steuerlast wird zu einem Teil durch die Nachfrager getragen, nämlich zu dem Teil, der der Preiserhöhung von P_1 auf P_2 multipliziert mit x_2 entspricht. Das ist in der Abbildung 13.6 die dunkel schraffierte Fläche. Zu einem Teil wird die Steuerlast aber auch durch die Anbieter getragen, nämlich zu dem Teil, der der Preissenkung von P_1 auf P_f entspricht. Das ist die hell schraffierte Fläche. Der Preis P_f ist ja der (fiktive) Preis, den die Anbieter nach Abführung der Steuer t für sich behalten, und dieser Preis ist kleiner als der alte Marktpreis P_1.

Entscheidend für die Steuerlastverteilung sind die Marktkräfte. Je elastischer die Nachfrager reagieren, je flacher also die Nachfragekurve verläuft, desto besser gelingt es den Nachfragern, die Steuerlast auf die Anbieter abzuwälzen. Und je elastischer die Anbieter reagieren, je flacher also die Angebotskurve verläuft, desto besser gelingt es den Anbietern, die Steuerlast auf die Nachfrager zurückzuwälzen. So kann man vermuten, dass die Last der Mineralölsteuer überwiegend von den Nachfragern getragen wird, weil die Nachfrage nach Mineralöl relativ unelastisch ist.

Abschließend sei darauf hingewiesen, dass eine Besteuerung nicht nur die Steuerlast impliziert, die als Steueraufkommen an den Staat fließt (die schraffierten Rechtecke in Abbildung 13.6) sondern auch eine **Zusatzlast** impliziert, weil die Konsumenten ihren Konsum einschränken (von x_1 auf x_2) und weil die Anbieter entsprechend weniger produzieren und weniger Gewinn erzielen.

Zusatzlast der Besteuerung infolge Rückgang der Produktion.

3.5 Steuerreform

Eine Steuerreform steht eigentlich permanent auf der Tagesordnung der Politik. Dies liegt wohl daran, dass Steuern immer ein zentrales Wahlkampfthema sind und dass über spezielle Steuersenkungen oder auch Steuererhöhungen Wählerstimmen gewonnen werden können. Zudem erzwingt der globale Wettbewerb ein Nachdenken über eine Anpassung der Unternehmenssteuersätze und der Spitzensteuersätze der Einkommensteuer an ein für potenzielle Investoren attraktives Niveau (vgl. Kapitel 19, Abschnitt 7 und 8).

Hintergrund solcher Reformbemühungen ist meist ein internationaler Vergleich der **Steuerquoten** (Steuern in Prozent des BIP) und/oder der **Abgabenquoten** (Steuern und Sozialabgaben in Prozent des BIP). Hier zeigt sich (vgl. Tabelle 13.2), dass die Belastung mit staatlichen Abgaben in Prozent des Bruttoinlandsproduktes in den skandinavischen Ländern sowie Frankreich und den Niederlanden aktuell wie auch im historischen Vergleich der Jahre 1970–2003 am höchsten, in Japan, der Schweiz und den Vereinigten Staaten von Amerika demgegenüber am niedrigsten ist. Die Bundesrepublik Deutschland nimmt in diesem internationalen Vergleich einen Mittelplatz ein. Kritisch angemerkt sei an dieser Stelle allerdings, dass die internationalen Vergleiche aufgrund unterschiedlicher Berechnungsmethoden und der in den einzelnen Staaten unterschiedlichen Steuer- und Sozialversicherungssysteme immer problematisch sind und dass solche Zahlenangaben immer ein wenig differieren.

Mittlere Abgabenbelastung in Deutschland

Im Zentrum der Diskussionen um eine Steuerreform stehen meist die Eckpunkte der Einkommensteuer:

- der Grundfreibetrag,
- die Eingangstarife,
- der Anstieg der Tarife (die mögliche Progression) und
- der Spitzensteuersatz sowie

Eckpunkte von Steuerreformen

	1970	1980	1990	2000	2003
Deutschland	32,9	38,2	38,5	37,8	36,2
Dänemark	40,4	45,5	48,7	49,6	49,0
Frankreich	35,1	41,7	43,7	45,2	44,2
Japan	19,7	25,4	31,3	27,1	27,0
Kanada	31,2	32,0	36,0	35,6	33,9
Niederlande	36,7	44,7	44,6	41,2	38,8
Norwegen	39,3	47,1	41,8	43,2	43,9
Schweden	40,4	49,1	55,6	53,8	50,8
Schweiz	23,8	30,8	31,5	30,5	29,8
USA	29,2	29,3	26,7	29,9	25,4

Anmerkungen: Abgabenquote in % des BIP nach Abgrenzungscharakteristika der OECD.
In Deutschland ab 2000 einschließlich der neuen Bundesländer.
Quelle: OECD, zitiert nach: Deutschland in Zahlen 2005 (Institut der deutschen Wirtschaft)

Tab. 13.2: Entwicklung der Abgabenquote im internationalen Vergleich (Steuern und Sozialabgaben in % des Bruttoinlandsproduktes)

die Eckpunkte der Unternehmensbesteuerung:
- der Körperschaftsteuersatz und
- die Vorschriften zur Gewinnermittlung.

Reformmodelle

Ein weit reichendes Reformmodell, das Kirchhof-Modell, schlägt z. B. einen Grundfreibetrag von 10.000 Euro vor und dann einen gleich bleibenden Steuersatz von 25 Prozent, der dann auch der Grenzsteuersatz ist. Das Reformmodell der FDP schlägt einen Grundfreibetrag von 7.700 Euro und drei Grenzsteuersätze von 15 Prozent (ab 7.700 Euro), von 25 Prozent (ab 15.000 Euro) und von 35 Prozent vor (gleich bleibend ab 40.000 Euro), während

Jahr	Grundfreibetrag in Euro	Eingangssteuersatz in %	Spitzensteuersatz in %	Ab zu versteuerndem Jahreseinkommen
1998	6.322	25,9	53	61.355
1999	6.681	23,9	53	61.377
2000	6.902	22,9	51	58.643
2001	7.206	19,9	48,5	54.998
2002	7.235	19,9	48,5	55.007
2003	7.426	17	47	52.293
2005	7.664	15	42	52.152

Quelle: Bundesministerium der Finanzen

Tab. 13.3: Die Entwicklung des Einkommensteuertarifs 1998–2005

das Modell von CDU/CSU bislang von einer linear ansteigenden Progression bis zu einem Spitzentarif von 36 Prozent (ab 45.000 Euro) ausgeht. Im Einzelnen sollen diese Vorschläge nicht diskutiert werden, zentral ist die Tendenz zu einem Abbau des Spitzensteuersatzes und die Vereinfachung des Steuersystems, die alle Reformmodelle anstreben.

Tendenz zur Vereinfachung und zum Abbau des Spitzensteuersatzes

Bereits in den Jahren 1998 bis 2005 sind deutliche Steuersenkungen durchgeführt worden: eine Senkung des Eingangssteuersatzes von 25,9 auf 15 Prozent und eine Senkung des Spitzensteuersatzes von 53 auf 42 Prozent. Dies ist in Tabelle 13.3 zusammengestellt.

4 Andere staatliche Einnahmen

Im Vergleich zu den Steuern haben die anderen Einnahmen der staatlichen Ebenen, auch in der wissenschaftlichen Diskussion, nur eine untergeordnete Bedeutung. Unter den **Erwerbseinkünften** versteht man die Einnahmen des Staates, die er durch eigene wirtschaftliche Tätigkeit erzielt (z. B. durch die Bundesdruckerei oder die Beteiligung an VW). Seine Funktion als Hoheitsträger ist dabei also unbeachtlich. Während die Erwerbseinkünfte marktwirtschaftliche Einnahmen darstellen, haben **Gebühren und Beiträge** Zwangscharakter. Sie unterscheiden sich aber von den Steuern dadurch, dass der Staat eine spezielle Gegenleistung bietet. Ein Beispiel für Gebühren sind: Gebühren bei der Ausstellung eines Reisepasses oder bei der Eheschließung. Ein Beispiel für Beiträge sind: Straßenanliegerbeiträge.

Während man sich der Zahlung von Gebühren durch Nichtinanspruchnahme der staatlichen Leistung entziehen kann, ist dies bei den Beiträgen nicht möglich. Daneben haben **Kredite**, die die öffentlichen Haushalte zur Deckung ihrer Defizite aufnehmen, erhebliche Bedeutung (vgl. Kapitel 14, Abschnitt 2). Diese Kredite zählen ebenfalls zu den staatlichen Einnahmen.

5 Staatsausgaben

5.1 Struktur und Entwicklung der Staatsausgaben

Staatsausgaben, also Ausgaben der Gebietskörperschaften und der Sozialversicherungen, sind im Zeitablauf meist gestiegen. Tabelle 13.4 gibt zunächst einen Überblick über die Entwicklung der Staatsausgaben von 1980 bis 2002, gegliedert nach Funktionsbereichen.

Anstieg der Staatsausgaben

Die Tabelle 13.4 zeigt folgende Entwicklung:
- Die Staatsausgaben haben absolut zugenommen, von rund 380 Milliarden Euro auf rund 990 Milliarden Euro und pro Kopf von rund 6.000 Euro auf rund 12.000 Euro; eine Zunahme von 159 Prozent absolut und von 90 Prozent pro Kopf.

	1980		1991[1]		2000		2002	
	Mrd. €	%	Mrd. €	%	Mrd. €	%	Mrd. €	%
Verteidigung	20,9	5,5	28,4	3,8	23,1	2,4	24,5	2,5
Öffentliche Sicherheit und Rechtsschutz	11,4	3,0	17,9	2,4	30,0	3,1	32,1	3,2
Schulen, Hochschulen, übriges Bildungswesen	37,3	9,9	55,1	7,5	81,3	8,5	76,9	7,7
Wissenschaft, Forschung, Entwicklung außerhalb der Hochschulen	5,0	1,3	7,7	1,0	9,1	0,9	9,4	1,0
Kulturelle Angelegenheiten	2,6	0,7	5,7	0,8	8,2	0,9	8,5	0,9
Soziale Sicherung	173,4	45,7	456,8	61,9	513	53,4	555,3	55,9
Gesundheit, Sport, Erholung	16,5	4,4	26,9	3,7	14,4	1,5	15,4	1,6
Wohnungswesen, Raumordnung	16,0	4,2	10,6	1,4	27,6	2,9	24,9	2,5
Wirtschaftsförderung	14,9	3,9	21,2	2,9	37,3	3,9	28,0	2,8
Verkehr und Nachrichtenwesen	16,0	4,2	18,9	2,6	22,6	2,4	22,9	2,3
Sonstige	64,7	17,1	88,6	12,5	194,0	20,2	194,8	19,6
Insgesamt	379,0	100	737,8	100	981,2	100	992,7	100
Zum Vergleich:								
Staatsausgaben pro Kopf (in €)	6.157		9.116		11.691		12.027	
Staatsquote (in %)	47,9		46,3		47,6		47,9	

[1] ab 1991 Gesamtdeutschland
Quelle: Statistisches Bundesamt

Tab. 13.4: Entwicklung der Staatsausgaben in der Bundesrepublik Deutschland 1980–2002

Stabilität der Staatsquote

- Die Staatsquote, der Anteil der Staatsausgaben am BIP, ist im betrachteten Zeitraum stabil geblieben. Eine deutliche Zunahme war in den Jahren davor, die in Tabelle 13.4 nicht enthalten sind, erkennbar. Ab 1980 hat sich die Staatsquote auf dem Niveau von knapp 50 Prozent stabilisiert. Die Staatsausgaben haben sich also im Verhältnis zum BIP nicht mehr erhöht.
- In der Struktur der Staatsausgaben fällt zunächst der sehr hohe Anteil für die soziale Sicherung auf, der über 50 Prozent beträgt. Erhebliche Anteile beanspruchen auch die Bereiche Schulen/Hochschulen/übriges Bildungswesen mit 7,7 Prozent sowie der Bereich Öffentliche Sicherheit und Rechtsschutz (3,2 Prozent) und die Wirtschaftsförderung (2,8 Prozent).
- Im Zeitablauf sind deutliche Strukturverschiebungen zu erkennen:
  - Insbesondere hat der Anteil der Ausgaben für die Landesverteidigung von 5,5 Prozent im Jahr 1980 auf 2,5 Prozent im Jahr 2002 abgenommen. Dies ist sehr erfreulich, wenn, was zu vermuten ist, dadurch die Wahrscheinlichkeit von Frieden nicht ab-, sondern sogar noch zugenommen hat.

- Auch die Anteile der Ausgaben für Verkehr und Nachrichtenwesen sowie für Gesundheit, Sport und Erholung haben deutlich abgenommen, z. T. eine Folge der Privatisierung in diesen Bereichen (z. B. Privatisierung der Post).
- Äußerst bedenklich ist die Abnahme des Anteils der Ausgaben für Bildung und Wissenschaft (Schulen, Hochschulen, Wissenschaft und Forschung zusammen) von 11,2 Prozent auf 8,7 Prozent. Dies ist für ein Land, dessen wirtschaftliche Leistungsfähigkeit vor allem von der Qualität des Humankapitals abhängt, nicht hinnehmbar.
- Zugenommen hat ausschließlich der Anteil der Ausgaben für die soziale Sicherung auf nunmehr 55,9 Prozent.

Abnahme des Anteils der Ausgaben für Bildung

5.2 Subventionen

Ein beträchtlicher Teil der Staatsausgaben sind Subventionen. **Subventionen** sind Geldleistungen des Staates an Unternehmen ohne marktliche Gegenleistung und spezielle Steuervergünstigungen. In differenzierter Betrachtung unterscheidet man **Finanzhilfen** (Geldleistungen) und **Steuervergünstigungen**. Tabelle 13.5 gibt einen Überblick über Volumen und Struktur der Finanzhilfen und Steuervergünstigungen, gewährt von Bund, Ländern und Gemeinden, sowie im Rahmen der ERP-Finanzhilfen[1] und im Rahmen der Agrarsubventionen der EU (vgl. Kapitel 22, Abschnitt 5).

	1990	1995	1998	1999	2000	2001	2002	2003
	in Mrd. €							
Finanzhilfen								
Bund	7,3	9,4	11,4	10,9	10,1	9,5	8,1	7,7
Länder und Gemeinden	8,3	12,2	12,6	12,9	12,8	12,7	12,0	12,9
Steuervergünstigungen								
Bund	7,9	9,1	9,8	10,9	13,1	13,3	14,3	15,1
Länder und Gemeinden	9,2	12,9	13,1	11,5	12,0	10,5	10,6	11,1
ERP-Finanzhilfen	2,9	5,9	6,6	6,0	5,7	4,3	3,2	5,0
Marktordnungsausgaben der EU	4,9	5,4	5,6	5,9	5,6	5,9	6,2	6,8
Insgesamt[1]	40,5	54,9	59,1	58,1	59,3	56,2	54,5	58,6

[1] Abweichungen in den Summen durch Runden der Teilbeträge
Quelle: Institut der Deutschen Wirtschaft, Deutschland in Zahlen 2005

Tab. 13.5: Gesamtvolumen der Subventionen in Deutschland 1990–2003

---

1 ERP: European Recovery Program (Marshall-Plan), ein Programm zum Wiederaufbau von Europa nach dem Zweiten Weltkrieg.

Finanzhilfen werden z. B. gewährt zur Förderung des Eigenheimbaus (Eigenheimzulage), zur Förderung des Steinkohlebergbaus oder für die Landwirtschaft. Steuervergünstigungen sind z. B. die Pendlerpauschale oder die Steuerfreiheit der Nachtzuschläge. Insgesamt listet der Subventionsbericht des Bundes eine Fülle von Finanzhilfen und Steuervergünstigungen auf. Die Abgrenzung von Subventionen wird dabei nicht einhellig gehandhabt: Das Institut für Weltwirtschaft berechnet meist ein wesentlich höheres Subventionsvolumen als das Bundesfinanzministerium, nämlich für 2001 nicht 56,2 Milliarden Euro, sondern 156 Milliarden Euro.

Ursache für Subventionen

Auslösendes Moment für die Gewährung von Subventionen ist sehr häufig der Strukturwandel der Wirtschaft als Folge der Veränderungen von Produktionsverfahren (Prozessinnovation) und der Einführung neuer Produkte (Produktinnovation). Dieser Strukturwandel ist in der Regel ein sektoraler Strukturwandel, d. h. ein Wandel der Produktionssektoren (z. B. Übergang von der Stahlindustrie auf Mikrosystemtechnologien), und/oder ein regionaler Strukturwandel, d. h. eine Veränderung der Produktionsstandorte (z. B. Abwanderung von Unternehmen aus dem Ruhrgebiet nach Berlin). Subventionen haben oft das Ziel, die Anpassung von Unternehmen und Beschäftigten an diesen Strukturwandel zu erleichtern, dann spricht man von **Anpassungssubventionen,** oder sie haben das Ziel, Strukturen zu erhalten, dann spricht man von **Erhaltungssubventionen**.

Beurteilung von Subventionen

Subventionen werden in der Ökonomie generell sehr skeptisch beurteilt. Dies liegt an folgenden Problemen bzw. Nachteilen von Subventionen:
- Subventionen müssen bezahlt werden und belasten damit andere Produktionsprozesse und/oder andere Produkte, deren Wettbewerbschancen damit gemindert werden.
- Subventionen haben oft bloße Mitnahmeeffekte, d. h. dass Unternehmen, die auch ohne Subventionen neue Produktionsverfahren oder neue Produkte entwickelt hätten, die Subvention erhalten.
- Der Staat ist nicht klüger als der Markt: Der Staat weiß prinzipiell niemals besser als der Markt, welche Produktionsverfahren oder welche Produkte in der Zukunft wettbewerbsfähig sein werden, was sich also lohnt zu subventionieren. Dies deshalb nicht, weil »der Staat« nicht die Leistungsanreize hat, sich um zukunftsfähige Produkte/Verfahren zu kümmern, und weil der Staat nicht die Erfahrungen und Kenntnisse der vielen Unternehmen, die am Markt agieren, haben kann. Allenfalls zufällig kann der Staat entscheiden, ob sich z. B. die Subvention von Atomstrom oder Windenergie lohnt.

Daraus folgt, dass Subventionen minimiert werden sollten, und wenn sie gewährt werden, sollten sie möglichst pauschal gewährt werden, also z. B. für die Forschungsförderung generell, aber nicht für die Förderung von Forschung zu ganz bestimmten Zwecken.

5.3 Erklärungen der Staatsausgaben

In Struktur und Entwicklung der Staatsausgaben (vgl. Tabelle 13.6) spiegelt sich – sehr begrenzt – die ökonomisch fundierte Begründung der wirtschaftlichen Tätigkeit des Staates wider, die in Abschnitt 2 gegeben worden ist: Der Katalog des Marktversagens und die Bereiche der Funktionsprobleme der Marktwirtschaft. So sind Verteidigung, öffentliche Sicherheit und Rechtsschutz klassische öffentliche Güter, die vom Markt nicht bereitgestellt werden, weil ein Ausschluss von Nichtzahlern praktisch nicht möglich ist. Der Bereich Bildung und Wissenschaft wird vor allem wegen seiner positiven externen Effekte gefördert, daneben kann zumindest die Bildung auch als meritorisches Gut angesehen werden und die Ergebnisse der Grundlagenforschung sind wiederum klassische öffentliche Güter. Kultur, Gesundheit/Sport/Erholung gelten vermutlich als meritorische Güter mit positiven externen Effekten. In der Förderung des Wohnungswesens verbinden sich meritorische und soziale Aspekte. Der Bereich der sozialen Sicherung ist der Distributionsfunktion des Staates zuzuordnen. Warum aber Nachrichtenwesen? Dies vor allem, weil eine staatlich kontrollierte Nachrichtenübermittlung für die Kriegsführung der Staaten von zentraler Bedeutung war und ist. Damit soll deutlich werden, dass die im Prinzip ja normativ geprägte Begründung der wirtschaftlichen Aktivität des Staates mit dem Katalog von Marktversagen und Marktmängeln nicht ausreicht, die faktisch vorzufindende Staatsaktivität zu erklären.

Erklärung der Saatsausgaben mit dem Konzept des Marktversagens

Ältere Erklärungen stellen sehr häufig auf die relative Zunahme der Staatstätigkeiten ab. *Adolph Wagner*[2] hat daraus schon im 19. Jahrhundert ein berühmtes ökonomisches »Gesetz«, das »Gesetz der wachsenden Ausdehnung der Staatstätigkeiten«, abgeleitet und dies vor allem mit dem Übergang vom Ordnungsstaat (Justiz, Polizei und Militär) zum Kultur- und Wohlfahrtsstaat (Bildung, Gesundheit, soziale Sicherheit) begründet. Wenngleich heute die Staatstätigkeit relativ (gemessen an der Staatsquote) nicht mehr zuzunehmen scheint, so können die älteren Erklärungen doch zeigen, warum es trotz aller Bemühungen so schwierig ist, die Staatsquote zu senken.

Ein altes »Gesetz der wachsenden Staatsausgaben«

Zunahme der Aufgaben

Ein Erklärungsmuster, das politökonomisch abgeleitet wird, versucht zu zeigen, warum der Staat im Zeitablauf immer mehr Aufgaben an sich zieht. Zum einen, weil die Akteure staatlichen Handelns, Politiker und Staatsbedienstete, aus Eigennutz dazu neigen, neue Tätigkeitsfelder zu erschließen, um ihr Ansehen (bei den Wählern) oder ihren Einfluss (innerhalb der staatlichen Verwaltung) zu erhöhen. Deshalb setzt sich der Abgeordnete, dessen

---

2 *Adolph Wagner* (1835–1917), deutscher Nationalökonom und Finanzwissenschaftler, führender Vertreter des Kathedersozialismus. Im Gegensatz zum strengen Wirtschaftsliberalismus traten die Kathedersozialisten als Sozialreformer für eine staatliche Sozialpolitik ein.

Wahlkreis an der Küste liegt, für eine staatliche Schiffbauförderung ein oder der General der Luftwaffe setzt sich für die Anschaffung des »Euro-Fighter« ein (dies sind nur zwei Beispiele aus einer unendlichen Liste). Zum anderen, weil permanent bestimmte Gruppen der Gesellschaft versuchen, für ihre Gruppe Vorteile zu gewinnen und dies über eine staatliche Förderung ihrer Gruppeninteressen versuchen. Beispiele aus einer ebenfalls unendlichen Liste sind etwa die Förderung der Ausbildung von Binnenschiffern, die Förderung des Steinkohleabbaus oder die kostenlose Bereitstellung von Schulbüchern. Gemeinsam ist beiden Gruppen von Aktivitäten, dass die privaten Vorteile für den Politiker oder Staatsbediensteten oder für die Interessensgruppe größer sind als die privaten Kosten und dies vor allem deshalb, weil die Hauptlast der Kosten fast unmerklich von der Allgemeinheit der Steuerzahler getragen wird. Hier werden also Staatsleistungen nachgefragt, die für den Nachfrager relativ kostenlos erhältlich sind, die die Allgemeinheit aber teuer bezahlen muss.

Erklärung der politischen Ökonomie

Zunahme der Kosten

Staatlich bereitgestellte Dienstleistungen weisen geringe Produktivitätssteigerungen auf.

Ein anderes zentrales Erklärungsmuster hoher oder zunehmender Staatstätigkeit stellt darauf ab, dass die Kosten staatlicher Leistung, auch bei unverändertem Aufgabenkatalog, überproportional ansteigen. Dies wird häufig damit begründet, dass der Produktivitätsfortschritt im Bereich der vom Staat produzierten Dienstleistungen systembedingt klein ist (**Produktivitätslücke**). Dies trifft für einen großen Teil der staatlichen Dienstleistungen sicher zu: Die Produktivität im sehr personalintensiven Bildungssektor, im Bereich der medizinischen Leistungen und im Bereich von Justiz und Polizei lässt sich bei weitem nicht so leicht steigern wie im Bereich von Landwirtschaft und Industrie. Wenn, was der Fall ist, die Löhne generell etwa gleichmäßig steigen, führt diese Produktivitätslücke zu überproportional steigenden Kosten im staatlichen Sektor. Das ist die von *Baumol*[3] so genannte **Kostenkrankheit** des öffentlichen (und privaten) Dienstleistungssektors. Eine weitere Erklärung für die Zunahme der Kosten staatlicher Aktivitäten ist sicher die Ineffizienz bürokratischer Arbeitsabläufe.

5.4 Finanzausgleich

Bislang haben wir überwiegend von »dem Staat« gesprochen. Dies verdeckt, dass der Staat in aller Regel vertikal in verschiedene Ebenen gegliedert ist, die jeweils in unterschiedlicher Weise staatliche Aufgaben erfüllen. In der Bundesrepublik gibt es die drei Ebenen der Gebietskörperschaften: Bund, Länder und Gemeinden. Diese haben bestimmte Aufgaben, Ausgaben und Einnahmen, deren Verteilung das System des Finanzausgleichs regelt. Die Verteilung von Ausgaben und Einnahmen ist im Prinzip im Grundgesetz geregelt.

---

3 *William J. Baumol* ist ein bekannter US-amerikanischer Ökonom.

Verteilung der Aufgaben

Die Verteilung der Aufgaben geht vom prinzipiellen Primat der Länder aus: *Primat der Länder*

> **Art. 30 (GG) (Funktion der Länder)**
>
> Die Ausübung der staatlichen Befugnisse und die Erfüllung der staatlichen Aufgaben ist Sache der Länder, soweit dieses Grundgesetz keine andere Regelung trifft oder zulässt.

In den Grundgesetzartikeln über die Gesetzgebung (Art. 70 ff.) ist die Aufgabenverteilung genauer festgelegt. Nach Art. 73 hat der **Bund** die **ausschließliche Gesetzgebung** beispielsweise über auswärtige Angelegenheiten, Verteidigung, Zivilschutz, Währungs- und Geldwesen, Bundesbahn und Bundespost. Die **konkurrierende Gesetzgebung** hat der Bund beispielsweise über das Bürgerliche Recht, das Strafrecht, die öffentliche Fürsorge, Versorgung der Kriegsbeschädigten und Kriegshinterbliebenen, das Arbeitsrecht, die Regelung der Ausbildungsbeihilfen und die Förderung der wissenschaftlichen Forschung. Sofern also der Bund nicht die ausschließliche Gesetzgebung hat und sofern er im Bereich der konkurrierenden Gesetzgebung nicht tätig geworden ist, erfüllen die **Länder** alle staatlichen Aufgaben. Den **Gemeinden** muss dabei das Recht gewährleistet sein, alle Angelegenheiten der örtlichen Gemeinschaft im Rahmen der Gesetze in eigener Verantwortung zu regeln.

Obwohl die Länder grundsätzlich die staatlichen Aufgaben zu erfüllen haben, ist auch in der Bundesrepublik eine zunehmende Zentralisierung von Aufgaben beim Bund festzustellen. Bei bestimmten Aufgaben wirkt der Bund bei der Erfüllung von Aufgaben der Länder mit, wenn diese Aufgaben für die Gesamtheit bedeutsam sind und die Mitwirkung des Bundes zur Verbesserung der Lebensverhältnisse erforderlich ist. Derartige Vorhaben nennt man **Gemeinschaftsaufgaben.** Zu ihnen gehören der Ausbau und Neubau wissenschaftlicher Hochschulen, die Verbesserung der regionalen Wirtschaftsstruktur sowie die Verbesserung der Agrarstruktur und des Küstenschutzes (Art. 91a Grundgesetz). Es ist darauf hinzuweisen, dass der Bund über die Gemeinschaftsaufgaben und sonstige Finanzzuweisungen Höhe und Struktur der Ausgaben der nachgeordneten Gebietskörperschaften z. T. nicht unwesentlich mitbestimmt. *Zentralisierung von Aufgaben*

Generell wird in der Ökonomie eine solche Mischfinanzierung wegen der mit ihr verbundenen Vermischung der Verantwortlichkeiten sehr negativ beurteilt. Dies führt nämlich dazu, dass Aufgaben z. T. nur deshalb in Angriff genommen werden, weil dafür erhebliche Zuschüsse gewährt werden. *Kritik der Mischfinanzierung*

Verteilung der Ausgaben

Aus der Verteilung der Aufgaben ergibt sich die Verteilung der Ausgaben nach Art. 104a Grundgesetz.

> **Art. 104 a (Lastenverteilung)**
>
> (1) Der Bund und die Länder tragen gesondert die Ausgaben, die sich aus der Wahrnehmung ihrer Aufgaben ergeben, soweit dieses Grundgesetz nichts anderes bestimmt.
>
> (2) Handeln die Länder im Auftrage des Bundes, trägt der Bund die sich daraus ergebenden Ausgaben.

Tabelle 13.6 gibt einen Überblick über die Verteilung der Einnahmen und Ausgaben der Gebietskörperschaften. Der Bund erhält also z. B. knapp die Hälfte der Steuereinnahmen (vgl. Abschnitt 3.2), tätigt aber nur gut 40 Prozent der Ausgaben. Die Differenzen erklären sich zum großen Teil durch die Ausgleichszahlungen im Rahmen des Finanzausgleichs in der Bundesrepublik Deutschland.

	Bund	Länder	Gemeinden	Zusammen[1]
Steuereinnahmen (Mrd. €)	240,6	180,5	60,9	482
Anteile (%)	49,9	37,4	12,6	100
Ausgaben (Mrd. €)	312,4	290,6	154,3	757,3
Anteile (%)	41,3	38,4	20,4	100

[1] Rundungsdifferenzen sind möglich
Quelle: Statistisches Bundesamt

Tab. 13.6: Verteilung von Steuern und Staatsausgaben 2004

Ausgleichszahlungen

Um gemäß dem Auftrag des Grundgesetzes die Lebensverhältnisse in der Bundesrepublik zu vereinheitlichen, beteiligt sich einerseits der Bund mit so genannten Bundesergänzungszuweisungen an Aufgaben der Länder und Gemeinden (vertikaler aktiver Finanzausgleich) und andererseits sorgen die Länder unter sich für einen Ausgleich zwischen armen und reichen Ländern (horizontaler aktiver Finanzausgleich). Als problematisch gilt, dass damit die Leistungsanreize verschüttet werden: Reiche Länder werden mit Abschöpfungen bestraft und arme Länder werden mit Ausgleichszahlungen belohnt.

Arbeitsaufgaben

1) Erläutern Sie die folgenden Begriffe:
   - Steuern,
   - Steuertarif,
   - Erwerbseinkünfte und
   - Gemeinschaftsaufgaben.
2) Nennen Sie wichtige Steuerarten, die in der Bundesrepublik Deutschland dem Bund zustehen, und solche, die den Ländern und Gemeinden zustehen. Halten Sie diese Aufteilung für sinnvoll? Mit welchen Argumenten würden Sie eine andere Verteilung befürworten?
3) Zeichnen Sie einen Steuertarif, der
   - proportional,
   - progressiv,
   - regressiv

   ist. Wie kann steuertechnisch aus einem proportionalen ein progressiver Tarif gemacht werden?
4) Erörtern Sie Ihnen bekannte Steuerabwehrwirkungen.
5) Welche Probleme wirft ein hoher Grenzsteuersatz auf?
6) Wie würden Sie eine progressive Einkommensteuer begründen?
7) Die derzeitige Aufgabenverteilung zwischen Bund und Ländern wird mit dem föderativen Prinzip begründet. Welche Aufgaben würden Sie lieber anders zugeordnet sehen?
8) Ein steigender Anteil der Staatsausgaben am Sozialprodukt berührt das Verhältnis zwischen privatem und öffentlichem Konsum. Wie sehen und beurteilen Sie diesen Zusammenhang?
9) Wie lässt sich das langfristig zu beobachtende relative Wachstum der Staatsausgaben (gemessen als Prozentanteil am Sozialprodukt) erklären?
10) Erörtern Sie mögliche Systematisierungen öffentlicher Ausgaben.

Lösungsvorschläge für die Arbeitsaufgaben finden Sie im »Übungsbuch zu Grundlagen und Probleme der Volkswirtschaft«.

Literatur

Einführende Darstellungen des Gesamtgebietes der Finanzwissenschaft sind:
Andel, Norbert: Finanzwirtschaft, 4. Aufl., Tübingen 1998.
Blankart, Charles, B.: Öffentliche Finanzen in der Demokratie, 5. Aufl., München 2003.
Brümmerhoff, Dieter: Finanzwissenschaft, 8. Aufl., München 2001.
Novotny, Ewald: Der öffentliche Sektor. Einführung in die Finanzwissenschaft, 3. Aufl., Berlin 1996.
Petersen, Hans-Georg, Finanzwissenschaft I, 3. Aufl., Stuttgart u. a. 1993.
Wigger, Berthold, U.: Grundzüge der Finanzwirtschaft, Berlin u. a. 2004.
Zimmermann, Horst / Klaus-Dirk Henke: Finanzwissenschaft. Eine Einführung in die Lehre von der öffentlichen Finanzwirtschaft, 8. Aufl., München 2001.

Sehr konzis ist die Darstellung von:
Grossekettler, Heinz: Öffentliche Finanzen, in: Vahlens Kompendium der Wirtschaftstheorie und Wirtschaftspolitik, Band 1, 8. Aufl., München 2003.

Einen ausführlichen Überblick über die Steuern in der Bundesrepublik gibt die kostenlose Broschüre:
Bundesminister der Finanzen (Hrsg.): Unsere Steuern von A–Z.

Einen knappen Überblick über die Finanzverfassung der Bundesrepublik gibt:
Lampert, Heinz: Die Wirtschafts- und Sozialordnung der Bundesrepublik Deutschland, 13. Aufl., München, Wien 1997.

Über wichtige volkswirtschaftliche Grundlagen und Probleme der öffentlichen Finanzwirtschaften von Bund, Ländern und Gemeinden sowie die Finanzen der Europäischen Gemeinschaften informiert der Finanzbericht (jährlich), hrsg. v. Bundesminister der Finanzen.

Über Subventionen informiert der alle zwei Jahre erscheinende Subventionsbericht des Bundesfinanzministeriums.

14. Kapitel
Staatshaushalt, Staatsverschuldung und Stabilisierungspolitik

LERNZIELE

Leitfrage:
Was ist ein Haushaltsplan und welche Prinzipien sind bei seiner Aufstellung zu beachten?
- Was versteht man unter einem Haushaltsplan?
- Welche Prinzipien gelten für die Aufstellung des Haushaltsplanes?
- Welche Struktur weist der Bundeshaushaltsplan auf?

Leitfrage:
Welche Probleme ergeben sich im Zusammenhang mit der Kreditfinanzierung eines Haushaltes?
- Wie hat sich die Staatsverschuldung in der Bundesrepublik entwickelt?
- Gibt es rechtliche oder wirtschaftliche Grenzen der Staatsverschuldung?

Leitfrage:
Wie wirken die Instrumente der Fiskalpolitik und welches sind ihre Wirkungsbedingungen?
- Was versteht man unter antizyklischer Fiskalpolitik?
- Welche Hauptgruppen fiskalpolitischer Instrumente unterscheidet man?
- Was sind automatische Stabilisatoren und wie wirken sie im Bereich staatlicher Einnahmen und Ausgaben?
- Worin liegen die besonderen Probleme des fiskalpolitischen Mitteleinsatzes?

Die im Kapitel 13 behandelten Einnahmen und Ausgaben des Staates werden im Haushaltsplan des Staates zusammengestellt. Die Grundstruktur dieses zentralen Rechenwerks wird im ersten Abschnitt vorgestellt. Dabei beziehen wir uns in erster Linie immer auf den Bundeshaushalt. Ein zentrales und viel diskutiertes Problem staatlicher Finanzwirtschaft ist die zunehmende Staatsverschuldung. Ihr Umfang und ihre Problematik werden in Abschnitt 2 dargestellt. Eine spezielle Aufgabe staatlicher Wirtschaftspolitik ist die Stabilisierung der Konjunktur. Diese Aufgabe ist im Zuge der Entwicklung zu einer mehr angebotsorientierten Wirtschaftspolitik etwas in den Hintergrund getreten. Sie ist gleichwohl bedeutsam und wird im dritten Abschnitt behandelt.

1 Staatshaushalt

1.1 Begriff und Bestimmung des Staatshaushalts

Kernstück staatlicher Finanzwirtschaft ist der Haushaltsplan, auch Budget genannt.

> Der Haushaltsplan ist eine systematische Zusammenstellung der für ein Haushaltsjahr veranschlagten Ausgaben und der zu ihrer Deckung vorgesehenen Einnahmen.

Mithilfe des Haushaltsplans (des Budgets) sollen im Prinzip die in Kapitel 13 beschriebenen Aufgaben erfüllt werden:
- die Allokation,
- die Distribution und
- die Stabilisierung.

Diese Aufgaben sind qualitativ beschrieben und prinzipiell begründet worden – mit dem Marktversagen, mit der Notwendigkeit einer Umverteilung der Markteinkommen und mit der Notwendigkeit einer Stabilisierung der wirtschaftlichen Entwicklung. Es ist aber nicht möglich, mit dieser qualitativen Begründung allein das Volumen und die Struktur eines optimalen Budgets quantitativ zu bestimmen.

Eine solche quantitative Bestimmung des Budgets versucht die **Theorie des optimalen Budgets** zu leisten. Im einfachsten Fall geht man von gleichartigen Präferenzen der Individuen bzw. von einer konzeptionellen Einheit der Steuerzahler aus. Die Einheit der Steuerzahler muss dann abwägen zwischen den Vorteilen, die ihr aus den Staatsausgaben entstehen und den Nachteilen der Steuerzahlung. Ausgehend von einem bestimmten Budgetvolumen ist dann zu prüfen, ob der zusätzliche Nutzen (der Grenznutzen) einer weiteren

Ausgabeneinheit größer ist als der zusätzliche Nutzenentgang (die Grenzkosten) der dafür notwendig werdenden zusätzlichen Steuerzahlung. Wenn dies der Fall ist, sollte das Budgetvolumen erhöht werden. Bei dieser Kalkulation geht man davon aus, dass der Grenznutzen zusätzlicher Staatsausgaben mit steigendem Ausgabevolumen abnimmt und die Grenzkosten einer zusätzlichen Besteuerung mit steigender Steuerzahlung zunehmen. Die gesamtgesellschaftliche Wohlfahrt ist dann bei dem Budgetumfang maximiert, bei der der zusätzliche gesellschaftliche Nutzen einer weiteren Ausgabeeinheit gerade dem Nutzenentgang entspricht, der entsteht, wenn die zusätzliche Ausgabe durch Steuern finanziert wird. Damit ergibt sich eine Begrenzung des Budgetvolumens durch die abnehmende Bereitschaft der Steuerzahler, auf Teile ihres Einkommens und damit auf private Befriedigungsmöglichkeiten zu verzichten.

Beim optimalen Budget sind Grenznutzen und Grenzkosten gleich.

Weil man aber von einer konzeptionellen Einheit der Steuerzahler nicht ausgehen kann, lassen sich solche gesellschaftlichen Nutzenkurven nicht ableiten. Man müsste dazu interpersonelle Nutzenvergleiche anstellen können, was aber unmöglich ist. Die Grundidee, eine Kosten-Nutzen-Analyse des Budgets vorzunehmen und zu prüfen, ob die Kosten staatlicher Besteuerung auch durch den Nutzen staatlicher Ausgaben aufgewogen werden, ist aber richtig und entspricht ökonomischem Denken und der verfassungsökonomischen Vorstellung vom Staat.

Faktisch werden Volumen und Struktur des Budgets aber durch das Parlament und Regierungsparteien festgelegt. Die **ökonomische Theorie der Politik** geht davon aus, dass die Abgeordneten der Parteien vor allem danach streben, (wieder) gewählt zu werden und ihre Wählerstimmen zu maximieren. Das Budget wird nach diesem Ansatz dann so festgelegt, dass es zu einer maximalen Wählerstimmenzahl führt. Die wahlpolitische Zielsetzung besteht also nach der ökonomischen Theorie der Politik in der Maximierung der Wählerstimmen.

Überträgt man diesen Ansatz auf die Haushaltspolitik, so lautet die Maxime: Die Ausgaben werden so lange gesteigert, bis der durch die letzte ausgegebene Geldeinheit erreichte Stimmengewinn dem Stimmverlust gleich ist, der durch die letzte, aus den staatlichen Finanzquellen entnommene Geldeinheit verursacht wird. Um möglichst viele Stimmen zu gewinnen, empfehlen sich bei den Ausgaben merkliche Posten, z. B. Sozialausgaben, und um möglichst wenig Stimmen durch die Besteuerung zu verlieren, empfehlen sich bei der Finanzierung dagegen unmerkliche Posten, z. B. allgemeine Verbrauchssteuern oder insbesondere Kredite. Für diese Theorie sprechen die von den politischen Parteien gemachten Wahlversprechen und Wahlgeschenke sowie die stets zunehmende Staatsverschuldung.

Beim wählerstimmenmaximalen Budget entspricht der zusätzliche Stimmengewinn dem zusätzlichen Stimmenverlust.

1.2 Haushaltsgrundsätze

Jenseits der Fragen nach Umfang und Struktur des Budgets sind in der langjährigen Praxis der Aufstellung öffentlicher Haushalte eine Reihe von überwiegend formalen Grundsätzen aufgestellt worden, deren Einhaltung verpflichtend ist.

Besondere Bedeutung des Grundsatzes der Spezialität

Der **Grundsatz der Spezialität** ist von besonderer Bedeutung. Danach dürfen die bewilligten Ausgaben grundsätzlich nur in der bewilligten Höhe, nur für den vorgesehenen Zweck und nur in der vorgesehenen Periode ausgegeben werden. So dürfen z. B. nicht verbrauchte Ausgabenansätze grundsätzlich nicht in das folgende Haushaltsjahr übertragen werden. Dies führt dann zum Jahresende regelmäßig zu einer ausgedehnten Bestellungspraxis in den Behörden (»Dezemberfieber«).

Der Sinn des Grundsatzes der Spezialität ist es, die Entscheidungsgewalt des Parlaments über Volumen und Struktur der staatlichen Ausgaben zu erhalten. Das Recht, über den Haushalt zu bestimmen, gehört zu den zentralen Rechten des Parlaments und das Parlament will sich diese Entscheidungsgewalt nicht nehmen lassen.

Allerdings gibt es Ausnahmen vom Grundsatz der Spezialität, um einen sonst zu starren Haushaltsvollzug zu flexibilisieren:

- die **Übertragbarkeitserklärung,** nämlich die Ermächtigung, nicht verbrauchte Ausgaben in das Folgejahr zu übertragen und
- die Möglichkeit der gegenseitigen **Deckungsfähigkeit** von Ausgabeansätzen.

Diese Ausnahmen müssen aber im Haushaltsplan beschlossen worden sein, sie gelten nicht automatisch. Die Ansätze einer Flexibilisierung des Haushaltsvollzugs sind bislang allerdings relativ klein. Beispielsweise betrug für den Bundeshaushalt 2001 das flexibel zu handhabende Haushaltsvolumen 14,5 Milliarden DM, das sind rund drei Prozent der gesamten Ausgaben.

Weitere Haushaltsgrundsätze

Andere Grundsätze sind weniger strittig, sie sollen nur genannt werden. Die Grundsätze von Wahrheit und Klarheit und Vollständigkeit sprechen für sich. Sie sollen das Prinzip der Öffentlichkeit des Haushalts materiell sichern: Jeder Bürger soll sich ein Bild vom Staatshaushalt machen können, es darf nichts verschleiert oder versteckt werden. Diesem Ziel dient auch der Grundsatz der Einheit des Haushalts, der das Aufstellen von Sonderhaushalten verbietet (diese sind nur für Bundesbetriebe und Sondervermögen zugelassen) und das Bruttoprinzip, das eine Saldierung von Einnahmen und Ausgaben nicht erlaubt. Daneben gilt das Prinzip der Jährlichkeit, das heißt, ein Haushaltsplan wird immer für ein Jahr festgestellt, und das Prinzip der Vorherigkeit, das heißt, ein Haushaltsplan wird vor Beginn des Haushaltsjahres festgestellt. Schließlich gilt der Grundsatz der Wirtschaftlichkeit und Sparsamkeit, der aber eher nur formal zu interpretieren ist, und es gilt der Grundsatz des Haushaltsausgleichs, der verlangt, dass alle geplanten Ausgaben formal gedeckt sind, ggf. auch durch Kredite.

1.3 Haushaltskreislauf

Als Haushaltskreislauf bezeichnet man den gesetzlich vorgeschriebenen Weg des Haushalts. Drei Phasen können hierbei unterschieden werden:
- Aufstellung des Haushaltsplans,
- Vollzug des Haushalts sowie
- Kontrolle und Entlastung.

In der ersten Phase der **Aufstellung** leiten zunächst die einzelnen Ministerien ihre Anforderungen an das Finanzministerium. Der Finanzminister prüft diese Vorschläge und erstellt unter Berücksichtigung seiner finanziellen Möglichkeiten, die wesentlich durch Steuerschätzungen bestimmt sind, den Haushaltsplanentwurf, der dem Kabinett vorgelegt wird. Das Bundeskabinett prüft den Entwurf, nimmt ggf. Korrekturen vor (wobei der Finanzminister nur durch den Bundeskanzler überstimmt werden kann) und gibt den Entwurf als Gesetzesvorlage an die gesetzgebenden Organe, also an den Bundestag und den Bundesrat. Allerdings hat der Bundesrat nur ein aufschiebendes Einspruchsrecht, letztlich bedarf das Haushaltsgesetz nicht der Zustimmung des Bundesrates. Durch den Beschluss des Bundestages, nach der dritten Lesung, erlangt die Vorlage Gesetzeskraft. Dann tritt der Haushaltsplan zum 1. Januar des Haushaltsjahres in seine zweite Phase ein.

Aufstellung im Wesentlichen durch den Finanzminister

Beim **Vollzug** des Haushaltsplans hat die Bundesregierung grundsätzlich die Aufgabe, den Beschluss des Gesetzgebers zu erfüllen, die Verwaltung ist also an die Beschlüsse der Legislative gebunden, und ist **ermächtigt**, die bewilligten Ausgaben zu leisten. Allerdings werden durch den Haushalt keine Ansprüche Dritter begründet. Die Regierung muss die vorgesehenen Ausgaben nur dann tätigen, wenn besondere andere Gesetze, z. B. Besoldungsgesetze, sie dazu verpflichten. Haushaltsüberschreitungen bedürfen einer besonderen Zustimmung des Bundesministers der Finanzen (Art. 112 GG), die auch nur bei unabweisbaren Bedürfnissen erteilt werden darf.

Bindung der Exekutive an die Legislative

Die **Kontrolle** des Haushaltsplans erfolgt als begleitende Kontrolle und als nachfolgende Kontrolle. Von besonderer Bedeutung ist die nachfolgende Kontrolle, die in erster Instanz vom Bundesrechnungshof durchgeführt wird, der einen Prüfungsbericht erstellt. Auf der Grundlage dieses Berichtes erfolgt die parlamentarische Kontrolle. Der Haushaltskreislauf endet dann mit der Entlastung der Regierung durch Bundestag und Bundesrat. Abbildung 14.1 stellt diesen Haushaltskreislauf schematisch dar.

Eine wichtige Rolle für die Aufstellung des Haushaltsplans spielt die **Steuerschätzung**. Diese wird zweimal jährlich erstellt. Im Mai wird die »große« Steuerschätzung für die mittelfristige Finanzplanung (siehe Abschnitt 1.5) erstellt und im November erfolgt die »kleine« Steuerschätzung mit der Prognose der voraussichtlichen Steuereinnahmen des kommenden Jahres. Diese Steuerschätzung wird vom »Arbeitskreis Steuerschätzung« erstellt. Die Mitglieder dieses Expertengremiums, das unter der Federführung des Bundesfinanzministeriums tagt, rekrutieren sich aus dem Bundesfinanz- und dem Bundeswirtschaftsministerium, aus allen 16 Länder-Finanzministerien, dem

Große und kleine Steuerschätzung

2003 Dezember	Rundschreiben an die Ressorts zur Aufstellung des Haushalts (2005) und des Finanzplans (2004 bis 2008)
2004 März	■ Voranschläge der Ressorts werden BMF übersandt ■ Beginn der Verhandlungen BMF-Ressorts auf Arbeitsebene
Mai	■ Mittelfristige Prognose der Wirtschaftsentwicklung und mittelfristige Steuerschätzung ■ Finanzplanungsrat
Juni	■ Beginn der Haushaltsverhandlungen auf Minister-Ebene ■ Kabinettentscheidung zum Haushaltsentwurf und Finanzplan
August	Übersendung des Haushaltsentwurfs an BT und BR zur Beratung und des Finanzplans zur Kenntnis
September	■ 1. Lesung im BT ■ 1. Beratung im BR ■ Beginn der Beratungen in BT-Ausschüssen
November	■ Kurzfristige Prognose der Wirtschaftsentwicklung und kurzfristige Steuerschätzung ■ Abschlussberatung im Haushaltsausschuss des BT ■ Finanzplanungsrat ■ 2. und 3. Lesung im BT
Dezember	■ 2. Beratung im BR ■ Veröffentlichung des Haushaltsgesetzes
2005	Beginn der Haushaltsausführung
bis Ende März 2006	Rechnungslegung

BT: Bundestag, BR: Bundesrat
Quelle: Bundesministerium der Finanzen, Das System der Öffentlichen Haushalte

Abb. 14.1: Der Haushaltskreislauf

Sachverständigenrat, dem Statistischen Bundesamt und der Deutschen Bundesbank, aus den sechs großen Wirtschaftsforschungsinstituten und aus den kommunalen Spitzenverbänden.

Der Arbeitskreis stützt seine Schätzungen auf gesamtwirtschaftliche Eckdaten der Bundesregierung, insbesondere auf die von der Bundesregierung erstellte Prognose zur Wachstumsrate des BIP. Daher ist diese Prognose von großer materieller Bedeutung. Ein festes Prognosemodell wird vom Arbeitskreis nicht angewendet, vielmehr erörtern die Mitglieder des Arbeitskreises ihre Berechnungen so lange, bis ein Prognosekonsens erzielt ist. Die Ergebnisse dieser Steuerschätzung bestimmen die Eckdaten der Haushaltsplanung und die anschließende öffentliche Diskussion.

Zentrale Prognose des Wachstums des BIP

1.4 Haushaltssystematik

Der umfangreiche Gesamthaushaltsplan wird detailliert gegliedert. Zunächst wird in Einzelpläne gegliedert. Diese Einzelpläne werden überwiegend nach dem Ministerialprinzip aufgestellt, das heißt, jedem Ministerium wird ein Einzelplan zugewiesen. Daneben erhalten die oberen Bundesbehörden wie Bundesverfassungsgericht oder der Bundespräsident ebenfalls einen Einzelplan. Tabelle 14.1 gibt eine Übersicht über die zur Zeit geltenden 22 Einzelpläne und die in ihnen veranschlagten **Ausgaben**.

Neben den Ausgaben werden auch die **Einnahmen** veranschlagt, die naturgemäß vor allem bei der allgemeinen Finanzverwaltung anfallen, also bei den Finanzämtern. Daneben werden **Verpflichtungsermächtigungen** ausgewiesen (diese ermächtigen die Verwaltung, Verträge einzugehen, die in künftigen Haushaltsjahren zu Ausgaben führen) sowie **Planstellen** und Stellen. Zusätzlich gibt es **Haushaltsvermerke**, die vor allem eine mögliche Übertragbarkeit und eine mögliche gegenseitige Deckungsfähigkeit beinhalten. Berühmt geworden ist der Haushaltsvermerk »kw«. Diesen Vermerk erhalten Planstellen, die in späteren Haushaltsjahren nicht mehr benötigt werden (= künftig wegfallend).

Nach der Gliederung in Einzelpläne erfolgt die Gliederung nach Kapitel, Titelgruppe und Titel. **Kapitel** gliedern grob nach Ministerium/Behörde oder großen Sachgebietskomplexen, **Titelgruppen** erfassen Titel mit einer übergeordneten Zweckbestimmung und **Titel** stellen dann die unterste Stufe der Haushaltsgliederung dar. Ergänzend erhalten die Posten dreistellige Funktionenkennziffern, die eine Zuordnung der Einnahmen und Ausgaben zu übergeordneten Funktionen erlauben. So fasst z. B. die Kennziffer 142 die Fördermaßnahmen für Studierende zusammen oder die Kennziffer 741 die Maßnahmen für den öffentlichen Personennahverkehr, egal in welchem Ministerium sie anfallen.

Gliederung der Ausgaben und Einnahmen nach Einzelplan, Kapitel und Titel

Epl.	Bezeichnung	Summe Ausgaben		gegenüber 2004 mehr (+)
		2005 1.000 €	2004 1.000 €	weniger (–) 1.000 €
1	2	3	4	5
01	Bundespräsident und Bundespräsidialamt	23.636	23.039	+597
02	Deutscher Bundestag	550.920	548.906	+2.014
03	Bundesrat	19.952	18.253	+1.699
04	Bundeskanzler und Bundeskanzleramt	1.510.084	1.490.286	+19.798
05	Auswärtiges Amt	2.205.783	2.173.578	+32.205
06	Bundesministerium des Innern	4.126.641	4.057.984	+68.657
07	Bundesministerium der Justiz	338.592	340.116	–1.524
08	Bundesministerium der Finanzen	4.041.769	3.520.916	+520.853
09	Bundesministerium für Wirtschaft und Arbeit	37.974.665	30.915.325	+7.059.340
10	Bundesministerium für Verbraucherschutz, Ernährung und Landwirtschaft	5.106.957	5.211.631	–104.674
12	Bundesministerium für Verkehr, Bau- und Wohnungswesen	23.255.509	26.778.798	–3.523.289
14	Bundesministerium der Verteidigung	23.900.000	24.060.711	–160.711
15	Bundesministerium für Gesundheit und Soziale Sicherung	84.409.880	83.465.101	+944.779
16	Bundesministerium für Umwelt, Naturschutz und Reaktorsicherheit	769.024	789.414	–20.390
17	Bundesministerium für Familie, Senioren, Frauen und Jugend	4.571.691	4.872.486	–300.795
19	Bundesverfassungsgericht	17.631	17.033	+598
20	Bundesrechnungshof	86.668	88.714	–2.046
23	Bundesministerium für wirtschaftliche Zusammenarbeit und Entwicklung	3.859.093	3.783.433	+75.660
30	Bundesministerium für Bildung und Forschung	8.540.422	8.261.253	+279.169
32	Bundesschuld	40.431.841	38.844.142	+1.587.699
33	Versorgung	8.821.008	8.792.715	+28.293
60	Allgemeine Finanzverwaltung	–261.766	7.546.166	–7.807.932
	Ausgaben	254.300.000	255.600.000	–1.300.000

Epl.: Einzelplan
Quelle: Bundesfinanzministerium, Bundeshaushalt 2005

Tab. 14.1: Ausgaben in den Einzelplänen des Bundeshaushalts 2005

1.5 Mittelfristige Finanzplanung

Um die Haushaltswirtschaft von Bund, Ländern und Gemeinden nicht nur auf tagespolitische Unwägbarkeiten und Notwendigkeiten auszurichten, wird hier eine fünfjährige Finanzplanung zugrunde gelegt. In diesem Rechenwerk müssen für einen jeweils fünfjährigen Zeitraum der Umfang und die Zusammensetzung der voraussichtlichen Ausgaben, gegliedert nach Aufgabenbereichen, und ihre Finanzierung unter Berücksichtigung der Steuerschätzung dargestellt werden. Als Unterlagen für die mittelfristige Finanzplanung dienen die in den einzelnen Ministerien erarbeiteten Ausgaben- und Investitionsprojekte, die nach Dringlichkeit und Jahresabschnitten gegliedert sind. Für den Bund wird der Finanzplan vom Bundesminister der Finanzen aufgestellt und begründet. Die Bundesregierung beschließt ihn. Er stellt ein Handlungsprogramm der Regierung dar, das aber keine Vollzugsverbindlichkeit besitzt. Im Übrigen ist der Finanzplan jährlich der Entwicklung anzupassen und fortzuschreiben, das heißt, dass die Zahlen für das abgelaufene Haushaltsjahr gestrichen werden und dass eine Ergänzung um ein weiteres Jahr vorgenommen wird. Es ist also ein **gleitender Finanzplan.** Entsprechendes gilt für die Länder und die Gemeinden. Damit ist die mittelfristige Finanzplanung Orientierungsgrundlage für das Parlament und für die private Wirtschaft. Man kann erkennen, wo die Regierung sachliche und zeitliche Prioritäten setzen will.

Fünfjährige Finanzplanung als Handlungsprogramm ...

... und als Orientierungsgrundlage

Tabelle 14.2 zeigt die Eckdaten der Finanzplanung des Bundes von 2004 bis 2008. Darin wird auch die zeitliche Struktur der Finanzplanung deutlich:

	Ist 2003	Soll 2004	Entwurf 2005	Finanzplan		
				2006	2007	2008
	Mrd. €					
1	2	3	4	5	6	7
I. Ausgaben	256,7	257,3	258,3	253,6	257,1	260,0
Veränderung gegenüber Vorjahr in %		+0,2	+0,4	−1,8	+1,4	+1,1
II. Einnahmen	256,7	257,3	258,3	253,6	257,1	260,0
Steuereinnahmen	191,9	197,7	194,5	202,6	210,3	216,8
Sonstige Einnahmen	26,6	30,3	41,8	29,3	25,6	23,7
Nettokreditaufnahme	38,6	29,3	22,0	21,7	21,2	19,5
nachrichtlich: Ausgaben für Investitionen	25,7	24,6	22,8	22,3	22,2	20,8

Differenzen durch Rundung möglich
Quelle: Bundesfinanzministerium, Finanzplan des Bundes 2004 bis 2008, S. 8

Tab 14.2: Der Finanzplan des Bundes 2004 bis 2008 – Gesamtübersicht

Das erste Planungsjahr ist das laufende Haushaltsjahr, das zweite Planungsjahr wird durch den Haushaltsentwurf für das kommende Jahr abgedeckt und dann folgen jeweils drei »echte« Planungsjahre. **Eckdaten der Finanzplanung** sind die Ausgaben, die erwarteten Einnahmen und die meist resultierende Nettokreditaufnahme; wichtig ist auch der Ausweis der Ausgaben für Investitionen.

2 Staatsverschuldung

2.1 Struktur und Entwicklung der Staatsverschuldung

Bei der Planung der Staatseinnahmen und -ausgaben wird es nur selten zu einem in Einnahmen und Ausgaben ausgeglichenen Budget kommen. Ende der 50er-Jahre wurden in den Bundeshaushalten noch Überschüsse erzielt, die auf Konten bei der Zentralbank gehalten wurden. Heute ist dagegen die Regel, dass der Staat Kredite aufnehmen muss, um seinen Haushalt auszugleichen. Aus Tabelle 14.3 geht die Höhe der Staatsverschuldung der Gebietskörperschaften in der Bundesrepublik Deutschland hervor. Die Entwicklung der öffentlichen Verschuldung in Deutschland zeigt einige bemerkenswerte Tendenzen:

Tendenzen der Entwicklung der Saatsverschuldung

- Sie ist im gesamten Zeitraum von 1950 bis 2004 gestiegen. Zwei Zeiträume starken Wachstums lassen sich dabei beobachten: einerseits die annähernde Vervierfachung in den Jahren von 1970 bis 1980, andererseits die annähernde Verdopplung im Zuge der Wiedervereinigung von 1990 bis 2000.
- Der Anteil des Bundes an der Gesamtverschuldung hat von 35 Prozent im Jahr 1950 auf fast 60 Prozent im Jahr 2004 zugenommen, bedingt allerdings zu einem Großteil durch die Übernahme der Schulden der Bundesbahn, des Erblastentilgungsfonds sowie des Ausgleichsfonds »Steinkohleneinsatz«. Rechnet man dem Bund zusätzlich den Fonds »Deutsche Einheit« zu, erhöht sich sein Anteil an den Gesamtschulden auf über 60 Prozent.
- Die Aufgabenverteilung und -verlagerung spiegelt sich auch in den Zahlen für die Länder wider. Ihr Anteilswert sank bis Mitte der 60er-Jahre relativ stark, um dann wieder leicht anzusteigen.
- Die Verschuldung der Gemeinden hat Anfang der 70er-Jahre ihren relativen Höhepunkt erreicht. Seitdem ist ihr Anteil auf aktuell knapp 8 Prozent der Gesamtverschuldung zurückgegangen. Die sprichwörtliche Finanznot der Gemeinden, die die von den Länderregierungen festgelegten Verschuldungsgrenzen nicht überspringen können, kommt mit diesen Zahlen allerdings nur bedingt zum Ausdruck.
- Hinzugekommen sind zeitweise zwei neue Schuldenkategorien: der Fonds »Deutsche Einheit« und der Erblastentilgungsfonds (Übernahme von Schulden aus dem früheren DDR-Staatshaushalt sowie von Verbindlich-

Jahr	Gesamt	Bund[3]	Länder	Gemeinden	Bundesbahn, ERP-Sondervermögen[1,4]	Fonds deutsche Einheit	Erblastentilgungsfonds[2]
Verschuldung am Jahresende (in Mrd. €)							
1950	10,5	3,7	6,5	0,3	–	–	–
1960	26,2	11,6	7,5	5,7	1,9	–	–
1970	64,4	24,2	14,3	20,6	5,3	–	–
1980	239,8	118,8	70,2	49,2	1,7	–	–
1990	538,1	277,2	168,0	63,9	4,9	10,1	14,1
2000	1.211,4	715,8	338,1	98,5	18,4	40,6	0
2004	1.430,4	812,1	448,7	112,4	18,2	38,7	–
Anteil an der Gesamtverschuldung (in %)							
1950	100	35,3	62,3	2,4	–		
1960	100	43,3	28,2	21,4	7,1		
1970	100	37,6	22,1	32,0	8,3		
1980	100	49,5	29,3	20,5	0,7		
1990	100	51,5	31,2	11,9	0,9	1,9	2,6
2000	100	59,1	27,9	8,1	1,5	3,4	0
2004	100	56,8	31,4	7,9	1,3	2,7	–

[1] Darin eingeschlossen sind auch der »Ausgleichsfonds Steinkohleneinsatz« (seit 1974) und der »Entschädigungsfonds« (seit 1995).
[2] Im Erblastentilgungsfonds sind folgende Schulden, die im Zusammenhang mit der Wiedervereinigung entstanden sind, zusammengefasst worden: Kreditabwicklungsfonds, Treuhandanstalt, Wohnungsbau-Altverbindlichkeiten usw. Ab 1990 einschließlich der ostdeutschen Länder und Gemeinden.
[3] Am 01.07.1999 wurden die Schulden des Erblastentilgungsfonds, des Bundeseisenbahnvermögens sowie des Ausgleichsfonds »Steinkohleneinsatz« durch den Bund übernommen und werden seither dort mit ausgewiesen.
[4] Ab 01.07.1999 nur noch ERP-Sondervermögen.
Quelle: Monatsberichte der Deutschen Bundesbank

Tab. 14.3: Verschuldung der Gebietskörperschaften in der Bundesrepublik Deutschland (Stand am Jahresende, in Mrd. € bzw. in % der Gesamtverschuldung)

keiten gegenüber dem Ausgleichsfonds »Währungsumstellung«) einschließlich der Verschuldung der Treuhand. Auch sie wird dem Bund zugerechnet. Im Übrigen reduzieren sich dadurch die Prozentanteile für Länder und Gemeinden.

Die Staatsverschuldung der Bundesrepublik Deutschland ist also kontinuierlich gestiegen, wie in den meisten Ländern der Welt. Im Jahr 2004 beträgt die Gesamtverschuldung des Staates in Deutschland rund 1.430 Milliarden Euro, das sind 63,2 Prozent des Bruttoinlandsproduktes, und die Verschul-

Kontinuierlicher Anstieg der Staatsverschuldung

	1991	1995	2000	2004
Schuldenstand (in Mrd. €)				
Insgesamt	595,9	1.009,3	1.198,1	1.395,0
Bund	299,6	385,7	715,6	803,0
Sondervermögen des Bundes	48,2	271,4	58,3	57,3
Länder	178,1	257,3	333,2	442,9
Gemeinden/Gemeindeverbände	70,1	94,9	91,1	91,8
Gesamtverschuldung in % des Bruttoinlandsproduktes				
Insgesamt	38,8	54,6	58,1	63,2
Bund	19,5	20,9	34,7	36,4
Sondervermögen des Bundes	3,1	14,7	2,8	2,6
Länder	11,6	13,9	16,2	20,1
Gemeinden/Gemeindeverbände	4,6	5,1	4,4	4,2
Nettokreditaufnahme[1] (in Mrd. €)				
Insgesamt	59,7	49,3	65,9	61,7
Bund	22,4	21,4	58,1	39,5
Sondervermögen des Bundes	19,2	2,6	2,0	-1,5
Länder	11,2	21,8	10,5	22,8
Gemeinden/Gemeindeverbände	6,9	3,5	-4,8	0,9
Kreditfinanzierungsquoten[2]				
Insgesamt	12,7	8,8	10,6	9,4
Bund[3]	17,2	9,2	20,6	12,2
Länder	5,4	8,8	3,8	7,8
Gemeinden/Gemeindeverbände	5,6	2,3	-3,2	0,6
Neuverschuldung in % des Bruttoinlandsproduktes				
Insgesamt	3,9	2,7	3,2	2,9
Zinsausgaben in % der Gesamtausgaben				
Insgesamt	7,9	10,7	11,3	10,8
Pro-Kopf-Verschuldung (in €)				
Insgesamt	7.541	12.360	14.578	16.902

[1] – = Nettotilgung
[2] Nettokreditaufnahme (nach Abgrenzung der Finanzstatistik) in Prozent der Staatsausgaben (nach Abgrenzung der Volkswirtschaftlichen Gesamtrechnung ohne Sozialversicherung)
[3] einschließlich der Sondervermögen des Bundes
Quelle: Institut der deutschen Wirtschaft (Köln) und Statistisches Bundesamt

Tab. 14.4: Strukturkennziffern der Staatsverschuldung

dung pro Kopf beläuft sich auf 16.902 Euro. Das ist die so genannte **explizite Verschuldung**, die offizielle ausgewiesene Verschuldung des Staates. Hinzu kommt die **implizite Verschuldung.** Diese resultiert aus der Verpflichtung des Staates, seine Zusagen zur Finanzierung der Ansprüche aus der gesetzlichen Rentenversicherung, der gesetzlichen Krankenversicherung und der Beamtenpensionen zu erfüllen. Der Sachverständigenrat schätzt die implizite Verschuldung des Staates für das Jahr 2002 auf 270,5 Prozent des Bruttoinlandsproduktes (Jahresgutachten des Sachverständigenrates 2003/04, S. 276); insgesamt erreicht die Staatsverschuldung also rund 330 Prozent des BIP.

Explizite plus implizite Verschuldung des Staates erreicht rund 330 Prozent des BIP.

Vom Schuldenstand ist die jährliche **N**e**uverschuldung** zu unterscheiden. Diese kann brutto erfasst werden oder netto, nach Abzug der Schuldentilgung. Üblich ist der Ausweis der Nettoneuverschuldung, oft auch **Nettokreditaufnahme** oder **Defizit** genannt. Aus der Nettokreditaufnahme lässt sich dann auch die **Kreditfinanzierungsquote** berechnen, das ist der Anteil der Ausgaben der Gebietskörperschaften, der durch Kredite finanziert wird. Tabelle 14.4 gibt einen Überblick über diese und andere Kennziffern (aufgrund unterschiedlicher Abgrenzungen ergeben sich bisweilen kleinere Differenzen zu den Zahlen der Tabelle 14.3). Knapp 10 Prozent der Ausgaben der Gebietskörperschaften werden mittlerweile durch Kredite finanziert, und die Verzinsung dieser Kredite verschlingt seit Mitte der 90er-Jahre regelmäßig gut 10 Prozent der Ausgaben der Gebietskörperschaften.

Schließlich ist für die weitere Diskussion der Staatsverschuldung wichtig, wer die Gläubiger der Staatsschulden in Höhe von rund 1.430 Milliarden Euro (Stand Ende 2004) sind. Nach Angaben der deutschen Bundesbank sind das im Wesentlichen drei Gruppen: inländische Kreditinstitute, das Ausland und Sonstige, im Wesentlichen Private Haushalte und Unternehmen. Dies zeigt Tabelle 14.5. Zu rund 57 Prozent ist der deutsche Staat also bei seinen eigenen Bürgern verschuldet, zu immerhin gut 43 Prozent aber

Gläubiger der Staatsschulden

	Schuld beim Gläubiger (in Mio. €)	Schuldanteil beim Gläubiger (in % der Gesamtverschuldung)
Bundesbank	4.400	0,3
Inländische Kreditinstitute	541.900	37,9
Sozialversicherungen	430	0,03
Sonstige	263.943	18,5
Ausland	619.700	43,3
Insgesamt	1.430.413	100,0
Differenzen durch Rundungen möglich Quelle: Monatsbericht der deutschen Bundesbank, September 2005, S. 57		

Tab. 14.5: Gläubiger der Staatsschulden Ende 2004

gegenüber dem Ausland. Die Verschuldung gegenüber der Bundesbank besteht nur aus formalen Gründen und kann wegen ihres ganz geringen Umfangs vernachlässigt werden.

2.2 Grenzen und Problematik der Staatsverschuldung

Der Umfang und die bislang ungebremste Zunahme der Staatsverschuldung spielen in der öffentlichen Diskussion und in der Diskussion der Politik und der Wissenschaft eine große Rolle. Daher wollen wir die möglichen Grenzen und vor allem die Problematik der Staatsverschuldung diskutieren. Die Staatsverschuldung hat rechtliche Grenzen und ökonomische Folgen, die eine Begrenzung der Staatsverschuldung nahe legen. Beginnen wir mit den rechtlichen Grenzen.

2.2.1 Rechtliche Grenzen der Staatsverschuldung

Grenze nach Art. 115 GG

> Artikel 115, Abs. 1 Grundgesetz lautet: »Die Aufnahme von Krediten sowie die Übernahme von Bürgschaften .., die zu Ausgaben in künftigen Rechnungsjahren führen können, bedürfen einer ... Ermächtigung durch Bundesgesetz. Die Einnahmen aus Krediten dürfen die Summe der im Haushaltsplan veranschlagten Ausgaben für Investitionen nicht überschreiten; Ausnahmen sind nur zulässig zur Abwehr einer Störung des gesamtwirtschaftlichen Gleichgewichts ...«

Kredite bedürfen also einer gesetzlichen Ermächtigung, und die Neuverschuldung darf grundsätzlich nicht höher sein als die Summe der geplanten Investitionen. Diese Formulierung geht auf die alte Überlegung zurück, dass Investitionen in der Regel Erträge bringen, die dann zur Verzinsung und Tilgung der Kredite verwendet werden können. Dies ist allerdings bei staatlichen Investitionen unsicher. Der Ausnahmefall »zur Abwehr einer Störung des gesamtwirtschaftlichen Gleichgewichts« bezieht sich auf § 1 des Stabilitätsgesetzes (siehe Abschnitt 3). Dies kann so interpretiert werden, dass eine solche Störung des gesamtwirtschaftlichen Gleichgewichts, die dann eine Kreditfinanzierung über das Volumen der Investitionen hinaus zulässt, vor allem bei hoher Arbeitslosigkeit zu vermuten ist. Insgesamt kann man sagen, *Rechtliche Grenze nicht eindeutig* dass die rechtlichen Grenzen der Staatsverschuldung nach dem Grundgesetz (und entsprechenden Länderverfassungen) nicht eindeutig gezogen werden können, sondern einem Interpretationsspielraum unterliegen, den letztlich nur das Bundesverfassungsgericht ausloten kann.

Dies ist ein wenig anders im EG-Vertrag (Artikel 104 EGV) und in dem ihn verschärfenden Stabilitäts- und Wachstumspakt der EU geregelt (vgl. Kapitel 21, Abschnitt 3.4.3). Hier ist das Ziel, ein übermäßiges Defizit zu vermeiden, quantifiziert worden. Es gilt als verletzt bei der Überschreitung folgender Referenzwerte:

- Der Referenzwert für die Neuverschuldung, das jährliche Defizit, beträgt drei Prozent des BIP (**Defizitquote**) und
- der Referenzwert für den Schuldenstand insgesamt beträgt 60 Prozent des BIP (**Schuldenquote**).

Grenze nach Art. 104 EGV

Zahlreiche Ausnahmen weichen diese klaren Grenzwerte indes erheblich auf. Auch hier gibt es also erhebliche Interpretationsspielräume, die letztlich nur der EuGH ausloten kann. Deutschland z. B. hat seit 2002 sowohl die Defizitquote als auch die Schuldenquote überschritten, ohne dass dies bislang als Vertragsverletzung interpretiert worden ist.[1]

2.2.2 Ökonomische Grenzen der Staatsverschuldung

Ökonomische Grenzen der Staatsverschuldung resultieren aus den als nachteilig zu bewertenden ökonomischen Folgen der Staatsverschuldung.

Beschränkung des Handlungsspielraums der Budgetgestaltung

Tabelle 14.4 zeigt, dass die Ausgaben des Staates für Zinsen auf die Staatsschuld seit 1995 auf mittlerweile einen Anteil von gut zehn Prozent angewachsen sind. Das ist mehr als der Staat z. B. für Bildung und Forschung ausgibt und ist mittlerweile, nach dem Ausgabenblock für soziale Sicherung, der zweitgrößte Ausgabenblock des Staates. Die Verzinsung und ggf. die Tilgung der Staatsschulden schränken die Freiheit der Budgetgestaltung ein – wenn man diesen Zustand mit einem Zustand der Schuldenfreiheit vergleicht. Wenn dagegen Schulden und Schuldendienst sich in gleichem Maße entwickeln wie die Steuereinnahmen und das BIP, so könnte der Handlungsspielraum theoretisch auch gleich bleiben. Der Handlungsspielraum reduziert sich aber immer dann, wenn die Neuverschuldung reduziert wird und/oder wenn der Zinssatz höher ist als die Wachstumsrate des BIP. Das ist mittlerweile der Regelfall. Daher kann man davon ausgehen, dass die Staatsverschuldung den Handlungsspielraum der Finanzpolitik einschränkt.

Handlungsspielraum wird in der Regel beschränkt.

Folgen für Wachstum und Beschäftigung

Wir unterstellen, dass der Staat auf dem Kapitalmarkt zusätzliche Kredite nachfragt und damit zusätzliche Ausgaben in gleicher Höhe finanziert. Eine solche kreditfinanzierte Erhöhung der Staatsausgaben führt einerseits über den Multiplikatoreffekt zu einer Erhöhung des Gleichgewichtsinlandsproduktes (vgl. Kapitel 10, Abschnitt 3.1 bzw. 3.4), erhöht also Wachstum und Beschäftigung. Andererseits muss aber berücksichtigt werden, dass die zusätzliche staatliche Kreditnachfrage den Marktzins für Kredite erhöhen kann. Diese Zinserhöhung vermindert dann die private Investitionstätigkeit

---

1 In diesem Zusammenhang ist darauf hinzuweisen, dass national anders gerechnet wird als in der EU: Für die Verfassungsmäßigkeit nach dem Grundgesetz sind die Daten der Finanzstatistik relevant, für die EU sind dagegen einheitlich die Daten der Volkswirtschaftlichen Gesamtrechnung (VGR) heranzuziehen.

insbesondere im Bereich der zinsempfindlichen Investitionen wie Wohnungsbau oder Industrieanlagen. Dieser Rückgang der privaten Investitionen aufgrund staatlicher Kreditnachfrage wird **Crowding-out** (Verdrängung) genannt (vgl. die genaue Analyse in Kapitel 10, Abschnitt 3.4 und Kapitel 11, Abschnitt 1.4). Weil Staatsausgaben in der Regel weniger produktiv sind als private Investitionen – ein kommunales Schwimmbad ist weniger produktiv als eine private Automobilfabrik – resultiert ein Effizienzverlust für die gesamte Volkswirtschaft mit negativen Folgen für Wachstum und Beschäftigung.

Dieser Crowding-out-Effekt ist prinzipiell nicht strittig, aber seine Wirkungen lassen sich leider nicht allgemeingültig quantifizieren. Entscheidend für die Reichweite des Crowding-out-Effekts ist zum einen die Reagibilität des Zinssatzes auf einen Anstieg der Kreditnachfrage und zum anderen die Zinsempfindlichkeit privater Investoren. Beide Reaktionsmuster sind Schwankungen unterworfen, die nicht allgemein darstellbar sind. Es kommt also, wie so häufig, darauf an, wie Wirtschaftssubjekte im konkreten Fall reagieren. Generell und in langer Sicht überwiegt in der Ökonomie aber die Skepsis bzgl. der positiven Effekte der Staatsverschuldung auf Wachstum und Beschäftigung. Dies liegt daran, dass die Staatsverschuldung im Prinzip und langfristig die Staatsquote, den Anteil des Staates am BIP, erhöht und damit die größere Effizienz des privaten Sektors zurückdrängt.

Folgen für Wachstum und Beschäftigung sind nicht eindeutig, aber eher negativ.

Folgen für die Preisstabilität

Die Folgen für die Preisstabilität sind einfach zu beschreiben. Wenn die zusätzlichen Staatsschulden für zusätzliche Staatsausgaben verwendet werden, steigt ceteris paribus die gesamtwirtschaftliche Nachfrage und in aller Regel resultiert ein Preisanstieg. Wenn aber der Crowding-out-Effekt eintritt, wird sich die Gesamtnachfrage nicht verändern, es kommt lediglich zu einer Veränderung der Nachfragestruktur. Eine deutliche Inflationsgefahr besteht nur dann, wenn der Staat die zusätzlichen Kredite nicht auf dem Kapitalmarkt, sondern bei seiner Zentralbank aufnimmt, wie dies im Zuge der Finanzierung der beiden Weltkriege in Deutschland geschehen ist. In diesem Fall erhöhen sich die Geldmenge und die Nachfrage, und beides wirkt preissteigernd. Mittlerweile ist die Kreditaufnahme des Staates bei der Zentralbank im Rahmen der Bestimmungen des EG-Vertrages (Art. 101 EGV) aber verboten.

Inflationsgefahr vor allem bei Kreditfinanzierung durch Zentralbank

Folgen für die Einkommensverteilung

Zum einen werden die Auswirkungen auf die Einkommensverteilung innerhalb der **gleichen Generation** analysiert. Argumentiert wird wie folgt: Innerhalb einer gegebenen Generation zahlen die Steuerzahler die Zinsen der Staatsschulden und diese Zinsen fließen den Gläubigern der Staatsschulden zu, vor allem also den Banken, privaten Haushalten und dem Ausland. Man kann nun vermuten, dass die Bezieher höherer Einkommen auf Grund ihrer größeren Ersparnisse mehr Staatspapiere erwerben als die Bezieher niedriger Einkommen. Von den staatlichen Zinszahlungen werden also insbesondere die Bezieher hoher Einkommen profitieren (die Banken und das Ausland werden hier nicht betrachtet). Jetzt müsste man wissen, wie die Steuerlast insgesamt auf »arm« und »reich« verteilt ist, ob also die Belastung progressiv ansteigt oder proportional verteilt ist. Leider weiß man dies nicht genau. Daher bleibt nur die **Vermutung**, dass die Bezieher niedriger Einkommen über ihre Steuern die Zinserträge der Einkommensreichen mitfinanzieren. Man spricht von der unsozialen Verteilungswirkung der steuerfinanzierten Zinszahlungen auf Staatsschulden.

Unsoziale Verteilungswirkung der Staatsverschuldung ist zu vermuten.

Zum anderen, und diese Frage steht im Zentrum der politischen Diskussion zur Staatsverschuldung, ist zu prüfen, welche Auswirkungen auf die Lastenverteilung **zwischen den Generationen** resultieren. Das Schlagwort von der »Erblast der Enkel« wird hier gerne bemüht, aber es ist überwiegend falsch.

Um dies zu verdeutlichen, führe man sich vor Augen, wer die zusätzliche Steuerlast des Staates in der Zukunft für die Erbringung seiner Zins- und Tilgungsverpflichtung zu tragen habe. Das sind in der Tat die Steuerzahler der Zukunft. Aber zugleich erhalten die Steuerzahler der Zukunft auch die Zins- und Tilgungsleistungen des Staates, so dass von einer allgemeinen Belastung der Zukunftsgeneration nicht gesprochen werden kann. Anders formuliert: Die Käufer der Staatsschuldverschreibungen in der Gegenwart vererben der nachfolgenden Generation auch diese Forderungen gegenüber dem Staat, so dass eine intertemporale Lastverschiebung nicht eintritt. Die jeweils gleiche Generation zahlt Steuern und erhält Zinsen (und es resultiert allenfalls die oben beschriebene intragenerationelle Umverteilung).

Nur wenn die Staatsverschuldung reduziert wird, wenn also per Saldo Staatskredite zurückgezahlt werden, ergibt sich eine Belastung der »Enkel«. Sie zahlen dann höhere Steuern, während sich ihr Vermögen der Höhe nach nicht verändert (Staatsschuldpapiere werden in Geld umgewandelt). Eine Belastung der Enkel bei einer Reduktion der Staatsverschuldung ergibt sich in besonderer Form bei einer Verschuldung gegenüber dem Ausland. Während bei der Verschuldung gegenüber dem Inland der Schuldendienst in inländischer Währung geleistet wird, muss die Verzinsung und Tilgung von Auslandsschulden in der Regel in Devisen geleistet werden, die die Zentralbank des betreffenden Landes nicht selbst schaffen kann. Vielmehr muss dieser Schuldendienst erst durch Exportüberschüsse des Landes verdient werden. Vor einer solchen schwierigen Situation stehen viele Entwicklungsländer und insbesondere die großen Schuldnerländer Argentinien, Brasilien und die Türkei (vgl. Kapitel 21); für Deutschland erscheint die Verschuldung gegenüber dem Ausland noch als tragbar.

Besondere Problematik der Auslandsverschuldung

Eine Rückzahlung von Staatsschulden wäre also in der Tat eine »Last der Enkel«. Aber diese Last ergibt sich, um es zu wiederholen, immer nur dann, wenn der Stand der Staatsverschuldung reduziert wird, wenn per Saldo also Kredite zurückgezahlt werden. Dies ist aber bislang nicht der Normalfall. Normal sind immer wieder neu aufgelegte Kredite, die immer wieder zur Rückzahlung alter Kredite verwendet werden.

Belastung der Enkel nur bei einer Rückzahlung der Staatsschulden

Vertrauensverlust

Eine hohe und/oder schnell zunehmende Staatsverschuldung kann zu einem Vertrauensverlust der Bürger und der Kapitalmärkte führen. Die Anleger sind dann nicht mehr bereit, Anleihen eines solchen Staates zu zeichnen, und die Grenze der Staatsverschuldung wäre sehr abrupt erreicht. Meist ist der Vertrauensverlust aber ein sehr schleichender Prozess, der durch das unterschiedliche »Rating« der Staaten erkennbar wird. Spezialisierte Rating-Agenturen wie »Standard & Poor's« oder »Moody's« beurteilen die Bonität, also die Vertrauenswürdigkeit auch von Staaten. Und je größer die Bonität, desto geringer ist die Risikoprämie, die die Schuldner als Zinsaufschlag zahlen müssen. Die Schweiz muss für ihre Staatsanleihen auf dem Kapitalmarkt weniger Zinsen zahlen als z. B. Argentinien. Steigende Risikoprämien sind vermutlich recht wirksame Grenzen der Staatsverschuldung.

Steigende Risikoprämie mit steigender Staatsverschuldung

Zusammenfassung

Eindeutig quantifizierbare ökonomische Grenzen der Staatsverschuldung gibt es also nicht.

> Aber zumindest **mittel- bis langfristig** überwiegen eindeutig die Gefahren der Staatsverschuldung:
> - Sie verringert die Effizienz der Wirtschaft und vermindert die Chancen für Wachstum und Beschäftigung.
> - Sie verstärkt die Gefahr inflationärer Entwicklungen.
> - Sie bewirkt vermutlich eine unsoziale Umverteilung der Einkommen, wenngleich nicht in erheblichem Ausmaß.
> - Sie bedeutet unter bestimmten Umständen eine Verschiebung von Finanzierungslasten auf Generationen, die sich nicht dagegen wehren können.

Daher sind die häufig aufgestellten Forderungen, die Staatsverschuldung mittel- und langfristig streng zu begrenzen, ökonomisch begründet.

Kurzfristig kann eine Verschuldung des Staates unter bestimmten Voraussetzungen indes sinnvoll sein. Die Voraussetzung ist eine Situation, die durch unausgelastete Kapazitäten und Arbeitslosigkeit gekennzeichnet ist und als deren Ursache ein allgemeiner Nachfragemangel zu diagnostizieren ist (und nicht z. B. ein zu hoher Reallohn, zu hohe Realzinsen oder mangelnde internationale Wettbewerbsfähigkeit). In einer solchen Situation, die also eine genaue Ursachendiagnose voraussetzt, führt eine kreditfinanzierte Erhöhung der Staatsausgaben zu einer Erhöhung von Produktion und Beschäftigung; private Investitionen werden in einer solchen Situation nicht verdrängt und die Gefahren für die Preisstabilität sind gering. Es muss aber gewährleistet sein, dass in Perioden der Prosperität die Staatsschulden wieder zurückgezahlt werden. Das ist die Grundidee der keynesianischen antizyklischen Fiskalpolitik, deren Konzeption und Problematik in Abschnitt 3 dargestellt werden. Zuvor ist aber zu fragen, warum in der wirtschaftspolitischen Praxis vom Grundsatz des langfristigen Ausgleichs des Staatshaushalts abgewichen wird und warum die Staatsverschuldung kontinuierlich zunimmt.

Staatsverschuldung ist kurzfristig sinnvoll bei einem allgemeinen Nachfragemangel.

Polit-ökonomische Erklärung der steigenden Staatsverschuldung

Angesichts dieses Befundes und angesichts der Beobachtung, dass die Bevölkerung die Staatsverschuldung mehrheitlich missbilligt, erhebt sich die Frage, warum dennoch die Staatsverschuldung permanent gestiegen ist. Einen Teil der Antwort oder die ganze Antwort liefert die ökonomische Theorie der Politik. Politiker wollen Wählerstimmen gewinnen, um im Amt zu bleiben oder ins Amt zu kommen. Dies setzt voraus, dass den Wählern ein für sie scheinbar attraktives Programmangebot gemacht wird, und dies besteht aus einem Angebot an merklichen Vergünstigungen und die Verschleierung der Finanzierung dieser Vergünstigungen durch unmerkliche Einnahmen. Merkliche Vergünstigungen sind unmittelbar spürbar, wie Subventionen oder direkte Transfers an Haushalte (z. B. Kindergeld und Eigenheimzulage) oder spürbare Steuervergünstigungen (wie z. B. die Pendlerpauschale oder die Steuerfreiheit der Nacht- und Feiertagszuschläge). Dieser Teil der Erklärung begründet noch einmal den kontinuierlichen Anstieg der Staatsausgaben. Unmerkliche Einnahmen des Staates sind vor allem Kredite. Dies begründet den kontinuierlichen Anstieg der Staatsverschuldung.

Attraktiv erscheint das Angebot an merklichen Vergünstigungen und die Finanzierung durch unmerkliche Einnahmen, nämlich Kredite.

Hinzu kommt ein spezielles Risiko kooperativer Lösungen in Mehr-Parteien-Koalitionen. Alle Parteien mögen sich zwar im Grundsatz einig sein, dass die Staatsverschuldung abgebaut werden muss, aber keine Partei und kein Minister ist bereit, im eigenen Bereich zu kürzen, weil dies eigenen Machtverlust bedeuten würde. Also kürzt keine Partei und kein Minister.

Und es gibt ein drittes Motiv, auf steigende Staatsverschuldung zu setzen. Dieses ist in der Möglichkeit einer Regierung begründet, im Fall einer sich bereits abzeichnenden Niederlage bei den kommenden Wahlen durch eine übermäßige Ausdehnung der staatlichen Neuverschuldung in der restlichen Regierungszeit den gestalterischen Spielraum der nachfolgenden Regierung erheblich einzuschränken. Außerdem hinterlässt das gewohnt hohe Niveau staatlicher Ausgaben bei den Wählern einen positiven Erinnerungseffekt, der die Chancen auf eine Wiederwahl nach der nächsten Wahl erhöhen kann, falls die sich dann an der Macht befindende Regierung einen Teil der Ausgabensteigerung rückgängig machen muss und dies von den Wählern negativ quittiert wird.

3 Stabilisierungspolitik und Fiskalpolitik

3.1 Konzeption der Fiskalpolitik

Seit Keynes bestand die – mittlerweile umstrittene – Vorstellung, dass der Staat gesamtwirtschaftliche Fehlentwicklungen, insbesondere Arbeitslosigkeit und Konjunkturkrisen, aber auch inflationäre Überhitzung der Konjunktur korrigieren kann und muss. Konjunkturzyklen sollen durch Beeinflussung der gesamtwirtschaftlichen Nachfrage geglättet werden. Es handelt sich also um eine **nachfrageorientierte antizyklische Politik.** Und diese Politik beschränkt sich auf die Steuerung globaler ökonomischer Aggregate wie Konsum und Investition, es ist also eine Politik der **Globalsteuerung**. Diese antizyklische nachfrageorientierte Globalsteuerung setzt in keynesianischer Tradition auf die Instrumente der Fiskalpolitik und der Geldpolitik. Wir behandeln hier aber nur die Stabilisierung durch Fiskalpolitik, die Stabilisierung durch Geldpolitik wird in Kapitel 17, Abschnitt 4 beschrieben.

> Die keynesianische Fiskalpolitik ist, zusammenfassend, durch folgende Elemente beschrieben:
> - Sie ist antizyklisch,
> - sie ist nachfrageorientiert,
> - sie ist eine Politik der Globalsteuerung und
> - sie setzt auf die fiskalischen Instrumente Staatsausgaben und Staatseinnahmen.

Diese Art der Politik ist bereits in Kapitel 10 und 11 theoretisch fundiert worden. Dort ist gezeigt worden, wie und unter welchen Voraussetzungen Veränderungen von Staatsausgaben und Steuern das Gleichgewichtseinkommen beeinflussen. In aller Regel führt eine Erhöhung (Senkung) der Staatsausgaben zu einer Erhöhung (Senkung) von Produktion und Beschäftigung und in aller Regel führt eine Senkung (Erhöhung) der Steuern über eine Erhöhung (Senkung) des verfügbaren Einkommens zu einer Zunahme (Abnahme) von Produktion und Beschäftigung. Hier, in diesem Abschnitt, sollen die praktischen Einsatzbedingungen und die Umsetzungsprobleme der Fiskalpolitik näher erörtert werden.

Letzter Rest nationaler Eigenständigkeit

Die Fiskalpolitik gehört zu den wenigen Bereichen der Wirtschaftspolitik, die eine gewisse nationale Eigenständigkeit im Rahmen einer ansonsten weitgehend vereinheitlichten EU-Wirtschaftspolitik bewahrt haben. Aber auch die Fiskalpolitik muss eine gewisse Koordinierung im Rahmen der EU beachten und insbesondere übermäßige Haushaltsdefizite vermeiden (vgl. Kapitel 21, Abschnitt 3.4.3).

3.2 Fiskalpolitik durch Steuerpolitik

Die Grundidee der Fiskalpolitik durch Besteuerung ist einfach: Durch Veränderung der Besteuerung verändert sich das verfügbare Einkommen der privaten Haushalte, wodurch sich Wirkungen auf den privaten Konsum ergeben können und/oder es verändern sich die Gewinne der Unternehmen, wodurch sich Wirkungen auf die privaten Investitionen ergeben können. Zur Belebung der Konjunktur müssten Steuern gesenkt werden und zur Dämpfung der Konjunktur müssten Steuern erhöht werden (**antizyklische Steuerpolitik**).

Voraussetzung für einen deutlichen konjunkturellen Impuls ist dabei, dass die dem Wirtschaftskreislauf durch eine Steueränderung zugeführten bzw. entzogenen Mittel nicht durch eine gegenläufige Veränderung der Staatsausgaben dem Kreislauf wieder entzogen bzw. zugeführt werden. Der

Staat darf also eine durch eine Steuererhöhung erzielte Mehreinnahme nicht zur Finanzierung zusätzlicher Staatsausgaben verwenden, sondern muss die Mehreinnahme stilllegen – etwa auf einem Sonderkonto bei der Deutschen Bundesbank.

Die durch eine Steuersenkung bewirkte Mindereinnahme des Staates darf nicht gleichzeitig zur Kürzung von Staatsausgaben führen, die Einnahmelücke müsste vielmehr durch Kredite gedeckt werden. Dahinter steckt die Idee eines langfristig ausgeglichenen Staatshaushalts: Die in Zeiten konjunktureller Überhitzung angesammelten Überschüsse des Staates sollen in der konjunkturellen Krise wieder dem Kreislauf zugeführt werden.

Zum Bereich einer antizyklischen Steuerpolitik gehört auch eine auf Beeinflussung der Investitionen zielende Veränderung der steuerlichen Abschreibungsmöglichkeiten. Wenn es um konjunkturbelebende Maßnahmen geht, können Sonderabschreibungen oder zuvor nicht gestattete degressive Abschreibungen (d.h. Abschreibungen mit zunächst hohen und dann fallenden Jahresraten) zugelassen werden. Da Abschreibungen für die Unternehmen Kosten darstellen, lässt sich auf diese Weise eine zeitliche Verschiebung des Gewinns erreichen, der in diesem Falle in den ersten Jahren niedriger würde, woraus sich für die Unternehmen in den betreffenden Perioden eine geringere Steuerbelastung ergäbe. *Veränderung der Abschreibungen*

Die Wirkung dieser Steuerpolitik ist aber nicht allgemeingültig darstellbar. Für die letztendliche Wirkung einer Steueränderung ist nämlich die Reaktion des privaten Sektors, also der privaten Haushalte und der Unternehmen, von entscheidender Bedeutung, da Steueränderungen die Ausgabenentscheidungen der Privaten nur indirekt beeinflussen können. So ist es z.B. bei einer Steuersenkung denkbar, dass die in Unternehmen und Haushalten zusätzlich verfügbaren Gewinne bzw. Einkommen nicht zu einer Erhöhung der Investitions- und Konsumnachfrage verwendet, sondern zur Rückzahlung von Krediten oder zur Bildung von finanziellen Reserven verwendet werden. Gerade im Falle von Steuersenkungen kann der Staat immer nur Verhaltensanreize geben, nicht aber Verhaltenszwänge ausüben. Aber auch durch eine Steuererhöhung muss sich kein spürbarer konjunktureller Effekt einstellen. Er bleibt aus, wenn die Haushalte ihr Konsumniveau, zumindest zeitweise, aufrechterhalten, indem sie Erspartes auflösen oder Kredite aufnehmen, und wenn die Unternehmungen wegen günstiger Gewinnaussichten trotz der Steuererhöhung ihre Investitionen nicht einschränken. *Unsicherheit der Reaktion*

Diese Unsicherheit bezüglich der Reaktion der Wirtschaftssubjekte kann man aber auch positiv sehen. Den Bürgern bleibt ein Entscheidungsspielraum in der Verwendung ihrer Mittel, sie entscheiden über Umfang und Struktur ihrer Ausgaben. Das wäre bei einer Variation der Staatsausgaben anders, weil dort der Staat entscheidet, ob eine »zusätzliche Autobahn« gebaut wird oder nicht.

Zum Problem der Unsicherheit tritt in der steuerpolitischen Praxis das Problem der **Zeitverzögerung** hinzu. Es vergeht immer eine gewisse Zeit, bis Steueränderungen beschlossen, administrativ umgesetzt werden und schließlich ihre Wirkung entfalten. Hier gibt es Unterschiede in der Schnel-

Problem der Zeitverzögerung

ligkeit des Wirksamwerdens. Die Lohnsteuer, die im Quellenabzugsverfahren erhoben wird, lässt den betroffenen Steuerschuldner die Steueränderung zeitlich am ehesten bemerken. Bei der verlangten Einkommensteuer kann es dagegen Jahr dauern, bis die Steueränderung fühlbar geworden ist, weil das Verfahren der Abgabe der Steuererklärung bis zum endgültigen Steuerbescheid erhebliche Zeit beansprucht.

Schließlich kann die ökonomische Theorie der Politik begründen, warum eine antizyklische Steuerpolitik kaum durchgeführt werden dürfte. Steuersenkungen zur Ankurbelung der Konjunktur mögen zunächst durchaus populär sein, aber sie werden weniger empfunden als die nachfolgend notwendigen Steuererhöhungen zur Bekämpfung einer inflationären Überhitzung der Konjunktur. Per saldo dürfte eine antizyklische Steuerpolitik also eher Wählerstimmen kosten als einbringen.

> Zusammenfassend kann man festhalten, dass die Aussichten für eine erfolgreiche antizyklische Steuerpolitik gering sind. Die Wirkungen sind indirekt und unsicher, die Zeitverzögerungen sind kaum kalkulierbar und kaum steuerbar, und die Akzeptanz beim Bürger ist vermutlich gering.

Daher wird eine antizyklische Steuerpolitik auch nicht mehr durchgeführt. Steuerpolitik wird vielmehr und zunehmend als Instrument der Wachstumspolitik eingesetzt, um die Leistungsbereitschaft der Bürger zu fördern und speziell die Investitionsneigung der Unternehmen zu erhöhen. Zugleich wird Steuerpolitik im Standortwettbewerb der Länder und Regionen eingesetzt, um die Attraktivität von Standorten zu verbessern. Das ist dann eine Politik, die auf die Verbesserung der Angebotsbedingungen zielt, eine angebotsorientierte Steuerpolitik.

3.3 Fiskalpolitik durch Ausgabenpolitik

Die Grundidee der Fiskalpolitik durch Ausgabenpolitik ist ebenfalls sehr einfach. Zur Belebung der Konjunktur werden die Staatsausgaben erhöht und dies erhöht die Produktion und die Beschäftigung; zur Dämpfung einer konjunkturellen Überhitzung werden die Staatsausgaben gesenkt und dies senkt die Produktion und die Beschäftigung (antizyklische Ausgabenpolitik). **Voraussetzung** für einen merklichen konjunkturellen Impuls ist auch hier, dass die Veränderung der Staatsausgaben nicht von einer gleich gerichteten Veränderung der Steuereinnahmen begleitet ist. Zur Dämpfung einer konjunkturellen Überhitzung müssen die Staatsausgaben also gesenkt werden und gleichzeitig müssen die nicht verbrauchten Steuereinnahmen stillgelegt werden. Zur Ankurbelung der Konjunktur müssen die Staatsausgaben erhöht werden, ohne die Steuern zu erhöhen. Die Mehrausgaben müssten also durch Kredite oder früher angesammelte Steuereinnahmen finanziert werden. Es wirken dann die beschriebenen Multiplikator- und Akzeleratoreffekte (vgl. Kapitel 10 und Kapitel 28). Diese Wirkungen ergeben sich hier direkt, fast mechanisch-hydraulisch, und nicht indirekt, wie bei der antizyklischen Steuerpolitik.

Prinzipiell direkte Wirkungen

Auf den ersten Blick erscheint die antizyklische Ausgabenpolitik des Staates also als ein einfaches und geeignetes Instrument der Konjunktursteuerung. Auf den zweiten Blick erscheinen indes fundamentale Probleme.

Zunächst müssen die verschiedenen möglichen Formen eines **Crowding-out** berücksichtigt werden (vgl. Kapitel 11, Abschnitt 1.4). Es ist möglich, wenngleich nicht sehr wahrscheinlich, dass kreditfinanzierte zusätzliche Staatsausgaben private Ausgaben in gleicher Höhe zurückdrängen (vollständiges Crowding-out). Im Regelfall dürften private Ausgaben aber nicht in gleicher Höhe zurückgedrängt werden, im Regelfall verbleibt ein konjunktureller Impuls. Dies gilt umgekehrt auch für eine Senkung der Staatsausgaben; auch diese wird im Regelfall nicht vollständig durch eine Erhöhung privater Ausgaben kompensiert.

Weiterhin muss berücksichtigt werden, dass Staatsausgaben nur beschränkt variiert werden können:

Begrenzte Variierbarkeit der Staatsausgaben

- Zum größten Teil sind die staatlichen Ausgaben durch gesetzliche Verpflichtungen festgelegt (z. B. die Gehälter von Beamten). Man schätzt die eigentliche Manövriermasse auf etwa 10 bis 20 Prozent der staatlichen Gesamtausgaben. Darunter fallen vor allem staatliche Investitionsausgaben, die sich für einen konjunkturpolitischen Einsatz insofern besonders eigenen, als sie durch geeignetes **Timing** (Vorziehen oder Verschieben aus konjunkturellen Gründen) variiert werden könnten.
- Der größte Teil konjunkturpolitisch bedeutsamer Investitionen wird von den Gemeinden durchgeführt, auf deren Entscheidungen die Länder und der Bund nur indirekte Einflüsse ausüben können (meist über finanzielle Hilfen). Dabei kann die Befriedigung der kommunalen Bedürfnisse, z. B. der Bau eines Bürgerhauses oder die Ausbesserung einer dringend reparaturbedürftigen Straße, von der Kommune als unaufschiebbar angesehen werden, sodass Konflikte zwischen konjunkturpolitischen Erfordernissen und gemeindlichem Bedarf nicht ausgeschlossen sind.
- Von den Investitionen der öffentlichen Hand, die oft Infrastrukturinvestitionen sind, hängt in starkem Maße das zukünftige wirtschaftliche Wachstum der Volkswirtschaft oder der betreffenden Region ab. Durch Verschieben oder gar durch Verhinderung von Investitionen kann sich langfristig eine unerwünschte Einengung der Wachstumsmöglichkeiten ergeben.

Zusammenfassend kann man festhalten, dass auch die antizyklische Ausgabenpolitik weitgehend aus der angewandten Wirtschaftspolitik verschwunden ist (vgl. auch die Diskussion der Probleme der antizyklischen Fiskalpolitik insgesamt in Abschnitt 3.6). Es verbleibt aber eine gewisse automatische Stabilisierung der Konjunktur durch die so genannten automatischen Stabilisatoren.

Antizyklische Ausgabenpolitik wird kaum mehr angewendet.

3.4 Automatische Stabilisatoren

Wenn auch diskretionäre Eingriffe des Staates mit dem Ziel, die konjunkturelle Entwicklung eines Landes durch antizyklische Fiskalpolitik zu stabilisieren, mittlerweile in den Hintergrund der Wirtschaftspolitik getreten sind, so verbleiben doch automatische Stabilisatoren, die in gewissem Umfang konjunkturelle Schwankungen selbsttätig stabilisieren.

Die Steuerprogression glättet Konjunkturzyklen.

Bei Steuern liegt eine solche Stabilisierungswirkung immer dann vor, wenn die Steuererträge wegen des Steuertarifs auf Schwankungen des Inlandsproduktes reagieren, ohne dass das Steuergesetz geändert wird. Besonders deutlich wird dies, wenn wir uns vergegenwärtigen, dass bei einem progressiven Steuertarif die Steuereinnahmen mit wachsender Bemessungsgrundlage überproportional steigen. Auf den wichtigen Fall der Einkommensteuer bezogen heißt dies, dass der Nettozuwachs beim Einkommen immer weniger stark ausfällt als der Bruttozuwachs. Aus konjunkturpolitischen Gründen ist diese Wirkung positiv zu beurteilen. Für den Fall eines Konjunkturabschwungs, der von sinkenden Einnahmen begleitet wird, gilt, dass die Nettoabnahme des Einkommens kleiner ist als die Bruttoabnahme. Weil der Konsum eher vom Nettoeinkommen als vom Bruttoeinkommen abhängt, glättet die Progression der Besteuerung ein wenig die zyklischen Schwankungen der Konjunktur.

Auch bei **Staatsausgaben** sind automatische Stabilisierungswirkungen dann möglich, wenn sie in der Hochkonjunktur zurückgehen und in Zeiten des Konjunkturabschwungs ansteigen, ohne dass dazu besondere gesetzliche Maßnahmen erforderlich werden. In diesem Zusammenhang wird immer wieder auf die antizyklischen Wirkungen hingewiesen, die von bestimmten Teilen unseres Sozialversicherungssystems (Transferausgaben) ausgehen.

Auch Transfers wirken antizyklisch.

Beispielsweise würden in der Rezession oder gar in einer Depression die Unterstützungszahlungen aus der Arbeitslosenversicherung einer Verschärfung des wirtschaftlichen Abschwungs tendenziell entgegenwirken, da die Unterstützungsempfänger weiterhin eine kaufkräftige Nachfrage ausüben können. In Zeiten guter Beschäftigung werden dagegen kaum Zahlungen aus der Versicherung geleistet, vielmehr zahlen die Beschäftigten regelmäßig Versicherungsbeiträge ein.

Man darf die genannten automatischen Stabilisatoren allerdings nicht überschätzen. Sie reichen nach keynesianischer Auffassung allein nicht aus, um Fehlentwicklungen im Konjunkturverlauf eines marktwirtschaftlichen Systems zu verhindern.

3.5 Das Stabilitätsgesetz

Die auf der Grundlage der Theorie gewonnene Erkenntnis, dass der Wirtschaftsablauf durch Veränderung der Staatseinnahmen und -ausgaben im Sinne bestimmter wirtschaftspolitischer Zielsetzungen beeinflusst werden kann und soll, ist in der Bundesrepublik Deutschland 1967 mit dem so genannten **Stabilitätsgesetz** (Gesetz zur Förderung der Stabilität und des Wachstums der Wirtschaft, StWG) in politisch verbindliche Handlungsnormen umgesetzt worden. Mit dem Vordringen monetaristischen Gedankenguts sind die Grundideen des Stabilitätsgesetzes dann weitgehend verdrängt worden, und seine praktische Anwendung ist zzt. in den Hintergrund gerückt. Von Bedeutung sind heute aber noch die Formulierung des »magischen Vierecks« als Ziel der Wirtschaftspolitik und Institutionen wie der Jahreswirtschaftsbericht, der Konjunkturrat, die mittelfristige Finanzplanung und immer wieder der Versuch einer Konzertierten Aktion. Die mittelfristige Finanzplanung ist bereits in Abschnitt 1.5 dargestellt worden; wir gehen hier nur kurz auf die übrigen Elemente ein.

In § 1 des Stabilitätsgesetzes ist die oft als **magisches Viereck** bezeichnete Zielsetzung der Wirtschaftspolitik festgelegt:

> »Bund und Länder haben bei ihren wirtschafts- und finanzpolitischen Maßnahmen die Erfordernisse des gesamtwirtschaftlichen Gleichgewichtes zu beachten. Die Maßnahmen sind so zu treffen, dass sie im Rahmen der marktwirtschaftlichen Ordnung gleichzeitig zur Stabilität des Preisniveaus, zu einem hohen Beschäftigungsgrad und außenwirtschaftlichem Gleichgewicht bei stetigem und angemessenem Wirtschaftswachstum beitragen.« (§ 1 StWG)

Zur Einhaltung bzw. Erreichung der in § 1 aufgeführten Ziele sind Bund und Länder direkt verpflichtet, ein wirtschaftspolitisch wichtiger Tatbestand, weil die Bundesländer bis dato in der Regel eher eine Parallelpolitik als eine antizyklische Fiskalpolitik betrieben hatten. Auch die Gemeinden und Gemeindeverbände sind nach dem StWG (§ 16) auf die Ziele Preisstabilität, Vollbeschäftigung, Wachstum und außenwirtschaftliches Gleichgewicht festgelegt.

Der **Jahreswirtschaftsbericht** (§ 2 StWG) wird jährlich erstellt und im Januar vorgelegt. Er enthält

- eine Stellungnahme zum Jahresgutachten des Sachverständigenrates,
- eine Darlegung der von der Bundesregierung angestrebten wirtschafts- und finanzpolitischen Ziele (Jahresprojektion) und
- eine Darlegung der für das laufende Jahr geplanten Wirtschafts- und Finanzpolitik.

Jahreswirtschaftsbericht als Grundlage der Finanzplanung und der Stabilitätsprogramme

Dieser Jahreswirtschaftsbericht ist auch Grundlage der mittelfristigen Finanzplanung und der im Rahmen der EU zu erstellenden Stabilitätsprogramme (vgl. Kapitel 21, Absatz 3.4.3).

Der **Konjunkturrat** (§§ 18, 22 StWG) dient der Abstimmung von Bund und Ländern. Diese ist notwendig, weil aufgrund des Förderativprinzips Bund und Länder in ihrer Haushaltswirtschaft selbstständig und voneinander unabhängig sind (Art. 109 GG). Den Vorsitz führt der Bundesminister für Wirtschaft. Außerdem sind der Bundesfinanzminister, je ein Vertreter der Bundesländer und vier Vertreter der Gemeinden Mitglied. Die Bundesbank hat das Recht auf Teilnahme an den Sitzungen und übt dies regelmäßig aus. Aus dem Konjunkturrat ist zusätzlich ein **Ausschuss für Kreditfragen der öffentlichen Hand** als eigenständiges Gremium hervorgegangen. Er beschäftigt sich mit dem Kreditbedarf und der Planung der Kreditaufnahme der öffentlichen Hände unter Beachtung der allgemeinen Kapitalmarktentwicklung. Der Konjunkturrat hat Beratungs- und Empfehlungsbefugnis, aber keine Entscheidungsbefugnis.

Die Konzertierte Aktion versucht Preis- und Lohnpolitik abzustimmen.

Als **Konzertierte Aktion** bezeichnet man das gleichzeitige, aufeinander abgestimmte Verhalten der Gebietskörperschaften und der Tarifparteien, also der Gewerkschaften und Unternehmensverbände. Zu diesem Zweck stellt die Bundesregierung **Orientierungsdaten** des Jahreswirtschaftsberichts zur Verfügung, die insbesondere eine Darstellung des gesamtwirtschaftlichen Zusammenhangs im Hinblick auf die jeweils gegebene Situation enthalten sollen. Der **Grundgedanke** der Konzertierten Aktion beruht auf der Absicht, dass die beteiligten Gruppen ihre wechselseitige Abhängigkeit erkennen sowie ihre Ziele erläutern und insbesondere ihr preis- und lohnpolitisches Verhalten aufeinander abstimmen.

Die Idee dabei ist, die Ansprüche an das Sozialprodukt, die in Form von Lohnforderungen und Gewinnvorstellungen gestellt werden, vorab so zu kanalisieren, dass inflationäre Preissteigerungen vermieden werden. Grundlage der Konzertierten Aktion war lange Zeit das **Konzept der produktivitätsorientierten Lohnpolitik**. Nach diesem Konzept sollten die Löhne (maximal) im Umfang des Anstiegs der Arbeitsproduktivität steigen. Dies ließe die Lohnstückkosten konstant (vgl. Kapitel 5, Abschnitt 6.2), sodass jedenfalls von der Lohnseite kein Kosten- und Preisdruck ausgehen würde. Dieses eigentlich richtige Konzept ist gescheitert, weil die grundgesetzlich garantierte Tarifautonomie der Tarifparteien eine staatliche Beeinflussung der Löhne letztlich nicht zulässt, wenn die Tarifparteien dies nicht wollen.

Nachfolgend ist immer wieder der Versuch unternommen worden, eine Konzertation über die Arbeitsmarkt- und Beschäftigungspolitik durch ein so genanntes **Bündnis für Arbeit** herbeizuführen. In diesem Gesprächskreis sind sowohl die Gewerkschaften wie auch die Arbeitgeberverbände vertreten, wobei die Moderation von der Bundesregierung übernommen wird. Von der Zusammensetzung und den gesteckten Zielen erinnert das Bündnis für Arbeit an die Konzertierte Aktion. Indes bleiben die seinerzeit erkennbaren Probleme bestehen: Man kann zwar stabilitäts- und beschäftigungspolitische Erfordernisse erörtern, die Umsetzung von Empfehlungen kann indes nur von den Unternehmen im Rahmen der praktischen Betriebspolitik erfolgen, und hier können Umsetzungen nicht erzwungen werden.

3.6 Probleme der Fiskalpolitik

Die Fiskalpolitik wird aus verschiedensten Gründen skeptisch beurteilt. Verschiedene Ebenen der Kritik sollten dabei unterschieden werden:

- Eine grundsätzliche Ablehnung der Fiskalpolitik ergibt sich, wenn man an die **Stabilität des privaten Sektors** der Volkswirtschaft glaubt, wie es die Klassiker taten (vgl. Kapitel 10, Abschnitt 2) und wie es auch die Neoklassik tut. Wir können diesen Dissens zwischen Keynesianismus und (Neo-)-Klassik nicht auflösen, aber in der Tat scheinen die früher beobachtbaren deutlichen Konjunkturzyklen mittlerweile eher der Vergangenheit anzugehören. Eine antizyklische Fiskalpolitik ist dann bestenfalls nicht notwendig; schlimmeren Falls wird von solchen diskretionären staatlichen Interventionen sogar eine Destabilisierung konjunktureller Entwicklungen erwartet (vgl. Abschnitt 3.5).
- Grundsätzlich nicht zielführend ist eine Fiskalpolitik zur Bekämpfung von Arbeitslosigkeit und/oder Inflation, wenn die **Ursache** des Ungleichgewichts nicht Nachfragemangel oder Nachfrageüberschuss ist, sondern z. B. **in den Bedingungen des Angebots** zu sehen ist. Wenn die Ursache der Arbeitslosigkeit z. B. darin liegt, dass das Reallohnniveau einer Volkswirtschaft zu hoch ist und/oder international nicht wettbewerbsfähig ist, dann wäre eine expansive Fiskalpolitik nicht sinnvoll. Sie würde nur die Staatsquote und die Staatsverschuldung weiter erhöhen und die Effizienz der privaten Wirtschaft lähmen.
- Zwecklos ist Fiskalpolitik auch, wenn man die **Crowding-out-Hypothese** akzeptiert, also davon ausgeht, dass eine durch Ausgabe zusätzlicher Staatsschuldtitel finanzierte Staatsausgabenerhöhung letztendlich das Inlandsprodukt nicht signifikant erhöht oder sogar senkt (vgl. Kapitel 11, Abschnitt 1.4).
- Problematisch wird eine antizyklische Fiskalpolitik, wenn aus politischen Gründen eine symmetrische Durchführung dieser Politik, also eine kreditfinanzierte Erhöhung der Staatsausgaben (bzw. Senkung der Steuersätze) in der Rezession und eine Schuldentilgung des Staates bei Senkung der Staatsausgaben (bzw. Erhöhung der Steuersätze) in der Hochkonjunktur nicht durchgesetzt werden kann (**Asymmetrie der antizyklischen Fiskalpolitik**). So sind Erhöhungen der Staatsausgaben und Steuersenkungen politisch sehr leicht durchzusetzen, Sparmaßnahmen aber nicht. Eine solche, politisch begründete Asymmetrie der antizyklischen Fiskalpolitik führt dann langfristig zu einer steigenden Staatsverschuldung und zu einer steigenden Staatsquote – mit den beschriebenen negativen Folgen für die Effizienz der privaten Wirtschaft.
- Die Gefahr einer prozyklischen Wirkung einer antizyklisch gedachten Fiskalpolitik ergibt sich, wenn die **Zeitverzögerungen** bei ihrem Einsatz lang und unkontrollierbar sind. Solche Zeitverzögerungen ergeben sich vor allem aus drei Gründen:

- Es vergeht Zeit, bis das Auseinanderdriften zwischen der wirtschaftspolitischen Situation und der Zielvorstellung erkannt wird (**Erkennungs-Lag**).
- Es vergeht Zeit, bis nach dem Erkennen der Handlungsnotwendigkeit die entsprechenden Maßnahmen geplant, beschlossen und durchgeführt werden (**Handlungs-Lag**).
- Es vergeht Zeit, bis die ergriffenen Maßnahmen auf die Zielgrößen wirken, z. B. die Arbeitslosenquote und die Preissteigerungsrate (**Wirkungs-Lag**).

Aus diesen Gründen gilt das Konzept der nachfrageorientierten antizyklischen Fiskalpolitik mittlerweile als überholt (nicht als falsch). Es bietet nicht die richtige Antwort auf die wirtschaftlichen Probleme alternder Industrienationen. Wichtiger erscheint eine Politik, die die Wettbewerbsfähigkeit der Angebotsbedingungen verbessert und die Probleme einer alternden und schrumpfenden Bevölkerung meistert. Dazu gehört z. B. eine nachhaltige Sozialpolitik, eine langfristig orientierte Geldpolitik, die eine dauerhafte Preisstabilität garantieren kann, eine geordnete Integration in die EU und in die Weltwirtschaft und eine Politik zur langfristigen Sicherung von Wachstum und Beschäftigung. Dies sind Komplexe, denen wir uns in den folgenden Kapiteln zuwenden.

Arbeitsaufgaben

1) Was verstehen Sie unter dem Haushaltsplan des Bundes?
2) Nennen Sie die einzelnen Phasen des Haushaltskreislaufes.
3) Welche Budgetgrundsätze kennen Sie?
4) Zu welchem Zweck hat man derartige Forderungen aufgestellt?
5) Halten Sie die gegenwärtige Höhe der Staatsverschuldung in der Bundesrepublik Deutschland für »gefährlich«?
5) Diskutieren Sie die Behauptung, Staatsschulden seien eine »Last für die Enkel«.
6) Was ist die besondere Problematik einer Verschuldung des Staates gegenüber dem Ausland?
7) Welches sind die wichtigsten Instrumente der Fiskalpolitik? Erläutern Sie diese kurz.
8) Beschreiben Sie die automatische Stabilisierungswirkung der Einkommensteuer.
9) Schildern Sie an einem Beispiel die Probleme, die durch Wirkungsverzögerungen fiskalpolitischer Mittel entstehen können.
10) Worin liegen die grundsätzlichen Probleme einer keynesianischen Fiskalpolitik?

> Lösungsvorschläge für die Arbeitsaufgaben finden Sie im »Übungsbuch zu Grundlagen und Probleme der Volkswirtschaft«.

Literatur

Neben den zu Kapitel 13 einführenden Werken zur Finanzwissenschaft insgesamt, die meist auch über den Haushalt und die Staatsverschuldung informieren, sind folgende spezielle Titel anzuführen:

Eine einfache Darstellung zum Problembereich Bundeshaushalt gibt:
Das System der öffentlichen Haushalte, hrsg. vom *Bundesminister der Finanzen*, Berlin 2001.

Über die aktuellen Probleme des Bundeshaushalts informiert der jährlich erscheinende
Finanzbericht, hrsg. vom *Bundesminister der Finanzen*.

Einen einfachen Überblick über die Konzeption der Fiskalpolitik geben:
Samuelson, Paul A. / William D. Nordhaus: Volkswirtschaftslehre, Übersetzung der 18. Aufl., Frankfurt 2005.

Zur theoretischen Konzeption und Problematik der Fiskalpolitik informieren ausführlicher:
Kromphardt, Jürgen: Arbeitslosigkeit und Inflation, 2. Aufl., Göttingen und Zürich 1998.
Teichmann, Ulrich: Grundriss der Konjunkturpolitik, 5. Aufl., München 1997.
Tomann, Horst: Stabilitätspolitik. Theorie, Strategie und europäische Perspektive, Berlin 1997.
Wagner, Helmut: Stabilitätspolitik. Theoretische Grundlagen und institutionelle Alternativen, 7. Aufl., München, Wien 2004.

15. Kapitel
Grundlagen der Sozialen Sicherung

LERNZIELE

Leitfrage:
Nach welchen Grundprinzipien ist die Soziale Sicherung in der Bundesrepublik gestaltet?
- Warum ist Soziale Sicherung notwendig?
- Sollte die Sicherung der Menschen durch Eigenvorsorge oder durch kollektive Vorsorge erfolgen?
- Welche Inhalte hat das Sozialprinzip?

Leitfrage:
Durch welche wichtigen Bereiche lässt sich das System der Sozialen Sicherung in der Bundesrepublik charakterisieren?
- Welche Funktionen der Sozialen Sicherung übernehmen die einzelnen Teilbereiche und welches Gewicht haben diese innerhalb des deutschen Sozialsystems?
- Wer gehört zum versicherten Personenkreis?
- Wie ist die Finanzierung geregelt?
- Welche Leistungen sind vorgesehen?
- In welchem Umfang wird durch das Sozialsystem und seine Teilbereiche in die Verteilung und Verwendung der in Deutschland erwirtschafteten Einkommen eingegriffen?

Leitfrage:
Welchen aktuellen und zukünftigen Herausforderungen steht das deutsche Sozialsystem gegenüber?
- Wo liegen die wichtigsten Probleme des Sozialsystems und was sind deren Gründe?
- Mit welchen Reformmaßnahmen ist versucht worden, die jeweiligen Probleme zu bewältigen und wie erfolgreich waren diese Ansätze?
- Welche Entwicklung des deutschen Sozialsystems ist in der weiteren Zukunft zu erwarten?

Ein konstituierendes Element der Sozialen Marktwirtschaft ist das System der Sozialen Sicherung. Die »Wechselfälle des Lebens« wie Krankheit, Unfall, Invalidität, Mutterschaft, Kinderreichtum, Arbeitslosigkeit, Alter oder Vermögensverluste können die materielle Grundlage für ein menschenwürdiges Leben gefährden. Entweder versiegen die Einkommensquellen (Alter, Arbeitslosigkeit, Vermögensverlust) oder die Ausgaben übersteigen die Finanzierungsmöglichkeiten (Kinderreichtum). In anderen Fällen (Krankheit, Unfall, Invalidität, Mutterschaft) werden oft beide Seiten des Haushaltsbudgets berührt: Es kommt zu Einkommensausfällen und zusätzlichen Ausgaben. Sozialleistungen setzen an dieser Stelle an. Sie haben die Aufgabe, die Existenz aller Bevölkerungskreise gegen allgemeine Lebensrisiken zu sichern. Etwa 40 Prozent der Sozialleistungen werden von den öffentlichen Gebietskörperschaften (Bund, Ländern und Gemeinden) aufgebracht, der Rest im Wesentlichen durch die verschiedenen Zweige der Sozialversicherung (Gesetzliche Renten-, Arbeitslosen-, Kranken-, Pflege- und Unfallversicherung).

Soziale Sicherung und Sozialleistungen sind aus vielen Gründen notwendig.

Wir wollen uns zunächst mit den Grundprinzipien der sozialen Sicherung in Deutschland auseinander setzen (Abschnitt 1), um dann eine Kurzcharakteristik der bestehenden Institutionen zu geben (Abschnitt 2). Zum Abschluss des Kapitels werden dann einige aktuelle Probleme des deutschen Sozialsystems diskutiert (Abschnitt 3).

1 Grundprinzipien der Sozialen Sicherung

Wichtige Grundprinzipien der Daseinsvorsorge

Um die Bedarfsdeckung privater Haushalte auch in kritischen Lebenslagen sicherzustellen, bedarf es der Vorsorge. In einer Gesellschaft kann diese Sicherung grundsätzlich durch **Eigenvorsorge** nach dem **Individualprinzip** oder durch **kollektive Vorsorge** nach dem **Sozialprinzip** organisiert werden. Als Grundsätze des Letzteren sind das Versicherungsprinzip, das Versorgungsprinzip und das Fürsorgeprinzip zu nennen (vgl. Abbildung 15.1).

Das Individualprinzip reicht als Daseinsvorsorge oft nicht aus, ...

Das **Individualprinzip** entspricht einer Leistungsgesellschaft, in der jeder die Freiheit haben soll, seine Lebensbedingungen selbst zu gestalten. Dies schließt die eigenverantwortliche Vorsorge für Notfälle (z. B. Krankheit, Arbeitslosigkeit, Invalidität) und Ereignisse des normalen Lebenszyklus (Familie, Kinder, Alter) mit ein, wobei die Vorsorge durch Ersparnisbildung oder den Abschluss von Versicherungen möglich ist. Da Sparen besonders bei Beziehern niedrigerer Einkommen als Sicherung nicht ausreichen dürfte, bietet bei Unsicherheit über den Eintritt des Vorsorgefalls und dessen finanzielle Folgen allein eine Versicherung vollen Risikoschutz. Je nach individueller Wahrscheinlichkeit für den Eintritt des Versicherungsfalls wird der Beitrag des einzelnen Versicherten zum Gesamtrisiko festgelegt (**Äquivalenzprinzip**). Während für die meisten der genannten Risiken eine Versicherung infrage kommen dürfte, versagt dieses Prinzip z. B. bei konjunkturbedingter Massenarbeitslosigkeit und der Sicherung gegen Kriegsfolgen. In solchen Fällen ist eine kollektive Sicherung unabdingbar.

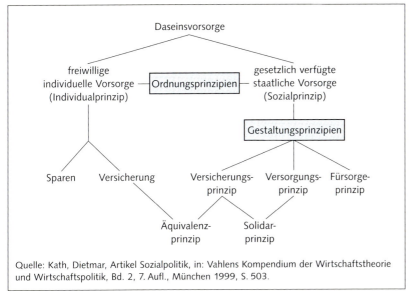

Abb. 15.1: Ordnungs- und Gestaltungsprinzipien der Daseinsvorsorge

Das **Sozialprinzip** als Merkmal für eine staatliche Zwangsversicherung ist indes nicht nur durch nicht versicherbare Risiken begründet, sondern auch durch unzureichende Bereitschaft und mangelnde Fähigkeit zu individueller Vorsorge. Die dem Staat dann zukommende distributive Aufgabe (sie hat teilweise auch allokativen Charakter) lässt sich durch folgende Beobachtungen kurz belegen:

- Menschen neigen dazu, künftige Bedürfnisse zu unter- und zukünftige Einkommen zu überschätzen. Folge: Die zu geringe Eigenvorsorge muss durch staatlichen Vorsorgezwang ergänzt werden.
- Die Gesellschaft hat Interesse daran, die individuelle Erwerbsfähigkeit zu sichern, weil vom bestehenden Humankapital positive externe Effekte ausgehen. Folge: z.B. Finanzierungsbeteiligung des Staates an Krankenhäusern, Durchführung von Rehabilitationsmaßnahmen.
- Die moderne Arbeitswelt birgt bestimmte Risiken in sich (Berufsunfälle, Zivilisationskrankheiten, technologisch bedingte Arbeitslosigkeit usw.), die nicht unbedingt von denen getragen werden, die von den damit verbundenen Wohlstandssteigerungen profitieren. Folge: Der Staat muss einen sozialen Ausgleich schaffen.
- Bezieher niedriger Einkommen sind zur notwendigen Vorsorge nicht imstande. Folge: Die staatliche Sicherungspolitik hat das Existenzminimum zu gewährleisten.

... deshalb muss es durch das Sozialprinzip ergänzt werden.

Aus diesen Beobachtungen folgt, dass für die staatliche Sicherungspolitik unterschiedliche Prinzipien wie das Versicherungs-, das Vorsorge- und das Fürsorgeprinzip in Betracht und in der praktischen Sozialpolitik auch – vermischt – zur Anwendung kommen.

Einzelprinzipien wie ...

... das Sozial-Versicherungsprinzip, ...

... das Versorgungsprinzip, ...

Wird das Äquivalenzprinzip dahingehend modifiziert, dass nach dem Prinzip der Solidarität Leistungen auch beitragsunabhängig erfolgen (Beispiel: mitversicherte Familienangehörige) und Risiko- und Leistungsausschlüsse unter Berücksichtigung der sozialen Lage der Versicherten vermieden werden sollen, wird das **Sozial-Versicherungsprinzip** angewendet. Es erfolgt eine Teilfinanzierung über Steuern. Beim **Versorgungsprinzip** werden im Allgemeinen die Kosten der Risikosicherung nicht demjenigen angelastet, der sie verursacht. Die Finanzierung erfolgt aus Steuern und Abgaben. Beispiele dafür sind die Kriegsopferversorgung und der Lastenausgleich für Vertriebene. In anderen Ländern (z. B. Schweden und der ehemaligen DDR) ist das Versorgungsprinzip allgemeine Grundlage für das System der Sozialen Sicherung (»Grundrente«, »Staatsbürgerversorgung«), wobei allen Staatsbürgern ohne Rücksicht auf individuelle Bedürftigkeit für den Versorgungsfall (Krankheit, Invalidität, Alter) aus Steuermitteln eine einheitliche Grundversorgung garantiert ist.

... und das Fürsorgeprinzip kommen kombiniert zur Anwendung.

Das **Fürsorgeprinzip** lässt sich wie folgt beschreiben: Anlass für Leistungen – z. B. Arbeitslosengeld II oder Sozialhilfe – sind »spezielle Bedürftigkeiten«, d. h. ein menschenwürdiges Dasein soll auch dann möglich sein, wenn man in eine – auch selbst verschuldete – Notlage geraten ist. Es besteht ein Rechtsanspruch auf eine Transferzahlung (d. h. keine Rückzahlung), wenn die Bedürftigkeit nachgewiesen wird und unterhaltspflichtige Verwandte oder der jeweilige Lebenspartner nicht herangezogen werden können. Arbeitslosengeld II und Sozialhilfe werden aus Steuern finanziert. Das Arbeitslosengeld II ist Aufgabe der Bundesagentur für Arbeit und wird daher vom Bund getragen (über Zuschüsse an die Bundesagentur). Die Sozialhilfe dagegen liegt im Aufgabenbereich der Gemeinden und Städte und muss folglich aus deren Haushalten finanziert werden. Mit der Stufe IV der Hartz-Reform wurden dabei zum 01.01.2005 im Grundsatz alle erwerbsfähigen Sozialhilfeempfänger aus der Sozialhilfe ausgegliedert und in das Leistungssystem der Bundesagentur für Arbeit (Arbeitslosengeld II) übernommen.

Neben diesen Grundprinzipien ist für das deutsche System das **Selbstverwaltungsprinzip** maßgebend, d. h. der Staat beschränkt sich auf die reine Rechtsaufsicht und überlässt die Durchführung der gesetzlichen Aufgaben der Selbstverwaltung, die auch als Ausdruck für eine indirekte parlamentarische Demokratie und die Mitbestimmung der Bürger angesehen werden kann.

2 Einrichtungen der Sozialen Sicherung[1]

Da es unmöglich ist, in einer Einführung alle Einzelheiten des Systems der Sozialen Sicherung zu beschreiben, wollen wir uns darauf beschränken, die klassischen Bereiche mit ihren wichtigsten Merkmalen zu skizzieren.

---

1 Stand: Oktober 2005.

Einen sehr guten Überblick über die Sozialleistungen in der Bundesrepublik gibt der Sozialbericht[2] der Bundesregierung. Er stellt als Hauptziel der Sozialpolitik die Verbesserung der Lebenslage des Einzelnen, der Wohlfahrt und der weiteren Entfaltung des Leistungspotenzials der Gesellschaft heraus. Diese Zielsetzung soll durch verschiedene Gestaltungsmaßnahmen erreicht werden, die sich an folgenden Leitbildern sozialpolitischer Verantwortung orientieren:

- Eigenverantwortung und aktivierender Sozialstaat,
- Generationengerechtigkeit und Nachhaltigkeit,
- Gerechtigkeit zwischen den Geschlechtern durch Gleichstellung von Mann und Frau,
- Flexibilisierung und Wahlfreiheiten,
- Vermeidung sozialer Ausgrenzung, Förderung des sozialen Zusammenhaltes und
- Einbindung in europäische und internationale Zusammenhänge.

Leitbilder sozialpolitischer Verantwortung

2.1 Das deutsche Sozialbudget nach Institutionen, Funktionen und Finanzierungsarten

Die Entwicklung des Sozialbudgets in der Bundesrepublik Deutschland von 1960 bis 2003 wird in Tabelle 15.1 dargestellt, während die Tabellen 15.2 und 15.3 die Größenordnung und Struktur der Sozialleistungen nach »Institutionen« gegliedert verdeutlichen, wobei die Institutionen im Wesentlichen Träger der Sozialversicherung sind. Tabellen 15.4 und 15.5 schließlich liefern eine Übersicht über die Leistungen nach Funktionen, während Tabelle 15.6 auf die Finanzierungsquellen des Sozialbudgets eingeht.

Historische Entwicklung des Sozialbudgets 1960–2003

Wie Tabelle 15.1 verdeutlicht, ist der Absolutbetrag des Sozialbudgets von 32,6 Milliarden Euro im Jahr 1960 auf 696,5 Milliarden Euro im Jahr 2003 angestiegen, was einer mehr als Verzwanzigfachung in den vergangenen 43 Jahren entspricht, wobei die größten prozentualen Wachstumsraten in den 70er-Jahren und in der Phase nach der Deutschen Wiedervereinigung zu sehen sind. Während des gesamten Betrachtungszeitraumes ist das Sozialbudget dabei kontinuierlich angewachsen. Allerdings ist in den letzten Jahren auch bei den Sozialleistungen der Wille der Bundesregierung zur Konsolidierung deutlich geworden: Fiel das prozentuale jährliche Wachstum bis Ende der 80er-Jahre im Jahr 1983 mit 2,6 Prozent am geringsten aus, so wurde diese Marke erst in den späten 90er-Jahren und zu Beginn des neuen Millenniums unterschritten bzw. wieder erreicht. Vergleicht man die Sozialleistungsquote, definiert als Sozialbudget in Relation zum Bruttoinlandsprodukt, in der Zeit von 1960 bis 2003, so lässt sich auch hier ein nahezu

---

2 Dieser auch in seiner übersichtlichen Darstellungsweise vorbildliche Bericht wird vom Bundesministerium für Wirtschaft und Arbeit auf schriftliche Anfrage hin kostenlos abgegeben und steht als Download unter der Internetadresse www.bundesregierung.de zur Verfügung.

15. Grundlagen der Sozialen Sicherung

	Sozialbudget							nachrichtlich			
	Sozialleistungen insgesamt				Direkte Sozialleistungen				Bruttoinlands-produkt [3]		Beiträge des Staates	Summe aus Sozialleistungen und Beiträgen des Staates	
Jahr	Milliarden €	Veränderung in % [1]	Quote [2][3]	€ pro Einwohner	Milliarden €	Veränderung in % [1]	Quote [2][3]	€ pro Einwohner	Milliarden €	Veränderung in % [1]	Milliarden €	Milliarden €	in % des BIP
1960	32,6	–	21,1	588	28,7	–	18,5	518	154,8	–	0,8	33,3	21,5
1961	36,2	11,1	21,4	645	32,0	11,5	18,9	570	169,6	9,6	0,9	37,1	21,9
1962	39,9	10,3	21,7	703	35,0	9,5	19,0	617	184,5	8,8	1,0	41,0	22,2
1963	43,0	7,7	22,0	749	37,5	7,1	19,2	654	195,5	6,0	1,2	44,2	22,6
1964	47,4	10,2	22,1	818	41,1	9,5	19,1	708	214,8	9,9	1,2	48,6	22,6
1965	52,8	11,4	22,5	901	46,5	13,2	19,8	793	234,8	9,3	1,3	54,1	23,1
1966	58,2	10,2	23,3	964	51,4	10,5	20,6	868	249,6	6,3	1,5	59,7	23,9
1967	62,9	8,1	24,9	1061	55,6	8,2	22,0	937	252,8	1,3	2,0	64,9	25,7
1968	67,8	7,7	24,9	1139	59,7	7,5	21,9	1004	272,7	7,9	2,1	69,8	25,6
1969	75,2	10,9	24,6	1251	65,7	10,0	21,5	1094	305,2	11,9	2,2	77,4	25,4
1970	86,3	14,8	24,5	1423	75,2	14,5	21,4	1240	352,0	15,3	2,8	89,1	25,3
1971	98,2	13,8	25,2	1602	86,6	15,1	22,2	1412	390,1	10,8	3,5	101,7	26,1
1972	110,6	12,6	25,9	1793	98,3	13,5	23,0	1593	427,5	9,6	4,8	115,4	27,0
1973	125,5	13,5	26,3	2025	112,3	14,3	23,6	1812	476,7	11,5	4,9	130,4	27,4
1974	143,8	14,6	28,0	2318	129,4	15,2	25,2	2085	513,6	7,7	6,4	150,2	29,2
1975	164,6	14,4	30,7	2661	151,1	16,8	28,2	2444	536,0	4,4	8,7	173,2	32,3
1976	176,1	7,0	30,2	2861	162,2	7,4	27,8	2637	583,9	8,9	10,0	186,0	31,9
1977	188,3	7,0	30,2	3067	173,2	6,7	27,8	2821	623,7	6,8	9,4	197,8	31,7
1978	199,3	5,8	29,8	3249	183,0	5,7	27,3	2984	669,3	7,3	9,1	208,4	31,1
1979	211,3	6,0	29,2	3443	193,7	5,8	26,8	3157	722,5	7,9	10,1	221,3	30,6
1980	228,5	8,1	29,8	3711	208,5	7,6	27,2	3386	766,6	6,1	10,8	239,2	31,2
1981	243,1	6,4	30,4	3941	222,4	6,7	27,8	3605	800,2	4,4	12,9	256,1	32,0
1982	249,6	2,7	30,0	4050	228,5	2,8	27,5	3707	831,8	3,9	15,1	264,8	31,8
1983	256,1	2,6	29,4	4170	234,4	2,6	26,9	3816	872,2	4,9	13,2	269,4	30,9
1984	266,3	3,9	29,1	4352	243,4	3,8	26,6	3979	915,0	4,9	12,6	278,8	30,5
1985	277,9	4,4	29,1	4554	253,3	4,1	26,5	4150	955,3	4,4	11,6	289,6	30,3
1986	292,5	5,2	29,0	4790	266,0	5,0	26,3	4356	1010,2	5,7	11,2	303,7	30,1
1987	305,7	4,5	29,3	5004	279,1	4,9	26,8	4570	1043,3	3,3	11,2	316,9	30,4
1988	319,4	4,5	29,1	5198	293,2	5,1	26,7	4772	1098,5	5,3	11,6	331,0	30,1
1989	327,7	2,6	28,1	5281	300,9	2,6	25,8	4847	1188,3	6,4	12,2	340,0	29,1
1990	342,5	4,5	26,9	5520	319,1	6,1	25,0	5141	1274,9	9,1	12,9	355,5	27,9
1991	427,1	–	27,8	5338	399,7	–	26,0	4998	1534,6	–	19,0	445,9	29,1
1992	464,2	13,4	29,4	6008	453,4	13,4	27,5	5626	1646,6	7,3	21,3	505,5	30,7
1993	508,9	5,1	30,0	6269	476,6	5,1	28,1	5871	1694,4	2,9	26,2	535,1	31,6
1994	531,2	4,4	29,8	6524	497,7	4,4	27,9	6112	1780,8	5,1	28,5	559,7	31,4
1995	562,5	5,9	30,4	6889	525,6	5,6	28,4	6437	1848,5	3,8	33,9	596,4	32,3
1996	588,5	4,6	31,4	7186	532,9	1,4	28,4	6507	1876,2	1,5	37,2	625,7	33,4
1997	591,8	0,6	30,9	7212	532,5	-0,1	27,8	6489	1915,6	2,1	39,9	631,7	33,0
1998	606,0	2,4	30,8	7388	545,5	2,5	27,8	6651	1965,4	2,6	39,0	645,0	32,8
1999	628,5	3,7	31,2	7656	562,1	3,0	27,9	6847	2012,0	2,4	38,1	666,5	33,1
2000	646,0	2,8	31,3	7860	576,3	2,5	27,9	7012	2062,5	2,5	35,2	681,2	33,0
2001	662,6	2,6	31,3	8047	592,1	2,8	28,0	7191	2113,6	2,5	35,4	698,0	33,0
2002p	685,4	3,4	31,9	8309	610,4	3,1	28,4	7401	2148,6	1,7	37,8	723,1	33,7
2003p	696,5	1,6	32,2	8441	620,9	1,7	28,7	7525	2164,9	0,7	38,5	735,0	34,0

[1] Veränderung gegenüber dem Vorjahr in %
[2] Sozialleistungen im Verhältnis zum Bruttoinlandsprodukt in %
[3] BIP ab 1970 nach ESVG 95, ab 1991 auf der Basis der im Jahr 2005 revidierten VGR
p = vorläufige Zahlen
Quelle: Sozialbericht der Bundesregierung 2005, S. 192

Tab. 15.1: Kennziffern des Sozialbudgets im Zeitablauf

Einrichtungen der Sozialen Sicherung

		1991	1995	1996	1997	1998	1999	2000	2001	2002p	2003p
						Millionen €					
	Sozialbudget insgesamt	**426962**	**562528**	**588534**	**591787**	**606002**	**628493**	**646025**	**662570**	**685356**	**696543**
	einschl. Beiträge des Staates	445938	596427	625714	631735	645036	666543	681212	698012	723118	735001
1	**Allgemeine Systeme**	**259603**	**354844**	**374092**	**376712**	**386137**	**398075**	**407241**	**420042**	**436528**	**446079**
	einschl. Beiträge des Staates	278274	388143	410625	415920	424324	435273	441571	454611	473382	483590
11	Rentenversicherung	133342	184752	192205	197365	204080	210125	217431	224352	232481	238193
111	– Rentenversicherung der Arbeiter	68630	93314	96841	99194	102158	104718	107688	110322	113075	114915
112	– Rentenversicherung der Angestellten	54560	78289	81854	84546	88144	91517	95796	100115	105266	108804
113	– Knappschaftl. Rentenversicherung	10152	13149	13509	13626	13778	13890	13947	13915	14140	14475
12	Private Altersvorsorge	–	–	–	–	–	–	–	–	–	–
13	Krankenversicherung	92674	122135	126328	123706	125733	129082	132044	137086	141226	143336
14	Pflegeversicherung	–	5278	10903	15093	15781	16307	16667	16840	17286	17407
15	Unfallversicherung	7640	10244	10377	10611	10664	10643	10835	10934	11253	11344
16	Arbeitsförderung	44618	65735	70811	69146	68066	69116	64595	65399	71136	73310
2	**Sondersysteme**	**3568**	**4610**	**4869**	**5062**	**5121**	**5229**	**5230**	**5454**	**5650**	**5820**
21	Alterssicherung der Landwirte	2457	3178	3371	3469	3416	3394	3272	3334	3333	3309
22	Versorgungswerke	1111	1432	1498	1593	1704	1835	1958	2120	2316	2511
3	**Leistungssysteme des öffentl. Dienstes**	**34512**	**41991**	**43257**	**44371**	**46134**	**47575**	**49033**	**50751**	**52038**	**52656**
31	Pensionen	23183	28260	29046	29724	30724	31874	33040	34261	35319	35786
32	Familienzuschläge	5865	6442	6478	6408	6951	7019	7020	7053	6940	6945
33	Beihilfen	5464	7289	7733	8239	8458	8682	8972	9437	9779	9925
4	**Leistungssysteme der Arbeitgeber**	**46332**	**53448**	**51308**	**49236**	**49815**	**53293**	**56117**	**57215**	**56114**	**54828**
41	Entgeltfortzahlung	24159	28308	25526	22864	22878	25611	27087	27466	26425	24967
42	Betriebliche Altersversorgung	11751	14581	15141	15547	16013	16279	17520	18211	18410	18370
43	Zusatzversorgung	5960	6614	6821	7204	7445	7925	8122	8343	8483	8805
44	Sonstige Arbeitgeberleistungen	4462	3946	3819	3621	3478	3478	3387	3195	2797	2686
5	**Entschädigungssysteme**	**8736**	**9260**	**8672**	**7524**	**8085**	**7114**	**6536**	**6018**	**5748**	**5552**
51	Soziale Entschädigung	6865	7128	6703	6104	5753	5353	5077	4743	4577	4451
52	Lastenausgleich	477	278	226	198	173	153	133	115	100	88
53	Wiedergutmachung	973	1577	1474	1046	2000	1466	1201	1013	907	869
54	Sonstige Entschädigungen	421	277	269	176	159	142	124	147	164	145
6	**Förder- und Fürsorgesysteme**	**47291**	**62081**	**51323**	**50304**	**51091**	**51633**	**52965**	**53522**	**55277**	**56937**
61	Sozialhilfe	18103	27069	26922	25268	25549	25557	25867	26027	26675	27869
62	Jugendhilfe	10900	14951	15566	16060	16286	16633	17243	17481	17753	17876
63	Kindergeld	10435	10877	420	127	70	87	106	101	108	132
64	Erziehungsgeld	3232	3882	3760	3891	3980	3864	3732	3628	3648	3481
65	Ausbildungsförderung	1326	950	918	854	842	882	917	1194	1425	1479
66	Wohngeld	2527	3175	3382	3670	3860	3856	4309	4276	4907	5209
67	Förderung der Vermögensbildung (Staat)	768	557	356	434	504	754	790	816	762	892
	Direkte Leistungen insgesamt	**399738**	**525634**	**532874**	**532470**	**545535**	**562067**	**576265**	**592128**	**610448**	**620926**
	einschl. Beiträge des Staates	418714	559533	570054	572418	584569	600117	611452	627571	648210	659385
7	**Indirekte Leistungen**	**27224**	**36894**	**55660**	**59317**	**60467**	**66426**	**69759**	**70441**	**74908**	**75616**
71	Steuerliche Maßnahmen (ohne FLA)	27224	36894	33519	33872	34912	36925	38105	38421	38958	39536
72	Familienleistungsausgleich (FLA)	–	–	22141	25444	25555	29501	31654	32021	35950	36080

p = vorläufige Zahlen
Quelle: Sozialbericht 2005, S. 198

Tab. 15.2: Sozialleistungen nach Institutionen (in Mio. €)

		1991	1995	1996	1997	1998	1999	2000	2001	2002p	2003p
		\multicolumn{10}{c}{Anteile am Bruttoinlandsprodukt in %}										
	Sozialbudget insgesamt	27,8	30,4	31,4	30,9	30,8	31,2	31,3	31,3	31,9	32,2
	einschl. Beiträge des Staates	29,1	32,3	33,4	33,0	32,8	33,1	33,0	33,0	33,7	34,0
1	**Allgemeine Systeme**	16,9	19,2	19,9	19,7	19,6	19,8	19,7	19,9	20,3	20,6
	einschl. Beiträge des Staates	18,1	21,0	21,9	21,7	21,6	21,6	21,4	21,5	22,0	22,3
11	Rentenversicherung	8,7	10,0	10,2	10,3	10,4	10,4	10,5	10,6	10,8	11,0
111	- Rentenversicherung der Arbeiter	4,5	5,0	5,2	5,2	5,2	5,2	5,2	5,2	5,3	5,3
112	- Rentenversicherung der Angestellten	3,6	4,2	4,4	4,4	4,5	4,5	4,6	4,7	4,9	5,0
113	- Knappschaftl. Rentenversicherung	0,7	0,7	0,7	0,7	0,7	0,7	0,7	0,7	0,7	0,7
12	Private Altersvorsorge	-	-	-	-	-	-	-	-	-	-
13	Krankenversicherung	6,0	6,6	6,7	6,5	6,4	6,4	6,4	6,5	6,6	6,6
14	Pflegeversicherung	-	0,3	0,6	0,8	0,8	0,8	0,8	0,8	0,8	0,8
15	Unfallversicherung	0,5	0,6	0,6	0,6	0,5	0,5	0,5	0,5	0,5	0,5
16	Arbeitsförderung	2,9	3,6	3,8	3,6	3,5	3,4	3,1	3,1	3,3	3,4
2	**Sondersysteme**	0,2	0,2	0,3	0,3	0,3	0,3	0,3	0,3	0,3	0,3
21	Alterssicherung der Landwirte	0,2	0,2	0,2	0,2	0,2	0,2	0,2	0,2	0,2	0,2
22	Versorgungswerke	0,1	0,1	0,1	0,1	0,1	0,1	0,1	0,1	0,1	0,1
3	**Leistungssysteme des öffentl. Dienstes**	2,2	2,3	2,3	2,3	2,3	2,4	2,4	2,4	2,4	2,4
31	Pensionen	1,5	1,5	1,5	1,6	1,6	1,6	1,6	1,6	1,6	1,7
32	Familienzuschläge	0,4	0,3	0,3	0,3	0,4	0,3	0,3	0,3	0,3	0,3
33	Beihilfen	0,4	0,4	0,4	0,4	0,4	0,4	0,4	0,4	0,5	0,5
4	**Leistungssysteme der Arbeitgeber**	3,0	2,9	2,7	2,6	2,5	2,6	2,7	2,7	2,6	2,5
41	Entgeltfortzahlung	1,6	1,5	1,4	1,2	1,2	1,3	1,3	1,3	1,2	1,2
42	Betriebliche Altersversorgung	0,8	0,8	0,8	0,8	0,8	0,8	0,8	0,9	0,9	0,8
43	Zusatzversorgung	0,4	0,4	0,4	0,4	0,4	0,4	0,4	0,4	0,4	0,4
44	Sonstige Arbeitgeberleistungen	0,3	0,2	0,2	0,2	0,2	0,2	0,2	0,2	0,1	0,1
5	**Entschädigungssysteme**	0,6	0,5	0,5	0,4	0,4	0,4	0,3	0,3	0,3	0,3
51	Soziale Entschädigung	0,4	0,4	0,4	0,3	0,3	0,3	0,2	0,2	0,2	0,2
52	Lastenausgleich	0,0	0,0	0,0	0,0	0,0	0,0	0,0	0,0	0,0	0,0
53	Wiedergutmachung	0,1	0,1	0,1	0,1	0,1	0,1	0,1	0,0	0,0	0,0
54	Sonstige Entschädigungen	0,0	0,0	0,0	0,0	0,0	0,0	0,0	0,0	0,0	0,0
6	**Förder- und Fürsorgesysteme**	3,1	3,4	2,7	2,6	2,6	2,6	2,6	2,5	2,6	2,6
61	Sozialhilfe	1,2	1,5	1,4	1,3	1,3	1,3	1,3	1,2	1,2	1,3
62	Jugendhilfe	0,7	0,8	0,8	0,8	0,8	0,8	0,8	0,8	0,8	0,8
63	Kindergeld	0,7	0,6	0,0	0,0	0,0	0,0	0,0	0,0	0,0	0,0
64	Erziehungsgeld	0,2	0,2	0,2	0,2	0,2	0,2	0,2	0,2	0,2	0,2
65	Ausbildungsförderung	0,1	0,1	0,0	0,0	0,0	0,0	0,0	0,1	0,1	0,1
66	Wohngeld	0,2	0,2	0,2	0,2	0,2	0,2	0,2	0,2	0,2	0,2
67	Förderung der Vermögensbildung (Staat)	0,1	0,0	0,0	0,0	0,0	0,0	0,0	0,0	0,0	0,0
	Direkte Leistungen insgesamt	26,0	28,4	28,4	27,8	27,8	27,9	27,9	28,0	28,4	28,7
	einschl. Beiträge des Staates	27,3	30,3	30,4	29,9	29,7	29,8	29,6	29,7	30,2	30,5
7	**Indirekte Leistungen**	1,8	2,0	3,0	3,1	3,1	3,3	3,4	3,3	3,5	3,5
71	Steuerliche Maßnahmen (ohne FLA)	1,8	2,0	1,8	1,8	1,8	1,8	1,8	1,8	1,8	1,8
72	Familienleistungsausgleich (FLA)	-	-	1,2	1,3	1,3	1,5	1,5	1,5	1,7	1,7

p = vorläufige Zahlen
Quelle: Sozialbericht 2005, S. 201

Tab. 15.3: Sozialleistungen nach Institutionen (Anteile am Bruttoinlandsprodukt)

kontinuierliches Wachstum von 21,1 Prozent zu Beginn der Untersuchung bis auf einen aktuellen Wert von 32,2 Prozent für das Jahr 2003 ablesen. Dieses immer noch sehr hohe Niveau der Sozialleistungen und der zu beobachtende steigende Trend lässt sich auch bei den Sozialleistungen pro Einwohner wieder finden, die im Jahr 1960 gerade einmal 588 Euro betrugen, verglichen mit einem Wert von 8.441 Euro im Jahr 2003. Die Sozialleistung pro Einwohner hat sich in der Betrachtungsperiode somit mehr als vervierzehnfacht, was allerdings einen unterproportionalen Anstieg gegenüber dem Wachstum der Gesamtsumme der Sozialleistungen bedeutet.

Aus der Darstellung des Sozialbudgets, nach Institutionen gegliedert (vgl. Tabelle 15.2), lässt sich ableiten, dass der größte Teil des Budgets für die Leistungen der Rentenversicherung benötigt wird. Neben dem deutlichen absoluten Anstieg in den 90er-Jahren von 133,34 Milliarden Euro im Jahr 1991 auf 238,19 Milliarden Euro im Jahr 2003 fällt auch der Anstieg des Anteils der Leistungen am Bruttoinlandsprodukt auf. Dieser stieg von 8,7 Prozent im Jahr 1991 kontinuierlich auf einen Wert von 11,0 Prozent im Jahr 2003 an (vgl. Tabelle 15.3). Nach der Rentenversicherung stellen die Leistungen für die Krankenversicherung die zweite wichtige Ausgabenquelle dar. Hier wurden im Jahr 1991 insgesamt Leistungen im Wert von rund 92,67 Milliarden Euro erbracht, was einer Quote am Bruttoinlandsprodukt von 6,0 Prozent entspricht. Im Jahr 2003 beliefen sich die vergleichbaren Daten auf 143,34 Milliarden Euro bzw. 6,6 Prozent des Bruttoinlandsprodukts (vgl. Tabelle 15.2 und 15.3).

Sozialbudget nach Institutionen, ...

Den Tabellen 15.4 und 15.5 sind die Sozialleistungen nach Funktionen gegliedert zu entnehmen. Auch hier lassen sich die zwei Kategorien Krankheit und Alter als Hauptquellen der Leistungsinanspruchnahme identifizieren. Denn während für den Bereich Ehe und Familie im Jahr 2001 gerade einmal 102,3 Milliarden Euro ausgegeben wurden, was einer Quote von 4,7 Prozent am gesamten Bruttoinlandsprodukt entspricht (wobei der Löwenanteil dieses Betrages für Leistungen im Bereich Kinder und Jugendliche verwendet wurde), schlagen die Leistungen im Bereich Gesundheit mit 235,4 Milliarden Euro und im Bereich Alter und Hinterbliebene mit 267,8 Milliarden Euro zu Buche, was einer Quote am Bruttoinlandsprodukt von 10,9 Prozent bzw. 12,4 Prozent entspricht. Signifikante Anteilsverschiebungen innerhalb der einzelnen Funktionsbereiche sind während des Betrachtungszeitraums nicht zu beobachten, was jedoch auch auf den relativ kurzen Zeithorizont von zehn Jahren zurückzuführen ist.

... nach Funktionen, ...

Betrachtet man die Finanzierung des Sozialbudgets, gegliedert nach Finanzierungsarten (vgl. Tabelle 15.6), so fällt auf, dass sich der betreffende relative Anteil der Sozialbeiträge sukzessive immer weiter verringert hat. Während 1991 noch knapp zwei Drittel des (gesamt) deutschen Sozialbudgets durch Sozialbeiträge finanziert wurden, betrug deren Finanzierungsanteil 2003 nur noch knapp 60 Prozent. Umgekehrt stieg der Finanzierungsanteil der Zuweisungen aus öffentlichen Mitteln von 31,4 Prozent in 1991 auf 38,4 Prozent in 2003. Insbesondere die Gesetzliche Arbeitslosenversicherung und die Gesetzliche Rentenversicherung sind dabei in zunehmendem Maße auf

... und nach Arten der Finanzierung

	1991	1995	1996	1997	1998	1999	2000	2001	2002p	2003p
Millionen €										
Sozialbudget insgesamt	426962	562528	588534	591787	606002	628493	646025	662570	685356	696543
Ehe und Familie	59812	73248	82161	86024	87304	92696	96188	97125	101655	102300
Kinder/Jugendliche	39262	49165	52828	56824	58193	62848	65778	66597	70650	71005
Ehegatten	17460	20272	25116	24832	24728	25434	25963	26084	26579	26705
Mutterschaft	3091	3811	4216	4368	4383	4414	4447	4444	4426	4590
Gesundheit	149009	201028	206973	203416	207239	214807	221393	228551	233400	235385
Vorbeugung/Rehabilitation	7866	12436	13015	10318	10539	11128	12074	12617	13110	13357
Krankheit	108698	138734	140332	137456	139650	145037	149263	154682	158103	159286
Arbeitsunfall, Berufskrankheit	9896	12394	12286	12277	12399	12786	13106	13297	13305	13156
Invalidität (allgemein)	22549	37463	41339	43365	44652	45856	46950	47956	48881	49587
Beschäftigung	41159	56450	60806	59063	59984	62309	61715	61846	66658	68650
Berufliche Bildung	10312	11537	12608	11045	10965	13240	13519	14627	15596	14302
Mobilität	7777	11266	11039	9604	11978	13079	11936	10397	10206	10225
Arbeitslosigkeit	23070	33646	37160	38415	37041	35990	36260	36821	40856	44123
Alter und Hinterbliebene	162075	210400	217247	222505	229798	236628	244418	253209	261670	267816
Alter	155442	202118	208926	214106	221450	228440	236174	244837	253041	259403
Hinterbliebene	6633	8282	8321	8399	8348	8188	8245	8372	8629	8413
Übrige Funktionen	14906	21403	21347	20778	21678	22053	22310	21839	21974	22391
Folgen politischer Ereignisse	1828	5040	4827	3963	3891	3412	3095	2722	2587	2488
Wohnen	4945	6373	6534	6714	6946	6786	7181	7084	7798	8086
Sparen/Vermögensbildung	6146	7570	7672	8121	8763	9886	10130	10081	9740	9965
Allgemeine Lebenshilfe	1988	2420	2315	1980	2079	1969	1904	1952	1848	1852
Struktur in %										
Sozialbudget insgesamt	100,0	100,0	100,0	100,0	100,0	100,0	100,0	100,0	100,0	100,0
Ehe und Familie	14,0	13,0	14,0	14,5	14,4	14,7	14,9	14,7	14,8	14,7
Kinder/Jugendliche	9,2	8,7	9,0	9,6	9,6	10,0	10,2	10,1	10,3	10,2
Ehegatten	4,1	3,6	4,3	4,2	4,1	4,0	4,0	3,9	3,9	3,8
Mutterschaft	0,7	0,7	0,7	0,7	0,7	0,7	0,7	0,7	0,6	0,7
Gesundheit	34,9	35,7	35,2	34,4	34,2	34,2	34,3	34,5	34,1	33,8
Vorbeugung/Rehabilitation	1,8	2,2	2,2	1,7	1,7	1,8	1,9	1,9	1,9	1,9
Krankheit	25,5	24,7	23,8	23,2	23,0	23,1	23,1	23,3	23,1	22,9
Arbeitsunfall, Berufskrankheit	2,3	2,2	2,1	2,1	2,0	2,0	2,0	2,0	1,9	1,9
Invalidität (allgemein)	5,3	6,7	7,0	7,3	7,4	7,3	7,3	7,2	7,1	7,1
Beschäftigung	9,6	10,0	10,3	10,0	9,9	9,9	9,6	9,3	9,7	9,9
Berufliche Bildung	2,4	2,1	2,1	1,9	1,8	2,1	2,1	2,2	2,3	2,1
Mobilität	1,8	2,0	1,9	1,6	2,0	2,1	1,8	1,6	1,5	1,5
Arbeitslosigkeit	5,4	6,0	6,3	6,5	6,1	5,7	5,6	5,6	6,0	6,3
Alter und Hinterbliebene	38,0	37,4	36,9	37,6	37,9	37,7	37,8	38,2	38,2	38,4
Alter	36,4	35,9	35,5	36,2	36,5	36,3	36,6	37,0	36,9	37,2
Hinterbliebene	1,6	1,5	1,4	1,4	1,4	1,3	1,3	1,3	1,3	1,2
Übrige Funktionen	3,5	3,8	3,6	3,5	3,6	3,5	3,5	3,3	3,2	3,2
Folgen politischer Ereignisse	0,4	0,9	0,8	0,7	0,6	0,5	0,5	0,4	0,4	0,4
Wohnen	1,2	1,1	1,1	1,1	1,1	1,1	1,1	1,1	1,1	1,2
Sparen/Vermögensbildung	1,4	1,3	1,3	1,4	1,4	1,6	1,6	1,5	1,4	1,4
Allgemeine Lebenshilfe	0,5	0,4	0,4	0,3	0,3	0,3	0,3	0,3	0,3	0,3

P = vorläufige Zahlen
Quelle: Sozialbericht 2005, S. 195

Tab. 15.4: Sozialleistungen nach Funktionen (Höhe, Struktur)

	1991	1995	1996	1997	1998	1999	2000	2001	2002p	2003p
		Durchschnittliche jährliche Veränderung in %								
Sozialbudget insgesamt	-	7,1	4,6	0,6	2,4	3,7	2,8	2,6	3,4	1,6
Ehe und Familie	-	5,2	12,2	4,7	1,5	6,2	3,8	1,0	4,7	0,6
Kinder/Jugendliche	-	5,8	7,5	7,6	2,4	8,0	4,7	1,2	6,1	0,5
Ehegatten	-	3,8	23,9	-1,1	-0,4	2,9	2,1	0,5	1,9	0,5
Mutterschaft	-	5,4	10,6	3,6	0,3	0,7	0,8	-0,1	-0,4	3,7
Gesundheit	-	7,8	3,0	-1,7	1,9	3,7	3,1	3,2	2,1	0,9
Vorbeugung/Rehabilitation	-	12,1	4,7	-20,7	2,1	5,6	8,5	4,5	3,9	1,9
Krankheit	-	6,3	1,2	-2,0	1,6	3,9	2,9	3,6	2,2	0,7
Arbeitsunfall, Berufskrankheit	-	5,8	-0,9	-0,1	1,0	3,1	2,5	1,5	0,1	-1,1
Invalidität (allgemein)	-	13,5	10,3	4,9	3,0	2,7	2,4	2,1	1,9	1,4
Beschäftigung	-	8,2	7,7	-2,9	1,6	3,9	-1,0	0,2	7,8	3,0
Berufliche Bildung	-	2,8	9,3	-12,4	-0,7	20,7	2,1	8,2	6,6	-8,3
Mobilität	-	9,7	-2,0	-13,0	24,7	9,2	-8,7	-12,9	-1,8	0,2
Arbeitslosigkeit	-	9,9	10,4	3,4	-3,6	-2,8	0,8	1,5	11,0	8,0
Alter und Hinterbliebene	-	6,7	3,3	2,4	3,3	3,0	3,3	3,6	3,3	2,3
Alter	-	6,8	3,4	2,5	3,4	3,2	3,4	3,7	3,4	2,5
Hinterbliebene	-	5,7	0,5	0,9	-0,6	-1,9	0,7	1,5	3,1	-2,5
Übrige Funktionen	-	9,5	-0,3	-2,7	4,3	1,7	1,2	-2,1	0,6	1,9
Folgen politischer Ereignisse	-	28,9	-4,2	-17,9	-1,8	-12,3	-9,3	-12,1	-4,9	-3,8
Wohnen	-	6,5	2,5	2,8	3,5	-2,3	5,8	-1,4	10,1	3,7
Sparen/Vermögensbildung	-	5,3	1,3	5,9	7,9	12,8	2,5	-0,5	-3,4	2,3
Allgemeine Lebenshilfe	-	5,0	-4,3	-14,5	5,0	-5,3	-3,3	2,5	-5,3	0,2
	Anteile am Bruttoinlandsprodukt in %									
Sozialbudget insgesamt	27,8	30,4	31,4	30,9	30,8	31,2	31,3	31,3	31,9	32,2
Ehe und Familie	3,9	4,0	4,4	4,5	4,4	4,6	4,7	4,6	4,7	4,7
Kinder/Jugendliche	2,6	2,7	2,8	3,0	3,0	3,1	3,2	3,2	3,3	3,3
Ehegatten	1,1	1,1	1,3	1,3	1,3	1,3	1,3	1,2	1,2	1,2
Mutterschaft	0,2	0,2	0,2	0,2	0,2	0,2	0,2	0,2	0,2	0,2
Gesundheit	9,7	10,9	11,0	10,6	10,5	10,7	10,7	10,8	10,9	10,9
Vorbeugung/Rehabilitation	0,5	0,7	0,7	0,5	0,5	0,6	0,6	0,6	0,6	0,6
Krankheit	7,1	7,5	7,5	7,2	7,1	7,2	7,2	7,3	7,4	7,4
Arbeitsunfall, Berufskrankheit	0,6	0,7	0,7	0,6	0,6	0,6	0,6	0,6	0,6	0,6
Invalidität (allgemein)	1,5	2,0	2,2	2,3	2,3	2,3	2,3	2,3	2,3	2,3
Beschäftigung	2,7	3,1	3,2	3,1	3,1	3,1	3,0	2,9	3,1	3,2
Berufliche Bildung	0,7	0,6	0,7	0,6	0,6	0,7	0,7	0,7	0,7	0,7
Mobilität	0,5	0,6	0,6	0,5	0,6	0,7	0,6	0,5	0,5	0,5
Arbeitslosigkeit	1,5	1,8	2,0	2,0	1,9	1,8	1,8	1,7	1,9	2,0
Alter und Hinterbliebene	10,6	11,4	11,6	11,6	11,7	11,8	11,9	12,0	12,2	12,4
Alter	10,1	10,9	11,1	11,2	11,3	11,4	11,5	11,6	11,8	12,0
Hinterbliebene	0,4	0,4	0,4	0,4	0,4	0,4	0,4	0,4	0,4	0,4
Übrige Funktionen	1,0	1,2	1,1	1,1	1,1	1,1	1,1	1,0	1,0	1,0
Folgen politischer Ereignisse	0,1	0,3	0,3	0,2	0,2	0,2	0,2	0,1	0,1	0,1
Wohnen	0,3	0,3	0,3	0,4	0,4	0,3	0,3	0,3	0,4	0,4
Sparen/Vermögensbildung	0,4	0,4	0,4	0,4	0,4	0,5	0,5	0,5	0,5	0,5
Allgemeine Lebenshilfe	0,1	0,1	0,1	0,1	0,1	0,1	0,1	0,1	0,1	0,1

P = vorläufige Zahlen
Quelle: Sozialbericht 2005, S. 196

Tab. 15.5: Sozialleistungen nach Funktionen (jährliche Änderungsraten und Anteile am Bruttoinlandsprodukt)

	1991	1995	1996	1997	1998	1999	2000	2001	2002p	2003p
	Millionen €									
Sozialbeiträge	295405	367509	374867	382245	388260	395732	415752	419524	422735	425343
der Versicherten	117930	152497	160741	165218	167692	170301	173434	176055	179561	183190
- Arbeitnehmer	99591	124811	130292	135243	137226	139658	142291	144447	145423	148535
- Selbständigen	4684	6572	6661	7009	7152	7161	7330	7478	7856	8031
- Rentner	7122	12333	13643	13843	14329	14824	15253	15756	16446	17141
- sonstigen Personen	6533	8781	10145	9124	8984	8658	8560	8374	9836	9483
- Sozialversicherungsträger	-	-	-	-	-	-	-	-	-	-
der Arbeitgeber	177475	215012	214126	217026	220569	225431	242318	243468	243174	242153
- tatsächliche Beiträge	116432	147432	152372	156800	158396	162362	165702	167916	169450	171604
- unterstellte Beiträge	61043	67579	61754	60226	62173	63069	76616	75553	73724	70549
Zuweisungen	146754	197448	211826	214553	225463	241779	245614	251618	267407	276454
aus öffentlichen Mitteln	141108	189559	203786	206022	217812	236601	240587	246959	263377	272830
sonstige Zuweisungen	5646	7888	8041	8531	7650	5178	5027	4658	4030	3624
Sonstige Einnahmen	7895	8418	9602	9527	9286	9694	10656	10398	8703	8803
insgesamt	**450053**	**573375**	**596295**	**606324**	**623009**	**647205**	**672022**	**681540**	**698846**	**710600**
Finanzierungssaldo	23092	10847	7762	14537	17006	18713	25997	18970	13490	14057
nachrichtlich: West-Ost-Transfer	12578	20354	23001	22770	23385	23085	25839	27443	28410	28672
	Struktur in %									
Sozialbeiträge	65,6	64,1	62,9	63,0	62,3	61,1	61,9	61,6	60,5	59,9
der Versicherten	26,2	26,6	27,0	27,2	26,9	26,3	25,8	25,8	25,7	25,8
- Arbeitnehmer	22,1	21,8	21,9	22,3	22,0	21,6	21,2	21,2	20,8	20,9
- Selbständigen	1,0	1,1	1,1	1,2	1,1	1,1	1,1	1,1	1,1	1,1
- Rentner	1,6	2,2	2,3	2,3	2,3	2,3	2,3	2,3	2,4	2,4
- sonstigen Personen	1,5	1,5	1,7	1,5	1,4	1,3	1,3	1,2	1,4	1,3
- Sozialversicherungsträger	-	-	-	-	-	-	-	-	-	-
der Arbeitgeber	39,4	37,5	35,9	35,8	35,4	34,8	36,1	35,7	34,8	34,1
- tatsächliche Beiträge	25,9	25,7	25,6	25,9	25,4	25,1	24,7	24,6	24,2	24,1
- unterstellte Beiträge	13,6	11,8	10,4	9,9	10,0	9,7	11,4	11,1	10,5	9,9
Zuweisungen	32,6	34,4	35,5	35,4	36,2	37,4	36,5	36,9	38,3	38,9
aus öffentlichen Mitteln	31,4	33,1	34,2	34,0	35,0	36,6	35,8	36,2	37,7	38,4
sonstige Zuweisungen	1,3	1,4	1,3	1,4	1,2	0,8	0,7	0,7	0,6	0,5
Sonstige Einnahmen	1,8	1,5	1,6	1,6	1,5	1,5	1,6	1,5	1,2	1,2
insgesamt	*100,0*	*100,0*	*100,0*	*100,0*	*100,0*	*100,0*	*100,0*	*100,0*	*100,0*	*100,0*
	Anteile am Bruttoinlandsprodukt in %									
Sozialbeiträge	19,2	19,9	20,0	20,0	19,8	19,7	20,2	19,8	19,7	19,6
der Versicherten	7,7	8,2	8,6	8,6	8,5	8,5	8,4	8,3	8,4	8,5
- Arbeitnehmer	6,5	6,8	6,9	7,1	7,0	6,9	6,9	6,8	6,8	6,9
- Selbständigen	0,3	0,4	0,4	0,4	0,4	0,4	0,4	0,4	0,4	0,4
- Rentner	0,5	0,7	0,7	0,7	0,7	0,7	0,7	0,7	0,8	0,8
- sonstigen Personen	0,4	0,5	0,5	0,5	0,5	0,4	0,4	0,4	0,5	0,4
- Sozialversicherungsträger	-	-	-	-	-	-	-	-	-	-
der Arbeitgeber	11,6	11,6	11,4	11,3	11,2	11,2	11,7	11,5	11,3	11,2
- tatsächliche Beiträge	7,6	8,0	8,1	8,2	8,1	8,1	8,0	7,9	7,9	7,9
- unterstellte Beiträge	4,0	3,7	3,3	3,1	3,2	3,1	3,7	3,6	3,4	3,3
Zuweisungen	9,6	10,7	11,3	11,2	11,5	12,0	11,9	11,9	12,4	12,8
aus öffentlichen Mitteln	9,2	10,3	10,9	10,8	11,1	11,8	11,7	11,7	12,3	12,6
sonstige Zuweisungen	0,4	0,4	0,4	0,4	0,4	0,3	0,2	0,2	0,2	0,2
Sonstige Einnahmen	0,5	0,5	0,5	0,5	0,5	0,5	0,5	0,5	0,4	0,4
insgesamt	*29,3*	*31,0*	*31,8*	*31,7*	*31,7*	*32,2*	*32,6*	*32,2*	*32,5*	*32,8*

P = vorläufige Zahlen
Quelle: Sozialbericht 2005, S. 202

Tab. 15.6: Sozialleistungen nach Finanzierungsarten (Höhe, Struktur und Anteile am Bruttoinlandsprodukt)

Bundeszuschüsse zur Deckung ihrer Ausgaben angewiesen. Der Finanzierungsanteil der Sozialbeiträge an den Ausgaben der Sozialversicherung insgesamt beträgt heute nur noch rd. 80 Prozent.

Ein weiteres markantes Merkmal in der Entwicklung der Finanzierungsstruktur des deutschen Sozialbudgets stellt die sukzessive Erhöhung der West-Ost-Transfers zur Finanzierung sozialer Leistungen in den neuen Bundesländern dar. Diese Transfers betrugen 2003 mit rd. 28,7 Milliarden Euro mehr als das Doppelte des betreffenden Betrages in 1991 in Höhe von 12,6 Milliarden Euro. Hierin kommt der dramatische Anstieg der Arbeitslosigkeit in den neuen Bundesländern zum Ausdruck, in dessen Folge sich die Schere zwischen der Ausgaben- und der Einnahmenseite des ostdeutschen Sozialbudgets immer weiter geöffnet hat.

Nachdem somit bereits ein kleiner Einblick in die Struktur, Finanzierung und Institutionen des Sozialbudgets gegeben wurde, werden in den folgenden Abschnitten die Grundpfeiler des Systems der Sozialen Sicherung in der Bundesrepublik Deutschland etwas genauer vorgestellt.

2.2 Die Gesetzliche Rentenversicherung (GRV)

Die GRV umfasst die Rentenversicherung der Arbeiter (ArV), der Angestellten (AnV) und die knappschaftliche Rentenversicherung für Bergleute. Die Träger der GRV sind Körperschaften des öffentlichen Rechts. Die GRV ist eine Pflichtversicherung, in der die wirtschaftlich unselbstständigen Arbeitnehmer (einschl. Auszubildende) für das Alter und gegen Invalidität versichert sind. Auf Antrag können auch Selbstständige innerhalb von zwei Jahren nach Aufnahme der selbstständigen Tätigkeit der Pflichtversicherung beitreten. Versicherungsfrei sind bestimmte Nebentätigkeiten sowie Personengruppen, deren Altersversorgung anderweitig gesichert ist (z. B. Beamte). Die hohe Zahl von etwa 51,4 Millionen Versicherten zum Ende des Jahres 2002 zeigt, dass die GRV heute den Charakter einer Volksversicherung hat.

Der versicherte Personenkreis

Die Finanzierung der GRV erfolgt durch **Beitragszahlungen** der Versicherten bzw. deren Arbeitgeber (jeweils hälftig) und aus **Bundeszuschüssen.** Im Jahr 2003 beliefen sich diese auf rund 61,2 Milliarden Euro, was einem Anteil von 26,2 Prozent aller Gesamtausgaben der GRV in Höhe von 233,9 Milliarden Euro entspricht. Der Beitragssatz beträgt seit dem 01.01.2005 19,5 Prozent des Bruttoarbeitsentgelts, wobei Beiträge jedoch nur bis zur Beitragsbemessungsgrenze berechnet werden. Die Beitragsbemessungsgrenze wird jährlich neu festgelegt; im Jahr 2005 betrug sie 62.400 Euro in den alten bzw. 52.800 Euro in den neuen Bundesländern (Jahreswerte). Das bei der GRV praktizierte **Umlageverfahren** (bis zur Rentenreform von 1957 wurde ein **Kapitaldeckungsverfahren** angewendet) bedeutet, dass die Ausgaben jährlich durch entsprechende Einnahmen zu decken sind. Die Rentenversicherungsträger sind verpflichtet, zur Liquiditätssicherung eine Schwankungsreserve von mindestens einer Monatsausgabe vorzuhalten.

Die Finanzierung

Der heutige Rentner erhält demnach sein Alterseinkommen im Wesentlichen aus Beiträgen der abhängig Beschäftigten. Diese erwerben im Umkehrschluss Rentenansprüche für die Zukunft, die von den dann Werktätigen zu erfüllen sind, wobei erwartet wird, dass die jeweils nachfolgenden Generationen bereit sind, nach gleichem Schema zu verfahren.

Der Generationenvertrag

Dieser nicht zwischen den beteiligten Gruppen schriftlich fixierte Vertrag stellt ein gesellschaftliches Übereinkommen dar und wird mithin auch als **Generationenvertrag** bezeichnet.

Die Aufgaben und Leistungen der GRV, die ungefähr ein Drittel des gesamtdeutschen Sozialbudgets ausmachen, bestehen im Wesentlichen in

Die Aufgaben und Leistungen

- der Gewährung von Renten an Versicherte und Hinterbliebene bei Invalidität, Alter bzw. Tod,
- der Erhaltung, Besserung und Wiederherstellung der Erwerbsfähigkeit der Versicherten (Rehabilitation) und
- der Förderung von Maßnahmen zur Verbesserung der gesundheitlichen Verhältnisse der Versicherten.

Der **Leistungsumfang** eines Alterssicherungssystems wird maßgeblich bestimmt durch die Zahl der Leistungsempfänger und die Altersgrenze. Die bisherige Frühverrentungspraxis ist ab August 1996 korrigiert worden. Anlass war ihre erhebliche Ausweitung in den letzten Jahren. Die Regelaltersgrenze wurde schrittweise auf 65 Jahre angehoben (und wird nach den Plänen der neuen Bundesregierung weiter auf 67 Jahre ansteigen). Wer dennoch früher in Rente gehen will, muss eine Rentenminderung von 0,3 Prozent der Rente für jeden Monat der vorzeitigen Inanspruchnahme in Kauf nehmen (3,6 Prozent pro Jahr). Damit soll die längere Rentenbezugsdauer ausgeglichen werden.

Neurenten werden grundsätzlich nach dem Arbeitsverdienst und der Versicherungsdauer bemessen. Dafür sind seit 1992 folgende Faktoren maßgebend:

1. **Entgeltpunkte** (Ep) berücksichtigen die individuelle Arbeits- und damit Beitragsleistung der Versicherten. Ein Versicherungsjahr mit durchschnittlichem Arbeitsverdienst ergibt einen vollen Entgeltpunkt. Je länger die Lebensarbeitszeit und je höher das beitragspflichtige Einkommen war, desto höher ist die Zahl der erworbenen Entgeltpunkte. Auch für bestimmte beitragsfreie Zeiten werden Entgeltpunkte angerechnet (Ersatzzeiten, Ausfall- bzw. Anrechnungszeiten, Zurechnungszeiten).

2. Der **Zugangsfaktor** (Zf) bewirkt, dass sich die Entgeltpunkte vermindern oder erhöhen, je nachdem, ob die Rente vorzeitig oder erst später beansprucht wird.

Die Rentenformel zur Rentenberechnung

3. Durch den **Rentenartfaktor** (Raf) wird die Art der zu gewährenden Rente berücksichtigt. Für Alters- und Erwerbsunfähigkeitsrenten gilt der Faktor 1,0. Demgegenüber wird bei der Witwer- und Witwenrente im Grundsatz der Faktor 0,6 angesetzt, es sei denn, der/die betreffende Hinterbliebene ist jünger als 45 Jahre, hat keine erziehungspflichtigen Kinder und ist nicht berufsunfähig (in diesem Fall gilt der Faktor 0,25). Abgeschafft ist die Berufsunfähigkeitsrente (Faktor 0,6667); diese kann nur noch von Personen bezogen werden, deren Rentenbeginn vor dem 01.01.2001 lag.

4. Jährlich neu festgesetzt wird der **aktuelle Rentenwert** (aRw), der die persönlichen Faktoren mit der Entwicklung der durchschnittlichen Bruttolöhne verknüpft. Er gibt an, welcher monatliche Rentenbetrag auf einen Entgeltpunkt entfällt – also ein Versicherungsjahr mit durchschnittlichem Arbeitseinkommen. Die konkrete Formel zur Berechnung des aktuellen Rentenwertes ist dabei im Zuge der Rentenreformen von 2001 und 2004 deutlich modifiziert worden. Infolgedessen ist für die weitere Zukunft mit einem spürbar geringeren, gegenüber der allgemeinen Bruttolohnentwicklung unterproportionalen Wachstum des aktuellen Rentenwertes und damit des allgemeinen Rentenniveaus zu rechnen.

Durch multiplikative Verknüpfung (**Rentenformel**) lässt sich dann die Monatsrente berechnen:

$Ep \times Zf \times Raf \times aRw = $ Monatsrente.

Da sie an die allgemeine Einkommensentwicklung geknüpft ist, spricht man auch von der **dynamischen Rente**.

2.3 Die Gesetzliche Krankenversicherung (GKV)

Das Krankenversicherungssystem der Bundesrepublik Deutschland ist gegliedert in eine Gesetzliche und eine private Krankenversicherung. Etwa 90 Prozent der Bundesbürger gehören der GKV an, wobei im Allgemeinen eine gesetzliche Pflichtmitgliedschaft (Pflichtversicherte) besteht. Im Jahr 2003 wurden aus der GKV Leistungen in Höhe von 143,3 Milliarden Euro erbracht. Die GKV ist damit der zweitwichtigste Zweig der Sozialen Sicherung.

Die Pflichtmitgliedschaft gilt für Arbeiter, Angestellte, Rentner, Arbeitslose, Landwirte, Bergleute, Studenten der staatlichen und staatlich anerkannten Hochschulen sowie für bestimmte Selbstständige. Versicherten, die ein höheres Einkommen als die Versicherungspflichtgrenze erzielen – 46.800 Euro Bruttojahreseinkommen (2005) –, steht ein Wahlrecht zu: Sie können der GKV als freiwilliges Mitglied angehören oder sich privat versichern. Zu dem durch die GKV geschützten Personenkreis zählen neben den Mitgliedern auch deren ohne eigene Beiträge mitversicherte Familienangehörige (nicht selbst versicherte Ehepartner und Kinder).

Der versicherte Personenkreis

Für die GKV gibt es keinen einheitlichen Versicherungsträger. Sie gliedert sich vielmehr in verschiedene Kassenarten, zu denen vor allem gehören:

Zuständigkeit der Krankenkassen

- die Allgemeinen Ortskrankenkassen (sie werden für örtliche Bezirke errichtet und umfassen in der Regel einen Landkreis oder eine kreisfreie Stadt),
- die Betriebskrankenkassen (Unternehmen mit mindestens 450 versicherungspflichtigen Arbeitnehmern können eigene Betriebskrankenkassen errichten),
- die Innungskrankenkassen (für die den Handwerksinnungen angehörenden Betriebe),

- die Ersatzkassen (haben keinen gesetzlich zugewiesenen Mitgliederkreis. Aufnahmemöglichkeit besteht für versicherungspflichtige und berechtigte Personen, die zum Zeitpunkt der Aufnahme in dem Bezirk wohnen und zum zugelassenen Mitgliederkreis gehören. Die Mitgliedschaft ist freiwillig; versicherungspflichtige Mitglieder einer Ersatzkasse werden von der gesetzlichen Mitgliedschaft in einer anderen gesetzlichen Krankenkasse befreit).

Insgesamt sind über 70 Millionen Mitglieder krankenversichert. Einschließlich der mitversicherten Familienangehörigen sind dies etwa 90 Prozent der Gesamtbevölkerung. Gut 51 Millionen Personen sind dabei in der GKV versichert, wobei der Anteil der freiwillig Versicherten und der Rentner kontinuierlich angestiegen ist.

Die Finanzierung

Die GKV finanziert sich hauptsächlich aus **Beiträgen**, die im Grundsatz hälftig von den Arbeitnehmern und Arbeitgebern aufgebracht werden und sich – bis zur Beitragsbemessungsgrenze von 42.300 Euro Bruttojahreseinkommen (2005) – am (versicherungspflichtigen) Einkommen des/der Versicherten orientieren. Mit dem 01.07.2005 sind allerdings die Beitragsanteile für Zahnersatz und Krankengeld aus der paritätischen Beitragsfinanzierung ausgegliedert worden und werden nunmehr durch die versicherten Arbeitnehmer allein getragen. Bemerkenswert ist darüber hinaus, dass im Jahr 2003 die Versicherungspflichtgrenze deutlich über die Beitragsbemessungsgrenze hinaus angehoben wurde (vorher waren beide Grenzen identisch). Ziel dieser Maßnahme war es, den Wechsel einkommensstarker Versicherter zu den Privatkrankenkassen zu erschweren.

Die Beitragssätze zur GKV sind nicht gesetzlich fixiert, sondern werden von den einzelnen Kassen festgelegt. Daher kann es deutliche Beitragssatzunterschiede geben, die vor allem auf die unterschiedlichen Versichertenstrukturen der Kassen zurückzuführen sind. Um diese Strukturunterschiede wenigstens teilweise zu kompensieren, wird zwischen den Krankenkassen ein Risikostrukturausgleich durchgeführt. Die Beitragssätze lagen zum 01.01.2005 im Bundesdurchschnitt etwa bei 14,2 Prozent. Die Krankenversicherungsbeiträge der Rentner werden zur Hälfte von den Rentenempfängern selbst und zur Hälfte von den jeweiligen Rentenversicherungsträgern getragen. Daneben zahlt die Bundesagentur für Arbeit die Krankenversicherungsbeiträge der Empfänger von Arbeitslosengeld I und Arbeitslosengeld II. Der Bund leistet bestimmte Zuschüsse (z. B. für Mutterschaftsleistungen).

Die Leistungen

Bei den Leistungen der GKV ist zwischen **Sachleistungen** (ärztliche und zahnärztliche Behandlung, Arzneien, Heil- und Hilfsmittel, Zahnersatz, Maßnahmen zur Prävention/Verhütung und Früherkennung von Krankheiten usw.) und **Geldleistungen** (Kranken- und Mutterschaftsgeld) zu unterscheiden. Die meisten Leistungen sind **Regelleistungen**. Viele Kassen gewähren darüber hinaus **freiwillige zusätzliche Leistungen**. Durch verschiedene Reformmaßnahmen im Gesundheitswesen ist es bei einer Reihe von Leistungen (Arzneimittel, Zahnersatz usw.) zu **Zuzahlungspflichten** der Versicherten gekommen. Dadurch soll der Kostenanstieg gedämpft werden.

2.4 Die Gesetzliche Unfallversicherung (GUV)

Jeder Unternehmer ist Mitglied der für seinen Gewerbezweig zuständigen **Berufsgenossenschaft**. Unter »Beruf« ist dabei der Wirtschafts- oder Gewerbezweig zu verstehen, dem die Unternehmer gleicher oder ähnlicher Betriebe angehören. Alle Arbeitnehmer sind gegen Arbeitsunfälle, Wegeunfälle und Berufskrankheiten versichert. Außerdem besteht Versicherungsschutz für alle Personen, die bei Not und Gefahr Hilfe leisten, ehrenamtlich in gemeinnützigen Organisationen arbeiten sowie Kinder im Kindergarten, Schüler und Studenten.

Mitglieder und Versicherte

Träger der Unfallversicherung sind die selbst verwalteten gewerblichen und landwirtschaftlichen Berufsgenossenschaften und die Unfallversicherungsträger der öffentlichen Hand. Ihre wichtigste Aufgabe ist der Schutz des Versicherten vor den Folgen eines Arbeitsunfalls oder einer Berufskrankheit. Darüber hinaus sorgt die GUV für die Verhütung von Arbeitsunfällen in den Betrieben. Die Einhaltung der Unfallverhütungsvorschriften wird dabei durch »technische Aufsichtsbeamte« der Unfallversicherungsträger überwacht.

Die Finanzierung der GUV erfolgt grundsätzlich allein durch **Beiträge der Unternehmer**. Lediglich im landwirtschaftlichen Bereich leistet der Bund einen Zuschuss.

Die Finanzierung

Die Höhe der Beiträge richtet sich dabei nach dem Grad der Unfallgefahr im jeweiligen Gewerbezweig und nach der Lohnsumme des einzelnen Unternehmens.

Die wesentlichen Leistungen der GUV sind:
- die Heilbehandlung zur Beseitigung oder Minderung der Folgen eines Unfalls bzw. einer Berufskrankheit,
- Verletztengeld (entspricht dem Krankengeld),
- Hilfen zur beruflichen Wiedereingliederung eines Unfallverletzten und
- die Gewährung von Versicherten- und Hinterbliebenenrenten.

Die Leistungen

2.5 Die Arbeitslosenversicherung (ALV)

Die ALV war ursprünglich darauf ausgerichtet, das Risiko der Arbeitslosigkeit – den Verlust des Arbeitsplatzes – abzudecken. Heute obliegt der Arbeitsverwaltung der gesamte Bereich der **Arbeitsförderung**, in den die ALV als früher eigenständiger Zweig des sozialen Sicherungssystems eingebettet ist. Träger ist die **Bundesagentur für Arbeit**, deren Selbstverwaltungsorgane drittelparitätisch aus berufenen Vertretern der Arbeitnehmer, der Arbeitgeber und der öffentlichen Körperschaften zusammengesetzt sind. Die ALV ist ausschließlich eine Pflichtversicherung für alle Arbeiter und Angestellten.

Selbstständige, Beamte und Arbeitnehmer, die das 65. Lebensjahr vollendet haben, gehören nicht zum Versichertenkreis. Beitragsfreiheit besteht auch für Arbeitnehmer, die einer geringfügigen Beschäftigung nachgehen,

Der versicherte Personenkreis

denen eine Erwerbsunfähigkeitsrente zuerkannt ist oder die während der Schul- oder Hochschulausbildung beschäftigt sind.

Die Finanzierung

Die Mittel für die Finanzierung der Leistungen der ALV werden durch **Beiträge** der Arbeitnehmer und Arbeitgeber aufgebracht. Der Beitragssatz von aktuell 6,5 Prozent wird dabei von beiden Parteien hälftig getragen, wobei sich die Beitragsbemessungsgrenze mit 62.400 Euro in den alten bzw. 52.800 Euro in den neuen Bundesländern (Jahreswerte 2005) an den entsprechenden Werten der Gesetzlichen Rentenversicherung orientiert. Für spezielle Leistungen gibt es eine Umlagefinanzierung (z. B. für die Finanzierung der produktiven Winterbauförderung durch die Arbeitgeber des Baugewerbes oder für die Finanzierung des Konkursausfallgeldes durch die Berufsgenossenschaften). Bei Deckungslücken gewährt der Bund Darlehen oder Zuschüsse. Das Arbeitslosengeld II (s. u.) wird allein vom Bund finanziert.

Die Leistungen:

Zu den **Aufgabenbereichen**[3] der Bundesagentur für Arbeit gehören:

- Sicherstellung des Lebensunterhaltes durch Zahlung von Lohnersatzleistungen bei Arbeitslosigkeit (Arbeitslosengeld I und II, Schlechtwettergeld), bei Zahlungsunfähigkeit des Arbeitgebers (Konkursausfallgeld) und Kurzarbeit (Kurzarbeitergeld);
- Förderung der Arbeitsaufnahme durch Lohnkostenzuschüsse an Arbeitgeber und Mobilitätshilfen an Arbeitnehmer (z. B. Bewerbungskosten, Reisekosten, Umzugskosten, Arbeitsausrüstung) sowie Förderung von Arbeitsbeschaffungsmaßnahmen (Lohnkostenzuschüsse für zusätzliche Arbeiten im öffentlichen Interesse) und Förderung der ganzjährigen Beschäftigung in der Bauwirtschaft;
- Förderung der beruflichen Bildung sowie Arbeits- und Berufsförderung Behinderter (berufliche Rehabilitation) und
- Arbeits- und Berufsberatung sowie Arbeits- und Ausbildungsstellenvermittlung.

... Arbeitslosengeld I ...

Auf **Arbeitslosengeld I** hat jeder Versicherte Anspruch, der beim Arbeitsamt als arbeitslos gemeldet ist, Arbeitslosengeld I beantragt hat, die Anwartschaft erfüllt hat (man muss innerhalb der letzten drei Jahre mindestens 12 Monate beitragspflichtig beschäftigt gewesen sein; die Anspruchsdauer ist zeitlich befristet) und der Arbeitsvermittlung zur Verfügung steht. Dabei ist von Bedeutung, dass der Arbeitslose bereit ist, **zumutbare Beschäftigungen** zu akzeptieren, wozu auch minderqualifizierte und minderbezahlte Tätigkeiten rechnen (die im Einzelfall zu bestimmen sind).

Die Höhe des Arbeitslosengeldes I richtet sich nach dem durchschnittlichen versicherungspflichtigen Entgelt des Versicherten in den letzten 52 Wochen vor Beginn des Leistungsanspruchs und beläuft sich aktuell auf 67 Prozent (bei Arbeitslosen mit Kindern) bzw. 60 Prozent (bei Arbeitslosen ohne Kinder) des letzten durchschnittlichen Nettoarbeitsverdienstes. Es ist – wie

---

3 Der interessierte Leser sei auf die Vorschriften des III. Teils des Sozialgesetzbuches (SGB III), in das das frühere Arbeitsförderungsgesetz (AFG) seit 1998 integriert worden ist, sowie auf die bei den Arbeitsämtern erhältlichen Informationen hingewiesen.

auch das Arbeitslosengeld II – einkommensteuerfrei und wird jährlich dynamisiert.

Wer nach den Kriterien der Bundesagentur für Arbeit als registrierter (und damit auch als erwerbsfähiger) Arbeitsloser gilt, keinen Anspruch auf **Arbeitslosengeld I** hat und hilfebedürftig ist, erhält auf Antrag **Arbeitslosengeld II**. Maßgeblich ist hier also die **Bedürftigkeit**, die dann vorliegt, wenn das Einkommen oder Vermögen des Arbeitslosen oder seiner Familienangehörigen nicht für den Lebensunterhalt ausreicht. Nicht erwerbsfähige Hilfebedürftige, die als Partner oder Kinder mit Beziehern von Arbeitslosengeld II in einem Haushalt leben (im Rahmen einer so genannten Bedarfsgemeinschaft), erhalten zusätzlich das so genannte **Sozialgeld**, das ebenfalls von der Bundesagentur für Arbeit gezahlt wird. (Das Sozial**geld** darf dabei nicht mit der Sozial**hilfe** verwechselt werden. Letztere wird von den Städten und Kommunen an nicht erwerbsfähige Hilfebedürftige gewährt, die nicht Partner oder Kinder von Arbeitslosengeld II-Empfängern sind.)

Das Arbeitslosengeld II hat zum 01.01.2005 im Rahmen der vierten Stufe der Hartz-Reform die Arbeitslosenhilfe als Transferleistung abgelöst – mit erheblichen strukturellen Veränderungen.

... und Arbeitslosengeld II

Erstens wurde der Empfängerkreis erheblich erweitert: Bezogen im Dezember 2004 rd. 2,2 Millionen Bürger Arbeitslosenhilfe, so betrug die Zahl der Arbeitslosengeld II-Empfänger im Januar 2005 rd. 4,1 Millionen, hinzukamen rd. 1,5 Millionen Empfänger von Sozialgeld (s. o.). Der Empfängerkreis der **Arbeitslosenhilfe** beschränkte sich auf hilfebedürftige registrierte Arbeitslose, die in den letzten drei Jahren vor Beginn der Arbeitslosigkeit mindestens 150 Tage versicherungspflichtig beschäftigt waren und keinen Anspruch auf Arbeitslosengeld (I) hatten – sei es, weil die Bezugsdauer für Arbeitslosengeld bereits ausgeschöpft worden war oder weil der jeweils Betroffene nur kurz versicherungspflichtig beschäftigt war und deswegen von vornherein keinen Anspruch auf Arbeitslosengeld hatte. Der Empfängerkreis des **Arbeitslosengeldes II** (ALG II) umfasst dagegen im Grundsatz alle registrierten (und damit auch erwerbsfähigen) Arbeitslosen, die hilfebedürftig sind und keinen Anspruch auf Arbeitslosengeld I haben, und zwar unabhängig davon, ob und in welchem zeitlichen Umfang vorher versicherungspflichtige Beschäftigungsverhältnisse bestanden hatten. Hinzu kommen Erwerbstätige (Arbeitnehmer und Selbstständige), deren Erwerbseinkommen gemessen an ihrer Bedürftigkeit zu gering ist, sowie erwerbsfähige Arbeitslose, die nur eingeschränkt verfügbar sind (z. B. allein Erziehende). Das Arbeitslosengeld II hat dabei den Großteil des Empfängerkreises der Sozialhilfe übernommen; letzterer beschränkt sich nunmehr auf nicht erwerbsfähige Hilfebedürftige, die selbst nicht Teil einer Bedarfsgemeinschaft mit Arbeitslosengeld II-Beziehern sind (in manchen Kommunen sind dies nur noch 10 Prozent des vorherigen Empfängerkreises von Sozialhilfe).

Ausweitung des Empfängerkreises durch die Einführung von ALG II

Zweitens wurden die Leistungsniveaus im Zuge der Umstellung von Arbeitslosenhilfe auf Arbeitslosengeld II erheblich gesenkt: Die Höhe der **Arbeitslosenhilfe** betrug zuletzt für Arbeitslose mit Kindern 57 Prozent und für Arbeitslose ohne Kinder 53 Prozent des maßgeblichen pauschalierten

Absenkung der Leistungshöhen für Langzeitarbeitslose auf Sozialhilfeniveau

Nettolohnes, bezog sich also im Grundsatz auf die vor der Arbeitslosigkeit erzielten Netto-Arbeitseinkommen. Die Leistungshöhe von **Arbeitslosengeld II** (und Sozialgeld, s. o.) entspricht dagegen der Höhe der Hilfe zum Lebensunterhalt der Sozialhilfe und ist folglich rein bedarfsbezogen. Ebenso wurden die bei der Arbeitslosenhilfe gegenüber der Sozialhilfe großzügigeren Regelungen der Anrechnung von Vermögen sowie etwaiger Erwerbseinkommen der Ehe- bzw. Lebenspartner mit der Einführung des Arbeitslosengeldes II an die betreffenden Regularien der Sozialhilfe angepasst. Da diese Umstellungen für die Mehrheit der bisherigen Arbeitslosenhilfebezieher mit z. T. erheblichen Einkommenseinbußen verbunden sind (bis hin zum vollständigen Verlust ihres Anspruchs auf staatliche Unterstützung), wurde allerdings eine zweijährige Übergangsfrist gewährt (für die Jahre 2005 und 2006), in der ein Teil dieser Einbußen über Zuschüsse ausgeglichen wird.

Verkürzungen bei der Anspruchsdauer von ALG I

Drittens ist die maximale Anspruchsdauer von Arbeitslosengeld I (ALG I) für Arbeitslose, die ab dem 01.02.2006 arbeitslos werden, gegenüber der bisherigen Regelung deutlich eingeschränkt worden: Bisher hing hier die maximale Anspruchsdauer im Wesentlichen von der Zahl der Beitragsjahre vor Beginn der Arbeitslosigkeit ab, wobei hier eine Bezugsdauer von mindestens 12 Monaten und höchstens 36 Monaten möglich war. Nunmehr gilt: Wer nach dem 31.01.2006 arbeitslos wird und zu diesem Zeitpunkt jünger als 45 Jahre ist, kann pauschal nur noch 12 Monate Arbeitslosengeld I beziehen. Für zu Beginn der Arbeitslosigkeit ältere Arbeitslose gelten nach Alter gestaffelte Sonderregelungen mit maximalen Anspruchszeiten zwischen 18 und 32 Monaten. Insgesamt werden damit Langzeitarbeitslose (d. h. Arbeitslose, die länger als 12 Monate arbeitslos sind) im Durchschnitt deutlich früher als bisher ihren Anspruch auf Arbeitslosengeld I verlieren, münden also früher ins Arbeitslosengeld II.

Verschärfung der Zumutbarkeitsregelungen für Langzeitarbeitslose

Viertens sind mit der Umstellung auf Arbeitslosengeld II auch die Zumutbarkeitsregelungen für Langzeitarbeitslose erheblich verschärft worden. Im Grundsatz muss nunmehr ein Langzeitarbeitsloser jede von der Bundesagentur für Arbeit angebotene Beschäftigungsmöglichkeit annehmen, sofern der Betroffene hierzu gesundheitlich in der Lage ist. Wer eine in diesem Sinne zumutbare Stelle ablehnt, muss mit einer Kürzung des Arbeitslosengeldes in Höhe von 30 Prozent für drei Monate rechnen.

2.6 Die Gesetzliche Pflegeversicherung (GPV)

Nach jahrzehntelanger Diskussion ist im Jahre 1995 die Gesetzliche Pflegeversicherung als **fünfte Säule** des Systems der Sozialen Sicherung eingeführt worden.

Der versicherte Personenkreis

Die GPV umfasst die gesamte Bevölkerung und zwar nach dem Grundsatz: »Die Pflegeversicherung folgt der Krankenversicherung.« Wer in der GKV Mitglied ist, wird versicherungspflichtig in der sozialen Pflegeversicherung, und zwar bei der Pflegekasse, die bei seiner Krankenkasse eingerichtet ist. Wer privat krankenversichert ist, wird in der privaten Pflegeversicherung versicherungspflichtig. Dies hat den Vorteil, dass ein einheitlicher Träger für die Pflege- und Krankenversicherung zuständig ist und der mit der Erfassung des versicherungspflichtigen Personenkreises verbundene Melde- und Kontrollaufwand auf ein Mindestmaß verringert wird. Insgesamt sind in der Pflegeversicherung fast 80 Millionen Menschen und damit nahezu die gesamte Bevölkerung der Bundesrepublik Deutschland gegen das Risiko der Pflegebedürftigkeit versichert.

Die Ausgaben der Pflegeversicherung werden durch Beiträge und sonstige Einnahmen gedeckt. Dabei richtet sich in der GPV die Höhe des Beitrags nach dem Einkommen des Versicherten. Der Beitragssatz beträgt hierbei seit dem 01.07.1996 1,7 Prozent. Die jährliche Beitragsbemessungsgrenze in der GPV liegt im Jahr 2005 bei 42.300 Euro Bruttojahreseinkommen sowohl in den neuen als auch den alten Bundesländern (und entspricht damit der jährlichen Beitragsbemessungsgrenze in der GKV). Die Beiträge werden im Grundsatz von den Versicherten und den Arbeitgebern zur Hälfte aufgebracht. Allerdings gibt es hiervon zwei Ausnahmen: Mit der Anhebung des Beitragssatzes zur GPV in 1996 wurde die Fortführung der paritätischen Beitragsfinanzierung in der Pflegeversicherung für die einzelnen Bundesländer an die Streichung eines Feiertages geknüpft, der stets Werktag ist (als Kompensation an die Arbeitgeber). Da in Sachsen eine solche Streichung nicht vorgenommen wurde, beträgt der anteilige Beitragssatz der Arbeitnehmer dort 1,35 Prozent, derjenige der Arbeitgeber entsprechend 0,35 Prozent. Darüber hinaus wird seit dem 01.01.2005 bei nach dem 31.12.1939 geborenen Versicherten, die keine Kinder haben, ein erhöhter Beitrag von zusätzlich 0,25 Prozent erhoben, der allein von den Versicherten zu tragen ist. Bis Juni 2005 wurde bei Rentnern die Hälfte des Beitrages zur Pflegeversicherung vom Rentenversicherungsträger übernommen, seitdem ist der Beitrag allein von den Rentnern zu tragen. Die Pflegeversicherungsbeiträge der Bezieher von Arbeitslosengeld I und II übernimmt die Bundesagentur für Arbeit.

Die Finanzierung

Die Leistungen der Pflegeversicherung gehen vom Grundsatz »Prävention und Rehabilitation vor Pflege« aus. **Pflegeleistungen** bei häuslicher Pflege können Pflegesachleistungen und Pflegegeld für selbst beschaffte Pflegehilfen umfassen. Pflegebedürftige, die im häuslichen Bereich Pflege und Betreuung benötigen, erhalten Grundpflege und hauswirtschaftliche Versorgung (häusliche Pflege) als Sachleistung durch professionelle Pflegekräfte. Da mit zunehmendem Grad der Pflegebedürftigkeit auch der Umfang des Pflegebedarfs steigt, ist die Höhe des Gesamtwertes, den die Pflegeversicherung als Kosten übernimmt, nach dem Grad der Pflegebedürftigkeit gestaffelt, wie Tabelle 15.7 verdeutlicht.

Die Leistungen

Rechtsanspruch auf Leistungen aus der Pflegeversicherung erwerben die Versicherten durch ihre Beitragszahlungen. Tritt der Fall der Pflegebedürftigkeit auf, so werden die entsprechenden Leistungen unabhängig von der wirtschaftlichen Situation des Versicherten fällig. Dabei ist detailliert festgelegt, was unter Pflegebedürftigkeit zu verstehen ist: Wer bei den gewöhnlichen und regelmäßig wiederkehrenden Verrichtungen des täglichen Lebens

Leistungen bei häuslicher Pflege	Stufe I	Stufe II	Stufe III
Pflegegeld monatlich	205	410	665
Pflegesachleistungen monatlich bis zu	384	921	1.432
in besonderen Härtefällen auch bis zu	0	0	1.918
Urlaubs- und Verhinderungspflege für bis zu vier Wochen im Jahr (Voraussetzung: vorherige 12-monatige Pflege)			
a) bei erwerbsmäßiger Verhinderungspflege bis zu	1.432	1432	1.432
b) bei Pflege durch nicht erwerbsmäßig tätige Familienangehörige	205	410	665
ggf. bei nachgewiesenen Aufwendungen der Pflegeperson bis zu	1.432	1432	1.432
Tages- und Nachtpflege in einer teilstationären Vertragseinrichtung monatlich bis zu	384	921	1.432
Kurzzeitpflege für bis zu vier Wochen im Jahr in einer vollstationären Einrichtung bis zu	1.432	1.432	1.432
Quelle: Bundesministerium für Arbeit und Sozialordnung 2005			

Tab. 15.7: Aktuelle Leistungen der Pflegeversicherung in der Bundesrepublik Deutschland (alle Angaben in €)

dauerhaft, voraussichtlich für mindestens sechs Monate, in erheblichem oder höherem Maße auf Hilfe angewiesen ist, gilt als pflegebedürftig. Die Feststellung der Pflegebedürftigkeit erstreckt sich in diesem Zusammenhang auf die folgenden vier verschiedenen Bereiche: Körperpflege, Ernährung, Mobilität sowie hauswirtschaftliche Versorgung.

Im Jahr 2003 beliefen sich die Leistungen aus der GPV in der Bundesrepublik Deutschland auf insgesamt 17,41 Milliarden Euro, was 2,5 Prozent des gesamten Sozialbudgets entspricht.

3 Probleme der Sozialen Sicherung

Abschließend sollen einige Probleme der Sozialen Sicherung angesprochen werden.

3.1 Kostenentwicklung und Kostenverteilung der Sozialen Sicherung

Das Sozialbudget in der Bundesrepublik Deutschland ist – wie Tabelle 15.1 verdeutlicht – seit 1960 kontinuierlich angestiegen.

Wurde für das Jahr 1960 noch ein Budget in Höhe von 32,6 Milliarden Euro ausgewiesen, verdreifachte sich dieses bis zum Jahr 1970 annähernd auf 86,3 Milliarden Euro. Im Jahr 1980 betrug es dann bereits 228,5 Milliarden Euro und im Jahr 1990 342,6 Milliarden Euro. Vergleicht man die Zahlen des Jahres 2003 mit denen von 1960, so stellt man fest, dass das Sozialbudget in den vergangenen 43 Jahren um mehr als das 20-fache auf einen Betrag von 696,5 Milliarden Euro angewachsen ist. Dies bedeutet eine Sozialleistung pro Einwohner für das Jahr 2003 in Höhe von 8.441 Euro gegenüber 588 Euro im Jahr 1960. Betrachtet man die historische Entwicklung des Sozialbudgets in Relation zu der des Bruttoinlandsproduktes, so gelangt man zur Darstellung der Sozialleistungsquote im Zeitablauf. Interessant hierbei ist, dass die Sozialleistungsquote in den 60er- und frühen 70er-Jahren einen Wert zwischen 21 und 26 Prozent aufwies, um dann bis zum Jahr 1975 auf über 30 Prozent zu steigen. Bis zum Jahr 1989 wurde diese Marke auch nicht mehr unterschritten. Im Zuge der Deutschen Einheit stieg diese Relation allerdings wieder auf Werte um 31 Prozent und verharrt seither auf diesem hohen Niveau. Für 2003 betrug die Sozialleistungsquote 32,2 Prozent. Damit wird rechnerisch betrachtet heute rd. ein Drittel der in Deutschland geschaffenen Wertschöpfung vom Staat zu sozialen Zwecken umverteilt.

Hohe Kosten des Systems der Sozialen Sicherung

Im Vordergrund der Diskussion der Probleme der Sozialen Sicherung stehen folglich die hohen Kosten des deutschen Sozialsystems und dessen Finanzierung. Der größte Teil der Sozialleistungen (rd. 60 Prozent) wird dabei über Sozialbeiträge aus den Bruttolöhnen und -gehältern finanziert (einschließlich der Arbeitgeberanteile, die volkswirtschaftlich betrachtet allerdings ebenfalls als Lohnkostenbestandteile anzusehen sind). Als Folge haben sich über die Jahrzehnte hinweg die Beitragssätze zu den einzelnen Zweigen der Sozialversicherung sukzessive immer weiter erhöht. Wie die Abbildung 15.2 verdeutlicht, ist dabei der aufsummierte Beitragssatz aller Sozialversicherungszweige ohne die Gesetzliche Unfallversicherung schrittweise von gut 25 Prozent Anfang der 70er-Jahre auf über 40 Prozent in der ersten Hälfte der 2000er-Jahre angestiegen (in Prozent der jeweiligen beitragspflichtigen Bruttoeinkommen). Hiervon tragen die Arbeitnehmer etwa die Hälfte direkt über die jeweiligen Arbeitnehmeranteile, die andere Hälfte indirekt über die Arbeitgeberanteile (s. u.). Die mit Abstand höchsten Beitragssätze weisen dabei die GRV und die GKV auf, deren spezifische Probleme in den Abschnitten 3.2 und 3.3 näher betrachtet werden sollen.

Sukzessiver Anstieg des aufsummierten Beitragssatzes zur Sozialversicherung

Aus wirtschaftswissenschaftlicher Sicht ist dabei die formale Aufteilung der Sozialbeiträge in einen Arbeitnehmer- und einen Arbeitgeberanteil im Hinblick auf die effektive Lastverteilung (Inzidenz) unerheblich. Bei Lohnabschlüssen sind sich beide Seiten darüber im Klaren, dass zusätzlich zu dem formell ausgewiesenen Bruttolohn noch der Arbeitgeberanteil zur Sozialversicherung hinzukommt. Dieser ist somit implizit Bestandteil der Lohnvereinbarung. Müssten die Arbeitnehmer die Sozialbeiträge formell alleine tragen (also auch den bisherigen Arbeitgeberanteil), so würden sie folglich unter ansonsten gleichen Bedingungen entsprechend höhere Bruttolöhne

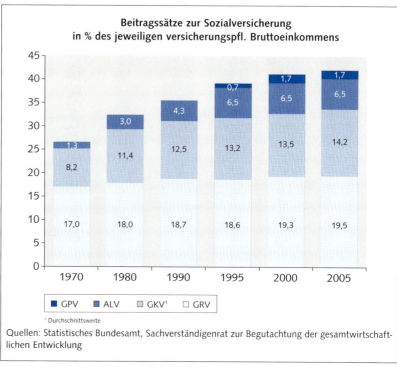

Abb. 15.2: Beitragssatzentwicklung der Sozialversicherungszweige (ohne GUV) seit den 70er-Jahren

durchsetzen, sodass die Lohnkostenbelastung der Unternehmen bzw. die **effektiven** Bruttolöhne der Beschäftigen (unter Einschluss eines etwaigen Arbeitgeberanteils) dieselben blieben. Aus dieser Sicht ist über eine teilweise oder gar vollständige Aufgabe der paritätischen Beitragsfinanzierung in der Sozialversicherung eine Entlastung für die Unternehmen bei den effektiven Lohnkosten allenfalls kurzfristig zu erwarten und auch nur dann, wenn die Umstellung des Finanzierungssystems für die Arbeitnehmer unerwartet käme, sodass diese die Verschiebung der formellen Lastenverteilung nicht in die laufenden Tarifverträge hätten »einpreisen« können.

<small>Probleme der Koppelung der Sozialbeiträge an die Löhne und Gehälter</small>

Die Koppelung der Sozialbeiträge an die Löhne und Gehälter ist aus volkswirtschaftlicher Sicht aus zweierlei Gründen problematisch: Auf der **Arbeitnehmerseite** führen die hohen Abzüge – genauer: die hohen und konstanten Grenzbelastungen der Bruttoarbeitseinkommen – zu einer verringerten Leistungsbereitschaft und insbesondere zu einer deutlichen Verminderung der Anreize, gering entlohnte Beschäftigungsverhältnisse einzugehen. Auf der **Arbeitgeberseite** wiederum führt die zumindest teilweise Überwälzung der Beitragslasten durch die Arbeitnehmer über die Lohnabschlüsse zu hohen Bruttolohnkosten und damit zu einer verminderten Bereitschaft der Unternehmen, Arbeitsplätze zu schaffen bzw. aufrechtzuerhalten. Beides hat im Endeffekt eine Verringerung der Zahl sozialversicherungspflichtiger Beschäftigungsverhältnisse zur Konsequenz, was seinerseits – über die Verminderung der Zahl der Beitragszahler und die Erhöhung der Zahl der Leistungsempfänger – die Sozialbeiträge weiter in die Höhe treibt.

Vor dem Hintergrund dieser Besorgnis erregenden Entwicklung ist in der deutschen Wirtschaftspolitik über die Parteigrenzen hinweg die Einschätzung gewachsen, dass für den Fortbestand der Sozialen Sicherung in Deutschland ein tief greifender Umbau des bestehenden Sozialsystems notwendig ist.

In der politischen Praxis steht hier vor allem das Bemühen um eine Stabilisierung bzw. Rückführung des Gesamtumfanges der Sozialausgaben im Vordergrund. Dies betrifft zum einen die Reduzierung der individuellen Leistungshöhen, zum anderen die Stärkung eigenverantwortlicher Elemente im Leistungssystem. Letzteres zielt darauf ab, Anreize für kostenbewusstes Verhalten bei der Wahrnehmung von Leistungen der Sozialversicherung auf Seiten der Versicherungsnehmer zu setzen bzw. zu erhöhen. Die Notwendigkeit für eine solche Anreizsetzung ergibt sich dabei aus der Eigenart umlagefinanzierter Sozialsysteme. Verstärkte politische Bemühungen um eine Begrenzung der Sozialausgaben

Im Grundsatz können solche Systeme gesamtwirtschaftlich gesehen nur Bestand haben, wenn einer begrenzten Zahl von Nettoempfängern eine angemessen große Zahl von Nettozahlern gegenübersteht; es können (dürfen) also nicht alle Einzahler ihre Beiträge über Leistungsbezug wieder »einspielen«. Auf der Seite der einzelnen Versicherungsnehmer besteht jedoch umgekehrt im Grundsatz der Anreiz, möglichst viele Leistungen aus dem System für sich selbst herauszuholen. Dies ist aus einzelwirtschaftlicher Sicht deshalb rational, weil der einzelne Versicherungsnehmer davon ausgehen wird, dass sein individueller Leistungsbezug (ebenso wie seine individuelle Beitragszahlung) für die Gesamtfinanzierung ohne Bedeutung ist und dass darüber hinaus sein individuelles Verhalten keine Auswirkungen auf das Verhalten der übrigen Leistungsempfänger/Beitragszahler hat (so genannte Trittbrettfahrer-Problematik).

Anreizprobleme umlagefinanzierter Sozialsysteme

Das »Trittbrettfahrer«-Problem

Das Problem ist nun, dass es den Versicherten z. B. in der GKV oder auch in der ALV faktisch möglich ist, zur Erhöhung des eigenen Leistungsbezuges den Versicherungsfall mutwillig herbeizuführen, ohne dass dies durch den Versicherungsgeber überprüfbar ist. Die Versicherungsnehmer unterliegen also einem so genannten moral hazard (einer »moralischen Gefahr«), ohne eine wirtschaftlich gesehen »angemessene« Notlage Leistungen aus dem System zur eigenen Nutzenmaximierung zu beziehen, d.h. die Versicherung zweckentfremdet auszunutzen. In der GKV wird versucht, solchem Verhalten durch Zuzahlungspflichten entgegenzuwirken. Im Hinblick auf die ALV soll durch die mit der Umstellung von Arbeitslosenhilfe auf Arbeitslosengeld II einhergehende Senkung der Leistungshöhen und Verschärfung der Zumutbarkeitskriterien (einschließlich Sanktionsmöglichkeiten) für Langzeitarbeitslose der Anreiz zur Aufnahme niedrig entlohnter Beschäftigungsverhältnisse gestärkt werden.

Das »Moral-Hazard«-Problem

Neben der Frage der Ausgabenbegrenzung ist darüber hinaus in den letzten Jahren in der deutschen Wirtschaftspolitik verstärkt diskutiert worden, die Koppelung der Sozialbeiträge an die Arbeitskosten aufzulösen, d. h. das Einnahmensystem der Sozialversicherung strukturell umzugestalten. Beispiele hierfür sind die von der SPD vorgeschlagene »Bürgerversicherung« oder auch das im Parteiprogramm der FDP angestrebte »Bürgergeld«. Das Konzept der »Bürgerversicherung« zielt auf eine Einbeziehung aller Bürger in das System der Gesetzlichen Kranken- und Pflegeversicherung ab sowie auf eine Ausdehnung der betreffenden Beitragsbemessungsgrundlage auf alle Einkommensarten. Das »Bürgergeld« strebt eine integrierte und steuerfinanzierte Grundsicherung für alle Bürger an, welche das bisherige mehrgliedrige und im Wesentlichen beitragsfinanzierte Sozialsystem ablösen soll. Vorbild für diese Ansätze sind die Sozialsysteme der skandinavischen Länder, deren Sozialhaushalte im Wesentlichen steuerfinanziert sind.

3.2 Spezielle Probleme in der Gesetzlichen Rentenversicherung

In Bezug auf die Finanzierungsprobleme der Alterssicherung sind insbesondere zwei Faktoren maßgebend:
- die Altersstruktur und
- die Beschäftigungslage.

Probleme der GRV:
– die Bevölkerungsentwicklung

Zur Kennzeichnung der Altersstruktur ist festzuhalten, dass die Lebenserwartung seit Beginn des letzten Jahrhunderts fast ständig gestiegen ist – eine Tendenz, die sich auch zukünftig fortsetzen wird. Gleichzeitig ist seit Beginn der 70er-Jahre die Geburtenhäufigkeit stark gesunken; ein Geburtsjahrgang von Frauen im gebärfähigen Alter bringt weniger Mädchen zur Welt, als zur Bestandserhaltung der Bevölkerung notwendig wäre. Plastisch gemessen werden kann diese Entwicklung durch den sog. Altenlastquotienten bzw. den Jugendlastquotienten (Abbildung 15.3). Der **Altenlastquotient** (Verhältnis der Personen mit einem Alter von mindestens 65 Jahren zur Bevölkerung im Alter von 20 bis 64 Jahren) dürfte von 2003 mit 29 auf ca. das Doppelte (56) im Jahre 2050 ansteigen. Im gleichen Zeitraum würde sich dann die Anzahl junger Menschen (19 Jahre und jünger), bezogen auf je 100 Personen zwischen 20 und 64 Jahren, auf etwa 30 verringern (**Jugendlastquotient**). Diese Tendenz der zunehmenden »Veraltung« der Bevölkerung wird unterstrichen durch neueste Erkenntnisse hinsichtlich der Bevölkerungsstrukturentwicklung in der Bundesrepublik Deutschland bis zum Jahr 2050, wie sie in Abbildung 15.4 verdeutlicht werden. Der Generationenvertrag als Kernstück der Sozialen Sicherung gerät durch diese Entwicklung zusehends in Gefahr, da immer weniger Erwerbstätige einerseits für die Ausbildung ihrer Nachkommen, andererseits für die Ansprüche eines steigenden Anteils zunehmend älter werdender Rentner aufkommen müssen.

Das deutsche umlagefinanzierte Rentenversicherungssystem weist dabei selbst strukturelle Defizite auf, die die oben beschriebene Problematik noch verstärken. In umlagefinanzierten Rentenversicherungen übernehmen die

Probleme der Sozialen Sicherung 463

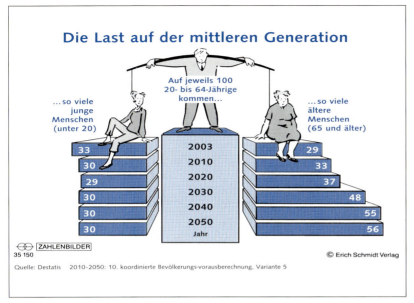

Abb. 15.3: Entwicklung des Jugendlast- und des Altenlastquotienten (2003–2050)

aktiven (erwerbsfähigen) Generationen zwei zentrale Aufgaben: Sie müssen über ihre Erwerbseinkommen den Unterhalt der gegenwärtigen Rentnergeneration finanzieren und gleichzeitig für eine angemessene Reproduktion der Bevölkerung (d. h. Kinderzeugung) sorgen, damit im eigenen Rentenalter genug Erwerbstätige die eigenen Renten erwirtschaften können.

Aus Sicht des einzelnen Rentenversicherten hängt jedoch die individuelle Höhe der eigenen Rente im Wesentlichen nur von der Höhe der eigenen Beitragszahlungen während der aktiven Erwerbsphase ab und nur in verschwindend geringem Umfang von der Zahl der eigenen Kinder (über die anrechenbaren Erziehungszeiten). Verschärfend kommt hinzu, dass Kindererziehung Zeit und Kraft kostet, was die eigenen Einkommensmöglichkeiten potenziell schmälert. Das bestehende Rentensystem setzt damit selbst individuelle Anreize, auf Kinder zu verzichten und stattdessen über forcierte Erwerbstätigkeit die eigenen Rentenansprüche zu erhöhen. Darüber hinaus setzen umlagefinanzierte Rentenversicherungssysteme aus Sicht der mikroökonomischen Haushaltstheorie auch Anreize, die eigene private Altersvorsorge zu reduzieren: Während der aktiven Erwerbsphase werden den Versicherten Mittel (Beiträge) zur Finanzierung der aktuellen Renten entzogen, was die Betroffenen z. T. durch eine Verminderung ihrer Spartätigkeit bzw. Altersvorsorge kompensieren werden. Zum Ausgleich für ihre Beiträge erhalten die Beitragszahler wiederum einen Anspruch auf Zuschüsse in der Zukunft (die Rente), was im Normalfall ebenfalls die eigene Spartätigkeit in der Gegenwart verringert. Mikroökonomisch formuliert wirken in beiden

Spezielle Anreizprobleme der GRV

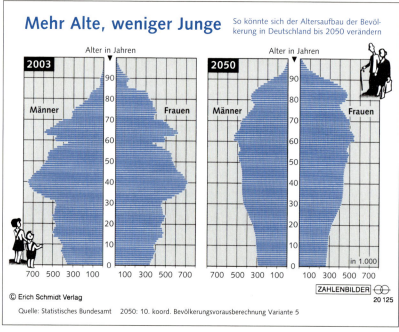

Abb. 15.4: Bevölkerungsstrukturentwicklung in der Bundesrepublik Deutschland 2003–2050

Probleme der GRV:
– die Beschäftigungslage und -entwicklung

Fällen negative Einkommenseffekte auf die private Spartätigkeit der Versicherten.

Der zweite wichtige Faktor für die Entwicklung der Rentenfinanzen ist die Beschäftigungslage und -entwicklung. Man konnte in der Vergangenheit feststellen, dass immer mehr Versicherte früher in Rente gingen – die normale Altersgrenze war seit Einführung der flexiblen Altersgrenze 1972 praktisch zum Ausnahmefall geworden. Diesem Trend versuchte der Gesetzgeber durch eine Heraufsetzung der Altersgrenze entgegenzuwirken. Gleichzeitig beginnt die Erwerbsphase durch längere Ausbildungszeiten immer später. Eine gewisse Entlastung hat die starke Zunahme der Zuwanderung von Aussiedlern in den 80er- und zu Beginn der 90er-Jahre gebracht, was seinen Niederschlag in der Zahl der Erwerbspersonen gefunden hat (1985: 28,9 Millionen; 1997: 33,9 Millionen). Die anhaltend hohe Arbeitslosigkeit im Bereich von ungefähr 5 Millionen Arbeitslosen verstärkt das Rentenproblem zusätzlich, da entsprechende Beitragszahlungen fehlen. Die Tatsache, dass die Arbeitslosenversicherung einen Teil der ausfallenden Beiträge übernimmt, verändert das Problem grundsätzlich nicht.

Angesichts der hohen Kosten der Sozialen Sicherung wurden in der jüngeren Vergangenheit immer wieder Möglichkeiten der **Deregulierung** insbesondere im Hinblick auf die GRV diskutiert. Beispielsweise wurde von verschiedenen politischen Gruppierungen die Einführung einer Grundrente vorgeschlagen, die entweder durch eine staatliche Zusatzversicherung ergänzt oder durch private Versicherungsmodelle komplettiert werden sollte, um eine angemessene finanzielle Absicherung im Alter zu gewährleisten. Durch derartige Vorschläge käme das Versicherungsprinzip stärker zum Tragen. Darüber hinaus ist in den letzten Jahren innerhalb der Wirtschaftswissenschaft verstärkt über Möglichkeiten debattiert worden, das bestehende umlagefinanzierte Rentensystem komplett in ein kapitalgedecktes System (zurück) zu überführen (wie bereits oben erwähnt, war das bundesdeutsche Rentensystem vor 1957 kapitalgedeckt). Im Kapitaldeckungsverfahren werden im Grundsatz die laufenden Beiträge verzinslich angespart; die aufgelaufenen Beträge finanzieren dann die zukünftigen Renten, d. h. die Renten der betreffenden Beitragszahler. Das Problem einer solchen Umstellung ist jedoch, dass hierbei mindestens eine Generation doppelt belastet werden würde: Bleiben die aus dem Umlageverfahren bereits erworbenen Rentenansprüche bestehen, so müsste die jeweils aktive Generation sowohl diese Ansprüche finanzieren als auch für die eigene kapitalgedeckte Rente sorgen. Verfallen die im Umlageverfahren erworbenen Ansprüche, so hätten die betroffenen Rentner ihre Beiträge ohne Gegenleistung ins umlagefinanzierte System eingezahlt. Nach dem gegenwärtigen Stand der Wirtschaftswissenschaft existiert keine Möglichkeit, diese Doppelbelastungs-Problematik zu lösen. Dies sollte auch intuitiv einleuchtend sein, denn die eigentliche »Gewinnergeneration« der Einführung der Umlagefinanzierung 1957 war die erste Rentnergeneration, die aus dem System unmittelbar nach dessen Einführung Leistungen bezog.

Umlagefinanzierte vs. kapitalgedeckte Rentenversicherung

In der politischen Praxis führte die sich immer weiter verschärfende Finanzierungsproblematik des deutschen Rentensystems seit den 90er-Jahren zu einer relativ dichten Abfolge von »Rentenreformen« (1992, 1996, 2001 und 2004): Mit dem **Rentenreformgesetz** von 1992 (RRG 1992) und dem Gesetz zur Förderung eines gleitenden Übergangs in den Ruhestand (1996) wurde von der damals regierenden CDU/FDP-Koalition versucht, die Rentenfinanzen über das Jahr 2000 hinaus zu konsolidieren. Von besonderer Bedeutung in diesen Gesetzen waren:

Maßnahmen der Rentenreformgesetze 1992 und 1996

- die Einführung eines Automatismus, durch den der Bundeszuschuss an den Anstieg der Bruttoverdienste und den GRV-Beitragssatz angepasst wird,
- die Anpassung der Renten an die Entwicklung der durchschnittlichen Nettolöhne (dadurch würde – so die Sichtweise der damaligen Bundesregierung – dem Prinzip der Solidarität zwischen den Generationen besser Rechnung getragen als die frühere bruttolohnbezogene Anpassung),
- die Anhebung der Altersgrenzen bis zur »normalen« Altersgrenze von 65 Jahren vom Jahre 2000 an,
- die Neuordnung bzw. Berücksichtigung beitragsfreier Zeiten einschließlich einer Erweiterung von Kindererziehungszeiten;
- die Verringerung der Anrechnungszeiten wegen Schulbesuches und wegen Ausbildung.

Rentenreformgesetz 1996

Durch das Gesetz zur Reform der Gesetzlichen Rentenversicherung (Rentenreformgesetz 1996) sollte eine gerechtere Lastenverteilung zwischen den Generationen und die Erhaltung einer tragfähigen Beitrags-/Leistungsrelation erreicht werden. Der hierbei eingeführte so genannte **Demographie-Faktor** sollte bei der Bestimmung des jeweiligen aktuellen Rentenwertes (s. o.) die längere Rentenbezugsdauer als Folge des Anstieges der Lebenserwartung berücksichtigen und die daraus entstehenden Belastungen ausgewogen auf Beitragszahler und Rentner verteilen. Der künftige Anstieg der Renten sollte hierdurch verlangsamt werden, d. h. das Verhältnis zwischen den verfügbaren Renten und den verfügbaren Arbeitsverdiensten (**Nettorentenniveau**) mit zunehmendem Altenlastquotienten schrittweise vermindert werden. Das so genannte Eckrentenniveau sollte durch die Einführung des Demographie-Faktors aber nicht unter 64 Prozent des Nettolohnniveaus absinken. Die Anwendung dieser Vorschrift wurde jedoch im Rahmen des Regierungswechsels von 1998 durch die neue Regierungskoalition aus SPD und Grünen außer Kraft gesetzt, um eine neue – aus Sicht der neu gewählten Regierung sozial gerechtere – Rentenreform auf den Weg zu bringen, die im Mai des Jahres 2001 auch verabschiedet wurde. Bereits drei Jahre später wurde allerdings von derselben Bundesregierung im Zuge der Rentenreform 2004 ein so genannter **Nachhaltigkeitsfaktor** eingeführt, der die Entwicklung des aktuellen Rentenwertes an die Entwicklung des Verhältnisses zwischen Beitragszahlern und Leistungsbeziehern in der GRV koppelt und damit in seiner grundsätzlichen Wirkung mit dem Demographie-Faktor der Vorgängerregierung vergleichbar ist.

Rentenreform 2001

Zwei Grundsätze waren bei der erneuten Reform des Rentenwesens 2001 maßgeblich:

- Sicherheit der Renten für die Älteren und die Gewissheit, dass die Renten auch in Zukunft weiter steigen,
- Bezahlbarkeit der Alterssicherung bei einem angemessenen Leistungsniveau für die Jüngeren.

Aus diesen Grundsätzen wurden drei Ziele abgeleitet, die es zu realisieren galt:

Langfristige Beitragsbegrenzung und kapitalgedeckte private Altersvorsorge

- langfristige Begrenzung des Beitragsanstiegs, sodass bis zum Jahr 2020 der Beitragssatz zur GRV nicht über 20 Prozent und bis zum Jahr 2030 nicht über 22 Prozent liegen soll,
- schrittweise Absenkung des durchschnittlichen Rentenniveaus von heute etwa 48 Prozent des durchschnittlichen Bruttolohns auf 46 Prozent bis 2020 und 43 Prozent bis 2030 und
- flächendeckender Aufbau einer kapitalgedeckten Altersvorsorge zur Kompensation der in der Zukunft zu erwartenden (relativen) Absenkung des Rentenniveaus.

Auf der Basis dieser Zielvorstellungen trat schließlich zum 01.01.2001 das Gesetz zur Neuregelung der Renten wegen verminderter Erwerbsfähigkeit in Kraft, das die Leistungen bei Eintritt erwerbsmindernder Tatbestände regelt, gefolgt von der Rückkehr zur bruttolohnorientierten Rentenanpassung zum

01.07.2001 und dem Gesetz zur zusätzlichen Altersvorsorge zum 01.07.2002, das auch unter dem Begriff »Riester-Rente« in der Öffentlichkeit rege diskutiert wurde. Dieses letztgenannte Gesetz regelt die staatliche Förderung der betrieblichen oder privaten kapitalgedeckten Altersvorsorge mit dem Ziel, die Eigeninitiative der Bürger zur Vermeidung der Altersarmut durch Eigenvorsorge zu unterstützen. Dabei ist ein Stufenplan mit steigender Förderung bis zum Jahr 2008 vorgesehen, der Anreize zur eigenständigen Ergänzung der gesetzlichen Rente im Alter schaffen soll. Darüber hinaus wurden die gesetzlichen Grundlagen für eine schrittweise Umstellung zur so genannten »nachgelagerten Besteuerung« von Renten und Pensionen geschaffen, nachdem das Verfassungsgericht durch sein Urteil vom 06.03.2002 die seit Jahrzehnten bestehende und auch juristisch geführte Debatte einer gerechten steuerlichen Behandlung von im Alter bezogenen Einkünften letztinstanzlich entschieden hatte.

Bei der bisher angewandten »vorgelagerten Besteuerung« werden die Rentenbeiträge aus versteuerten Einkommen gezahlt, im Umkehrschluss bleiben die später gezahlten Renten bis auf den so genannten Ertragsanteil von der Einkommensteuer befreit. Im Rahmen der »nachgelagerten Besteuerung« sind dagegen die Rentenversicherungsbeiträge steuerlich abzugsfähig, dafür unterliegen jedoch die Renten später der regulären Einkommensbesteuerung. Die nachgelagerte Besteuerung ist dabei im Hinblick auf die private Altersvorsorge anreizpolitisch der vorgelagerten Besteuerung vorzuziehen, weil hierbei in der Erwerbsphase der Versicherten deren verfügbares Einkommen höher ausfällt, während in der Rentenphase die aus der GRV bezogenen Nettorenten nach Steuern tendenziell niedriger ausfallen. Beides stärkt aus Sicht der mikroökonomischen Haushaltstheorie die private Altersvorsorge (aufgrund positiver Einkommenseffekte im Hinblick auf die private Ersparnisbildung in der Erwerbsphase). Bei Existenz einer direkt-progressiven Einkommensteuer (mit steigenden Grenzsteuersätzen) – wie bisher im deutschen Einkommensteuerrecht üblich – ergibt sich für die Versicherungsnehmer aus der nachgelagerten Besteuerung der Renten darüber hinaus der Vorteil, dass im Regelfall in der Erwerbsphase (wo die Versicherungsbeiträge steuerlich abzugsfähig sind) die Einkommen deutlich höher sind, also höheren Grenzsteuersätzen unterliegen als die Einkommen in der Rentenphase.

Vorgelagerte vs. nachgelagerte Besteuerung der Renten

Aus Sicht der damaligen Bundesregierung sollte die Rentenreform 2001 eine nachhaltige »Jahrhundertreform« darstellen, mit der die Rentenfinanzierung im Rahmen der gesteckten Ziele bis Mitte des 21. Jahrhunderts gesichert sein sollte. Tatsächlich wurde jedoch bereits 2004 von derselben Bundesregierung ein weiteres Renten-Reformwerk auf den Weg gebracht, d. h. die Rentenreform 2001 musste »nachgebessert« werden, wobei die grundsätzlichen Reformziele unverändert blieben. Hintergrund hierfür war zum einen der weitere Anstieg der Rentenversicherungsbeiträge nah an die politisch vorgegebene »Schmerzgrenze« von 20 Prozent (s. o.) und die geringe Annahme der staatlich geförderten »Riester-Rente« durch die Arbeitnehmer. Als wichtigste Einzelmaßnahmen dieser Rentenreform 2004 sind zu nennen:

Die Rentenreform 2004

- die Einführung des bereits oben genannten Nachhaltigkeitsfaktors, der die Entwicklung des aktuellen Rentenwertes umgekehrt-proportional an die Entwicklung des Altenlastquotienten koppelt,
- die schrittweise Anhebung des Mindestalters bei der Frühverrentung von 60 auf 63 Jahre ab dem Jahre 2009,
- der grundsätzliche Wegfall der Anrechnung von schulischen Ausbildungszeiten nach Vollendung des 17. Lebensjahres (ausgenommen Ausbildungszeiten an Fachschulen und in berufsbildenden Bildungseinrichtungen) und
- die Einführung einer rein nachgelagert besteuerten privaten Altersvorsorge (die so genannte Rürup-Rente).

3.3 Spezielle Probleme in der Gesetzlichen Krankenversicherung

Überdurchschnittlicher Kostenanstieg im deutschen Gesundheitswesen

In der Gesetzlichen Krankenversicherung war über Jahre hinweg eine sowohl auf das Bruttoinlandsprodukt als auch auf das Sozialbudget bezogene überproportionale Ausgabensteigerung zu beobachten, die durch kurzfristig wirkende Kostendämpfungsmaßnahmen nicht mehr zu bremsen war (Leistungsausgaben der GKV 1960: 4,6 Milliarden Euro; 2003: 143,33 Milliarden Euro). Die GKV weist dabei den mit Abstand stärksten Zuwachs bei den Beitragssätzen seit Anfang der 70er-Jahre innerhalb der Zweige der Sozialversicherung auf (vgl. Abbildung 15.2). Diese Entwicklung hat vielfältige Ursachen:

- Die wachsende »Überalterung« der deutschen Bevölkerung (s. o.) hat eine überproportionale Zunahme altersbedingter Krankheiten zur Folge.
- Der technische Fortschritt in Medizintechnik und Pharmazie führt zu immer kostenintensiveren Produktentwicklungen und Behandlungsverfahren.
- Geringe Markttransparenz und reduzierter Wettbewerb im Gesundheitswesen eröffnen Spielräume zum Marktmachtmissbrauch auf der Anbieterseite bei der Preisbildung sowie bei Art und Umfang medizinischer Leistungen.
- Das Moral-Hazard-Problem, d. h. die Möglichkeit zur missbräuchlichen Wahrnehmung von Leistungen durch den Versicherungsnehmer, die durch den Versicherungsgeber nicht kontrolliert (beobachtet) werden kann, ist im Gesundheitswesen besonders ausgeprägt.
- Die Möglichkeit des Wechsels zur privaten Krankenversicherung gerade für gut verdienende Versicherungsnehmer führt im Zuge des sukzessiven Anstiegs der Beitragssätze der GKV zu einer verstärkten Abwanderung von überdurchschnittlich zahlungskräftigen (beitragsfähigen) Versicherten zu den Privaten, was seinerseits den Anstieg der Beitragssätze für die in der GKV verbliebenen Versicherten beschleunigt.

Das Gesundheits-Reformgesetz von 1989 (GRG) sowie das **Gesundheitsstrukturgesetz** (1993) haben eine grundlegende Überarbeitung des Rechts der GKV gebracht. Dazu gehören die Neuabgrenzung des versicherten Personenkreises (Begrenzung der Versicherungspflicht bei Studenten bis zum 14. Fachsemester, Einschränkung der Möglichkeiten der freiwilligen Versicherung usw.) und vor allem Neuregelungen beim Leistungsumfang – konkret: im Wesentlichen **Leistungsbegrenzungen** und **Zuzahlungspflichten**, z. B. im Bereich der zahnmedizinischen Versorgung, bei Arzneimitteln, bei stationären Vorsorge- und Rehabilitationsmaßnahmen sowie Krankenhausaufenthalten. Die stark umstrittenen Maßnahmen haben vorübergehend einen finanziellen Erfolg gebracht: Die Ausgaben sanken im Jahr 1989 erstmals, und zwar um 2,4 Milliarden Euro gegenüber dem Vorjahr, sodass die Beitragssätze nicht weiter stiegen.

Maßnahmen des Gesundheits-Reformgesetzes 1989

Zwischenzeitlich (2003) ist der **durchschnittliche Beitragssatz** allerdings auf 14,2 Prozent angestiegen und die strukturellen Probleme der GKV sind noch immer nicht gelöst. Der Gesetzgeber hat dabei in immer kürzeren Abständen mit immer tiefer reglementierenden Maßnahmen in das Gesundheitssystem eingegriffen. Die Erfahrungen mit diesen Gesetzen zur Kostendämpfung haben allerdings gezeigt, dass sie im Allgemeinen nur vorübergehend in der Lage sind, den Ausgabenanstieg in der GKV zu begrenzen und den Anstieg der Beitragssätze zu bremsen. Ein erneuter Versuch ist durch das 1. und 2. GKV-Neuordnungsgesetz (Juli 1997) unternommen worden. Zum einen wurde damit die Selbstverwaltung verstärkt (wirtschaftliche Leistungserbringung, sparsame Leistungsinanspruchnahme), zum anderen wurden die Finanzgrundlagen der Krankenkassen dauerhaft verbessert, indem die bestehenden Zuzahlungen erhöht wurden. Beitragssatzerhöhungen der Krankenkassen haben in Zukunft eine Anhebung der Selbstbeteiligung zur Folge, den Versicherten wird gleichzeitig ein kurzfristiger Kassenwechsel ermöglicht. Bei der zahnmedizinischen Versorgung wurden die prozentualen Zuschüsse zum Zahnersatz in Festzuschüsse umgewandelt. Außerdem wurde das Kostenerstattungsprinzip eingeführt: Der Vertragszahnarzt hat einen Zahlungsanspruch gegenüber dem Versicherten, die Krankenkasse erfüllt ihre Leistungspflicht, indem sie den Festzuschuss direkt an den Versicherten auszahlt.

Maßnahmen des GKV-Neuordnungsgesetzes von 1997

Der Regierungswechsel im Jahr 1998 brachte allerdings auch im Bereich der GKV einen Kurswechsel mit sich: Zur Korrektur der als Entfernung vom paritätisch finanzierten Solidaritätsprinzip empfundenen Reformen der Vorregierung wurde zunächst das am 11.12.1998 beschlossene und zum 01.01.1999 in Kraft getretene »Gesetz zur Stärkung der Solidarität in der gesetzlichen Krankenversicherung« auf den Weg gebracht, gefolgt vom Gesetz zur Reform der Gesetzlichen Krankenversicherung, das im Dezember 1999 verabschiedet und zum 01.01.2000 in Kraft trat. Ziel beider Gesetze war die Erhöhung der Effizienz in der GKV und hierdurch die Begrenzung des Ausgabenanstieges bei möglichst geringen Leistungseinschränkungen, also bei simultaner Qualitätssicherung auf hohem Niveau. Außerdem sollten beste-

Gesetz zur Reform der GKV vom 01.01.2000

hende Wettbewerbsverzerrungen zwischen der privaten und Gesetzlichen Krankenversicherung reduziert werden.

Auch diese Maßnahmen erwiesen sich jedoch nicht als ausreichend, um einen weiteren Anstieg der durchschnittlichen Beitragssätze in der GKV zu verhindern, sodass im Jahr 2004 eine weitere Gesundheitsreform in Kraft trat. Als wichtigste Maßnahmen sind hier u. a. zu nennen:

Das Gesundheitsstrukturgesetz von 2004

- Verschärfung der Zuzahlungsregelungen durch Einführung einer grundsätzlichen Zuzahlungspflicht von 10 Prozent bei allen medizinischen Leistungen, allerdings nach unten und oben gedeckelt (mindestens 5 Euro und höchstens 10 Euro pro Leistung, Begrenzung der jährlichen Zuzahlungen in der Summe auf 2 Prozent des beitragspflichtigen Bruttoeinkommens, bei chronisch Kranken auf 1 Prozent, Zuzahlungsfreistellung von Kindern und Jugendlichen),
- Einführung einer Praxisgebühr von 10 Euro beim ersten Arzt- bzw. Zahnarztbesuch im Quartal (ausgenommen Vorsorgemaßnahmen),
- Kostenerstattung bei nicht verschreibungspflichtigen Arzneimitteln nur noch bei Kindern und Jugendlichen bis zum 12. Lebensjahr,
- Beschränkung der Leistungen bei Sehhilfen auf Kinder und Jugendliche sowie schwer Sehbeeinträchtigte,
- Erstattung von Fahrtkosten zur ambulanten medizinischen Versorgung nur noch in Ausnahmefällen,
- Aufgabe der paritätischen Beitragfinanzierung bei Zahnersatz und Krankengeld (s. o.),
- Aufhebung der Preisbindung für nicht verschreibungspflichtige Arzneimittel,
- Zulassung des Versandhandels mit Arzneimitteln,
- Zulassung von maximal drei Nebenstellen (Filialen) bei Apotheken,
- Einbeziehung von Scheininnovationen im Arzneimittelbereich in die Festbetragsregelung,
- Einführung von Patientenquittungen mit Informationen über Preise und Leistungen (falls von den Patienten gewünscht),
- Zulassung von Beitragsrückgewährungen und Selbstbehalten bei freiwillig GKV-Versicherten,
- Zulassung von Beitragsboni für Teilnehmer am Hausarztmodell sowie an Vorsorge- und Präventionsmaßnahmen (beim Hausarztmodell verpflichtet sich der Patient, im Krankheitsfall zunächst zum Hausarzt zu gehen, der dann den Patienten gegebenenfalls an Fachärzte weiterüberweist, man spricht auch vom »Hausarzt als Lotsen«).

Ziel dieses Maßnahmenkataloges ist es offensichtlich, zum einen auf der Patientenseite durch Stärkung der Eigenverantwortung die Anreize zur einer kostenorientierten Wahrnehmung medizinischer Leistungen weiter zu erhöhen und zum anderen auf der Anbieterseite von medizinischen Leistungen durch mehr Deregulierung und Transparenz den Wettbewerb zum Zwecke der Kostensenkung zu stärken.

Insgesamt zeigen die durchgeführten Reformen der letzten Jahre den politischen Willen zur Konsolidierung des Systems der Sozialen Sicherung. Das Prinzip der Eigenvorsorge ist dabei zulasten einer umfassenden staatlichen Versorgungspolitik stärker betont worden. Ob dadurch indes die dem System innewohnende Dynamik gebrochen, den Rahmenbedingungen Rechnung getragen und somit eine Konsolidierung mit Tragfähigkeit erreicht werden kann, muss die Entwicklung der nächsten Jahre erst noch zeigen.

Unsichere Zukunftsperspektive

Arbeitsaufgaben

1) Aus welchen Gründen muss das Individualprinzip durch das Sozialprinzip ergänzt werden?
2) Wie ist die Finanzierung der verschiedenen Zweige der Sozialen Sicherung geregelt?
3) Was versteht man unter der Versicherungspflichtgrenze und unter der Beitragsbemessungsgrenze?
4) Was versteht man unter den Begriffen »Trittbrettfahrer-Problematik« und »moral hazard« im Zusammenhang mit umlagefinanzierten Sozialversicherungen?
5) Erläutern Sie zentrale Änderungen in der Arbeitslosenabsicherung bzw. -verwaltung durch die Bundesagentur für Arbeit infolge der vierten Stufe der Hartz-Reform. Diskutieren Sie mögliche sozial- und beschäftigungspolitische Effekte, die sich hieraus ergeben könnten.
6) Inwieweit kann man die Form der Rentenversorgung in Deutschland als »Generationenvertrag« bezeichnen?
7) Stellen Sie kurz die Faktoren zur Rentenberechnung in der GRV dar. Warum handelt es sich um eine dynamische Rente?
8) Mit welchen Problemen ist längerfristig in der Rentenversicherung zu rechnen?
9) Erläutern Sie spezifische Anreizprobleme von umlagefinanzierten Rentenversicherungen.
10) Worin unterscheiden sich kapitalgedeckte Rentenversicherungen von umlagefinanzierten Rentenversicherungen?
11) Welches zentrale Problem ergibt sich, wenn man von einer bestehenden Umlagefinanzierung auf eine kapitalgedeckte Finanzierung der Renten umstellen will?
12) Erläutern Sie, was man unter den Begriffen »vorgelagerte Besteuerung« und »nachgelagerte Besteuerung« der Renten versteht, und diskutieren Sie etwaige Vor- und Nachteile.

Lösungsvorschläge für die Arbeitsaufgaben finden Sie im »Übungsbuch zu Grundlagen und Probleme der Volkswirtschaft«.

Literatur

Über das Gebiet der Sozialleistungen informieren umfassend:

Lampert, Heinz / Jörg Althammer: Lehrbuch der Sozialpolitik, 7. Aufl., Berlin, Heidelberg, New York 2004.

Bäcker, Gerhard / Reinhard Bispinck / Klaus Hofemann / Gerhard Naegele: Sozialpolitik und soziale Lage in Deutschland, Bd. 1 u. 2, 3. Aufl., Wiesbaden 2000.

Petersen, Hans-Georg: Sozialökonomik, Stuttgart, Berlin, Köln 1989.

Über den Stand der Sozialen Sicherung informiert:

Sozialbericht 2005, hrsg. vom Bundesminister für Wirtschaft und Arbeit, Berlin 2005.

Noch aktuellere Informationen über den laufenden Prozess der Sozialreformen finden sich auf den Homepages der folgenden Ministerien und Institutionen:

Bundesministerium für Gesundheit und Soziale Sicherung:
  www.bmgs.bund.de
Bundesministerium für Wirtschaft und Technologie: www.bmwi.de
Bundesagentur für Arbeit: www.arbeitsagentur.de
Deutsche Rentenversicherung (Verbund der deutschen Rentenversicherungsträger): www.deutsche-rentenversicherung-bund.de

Zu empfehlen ist auch der Übersichtsartikel von:

Kath, Dietmar: Sozialpolitik, in: Vahlens Kompendium der Wirtschaftstheorie und Wirtschaftspolitik, Bd. 2, 8. Aufl., München 2003, 8. Kapitel.

16. Kapitel
Begriffe, Institutionen und Märkte des Geldbereichs einer Volkswirtschaft

LERNZIELE

Leitfrage:
Welche Funktionen erfüllt das Geld und welche begrifflichen Abgrenzungen ergeben sich hieraus?
- Worin liegt die Bedeutung des Geldes als Recheneinheit, allgemeines Tauschmittel und Wertaufbewahrungsmittel?
- Worin liegt der Unterschied zwischen Waren- und Kreditgeld?
- Welches sind die Geldarten der heutigen Wirtschaft?
- Was versteht man unter der Geldmenge?

Leitfrage:
Welches sind die Grundstrukturen des Geldbereiches in der Europäischen Wirtschafts- und Währungsunion?
- Wie ist das Europäische System der Zentralbanken aufgebaut?
- Was sind die Funktionen der Europäischen Zentralbank und des Europäischen Zentralbanksystems?
- Inwieweit ist die Unabhängigkeit der Europäischen Zentralbank gegeben?
- Welche Rolle spielt die Deutsche Bundesbank?
- Welche wichtigen Geld- und Kreditmärkte bestehen?

Wenn man umgangssprachlich sagt, ein Mensch habe viel Geld, so meint man damit, dass dieser Mensch sehr reich sei. In der Ökonomik versteht man unter Geld aber nicht das gesamte Vermögen, sondern nur den Teil des Vermögens, der dazu verwendet werden kann, Einkäufe zu bezahlen, also z. B. das Bargeld und das Sichtguthaben auf dem Girokonto. Dieses Geld hat bestimmte Funktionen. Es entfaltet gewisse Wirkungen, es wird angeboten und nachgefragt und es unterliegt einer staatlichen Steuerung. Das ist der Gegenstandsbereich der so genannten Geldtheorie und Geldpolitik, mit dem wir uns in den nächsten drei Kapiteln befassen. Geld ist ein Gut, aber ein ganz besonderes Gut. Dies drückt sich auch in den ungewöhnlichen Bezeichnungen für die Produktion, das Angebot und den Verkauf von Geld und Kredit aus. So spricht man von Geldschöpfung statt von Geldproduktion oder von Kreditgewährung statt von Kreditverkauf oder von Verbindlichkeiten statt von Schulden. Dahinter steckt eine »weihevolle Magie«, die dem Geldbereich zu eigen ist und die sich in den Marmorhallen der Banken und in den dunklen Anzügen der Bankiers manifestiert.

1 Begriff und Funktionen des Geldes

Geld hat drei Funktionen. Es ist Tauschmittel, Recheneinheit und Wertaufbewahrungsmittel. Dabei ist die Tauschmittelfunktion die wichtigste Funktion und zugleich Definitionsmerkmal des Geldes:

> Zum Geld zählen die Aktiva, die im Rahmen des nationalen Zahlungsverkehrs zur Bezahlung von Gütern und Diensten und zur Erfüllung von Verbindlichkeiten allgemein (»überall und zu jeder Zeit für alle Güter«) akzeptiert werden.

1.1 Tauschmittel

Die zentrale Funktion des Geldes ist die Tauschmittelfunktion. Dies wird klar, wenn wir uns vor Augen halten, dass unsere Wirtschaft eine hochspezialisierte Tauschwirtschaft ist. Würde jede Wirtschaftseinheit die Güter, die sie benötigt, auch selbst herstellen und die Rohstoffe hierzu selbst produzieren, so bräuchte man kein Geld: In einer nur aus Selbstversorgungseinheiten bestehenden Wirtschaft (»geschlossene Hauswirtschaft«) findet kein Gütertausch statt. Sobald sich aber einzelne Wirtschaftseinheiten auf die Produktion bestimmter Güter spezialisieren – in der Annahme, dass sie im Austausch gegen diese Güter von anderen Wirtschaftseinheiten die ansonsten benötigten Güter erhalten – wird aus der geschlossenen Hauswirtschaft eine Tauschwirtschaft.

Würde eine solche arbeitsteilige Volkswirtschaft nur aus 2 Wirtschaftseinheiten bestehen, so könnte sie ohne Geld auskommen. Schon bei drei Wirtschaftseinheiten wird in einer arbeitsteiligen Wirtschaft der Naturaltausch sehr kompliziert, wie das folgende (von *Erich Schneider*, bedeutender deutscher Ökonom, 1900–1970, entlehnte) Beispiel zeigt: Eine Volkswirtschaft besteht aus drei Wirtschaftseinheiten, einem Bauern, einem Müller und einem Schneider. Angenommen, der Bauer produziert Milch, der Müller Brot und der Schneider Kleidung. Der Bauer wünscht einen Teil seiner Tagesproduktion gegen Brot einzutauschen, der Müller möchte für einen Teil seines Brotes Kleidung erwerben, und der Schneider möchte für seine überschüssige Kleidung Milch haben.

Geld als Tauschmittel ist in einer hochgradig arbeitsteiligen Wirtschaft unentbehrlich.

	möchte haben	bietet an
Bauer	Brot	Milch
Müller	Kleidung	Brot
Schneider	Milch	Kleidung

Man sieht, dass der Bauer seine Bedürfnisse nicht durch direkten Tausch mit dem Müller befriedigen kann. Das Gleiche gilt für den Müller und den Schneider. In Form des Naturaltausches lässt sich der Tauschvorgang nur noch indirekt durchführen. Der Bauer, der eigentlich Brot erwerben möchte, muss sich zunächst Kleidung vom Schneider besorgen und kann mit dieser beim Müller Brot erwerben. Das Beispiel zeigt sehr plastisch, dass schon ein Naturaltausch zwischen drei Wirtschaftseinheiten auf erhebliche Schwierigkeiten stößt. Bei einer größeren Zahl von Wirtschaftseinheiten – ganz zu schweigen von den Millionen in unserer Volkswirtschaft – ließe sich ein solcher Naturaltausch praktisch nicht mehr durchführen.

Ohne Schwierigkeiten kann demgegenüber der Tausch vorgenommen werden, wenn sich die Tauschpartner **eines allgemein anerkannten Zahlungsmittels** bedienen. Im obigen Beispiel würde der Bauer seine überschüssige Milch gegen Geld an den Schneider verkaufen und sich für dieses Geld vom Müller das gewünschte Brot kaufen. Die Zahl der beteiligten Wirtschaftseinheiten könnte beliebig erhöht werden – jeder Tausch ließe sich im Prinzip leicht durchführen. Es leuchtet ein, dass eine moderne Volkswirtschaft nur noch als Geldwirtschaft vorstellbar ist.

Entscheidende Vereinfachung des Tauschverkehrs durch Verwendung von Geld

1.2 Recheneinheit

Obwohl wir in den vorangegangenen Kapiteln vorrangig die güterwirtschaftliche Seite des Wirtschaftskreislaufes untersucht haben, haben wir uns eine Funktion des Geldes wiederholt zunutze gemacht, die Funktion des Geldes als **Recheneinheit**: Mit Hilfe des Geldes haben wir die produzierten Äpfel, Maschinen und Autos auf einen »Hauptnenner« gebracht und sie damit vergleichbar, z. B. zum Sozialprodukt addierbar, gemacht.

Geld macht die Werte einer Volkswirtschaft unmittelbar vergleichbar.

Die Funktion des Geldes als allgemeine Recheneinheit besteht also darin, dass sämtliche Werte der Volkswirtschaft in Geldeinheiten (z. B. in Euro) ausgedrückt und damit addierbar und unmittelbar vergleichbar gemacht werden.

Die Verwendung von Geld als allgemeine Recheneinheit hat immense Vorteile. Dies wird deutlich, wenn man bedenkt, wie viel Tauschverhältnisse in einer Volkswirtschaft ohne allgemeine Recheneinheit bekannt sein müssen. Bei nur 20 Gütern müsste man zum Beispiel 190 Tauschverhältnisse kennen, um einen vollständigen Überblick über die Tauschmöglichkeiten zu haben. Man müsste nämlich wissen:

- Wie viel Mengeneinheiten von Gut 1 werden gegen 1 Mengeneinheit von Gut 2, 3, …, 20 gehandelt,
- wie viel Mengeneinheiten von Gut 2 werden gegen 1 Mengeneinheit von Gut 3, 4, …, 20 gehandelt,
- wie viel Mengeneinheiten von Gut 3 werden gegen 1 Mengeneinheit von Gut 4, 5, …, 20 gehandelt,
- wie viel Mengeneinheiten von Gut 19 werden gegen 1 Mengeneinheit von Gut 20 gehandelt?

Bei Verwendung von Geld als allgemeine Recheneinheit benötigt man dagegen nur 20 Geldpreise, die genau dieselbe Information geben wie 190 reale Tauschverhältnisse. Wenn nämlich z. B. bekannt ist, dass Gut 1 5,– Euro pro Mengeneinheit kostet und Gut 10 20,– Euro pro Mengeneinheit, so ist zugleich bekannt, dass 1 Mengeneinheit von Gut 10 gegen 4 Mengeneinheiten von Gut 1 getauscht werden kann.

1.3 Wertaufbewahrungsmittel

Wir haben festgestellt, dass in einer Geldwirtschaft an die Stelle des Naturaltausches Ware gegen Ware die Beziehung Ware – Geld – Ware tritt.

Geld als Wertaufbewahrungsmittel

Dabei kann zwischen dem Verkauf und dem Kauf von Waren theoretisch ein beliebig langer Zeitraum liegen. Das Geld, das man für seine Waren erhalten hat, speichert praktisch die erbrachte Leistung bis zu dem gewünschten Zeitpunkt: Geld ist also auch **Wertaufbewahrungsmittel** und muss in gewissem Umfang eine Wertaufbewahrungsfunktion haben, sonst würde es als Zahlungsmittel nicht akzeptiert. Wenn Geld dagegen stark an Wert verliert, dann erhält man im Zeitpunkt des späteren Kaufs letztlich weniger Güter, als man selbst gegeben hat. Damit ist auch die Zahlungsmittelfunktion

Bedeutung der Preisstabilität

des Geldes gefährdet. Man sieht, wie gefährlich eine ständige Inflation für eine hochspezialisierte Volkswirtschaft ist (vgl. Kapitel 24).

> In einem gesunden Geldwesen erfüllt das Geld die genannten Funktionen als Recheneinheit, Tauschmittel und Wertaufbewahrungsmittel gleichzeitig.

In der Wirtschaftsgeschichte gibt es allerdings genügend Beispiele dafür, dass das Geld zumindest eine dieser Funktionen nicht ausübte. So wurde z. B. in der Zeit der großen deutschen Inflation nach dem Ersten Weltkrieg schließlich der Dollar zur Recheneinheit, die Mark Zahlungsmittel und Sachwerte oder fremde Währungen zum Wertaufbewahrungsmittel. Nach dem Zweiten Weltkrieg verlor die Mark in der Inflationszeit ihre Funktion als allgemeines Tauschmittel und wurde zeitweise im privaten Bereich durch eine »Zigarettenwährung« abgelöst. In diesem Sinne ist ein allgemein akzeptiertes Geld eine Institution, eine Einrichtung, die die Kosten des Tausches, die Transaktionskosten, verringert, und als Geld wird letztlich das Gut gewählt, das die geringsten Transaktionskosten verursacht.

Geld ist eine Institution.

2 Erscheinungsformen des Geldes

Die Funktionen des Geldes können im Prinzip von unterschiedlichen Objekten, die als Geld dienen, erfüllt werden. So haben in der Geschichte bestimmte Muschelarten, Felle, Salz, Vieh, Häute, Banknoten, Scheidemünzen und Buchgeld – um nur die wichtigsten Erscheinungsformen zu nennen – als Geld Verwendung gefunden. Aus den Funktionen des Geldes lassen sich bestimmte **technische Anforderungen** an ein diesen Funktionen gerecht werdendes Medium stellen: Teilbarkeit, Haltbarkeit, Austauschbarkeit, Seltenheit und schwere Fälschbarkeit. Es ist klar, dass die historisch beobachtbaren Formen des Geldes diesen Anforderungen in unterschiedlichem Ausmaß gerecht wurden.

Historisch sind die unterschiedlichsten Objekte als Geld verwendet worden.

Technische Anforderungen an das Geld

Ordnet man die historische Vielfalt des Geldes nach seiner Stoffwertigkeit, so lassen sich zwei große Gruppen bilden:
- stoffwertiges Geld und
- stoffwertloses bzw. unterwertiges Geld.

Stoffwertiges Geld zeichnet sich dadurch aus, dass als Geld Güter Verwendung finden und der Geldwert durch den Warenwert des verwendeten Gutes bestimmt wird. Man spricht deshalb auch von **Warengeld**. Mit fortschreitender Entwicklung ist beim Warengeld eine Tendenz zum Metallgeld (insbesondere zu Gold- und Silbermünzen) zu beobachten, das die beschriebenen technischen Anforderungen des Geldes weitgehend erfüllt. Beim stoffwertlosen bzw. unterwertigen Geld vollzieht sich eine Trennung zwischen dem Geldwert und dem Stoff-(Güter-)Wert. Da stoffwertloses Geld – worauf noch einzugehen sein wird – immer eine Forderung (meist gegenüber einer Bank) darstellt, wird es auch als Kreditgeld bezeichnet. Typische Erscheinungsformen des stoffwertlosen Geldes sind Banknoten, Scheidemünzen (= unterwertige Münzen) und Buchgeld (= Guthaben auf Girokonten).

Stoffwertiges und stoffwertloses (unterwertiges) Geld

Bei **Banknoten** war entstehungsgeschichtlich zunächst eine volle Einlösepflicht in stoffwertiges Geld gegeben: Die ersten Banknoten entstanden, indem ungeprägtes oder geprägtes Edelmetall bei Goldschmieden hinterlegt

Banknoten

wurde, die dafür auf wertgleiche Beträge lautende Depotscheine – die Banknoten – ausgaben. Später gab es in vielen Ländern eine Golddeckungspflicht und eine Goldeinlösepflicht der Banken, die im Laufe des 20. Jahrhunderts schrittweise aufgegeben worden ist. Heute gibt es nur noch ungedeckte Banknoten. Das **Buchgeld** besteht aus einer auf Verlangen des Inhabers in Banknoten umtauschbaren Sicht-Forderung gegenüber einer Bank. Da diese Forderungen gegenüber Banken (Verbindlichkeit der Banken) nicht in Form einer Urkunde verbrieft werden, sondern nur in den Büchern der jeweiligen Bank erscheinen, erklärt sich der Name Buchgeld. Man zahlt mit diesem Buchgeld mittels Scheck oder Überweisung oder Kreditkarte/EC-Karte. In diesem Sinn stellt eine Kreditkarte/EC-Karte kein Geld dar, sie ist nur eine technische/ökonomische Möglichkeit, über sein Buchgeld zu verfügen.

Neue Geldformen

Das so genannte **elektronische Geld** (e-money) ist hingegen Geld. Hier wird ein Geldbetrag auf einem Datenträger elektronisch gespeichert, mit dessen Hilfe Zahlungen geleistet werden können. Man unterscheidet hier zwei Formen. Einmal die so genannte **Geldkarte**, die einen Geldbetrag enthält, der vorher durch eine Vorauszahlung eingezahlt worden ist (eine pre-paid card). Zum anderen ein **Netzgeld**, ein Geld, das in einem elektronischen Datenträger gespeichert ist und durch das Internet übertragen wird. Beide Formen des elektronischen Geldes sind bislang nur in geringem Umfang verbreitet.

Gutscheine sind kein Geld.

Kein Geld sind die in manchen Städten verbreiteten **Gutscheinsysteme**. Hier erwirbt man durch bestimmte Arbeiten, meist einfacher Art, wie z. B. Einkaufen oder Putzen, Gutscheine, die man dann in einem Tauschring in andere Arbeitsleistungen umtauschen kann. Hier fehlt es an der allgemeinen Akzeptanz solcher Gutscheine: Sie werden nicht überall und zu jeder Zeit in alle Arten von Gütern eingetauscht werden können.

3 Geldmenge

Geld übt bestimmte Funktionen aus und Geld hat bestimmte Wirkungen. In diesem Sinn ist die Geldmenge ein analytisches Konzept, ein Konzept, welches zur Erklärung der Wirkungen des Geldes und als Zielgröße der Geldpolitik herangezogen wird. Wie diese Geldmenge genau abzugrenzen ist, ist eine Frage der analytischen und geldpolitischen Zweckmäßigkeit, die bislang nicht allgemein gültig geklärt ist.

Geldmenge als analytisches Konzept

Abgrenzung nach dem Liquiditätsgrad

Zum einen wird eine Abgrenzung nach dem Liquiditätsgrad der Geldkomponenten diskutiert. Dieser **Liquiditätsgrad**, auch Geldnähe genannt, hängt ab von den Transaktionskosten, die bei einem Umtausch in akzeptierte Tauschmittel anfallen. Diese sind gering z. B. bei Spareinlagen, und hoch z. B. bei Aktien oder Obligationen.

> Unstrittig ist, dass auf jeden Fall die Komponenten einbezogen werden, die direkt als Tauschmittel akzeptiert werden:
> - Banknoten,
> - Münzen und
> - Sichtguthaben bei Banken (täglich fälliges Geld).

Darüber hinaus ist immer ein wenig strittig, inwieweit auch andere, liquiditätsfernere Komponenten wie Terminguthaben oder Sparguthaben einbezogen werden sollten, die ja nicht direkt zur Zahlung verwendet werden können, sondern immer erst in Noten, Münzen oder Giralgeld umgetauscht werden müssten. Dieses Problem wird relativ pragmatisch so gelöst, dass verschiedene Geldmengenkonzepte verwendet werden (s. u.).

Zum anderen ist ein wenig strittig, ob die Geldmenge nur nachfrageorientiert ausgewiesen werden sollte oder ob auch das mögliche Geldangebot erfasst werden sollte. Meist wird indes nur die nachgefragte Geldmenge ausgewiesen, also die Geldkomponenten, die sich in den Händen der Nichtbanken befinden (Produktionsunternehmen, Staat und private Haushalte), weil man glaubt, dass vor allem dieses im Publikum befindliche Geld Wirkungen entfaltet. Die Geldbestände der Banken gehören in dieser Sicht also nicht zur Geldmenge. Sie repräsentieren nur das Potenzial eines Geldangebotes.

Abgrenzung nach der Nachfrage

In der **Europäischen Wirtschafts- und Währungsunion** (EWWU) werden, wie es auch in anderen Währungssystemen in etwa ähnlicher Weise üblich ist, drei Geldmengenkonzepte abgegrenzt, die sich nach dem Liquiditätsgrad der einbezogenen Komponenten unterscheiden:
- eine eng gefasste Geldmenge M1,
- eine mittlere Geldmenge M2 und
- eine weit gefasste Geldmenge M3.

Geldmengenaggregate in der EWWU

Zentrale Zielgröße der Geldpolitik ist die Geldmenge M3 (vgl. Kapitel 18). Die folgende Abbildung 16.1 stellt die Geldmengenaggregate zusammen. Dabei ist zu beachten, dass das herkömmliche Konzept von Banken zum Konzept der Monetären Finanzinstitute erweitert worden ist.

Das **Konzept der Monetären Finanzinstitute (MFIs)**: MFIs umfassen drei Hauptgruppen von Instituten: erstens die Zentralbanken; zweitens gebietsansässige Kreditinstitute im Sinne des Gemeinschaftsrechts. Letztere sind definiert als »ein Unternehmen, dessen Tätigkeit darin besteht, Einlagen oder andere rückzahlbare Gelder des Publikums (einschließlich der Erlöse aus dem Verkauf von Bankschuldverschreibungen an das Publikum) entgegenzunehmen und Kredite auf eigene Rechnung zu gewähren«. Die dritte Gruppe besteht aus allen sonstigen gebietsansässigen Finanzinstituten, deren wirtschaftliche Tätigkeit darin besteht, Einlagen bzw. Einlagensubstitute im engeren Sinne von anderen Wirtschaftssubjekten als MFIs entgegenzunehmen und auf eigene Rechnung (zumindest im wirtschaftlichen Sinne) Kredite zu gewähren und/oder in Wertpapieren zu investieren. Zu dieser Gruppe gehören hauptsächlich Geldmarktfonds (Europäische Zentralbank, Monatsbericht Februar 1999, S. 31).

Monetäre Finanzinstitute sind Zentralbanken, Kreditinstitute und Geldmarktfonds.

> M1: **Bargeldumlauf** (ohne Kassenbestände der monetären Finanzinstitute (MFI))
> + **täglich fällige Einlagen** bei MFIs und beim Zentralstaat (z. B. Post oder Schatzamt)
> = 2956
> M2: = M1
> + **Einlagen mit vereinbarter Laufzeit** bis zu zwei Jahren (also kurzfristige Terminguthaben),
> + **Einlagen mit vereinbarter Kündigungsfrist** bis zu drei Monaten (in Deutschland sind dies Spareinlagen)
> = 5621
> M3: = M2 + marktfähige Finanzinstrumente, insbesondere Repogeschäfte[1], Geldmarktfondsanteile und Geldmarktpapiere und Schuldverschreibungen bis zu zwei Jahren
> = 6570
>
> [1] Geschäfte mit Rückkaufs(Repurchase)-Vereinbarung
> Quelle: Europäische Zentralbank, Monatsbericht März 2005.

Abb. 16.1: Geldmengenaggregate im Eurosystem (als Kurzform für die Länder, die an der Währungsunion teilnehmen, siehe Abschnitt 4.1.1) (Zahlenangaben in Mrd. € zum 01.01.2005)

MFIs sind also im Wesentlichen
- Zentralbanken,
- Kreditinstitute und
- Geldmarktfonds.

Struktur von M3

Innerhalb der Geldmenge M3 spielen die täglich fälligen Einlagen die größte Rolle; Einlagen mit vereinbarter Kündigungsfrist von bis zu drei Monaten und Einlagen mit vereinbarter Laufzeit von bis zu zwei Jahren sind ebenfalls quantitativ bedeutsam; die übrigen Komponenten machen insgesamt nur knapp 20 Prozent der Geldmenge M3 aus.

Mit der Internationalisierung der Geldmärkte erschwert sich die statistische Erfassung der Geldmenge, die ja als Geldmenge von *Inländern* (des Eurosystems) definiert ist. Eine Bargeldhaltung von Euro im Ausland, die z. B. in Ost- und Südeuropa verbreitet ist, kann nämlich nicht separat erfasst werden. Hier muss man Schätzungen heranziehen.

4 Die Europäische Zentralbank und das Europäische System der Zentralbanken

Notwendigkeit einer staatlichen Zentralbank

»Money does not manage itself.« Dies ist ein überwiegend akzeptierter Grundsatz der Wirtschaftspolitik. Es muss eine staatliche Institution geben, eine staatlich organisierte Zentralbank, die folgende Aufgaben erfüllt:
- die Ausgabe der gesetzlichen Zahlungsmittel (staatliches Emissionsmonopol),

- die Durchführung einer Geldpolitik mit dem Ziel einer angemessenen Begrenzung der Geldmenge,
- die Organisation eines reibungslosen Zahlungs- und Kreditverkehrs als »Bank der Banken« und
- die Wahrung der Geldwertstabilität.

In Deutschland hat diese Aufgaben bis zum 31.12.1998 die Deutsche Bundesbank erfüllt. Mit dem Beginn der dritten Stufe der Wirtschafts- und Währungsunion (EWWU) am 01.01.1999 (vgl. genauer Kapitel 21) ist nun **die Europäische Zentralbank** (EZB) und das **Europäische System der Zentralbanken** (ESZB) die zentrale Institution – also die Zentralbank – für die Festlegung und Ausführung der Geldpolitik. Daneben existiert weiterhin die Deutsche Bundesbank, die als Zentralbank der Bundesrepublik Deutschland Teil des ESZB ist. Die Deutsche Bundesbank wird anschließend in Abschnitt 5 beschrieben.

4.1 Organisation der Europäischen Zentralbank und des Europäischen Systems der Zentralbanken

4.1.1 Eurosystem und ESZB

Das Europäische System der Zentralbanken (ESZB) setzt sich zusammen aus der Europäischen Zentralbank (EZB) und allen 25 nationalen Zentralbanken (NZBen) der Mitgliedstaaten der EU. Die nationalen Zentralbanken jener Mitgliedstaaten, die den Euro noch nicht eingeführt haben (die sog. »Outs«: Dänemark, Großbritannien und Schweden sowie die neuen EU-Mitgliedstaaten) haben einen Sonderstatus: Sie sind nicht am Entscheidungsfindungsprozess des ESZB beteiligt und führen eine eigenständige nationale Geldpolitik. Um diese Abgrenzung deutlich zu machen, wird zwischen dem so genannten Eurosystem und dem ESZB differenziert:

Vorläufiger Unterschied zwischen Eurosystem und ESZB

Das Eurosystem

Das Eurosystem umfasst die EZB und die NZBen der Mitgliedstaaten, die den Euro in der dritten Stufe der Wirtschafts- und Währungsunion (WWU) eingeführt haben. Zur Zeit gehören dem Eurosystem zwölf NZBen an. Wenn und sobald alle 25 Mitgliedstaaten dem Euro-Währungsgebiet angehören, wird der Begriff »Eurosystem« ein Synonym für das ESZB.

Das Eurosystem wird vom EZB-Rat und dem Direktorium der EZB geleitet.

Der **EZB-Rat** umfasst alle Mitglieder des Direktoriums und die Zentralbankpräsidenten der Mitgliedstaaten, die den Euro eingeführt haben.

Das **Direktorium** besteht aus dem Präsidenten, dem Vizepräsidenten und vier weiteren Mitgliedern.

Das Europäische System der Zentralbanken (ESZB)

Das ESZB setzt sich aus der EZB und den NZBen aller 25 Mitgliedstaaten zusammen, d. h. es umfasst neben den Mitgliedern des Eurosystems auch die NZBen der Mitgliedstaaten, die den Euro noch nicht eingeführt haben.

Das ESZB wird vom EZB-Rat und dem Direktorium der EZB und dem Erweiterten Rat als drittem Beschlussorgan der EZB geleitet.

Der **Erweiterte Rat** setzt sich zusammen aus dem Präsidenten, dem Vizepräsidenten und den Zentralbankpräsidenten aller 25 NZBen. Der erweiterte Rat ist also ein Übergangsgremium, er wird aufgelöst, wenn alle EU-Mitgliedstaaten die gemeinsame Währung eingeführt haben.

Im Folgenden behandeln wir das Eurosystem wie das ESZB, sehen also von diesen Unterschieden ab. Wir halten es auch nicht für zweckmäßig, formal so dezidert zwischen dem ESZB und der EZB zu unterscheiden, wie es der EG-Vertrag (Art. 105–109 d) nahe legt. Faktisch entscheidet nur eine Institution, nämlich die EZB, und zwar mit ihren Beschlussorganen, nämlich dem EZB-Rat und dem Direktorium (Art. 106 EGV).

4.1.2 Die Europäische Zentralbank

Beschlussorgane der EZB (und des ESZB) sind der EZB-Rat und das Direktorium. Sie leiten die EZB (und das ESZB).

Der **EZB-Rat** besteht aus dem Direktorium und den Präsidenten der nationalen Zentralbanken (die den Euro eingeführt haben). Das **Direktorium** besteht aus dem Präsidenten und dem Vizepräsidenten der EZB und vier weiteren Mitgliedern, die alle aus dem Kreis der in Währungs- oder Bankfragen anerkannten und erfahrenen Persönlichkeiten ausgewählt werden. Sie werden von den Regierungen der Mitgliedstaaten auf der Ebene der Staats- und Regierungschefs auf Empfehlung des EU-Rats, der hierzu das Europäische Parlament und den EZB-Rat anhört, einvernehmlich ernannt.

Aufgaben des Direktoriums

Die Hauptaufgaben des Direktoriums sind:
- Die Sitzungen des EZB-Rats vorzubereiten,
- die Geldpolitik gemäß den Leitlinien und Beschlüssen des EZB-Rats durchzuführen und den nationalen Zentralbanken des Eurosystems die erforderlichen Weisungen zu erteilen und
- die laufenden Geschäfte der EZB zu führen.

Das Direktorium ist also das zentrale **Exekutivorgan** der EZB; das zentrale Beschlussorgan ist hingegen der EZB-Rat.

Aufgaben des EZB-Rates

Der **EZB-Rat**, als **oberstes Beschlussorgan** von EZB (und ESZB), hat folgende Hauptaufgaben:
- Die Leitlinien zu erlassen und die Beschlüsse zu fassen, die notwendig sind, um die Erfüllung der dem ESZB übertragenen Aufgaben zu gewährleisten,
- die Geldpolitik der Gemeinschaft festzulegen und
- die Ausgabe von Banknoten und Münzen zu genehmigen.

Beschlüsse werden mit einfacher Mehrheit der Anwesenden gefasst; bei Stimmengleichheit entscheidet die Stimme des Präsidenten. Jedes Ratsmitglied hat bislang eine Stimme, d. h. dass der Zentralbankpräsident eines kleinen Landes, wie z. B. Luxemburg – als Mitglied im EZB-Rat –, das gleiche Stimmrecht hat wie der Vertreter eines größeren Landes, wie z. B. Italien.

Abstimmungsmodalitäten im EZB-Rat

Diese Regelung gilt, solange die Anzahl der Mitglieder des EZB-Rates 21 nicht übersteigt, solange also die Anzahl der nationalen Zentralbanken, die den Euro eingeführt haben, 15 nicht übersteigt (15 + 6 Mitglieder des Direktoriums ergeben 21 Mitglieder des EZB-Rates). Wenn, was im Zuge der Osterweiterung oder der generellen Einführung des Euro zu erwarten ist, die Zahl der nationalen Zentralbanken als Mitglieder des EZB-Rates 15 übersteigt, wird ein relativ kompliziertes Rotationssystem der Abstimmung greifen: Es wird die Gesamtzahl der Stimmrechte auf 21 beschränkt bleiben. Dies ergibt sich aus den sechs bleibenden Stimmrechten für die Mitglieder des Direktoriums und 15 Stimmrechten für die Präsidenten der nationalen Zentralbanken. Diese verbleibenden 15 Stimmrechte werden zwischen den nationalen Zentralbanken rotieren, wobei die Rotation von der wirtschaftlichen Bedeutung der Mitgliedstaaten abhängt. Wir werden diese Regelung des Artikel 10, Absatz 2 der Satzung des ESZB und der EZB genauer beschreiben, wenn sie faktisch in Kraft getreten ist. Vorab Interessierte seien verwiesen auf Ziffer 176 ff. des Jahresgutachten 2003/04 des Sachverständigenrates zur Begutachtung der gesamtwirtschaftlichen Entwicklung.

Neue Regeln nach der Erweiterung der EU

Abweichend hiervon werden bei Beschlüssen über Erhöhungen des Kapitals der EZB, Veränderungen der Kapitalanteile, Übertragungen von Währungsreserven auf die EZB, Verteilungen der Einkünfte der EZB aus der Haltung von Vermögenswerten der nationalen Zentralbanken und Verteilungen der Nettogewinne der EZB die Stimmen der Ratsmitglieder nach den Anteilen der nationalen Zentralbanken am gezeichneten Kapital der EZB gewichtet. Direktoriumsmitglieder nehmen dabei an der Abstimmung nicht teil. Diese Beschlüsse bedürfen der Zustimmung von mindestens der Hälfte der Anteilseigner, die mindestens zwei Drittel des gezeichneten Kapitals halten müssen.

Das **Kapital der EZB** betrug zur Zeit ihrer Gründung 5.000 Millionen Euro. Seine Aufteilung erfolgt nach einem Schlüssel zu je 50 Prozent auf der Basis der Anteile an der Bevölkerung und am Bruttoinlandsprodukt der EU.

Diese Aufteilung wird alle fünf Jahre angepasst. Da mit der Erweiterung der EU die Zentralbanken der Beitrittsländer dem Europäischen System der Zentralbanken angehören und somit Anteilseigner werden, ist das Grundkapital der EZB auf 5.564 Millionen Euro erhöht worden und die Länderanteile sind neu festgelegt worden. Der Anteil Deutschlands beträgt seit der letzten Aktualisierung vom 29. Oktober 2004 21,1 Prozent; Deutschland ist damit der größte Kapitaleigner der EZB.

4.2 Ziele und Aufgaben von ESZB und EZB

Das **zentrale Ziel** des ESZB ist in Art. 105, Abs. 1 EG-Vertrag formuliert:

Ziel der Preisstabilität

»(1) Das vorrangige Ziel des ESZB ist es, die Preisstabilität zu gewährleisten. Soweit dies ohne Beeinträchtigung des Zieles der Preisstabilität möglich ist, unterstützt das ESZB die allgemeine Wirtschaftspolitik in der Gemeinschaft, um zur Verwirklichung der in Artikel 2 festgelegten Ziele der Gemeinschaft beizutragen. Das ESZB handelt im Einklang mit dem Grundsatz einer offenen Marktwirtschaft mit freiem Wettbewerb ...«

Diese Zielformulierung – vorrangig Preisstabilität zu gewährleisten – entspricht dem gegenwärtig vorherrschenden Theorie- und Politikverständnis, dass eine Zentralbank in erster Linie für Preisstabilität sorgen soll und allenfalls subsidiär auch andere Ziele wie Vollbeschäftigung und Wachstum anstreben soll. Diese Formulierung entspricht auch weitgehend der früher für die Deutsche Bundesbank geltenden Zielvorschrift.

Dieser restriktiven Zielformulierung liegt einmal die weitgehend vom Monetarismus geprägte Vorstellung zugrunde, dass die Zentralbank (nur) die Verantwortung für Preisstabilität habe, dass die Tarifparteien die Verantwortung für Vollbeschäftigung haben und dass sich das Wachstum weitgehend autonom aus dem Bevölkerungswachstum und dem technischen Fortschritt ergibt. Zum anderen liegt auch eine politökonomisch geprägte Vorstellung zugrunde, dass nämlich eine Zentralbank, die auch anderen Zielen verpflichtet wäre, leicht in Zielkonflikte gerät, die die Wahrung der Preisstabilität erschweren würden.

Die **Aufgaben** des ESZB sind allgemein schon genannt worden. Sie sind in Art. 105, Abs. 2 des EU-Vertrages (EUV) formuliert:

Aufgaben des ESZB

»(2) Die grundlegenden Aufgaben des ESZB bestehen darin,
- die Geldpolitik der Gemeinschaft festzulegen und auszuführen,
- Devisengeschäfte im Einklang mit Artikel 111 durchzuführen,
- die offiziellen Währungsreserven der Mitgliedstaaten zu halten und zu verwalten,
- das reibungslose Funktionieren der Zahlungssysteme zu fördern.«

Geldpolitik allgemein und in der Ausprägung der EZB wird in Kapitel 18 behandelt.

Bezüglich der **Devisengeschäfte** muss Art. 111 EUV beachtet werden. Hier ist festgelegt, dass die Entscheidung über Wechselkurssysteme – feste oder flexible Wechselkurse – und die Entscheidung über die Höhe der

Wechselkurse im Falle der Festlegung auf grundsätzlich feste Wechselkurse beim Ministerrat liegt. Die EZB kann mithin nur im vorgegebenen Rahmen am Devisenmarkt agieren. Auf absehbare Zeit sind die Wechselkurse des Euro gegenüber den wichtigen Weltwährungen grundsätzlich frei flexibel und gegenüber den Währungen der »Outs« innerhalb von Bandbreiten fest (vgl. Kapitel 21).

Das **Halten von Währungsreserven** gehört zu den genuinen Aufgaben einer Zentralbank; zu diesem Zweck übertrugen die nationalen Zentralbanken gemäß der Satzung des ESZB zu Beginn der dritten Stufe Währungsreserven im Gegenwert von 39,5 Milliarden Euro auf die EZB. Dieser Betrag entspricht dem in der Satzung des ESZB festgelegten Grenzwert von 50 Milliarden Euro für die Übertragung von Währungsreserven an die EZB, abzüglich der Anteile der nichtteilnehmenden Mitgliedstaaten am Kapital des ESZB. 85 Prozent der genannten Reserven wurden in Form von Devisen und 15 Prozent in Form von Gold übertragen. Artikel 30.4 der Satzung des ESZB hält fest, dass die EZB über den in Artikel 30.1 festgelegten Betrag hinaus die Einzahlung weiterer Währungsreserven von den nationalen Zentralbanken fordern kann.

4.3 Die Unabhängigkeit der EZB

Wenn es das vorrangige Ziel einer Zentralbank ist, Preisstabilität zu gewährleisten, dann gilt ihre Unabhängigkeit als zentral. Diese Erkenntnis lässt sich durch empirische Untersuchungen belegen, die zeigen, dass Preisstabilität umso eher erreicht wird, je unabhängiger die Zentralbank ist. Hier fließen insbesondere auch Erfahrungen aus der Geschichte der Geldpolitik in Deutschland von 1918 bis heute ein und die getroffenen Regelungen entsprechen weitgehend den Regelungen für die Deutsche Bundesbank. Bedeutung der Unabhängigkeit

Zum Ersten ist die EZB funktional relativ unabhängig, weil sie Weisungen nicht entgegennehmen darf. So heißt es in Art. 107 EGV: Funktionale Unabhängigkeit

> **Art. 107 (Unabhängigkeit der EZB)**
> »Bei der Wahrnehmung der ihnen durch diesen Vertrag und die Satzung des ESZB übertragenen Befugnisse, Aufgaben und Pflichten darf weder die EZB noch eine nationale Zentralbank noch ein Mitglied ihrer Beschlussorgane Weisungen von Organen oder Einrichtungen der Gemeinschaft, Regierungen der Mitgliedstaaten oder anderen Stellen einholen oder entgegennehmen. Die Organe und Einrichtungen der Gemeinschaft sowie die Regierungen der Mitgliedstaaten verpflichten sich, diesen Grundsatz zu beachten und nicht zu versuchen, die Mitglieder der Beschlussorgane der EZB oder der nationalen Zentralbanken bei der Wahrnehmung ihrer Aufgaben zu beeinflussen.«

Eine solche Unabhängigkeit – keinerlei Kontrollen durch Regierungen und Parlamente unterworfen zu sein – ist relativ einzigartig. Sie wird nur dadurch ein klein wenig beschränkt, dass die Verpflichtung besteht, die allgemeine Wirtschaftspolitik der Gemeinschaft zu unterstützen, aber nur, wenn dadurch das Ziel der Preisstabilität nicht beeinträchtigt wird.

Personelle Unabhängigkeit

Zum Zweiten ist die EZB auch personell unabhängig. Die Mitglieder des Direktoriums werden für eine relativ lange Amtszeit von acht Jahren und ohne Möglichkeit einer Wiederwahl ernannt. Beides stärkt die Unabhängigkeit. Allerdings wirkt bei ihrer Ernennung vor allem das politische Gremium »Europäischer Rat der Regierungschefs« mit, dies ermöglicht eine Kandidatenauswahl nach politischen Vorstellungen. Die übrigen Mitglieder des EZB-Rates, die Präsidenten der nationalen Zentralbanken, werden durch die nationalen Regierungen für eine Amtszeit von mindestens fünf Jahren ernannt. Auch dies bietet Spielraum für eine politische Auswahl. So wird z. B. der Präsident der Deutschen Bundesbank auf Vorschlag der Bundesregierung bestellt. Dabei ist der Zentralbankrat anzuhören (§ 7 Bundesbankgesetz). Allerdings gelten für die jeweiligen Präsidenten der nationalen Zentralbanken die Vorschriften über die Unabhängigkeit gemäß Art. 107 EGV uneingeschränkt.

Finanzielle und instrumentelle Unabhängigkeit

Zum Dritten ist die EZB auch finanziell unabhängig – sie verfügt über eigene Einnahmen und einen eigenen Haushalt – und sie hat auch die Kontrolle über die Instrumente der Geldpolitik. Insgesamt kann man den EZB-Rat wohl als »Thron der Götter« bezeichnen.

5 Die Deutsche Bundesbank

Die Deutsche Bundesbank bleibt als Zentralbank der Bundesrepublik Deutschland integraler Bestandteil des ESZB (§ 3 BBankG). Sie wird allerdings nur ausführendes Organ. So werden die geldpolitischen Entscheidungen des EZB-Rates dezentral durch die nationalen Zentralbanken umgesetzt.

Die Bundesbank wird ausführendes Organ.

Die Hauptaufgabe der Deutschen Bundesbank ist nun die bankmäßige Abwicklung des Zahlungsverkehrs im Inland und mit dem Ausland und die Refinanzierung der nationalen Kreditinstitute. Hierbei können die materiellen Vorgaben der Geldpolitik der EZB mit einem gewissen Ermessensspielraum umgesetzt werden. Schließlich behält die Bundesbank ihre Aufgaben im Bereich der Bankenaufsicht, die zu einer Allfinanzaufsicht erweitert worden ist, und sie bleibt »Hausbank« für die öffentliche Hand; in dieser Funktion übernimmt sie die Emission der Wertpapiere des Bundes. Landeszentralbanken werden durch so genannte regionale Hauptverwaltungen ersetzt, sie bilden mit der Bundesbank eine organisatorische Einheit.

6 Geschäftsbanken (Kreditinstitute)

Geschäftsbanken sind Unternehmen, deren kurzfristige Verbindlichkeiten in der Volkswirtschaft als Geld verwendet werden. Banken nehmen und gewähren Kredite, sind also vor allem Händler in Forderungen und Verbindlichkeiten. Neben der Kreditgewährung verkauft eine Bank bestimmte Dienstleistungen gegen Gebühren (z. B. die Dienstleistung Kontoführung oder Anlageberatung). Wie für andere privatwirtschaftliche Unternehmungen ist auch für die Geschäftsbank die Gewinnmaximierung Ziel ihrer wirtschaftlichen Tätigkeit. Als wichtige Nebenbedingung ist dabei die Aufrechterhaltung der Zahlungsfähigkeit (Liquidität) zu beachten. Hauptquelle des Gewinns einer Bank ist die so genannte **Zinsspanne**, der Unterschied zwischen den Zinsen, die sie für gewährte Darlehen erhält (Sollzinsen), und den Zinsen, die sie für selbst aufgenommene Gelder, insbesondere für Sicht-, Termin- und Spareinlagen, zahlt (Habenzinsen). Die gewährten Kredite der Geschäftsbanken sind teils verbrieft (d. h. es existiert ein Schulddokument), teils unverbrieft. Typisches Beispiel für unverbriefte Kredite sind die so genannten Kontokorrentkredite (Kredite in Form von Kontoüberziehung), typische Beispiele für verbriefte Kredite sind Ratenkredite.

Tätigkeit einer Geschäftsbank

Die Grundstruktur der Bilanz einer Geschäftsbank spiegelt die beschriebenen Geschäftstätigkeiten wider:

Vereinfachte Bilanz einer Geschäftsbank	
(1) Banknoten und Münzen (2) Guthaben bei der Zentralbank (3) Guthaben bei anderen Geschäftsbanken (4) Nettoauslandsforderungen (5) Wertpapiere (6) Kundenkredite (7) Sonstige Vermögensteile (einschl. Realvermögen)	(8) Einlagen von Nichtbanken – Sichteinlagen – Termineinlagen – Spareinlagen (9) Verbindlichkeiten gegenüber anderen Geschäftsbanken (10) Verbindlichkeiten gegenüber der Zentralbank (11) Sonstige Verbindlichkeiten (einschl. Reinvermögen)
Summe = Summe	

Banknoten (1) muss die Geschäftsbank halten, um auch dann zahlungsfähig zu bleiben, wenn an einem bestimmten Tag die Auszahlungswünsche der Kunden größer sind als ihre Einzahlungen. Die Guthaben bei der Zentralbank (2) bestehen zum einen aus gesetzlich vorgeschriebenen Mindestreserven (vgl. Kapitel 18), und zum anderen aus so genannten Überschussreserven, die ebenfalls in (2) enthalten sind. Diese Überschussguthaben dienen einmal zur Abwicklung des Überweisungsverkehrs zwischen verschiedenen Geschäftsbanken, zum anderen als Reserve für plötzlich auftretende Bedarfe an Noten (Sichtguthaben bei der Zentralbank können jederzeit in Banknoten umgetauscht werden). Auch die Guthaben bei anderen Banken (3) haben – neben einer Verrechnungsfunktion – für die einzelne Bank vor allem die Aufgabe der Sicherung der Zahlungsfähigkeit (Liquiditätssicherung).

Erläuterung der Positionen

Überschussguthaben

Wertpapiere (5) dienen der Liquiditätssicherung und der Erzielung von Zinserträgen. Welche Funktion dabei überwiegt, hängt von der Art der Wertpapiere ab. Die höchsten Erträge unter den Vermögensteilen der Geschäftsbank erbringen die Kundenkredite. Diese sind aber für die Dauer ihrer Laufzeit praktisch völlig »illiquide«, da sie weder vorzeitig zurückgefordert noch verkauft werden können. Die Einlagen der Nichtbanken bei den Geschäftsbanken (8) sind Verbindlichkeiten der Geschäftsbanken. Sie werden in Sicht-, Termin- und Spareinlagen aufgegliedert, wobei das Unterscheidungsmerkmal in der zeitlichen Festlegung der Gelder liegt: über Sichteinlagen kann sofort, über Termin- und Spareinlagen nur unter Einhaltung bestimmter Fristen verfügt werden. Die Einlagen sind für die Geschäftsbanken besonders wichtig, da sie ihnen Zentralbankgeld zuführen, auf dessen Grundlage sie Kredite gewähren können (vgl. Kapitel 17).

7 Geldmarkt

Der Geldmarkt ist im Prinzip ein Markt, bei dem überwiegend Banken überwiegend Geld und kurzfristige Geldanlagen handeln. Dieser praktisch existierende Geldmarkt sollte nicht mit dem theoretischen Konzept des Geldmarktes als Angebot und Nachfrage von Geld, wie es in den makroökonomischen Kapiteln 10 bis 12 verwendet wird, verwechselt werden. Zu unterscheiden ist insbesondere der Inlandsgeldmarkt und der Eurogeldmarkt.

7.1 Inlandsgeldmarkt

Der Inlandsgeldmarkt ist der Markt, auf dem

Erste Adressen
- »erste Adressen« (mit einwandfreier Bonität: Geschäftsbanken, einige bedeutende Industrie-, Handels- und Versicherungsunternehmen sowie Bund und Länder) für einen kurzen Zeitraum Zentralbankgeld aufnehmen und anlegen, wobei oftmals der Einfachheit halber vom »Geldhandel« gesprochen wird,

Geld und Geldmarktpapiere
- Geldmarktpapiere von der Deutschen Bundesbank an Kreditinstitute verkauft und wieder zurückgekauft sowie Geldmarktpapiere emittiert und zwischen Geschäftsbanken und bedeutenden Industrieunternehmen gehandelt werden.

Der Begriff »**kurzfristig**« kennzeichnet in aller Regel Geldanlagen und -aufnahmen mit einer Laufzeit bis zu einem Jahr. Transaktionen auf dem Geldmarkt werden hier nicht über eine Börse abgewickelt, sondern per Telefon oder Internet von Geldhändlern durchgeführt. Bonitätsprüfungen entfallen. Gehandelt werden Geld und Geldmarktpapiere. Abbildung 16.2 gibt einen Überblick über die gehandelten Objekte und die Marktteilnehmer.

Geldmarktgeschäfte
Unter **Tagesgeld** versteht man Geldmarktgeschäfte, bei denen

	Geld	Geldmarktpapiere
Objekte	■ Tagesgeld ■ Termingeld ■ Refinanzierungskredite bei der Zentralbank ■ Repo-Geschäfte	■ kurzfristige Schuldtitel der Staatsregierungen (z. B. Treasury-Bills, Unverzinsliche Schatzanweisungen) ■ Commercial-Papers ■ Certificates of Deposit
Marktteilnehmer	■ Zentralbanken ■ Geschäftsbanken ■ Staats- und Landesregierungen ■ Industrie- und Handelsunternehmen ■ Fonds- und Versicherungsgesellschaften	
Motive	■ Steuerung der Liquidität der Geschäftsbanken durch die Zentralbanken ■ Beschaffung von Geld, um kurzfristige Verpflichtungen erfüllen zu können (zum Beispiel Mindestreservesoll bei der Zentralbank) ■ Anlage (Verleih) von »überschüssigem« Geld ■ Erzielung von Arbitrage- und Spekulationsgewinnen	

Quelle: Beike, Rolf / Schlütz, Johannes, Finanznachrichten 4. Aufl. 2005, S. 201

Abb. 16.2: Der Inlandsgeldmarkt

- ein Geldbetrag von einem auf den nächsten Tag, also über Nacht (»**Geld overnight**«), verliehen oder aufgenommen wird;
- ein Geldbetrag **b**is **a**uf **w**eiteres (»**Geld b.a.w.**«) vergeben bzw. aufgenommen wird. Hier werden die Konditionen permanent geprüft und gegebenenfalls geändert (auch tägliches Geld genannt);
- ein Geldbetrag von »morgen bis übermorgen« (»**tom**orrow against **next** day«) verliehen bzw. aufgenommen, das Geschäft jedoch schon »heute« abgeschlossen wird. Geldanlagen oder -aufnahmen von »morgen bis übermorgen« werden kurz »**tom/next**«-Geschäfte genannt.

Der Zinssatz, zu dem Geld über Nacht verliehen wird, wird als **Tagesgeld-Satz** bezeichnet.

Unter **Termingeld** versteht man Geldmarktgeschäfte, die eine feste Laufzeit haben, die einen Tag überschreitet. Üblich sind kurzfristig terminierte Anlagen von 2 bis 29 Tagen und mittelfristig terminierte Anlagen von einem bis zu zwölf Monaten (Monatsgeld).

Die vereinbarten Zinssätze werden **Geldmarktsätze** genannt; in den entsprechenden Finanzzeitungen (in Deutschland vor allem im »Handelsblatt«) werden die Geldmarktsätze veröffentlicht, die zwischen ausgewählten wichtigen Banken gelten, genauer gesagt die so genannten »Briefsätze«, zu denen die Banken bereit sind, Geld zu verleihen (der Zinssatz, zu dem Banken bereit sind, Geld zu leihen, heißt »Geldsatz«). Weil die Geldmarktsätze zwischen Banken gelten, werden sie »Interbank offered rates« genannt und mit Ibor abgekürzt; zusätzlich wird der wichtigste Handelsplatz genannt. Das ist in Deutschland Frankfurt und entsprechend wird der **Fibor** (Frankfurt interbank offered rate) ausgewiesen oder in Großbritannien der **Libor** (London interbank offered rate). Letzterer ist einer der zentralen Referenzzinssätze in Europa und auf der Welt.

Wichtige Geldmarktsätze: Fibor und Libor

Geldmarktpapiere sind in Deutschland verbriefte Forderungen mit einer Laufzeit bis zu zwei Jahren. Dazu zählen:

Arten von Geldmarktpapieren

- Handelswechsel,
- Schatzwechsel,
- unverzinsliche Schatzanweisungen und
- Commercial Papers.

Ein **Wechsel** ist eine Anweisung des Ausstellers (Gläubiger) an den Bezogenen (Schuldner), zu einem bestimmten Zeitpunkt einen bestimmten Geldbetrag zu zahlen. Es ist also so etwas wie ein Scheck mit längerer Laufzeit, für den relativ strenge Bedingungen gelten. Einem Handelswechsel liegt ein reales Handelsgeschäft zugrunde.

Schatzwechsel sind Wechsel mit einer Laufzeit von bis zu einem halben Jahr, die von staatlichen Einrichtungen (Bund, Länder, …) begeben werden. Sie dienen zur Finanzierung öffentlicher Ausgaben.

Unverzinsliche Schatzanweisungen, U-Schätze genannt, sind Schuldverschreibungen des Bundes mit einer Laufzeit von sechs Monaten und einem festen Nennwert. Die Zinszahlung erfolgt – wie auch bei den Schatzwechseln – per Abzinsung (Diskont): Als Kaufpreis ist der Nennwert abzüglich der Zinsen zu zahlen.

Commercial Papers sind ungesicherte Inhaberschuldverschreibungen, die vornehmlich von bedeutenden Industrieunternehmen (»erste Adressen«) stammen, relativ kurze Laufzeiten (i.d.R. zwischen einigen Tagen und zwei Jahren) aufweisen und abgezinst ausgegeben werden.

Bei ungesicherten Inhaberschuldverschreibungen wie bei allen Schuldverschreibungen ist die vermutete **Bonität** des Schuldners von großer Bedeutung für die zu zahlenden Zinsen. Je größer die Bonität des Schuldners, desto geringer ist die Risikoprämie, die Geldanleger für die Hergabe ihres Geldes zusätzlich zum normalen Zinssatz verlangen. Die Bonität von Schuldnern wird von spezialisierten Rating-Agenturen beurteilt. Die Ratingkategorien der beiden wichtigsten Agenturen »Standard & Poor's« und »Moody's« sind relativ ähnlich. Die Einstufungen liegen zwischen:

Beurteilung der Bonität durch Ratingagenturen

AAA: Papiere mit bester Qualität und Bonität, die etwa den Staatsanleihen stabiler Staaten wie z. B. der Schweiz entsprechen, über

B: Hochspekulatives Papier, bis zu

D: Zahlungen auf die Papiere sind eingestellt.

Darüber hinaus gibt es Zwischeneinstufungen mit ± oder mit numerischen Abstufungen.

7.2 Euro-Geldmarkt

Der Euro-Geldmarkt ist der Geldmarkt, auf dem die Marktteilnehmer (vorwiegend europäische Geschäftsbanken) außerhalb ihres jeweiligen nationalen Geldmarktes Geld anlegen und aufnehmen. Ein typisches Geschäft ist z. B., dass eine französische Bank Pfund-Guthaben an eine italienische Bank verleiht oder eine deutsche Bank Guthaben in Schweizer Franken an eine ungarische Bank verleiht (vgl. auch Kapitel 21). Diese Geschäfte werden in allen frei konvertiblen Währungen durchgeführt und diese Währungen werden dann Euro-Dollar, Euro-Yen, Euro-Pfund usw. genannt. Daneben findet ein Handel in der neuen Währung Euro statt. Die Höhe der Zinssätze hängt sehr stark von den erwarteten Wechselkursschwankungen ab (vgl. Kapitel 20).

Euro-Währungen und der Euro

Gehandelt werden, wie auf dem nationalen Inlandsmarkt, Tagesgeld und Termingeld sowie Euro-Commercial Papers (Euro-CP's) und Euronotes. **Euronotes** sind kurzfristige Schuldtitel mit Laufzeiten bis zu 12 Monaten, die von ersten Adressen emittiert werden.

Mit der Einführung des Euro verlieren die nationalen Währungen und die nationalen Referenzzinssätze wie Fibor oder Libor an Gewicht. Sie werden zunehmend ersetzt durch zwei neu entwickelte Referenzzinssätze, den so genannten EURIBOR und den EONIA.

Europäische Referenzzinssätze

Der **EURIBOR** (Europe Interbank Offered Rate) errechnet sich aus den Geldmarktsätzen von Bankhäusern erster Bonität, vorwiegend, aber nicht nur, aus dem Eurosystem. Er gilt für Laufzeiten von einem bis zu zwölf Monaten.

EURIBOR

Der **EONIA** (Euro Overnight Index Average) ist der durchschnittliche Tagesgeldsatz, der von der Europäischen Zentralbank ermittelt und veröffentlicht wird. Er spielt für die Offenmarktpolitik der EZB eine große Rolle (vgl. Kapitel 18, Abschnitt 2 und 3).

EONIA

8 Finanzmärkte

Geld ist nicht alles im Leben, man braucht auch Aktien, Obligationen, Fondsanteile und Devisen. Dieser Scherz von *Ephraim Kishon* zeigt, dass das Geld nur *Teil* des Vermögens ist, und dass es neben dem Geldmarkt weitere Märkte gibt, auf denen finanzielle Aktiva gehandelt werden. Diese sollen hier kurz vorgestellt werden, um die Einordnungen zu erleichtern.

Finanzielle Aktiva werden auf Finanzmärkten gehandelt. Eine erste zentrale Einteilung differenziert zwischen dem Geldmarkt und dem Kapitalmarkt.

Einteilung der Finanzmärkte

Auf dem **Geldmarkt** werden, wie beschrieben, Geld und kurzfristige Geldanlagen gehandelt. Dieser Markt versorgt die Wirtschaft mit dem gewünschten Bestand an Zahlungsmitteln.

Auf dem **Kapitalmarkt** werden langfristige Wertpapiere, d. h. mit einer Laufzeit von mehr als vier Jahren, gehandelt. Auf diesem Markt werden im Prinzip die Ersparnisse der Bevölkerung angeboten und nachgefragt. Anbieter sind die Sparer und Nachfrager sind die Sektoren der Wirtschaft, die Finanzmittel zur Finanzierung ihrer Investitionen benötigen, insbesondere Unternehmen und begrenzt auch der Staat. Die gehandelten Papiere sind entweder:

- Beteiligungspapiere, mit denen sich der Anleger an der Unternehmung beteiligt. Das sind im Wesentlichen **Aktien** oder es handelt sich um
- Forderungspapiere, mit denen der Anleger einem Unternehmen oder dem Staat Finanzmittel zeitlich begrenzt zur Verfügung stellt. Das sind **Schuldverschreibungen**, die auch Anleihen, Obligationen oder Bonds genannt werden; bei spezieller Sicherung der Schuldverschreibungen spricht man auch von Pfandbriefen, meist sind es Hypothekenpfandbriefe.

Handelsformen

Diese Papiere werden auf Börsen, also an zentralisierten Handelsorten, oder außerbörslich über Telefon und/oder Computer gehandelt. Man spricht dann vom **OTC-Handel** (Over The Counter). Aktien werden noch sehr stark an Börsen gehandelt. Im Übrigen überwiegt der außerbörsliche OTC-Handel.

Zwischen die originären Kapitalanbieter und Kapitalnachfrager haben sich zunehmend Kapitalanlagegesellschaften geschaltet. Das sind Gesellschaften, die bei ihnen eingelegtes Kapital für Rechnung der Einleger in Wertpapieren (oder auch Grundstücken) anlegen. Man spricht allgemein von **Investmentfonds**. Gehandelt werden dann Fondsanteile.

Neben der zentralen Differenzierung zwischen Geldmarkt und Kapitalmarkt ist es zunehmend üblich, Finanzmärkte nach der Art der gehandelten Papiere zu differenzieren. Man unterscheidet dann insgesamt folgende Märkte

- Geldmarkt,
- Aktienmarkt,
- Anleihenmarkt,
- Investmentfondsmarkt,
- Devisenmarkt und
- Derivatemarkt.

Auf dem Devisenmarkt werden Devisen, also fremde Währungen, gehandelt, meist in Form von Sichtguthaben auf fremde Währungen und meist im OTC-Handel (Devisenmärkte werden in Kapitel 20 beschrieben).

Der **Derivatemarkt** ist ein relativ neuer Markt mit einer stark zunehmenden Bedeutung. Auf ihm werden Finanzderivate gehandelt, das sind Finanzanlagen, die von anderen Finanzanlagen »abgeleitet« sind. Dabei handelt es sich in der Regel um Termingeschäfte oder Optionen. Bei einem **Termingeschäft** wird der Preis des Handels »heute« festgelegt, die Erfüllung erfolgt indes per Termin. So kann man z. B. »heute« zu einem fest vereinbarten Wechselkurs Dollar kaufen, die erst in sechs Monaten geliefert werden usw. Auf diese Weise kann man sich gegen Kursrisiken absichern. Bei einer **Option** erwirbt man das Recht, ein Wertpapier zu einem bestimmten Preis und zu einem bestimmten Zeitpunkt/innerhalb einer bestimmten Zeitperiode zu kaufen oder zu verkaufen. Auch dies sichert Kursrisiken ab. Auf dem Derivatemarkt ist OTC-Handel üblich.

Eine solche Einteilung der Märkte spiegelt sich meist auch im Finanzmarktteil von Wirtschaftszeitungen. So bietet z. B. das »Handelsblatt« in seinem Buch **Finanzzeitung** zunächst die Berichterstattung über Aktienkurse, dann einen kleinen Überblick über Geldmarktzinsen und Devisenkurse, und in seinem Buch **Anlegerzeitung** die Kurse von Investmentfonds, die Kurse von Optionen und Terminkontrakten und schließlich einen Überblick über die Konditionen von Anleihen.

<small>Überblick in Wirtschaftszeitungen</small>

Auf diesen Märkten agieren Zentralbanken, Geschäftsbanken, der Staat (Bund, Länder, Gemeinden), Großunternehmen, Kleinunternehmen und private Haushalte. Sie berücksichtigen bei ihrer Kapitalanlage im Prinzip immer das magische Dreieck der Kapitalanlage:

<small>Magisches Dreieck der Kapitalanlage</small>

- Rendite (Ertrag),
- Sicherheit (Risiko) und
- Liquidität.

Die Kapitalanlage soll einen Ertrag bringen, der in der Regel als Prozentsatz des investierten Kapitals erfasst wird (Rendite, Dividende, Zins). Die Kapitalanlage soll insofern sicher sein, dass die Rückzahlung gewährleistet ist und die Kapitalanlage soll im Bedarfsfall schnell und ohne Kursverluste in Geld umgetauscht werden können. Weil nicht alle Ziele in gleicher Weise erreicht werden können, vielmehr ein Ziel immer auf Kosten eines anderen Zieles geht, spricht man vom magischen Dreieck der Kapitalanlage.

Arbeitsaufgaben

1) Definieren Sie den Begriff Geld.
2) Was sind die Funktionen des Geldes?
3) Worin sehen Sie die Vorteile einer Geldwirtschaft gegenüber einer reinen Tauschwirtschaft?
4) Beschreiben Sie und diskutieren Sie die verschiedenen Geldmengenkonzepte.
5) Welche Aufgaben hat die Europäische Zentralbank?
6) Wie beurteilen Sie die Unabhängigkeit der Europäischen Zentralbank?
7) Welche Aufgaben verbleiben der Deutschen Bundesbank?
8) Was versteht man unter dem Geldmarkt allgemein?
9) Was ist der Eurogeldmarkt?
10) Welche Akteure sind auf dem Geldmarkt vertreten? Was sind typische Transaktionen des Geldmarktes?

Lösungsvorschläge für die Arbeitsaufgaben finden Sie im »Übungsbuch zu Grundlagen und Probleme der Volkswirtschaft«.

Literatur

Über die Grundbegriffe und Institutionen im Geldbereich informieren die Lehrbücher zur Geldtheorie und Geldpolitik. Eine kurze Einführung bietet:

Kath, Dietmar: Geld und Kredit, in: Vahlens Kompendium der Wirtschaftstheorie und Wirtschaftspolitik, Band 1, 8. Aufl., München 2003, S. 187–235.

Stobbe, Alfred: Volkswirtschaftliches Rechnungswesen, 8. Aufl., Berlin/Heidelberg/New York, 1994, 5. Kapitel.

Ausführlicher sind die Lehrbücher von:

Issing, Otmar, Einführung in die Geldtheorie, 13. Aufl., München 2003.

Jarchow, Hans-Joachim: Theorie und Politik des Geldes, I. Geldtheorie, 11. Aufl., Göttingen 2003.

Der institutionelle Rahmen des Europäischen Systems der Zentralbanken wird dargestellt in:

Europäische Zentralbank: Jahresbericht 2000, S. 176–186.

Europäische Zentralbank: Institutionelle Vorschriften, Satzung des ESZB und der EZB, Frankfurt 2004.

Speziell die Unabhängigkeit der Europäischen Zentralbank diskutiert:

Willms, Manfred: Internationale Währungspolitik, 2. Aufl., München 1995, 12. Kapitel.

Die Funktionsweise von Geld- und Kapitalmärkten insgesamt beschreiben und erklären die Begriffe:

Beike, Rolf/Johannes Schlütz: Finanznachrichten lesen – verstehen – nutzen, 4. Aufl., Stuttgart 2005.

Kommentare zur Wirtschaftspolitik und Statistiken, insbesondere über das Geldwesen in der Bundesrepublik und im Eurosystem, finden sich in:

Deutsche Bundesbank: Monatsberichte, Frankfurt (laufend)

Deutsche Bundesbank: Geschäftsberichte, Frankfurt (erscheinen jährlich Anfang Mai).

Europäische Zentralbank: Monatsberichte, Frankfurt (laufend)

Europäische Zentralbank: Jahresberichte, (jährlich Anfang Mai)

Über Formen und Verwendungen des elektronischen Geldes informiert:

Deutsche Bundesbank: Neuere Entwicklungen beim elektronischen Geld, Monatsbericht Juni 1999, S. 41–58.

Europäische Zentralbank: Fragen rund um den Einsatz von elektronischem Geld, Monatsbericht November 2000, S. 55–67.

17. Kapitel
Geldangebot, Geldnachfrage
und Geldwirkungen

LERNZIELE

Leitfrage:
Wie kommt Geld in Umlauf?
- Durch welche Vorgänge gelangt Zentralbankgeld von der Zentralbank zu anderen Wirtschaftseinheiten?
- Wie erwirbt man Giralgeld einer Geschäftsbank?
- Welche Arten der Giralgeldschöpfung müssen unterschieden werden?

Leitfrage:
Welche Grenzen der Geldschöpfung gibt es?
- Gibt es Grenzen der Geldschöpfung für die Zentralbank?
- In welchem Umfang kann eine einzelne Geschäftsbank Kredite gewähren?
- Warum kann das Geschäftsbankensystem als Ganzes mehr Kredite gewähren, als es Zentralbankgeld besitzt?
- Welche Faktoren beeinflussen das Geldangebot einer Geschäftsbank?

Leitfrage:
Wie viel Geld fragen Haushalte und Produktionsunternehmungen nach?
- Warum halten Haushalte und Produktionsunternehmungen Vermögen in Form von unverzinslichem Geld?
- Wovon hängt die Geldnachfrage der Haushalte und Produktionsunternehmungen ab?

Leitfrage:
Wie wirkt Geld auf den realen Bereich der Volkswirtschaft?
- Wie wirkt Geld in keynesianischer Sicht?
- Wie wirkt Geld in monetaristischer Sicht?

1 Geldschöpfung und Geldvernichtung

Wir haben im vorangegangenen Kapitel unter anderem geklärt, was unter Geld zu verstehen ist, welche Funktionen es ausübt, welche Geldmengenkonzepte zu unterscheiden sind und wie der Geldsektor aufgebaut ist. Der Leser hat sich vielleicht schon die Frage gestellt, wie Geld eigentlich in Umlauf kommt, wie es also in den Kreislauf gelangt bzw. aus dem Kreislauf verschwindet. Das ist die Frage nach der Geldschöpfung und der Geldvernichtung.

Im Rahmen von Geldschöpfung und Geldvernichtung ist zweckmäßigerweise zwischen dem Geld, das die Zentralbank schafft (Abschnitt 1.1) und dem Geld, das die Geschäftsbanken schaffen (Abschnitt 1.2) zu unterscheiden. Eine besondere Rolle spielen Münzen. Das Recht zur Prägung von Münzen, das **Münzregal**, hat in der Bundesrepublik der Bund (Artikel 73 GG). Da der Nennwert der Münzen im Allgemeinen wesentlich über den Kosten der Herstellung liegt, erzielt der Bund häufig einen **Münzgewinn**. Der Bund darf jedoch nicht beliebig viele Münzen prägen, die Menge wird durch die EZB genehmigt. In Umlauf gebracht werden die Münzen in der Bundesrepublik durch die Bundesbank: In Höhe des Nennwertes der Münzen erhält der Bund von der Bundesbank Zentralbankgeld; die Bundesbank gibt die Münzen gegen Zentralbankgeld an die Geschäftsbanken. Da die in Umlauf gebrachten Münzen mengenmäßig eine untergeordnete Rolle spielen, wollen wir sie im Folgenden unberücksichtigt lassen.

Münzregal und Münzgewinn

Beschäftigen wir uns zunächst mit der Geldschöpfung und Geldvernichtung durch die Zentralbank.

1.1 Zentralbankgeld

Zentralbankgeld besteht aus Banknoten und Zentralbankengiralgeld (Sichtguthaben bei der Zentralbank). Wie gelangt Zentralbankgeld in die Hände von Unternehmungen, Haushalten und Geschäftsbanken?

Wie kommt Zentralbankgeld in Umlauf?

Ein Teil des Geldes ist im Zuge der Währungsreform in Umlauf gekommen, als private Haushalte im Umtausch gegen Altgeld ein »Kopfgeld« von 60,– DM erhielten, Unternehmungen – ebenfalls im Umtausch gegen Altgeld – 60,– DM pro Beschäftigten an Übergangshilfe erhalten konnten und die Geschäftsbanken in einem bestimmten Verhältnis Reichsbankgeld in das neue Zentralbankgeld umtauschen konnten. Auch die Gebietskörperschaften erhielten etwas Zentralbankgeld. Da es sich hier um einen einmaligen Grundstock handelte und das so in den Verkehr gekommene Geld nur einen geringen Prozentsatz der derzeitigen Zentralbankgeldmenge ausmacht, wollen wir diese Art der Zentralbankgeldschöpfung im Folgenden nicht weiter berücksichtigen.

Wir erleichtern uns das Verständnis der Zentralbankgeldschöpfung und -vernichtung, wenn wir zunächst einige Vorgänge betrachten, durch die Zentralbankgeld geschaffen wird, und uns klar machen, wie diese Vorgänge die Bilanzen der beteiligten Wirtschaftseinheiten beeinflussen.

Geldschöpfung und Geldvernichtung

(1) Die Zentralbank kauft von einer Produktionsunternehmung Staatsschuldverschreibungen (also Wertpapiere) im Werte von 50. Dieser Vorgang schlägt sich wie folgt in den Bilanzen der beteiligten Wirtschaftseinheiten nieder.[1]

Kauf von Wertpapieren durch die Zentralbank

Veränderungen in der Bilanz der Zentralbank		Veränderungen in der Bilanz der Produktionsunternehmung	
Aktiva	Passiva	Aktiva	Passiva
Zunahme an Wertpapieren 50	Zunahme des Banknotenumlaufs 50	Zunahme der Banknoten 50 / Abnahme an Wertpapieren 50	

Durch den Kauf der Wertpapiere sind Banknoten, also Zentralbankgeld, in Höhe von 50 an den Nichtbankensektor geflossen. Die Geldmenge hat sich um 50 erhöht. Eine Zentralbankgeldschöpfung in derselben Höhe würde erfolgen, wenn die Zentralbank nicht mit Noten, sondern mit einem Sichtguthaben zahlen würde.

(2) Die Zentralbank kauft von einer Geschäftsbank Devisen (Sichtguthaben bei ausländischen Banken) im Wert von 30 und zahlt mit Banknoten. In der Bilanz der Geschäftsbank und der Zentralbank ergeben sich folgende Veränderungen:

Kauf von Devisen durch die Zentralbank

Veränderungen in der Bilanz der Zentralbank		Veränderungen in der Bilanz der Geschäftsbank	
Aktiva	Passiva	Aktiva	Passiva
Zunahme an Devisen 30	Zunahme des Banknotenumlaufs 30	Zunahme der Banknoten 30 / Abnahme der Devisen 30	

Durch den Kauf der Devisen ist Zentralbankgeld im Werte von 30 an die Geschäftsbank geflossen. Diese Zentralbankgeldschöpfung würde sich auch dann ergeben, wenn die Zentralbank durch Bereitstellung eines Sichtguthabens zahlen würde. Die Geldmenge ändert sich durch den Devisenverkauf der Geschäftsbank unmittelbar nicht, da die Zentralbankgeldbestände der Geschäftsbanken nicht zur Geldmenge zählen (vgl. Kapitel 16). Mittelbar kann sich später aber eine Erhöhung der Geldmenge ergeben, wenn die Ge-

---

[1] Vorgänge, die ausschließlich eine Seite der Bilanz berühren (Aktiv- oder Passivtausch) und damit die Bilanzsumme unverändert lassen, werden aus Gründen der Anschaulichkeit nebeneinander verbucht.

schäftsbank z. B. einer Unternehmung einen Kredit gewährt. Geldschöpfung und Erhöhung der Geldmenge müssen also nicht zusammenfallen.

Kreditgewährung der Zentralbank

(3) Die Zentralbank gewährt einen Kredit an eine Geschäftsbank in Höhe von 70. Die sich aus diesem Vorgang ergebenden Veränderungen in den Bilanzen sind:

Veränderungen in der Bilanz der Zentralbank		Veränderungen in der Bilanz der Geschäftsbank	
Aktiva	Passiva	Aktiva	Passiva
Zunahme der Kreditforderungen an Geschäftsbanken	Zunahme der Sichtverbindlichkeiten gegenüber Geschäftsbanken	Zunahme der Sichtguthaben bei der Zentralbank	Zunahme der Kreditverbindlichkeiten gegenüber der Zentralbank
70	70	70	70

Der Erwerb der Kreditforderung durch die Zentralbank hat zu einer Zentralbankgeldschöpfung in Höhe von 70 geführt. Dies würde auch dann gelten, wenn die Zentralbank den Kredit direkt in Noten auszahlen würde. Wie bei Vorgang (2) erhöht sich die Geldmenge unmittelbar nicht.

Was ist das Gemeinsame an diesen Vorgängen? In jedem Fall hat die Zentralbank ein Vermögensteil (Devisen, Wertpapier) erworben oder einen Kredit gewährt und hat mit selbst geschaffenem Zentralbankgeld gezahlt. Man kann diesen Sachverhalt auch folgendermaßen ausdrücken:

Zentralbankgeldschöpfung

> Eine Geldschöpfung der Zentralbank erfolgt, wenn diese Vermögensteile (Aktiva) von anderen Wirtschaftseinheiten kauft oder Kredite gewährt und mit Geld darstellenden Verbindlichkeiten (Banknoten oder Sichtverbindlichkeiten) zahlt.

Keine Zentralbankgeldschöpfung findet demgegenüber statt, wenn die Zentralbank neue Noten druckt und in ihren Tresoren lagert: Der technische Vorgang des Druckens von Geld muss streng von dem wirtschaftlichen Vorgang des In-Umlauf-Bringens des Geldes getrennt werden.

Der Vorgang der Zentralbankgeldvernichtung braucht hier nicht gesondert dargestellt zu werden: Man braucht sich den obigen Devisen- und Wertpapierkauf der Zentralbank nur als Verkauf vorzustellen bzw. die Kreditgewährung nur als Kreditrückzahlung.

Zentralbankgeldvernichtung

> Eine Geldvernichtung durch die Zentralbank erfolgt also, wenn die Zentralbank Vermögensteile an andere Wirtschaftseinheiten verkauft oder Kredite zurücknimmt und dabei ihre Verbindlichkeiten (Banknotenumlauf oder Sichtverbindlichkeiten) vermindert.

Zentralbankgeld kann also nur durch Vorgänge neu geschaffen bzw. vernichtet werden, an denen die Zentralbank selbst beteiligt ist, d. h. durch Vorgänge zwischen der Zentralbank und anderen Sektoren der Volkswirtschaft. Sofern die Zentralbank zu entsprechenden Käufen oder Verkäufen bzw. Kreditgewährungen nicht verpflichtet ist, ist klar, dass sie auch die absolute Kontrolle über die Zentralbankgeldmenge ausüben kann.

Voraussetzungen für die Kontrolle der Zentralbankgeldmenge durch die Zentralbank

Sofern Zentralbankgeld durch eine Kreditgewährung der Zentralbank geschaffen wird, erfolgt bei Rückzahlung der Kredite automatisch eine Geldvernichtung. Da ein nicht unwesentlicher Teil der Zentralbankgeldmenge durch Kreditgewährungen der Zentralbank in Umlauf kommt, setzt also schon die Konstanthaltung der Zentralbankgeldmenge eine immer neue Kreditgewährung der Zentralbank voraus.

1.2 Geschäftsbankengiral(buch-)geld

Geschäftsbankengiralgeld besteht aus Sichtguthaben bei Geschäftsbanken, stellt also eine Forderung gegenüber Kreditinstituten dar. Wie entsteht eine solche Forderung, d. h. wie wird Geschäftsbankengiralgeld geschaffen? Wir wollen die Vorgänge für eine einzelne Geschäftsbank betrachten.

Wie entstehen Sichtguthaben bei Geschäftsbanken?

Die erste Form der Giralgeldschöpfung bzw. -vernichtung sieht die Geschäftsbank in einer relativ passiven Rolle: Ein Haushalt oder eine Unternehmung bringt Banknoten zur Bank (hebt Banknoten ab) und erhält ein entsprechendes Sichtguthaben bei der Bank (und vermindert sein Sichtguthaben entsprechend). Dabei wird Zentralbankgeld in Geschäftsbankengeld umgewandelt und die Geldmenge insgesamt bleibt unverändert. Man spricht hier von **passiver Giralgeldschöpfung** bzw. **-vernichtung**. In den Bilanzen der beteiligten Wirtschaftseinheiten ergeben sich im Falle einer Einzahlung eines Kunden Y bei seiner Bank X folgende Veränderungen:

Passive Giralgeldschöpfung

Veränderungen in der Bilanz der Geschäftsbank X		Veränderungen in der Bilanz des Haushaltes Y	
Aktiva	Passiva	Aktiva	Passiva
Zunahme an Banknoten	Zunahme der Sichtverbindlichkeiten gegenüber Y	Zunahme des Sichtguthabens bei X	Abnahme der Banknoten
100	100	100	100

Zur passiven Giralgeldschöpfung einer einzelnen Bank gehören ferner Zu- und Abgänge auf Sichtguthaben im Zuge des Überweisungsverkehrs oder Umbuchungen von Termin- oder Spargutbaben auf Sichtguthaben und umgekehrt. Für das Bankensystem insgesamt entfällt die Giralgeldschöpfung im Rahmen des nationalen Überweisungsverkehrs, da hier dem zunehmenden

Sichtguthaben bei einer Bank das abnehmende Sichtguthaben bei einer anderen Bank gegenübersteht. Entsprechende Überlegungen gelten für die passive Giralgeldvernichtung. Letztlich verändert sich auch hier nur die Struktur der Geldmenge.

Wesentlich bedeutsamer ist die zweite Form der Geldschöpfung durch eine Geschäftsbank, bei der die Bank einen sehr viel stärkeren Einfluss auf das Zustandekommen der Geldschöpfung nehmen kann: die **aktive Giralgeldschöpfung**.

Aktive Giralgeldschöpfung durch:

Eine aktive Giralgeldschöpfung (»aktiv«, weil die Geschäftsbank hier selbst die Entscheidung trifft, ob die Giralgeldmenge zunimmt oder nicht) durch eine Geschäftsbank findet statt, wenn die Geschäftsbank ein Vermögensteil von einer Nichtbank kauft oder einen Kredit gewährt und durch Einräumung eines Sichtguthabens (das Geld darstellt) zahlt. Der wichtigste Fall der aktiven Giralgeldschöpfung ist der der Gewährung von Kundenkrediten durch die Bank. Bilanzmäßig schlägt sich dieser Vorgang wie folgt nieder (zur Vereinfachung nehmen wir an, dass die Geschäftsbanken zum Zeitpunkt ihrer Kreditgewährung ein entsprechendes Sichtguthaben zur Verfügung stellen und nicht erst bei Inanspruchnahme des Kredites).

– Kundenkredite

	Veränderungen in der Bilanz der Geschäftsbank X		Veränderungen in der Bilanz des Haushaltes Y	
	Aktiva	Passiva	Aktiva	Passiva
	Zunahme der Kreditforderungen an Y	Zunahme der Sichtverbindlichkeiten gegenüber Y	Zunahme der Sichtguthaben bei X	Zunahme der Kreditverbindlichkeiten gegenüber X
	100	100	100	100

– Kauf von Wertpapieren

Andere Beispiele für eine aktive Giralgeldschöpfung der Geschäftsbank sind der Ankauf von Wertpapieren (einschließlich Handelswechsel). Im Fall der aktiven Giralgeldschöpfung erhöht sich die Geldmenge.

> Allgemein erfolgt eine aktive Giralschöpfung der Geschäftsbank, wenn sie Vermögensteile (Aktiva) von anderen Wirtschaftseinheiten kauft oder Kredite gewährt und mit Geld darstellenden Verbindlichkeiten (Sichtverbindlichkeiten) zahlt. Dabei ist die mit einer Kreditgewährung verbundene Geldschöpfung der quantitativ bedeutsamste Vorgang: Geld entsteht in der Regel auf dem Wege der Kreditgewährung von Banken.

2 Grenzen der Geldschöpfung

2.1 Geldschöpfungspotenzial der Zentralbank

Die Geldschöpfung der Zentralbank unterliegt keinen direkten gesetzlichen Grenzen. Die Zentralbank zahlt mit einem Geld, das sie selbst schafft: Entweder räumt die Zentralbank ein Sichtguthaben ein, das ist dann umgekehrt eine Sichtverbindlichkeit der Zentralbank, oder sie zahlt mit Banknoten. Beide Geldarten kann die Zentralbank in beliebigem Umfang bereitstellen.

Keine direkten gesetzlichen Grenzen der Zentralbankgeldschöpfung

In der Wirtschaftsgeschichte hat es bis etwa zum 1. Weltkrieg und zeitweise auch nachfolgend sowohl eine **Deckungspflicht** für den inländischen Banknotenumlauf gegeben – in der Regel musste ein bestimmter Prozentsatz des Notenumlaufs durch Gold gedeckt sein[2] – als auch eine **Eintauschpflicht** von Banknoten gegen Edelmetall durch die Zentralbank. Damit war die Geldversorgung der Wirtschaft an die Verfügbarkeit über Gold bzw. Silber gebunden. Eine solche »Golddeckung« ist inzwischen in allen Ländern der Welt aufgegeben worden.[3] Man glaubt inzwischen, dass die Geldmenge nach rationalen ökonomischen Kriterien gesteuert werden sollte, nach Kriterien, die sich an den gesamtwirtschaftlichen Zielen ausrichten, insbesondere an Preisstabilität und Wachstum der Wirtschaft. Der Wert des Geldes wird in dieser Sicht nicht danach bemessen, welcher Menge Gold sie entspricht, sondern danach, welche Gütermenge man mit dieser Geldsumme kaufen kann. Der Geldwert entspricht also der Kaufkraft des Geldes. Diese Kaufkraft des Geldes hängt ab von der Höhe der Preise der Güter insgesamt, also vom Durchschnitt aller Preise. Um den Wert des Geldes zu erhalten, muss daher die Wirtschaftspolitik, und insbesondere die Geldpolitik selbst, Preisniveaustabilität erhalten (vgl. auch Abschnitt 4 und Kapitel 24). Damit unterliegt die Zentralbankgeldschöpfung einer indirekten Grenze, einer Grenze, die durch das Ziel der Preisniveaustabilität bestimmt wird.

Keine Deckung des Geldes

Der Geldwert entspricht der Kaufkraft des Geldes.

Indirekte Grenze der Zentralbankgeldschöpfung

Man muss allerdings sehen, dass die vollständige Lösung der Geldversorgung von Deckungsvorschriften auch Gefahren birgt. Dann nämlich, wenn keine ökonomische Einsicht besteht, wenn also z. B. eine verantwortungslose Zentralbank der Preisentwicklung keinerlei Beachtung schenkt und inflatorisch wirkende Ausgabensteigerungen des Staates ohne Bedenken durch Ankauf von Staatspapieren finanziert. In solchen Fällen bietet eine reine Papierwährung keine automatische Bremse gegen eine zügellose Inflationspolitik. Eine Deckungsvorschrift erscheint mithin auf den ersten Blick

---

[2] So hieß es im Bankgesetz vom 14.03.1875: »Die Reichsbank ist verpflichtet, für den Betrag ihrer im Umlauf befindlichen Banknoten jederzeit mindestens $1/3$ in kursfähigem deutschen Gelde (deutsche Goldstücke, Reichsscheidemünzen aus Silber, Reichsscheidemünzen aus Kupfer und Nickel, Taler ... oder in Gold in Barren oder ausländischen Münzen das Pfund fein zu 1392 Mark gerechnet, ... in ihren Kassen als Deckung bereitzuhalten.«

[3] Als letztes Relikt einer Golddeckung hat die Zentralbank der Vereinigten Staaten im Jahre 1971 ihre Verpflichtung aufgehoben, ausländischen Zentralbanken Dollarguthaben in Gold umzutauschen.

vorteilhaft. Der Fehler liegt in solchen Fällen aber nicht in der deckungslosen Papierwährung, sondern in der Kurzsichtigkeit der Wirtschaftspolitiker. Außerdem ist es eine Illusion zu glauben, Deckungsvorschriften könnten die Kurzsichtigkeit von Wirtschaftspolitikern entscheidend bremsen. Die Erfahrung zeigt, dass Deckungsregeln – wenn sie unbequem wurden – abgeschafft oder so verändert wurden, dass auch sie keine wirksame Bremse mehr gegen inflationäre Entwicklungen darstellten.

Deckungsvorschriften können geändert werden.

2.2 Geldschöpfungspotenzial der Geschäftsbanken

2.2.1 Grenzen der Geldschöpfung einer einzelnen Bank

Gesetzliche Grenzen der Geldschöpfung bestehen nicht (abgesehen von einigen Vorschriften zur Absicherung der Bankkunden, auf deren Einhaltung das Bundesaufsichtsamt für das Kreditwesen achtet). Gibt es wirtschaftliche Grenzen der Giralgeldschöpfungsfähigkeit der Geschäftsbank?

Wie viel Giralgeld kann eine einzelne Geschäftsbank schaffen?

Um diese Frage beantworten zu können, muss man sich klar machen, was passiert, wenn eine Geschäftsbank ihre Sichtverbindlichkeiten im praktisch bedeutsamsten Fall einer zusätzlichen Kreditgewährung erhöht. Im Zuge einer Kreditgewährung nehmen die Kredite an Nichtbanken und die (Geld darstellenden) Sichtverbindlichkeiten um denselben Betrag zu. Diese Kreditgewährung kann nicht beliebig lange fortgesetzt werden, weil sich in aller Regel Verluste an Zentralbankgeld ergeben, also Verluste an einem Geld, das die Geschäftsbank nicht selbst schaffen kann: Der Kredit wird vom Kunden in Anspruch genommen, d. h. entweder in bar abgefordert oder für Überweisungen verwendet. Wenn der Zahlungsempfänger nicht zufällig Kunde derselben Bank ist (wovon wir hier zur Vereinfachung ausgehen wollen), verliert also die kreditgebende Bank in Höhe des Kredites Zentralbankgeld. Also muss die kreditgewährende Geschäftsbank über einen entsprechenden Betrag an freiem Zentralbankgeld verfügen oder sie muss sich das entsprechende Zentralbankgeld jederzeit beschaffen können.

> Der Bestand an freiem Zentralbankgeld und die Möglichkeiten, sich kurzfristig Zentralbankgeld beschaffen zu können (»potenzielles« Zentralbankgeld), begrenzen also die aktive Geldschöpfungsmöglichkeit der einzelnen Geschäftsbank.

Geschäftsbanken können sich Zentralbankgeld vor allem dadurch beschaffen, dass sie Wertpapiere an die Zentralbank verkaufen oder verpfänden (Wertpapierpensionsgeschäfte) oder dass sie Kreditforderungen an ihre Kunden an die Zentralbank weiterreichen. Diese Zentralbankgeldbeschaffung kann die Zentralbank recht gut kontrollieren.

Falls die Zentralbank aber nicht gewillt ist, den Geldbeschaffungswünschen der Geschäftsbanken entgegenzukommen, sind die Geschäftsbanken in Bezug auf ihre Geldschöpfungsmöglichkeit auf ihre Zentralbankgeldbestände und das umlaufende Bargeld angewiesen. In diesem Sinne spricht man von monetärer Basis, von der Geldbasis. Die **Geldbasis** ist definiert als Summe der Zentralbankgeldbestände der Geschäftsbanken und des Bargeldumlaufs (Bargeld der Nichtbanken).

Das verfügbare Zentralbankgeld begrenzt die Geldschöpfung der einzelnen Bank.

2.2.2 Grenzen der Geldschöpfung des Geschäftsbankensystems

Die Tatsache, dass die einzelne Bank nur so viele Kredite gewähren und damit Giralgeld schaffen kann, wie sie selbst an freiem (und potenziellem) Zentralbankgeld besitzt, wird häufig dahingehend falsch interpretiert, dass auch die Banken zusammen, also das Geschäftsbankensystem, nicht mehr an Krediten gewähren könnte, als es an freiem Zentralbankgeld zur Verfügung hat. Man begreift dann die Kreditgewährung auch des gesamten Bankensystems letztlich als bloße »Geldvermittlung«. Dass diese Vorstellung falsch ist, wollen wir uns anhand eines einfachen Beispiels klarmachen.

Zur Vereinfachung wird angenommen, dass die Einlagen der Geschäftsbanken nur aus Sichteinlagen bestehen. Von Termin- und Spareinlagen wird also abgesehen. Außerdem wird unterstellt, dass Kredite nur auf der Grundlage von freiem Zentralbankgeld gewährt werden. Potenzielles Zentralbankgeld wird also nicht berücksichtigt.

Angenommen, eine Geschäftsbank 1 verfügt in Form eines Überschussguthabens bei der Zentralbank über freies Zentralbankgeld in Höhe von 1.000:

Beispiel einer multiplen Giralgeldschöpfung

Ausgangssituation:

überschüssiges
Zentralbankgeld

Bank 1	
Aktiva	Passiva
Überschussguthaben bei der Zentralbank 1.000	

Die Geschäftsbank 1 kann dann zusätzliche Kredite in Höhe von 1.000 gewähren, indem sie dem Kreditnehmer A ein Sichtguthaben von 1.000 zur Verfügung stellt. Wir wollen annehmen, dass die Geschäftsbank 1 (und die übrigen betrachteten Banken 2, 3, 4 …) ihren Kreditspielraum in vollem Umfang ausnutzen will und kann, also einen Kredit von 1.000 an einen Kunden A gewährt:

Kreditgewährung an den Kunden A

(Wir sehen hier noch von einer Mindestreserveverpflichtung ab.)

Bank 1	
Aktiva	Passiva
Kredit an A 1.000	Sichtverbindlichkeiten gegenüber A (Giralgeld) 1.000
Zentralbankgeldreserve für Kredit an A 1.000	

Der Kreditnehmer A wird über den Kredit verfügen, z. B. eine Überweisung zugunsten seines Lieferanten B bei der Geschäftsbank 2 leisten. Diese Überweisung führt einmal dazu, dass das Sichtguthaben des Kreditnehmers A bei der Bank 1 erlischt und ein gleich hohes Sichtguthaben des Lieferanten B bei der Bank 2 entsteht. Zum anderen vermindert sich der Zentralbankgeldbestand der Geschäftsbank 1 um 1.000, während sich der Zentralbankgeldbestand der Geschäftsbank 2 um 1.000 erhöht (Überweisungen zwischen verschiedenen Geschäftsbanken kann man sich – unter Vernachlässigung technischer Details – letztlich als über die Zentralbank abgewickelt vorstellen. Bei der angenommenen Überweisung wird die Zentralbank die Geschäftsbank 1 mit 1.000 belasten und der Geschäftsbank 2 dafür 1.000 gutschreiben[4]:

Inanspruchnahme des Kredites durch A (Überweisung an B)

Bank 1	
Aktiva	Passiva
Kredit an A 1.000	

Zunahme des Guthabens bei der Zentralbank (Zentralbankgiralgeld) durch Überweisung

Bank 2	
Aktiva	Passiva
Zusätzliches Guthaben bei der Zentralbank 1.000	Sichtverbindlichkeit gegenüber B 1.000

---

4 In der Praxis dienen dem Überweisungsverkehr zwischen »gleichartigen« Geschäftsbanken, wie zwischen Sparkassen oder zwischen genossenschaftlichen Banken, die jeweiligen Zentralinstitute (Girozentrale bzw. Zentralkasse). Die Überweisungen werden über Guthaben der Mitgliedsbanken bei dem Zentralinstitut abgewickelt. Diese Guthaben bei dem Zentralinstitut haben für die einzelne Bank praktisch die Funktion von Zentralbankgeld.

Der Zahlungsempfänger B wird einen Teil dieses Guthabens bei seiner Bank – sagen wir ein Drittel – in bar abheben (die Geschäftsbank 2 verwandelt zu diesem Zweck 333,3 ihres neuerworbenen Guthabens bei der Zentralbank in Noten um), den Rest wird B als Sichtguthaben auf seinem Konto belassen. Die Bank 2 hat durch den Vorgang also letztlich zusätzliches Zentralbankgeld in Höhe von 666,7 erhalten. Dieses Zentralbankgeld steht aber nicht vollständig zur Kreditgewährung zur Verfügung. Wie wir sehen werden (vgl. Kapitel 18), muss jede Bank auf ihre Einlagen einen bestimmten Prozentsatz Mindestreserven halten, d.h. in Höhe dieses Betrages wird Zentralbankgeld gebunden. Da die Geschäftsbank 2 zusätzliche Einlagen in Höhe von 666,7 hat, muss sie hierauf – bei einem angenommenen Mindestreservesatz von 25 Prozent – Mindestreserven in Höhe von 166,67 halten. 666,67−166,67 = 500 stehen also für die Kreditgewährung an den Kunden C zur Verfügung. Bank 2 gewährt diesen Kredit:

Barabhebung von B und Bildung von zusätzlichen Mindestreserven

Bank 2

Aktiva	Passiva
Überschussguthaben (freies Zentralbankgeld) 500	Sichtverbindlichkeiten gegenüber B 666 2/3
Mindestreserven 166 2/3	

Kreditgewährung an C

Bank 2

Aktiva	Passiva
Kredit an C 500	Sichtverbindlichkeiten gegenüber C 500
Zentralbankgeldreserve für Kreditgewährung an C 500	Sichtverbindlichkeiten gegenüber B 666 2/3
Mindestreserven 166 2/3	

Insgesamt sind auf der Basis eines Überschussguthabens des gesamten Bankensystems von 1.000 (das ursprünglich bei der Bank 1 konzentriert war) bereits jetzt zusätzliche Kredite in Höhe von 1.000 + 500 = 1.500 gewährt worden. Die Geldmenge hat sich um denselben Betrag erhöht: Der Bankkunde B hat zusätzlich Noten in Höhe von 333,3 und zusätzliches Giralgeld in Höhe von 666,7. Der Kreditnehmer C besitzt 500 zusätzliches Giralgeld.

Damit ist der Prozess noch nicht beendet. C wird über den Kredit verfügen, dadurch wird der Geschäftsbank 3 Zentralbankgeld zufließen:

Inanspruchnahme des
Kredits durch C
(Überweisung an D)

Bank 2

Aktiva	Passiva
Kredit an C 500	Sichtverbindlichkeiten gegenüber B 666 2/3
Mindestreserven 166 2/3	

Zunahme des Guthabens
von Bank 3 bei
der Zentralbank
(durch Überweisung)

Bank 3

Aktiva	Passiva
Zusätzliches Guthaben bei der Zentralbank 500	Sichtverbindlichkeiten gegenüber D 666 2/3

Ein Teil hiervon wird in bar abgehoben, ein Teil wird als Mindestreserve gebunden.

Barabhebung von D
und Bildung von
Mindestreserven

Bank 3

Aktiva	Passiva
Überschussguthaben 250	Sichtverbindlichkeiten gegenüber D 333 1/3
Mindestreserven 83 1/3	

In Höhe des Restbetrags von 250 kann die Geschäftsbank 3 einen weiteren Kredit gewähren usw.

Die Geschäftsbanken sind nicht nur Geldvermittler, sondern sie können eigenes Geschäftsbankengiralgeld schaffen.

> Wichtig ist, dass das Bankensystem als Ganzes ein Vielfaches des verfügbaren Betrages an freiem Zentralbankgeld an Krediten gewähren und damit die Geldmenge vergrößern kann. Das Geschäftsbankensystem ist im Rahmen der Kreditgewährung keineswegs nur Geldvermittler. Sein Geld- und Kreditschöpfungsspielraum hängt – wie das Beispiel zeigt – vom Mindestreservesatz, den Barabflüssen und der freien Zentralbankgeldmenge ab. Das Geld- und Kreditschöpfungspotenzial ist umso größer, je niedriger der Mindestreservesatz und die Barabflüsse sind und je größer die freie Zentralbankgeldmenge ist.

Man spricht von einer **multiplen Giralgeldschöpfung des Bankensystems**.

Die durch eine solche **multiple** Geldschöpfung des Bankensystems finanzierte Nachfrage nach Gütern kann unerwünschte Wirkungen auf das gesamtwirtschaftliche Geschehen ausüben. Unter anderem deshalb hat man die Geschäftsbanken der Kontrolle durch die Zentralbank unterworfen: Man hat die Zentralbank mit Instrumenten zur Regelung der Kredit- und Geldschöpfungsmöglichkeit der Geschäftsbanken ausgestattet. Wir werden dieses Instrumentarium in Kapitel 18 näher untersuchen.

Weil das Geschäftsbankensystem insgesamt mehr Kredite gewähren kann, als es an freiem Zentralbankgeld besitzt, erhebt sich das Problem der Sicherheit der Bankeinlagen. Die einzelne Geschäftsbank und das Geschäftsbankensystem können nicht zu jedem Zeitpunkt allen Auszahlungswünschen aller Kunden entsprechen, weil sie nur einen bestimmten Anteil ihrer Einlagen als Reserven halten. Im Falle eines Bank Runs (Bankenpanik), wenn Einleger Bankenzusammenbrüche befürchten und zur Bank rennen, um ihre Einlagen in Bargeld umzutauschen, muss und wird daher die Zentralbank als »lender of last resort« einspringen und den Geschäftsbanken sofort auf dem Kreditwege Noten in dem notwendigen Umfang zur Verfügung stellen. Und das wäre volkswirtschaftlich auch sinnvoll, denn die Geldmenge – also das Kaufkraftpotenzial – der Volkswirtschaft wird durch eine Umwandlung von Geschäftsbankengiralgeld in Banknoten nicht verändert, und der Umtausch von Spar- und Terminguthaben in Banknoten würde nur dann Schaden anrichten, wenn dadurch eine über die volkswirtschaftlichen Produktionsmöglichkeiten hinausgehende Kaufaktivität eingeleitet würde.

Problem der Sicherheit der Bankeinlagen

> Es kommt nicht darauf an, dass die Geschäftsbanken im vollen Umfang ihrer Einlagen Noten in den Kassen oder Sichtguthaben bei der Zentralbank halten. Es kommt nur darauf an, dass die Geldmenge insgesamt, bestehend aus Noten, Münzen und Giralgeld, den gesamtwirtschaftlichen Erfordernissen entspricht.

Die vorangegangene Analyse des multiplen Giralgeldschöpfungsprozesses ging von den Zentralbankgeldbeständen (genauer dem **freien Zentralbankgeld**) der Geschäftsbanken aus. Eine solche Betrachtungsweise ist realistisch. Hier wird der Kreditgewährungsspielraum der Geschäftsbanken bei gegebener Verbreitung des bargeldlosen Zahlungsverkehrs (bei gegebenen »Zahlungssitten«) und gegebenen Mindestreservebestimmungen letztlich durch **die Zentralbankgeldmenge** der Volkswirtschaft bestimmt. Bei gegebenen Zahlungssitten ist mit der Zentralbankgeldmenge auch der Teil an Zentralbankgeld bestimmt, der den Geschäftsbanken (als Mindestreserve oder als Überschussguthaben) zur Verfügung steht und auf dessen Basis sie letztlich Kredite gewähren und damit Giralgeld schaffen können. Daher ist es sehr

Bedeutung der Geldbasis

aussagekräftig, die Zentralbankgeldmenge der Volkswirtschaft als Geldbasis (monetäre Basis) zu bezeichnen: Sie setzt sich zusammen aus dem Zentralbankgeld der Geschäftsbanken und dem Bargeldbestand der Nichtbanken und hat eine zentrale Bedeutung für die Steuerung der gesamten Geldmenge einer Volkswirtschaft.

3 Geldangebot, Geldnachfrage und Geldmarktgleichgewicht

Im vorangegangenen Abschnitt ist die Geldschöpfungsfähigkeit, also das Geldschöpfungspotenzial der Geschäftsbanken, untersucht worden. Die Grenze der Geldschöpfungsmöglichkeit der Geschäftsbanken sagt aber nichts Genaues darüber aus:

Unterschied zwischen
- Geldschöpfungspotenzial
- Geldangebot
- Geldnachfrage
- Geldmenge

- wie viel Geld die Banken über Kredite den Nichtbanken tatsächlich anbieten werden, d. h. wie viel Geld im Nichtbankensektor untergebracht werden soll (**Geldangebot**);
- wie viel Geld die Nichtbanken halten wollen, d. h. wie groß der gewünschte Geldbedarf ist (**Geldnachfrage**);
- welche Geldmenge tatsächlich im Nichtbankensektor untergebracht wird, d. h. welcher Geldbestand sich aufgrund des Zusammenwirkens von Geldangebot und Geldnachfrage tatsächlich ergibt (**Gleichgewichtsgeldmenge**).

Das Geldschöpfungspotenzial bildet nur die Obergrenze für das Geldangebot, die Geldmenge und die verwirklichbare Geldnachfrage.

3.1 Geldangebot der Geschäftsbanken

Das Geldschöpfungspotenzial wird nur bei Inanspruchnahme der gesamten Liquiditätsreserven ausgenutzt.

Wie kommt es zum Geldangebot? Wie wir gesehen haben, indem die Geschäftsbanken in irgendeiner Form Schuldtitel der Nichtbanken (Kontokorrentverschuldung, Darlehensverschuldung, Wechselverschuldung, Wertpapierverschuldung) nachfragen und dafür Geld anbieten. Das Geldangebot hängt also eng mit dem Kreditangebot zusammen. Kauft eine Geschäftsbank Schuldtitel, so schlägt sich dies in ihrer Bilanz nieder: Die Kreditgewährung nimmt zu. Das Geldschöpfungspotenzial der Geschäftsbanken wird nun nur dann vollständig ausgenutzt, wenn die Geschäftsbanken sämtliche freien Reserven für die Kreditgewährung (in welcher Form auch immer) einsetzen. Je mehr die Geschäftsbanken auch solche Vermögensteile halten, deren Erwerb zu keiner Erhöhung der Kredite von Nichtbanken führt (Banknoten, Sichtguthaben bei der Zentralbank, bei der Zentralbank gekaufte Geldmarktpapiere, Aktien, Anleihen), um so weniger wird das vorhandene Geldschöpfungspotenzial ausgenutzt. Wie groß das Geldangebot in einer Volkswirtschaft ist (bei gegebener Zentralbankgeldmenge, gegebenen Zahlungssitten und Mindestreservevorschriften), hängt also davon ab, wie die Geschäftsbanken die linke Seite ihrer Bilanz gestalten wollen. In der Untersuchung der Bestimmungsgründe dieser Aufteilung liegt der Kern der **Geldangebotstheorie**.

Die Bestände an Banknoten der Geschäftsbanken und ihrer Sichtguthaben bei der Zentralbank werden praktisch – bei gegebenem Einlagevolumen und Zahlungsgewohnheiten – vollständig bestimmt durch die Mindestreservebestimmungen in der Volkswirtschaft sowie durch die Erfordernisse, die sich aus der Durchführung des Zahlungsverkehrs ergeben. Der Entscheidungsspielraum der Geschäftsbanken in Bezug auf ihr Geldangebot bezieht sich also in erster Linie darauf, welche Aufteilung zwischen Geldanlage, etwa in Geldmarktpapieren, Aktien oder Obligationen, und Kreditgewährung sie anstreben. Jede Geldanlage vermindert die Möglichkeit der Kreditgewährung.

Entscheidend für den gewünschten Mix aus Geldanlage und Kreditgewährung, also entscheidend für die Aufteilung der linken Seite der Bilanz ist auch hier das magische Dreieck der Kapitalanlage, sind also Ertrags-, Liquiditäts- und Risikoüberlegungen.

Da die Kreditgewährung die ertragreichste Anlageform ist, werden Geschäftsbanken versuchen, die Kreditgewährung (sofern die Kreditwünsche der Nichtbanken dies zulassen) auszudehnen. Daneben müssen aber Liquiditäts- und Risikogesichtspunkte bedacht werden. Bei plötzlichen Zentralbankgeldabflüssen – etwa infolge einer spürbaren Erhöhung der gewünschten Bargeldhaltung bei den Nichtbanken – muss für die Geschäftsbanken sofort Zentralbankgeld verfügbar sein. Keine Bank kann es sich leisten, bei einem Auszahlungswunsch eines ihrer Kontoinhaber auch nur den Eindruck zu erwecken, dass sie diesem Wunsch nicht nachkommen kann. Kundenkredite weisen nun einen sehr geringen Liquiditätsgrad auf, da sie nicht gekündigt oder verkauft werden können. Die Banken werden also in gewissem Umfang liquidere, aber geringer verzinsliche Papiere halten, z.B. Geldmarktpapiere der EZB. Und schließlich ist zu beachten, dass für Kundenkredite das relativ hohe Risiko einer Nichtrückzahlung kalkuliert werden muss. Daher werden auch Papiere gehalten, die weniger riskant sind, z.B. Bundesobligationen. Ob die Banken das »Polster« an nicht oder niedriger verzinslichen Vermögensteilen nun reichlicher oder weniger reichlich bemessen, wird bei gegebenem Risiko davon abhängen:

- wie groß der Zinsunterschied zwischen Krediten und sonstigen Vermögensanlagen ist,
- wie die Möglichkeiten und die Zinskosten einer eventuell notwendig werdenden Zentralbankgeldbeschaffung sind.

Das Kredit- und damit das Geldangebot der Geschäftsbanken wird (immer unter sonst gleich bleibenden Umständen) im Rahmen der Kreditgewährungsmöglichkeiten der Banken zunehmen, wenn:

- die Verzinsung für gewährte Kredite steigt,
- die Verzinsung für liquide Anlagen sinkt,
- die Kosten der Refinanzierung bei der Zentralbank abnehmen und die Möglichkeiten der Verschuldung bei der Zentralbank zunehmen.

Bestimmungsgründe des Geldangebotes

Ertrags-, Liquiditäts- und Risikoüberlegungen

Kredite bringen die höchsten Erträge.

Zinsunterschiede und Kosten der Refinanzierung

Kreditangebot nimmt ceteris paribus zu mit
- steigenden Zinsen für gewährte Kredite
- sinkenden Zinsen für Alternativanlagen
- sinkenden Refinanzierungskosten.

Die Refinanzierung der Geschäftsbanken erfolgt überwiegend auf dem in Kapitel 16 beschriebenen Geldmarkt. Hier können sich die Geschäftsbanken benötigtes Zentralbankgeld bei anderen Banken und/oder bei der europäischen Zentralbank beschaffen. Daher ist die institutionelle Ausgestaltung des Geldmarktes (seine Kosten und seine Möglichkeiten) von zentraler Bedeutung für die Geldversorgung der Wirtschaft.

Geht man nun davon aus, dass die Verzinsung von Geldmarktpapieren, der Umfang und die Kosten einer Refinanzierung der Banken und die verfügbare Zentralbankgeldmenge der Geschäftsbanken gegeben sind, so hängt das Geldangebot der Banken – innerhalb der durch das Geldschöpfungspotenzial gegebenen Grenzen – von der Verzinsung für gewährte Kredite ab. Wir können also – entsprechend der Angebotskurve für ein Gut – eine Geldangebotskurve zeichnen, die prinzipiell den in Abbildung 17.1 angegebenen Verlauf aufweisen wird:

Geldangebot in Abhängigkeit von den Kreditzinsen

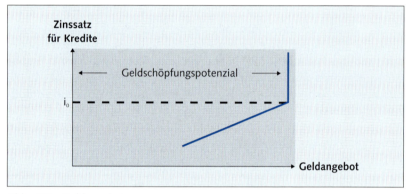

Abb. 17.1: Geldangebot

Unterhalb eines Zinssatzes i_0 (dessen Höhe hier keine Rolle spielen soll) nutzen die Geschäftsbanken nicht ihren gesamten Kreditgewährungsspielraum aus, da es sich bei einem so niedrigen Zins für gewährte Kredite für sie eher lohnt, einen Teil ihrer verfügbaren Mittel in Liquiditätsreserven zu »parken« oder in anderen Titeln, wie z. B. Aktien, anzulegen.

3.2 Geldnachfrage der Nichtbanken

Zum Konzept der Geldnachfrage

Das Konzept von Geldnachfrage ist auf den ersten Blick etwas ungewöhnlich, weil mit dem Konzept von Nachfrage meist die Vorstellung einer Güternachfrage verbunden ist, die durch ein entsprechendes Angebot von Geld finanziert wird. Aber letztlich wird auch das Gut Geld nachgefragt. So wird der in einer Volkswirtschaft existierende Geldbestand, z.B. M1, von den Wirtschaftssubjekten als Kassenbestand gehalten, man spricht von einer Bestandsnachfrage. Diese Bestandsnachfrage ist Eigennachfrage, wenn sich das

Geld schon im eigenen Besitz befindet, oder Neunachfrage, wenn es zusätzlich nachgefragt wird, meist gegen Übergabe eines Schuldtitels.

Zu fragen ist, warum Wirtschaftssubjekte Geld, also *nichtzinstragende* Banknoten, Münzen und Sichtguthaben, halten, statt dafür Konsumgüter, Produktionsmittel oder Wertpapiere zu kaufen, die direkt einen Nutzen oder Ertrag bringen. Diese Geldhaltung kann nur damit erklärt werden, dass auch das Geld Nutzen stiften und/oder Erträge erbringen kann, die den Nutzen und/oder die Erträge anderer Formen der Einkommens- und Vermögensverwendung übersteigen. Der Nutzen besteht im Wesentlichen in der Bequemlichkeit eines Tausches und in der Sicherheit der Geldanlage; Erträge in Form von Wertsteigerungen können resultieren, wenn die Preise von Gütern oder Wertpapieren sinken. Immer verursacht die Geldhaltung aber Kosten, nämlich die **Opportunitätskosten** des Verzichts auf eine zinsbringende Anlage des Geldes, die ja immer möglich ist. In der Geldtheorie werden insbesondere zwei Motive für die Geldnachfrage unterschieden und gedanklich zwei Formen der Geld-(Kassen-)Haltung separiert: die Transaktionskasse und die Spekulationskasse.

Nutzen des Geldes

Opportunitätskosten der Geldhaltung

Geldnachfrage aus dem Transaktionsmotiv (Transaktionskasse)

Weil es zu unbequem – ökonomisch ausgedrückt zu zeitraubend und teuer – ist, für jede kleine Auszahlung Sparguthaben oder ähnliche Formen zinstragender Vermögensanlagen in Geld zu verwandeln, wird ein Geldbestand für solche Transaktionszwecke gehalten. Diese Geldnachfrage hängt ab vom Umfang der üblicherweise geplanten Güterkäufe, letztlich also vom Realeinkommen und vom Preisniveau. Zusätzlich sind die Zahlungssitten der Gesellschaft relevant, also z. B. die Verbreitung und Akzeptanz von Kreditkarten oder die Periodizität von Einkommenszahlungen.

Geldnachfrage aus dem Spekulationsmotiv (Spekulationskasse)

Damit Geld als Zahlungsmittel akzeptiert wird, muss es in gewissem Umfang eine **Wertaufbewahrungsfunktion** haben. Man würde Geld zur Bezahlung eines Verkaufs nicht mehr akzeptieren, wenn es sehr schnell, sozusagen von Stunde zu Stunde, seinen Wert verlöre, wie z. B. in Deutschlands großer Inflation 1923. So ist eine gewisse Wertbeständigkeit des Geldes notwendige Bedingung dafür, dass es als Geld akzeptiert wird. Keynes, der die Geldtheorie entscheidend entwickelt hat, hat die Wertaufbewahrungsfunktion des Geldes als eigenständiges Motiv für die Geldnachfrage betont. Er dachte an Menschen, die beabsichtigen, ihr Geld in Wertpapieren anzulegen und dabei ein Fallen der Wertpapierkurse erwarten. In diesem Fall wäre es offenbar vernünftig, mit der Geldanlage so lange zu warten, bis wieder ein Kursanstieg erwartet wird. In der Zwischenzeit wird Geld als so genannte **Spekulationskasse** gehalten, also insbesondere in Zeiten der Unsicherheit und erwarteter Kurssenkungen. Ganz genau lohnt die temporäre Wertaufbewahrung in Form der Spekulationskasse, wenn der erwartete Kursverlust die anderenfalls mögliche Verzinsung der Anlagemöglichkeit übersteigt. Dieser Gedanke lässt sich für den allerdings ziemlich unwahrscheinlichen Fall einer

Nachfrage nach Geld als Wertaufbewahrungsmittel

allgemeinen Preissenkung (Deflation) erweitern. Wenn (erwartet wird, dass) *alle* Preise sinken, kann Geld das beste Wertaufbewahrungsmittel sein. Es lohnt sich dann, Geld zu horten, weil in Zukunft alles billiger zu haben sein wird.

Ergänzende Überlegungen

Diese, insbesondere von *Keynes*, formulierte Grundvorstellung von möglichen Geldnachfragemotiven kann um die Berücksichtigung von Unsicherheit und Risiko ergänzt werden. Weil die Wirtschaftssubjekte nicht genau wissen, wie viel Geld sie zu Transaktionszwecken benötigen, werden sie schon aus Vorsicht eine etwas größere Geldhaltung präferieren: Man spricht auch von der **Vorsichtskasse**. Und weil die Wirtschaftssubjekte auch nie genau wissen, ob die Kurse von Wertpapieren wirklich sinken und um wie viel sie sinken, werden sie, je nach ihrer Einschätzung und Risikofreudigkeit, in einem gewissen Umfang Spekulationskasse und Wertpapiere gleichzeitig halten. Diese Unsicherheit und die unterschiedliche Risikofreudigkeit der Wirtschaftssubjekte ist schließlich ein wesentlicher Grund dafür, dass die Entscheidungen unterschiedlich ausfallen. Sehr risikoscheue Anleger würden schon bei kleinen Anzeichen für zu erwartende Kurssenkungen dazu neigen, ihr gesamtes freies Vermögen risikolos (und zinslos) als Geld zu halten, andere würden einen Teil der Wertpapiere halten usw. Eine alleinige Spekulationskassenhaltung oder eine alleinige Wertpapierhaltung sind gesamtwirtschaftlich und auch einzelwirtschaftlich gesehen extreme Grenzfälle.

Insgesamt hängt die Geldnachfrage also von verschiedenen Faktoren ab, die in unterschiedlichen Theorien auch immer ein wenig anders gewichtet werden. Es bleibt indes immer eine Abhängigkeit der Geldnachfrage
- von den Zahlungssitten,
- vom Einkommen und Vermögen,
- von den Preisen,
- von der Preis- und Kurserwartung und
- von der Renditeerwartung und
- von den Kosten und Mühen der Geldanlage.

Diese komplexen Zusammenhänge werden in der Regel vereinfacht:
- Es werden konstante Zahlungssitten unterstellt.
- Der Einfluss von Einkommen, Vermögen und Preisen wird zusammengefasst und man stellt auf das reale Volkseinkommen in Form des realen Bruttoinlandsprodukts (Y) und das Preisniveau (P) als zentrale Determinanten der Geldnachfrage ab.
- Schließlich wird, bei gegebenen Kosten und Mühen der Geldanlage, nur eine Alternativanlage in Form festverzinslicher Wertpapiere berücksichtigt. Damit reduziert sich die Preis-, Kurs- und Renditeerwartung auf den Zins (i) der möglichen Geldanlage.

Marginalien:
- Berücksichtigung von Unsicherheit
- Unterschiedlichkeit der Geldhaltung
- Bestimmungsgründe der Geldnachfrage insgesamt

Daraus ergibt sich die folgende Funktion der Geldnachfrage (L)

L = L (Y, P, i)

Dabei wird angenommen, dass die Geldnachfrage ceteris paribus mit steigendem Y und steigendem P zunimmt und mit sinkendem i abnimmt. Diese Zinsabhängigkeit der Geldnachfrage soll noch einmal gesondert begründet werden.

Zinsabhängigkeit der Geldnachfrage

Der für Transaktionszwecke angestrebte Kassenbestand wird aus einem Kalkül abgeleitet, das die Transaktionskosten des Geldumtausches mit den entgangenen Zinseinnahmen vergleicht. Wenn nun die Zinsen, z. B. die Sparzinsen oder die Renditen von Wertpapieren, steigen, dann werden die Wirtschaftssubjekte ihre Kassenhaltung »ökonomisieren«, d. h. ihr Vermögen länger und in größerem Umfang in verzinslicher Form halten wollen. Daraus ergibt sich die Zinsabhängigkeit der Transaktionskasse.

Zinsabhängigkeit der Transaktionskasse

Ähnliches gilt für die Spekulationskasse: Auch diese wird »ökonomisiert«, d. h. knapper kalkuliert, wenn ceteris paribus der mögliche Verzicht auf Zinseinnahmen infolge steigender Zinsen größer wird. Hinzu kommt, dass im Falle der Spekulationskasse auch die Erwartungen über Kursentwicklungen in systematisierbarer Weise beeinflusst werden: Wenn Zinsen und Renditen niedrig sind, dann ist meist das Kursniveau hoch und wenn das Kursniveau hoch ist, dann werden in der Regel eher baldige Kurssenkungen erwartet als weitere Kurssteigerungen und umgekehrt. Bei niedrigen Zinsen lohnt mithin das Halten der Spekulationskasse aus zwei Gründen: Zum einen, weil die Opportunitätskosten gering sind und zum anderen, weil Kurssenkungen erwartet werden.

Zinsabhängigkeit der Spekulationskasse

Schließlich wird auch die aus Unsicherheit und Risikoscheu gehaltene Kasse mit steigenden Zinsen knapper kalkuliert. Ausgangspunkt ist folgende Überlegung im Rahmen der sog. **Portfoliotheorie**. Der Nutzen von Vermögensanlagen hängt ab von ihrem Ertrag und ihrer Sicherheit (Risiko). Diese sind negativ korreliert, d. h. es gibt im Regelfall Anlagen mit einem hohen Ertrag und einem großen Risiko (Typ: Aktien südamerikanischer Goldminen) und Anlagen mit einem kleinen Ertrag und einem kleinen Risiko (Typ: Bundesobligationen) und vielfältige Mischformen. Der Anleger kalkuliert nun das für ihn optimale Portfolio, d. h. die für ihn optimale Kombination von Rendite und Risiko in seiner Vermögensanlage. Dabei wird sein Portfolio in der Regel auch Geld enthalten, weil Geld – bei einem stabilen Güterpreisniveau – die einzige Form der Vermögensaufbewahrung ist, die kein Rückzahlungs- und Kursrisiko aufweist (allerdings auch keinen Ertrag erbringt). Die Struktur dieses Portfolios hängt ab von den Erwartungen des Anlegers und von seiner (subjektiven) Risikofreudigkeit. Entscheidend ist, dass ein solch kalkuliertes Gleichgewicht durch eine Zinsänderung gestört wird: Steigen die Zinsen, so wird der Anleger seine Wertpapieranlage zu Lasten seiner Geldhaltung ausweiten und sinken die Zinsen, so wird der Nutzen

Zinsabhängigkeit der Vorsichtskasse

Die optimale Kombination von Rendite und Risiko

der (risikolosen und zinslosen) Geldhaltung vergleichsweise wieder größer und die Geldhaltung wird ausgedehnt.

Insgesamt kann also festgehalten werden, dass die Geldnachfrage der Nichtbanken **zinsabhängig** ist. Sie nimmt bei gegebenem Einkommen, bei gegebenem Vermögen, bei gegebenen Zahlungssitten und bei gegebenen Erwartungen mit steigendem Zins ab. Abbildung 17.2 gibt eine grafische Darstellung dieses Sachverhaltes.

Steigt z. B. das Einkommen oder das Vermögen, so verschiebt sich die Kurve nach rechts, nimmt das Einkommen oder Vermögen ab, so verschiebt sich die Kurve nach links.

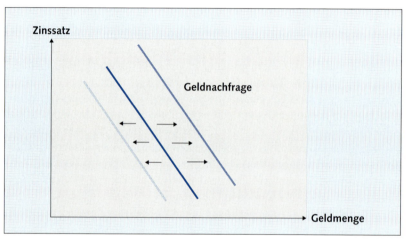

Abb. 17.2: Geldnachfrage

3.3 Geldmarktgleichgewicht und Gleichgewichtszins

Zeichnet man die Geldangebotsfunktion und die Geldnachfragefunktion in ein gemeinsames Diagramm, so ergibt sich die in Abbildung 17.3 dargestellte Geldmarktgleichgewichtskonstellation. Bei dem Zins i^* ist die gesamte Geldnachfrage gleich dem gesamten Geldangebot und es wird die Geldmenge M^* angeboten und gehalten. Dies ist eine rein monetäre Erklärung des Zinses, die in der so genannten **Liquiditätstheorie des Zinses** von Keynes entwickelt worden ist.

M^* ist die Geldmenge, die in der betrachteten Volkswirtschaft bei gegebenem Gesamtmittelaufkommen der Geschäftsbanken (insbesondere bei gegebenem Zentralbankgeldbestand in der Volkswirtschaft) und gegebenem Einkommen und Vermögen der Nichtbanken gehalten wird. Diese Geldmenge wird beim Zinssatz i^* gehalten, bei dem Angebot und Nachfrage nach Geld einander entsprechen (Gleichgewicht).

Im Unterschied dazu hatten die Klassiker eine eher **reale Theorie des Zinses** entwickelt: Der Zins war in ihrer Sicht ein Gleichgewichtspreis, der das Angebot von realen Ersparnissen der Bevölkerung mit der Nachfrage nach

Monetäre Zinstheorie

Gleichgewichtsgeldmenge und Gleichgewichtszins

Klassische Zinstheorie

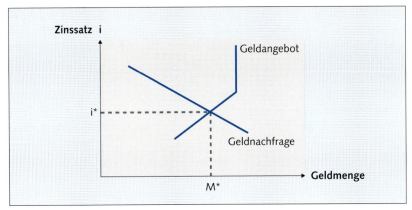

Abb. 17.3: Angebot und Nachfrage von Geld

Ersparnissen für Investitionszwecke zum Ausgleich bringt. Die durch das Bankensystem geschaffene Geldmenge könne die Zinshöhe allenfalls vorübergehend beeinflussen, langfristig bestimme die Spareigung und die Investitionsneigung den Zins.

Heute wird mit dem IS-LM-Konzept (vgl. Kapitel 10) eine **Verbindung von realer Theorie** (I = S: Gleichgewicht von Investition und Ersparnis) **und monetärer Theorie** (L = M: Gleichgewicht von Geldnachfrage und Geldangebot) hergestellt.

<small>Zinserklärung im IS-LM-Konzept</small>

4 Geldwirkungen

Wirkungen des Geldes sind immer auch in den Kapiteln 10, 11 und 12 behandelt worden. Sie sollen hier noch einmal zusammengefasst werden. Dabei unterscheiden sich die Vorstellungen über die Wirkungsweise ein wenig, je nachdem, ob die Theoriebildung eher keynesianisch oder eher monetaristisch geprägt ist.

Die keynesianische Vorstellung

Ausgangspunkt sei eine Erhöhung der Geldmenge durch die Zentralbank im Wege ihrer Offenmarktpolitik (vgl. Kapitel 18). Diese Erhöhung der Geldmenge führt im Normalfall zu sinkenden Zinsen auf den Geld- und Kreditmärkten der Volkswirtschaft. Sie führt nicht zu sinkenden Zinsen, wenn die zusätzliche Geldmenge vollständig als Spekulationskasse gehalten wird, weil sinkende Wertpapierkurse erwartet werden (sog. **Liquiditätsfalle**). Dies ist die Ausnahme, erscheint aber als möglich. Daher zieht eine keynesianisch geprägte Geldpolitik die Zinspolitik einer Geldmengenpolitik vor.

<small>Möglichkeit der Liquiditätsfalle</small>

Wenn die Zinsen sinken, dann werden Investitionen und partiell auch kreditfinanzierte Konsumgüterkäufe ceteris paribus lohnender, insbesondere die Investitionsgüternachfrage steigt. Wenn aber gleichzeitig die Rendi-

<small>Möglichkeit zinsunelastischer Investition</small>

teerwartungen für Investitionen sinken, dann führt eine Zinssenkung nicht zu steigender Investitionsgüternachfrage. Daher meinten Keynesianer, dass in solchen Fällen die Geldpolitik durch eine direkt auf die Nachfrage zielende Fiskalpolitik ergänzt oder ersetzt werden sollte (vgl. Kapitel 15). Aber abgesehen von diesen Fällen reicht die Geldpolitik zur Belebung von Nachfrage, Produktion und Beschäftigung aus. Eine expansive Geldpolitik ist in keynesianischer Sicht also nur prinzipiell wirksam und weist zwei Unsicherheiten auf: die Liquiditätsfalle und die Möglichkeit einer zinsunelastischen Investition.

Eine kontraktive Geldpolitik wirkt in keynesianischer Sicht umgekehrt wie die expansive Geldpolitik: Die Geldmenge sinkt, die Zinsen steigen und die Nachfrage nach Investitionsgütern (und Konsumgütern) geht zurück. Allerdings ist die kontraktive Geldpolitik weniger unsicher, was zu den bekannten Aussprüchen der keynesianischen Wirtschaftspolitik geführt hatte: »Man kann an einem Strick ziehen, aber nicht mit einem Strick schieben,« und »Man kann die Pferde zur Tränke führen, aber man kann sie nicht zwingen zu saufen.«

Die monetaristische Vorstellung – der Transmissionsmechanismus der relativen Preise

Die monetaristisch geprägte Vorstellung von der Übertragung geldlicher Impulse auf den güterwirtschaftlichen Bereich einer Volkswirtschaft steht im Grunde nicht im Gegensatz zur keynesianischen Vorstellung, sondern ist eher eine Erweiterung und Verfeinerung. Den Ausgangspunkt für die Untersuchung dieses **Übertragungsmechanismus** (des **Transmissionsmechanismus**) zwischen dem geld- und güterwirtschaftlichen Bereich einer Volkswirtschaft ist die optimale Vermögensstruktur (Portfoliostruktur) im individuell kalkulierten Gleichgewicht zwischen Ertrag, Risiko und Liquidität. Jede Wirtschaftseinheit bemüht sich, ihr Vermögen (und ihre Schulden) so auf die verschiedenen Anlageformen (und Verschuldungsformen) zu verteilen, dass sie die bestmögliche Mischung aus Ertrag, Risiko und Liquidität erreicht. Das Resultat wird eine jeweils individuell unterschiedliche Vermögensstruktur sein, weil die Wirtschaftseinheiten unterschiedlich risikofreudig sind und in unterschiedlichen Funktionen – etwa als Bank, Investmentfonds, Versicherung oder privater Haushalt – auch unterschiedliche Anlageziele verfolgen.

Für alle Anlagen gilt indes die Regel, dass es grundsätzlich (also mit Ausnahmen) vorteilhaft ist, sein Vermögen auf unterschiedliche Anlageformen zu verteilen (»Man packt nicht alle Eier in den gleichen Korb«). Dies leuchtet unmittelbar ein.

Gegenüber Verlusten ist im Allgemeinen besser abgesichert:
- wer sein Vermögen nicht nur in einer Aktienart anlegt, sondern auf möglichst verschiedene Aktienarten streut,
- wer sein Vermögen nicht nur in Form von Aktien, sondern auch in staatlichen festverzinslichen Wertpapieren hält,
- wer nicht nur finanzielles Vermögen hält, sondern auch Realvermögen.

Bei gegebenen Rendite- und Risikostrukturen resultieren also individuelle Gleichgewichtskonstellationen der Vermögensstruktur. Von diesen Gleichgewichtskonstellationen ausgehend, lässt sich der Wirkungsmechanismus geldlicher Impulse folgendermaßen beschreiben. Ausgangspunkt sei auch hier eine Erhöhung der Geldmenge: Die **Zentralbank** will von den Geschäftsbanken Geldmarktpapiere gegen Zentralbankgeld kaufen, um damit schließlich einen belebenden Einfluss auf die Wirtschaft auszuüben. Wenn die Geschäftsbanken ihr Vermögen in der Ausgangssituation gemäß ihren Wünschen aufgeteilt haben (insbesondere auf Geldmarktpapiere, Überschussguthaben und Kredite), so kann die Zentralbank die Geldmarktpapiere nur von den Geschäftsbanken kaufen, wenn sie diesen einen höheren Preis (Kurs) bietet. Damit nimmt zugleich die tatsächliche Verzinsung dieser Papiere ab (ein Papier, das 100 € kostet und einen Zinsertrag von 10 € pro Jahr bringt, hat eine tatsächliche Verzinsung von 10 Prozent; kostet dasselbe Papier 120 €, so beträgt die tatsächliche Verzinsung bei unverändert 10 € Zinsertrag nur noch 8,33 Prozent). Anstatt zu sagen, die Geschäftsbanken verkaufen die Papiere, weil sie einen hohen Kurs (Preis) dafür bekommen, kann man also auch sagen, die Geschäftsbanken verkaufen die Papiere, weil ihre tatsächliche Verzinsung gesunken ist.

Nach vollzogenem Verkauf haben die **Geschäftsbanken** nun anstelle von Geldmarktpapieren Zentralbankgeld. Da dieses überhaupt keine Verzinsung erbringt, werden sie sich nach einer anderen Anlageform umsehen, und zwar nach einer Anlageform, deren tatsächliche Verzinsung höher ist als die bei Geldmarktpapieren. Es bietet sich für die Geschäftsbanken an, solche finanziellen Anlageformen zu wählen, deren Preis noch nicht (wie der der Geldmarktpapiere) gestiegen ist und das zusätzliche Zentralbankgeld auf mehrere Anlageformen dieser Art zu verteilen (z. B. auf langfristige Staatsschuldverschreibungen, Industrieobligationen und Aktien). Sie werden also neben der Erhöhung von aus Liquiditätsgründen gehaltenen Zentralbankgeldbeständen zusätzliche Kredite an Kunden gewähren wollen.

Wenn die **Nichtbanken** (Unternehmungen, private und öffentliche Haushalte) ihr Vermögen in der Ausgangslage wunschgemäß strukturiert haben, so werden sie jedoch nur bereit sein, zusätzliche Kredite bei Geschäftsbanken aufzunehmen, wenn Kredite billiger werden. Das zusätzliche Kreditangebot der Geschäftsbanken wird tatsächlich zu einer solchen Zinssenkung für aufgenommene Kredite (Sollzinsen) führen. Es ergibt sich also eine Zunahme des Bestandes an gewährten Krediten bei den Geschäftsbanken bei gleichzeitiger Erhöhung der Geldmenge im Nichtbankensektor. Durch die Anpassung der Vermögensbestände an die neue Situation hat sich also allgemein eine Senkung der Ertragsraten finanzieller Vermögensanlagen infolge ihrer Preiserhöhung und/oder Zinssenkung ergeben. Wenn aber verzinsliches finanzielles Vermögen weniger attraktiv geworden ist, werden die Nichtbanken (Produktionsunternehmungen, Versicherungen, Sozialversicherungsträger und privaten Haushalte) nicht bereit sein, ihr Vermögen im bisherigen Umfang in verzinslichen finanziellen Vermögensteilen zu halten.

Der Wirkungsmechanismus geldlicher Impulse vollzieht sich: ausgehend von der Zentralbank ...

... über Anpassungen in den Bilanzen der Geschäftsbanken

... und Anpassungen in der Vermögensstruktur der Nichtbanken

Sie werden also die neuerworbenen Geldbestände zum Teil zur Erhöhung ihrer Geldhaltung verwenden, zum Teil in **vorhandenem Realvermögen** (Grundstücke, Fabriken, Kunstgegenstände) anlegen wollen, das im Preis bisher nicht gestiegen und damit im Ertrag bisher nicht gesunken ist. Die erhöhte Nachfrage nach vorhandenem Realvermögen wird aber auch hier die Preise ansteigen lassen und die Nichtbanken veranlassen, verstärkt – zunächst noch im Preis unverändertes – neuproduziertes Realvermögen (Maschinen, dauerhafte Konsumgüter) nachzufragen, das jetzt verhältnismäßig höhere Erträge erbringt.

... die auch zu einer Veränderung der Konsum- und Investitionsnachfrage führen.

Die Nachfrage nach **neu zu produzierenden Gütern**, also nach zusätzlichem Sozialprodukt, steigt. Ist das Produktionspotenzial nicht ausgelastet, kann hieraus eine Zunahme von Produktion und Beschäftigung resultieren. Ist das Produktionspotenzial hingegen ausgelastet, was wir hier annehmen wollen, so steigt nur das Preisniveau. Und das Preisniveau steigt genau um so viel, dass die zusätzliche Geldmenge auch nachgefragt wird. Dies ist bei konstanten Zahlungssitten und bei unveränderter realer Produktion der Fall, wenn der prozentuale Anstieg des Preisniveaus dem prozentualen Anstieg der Geldmenge entspricht. In monetaristischer Sicht hat die Geldmenge – von vorübergehenden Wirkungen abgesehen – allein einen Einfluss auf das Preisniveau; der Umfang der realen Produktion wird von der Höhe des Reallohnes und vom technischen Fortschritt bestimmt.

Letztlich resultiert nur ein Anstieg des Preisniveaus.

Während der Übertragungsmechanismus in seinen qualitativen Wirkungszusammenhängen von Keynesianern und Monetaristen im Prinzip gleich gesehen wird, unterscheiden sie sich deutlich in der Beurteilung der realen Auswirkung auf Produktion und Beschäftigung: Während für Monetaristen die Geldmenge letztlich nur das Preisniveau beeinflusst – das ist die alte klassische Vorstellung von der Neutralität des Geldes –, halten Keynesianer eine Auswirkung auf Produktion und Beschäftigung für möglich, wenngleich sie hier Unsicherheiten sehen.

Arbeitsaufgaben

1) Beschreiben Sie Möglichkeiten, die eine Zentralbank besitzt, um Banknoten in Umlauf zu bringen.
2) Wie kann eine Geschäftsbank Geld schaffen?
3) Warum kann eine einzelne Geschäftsbank im Allgemeinen nicht mehr Kredit gewähren, als sie freies Zentralbankgeld (bzw. freie Liquiditätsreserven) besitzt?
4) Sind Bankeinlagen sicher? Was passiert bei einem Bank Run?
5) Kann man das Bankensystem in Bezug auf seine Kreditgewährung als bloßen Geldvermittler ansehen? Begründen Sie Ihre Antwort.
6) Beschreiben Sie den multiplen Geldschöpfungsprozess anhand eines Beispiels. Gehen Sie dabei von einem Überschussguthaben des Geschäftsbankensystems (konzentriert bei der Bank 1) in Höhe von 1.000,

einem Mindestreservesatz von 25 Prozent und einer Barabzugsquote von 10 Prozent aus.
7) Welche Überlegungen gehen in die Gestaltung des Geldangebots einer Geschäftsbank ein?
8) Was versteht man unter der Geldnachfrage, und welche Motive liegen der Geldnachfrage zu Grunde?
9) Welche Wirkung hat eine Veränderung der Geldmenge in keynesianischer und monetaristischer Sicht?
10) Wodurch könnte die im traditionellen Keynesianismus verbreitete Skepsis gegenüber positiven Beschäftigungseffekten einer Erhöhung der Geldmenge begründet werden?

Lösungsvorschläge für die Arbeitsaufgaben finden Sie im »Übungsbuch zu Grundlagen und Probleme der Volkswirtschaft«.

Literatur

Eine umfassende, sehr konzise Darstellung der Probleme des Geldbereiches einer Volkswirtschaft gibt:
Kath, Dietmar: Geld und Kredit, in: Vahlens Kompendium der Wirtschaftstheorie und Wirtschaftspolitik, Band 1, 8. Aufl., München 2003, S. 187–235.

Ausführlich und gut verständlich ist:
Issing, Otmar: Einführung in die Geldtheorie, 13. Aufl., München 2003.

Gut zu lesen ist immer noch das ältere Lehrbuch von:
Schneider, Erich: Einführung in die Wirtschaftstheorie III. Teil, Geld, Kredit, Volkseinkommen und Beschäftigung, 12. Aufl., Tübingen 1973, I. und II. Kapitel.

Eine problemorientierte Einführung, die sich auch auf die monetären Institutionen der Bundesrepublik bezieht, ist:
Duwendag, Dieter, u.a.: Geldtheorie und Geldpolitik in Europa, 5. Aufl., Berlin 1999.

Stärker modelltheoretisch ausgerichtet ist das Lehrbuch von:
Jarchow, Hans-Joachim: Theorie und Politik des Geldes, I. Geldtheorie, 11. Aufl., Göttingen 2003.

Umfassend und theoretisch anspruchsvoll ist das Lehrbuch von:
Fuhrmann, Wilfried: Geld und Kredit. Prinzipien monetärer Makroökonomie, 2. Aufl., München 1994.

Eine umfassende Darstellung der Bestimmungsgründe des Zinses, die auch die Theoriegeschichte berücksichtigt, findet sich in:
Lutz, Friedrich A.: Zinstheorie, 2. Aufl., Tübingen 1967.

18. Kapitel
Geldpolitik der Europäischen Zentralbank

LERNZIELE

Leitfrage:
Welches sind die wichtigsten geldpolitischen Instrumente der Europäischen Zentralbank (EZB) und wie wirken sie?
- Was ist Offenmarktpolitik?
- Wie ist die Offenmarktpolitik der EZB ausgestaltet?
- Was ist Mindestreservepolitik?
- Wie ist die Mindestreservepolitik der EZB ausgestaltet?
- Wie wirken Offenmarktpolitik und Mindestreservepolitik?
- Welche geldpolitischen Strategien finden Anwendung?
- Was ist eine potenzialorientierte Geldmengenpolitik?
- Wie ist die geldpolitische Strategie der EZB ausgestaltet?

1 Vorbemerkungen – Ziele und Mittel der Geldpolitik

Aufgabe der Geldversorgung

Geldpolitik hat die Aufgabe, eine optimale Geldversorgung der Wirtschaft zu gewährleisten. Diese Aufgabe wird überwiegend einer staatlich organisierten, aber unabhängigen Zentralbank zugewiesen. Vereinzelt gemachte Vorschläge, die Aufgabe der Geldversorgung einem Wettbewerb privater Geschäftsbanken zu überlassen, die ein System konkurrierender Parallelwährungen schaffen sollten, haben sich bislang nicht durchgesetzt. Geldpolitik bleibt staatliche Aufgabe.

Geldpolitik ist eine staatliche Aufgabe

Geldwertstabilität

Unstrittig ist das Ziel der Geldpolitik: die Wahrung der Geldwertstabilität. Strittig ist nur, ob dies das einzige Ziel der Geldpolitik sein soll. In monetaristischer Sicht hat die Geldpolitik nur das Ziel, für Geldwertstabilität zu sorgen. Andere Ziele anzustreben, sei einerseits nicht notwendig, weil das marktwirtschaftliche System an sich zur Vollbeschäftigung tendiere, und andererseits nicht möglich, weil die Geldmenge auch nur einen Einfluss auf das Preisniveau ausübe. In keynesianischer Sicht erhält die Geldpolitik mindestens eine weitere Hilfsfunktion, nämlich die antizyklische Fiskalpolitik in Rezessionsphasen durch eine Niedrigzinspolitik und in Boomphasen durch eine Hochzinspolitik zu unterstützen.

Geldpolitik als Geldmengenpolitik ...

Konsequenterweise fordern die Monetaristen eine Geldmengensteuerung der Zentralbank in Form einer quasi automatischen und relativ konstanten Erhöhung der Geldmenge um den Prozentsatz des erwarteten realen Wirtschaftswachstums oder des Wachstums des realen Produktionspotenzials (sog. **potenzialorientierte Geldmengenpolitik**) plus der für unvermeidlich gehaltenen Preissteigerungsrate. Instrumente der Zentralbank, die hierüber hinausgehend eine an konjunkturpolitischen Erfordernissen ausgerichtete (»diskretionäre«) Geldpolitik erlauben, lehnen sie im Prinzip ab. Die **Keynesianer** setzen sich demgegenüber für eine Geldpolitik *ergänzend* auch zum Zwecke der Konjunktursteuerung ein und fordern dementsprechende Instrumente der Zentralbank. Für sie ist Geldpolitik vor allem auf den Zinssatz als Steuerungsgröße ausgerichtet.

... bzw. als Zinspolitik

Wie dargelegt (vgl. Kapitel 16, Abschnitt 4.2) hat die Europäische Zentralbank (EZB) primär das Ziel, die Preisstabilität zu sichern. Daneben soll sie die allgemeine Wirtschaftspolitik der Gemeinschaft unterstützen. Dafür stehen der Europäischen Zentralbank folgende Instrumente zur Verfügung:

- die Offenmarktpolitik,
- die Politik der ständigen Fazilitäten und
- die Mindestreservepolitik.

Diese Instrumente werden im Folgenden erläutert und abschließend wird die geldpolitische Strategie der EZB dargestellt.

In Deutschland war es lange Zeit traditionelle Refinanzierungsform der Geschäftsbanken, bei ihr eingereichte Handelswechsel bei der Zentralbank zum Rediskont einzureichen und dafür einen Kredit an Zentralbankgeld zu erhalten. Und die Deutsche Bundesbank hatte im Rahmen der so genannten

Diskontpolitik die Möglichkeit, diese Refinanzierung zu beeinflussen. Die **Diskontpolitik** bestand:
- erstens in der Festsetzung des Diskontsatzes, d. h. des Zinses, den die Bundesbank den Geschäftsbanken bei der Diskontierung berechnet,
- zweitens in der Bestimmung der qualitativen Anforderungen, die die Bundesbank an Wechsel, die sie rediskontiert, stellt (Abgrenzung des rediskontfähigen Materials),
- drittens in der Festsetzung der Rediskontkontingente, d. h. der Höchstbeträge, bis zu denen die Bundesbank Wechsel von den einzelnen Banken rediskontiert.

Eine solche Diskontpolitik gibt es im Europäischen System der Zentralbanken (ESZB) nicht mehr. Auch für die Bundesbank hatte dieses Instrument zunehmend an Bedeutung verloren. Weil manche Verträge in der Bundesrepublik noch an den Diskontsatz gekoppelt sind, wird für eine Übergangszeit im ESZB ein Nachfolgezinssatz für den Bundesbankdiskontsatz kalkuliert. Dieser Diskontsatz wird **Basiszinssatz** genannt; er beträgt im November 2005 z. B. 1,17 Prozent. Für die Geldpolitik der EZB spielt der Basiszinssatz keine Rolle. Der Basiszins darf nicht mit dem Basispunkt verwechselt werden. Ein Basispunkt ist ganz allgemein ein Hundertstel eines Prozentpunktes, also 0,01 Prozentpunkt.

Abschaffung der Diskontpolitik

2 Offenmarktpolitik

2.1 Begriff und prinzipielle Funktionsweise

In einer wachsenden Volkswirtschaft kann eine hinreichende Geldversorgung der Wirtschaft nur durch eine fortwährende Ausweitung der nominalen Geldmenge erreicht werden. Hierfür ist die Offenmarktpolitik das zentrale Instrument.

Unter der Offenmarktpolitik der Zentralbank versteht man den An- und Verkauf von Wertpapieren gegen Zentralbankgeld durch die Zentralbank. Offenmarktkäufe bzw. -verkäufe der Zentralbank führen also zu einer Zentralbankgeldschöpfung bzw. -vernichtung.

Offenmarktpolitik: An- und Verkauf von Wertpapieren durch die Zentralbank

Der Begriff »Offen«marktpolitik ist historisch zu erklären, weil der Markt, auf dem in England ursprünglich Offenmarktgeschäfte durch An- und Verkauf von langfristigen Staatspapieren betrieben wurde, sämtlichen Interessenten »offen« stand – im Gegensatz zum Geldmarkt, zu dem nur bestimmte Personengruppen Zugang hatten. Heutzutage ist dies, zumindest im ESZB, anders: Hier sind nur finanziell solide monetäre Finanzinstitute, die in das Mindestreservesystem einbezogen sind, als Geschäftspartner zugelassen.

Die folgende kontenmäßige Darstellung macht das Grundprinzip der Offenmarktpolitik für den Fall einer **expansiven Offenmarktpolitik** (Kauf von Wertpapieren durch die Zentralbank) deutlich:

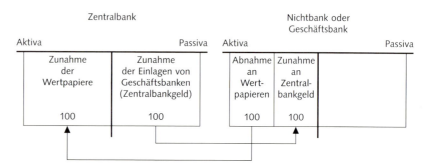

Durch den Kauf der Wertpapiere von den Geschäftsbanken hat sich der Bestand an Zentralbankgeld der Geschäftsbanken erhöht; aufgrund dieser erhöhten Geldbasis können die Geschäftsbanken ihrerseits zusätzliche Kredite an Nichtbanken gewähren.

Zentralbanksätze in Konkurrenz zu Marktsätzen

Da die Zentralbank die Geschäftsbanken zu der von ihr geplanten Offenmarktpolitik nicht zwingen kann, muss sie entsprechende attraktive Konditionen bieten: Bei einer geplanten expansiven Offenmarktpolitik müssen die verlangten Zinssätze für die Zentralbankgeld-Kreditgewährung niedriger als sonst übliche Geldmarktzinsen sein, und bei einer geplanten kontraktiven Offenmarktpolitik – die aber relativ seltener ist – müssen die von der Zentralbank gebotenen Zinssätze höher sein als die sonst üblichen Geldmarktzinsen.

Reversibilität der Transaktionen

Offenmarktgeschäfte sind sehr häufig zeitlich befristete reversible Transaktionen, bei denen am Ende der Laufzeit das Geschäft rückgängig gemacht werden muss. Für den Regelfall einer expansiven Offenmarktpolitik heißt dies, dass die Geschäftsbanken am Ende der Laufzeit ihre Wertpapiere zurückkaufen müssen. Dadurch erfolgt ein automatischer Rückfluss von Zentralbankgeld. Solche zeitlich befristeten Offenmarktgeschäfte werden häufig auch **Wertpapierpensionsgeschäfte** genannt und der Zinssatz als **Pensionssatz** bezeichnet; nach der englischen Bezeichnung Repurchase für Rückkauf werden solche Geschäfte auch **Repo-Geschäfte** und der Zinssatz **Repo-Rate** genannt. Mit einer solchen Reversibilität lässt sich die Entwicklung der Zentralbankgeldmenge im Geschäftsbankensektor recht gut steuern, weil sich auch kontraktive Effekte einstellen, wenn auslaufende Geschäfte nicht durch neue Geschäfte ersetzt werden und die Geschäftsbanken ihre Geldmarktpapiere zurückkaufen müssen.

Mit solchen Rückkäufen ergeben sich in den Bilanzen folgende Änderungen:

Zentralbank		Geschäftsbanken	
Aktiva	Passiva	Aktiva	Passiva
Abnahme an Geldmarktpapieren	Abnahme der Einlagen der Geschäftsbanken (Zentralbankgeld)	Zunahme an Geldmarktpapieren / Abnahme an Zentralbankgeld	
100	100	100 / 100	

Daraus wird deutlich, dass solche Rückkäufe zu einer Abnahme der Zentralbankgeldmenge im Geschäftsbankensektor führen.

2.2 Offenmarktpolitik der Europäischen Zentralbank

2.2.1 Überblick über die Instrumente der EZB

Im Rahmen ihrer Offenmarktpolitik hat die Europäische Zentralbank eine Reihe von Möglichkeiten, die, wie es für europäische Institutionen typisch ist, in etwas ungewöhnlicher Begrifflichkeit erläutert werden.

Nach der **Zielsetzung** der Instrumente differenziert, stehen der Europäischen Zentralbank folgende Instrumente zur Verfügung:

Nach der Zielsetzung differenzierte Instrumente

- Als **Hauptrefinanzierungsinstrument** dienen regelmäßig stattfindende liquiditätszuführende befristete Transaktionen in wöchentlichem Abstand und mit einer Laufzeit von in der Regel einer Woche. Diese Transaktionen werden von den nationalen Zentralbanken im Rahmen von Standardtendern (s. u.) durchgeführt. Diesem Hauptrefinanzierungsinstrument kommt bei der Verfolgung der Ziele der Offenmarktgeschäfte der EZB eine Schlüsselrolle zu; über sie wird dem Finanzsektor der größte Teil des Refinanzierungsvolumens zur Verfügung gestellt. Dieses Hauptinstrument der Offenmarktpolitik der EZB wird in Abschnitt 2.2.3 detailliert dargestellt.
- Die **längerfristigen Refinanzierungsgeschäfte** sind liquiditätszuführende befristete Transaktionen in monatlichem Abstand und mit einer Laufzeit von meist drei Monaten. Über diese Geschäfte sollen den Geschäftspartnern zusätzliche längerfristige Refinanzierungsmittel zur Verfügung gestellt werden. Sie werden von den nationalen Zentralbanken im Wege von Standardtendern durchgeführt. Auch diese werden in Abschnitt 2.2.3 dargestellt.
- **Feinsteuerungsoperationen** werden von Fall zu Fall zur Steuerung der Marktliquidität und der Zinssätze durchgeführt, und zwar insbesondere, um die Auswirkungen unerwarteter marktmäßiger Liquiditätsschwankungen auf die Zinssätze auszugleichen. Die Feinsteuerung erfolgt in erster Linie über befristete Transaktionen, u. U. aber auch in Form von defi-

nitiven Käufen bzw. Verkäufen, Devisenswapgeschäften und der Hereinnahme von Termineinlagen. Feinsteuerungsoperationen werden üblicherweise von den nationalen Zentralbanken über Schnelltender oder bilaterale Geschäfte (s. u.) durchgeführt. Der EZB-Rat entscheidet, ob in Ausnahmefällen Feinsteuerungsoperationen von der EZB selbst durchgeführt werden.
- **Strukturelle Operationen** haben das Ziel, die strukturelle (grundlegende) Liquiditätsposition des Finanzsektors zu beeinflussen. Sie werden ausgeführt über die Emission von Schuldverschreibungen, über befristete Transaktionen und definitive Käufe bzw. Verkäufe. Auch diese Operationen werden im Regelfall von den nationalen Zentralbanken über Standardtender durchgeführt.

Nach Art und Fristigkeit differenziert

Nach der **Art und Fristigkeit** differenziert stehen der EZB folgende Instrumente zur Verfügung:
- Kurzfristige Geschäfte mit einer Laufzeit von einer Woche,
- mittelfristige Geschäfte mit einer Laufzeit von drei Monaten,
- Devisenswaps und die
- Emission von Schuldverschreibungen.

Nach Reversibilität differenziert

Nach der **Reversibilität** differenziert, stehen der EZB folgende Instrumente zur Verfügung:
- Befristete Transaktionen in Form von Pensionsgeschäften oder Pfandkrediten und
- unbefristete Transaktionen, die sog. definitiven Käufe bzw. Verkäufe.

Die Abbildung 18.1 stellt die verschiedenen Formen zusammen.

Devisenswaps sind etwas kompliziertere Geschäfte. Im Rahmen eines Devisenswapgeschäftes werden von der EZB Fremdwährungen per Kasse gegen Euro gekauft und gleichzeitig per Termin wieder verkauft (liquiditätszuführende Devisenswaps) oder Fremdwährungen per Kasse gegen Euro verkauft und gleichzeitig wieder per Termin zurückgekauft (liquiditätsabsorbierende Devisenswaps). Bei Devisentransaktionen per Kasse erfolgt die Übergabe und Bezahlung der Fremdwährungen innerhalb von zwei Tagen nach Vertragsschluss, und zwar zum Kassakurs bei Vertragsabschluss. Bei Devisentransaktionen per Termin erfolgt die Übergabe und Bezahlung der Fremdwährungen später, und zwar zu dem bei Vertragsschluss vereinbarten Terminkurs.

2.2.2 Tenderverfahren

Tender als Emissionsverfahren

Die Offenmarktgeschäfte der EZB (und auch anderer Zentralbanken) werden in der Regel in Form von Tendern durchgeführt. Ein **Tender** ist ein Verfahren zur Unterbringung einer Wertpapieremission in einer öffentlichen Ausschreibung. Im Prinzip wird das Emissionsvolumen an die Meistbietenden verteilt. Man unterscheidet Mengentender und Zinstender.

Offenmarktpolitik

Bezeichnung	Transaktionsart		Laufzeit	Rhythmus	Verfahren
	Liquiditäts-bereitstellung	Liquiditäts-abschöpfung			
Hauptrefinanzierungsinstrument	Befristete Transaktionen	–	Eine Woche	Wöchentlich	Standardtender
Längerfristige Refinanzierungsgeschäfte	Befristete Transaktionen	–	Drei Monate	Monatlich	Standardtender
Feinsteuerungsoperationen	Befristete Transaktionen Devisenswaps	Befristete Transaktionen Devisenswaps Hereinnahme von Termineinlagen	Nicht standardisiert	Unregelmäßig	Schnelltender Bilaterale Geschäfte
	Definitive Käufe	Definitive Verkäufe			Bilaterale Geschäfte
Strukturelle Operationen	Befristete Transaktionen	Emission von Schuldverschreibungen	Standardisiert/ nicht standardisiert	Regelmäßig und unregelmäßig	Standardtender
	Definitive Käufe	Definitive Verkäufe		Unregelmäßig	Bilaterale Geschäfte

Quelle: Europäische Zentralbank, Durchführung der Geldpolitik im Euro-Währungsgebiet, Februar 2005, S. 11

Abb. 18.1: Offenmarktgeschäfte der EZB

Bei einem **Mengentender** gibt die EZB den Zinssatz vor (auch Festsatztender genannt); bei einem **Zinstender** geben die Teilnehmer Gebote über die Beträge und die Zinssätze ab, zu denen sie Geschäfte abschließen wollen.

Übersteigt das Bietungsvolumen den vorgesehenen Zuteilungsbetrag, so werden die Gebote anteilig zum Gebotsumfang zugeteilt, wenn es sich um einen Mengentender handelt. Bei einem Zinstender werden die Gebote mit den höchsten Zinssätzen vorrangig zugeteilt.

Zuteilungsprinzipien

Nach der Schnelligkeit der Verfahren unterscheidet die EZB Standardtender und Schnelltender. **Standardtender** werden innerhalb von 24 Stunden (von der Ankündigung bis zur Bestätigung des Ergebnisses) und **Schnelltender** innerhalb von 90 Minuten durchgeführt.

Bilaterale Geschäfte sind Transaktionen zwischen der EZB und wenigen Geschäftspartnern. Hier wird auf das Tenderverfahren verzichtet.

2.2.3 Die Hauptrefinanzierung und die längerfristige Refinanzierung

Das zentrale Instrument der Offenmarktpolitik der EZB sind die so genannte **Hauptrefinanzierungsgeschäfte**. Über sie wird dem Finanzsektor der weitaus größte Teil des Refinanzierungsvolumens zur Verfügung gestellt. Die wesentlichen Merkmale der Hauptrefinanzierung sind:

Bedeutung der Hauptrefinanzierung

- Durchführung im wöchentlichen Abstand in Form von Pensionsgeschäften,
- Laufzeit eine Woche,
- Abwicklung im Standardtenderverfahren, in der Regel als Mengentender mit festgesetztem Zins,
- zugelassene Geschäftspartner sind die monetären Finanzinstitute, die in das Mindestreservesystem einbezogen sind,
- für die Kreditgeschäfte müssen ausreichende Sicherheiten gestellt werden (meist marktfähige Schuldtitel),
- die Durchführung der Hauptrefinanzierungsgeschäfte obliegt den nationalen Zentralbanken.

> Der Zinssatz für die Hauptrefinanzierung ist der zentrale Leitzins im Eurosystem.

Bedeutung der längerfristigen Finanzierung

Neben der Hauptrefinanzierung spielt auch die so genannte **längerfristige Refinanzierung** eine gewisse Rolle. Die Transaktionen ähneln den Hauptrefinanzierungsgeschäften. Die Unterschiede bestehen in folgenden Punkten:
- Durchführung im monatlichen Abstand und
- Laufzeit von drei Monaten.

Üblicherweise wird für diese Zuteilung das Zinstenderverfahren gewählt, um die Marktzinsentwicklung nicht zu stark zu beeinflussen. Mit den Refinanzierungsgeschäften bietet die EZB dem Finanzsektor einmal im Monat die Möglichkeit zur längerfristigen Mittelbeschaffung.

Keine große Bedeutung der Feinsteuerungs- und der strukturellen Operationen

Feinsteuerungsoperationen sollen unerwartete Liquiditätsschwankungen ausgleichen, sie werden, wie die strukturellen Operationen, recht selten durchgeführt.

3 Ständige Fazilitäten

Im Rahmen des ESZB bestehen so genannte **Ständige Fazilitäten** für die Bereitstellung bzw. für die Abschöpfung von Liquidität jeweils bis zum nächsten Geschäftstag. Dies ist zum einen die Möglichkeit der Inanspruchnahme von Tageskrediten (Spitzenrefinanzierungsfazilität) und zum anderen die Möglichkeit der täglichen Anlage von überschüssiger Liquidität (Einlagefazilität). Diese Ständigen Fazilitäten signalisieren den allgemeinen geldpolitischen Kurs der EZB und sie erlauben eine recht genaue Steuerung des Geldmarktzinssatzes. Die Deutsche Bundesbank hatte über solche Instrumente der Geldpolitik nicht verfügt.

Spitzenrefinanzierungsfazilität

Die Spitzenrefinanzierungsfazilität kann von den zugelassenen Geschäftsbanken unbegrenzt in Anspruch genommen werden. Hier wird Zentralbankgeld bis zum nächsten Geschäftstag über Nacht (Übernachtliquidität) zur Verfügung gestellt; diese Kreditlinie dient also zur Deckung eines vorübergehenden Liquiditätsbedarfs. Praktisch wird die Spitzenrefinanzierungsfazilität bei der jeweiligen nationalen Zentralbank in Anspruch genommen; entweder auf Antrag oder automatisch, nämlich dann, wenn am Tagesende ungedeckte Schuldnerpositionen auf den Konten der Geschäftsbank bei ihrer nationalen Zentralbank verblieben sind. Ausreichende Sicherheiten müssen hinterlegt werden (vgl. Abschnitt 6). Diese Übernachtkredite müssen zu einem im Voraus bekannt gegebenen Zinssatz verzinst werden; dieser Zinssatz ist naturgemäß eine absolute **Obergrenze** für den allgemeinen Tagesgeldsatz am Geldmarkt.

Zur Deckung kurzfristiger Liquiditätsbedarfe

Zinssatz ist Obergrenze für Tagesgeldsatz

Einlagefazilität

Auch die Einlagefazilität kann von den zugelassenen Geschäftsbanken unbegrenzt in Anspruch genommen werden. Hier kann überschüssige Liquidität bis zum nächsten Geschäftstag (Übernachtliquidität) bei den nationalen Zentralbanken angelegt werden. Diese Einlagen werden zu einem im Voraus bekannt gegebenen Zinssatz verzinst; dieser Zinssatz ist im Allgemeinen die **Untergrenze** des allgemeinen Tagesgeldsatzes am Geldmarkt.

Zinssatz ist Untergrenze für Tagesgeldsatz

Tabelle 18.1 stellt die Zinssätze der EZB für die Ständigen Fazilitäten und die Hauptrefinanzierung zusammen. Daraus wird deutlich, dass der Zins-

Gültig ab		Einlagefazilität % p.a.	Hauptrefinanzierungsgeschäfte % p.a.	Spitzenrefinanzierungsfazilität % p.a.
1999	1. Jan.	2,00	3,00	4,50
	4. Jan.	2,75	3,00	3,25
	22. Jan.	2,00	3,00	4,50
	9. April	1,50	2,50	3,50
	5. Nov.	2,00	3,00	4,00
2000	4. Febr.	2,25	3,25	4,25
	17. März	2,50	3,50	4,50
	28. April	2,75	3,75	4,75
	9. Juni	3,25	4,25	5,25
	1. Sept.	3,50	4,50	5,50
	6. Okt.	3,75	4,75	5,75
2001	11. Mai	3,50	4,50	5,50
	31. Aug.	3,25	4,25	5,25
	18. Sept.	2,75	3,75	4,75
	9. Nov.	2,25	3,25	4,25
2002	6. Dez.	1,75	2,75	3,75
2003	7. März	1,50	2,50	3,50
	6. Juni	1,00	2,00	3,00
Quelle: Deutsche Bundesbank, Monatsbericht März 2005, S. 43				

Tab. 18.1: Zinssätze der EZB von 1999 bis 2005

satz für die Hauptrefinanzierung immer etwa in der Mitte zwischen den Sätzen der Ständigen Fazilitäten liegt.

Die Spanne zwischen den Zinssätzen für die Spitzenrefinanzierungsfazilität und der Einlagefazilität wird auch als **Zinskanal für Tagesgeld** bezeichnet.

Zinskanal

4 Mindestreservepolitik

Die Geldpolitik kann vorschreiben, dass Geschäftsbanken in Höhe eines bestimmten Prozentsatzes ihrer Einlagen – dem **Mindestreservesatz** – verzinsliche oder auch unverzinsliche Sichtguthaben bei der Zentralbank halten. Diese Mindestreservesätze können nach der Art und Höhe der Einlagen gestaffelt sein.

Prinzip der Mindestreservepolitik

Hat z. B. eine Bank Einlagen in Höhe von 500 und beträgt der (als Dezimalzahl geschriebene) Mindestreservesatz 0,20, so ergibt sich die zu haltende Mindestreserve (MR) als:

$$MR = 0{,}20 \cdot 500 = 100$$

Veränderung in der Bilanz einer Geschäftsbank	
Mindestreserven 100	
	Einlagen 500

Wird der Mindestreservesatz erhöht, z. B. von 20 Prozent auf 30 Prozent, so nimmt die zu haltende Mindestreserve bei unverändertem Einlagenvolumen zu:

$$MR = 0{,}30 \cdot 500 = 150$$

Wird der Mindestreservesatz herabgesetzt, z. B. von 20 Prozent auf 10 Prozent, so nimmt die zu haltende Mindestreserve bei unverändertem Einlagenvolumen ab:

$$MR = 0{,}10 \cdot 500 = 50$$

Der Bedarf der Geschäftsbanken an Zentralbankgeld steigt (fällt) also proportional mit dem Mindestreservesatz. Stellt die Zentralbank nicht das notwendige Zentralbankgeld bereit, so muss das Einlagenvolumen (durch Verminderung der Kreditgewährung) eingeschränkt werden.

Funktionsweise der Mindestreservepolitik

Die Mindestreservepolitik bietet also recht stark wirkende Möglichkeiten, die Geldschöpfung und das Geldschöpfungspotenzial zu beeinflussen:
- Das Geldschöpfungspotenzial nimmt bei einer Erhöhung des Mindestreservesatzes ab und bei einer Senkung des Mindestreservesatzes zu.
- Neben dem Geldschöpfungspotenzial verändert sich bei einer Reservesatzänderung auch das Volumen der freien Liquiditätsreserven der Geschäftsbanken.

Die Mindestreservepolitik kann mithin eine grundsätzliche (strukturelle) Liquiditätsknappheit ansteuern: Sie schafft einen stabilen zusätzlichen Zentralbankgeldbedarf, sie stellt eine direkte Verbindung zwischen Mindestreserve und Geldschöpfung her (vgl. Kapitel 17, Abschnitt 2.2.2) und sie kann die freien Liquiditätsreserven direkt beeinflussen.

Strukturelle Wirkung der Mindestreservepolitik

Während für die Deutsche Bundesbank die Mindestreservepolitik immer ein wichtiges Element ihrer Geldpolitik gewesen ist, war für das ESZB lange Zeit strittig, ob eine Mindestreservepflicht vorgesehen werden soll oder nicht. Schließlich ist die Mindestreservepolitik, auch auf Drängen der Deutschen Bundesbank, in das geldpolitische Instrumentarium der EZB aufgenommen worden.

Mindestreservepflicht im ESZB

Jedes in den Mitgliedstaaten des Eurosystems niedergelassene Kreditinstitut muss Mindestreserven unterhalten. Diese Mindestreserven müssen im Monatsdurchschnitt erfüllt werden. Damit die Belastung für das Geschäftsbankensystem den Wettbewerb im Bankensektor nicht verzerrt, werden diese Mindestreserven, anders als seinerzeit in der Bundesrepublik, mit dem Zinssatz für das Hauptrefinanzierungsgeschäft verzinst, was etwa dem Marktzins entspricht. Die folgende Abbildung 18.2 stellt die Einlagen, für die Mindestreserven gehalten werden müssen, und die ausgenommenen Positionen zusammen. Der positive Mindestreservesatz beträgt bislang unverändert 2 Prozent.

Verzinsung der Mindestreserven

A. In die Mindestreserve einbezogene Verbindlichkeiten mit positivem Mindestreservesatz

Einlagen
- Täglich fällige Einlagen
- Einlagen mit vereinbarter Laufzeit von bis zu zwei Jahren
- Einlagen mit vereinbarter Kündigungsfrist von bis zu zwei Jahren

Ausgegebene Schuldverschreibungen
- Schuldverschreibungen mit vereinbarter Laufzeit von bis zu zwei Jahren

B. In die Mindestreservebasis einbezogene Verbindlichkeiten mit einem Reservesatz von 0 Prozent

Einlagen
- Einlagen mit vereinbarter Laufzeit von über zwei Jahren
- Einlagen mit vereinbarter Kündigungsfrist von über zwei Jahren
- Repogeschäfte

Ausgegebene Schuldverschreibungen
- Schuldverschreibungen mit vereinbarter Laufzeit von über zwei Jahren

C. Nicht in die Mindestreservebasis einbezogene Verbindlichkeiten

- Verbindlichkeiten gegenüber Instituten, die selbst dem ESZB-Mindestreservesystem unterliegen
- Verbindlichkeiten gegenüber der EZB und den nationalen Zentralbanken

Quelle: Europäische Zentralbank, Durchführung der Geldpolitik im Euro-Währungsgebiet, Februar 2005, S. 61

Abb. 18.2: Mindestreservebasis und Mindestreservesätze

Das Volumen der mindestreservepflichtigen Einlagen betrug Ende 2004 rund 12.400 Milliarden Euro, davon wird der größere Teil der Einlagen (gut 7.000 Milliarden Euro) mit dem positiven Reservesatz von 2 Prozent belegt. Das Mindestreservesoll betrug rund 140 Milliarden Euro, es wurde im Durchschnitt leicht übererfüllt (Monatsbericht der EZB, März 2005, S. 9).

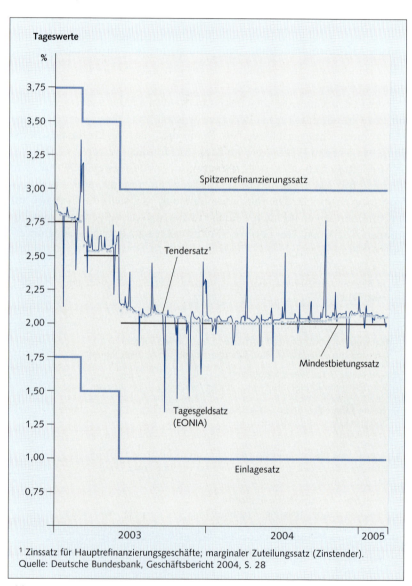

[1] Zinssatz für Hauptrefinanzierungsgeschäfte; marginaler Zuteilungssatz (Zinstender).
Quelle: Deutsche Bundesbank, Geschäftsbericht 2004, S. 28

Abb. 18.3: EZB-Zinssätze und Geldmarktsätze 2003 bis 2005 (in % p. a.; Tageswerte)

5 Zinssteuerung durch die Europäische Zentralbank

Abschließend soll die Steuerung des allgemeinen Geldmarktzinssatzes durch die Instrumente der EZB dargestellt werden (die umfassende geldpolitische Strategie beschreiben wir in Abschnitt 7). Mit den beiden Zinssätzen für die Ständigen Fazilitäten wird ein **Zinskanal** festgelegt, der im Grunde vom Tagesgeldsatz auf dem Markt (EONIA) nicht verlassen werden kann: Der Zinssatz für die Spitzenrefinanzierungsfazilität ist die Obergrenze und der Zinssatz für die Einlagefazilität (Einlagesatz) ist die Untergrenze des Marktzinssatzes EONIA (vgl. Kapitel 16, Abschnitt 7.2). Dazwischen liegt der Zinssatz für das Hauptrefinanzierungsgeschäft. Abbildung 18.3 zeigt recht anschaulich, dass der Tagesgeldsatz EONIA im Zinskanal liegt und sich sehr eng an den Zinssatz der Hauptrefinanzierung anpasst, in Zeiten vorübergehender Liquiditätsknappheit aber bis an den Spitzenrefinanzierungssatz heranreicht. Eine solche genaue Steuerung des Geldmarktzinssatzes ist ein Zeichen dafür, dass die Geldpolitik der Europäischen Zentralbank auch keynesianische Elemente enthält. Die deutlichen Senkungen der Sätze für die Hauptrefinanzierung ab Mai 2001, also die Senkungen des Leitzinses der EZB, waren auch konjunkturpolitisch motiviert, sie sollten einen Beitrag zur Bekämpfung der 2001 beginnenden Konjunkturschwäche leisten. Seit Juni 2003 blieben die Zinssätze konstant auf dem Niveau von 1,0 %, 2,0 % bzw. 3,0 %, das ist das niedrigste Niveau der Nachkriegszeit.

Genaue Zinssteuerung

6 Allgemeine Regelungen der Geldpolitik

Nachfolgend werden kurz die Zulassungsbedingungen, die Art der geforderten Sicherheiten und das Abrechnungssystem TARGET beschrieben.

Bedingungen für die Zulassung von Geschäftsbanken
Die Geschäftsbanken, die an den geldpolitischen Geschäften der EZB teilnehmen wollen, müssen bestimmte Bedingungen erfüllen:
- Sie müssen in das Mindestreservesystem einbezogen sein,
- es muss sich um finanziell solide Institute handeln, die der harmonisierten Bankenaufsicht unterliegen und
- sie müssen eine effiziente Durchführung der Transaktionen gewährleisten.

Sicherheiten
Für alle Kreditgeschäfte der EZB müssen ausreichende Sicherheiten gestellt werden, entweder durch Eigentumsübertragung oder als Pfandhinterlegung. Hier unterscheidet das ESZB zwei Kategorien von Sicherheiten, die akzeptiert werden:
- Zur Kategorie 1 zählen marktfähige Schuldtitel, die von der EZB festgelegte einheitliche und im gesamten Euro-Währungsraum geltende Zulassungskriterien erfüllen.

Sicherheiten für Kreditgeschäfte

- Zur Kategorie 2 zählen weitere marktfähige und nicht marktfähige Sicherheiten, die für die nationalen Finanzmärkte und Bankensysteme von besonderer Bedeutung sind und für die die nationalen Zentralbanken die Zulassungskriterien auf Basis von EZB-Mindeststandards festlegen. Die von den nationalen Zentralbanken angewandten spezifischen Zulassungskriterien für Kategorie-2-Sicherheiten bedürfen der Zustimmung der EZB.

Verwendete Sicherheiten sind überwiegend Kategorie-1-Sicherheiten, vor allem Staatsanleihen und von Kreditinstituten begebene Wertpapiere, daneben spielen Unternehmenspapiere eine gewisse Rolle. Die Unterscheidung in zwei Gruppen von Sicherheiten soll ab 2006 schrittweise aufgegeben werden.

TARGET: Zahlungsverkehrssystem im Euro-System
Eine einheitliche Geldpolitik erfordert ein leistungsfähiges und integriertes Zahlungsverkehrssystem, um Geld sicher und rechtzeitig zwischen den Teilnehmern übertragen zu können. TARGET, ein Akronym für »Trans-European Automated Real-time Gross settlement Express Transfer« – »Transeuropäisches Automatisiertes Echtzeit-Brutto-Express-Überweisungssystem« besteht aus 15 nationalen Echtzeit-Bruttozahlungssystemen und dem EZB-Zahlungsverkehrsmechanismus, die so miteinander vernetzt sind, dass eine einheitliche Plattform für die Verarbeitung grenzüberschreitender Zahlungen entsteht. TARGET dient hauptsächlich der Abwicklung von geldpolitischen Geschäften und Großbetragszahlungen zwischen Banken, kann jedoch auch Kundenzahlungen einschließlich kleinerer grenzüberschreitender Privatkundengeschäfte abwickeln. Über TARGET werden täglich Zahlungen in einem Gegenwert von rund 1.700 Milliarden Euro verarbeitet (EZB-Jahresbericht 2003, S. 94).

7 Geldpolitische Strategie des Eurosystems

7.1 Geldpolitische Strategien in Europa im Überblick

Drei Strategien der Geldpolitik

Die einzelnen Länder in Europa hatten recht unterschiedliche Strategien hinsichtlich der vorrangigen Orientierung ihrer Geldpolitik. Es wurden primär drei Strategien praktiziert:
- eine Geldmengensteuerung,
- ein direktes Inflationsziel und
- eine Wechselkursorientierung.

Geldmengensteuerung

Eine **Geldmengensteuerung** ist seit 1974 das Kernstück der deutschen Geldpolitik gewesen. Auch Frankreich, Italien und Griechenland hatten primär Geldmengenziele veröffentlicht. Die Steuerung bezog sich in der Regel auf die Geldmenge in der Abgrenzung M3 und es lag ihr eine tolerierte Preissteigerungsrate von etwa 2 Prozent zugrunde.

Die Grundkonzeption der Geldmengensteuerung ergibt sich aus der so genannten **Quantitätsgleichung**

$$M \cdot v = P \cdot Y$$

Grundkonzeption der Geldmengensteuerung

Diese Gleichung besagt, dass das Produkt aus Geldmenge (M) und Umlaufgeschwindigkeit des Geldes (v) dem Produkt aus Preisniveau (P) und realer Produktionsmenge (Y) entspricht. Die Quantitätsgleichung zeigt, dass sich ein Anstieg der Geldmenge in der Volkswirtschaft in den drei anderen Variablen widerspiegeln muss: Entweder muss das Preisniveau steigen und/oder die reale Produktionsmenge muss zunehmen und/oder die Umlaufgeschwindigkeit des Geldes muss sinken.

Die **Umlaufgeschwindigkeit des Geldes** (v) ergibt sich durch Umformung zu

$$v = \frac{P \cdot Y}{M}$$

Die Umlaufgeschwindigkeit des Geldes ist also eine Beziehung zwischen dem Wert aller Gütertransaktionen, die innerhalb einer Periode durchgeführt werden, und der Geldmenge. Sie gibt an, wie häufig eine Geldeinheit innerhalb einer Periode im Durchschnitt benutzt wird, um Gütertransaktionen zu finanzieren. Meist wird diese Beziehung nicht auf das Volumen aller Produktionstransaktionen, sondern nur auf Transaktionen der gesamtwirtschaftlichen Endnachfrage bezogen, wie sie in das Bruttoinlandsprodukt (BIP) eingehen. In einer solchen Formulierung

$$v = \frac{P \cdot \text{reales BIP}}{M}$$

wird v auch als Einkommenskreislaufgeschwindigkeit des Geldes bezeichnet.[1]

Aus der Quantitätsgleichung – die definitorisch immer erfüllt ist – ergibt sich die **Quantitätstheorie**, wenn man bestimmte, falsifizierbare Annahmen über die Bestimmung der Größe von v und über die Bestimmung des Bruttoinlandsprodukts macht. Solche Annahmen werden in der monetaristischen Theorie gemacht:

Basis ist die Quantitätstheorie.

- v ist relativ stabil und wird jedenfalls nicht von Änderungen der Geldmenge beeinflusst.
- Die Entwicklung des Bruttoinlandsprodukts hängt ab vom Reallohn, vom Bevölkerungswachstum und vom technischen Fortschritt, jedenfalls nicht von der Geldmenge.

---

1 v hat, bezogen auf das deutsche BIP, einen Wert von etwa 1,5.

Unter diesen Annahmen bestimmt die Änderung der Geldmenge *kausal* die Änderung des Preisniveaus, wobei *die von anderen Faktoren* bestimmten Veränderungen von v und BIP berücksichtigt werden müssen.

Beispiel

Entsprechend wird die Geldmengensteuerung konzipiert. Nimmt man z. B. an, dass die Wachstumsrate des realen Bruttoinlandsprodukts 2 Prozent betragen werde, dass die Umlaufgeschwindigkeit des Geldes (ein Reflex der Zahlungssitten) konstant bleibe und dass die Inflationsrate bei 2 Prozent gehalten werden soll, dann wird die Geldpolitik ein Wachstum der Geldmenge – meist wird die Abgrenzung M3 gewählt – von 4 Prozent anstreben.

Dies war das Konzept der Geldmengensteuerung der Deutschen Bundesbank, mit einer wichtigen Ergänzung: Die Deutsche Bundesbank richtete sich nicht nach dem erwarteten *tatsächlichen* Wachstum des Bruttoinlandsprodukts, sondern nach dem *möglichen* Wachstum im Rahmen der **Entwicklung des Produktionspotenzials**. Dies soll die Entwicklung von konjunkturellen Schwankungen bereinigen und insgesamt zu einer Verstetigung der Entwicklung von Produktion und Preisen beitragen (potenzialorientierte Geldpolitik).

Potenzialorientierte Geldpolitik

Inflationsziel

Ein **direktes Inflationsziel** hatten in den letzten Jahren vor dem Beginn der dritten Stufe der Wirtschafts- und Währungsunion Großbritannien, Finnland, Schweden und Spanien verfolgt. Die zuletzt genannten Ziele lagen meist bei einer Inflationsrate von 2 Prozent und bezogen sich im Prinzip auf den allgemeinen Verbraucherpreisindex.

Wechselkursorientierung

Eine **Wechselkursorientierung** ihrer Geldpolitik hatten die kleineren europäischen Länder wie Österreich, die Niederlande, Belgien (einschließlich Luxemburg) und Dänemark, z. T. auch Irland und Portugal bevorzugt. Faktisch orientierten sich diese Länder am Wechselkurs ihrer Währung gegenüber der D-Mark.

7.2 Die geldpolitische Strategie des Eurosystems

Die geldpolitische Strategie des Eurosystems für die dritte Stufe der Wirtschafts- und Währungsunion ist vom Rat der Europäischen Zentralbank entwickelt und am 13.10.1998 der Öffentlichkeit vorgestellt worden. Ihre zentralen Elemente waren:
- Ziel der Preisstabilität, definiert als Anstieg des Harmonisierten Verbraucherpreisindex (HVPI) für das Eurosystem von unter 2 Prozent.
- Eine herausragende Rolle der Geldmengenpolitik mit der Verkündung eines Referenzwertes für das Wachstum von M3.
- Eine breit fundierte Beurteilung der Aussichten für die künftige Preisentwicklung und die Risiken für die Preisstabilität im Eurosystem insgesamt.

Diese Elemente sind nach einer Überprüfung der geldpolitischen Strategie im Jahre 2003 ein wenig modifiziert, im Kern aber beibehalten worden.

Das Ziel der Preisstabilität

Wichtig erscheint, dass das Ziel der Preisstabilität relativ ehrgeizig und quantitativ relativ genau definiert worden ist: »Preisstabilität wird definiert als Anstieg des Harmonisierten Verbraucherpreisindex (HVPI) für das Euro-Währungsgebiet von unter 2 Prozent gegenüber dem Vorjahr. Preisstabilität muss mittelfristig gewährleistet werden« (Die Geldpolitik der EZB, 2004, S. 52). Dieses Ziel ist 2003 dahingehend präzisiert worden, dass mittelfristig eine Preissteigerungsrate unter, aber nahe der 2%-Marke angestrebt wird. Damit gilt auch die Verpflichtung, eine Deflation zu vermeiden, also einen Rückgang des allgemeinen Preisniveaus. Die gewählte Obergrenze von zwei Prozent entspricht weitgehend den vordem formulierten Vorstellungen der nationalen Zentralbanken.

Inflationsrate unter 2 Prozent

Maßgröße ist der **Harmonisierte Verbraucherpreisindex** (HVPI), der einen Anstieg der Verbraucherpreise für alle beteiligten Länder in prinzipiell gleicher Weise erfasst (vgl. Kapitel 24, Abschnitt 1). Die folgende Tabelle 18.2 zeigt die Entwicklung dieses HVPI und macht deutlich, dass das Ziel, den Preisanstieg auf unter zwei Prozent zu begrenzen, in den Jahren 2001 bis 2004 leicht verfehlt worden ist.

Harmonisierter Verbraucherpreisindex (HVPI) und seine Komponenten	2001	2002	2003	2004
Gesamtindex darunter:	2,3	2,3	2,1	2,1
Waren				
Nahrungsmittel	2,3	1,7	1,8	1,8
Verarbeitete Nahrungsmittel	2,9	3,1	3,3	3,4
Industrieerzeugnisse	1,2	1,0	1,2	1,6
Energie	2,2	-0,6	3,0	4,5
Dienstleistungen	2,5	3,1	2,5	2,6

Quelle: EZB, Monatsbericht März 2005, S. 42.

Tab. 18.2: Preisentwicklung im Eurosystem (angegebene Veränderung gegenüber Vorjahr in %)

Schließlich soll Preisstabilität »mittelfristig« beibehalten werden. Das heißt, dass nicht auf alle kurzfristigen Störungen, wie z.B. eine Anhebung der Mehrwertsteuer oder ein kurzfristiges Schwanken der Ölpreise, kurzfristig reagiert werden kann und soll. Und die Preisstabilität soll im gesamten Euro-Währungsgebiet gewährleistet werden.

Mittelfristige Preisstabilität

Die Zwei-Säulen-Strategie

Die ehemals »herausragende Rolle der Geldmengenpolitik« und die »breit fundierte Beurteilung der Aussichten für die künftige Preisentwicklung ...« sind zu einer so genannten Zwei-Säulen-Strategie zusammengefasst worden. Ihre Elemente sind etwas nebulös formuliert worden und es sind eigentlich keine Strategieelemente, es sind vielmehr zwei analytische Perspektiven zur Aufbereitung, Bewertung und Prüfung von Informationen, die für die Einschätzung der Aussichten für die Preisentwicklung und der Risiken für die Preisstabilität von Bedeutung sind. Diese Analyse wird unter Zugrundelegung von zwei sich ergänzenden Ansätzen erstellt. Diese sind:

Die wirtschaftliche Analyse

Hier werden kurz- bis mittelfristige realwirtschaftliche Bestimmungsfaktoren der Preisentwicklung beurteilt. Die wirtschaftliche Analyse »… trägt der Tatsache Rechnung, dass die Preisentwicklung über diese Zeithorizonte hinweg weitgehend vom Zusammenspiel von Angebot und Nachfrage an den Güter-, Dienstleistungs- und Faktormärkten beeinflusst wird« (Europäische Zentralbank, Die Geldpolitik der EZB, Frankfurt 2004, S. 57). Relevante Indikatoren sind die Entwicklung der gesamtwirtschaftlichen Nachfrage, die Finanzpolitik, die Bedingungen auf dem Kapital- und Arbeitsmarkt, Löhne und Arbeitsproduktivitäten, Rohstoff- und Energiepreise sowie Wechselkurse und Zahlungsbilanzen, um nur die wichtigsten Indikatoren zu nennen.

Die monetäre Analyse

Hier wird insbesondere die Entwicklung der Geldmenge, vor allem in der Abgrenzung M3 als mittel- bis langfristiger Bestimmungsfaktor der Preisentwicklung hervorgehoben und beurteilt. Damit wird der monetaristischen Sicht und der empirischen Tatsache Rechnung getragen, dass Geldmengenwachstum und Inflation mittel- bis langfristig in enger Beziehung zueinander stehen.

Kompromisscharakter der geldpolitischen Strategie

Diese Zwei-Säulen-Strategie ist vermutlich bewusst nebulös formuliert worden, um den geldpolitischen Handlungsspielraum nicht zu sehr einzuschränken. Im Kern ist die geldpolitische Strategie der EZB eine Mischung aus Geldmengensteuerung und direkter Inflationssteuerung. Dementsprechend wurde auch die bis 2003 übliche jährliche Festlegung des Ziels des Geldmengenwachstums aufgegeben.

Insgesamt ist die formulierte geldpolitische Strategie der EZB ein Kompromiss aus unterschiedlichen geldpolitischen Ansichten und unterschiedlichen geldtheoretischen Positionen.

Arbeitsaufgaben

1) Was ist primäres Ziel der Geldpolitik der EZB?
2) Über welche geldpolitischen Instrumente verfügt die EZB?
3) Was versteht man allgemein unter einer Offenmarktpolitik?
4) Wie wirkt eine expansive (kontraktive) Offenmarktpolitik auf die Zentralbankgeldmenge im Geschäftsbankensektor?
5) Wie ist die Offenmarktpolitik der EZB ausgestaltet?
6) Was versteht man allgemein unter einer Mindestreservepolitik?
7) Wie ist die Mindestreservepolitik der EZB ausgestaltet?

8) Welche geldpolitischen Strategien sind in Europa verfolgt worden?
9) Welche geldpolitische Strategie verfolgt die EZB?
10) Durch welche Theoriebausteine wird aus der Quantitätsgleichung die Quantitätstheorie?

> Lösungsvorschläge für die Arbeitsaufgaben finden Sie im »Übungsbuch zu Grundlagen und Probleme der Volkswirtschaft«.

Literatur

Eine detaillierte Darstellung der Geldpolitik im ESZB bietet:
Europäische Zentralbank: Die Geldpolitik der EZB, Frankfurt 2004.
Europäische Zentralbank: Durchführung der Geldpolitik im Euro-Währungsgebiet, Frankfurt 2005.

Über die Durchführung der Geldpolitik der EZB wird jeweils berichtet in:
Europäische Zentralbank: Jahresbericht,
Deutsche Bundesbank: Geschäftsbericht.

Eine kurze Darstellung der Geldpolitik der EZB geben:
Dietrich, Diemo / Uwe Vollmer: Das geldpolitische Instrumentarium des Europäischen Zentralbankensystems, in: Wirtschaftswissenschaftliches Studium, Heft 11, 1999, S. 595–598.
Frenkel, Michael / Georg Stadtmann: Die geldpolitischen Instrumente der Europäischen Zentralbank, in: Wirtschaftsstudium, Heft 4, 1999, S. 584–598.

Geldpolitische Strategien beschreibt:
Deutsche Bundesbank: Monatsbericht Januar 1998, S. 33–48.

Geldpolitik allgemein und die Geldpolitik der EZB beschreibt:
Jarchow, Hans-Joachim: Theorie und Politik des Geldes, 11. Aufl., Göttingen 2003.

Instrumente und Strategien der Geld- und Währungspolitik behandelt in Theorie und Praxis:
Vollmer, Uwe: Geld- und Währungspolitik, München 2005.

19. Kapitel
Bedeutung, Ordnung, Bestimmungsgründe und Globalisierung des internationalen Handels

LERNZIELE

Leitfrage:
Welche Vorteile bietet der internationale Handel den beteiligten Ländern?
- Welche Bedeutung hat der internationale Handel für Deutschland?
- Wie begründet sich die Vorteilhaftigkeit des Außenhandels?
- Welche Argumente sprechen für Freihandel, welche Argumente für Protektionismus?
- Durch welche Instrumente kann man den Außenhandel beeinflussen?
- Welche Bedeutung haben die Terms of Trade?

Leitfrage:
Wie ist die Welthandelsordnung ausgestaltet?
- Was sind die Grundprinzipien der Welthandelsordnung?
- Wie ist die Welthandelsordnung (WTO) strukturiert?
- Was bedeutet die Globalisierung der Weltwirtschaft?
- Was sind die Ursachen der Globalisierung?
- Was sind die Folgen der Globalisierung?
- Welche Bedeutung hat der Standortwettbewerb in der Weltwirtschaft?

1 Bedeutung des internationalen Handels für Deutschland

Der internationale Handel, auch Außenhandel genannt, ist für Deutschland von zentraler Bedeutung. Wie Tabelle 19.1 zeigt, wurden im Jahr 2004 Waren im Wert von 731,1 Milliarden Euro exportiert, das entspricht knapp einem Drittel des damaligen Bruttoinlandsproduktes (BIP).

Starke Exportabhängigkeit

Auf der anderen Seite wird auch deutlich, dass Deutschland ebenfalls in hohem Maße Waren importiert: Im Jahr 2004 betrugen die deutschen Warenimporte 576 Milliarden Euro und damit rechnerisch gesehen gut ein Viertel des BIP. (Der Leser mache sich dabei klar, dass die Warenexporte mit positivem Vorzeichen in das BIP eingehen, die Warenimporte dagegen mit negativem Vorzeichen.) Daneben sei erwähnt, dass Deutschland im Hinblick auf die Absolutwerte der Warenexporte nach den USA meist den zweiten Rang einnimmt.[1]

Hoher Anteil am Welthandel

	1991	1995	2000	2001	2002	2003	2004
Außenhandel:							
Export von Waren	340,4	383,2	597,4	638,3	651,3	664,5	731,1
Import von Waren	329,2	339,6	538,3	542,8	518,5	534,5	576,0
Saldo der Handelsbilanz	+11,2	+43,6	+59,1	+95,5	+132,8	+130,0	+155,1
Saldo der Leistungsbilanz	−15,6	−15,2	−32,7	+3,3	+48,2	+45,2	+83,5
Saldo der Kapitalbilanz	+6,4	+32,5	+28,3	−17,8	−42,8	−46,2	−112,6
Restposten[1]	+6,5	−10,1	−8,3	+8,9	−7,2	+0,3	+27,2
Währungsreserven[2]	+4,9	−5,3	+5,8	+6,0	+2,1	+0,4	+1,5

[1] Saldo der statistisch nicht aufgliederbaren Transaktionen
[2] + bedeutet Abnahme, − bedeutet Zunahme (aus buchhaltungstechnischen Gründen)
Quelle: Deutsche Bundesbank, Monatsberichte und Zahlungsbilanzstatistik

Tab. 19.1: Entwicklung des Außenhandels und der Zahlungsbilanzsalden Deutschlands von 1991 bis 2004 (in Mrd. €)

Traditionell weist Deutschland recht hohe Überschüsse in der Handelsbilanz auf: Von 2002 bis 2004 überstiegen die Warenexportwerte die jeweiligen Warenimportwerte sogar in dreistelliger Milliardenhöhe. Die hohen Handelsbilanzüberschüsse werden benötigt, um die Defizite in den anderen Teilbereichen der Leistungsbilanz wenigstens zum Teil auszugleichen, wenn nicht gar überzukompensieren. So wies die deutsche Dienstleistungsbilanz im Jahr 2004 – vor allem wegen der Reisefreudigkeit der Deutschen ins Ausland – ein Defizit von 30,9 Milliarden Euro auf, und auch die Bilanz der laufenden Übertragungen ist – insbesondere wegen der hohen deutschen Nettobeiträge an die Europäische Union – traditionell stark defizitär (im Jahr 2004 be-

---

[1] Solche Rangordnungen werden allerdings sehr stark auch vom jeweiligen Dollar/Euro-Wechselkurs beeinflusst, da die Anteile am Weltexport in Dollar berechnet werden.

trug hier das Defizit 28,4 Milliarden Euro). In den 90er-Jahren war die deutsche Leistungsbilanz dabei insgesamt defizitär, d. h. die dortigen Handelsbilanzüberschüsse konnten die Defizite in den übrigen Teilbilanzen der Leistungsbilanz nicht vollständig ausgleichen. Ökonomisch bedeutet dies, dass sich Deutschland in den 90er-Jahren per Saldo zunehmend gegenüber dem Ausland verschuldet hatte. Dagegen ergaben sich in den Jahren 2001 bis 2004 durchgehend positive Leistungsbilanzsalden für Deutschland, die dabei den Verschuldungszuwachs gegenüber dem Ausland aus den 90er-Jahren mehr als ausglichen, was sich nicht zuletzt in erheblichen Nettokapitalabflüssen ins Ausland niederschlug.

Im Hinblick auf die regionale Differenzierung ist hervorzuheben, dass Deutschland im Wesentlichen mit den entwickelten Industrienationen Warenhandel betreibt (rd. 85 Prozent der Summe der deutschen Warenexport- und -importwerte in 2004), darunter vor allem mit der EU (rd. 63 Prozent, bezogen auf die EU 25) und mit den USA (rd. 8 Prozent). Beachtlich ist dabei auch der Handel mit den mittel- und osteuropäischen Ländern (rd. 12 Prozent, einschließlich der EU-Beitrittsländer und Russland). Relativ gering ist dagegen der Handel mit den Entwicklungs- und Schwellenländern; der wichtigste Handelspartner ist hier die Volksrepublik China (rd. 4 Prozent).

Die Güterstruktur des Außenhandels zeigt für Deutschland eine erhebliche Differenzierung innerhalb der Warengruppen zwischen Einfuhr und Ausfuhr. Deutschland erzielt seinen Außenhandelsüberschuss vor allem bei chemischen Erzeugnissen, bei Maschinen und Anlagen sowie bei Straßenfahrzeugen und hat erhebliche Importüberschüsse bei Grundstoffen. Stark verallgemeinert kann man sagen: Deutschland liefert an den Weltmarkt technologisch hochwertige Investitions- und Konsumgüter und ist stark von importierten Rohstoffen abhängig (vgl. Kapitel 9).

Deutschland als Exporteur hochwertiger Industriegüter

Abhängigkeit von Rohstoffimporten

2 Begründung und Erklärung des internationalen Handels

2.1 Vorteile der weltweiten Arbeitsteilung insgesamt

Der internationale Handel ermöglicht, die Vorteile einer weltweiten **Arbeitsteilung** zu realisieren, wie *Adam Smith* vor über 200 Jahren erkannte.

Der internationale Handel wird durch die Vorteile der Arbeitsteilung begründet.

»Bei jedem klugen Hausvater ist es eine Regel, niemals etwas im Hause machen zu lassen, was ihn weniger kosten würde, wenn er es kaufte. Dem Schneider fällt es nicht ein, seine Schuhe zu machen, sondern er kauft sie vom Schuhmacher; dem Schuhmacher fällt es nicht ein, sich seine Kleider zu machen, sondern er beschäftigt den Schneider, und dem Landmann fällt es nicht ein, sich eines oder das andere zu machen, sondern er setzt jene beiden Handwerker in Nahrung. Alle diese Leute finden es in ihrem Interesse, ihren Gewerbefleiß ganz auf diejenige Art anzuwenden, in der sie etwas vor ihrem

Nachbarn voraus haben, und dann ihren übrigen Bedarf mit einem Teile ihres eigenen Erzeugnisses oder, was dasselbe ist, mit dem Preis eines seines Teiles zu kaufen.

Was aber in der Handlungsweise einer Familie Klugheit ist, das kann in der eines großen Reiches wohl schwerlich Torheit sein. Wenn uns ein fremdes Land mit einer Ware wohlfeiler versehen kann, als wir sie selbst zu machen imstande sind, so ist es besser, daß wir sie ihm mit einem Teile vom Erzeugnis unseres eigenen Gewerbefleißes, in welchem wir vor dem Auslande etwas voraushaben, abkaufen.« (*A. Smith*, Der Reichtum der Nationen, 2. Band, 1776.)

Letztlich begründen unterschiedliche Preise die Vorteile des Außenhandels.

Ein entscheidender Grund für die Vorteilhaftigkeit des internationalen Handels ist also die Unterschiedlichkeit der Produktionskosten und letztlich die Unterschiedlichkeit der Preise für die Güter in den einzelnen Ländern (Abschnitt 2.2). Hinzu kommen Vorteile von Produktdifferenzierungen, die insbesondere intraindustriellen Außenhandel erklären können (Abschnitt 2.3). Schließlich zeigt eine genaue Betrachtung, dass nicht nur absolute Preisvorteile – Land 1 produziert Gut A billiger als Land 2 – sondern auch relative (komparative) Preisvorteile – Land 1 produziert Gut A *im Verhältnis* zu Gut B billiger als Land 2 – einen Außenhandel vorteilhaft machen (Theorem der komparativen Kosten von *David Ricardo*). Dies liegt daran, dass der Wechselkurs relative Preisvorteile in absolute Preisvorteile umsetzt (Abschnitt 2.4).

2.2 Preisdifferenzen als Ursache internationaler Handelsströme

Letztlich lassen sich die Ursachen relativer Preisunterschiede vor allem auf zwei Bestimmungsfaktoren zurückführen:
- Unterschiede im Produktionsverfahren und
- Unterschiede in der Ausstattung mit Produktionsfaktoren (Faktorausstattung).

2.2.1 Unterschiede im Produktionsverfahren

Auf Unterschiede im Produktionsverfahren im weitesten Sinne lassen sich folgende Begründungen des Außenhandels zurückführen.

Unterschiedliche Verfügbarkeit

Die unterschiedliche Ausstattung der Länder mit natürlichen Ressourcen wie Boden, Klima und Rohstoffen begründet, dass manche Länder einige Produkte nicht selbst herstellen können, sondern auf den Import angewiesen sind. Typische Beispiele sind Erdöl und mineralische Rohstoffe wie Chrom, Nickel, Zinn usw. sowie tropische Agrarprodukte wie z. B. Kaffee und Bananen.

Unterschiedliche natürliche Produktionsbedingungen

Auch wenn manche Länder die gleichen Produkte produzieren können, so begründet doch die unterschiedliche Ausstattung mit Ressourcen Kostenunterschiede in der Produktion. So ist es teurer, Steinkohle in Deutschland abzubauen als in den USA, weil die Abbautiefen ganz unterschiedlich sind, und so ist es sicher teurer, Getreide in Norwegen zu produzieren als in Frankreich.

Technologische Lücke

Ähnlich wie bei unterschiedlicher natürlicher Verfügbarkeit kann es eine unterschiedliche technologische Verfügbarkeit, sogar technologische Verfügbarkeitsmonopole geben. Nicht alle Länder verfügen über einen technologischen Entwicklungsstand, der es ihnen erlauben würde, technologisch hochwertige Produkte, z. B. EDV-Geräte oder Flugzeuge, selbst zu produzieren. Diese müssen daher bei Bedarf importiert werden.

Intraindustrieller und interindustrieller Handel

Obige Begründungen erklären vor allem den Tausch unterschiedlicher Güter, den Austausch zwischen Erdöl und Maschinen, zwischen Wein und Tuch oder zwischen Kaffee und Zinn, also den Handel zwischen den Sektoren. Man spricht dann von **intersektoralem** bzw. **interindustriellem Handel**. Ein solcher Handel lässt sich vor allem mit der Unterschiedlichkeit der Produktionsbedingungen und der Unterschiedlichkeit der Faktorausstattung erklären (vgl. auch Abschnitt 2.2.2).

Weit mehr als die Hälfte des Außenhandels ist aber intrasektoraler bzw. intraindustrieller Handel. Man spricht von intrasektoralem bzw. **intraindustriellem Handel**, wenn ähnliche Produkte wie Autos gegen Autos oder Uhren gegen Uhren getauscht werden; genauer, wenn Güter derselben Güterklasse Gegenstand gegenseitigen Tausches sind. Dieser intraindustrielle Handel lässt sich vor allem mit Größenersparnissen der Produktion und Produktdifferenzierungen erklären (vgl. auch Abschnitt 2.3).

Dominanz des intraindustriellen Handels

Größenersparnisse der Produktion

Der Außenhandel erweitert die Märkte, schafft größere Märkte. Diese Ausdehnung bietet die Möglichkeit, die Vorteile der **Massenproduktion**, die Economies of Scale (vgl. Kapitel 7), verstärkt zu nutzen. Mit der Zunahme der Produktionsmenge geht eine Annäherung an die mindestoptimale Betriebsgröße (MOB) einher. Damit wird die Vorteilhaftigkeit der Spezialisierung ganz allgemein begründet: Auch wenn im Ausgangszustand »beide Länder beide Produkte« zu genau den gleichen absoluten und relativen Preisen produzieren könnten, lohnt eine Spezialisierung der Länder auf die Produktion jeweils eines Gutes, weil dann die Kostenvorteile der Massenproduktion genutzt werden. Es ist in einem solchen Fall allerdings nicht bestimmt, welches Land sich auf welche Produktion spezialisiert. Möglicherweise sind hierzu Vereinbarungen notwendig. Im Regelfall spezialisieren sich die Länder auf bestimmte Marktsegmente, auf bestimmte Güter inner-

Vorteilhaftigkeit der Spezialisierung generell

halb der Güterklassen, also etwa auf »sportliche Luxuslimousinen« wie BMW oder auf »komfortable Luxuslimousinen« wie Rolls Royce und realisieren in diesen Marktsegmenten die Economies of Scale.

2.2.2 Unterschiede in der Faktorausstattung

Auch wenn – dies sei einmal angenommen – die Länder für das jeweils gleiche Produkt die gleichen technischen Produktionsbedingungen aufweisen, also die gleiche Produktionsfunktion haben, kann sich der internationale Tausch lohnen. Dies ist dann der Fall, wenn die Länder unterschiedlich mit Produktionsfaktoren ausgestattet sind und wenn die Produktionsfunktionen sich zwar nicht zwischen den Ländern, aber zwischen den Produkten unterscheiden. Ein Beispiel soll dies klarmachen. Land 1 ist reich mit Kapital und wenig mit Arbeit ausgestattet, während Land 2 umgekehrt reich mit Arbeit und wenig mit Kapital ausgestattet ist. Diese unterschiedlichen Faktorproportionen führen zu unterschiedlichen **Faktorpreisproportionen**: Im kapitalreichen Land 1 wird Kapital relativ zur Arbeit billig sein, während im arbeitsreichen Land Arbeit im Verhältnis zum Kapital billig sein wird. Es unterscheiden sich die Faktorpreise Lohn und Zins in ihren Proportionen. Es gibt dann z. B. in Land 1 einen Lohn von 15 Euro pro Stunde und einen Realzins von 5 Euro je Kapitaleinheit und im Land 2 einen Lohn von 1.000 Drachmen und einen Realzins von 500 Drachmen. Mithin ist

$$\frac{15 \text{ Euro}}{5 \text{ Euro}} > \frac{1.000 \text{ Dr}}{500 \text{ Dr}} \quad (3 > 2)$$

Es gebe nun auch zwei Güter, von denen das eine kapitalintensiv produziert wird – z. B. Maschinen – und das andere arbeitsintensiv produziert wird – z. B. Möbel. Aufgrund der unterschiedlichen Faktorpreisproportionen produziert mithin das kapitalreiche Land Maschinen im Verhältnis zu Möbeln billiger als das arbeitsreiche Land. Es gilt:

$$\underset{\text{Land 1}}{\frac{\text{Maschinenpreis}}{\text{Möbelpreis}}} < \underset{\text{Land 2}}{\frac{\text{Maschinenpreis}}{\text{Möbelpreis}}}$$

Es unterscheiden sich mithin schließlich auch die Güterpreisproportionen, und diese Unterschiedlichkeit begründet die Vorteilhaftigkeit des Handels:

> Relativ kapitalreiche Länder werden kapitalintensive Produkte exportieren und arbeitsintensive Produkte importieren, während relativ arbeitsreiche Länder arbeitsintensive Produkte exportieren und kapitalintensive Produkte importieren.

Dies ist der Inhalt des **Faktorproportionen-Theorems** von *Heckscher* und *Ohlin*, das also z. B. erklären kann, warum Deutschland Werkzeugmaschinen exportiert und Textilien importiert.

Man kann die Palette der betrachteten Produktionsfaktoren schließlich erweitern und differenzieren:

»Das bodenreiche Land exportiert das bodenintensiv produzierte Gut (landwirtschaftliches Produkt). Oder: Das rohstoffreiche Land exportiert das rohstoffintensiv hergestellte Produkt. Oder: Das umweltreiche Land exportiert das umweltintensiv produzierte Gut. Und: Das mit landschaftlicher Schönheit reichlich ausgestattete Land exportiert das landschaftsintensive Produkt (Tourismus). Das humankapitalreiche Land exportiert das humankapitalintensive Produkt. Schließlich (weniger fassbar): Das innovationsfreudige Land exportiert das innovationsintensive Produkt (neues Produkt). Entscheidend ist also für die Heckscher-Ohlin-Aussage, die Faktorreichlichkeit eines Landes mit der Faktorintensität der Produktion zu kombinieren.« (*Siebert, Horst*, Außenwirtschaft, 1989, S. 51).

Erweiterung des Faktorproportionentheorems

In diesem Zusammenhang kann zur Erklärung des Außenhandels zusätzlich der **Produktlebenszyklus der Güter** herangezogen werden: Jedes neue Produkt wird in der Regel nach seiner Markteinführung einen Zyklus durchlaufen, der durch drei Stadien gekennzeichnet ist: die Innovationsphase, die Ausreifungsphase und die Standardisierungsphase. Die **Innovation** setzt zunächst eine hohe technologische Qualifikation voraus (sie ist »intelligenzintensiv«), dies ist die Domäne hoch entwickelter Industrienationen; die **Ausreifungsphase** erfordert eine eher kapitalintensive Produktion auf mittlerem technologischen Niveau, dies ist die Domäne für mittlere Industrienationen; und die **Standardisierungsphase** ist Domäne der Entwicklungsländer im Stadium der Industrialisierung (Schwellenländer). Diese Grundlinie der Erklärung gilt auch für jeweils einzelne Produkte, nicht nur für Ländergruppen. So wird nicht ein hoch entwickeltes Land jeweils alle Innovationen hervorbringen, sondern die Länder werden sich auch hier spezialisieren.

Spezialisierung auf Güter in unterschiedlichen Phasen des Produktlebenszyklus

2.3 Produktdifferenzierung als Bestimmungsgrund von internationalen Handelsströmen

Schließlich können objektive und subjektive Qualitätsunterschiede der Güter Ursachen des Tausches sein. Produktdifferenzierungen begründen Unterschiede in den Produktpräferenzen der Nachfrager. In diesem Fall besitzen die Anbieter Preissetzungsspielräume, da die Käufer in den Produkten einer Güterklasse, z. B. den Personenkraftwagen einer bestimmten Klasse, unterschiedliche Güter sehen. Der Grund hierfür können vom Nachfrager wahrgenommene tatsächliche oder vermeintliche Qualitätsunterschiede sein, z. B. weil er etwa einem bestimmten Markennamen besonders zugeneigt ist (»Ein Alfa Romeo ist etwas anderes als ein BMW«). In diesem Fall ist es rational, dass Güter im Ausland selbst dann gekauft werden, wenn die

Preise im Ausland nicht niedriger, sondern gleich oder sogar höher sind. Geht man nun realistischerweise davon aus, dass die Vorlieben (Präferenzen) für die Güter bei unterschiedlichen Personen unterschiedlich sind, so ist es leicht vorstellbar, dass z. B. ein Haushalt A des Inlandes sich für ein ausländisches Automobil entscheidet, während ein Haushalt B des Auslandes ein inländisches Automobil vorzieht. Auch diese Erklärung begründet den intraindustriellen Handel, den Tausch in sich ähnlicher Produkte.

Wichtig ist zu erkennen, dass diese verschiedenen Erklärungen in der Regel kombiniert anzuwenden sind. Sie begründen insgesamt eine substanzielle Vorteilhaftigkeit des Außenhandels, und zwar – anders als auf den ersten Blick zu vermuten ist – für alle Länder, auch für Länder, die für alle Güter Preisvorteile bzw. Preisnachteile aufweisen. Das zeigt das Theorem der komparativen Kosten.

2.4 Das Theorem der komparativen Kosten (Ricardo)

Das Theorem der komparativen Kosten

Eines der berühmtesten klassischen ökonomischen Theoreme, das Theorem der komparativen Kosten, das 1817 von dem Engländer *David Ricardo* (1772–1823) entwickelt wurde, begründet, dass sich ein internationaler Güteraustausch auch dann für zwei Länder lohnt, wenn eines der beiden Länder *alle* Produkte billiger produzieren kann als das andere Land. Wichtig ist nur, dass die Produktionskosten**relationen** in den Ländern unterschiedlich sind.

Ein Beispiel für unterschiedliche Produktionskostenrelationen

Ein einfaches Beispiel soll diesen Gedanken erläutern. Zwei Länder, Deutschland und Tschechien, produzieren nur Stahl und Rindfleisch. Der Einfachheit halber sei angenommen, dass die Produktionskosten allein durch die Arbeitsstunden bestimmt werden, die zur Produktion der Produkte benötigt werden. Man kann dann die Produktionsmöglichkeiten beider Länder wie in Abbildung 19.1 für einen 12-Stunden-Arbeitstag in Form der Transformationskurven (vgl. Kapitel 1) einzeichnen. Sie sind hier der Einfachheit halber linear gezeichnet, ohne dass dies an der Argumentation etwas ändert.

Die Transformationslinien unseres einfachen Beispiels spiegeln folgende Produktionsmöglichkeiten wider:

In Deutschland benötigt man zur Produktion von 1 kg Stahl 1 Arbeitsstunde, zur Produktion von 1 kg Rindfleisch 2 Arbeitsstunden, also kann Deutschland pro Arbeitstag 12 kg Stahl oder 6 kg Rindfleisch oder beliebige Mischungen, z. B. 6 kg Stahl und 3 kg Rindfleisch, produzieren. Wichtig ist, dass 1 kg mehr Rindfleisch den Verzicht auf 2 kg Stahl erfordert: 1 kg Rindfleisch kostet also 2 kg Stahl und umgekehrt kostet 1 kg Stahl 1/2 kg Rindfleisch. Dies sind die **internen deutschen Tauschverhältnisse**. In Tschechien benötigt man zur Produktion von 1 kg Stahl 2 Arbeitsstunden und zur Produktion von 1 kg Rindfleisch 3 Arbeitsstunden, also kann Tschechien pro Arbeitstag 6 kg Stahl oder 4 kg Rindfleisch oder Kombinationen davon produzieren. 1 kg Rindfleisch mehr kostet Tschechien den Verzicht auf die Pro-

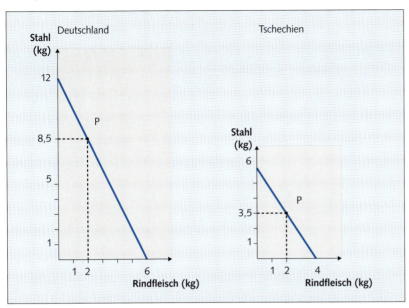

Abb. 19.1: Die Produktionsmöglichkeiten (Transformationslinien) für Deutschland und Tschechien für einen 12-Stunden-Arbeitstag

duktion von 1,5 kg Stahl. 1 kg Rindfleisch kostet also 1,5 kg Stahl. Und 1 kg Stahl kostet 0,67 kg Rindfleisch. Dies sind die **internen tschechischen Tauschverhältnisse**. Während also absolut gesehen sowohl Stahl als auch Rindfleisch in Deutschland mit weniger Arbeitsaufwand produziert werden kann, ist Rindfleisch in Tschechien relativ (zum Stahl) billiger als in Deutschland. Und Stahl ist in Deutschland relativ (zum Rindfleisch) billiger als in Tschechien.

Deutschland	Tschechien
1 kg R = 2 kg S	1 kg R = 1,5 kg S
1 kg S = 0,5 kg R	1 kg S = 0,67 kg R

Ein findiger Händler könnte diese **komparativen Kostenunterschiede** Gewinn bringend ausnutzen. Er erwirbt 1 kg Rindfleisch in Tschechien, transportiert es nach Deutschland, erhält dort 2 kg Stahl, von denen er 1,5 kg zur Bezahlung des Rindfleisches in Tschechien verwenden würde. 0,5 kg Stahl abzüglich der Transportkosten wären sein Gewinn.

Im internationalen Handel bilden sich nun Preise und Wechselkurse und damit Tauschverhältnisse zwischen Rindfleisch und Stahl. Welche Austauschverhältnisse sich einstellen, hängt ab von Angebot und Nachfrage, von Marktverhältnissen und Machtverhältnissen: Sicher kann man allerdings sein, dass bei freiem Handel die zwischen den Ländern geltenden (externen) Tauschrelationen zwischen den inländischen (internen) Tauschrelationen

Gewinnmöglichkeiten bei komparativen Kostenunterschieden

liegen müssen. In unserem Beispiel muss das externe Tauschverhältnis von Rindfleisch und Stahl zwischen dem tschechischen und deutschen internen Tauschverhältnis liegen, also zwischen

1 R = 1,5 S und 1 R = 2 S,

weil sich sonst der Tausch für eines der beiden Länder nicht lohnt. Nehmen wir an, die Tauschrelation liege in der Mitte:

1 R = 1,75 S.

Spezialisierung ist vorteilhaft.

In diesem Fall brächte eine Spezialisierung der Produktion auf das jeweils relativ billigere Produkt beiden Ländern einen Vorteil:
- Deutschland produziert 12 kg Stahl und tauscht davon z. B. 3,5 kg gegen 2 kg Rindfleisch;
- Tschechien produziert 4 kg Rindfleisch und tauscht davon z. B. 2 kg gegen 3,5 kg Stahl.

> Beide Länder erreichen damit durch Spezialisierung und Tausch einen Punkt außerhalb ihrer Transformationskurve (Punkt P in Abbildung 19.1), also einen Punkt, den sie bei alleiniger Selbstproduktion nicht hätten erreichen können.

Drücken wir diesen Sachverhalt unter Verwendung von Geldpreisen und Wechselkursen aus. Es gelte z. B. 1 Arbeitsstunde = 1 Euro bzw. 40 Kronen.

Dann gelten folgende Kosten:

Deutschland	Tschechien
1 kg R = 2 Euro 1 kg S = 1 Euro	1 kg R = 120 Kronen 1 kg S = 80 Kronen

Wenn jetzt ein Wechselkurs von 1 Euro = 40 Kronen festgesetzt wäre, wäre in Deutschland alles billiger als in Tschechien, sowohl in Euro als auch in Kronen ausgedrückt. Dies würde dazu führen, dass Tschechien Euro-Devisen nachfragen würde und mit steigender Euro-Nachfrage würde der Euro aufgewertet, z. B. auf 1 Euro = 70 Kronen.

Der Wechselkurs verwandelt komparative in absolute Preisvorteile.

Dann würden folgende Kronen-Preise gelten

Deutschland	Tschechien
1 kg R = 2 Euro = 140 Kronen 1 kg S = 1 Euro = 70 Kronen	1 kg R = 120 Kronen 1 kg S = 80 Kronen

und der Außenhandel würde sich für beide Länder lohnen: Tschechien exportiert Rindfleisch, und Deutschland exportiert Stahl. So setzt der Wechselkurs komparative Preisvorteile in absolute Preisvorteile um.

2.5 Die Vorteilhaftigkeit des internationalen Handels

Fassen wir noch einmal zusammen: Der internationale Handel erlaubt – und zwar für die Länder insgesamt – eine Ausweitung der Produktions- und Konsummöglichkeiten. Dies liegt im Wesentlichen an den Vorteilen der **Arbeitsteilung**: an der Realisierung von absoluten und relativen Produktionskostenvorteilen und an den Vorteilen der Massenproduktion, die verstärkt genutzt werden.

Hinzu kommt ein Faktor von möglicherweise noch größerer Bedeutung: Der freie internationale Handel verstärkt den Wettbewerb zwischen den Anbietern und bietet damit ein Mehr an **Wachstumsdynamik**. Monopolrenten werden abgebaut, und die Neigung zu Produkt- und Prozessinnovation wird verstärkt. Und schließlich werden die Kaufmöglichkeiten der Konsumenten mit steigendem Produktsortiment erweitert. Dies alles spricht für einen freien Außenhandel, doch sind damit möglicherweise auch Nachteile verbunden, die im Folgenden kurz diskutiert werden sollen.

Freihandel verstärkt den Wettbewerb.

3 Freihandel oder Protektionismus?

Unter **Freihandel** verstehen wir einen völlig unbehinderten internationalen Güteraustausch; der **Protektionismus** ist eine Politik der Einfuhrbeschränkung und Exportförderung zum Schutz bzw. zur Unterstützung der einheimischen Produktion. Seine Instrumente sind im Wesentlichen Zölle, Kontingente[2] und nichttarifäre Handelshemmnisse (vgl. Abschnitt 4 dieses Kapitels).

Die Freihandelsidee ist die beherrschende Idee des klassischen Wirtschaftsliberalismus: Die Vorteile der Arbeitsteilung würden am besten im freien Wettbewerb unabhängiger Produzenten und Konsumenten realisiert, Eingriffe des Staates seien nur von Nachteil.

Die Freihandelsidee verkörpert den klassischen Wirtschaftsliberalismus.

In der Tat wird kaum bestritten, dass Freihandel die Gesamtproduktion der Welt bei gegebener Ausstattung mit Produktionsfaktoren maximiert. Fraglich ist nur,

- ob der Freihandel die Entwicklung der Produktivkräfte der einzelnen Länder optimal fördert und
- ob die Verteilung des resultierenden Überschusses nach den Regeln des freien Wettbewerbs unseren Gerechtigkeitsvorstellungen entspricht.

Freihandel garantiert nicht die optimale Entwicklung der Produktionsstruktur der Länder und garantiert nicht die »gerechte« Verteilung des Überschusses.

In unserem gewählten Beispiel würde sich Tschechien der Freihandelsidee folgend auf die Produktion von Rindfleisch und Deutschland auf die Produktion von Stahl spezialisieren.

Da zwar der Bedarf an Stahl im Zuge der Industrialisierung laufend wächst, die Nachfrage nach Rindfleisch hingegen eine natürliche Grenze er-

---

[2] Weitere Eingriffe sind denkbar, wie z. B. Exportsubventionen oder staatliche Außenhandelsmonopole, sollen hier indes nicht behandelt werden.

reichen wird, hätte diese Arbeitsteilung für Tschechien langfristig die nachteilige Konsequenz, dass die Nachfrage nach seinem Exportgut stagniert, seine Importwünsche hingegen laufend steigen würden.

Dieses Beispiel gilt allgemein: Langfristig würden die Anbieter von landwirtschaftlichen Produkten (Bananen, Kakao, Kaffee usw.) im Welthandel gegenüber den Anbietern von Industrieprodukten verlieren, wie die bisherige Entwicklung des Welthandels deutlich zeigt. Die Nachfrage nach Industrieprodukten und deren Preise stiegen meist schneller als die Nachfrage nach landwirtschaftlichen Gütern und Rohstoffen und deren Preise. Weil auf die Dauer nur eine Steigerung der Arbeitsproduktivität durch Mechanisierung und Industrialisierung eine Zunahme des materiellen Wohlstandes bewirken kann, müssen alle Länder die Entwicklung einer heimischen Industrie anstreben. Hier kommt dann das so genannte **Schutzzoll- bzw. Erziehungszollargument** zum Tragen, als dessen Begründer allgemein der deutsche Nationalökonom *Friedrich List* (1789–1846) gilt. Schutzzölle oder Importquoten sollen für eine gewisse Zeit der Entwicklung der heimischen Industrie Schutz vor der erdrückenden Konkurrenz der entwickelten ausländischen Industrienationen bieten. So ist der Industrialisierungsprozess in Deutschland im 19. Jahrhundert durch das Mittel des Schutzzolles erleichtert worden, der den Konkurrenzkampf mit der entwickelteren englischen Industrie zu bestehen half.

Zölle zum Schutz der heimischen Industrie

Wenn man also zugestehen muss, dass Freihandel die Entwicklung der Produktivkräfte unterentwickelter Länder nicht von sich aus fördert, so ist doch andererseits zu fragen, ob man die heimische Industrie nicht durch andere Mittel als Schutzzölle, z. B. durch Subventionen und Planungshilfen, besser fördern könnte.

Weitere Argumente gegen Freihandel

Es gibt einige weitere Gründe, die dem Prinzip des Freihandels entgegengehalten werden; sie sollen hier nur aufgezählt werden:

- Bestimmte Wirtschaftszweige sollen geschützt werden, um im Falle eines Krieges lebens- und verteidigungsfähig zu bleiben (Landwirtschaft, Erdöl, Eisen, Stahl usw.);
- extreme Spezialisierungen der Wirtschaftsstruktur eines Landes sind im Interesse langfristiger Stabilität zu vermeiden (ein Land, das nur Kaffee exportiert, ist auf Gedeih und Verderb von der Entwicklung der Kaffeepreise auf dem Weltmarkt abhängig);
- Importzölle auf Luxusgüter sind für unterentwickelte Länder zum einen ein Mittel, die Staatseinnahmen zu erhöhen, zum anderen ein Mittel, den Devisenabfluss zu beschränken.

Schutzzölle allenfalls für unterentwickelte Länder

Im Allgemeinen wird vor allem den bisher unterentwickelten Ländern ein Schutz vor der Anwendung des reinen Freihandelsprinzips zugestanden; keinesfalls gilt diese Rechtfertigung für Schutzzölle bzw. Importkontingente zugunsten der Wirtschaft hoch entwickelter Nationen.

Trotzdem werden heimische Wirtschaftszweige auch entwickelter Länder immer wieder vor der Konkurrenz billiger Auslandsprodukte geschützt. Dies ist eine sehr kurzsichtige Politik, die vergisst, dass:

- andere Länder »Vergeltungsmaßnahmen« einführen werden, bis schließlich der freie Welthandel erstickt,
- die Einnahmen, die andere Länder aus dem Export ihrer Produkte erzielen, wiederum für Importe unserer Güter ausgegeben werden können und
- der Schutz heimischer Industriezweige vor der Auslandskonkurrenz schließlich die Verbraucher in Form höherer Preise für diese Güter bezahlen lässt.

Der Leser wird erkennen, dass letztlich meist **zwischen Effizienz und sozialer Gerechtigkeit abzuwägen** ist: Freier Wettbewerb und Welthandel sind effizient, bieten aber den Schwachen keinen Schutz vor Ausbeutung und keine Gewähr für eine langfristig optimale Entwicklung ihrer Wirtschaftsstruktur. Insbesondere garantiert der Freihandel nicht, dass sich die realen Austauschverhältnisse gleichmäßig entwickeln.

4 Instrumente der Außenhandelspolitik

Viele Länder versuchen, entsprechend diesen Überlegungen, ihren Außenhandel zu kontrollieren, zu beeinflussen. In Marktwirtschaften werden hierzu im Wesentlichen Zölle erhoben oder Kontingente eingeführt oder nichttarifäre Handelshemmnisse eingebaut.

Zölle sind Abgaben, die beim grenzüberschreitenden Warenverkehr vom Staat erhoben werden. Heute gibt es praktisch nur noch Einfuhrzölle (Importzölle). Sie haben entweder das Ziel, dem Staat Einnahmen zu verschaffen (Finanzzoll) oder einen einheimischen Wirtschaftszweig vor ausländischer Konkurrenz zu schützen (Schutzzoll). Meist lassen sich beide Motive kaum trennen.

Zölle

Um heimische Wirtschaftszweige vor ausländischer Konkurrenz zu schützen, werden bisweilen auch Kontingente festgesetzt. **Kontingente** sind mengenmäßige Beschränkungen des grenzüberschreitenden Warenverkehrs, fast immer Einfuhr(import)kontingente. Es sind nicht marktkonforme Mittel, weil sie den Preismechanismus außer Kraft setzen.

Kontingente

Ein weiteres Instrument, den Außenhandel zu beeinflussen, sind **Handelsverträge** zwischen den Ländern. Solche Abkommen sind z.B. die von der Europäischen Union mit assoziierten **AKP-Staaten** (Entwicklungsländern **A**frikas, der **K**aribik und des **P**azifischen Raumes) abgeschlossenen Verträge.

Handelsverträge

Schließlich soll das so genannte **Dumping** angesprochen werden. Dumping liegt vor, wenn ein Produkt im Ausland zu Preisen verkauft wird, die nicht die Produktionskosten decken.

Dumping

Von wesentlicher und stark zunehmender Bedeutung sind auch die Handelshemmnisse, die durch administrative Anforderungen entstehen. Bei diesen so genannten **nichttarifären Handelshemmnissen** handelt es sich z.B. um Erschwernisse im Abfertigungs- und Genehmigungsverfahren, um die

Vorgabe von technischen Standards, um Herkunfts- oder Gesundheitszertifikate und zunehmend um Selbstbeschränkungsabkommen.

5 Die Terms of Trade (Das reale Austauschverhältnis)

Die **Terms of Trade** geben an, welches Importvolumen im Austausch gegen eine Einheit Exportgüter erworben werden kann. In unserem einfachen Rindfleisch-/Stahlbeispiel ergeben sich bei der externen Tauschrelation

1 kg Rindfleisch = 1,75 kg Stahl

folgende Terms of Trade:

Tschechien erhält für 1 kg exportiertes Rindfleisch 1,75 kg Stahl, Deutschland erhält für 1 kg Stahl 0,57 kg Rindfleisch.

Ein weiteres Beispiel soll den Begriff Terms of Trade unter Berücksichtigung von Preisen und Wechselkursen erläutern. Angenommen, Deutschland exportiere als einziges Gut Autos im Wert von 10.000 Euro und importiere als einziges Gut Apfelsinen aus Marokko zum Preis von 100 kg Apfelsinen = 1.000 Dirham. Bei einem Wechselkurs von 100 Dirham = 10 Euro kosten also 100 kg Apfelsinen = 100 Euro. Nun kann man berechnen, wie viel kg Apfelsinen man für ein deutsches Auto bekommt:

1 Auto = 10.000 kg Apfelsinen

1 Auto = 10.000 €
10.000 € = 10.000 kg Apfelsinen
1 Auto = 10.000 kg Apfelsinen

Deutschland erhielte also 10.000 kg Apfelsinen für 1 Auto. Das reale Austauschverhältnis hängt mithin von den jeweiligen Preisen der Güter und vom Wechselkurs ab.

In der Praxis werden nun nicht nur zwei, sondern sehr viele Güter international getauscht. Man muss daher bei der Berechnung des realen Austauschverhältnisses mit Indizes arbeiten. Die Terms of Trade, genauer gesagt die Terms of Trade auf Güterbasis, die so genannten **Commodity Terms of Trade**, werden berechnet als Quotient aus Preisindex der Exporte und Preisindex der Importe in heimischer Währung:

$$\text{Terms of Trade} = \frac{\text{Preisindex der Exporte}}{\text{Preisindex der Importe}}$$

Veränderung der Terms of Trade

Damit ist der Wert der Terms of Trade für sich genommen weniger aussagekräftig als seine Veränderungen. Steigen z. B. die Preise der Exportgüter stärker als die Preise der Importgüter, dann spricht man von einer Verbesserung der Terms of Trade: Es verbessert sich die Fähigkeit eines Landes, durch seine Exporterlöse Importgüter zu bezahlen. Entwicklungsländer sind häufig von einer Abnahme ihrer Terms of Trade gegenüber Industrieländern betroffen. Die Entwicklungsländer erhalten dann für ihre Produkte immer weniger industrielle Güter (vgl. zur Illustration Tabelle 30.3 in Kapitel 30, Abschnitt 2.5.).

Abbildung 19.2 zeigt die Entwicklung der Terms of Trade für Deutschland von Januar 1991 bis August 2005 (in Monatswerten). Die deutliche Verschlechterung der Terms of Trade in den Jahren 1999 und 2000 (vgl. die schwarze Trendgerade für den betreffenden Zeitraum) ist dabei wesentlich auf den damaligen Anstieg der Einfuhrpreise für Rohöl zurückzuführen. Entsprechendes gilt auch für die Jahre 2004 und 2005, die ebenfalls von einem starken Anstieg der Rohölpreise gekennzeichnet waren.

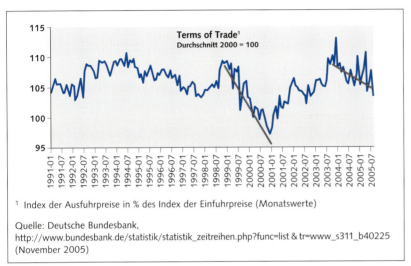

Abb. 19.2: Entwicklung der Terms of Trade für Deutschland (Januar 1991 bis August 2005)

6 Gestaltung der Welthandelsordnung

Im Rahmen der Gestaltung der Welthandelsordnung wird versucht, dem Postulat des Freihandels durch institutionelle Regelungen Rechnung zu tragen.

6.1 Grundprinzipien des GATT

Das 1947 von 23 Ländern vereinbarte GATT (General Agreement on Tariffs and Trade) basiert auf drei grundlegenden Prinzipien, die eine Annäherung an Freihandel schaffen sollen:
- das Prinzip der Liberalisierung,
- das Prinzip der Gegenseitigkeit (Reziprozität) und
- das Prinzip der Nicht-Diskriminierung.

Grundprinzipien des GATT

Das **Prinzip der Liberalisierung** verpflichtet die Länder, keine neuen Zölle einzuführen und bestehende Zölle nicht herauf zu setzen; zudem sind Kontingente und andere, nicht-tarifäre Handelshemmnisse verboten.

Das **Prinzip der Gegenseitigkeit (Reziprozität)** verlangt, dass Zollsenkungen eines Landes durch entsprechende Zollsenkungen eines anderen Landes beantwortet werden müssen; in bilateralen Verhandlungen gilt also das Prinzip der Gleichwertigkeit von Leistung und Gegenleistung.

Das **Prinzip der Nicht-Diskriminierung** besagt, dass alle Länder gleich behandelt werden müssen und dass insbesondere nicht zwischen Inland und Ausland differenziert werden darf. Die zentrale Ausprägung der Nicht-Diskriminierung findet sich in der in Artikel I enthaltenen Verpflichtung zu unbedingter **Meistbegünstigung**: Diese besagt, dass Zollsenkungen oder andere Konzessionen, die einem Land gewährt werden, auch für alle anderen Länder gelten müssen.

Ausnahmeregelungen des GATT

Im Regelwerk des GATT sind allerdings wichtige Ausnahmen vorgesehen, ohne die das Vertragswerk wohl auch nie unterzeichnet worden wäre. Solche Ausnahmen sind folgende:
- Zollunion (wie die ehemalige EWG) und Freihandelszone sind erlaubt, obwohl damit Drittländer diskriminiert werden.
- Zum Schutz der finanziellen Lage und zum Schutz der Zahlungsbilanz dürfen Importe mengenmäßig beschränkt werden, auch diskriminierend.
- Für den Agrarmarkt gelten Ausnahmeregeln dergestalt, dass Agrarexporte subventioniert und Agrarimporte beschränkt werden dürfen (wie in der EU).
- Für Entwicklungsländer gilt der Grundsatz der Reziprozität nicht: Sie müssen Zollkonzessionen nicht mit gleichwertigen Gegenleistungen beantworten.
- Schließlich gilt die so genannte »Großvaterklausel«: Der Grundsatz der Nicht-Diskriminierung findet keine Anwendung auf Präferenzen, die zu Beginn des Abkommens bereits bestanden hatten. Dies erlaubt z. B. Vorzugsbehandlungen im Rahmen des Commonwealth.

6.2 Weiterentwicklung des GATT zur WTO

Erfolge des GATT

Trotz aller Ausnahmeregelungen und im Widerstand gegen zahlreiche protektionistische Außenhandelspolitiken der Länder ist es dem GATT gelungen, in acht Liberalisierungsrunden die Zollsätze weltweit erheblich zu senken: So betragen nach der Uruguay-Runde (1986–1994) die Zölle der Industrieländer nur noch 4,3 Prozent des Importwertes. Zudem ist es gelungen, das GATT zu einer umfassenderen Welthandelsordnung zu erweitern: 1995 ist die Welthandelsorganisation WTO (World Trade Organization) als Sonderorganisation der Vereinten Nationen errichtet worden.

Ergänzungen für den Handel mit Dienstleistungen und geistigem Eigentum

Materieller Kern der WTO bleiben die Regelungen des GATT, übertragen und ergänzt um Regelungen für den Handel mit Dienstleistungen (GATS: General Agreement on Trade in Services) und ergänzt um Regelungen zum

Schutz des geistigen Eigentums (TRIPS: Trade-related aspects of Intellectual Property Rights). Hinzu kommen spezielle Regelungen zur Beilegung von Streitigkeiten und Mechanismen zur Überprüfung der Handelspolitik. Abbildung 19.3 zeigt die Struktur dieser Welthandelsorganisation und die Fülle der im Einzelnen getroffenen Regelungen. Bei Abstimmungen in den zentralen Organen von Ministerrat und Allgemeiner Rat verfügt jedes Mitglieds-

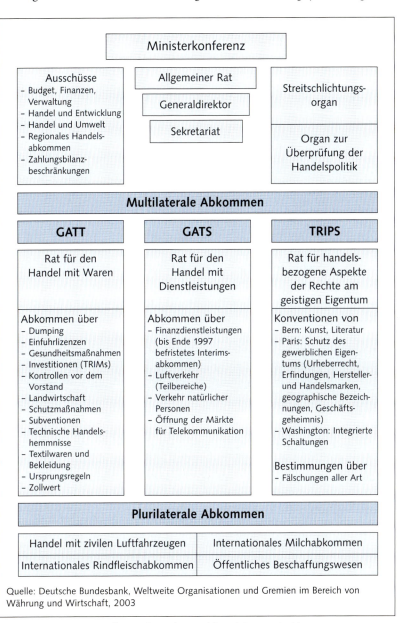

Abb. 19.3: Institutionelle Struktur der Welthandelsorganisation

land über eine Stimme (Prinzip: ein Land – eine Stimme). Das bedeutet, dass Entscheidungen weitgehend im Konsens getroffen werden müssen.

Eine der größten Herausforderungen der Entwicklung der Welthandelsorganisation ist der Handel mit digitalisierten Produkten und elektronisch vertriebenen Gütern und Dienstleistungen, weil hier Ländergrenzen durchbrochen werden, weil nicht klar ist, ob es sich dabei um Güter oder Dienstleistungen handelt (Musik-CD oder Musik-Datei) und weil geistige Eigentumsrechte im Internethandel besonders leicht verletzt werden können.

7 Globalisierung der Weltwirtschaft

7.1 Begriff der Globalisierung

Die mit dem Außenhandel verbundene Internationalität der Arbeitsteilung, die weltweite Vernetzung der Märkte und die Interdependenz von Produktion und gesamtwirtschaftlicher Allokation wird heute meist als Globalisierung bezeichnet. Diese neue Begrifflichkeit für das im Prinzip sehr alte Phänomen der internationalen Arbeitsteilung wird dadurch gerechtfertigt, dass sich das Tempo und der Umfang der Vernetzung der Märkte in den letzten 30 Jahren deutlich erhöht haben. Damit wird erkennbar, dass Globalisierung nicht ein Zustand ist, sondern ein Prozess, ein Prozess der Annäherung an die globale (weltweite) Wirtschaft.

Deutliche Beschleunigung der Vernetzung der Märkte

> Globalisierung ist ein Prozess der Ausweitung von Märkten über Ländergrenzen hinweg bis zu weltweiten Märkten. Damit ist eine Ausweitung der Arbeitsteilung über Ländergrenzen hinweg bis zu einer weltweiten Arbeitsteilung verbunden.

Der Prozess der weltweiten Vernetzung kann sich im Prinzip auf alle Arten von Märkten beziehen, auf Gütermärkte und auf Faktormärkte (Märkte für Produktionsfaktoren) und sich darüber hinaus auf Bereiche erstrecken, die nicht generell als Märkte bezeichnet werden, wie den Bereich der Bevölkerungsbewegungen. Im Einzelnen unterscheiden sich die Güter und die Faktoren nach dem Ausmaß ihrer möglichen Mobilität. So werden Arbeitsmärkte bislang im Wesentlichen nur im Bereich der hohen Qualifikation (Manager, Forscher) in den Prozess der Globalisierung einbezogen. Die Auswirkungen der Globalisierung erstrecken sich aber immer auf den gesamten Bereich der Wirtschaft.

7.2 Ebenen der Globalisierung

Die globale Vernetzung der Märkte lässt sich sinnvoll nach folgenden Marktbereichen differenzieren:
- Auf den Handel mit Gütern und Dienstleistungen.
- Auf den Handel mit Sachkapital. Das ist Kapital, das direkt in Unternehmen investiert wird und den Zweck hat, eine dauerhafte Geschäftsbeziehung zu begründen. Dies wird auch, z. B. in der Zahlungsbilanz, als Direktinvestition bezeichnet[3].
- Auf den Handel mit Portfoliokapital. Das ist Kapital, das nur Vermögensanlagezwecken dient, aber keine dauerhaften Geschäftsbeziehungen begründen soll wie Aktien, Anleihen oder Kredite.

Tabelle 19.2 macht die **Struktur der globalen Vernetzung** deutlich. In den gut 25 Jahren von 1972 bis 1999 hat die weltweite Produktion um 875 Prozent zugenommen, begleitet von einer fast doppelt so starken Zunahme des Außenhandels um 1.625 Prozent. Diese Zunahme des Handels relativ zur Produktion ist ein Charakteristikum der Globalisierung. Daneben ist zu sehen, dass sich die Direktinvestitionen im Volumen mehr als verdreißigfacht haben und damit als Motor der Globalisierung gelten können. Das Volumen der Portfolioinvestitionen hat sich schließlich um den Faktor 156 erhöht, damit ist der Globalisierungsprozess auf den internationalen Kapitalmärkten am weitesten vorangeschritten.

Direktinvestitionen als Motor der Globalisierung

	1972	1975	1980	1985	1990	1995	1999
Produktion (BIP)	100	148	275	421	603	806	875
Außenhandel (Export)	100	209	484	468	852	1.277	1.625
Direktinvestitionen	100	165	363	397	1.599	1.780	3.489
Portfolio-investitionen[1]	100	206	591	1.319	1.835	4.226	15.640

[1] Nettoabsatz internationaler Schuldtitel
Quelle: IWF, OECD, BIZ, Statistisches Bundesamt

Tab. 19.2: Die Struktur der Globalisierung
(nominale Werte, 1972 = 100 gesetzt)

7.3 Ursachen der Globalisierung

Die Ursachen der Globalisierung lassen sich relativ klar erkennen. Es sind dies zum einen die Abnahme der Transport- und Kommunikationskosten (Distanzüberwindungskosten) relativ zu den Produktionskosten und zum anderen der Abbau ehemals politisch bestimmter Handelshemmnisse.

Abnahme der Distanzüberwindungskosten

---

[3] In der amtlichen Statistik gelten Beteiligungen ab 10 Prozent als Direktinvestitionen.

Die **Transportkosten** für Güter und Informationen sind seit Jahrzehnten drastisch gesunken. So haben sich z. B. die Kosten für Schiffsfracht und Luftverkehr in den letzten 70 Jahren auf etwa ein Fünftel reduziert und die Kosten für Telekommunikation auf etwa ein Hundertstel (Weltentwicklungsbericht der Weltbank 1995, S. 62). Entscheidend für den Prozess der Globalisierung ist, dass diese Kosten schneller gesunken sind als die Kosten der Produktion. Dies soll ein einfaches Beispiel zeigen. Die Produktionskosten im Standort A betragen 100 Euro, im Standort B 150 Euro und die Distanzüberwindungskosten betragen 60 Euro. Ein Handel findet mithin nicht statt. Wenn nun alle Kosten halbiert werden, so betragen die Produktionskosten in A 50 Euro, in B 75 Euro und die Distanzüberwindungskosten betragen 30 Euro. Ein Handel lohnt immer noch nicht. Erst wenn die Distanzüberwindungskosten stärker sinken als die Produktionskosten, also z. B. auf ein Drittel reduziert werden, findet ein Handel statt: Die Produktionskosten in A betragen 50 Euro, in B 75 Euro und die Distanzüberwindungskosten betragen 20 Euro; diese Konstellation macht den Handel von A nach B lohnend. Eine solche Reduktion der Distanzüberwindungskosten *relativ* zu den Produktionskosten ist das entscheidende Movens der Globalisierung des Wettbewerbs.

Abnahme der Distanzüberwindungskosten relativ zu den Produktionskosten

Der **Abbau politisch bestimmter Handelshemmnisse** ist letztlich auf den Wandel im Leitbild der Wirtschaftspolitik zurückzuführen, auf den Wandel hin zu einer Orientierung an den Grundprinzipien einer freien Marktwirtschaft: Handelsfreiheit und Marktzutrittsfreiheit. Im Einzelnen lassen sich folgende Liberalisierungen unterscheiden:

Abbau von Handelshemmnissen

- der Abbau von Zöllen, Kontingenten und nicht-tarifären Handelshemmnissen vor allem im Rahmen von GATT, WTO und regionalen »Freihandelszonen« wie der Europäischen Union;
- die zunehmend angestrebte Integration der Entwicklungsländer in die Weltwirtschaft;
- die Transformation der ehemaligen Planwirtschaften Mittel- und Osteuropas in Marktwirtschaften und die Öffnung Chinas integrieren große Teile der Welt in die globale Arbeitsteilung;

Deregulierung

- die Deregulierung weiter Teile der Wirtschaft (Telekommunikation, Versorgung, Verkehr, Banken, Versicherungen) öffnet diese Sektoren dem internationalen Wettbewerb und verstärkt auch hier die internationale Arbeitsteilung.

7.4 Folgen der Globalisierung

Weniger klar als die Ursachen der Globalisierung sind ihre Folgen, die in der öffentlichen Meinungsbildung auch äußerst kontrovers diskutiert werden. Für die Ökonomie war und ist die grundlegende Folge der Globalisierung allerdings unstrittig.

> Die mit der Globalisierung einhergehende Ausweitung des internationalen Handels unter dem Regime eines zunehmenden Freihandels nutzt die Vorteile der Arbeitsteilung und erhöht den Wohlstand der beteiligten Länder insgesamt. Möglich erscheint nur eine ungleiche Verteilung des zunehmenden Wohlstands und eine ungleiche Verteilung der Entwicklungschancen der Länder.

Die Globalisierung verschärft den Wettbewerb auf allen Ebenen, auf Gütermärkten, auf Kapitalmärkten, auf Arbeitsmärkten und letztlich auch auf der Ebene von Standorten und Staaten. In diesem Wettbewerbsprozess steigt die allokative und die produktive Effizenz der Produktion, und die Produktionsmenge insgesamt nimmt zu. Aber der globale Wettbewerbsprozess ist von einem Strukturwandel begleitet, bei dem es neben Gewinnern auch Verlierer geben kann. Die Furcht, zu den Verlierern zu gehören, schürt mittlerweile die Ängste vor allem in den Industrienationen. Während in den 60er- und 70er-Jahren des vorigen Jahrhunderts eher die Entwicklungsländer eine Ausbeutung im Außenhandel mit den Industrienationen befürchtet hatten, wird jetzt in den Industrienationen befürchtet, dass die Globalisierung die Beschäftigungschancen vor allem der geringer Qualifizierten beeinträchtigt, Sozialnormen abbaut und generell zu einem Verlust der Autonomie nationaler Wirtschaftspolitik im globalen Standortwettbewerb führt. »Erkenntnis und Interesse« (*Habermas*) sind auch in dieser Diskussion unlöslich miteinander verbunden.

Globalisierung verschärft den Wettbewerb

Globalisierung und Beschäftigung

Nach dem beschriebenen Faktorproportionen-Theorem von *Heckscher* und *Ohlin* bedeutet die Globalisierung eine Bedrohung der Einfacharbeit in den Industrieländern:

Bedrohung der Einfacharbeit in Industrieländern

- Die Integration der Schwellen- und Entwicklungsländer in die Weltwirtschaft bedeutet eine Zunahme des weltweit verfügbaren Angebots an gering qualifizierter Arbeit.
- Die Schwellen- und Entwicklungsländer, die reichlich mit gering qualifizierter Arbeit ausgestattet sind, konzentrieren sich auf die Produktion arbeitsintensiv erstellter Güter und exportieren diese verstärkt. Dies erhöht dann zwar die Beschäftigung der Einfacharbeit in Entwicklungsländern, aber reduziert gleichzeitig die Beschäftigung von Einfacharbeit in den Industrieländern. Zugleich wird ein entsprechender Lohndruck auf die Löhne in den Industrieländern ausgeübt. Die Anpassung verläuft also über Mengen (Arbeitsplätze) und Preise (Löhne für gering Qualifizierte).

Die Zunahme der Direktinvestitionen von Unternehmen im Ausland, die z. B. für Deutschland in den 90er-Jahren signifikant gewesen ist (Bilanz der Direktinvestitionen), bedeutet zunächst einmal eine Verlagerung von Arbeitsplätzen in das Ausland. Dies erhöht dann die Beschäftigung im Ausland und verringert die Beschäftigung im Inland. In weitergehender Betrachtung

Negative Bilanz der Direktinvestitionen in Deutschland

ist allerdings nicht auszuschließen, dass solche Auslandsinvestitionen die Güterexporte deutscher Unternehmen stützen (»BMW« produziert Fahrzeugteile kostengünstig in »Ungarn« und verbessert damit seine Exportchancen für das Fertigprodukt »BMW«).

Solche Analysen zeigen, dass nicht alle Bevölkerungsgruppen gleichmäßig an den Wohlfahrtsgewinnen der Globalisierung teilhaben, dass die Globalisierung vermutlich Einkommenseinbußen für gering qualifizierte Arbeitnehmer in »Deutschland« impliziert, aber zugleich auch Einkommensverbesserungen für die Arbeiter in »Ungarn« oder »Pakistan«.

Globalisierung und Soziale Sicherheit

Die Globalisierung verstärkt den Wettbewerb und verstärkt die Tendenz zu einheitlichen Weltmarktpreisen: Die Güterpreise bestimmt zunehmend der Wettbewerb auf den Weltmärkten. Wenn und insoweit die Ausgaben für Soziale Sicherheit Kosten sind, die in die Produktionskosten eingerechnet werden, stehen auch diese Kosten im globalen Wettbewerb und der Wettbewerb entscheidet, ob diese Kosten im Weltmarktpreis weitergegeben werden können. In diesem Sinne beschränkt die Globalisierung eine eigenständige nationale Sozialpolitik, die früher, bei abgeschotteten Märkten, eher möglich war. Damals konnten solche Kosten leichter in den Preisen weitergegeben werden und konnten auf die nationalen Verbraucher überwälzt werden Letztlich entscheiden sich solche Überwälzungsmöglichkeiten im Standortwettbewerb von Staaten.

Kosten der sozialen Sicherheit stehen im globalen Wettbewerb

8 Standortwettbewerb von Staaten und Beschränkung der nationalen Autonomie

Standorte werden von Staaten (allgemeiner von Gebietskörperschaften) angeboten und von Unternehmen als Produktionsstandorte nachgefragt. Die Staaten als Anbieter von Standorten stehen im Wettbewerb um die Ansiedlung von Unternehmen, sie stehen im Wettbewerb um den Zustrom der mobilen Produktionsfaktoren Kapital und technisches Wissen, weil Standorte im Prinzip reichlicher sind als ansiedlungswillige Unternehmen.

Begriff des Standortwettbewerbs

Unternehmen bieten Einkommen in Form von Löhnen, Gehältern, Mieten und Zinsen, sie bieten Steuereinnahmen und ihre Ansiedlung bietet Wachstums- und Entwicklungsimpulse für den Standort. Daher sind Unternehmensansiedlungen begehrt.

Leistungen der Unternehmen

Standorte müssen für Unternehmensansiedlungen auch etwas bieten. Ihre Leistungen bestehen im Prinzip aus einem großen Bündel von so genannten **Standortfaktoren**. Dies sind vor allem:
- Bedingungen der Beschaffung von Produktionsfaktoren (Kosten und Qualifikation des Faktors Arbeit, Kosten und Qualität von Grund und Boden, Energiekosten, Transportkosten, Kapitalkosten usw.);

Leistungen des Standortes

- Bedingungen des Absatzes (Marktgröße und Absatzpotenziale, Art und Anspruchsniveau der Nachfrage, Absatztransportkosten usw.) und
- Rahmenbedingungen staatlicher Wirtschaftspolitik (Steuern und Subventionen, das Angebot öffentlicher Güter wie Bildung, Sicherheit, Verkehrsleistungen und die Gesamtheit der institutionellen Regelungen wie Lohnfindungsregeln, Wettbewerbsregeln, Umweltschutzvorschriften oder Systeme zur Finanzierung der sozialen Sicherheit).

> Entscheidend für die Standortwahl von Unternehmen ist das Niveau der Standortqualität im Verhältnis zu ihren Kosten.

Es kommt nicht darauf an, dass ein Standort wenig Steuern kostet oder eine großzügige Infrastruktur anbietet, sondern dass das Verhältnis von Kosten und Nutzen des Standortes attraktiv ist. Dafür zu sorgen ist dann die Aufgabe der staatlichen Standortpolitik.

> Staaten im Standortwettbewerb müssen ein attraktives Preis-Leistungs-Verhältnis des Standortes anbieten.

Instrumente im Standortwettbewerb, die staatliche Wirtschaftspolitik gestalten kann, sind
- das Angebot an öffentlichen Gütern,
- der Umfang und die Struktur der Besteuerung einschließlich möglicher Subventionen und
- die institutionellen Regeln des Wirtschaftsprozesses.

Instrumente im Standortwettbewerb

Ursache des Standortwettbewerbs ist die Mobilität der Produktionsfaktoren, vor allem die Mobilität des Faktors Kapital einschließlich der Mobilität des technischen Wissens, ergänzend auch die Mobilität des Faktors Arbeit. Diese Mobilität hat im Zuge der Globalisierung der Weltwirtschaft deutlich zugenommen, wie Tabelle 19.2 gezeigt hat. Bezüglich der Mobilität des Faktors Kapital muss zwischen Portfoliokapital und Sachkapital unterschieden werden.

Mobilität der Produktionsfaktoren als Ursache des Standortwettbewerbs

Portfoliokapital ist Vermögensanlagekapital, wie es vor allem in Form von Aktien, Schuldverschreibungen und Geldmarktpapieren gehandelt wird. Dies Portfoliokapital reagiert ungemein schnell auf Veränderungen der Rendite von Inlandskapital zu Auslandskapital (»Es ist scheu wie ein Reh, schnell wie eine Gazelle und hat das Gedächtnis eines Elefanten«). Seine Mobilität kontrolliert vor allem die Solidität der Stabilitätspolitik der Länder. Ein Beispiel soll dies erläutern: Wenn ein Land eine unsolide, defizitäre Finanzpolitik betreibt, schwindet das Vertrauen in die Währung, Inflation und Abwertung wird erwartet. Das Portfoliokapital wandert ab. Diese Abwanderung kann vorübergehend durch höhere Zinsen, langfristig aber

Mobilität des Portfoliokapitals beschränkt nationale Stabilitätspolitik.

nur durch die Rückkehr zu einer soliden Finanzpolitik gestoppt werden. In diesem Sinne diszipliniert die Exit-Option des Portfoliokapitals die nationalen Stabilitätspolitiken.

Sachkapital ist das Kapital, das real in Maschinen, Anlagen, Fabriken und Unternehmen steckt, auch Realkapital genannt. Die Mobilität dieses Sachkapitals ist nur ex ante, also vor Investitionsentscheidungen gegeben, ex post, also nach Investitionsentscheidungen, ist das Kapital weitgehend gebunden. Die zunehmende Ex-ante-Mobilität des Sachkapitals, also die Mobilität, sich seinen Standort frei wählen zu können, hat entscheidende Folgen für die gesamte Wirtschaftspolitik im Standortwettbewerb: Diese ist gezwungen, ihre Lohnpolitik, ihre Steuerpolitik, ihre Sozialpolitik und ihre Ordnungspolitik den Erfordernissen des Standortwettbewerbs anzupassen.

Mobilität des Sachkapitals beschränkt die gesamte Wirtschaftspolitik.

> Die Autonomie nationaler Wirtschaftspolitik wird im Zuge der Globalisierung des Standortwettbewerbs zunehmend eingeschränkt. Regierungen haben zunehmend eine doppelte Wählerschaft: zum einen die Wahlbürger und zum anderen die Investoren.

Bewertung des Autonomieverlustes

Die Bewertung des Autonomieverlustes fällt gemeinhin unterschiedlich aus. Prinzipiell ist der Verlust an Autonomie der nationalen Wirtschaftspolitik auch ein Verlust an Demokratie, weil der Einfluss des Wahlvolks zum Teil durch den Einfluss der Kapitaleigner/Investoren ersetzt wird. Allerdings ist zu sehen, dass die Exit-Optionen des Kapitals überwiegend bei fundamentalen Fehlentwicklungen nationaler Wirtschaftspolitik ausgeübt worden sind (vgl. Monatsbericht der Deutschen Bundesbank, April 1999), z. B. bei Korruption und Misswirtschaft. In diesem Sinn interpretiert jedenfalls die Ökonomie den Standortwettbewerb überwiegend als ein heilsames Verfahren der Kontrolle staatlicher Machtentfaltung.

Arbeitsaufgaben

1) Erläutern Sie folgende Begriffe:
    – Wechselkurs,
    – Aufwertung, Abwertung,
    – Terms of Trade,
    – Zölle, Kontingente.
2) Erläutern Sie das Faktorproportionen-Theorem von *Heckscher/Ohlin*.
3) Erläutern Sie den Kern des Theorems der Komparativen Kosten von *Ricardo*.
4) Warum bietet der internationale Handel die bessere Ausschöpfung der Größenvorteile der Produktion?

5) Es wird behauptet, dass der Wettbewerb durch den internationalen Handel steigt. Im Zuge der europäischen Integration kommt es aber eher zu einer Konzentration, nationale Unternehmen werden durch multinationale Unternehmen verdrängt. Ist das ein Widerspruch?
6) Diskutieren Sie die Vorteile und die Probleme des Freihandels.
7) Was sind die Ursachen der Globalisierung?
8) Was versteht man unter Standortwettbewerb?
9) Inwiefern beschränkt der Standortwettbewerb die Autonomie nationaler Wirtschaftspolitik?
10) Bedroht die Globalisierung die Beschäftigung in den entwickelten Industrienationen?

Lösungsvorschläge für die Arbeitsaufgaben finden Sie im »Übungsbuch zu Grundlagen und Probleme der Volkswirtschaft«.

Literatur

Einen Überblick über die realwirtschaftliche Theorie des Außenhandels gibt:
Bender, Dieter: Außenhandel, in: Vahlens Kompendium der Wirtschaftstheorie und Wirtschaftspolitik, Bd. 1, 8. Aufl., München 2003, Kapitel 9.

Einen Überblick über die Außenwirtschaftspolitik mit einer kurzen Darstellung der Welthandelsordnung gibt:
Berg, Hartmut: Außenwirtschaftspolitik, in: Vahlens Kompendium der Wirtschaftstheorie und Wirtschaftspolitik, Band. 2, 8. Aufl., München 2003, S. 543–591.

Eine umfassende, sehr konzise und doch verständliche Darstellung im Grunde aller Probleme der Weltwirtschaft bietet:
Siebert, Horst: Weltwirtschaft, Stuttgart 1997.

Die Standardwerke zur Außenwirtschaftslehre, die allerdings fundierte wirtschaftstheoretische Kenntnisse voraussetzen, sind:
Rose, Klaus / Karlshans Sauernheimer: Theorie der Außenwirtschaft, 13. Aufl., München 1999.
Siebert, Horst: Außenwirtschaft, 7. Aufl., Stuttgart 2000.

Umfassend ist auch:
Borchert, Manfred: Außenwirtschaftslehre – Theorie und Politik, 7. Aufl. Wiesbaden 2001.

Eine verständliche Einführung, die eher geringe Vorkenntnisse voraussetzt, ist:
Glastetter, Werner: Außenwirtschaftspolitik. Eine problemorientierte Einführung, 3. Aufl., Köln 1998.

Den institutionellen Rahmen der Weltwirtschaft mit einer ausführlichen Darstellung der Welthandelsordnung beschreibt:

Deutsche Bundesbank (Hrsg.): Weltweite Organisationen und Gremien im Bereich von Währung und Wirtschaft, Frankfurt 2003.

Die Probleme der Globalisierung werden theoretisch und empirisch diskutiert in:

Beyfuß, Jörg u.a.: Globalisierung im Spiegel von Theorie und Empirie, in: Beiträge zur Wirtschafts- und Sozialpolitik, Heft Nr. 235, Köln 1997.

20. Kapitel
Funktionsweise verschiedener Währungssysteme

LERNZIELE

Leitfrage:
Welche Möglichkeiten ergeben sich für die Gestaltung internationaler Währungssysteme?
- Was versteht man unter Konvertibilität und Devisenbewirtschaftung?
- Was versteht man unter einer Aufwertung bzw. Abwertung einer Währung?
- Wie wirkt eine Aufwertung (Abwertung) auf den Außenbeitrag?
- Wie bilden sich Wechselkurse in einem System frei flexibler Wechselkurse?
- Welche zentralen Theorien zur Erklärung der Höhe des flexiblen Wechselkurses gibt es?
- Welche grundlegenden Probleme entstehen in einem System fester Wechselkurse?
- Wie werden Zahlungsbilanzungleichgewichte finanziert?
- Wie werden Zahlungsbilanzungleichgewichte beseitigt?
- Welches sind die Grundprobleme einer Währungsunion?

Leitfrage:
Welche Effekte ergeben sich aus Änderungen der Weltkonjunktur und der inländischen Wirtschaftspolitik für eine offene Volkswirtschaft?
- Welche zusätzlichen Elemente müssen berücksichtigt werden, um vom IS/LM-Modell der geschlossenen Volkswirtschaft zum IS/LM-Modell der offenen Volkswirtschaft zu gelangen?
- Wie wirken Änderungen des Auslandseinkommens auf das inländische Produktionsniveau bei flexiblen und bei festen Wechselkursen?
- In welchem Währungssystem ist Fiskalpolitik besonders effektiv?
- In welchem Währungssystem ist Geldpolitik besonders effektiv?
- Wie wirkt eine Wechselkursänderung in einem System fester Wechselkurse?

Damit Inländer in einer Geldwirtschaft Güter und Schuldtitel aus dem Ausland erwerben können, benötigen sie entsprechende ausländische Zahlungsmittel (**Devisen**). Diese können sie sich direkt oder indirekt (z. B. über ihre Banken) auf dem internationalen Devisenmarkt besorgen. Neben ausländischen Noten und Münzen (Sorten) handelt es sich bei Devisen vor allem um Sichtguthaben bei ausländischen Banken.

Der internationale Handel braucht eine Wirtschafts- und Geldordnung.

Für den internationalen Handels-, Zahlungs- und Kapitalverkehr muss also ein **internationales Währungssystem** existieren, das die Bezahlung der Güter in den verschiedenen Währungen ermöglicht, den internationalen Kapitalverkehr organisiert und zugleich mit einem Mindestmaß an Regeln eine ordnungsgemäße Durchführung des internationalen Tausches aufrecht erhält. Im Folgenden werden wir nach einem kurzen Überblick über die möglichen Währungssysteme die Grundtypen erläutern: das Währungssystem mit frei flexiblen und das Währungssystem mit festen Wechselkursen sowie die Währungsunion.

1 Währungspolitische Alternativen

Um dem Leser einen Überblick über die verschiedenen Währungssysteme zu geben, sollen die währungspolitischen Alternativen zunächst schematisch zusammengestellt werden. Die **erste Grundentscheidung** bezieht sich auf die Freizügigkeit des internationalen Kapital- und Geldverkehrs: Freie Konvertibilität (Konvertierbarkeit) der Währungen gegenüber einem System der Devisenbewirtschaftung. Bei **freier Konvertibilität** der Währungen können:

Wie freizügig soll der internationale Handel sein?

Freie Konvertibilität

- Inländer die Währung ihres Landes unbeschränkt in andere Währungen umtauschen (**Inländerkonvertibilität**) und
- Ausländer die in ihrem Besitz befindlichen Devisen in jede andere Währung umtauschen (**Ausländerkonvertibilität**).

Von diesem Ideal völliger Freizügigkeit gibt es abgestufte Abweichungen: So kann die Konvertibilität auf bestimmte Zwecke (etwa Zahlungen im Rahmen des Güterverkehrs) beschränkt werden, sie kann sich nur auf bestimmte Länder beziehen (z. B. Sterlingblock) oder auf bestimmte Personen (z. B. Ausländer).

Devisenbewirtschaftung

Von **Devisenbewirtschaftung** spricht man, wenn die Konvertibilität der Währungen aufgehoben ist und die Devisen per Ablieferungspflicht und Zuteilung mengenmäßig von einer Behörde bewirtschaftet werden. Wir werden das System der Devisenbewirtschaftung hier nicht im Einzelnen erläutern, da es außerhalb marktwirtschaftlicher Grundsätze liegt. Es sei nur erwähnt, dass das System der Devisenbewirtschaftung den freien internationalen Handel außerordentlich behindert, es führt zu immer weitergehenden Beschränkungen und endet meist im zweiseitigen (bilateralen) Tausch. (Der Leser denke an die Devisenbewirtschaftung in Deutschland von 1933 bis zur Einführung der Konvertibilität 1958.) Viele Entwicklungsländer glauben heute noch, durch Devisenbewirtschaftung knappe ausländische Währungen besser einsetzen zu können.

Die **zweite Grundsatzentscheidung** bezieht sich darauf, ob man – sofern man sich für Konvertibilität der Währungen entschieden hat – feste oder flexible Wechselkurse oder Zwischenformen einführen möchte. Unter dem (nominalen) Wechselkurs versteht man das Austauschverhältnis zweier Währungen auf dem Devisenmarkt, z. B. 1 \$ = 0,91 € mit e = 0,91 als Wechselkurs in Preisnotierung (s. u.).

Wir können damit folgende Übersicht aufstellen:
I. Währungssystem mit freier Konvertibilität der Währungen
  1) Währungssystem mit festen (unveränderlich festen) Wechselkursen
  2) Währungssystem mit stufenflexiblen Wechselkursen (Wechselkurse sind grundsätzlich fest, können aber von Fall zu Fall geändert werden)
  3) Flexible Wechselkurse mit Eingreifen der Währungsbehörde (managed floating, schmutziges floating)
  4) Frei flexible Wechselkurse
II. Devisenbewirtschaftung

---

2 Die Bestimmungsgründe des Außenbeitrags

Bevor wir uns den verschiedenen Währungssystemen und ihrer Eigenschaften im Einzelnen zuwenden, ist es sinnvoll, zunächst die Bestimmungsgründe des Außenbeitrags näher zu betrachten. In Kapitel 8 haben wir gesehen, dass der Außenbeitrag sich als Differenz zwischen dem Wert der Exporte und dem Wert der Importe bestimmt. Dabei haben wir auf die Euro-Werte der entsprechenden Transaktionen abgestellt. Ebenso könnte man den Außenbeitrag auch in entsprechenden Fremdwährungswerten ausweisen. Im Folgenden wollen wir der Einfachheit halber davon ausgehen, dass alle Auslandstransaktionen in Dollar abgewickelt werden, also nur die beiden Währungen Euro (Inlandswährung €) und Dollar (Auslandswährung \$) von Belang sind. Die Dollarwerte der Ex- bzw. Importe geben dann die aus dem Güterhandel resultierenden Dollarangebote bzw. Dollarnachfragen an, d. h. die jeweiligen Angebote und Nachfragen nach Fremdwährung aus Inlandssicht.

Wir haben den internationalen Handel bisher mit unterschiedlichen Preisrelationen erklärt (vgl. Kapitel 19). Diese werden ihrerseits von gesamtwirtschaftlichen Entwicklungen bestimmt, von denen das inländische und ausländische Preisniveau sowie der Wechselkurs von zentraler Bedeutung sind. Ein zusätzlicher Einfluss ergibt sich aus der Höhe der jeweiligen Nationaleinkommen der Länder. Abbildung 20.1 zeigt diese Zusammenhänge in schematischer Form für den Export und Import eines Landes.

Abb. 20.1: Determinanten des Außenhandels

2.1 Wechselkurs und Außenbeitrag (Wechselkursmechanismus)

So wie die Güter in der Regel einen in Geld ausgedrückten Preis haben, so haben auch die Währungen der verschiedenen Länder ihren Preis, ausgedrückt in der Währung eines anderen Landes. Der Preis, zu dem zwei Währungen ausgetauscht werden, ist der **nominale Wechselkurs**. Als Wechselkurs bezeichnet man also den in ausländischer Währung ausgedrückten Preis für eine Einheit Inlandswährung, d.h. z.B. 1 € = 1,1 $ (**Mengennotierung**). Umgekehrt kann der Wechselkurs auch in Preisnotierung ausgedrückt werden, er gibt dann den Preis für eine Einheit ausländischer Währung – ausgedrückt in inländischer Währung – an, also 1 $ = 0,91 € (**Preisnotierung**). Im Zuge der Einführung des Euro ist die Europäische Zentralbank zur Mengennotierung übergegangen. Da in deutschsprachigen Lehrbüchern derzeit noch die Preisnotierung vorherrschend ist, wollen wir hier dennoch weiterhin die Preisnotierung verwenden.

<small>Der Wechselkurs verknüpft die Preise zwischen Inland und Ausland.</small>

> Der nominale Wechselkurs verknüpft die in jeweils einheimischer Währung ausgedrückten Preise der in den verschiedenen Ländern produzierten Güter und Dienste, er macht die Preise international vergleichbar.

Kostet ein Auto in der Bundesrepublik 10.000 Euro und ein anderes Auto in den USA 10.000 Dollar, so kann man die Preise erst nach Kenntnis des Wechselkurses vergleichen: Ist 1 $ = 0,9 €, so ist der in Euro ausgedrückte Preis des US-Autos 9.000 Euro, also geringer als der Preis des deutschen Autos.

<small>Eine Wechselkursänderung verschiebt die internationalen Preisrelationen.</small>

Bei einer Änderung des Wechselkurses erfahren auch die Preisrelationen zwischen Inland und Ausland eine Verschiebung. Dabei ist zwischen **Auf-** und **Abwertung** zu unterscheiden. Sinkt z.B. der Wechselkurs von 1 $ = 0,9 € auf 1 $ = 0,85 €, so hat der Euro eine Aufwertung, der Dollar eine Abwertung erfahren. Der Euro ist mehr wert geworden, wie man sich an der umgekehrten Notierung verdeutlichen kann: 1 € = 1,11 $ steigt auf 1 € = 1,18 $. Wenn umgekehrt der Preis des Dollars – ausgedrückt in Euro – steigt (z.B.

von 1 $ = 0,9 € auf 1 $ = 0,95 €), so wird der Dollar aufgewertet, der Euro abgewertet.

Wirkungen einer Aufwertung des Euro auf Dollarangebot und Dollarnachfrage

Untersuchen wir nun, wie eine Aufwertung des Euro (z. B. von 1 $ = 0,9 € auf 1 $ = 0,85 €) auf den Wert des deutschen Ex- und Imports in Auslandswährung $ wirkt.

Unter der Voraussetzung, dass die jeweiligen – in eigener Währung ausgedrückten – Inlandspreise konstant, also der Dollar-Preis der US-Güter und der Euro-Preis der deutschen Güter unverändert bleiben, werden bei einer Aufwertung des Euro
- die Preise der US-Güter, in Euro gerechnet, sinken;
- die Preise der deutschen Güter, in Dollar gerechnet, steigen.

Bei einer Aufwertung des Euro werden ausländische Güter in Euro gerechnet billiger, deutsche Güter in Auslandwährung gerechnet teurer.

Ein Auto, das in den USA 10.000 Dollar kostet, hatte vor der Aufwertung einen Euro-Preis von 9.000 Euro, nach der Aufwertung einen Preis von 8.500 Euro. Umgekehrt war der Dollar-Preis eines Autos, das in Deutschland 10.000 Euro kostet, vor der Aufwertung 11.111 Dollar, nach der Aufwertung 11.765 Dollar. Da – von einigen Sonderfällen abgesehen – ein Gut, dessen Preis sinkt, vermehrt nachgefragt wird, erfährt die mengenmäßige Nachfrage der Bundesrepublik Deutschland nach US-Gütern eine Zunahme. Die Importmenge der Bundesrepublik steigt also. Umgekehrt wird die mengenmäßige Nachfrage der USA nach den deutschen Gütern abnehmen, weil ihr Dollar-Preis gestiegen ist. Die Exportmenge der Bundesrepublik wird bei der Aufwertung also abnehmen.

Bei einer Aufwertung steigt die Importmenge und sinkt die Exportmenge des aufwertenden Landes.

> Diese Änderung der Preisrelationen in den beteiligten Ländern und die dadurch hervorgerufene Änderung der internationalen Güterströme ist die wesentliche Wirkung einer Wechselkursänderung.

Für eine Geldwirtschaft ist nun die durch eine Wechselkursänderung hervorgerufene Veränderung des **Wertes** von Export und Import ebenso wichtig wie die Kenntnis der rein mengenmäßigen Zusammenhänge. Der Wert der Güterströme bestimmt sich durch »Menge mal Preis«. Dabei kann man als Preis zum einen den Euro-Preis, zum anderen den Dollar-Preis wählen, also entweder den Euro-Wert oder den Dollar-Wert der Güterströme bestimmen. Wir wollen uns darauf beschränken, die Veränderung des Dollar-Wertes von Export und Import bei der einer Aufwertung und einer Abwertung des Euro zu ermitteln, da wir bei der weiter unten folgenden Behandlung des Devisenmarktes inbesondere auf die Angebote von und Nachfragen nach Fremdwährung aus Inlandssicht abstellen.

Veränderung des Wertes der Güterströme

Bei einer Aufwertung des Euro steigt die Importmenge, während der Dollar-Preis annahmegemäß konstant bleibt, also steigt bei einer Aufwertung der Dollar-Wert des deutschen Imports und damit die hieraus resultierende Dollarnachfrage.

Anders ist die Entwicklung des Dollar-Wertes des deutschen Exports. Die Exportmenge sinkt, wogegen der Preis der deutschen Exportgüter, ausgedrückt in Dollar, steigt. Entscheidend für den Dollar-Wert des deutschen Exports ist also die direkte Preiselastizität der US-Nachfrage nach deutschen Gütern. Ist diese Elastizität im Absolutwert größer als Eins (d.h. bei einer 1 prozentigen Preiserhöhung sinkt die nachgefragte Menge um mehr als 1 Prozent), so sinkt das Produkt aus Menge und Dollar-Preis, es sinkt also der Dollar-Wert des deutschen Exports. Ist die Elastizität dagegen im Absolutwert kleiner als Eins, so wird der Dollar-Wert der Exporte trotz sinkender Exportmenge zunehmen. Damit wird deutlich, dass die jeweiligen Nachfrageelastizitäten von zentraler Bedeutung für die Wirkung von Wechselkursänderungen auf den Außenbeitrag sind. Daher spricht man auch vom **Elastizitätenansatz**. Im internationalen Handel reagieren die Mengennachfragen eher preiselastisch, sodass im Folgenden stets von direkten Preiselastizitäten ausgegangen wird, welche größer als Eins sind. Das sich aus der Exportgüternachfrage ergebende Dollarangebot verringert sich dann bei einer Aufwertung des Euro.

Wirkungen einer Abwertung des Euro auf Dollarangebot und Dollarnachfrage

Eine Abwertung des Euro hat folgende Wirkungen auf den Dollar-Wert der Ex- und Importe: Unter der Voraussetzung jeweils konstanter Inlandspreise (in eigener Währung) werden

- die Preise der US-Güter, in Euro ausgedrückt, steigen;
- die Preise der deutschen Güter, in Dollar ausgedrückt, sinken.

Die Importmenge Deutschlands sinkt also, während der Importpreis in Dollar konstant bleibt, folglich sinkt der Dollar-Wert des deutschen Imports und damit auch die hiermit verbundene Dollarnachfrage.

Die deutsche Exportmenge steigt, weil die deutschen Güter für die USA billiger geworden sind, der Dollar-Preis des Exports sinkt. Auch hier ist wieder die Preiselastizität der US-Nachfrage nach deutschen Gütern entscheidend: Ist diese Elastizität größer als Eins, so steigt der Dollar-Wert des deutschen Exports (und damit das Dollarangebot) bei einer Abwertung des Euro; ist die Elastizität kleiner als Eins, so sinkt der Dollar-Wert des Exports. Wie oben gehen wir vom ersten Fall aus.

Von einigen Sonderfällen abgesehen, kann man also annehmen, dass bei einer Aufwertung (Abwertung) des Euro der **Dollar-Wert** des deutschen Imports und damit die Dollar-Nachfrage der Importeure zunehmen (abnehmen) wird. Nicht sicher dagegen ist die Reaktion des Exportwertes in Dollar. Es spricht allerdings Einiges dafür, dass die Nachfrage nach Gütern anderer Länder meist eine Preiselastizität hat, die größer als Eins ist. In diesem Fall wird bei einer Aufwertung (Abwertung) des Euro der Dollar-Wert des deutschen Exports und damit das Dollarangebot der ausländischen Importeure abnehmen (zunehmen).

Betrachtet man nicht den Wert der Ex- und Importe in Auslandswährung, sondern in **Inlandswährung Euro**, so ergeben sich im Prinzip bei einer Veränderung des Wechselkurses dieselben qualitativen Ergebnisse bezüglich der Veränderung der Export- und Importwerte. In diesem Fall ist allerdings die Veränderung des Euro-Wertes der Exporte eindeutig, während die Veränderung des Euro-Wertes der Importe von der Höhe der direkten Preiselastizität der Importnachfrage abhängt. Bei einer Aufwertung (Abwertung) des Euro nimmt der Euro-Wert der Exporte und damit die Euronachfrage der ausländischen Importe ab (zu), während der Euro-Wert der Importe, d.h. das Euroangebot der inländischen Importeure steigt (sinkt), sofern die Preiselastizität der Importe größer als Eins ist.

Verhält sich die Waren- und Dienstleistungsbilanz in der oben beschriebenen Weise, so spricht man von einer »**normalen Reaktion**« auf Wechselkursänderungen.

> Bei normaler Reaktion der Waren- und Dienstleistungsbilanz auf Wechselkursänderungen gilt also, dass die relative Verbilligung (Verteuerung) einer Währung zu einer Erhöhung (Verringerung) der Nachfrage nach dieser Währung sowie zu einer Senkung (Vergrößerung) des entsprechenden Währungsangebotes führt.

Die normale Reaktion der Leistungsbilanz

Einige Ergänzungen

Der Grundeinsicht müssen jedoch einige Ergänzungen angefügt werden:

(1) Beim Vergleich der Preisrelation von Inland zu Ausland müssen Transportkosten und etwaige Zölle berücksichtigt werden.

(2) Keineswegs werden generell die durch eine Wechselkursänderung bewirkten Preisänderungen voll auf den Angebotspreis durchschlagen. Wird der Euro z.B. aufgewertet von bisher 1 \$ = 0,9 € auf 1 \$ = 0,85 €, so »müsste« der deutsche Exporteur den Dollar-Preis eines deutschen Autos, das 10.000 Euro kostet, von 9.000 Dollar auf 10.588 Dollar erhöhen, um weiterhin den gleichen Euro-Preis zu erzielen. Es ist nun häufig zu beobachten, dass Exporteure bei einer Aufwertung ihren Auslandspreis nicht um den Prozentsatz der Wechselkursänderung erhöhen, weil sie konkurrenzfähig bleiben wollen. Gerade bei der auch im internationalen Handel häufigsten Marktform des Oligopols sind Zielsetzungen und Verhaltensweisen zu beobachten, die eine der Wechselkursänderung entsprechende Preisänderung oft ausschließen:
- die Erhaltung eines bestimmten Marktanteils;
- die Erzielung eines zur aufgebauten Vertriebs- und Serviceorganisation vernünftigen Absatzverhältnisses;
- die Vermeidung von Preiskämpfen;

Nicht immer werden Wechselkursänderungen zu entsprechenden Preisänderungen führen.

- die Erzielung eines bestimmten Gesamtgewinns, unabhängig von der Zusammensetzung dieses Gewinns aus Auslands- und Inlandsgeschäft. Umgekehrt geben Importeure die Preisänderung für die importierten Güter oft auch nicht an den Verbraucher weiter, sondern behalten den Aufwertungsgewinn für sich.
- Schließlich ist darauf hinzuweisen, dass nicht nur Preisdifferenzen den internationalen Handel beeinflussen, sondern dass auch unterschiedliche Qualität, Serviceleistungen, verschiedene Lieferfristen, Zahlungsbedingungen etc. von ganz wesentlichem Einfluss sind; und Rechnungen werden häufig in einer allgemein akzeptierten Währung ausgestellt (fakturiert), z. B. in Dollar. Dann wird eine Wechselkursänderung nicht die Nachfrage (das Angebot) der USA, sondern den Gewinn des deutschen Exporteurs (Importeurs) beeinflussen. Ein Beispiel hierfür ist die Abrechnung des Airbus. Nachfolgend sind allerdings auch hier Mengenreaktionen zu erwarten.

Der reale Wechselkurs bestimmt die Wettbewerbsfähigkeit.

Die bisher gemachten Ausführungen weisen darauf hin, dass für die Wettbewerbsfähigkeit der inländischen Unternehmen gegenüber dem Ausland nicht allein der nominale Wechselkurs e von Bedeutung ist, sondern letztlich das Preisverhältnis zwischen Auslands- und Inlandsgütern. Bezeichnet man mit P^a das Preisniveau im Ausland in Auslandswährung und mit P das Preisniveau im Inland in Inlandswährung, so kann man beide Preisniveaus über den nominalen Wechselkurs vergleichbar machen. Das in Inlandswährung ausgedrückte ausländische Preisniveau ergibt sich, indem man P^a mit dem nominalen Wechselkurs e multipliziert. Das Preisverhältnis zwischen Inland und Ausland wird dann gegeben durch:

$$e^r = \frac{e \cdot P^a}{P}$$

Dieses in einer einheitlichen Währung ausgedrückte Preisverhältnis zwischen Ausland und Inland bezeichnet man als den **realen Wechselkurs** (in Preisnotierung). Steigt dieser, so werden Auslandsgüter im Verhältnis zu Inlandsgütern teurer, d. h. ceteris paribus steigt die **durchschnittliche Wettbewerbsfähigkeit** der inländischen Unternehmen. Man drückt diesen Sachverhalt auch aus, indem man sagt, der reale Wechselkurs der heimischen Währung steigt. Auf den Euro bezogen bedeutet dies, der Euro **wertet real ab**.

2.2 Preisänderung und Außenbeitrag (Preismechanismus)

Wenn eine Änderung der Preisrelationen durch Änderung des nominalen Wechselkurses den internationalen Handel beeinflusst, dann muss dies ebenso gelten für eine Änderung der Preisrelationen infolge von Veränderungen der nationalen Preise. Nehmen wir zur Illustration eine inflationäre

Preissteigerung in den USA und Preisstabilität für die Bundesrepublik Deutschland an. Dies bedeutet eine allgemeine Dollar-Preissteigerung der US-Güter bei Konstanz der Euro-Preise der deutschen Güter. Bei einem gegebenen konstanten Wechselkurs werden daher die US-Güter, in Euro ausgedrückt, teurer, die nachgefragte Menge der US-Güter sinkt. Wenn wir annehmen, dass die Nachfrageelastizität der Bundesrepublik nach US-Gütern größer als Eins ist, wird der Importwert der Bundesrepublik abnehmen, wobei es gleichgültig ist, ob wir in Dollar oder Euro rechnen. Für die USA bedeutet das umgekehrt eine Abnahme ihres Exportwertes.

Beispiel: Inflation in den USA und Preisstabilität in der Bundesrepublik

Die deutschen Güter werden (wegen der Preisstabilität) in Dollar gerechnet relativ billiger als die US-Güter. Die mengenmäßige Nachfrage nach deutschen Gütern in den USA wird zunehmen, der Preis konstant bleiben – sowohl in Dollar als auch in Euro gerechnet –, d. h. der deutsche Exportwert (gleichbedeutend mit dem US-Importwert) wird zunehmen.

Unter der Voraussetzung, dass alles übrige gleichbleibt, insbesondere der Wechselkurs und die Höhe der Volkseinkommen, kann man folgende Grundeinsicht formulieren.

> Steigt das Preisniveau eines Landes schneller als das eines anderen Landes, dann werden die Exporte des preisstabileren Landes zunehmen, seine Importe dagegen abnehmen, die Exporte des relativ inflationären Landes abnehmen, seine Importe dagegen zunehmen.

2.3 Änderung des Nationaleinkommens und Außenbeitrag (Einkommensmechanismus)

Neben dem Wechselkurs und den jeweiligen Güterpreisen in Landeswährung hat die Höhe des inländischen und des ausländischen Nationaleinkommens Einfluss auf den Wert des Außenbeitrages. Je höher das Einkommen einer Nation ausfällt, umso höher wird auch über die Einkommensabhängigkeit des Konsums deren Güternachfrage ausfallen. Dabei ist es plausibel anzunehmen, dass ein Teil jeder Nachfragesteigerung einer Nation sich auf ausländische Güter richtet. Das bedeutet zum einen, dass bei einer Erhöhung (Senkung) des **inländischen** Nationaleinkommens die inländische Importgüternachfrage ceteris paribus zunehmen (abnehmen) wird, der Außenbeitrag also sinkt (steigt). Zum anderen wird eine Erhöhung (Senkung) des ausländischen Nationaleinkommens die Exportgüternachfrage erhöhen (vermindern), also eine Zunahme (Abnahme) des Außenbeitrags bewirken.

Wir haben damit die grundsätzlichen Mechanismen kennengelernt, die im internationalen Handel wirksam sind:
- den Wechselkursmechanismus,
- den Preismechanismus und
- den Einkommensmechanismus.

Der Wechselkursmechanismus, der Preismechanismus und der Einkommensmechanismus beeinflussen den Außenhandel.

3 Währungssystem mit flexiblen Wechselkursen

3.1 Der Devisenmarkt

Die Höhe der (nominalen) Wechselkurse bestimmt sich auf dem **Devisenmarkt** durch Angebot und Nachfrage von Devisen. Wir wollen uns dabei wieder auf den Zwei-Länder-Fall beschränken, d. h. auf die Bestimmung des Wechselkurses zwischen zwei Währungen, des Euro (Inlandswährung €) und des Dollar (Auslandswährung $). Eine Wirtschaftseinheit, welche Dollar kauft, muss diesen Dollarkauf mit Euro entsprechend dem laufenden Wechselkurs bezahlen. Umkehrt muss ein Eurokauf mit einem entsprechenden Verkauf von Dollar verbunden sein.

Es gilt also: Auf dem Devisenmarkt beinhaltet jedes Angebot an Inlandswährung € durch eine Wirtschaftseinheit gleichzeitig eine entsprechende Nachfrage nach Auslandswährung $ durch diese Wirtschaftseinheit, welche auf der Basis des herrschenden Wechselkurses dem Angebot an Inlandswährung wertmäßig entspricht. Genauso ist jede Nachfrage nach Inlandswährung € durch eine Wirtschaftseinheit mit einem wertmäßig gleichen Angebot an Auslandswährung $ durch diese Wirtschaftseinheit verbunden.

Wer sind nun die Anbieter von und die Nachfrager nach Dollar? Die Dollarnachfrage entsteht durch den Import von Waren und Dienstleistungen (ins Inland) sowie durch die Käufe ausländischer Schuldtitel durch Inländer. Das Dollarangebot resultiert aus dem Export von Waren und Dienstleistungen (ans Ausland) sowie durch die Käufe inländischer Schuldtitel durch Ausländer (vgl. Tabelle 20.1).

Devisennachfrage ($)	Devisenangebot ($)
■ Import ausländischer Güter ■ Erwerb ausländischer Schuldtitel durch Inländer (Kapitalexport)	■ Export inländischer Güter ■ Erwerb inländischer Schuldtitel durch Ausländer (Kapitalimport)

Tab. 20.1: Quellen für Devisenangebot und Devisennachfrage auf dem Devisenmarkt

Wir wollen zunächst den Kapitalverkehr vernachlässigen, sodass die Dollarnachfrage dem Dollarwert der Güterimporte und das Dollarangebot vom Dollarwert der Güterexporte entspricht. Bei normaler Reaktion der Komponenten des Außenbeitrags sinkt dann die Dollarnachfrage mit steigendem Wechselkurs e (Preisnotation, Euro-Abwertung) und steigt das Dollarangebot.

Die Preisbildung auf dem Devisenmarkt – einem der vollkommensten Märkte der Welt – vollzieht sich nach den Regeln der Preisbildung einer Börse bei vollkommener Konkurrenz (vgl. hierzu auch Kapitel 6, Abschnitt 2.1). Wir tragen in einer Zeichnung die Angebots- und Nachfragekurven für Dollar in Abhängigkeit des preisnotierten Wechselkurses e ab. Der Wechselkurs gibt dann den Euro-Preis eines Dollar an.

Im Schnittpunkt von Angebot und Nachfrage ergibt sich der **nominale Gleichgewichtswechselkurs**, der sich täglich auf den Devisenmärkten einstellt (e_0 in Abbildung 20.2).

Bei frei flexiblen Wechselkursen ist der Devisenmarkt ohne Zentralbankinterventionen immer im Gleichgewicht.

Dies ist die charakteristische Eigenschaft eines Währungssystems mit frei flexiblen Wechselkursen: Ohne Eingreifen einer staatlichen Stelle gibt es immer einen Wechselkurs, der die geplante Nachfrage nach Devisen und das geplante Angebot von Devisen ausgleicht.

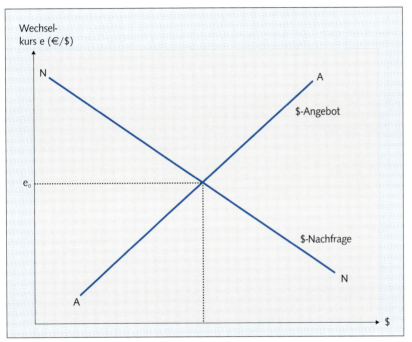

Abb. 20.2: Angebot und Nachfrage auf dem Devisenmarkt

3.2 Veränderungen des flexiblen Wechselkurses

Fragen wir uns, was geschehen wird, wenn Euroland – aufgrund einer Geschmacksänderung, aufgrund einer Missernte oder aufgrund starker inländischer Preissteigerungen – seine Importe ausweiten möchte. Die Nachfrage nach Dollar zur Bezahlung dieser Importe wird steigen, d. h. die Nachfragekurve verschiebt sich nach rechts (von NN nach N'N' in Abbildung 20.3). Bleibt die Angebotskurve unverändert, so ergibt sich folgende Situation:

Bei unverändertem Wechselkurs e_0 ergibt sich eine Überschussnachfrage nach Dollar und damit gleichzeitig ein Überschussangebot an Euro auf dem Devisenmarkt. Infolgedessen wertet der Euro ab, d. h. der Wechselkurs steigt

Wie wirkt eine Importsteigerung?

auf e_1. Nun wissen wir bereits, dass bei einer Abwertung (der Euro wurde »billiger«) die Nachfrage der Ausländer nach Euroland-Gütern zunehmen wird, die Exportwerte von Euroland also steigen. Andererseits wird der Dollar »teurer«, Euroland schränkt den Wert seiner Importe ein, nur ein Teil des Zuwachses der Importgüternachfrage, welcher die Wechselkurserhöhung ausgelöst hat, bleibt im Devisenmarktgleichgewicht erhalten. Gegenüber der Ausgangssituation vor der Erhöhung der Importgüternachfrage steigen damit die Im- und Exportwerte von Euroland letztlich im selben Umfang an. Auf diese Weise sorgt der gestiegene Wechselkurs wieder für einen Ausgleich von Angebot und Nachfrage.

Im Grunde ändert sich daran nichts, wenn wir auch Angebot und Nachfrage nach Devisen für den Kapitalverkehr in die Betrachtung einbeziehen. Beim Kapitalverkehr ist zwischen Kapitalexporten und Kapitalimporten zu unterscheiden. Ein **Kapitalexport (Kapitalimport)** liegt dann vor, wenn inländische (ausländische) Wirtschaftssubjekte ausländische (inländische) Aktiva erwerben. Beispiele für Aktiva sind Kapitalgüter (Erwerb einer Fabrik oder einer Kapitalbeteiligung) oder Forderungen (z. B. Wertpapiere). Wenn Bürger aus Euroland im Ausland investieren wollen, zu diesem Zweck mehr Dollars nachfragen, steigt der Wechselkurs, bis wieder Gleichgewicht herrscht. Der so genannte **Wechselkursmechanismus** ist nichts anderes als der Preismechanismus auf dem Devisenmarkt.

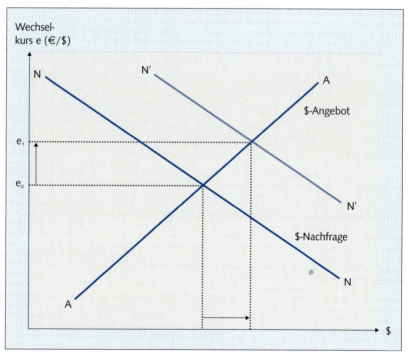

Abb. 20.3: Veränderung des Gleichgewichtswechselkurses bei einer Verschiebung der Devisennachfrage

3.3 Bestimmungsgründe des flexiblen Wechselkurses

Die klassische Theorie zur Bestimmung des flexiblen Wechselkurses ist die **Kaufkraftparitätentheorie**. Hiernach wird der Wechselkurs zwischen zwei Regionen allein durch die Güterströme (Güterexport und -import) und die hierdurch bedingten internationalen Zahlungsströme bestimmt. Der Hintergrund ist, dass zum Zeitpunkt des Entstehens der Kaufkraftparitätentheorie Güterströme zwischen den Ländern praktisch allein bedeutsam waren, während reine Kapitalströme wegen existierender Kapitalverkehrsbeschränkungen oft kaum Bedeutung besaßen.

Was ist der Grundgedanke der Kaufkraftparitätentheorie? Solange völliger Freihandel zwischen zwei Ländern besteht und die Transport- und Versicherungskosten zur Vereinfachung vernachlässigt werden, gibt es keinen Grund für Preisabweichungen für **gleiche** Güter zwischen den Ländern. Angenommen der Preis für ein identisches Gut 1 beträgt in Land 1 fünf inländische Geldeinheiten und in Land 2 (nach Umrechnung zu dem herrschenden Wechselkurs) sieben Geldeinheiten. Gewinnmaximierende Ex- und Importeure werden dann bei den herrschenden Preisen und dem gültigen Wechselkurs so lange in das teure Land 2 exportieren, bis der Preis der Güter in einer Währung identisch ist.

Gesetz der Unterschiedslosigkeit der Preise

> Die Ausnutzung von internationalen Preisdifferenzen zwischen gleichen Gütern (Güterarbitrage) führt zur Realisierung des **Gesetzes der Einheitlichkeit des Preises für homogene Güter**.

Unterstellt man zur Vereinfachung, dass Inlands- und Auslandsprodukt homogene Güterbündel sind, so gilt also:

Preisniveau des Auslands P^a · Wechselkurs e = Preisniveau des Inlands P

Die absolute Kaufkraftparität als Gleichung

bzw.

$$e = \frac{P}{P^a}.$$

Zur Herbeiführung der Kaufkraftparität sind dabei grundsätzlich sowohl Preisveränderungen im In- und Ausland als auch Veränderungen des Wechselkurses geeignet.

Die Kaufkraftparitätentheorie kann natürlich nur solange eine dominierende Erklärung für die Wechselkursentwicklung sein, wie das Devisenangebot und die Devisennachfrage nur in unbedeutendem Maße von den **Kapitalbewegungen** bestimmt wird. Außerdem ist anzumerken, dass nur die **international handelbaren** Güter (»tradeables«) den Wechselkurs bestimmen können, während die nicht handelbaren Güter (z. B. die Dienstleistung eines örtlichen Friseurs) ohne Einfluss bleiben müssen. Streng genommen gehören also nur die Preise der handelbaren Güter in die obige Gleichung für die Kaufkraftparität. Diesem und anderen Problemen, die sich z. B. aus der tatsächlichen Heterogenität von In- und Auslandsprodukt ergeben, hat die Wechselkurstheorie dadurch Rechnung getragen, dass sie zur sog. **relativen** Kaufkraftparitätentheorie übergegangen ist. Nicht mehr die absolute Höhe, sondern die prozentualen Veränderungen des nominalen Wechselkurses stehen im Vordergrund. Und diese Änderungsraten werden (bei Strukturkonstanz, d. h. bei konstantem Anteil der non-tradeables, unveränderter Produktdifferenzierung u. Ä.) allein von der Differenz der nationalen Inflationsraten bestimmt:

Relative Kaufkraftparität

Änderungsrate des Wechselkurses

$\hat{e}$ = Inflationsrate des Inlands $\hat{P}$ − Inflationsrate des Auslands $\hat{P}^a$.

Die relative Kaufkraftparität als Gleichung

Im Sinne der relativen Kaufkraftparitätentheorie kommt es also stets dann zu Wechselkursänderungen, wenn die Inflationsraten international differieren. Da die Güterpreise häufig kurzfristig unflexibel sind, d. h. nur mit großen Zeitverzögerungen reagieren, wird die Kaufkraftparitätentheorie eher für die Bestimmung der langfristigen Entwicklung des Wechselkurses herangezogen. Kurzfristig reagieren nach allgemeiner Auffassung die Preise auf den Finanzmärkten schneller als die auf den Gütermärkten. Dies legt es nahe, dass die internationalen Kapitalbewegungen zumindest kurzfristig einen stärkeren Einfluss auf die Bestimmung bzw. Änderung des Wechselkurses haben als die Entwicklung der Güterpreisniveaus.

Eine alternative Theorie für die Erklärung des Wechselkurses auf der Basis der Kapitalbewegungen ist die **Zinsparitätentheorie**. Nach dieser Theorie sind bei gleichen Risiken der Anlageobjekte deren Ertragsraten dafür entscheidend, wohin das Kapital fließt, und damit natürlich auch für die Wechselkursentwicklung. Um Klarheit über diese Wechselkurstheorie zu gewinnen, muss man sich die Bestimmungsgründe der Ertragsraten inländischer und ausländischer Geldanlagen vor Augen führen. Angenommen ein inländisches staatliches Wertpapier mit einjähriger Restlaufzeit erzielt einen Effektivzins und damit eine Ertragsrate von i = 8 %. Um diese Ertragsrate mit der eines ausländischen Wertpapiers **mit gleicher Bonität** vergleichen zu können, muss Folgendes berücksichtigt werden: Der Anleger muss den Anlagebetrag zunächst durch einen Devisenkauf aufbringen. Er muss sich dann Vorstellungen über die Höhe des Wechselkurses (Devisenkassakurs) in einem Jahr machen, da er dann den Anlagebetrag samt Zinsen in Inlandswährung umtauschen will. Die erwartete Rendite der Auslandsanlage beträgt also (vereinfachend)

Vergleich der Ertragsraten

r^a = ausländischer Effektivzins i^a
   + erwartete Wechselkursänderungsrate $\dfrac{e^e - e}{e}$.

Ist die erwartete Wechselkursänderungsrate positiv (negativ), so geht der Anleger von einer Abwertung (Aufwertung) der heimischen und damit einer Aufwertung (Abwertung) der ausländischen Währung innerhalb des Anlagezeitraumes aus, was für ihn eine zusätzliche positive (negative) Ertragskomponente beinhaltet. Misst der Anleger dem Risiko einer fehlerhaften Prognose des Wechselkurses kein Gewicht bei (sog. Risikoneutralität) und ist der inländische Effektivzins i = 8 % z. B. geringer als die erwartete Ertragsrate der Auslandsanlage r^a, so ist für den Anleger die Auslandsanlage attraktiver, er wird sein Kapital exportieren. Ist der Anleger dagegen risikoscheu, so wird er für das Wechselkursrisiko einen Ausgleich in Form einer Risikoprämie erwarten, d. h., damit er bereit ist, sein Kapital zu exportieren, müsste die Ertragsrate r^a **hinreichend** größer sein als der inländische Effektivzins i = 8 %. Für den risikoneutralen Anleger ist damit die Anlage im Ausland attraktiv, wenn

Risikoneutralität oder Risikoversion des Anlegers

$$i \leq i^a + \frac{e^e - e}{e}, \text{ wie}$$

für den risikoscheuen Anleger, wenn

$$i \leq i^a + \frac{e^e - e}{e} - \text{Risikoprämie}.$$

Will der Anleger kein Kursrisiko eingehen, so kann er heute seine Devisen, die er in einem Jahr aus der Anlage erhält, auf dem Devisen**termin**markt, welcher neben dem »eigentlichen« Devisenmarkt (Devisenkassamarkt) existiert, an einen Dritten verkaufen. Bei einem solchen Termingeschäft wird bereits heute der Kurs, zu dem die Devisen in einem Jahr übergeben werden, festgelegt. Falls dieser Terminkurs unterhalb des gegenwärtigen Wechselkurses liegt, ist der Differenzbetrag als Kurssicherungskosten für den Anleger anzusehen, und er wird die Auslandsanlage nur durchführen, wenn gilt:

$$i \leq i^a + \frac{e^T - e}{e},$$

wobei e^T den Terminkurs der Devise angibt. Im Falle der Gleichheit beider Ertragsraten spricht man von der sog. **gedeckten Zinsparität**. Wir wollen uns im Folgenden auf diese Arbitragebedingung beschränken, nicht zuletzt deshalb, weil die anderen beiden empirisch nicht beobachtet werden können.

Wieso beeinflusst die Arbitragebedingung der gedeckten Zinsparität nun den flexiblen Wechselkurs? Wir nehmen an, dass sich die Ertragsraten im In- und Ausland zunächst entsprechen. Nun steigt – z. B. auf Grund einer kontraktiven Geldpolitik im Ausland – der ausländische Effektivzins an, sodass sich ceteris paribus die ausländische Ertragsrate gegenüber der inländischen erhöht. Daraus ergibt sich ein Anreiz, verstärkt ausländische statt inländische Schuldtitel nachzufragen.

Arbitragebedingung und Wechselkurs

> Als Folge ergibt sich eine Erhöhung der Nachfrage nach Dollar und Senkung des Angebots an Euro auf dem Devisenmarkt, was zu einem Anstieg des Wechselkurses e (in Preisnotierung) und damit zu einer Euro-Abwertung bzw. Dollar-Aufwertung führt.

Daneben wird
- wegen des verstärkten Verkaufs von Termindollar der Terminkurs e^T absinken,
- wegen der Reduktion der Nachfrage nach heimischen Schuldtiteln der inländische Effektivzins i ansteigen,
- wegen der Erhöhung der Nachfrage nach ausländischen Schuldtiteln der effektive Auslandszins i^a tendenziell sinken.

Jeder dieser Effekte wirkt in Richtung auf eine Wiederherstellung der gedeckten Zinsparität, wobei empirisch belegt ist, dass sich diese Zinsparität nach Störungen sehr schnell wieder einstellt. Beachtet man das gewaltige Volumen der internationalen Kapitalbewegungen in der Realität, so wird klar, welch bedeutsamen Einfluss diese auf die Wechselkursbestimmung besitzen. Infolge dessen ist die Zinsparitätentheorie heute ein, wenn nicht gar **der zentrale Erklärungsansatz** der kurz- und mittelfristigen Wechselkursentwicklung. In weitergehenden Theorieansätzen werden Kaufkraftparität und Zinsparität kombiniert, worauf wir im Rahmen dieses Buches allerdings nicht eingehen können.

4 Währungssystem mit festen Wechselkursen

Fester Wechselkurs und Währungssysteme mit festen Wechselkursen

Von einem festen Wechselkurs spricht man, wenn ein Land einen von ihm genannten Wechselkurs bei voller Konvertibilität der Währungen garantiert, indem es notfalls durch eigene Devisenmarkt-Interventionen dafür sorgen wird, dass dieser Wechselkurs auch der Gleichgewichtswechselkurs des Devisenmarktes ist. Ein System fester Wechselkurse entsteht dann, wenn mehrere Länder ihre Währungen gegenüber einer Leitwährung in dieser Weise fixieren.

Systeme fester Wechselkurse in der Vergangenheit

Das nach dem 2. Weltkrieg vom Internationalen Währungsfond (IWF) etablierte und bis 1973 praktizierte »Bretton-Woods-System« stellt ein Beispiel für ein solches Währungssystem dar. Hier legten die Mitgliedsländer gegenüber dem IWF ihren jeweiligen Wechselkurs gegenüber dem US-Dollar fest (die sog. »Paritäten«) und verpflichteten sich, auf den internationalen Devisenmärkten durch entsprechende An- und Verkäufe von Dollar für einen der eigenen Parität entsprechenden Wechselkurs zu sorgen. Die US-Regierung wiederum legte den Wert des US-Dollars in Gold fest und verpflichtete sich, jederzeit US-Dollar gegen Gold in unbegrenztem Maße einzutauschen.

Ein Währungssystem mit festen Wechselkursen stellte auch das System der »Goldwährung« dar, das zuletzt vor dem 1. Weltkrieg und zum Teil auch nach dem 1. Weltkrieg (etwa von 1924–1931) bestand. Der Festkurs-Charakter lag bei der Goldwährung darin, dass der Wert der einzelnen Währungen in Goldeinheiten bestimmter Feinheit fixiert wurde (Goldparität), z. B. 1 Reichsmark = 0,359 Gramm Gold und 1 englisches Pfund = 7,18 Gramm Gold. Hieraus ergab sich durch einfache Rechnung (7,18 : 0,359) der Wechselkurs 1 Pfund = 20 Reichsmark, der so lange fest blieb, wie die Goldparitäten unverändert blieben. Eine Besonderheit des Systems der Goldwährung bestand darin, dass es keiner expliziten Vereinbarung zwischen den Teilnehmerstaaten über Interventionspflichten bedurfte. Gefordert war neben der Festlegung der Goldparität lediglich die Bereitschaft, freie Goldexporte und -importe zuzulassen und die Verpflichtung der Zentralbanken, jederzeit Geldnoten in unbegrenztem Umfang gegen Gold einzutauschen.

4.1 Finanzierung eines Zahlungsbilanzungleichgewichts

Hat man sich für feste Wechselkurse entschieden, so können für die Länder eines solchen Währungssystems zwei zentrale Probleme entstehen:

- das Problem, Zahlungsbilanzungleichgewichte zu finanzieren (ein **Liquiditätsproblem**);
- das Problem, Zahlungsbilanzungleichgewichte zu korrigieren, zu beseitigen (ein **Korrekturproblem**).

In einem Währungssystem mit festen Wechselkursen entsteht das Liquiditäts- und das Korrekturproblem.

Diese Probleme entstehen immer dann, wenn die Höhe des festgesetzten nominalen Wechselkurses dem freien Spiel der marktwirtschaftlichen Kräfte nicht entspricht. Dies soll anhand der Abbildungen 20.4 und 20.5 verdeutlicht werden. Die dortigen Dollar-Angebots- und -Nachfragekurven beinhalten **nicht** etwaige Stützungsverkäufe oder -ankäufe der inländischen Zentralbank. Der vom Staat festgesetzte Wechselkurs (**Paritätskurs**) sei e_0 (z. B. 0,9, d. h. 1 $ = 0,9 €). Damit sich der festgesetzte Wechselkurs am Devisenmarkt ohne Intervention der Zentralbank auch einstellt, müssten sich Dollar-Angebot und -Nachfrage bei dem Wechselkurs e_0 gerade entsprechen, was in Abbildung 20.4 unterstellt ist.

In diesem Fall herrscht bei dem festgesetzten Wechselkurs Gleichgewicht zwischen Dollar-Angebot und Dollar-Nachfrage, also Devisenmarkt-Gleichgewicht ohne Zentralbank-Intervention. Man spricht dann gemeinhin von einer ausgeglichenen Zahlungsbilanz, meint jedoch eigentlich eine ausgeglichene Devisenbilanz, d. h. einen Devisenbilanzsaldo von Null.[1] Ein solches **Devisenmarkt-Gleichgewicht bei ausgeglichener Zahlungsbilanz** (im obigen Begriffssinne) ergibt sich also dann, wenn sich geplantes Angebot von

Der Begriff der ausgeglichenen Zahlungsbilanz

---

[1] Wie bereits in Kapitel 9 erläutert, ist die Zahlungsbilanz konzeptionell immer ausgeglichen. Der Begriff »ausgeglichene« bzw. »unausgeglichene« Zahlungsbilanz ist von daher unglücklich gewählt.

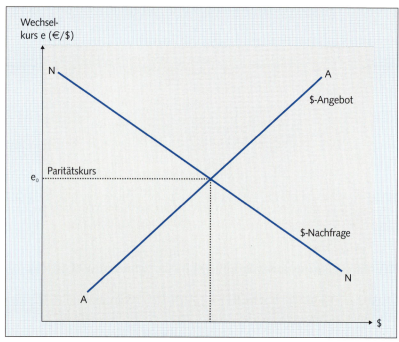

Abb. 20.4: Gleichgewicht auf dem Devisenmarkt beim Paritätskurs ohne Zentralbankintervention

und geplante Nachfrage nach Devisen beim Paritätskurs entsprechen, ohne dass staatliche Stellen
- auf dem Devisenmarkt mit Käufen bzw. Verkäufen von Devisen eingreifen,
- den Zahlungsverkehr beschränken oder
- ausgleichende Kredit- und Handelsgeschäfte vornehmen.

Etwas ungenauer könnte man auch sagen: Zum Paritätskurs müssen Dollar-Angebot und -Nachfrage dem freien Spiel der marktwirtschaftlichen Kräfte entspringen und gleich groß sein.

Zahlungsbilanzdefizit

Zahlungsbilanzdefizit
Wenn sich in Abbildung 20.5, ausgehend von einem Devisenmarktgleichgewicht, die Nachfragekurve nach rechts von NN nach N'N' verschiebt, entsteht beim Paritätskurs bei unverändertem Angebot ein Nachfrageüberhang nach Dollar. Zum Paritätskurs von e_0 werden mehr Dollar nachgefragt als angeboten.

Bei einem Zahlungsbilanzdefizit muss das Devisenangebot durch die Zentralbank erhöht werden.

Ohne Eingreifen der Zentralbank würde der Wechselkurs von e_0 auf e_1 steigen. Um dies zu verhindern – es sind ja **feste Wechselkurse** und **freie Konvertibilität** vereinbart –, muss die Zentralbank den **Nachfrageüberhang** beseitigen. D.h., in Höhe der »Dollarlücke« muss sie zusätzlich Dollar aus eigenen Devisenbeständen auf dem Devisenmarkt verkaufen. Man sagt, sie

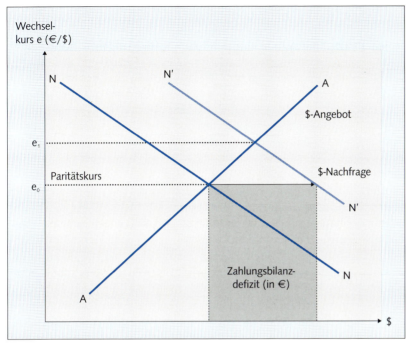

Abb. 20.5: Zahlungsbilanzdefizit beim Paritätskurs

muss das Dollar-Defizit »finanzieren«. Zu Euro bewertet stellt dieser Fremdwährungsabfluss das sog. **Zahlungsbilanzdefizit** des Inlands dar (die Zahlungsbilanz eines Landes wird stets in eigener Währung aufgestellt). Dieses Zahlungsbilanzdefizit berechnet sich durch Multiplikation der Dollar-Interventionsmenge der Zentralbank mit dem tatsächlich geltenden Wechselkurs, in unserem Fall dem Paritätskurs e_0, und entspricht in Abbildung 20.5 dem grau unterlegten Rechteck.

Das Problem liegt nun darin, dass keine Zentralbank über einen unbegrenzten Bestand an Devisen verfügt, dass sie also **auf Dauer** ein solches Defizit nicht finanzieren kann. Man beachte dabei, dass die Zentralbank das Dollar-Defizit auf dem Devisenmarkt nicht durch Euro, also nicht durch heimische Währung ausgleichen kann, die sie ja unbegrenzt schaffen könnte. Dieses Problem der Zentralbank, bei einem Zahlungsbilanzdefizit Auszahlungen in einer Währung leisten zu müssen, die sie nicht selbst »produzieren« kann und von der sie nur über einen begrenzten Bestand verfügt, nennt man das **Liquiditätsproblem**.

Außerdem ergibt sich durch die Intervention der Zentralbank eine Wirkung auf die inländische Geldmenge: Die Zentralbank verkauft ja Dollar gegen Euro, d. h. die inländische Geldmenge verringert sich gerade im Umfang des Zahlungsbilanzdefizits (s. o.).

Die monetären Mittel, die einer Zentralbank zur Verfügung stehen, um Fremdwährungsdefizite auf dem Devisenmarkt zu finanzieren, nennt man

Keine Zentralbank kann ein Zahlungsbilanzdefizit auf die Dauer finanzieren

Internationale Liquidität

ihre **Währungsreserven** oder ihren **Bestand an internationaler Liquidität**. Beziehen wir ihre Kreditmöglichkeiten, die sie ohne jede Bedingung in Anspruch nehmen kann, mit ein, so können wir definieren: Der Bestand einer Zentralbank an Zahlungsmitteln, die zur Finanzierung eines Defizits in ihrer Zahlungsbilanz allgemein von anderen Banken akzeptiert werden, sowie die Möglichkeit, sich diese bedingungslos zu verschaffen, wird als internationale Liquidität einer Zentralbank bezeichnet. Heute besteht die internationale Liquidität im Euroraum im Wesentlichen aus Gold, Dollars, Ziehungsrechten beim IWF und Sonderziehungsrechten.

Zahlungsbilanzüberschuss

Wenn sich in Abbildung 20.6 die Angebotskurve ceteris paribus nach rechts verschiebt (z. B. weil die Ausländer vermehrt deutsche Güter nachfragen oder in der Bundesrepublik verstärkt investieren wollen), entsteht ein **Angebotsüberhang** an Dollar. In dieser Situation muss die deutsche Zentralbank – um ein Absinken des Wechselkurses von e_0 auf e_2 (eine Aufwertung des Euro) zu vermeiden – die Nachfrage nach Dollar um den Betrag der »Lücke« ausdehnen. Sie kauft Dollar und gibt dafür Euro, wodurch sich ihr Bestand an Dollar und die inländische Geldmenge erhöhen. Dieser Fremdwährungszufluss stellt in Euro bewertet (d. h. mit dem Wechselkurs e multipliziert) den **Zahlungsbilanz- bzw. Devisenbilanzüberschuss** des Inlands dar (vgl. das grau schraffierte Rechteck in Abbildung 20.6).

Zahlungsbilanzüberschuss

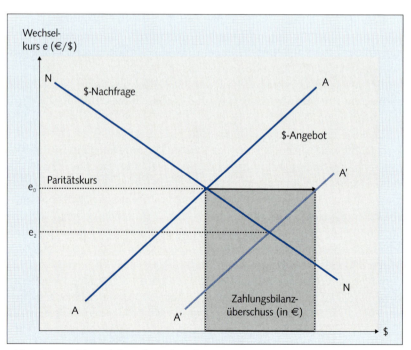

Abb. 20.6: Zahlungsbilanzüberschuss beim Paritätskurs

Da die Zentralbank selbst Euro unbegrenzt schaffen kann, entsteht für sie im Falle eines Zahlungsbilanzüberschusses kein Liquiditätsproblem. Diese **Asymmetrie des Liquiditätsproblems** ist von großer praktischer Bedeutung: Länder mit einem Zahlungsbilanzdefizit (Defizitländer) stehen vor der Notwendigkeit, über kurz oder lang – je nach Höhe ihres Bestandes an internationaler Liquidität – ihr Defizit beseitigen zu müssen, während sich für Überschussländer diese Notwendigkeit nicht zwingend ergibt.

Der Zwang zur Korrektur eines Zahlungsbilanzungleichgewichtes ist für Defizitländer viel größer als für Überschussländer.

Währungsreserven haben mithin bei festen Wechselkursen die Aufgabe, kurzfristig Zahlungsbilanzdefizite zu finanzieren. Sie geben einen zeitlichen Spielraum für eine Korrektur des Zahlungsbilanzdefizits, niemals kann es ihr Zweck sein, ein Zahlungsbilanzdefizit auf die Dauer zu finanzieren.

Funktion der Währungsreserven

4.2 Korrektur eines Zahlungsbilanzungleichgewichts

In einem Währungssystem mit festen Wechselkursen muss ein Zahlungsbilanzungleichgewicht auf Dauer mit den Mitteln der Wirtschaftspolitik beseitigt werden.

Ein Defizitland muss versuchen, seine Exporte zu fördern und seine Importe zu vermindern. Die grundsätzliche Zielrichtung seiner Politik besteht in:

- einer relativen Senkung des inländischen Preisniveaus, um die Exporte zu fördern,
- einer relativen Abnahme des Volkseinkommens, um die vom Volkseinkommen abhängigen Importe zu drosseln.

Kontraktive interne Wirtschaftspolitik bei einem Defizit

Außerdem kann das Defizitland durch restriktive Geldpolitik den Zins anheben und dadurch Kapitalimporte anregen (allerdings auf Kosten der Investitionen und damit der Beschäftigung).

Ein Defizitland muss also mit den Mitteln der Geld- und Fiskalpolitik eine **kontraktive interne Wirtschaftspolitik** betreiben: Die Geldmenge verringern, den Zinssatz erhöhen, die Staatsausgaben senken und/oder die Steuern erhöhen. Man sagt, dass ein Defizitland unter dem »**Diktat der Zahlungsbilanz**« steht, die Zahlungsbilanzsituation diktiert die Wirtschaftspolitik.

Insbesondere wird das Diktat spürbar, wenn das Land vor einem Zielkonflikt steht, wenn ein Land also sowohl ein Defizit in der Zahlungsbilanz als auch Arbeitslosigkeit hat. Die Beseitigung der Arbeitslosigkeit durch expansive Geld- und Fiskalpolitik würde das Defizit vergrößern, die Beseitigung des Defizits durch kontraktive Geld- und Fiskalpolitik würde die Arbeitslosigkeit erhöhen.

Zielkonflikt bei Zahlungsbilanzdefizit und Arbeitslosigkeit

Der Zwang zur Korrektur eines Zahlungsbilanzüberschusses ist wegen der Asymmetrie des Liquiditätsproblems nicht so stark wie der Zwang zur Korrektur eines Defizits. Doch ergeben sich bei langfristigen Zahlungsbilanzüberschüssen auch nachteilige Wirkungen für das betreffende Land. Im Grunde »verschenkt« man wegen der Unterbewertung der Währung einen Teil der im Inland produzierten Güter, weil – gemessen an den zu zahlenden Importpreisen – zu billig exportiert wird.

Ein (permanentes) Überschussland sollte versuchen, seine Exporte zu verringern, seine Importe zu erhöhen. Es müsste:
- das inländische Preisniveau erhöhen, um die Exporte zu senken,
- das inländische Volkseinkommen erhöhen, um die Importe zu steigern,
- die Zinsen senken, um Kapitalexporte anzuregen.

Expansive interne Wirtschaftspolitik bei einem Zahlungsbilanzüberschuss

Ein Überschussland müsste also mit den Mitteln der Geld- und Fiskalpolitik eine **expansive interne Wirtschaftspolitik** einleiten: Die Geldmenge erhöhen, den Zinssatz senken, die Staatsausgaben erhöhen, die Steuern senken.

Zielkonflikt bei Inflation und Zahlungsbilanzüberschuss

Auch für das Überschussland kann sich ein Zielkonflikt ergeben, wenn es gleichzeitig inflationäre Preissteigerungen zu verzeichnen hat. Nur mehr Inflation würde den Zahlungsbilanzüberschuss abbauen, mehr Inflation widerspricht indes dem Ziel der Preisstabilität.

Im folgenden Schema sind die Überlegungen noch einmal zusammengefasst.

Zahlungsbilanzdefizit	Zahlungsbilanzüberschuss
■ Beseitigung durch kontraktive Geld- oder Fiskalpolitik	■ Beseitigung durch expansive Geld- und Fiskalpolitik
■ Zielkonflikt bei Arbeitslosigkeit	■ Zielkonflikt bei Inflation

Priorität für den Ausgleich der Zahlungsbilanz

Wesentlich ist also, dass das System fester Wechselkurse nur dann funktioniert, wenn die Länder bei Zielkonflikten bereit sind, dem Ausgleich der Zahlungsbilanz Priorität vor den binnenwirtschaftlichen Zielen einzuräumen. Ist man hierzu nicht bereit, hat also das binnenwirtschaftliche Ziel der Vollbeschäftigung bzw. der Preisstabilität Vorrang, dann muss vom Prinzip der unveränderlich festen Wechselkurse oder vom Prinzip nur marktwirtschaftlicher Eingriffe abgegangen werden. Im Falle von Zielkonflikten muss dann entweder der Wechselkurs geändert werden – das Defizitland muss abwerten, das Überschussland muss aufwerten – oder es müssen mit den Mitteln der Devisenbewirtschaftung Export und Import so kontrolliert werden, dass die Zahlungsbilanz rechnerisch ausgeglichen ist.

5 Feste oder flexible Wechselkurse?

Vorteile flexibler Wechselkurse

a) Bei flexiblen Wechselkursen ist die Zahlungsbilanz immer ausgeglichen, es gibt weder Probleme mit der Finanzierung eines Defizites noch Probleme der Zahlungsbilanzkorrektur. Inwieweit flexible Wechselkurse akzeptiert werden, hängt davon ab, wie stark die Veränderungen des Wechselkurses sind und welche realen Auswirkungen diese zeigen.

b) Ein Land mit flexiblen Wechselkursen kann den binnenwirtschaftlichen Zielen Preisstabilität, Vollbeschäftigung und Wachstum Priorität einräumen, es steht nicht unter dem Diktat der Zahlungsbilanz. Allerdings muss es die Veränderungen des nominalen Wechselkurses hinnehmen. Dies kann beschäftigungspolitisch förderlich, aber auch abträglich sein: Unterliegt das Land einer Aufwertungstendenz, so würde die Reduzierung des Außenbeitrags beschäftigungsmindernd wirken. Im Fall einer Abwertungstendenz würde dagegen die Erhöhung des Außenbeitrags beschäftigungsförderlich sein.

Mehr Spielraum bei der Binnenwirtschaftspolitik

c) Als wichtiges Argument für flexible Wechselkurse wird auch angeführt, dass diese die Übertragung einer Auslandsinflation auf das Inland abschwächen oder ganz vermeiden. Wie gezeigt, führt ein Zahlungsbilanzüberschuss durch die Intervention der Zentralbank bei festen Wechselkursen zu einer Erhöhung der inländischen Geldmenge, wodurch sich das inländische Preisniveau erhöhen kann. Da die Zentralbank bei flexiblen Wechselkursen keine Interventionspflicht hat, entfällt dieser Effekt, sofern sie tatsächlich nicht am Devisenmarkt aktiv wird.

Übertragung der Auslandsinflation wird teilweise oder ganz vermieden.

Außerdem wird bei flexiblen Wechselkursen der so genannte **internationale Preiszusammenhang** in der Regel unterbrochen oder abgeschwächt: Bei festen Wechselkursen überträgt sich eine ausländische Preissteigerung unmittelbar auf die inländischen Importgüterpreise, wobei die Stärke des Zusammenhanges von den Angebots- und Nachfrageelastizitäten auf den Export- und Importgütermärkten abhängt. Bei flexiblen Wechselkursen wird die Auslandsinflation zumindest mittelfristig zu einer Aufwertung der heimischen Währung führen, wodurch – abhängig vom Grad der Aufwertung – der Preisübertragungseffekt vermindert oder ganz vermieden wird. Als Kehrseite dieses Zusammenhanges ergibt sich allerdings, dass in Ländern, die wegen hoher Inflationsraten permanent abwerten, der Inflationsprozess durch die abwertungsbedingten Preissteigerungen der Importgüter verschärft wird – ein Effekt, der von Befürwortern flexibler Wechselkurse letztlich allerdings nicht dem Wechselkurssystem, sondern einer inflatorischen inländischen Geldpolitik zugeschrieben wird.

d) Generell besteht bei flexiblen Wechselkursen ein **Währungswettbewerb**. Die Währung des preisstabilen Landes wertet tendenziell auf, die Währung des Inflationslandes wertet tendenziell ab. Dies führt zu steigender Akzeptanz der wertstabilen Währung, die zunehmend internationale Reservewährung wird, die zunehmend Recheneinheit im internationalen Zahlungsverkehr wird und bisweilen sogar nationale Zahlungsmittel verdrängt (vgl. z. B. die sog. Dollarisierung einiger südamerikanischer Länder). Generell besteht eine Tendenz, der wertstabilen Währung nachzueifern. Dies war vor der Gründung der EWU ganz deutlich in Europa zu beobachten, wo nicht wenige Länder ihre Geldpolitik zunehmend an der geldwertstabilen Geldpolitik der deutschen Bundesbank ausrichteten. In diesem Sinne bietet der Währungswettbewerb die Chance zu dauerhafter Preisstabilität.

Währungswettbewerb bietet die Chance zu Preisstabilität.

Nachteile flexibler bzw. Vorteile fester Wechselkurse

Unsichere Kalkulationsgrundlage?

Auf der anderen Seite gibt es eine Reihe, allerdings z. T. umstrittener, Argumente gegen flexible (und für feste) Wechselkurse.

a) Zum einen wird angeführt, dass sich aus der Beweglichkeit der Wechselkurse eine unsichere Kalkulationsgrundlage für Exporteure, Importeure und Investoren ergibt, die den freien Handel behindert. Dies kann nicht ganz von der Hand gewiesen werden, doch ist Folgendes festzustellen:
   – Nicht nur Wechselkurse, sondern praktisch alle Preise schwanken in nicht vorhersehbaren Ausmaßen, ohne dass hieraus die Notwendigkeit einer allgemeinen Preisfixierung abgeleitet worden wäre (im Gegenteil: flexible Preise werden weithin als zentrales Steuerungsinstrument der Marktwirtschaften angesehen).
   – Kursrisiken können z. T. durch Devisentermingeschäfte ausgeschaltet werden (vgl. Abschnitt 3.3). Immerhin verbleiben die Kosten der Absicherung des Wechselkursrisikos (Kurssicherungskosten) und die Kosten der Informationsbeschaffung; außerdem gibt es kaum Terminmärkte für langfristige Kontrakte.
   – Es lässt sich empirisch nicht nachweisen, dass flexible Wechselkurse den internationalen Handel behindern.

Beschäftigungsschwankungen in der Exportindustrie

b) Bei starken Wechselkursschwankungen entstehen erhebliche Beschäftigungsschwankungen in den Exportindustrien der Länder. Diese Gefahr darf in der Tat nicht verkannt werden.

c) Schließlich wird argumentiert, dass feste Wechselkurse die Länder im Hinblick auf ihre Preissteigerungsraten disziplinieren, weil nationale Inflationsraten, welche oberhalb der Inflationsraten der Partnerländer liegen, bei festen Wechselkursen die eigenen Güter im internationalen Vergleich verteuern und damit ohne Währungsabwertung zwangsläufig zu Zahlungsbilanzkrisen führen werden.

Integrationsfördernde Wirkung fester Wechselkurse?

d) Feste Wechselkurse haben eine Integrationsfunktion. Sie üben einen gewissen Druck aus, die nationale Wirtschaftspolitik der einzelnen Länder zu koordinieren. Denn wenn feste Wechselkurse vereinbart sind und die Länder verschiedene binnenwirtschaftliche Ziele verfolgen – ein Land Preisstabilität, das andere Land inflationäres Wachstum etc. –, entstehen permanent Zahlungsbilanzprobleme.

Vorteile der Marktintegration versus Verzicht auf Autonomie

Damit wird deutlich, dass abzuwägen ist vor allem zwischen der Souveränität nationaler Wirtschaftspolitik auf der einen Seite und einer (erzwungenen) Marktintegration auf der anderen Seite. Unwiderruflich feste Wechselkurse bieten die Chance einer größtmöglichen Marktintegration, indem sie die mit flexiblen Wechselkursen verbundenen Kosten der Unsicherheit, die Kosten der Kurssicherung und der Informationsbeschaffung eliminieren. Auf der anderen Seite steht der Verzicht auf eine autonome nationale Wirtschaftspolitik. Dieser Verlust an nationaler Souveränität mag per se als Nachteil bewertet werden, aus ökonomischer Sicht ist er nur dann ein Nachteil, wenn damit die Erreichung der gesamtwirtschaftlichen Ziele Vollbeschäftigung und Preisniveaustabilität erschwert wird. Dies soll am Beispiel regional begrenzt fester Wechselkurse, also für eine Währungsunion, näher

6 Währungsunion und Theorie des optimalen Währungsraumes

untersucht werden, denn die Frage nach festen oder flexiblen Wechselkursen wird sinnvollerweise nicht global, sondern regional begrenzt, zu beantworten sein.

> Traditionell hat man als Währungsunion einen Währungsraum bezeichnet, der gekennzeichnet ist durch:
> - unwiderruflich feste Wechselkurse,
> - uneingeschränkte Konvertibilität der Währungen und
> - Freiheit des Kapital- und Zahlungsverkehrs.

Eigenschaften einer Quasi-Währungsunion

Heute neigt man dazu, ein solches Gebilde als **Quasi-Währungsunion** zu bezeichnen, da – solange noch Wechselkurse existieren – diese wohl in der Praxis nie wirklich unwiderruflich fest sein dürften. Andererseits dürfte das Verlassen einer »echten« Währungsunion mit Einheitswährung zwar ein größeres, aber wohl kein unüberwindliches Hindernis sein – wie historische Beispiele zeigen.

Wenn Länder eine Währungsunion gründen, verlieren sie in der Regel einen Großteil ihrer wirtschaftspolitischen Souveränität:

Souveränitätsverlust in einer Währungsunion

- Der nationale Wechselkurs geht als wirtschaftspolitisches Anpassungsinstrument unwiderruflich verloren.
- Nationale Geldpolitik kann nicht mehr betrieben werden, da die Geldhoheit bei einer supranationalen Zentralbank liegt.
- Eigenständige nationale Fiskalpolitik ist nur noch begrenzt möglich, vor allem da die anderen Teilnehmerländer eventuell entstehende hohe Zinsen oder sogar den Zwang zur Übernahme von Schulden fürchten.

Aus solchen Gründen hat man sich in der »**realen**« Theorie des optimalen Währungsraumes schon in den 50er- und 60er-Jahren Gedanken darüber gemacht, welche Länder relativ unbeschadet von Arbeitslosigkeit und Inflation an einer Währungsunion teilnehmen und die ohne Zweifel existierenden Früchte einer Währungsunion (Wegfall von Umtausch- und sonstigen Transaktionskosten) genießen könnten.

Die reale Theorie des optimalen Währungsraumes

Die Antworten, die damals gegeben wurden, waren (von Feinheiten abgesehen) relativ einfach. In eine optimale Währungsunion gehören nur:

Welche Länder sind geeignete Kandidaten für eine Währungsunion?

- Länder, die aufgrund ihrer Struktur relativ leicht auf den Wechselkurs als wirtschaftspolitisches Instrument verzichten können. Dies sind zum einen Länder, deren wirtschaftliche Strukturen so ähnlich sind, dass sich auch bei flexiblen Wechselkursen nur unbedeutende Wechselkursschwankungen ergeben würden, zum anderen »kleine offene Volkswirtschaften«, die über Abwertungen praktisch nur Inflation importieren können, und schließlich hoch diversifizierte Länder, bei denen Schocks immer nur relativ kleine Bereiche der Ökonomie betreffen.

- Länder, die in hinreichendem Umfang über zum Wechselkurs alternative Anpassungsinstrumente in Form von
  - flexiblen Löhnen und Preisen,
  - hoher Mobilität der Produktionsfaktoren, insbesondere des Faktors Arbeit,
  - leistungsfähigen Transfersystemen, möglichst im Rahmen einer politischen Union

  verfügen.

Ist die EWU ein optimaler Währungsraum?

Diese Bedingungen wurden im Zuge der Schaffung der Europäischen Wirtschafts- und Währungsunion von Seiten der EU – zumindest öffentlich – nie ernsthaft geprüft. Statt dessen einigte man sich auf den relativ mageren Katalog der sog. Konvergenzkriterien und handhabte diese zudem sehr lasch.

Jetzt, nachdem die Währungsunion unumkehrbar sein dürfte, mehren sich plötzlich die Stimmen, die vor einer möglichen Beschäftigungskatastrophe warnen, wenn nicht die Arbeitsmarktflexibilität im weitesten Sinne entscheidend erhöht wird. Zur Diskussion stehen nun nach unten flexible (Real-)Löhne und flexible Arbeitszeitregelungen, der Abbau der Sozialsysteme, um den »Standort Deutschland« wettbewerbsfähig zu halten oder wieder werden zu lassen, die Forderungen nach mehr Flexibilität der Arbeiter bei sich rasch wandelnden Wirtschaftsstrukturen usw.

Die Philosophie ist einfach: Wenn beachtliche Verwerfungen im Bereich der Beschäftigung vermieden werden sollen, dann müssen die Arbeitnehmer jetzt diese viel geforderte »Arbeitsmarktflexibilität« erbringen, wie jedem das Studium der realen Theorie des optimalen Währungsraumes schon viel früher gezeigt hätte.

7 Das IS/LM-Modell der offenen Volkswirtschaft bei flexiblen und festen Wechselkursen (Mundell/Fleming-Modell)

Nachdem wir in den vorangegangenen Abschnitten die verschiedenen Aspekte unterschiedlicher Währungssysteme mehr oder weniger isoliert betrachtet haben, soll nun der Versuch gemacht werden, diese in einem in sich geschlossenen Gesamtmodell – dem sog. *Mundell/Fleming*-Modell – zu diskutieren. Dieses Modell wurde Anfang der 60er-Jahre unabhängig voneinander von den Ökonomen R. A. *Mundell* und J. M. *Fleming* entwickelt. Dabei wird sich u. a. zeigen, dass die Effektivität bestimmter Politikmaßnahmen erheblich davon abhängt, ob man sich in einem System flexibler oder fester Wechselkurse befindet. Die Einbeziehung außenwirtschaftlicher Einflüsse erhöht die Komplexität gesamtwirtschaftlicher Modelle deutlich und so auch hier. Für das Studium dieses Abschnittes raten wir deshalb an, sich zunächst mit den Modellen geschlossener Volkswirtschaften vertraut zu machen (vgl. insbesondere Kapitel 10). Die Lektüre dieses Abschnittes ist keine notwendige Voraussetzung für das Verständnis anderer Kapitel dieses Buches.

7.1 Ausgangsbetrachtungen

Das *Mundell/Fleming*-Modell erweitert die keynesianische IS/LM-Analyse mit festen Güterpreisen um außenwirtschaftliche Einflüsse (zur IS/LM-Analyse der geschlossenen Volkswirtschaft vgl. Kapitel 10, Abschnitt 3). Innerhalb dieses Modells werden zwei zentrale Fragenkomplexe untersucht:

- Welcher Einfluss geht von der weltwirtschaftlichen Konjunkturlage auf die Binnenkonjunktur aus?
- Welche Wirkungen auf das Produktions- und damit das Beschäftigungsniveau des Inlands ergeben sich aus der inländischen Fiskal-, Geld- und/ oder Wechselkurspolitik?

Das Mundell/Fleming-Modell ist das IS/LM-Modell für die offene Volkswirtschaft.

Zentrale Fragestellungen des Modells

Betrachtet wird dabei eine **kleine offene Volkswirtschaft (Inland) mit völlig freiem internationalen Güter- und Kapitalverkehr**, deren wirtschaftliche Aktivität praktisch keinen Einfluss auf die Einkommens- und Zinsbildung des Auslands hat. Das Inlandsprodukt ist dabei kein vollständiges Substitut des Auslandsproduktes, sodass die in einer Währung ausgedrückten Güterpreise (Preisniveaus) der beiden Länder von einander abweichen können.

Grundannahmen

> Für die Durchführung ihrer außenwirtschaftlichen Transaktionen (Güter- und Kapitalverkehr) benötigen die Länder Devisen, d. h. entsprechende Auslandswährung. Diese beschaffen sie auf dem **internationalen Devisenmarkt** (vgl. Abschnitt 3).

Der Devisenmarkt wird – analog zu den nationalen Güter- und Geldmärkten – als Gleichgewichtsmarkt betrachtet, d. h. Ungleichgewichte auf dem Devisenmarkt werden ohne staatliche Devisenmarkt-Interventionen stets über Wechselkursanpassungen abgebaut. Bei sog. **festem** Wechselkurs hat die inländische Zentralbank einen bestimmten (nominalen) Wechselkurs e als Gleichgewichtskurs garantiert (Paritätskurs), sodass die Nachfrager und Anbieter auf dem Devisenmarkt ihre Kauf- bzw. Verkaufspläne bei diesem Paritätskurs realisieren können. Besteht beim Paritätskurs eine Überschussnachfrage nach Fremdwährung, so muss die Zentralbank die Devisen anbieten und erhält dafür inländisches Zentralbankgeld. Entsprechend ergibt sich bei Existenz eines Überschussangebotes an Fremdwährung die Verpflichtung der Zentralbank dieses gegen inländisches Zentralbankgeld anzukaufen. Die inländische Zentralbank sorgt also notfalls durch Devisenmarkt-Interventionen dafür, dass der Paritätskurs auch der Gleichgewichtskurs ist. **Die Zentralbank führt also dann über ihre Interventionen auf dem Markt das Devisenmarktgleichgewicht herbei** (vgl. Abschnitt 4). Überlässt die Zentralbank dagegen den Wechselkurs dem freien Spiel der Märkte, so spricht man von einem (frei) **flexiblen** Wechselkurs (vgl. Abschnitt 3). In Preisnotation gibt der Wechselkurs e dabei an, wie viele Einheiten Inlandswährung (€) für eine Einheit Auslandswährung ($) gezahlt werden müssen. Steigt e, so wertet die Inlandswährung ab, sinkt e, so wertet sie auf.

Definition des realen Außenbeitrags

Der reale, d. h. hier der in Inlandsprodukteinheiten berechnete Wert des Warenexport-Überschusses des Inlands (**Außenbeitrag AB**) bestimmt sich aus der Differenz der durch das Ausland geäußerten (realen) Exportgüternachfrage EX und der (realen) Importgüternachfrage des Inlands IM:

$$AB = EX - IM \quad \text{(Außenbeitrag)}.$$

Der Außenbeitrag sinkt mit wachsendem Inlandseinkommen, steigt mit wachsendem Auslandseinkommen und steigt mit zunehmendem Wechselkurs.

Der Außenbeitrag AB wird:

- mit wachsender Inlandsproduktion Y sinken, weil die damit verbundene Einkommenserhöhung der Inländer nicht nur ihre Nachfrage nach Inlandsprodukt, sondern auch ihre Importgüternachfrage erhöhen wird,
- mit steigendem Wechselkurs e zunehmen, weil die damit verbundene relative Verbilligung der Inlandswährung (Euroabwertung) die Exportgüternachfrage erhöhen und die Importgüternachfrage senken wird,
- mit steigendem Auslandseinkommen Y^a zunehmen, weil ein Teil des zusätzlichen Auslandseinkommens für zusätzliche Exportgüternachfrage verwendet werden wird.

Es gilt also formal[2]:

$$AB = AB(\underset{-}{Y}, \underset{+}{e}, \underset{+}{Y^a}).$$

Die Bedeutung des Außenbeitrags für den Devisenmarkt

Ein positiver Außenbeitrag bedeutet, dass sich aus den Güterex- und -importen allein eine positive Netto-Euronachfrage bzw. ein positives Netto-Dollarangebot auf dem Devisenmarkt ergibt; entsprechend beinhaltet ein negativer Außenbeitrag eine negative Netto-Euronachfrage bzw. ein negatives Netto-Dollarangebot. Der Begriff Netto-Euronachfrage gibt dabei die Differenz zwischen der Euronachfrage der Ausländer und dem Euroangebot der Inländer an. Analog ist das Netto-Dollarangebot die Differenz zwischen dem Dollarangebot der Ausländer und der Dollarnachfrage der Inländer.

Definition des Nettokapitalexports

Der (reale) **Nettokapitalexport des Inlands NKX** bestimmt sich aus der Differenz zwischen den (in der betrachteten Periode getätigten) Vermögensanlagen der Inländer im Ausland und den Vermögensanlagen der Ausländer

---

2 Es sei daran erinnert, dass sich die Vorzeichen unter den Variablen Y, e und Y^a darauf beziehen, wie sich der Außenbeitrag ändert, wenn die entsprechende Variable zunimmt.

im Inland (Stromgrößen). Spekulative Devisenhaltung (Fremdwährungshaltung) wird in der Analyse vernachlässigt, d. h. der internationale Kapitalverkehr beschränkt sich auf Wertpapieranlagen. Dies bedeutet zusätzlich, dass mit Ausnahme der Zentralbanken kein Wirtschaftssubjekt über eigene Devisenbestände verfügt, sodass jedes Wirtschaftssubjekt die für seine außenwirtschaftlichen Transaktionen benötigten Devisen stets auf dem Devisenmarkt beschaffen muss.

> Der inländische Nettokapitalexport NKX wird:
> - umso geringer sein, je höher der Inlandszins i bei gegebenem Auslandszins i^a ist, und
> - umso höher sein, je höher der Auslandszins i^a bei gegebenem Inlandszins i ist.

Der Nettokapitalexport sinkt mit steigendem Inlandszins und steigt mit zunehmendem Auslandszins.

Es gilt also[3]:

$$NKX = NKX(\underset{-}{i}, \underset{+}{i^a}).$$

Ein positiver Nettokapitalexport bedeutet, dass sich aus den Kapitalex- und -importen allein ein positives Netto-Euroangebot bzw. eine positive Netto-Dollarnachfrage auf dem Devisenmarkt ergibt; entsprechend beinhaltet ein negativer Nettokapitalexport ein negatives Netto-Euroangebot bzw. eine negative Netto-Dollarnachfrage.

Bedeutung des Nettokapitalexports für den Devisenmarkt

Aus der Differenz von inländischem Außenbeitrag und Nettokapitalexport ergibt sich der sog. **Zahlungsbilanzsaldo** des Inlands, unter dem eigentlich der inländische Devisenbilanzsaldo zu verstehen ist, d. h. die Änderung der inländischen Währungsreserven (zu Transaktionswerten). Dem üblichen Sprachgebrauch folgend werden wir trotzdem weiterhin den Terminus »Zahlungsbilanzsaldo« verwenden. Ist dieser Saldo gerade Null, spricht man von einer **ausgeglichenen Zahlungsbilanz**, in diesem Fall finanziert sich die aus AB resultierende Netto-Euronachfrage auf dem Devisenmarkt gerade aus dem aus NKX resultierenden Netto-Euroangebot. Bei **positivem Zahlungsbilanzsaldo** ergibt sich aus den außenwirtschaftlichen Transaktionen AB und NKX allein eine **Euro-Überschussnachfrage**, welche durch Euroverkäufe bzw. Dollarankäufe der Zentralbank auf dem Devisenmarkt ausgeglichen wird, bei **negativem Zahlungsbilanzsaldo** dagegen ein **Euro-Überschussangebot**, welches durch Euroankäufe, also Dollarverkäufe der Zentralbank beseitigt wird.

Der Zahlungsbilanzsaldo ergibt sich aus der Differenz von Außenbeitrag und Nettokapitalexport.

---

[3] Dabei wird unterstellt, dass die Wirtschaftseinheiten stets eine Wechselkursänderungserwartung von Null haben.

7.2 Güter-, Geld- und Devisenmarktgleichgewicht

IS-Kurve und Außenbeitrag

Wie im IS/LM-Modell der geschlossenen Volkswirtschaft (vgl. Kapitel 10, Abschnitt 3) bildet die IS-Kurve des *Mundell/Fleming*-Modells alle Kombinationen der Inlandsproduktion bzw. des Inlandsproduktes Y und des Inlandszinses i ab, bei denen inländisches Gütermarktgleichgewicht vorliegen würde. Allerdings muss nun der Außenbeitrag AB als zusätzliche Komponente der Inlandsproduktnachfrage berücksichtigt (aufaddiert) werden. Bei Vernachlässigung von Steuern gilt also:

Die Bedeutung des Außenbeitrags für die IS-Kurve

$$Y = C(\underset{+}{Y}) + I(\underset{-}{i}) + G + AB(\underset{-}{Y}, \underset{+}{e}, \underset{+}{Y^a})$$

Dabei gibt die Konsumfunktion C(Y) die (einkommensabhängige) Konsumgüternachfrage der Inländer an, die (vom Inlandszins abhängige) Investitionsfunktion I(i) die Investitionsgüternachfrage der im Inland investierenden Unternehmen und G die staatliche Güternachfrage des Inlands. Der Leser beachte, dass diese Größen die jeweiligen Gesamtnachfragen der Inländer **einschließlich etwaiger Importgüter** widerspiegeln (vgl. Kapitel 8). Ist die Importgüternachfrage dabei größer (kleiner) als die Exportgüternachfrage aus dem Ausland, so fällt AB entsprechend negativ (positiv) aus.

Das inländische Sparvolumen $S = S(Y) = Y - C(Y)$ muss folglich der Summe aus Investitionen I, Staatsausgaben G und Außenbeitrag AB entsprechen:

$$I(i) + G + AB(Y, e, Y^a) = S(Y) \quad \text{(Gütermarktgleichgewicht, IS-Kurve)}.$$

Die obige Gleichung spiegelt die IS-Kurve der offenen Volkswirtschaft wider. Abbildung 20.7 zeigt, wie sich eine solche IS-Kurve grafisch herleiten lässt.

> Auch im Fall der offenen Volkswirtschaft hat die IS-Kurve eine **negative Steigung** im (Y,i)-Diagramm. Sinkt i, so wird sich die inländische Investitionsgüternachfrage erhöhen, was seinerseits über den elementaren Multiplikator die Nachfrage (auch) nach Inlandsprodukt anhebt. Sinkender Inlandszins erfordert also für Gütermarktgleichgewicht einen Anstieg des Inlandsproduktes bzw. der »Inlandsproduktion« Y.

Der Multiplikatoreffekt ist in der offenen Volkswirtschaft geringer als in der geschlossenen.

Allerdings fällt hier der Multiplikatoreffekt kleiner aus als in der geschlossenen Volkswirtschaft, weil ein Teil jeder zusätzlichen Güternachfrage der Inländer in der Importgüternachfrage »versickert«, also nicht für das Inland, sondern für das Ausland produktionswirksam wird.

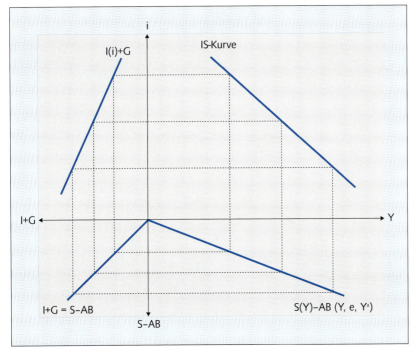

Grafische Herleitung der IS-Kurve der offenen Volkswirtschaft

Abb. 20.7: Herleitung der IS-Kurve der offenen Volkswirtschaft

Die Lage der IS-Kurve ist über den Außenbeitrag von den Werten des Wechselkurses und des Auslandseinkommens abhängig: Im Fall einer Erhöhung des Wechselkurses e (Euroabwertung) oder Erhöhung des Auslandseinkommens Y^a ergibt sich jeweils ein Anstieg von AB und damit auch der Inlandsproduktnachfrage (einschließlich Multiplikatoreffekte). Bei gegebenem Inlandszins i wäre ein entsprechend höheres inländisches Produktionsvolumen Y notwendig, um den inländischen Gütermarkt im Gleichgewicht zu halten. Dies impliziert eine Rechtsverschiebung der IS-Kurve. Eine Senkung des Wechselkurses e (Euroaufwertung) oder Senkung des Auslandseinkommens Y^a führt entspechend zu einer Linksverschiebung der IS-Kurve.

Die Lage der IS-Kurve ist abhängig vom Wechselkurs und vom Auslandseinkommen.

LM-Kurve und Zahlungsbilanzsaldo

Wie im IS/LM-Modell der geschlossenen Volkswirtschaft (vgl. Kapitel 10, Abschnitt 3) bildet die LM-Kurve des *Mundell/Fleming*-Modells alle Kombinationen der Inlandsproduktion Y und des Inlandszinses i ab, bei welchen unter den gegebenen Rahmenbedingungen inländisches Geldmarktgleichgewicht vorliegen würde, wo also die reale Geldnachfrage L der zur Verfügung stehenden inländischen realen Geldmenge M/P entspricht:

Im Grundsatz gegenüber der geschlossenen Volkswirtschaft unveränderte LM-Kurve

$$\frac{M}{P} = L(\underset{+}{Y}, \underset{-}{i}) \qquad \text{(Geldmarktgleichgewicht, LM-Kurve)}.$$

Wie im IS/LM-Modell der geschlossenen Volkswirtschaft steigt die Geldnachfrage mit zunehmendem Inlandsprodukt (bzw. zunehmender Nachfrage nach Inlandsprodukt) über die Ausweitung der Transaktionskassennachfrage und sinkt die Geldnachfrage mit steigendem (Inlands-)Zins i über die Verringerung der spekulativen Kassennachfrage (der Inländer[4]). Die LM-Kurve hat damit den üblichen steigenden Verlauf im (Y,i)-Diagramm (Abbildung 20.8). Bei steigendem Inlandsprodukt Y (und folglich steigender Transaktionskassennachfrage) müsste bei unveränderter realer Geldmenge der Zins i hinreichend ansteigen (und folglich die spekulative Kassennachfrage absinken), damit das Geldmarktgleichgewicht erhalten bliebe.

Die Geldmenge kann durch »normale« Geldpolitik und durch Devisenmarkt-Interventionen der Zentralbank verändert werden.

Die inländische Geldmenge M kann in der offenen Volkswirtschaft in zwei Komponenten zerlegt werden: in die sog. heimische Komponente M^h und die sog. ausländische Komponente M^a:

$$M = M^h + M^a.$$

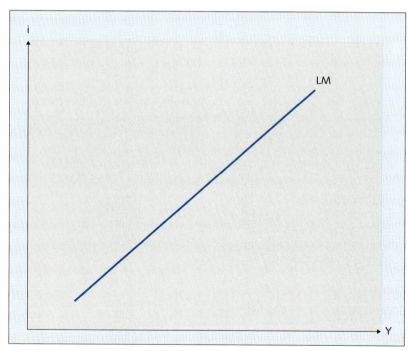

Abb. 20.8: LM-Kurve

---

4 Es sei daran erinnert, dass wir annahmegemäß spekulative Devisenhaltung in der Betrachtung vernachlässigen, d. h. kein Wirtschaftssubjekt hält Fremdwährung als Spekulationskasse.

Die heimische Komponente der inländischen Geldmenge M^h kann durch die inländische Zentralbank unmittelbar mittels An- oder Verkauf von inländischen Wertpapieren beeinflusst werden (Offenmarktpolitik), ist also der Teil der Geldmenge, welcher durch die inländische **Geldpolitik im engeren Begriffssinne** bestimmt ist. Die ausländische Komponente M^a ist **der Teil der Geldmenge, welcher infolge von Euroverkäufen der Zentralbank auf dem Devisenmarkt** in den Wirtschaftskreislauf gelangt ist.

Die LM-Gleichung hebt dabei auf die Periodenendbestände ab (einschließlich der innerhalb der Periode erfolgten Änderungen).

Die Änderung der ausländischen Komponente entspricht dann gerade der Änderung der Währungsreserven der Zentralbank zu Transaktionswerten, d. h. dem in Euro bewerteten inländischen Zahlungsbilanzsaldo ZB:

- Ein positiver Zahlungsbilanzsaldo ZB > 0 infolge eines Netto-Ankaufs von Devisen, also Netto-Verkaufs von Inlandswährung € durch die Zentralbank auf dem Devisenmarkt (Zahlungsbilanzüberschuss), führt über den Rückfluss dieser Euro in den inländischen Wirtschaftskreislauf zu einer Erhöhung von M^a und damit auch von M gerade im Umfang von ZB. Dies impliziert eine Rechtsverschiebung der LM-Kurve.
- Ein negativer Zahlungsbilanzsaldo ZB < 0 infolge eines Netto-Verkaufs von Devisen, also Netto-Ankaufs von € durch die Zentralbank (Zahlungsbilanzdefizit), führt über den Abfluss dieser Euro aus dem Wirtschaftskreislauf zu einer Verringerung von M^a und damit auch von M im Betrag von ZB. Dies impliziert eine Linksverschiebung der LM-Kurve.

Ein positiver Zahlungsbilanzsaldo führt zu einer Erhöhung, ein negativer Zahlungsbilanzsaldo zu einer Verringerung der Geldmenge.

Ausgeglichene Zahlungsbilanz (ZZ-Kurve) und Devisenmarktgleichgewicht

In welchen Bereichen des (Y,i)-Diagramms herrscht nun ausgeglichene Zahlungsbilanz, Zahlungsbilanzüberschuss oder Zahlungsbilanzdefizit? Wie schon dargelegt, ist die Zahlungsbilanz ausgeglichen, wenn gilt:

$AB(Y,e,Y^a) = NKX(i, i^a)$ (ausgeglichene Zahlungsbilanz, ZZ-Kurve).

Bei gegebenem e, Y^a und i^a existieren dann Kombinationen von Y und i, welche die Gleichung erfüllen. Alle diese Kombinationen liegen im (Y,i)-Diagramm auf einer Kurve, der sog. ZZ-Kurve (Kurve der ausgeglichenen Zahlungsbilanz). Die aus dem Außenbeitrag AB resultierende Netto-Nachfrage nach Inlandswährung € auf dem Devisenmarkt entspricht hier gerade dem aus dem Nettokapitalexport NKX resultierenden Netto-Euroangebot. Die ZZ-Kurve bildet damit nicht nur die ausgeglichene Zahlungsbilanz ab, sondern darüber hinaus die möglichen Devisenmarktgleichgewichte für den

Die ZZ-Kurve bildet alle (Y,i)-Kombinationen ab, bei denen die Zahlungsbilanz ausgeglichen ist (Devisenbilanzsaldo = 0).

Fall, dass die Zentralbank bei gegebenem Wechselkurs **keine** Devisenmarkt-Interventionen tätigt.

Die nachfolgende Abbildung 20.9 verdeutlicht grafisch, wie sich eine gegebene ZZ-Kurve aus den zentralen Elementen der Bedingung für ausgeglichene Zahlungsbilanz herleitet. Mit steigender Inlandsproduktion Y sinkt der Außenbeitrag AB, weil das hieraus resultierende zusätzliche Einkommen der Inländer zum Teil für eine höhere Importgüternachfrage verwendet wird. Mit steigendem Inlandszins i vergünstigt sich die Anlage in inländische Wertpapiere gegenüber der Anlage in ausländische Wertpapiere (bei unverändertem Auslandszins i^a), sodass der Nettokapitalexport des Inlands NKX abnimmt.

Zahlungsbilanzungleichgewichte jenseits der ZZ-Kurve

Oberhalb der ZZ-Kurve übersteigt die aus AB resultierende Netto-Euronachfrage das sich aus NKX ergebende Netto-Euroangebot auf dem Devisenmarkt (Zahlungsbilanzüberschuss). Unterhalb der ZZ-Kurve ist dagegen die Netto-Euronachfrage aus AB geringer als das Netto-Euroangebot aus NKX (Zahlungsbilanzdefizit).

Positive Steigung der ZZ-Kurve

Abbildung 20.9 zeigt, dass die ZZ-Kurve eine grundsätzlich **positive Steigung** im (Y,i)-Diagramm aufweist: Käme es z. B. zu einer Erhöhung von Y, so würde dies über die Abhängigkeit des Außenbeitrags vom Inlandseinkommen eine Verminderung von AB bedeuten. Dies wiederum würde zu einer

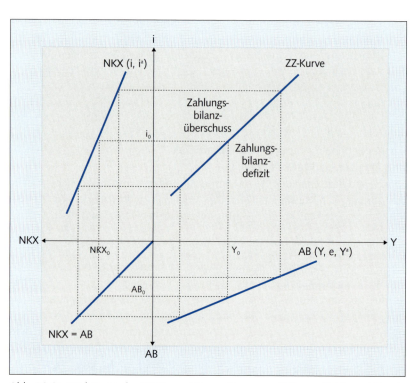

Abb. 20.9: Herleitung der ZZ-Kurve (Kurve der ausgeglichenen Zahlungsbilanz)

Senkung der aus AB resultierenden Netto-Euronachfrage auf dem Devisenmarkt führen. Zur Aufrechterhaltung der ausgeglichenen Zahlungsbilanz müsste sich dann eine entsprechende Absenkung des aus dem Nettokapitalexport resultierenden Netto-Euroangebots ergeben. Bei gegebenem Wechselkurs e, Auslandseinkommen Y^a und Auslandszins i^a wäre dies nur möglich, wenn der Inlandszins i anstiege.

> Der **Grad der Steigung** der ZZ-Kurve hängt insbesondere davon ab, wie elastisch der Nettokapitalexport NKX auf Änderungen des Inlandszinses i reagiert. Je elastischer diese Reaktion ausfällt, umso flacher wird die ZZ-Kurve im (Y,i)-Diagramm verlaufen, denn umso geringer wäre die für ausgeglichene Zahlungsbilanz notwendige Inlandszinserhöhung bei einem Anstieg von Y.

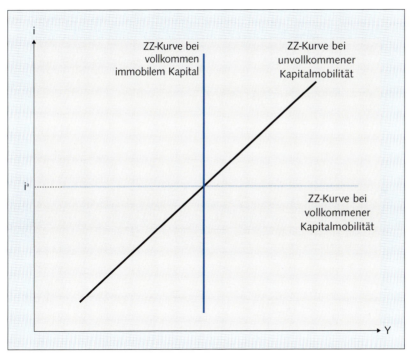

Abb. 20.10: Unterschiedliche Grade der Kapitalmobilität und Steigung der ZZ-Kurve

Im Extremfall **vollkommener Kapitalmobilität** sind die aus- und inländischen Wertpapiere aus der Sicht der Anleger praktisch vollkommene Substitute, sodass signifikante Zinsunterschiede zwischen In- und Ausland nicht mehr möglich sind. Die ZZ-Kurve ist dann praktisch eine Waagerechte auf Höhe des Auslandszinses i^a, d. h. hier reichen schon kleinste (gegen Null gehende) Zinsänderungen aus, eine deutliche Änderung von NKX zu bewir-

Der Grad der Kapitalmobilität bestimmt die Steigung der ZZ-Kurve.

ken. Im entgegengesetzten Extremfall vollkommener Kapitalimmobilität ist die ZZ-Kurve dagegen eine Senkrechte. Hier haben Änderungen des Inlandszinses keine Wirkung auf NKX. Von **unvollkommener Kapitalmobilität** spricht man, wenn die in- und ausländischen Wertpapiere unvollkommene Substitute sind, sodass NKX zwar auf Zinsänderungen reagiert, aber stets nur in begrenztem Umfang. In diesem Fall hat die ZZ-Kurve eine »normale« Steigung. Abbildung 20.10 verdeutlicht den Sachverhalt.

Die Lage der ZZ-Kurve ist abhängig vom Wechselkurs, vom Auslandseinkommen und vom Auslandszins.

Die **Lage** der ZZ-Kurve hängt ab vom Wechselkurs e, vom Auslandseinkommen Y^a und vom Auslandszins i^a:

- **Eine Wechselkurserhöhung (-senkung) verschiebt die ZZ-Kurve nach rechts (links)**: Steigt der Wechselkurs e (Euroabwertung), so bedeutet dies eine relative Verbilligung des Inlandsproduktes gegenüber dem Auslandsprodukt. Dies lässt den Außenbeitrag AB ansteigen (vgl. Abschnitt 2.1). Bei gegebenem Inlandszins i wäre ceteris paribus die ausgeglichene Zahlungsbilanz nur aufrechtzuerhalten, wenn ein hinreichend höheres Inlandseinkommen bzw. Inlandsprodukt Y vorläge, das seinerseits AB auf das Ausgangsniveau zurückführen würde. Die ZZ-Kurve verschiebt sich also infolge der Wechselkurserhöhung nach rechts.
- **Eine Erhöhung (Senkung) des Auslandseinkommens verschiebt die ZZ-Kurve nach rechts (links)**: Steigt das Auslandseinkommen Y^a, so wird dies AB erhöhen. Bei gegebenem i wäre ceteris paribus die ausgeglichene Zahlungsbilanz nur aufrechtzuerhalten, wenn ein hinreichend höheres Y vorläge, das seinerseits AB auf das Ausgangsniveau zurückführen würde. Die ZZ-Kurve verschiebt sich also infolge der Auslandseinkommenserhöhung nach rechts.
- **Eine Erhöhung (Senkung) des Auslandszinses verschiebt die ZZ-Kurve nach oben (unten)**: Steigt der Auslandszins i^a, so wird dies den inländischen Nettokapitalexport NKX erhöhen. Bei gegebenem Inlandsprodukt Y wäre ceteris paribus die ausgeglichene Zahlungsbilanz nur aufrechtzuerhalten, wenn ein entsprechend höherer Inlandszins i vorläge, der seinerseits NKX auf das Ausgangsniveau zurückführen würde. Die ZZ-Kurve verschiebt sich also infolge der Auslandszinserhöhung nach oben.

Wann fallen ZZ-Kurve und Devisenmarktgleichgewicht zusammen und wann nicht?

Devisenmarktgleichgewicht impliziert nicht eine ausgeglichene Zahlungsbilanz (im Sinne eines Devisenbilanzsaldos von Null). Devisenmarktgleichgewicht bedeutet nur dann auch eine ausgeglichene Zahlungsbilanz, wenn für die Herstellung des Gleichgewichtes keine Zentralbankinterventionen auf dem Devisenmarkt notwendig waren. Zentralbankinterventionen werden dagegen zu einem Devisenmarktgleichgewicht bei unausgeglichener Zahlungsbilanz führen (s. o.), ein solches Gleichgewicht liegt nicht auf der ZZ-Kurve. Ein derartiger Zustand ist jedoch nicht unbegrenzt aufrecht zu erhalten, weil er mit einem stetigen Abfluss aus den Devisenreserven des Inlandes oder des Auslandes verbunden ist, welcher nicht unbegrenzt fortgesetzt werden kann (Liquiditätsproblem, vgl. Abschnitt 4.1). Es gilt also:

> Kurzfristig können die ausgeglichene Zahlungsbilanz und das Devisenmarktgleichgewicht auseinander fallen. Langfristig sind beide identisch, d. h. das langfristige Devisenmarktgleichgewicht ergibt sich bei ausgeglichener Zahlungsbilanz.

Internes und externes Gleichgewicht

Im Märktegleichgewicht muss dann stets sowohl das inländische Güter- und Geldmarktgleichgewicht (»**internes Gleichgewicht**«) als auch das Devisenmarktgleichgewicht (»**externes Gleichgewicht**«) vorliegen. Im hier verwendeten Begriffssinne herrscht dann externes Gleichgewicht, wenn auf dem Devisenmarkt die Devisenangebote den Devisennachfragen **einschließlich etwaiger Interventionsmengen der Zentralbank** entsprechen (kurzfristiges Devisenmarktgleichgewicht). Hiervon streng zu unterscheiden ist der ebenfalls häufig in der Literatur anzutreffende Begriff des externen Gleichgewichtes als **ausgeglichene Zahlungsbilanz**, welcher auf das Devisenmarktgleichgewicht **ohne** Zentralbankinterventionen abstellt (langfristiges Devisenmarktgleichgewicht).

Internes Gleichgewicht liegt vor, wenn der inländische Güter- und der Geldmarkt geräumt sind, externes Gleichgewicht liegt vor, wenn der Devisenmarkt geräumt ist.

> Ein internes Gleichgewicht jenseits des externen Gleichgewichtes – d.h. jenseits des kurzfristigen Devisenmarktgleichgewichtes – ist **nicht realisierbar**, weil dann wegen des vorliegenden Angebots- bzw. Nachfrageüberhangs auf dem Devisenmarkt nicht alle Wirtschaftssubjekte die für ihre geplanten Auslandstransaktionen notwendigen Devisen beschaffen können. Infolge dessen käme es zu einer Anpassung des Wechselkurses, welche über die IS-Kurve auf das interne Gleichgewicht zurückwirkt, oder aber die Zentralbank müsste durch eigenen Devisenhandel intervenieren, was die LM-Kurve und damit ebenfalls das interne Gleichgewicht verschiebt. Durch die Anpassung würde das externe Gleichgewicht wieder hergestellt, d.h. der Devisenmarkt zur Räumung gebracht.

Internes und externes Gleichgewicht müssen gleichzeitig vorliegen.

Da langfristig die Zahlungsbilanz ausgeglichen sein muss (s. o.), wird somit das **langfristige** Gleichgewicht des *Mundell/Fleming*-Modells durch den gemeinsamen Schnittpunkt von IS-, LM- und ZZ-Kurve gekennzeichnet sein. Abbildung 20.11 verdeutlicht den Sachverhalt für den Fall der unvollkommenen Kapitalmobilität.

Langfristig muss das Gleichgewicht auf der ZZ-Kurve liegen.

Kurzfristig sind dagegen auch Gleichgewichte jenseits der ZZ-Kurve möglich. Dies ist dann der Fall, wenn das Devisenmarktgleichgewicht (das externe Gleichgewicht) durch Devisenmarktinterventionen der Zentralbank herbeigeführt wird. Abbildung 20.12 zeigt eine solche Situation für den Fall eines Zahlungsdefizites. Das interne Gleichgewicht liegt dann unterhalb der ZZ-Kurve.

Kurzfristig kann das Gleichgewicht jenseits der ZZ-Kurve liegen.

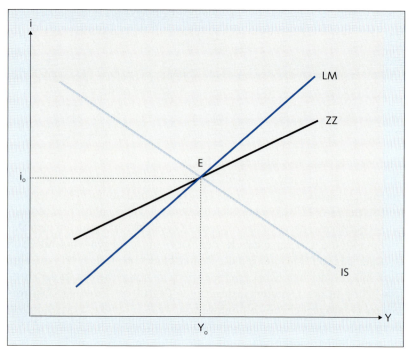

Abb. 20.11: Langfristiges Gleichgewicht

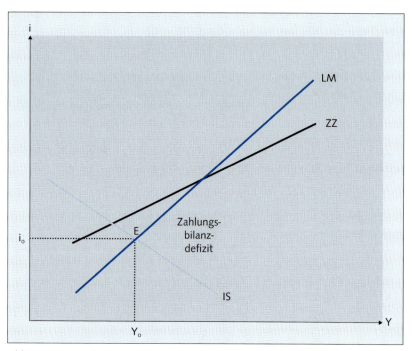

Abb. 20.12: Kurzfristiges Gleichgewicht bei Zahlungsbilanzdefizit

Wir wollen nun untersuchen, welche Einflüsse sich aus Änderungen der Weltkonjunktur und der inländischen Wirtschaftspolitik auf die inländische Produktion (und dahinter stehend auf die inländische Beschäftigung) bei flexiblem und festem Wechselkurs ergeben. Aus Platz- und Vereinfachungsgründen wollen wir uns dabei auf den Fall **vollkommener Kapitalmobilität** beschränken. Dies erscheint uns auch vor dem Hintergrund der stark zunehmenden Globalisierung des letzten Jahrzehnts als inhaltlich akzeptabel, welche den Spielraum für internationale Zinsunterschiede spürbar eingeengt hat. Der Fall vollkommener Kapitalmobilität kann dann als Grenzfall betrachtet werden, in welchem signifikante internationale Zinsdifferentiale nicht mehr möglich sind und dessen Ergebnisse als Näherungen für den Fall hoher (wenn auch nicht vollkommener) Kapitalmobilität betrachtet werden können.

7.3 Flexibler Wechselkurs im Mundell/Fleming-Modell (bei vollkommener Kapitalmobilität)

Grundlegende Rahmenbedingungen bei flexiblem Wechselkurs

Bei flexiblem Wechselkurs entsagt die Zentralbank jeglichen Devisenmarkt-Interventionen und überlässt den Wechselkurs dem freien Spiel der Marktkräfte. Die Zahlungsbilanz ist hier also stets ausgeglichen und Ungleichgewichte auf dem Devisenmarkt werden allein über Wechselkursanpassungen abgebaut, während die ausländische Komponente der inländischen Geldmenge unverändert bleibt.

In jeder Periode muss dann zum einen internes Gleichgewicht herrschen, d. h. Gleichgewicht auf dem inländischen Güter- und Geldmarkt mit

$Y = C(Y) + I(i) + G + AB(Y,e,Y^a)$ (IS-Kurve)

$M/P = L(Y,i)$ (LM-Kurve).

Zum anderen muss neben dem internen Gleichgewicht auch externes Gleichgewicht, also Gleichgewicht auf dem Devisenmarkt vorliegen. Bei flexiblem Wechselkurs ist dies nur dann der Fall, wenn die inländische Zahlungsbilanz ausgeglichen ist, das Gleichgewicht also auf der ZZ-Kurve liegt. Es gilt damit

$AB(Y,e,Y^a) = NKX(i, i^a)$ (ZZ-Kurve **und** Devisenmarktgleichgewicht).

Identität von ZZ-Kurve und Devisenmarktgleichgewicht (externem Gleichgewicht) bei flexiblem Wechselkurs

Ein internes Gleichgewicht ohne externes Gleichgewicht ist dabei – wie bereits oben erläutert – nicht realisierbar, denn dann stehen nicht alle benötigten Devisen zur Verfügung. In einem solchen Fall wird es bei flexiblem Wechselkurs zu einer Wechselkursanpassung kommen, welche auf das interne Gleichgewicht zurückwirkt. Nur bei simultanem in- und externen Gleichgewicht können alle Planungen realisiert werden, sodass es zu keinen weiteren Anpassungen auf dem Devisenmarkt kommt.

Wechselkursanpassung bei externem Ungleichgewicht und flexiblem Wechselkurs

Die Inlandswirkungen von Änderungen der Weltkonjunktur bei flexiblem Wechselkurs

Es sei nun untersucht, wie sich in unserem Modell eine Änderung der Weltkonjunktur auf die Binnenkonjunktur bei flexiblem Wechselkurs auswirkt, genauer formuliert: welche Effekte sich aus einer Änderung des Auslandseinkommens Y^a (bei unverändertem Auslandszins) ergeben. Wir wollen das Ergebnis vorwegnehmen.

Die Isolationshypothese

Bei flexiblem Wechselkurs beeinflusst eine Änderung des Auslandseinkommens Y^a nur die Höhe des Wechselkurses e. Dagegen bleiben die Gleichgewichtswerte der Inlandsproduktion Y, des Inlandszinses i, der inländischen Konsumgüternachfrage C, der inländischen Investitionsgüternachfrage I, des inländischen Außenbeitrags AB und des inländischen Nettokapitalexports NKX unverändert. Dies wird als **Isolationshypothese** bezeichnet.

Wie kommt es zu diesem verblüffenden Ergebnis? Wir wollen dies am Fall einer Erhöhung des Auslandseinkommens näher untersuchen, eine grafische Interpretation der Zusammenhänge findet sich in Abbildung 20.13.

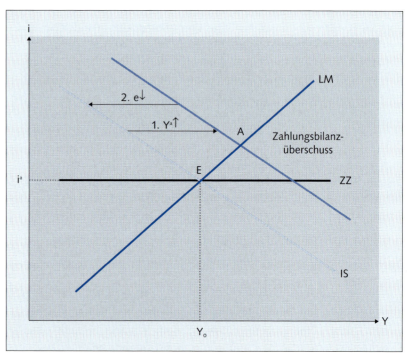

Abb. 20.13: Erhöhung des Auslandseinkommens und IS/LM-Gleichgewicht bei flexiblem Wechselkurs

Das Ausgangsgleichgewicht liegt in Punkt E mit den Gleichgewichtsgrößen Y_0 und i_0. Die Erhöhung von Y^a würde nun **bei gegebenem Wechselkurs** zu einer Erhöhung des Außenbeitrages führen. Damit verschieben sich die IS-Kurve und die ZZ-Kurve zunächst nach rechts. Bei der unterstellten vollkommenen Kapitalmobilität (extrem flache ZZ-Kurve) ist die Verschiebung der ZZ-Kurve grafisch allerdings nicht zu erkennen, weil sie sich in diesem Fall quasi »in sich selbst« verschiebt.

Der Anpassungsprozess nach einer Erhöhung des Auslandseinkommens bei flexiblem Wechselkurs

Bei Vernachlässigung des Devisenmarktes und unverändertem Wechselkurs ergäbe sich folglich ein neues internes Gleichgewicht in Punkt A bei gestiegenem Y und i. Das erstgenannte ergibt sich aus dem Anstieg der Inlandsproduktnachfrage (einschließlich Multiplikatoreffekte), das zweitgenannte aus dem Umstand, dass für eine höhere Inlandsproduktnachfrage eine höhere Transaktionskasse benötigt wird. Dieses interne Gleichgewicht liegt jedoch **oberhalb** der (verschobenen) ZZ-Kurve. Hier besteht also eine **Euro-Überschussnachfrage** bzw. ein **Dollar-Überschussangebot** auf dem Devisenmarkt. Dies resultiert daraus, dass sich einerseits der Außenbeitrag AB infolge des Anstiegs von Y^a erhöht und andererseits der inländische Nettokapitalexport infolge der Erhöhung von i sinkt.

Die Erhöhung des Auslandseinkommens führt zunächst zu einer Euro-Überschussnachfrage auf dem Devisenmarkt ...

Ohne Intervention der Zentralbank kann also hier bei gegebenem Wechselkurs kein externes Gleichgewicht erreicht werden, **das interne Gleichgewicht in Punkt A ist damit nicht realisierbar**. Die Euro-Überschussnachfrage auf dem Devisenmarkt kann nur durch eine Wechselkurssenkung, also eine Euroaufwertung abgebaut werden, was den Außenbeitrag AB wieder sinken lässt. Die IS-Kurve und die ZZ-Kurve verschieben sich infolgedessen wieder nach links, und zwar exakt zurück auf ihre Ausgangslagen.

... welche den Wechselkurs sinken lässt (Euroaufwertung).

Die Euroaufwertung wirkt kontraktiv auf Y.

Die Erhöhung von Y^a hat damit im Endeffekt die folgenden Wirkungen bei flexiblem Wechselkurs:
- Der Wechselkurs e sinkt (Euroaufwertung).
- Inlandsproduktion, Inlandszins, Konsumgüter- und Investitionsgüternachfrage der Inländer, Außenbeitrag und Nettokapitalexport bleiben unverändert.

Fiskalpolitik bei flexiblem Wechselkurs

Eine Erhöhung der staatlichen Güternachfrage G hat bei flexiblem Wechselkurs und vollkommener Kapitalmobilität keinen Effekt auf die Höhe der Inlandsproduktion Y.

Wirkungslosigkeit der Fiskalpolitik bei flexiblem Wechselkurs

Abbildung 20.14 verdeutlicht den Sachverhalt.

Die Erhöhung von G würde **bei gegebenem Wechselkurs** zu einem Anstieg der Güternachfrage der Inländer (einschließlich Multiplikatoreffekt) und damit zu einer Rechtsverschiebung der IS-Kurve führen. **Bei Vernach-**

Der Anpassungsprozess nach einer Erhöhung der staatlichen Güternachfrage

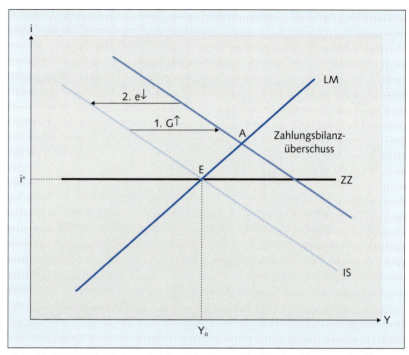

Abb. 20.14: Fiskalpolitik und IS/LM-Gleichgewicht bei flexiblem Wechselkurs

lässigung des Devisenmarktes und unverändertem Wechselkurs ergäbe sich folglich ein neues internes Gleichgewicht in Punkt A bei gestiegenem Y und i (aufgrund des Anstiegs der Inlandsprodukt- und der Transaktionskassennachfrage).

Diese Änderungen führen zu zwei **gegenläufigen** Effekten: Der Anstieg von Y impliziert eine Verringerung des Außenbeitrages AB. Dies wirkt **für sich betrachtet** auf ein Euro-Überschussangebot (Dollar-Überschussnachfrage) auf dem Devisenmarkt. Der Anstieg von i verursacht wiederum eine Reduzierung des gewünschten Nettokapitalexports NKX. Dies wirkt **für sich betrachtet** auf eine Euro-Überschussnachfrage (Dollar-Überschussangebot).

Welcher der beiden Effekte überwiegt, hängt vom Grad der Kapitalmobilität ab: Ist die Kapitalmobilität **hinreichend hoch**, sodass die ZZ-Kurve flacher als die LM-Kurve verläuft, so überwiegt der Effekt aus NKX und es ergibt sich eine Euro-Überschussnachfrage. Der Wechselkurs muss dann fallen, der Euro also aufwerten, und AB verringert sich weiter. Als Folge verschieben sich die durch die Staatsausgabenerhöhung rechtsverschobene IS-Kurve und ebenfalls die ZZ-Kurve nach links. Die abermalige Verringerung von AB führt nun zu einer Rückverringerung von Y. Die damit verbundene Reduzierung der Transaktionskassennachfrage lässt den erhöhten Inlandszins i wieder absinken, sodass der gesunkene NKX wieder ansteigt. Dieser Anstieg von NKX und die abermalige Senkung von AB führen den Devisenmarkt ins Gleichgewicht zurück.

Die Staatsausgabenerhöhung führt zu einer Wechselkurssenkung (Euroaufwertung), falls die Kapitalmobilität hoch ist.

Die Wechselkurssenkung wirkt kontraktiv auf das Inlandsprodukt.

Die kontraktiven Effekte der Wechselkursanpassung auf Y und i werden umso stärker ausfallen, je elastischer NKX auf Änderungen von i reagiert. Im hier betrachteten Fall vollkommener Kapitalmobilität kehrt die IS-Kurve praktisch in ihre Ausgangslage zurück und damit auch die Gleichgewichtswerte von Y und i.

Der kontraktive Effekt der Wechselkurssenkung ist umso stärker, je höher der Grad der Kapitalmobilität ausfällt.

Geldpolitik bei flexiblem Wechselkurs

Erhöht die Zentralbank die heimische Komponente der inländischen Geldmenge M^h (durch den Ankauf inländischer Wertpapiere), so führt dies bei flexiblem Wechselkurs stets zu einer Erhöhung der inländischen Produktion Y.

Wirksamkeit der Geldpolitik bei flexiblem Wechselkurs

Die nachfolgende Abbildung 20.15 verdeutlicht den Sachverhalt grafisch für den hier betrachteten Fall vollkommener Kapitalmobilität.

Die Erhöhung von M^h verursacht zunächst eine Überschussangebotssituation auf dem inländischen Geldmarkt (Rechtsverschiebung der LM-Kurve). Infolgedessen sinkt der Inlandszins i, was seinerseits über die inländische Investitionsgüternachfrage eine Erhöhung der Inlandsproduktnachfrage nach

Der Anpassungsprozess nach einer Erhöhung der Geldmenge

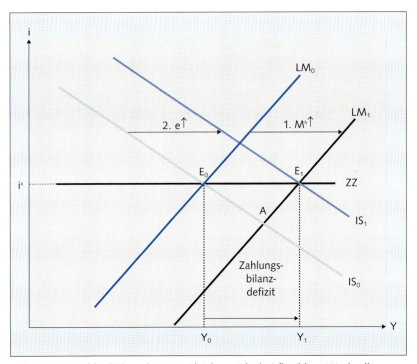

Abb. 20.15: Geldpolitik und IS/LM-Gleichgewicht bei flexiblem Wechselkurs

sich zieht (einschließlich Multiplikatoreffekte). **Bei Vernachlässigung des Devisenmarktes und unverändertem Wechselkurs** ergäbe sich folglich ein neues internes Gleichgewicht im Punkt A bei gestiegenem Y und gesunkenem i. Dieses interne Gleichgewicht liegt jedoch **unterhalb** der ZZ-Kurve, hier herrscht also Euro-Überschussangebot (Dollar-Überschussnachfrage) auf dem Devisenmarkt. Dies ergibt sich aus zwei Effekten: Erstens impliziert der Anstieg von Y eine Verringerung des inländischen Außenbeitrags AB. Zweitens führt die Senkung von i zu einer Erhöhung des gewünschten Nettokapitalexports NKX.

> Die expansive Geldpolitik führt zu einer Wechselkurserhöhung (Euroabwertung), welche die Inlandsproduktnachfrage weiter erhöht.

Aufgrund des Euro-Überschussangebotes steigt der Wechselkurs (Euroabwertung) mit der Folge einer Rechtsverschiebung der IS-Kurve und der ZZ-Kurve. Über den hierbei wirkenden Anstieg von AB steigt die Inlandsproduktnachfrage und damit Y weiter an (einschließlich Multiplikatoreffekte), während sich infolge der Ausdehnung der Transaktionskassennachfrage der (gesunkene) Inlandszins i wieder erhöht. Letzteres lässt den (erhöhten) NKX wieder ein Stück weit absinken. Dies und die Ausdehnung von AB infolge der Euroabwertung führen den Devisenmarkt ins Gleichgewicht zurück. Die Euroabwertung (und damit auch der expansive Effekt auf Y) wird dabei umso stärker ausfallen, je elastischer NKX auf Änderungen des Inlandszinses reagiert.

> Der Effekt der Geldpolitik wird umso stärker ausfallen, je höher der Grad der Kapitalmobilität ist.

Im hier betrachteten Fall vollkommener Kapitalmobilität wird der hier maximal mögliche Multiplikatoreffekt erreicht, wobei der Inlandszins praktisch auf sein Ausgangsniveau vor der Geldmengenerhöhung zurückkehrt.

Die expansive Geldpolitik hat also im Endeffekt die folgenden Wirkungen bei flexiblem Wechselkurs:
- Der Wechselkurs e steigt (Euroabwertung).
- Die Inlandsproduktion Y steigt deutlich. Der Inlandszins i sinkt (marginal).
- Der Nettokapitalexport NKX und der Außenbeitrag AB steigen (und zwar im selben Umfang).

7.4 Fester Wechselkurs im Mundell/Fleming-Modell (bei vollkommener Kapitalmobilität)

Grundlegende Rahmenbedingungen bei festem Wechselkurs

Bei festem Wechselkurs sorgt die (inländische) Zentralbank notfalls mittels Devisenmarkt-Interventionen (d. h. An- oder Verkauf von Devisen) dafür, dass sich der bestehende (und von ihr garantierte) Wechselkurs nicht ändert; allerdings setzt dies die Verfügbarkeit entsprechender Devisenreserven voraus. Die inländische Devisen- bzw. Zahlungsbilanz kann hier also zumindest kurzfristig **nicht** ausgeglichen sein. Muss die Zentralbank zur Stabilisierung des Wechselkurses Auslandswährung Dollar verkaufen (also Inlandswährung Euro auf dem Devisenmarkt ankaufen), so spricht man von

> Bei festem Wechselkurs kann die Zahlungsbilanz unausgeglichen sein.

einem Zahlungsbilanzdefizit. Muss sie dagegen Dollar ankaufen (also Euro auf dem Devisenmarkt verkaufen), so liegt ein Zahlungsbilanzüberschuss vor. Ein solches Gleichgewicht mit unausgeglichener Zahlungsbilanz ist jedoch nicht stabil, kann also nur zeitlich befristet bestehen.

In jeder Periode muss dann zum einen internes Gleichgewicht herrschen, d. h. Gleichgewicht auf dem inländischen Güter- und Geldmarkt mit

$Y = C(Y) + I(i) + G + AB(Y,e,Y^a)$ (IS-Kurve)
$M/P = L(Y,i)$ (LM-Kurve).

Inländisches Güter- und Geldmarktgleichgewicht (internes Gleichgewicht)

Wie oben schon ausgeführt, setzt sich die inländische Geldmenge M dabei aus der heimischen Komponente M^h und der ausländischen Komponente M^a zusammen: $M = M_h + M_a$ (Endbestände). Die heimische Komponente M^h wird durch die eigentliche Geldpolitik der Zentralbank bestimmt, die ausländische Komponente M^a ist der Teil der Geldmenge, welcher infolge von Euroverkäufen der Zentralbank auf dem Devisenmarkt in den Wirtschaftskreislauf gelangt ist.

Zum anderen muss auch externes Gleichgewicht, also Gleichgewicht auf dem Devisenmarkt vorliegen. Die **Änderung** der ausländischen Komponente ΔM^a entspricht dann gerade der Änderung der Währungsreserven der Zentralbank zu Transaktionswerten, d. h. dem inländischen Devisenbilanzsaldo (»Zahlungsbilanzsaldo«). Dieser wiederum entspricht gerade der Differenz zwischen inländischem Außenbeitrag und Nettokapitalexport. In realen, d. h. in Inlandsprodukteinheiten gerechneten Werten gilt also

Devisenmarktgleichgewicht (externes Gleichgewicht) bei festem Wechselkurs

$\Delta M^a/P = AB(Y,e,Y^a) - NKX(i, i^a)$ (externes Gleichgewicht bzw. Devisenmarktgleichgewicht).

Bei festem Wechselkurs entspricht die Änderung der Auslandskomponente der Geldmenge dem Devisenbilanzsaldo.

Ein internes Gleichgewicht ohne externes Gleichgewicht ist dabei wie bisher **nicht** realisierbar, denn dann stünden nicht alle benötigten Devisen zur Verfügung. In einem solchen Fall wird es bei festem Wechselkurs zu einer den Wechselkurs stabilisierenden Devisenmarkt-Intervention der (inländischen) Zentralbank kommen, welche die Angebots- bzw. Nachfragelücke auf dem Devisenmarkt schließt, aber gleichzeitig auf das interne Gleichgewicht zurück wirkt. Nur bei simultanem in- und externen Gleichgewicht können alle Planungen realisiert werden, sodass es zu keinen weiteren Anpassungen auf dem Devisenmarkt kommt. Dieses Gleichgewicht liegt nur dann **exakt** auf der ZZ-Kurve, wenn die inländische Devisen- bzw. Zahlungsbilanz ausgeglichen ist. Im Fall eines Zahlungsbilanzüberschusses wird das Gleichgewicht dagegen grundsätzlich oberhalb der ZZ-Kurve liegen, bei Zahlungsbilanzdefizit wiederum unterhalb. Beim hier betrachteten Fall der **vollkommenen Kapitalmobilität** werden allerdings die Gleichgewichte bei unausgeglichener Zahlungsbilanz stets in unmittelbarer Nähe der ZZ-Kurve liegen, weil in diesem Fall nur kleinste Abweichungen des Inlandszinses vom Auslandszins bei Devisenmarktgleichgewicht möglich sind.

Besonderheit bei vollkommener Kapitalmobilität

Die Inlandswirkungen von Änderungen der Weltkonjunktur bei festem Wechselkurs

Die Weltkonjunktur beeinflusst die Binnenkonjunktur bei festem Wechselkurs.

Eine (dauerhafte) Erhöhung des Auslandseinkommens Y^a führt bei festem Wechselkurs kurz- und langfristig zu einer Erhöhung der Inlandsproduktion Y.

Der kurzfristige Anpassungsprozess nach einer Erhöhung des Auslandseinkommens

Betrachten wir zuerst die **kurzfristigen** Wirkungen der Auslandseinkommenserhöhung, wobei wir annehmen, dass im Ausgangspunkt vor der Erhöhung eine ausgeglichene Zahlungsbilanz (also ein langfristig stabiles Gleichgewicht) vorlag.

Der Zuwachs von Y^a führt bei gegebenem Wechselkurs zu einer Erhöhung des Außenbeitrags AB. Damit verschieben sich die IS-Kurve und die ZZ-Kurve zunächst nach rechts. Bei vollkommener Kapitalmobilität (extrem flache ZZ-Kurve) ist die Verschiebung der ZZ-Kurve grafisch wieder nicht zu erkennen, weil sie sich quasi »in sich selbst« verschiebt.

Bei Vernachlässigung des Devisenmarktes und gegebenem Wechselkurs ergäbe sich folglich ein neues internes Gleichgewicht bei gestiegenem Y und i (Punkt A in Abbildung 20.16). Dieses interne Gleichgewicht liegt jedoch oberhalb der (verschobenen) ZZ-Kurve. Hier besteht also Euro-Überschuss-

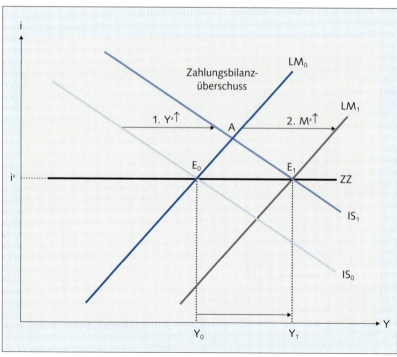

Abb. 20.16: Erhöhung des Auslandseinkommens und IS/LM-Gleichgewicht bei festem Wechselkurs

nachfrage bzw. Dollar-Überschussangebot. Um den Wechselkurs zu stabilisieren, muss die Zentralbank auf dem Devisenmarkt zusätzliche Euro anbieten, also Dollar ankaufen (Zahlungsbilanzüberschuss). Da diese Euro über den internationalen Waren- und Kapitalhandel ins Inland zurückfließen, erhöht sich das inländische Geldangebot M über die ausländische Komponente M^a. Also verschiebt sich die LM-Kurve nach rechts. Das höhere Geldangebot lässt i wieder absinken, was seinerseits über die inländische Investitionsgüternachfrage zu einer weiteren Erhöhung von Y führt. Aus dem ersten ergibt sich eine Rückerhöhung von NKX und aus dem zweiten eine Senkung von AB. Beides senkt seinerseits die Euro-Überschussnachfrage.

Die Erhöhung des Auslandseinkommens verursacht einen Zahlungsbilanzüberschuss ...

... dessen Finanzierung Y weiter ansteigen lässt.

Das **kurzfristige** »neue« Gleichgewicht liegt dann bei genauer Betrachtung weiter oberhalb der (rechtsverschobenen) »neuen« ZZ-Kurve bei gestiegenem i (Zahlungsbilanzüberschuss). Allerdings ist dies nur im Fall unvollkommener Kapitalmobilität grafisch zu erkennen. Beim hier dargestellten Fall vollkommener Kapitalmobilität wird dagegen der Euro-Verkauf der Zentralbank bzw. der Euro-Zufluss in den Wirtschaftskreislauf so groß sein, dass sich das Gleichgewicht bereits in der kurzen Frist in unmittelbarer Nähe zur ZZ-Kurve einstellt. Dies liegt daran, dass bei vollkommener Kapitalmobilität nur kleinste Abweichungen des Inlandszinses vom Auslandszins mit Devisenmarktgleichgewicht kompatibel sind, sodass in diesem Fall Gleichgewichte mit unausgeglichener Zahlungsbilanz stets in unmittelbarer Nähe der ZZ-Kurve liegen müssen.

Besonderheit bei vollkommener Kapitalmobilität

Langfristig ergibt sich prinzipiell Folgendes: So lange noch das aktuelle Periodengleichgewicht oberhalb der ZZ-Kurve liegt, so lange wird in der Anschlussperiode bei unverändertem Wechselkurs ohne Zentralbankintervention wieder eine Euro-Überschussnachfrage vorliegen. Zur Aufrechterhaltung des Wechselkurses muss die Zentralbank also stets weiter am Devisenmarkt Dollar gegen Euro ankaufen, was die LM-Kurve weiter nach rechts verschiebt, bis schließlich die ZZ-Kurve erreicht wird. Dieser Anpassungsprozess zum langfristigen Gleichgewicht vollzieht sich grundsätzlich bei sinkendem i und weiter steigendem Y, weil sich M über M^a immer weiter erhöht. Im Fall der vollkommenen Kapitalmobilität sind diese weiter gehenden Effekte auf M, Y und i allerdings vernachlässigbar klein, sodass das langfristige Gleichgewicht praktisch dem kurzfristigen Gleichgewicht entspricht.

Der langfristige Anpassungsprozess zurück zur ausgeglichenen Zahlungsbilanz

Identität des lang- und kurzfristigen Gleichgewichts bei vollkommener Kapitalmobilität

Fiskalpolitik bei festem Wechselkurs

> Eine (dauerhafte) Erhöhung der inländischen staatlichen Güternachfrage G führt bei festem Wechselkurs und international mobilem Kapital kurz- und langfristig zu einer Erhöhung der inländischen Produktion Y.

Wirksamkeit der Fiskalpolitik bei festem Wechselkurs

Betrachten wir wieder zuerst die kurzfristigen Wirkungen der Staatausgabenerhöhung, wobei abermals unterstellt ist, dass die Zahlungsbilanz im Ausgangspunkt vor der Erhöhung ausgeglichen war:

Der kurzfristige Anpassungsprozess nach einer Erhöhung der staatlichen Güternachfrage

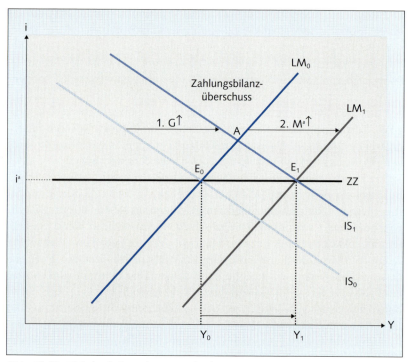

Abb. 20.17: Fiskalpolitik und IS/LM-Gleichgewicht bei festem Wechselkurs

Die Erhöhung von G führt bei gegebenem Wechselkurs zunächst zu einer Erhöhung der Inlandsproduktnachfrage (einschließlich Multiplikatoreffekt) und damit zu einer Rechtsverschiebung der IS-Kurve. **Bei Vernachlässigung des Devisenmarktes und gegebenem Wechselkurs** ergäbe sich folglich ein neues internes Gleichgewicht in Punkt A der Abbildung 20.17 bei gestiegenem Y und i. Diese Änderungen führen zu zwei gegenläufigen Effekten: Der Anstieg von Y impliziert eine Verringerung des inländischen Außenbeitrags AB. Dies wirkt für sich betrachtet auf ein Euro-Überschussangebot auf dem Devisenmarkt. Der Anstieg von i verursacht wiederum eine Reduzierung des Nettokapitalexports NKX. Dies wirkt **für sich betrachtet** auf eine Euro-Überschussnachfrage.

Bei hoher Kapitalmobilität führt die Erhöhung von G zu einem Zahlungsbilanzüberschuss ...

Welcher der beiden Effekte überwiegt, hängt wieder vom Grad der Kapitalmobilität ab: Ist die Kapitalmobilität **hinreichend hoch**, sodass die ZZ-Kurve flacher als die LM-Kurve verläuft, so überwiegt der Effekt aus NKX und es ergibt sich eine Euro-Überschussnachfrage. Um den Wechselkurs zu stabilisieren, muss die Zentralbank auf dem Devisenmarkt zusätzliche Euro anbieten, also Dollar ankaufen (Zahlungsbilanzüberschuss). Da diese Euro ins Inland zurückfließen, erhöht sich das inländische Geldangebot M über die ausländische Komponente M^a. Also verschiebt sich die LM-Kurve nach rechts. Das höhere Geldangebot lässt den inländischen Zins wieder absinken, was seinerseits über die inländische Investitionsgüternachfrage zu einer **weiteren Erhöhung von Y** führt. Aus dem ersten ergibt sich eine Rückerhöhung

... dessen Finanzierung Y weiter ansteigen lässt.

von NKX und aus dem zweiten eine weitere Senkung von AB. Beide Effekte tragen ihrerseits zum Abbau der Euro-Überschussnachfrage bei.

Das **kurzfristige** »neue« Gleichgewicht liegt dann bei genauer Betrachtung oberhalb der ZZ-Kurve bei gestiegenem Zins i (Zahlungsbilanzüberschuss). Allerdings ist dies nur im Fall unvollkommener Kapitalmobilität grafisch zu erkennen. Beim hier behandelten Fall vollkommener Kapitalmobilität wird dagegen der Euroverkauf der Zentralbank und damit die LM-Kurvenverschiebung so groß sein, dass sich bereits in der kurzen Frist ein Gleichgewicht in unmittelbarer (grafisch nicht mehr darstellbarer) Nähe zur ZZ-Kurve ergibt (zur Begründung vgl. den voran gegangenen Unterabschnitt). Der expansive Effekt der Devisenmarktintervention der Zentralbank auf Y wird dabei umso größer sein, je elastischer NKX auf Zinsänderungen reagiert, denn umso größer muss das zusätzliche Euroangebot der Zentralbank ausfallen, um den Wechselkurs zu stabilisieren.

Die Devisenmarkt-Intervention muss umso größer ausfallen, je höher der Grad der Kapitalmobilität ist.

Langfristig ergibt sich grundsätzlich das Folgende: So lange noch das aktuelle Periodengleichgewicht oberhalb der ZZ-Kurve liegt, so lange wird in der Anschlussperiode bei unverändertem Wechselkurs ohne Zentralbankintervention wieder eine Euro-Überschussnachfrage auf dem Devisenmarkt herrschen. Zur Aufrechterhaltung des Wechselkurses muss die Zentralbank ihre Devisenmarktintervention wiederholen, und es ergibt sich im Grundsatz derselbe langfristige Anpassungsprozess zur ausgeglichenen Zahlungsbilanz wie im Fall einer Erhöhung des Auslandseinkommens Y^a: M und Y steigen weiter an, i sinkt ab. Diese weiter gehenden Effekte sind allerdings bei vollkommener Kapitalmobilität vernachlässigbar klein, sodass in diesem Fall das langfristige Gleichgewicht dem kurzfristigen Gleichgewicht praktisch entspricht.

Der langfristige Anpassungsprozess zurück zum Zahlungsbilanzgleichgewicht

Geldpolitik bei festem Wechselkurs

Erhöht die Zentralbank (dauerhaft) die heimische Komponente der inländischen Geldmenge M^h (durch den Ankauf inländischer Wertpapiere), so hat dies bei festem Wechselkurs und vollkommener Kapitalmobilität kurz- und langfristig keinen Effekt auf die Höhe der inländischen Produktion Y. Bei unvollkommener Kapitalmobilität ergäbe sich langfristig dasselbe, jedoch sind dann kurzfristige positive Effekte auf Y möglich.

Geldpolitik ist bei festem Wechselkurs langfristig wirkungslos.

Betrachten wir wieder zuerst die **kurzfristigen** Wirkungen der Geldmengenerhöhung, wobei annahmegemäß im Ausgangspunkt vor der Erhöhung eine ausgeglichene Zahlungsbilanz vorlag:

Die Zunahme von M^h verursacht ein Überschussangebot auf dem inländischen Geldmarkt und damit zunächst eine Rechtsverschiebung der LM-Kurve. Infolgedessen sinkt der Inlandszins i, was seinerseits über die inländische Investitionsgüternachfrage eine Erhöhung der Inlandsproduktnachfrage nach sich zieht (einschließlich Multiplikatoreffekt). **Bei Vernachlässigung**

Der kurzfristige Anpassungsprozess nach einer Geldmengenerhöhung

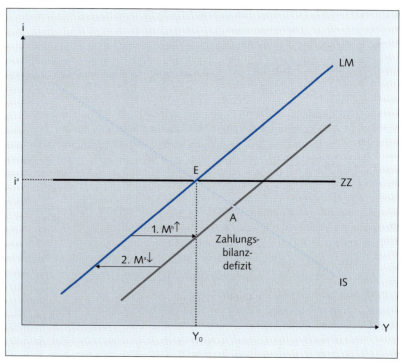

Abb. 20.18: Geldpolitik und IS/LM-Gleichgewicht bei festem Wechselkurs

des Devisenmarktes und gegebenem Wechselkurs ergäbe sich folglich ein neues internes Gleichgewicht im Punkt A der Abbildung 20.18 bei gestiegenem Y und gesunkenem i. Dieses interne Gleichgewicht liegt jedoch **unterhalb** der ZZ-Kurve, hier herrscht also Euro-Überschussangebot auf dem Devisenmarkt: Erstens impliziert der Anstieg von Y eine Verringerung des inländischen Außenbeitrags AB. Zweitens führt die Senkung von i zu einer Erhöhung des gewünschten Nettokapitalexports NKX.

Um den Wechselkurs auf dem bestehenden Niveau zu halten, muss die Zentralbank auf dem Devisenmarkt eigene Dollarreserven verkaufen, also Euro ankaufen (Zahlungsbilanzdefizit). Dies führt zu einem Abfluss von Euro aus dem Wirtschaftskreislauf, sodass sich die inländische Geldmenge, d. h. deren ausländische Komponente M^a, verringert und sich die zunächst nach rechts verschobene LM-Kurve nach links zurückverschiebt. Diese Verringerung des Geldangebotes lässt den gesunkenen Inlandszins i wieder ansteigen, was seinerseits die gestiegene Inlandsproduktnachfrage und damit Y wieder zurückdrängt. Beides verringert seinerseits das Euro-Überschussangebot dadurch, dass sich einerseits der gestiegene NKX wieder absenkt und sich andererseits der gesunkene AB wieder erhöht.

Das **kurzfristige** »neue« Gleichgewicht liegt dann bei genauer Betrachtung weiterhin unterhalb der ZZ-Kurve bei gesunkenem i und gestiegenem Y (Zahlungsbilanzdefizit). Auch hier ist dies jedoch nur im Fall unvollkommener Kapitalmobilität grafisch erkennbar. Bei vollkommener Kapitalmobilität

Die ursprüngliche Geldmengenexpansion verursacht ein Zahlungsbilanzdefizit, dessen Finanzierung die Geldmenge wieder verringert und damit kontraktiv auf Y wirkt.

Bei vollkommener Kapitalmobilität kehrt die Ökonomie bereits kurzfristig in ihr Ausgangsgleichgewicht zurück.

wird dagegen der Euro-Ankauf der Zentralbank bzw. die Linksverschiebung der LM-Kurve so groß sein, dass die Ökonomie bereits in der kurzen Frist praktisch zum Ausgangsgleichgewicht zurückkehrt.

Langfristig ergibt sich grundsätzlich das Folgende: So lange noch das aktuelle Periodengleichgewicht unterhalb der ZZ-Kurve liegt, so lange wird in der Anschlussperiode bei unverändertem Wechselkurs ohne Zentralbankintervention wieder ein Euro-Überschussangebot vorliegen. Zur Aufrechterhaltung des Wechselkurses muss die Zentralbank also weiter am Devisenmarkt Euro gegen Dollar ankaufen, was die LM-Kurve immer weiter nach links verschieben und letztlich zum Ausgangsgleichgewicht vor der Erhöhung von M^h zurückführen wird. Sind die Devisenreserven der Zentralbank vorher erschöpft (Liquiditätsproblem), so wird die Zentralbank zur Aufrechterhaltung des Wechselkurses bei unveränderter übriger Wirtschaftspolitik gezwungen sein, durch Reduzierung von M^h das inländische Geldangebot M auf das Ausgangsniveau zurückzufahren, was seinerseits die Rückkehr zum Ausgangsgleichgewicht impliziert. Alternativ könnte auch mit Hilfe einer expansiven Fiskalpolitik auf eine Beseitigung des Euro-Überschussangebotes hingewirkt werden.

Der langfristige Anpassungsprozess zur ausgeglichenen Zahlungsbilanz und das Liquiditätsproblem

Zusammenfassend ergeben sich also die folgenden Effekte der Geldmengenerhöhung bei festem Wechselkurs:

Die Erhöhung von M^h wird kurzfristig zu einem gesunkenen Inlandszins i und erhöhter inländischer Produktion Y führen. Diese Effekte werden jedoch umso geringer sein, je höher der Grad der Kapitalmobilität bzw. je zinselastischer NKX ist, und sind vernachlässigbar klein bei vollkommener Kapitalmobilität.

Langfristig wird die Ökonomie zu den Ausgangswerten von Y und i zurückkehren. Lediglich die Devisenbestände der Zentralbank werden sich geändert haben bzw. die Zusammensetzung der inländischen Geldmenge aus heimischer und ausländischer Komponente.

Wechselkurspolitik

Abschließend wollen wir noch kurz der Frage nachgehen, welcher Effekt auf die Höhe des Inlandsproduktes Y sich daraus ergeben würde, wenn das Inland den im Rahmen des Regimes fester Wechselkurse garantierten Wechselkurs (Paritätskurs) erhöht, also eine Euroabwertung vornimmt.

Eine solche Wechselkurserhöhung wird (sofern international durchsetzbar) qualitativ dieselbe Wirkung auf Y haben wie eine Erhöhung des Auslandseinkommens Y^a bei unverändertem Wechselkurs, denn beides führt ceteris paribus zu einer Erhöhung des Außenbeitrags.[5] Es gilt also:

Eine Erhöhung des Paritätskurses (Abwertung der Inlandswährung) wirkt ähnlich wie eine Expansion des Auslandseinkommens.

---

[5] Ein Unterschied ergibt sich dahingehend, dass eine Erhöhung von Y^a den Außenbeitrag allein über den Anstieg der Exportgüternachfrage erhöht, während eine Euroabwertung die Exportgüternachfrage erhöht und die Importgüternachfrage senkt.

Analog zu einer Erhöhung des Auslandseinkommens führt eine Erhöhung des Paritätskurses (Euroabwertung) bei international mobilem Kapital kurz- und langfristig zu einer Erhöhung der inländischen Produktion.

Änderungen des Paritätskurses sind nicht ohne Weiteres durchsetzbar.

Allerdings setzt dies voraus, dass die Änderung des Paritätskurses vom Ausland auch akzeptiert wird. Andernfalls könnte das Ausland versuchen, durch eigene Devisenmarkt-Interventionen den »alten« Wechselkurs zu erzwingen. Dem Versuch, im Rahmen eines Systems fester Wechselkurse durch eigene Wechselkurspolitik eine Beschäftigungsausweitung auf »Kosten der Partnerstaaten« zu erreichen, sind von daher Grenzen gesetzt. Dies gilt umso mehr, wenn das betrachtete Land klein ist, d. h. das Ausland über ausreichend große Devisenreserven verfügt, um solche Abwertungsversuche durch eigene Devisenmarkt-Interventionen erfolgreich zu konterkarieren.

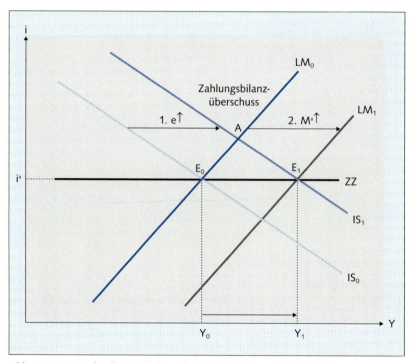

Abb. 20.19: Wechselkurspolitik und IS/LM-Gleichgewicht bei festem Wechselkurs

Arbeitsaufgaben

1) Erläutern Sie folgende Begriffe:
   - Devisen und Devisenmarkt,
   - Konvertibilität und Devisenbewirtschaftung,
   - Wechselkurs, Preisnotierung, Mengennotierung,
   - Aufwertung und Abwertung einer Währung,
   - Währungssystem mit frei flexiblen Wechselkursen, Währungssystem mit festen Wechselkursen, Währungsunion und
   - Zahlungsbilanzüberschuss und Zahlungsbilanzdefizit.
2) Erläutern Sie die Funktionsweise eines Währungssystems mit flexiblen Wechselkursen. Welches sind die zentralen Theorien der Wechselkursbestimmung?
3) Beschreiben Sie die Effekte, die sich in einem System fester Wechselkurse ergeben, wenn beim Paritätskurs ein Fremdwährungs-Nachfrageüberschuss bzw. -Angebotsüberschuss auf dem Devisenmarkt vorliegt?
4) Welche Folgen ergeben sich für ein Land, das im Inland ständig höhere Preissteigerungsraten als seine Umwelt zu verzeichnen hat
   a) bei flexiblen Wechselkursen?
   b) bei festen Wechselkursen?
5) Welches sind die zentralen Probleme in einem Währungssystem mit festen Wechselkursen?
6) Welche Maßnahmen können in einem Währungssystem mit festen Wechselkursen zur Korrektur eines Zahlungsbilanzdefizites (Zahlungsbilanzüberschusses) ergriffen werden?
7) Was sind die zentralen Aussagen der Theorie optimaler Währungsräume?
8) Wie unterscheidet sich das *Mundell/Fleming*-Modell vom IS/LM-Modell der geschlossenen Volkswirtschaft?
9) Wie wirkt im *Mundell/Fleming*-Modell bei flexiblem Wechselkurs
   a) eine Erhöhung des Auslandseinkommens?
   b) eine Erhöhung der staatlichen Güternachfrage des Inlands?
   c) eine Erhöhung der heimischen Komponente der Geldmenge?
10) Wie wirkt im *Mundell/Fleming*-Modell bei festem Wechselkurs
    a) eine Erhöhung des Auslandseinkommens?
    b) eine Erhöhung der staatlichen Güternachfrage des Inlands?
    c) eine Erhöhung der heimischen Komponente der Geldmenge?
    d) eine Abwertung der Inlandswährung?

Lösungsvorschläge für die Arbeitsaufgaben finden Sie im »Übungsbuch zu Grundlagen und Probleme der Volkswirtschaft«.

Literatur

Eine gut verständliche Einführung in den Problemkreis bietet:
Schäfer, Wolf: Währungen und Wechselkurse, Würzburg, Wien 1981.

Eine einführende, problemorientierte Darstellung findet sich bei:
Krol, Gerd-Jan / Alfons Schmid: Volkswirtschaftslehre, 21. Aufl., Tübingen 2002, 6. Kapitel.

Einen präzisen Überblick verschafft:
Willms, Manfred: Währung, in: Vahlens Kompendium der Wirtschaftstheorie und Wirtschaftspolitik, Band 1, 8., überarbeitete Aufl., München 2003.
Die Lektüre setzt Vorkenntnisse voraus.

Deutschsprachige Standardwerke zur monetären Außenwirtschaftstheorie sind:
Jarchow, Hans-Joachim / Peter Rühmann: Monetäre Außenwirtschaft, 5. Aufl., Göttingen 2000.
Rose, Klaus / Karlhans Sauernheimer: Theorie der Außenwirtschaft, 13. Aufl., München 1999.
Siebert, Horst: Außenwirtschaft, 7. Aufl., Stuttgart 2000.

Diese Werke setzen sämtlich formale Kenntnisse voraus. Dies gilt zwar im Prinzip auch für:
Willms, Manfred: Internationale Währungspolitik, 2. Aufl., München 1995, jedoch ist das Buch sehr übersichtlich geschrieben und hat zudem den Vorteil, monetäre Außenwirtschaftstheorie- und -politik simultan zu beschreiben.

Eine sehr differenzierte und dennoch gut verständliche Darstellung des Mundell/Fleming-Modells findet sich bei:
Siebke, Jürgen / H. Jörg Thieme: Einkommen, Beschäftigung, Preisniveau, in: Vahlens Kompendium der Wirtschaftstheorie und Wirtschaftspolitik, Band 1, 8., überarbeitete Aufl., München 2003.

Zur Vertiefung der Modellzusammenhänge in grafischer Form eignet sich das Computerprogramm auf der beiliegenden CD.

21. Kapitel
Internationale Währungsordnung und Europäische Wirtschafts- und Währungsunion

LERNZIELE

Leitfrage:
Welche Rahmenbedingungen setzt das Währungssystem des Internationalen Währungsfonds?
- Welches waren die Ziele des Abkommens von Bretton Woods?
- Welche Kreditmöglichkeiten sieht der Internationale Währungsfonds vor?
- Welche prinzipielle Bedeutung haben die Sonderziehungsrechte?
- Wie werden Leistungsbilanzdefizite in der Regel finanziert?
- Welche Bedeutung haben Fremdwährungsmärkte?
- Wie wird das Wechselkurssystem geregelt?

Leitfrage:
Was sind die Grundstrukturen und Grundprobleme der Europäischen Wirtschafts- und Währungsunion (EWWU)?
- In welchen Stufen sollte die EWWU erreicht werden?
- Wer führt die Geldpolitik in der EWWU aus?
- Wie wird die Fiskalpolitik in der EWWU koordiniert?
- Welche Rolle spielt der Nominallohn als Anpassungsmechanismus?
- Was sind Kosten, was ist der Nutzen der EWWU?

Die Weltwirtschaft braucht neben einer Welthandelsordnung eine Weltwährungsordnung, die das Prinzip des Freihandels stützt. Eine solche Weltwährungsordnung muss vor allem zwei Dinge regeln:
- das Wechselkurssystem und
- die Möglichkeiten und Modalitäten der Finanzierung und der Korrektur von Zahlungsbilanzungleichgewichten.

Dies ist im Abkommen über den Internationalen Währungsfonds geregelt (IWF; International Monetary Fund, IMF), dessen Struktur und Funktionsweise hier beschrieben wird. Anschließend stellen wir auch den Aufbau und die Problembereiche der Europäischen Wirtschafts- und Währungsunion (EWWU) dar. Dies ist nach der Einführung einer gemeinsamen Währung im Grunde keine internationale Währungsordnung mehr, sondern hat bereits viele Züge einer nationalen Währungsordnung, aber es ist der Schlusspunkt in der Entwicklung der europäischen Währungsintegration und wird daher an dieser Stelle analysiert. Für beide Währungsordnungen vermittelt die historische Entwicklung wichtige Einsichten in die Funktionsprobleme von zwischenstaatlichen Währungsordnungen; sie wird daher in ihren Grundzügen beschrieben. Schließlich sei darauf hingewiesen, dass im Bereich des internationalen Zahlungsverkehrs weite Bereiche der internationalen Finanzierung gerade nicht geregelt sind, sondern im privaten Sektor abgewickelt werden.

1 Das Währungssystem des Internationalen Währungsfonds (IWF)

1.1 Entstehung, Mitgliedschaft, Organisation und Grundprinzip des IWF

Das Abkommen über den Internationalen Währungsfonds ist bereits während des Zweiten Weltkrieges vom 01. bis zum 27.07.1944 in Bretton Woods (New Hampshire) ausgearbeitet worden. Daher heißt diese Währungsordnung auch **Bretton-Woods-System**. Das IWF-Abkommen ist am 24.12.1945 in Kraft getreten und seither drei Mal – 1969, 1978 und 1992 – grundlegend geändert worden. Der IWF ist eine große internationale Organisation mit Sitz in Washington, D.C. mit knapp 3.000 Mitarbeitern. Der IWF hat 184 Mitglieder; das sind, mit wenigen Ausnahmen wie Kuba, Nordkorea und Taiwan, alle Länder der Welt.

Organisation

Das oberste Organ des IWF ist der **Gouverneursrat**, in dem jedes Mitgliedsland durch einen Gouverneur vertreten ist, im Allgemeinen durch den Zentralbankpräsidenten oder den Finanzminister. Der Gouverneursrat fällt alle Grundsatzentscheidungen wie Aufnahme neuer Mitglieder, Festsetzungen der Anteile der Länder am Fonds (Quoten, s. u.) oder Zuteilung von Sonderziehungsrechten (s. u.). Entscheidungen erfolgen mit einfacher Mehrheit, wobei sich das Stimmgewicht der Länder etwa nach ihrem Anteil am

Fonds bemisst. So haben die USA ein Stimmengewicht von 17,14 Prozent, auf Deutschland entfallen 6,01 Prozent (vgl. Tabelle 21.1).

Der IWF ist seinerzeit geschaffen worden, um das nach dem Zweiten Weltkrieg bestehende System der Devisenbewirtschaftung mit seinen rigiden Kontrollen von Außenhandel und Zahlungsverkehr in ein System freier Konvertibilität der Währungen zu überführen. Die Ziele des Abkommens sind in Abbildung 21.1 zusammengefasst. Oberstes Ziel ist das ausgewogene Wachstum des Welthandels.

Die Ziele des IWF

Der IWF wurde geschaffen,
- um die internationale Zusammenarbeit auf dem Gebiet der Währungspolitik zu fördern;
- die Ausweitung und ein ausgewogenes Wachstum des Welthandels zu erleichtern;
- die Stabilität der Wechselkurse zu fördern;
- bei der Errichtung eines multilateralen Zahlungssystems mitzuwirken;
- den Mitgliedsländern in Zahlungsbilanzschwierigkeiten die allgemeinen Fondsmittel zeitweilig und unter angemessenen Sicherungen zur Verfügung zu stellen und
- die Dauer und das Ausmaß der Ungleichgewichte der internationalen Zahlungsbilanzen der Mitgliedsländer zu verringern.

Quelle: IWF

Abb. 21.1: Ziele des IWF

Der IWF war und ist im Prinzip ein **Devisenpool** bzw. eine **Kredit-Genossenschaft**, ein Topf, in den die Mitgliedsländer Devisen einzahlen, die im Bedarfsfall an einzelne Mitglieder ausgeliehen werden. In diesem Sinne war und ist der IWF keine Zentralbank, die Geld schaffen kann. In begrenztem Umfang ist mit der Schaffung von Sonderziehungsrechten (s. u.) dann später aber eine beschränkte Geldschöpfungsmöglichkeit vorgesehen worden.

Grundprinzip des IWF

Im Rahmen des IWF war jedes Mitgliedsland verpflichtet, die Parität seiner Währung in Gold oder in US-Dollar zu fixieren. Damit war im Abkommen ursprünglich ein **System fester Wechselkurse** begründet. Dies gilt jetzt nicht mehr.

1.2 Das Wechselkurssystem im IWF-Abkommen

1.2.1 Die Entwicklung des Wechselkurssystems

Bis 1973 sah das IWF-System prinzipiell feste Wechselkurse vor. Aus eher technischen Gründen, um permanente Interventionen zu vermeiden, war eine kleine Schwankungsbreite von zunächst ± 1 Prozent, später ± 2,25 Prozent um den festgelegten Paritätskurs vorgesehen. Wechselkursänderungen waren nur für den Fall eines »**fundamentalen Zahlungsbilanzungleichgewichts**« vorgesehen. Eine beschränkte Stufenflexibilität der Wechselkurse war also gegeben, aber das Grundprinzip war die Wechselkursstabilität, weil man glaubte, dass eine solche Stabilität die Entwicklung des Welthandels fördere.

Zunächst prinzipiell feste Wechselkurse

Recheneinheit und international akzeptiertes Zahlungsmittel waren das Gold und der US-Dollar. Die besondere Rolle des US-Dollar ergab sich daraus, dass die USA die führende Wirtschaftsmacht der Welt geworden waren, dass ein erheblicher Teil des internationalen Zahlungsverkehrs in US-Dollar abgewickelt wurde und dadurch, dass die USA sich verpflichtet hatten, Gold zum festen Preis von 35 US-Dollar je Feinunze (31,103 Gramm) an ausländische Zentralbanken (nicht an Privatbanken) abzugeben. Damit schien eine gewisse Wertbeständigkeit des US-Dollars als gesichert. Das System des IWF war ein so genannter **Gold-Dollar-Standard**.

US-Dollar war Recheneinheit und internationales Zahlungsmittel

Das Wechselkurssystem des IWF hatte zwei entscheidende Funktionsprobleme:

Funktionsprobleme

- Die mangelnde Bereitschaft der Länder, ihre Wirtschaftspolitik den Zahlungsbilanzerfordernissen unterzuordnen; daher entstanden häufige und erhebliche **Zahlungsbilanzungleichgewichte**. Weil die Bereitschaft, die Währungsparitäten an solche Ungleichgewichte anzupassen, also rechtzeitig ab- bzw. aufzuwerten, gering war, entstanden daraus gravierende Störungen des freien Welthandels.
- Das mit dem Gold-Dollar-Standard verbundene **Liquiditätsdilemma**. Der US-Dollar, als wesentlicher Teil der seinerzeit international akzeptierten Zahlungsmittel, konnte der Weltwirtschaft nur dann in ausreichender Menge zur Verfügung gestellt werden, wenn die USA sich gegenüber dem Rest der Welt in Form von Zahlungsbilanzdefiziten verschuldeten. In diesem Fall würde das Ausland ja Dollarguthaben erwerben, die es als internationale Liquidität verwenden könnte. Dies war ein Dilemma, weil mit zunehmender Verschuldung der USA das Vertrauen in die Goldumtauschmöglichkeit und die Wertbeständigkeit des Dollars verloren gehen würde.

Zusammenbruch des Wechselkurssystems

Folgerichtig ist das Wechselkurssystem des IWF Anfang der 70er-Jahre zusammengebrochen. Die Verschuldung der USA war – auch in Folge des Vietnam-Krieges der USA – zwar hinreichend angestiegen, um die Welt mit internationaler Liquidität zu versorgen. Aber damit wurde erkennbar, dass die USA diese Dollarguthaben nicht mehr in Gold umtauschen konnte. Die Goldumtauschmöglichkeit wurde daher 1971 aufgehoben und der US-Dollar verlor seine Funktion als Recheneinheit.

Und die Zahlungsbilanzungleichgewichte nahmen in den 60er-Jahren deutlich zu. Daraus resultierten Spekulationen auf Aufwertungen bzw. Abwertungen zahlreicher Währungen, die schließlich unter dem Druck dieser Spekulationen unausweichlich wurden. Daher gingen die Länder ab 1973 isoliert zu flexiblen Wechselkursen über.

1.2.2 Vielfalt der Wechselkurssystems

Nach einer Periode, in der faktisch keine Regeln bestanden, hat der IWF in der 2. Änderung seines Abkommens 1976 eine Neufassung der Bestimmungen über das Wechselkurssystem beschlossen. Danach ist den Mitgliedern ab April 1978 die Art der Wechselkursregelung grundsätzlich freigestellt, ausgeschlossen ist nur eine Bindung an das Gold. Eine Manipulation der Wechselkurse, die einem Land unfaire Wettbewerbsvorteile verschafft, ist aber zu vermeiden und die Wechselkurspolitik unterliegt einer strikten Überwachung durch den IWF.

Ein Wechselkurssystem, man spricht auch von einem Wechselkursregime, kann grundsätzlich die in Kapitel 20, Abschnitt 1 genannten Formen annehmen. In der währungspolitischen Praxis haben sich seit der Freigabe der Wechselkursregelung unterschiedliche Formen von Flexibilität und Festigkeit von Wechselkursen herausgebildet. Abbildung 21.2 stellt die gewählten Wechselkursregimes der Mitglieder des IWF zusammen. 84 Länder haben flexible Wechselkurse, davon 36 Länder frei flexible Wechselkurse und 48 Länder kontrolliert flexible Wechselkurse, ein so genanntes »managed floating« gewählt. Die bedeutenden Währungen der Welt, also der US-Dollar, der Euro, das englische Pfund, der japanische Yen und der Schweizer Franken sind z.B. frei flexibel; einer kontrollierten Flexibilität unterliegt z.B. die Währung von Russland, aber auch Währungen vieler anderer Länder. Hier versuchen die Währungsbehörden ihren Wechselkurs zu beeinflussen, ohne damit eine speziellen Entwicklungspfad anzustreben. Problematischer und erklärungsbedürftiger erscheinen die verschiedenen Formen fester Wechselkurse, die Formen von Wechselkursbindungen.

Wechselkursregelungen im IWF

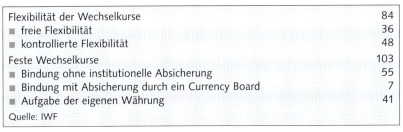

Abb. 21.2: Wechselkursregelungen der Mitglieder des IWF 2004

1.2.3 Formen und Risiken der Wechselkursbindung

Eine Wechselkursbindung kann in drei Formen implementiert werden:
- durch eine einseitige Willenserklärung der Währungsbehörde des Landes (Zentralbank oder Finanzministerium) ohne institutionelle Absicherung;
- durch eine Willenserklärung mit institutioneller Absicherung durch ein so genanntes Currency Board oder
- durch die Aufgabe der eigenen Währung und die Übernahme einer ausländischen Währung; in der Regel ist dabei an eine der großen Schlüsselwährungen zu denken.

Formen der Wechselkursbindung

Die **Wechselkursbindung ohne institutionelle Absicherung** erfolgt durch eine einfache, einseitige Festlegung. Es besteht keine Verpflichtung, die Bindung langfristig aufrechtzuerhalten. Der Wechselkurs wird dabei entweder an eine einzelne Währung oder auch an einen Währungskorb gebunden. Aus technischen Gründen schwanken die Wechselkurse innerhalb kleiner Bandbreiten von etwa ±1 bis ±2 Prozent. 55 Länder haben einen solchen festen Wechselkurs, darunter Länder wie China, Saudi-Arabien oder die Ukraine.

Die **Bindung mit institutioneller Absicherung durch ein Currency Board** (Währungsamt) stellt eine sehr viel festere Bindung dar. Hier wird die inländische Währung fest an eine ausländische Währung (Ankerwährung) gebunden und der Currency Board verpflichtet sich, die Landeswährung jederzeit zu dem festgelegten Kurs in die Ankerwährung umzutauschen. Das bedeutet letztlich, dass die inländische Geldmenge durch Devisen gedeckt sein muss und dass inländisches Geld nur durch den Ankauf von Devisen in Umlauf gebracht wird. Eine autonome nationale Geld- und Währungspolitik ist nicht mehr möglich. Solche Currency-Board-Systeme sind z. B. von Bosnien-Herzegowina, Bulgarien, Estland und Litauen eingeführt worden, sie sind aber eher selten.

Die **Aufgabe der eigenen Währung** und die Übernahme einer anderen Währung als heimische Währung oder die Schaffung einer neuen Währung als gemeinsame Währung in einer Währungsunion ist die härteste, weil kaum widerrufbare Form einer Wechselkursbindung. Im Jahr 2004 haben 41 Mitglieder des IWF diese Form gewählt, darunter die 12 Mitglieder der Eurozone, die den Euro als gemeinsame Währung verwenden, und viele kleinere Länder, insbesondere in Afrika und der Karibik, die eine fremde Währung als gesetzliches Zahlungsmittel verwenden. Daneben wird der Dollar in vielen Ländern der Welt faktisch als Zahlungsmittel verwendet.

Möglichkeit des Stabilitätsimports

Wechselkursbindungen bieten den Vorzug eines gewissen Stabilitätsimports und können die Glaubwürdigkeit einer stabilitätsorientierten Wirtschaftspolitik stärken. Dies gilt umso mehr, je stärker die Fixierung institutionell abgesichert ist. Allerdings erhöhen Wechselkursbindungen das Risiko einer Überbewertung der heimischen Währung. Dies ist dann zu erwarten, wenn sich die heimische Wirtschaftspolitik nicht strikt und stabilitätsbewusst am Wechselkurs orientiert. Wenn dann bei einer inflationären Entwicklung im Inland nicht rechtzeitig abgewertet wird, werden ausländische Währungen zu billig. Die Folgen sind idealtypisch:

Risiko der Überbewertung

- Zunahme der Importe und Abnahme der Exporte mit daraus folgenden Zahlungsbilanzdefiziten und
- Zunahme der Kapitalanlagen im Ausland und daraus ebenfalls resultierenden Zahlungsbilanzdefiziten.

Probleme der Finanzierung der Defizite

Diese Zahlungsbilanzdefizite kann die nationale Zentralbank nicht beliebig lange aus eigener Kraft finanzieren. In diesem Stadium der Kursentwicklung werden Stützungskredite seitens des IWF (s. u.) oder auch anderer Institutionen gefordert und meist auch gewährt, um Kettenreaktionen und Zusammenbrüche im internationalen Finanzsystem zu verhindern. Schließlich muss im Regelfall dann doch abgewertet werden; meist wird die Wechselkursfixierung für einige Zeit aufgehoben. Dies war der typische Ablauf aller Währungskrisen der 90er-Jahre; von Mexiko 1995 über die asiatischen Schwellenländer 1997 bis hin zur Währungskrise in Argentinien 2001.

In solchen Situationen ist immer abzuwägen zwischen einer ausreichenden Bereitstellung von internationaler Liquidität, um Krisen zu bekämpfen, und dem Problem, dass damit Misswirtschaft und Spekulation honoriert werden. Dies wird auch **moral hazard** genannt (moralisches Risiko; eigentlich: das Risiko, Unmoral zu belohnen).

1.3 Kreditmöglichkeiten im IWF-System

Im Gegensatz zur turbulenten Entwicklung im Bereich der Wechselkursregelungen sind die Kreditmöglichkeiten des IWF kontinuierlich entwickelt worden.

1.3.1 Quoten

Jedes Mitgliedsland erhält eine **Quote**, die bei Beginn der Mitgliedschaft aus primär wirtschaftlichen Größen wie Inlandsprodukt, Anteil am Welthandel und Währungsreserven errechnet wird. In Höhe der Quote ist ein so genannter Subskriptionsbeitrag einzuzahlen. Dabei sind 25 Prozent der Quote in Sonderziehungsrechten, in konvertiblen Devisen (also z. B. US-Dollar oder Euro) oder mit Zustimmung des Fonds auch in eigener Währung einzuzahlen, die restlichen 75 Prozent in Landeswährung. In Höhe der »echten« Finanzierungsleistungen aus der Subskription (Sonderziehungsrechte und Fremdwährungen zuzüglich der vom IWF in der Landeswährung abgerufenen und verwendeten Beträge) hat das Mitgliedsland jederzeit und ohne Auflage das Recht, IWF-Mittel in Anspruch zu nehmen. Dieses Ziehungsrecht in der so genannten **Reservetranche** (Reserveposition) stellt keine Kreditgewährung des IWF dar.

Kreditgewährung im Rahmen der Quoten

Über die Reserveposition hinaus kann jedes Mitglied **vier Kredittranchen** von je 25 Prozent der Quote für die Gewährung von Zahlungsbilanzkrediten in Anspruch nehmen. Dabei steigen die Anforderungen an die Kreditnehmer, Anstrengungen zur Überwindung ihrer Zahlungsbilanzprobleme zu unternehmen, mit jeder neu gewährten Kredittranche. Diese Kredittranchenpolitik stellt die normale Kreditgewährung des IWF dar.

Die Quoten, die auch das Stimmrecht der Mitglieder festlegen, werden im Abstand von zumeist fünf Jahren überprüft und an den veränderten Finanzierungsbedarf (Überprüfung der Quotensumme) sowie an das veränderte wirtschaftliche Gewicht der Mitglieder (Überprüfung des Quotengefüges) angepasst. Nach der letzten, Anfang 1999 in Kraft getretenen Quotenerhöhungen beträgt die Quotensumme 212,8 Milliarden SZR (gut 300 Milliarden US-Dollar). Die folgende Tabelle 21.1 gibt einen Überblick über die Quoten

Quotenanpassung

	Mill. SZR	IWF-Kapital %	Stimmrechte %
USA	37.149,3	17,46	17,14
Japan	13.312,8	6,26	6,15
Deutschland	13.008,2	6,11	6,01
Frankreich	10.738,5	5,05	4,96
Großbritannien	10.738,5	5,05	4,96
zusammen:	84.947,3	39,93	39,22
Bhutan	6,3	0,003	0,01
Kiribati	5,6	0,003	0,01
Mikronesien	5,1	0,002	0,01
Marshall-Inseln	2,5	0,001	0,01
Palau, Rep.	3,1	0,001	0,01
zusammen:	22,6	0,010	0,05
Quelle: IWF			

Tab. 21.1: Quoten der fünf größten und fünf kleinsten IWF-Mitglieder 2005

einiger Länder. Danach hat Deutschland nach Japan und den USA die drittgrößte Quote.

Im Rahmen der Kredittranchenpolitik wird also nur Geld verliehen, das andere Mitglieder eingezahlt haben. Dies Geld wird – für Schuldner und für Gläubiger – verzinst; dabei entspricht dieser Zinssatz dem Durchschnitt der kurzfristigen Zinssätze in USA, Japan, Euroland und Großbritannien. Die Kreditmittel werden der Zentralbank des betreffenden Landes zur Verfügung gestellt und stehen dieser dann zur freien Verfügung. Es sind keine Finanzhilfen für bestimmte Zwecke oder gar für Projekte.

1.3.2 Weitere Mittelbeschaffungen des IWF

Braucht der Fonds für seine Kreditgewährung mehr Mittel, als ihm aus den Subskriptionszahlungen der Mitglieder zur Verfügung stehen, kann er sie sich auf folgende Weise beschaffen: Jedes Mitgliedsland ist verpflichtet, seine Währung dem IWF gegen SZR innerhalb bestimmter Grenzen zu verkaufen. Ferner können Kredite bei den Mitgliedern aufgenommen werden. Darüber hinaus ist im IWF-Übereinkommen die Möglichkeit vorgesehen, mit Zustimmung des Landes, dessen Währung dabei verwendet wird, Kredite auch aus anderen Quellen (internationalen Finanzmärkten) aufzunehmen. Mit den **Allgemeinen Kreditvereinbarungen (AKV)** zwischen der Zehnergruppe[1], der Schweiz und dem Fonds steht dem Fonds seit 1962 eine ständige multilaterale Kreditlinie im Unfang von 17 Milliarden SZR (1 SZR ≅ 1,52

---

[1] USA, Bundesrepublik Deutschland, Großbritannien, Frankreich, Italien, Japan, Kanada, Niederlande, Belgien, Schweden, Schweiz (seit 1983), G-10 genannt, auch wenn es mittlerweile 11 Mitglieder sind.

US-Dollar) zur Verfügung, die ursprünglich nur zur Finanzierung von Zahlungsbilanzhilfen an Mitglieder der Zehnergruppe, seit 1983 jedoch auch für andere Länder eingesetzt werden kann. Hinzu kommen, als Reaktion auf die Mexikokrise 1994/95, **Neue Kreditvereinbarungen** (NKV) zwischen dem IWF und 25 Mitgliedsländern (darunter alle G10-Länder) mit einem Volumen von 34 Milliarden SZR, die für besondere Krisensituationen zur Verfügung stehen.

1.3.3 Sonderziehungsrechte

In der Erkenntnis, dass der Bestand und die Verteilung der internationalen Liquidität genau wie die inländische Geldmenge einer bewussten Kontrolle unterliegen sollten, vereinbaren die Mitglieder des IWF auf der Konferenz von Rio de Janeiro 1967, eine neue Art internationaler Liquidität zu schaffen, die **Sonderziehungsrechte (SZR)** (bzw. Special Drawing Rights, SDR).

Schaffung einer neuen Form internationaler Liquidität

Das **Grundprinzip** ist dabei folgendes: Die Mitglieder schaffen durch den Fonds ein internationales Buchgeld, verteilen dieses Geld unter sich und verpflichten sich, dieses Geld zur Erfüllung von Verbindlichkeiten zu akzeptieren. Jedes Land erhält Ziehungsrechte zugeteilt, in deren Rahmen es von anderen Ländern die benötigten Devisen erhalten kann. Die Bundesrepublik z. B. erhält SZR und kann dafür z. B. von den USA Dollar erwerben. Die USA erhalten dafür die SZR, die sie im Bedarfsfall ihrerseits zum Erwerb von Euro, Pfund etc. verwenden können. Die SZR sind also international vertraglich akzeptierte Liquidität.

Hierzu einige technische Einzelheiten:

Technische Details

- Durch Beschluss der Mitglieder des IWF wird für je fünf Jahre festgesetzt, wie viel SZR geschaffen werden sollen. Dieser Betrag wird den Mitgliedern in jährlichen Raten proportional zu ihren Quoten zugeteilt.
- Die SZR sind nur Zahlungsmittel zwischen den Zentralbanken, Privatleute können sie nicht erwerben und mit ihnen nicht bezahlen.
- Die Inanspruchnahme der SZR muss nicht wieder rückgängig gemacht werden; es ist also kein Kredit im eigentlichen Sinne, allerdings müssen für die Inanspruchnahme Zinsen gezahlt werden. Der Zinssatz entspricht dem Durchschnittsniveau der Geldmarktzinsen in den USA, Großbritannien, Japan und Euroland (im April 2005 z. B. 2,45 Prozent).
- Die SZR-Bestände können in voller Höhe verwendet werden. Die frühere Vorschrift zur Aufrechterhaltung eines durchschnittlichen Mindestbestandes von 30 Prozent der zugeteilten SZR ist im Mai 1981 abgeschafft worden, um ihren Reservecharakter zu betonen.

Das Revolutionäre an der Erfindung der Sonderziehungsrechte ist die Tatsache, dass die vermutlichen Gläubigerländer sich verpflichtet haben, dieses Geld zu akzeptieren, ohne daran Bedingungen zu knüpfen. Die Ankaufsverpflichtung eines Landes endet allerdings an der **Annahmegrenze**: Sie ist erreicht, wenn der SZR-Bestand eines Landes das Dreifache der eigenen kumulativen (Netto-)Zuteilung beträgt, d.h., wenn Deutschland SZR im Wert von 2 Milliarden Euro erhalten hat, braucht es nur maximal 6 Milliarden Euro an andere Länder gegen SZR auszuzahlen.

Wert der SZR

Der Wert des Sonderziehungsrechtes wird auf der Basis eines Währungskorbes nach der Wechselkursentwicklung der 4 wichtigsten Weltwährungen ermittelt. Als Grundlage für die Festlegung der Gewichte der einzelnen Währungen im SZR-Korb dient der Anteil des betreffenden Landes am Weltexport von Waren und Dienstleistungen sowie das Ausmaß, in dem die jeweilige Währung von anderen Ländern als Reservewährung gehalten wird. Der Währungskorb wird für jeweils fünf Jahre festgelegt. Seit 1981 gehören die Währungen der USA, Großbritanniens, Japans, Deutschlands und Frankreichs zum Korb (dabei wurden die DM und der französische Franc mit der Einführung des Euro durch den Euro ersetzt). Die Währungsbeträge werden täglich in US-Dollar umgerechnet und die Summe der Dollar-Äquivalente ergibt dann den Dollarwert des SZR; Mitte April 2005 z. B.

SZR-Währungskorb

1 SZR = 1,51847 US-Dollar
1 US-$ = 0,658558 SZR.

Währung	Gewichtung %	Betrag an Währungseinheiten
US-Dollar	45	0,5770
Euro	29	0,4260
Yen	15	21,0000
Pfund	11	0,0984
Quelle: IWF		

Tab. 21.2: SZR-Währungskorb (April 2005)

Bedeutung der SZR

Das SZR ist die **Recheneinheit des IWF**, es ist auch Recheneinheit anderer internationaler Organisationen und Basis für einige private Finanzinstrumente. Zudem ist die Währung von einigen Ländern an das SZR gebunden. Vom ursprünglich einmal anvisierten Ziel, zentrale Recheneinheit und zentraler Bestandteil der internationalen Liquidität zu werden, ist das SZR allerdings noch weit entfernt. Dazu ist das Volumen der geschaffenen internationalen Liquidität mit bisher 21,4 Milliarden SZR zu gering. Und Sonderziehungsrechte werden nicht auf Devisenmärkten gehandelt, sie existieren nur als Buchgeld, nicht als Noten.

> Sonderziehungsrechte sind vor allem von prinzipieller, theoretischer Bedeutung: Sie sind ein erster kleiner Schritt auf dem Weg zu einem Weltgeld und einer Weltzentralbank.

Von viel größerer quantitativer Bedeutung sind die im Rahmen des IWF vorgesehenen zusätzlichen Kreditfazilitäten.

1.3.4 Zusätzliche Kreditmöglichkeiten

Neben der Reservetranche in Höhe der Subskription und den vier normalen Kredittranchen in Höhe von je 25 Prozent der Quote sind im Laufe der Zeit weitere Kreditmöglichkeiten geschaffen worden, um Ländern mit besonders schwierigen Zahlungsbilanzproblemen von Zahlungs- und Handelsrestriktionen abzuhalten. Abbildung 21.3 stellt die Fülle von zusätzlichen Kreditfazilitäten zusammen. Von zentraler Bedeutung sind vor allem die Stand-By Arrangements (SBA) und die Armutsreduzierungs- und Wachstumsfazilität (PRGF).

Fülle zusätzlicher Kreditmöglichkeiten

Tabelle 21.3 gibt einen Überblick über Umfang und Struktur der gewährten Zahlungsbilanzhilfen durch den IWF.

Das Volumen der Kreditgewährung ist mit jährlichen Beträgen zwischen 5,0 und 26,6 Milliarden SZR insgesamt nicht sehr groß; für einzelne Länder wie Argentinien, Brasilien und die Türkei ist die staatliche Verschuldung gegenüber dem IWF aber doch beträchtlich. Die Kredite müssen zurückgezahlt werden und in manchen Jahren, wie 2000 und 2004, übersteigt die Tilgung die neue Kreditgewährung, sodass per Saldo Kredite getilgt werden. Die ins-

Fazilität	Ziehungsgrenzen in % der Quote des Mitgliedslandes	Rückzahlungszeitraum in Jahren	Zweck
Bereitschaftskredit-Vereinbarung (Stand-By Arrangement, SBA)	100 % jährlich 300 % kumulativ	2 ¼ bis 4 (Erwartung)	Überbrückung eines kurzfristigen Zahlungsbilanzbedarfs
Erweiterte Fondsfazilität (Extended Fund Facility, EFF)		4 ½ bis 7 (Erwartung)	Finanzierung eines längerfristigen Zahlungsbilanzbedarfs, der größtenteils auf strukturelle Probleme zurückzuführen ist
Fazilität zur Stärkung der Währungsreserven (Supplemental Reserve Facility, SRF)	Keine definierten Ziehungsgrenzen	2 bis 2 ½ (Erwartung)	Finanzierung eines außergewöhnlich hohen Zahlungsbilanzbedarfs, insbesondere zur Abwehr von Bedrohungen für das Internationale Währungssystem
Nothilfe (Emergency Assistance)	Keine strikt definierte Ziehungsgrenze	3 ½ bis 5 (Erwartung)	Hilfe bei Naturkatastrophen oder Kriegen
Fazilität zur Kompensationsfinanzierung (Compensatory Financing Facility, CFF)	10 % bis maximal 55 %, ohne Anrechnung auf die Ziehungsgrenzen der SBA/EFF	2 ¼ bis 4 (Erwartung)	Finanzierung (Kompensierung) von Exporterlösausfällen oder von Mehrkosten bei Getreideimporten
Armutsreduzierungs- und Wachstumsfazilität (Poverty Reduction and Growth Facility, PRGF)	140 % bis maximal 185 %, unabhängig von sonstigen IWF-Krediten Zins 0,5 %	5 ½ bis 10	Finanzielle Unterstützung bei strukturell bedingten hartnäckigen Zahlungsbilanzproblemen einkommensschwacher Länder zu »weichen« Konditionen

Quelle: Deutsche Bundesbank, IWF

Abb. 21.3: Zusätzliche Kreditfazilitäten des IWF (Stand 2000)

Position	2000	2001	2002	2003	2004
Kreditgewährung pro Jahr	7,7	24,6	26,6	27,1	5,0
Kredittilgung pro Jahr	15,8	14,1	16,0	19,7	14,8
Netto-Kreditgewährung pro Jahr	−8,2	10,6	10,6	1,4	−9,8
Ausstehende IWF-Kredite davon	49,3	59,9	70,5	71,9	62,1
▪ Kredittranchen	20,8	34,8	46,5	49,6	42,6
▪ Erweiterte Fondsfazilität	15,7	15,0	14,6	13,9	11,7
▪ PRGF	6,4	6,5	6,9	6,9	6,8
▪ Kompensationsfinanzierung	3,0	0,8	0,6	0,2	0,1
▪ Sonstige	3,4	2,8	2,0	1,3	0,9
Quelle: IWF, Deutsche Bundesbank					

Tab. 21.3: Gewährung und Tilgung von Krediten und ausstehende Kredite des IWF (in Mrd. SZR)

Erhebliche Kreditzusagen im Einzelfall

gesamt noch jeweils ausstehenden Kredite betrugen im Jahre 2004 62,1 Mrd. SZR, dabei entfällt der größte Teil von 42,6 Milliarden SZR auf die »normale« Kreditgewährung im Rahmen der Kredittranchen der Mitglieder. Auch hier summieren sich die Kredite im Einzelfall auf beträchtliche Summen. Hinzu kommt, dass die Kredite des IWF in akuten Krisensituationen in aller Regel durch Kredite anderer Banken und Institutionen ergänzt werden. Solche Kreditzusagen, die ja zu unterschiedlichen Zeitpunkten gemacht werden, summieren sich z. B. für Argentinien auf mittlerweile 16,9 Milliarden SZR (Stand März 2002). Hinzu kommen weitere Kredite von der Weltbank, von der interamerikanischen Entwicklungsbank und von Spanien, insgesamt ergibt sich eine offizielle Unterstützung Argentiniens von weit über 20 Milliarden SZR. Diese Bündelung offizieller Kredithilfen ist typisch für die Währungskrisen der letzten Jahre.

Bündelung von Kredithilfen

Die Kredite des IWF konzentrieren sich seit einiger Zeit auf drei große Schuldnerländer; man spricht in der internationalen Diskussion von **Kreditkonzentration.** Tabelle 21.4 stellt diese Kreditkonzentration zusammen.

Land	Kredit		
	US-$ (Mrd.)	BIP (%)	Exporte (%)
Argentinien	11,8	7,6	34,3
Brasilien	22,6	3,1	23,5
Türkei	18,3	5,8	29,7
Quelle: Deutsche Bundesbank, Monatsbericht September 2005, S. 79			

Tab. 21.4: Kreditkonzentration im IWF (Mai 2005)

1.3.5 Bedingungen der Kreditgewährung

Die Kreditgewährung des IWF erfolgt in der Regel zu konkreten Bedingungen, nur Ziehungen in der ersten Kredittranche von 25 Prozent der Quote sind praktisch ohne Auflagen möglich. Darüber hinaus stellt der IWF an das kreditnehmende Land wirtschaftspolitische Bedingungen (**Konditionalität**), die im Prinzip die Situation des Landes und die Art der Zahlungsbilanzschwierigkeiten berücksichtigen. In der Regel werden **makroökonomische Stabilisierungsprogramme** verlangt: Abbau von Staatsverschuldung, Abbau staatlicher Eingriffe in die Wirtschaft, Abbau von Subventionen und Bekämpfung der Inflation werden meist vorgesehen.

Kreditgewährung ist an Bedingungen geknüpft

Die Kredite müssen naturgemäß zurückgezahlt werden. Dabei liegt der Rückzahlungszeitraum, der in der Regel nicht genau fixiert ist, etwa bei zwei bis fünf Jahren. Die Kredite müssen auch verzinst werden, meist zu marktüblichen Konditionen wie sie für kurzfristige Kreditgewährungen auf den Geldmärkten im Euroland, in Japan, Großbritannien und den USA gefordert werden. Auf spezielle Finanzhilfen wird ein Zinsaufschlag erhoben (SRF und CCL), während die Kredite im Rahmen der Armutsbekämpfung (PRGF) nur mit 0,5 Prozent verzinst werden. Generell liegt der Vorzug der IWF-Kredite darin, dass die kreditnehmenden Länder keine **Risikoprämie** zahlen müssen, wie sie im privaten Kreditgeschäft üblich ist (vgl. Abschnitt 2).

Rückzahlung und Verzinsung

Vorzug: Keine Risikoprämie

1.4 Probleme und Reformbedarf im IWF-System

Die Kritik des IWF-Systems konzentriert sich vor allem auf drei Punkte:
- die mangelnde Entwicklungstauglichkeit der makroökonomischen Stabilisierungs- und Anpassungspolitik,
- die Verlagerung des Schwerpunktes der Kreditgewährung von der Finanzierung kurzfristiger Zahlungsbilanzdefizite hin zur Finanzierung grundlegender Strukturanpassung, die eher Aufgabe der Weltbank[2] wäre und
- das Moral-Hazard-Problem, dergestalt, dass der IWF mit der Finanzierung von Zahlungsbilanzkrisen nur das Risiko von Währungsspekulationen abdecke und Kapitalanlageentscheidungen verzerre.

Die Anpassungsprogramme des IWF hatten sicher nur sehr beschränkte Stabilisierungs- und Wachstumserfolge. Die Armutsrate ist in den betroffenen Ländern nur sehr wenig gesunken und nur selten konnte das Ziel erreicht werden, die staatlichen Gesundheits- und Bildungsausgaben zugunsten der Primärversorgung ärmerer Bevölkerungsschichten umzuschichten. Neben positiven Beispielen wie Peru gibt es Negativbeispiele wie Simbabwe oder Mosambik. Häufig scheitert die Anpassung an der Reformunfähigkeit der Regierung und an der fehlenden Identifizierung mit dem Programm. Den-

Kritik der Anpassungsprogramme

---

[2] Die Weltbank (International Bank for Reconstruction and Development IBRD) hat die Aufgabe, die wirtschaftliche Entwicklung in weniger entwickelten Ländern zu fördern und zu finanzieren.

noch kann das Prinzip, IWF-Kredite an Auflagen zu binden, nicht aufgehoben werden, weil wirtschaftspolitisches Fehlverhalten die häufigste Krisenursache ist. Aber die Konditionalität sollte nicht zu detailliert sein.

Bezüglich der Finanzierung wird überwiegend empfohlen, dass sich der IWF wieder verstärkt auf seine eigentliche Aufgabe, die Finanzierung von Zahlungsbilanzdefiziten, besinnen sollte und Entwicklungsaufgaben auf die Weltbank zu fokussieren wären. Einigkeit besteht auch darin, dass private Kreditgeber an der Finanzierung von Krisen beteiligt werden müssen und vor allem darin, die Bankenaufsicht in den Ländern zu verbessern. Hier hat das »Forum für Finanzmarktstabilität«[3] (Financial Stability Forum) Standards entwickelt (siehe Deutsche Bundesbank, Monatsbericht September 2000, S. 25). Heimische Finanzsysteme werden gestärkt und besser überwacht; zudem erleichtern die mittlerweile üblichen Umschuldungsklauseln die Schuldenumstrukturierungen von hoch verschuldeten Ländern.

2 Die Finanzierung des Welthandels- und Zahlungsverkehrs – Volumen und Struktur der internationalen Liquidität

Der IWF ist nicht die Zentralbank der Welt, er hat nicht die Kontrolle über die umlaufende internationale Geldmenge, so wie eine Zentralbank die inländische Geldmenge kontrollieren kann. Vielmehr vollzieht sich der internationale Zahlungsverkehr weitgehend unkontrolliert, es ist geradezu typisch für die Entwicklung in den letzten Jahrzehnten, dass die private Finanzierung die offizielle Finanzierung substituiert.

2.1 Die offizielle internationale Liquidität

Die **internationale Liquidität** ist der Bestand an international im Allgemeinen akzeptierten Zahlungsmitteln und die Möglichkeit, sich diese bedingungslos zu verschaffen. Weil im internationalen Zahlungsverkehr, anders als im nationalen Zahlungsverkehr, gesetzliche Zahlungsmittel nicht definiert werden, steht nicht eindeutig fest, was zur internationalen Liquidität gezählt werden soll. Man unterscheidet die offizielle und die private internationale Liquidität.

Die offizielle internationale Liquidität umfasst den Bestand der Zentralbanken an:

---

[3] Das Forum für Finanzmarktstabilität wurde im Frühjahr 1999 auf Vorschlag des damaligen Bundesbankpräsidenten *Hans Tietmeyer* von den G7-Finanzministern und -Notenbankgouverneuren einberufen. Das Forum dient als Diskussions- und Koordinationsgremium der Überwachung und Förderung der Stabilität des internationalen Finanzsystems. Ihm gehören Vertreter nationaler und internationaler Behörden, Institutionen und Gremien an, die für Fragen der Finanzmarktstabilität zuständig sind.

- Gold,
- Reservewährungen,
- Sonderziehungsrechten und
- Reservepositionen beim IWF.

Tabelle 21.5 stellt die (offizielle) internationale Liquidität der Zentralbanken dar. Dabei wird deutlich, dass der Teil der internationalen Liquidität, der an den IWF gebunden ist – Sonderziehungsrechte und Reservepositionen –, mit knapp vier Prozent nur einen sehr geringen Teil der Gesamtliquidität ausmacht. Diese Komponenten sind bereits erklärt worden, es bleibt, die Rolle des Goldes und der Reservewährungen zu klären.

	2001	2002	2003	2004
Gold[1]	207,4	234,6	256,4	260,8
Sonderziehungsrechte	19,6	19,7	19,9	20,2
Reservepositionen	56,9	66,1	66,5	63,5
Reservewährungen	1.627,9	1.763,2	2.028,0	2.208,7
Zusammen	1.911,7	2.083,5	2.370,8	2.553,3

[1] Bewertet zum Londoner Goldpreis
Quelle: IWF

Tab. 21.5: Offizielle internationale Liquidität (in Mrd. SZR)

Gold

Gold, das früher das internationale Zahlungsmittel und die internationale (und nationale) Recheneinheit schlechthin war, spielte zunächst auch im IWF-System eine zentrale Rolle. Bis Ende der 60er-Jahre war Gold der Hauptbestandteil der Währungsreserven der Zentralbanken und konnte zu einem Verrechnungspreis von 35 US-Dollar pro Unze Feingold zur Finanzierung von Zahlungsbilanzdefiziten verwendet werden. Dies war bis 1971 der offizielle **Währungsgoldpreis** zu dem die US-Zentralbank anderen Zentralbanken auch Dollar gegen Gold eintauschte. Daneben existierte ein Preis des Goldes für industrielle Zwecke (**Warengoldpreis**), der sich auf dem Goldmarkt (vor allem in London) nach Angebot und Nachfrage einstellte. Dieser Warengoldpreis war seit 1968 beträchtlich höher als der Währungsgoldpreis.

Gold war Zahlungsmittel unter Zentralbanken.

Gold diente im IWF-System auch als Recheneinheit. Der Paritätswert der Währung jedes Mitgliedes wurde in Gold oder in US-Dollar im Gewicht und in der Feinheit vom 01.07.1944 ausgedrückt. Da für diesen Dollar die Beziehung 35 US-Dollar = 1 Unze Feingold galt, waren letztlich alle Währungen der Welt über ihre Goldparität miteinander verknüpft. Der Leser beachte, dass Gold in diesem Sinne nur Recheneinheit war, kein Privatmann konnte zur Goldparität Gold von den Zentralbanken kaufen.

Gold war Recheneinheit.

Mittlerweile ist indes das Gold als Recheneinheit abgeschafft, es gibt weder eine offizielle Gold-Dollar-Parität noch eine offizielle Gold-SZR-Parität. Gold ist für die Währungsbehörden nur noch Wertaufbewahrungsmittel, es kann von diesen auf dem freien Markt nach ihrem Belieben ge- oder verkauft werden. Der Goldbestand hat im betrachteten Zeitraum von 2001–2004 mengenmäßig leicht abgenommen, wertmäßig aber leicht zugenommen.

Gold ist nur noch Wertaufbewahrungsmittel.

Reservewährungen im IWF-System

Reservewährungen sind nationale Währungen, die wegen ihrer Bedeutung und wegen ihrer erwarteten Wertstabilität von den Zentralbanken als internationale Liquidität gehalten werden und die in der Regel von anderen Zentralbanken akzeptiert werden. Nach wie vor ist der US-Dollar die wichtigste Reservewährung, wie Tabelle 21.6 zeigt. Der Bestand der Zentralbanken an Reservewährungen besteht mittlerweile zu gut 60 Prozent aus US-Dollar. Daneben spielt der Euro, in Fortführung der Reserveposition der DM, eine wichtige Rolle, und begrenzt der japanische Yen und das englische Pfund. Sonstige Reserven sind z. B. Schweizer Franken oder die Norwegische Krone usw.

Dominierende Stellung des US-Dollars

	1999	2000	2001	2002	2003
US-Dollar	64,9	66,6	66,9	63,5	63,8
Euro	13,5	16,3	16,7	19,3	19,7
Japanischer Yen	5,4	6,2	5,5	5,2	4,8
Pfund Sterling	3,6	3,8	4,0	4,4	4,4
Sonstige	12,6	7,9	6,9	7,6	7,3
Quelle: IWF					

Tab. 21.6: Struktur der Reservewährungen im IWF-System in %

Die dominierende Rolle des US-Dollars erklärt sich aus der Stellung der USA als Wirtschaftsmacht Nr. 1 in der Welt, aus der Leistungsfähigkeit ihrer Finanzmärkte und auch aus der ehemals bestehenden Goldkonvertierbarkeit des US-Dollars. Die bis zum heutigen Tage zu beobachtenden hohen Leistungsbilanzdefizite der USA sorgten und sorgen dafür, dass der Dollar als Reservewährung auch reichlich vorhanden war und ist. Dass die Deutsche Mark Reservewährung Nr. 2 geworden war, ist mit ihrer langjährigen Wertstabilität und der Position Deutschlands im Welthandel zu erklären. Diese Reservewährungsfunktion der Deutschen Mark ist ab 1999 auf den Euro übergegangen.

Übertragung der Reservewährungsfunktion der DM auf den Euro.

Währungsreserven der Deutschen Bundesbank

Abschließend sollen die besprochenen Komponenten der internationalen Liquidität am Beispiel der Deutschen Bundesbank quantifiziert werden. Tabelle 21.7 weist einen Gesamtbestand an Währungsreserven von rund 71

	2002	**2003**	**2004**
Gold[1]	36.208	36.533	35.496
Devisenreserven[2]	40.522	32.538	29.292
Reservetranche[3]	6.384	6.069	5.036
Sonderziehungsrechte	1.888	1.540	2.512
zusammen	85.002	76.680	71.335

[1] Die Goldbestände werden nach dem Eintritt in die EWWU zu Marktpreisen bewertet; zuvor nach den Regeln des deutschen Aktienrechts im Prinzip zu den (viel niedrigeren) Einkaufspreisen.
[2] Überwiegend in Form von Wertpapieren, zu etwa knapp einem Viertel auch Einlagen bei Währungsbehörden.
[3] Ziehungsrechte.
Quelle: Zahlungsbilanzstatistik der Deutschen Bundesbank

Tab. 21.7: Währungsreserven der Deutschen Bundesbank (in Mill. €)

Milliarden Euro aus, das ist im internationalen Vergleich recht viel. Diese Währungsreserven bestehen etwa zur Hälfte aus Gold (und Goldforderungen) und zur Hälfte aus Devisenreserven. Das sind überwiegend Wertpapiere, die auf US-Dollar lauten, daneben Forderungen an Währungsbehörden, darunter an die BIZ (Bank für Internationalen Zahlungsausgleich)[4]. Die Bedeutung der durch den IWF geschaffenen Währungsreserven – Sonderziehungsrechte und Ziehungsrechte in der Reservetranche – ist demgegenüber quantitativ gering.

2.2 Die private internationale Liquidität

Abgesehen von Schenkungen existieren nur zwei Möglichkeiten für die Finanzierung von Leistungsbilanzdefiziten: Man bezahlt die Defizite durch früher einmal aufgehäufte Währungsreserven oder man verschuldet sich im Ausland bzw. bei internationalen Organisationen. Bemerkenswert ist, dass die so genannte offizielle Verschuldung, d. h. die Verschuldung direkt zwischen zwei Staaten oder einem Staat und einer internationalen Organisation (wie etwa dem IWF) eine vergleichsweise untergeordnete Rolle spielt. Quantitativ weitaus bedeutsamer ist die Finanzierung durch die internationalen Finanzmärkte, also durch die IGeschäftsbanken, durch internationale Schuldtitel und durch Derivate[5]. Insgesamt wird das Volumen der privaten Finanzierung auf internationalen Märkten für Ende 1998 (neuere Zahlen sind nicht mehr verfügbar) auf rund 75.000 Milliarden US-Dollar geschätzt

Zum überwiegenden Teil werden Leistungsbilanzdefizite durch Geschäftsbanken finanziert.

---

[4] Die BIZ ist eine Art Bank der Zentralbanken und fungiert als Moderatorin für die internationale Zusammenarbeit von Zentralbanken.
[5] Derivate sind abgeleitete Finanzgeschäfte, nämlich Optionen und Futures (Terminkontrakte).

(vgl. Tabelle 21.8), eine letztlich kaum fassbare Summe, die den Bestand an offizieller internationaler Liquidität um etwa das 50fache übersteigt. Dazu passt, dass der internationale Devisenhandel auf ein Netto-Volumen von täglich etwa 2.000 Milliarden US-Dollar geschätzt wird.

Bestand an Bankforderungen (netto)	5.485
Schuldtitelemissionen[1]	4.316
An Börsen gehandelte Derivate[2]	13.550
Außerbörsliche Derivate[2]	51.000
Zusammen	74.351

[1] Stand am Jahresende
[2] Ausstehender Nominalbetrag am Jahresende
Quelle: BIZ, Jahresbericht 1999, S. 136 ff.

Tab. 21.8: Volumen und Struktur der privaten internationalen Liquidität (Stand Ende 1998; in Mrd. US-$)

Bedeutende Rolle der Fremdwährungsgeschäfte

Eine besondere Rolle im Finanzierungsgeschäft spielen **Fremdwährungsgeschäfte**, das sind finanzielle Transaktionen, die in einer Währung getätigt werden, die nicht die Landeswährung der Beteiligten ist. Z. B. verleiht eine Bank in Hongkong Dollarguthaben an eine Bank in Italien oder eine englische Bank verleiht Euro-Guthaben an eine Unternehmung in Polen usw. Marktteilnehmer sind Zentralbanken und Geschäftsbanken, die hier als Kreditgeber und/oder Kreditnehmer auftreten, sowie öffentliche Körperschaften und größere Firmen, die naturgemäß vorwiegend als Kreditnehmer auftreten. Die Laufzeit der Kredite liegt normalerweise unter einem Jahr, Kreditsicherheiten werden nicht vereinbart.

Fremdwährungsmärkte unterliegen faktisch keinen Kontrollen

Wesentlich ist, dass die Fremdwährungsmärkte den Reglementierungen durch die Zentralbanken der Länder nicht unterliegen. So kann dank des Wegfalls von Mindestreservesätzen mit einer geringeren Spanne zwischen Soll- und Habenzinsen als auf den nationalen Märkten gearbeitet werden, was diesen Markt sowohl für Kreditanbieter als auch für Kreditnachfrager attraktiv macht. Bedenklich ist, dass dieser Markt aufgrund der mangelnden Kontrollen ein Eigenleben entfalten und damit die Ziele der Geldpolitik der einzelnen Länder schwerer realisierbar machen kann. Insbesondere werden die von diesem Markt vermutlich ausgehenden inflationären und spekulativen Tendenzen gefürchtet. Andererseits sorgen die Fremdwährungsmärkte für einen **internationalen Liquiditätsausgleich** und übernehmen so eine wichtige Funktion.

Arten von Fremdwährungsmärkten

Diese Fremdwährungsmärkte kann man geographisch abgrenzen. So spricht man z. B. vom **Euromarkt** als der Gesamtheit der Finanztransaktionen, die die Geschäftsbanken europäischer Länder in jeweils ausländischer Währung gegenüber Ausländern eingehen,[6] oder vom Offshoremarkt als

---

[6] Der schon seit Mitte der 60er-Jahre existierende Euromarkt ist nicht mit dem Euro als Währung zu verwechseln.

entsprechendem Markt für die Geschäftsbanken, die in diesem Bereich residieren. Zusätzlich kann man nach den gehandelten Währungen differenzieren. So spricht man z. B. vom Euro-Dollar, Euro-Pfund- oder Euro-Yen-Markt usw. Ein Euro-Yen-Geschäft ist dann z. B. eine Ausleihung von Yen-Guthaben einer deutschen Geschäftsbank an eine belgische Geschäftsbank.

Von spezieller Bedeutung sind die hier geschilderten Transaktionen für die Entwicklungsländer, die in der Regel große Schwierigkeiten haben, ihre Importe zu finanzieren. Hier entstand in den letzten 20 Jahren ein enormes Ausmaß an internationaler Verschuldung bei öffentlichen und bei privaten Gläubigern.

Verschuldung von Entwicklungsländern

Eine dauerhafte Lösung der Verschuldung von Entwicklungsländern ist noch nicht in Sicht. Zahlreiche **Umschuldungen** haben bisher vor allem eine partielle Erleichterung der Schuldenlast bewirkt. Die Umschuldungen der von Regierungen gewährten Kredite finden meist im so genannten »**Pariser Club**« statt, während kommerzielle, von Banken gewährte Kredite meist im so genannten »**Londoner Club**« umgeschuldet werden.

3 Die Europäische Wirtschafts- und Währungsunion (EWWU)

3.1 Vorgeschichte: Währungsschlange und EWS

Unter dem Druck der Krisen im internationalen Währungssystem und mit dem Ziel, die europäische Integration voranzutreiben, beschlossen die sechs Mitgliedsländer der damaligen EG im Jahr 1970 einen Fahrplan zur Erweiterung dieser Gemeinschaft hin zu einer Wirtschafts- und Währungsunion bis zum Jahr 1980. Dieser so genannte **Werner-Plan** sah im Wesentlichen die gleichen Etappen der Errichtung einer gemeinsamen Geld-, Fiskal- und Wirtschaftspolitik vor, wie sie im Vertrag von Maastricht über 20 Jahre später fixiert wurden. Das ehrgeizige Ziel der Verwirklichung einer Währungs- und Wirtschaftsunion bis zum Jahr 1980 wurde zwar verfehlt, führte aber zur Konzeption einer stabilen Währungszone in Europa. 1972 wurde der **Europäische Wechselkursverbund** (»**Währungsschlange**«) geschaffen. Als im Jahr 1973 nach mehreren Modifikationen das System von Bretton Woods aufgrund der anhaltenden ökonomischen und monetären Turbulenzen auf dem Weltmarkt zusammenbrach, gaben die Mitgliedsländer der EG ihre Wechselkurse gegenüber dem Dollar frei und vereinbarten feste, nur innerhalb einer kleinen Schwankungsbreite von $\pm 1{,}125$ Prozent veränderliche Wechselkurse zwischen den Währungen des Wechselkursverbunds sowie Stützungskäufe der Zentralbanken. Dem europäischen Wechselkursverbund gehörten Belgien, die Niederlande, Luxemburg, Italien, Frankreich und Deutschland sowie die 1973 beigetretenen Länder Großbritannien, Dänemark und Irland an. Nachdem im Gründungsjahr bereits Italien, Irland und

Ziel der Währungsunion

Feste Wechselkurse im Wechselkursverbund

Großbritannien wieder aus der Währungsschlange ausschieden, folgte mit dem Ausstieg Frankreichs de facto das Ende dieses Festkurssystems im Jahr 1976. Auf der Grundlage der Vereinbarungen des Europäischen Wechselkursverbundes wurde dieses aber 1979 zum **Europäischen Währungssystem (EWS)** erweitert.

Als europäische Währungseinheit wurde der **ECU** (= European Currency Unit) geschaffen, eine Korbwährung, die sich aus festen Beträgen der Währungen der Mitgliedstaaten zusammensetzte, z. B. 1 ECU = 0,6242 DM + 1,332 FF +... + 1,3930 Escudos. Dieser ECU war Recheneinheit, aber noch kein Zahlungsmittel.

Begrenzte Erfolge

Das Ziel währungspolitischer Stabilität und wirtschaftspolitischer Integration ist in den Jahren des Bestehens des EWS bis Ende 1998 nur begrenzt erreicht worden, weil die Länder nur begrenzt bereit waren, die Autonomie nationaler Wirtschaftspolitik stabilen Wechselkursen zu opfern. Hier wiederholten sich die Probleme des Bretton-Woods-Systems und hier zeigte sich wieder sehr deutlich das **magische Dreieck der Außenwirtschaftspolitik**.

> Es ist nicht möglich, auf Dauer folgende drei Ziele zeitgleich zu erreichen:
> - Autonomie nationaler Wirtschaftspolitik,
> - feste Wechselkurse und
> - Freihandel.

3.2 Der politische Weg zur Europäischen Wirtschafts- und Währungsunion

Im Zuge der Weiterentwicklung der EG, die Mitte der 80er-Jahre neuen Schwung erhielt (vgl. Kapitel 22, Abschnitt 1), wurde erneut versucht, eine Währungsunion zu etablieren. Eine Expertengruppe unter dem Vorsitz des damaligen Präsidenten der Kommission, *Jacques Delors*, legte im April 1989 einen Drei-Stufen-Plan zur Errichtung der EWWU vor, den so genannten *Delors*-Plan. Dieser Plan sah folgende Stufen vor:

Drei-Stufen-Plan zur Währungsunion

1. **Stufe** (01.07.1990 – 31.12.1993): Verstärkte Koordination der Wirtschafts- und Währungspolitik.
2. **Stufe** (01.01.1994 – 31.12.1998): Errichtung des Europäischen Währungsinstituts (EWI) und Gründung des Europäischen Systems der Zentralbanken (ESZB).
3. **Stufe** (01.01.1999 – 01.01.2002): Unwiderrufliche Fixierung der Wechselkurse, Einheitlichkeit der Geldpolitik durch das ESZB und Einführung der gemeinsamen Währung Euro.

1992 im Vertrag von Maastricht ratifiziert

Dieser Plan ist im Vertrag von Maastricht 1992 von den Staats- und Regierungschefs akzeptiert und nach manchen Schwierigkeiten und der Einräumung von Sonderregelungen für Dänemark und Großbritannien auch von den Mitgliedstaaten ratifiziert worden. Die Bundesrepublik hatte, wohl auch als Gegenleistung für die Akzeptanz der Wiedervereinigung, einer Aufgabe der DM zugestimmt und für die anderen Länder schien es wichtig gewesen zu sein, die dominierende geldpolitische Rolle der Deutschen Bundesbank und der DM im »Käfig« des ESZB zu neutralisieren. Zudem war der politische Wunsch, die Integration Europas voranzutreiben, verstärkt sichtbar geworden und die beteiligten Staaten waren offenbar ernsthaft bereit, die Autonomie ihrer nationalen Wirtschaftspolitik zu beschneiden.

3.3 Der ökonomische Weg zur Europäischen Wirtschafts- und Währungsunion: die Konvergenz der Wirtschaftspolitik

In der Erkenntnis, dass eine Währungsunion sinnvoll nur dann errichtet werden kann, wenn die Wirtschaft der Länder in zentralen Feldern der Geld-, Fiskal- und Währungspolitik übereinstimmt, sind im Vertrag von Maastricht Kriterien der Konvergenz formuliert worden, die (ungefähr)[7] erfüllt sein müssen, damit das Land der Währungsunion beitreten darf. Diese **Konvergenzkriterien** sind:

- Die **Inflationsrate** des betreffenden Landes darf maximal um 1,5 Prozentpunkte größer sein als die durchschnittliche Inflationsrate der drei preisstabilsten Länder.
- Die **Nettoneuverschuldung** des betreffenden Landes darf 3 Prozent, die **gesamte Staatsschuld** darf 60 Prozent des Bruttoinlandsproduktes nicht übersteigen.
- Das **Zinsniveau** des betreffenden Landes darf maximal 2 Prozentpunkte über dem Durchschnitt der drei preisstabilsten Länder liegen.
- Die jeweilige nationale Währung muss sich in den vergangenen zwei Jahren innerhalb der engen Bandbreite (bei Vertragsabschluss ± 2,25 Prozent) der Wechselkurse ohne Spannungen bewegt haben (**Wechselkursstabilität**).

Konvergenzkriterien

Diese Konvergenzkriterien setzen also an den zentralen Ergebnissen der Wirtschaftspolitiken an:
- An der Inflationsrate als Ergebnis der Geldpolitik,
- an der Staatsverschuldung als Ergebnis der Fiskalpolitik und
- an der Stabilität des Wechselkurses als Ergebnis von Geld- und Fiskalpolitik im Bereich der Währungspolitik.

Bewertung der Konvergenzkriterien

Eine solche Ergebnisorientierung ist am Kriterium der Wechselkursstabilität unmittelbar einsichtig, aber auch das Zinskriterium erhält seinen Sinn aus der angestrebten echten Wechselkursstabilität. Überdurchschnittlich hohe Zinsen sollen nicht mehr dazu eingesetzt werden können, einen überbewerteten Wechselkurs zu verteidigen. Und die damit angestrebte Preisstabilität soll die Stabilität des Euro nach außen sichern. Damit kann den Konvergenzkriterien

---

[7] Im Vertragstext heißt es, dass der Europäische Rat auf der Grundlage der Berichte zur Konvergenz entscheidet, welche Mitgliedsstaaten die Voraussetzungen für die Einführung einer einheitlichen Währung erfüllen (Art. 121, Absatz 2 EGV).

insgesamt eine ökonomische Logik zuerkannt werden. Im Einzelnen ist auch Kritik geübt worden; insbesondere konnte der Sinn des Kriteriums, dass der Stand der bisherigen Staatsverschuldung 60 Prozent des BIP nicht übersteigen dürfe, als zu sehr vergangenheitsgerichtet nicht überzeugen.

Konvergenzfortschritte

Die »Ökonomie« stand der »Politik« im Willen, die europäische Integration voranzutreiben, letztlich nicht nach: Zur Überraschung vieler Beobachter sind zwischen 1992 und 1998 erhebliche Konvergenzfortschritte gemacht worden, z.T. allerdings mit buchhalterischen Tricks beim Kriterium der Staatsverschuldung. Tabelle 21.9 zeigt den Stand der Konvergenz Ende 1997. Bis auf Griechenland hatten alle Länder das Inflationskriterium, das Zinskriterium und das Kriterium des laufenden Budgetdefizits erfüllt; das Kriterium des Stands der Staatsverschuldung war dagegen von nur vier Ländern erfüllt worden, allerdings war dies Kriterium in seiner Relevanz, wie gesagt, auch umstritten.

	Inflations-rate (%)	Langfristiger Zinssatz (%)	Budgetdefizit vom BIP (%)	Schuldenstand vom BIP (%)
Referenzwert	2,7	8,3	−3,0	60,0
Belgien	1,6	5,8	−2,1	**122,2**
Dänemark	2,2	6,3	+0,7	64,1
Deutschland	1,5	5,5	−2,7	**61,3**
Finnland	1,2	6,4	−0,9	55,8
Frankreich	1,3	5,6	−3,0	58,0
Griechenland	**5,4**	**8,8**	**−5,4**	**108,7**
Großbritannien	1,9	7,2	−1,9	53,4
Irland	1,2	6,7	+0,9	**66,3**
Italien	1,9	5,5	−2,7	**121,6**
Luxemburg	1,4	5,6	+1,7	6,7
Niederlande	1,9	5,6	−1,4	**72,1**
Österreich	1,2	5,7	−2,5	**66,1**
Portugal	1,9	6,3	−2,5	**62,0**
Schweden	1,8	6,6	−0,4	**76,6**
Spanien	1,9	6,4	−2,6	**68,3**

Normaldruck: Kriterium erfüllt   **Fettdruck:** Kriterium nicht erfüllt
Quellen: IWF, OECD

Tab. 21.9: Erfüllung der Konvergenzkriterien 1997

11 Mitgliedstaaten konstituieren die Währungsunion

So beschloss der Rat der EU am 03.05.1998, dass elf Mitgliedstaaten, nämlich Belgien, Deutschland, Finnland, Frankreich, Irland, Italien, Luxemburg, Niederlande, Österreich, Portugal und Spanien die Voraussetzungen für die Einführung der einheitlichen Währung am 01.01.1999 erfüllen und somit am Euro-Währungsgebiet ab dem Beginn der Stufe III der EWWU teilnehmen werden. Großbritannien und Dänemark hatten im Vertrag von Maastricht für sich die Sonderregelung durchgesetzt, der EWWU nicht beitreten zu müssen und machten von dieser Option Gebrauch. Schweden wollte später beitreten, Griechenland blieb zunächst aus der Währungsunion ausgeschlossen.

3.4 Funktionsweise der EWWU: einheitliche Geldpolitik und koordinierte Fiskalpolitik

3.4.1 Errichtung der EWWU

Am 01.01.1999 erfolgte der Eintritt der genannten elf Länder in die EWWU:
- Die Umrechnungskurse der nationalen Währungen zum Euro wurden unwiderruflich fixiert (z. B. 1 Euro = 1,95583 DM).
- Der ECU wurde durch den Euro im Verhältnis 1:1 ersetzt.
- Die verbliebenen nationalen Kompetenzen im Bereich der Geldpolitik wurden an die EZB übertragen.

Und am 01.01.2002 löste der Euro die nationalen Währungen der mittlerweile zwölf Mitgliedstaaten des Eurolandes ab.[8] Damit ist die EWWU endgültig und unwiderruflich errichtet – ein wirtschaftspolitisches »Jahrhundertereignis« von erheblicher Bedeutung und Problematik.

Die Währungsunion als wirtschaftliches Jahrhundertereignis

3.4.2 Einheitliche Geldpolitik in der EWWU

Die einheitliche Geldpolitik der EWWU ist in Kapitel 16 und 18 dargestellt worden.

> Die Europäische Zentralbank (EZB) übt als weitestgehend unabhängige Zentralbank der Mitgliedstaaten die Geldpolitik aus, sie ist dabei vorrangig dem Ziel der Preisniveaustabilität verpflichtet. Damit ist ein ganz zentraler Bereich der Wirtschaftspolitik der nationalen Autonomie entzogen und mit der einheitlichen Währung ist ein zentrales Symbol nationaler Souveränität auf die EU übergegangen. Dies ist sicher der größte Schritt auf dem Weg zur Integration Europas.

Neben der einheitlichen Geldpolitik besteht auch eine gemeinsame Agrar-, Wechselkurs-, Außenhandels- und Wettbewerbspolitik. Damit sind wichtige Bereiche der Wirtschaftspolitik Angelegenheit der Gemeinschaft. Im Rahmen der Fiskalpolitik haben die Mitgliedstaaten formell noch ihre Autonomie bewahrt, unterliegen aber strengen Regeln zur Koordinierung der Wirtschaftspolitik und zur Haushaltsdisziplin.

Gemeinsame Politiken

---

8 Griechenland ist zum 01.01.2001 beigetreten.

3.4.3 Koordinierung der Wirtschafts- und Fiskalpolitik

In der EU ist eine Koordinierung der allgemeinen Wirtschaftspolitik und eine strikte Koordinierung der Fiskalpolitik mit dem Ziel der Haushaltsdisziplin vorgesehen. Die Bestimmungen stützen sich:

- auf den EG-Vertrag (Titel VII, Kapitel 1: Die Wirtschaftspolitik, einschließlich der Protokolle über die Konvergenzkriterien und das Verfahren bei einem übermäßigen Defizit) und
- auf den Stabilitäts- und Wachstumspakt.

Der Stabilitäts- und Wachstumspakt präzisiert die Koordinierung mit der Haushaltsdisziplinierung.

Der **Stabilitäts- und Wachstumspakt** ist, insbesondere auf Drängen des deutschen Finanzministers *Theo Waigel*, 1997 auf dem Gipfel von Amsterdam beschlossen worden; er präzisiert die entsprechenden Regelungen des EG-Vertrages.[9] Insgesamt soll mit diesem Regelwerk eine Koordinierung der allgemeinen Wirtschaftspolitik und eine strikte Haushaltsdisziplin erreicht werden.

Koordinierung der Wirtschaftspolitik

Grundsätzlich betrachten die Mitgliedstaaten ihre Wirtschaftspolitik als eine Angelegenheit von gemeinsamem Interesse (Art. 99, Absatz 2). Konkret wird die Wirtschaftspolitik durch den ECOFIN-Rat (Rat der Wirtschafts- und Finanzminister) koordiniert:

- Grundsätze der Wirtschaftspolitik sind stabile Preise, gesunde öffentliche Finanzen und eine dauerhaft finanzierbare Zahlungsbilanz (Art. 4, Abs. 3 EGV).

Koordinierung der Wirtschaftspolitik durch ECOFIN-Rat ...

- Der ECOFIN-Rat verabschiedet mit qualifizierter Mehrheit eine Empfehlung zu den Grundzügen der Wirtschaftspolitik der Mitgliedstaaten und der Gemeinschaft und überwacht und bewertet die wirtschaftliche Entwicklung.
- Wenn die Wirtschaftspolitik eines Mitgliedsstaates nicht mit den oben genannten Grundzügen vereinbar ist oder das Funktionieren der EWWU zu gefährden droht, kann der Rat erforderliche Empfehlungen aussprechen und diese auch veröffentlichen (Beschlüsse jeweils mit qualifizierter Mehrheit).

... ist recht unverbindlich.

Diese Koordinierung der allgemeinen Wirtschaftspolitik ist also noch recht unverbindlich: Die Prinzipien sind nicht näher präzisiert und die mögliche Sanktion in Form einer Veröffentlichung der Empfehlungen ist letztlich nicht erheblich.

Strikte Haushaltsdisziplin

Überaus präzise und überraschend streng geregelt ist dagegen die gewünschte Haushaltsdisziplin, nämlich die Vermeidung übermäßiger Defizite nach

---

9 Dabei handelt es sich um Sekundärrecht; um zwei Ratsverordnungen zu Art. 99 und zu Art. 104 EGV sowie um eine Entschließung des Europäischen Rates vom 17.06.1997.

Art. 104 EGV (einschließlich Protokoll zu Art. 104). Hier sind Ziel, Verfahren der Überwachung und Sanktion genau festgelegt.

Das **Ziel** ist die Vermeidung eines übermäßigen Defizits. Dies ist definiert als Grenze der staatlichen Verschuldung

- in Höhe von drei Prozent des BIP für die laufende Verschuldung und
- in Höhe von 60 Prozent des BIP für den akkumulierten Schuldenstand.

Vermeidung übermäßiger Defizite

Dabei werden zum Staat alle Gebietskörperschaften (in Deutschland also Bund, Länder und Gemeinden) und die Sozialversicherungen gezählt. **Ausnahmen** gelten, wenn das Defizit auf außergewöhnliche Umstände oder eine schwere Rezession zurückzuführen ist. Diese wird gesehen, wenn der Rückgang des realen BIP innerhalb eines Jahres mindestens zwei Prozent beträgt.

Dies Ziel der Haushaltsdisziplin ist durch die **Ratsentschließung vom 17. Juni 1997** deutlich verschärft worden. Hier heißt es:

Verschärfung durch Ratsentschließung

»Die Mitgliedstaaten verpflichten sich, das in ihren Stabilitäts- oder Konvergenzprogrammen festgelegte mittelfristige Haushaltsziel eines nahezu ausgeglichenen Haushalts oder einen Überschuss aufweisenden Haushalts einzuhalten und die haushaltspolitischen Korrekturmaßnahmen, die ihres Erachtens zur Erreichung der Ziele ihrer Stabilitäts- oder Konvergenzprogramme erforderlich sind, zu ergreifen, wenn es Anzeichen für eine tatsächliche oder erwartete erhebliche Abweichung von diesen Zielen gibt.«

Mittelfristiges Ziel eines nahezu ausgeglichenen Haushalts

Dies ist auf dem **Gipfel von Barcelona** (15./16.03.2002) noch einmal bekräftigt worden:

»Die Grundlage für die Abstimmung der Steuerpolitik bilden die Verpflichtung zur Haushaltsstabilität und die Spielregeln, die im Rahmen des Stabilitäts- und Wachstumspakts vereinbart wurden. Die Mitgliedstaaten werden das mittelfristige Ziel eines nahezu ausgeglichenen oder einen Überschuss aufweisenden Haushalts spätestens bis zum Jahr 2004 erreichen« (Schlussfolgerungen des Vorsitzes, EU-Nachrichten/Dokumentation Nr. 1, 2002).

Daneben ist zur Sicherung der Haushaltsdisziplin ein **Verbot öffentlicher Kredite bei der EZB oder nationalen Zentralbanken** ausgesprochen worden (Art. 101 EGV) und es ist in Art. 103 EGV die »**No-bail-out**-Klausel« verankert worden: Weder die EU als Ganzes noch einzelne Mitgliedstaaten haften für Verbindlichkeiten eines anderen Mitgliedstaates.

Stabilitäts- bzw. Konvergenzprogramme als Verfahren der Überwachung[10]

Um die Koordinierung der Wirtschaftspolitik und die Einhaltung der Haushaltsdisziplin überwachen zu können, legen die Mitgliedstaaten einen jähr-

---

10 Die inhaltlich gleich strukturierten Programme heißen für die Mitglieder der EWWU Stabilitätsprogramme, für die anderen Mitglieder der EU Konvergenzprogramme. Wir sprechen im Folgenden nur noch von Stabilitätsprogrammen.

Inhalt der Stabilitätsprogramme

lich aktualisierten Stabilitätsplan vor. Diese Stabilitätsprogramme bieten folgende Angaben:
- Das Ziel eines mittelfristig nahezu ausgeglichenen Haushalts und den Anpassungspfad dahin;
- die Hauptannahmen der wirtschaftlichen Entwicklung (reales Wachstum, Beschäftigung, Inflation);
- eine Darstellung der wirtschaftspolitischen Maßnahmen und
- Angaben über die Entwicklung des Defizits und des Schuldenstandes.

Anhand dieser Programme wird die Wirtschaftspolitik der Mitgliedstaaten von Kommission und Rat geprüft und bei einem erheblichen Abweichen der Haushaltslage vom Haushaltsziel wird als Frühwarnung eine Empfehlung ausgesprochen, die notwendigen Anpassungsmaßnahmen zu ergreifen.[11]

Stabilitätsprogramm der Bundesrepublik

Tabelle 21.10 stellt als Beispiel die zentralen Eckwerte des im Dezember 2004 aktualisierten Stabilitätsprogramms der Bundesrepublik Deutschland zusammen. Basis des Programms ist eine begründete Prognose über das erwartete Wachstum des realen BIP, die jeweils an aktuelle Entwicklungen angepasst wird. Daraus und aus den geplanten Maßnahmen bei den Staatseinnahmen und Staatausgaben (die hier nicht aufgeführt sind), wird die Entwicklung der Defizitquote und Schuldenquote abgeleitet. Deutschland plant also, seine Defizitquote ab 2005 auf das tolerierte Maß von 3 Prozent zurückzuführen und nachfolgend schrittweise zu verringern. Die Schuldenquote soll dagegen nur sehr moderat sinken. Die Kommission prüft dann, ob die Prognosewerte plausibel sind und ob die angekündigten Maßnahmen zur Erreichung der Stabilitätsziele ausreichend sind. Dies wurde für Deutschland bestätigt (vgl. Monatsbericht der EZB, März 2005, S. 78 ff.).

Position	2003	2004	2005	2006	2007	2008
Wachstum des realen BIP						
Stabilitätsprogramm 2004	−0,1%	1,8%	1,7%	1¾%	2%	2%
Stabilitätsprogramm 2003	−0,1%	1½−2%	2¼%	2¼%	2¼%	−
Defizitquote (−)						
Stabilitätsprogramm 2004	−3,8%	−3¾%	−3%	−2½%	−2%	−1½%
Stabilitätsprogramm 2003	−4%	−3¼%	−2½%	−2%	−1½%	−
Schuldenquote						
Stabilitätsprogramm 2004	64,2%	65½%	66%	66%	65½%	65%
Stabilitätsprogramm 2003	64%	65%	65½%	65½%	65%	−

Quelle: Deutsche Bundesbank, Monatsbericht Februar 2005, S. 69

Tab. 21.10: Eckwerte des Stabilitätsprogramms der Bundesrepublik Deutschland

---

11 Es ist eine gewisse Ironie der Geschichte, dass Deutschland neben Portugal nach dem Willen der EU-Kommission als erstes Land Anfang 2002 eine solche Frühwarnung (»blauer Brief«) erhalten sollte. Der darüber letztlich entscheidende Rat der Wirtschafts- und Finanzminister (ECOFIN-Rat) konnte sich schließlich aber nicht auf eine solche Frühwarnung einigen.

Sanktionen

Neben der Kontrolle der Pläne wird vor allem ihre Umsetzung in Bezug auf die Einhaltung der Defizitkriterien geprüft. Die Prüfung darüber obliegt der Kommission und dem Rat; letztlich entscheidet der Rat mit qualifizierter Mehrheit, ob ein übermäßiges Defizit besteht.[12] Wenn dies der Fall ist, werden Empfehlungen zur Korrektur ausgesprochen, diese können auch veröffentlicht werden. Werden keine wirksamen Korrekturmaßnahmen ergriffen, so kann innerhalb von zehn Monaten der **Sanktionsmechanismus** greifen: Zunächst ist eine unverzinsliche Einlage von 0,2 Prozent des BIP vorgesehen, die für jeden Prozentpunkt der Defizitverfehlung um 0,1 Prozent des BIP bis zu einer Obergrenze von 0,5 Prozent des BIP[13] ansteigt. Die Einlage wird zu einer nicht rückzahlbaren Geldstrafe, wenn das übermäßige Defizit nicht innerhalb von zwei Jahren korrigiert wird. Die Geldstrafen werden jährlich erneut fällig, solange, bis das Defizit abgebaut ist. Diese Geldbußen werden unter den teilnehmenden Mitgliedstaaten, die kein übermäßiges Defizit aufweisen, im Verhältnis zu ihrem Anteil am BSP aufgeteilt. Musterschüler werden also noch belohnt.

Geldstrafe

Die strengen Regeln zur Sicherung der Haushaltsdisziplin sollen die Stabilität des Euro dauerhaft sichern. Sie sollen die an der Preisstabilität orientierte Geldpolitik der EZB durch eine solide Fiskalpolitik unterstützen und langfristig durch den Abbau von Staatsverschuldung und Staatsquote zu einem nachhaltigen Wachstum beitragen. Die Strenge der Regeln ist auch der Erkenntnis geschuldet, dass ein Abbau von Staatsausgaben politisch sonst kaum durchsetzbar wäre.

Bewertung des Stabilitätspaktes

Trotz solcher international einmalig strenger Regeln sind die Ziele des Stabilitäts- und Wachstumspaktes nur im Durchschnitt der Länder des Eurolandes erreicht worden: So ist die aggregierte Defizitquote des Eurolandes von – 5,2 Prozent im Jahr 1995 auf – 1,0 Prozent im Jahr 2000 gesunken, anschließend allerdings wieder auf – 2,7 Prozent im Jahr 2003 gestiegen (EZB-Monatsbericht, März 2005, S. 550). Deutschland, Frankreich und Griechenland vor allem verstoßen gegen das Defizitkriterium, und zwar zum dritten Mal in Folge. Eher Musterknaben sind Belgien, Spanien, Irland, Österreich und Finnland. Vor dem Hintergrund dieser Verfehlungen hat sich die Diskussion um den Stabilitäts- und Wachstumspakt verstärkt. So werden nach Meinung der Kritiker mit solchen starren Regeln Ursache und Struktur der Haushaltsdefizite nicht genügend berücksichtigt: Bei einer rezessionsbedingten Zunahme eines Haushaltsdefizits sollte nicht noch zusätzlich gespart werden und es wäre auch zu beachten, ob das Haushaltsdefizit eher auf staatlichen Konsum oder auf staatliche Investitionen zurückzuführen ist.

Nichtberücksichtigung der Struktur der Defizite

---

12 Qualifizierte Mehrheit bedeutet hier die Zwei-Drittel-Mehrheit von insgesamt 87 Stimmen. Dabei gelten je zehn Stimmen für Deutschland, Frankreich, Italien und das Vereinigte Königreich, acht Stimmen für Spanien, je fünf Stimmen für Belgien, Griechenland, die Niederlande und Portugal, je vier Stimmen für Österreich und Schweden, je drei Stimmen für Dänemark, Irland und Finnland und zwei Stimmen für Luxemburg.

13 So müsste Deutschland bei einem Haushaltsdefizit von 4 Prozent des BIP eine Geldstrafe von 6 Milliarden Euro zahlen.

Staatliche Investitionen im Bildungs- und Infrastrukturbereich können mittelfristig ein angemessenes Wirtschaftswachstum stabilisieren und sollten einer kurzfristigen Sparpolitik nicht geopfert werden. Auf der anderen Seite wird immer wieder betont, wie verhängnisvoll eine Aufweichung der strengen Regeln des Paktes wäre.

Modifizierung des Paktes

Nach anhaltender Diskussion hat der Europäische Rat eine Modifizierung des Stabilitäts- und Wachstumspaktes beschlossen (März 2005). Im Kern läuft diese Modifizierung darauf hinaus, das Defizitkriterium von 3 Prozent und die Schuldenquote von 60 Prozent beizubehalten, aber die Ausnahmetatbestände auszuweiten:

- Als Rezession gilt nun eine längere Phase schwachen Wachstums statt einer Schrumpfung um mindestens zwei Prozent im Jahr.
- Die Bewertung des Defizits soll künftig verstärkt davon abhängen, welche Konsolidierungsmaßnahmen eingeleitet sind, und auch länderspezifische Faktoren berücksichtigen (für Deutschland z. B. die Kosten der Wiedervereinigung).
- Strukturreformen, die kurzfristig die Haushaltslage verschlechtern, langfristig aber die Nachhaltigkeit der öffentlichen Finanzen stärken, sollen entsprechend berücksichtigt werden.

Solche Modifikationen erscheinen im Einzelfall als ökonomisch sinnvoll, insgesamt können sie aber zu einer unkontrollierbaren Aufweichung des Stabilitäts- und Wachstumspaktes führen.

3.5 Problematik der EWWU: Zentrale Bedeutung der Lohn- und Arbeitsmarktpolitik als Anpassungsmechanismus

Prinzipiell vier Preise als Anpassungsmechanismen

Es gibt vier zentrale makroökonomische Preise:
- das Güterpreisniveau,
- das Zinsniveau (als Geldpreisniveau),
- das Nominallohnniveau und zusammen mit dem Güterpreisniveau das Reallohnniveau sowie
- den Wechselkurs als Preis für die Währung.

Veränderungen dieser Preise folgen im Allgemeinen den Veränderungen in den zu Grunde liegenden Mengen von Gütern, Geld, Arbeit und Währungen und sorgen für einen Ausgleich im Fall von Ungleichgewichten.

In einer Währungsunion verbleibt nur der Lohnsatz als Anpassungsmechanismus.

Nach Errichtung der Währungsunion entfällt der Wechselkurs als Ausgleichsmechanismus und nach Errichtung der gemeinsamen Geldpolitik entfällt auch das Zinsniveau und letztlich auch das Güterpreisniveau als Anpassungsmechanismus. Es verbleibt allein der Nominallohn als Anpassungsmechanismus im Fall von Ungleichgewichten. Dies soll an einem einfachen Beispiel gezeigt werden, am Beispiel einer **unterdurchschnittlichen Zunahme der Arbeitsproduktivität** in einem Land A im Verhältnis zur durchschnittlichen Zunahme der Arbeitsproduktivität in allen anderen Ländern.

Wenn im Land A die Arbeitsproduktivität weniger zunimmt als in den übrigen Ländern der Währungsunion, sind folgende **Wirkungsabläufe** zu erwarten:
- Die Wettbewerbsfähigkeit eines Landes hängt vor allem von seinem Kostenniveau ab.
- Das Kostenniveau hängt vor allem von den Lohnkosten ab (daneben von Zinskosten, Steuerkosten und den Kosten importierter Vorprodukte, vgl. Abschnitt 6.2 in Kapitel 5).
- Die Lohnstückkosten ergeben sich als Quotient aus Lohnsatz und Arbeitsproduktivität und der Anstieg der Lohnstückkosten ergibt sich als Differenz von Nominallohnerhöhung abzüglich Erhöhung der Arbeitsproduktivität (vgl. Kapitel 5, Abschnitt 6.2),
- Bei einem für alle Länder gleichen Anstieg der Nominallöhne (dies sei unterstellt) steigen in Land A die Lohnstückkosten überdurchschnittlich an.
- Bei dem üblichen Preissetzungsverhalten der Hersteller steigen auch die Preise in Land A überdurchschnittlich an.
- Damit verschlechtert sich die Wettbewerbsfähigkeit von Land A: Seine Exporte sinken und seine Importe steigen.
- Ohne Währungsunion könnte die internationale Wettbewerbsfähigkeit des Landes durch eine Abwertung der heimischen Währung wieder hergestellt werden. Dies ist in der Währungsunion nicht mehr möglich: Es kommt zum Rückgang von Produktion und Beschäftigung in Land A.
- Eine expansive Geldpolitik zur Belebung von Konjunktur und Beschäftigung – so unsicher ihre Erfolgsaussichten auch sein mögen – ist in einem nationalen Alleingang angesichts gemeinschaftsweiter Geldpolitik auch nicht mehr möglich.
- Das Ergebnis ist, dass auch die Lohnpolitik an den Erfordernissen der Währungsunion ausgerichtet werden muss. Das Land A muss den Anstieg der Nominallöhne beschränken.

> In einer Währungsunion ist auch eine autonome nationale Lohnpolitik nicht mehr möglich; nationale Lohnanpassungen sind vielmehr umgekehrt der letzte zentrale Anpassungsmechanismus zur Wiederherstellung der Wettbewerbsfähigkeit eines Landes bei divergierender Entwicklung der Arbeitsproduktivität.

Generalisierend wird nicht nur Lohnflexibilität, sondern eine umfassende Flexibilität auf dem Arbeitsmarkt notwendig sein. Eine solche **Flexibilität des Arbeitsmarktes** umfasst etwa das folgende Maßnahmenbündel:
- Erhöhung der Flexibilität der Löhne,
- Reform der Arbeitslosenversicherung und anderer sozialer Absicherungssysteme zur Erzielung größtmöglicher Anreizkompatibilität,
- kritische Überprüfung existierender Bestandsschutzregeln auf dem Arbeitsmarkt (z. B. Kündigungsschutz),

Notwendigkeit der Flexibilität der Löhne und des Arbeitsmarktes

- Erhöhung der Arbeitszeitflexibilität,
- Ausdehnung der Qualifikation und Kompetenz der Arbeitskräfte.

Angesichts jahrzehntelang etablierter Strukturen auf dem Arbeitsmarkt und angesichts der bislang noch national definierten Tarifautonomie der Sozialpartner wird eine solche Flexibilität politisch nicht leicht durchzusetzen sein; aber letztlich wird der Standortwettbewerb in der Währungsunion eine solche Flexibilität erzwingen.

Der Standortwettbewerb wird Arbeitsmarktflexibilität erzwingen.

3.6 Wechselkursmechanismus II (WKM II)

Der Euro als Währung der EWWU ist gegenüber den wichtigen Währungen der Welt frei flexibel; von der Möglichkeit, Wechselkurssysteme gegenüber Drittlandswährungen zu vereinbaren (Art. 111 EGV), wird bislang kein Gebrauch gemacht. Die Entwicklung des Wechselkurses des Euro im Verhältnis zu anderen wichtigen Währungen der Welt zeigt Tabelle 21.11.

	2000	2001	2002	2003	2004
USA (Dollar)	0,9236	0,8956	0,9456	1,1312	1,2439
Japan (Yen)	99,47	108,68	118,06	130,97	134,44
United Kingdom (Pfund)	0,60948	0,62187	0,6288	0,6919	0,6786
Schweiz (Franken)	1,5579	1,5105	1,4670	1,5212	1,5438
Kanada (Dollar)	1,3706	1,3864	1,4838	1,5817	1,6167
Australien (Dollar)	1,5889	1,7319	1,7376	1,7379	1,6905
Schweden (Krone)	8,4452	9,2551	9,1611	9,1242	9,1243
Norwegen (Krone)	8,1129	8,0484	7,5086	8,0033	8,3697
Dänemark (Krone)	7,4538	7,4521	7,4305	7,4307	7,4399

[1] 1 Euro = w ausländische Währungseinheiten; errechnet aus den durchschnittlichen täglichen Notierungen
Quelle: Deutsche Bundesbank, Monatsbericht

Tab. 21.11: Der Euro-Wechselkurs[1]

Aufwertung des Euro

In den ersten drei Jahren seines Bestehens, von 1999–2001, hatte der Euro an Außenwert gegenüber den wichtigsten Währungen der Welt verloren, nachfolgend ist aber eine deutliche Aufwertung des Euro gegenüber dem US-Dollar, dem japanischen Yen und gegenüber dem englischen Pfund erfolgt. Darin spiegelt sich vermutlich auch ein zunehmendes Vertrauen in diese neue Währung, ein Vertrauen, das durch die Entwicklung der Fundamentalfaktoren von Preis- und Zinsparitäten in gewisser Weise gestützt wird.

Eine besondere Rolle spielen die Wechselkurse des Euro im Verhältnis zu den EU-Ländern, die (noch) nicht Mitglied der EWWU sind. Um das Ver-

hältnis zwischen den »Ins« und »Outs« zu regeln, ist 1998 eine Nachfolge des alten EWS beschlossen worden, früher EWS II, jetzt Wechselkursmechanismus II (WKM II) genannt. Seine wesentlichen Elemente sind:
- Festkurssystem mit einer Schwankungsbreite von ± 15 Prozent gegenüber dem Euro mit der Möglichkeit, eine engere Bandbreite zu vereinbaren.
- Symmetrische Intervention von beiden Seiten, also von EZB und der Zentralbank der »Outs«, um die Bandbreiten einzuhalten; allerdings interveniert die EZB nur, wenn die Preisstabilität im Euro-Land nicht gefährdet ist.

Festkurssystem mit großer Bandbreite

Dieser Wechselkursmechanismus (WKM II) »bindet die Währungen von EU-Mitgliedstaaten außerhalb des Euro-Währungsgebiets an den Euro. Da der WKM II diesen Mitgliedstaaten bei der Ausrichtung ihrer Politik auf Stabilität hilft, fördert er die Konvergenz und unterstützt somit die Anstrengungen dieser Staaten zur Einführung des Euro. Die Teilnahme am Wechselkursmechanismus ist für die nicht dem Euro-Währungsgebiet angehörenden Mitgliedstaaten freiwillig. Da sie jedoch eines der Konvergenzkriterien für die spätere Einführung des Euro ist, wird von neuen Mitgliedstaaten erwartet, dass sie sich früher oder später dem Wechselkursmechanismus anschließen.« (EZB Monatsbericht, Juli 2004, S. 43)

Die Mitgliedschaftsregeln sind etwas kompliziert: Großbritannien, Dänemark und Schweden müssen als EU-Mitglieder nicht der EWWU beitreten (sie hatten eine so genannte Opt-out-Klausel vereinbart), und sie müssen auch nicht dem WKM II beitreten. Den neuen Beitrittsländern hat man diese Opt-out-Klausel nicht zugestanden; sie müssen daher der EWWU beitreten, wenn sie die Konvergenzkriterien erfüllen. Daher ist zu erwarten, dass sie dem WKM II beitreten. 2004 sind Estland, Litauen und Slowenien beigetreten, 2005 Lettland, Malta und Zypern, damit sind mit Dänemark, das von Beginn an dem WKM II beigetreten ist, sieben Länder Teilnehmer am WKM II; die übrigen Beitrittsländer werden aber folgen.

3.7 Die wirtschaftliche Entwicklung in der EWWU

Für die Wirtschaftspolitik innerhalb einer Währungsunion sind stark divergierende Entwicklungen der nationalen Volkswirtschaften problematisch, weil dann globale Politiken nicht angemessen sind. Tabelle 21.12 gibt einen Überblick über die Entwicklung zentraler makroökonomischer Größen.

Die **Wachstumsunterschiede** sind beträchtlich: Die Spanne der Wachstumsraten reicht 2000 von 2,9 Prozent (Italien) bis 11,5 Prozent (Irland), also von einem mittleren Wachstum bis hin zu einem kräftigen Boom. Diese Spanne hat sich nachfolgend etwas verringert, möglicherweise ein Erfolg der gemeinsamen Koordination. Das Wachstum insgesamt hat sich, im Einklang mit der weltwirtschaftlichen Entwicklung, deutlich abgeschwächt.

Große Wachstumsunterschiede

Die **Verbraucherpreise** sind 2000 bis 2004 etwas stärker gestiegen als geplant, insgesamt ist das jeweils angestrebte Ziel der Geldpolitik, den Verbrau-

Länder	Reales Bruttoinlandsprodukt			Verbraucherpreise[1]			Arbeitslosenquote[2]		
	2000	2002	2004	2000	2002	2004	2000	2002	2004
	Veränderung gegenüber Vorjahr in Prozent						in Prozent		
Euro-Raum	3,4	0,9	2,0	2,3	2,3	2,1	8,8	8,2	8,8
Deutschland	3,0	0,1	1,6	2,0	1,3	1,8	7,9	8,7	9,2
Frankreich	3,1	1,2	2,3	1,9	1,9	2,3	9,3	8,9	9,6
Italien	2,9	0,4	1,2	2,6	2,6	2,3	10,4	8,6	8,0
Spanien	4,1	2,2	2,6	3,5	3,6	3,1	14,0	11,3	10,8
Niederlande	3,5	0,6	1,3	2,3	3,9	1,4	2,8	2,7	4,7
Belgien	4,0	0,9	2,9	2,7	1,6	1,9	6,9	7,3	7,8
Österreich	3,0	1,4	2,4	2,0	1,7	2,0	3,7	4,2	4,5
Finnland	5,6	2,2	3,7	3,0	2,0	0,1	9,8	9,1	8,8
Portugal	3,4	0,4	1,0	2,8	3,7	2,5	4,1	5,0	6,7
Griechenland	4,3	3,8	4,2	2,8	3,9	3,0	10,9	10,3	10,5
Irland	11,5	6,1	4,9	5,2	4,7	2,3	4,2	4,3	4,5
Luxemburg	7,5	2,5	4,5	3,8	2,1	3,2	2,4	2,8	4,2

[1] Harmonisierter Verbraucherpreisindex (HVPI)
[2] Standardisierte Arbeitslosenquote nach Berechnungen von Eurostat (ILO-Abgrenzung)
Quelle: Deutsche Bundesbank, Monatsberichte.

Tab. 21.12: Die wirtschaftliche Entwicklung in der EWWU
(Wachstum, Verbraucherpreise und Arbeitslosigkeit)

cherpreisanstieg auf unter 2 Prozent zu begrenzen, nicht ganz erreicht worden. Die nationale Streuung der Inflationsraten ist 2000 mit einer Spanne von 1,9 Prozent (Frankreich) bis 5,2 Prozent (Irland) relativ klein und nachfolgend etwa auch unverändert geblieben; sie reicht 2004 von 0,1 Prozent (Finnland) bis 3,2 Prozent (Luxemburg).

Die **Arbeitslosenquoten** divergieren dagegen äußerst stark: Die Spanne reicht 2000 von 2,4 Prozent (Luxemburg) bis 14,0 (Spanien) und die Streuung hat sich nachfolgend nur wenig verringert.

Erhebliche Divergenzen

Insgesamt sind die Divergenzen der wirtschaftlichen Entwicklungen erheblich, aber sie haben bislang in der EWWU jedenfalls nicht zugenommen, sondern eher etwas abgenommen. Die Divergenzen der wirtschaftlichen Entwicklungen verlangen unterschiedliche Politiken; daher scheiden gemeinschaftsweite traditionelle Konjunkturpolitiken aus. Sie werden zunehmend durch Politiken ersetzt, die durch eine Reform überkommener Strukturen im Bereich von Arbeitsmarkt, Steuern und Sozialer Sicherung versuchen, das Wachstum der Wirtschaft zu beleben.

3.8 Kosten und Nutzen der EWWU

Eine Bewertung der EWWU anhand einer Kosten-Nutzen-Analyse kann nur die Struktur einer qualitativen Evaluation kennzeichnen, quantitative Bewertungen erscheinen vermessen.

Die **Kosten einer Währungsunion** sind der Verlust der Autonomie nationaler Wirtschaftspolitik bzw. die Anpassungskosten, die entstehen, wenn doch eine autonome nationale Wirtschaftspolitik durchgeführt werden soll. Es ist in einer Währungsunion eben ungleich schwieriger und langfristig praktisch unmöglich, gesamtwirtschaftliche Ziele durchzusetzen, die von den Zielen der Gemeinschaft abweichen. Letztlich kann der Verlust an nationaler Autonomie nur politisch gewertet werden; er ist sicher notwendig, um die politische Integration Europas zu fördern.

Verlust der Autonomie

Der **Nutzen einer Währungsunion** resultiert aus dem Wegfall der Transaktionskosten, die mit dem Umtausch von Währungen verbunden sind, und aus den dynamischen Effizienzgewinnen eines größeren Wirtschaftsraumes.

Beim Handel mit verschiedenen Währungen fallen folgende **Transaktionskosten** an:
- Kosten der Information über Wechselkurse,
- Kosten des Umtausches von Währungen,
- Kosten unterschiedlicher Rechensysteme und
- Kosten der Absicherung zum Ausschluss von Wechselkursrisiken (Kurssicherungskosten).

Diese Kosten sind von der Kommission auf 0,3 bis 0,4 Prozent des BIP beziffert worden, das wären im Jahr 2004 für die Eurozone etwa 25 Milliarden Euro. Der Nutzen aus dem Wegfall solcher Kosten, deren Berechnung allerdings immer strittig war, ist also quantitativ nicht erheblich.

Bedeutsamer sind sicher die **dynamischen Effizienzgewinne**. Diese resultieren aus der größeren Preistransparenz in der Währungsunion und aus dem daher zunehmenden Wettbewerb, aus der dadurch induzierten Zunahme der Arbeitsteilung und der Wachstumsdynamik. Solche Effekte lassen sich allerdings nicht in Zahlen ausdrücken und nicht von den Effekten der Zollunion und des Binnenmarktes separieren. Daher ist eine Quantifizierung von Kosten und Nutzen der EWWU nicht möglich.

Effizienzgewinne

> Letztlich ist für eine Gesamtbewertung der EWWU die Bewertung der umfassenden politischen Integration Europas entscheidend: Will man diese, so ist auch eine Währungsunion unverzichtbar. Strittig war (und ist) nur, ob die Währungsunion die politische Union abschließend »krönen« sollte oder ob die Währungsunion die politische Integration erzwingen sollte. Man hat den zweiten Weg gewählt und dieser Weg ist unumkehrbar.[14]

---

14 Nach Art. 312 EGV gilt der EG-Vertrag auf unbegrenzte Zeit und ein Austritt ist völkerrechtlich nicht möglich.

Arbeitsaufgaben

1) Erläutern Sie folgende Begriffe:
   - Reservewährung,
   - Quoten beim IWF,
   - Sonderziehungsrechte,
   - Schmutziges Floaten,
   - Festkurssystem,
   - Konvergenzkriterien.
2) Erläutern Sie, warum die Bereitstellung von Kreditmöglichkeiten für die beteiligten Länder eines Währungssystems zur Erreichung eines freien Handels- und Zahlungsverkehrs von wesentlicher Bedeutung ist.
3) Welche Möglichkeiten hat ein Land im Rahmen des IWF-Systems, sein Leistungsbilanzdefizit zu finanzieren?
4) Beschreiben Sie die Konzeption der Sonderziehungsrechte.
5) Die Sonderziehungsrechte werden gratis verteilt und berechtigen zur Finanzierung von Leistungsbilanzdefiziten. Wer bezahlt die entsprechenden Güterlieferungen dann tatsächlich?
6) Warum ist das System fester Wechselkurse im Rahmen des Bretton-Woods-Systems letztlich gescheitert?
7) Erläutern Sie mögliche Vorteile, die sich für Unternehmen, private Haushalte und die gesamte Bundesrepublik Deutschland durch die Währungsunion ergeben können.
8) Welches sind bezüglich der EWWU mögliche Gefahren und Nachteile?
9) Warum kann eine Rezession in Deutschland nicht mit einer Politik des »billigen Geldes« bekämpft werden, wenn sich gleichzeitig die Volkswirtschaften Italien, Frankreich und Spanien in einem Boom befinden?
10) Erläutern Sie die zentrale Bedeutung der Tarifverhandlungen für die Beschäftigungssituation in einem Mitgliedsland der EWWU und erklären Sie dabei auch, warum der Wechselkurs diesbezüglich keine Rolle (mehr) spielt.

Lösungsvorschläge für die Arbeitsaufgaben finden Sie im »Übungsbuch zu Grundlagen und Probleme der Volkswirtschaft«.

Literatur

Die Weltwährungsordnung und die europäische Währungsordnung wird meist in den Lehrbüchern zur Währungspolitik analysiert, so von:

Jarchow, Hans-Joachim / Peter Rühmann: Monetäre Außenwirtschaft II. Internationale Währungspolitik, 5. Aufl. Göttingen 2002.

Vollmer, Uwe: Geld und Währungspolitik, München 2005.

Willms, Manfred: Internationale Währungspolitik, 2. Aufl., München 1995.

Die institutionellen Aspekte der internationalen Ordnungen beschreibt sehr ausführlich, allerdings nicht auf dem neuesten Stand:

Deutsche Bundesbank: Weltweite Organisationen und Gremien im Bereich von Währung und Wirtschaft, Frankfurt 1997.

Deutsche Bundesbank: Europäische Organisationen und Gremien im Bereich von Währung und Wirtschaft, Frankfurt 1997.

Aktuelle Entwicklungen im internationalen Währungssystem beschreibt:

Deutsche Bundesbank: Geschäftsberichte (jährlich).

Europäische Zentralbank: Jahresberichte.

Bank für Internationalen Zahlungsausgleich (BIZ): Jahresberichte.

Entstehung und Funktionsweise der EWWU beschreibt grundlegend die:

Deutsche Bundesbank: Die Europäische Wirtschafts- und Währungsunion, Frankfurt 2004.

Die Funktionsweise der Europäischen Wirtschafts- und Währungsunion beschreibt kurz:

Carlberg, Michael: Europäische Währungsunion. Die neue Wirtschaftspolitik, in: WiSt, Heft 1, 2000, S. 8–13.

und ausführlich:

Jochimsen, Reimut: Perspektiven der europäischen Wirtschafts- und Währungsunion, Baden-Baden 1998.

Caesar, Rolf / Hans-Eckart Scharrer: Ökonomische und politische Dimensionen der Europäischen Wirtschafts- und Währungsunion, Baden-Baden 1999.

Zusammenhänge zwischen der Geldpolitik und der Lohnpolitik beschreibt und analysiert:

Lehment, Harmen: Geldpolitik und lohnpolitischer Verteilungsspielraum in der Europäischen Währungsunion, in: Die Weltwirtschaft, Heft 1, 1998, S. 72–84.

Lesch, Hagen: Lohnfindung und Tarifpolitik im Ordnungsrahmen der Europäischen Wirtschafts- und Währungsunion, in: iw-trends, Heft 3, 2000, S. 20–41.

22. Kapitel
Grundlagen der Europäischen Union

LERNZIELE

Leitfrage:
Was sind die Grundstrukturen der Europäischen Union?
- Was war das ursprünglich tragende Motiv der europäischen Integration?
- Welche Formen und Wirkungen einer regional begrenzten Integration lassen sich unterscheiden?
- Mit welchen zentralen Problemen einer Integration ist zu rechnen?
- Was sind die wesentlichen Entscheidungsgremien der EU?
- Über welche wichtigen Einnahmearten verfügt die EU?
- Was sind die zentralen Ausgabenbereiche der EU?
- Worin bestehen die Regelungsprinzipien und Probleme der EU-Agrarpolitik?
- Was sind die Grundelemente der EU-Strukturpolitik?
- Was sind die zentralen Probleme der Osterweiterung der EU?

1 Der Weg zur europäischen Einheit

1.1 Der Weg zur Zollunion

Ursprüngliches Ziel war die politische Einheit

Die geschichtlichen Erfahrungen Europas begründeten den Wunsch nach einer europäischen Einheit. Nach dem Versuch einer Friedenssicherung durch einen Zusammenschluss europäischer Völker bereits kurz nach dem 1. Weltkrieg – zu nennen ist hier die Gründung des Völkerbundes, die Paneuropa-Bewegung oder die von *Aristide Briand* und *Gustav Stresemann* entwickelte Initiative zur Bildung eines europäischen Staatenbundes – konzentrierten sich einige europäische Staaten nach dem Zweiten Weltkrieg erneut auf die politische Einigung.

So trat 1952 die Europäische Gemeinschaft für Kohle und Stahl (EGKS, »**Montanunion**«) durchaus auch mit dem politischen Ziel in Kraft, die Ressourcen der Rüstungsproduktion der nationalen Verantwortung zu entziehen. Und 1952 unterzeichneten die sechs EGKS-Staaten Belgien, die Bundesrepublik Deutschland, Frankreich, Italien, Luxemburg und die Niederlande einen Vertrag zur Errichtung einer **Europäischen Verteidigungsgemeinschaft** (EVG) und planten die Gründung einer Europäischen Politischen Gemeinschaft.

Hindernisse auf dem Weg zu diesem ehrgeizigen Ziel – z. B. lehnte die französische Nationalversammlung die Ratifizierung des EVG-Vertrages ab – bewirkten dann eine Ausrichtung zunächst auf die **wirtschaftliche** Integration.

Zunächst Realisierung einer Zollunion der Sechs

So wurden am 25.03.1957 in Rom die »Römischen Verträge« zur Gründung einer **Europäischen Wirtschaftsgemeinschaft (EWG)** und einer Europäischen Atomgemeinschaft (EAG, Euratom) von Belgien, der Bundesrepublik Deutschland, Frankreich, Italien, Luxemburg und den Niederlanden unterzeichnet. Kernstück war die **Errichtung einer Zollunion** und die Realisierung eines **gemeinsamen Marktes**. Die Zollunion der Sechs konnte 1968 vorzeitig realisiert werden. Parallel dazu wurden die ursprünglich getrennten Institutionen von EGKS, Euratom und EWG mit dem Fusionsvertrag vom 08.04.1965 seit 1967 zu den Europäischen Gemeinschaften (EG) verschmolzen.[1]

Diese großen Integrationserfolge konnten auch deshalb erzielt werden, weil das kräftige Wirtschaftswachstum Probleme des Strukturwandels milderte und weil der bei dem relativ gleichen Entwicklungsstand der sechs Gründungsmitglieder resultierende intraindustrielle Außenhandel nicht zum Erliegen ganzer Wirtschaftszweige führte.

---

[1] Die Geltungsdauer der EGKS war auf 50 Jahre begrenzt. Am 23.07.2002 ist dieser Vertrag ausgelaufen und seitdem gelten für die Montanindustrie die allgemeinen Regeln der EU, nur die Subventionskontrolle wird strenger gehandhabt.

1.2 Der Weg zum Binnenmarkt

Neben Erfolgen gab es auch eine Reihe von Misserfolgen und Fehlentwicklungen. Ab etwa 1970 wurde der Außenhandel zunehmend durch **nicht-tarifäre Handelshemmnisse** erschwert, die Integrationserfolge begannen zu schwinden. Zudem zeigte sich, dass der Versuch, national schon sehr stark regulierte Bereiche – Landwirtschaft, Banken, Versicherungen, Verkehr, Telekommunikation – zu harmonisieren, und zwar auf dem Wege einer perfekten Harmonisierung im Detail, scheitern musste. Als schwerwiegender wirtschaftspolitischer Fehler hat sich insbesondere die 1959 getroffene Entscheidung erwiesen, die Agrarmärkte mit einem System von **Marktordnungen** zu regulieren. Dies führte zu einer gigantischen Fehlallokation der Ressourcen und damit zu erheblichen Akzeptanzverlusten für die EG. Insgesamt war die Phase von etwa 1970 bis 1985 von zahlreichen Fehlversuchen gekennzeichnet, die Integration zu einer Wirtschafts- und Währungsunion voranzubringen. Die Misserfolge waren vor allem darin begründet, dass die beteiligten Länder mehrheitlich nicht bereit waren, auf autonome nationale Wirtschaftspolitik zu verzichten. Es war Zeit für neue Initiativen.

Fehlentwicklungen der EG

Im Juni 1985 beschlossen die europäischen Staats- bzw. Regierungschefs nach deutsch-französischem Druck eine Erweiterung der Römischen Verträge. Im Dezember 1985 wurde daraufhin in einer ersten Änderung und Ergänzung der Römischen Verträge die »**Einheitliche Europäische Akte**« (**EEA**) verabschiedet, die im Juli 1987 in Kraft trat.

Neue Initiative: EEA

> Die EEA beinhaltet zentrale Weiterentwicklungen der EG:
> - eine neue Zielsetzung »Binnenmarkt '92«,
> - ein partiell revidiertes Abstimmungsverfahren,
> - eine Fortschreibung und Ergänzung der begleitenden Politikbereiche (z. B. Sozialpolitik, Umweltpolitik, Währungspolitik),
> - eine neue Gesamtorganisation in Form der Europäischen Politischen Zusammenarbeit (EPZ).

Die ökonomisch zentralen Elemente der fortschreitenden Integration, nämlich den Binnenmarkt '92 und eine Erweiterung und Vertiefung der begleitenden Politikbereiche, beschreiben wir in Kapitel 23.

1.3 Der Weg zur Europäischen Union

Parallel mit der Schaffung des Binnenmarktes '92 wurden weitere Anstrengungen unternommen, um die europäische Integration voranzutreiben. Am 07.02.1992 wurde in Maastricht nach einer zweiten Änderung und Ergänzung der Römischen Verträge der **Vertrag über die »Europäische Union«** (**EU**) unterzeichnet, der am 01.11.1993 in Kraft trat. Nach diesem »**Vertrag**

Drei Säulen der europäischen Integration

von Maastricht« stützt sich die europäische Integration künftig auf drei Säulen:
- Den Ausbau der Europäischen Gemeinschaft, bisher im Wesentlichen bestehend aus den ökonomischen Kernelementen Zollunion, Gemeinsame Agrarpolitik, Strukturpolitik und Binnenmarkt, zu einer Wirtschafts- und Währungsunion (Säule 1);
- Bestimmungen über eine »Gemeinsame Außen- und Sicherheitspolitik (GASP)« (Säule 2) sowie
- Bestimmungen über eine »Zusammenarbeit in den Bereichen Justiz und Inneres« (Säule 3).

Zentraler ökonomischer Bereich der Europäischen Union (EU) ist Säule 1, die Europäische Gemeinschaft (EG)[2]. Ihre Kompetenzen sind deutlich erweitert worden; wichtigste Ergänzung ist ein Stufenplan, nach dem bis Anfang 1999 der Übergang zur **Wirtschafts- und Währungsunion** erfolgt ist (vgl. Kapitel 21). Daneben wurden in Säule 1 eine Reihe von Vertragsergänzungen formuliert:

Einige Vertragsergänzungen

- Die Schaffung einer Unionsbürgerschaft (Art. 17–22 EGV)[3], z. B. mit allgemeinem Aufenthaltsrecht und Wahlrecht zu kommunalen Körperschaften am Wohnort,
- das Subsidiaritätsprinzip der Tätigkeit der Gemeinschaft (Art. 5 EGV),
- die Einführung eines eigenständigen Regionalorgans »Ausschuss der Regionen«, der die politische Perspektive für einen dreistufigen Aufbau der Gemeinschaft öffnet (Art. 263–265),
- die Stärkung der Kompetenzen der Europäischen Gemeinschaft (Art. 189–195, 249–256 EGV),
- die Schaffung neuer Kompetenzen in der Bildungs- und Kulturpolitik (Art. 149–151 EGV) und
- die Schaffung neuer Befugnisse und Aufgaben in zahlreichen Bereichen der Wirtschaft (vgl. dazu Kapitel 23, Abschnitt 3).

Damit wird das Ziel einer Vertiefung der wirtschaftlichen Integration und ein Einstieg in die politische Integration schon in Säule 1 deutlich.

Für die zweite und dritte Säule, die ausschließlich Elemente einer politischen Integration vorsehen, war bis zum Vertrag von Amsterdam das Verfahren der Zusammenarbeit zwischen den Regierungen, aber außerhalb der Organe der EU vorgesehen. Sie waren daher eher als politisches Programm zu interpretieren.

---

[2] Mit der Entwicklung der EWG zur EU ergeben sich terminologische Probleme. Im historischen Kontext verwenden wir die seinerzeit gebräuchliche Bezeichnung EWG bzw. EG, sonst die neue Bezeichnung EU. Der alte EWG-Vertrag (EWGV) ist zum EG-Vertrag (EGV) geworden. Die EG (Europäische Gemeinschaft) existiert noch als Teil der EU, die EWG (Europäische Wirtschaftsgemeinschaft) existiert nicht mehr.

[3] Wir verwenden die Artikel gemäß dem EGV in der Fassung vom 02.10.1997, in der auch der Vertrag von Amsterdam vom 02.10.1997 berücksichtigt ist. Der Vertrag von Amsterdam ist nach seiner Ratifizierung Mitte 1999 in Kraft getreten.

Im Bereich der politischen Integration sind in der dritten Änderung und Erweiterung der Verträge im **Vertrag von Amsterdam** vom 02.10.1997 einige weniger zentrale Neuerungen beschlossen worden. So wird z. B. für die Säule 2 (Gemeinsame Außen- und Sicherheitspolitik, GASP) ein Generalsekretär des Rates berufen, der die Aufgabe eines Hohen Vertreters wahrnimmt, und die dritte Säule (Zusammenarbeit in den Bereichen Justiz und Inneres) ist nun in den supranationalen Rahmen der EU überführt.

Vor allem um auch nach der großen Osterweiterung der EU (s. u.) beschluss- und handlungsfähig zu bleiben, sind in der vierten Änderung der Römischen Verträge, im **Vertrag von Nizza** (Dezember 2000) in zentralen Bereichen der Beschlussfassung wichtige Änderungen beschlossen worden und am 01.02.2003 in Kraft getreten:

- eine neue Größe und Zusammensetzung der Kommission,
- eine neue Stimmengewichtung im Rat,
- eine Ausweitung der Beschlussfassung mit qualifizierter Mehrheit und
- eine Vereinfachung der »verstärkten Zusammenarbeit« (Zusammenarbeit der Länder über das im EG-Vertrag vereinbarte Ausmaß hinaus).

Zentrale Änderung der Beschlussfassung

Schließlich ist am 18.06.2004 ein Vertrag über eine **Verfassung in Europa** beschlossen worden. In diesem Verfassungsvertrag sind wiederum wichtige Änderungen in zentralen Bereichen der Beschlussfassung vorgesehen (vgl. Jahresgutachten des Sachverständigenrates 2004/05, S. 114–116). Ob dieser Vertrag ratifiziert wird, ist Mitte 2005, nach der Ablehnung der Verfassung in Frankreich und den Niederlanden, recht ungewiss.

1.4 Die regionalen Erweiterungen der europäischen Integration

Gründungsmitglieder der EWG, die am 01.01.1958 in Kraft getreten ist, waren die Bundesrepublik Deutschland, Belgien, Frankreich, Italien, Luxemburg und die Niederlande. 1973 sind Dänemark, Irland und Großbritannien beigetreten (**Norderweiterung**), 1981 ist Griechenland beigetreten, 1986 folgten Spanien und Portugal (**Süderweiterung**). Seit 1995 sind Österreich, Finnland und Schweden Mitglieder der Gemeinschaft und seit 2004 sind Estland, Lettland, Litauen, Polen, die Slowakische Republik, Slowenien, die Tschechische Republik und Ungarn (**Osterweiterung**) sowie Malta und Zypern beigetreten. 2007 werden vermutlich Bulgarien und Rumänien folgen und die Türkei ist offizieller Beitrittskandidat.

Dieser Prozess der regionalen Erweiterung ist damit wohl nicht abgeschlossen. Im Prinzip kann jeder europäische Staat beantragen, Mitglied der Gemeinschaft zu werden. Der Europäische Rat hat am 11./12.07.1993 die Voraussetzungen für eine Mitgliedschaft formuliert (**Kopenhagener Kriterien**):

Neue Mitgliedstaaten können aufgenommen werden, wenn sie bestimmte Voraussetzungen erfüllen.

»Als Voraussetzung für die Mitgliedschaft muss der Beitrittskandidat eine institutionelle Stabilität als Garantie für demokratische und rechtsstaatliche Ordnung, für die Wahrung der Menschenrechte sowie die Achtung und den Schutz von Minderheiten verwirklicht haben; sie erfordert ferner eine funktionsfähige Marktwirtschaft sowie die Fähigkeit, dem Wettbewerbsdruck und den Marktkräften innerhalb der Union standzuhalten. Die Mitgliedschaft setzt ferner voraus, dass die einzelnen Beitrittskandidaten die aus einer Mitgliedschaft erwachsenden Verpflichtungen übernehmen und sich auch die Ziele der Politischen Union sowie der Wirtschafts- und Währungsunion zu eigen machen können.« (EU-informationen 1/1995)

Aus der EU der 15 Mitgliedstaaten (EU 15) ist also eine EU der 25 Mitgliedstaaten (EU 25) geworden und eine baldige EU 27 ist wahrscheinlich. Damit ist, je nach Kriterium, der größte oder zweitgrößte Wirtschaftsraum der Welt entstanden. Wie die Tabelle 22.1 zeigt, ist die EU, gemessen an der Bevölkerung, der größte Wirtschaftsraum und gemessen am BIP der zweitgrößte Wirtschaftsraum nach den USA. Durch die Osterweiterung hat die Bevölkerung der EU um rund 20 Prozent zugenommen, das BIP dagegen nur um knapp 5 Prozent. Auch aus diesem Grund ist das BIP pro Kopf in der EU deutlich niedriger als in den USA und Japan.

Mit der Erweiterung wird die Sprachenvielfalt in der EU noch einmal deutlich wachsen. Zu den elf älteren Amtssprachen Dänisch, Deutsch, Griechisch, Spanisch, Französisch, Italienisch, Niederländisch, Portugiesisch, Finnisch, Schwedisch und Englisch treten neun weitere Amtssprachen hinzu. Dies sind Estnisch, Lettisch, Litauisch, Maltesisch, Polnisch, Slowenisch, Slowakisch, Tschechisch und Ungarisch. Das heißt, dass alle von der Kommission nach außen gehenden Vorlagen in alle Amtssprachen übersetzt werden müssen. Diese Sprachenvielfalt ist ein nicht unwesentliches Integrationshemmnis. Im internen Gebrauch begnügt sich die Kommission allerdings mit den drei Amts- und Umgangssprachen Französisch, Englisch und Deutsch. Originaltexte werden im Wesentlichen in Französisch verfasst.

Sprachenvielfalt als Integrationshemmnis

Indikatoren	EU 15	EU 25	USA	Japan
Bevölkerung (Mio.)	381	455	291	128
BIP (Mrd. €)	9.172	9.615	10.980	4.235
Anteil am Welt-BIP (%)	26,8	28,1	32,5	12,3
BIP pro Kopf (1.000 €)	24,0	21,1	37,7	33,2
Quelle: EZB Monatsbericht Mai 2004, S. 54				

Tab. 22.1: Wichtige Wirtschaftsindikatoren der EU (Stand 2002 bzw. 2004)

2 Chancen und Risiken einer regional begrenzten Integration von Märkten

Die weltweiten Ordnungen des Währungssystems (IWF) und des Handelssystems (WTO) sind nicht in der Lage, weltweiten Freihandel zu gewährleisten. Zu groß sind die Unterschiede der Länder in Bezug auf wirtschaftspolitische Zielvorstellungen und wirtschaftliche Leistungskraft. Anders formuliert: Der optimale Währungsraum (vgl. Kapitel 20) umfasst jedenfalls nicht die ganze Welt. Daher lag es nahe, eine regional begrenzte Integration anzustreben, wie dies vor allem im Rahmen der EG erfolgreich praktiziert worden ist.

Weltweiter Freihandel konnte nicht realisiert werden.

2.1 Integrationsformen

Zwischen den beiden Extremen – völlige Autarkie und vollkommener weltweiter Freihandel – gibt es folgende Formen der Integration.

- **Präferenzzone**: Zollabbau für bestimmte oder alle Produktgruppen für bestimmte Länder (z. B. das Allgemeine Präferenzsystem der EU).
- **Freihandelszone**: Zollfreiheit innerhalb der Zone, Außenzölle, aber nicht gemeinsame Außenzölle (z. B. die NAFTA, das North American Free Trade Agreement, die 1994 in Kraft getretene Freihandelszone zwischen Kanada, Mexiko und den USA).
- **Zollunion**: Beseitigung der Binnenzölle, gemeinsamer Außenzoll, Verteilung der Außenzolleinnahmen auf die Mitglieder (z. B. die alte EWG). Bisweilen wird auch der Abbau anderer Handelshemmnisse (z. B. Kontingente) in die Definition einbezogen.
Die Konzepte »Gemeinsamer Markt« und »Binnenmarkt« sind wissenschaftlich nicht eindeutig definiert, aber durch die Praxis der EG hinlänglich deutlich geworden.
- **Gemeinsamer Markt:** Setzt freien Handel von Gütern und Dienstleistungen voraus sowie eine uneingeschränkte Mobilität der Produktionsfaktoren Arbeit und Kapital (Freihandel plus freie Faktormobilität).
- **Binnenmarkt:** Ein Binnenmarkt ist im Prinzip ein gemeinsamer Markt mit höherer Qualität, also ein gemeinsamer Markt mit völliger Freizügigkeit (auch für Nichterwerbstätige), ohne Grenzkontrollen und mit einer gewissen Einheitlichkeit der Produktionsbedingungen.
- **Wirtschaftsunion:** Gemeinsamer Markt, verbunden mit einer Koordinierung und Harmonisierung der Wirtschaftspolitik (Stabilitäts-, Wettbewerbs-, Wachstums- und z. T. auch Verteilungspolitik), z. T. in Form integrierter Institutionen wie z. B. in Form einer gemeinsamen Kartellbehörde oder einer gemeinsamen Zentralbank.
- **Währungsunion:** Unwiderruflich feste Wechselkurse, verbunden mit uneingeschränkter und irreversibler Konvertibilität der Währungen, sowie völliger Freiheit des Kapitalverkehrs. Die Währungsunion kann dann mit einer Einheitswährung verknüpft sein, wie es in der Regel der Fall ist.

Die intensivste Integrationsform ist die völlige, auch politische Verschmelzung der Mitgliedstaaten in Form eines **Bundesstaates**, die mit der EU auch langfristig angestrebt wird.

2.2 Integrationseffekte

Vorteile der Integration

Die Vorteile einer Integration sind allgemein die Vorteile einer Annäherung an den Freihandel, also die Vorteile des Freihandels selbst. Diese Vorteile sind in Kapitel 19 dargestellt worden.

> Es sind zusammenfassend:
> - die Kostenvorteile der Spezialisierung auf die jeweils relativ oder sogar absolut billigsten Produktionen der Länder;
> - die zunehmende Ausschöpfung der Größenersparnisse der Produktion (economies of scale) und
> - die Zunahme des Wettbewerbs.

Regional begrenzte Integration begründet Auf- und Abschließungseffekte.

Bei einer regional begrenzten Integration der Märkte in Form einer Zollunion oder einer (regional begrenzten) Wirtschafts- und Währungsunion ist allerdings zusätzlich zu beachten, dass der Freihandel ja nur innerhalb der Region etabliert wird, gegenüber dem Rest der Welt aber meist eine verstärkte Abschottung praktiziert wird. Hier entstehen sog. Aufschließungs- bzw. Abschließungseffekte.

Von einem **Aufschließungseffekt** (trade creating effect) spricht man, wenn der zunehmende Freihandel im Integrationsraum dazu führt, dass sich Produktionen von Standorten mit höheren Realkosten zu Standorten mit niedrigeren Realkosten verlagern. Statt dass die Bundesrepublik selbst ein Automobil vom Typ Peugeot 306 produziert, wird dieses billiger importiert, während umgekehrt Frankreich den VW Golf billiger importiert, statt selbst zu produzieren. Dies Beispiel ist nicht zufällig auf Produkte der gleichen Branche bezogen. Allgemein gilt, dass die Aufschließungseffekte gerade bei einem **intraindustriellen Tausch** groß sind, bei einem Tausch, bei dem sich die Sortimente der Integrationspartner überschneiden (beide produzieren Automobile sogar in der gleichen Klasse). Kleiner sind die Aufschließungseffekte bei einem interindustriellen Tausch, einem Tausch zwischen Produkten verschiedener Industrien (Automobile gegen Textilien). Dies erklärt zu einem Teil die großen Integrationserfolge der EWG im Rahmen der Zollunion der sechs Kernstaaten, die ja überwiegend ähnliche Produktionssortimente aufwiesen.

Aufschließungseffekte sind groß bei intra-industriellem Tausch.

Abschließungseffekt bedeutet Effizienzverlust

Von einem **Abschließungseffekt** (trade diverting effect) spricht man, wenn die relative Abschottung des Integrationsraumes vom Rest der Welt dazu führt, dass sich Produktionen von Standorten niedriger Realkosten außerhalb der Region zu Standorten höherer Realkosten im Integrationsraum verlagern. Statt dass die EU Bananen oder Rindfleisch billig importiert, wird infolge des Außenzolls diese Produktion an teure Standorte innerhalb der EU verlagert. Ein Abschließungseffekt bedeutet eine nicht-effiziente Produktion und damit Wohlfahrtsverluste, und zwar sowohl für den Integrationsraum als auch für den »Rest der Welt«.

Per saldo ist dann entscheidend, welche Effekte überwiegen. Unter welchen Umständen die positiven Effekte überwiegen, kann modelltheoretisch abgeleitet werden. Wir wollen uns mit dem Hinweis begnügen, dass für die EG ganz sicher die Aufschließungseffekte überwogen haben, auch weil die EG schrittweise erweitert worden ist und die Außenzölle weiter gesenkt worden sind.

2.3 Integrationsprobleme

Die Probleme einer (regional begrenzten) Integration sind im Wesentlichen die folgenden:

Die **Verteilung der Wohlfahrtsgewinne** innerhalb der EU wird vermutlich ungleich sein, insbesondere werden auch die Entwicklungschancen der Länder ungleich verteilt sein. Daher sind heftige Auseinandersetzungen im Bereich der Verteilungspolitik (EU-Strukturfonds: Regional-, Sozial- und Agrarfonds) und im Bereich der Industriepolitik die Regel.

Ungleiche Verteilung der Wohlfahrtsgewinne

Die Integration als »Angebotsschock« begründet z. T. **erhebliche Anpassungskosten**, nämlich den Verlust von Humankapital (Arbeitslosigkeit oder Wertverlust von Qualifikationen), den Verlust von Finanz- bzw. Realkapital bei Produktionsstilllegungen und den Verlust von Regelungskompetenzen für nationale Bürokratien mit den entsprechenden Abwehrreaktionen.

Hohe Anpassungskosten

Eine Wohlfahrtsverschlechterung für den »Rest der Welt« ist nicht ausgeschlossen, weil durch den Abschließungseffekt der Handel zwischen der EU und dem Rest der Welt zumindest relativ zurückgehen wird (der Außenhandelsanteil mit der übrigen Welt wird sinken). Allerdings wird überwiegend erwartet, dass infolge der intraregionalen Wachstumseffekte der Integration das Sozialprodukt und damit die Importe der EU so stark zunehmen, dass zwar der Außenhandelsanteil, aber nicht das Außenhandelsvolumen mit dem Rest der Welt sinken wird.

Wohlfahrtsverschlechterung für den Rest der Welt möglich

Schließlich verbleibt als Grundproblem jeder Integration der teilweise oder völlige Verzicht auf eine eigenständige nationale Wirtschaftspolitik (**Konvergenz**). Dies ist jedenfalls dann ein Problem, wenn Standards, Normen oder Regelungen resultieren, die den nationalen Wertvorstellungen nicht entsprechen. Man denke beispielsweise an Umweltschutznormen, an Inflationsraten oder Arbeitnehmerschutzvorschriften. Wie diese Konvergenz erreicht wird, ist auch eine Frage der geschaffenen Institutionen der Integration.

Verzicht auf autonome nationale Wirtschaftspolitik

3 Das institutionelle System der EU

EU als Staatenverbindung besonderer Art

Die EU ist eine Staatenverbindung von besonderer Art, die sich völkerrechtlich in kein herkömmliches System einordnen lässt. Man gewinnt einen ersten Überblick über die EU mit einer Beschreibung ihrer Organe.

Die Hauptorgane der EU sind:
- die Kommission (Art. 211–219 EGV),
- der Rat (Ministerrat) (Art. 202–210 EGV),
- das Europäische Parlament (Art. 189–201 EGV) und
- der Europäische Gerichtshof (Art. 220–245 EGV).

Daneben existieren einige Nebenorgane, wie z. B. der Rechnungshof, der Wirtschafts- und Sozialausschuss oder der Ausschuss der Regionen. Übergeordnet ist der Europäische Rat der Staats- und Regierungschefs der 25 Mitgliedstaaten.

3.1 Die Kommission

Kommission ist Motor der EU und Hüterin der Verträge.

Die Kommission ist »der Motor der EU« und »Hüterin der Verträge«. Sie ist damit das entscheidende Exekutivorgan, sie
- führt die Gemeinschaftspolitik auf der Grundlage der Ratsbeschlüsse oder in direkter Anwendung des EU-Vertrages durch (Exekutivaufgaben);
- sie sorgt für die Einhaltung der Regeln und der Grundsätze des Gemeinsamen Marktes (Kontrollaufgaben);
- sie macht Vorschläge für eine Fortentwicklung der Gemeinschaft.

Dabei hat die Kommission das Monopol, Beschlussvorlagen für den Rat zu entwickeln (Initiativaufgaben).

Spezielle Befugnisse hat die Kommission im Bereich der Wettbewerbspolitik. Sie überwacht das Kartellverbot, die Missbrauchsaufsicht, die Fusionskontrolle sowie die Kontrolle staatlicher Beihilfen (Art. 81 bis 89 EGV). Hervorzuheben ist schließlich die Verwaltung der EU-Haushalte und der verschiedenen angegliederten Fonds und Programme.

Kommissare sind unabhängig von Weisungen.

Die Kommission besteht gegenwärtig aus 25 Mitgliedern. Jedes Land stellt einen Kommissar. Nach dem Beitritt von Bulgarien und Rumänien wird Zahl und Zusammensetzung der Kommission neu geregelt. Diese Kommissare werden von den Regierungen der Mitgliedstaaten im gegenseitigen Einvernehmen ernannt, ihre Amtszeit beträgt fünf Jahre, eine Wiederernennung ist zulässig. Beschlüsse werden mit Mehrheit der Mitglieder gefasst. Wichtig ist, dass die Kommissare in ihrer Stellung völlig unabhängig von Weisungen der Mitgliedsländer sind, diese sind sogar verpflichtet, nicht zu versuchen, »ihre« Kommissare zu beeinflussen.

Wenn die Kommission auch mit Mehrheit beschließt, so arbeitet sie doch sehr arbeitsteilig. Jeder Kommissar ist für einen bestimmten Arbeitsbereich zuständig, z. B. für den Binnenmarkt oder den Haushalt, und steht weisungsberechtigt einer oder mehreren der nachfolgenden Generaldirektionen vor. So steht die Kommission an der Spitze einer Behörde mit über 25.000 Mitarbeitern.[4]

Arbeitsteilige Aufgabenerfüllung

3.2 Der Rat

Der Rat ist das bedeutsamste Entscheidungsgremium der EU. Er ist das gesetzgebende Organ, genauer, er beschließt die ihm von der Kommission vorgelegten Rechtsakte. Daneben hat der Rat einige Initiativrechte und einige Kontrollrechte, insgesamt ist er das **politische Entscheidungszentrum**.

Der Rat ist gesetzgebendes Organ.

Die Mitglieder des Rates sind Vertreter der Regierungen der Mitgliedstaaten, in der Regel also Minister. Daher heißt der Rat auch Ministerrat. Je nach Sachstand werden die entsprechenden Fachminister entsandt, für Agrarfragen die Agrarminister oder für Finanzfragen die Finanzminister usw. Insgesamt gibt es neun verschiedene Zusammensetzungen des Rates, darunter z. B. den Rat für Wirtschaft und Finanzen (»ECOFIN«).

Der Rat erlässt unterschiedliche Rechtsakte, vor allem Verordnungen und Richtlinien.

Verordnungen sind »europäische Gesetze«, sie gelten unmittelbar und in allen Teilen verbindlich für die Mitgliedstaaten bzw. für Personen, und sie haben Vorrang vor nationalem Recht.

Richtlinien legen die zu erreichenden Ziele fest, überlassen den Mitgliedstaaten aber die Form und die Mittel der Durchsetzung. Sie legen damit den Gesetzesrahmen fest, der innerhalb einer in der Richtlinie festgelegten Frist – in der Regel ein bis zwei Jahre – in nationales Recht umgesetzt sein muss. Auch hier gilt der Vorrang vor nationalem Recht.

Der Rat entscheidet je nach Aufgabenbereich entweder mit Mehrheit, mit qualifizierter Mehrheit oder einstimmig auf der Basis von insgesamt 321 Stimmen. Für die Schaffung des Binnenmarktes entscheidet der Rat einstimmig bei Beschlüssen über Steuern, über die Freizügigkeit und über Arbeitnehmerrechte (Art. 95 Abs. 2 EGV), in allen anderen Fällen mit qualifizierter Mehrheit. Eine qualifizierte Mehrheit gilt als erreicht,

Unterschiedliche Abstimmungsverfahren

- wenn die Mehrheit der Mitgliedstaaten (in einigen Fällen eine Zweidrittelmehrheit) zustimmt und
- wenn mindestens 232 befürwortende Stimmen abgegeben werden, d. h. 72,3 % der Gesamtzahl.

Darüber hinaus kann ein Mitgliedstaat fordern, dass überprüft wird, ob durch die befürwortenden Stimmen mindestens 62 Prozent der Gesamtbe-

---

4 Einschließlich der Beschäftigten des Amtes für Veröffentlichungen, des Zentrums für die Förderung der Berufsbildung und der Europäischen Stiftung zur Verbesserung der Lebens- und Arbeitsbedingungen.

völkerung der EU vertreten werden. Kann dies nicht bestätigt werden, gilt der Beschluss als abgelehnt.

Prinzip der doppelten Mehrheit

Erforderlich ist also eine Art von doppelter Mehrheit, die die Interessen der großen und kleinen Länder zugleich berücksichtigen will. Die einzelnen Länder verfügen über die folgende Anzahl von Stimmen:

Deutschland, Frankreich, Italien und das Vereinigte Königreich	29
Spanien und Polen	27
Niederlande	13
Belgien, Tschechische Republik, Griechenland, Ungarn und Portugal	12
Österreich und Schweden	10
Dänemark, Irland, Litauen, Slowakei und Finnland	7
Zypern, Estland, Lettland, Luxemburg und Slowenien	4
Malta	3
Insgesamt	321

Für eine Blockade im Abstimmungsprozess werden mindestens 90 Stimmen benötigt, d. h. dass ein Beschluss z. B. gegen die Stimmen dreier großer Länder wie Deutschland, Frankreich und das Vereinigte Königreich durchgesetzt werden könnte. Dies ist beachtlich und diese Möglichkeit von Mehrheitsentscheidungen gilt als wesentlicher Fortschritt im Beschlussverfahren der Gemeinschaft.

Mehrheitsentscheidungen erleichtern das Beschlussverfahren.

Wenn den Beschlüssen von Kommission oder Rat nicht gefolgt wird, so gibt es gegenüber Mitgliedstaaten die Möglichkeit, Zwangsgelder durch den EuGH zu verhängen (Art. 228 EG Vertrag).

3.3 Das Europäische Parlament

Anhörungs- und Kontrollbefugnisse des Parlaments

Das Europäische Parlament (EP) hat immer noch relativ beschränkte Befugnisse, auch wenn seine Mitwirkungsrechte am Entscheidungsverfahren im Laufe der Zeit kontinuierlich ausgeweitet worden sind. Das Ergebnis ist eine ungewöhnlich komplizierte Palette von Beteiligungsverfahren für jeweils festgelegte Politikfelder. Die Beteiligungsformen sind:
- Unterrichtung des EP,
- Anhörung des EP,
- das Verfahren der Zusammenarbeit,
- das Verfahren der Zustimmung und
- das Mitentscheidungsverfahren.

Im Prinzip ist das Parlament überwiegend ein Kontrollorgan für die Integrationspolitik von Rat und Kommission. Daneben ist das Parlament in das Gesetzgebungsverfahren in unterschiedlicher Weise eingebunden. Im Grundsatz kommt die Gesetzgebung in einem Dreiecksprozess zustande, das heißt, die Kommission schlägt vor und der Rat entscheidet, nachdem er das Parlament angehört hat. In einer Reihe von Bereichen – insbesondere Binnenmarkt, Forschung, transeuropäische Netze, Bildung, Kultur und Gesundheit – kann das Parlament allerdings auch gleichberechtigt mit dem Rat Verordnungen und Richtlinien erlassen. Bei bestimmten Entscheidungen von großer Bedeutung, wie z. B. der Beitritt neuer Mitglieder, kann der Rat erst nach Zustimmung des Parlaments Stellung nehmen. Schließlich ist das Parlament an der Ernennung der Kommission beteiligt und kann einen Misstrauensantrag gegen die Kommission einbringen und beschließen.

Die Mitwirkungsrechte des EP sind durch die Verträge von Maastricht, Amsterdam und Nizza gestärkt worden. Allerdings ist das oft beklagte Demokratiedefizit – insbesondere in der EU-Gesetzgebung und dem klassischen Recht demokratisch legitimierter Parlamente, der uneingeschränkten Beschlussfassung über den Haushalt – noch nicht beseitigt worden.

Die Mitwirkungsrechte des EP sind zwar erweitert worden, aber Demokratiedefizite sind weiterhin vorhanden.

Die **Mitwirkung des EP** vollzieht sich in drei Formen. Für die Aufnahme neuer Mitgliedstaaten ist die **Zustimmung** des EP ebenso erforderlich wie bei der Bestätigung des Präsidenten der EU-Kommission, bei Internationalen Abkommen, der Bestimmung der Aufgaben des Struktur- und Kohäsionsfonds sowie bei Sanktionen gegen einen Mitgliedstaat, der Grundrechte verletzt hat. In einer Reihe von Politikbereichen ist die **Mitentscheidung** des Parlaments vorgesehen: in der Beschäftigungsförderung, im Arbeitsschutz, der Chancengleichheit und Gleichbehandlung, bei Berufsbildungsmaßnahmen, der Anerkennung von Diplomen, der Umweltpolitik, der Entwicklungspolitik usw. Die schwächste Form der Mitwirkung ist die **Anhörung**, die z. B. bei der Gemeinsamen Außen- und Sicherheitspolitik, der polizeilichen und justiziellen Zusammenarbeit der Mitgliedstaaten und einer Fülle von Gesetzgebungsakten der EU erforderlich ist.

Das Europäische Parlament besteht nach Art. 190 EGV aus 732 Abgeordneten, die auf fünf Jahre direkt gewählt werden. Die Abgeordneten entscheiden unabhängig und sind nicht weisungsgebunden. Die Zahl der Abgeordneten richtet sich nach der Bevölkerungszahl der Mitgliedstaaten. Deutschland hat dementsprechend mit 99 Abgeordneten die meisten, Malta mit 5 die wenigsten Abgeordneten.

3.4 Der Europäische Gerichtshof

Der Europäische Gerichtshof (EuGH) hat die Aufgabe, die Wahrung des Rechts bei Auslegung und Anwendung der EG-Verträge und der erlassenen Normen zu sichern. Der EuGH kann von allen angerufen werden, die für die Anwendung des EG-Rechts verantwortlich sind – also EU-Organe und Mitgliedstaaten – oder die als juristische oder natürliche Personen von Entscheidungen der Gemeinschaft unmittelbar betroffen sind. Wichtig ist der Vorrang des EU-Rechts vor nationalem Recht, auch der Vorrang vor nationalem Verfassungsrecht, und damit auch der Vorrang der Entscheidungen des EuGH vor allen nationalen Gerichten.

Vorrang des EU-Rechts vor nationalem Recht

Der EuGH mit Sitz in Luxemburg besteht aus einem Richter je Mitgliedsstaat, die von acht Generalanwälten unterstützt werden. Sie werden einvernehmlich auf sechs Jahre von den Regierungen der Mitgliedstaaten ernannt. Er ist nach seiner Stellung das unabhängigste EU-Organ und nach seiner Rechtsprechung entscheidend für die dynamische Entwicklung der Gemeinschaft. Ein aus 15 Richtern gebildetes Gericht erster Instanz ist dem EuGH gemäß Art. 225 seit 1989 beigeordnet.

3.5 Der Europäische Rat

Europäischer Rat als ranghöchstes Entscheidungsgremium ...

Der **Europäische Rat** besteht aus den Staats- bzw. Regierungschefs der 25 Mitgliedstaaten und dem Präsidenten der Kommission, er wird unterstützt durch die Außenminister und ein Mitglied der Kommission. Er tagt mindestens zweimal jährlich (»**Gipfeltreffen**«), dabei geht der Vorsitz alle sechs Monate an ein anderes EU-Land über. Dieser Europäische Rat ist das ranghöchste Entscheidungsgremium der EU; er gibt dem europäischen Aufbauwerk allgemeine politische Impulse und hat konkrete Aufgaben bei der Umsetzung der Außen- und Sicherheitspolitik sowie der Wirtschafts- und Währungsunion.

... gibt Impulse für die politische Einheit Europas.

Der Europäische Rat sollte nicht mit dem **Europarat** verwechselt werden. Der Europarat – bestehend aus 46 Staaten – hat das Ziel, die Einheit in ganz Europa zu festigen. Seine Beschlüsse haben den Charakter von Empfehlungen. Die Mitgliedstaaten müssen Rechtsstaatlichkeit, Grundfreiheiten und Menschenrechte garantieren.

3.6 Weitere Organe der EU

Neben diesen fünf zentralen Organen gibt es eine Reihe weiterer Organe. Die wichtigsten sind die folgenden:

- Der **Europäische Rechnungshof** kontrolliert die Rechtmäßigkeit und die Wirtschaftlichkeit der EU-Haushaltsführung.
- Der **Wirtschafts- und Sozialausschuss** berät Kommission und Rat bei ihrer Entscheidungsfindung. In ihm sind höchstens 350 Vertreter der wirtschaftlichen und sozialen Gruppen (Gewerkschaften, Arbeitgeberverbände, Verbraucherverbände usw.) zusammengeschlossen.
- Der **Ausschuss der Regionen** setzt sich ebenfalls aus höchstens 350 Mitgliedern zusammen, die die lokalen und regionalen Gebietskörperschaften vertreten. Der Ausschuss muss vor der Annahme von Beschlüssen, die regionale Interessen berühren, gehört werden und kann auch von sich aus Stellungnahmen abgeben.
- Die **Europäische Zentralbank** ist Mitte 1998 im Rahmen der Wirtschafts- und Währungsunion gemeinsam mit einem europäischen System der Zentralbanken errichtet und mit der Ausgabe der Banknoten und der

Durchführung der gemeinsamen Geldpolitik betraut. Sie ist am 01.01.1999 eingeführt worden (vgl. dazu Kapitel 16).
- Die **Europäische Investitionsbank** gewährt Darlehen und Bürgschaften zur Schaffung neuer Arbeitsplätze, für Vorhaben von gemeinsamem Interesse und für Entwicklungsprojekte.

Daneben gibt es eine Fülle von Verbänden, Organen und Ausschüssen, die hier nicht erwähnt werden können.

Insgesamt ist die Europäische Union eine wenig demokratisch legitimierte Organisation. Die Exekutive (die Kommission) und die Legislative (der Rat) handeln, ohne direkt durch Wahlen oder Parlamente legitimiert zu sein, und das einzige Organ, das aus allgemeinen unmittelbaren Wahlen hervorgeht – das Europäische Parlament –, spielt im Entscheidungsprozess nur eine nachgeordnete Rolle.

Die EU-Institutionen sind demokratisch wenig legitimiert.

4 Der Haushalt der EU

4.1 Gesamthaushalt

Der jährliche Haushaltsplan der EU wird von der Kommission unter Beachtung der finanziellen Vorausschau (siehe Abschnitt 4.4) als Vorentwurf aufgestellt, vom Rat geprüft und als Vorentwurf beschlossen. Das Parlament kann den Haushaltsplan ablehnen (Art. 272 EGV) und vor allem unter Beachtung der Ausgabenhöchstgrenze in letzter Instanz über die **nicht obligatorischen Ausgaben**[5] (das sind Ausgaben, die sich nicht zwingend aus dem Gemeinschaftsrecht ergeben; insgesamt rund 60 Prozent der Ausgaben) entscheiden. Schließlich wird der Haushaltsplan vom Parlament endgültig festgestellt. Damit hat das Parlament gerade im Rahmen des Haushaltsverfahrens relativ weit reichende Befugnisse.

Haushaltsbefugnisse des Parlaments

Tabelle 22.2 gibt einen Überblick über Volumen und Struktur des Haushalts der EU von 2000 bis 2005. Die einzelnen Positionen bei Ausgaben und Einnahmen werden nachfolgend erläutert. Das Haushaltsvolumen ist in diesen Jahren von 87,5 auf 116,5 Milliarden Euro gesteigert worden, das ist eine Zunahme von 33 Prozent. Im Gegensatz zu nationalen Haushalten darf der EU-Haushalt keine Deckungslücke aufweisen, eine Kreditfinanzierung ist also nicht zulässig. Daher übersteigen die erwarteten/geplanten Einnahmen die geplanten Ausgaben in der Regel. Die, meist eintretenden, Einnahmeüberschüsse werden den Mitgliedstaaten nach Vollzug des Haushalts anteilsmäßig gutgeschrieben.

---

5 Obligatorische Ausgaben sind vor allem Ausgaben zur Stützung der Agrarmärkte.

	Mrd. €				Anteile in %	
	2000	2002	2004	2005	2004	2005
Ausgaben (Mittel für Verpflichtungen)						
Agrarpolitik	41,0	44,3	45,1	49,7	41,1	42,7
Strukturpolitik	31,7	33,8	41,0	42,4	37,4	36,4
Interne Politik	5,7	7,2	8,7	9,1	7,9	7,8
Externe Politik	3,4	4,9	5,2	5,2	4,7	4,5
Reserven	0,9	0,7	0,4	0,4	0,3	0,3
Verwaltung	3,1	5,2	6,1	6,4	5,6	5,5
Heranführungshilfen	1,7	3,5	1,7	2,1	1,5	1,8
Ausgleichszahlungen	–	–	1,4	1,3	1,3	1,1
Insgesamt	87,5	99,4	109,7	116,5	100	100
Einnahmen						
Agrarabgaben	2,0	1,4	1,7	1,6	1,7	1,5
Zölle	11,1	8,3	10,7	10,7	10,5	10,1
MwSt.-Eigenmittel	32,6	22,6	13,6	15,3	13,3	14,4
BNE-Eigenmittel	43,0	46,6	69,0	77,6	67,8	73,0
Sonstige	0,7	16,8	6,8	1,0	6,7	1,0
Insgesamt	89,4	95,7	101,8	106,3	100	100
Quelle: Europäische Kommission						

Tab. 22.2: Der EU-Haushalt

4.2 Ausgaben

Die Ausgaben[6] der EU werden meist nach den in Tabelle 22.2 aufgeführten großen Ausgabenblöcken differenziert:

Dominanz der Agrar- und Strukturausgaben

- Die Ausgaben für die **Agrarpolitik** dominieren mit einem Ausgabenanteil von gut 40 Prozent. Dieser Anteil ist allerdings rückläufig.
- Daneben spielen die Ausgaben für die **Strukturpolitik** mit einem Anteil von gut einem Drittel eine zentrale Rolle im EU-Haushalt.
- Ausgaben im Bereich der **Internen Politik** sind vor allem Ausgaben für Forschung und Entwicklung (2005 rund 5.047 Millionen Euro). Daneben spielen die Ausgaben für Energie und Verkehr und die Bildung und Kultur eine gewisse Rolle.

---

6 Hier sind Plangrößen, die so genannten »Mittel für Verpflichtungen« von den Istgrößen, den so genannten »Mitteln für Zahlungen« zu unterscheiden.

- Ausgaben im Bereich der **Externen Politik** finanzieren Kooperationen mit zahlreichen Ländern außerhalb der EU, Humanitäre Hilfen, Nahrungsmittellieferungen und z. B. auch die Gemeinsame Außen- und Sicherheitspolitik.
- **Heranführungshilfen** finanzieren Vorbereitungen der Beitrittsländer vor allem im Bereich der Agrar-, Verkehrs- und Umweltpolitik sowie Anpassungen der Verwaltungssysteme.
- Ausgleichszahlungen werden den neuen Mitgliedstaaten gewährt, wenn diese anderenfalls Nettozahler wären.

Das Volumen der Ausgaben ist dadurch strikt begrenzt, dass sie im Zeitraum 2000–2006 1,27 Prozent des BNE nicht übersteigen dürfen.[7] Faktisch beträgt der Anteil der EU-Ausgaben am BNE der Mitgliedstaaten rund 1,1 Prozent. Dies ist im Vergleich z. B. des Anteils der Staatsausgaben (Bund, Länder, Gemeinden) in Deutschland in Höhe von rund 30 Prozent relativ gering. Zurzeit (Mitte 2005) wird die »Finanzielle Vorausschau« für 2007 bis 2013 diskutiert.

Strikte Ausgabengrenze

4.3 Einnahmen

Die Einnahmen der EU sind die in Tabelle 22.1 aufgeführten Agrarabgaben, Zölle, MWSt-Eigenmittel und BNE-Eigenmittel.

Agrarabgaben sind Agrarabschöpfungen sowie Zucker- und Isoglucoseabgaben. Agrarabgaben sind Ergebnis der gemeinsamen Agrarpolitik der EU. Sie sind im Prinzip Zölle, die erhoben werden, wenn landwirtschaftliche Erzeugnisse aus Drittländern in die Gemeinschaft eingeführt werden, deren Preise unter denen liegen, die in der Gemeinschaft gelten. Damit sollen die Unterschiede zwischen den Weltmarkt- und EU-Preisen ausgeglichen und so die gemeinsame Agrarpolitik nach außen abgesichert werden. Zu den Agrarabgaben wird auch die Zucker- und Isoglucoseabgabe (Isoglucose ist ein Zuckerkonkurrenzprodukt) gerechnet, die von den Herstellern im Rahmen der gemeinsamen Marktorganisation für Zucker zu entrichten ist. Hiermit werden die Zuckerfabriken an den Kosten der Stützung des Zuckermarktes, insbesondere der Finanzierung von Exporterstattungen beteiligt. Diese Abgabe ist also eine Art spezielle Verbrauchsteuer. Die Einnahmen beliefen sich 2005 auf 1,5 Milliarden Euro, spielen aber keine große Rolle mehr.

Agrarabgaben sind im Prinzip Zölle bzw. Verbrauchsteuern.

Zölle: Die EU ist immer noch auch eine Zollunion. Sie erhebt einen gemeinsamen Zoll für Importe aus Drittländern. Dieser Zoll wird an den Außengrenzen der EU, insbesondere in den großen Handelshäfen wie Rotterdam erhoben. Hier hat die EU die Gestaltungskompetenz. Die daraus fließenden Einnahmen werden vollständig dem Haushalt der Gemeinschaft zugeführt.

---

[7] Formal dürfen die Einnahmen 1,27 Prozent nicht übersteigen. Da aber die Ausgaben nicht kreditfinanziert werden dürfen, ist diese Einnahmegrenze auch eine Ausgabengrenze.

Dies waren 2005 rund 10,7 Milliarden Euro. Für die Erhebungskosten dürfen die Mitgliedstaaten mittlerweile 25 Prozent der Einnahmen einbehalten.

Große, aber abnehmende Bedeutung der Mehrwertsteuer-Eigenmittel

Mehrwertsteuer-Eigenmittel: Diese Einnahmen ergeben sich aus der Anwendung eines für alle Mitgliedstaaten einheitlichen Steuersatzes (Eigenmittelsatz) auf die einheitliche (harmonisierte) Mehrwertsteuer-Bemessungsgrundlage, die etwa dem Endverbrauch entspricht. Der Steuersatz wird ab dem Jahre 2002 auf 0,75 Prozent, ab dem Jahr 2004 auf 0,5 Prozent reduziert (zuvor betrug der Steuersatz 1,4 bzw. 1 Prozent). Daneben besteht eine so genannte Kappungsgrenze: Die Mehrwertsteuer-Bemessungsgrundlage wird nur bis zur Höhe von 50 Prozent des Bruttonationaleinkommens (BNE) angerechnet. Mit dieser Regelung und mit der schrittweisen Senkung des Steuersatzes soll der Tatsache Rechnung getragen werden, dass weniger entwickelte Länder einen relativ hohen Endverbrauchsanteil am BNE aufweisen und daher durch die Aufbringung der Mehrwertsteuer-Eigenmittel relativ stärker belastet werden als die entwickelteren Länder. Im Haushalts-Jahr 2005 finanzierten die Mehrwertsteuer-Eigenmittel mit 15,3 Milliarden Euro gut 14 Prozent des Haushalts.

BNE-Eigenmittel (Einnahmen auf der Grundlage des Bruttonationaleinkommens): Weil die bisher genannten Einnahmen nicht ausreichen und weil sie durch Einnahmen ersetzt werden sollten, die die wirtschaftliche Leistungsfähigkeit der Mitgliedsstaaten besser berücksichtigen, hat der Europäische Rat 1988 eine weitere Einnahmequelle beschlossen, die BNE-Eigenmittel. Dabei handelt es sich um eine veränderliche Hilfsgröße, die die restliche Einnahmelücke im EU-Haushalt finanzieren soll. Bemessungsgrundlage ist das Bruttonationaleinkommen der Mitgliedstaaten, und der »Steuersatz« ergibt sich aus der zu deckenden Haushaltslücke. Mit den BNE-Eigenmitteln wird eine Besteuerung nach der Leistungsfähigkeit erreicht. Sie sind mit rund 78 Milliarden Euro und einem Einnahmeanteil von 73 Prozent mittlerweile die bedeutendste Einnahme der EU.

BNE-Eigenmittel als mittelfristige Einnahmeart

Sonstige Einnahmen sind z. B. Steuern für die Dienstbezüge des EU-Personals, Beiträge neuer Mitgliedstaaten, die sie abführen, solange sie noch nicht das EU-Mehrwertsteuersystem anwenden, oder auch Haushaltsüberschüsse aus den Vorjahren.

Im Zeitablauf ist auf der Einnahmenseite des EU-Haushalts eine deutliche Steigerung der Einnahmen zu erkennen und zugleich eine erhebliche Strukturverschiebung in Richtung einer Besteuerung nach dem BNE, also nach dem Indikator für die wirtschaftliche Leistungsfähigkeit. Die Einnahmen sind insgesamt auf 1,27 Prozent des BNE begrenzt. Diese **Eigenmittelobergrenze** ist im Rahmen der Agenda 2000 für den gesamten Zeitraum der Finanziellen Vorausschau 2000–2006 vom Europäischen Rat beschlossen worden, um eine gewisse Ausgabendisziplin zu erreichen.

Einnahmebegrenzung

Wenngleich die EU von Eigenmitteln spricht, sind die MwSt-Eigenmittel und die BNE-Eigenmittel doch keine richtigen eigenen EU-Steuern, weil die Gesamteinnahmen vom Europäischen Rat begrenzt werden und Mittel für Erhöhungen (Eigenmittelobergrenze) von den Mitgliedstaaten ratifiziert werden müssen. Daher ist die Kommission bestrebt, eine richtige **eigene**

Steuer einzuführen mit einem festen Steuersatz bezogen auf das Bruttonationaleinkommen. Dies könnte dann eine proportionale oder sogar eine progressiv ausgestaltete EU-Einkommenssteuer sein. Solange die EU-Institutionen und die EU-Entscheidungsverfahren indes von einem Demokratiedefizit gekennzeichnet sind, ist eine EU-Steuer problematisch.

EU-Kommission erstrebt eine eigene EU-Steuer

Insgesamt ist festzustellen, dass der Bereich der Finanzierung der EU, anders als viele andere Bereiche der Wirtschaft, noch stark der nationalen Souveränität der Mitgliedstaaten unterstellt ist. Dies liegt sicher auch daran, dass das Recht, Steuern zu erheben, eines der zentralen wirtschaftlichen Souveränitätsrechte der Staaten ist (»the power to tax is the power to govern«).

4.4 Finanzielle Vorausschau

Die Ausgaben der EU werden im Rahmen einer mittelfristigen Finanzplanung, der so genannten **Finanziellen Vorausschau**, geplant; hier werden die jährlichen Ausgabenhöchstbeträge verbindlich festgesetzt. 1999 ist im Rahmen der Agenda-2000-Verhandlungen, die einige Veränderungen im Bereich der Agrar-, Struktur- und Haushaltspolitik der EU bewirkten, die finanzielle Vorausschau für die Jahre 2000–2006 angenommen worden. Tabelle 22.3 gibt einen Überblick über Volumen und Struktur der mittelfristig geplanten Ausgaben. Dabei dominieren nach wie vor die Landwirtschaft und die Strukturpolitik, wenngleich der politische Wille erkennbar ist, das Gewicht dieser beiden Ausgabenblöcke zu reduzieren, um einen Spielraum für die Finanzierung der Ost-Erweiterung zu gewinnen.

Planung der Ausgabenhöchstbeträge

Die Eigenmittel-Obergrenze von 1,27 Prozent des BNE wird zumindest bis zum Jahre 2006 beibehalten; das tatsächliche Ausgabevolumen soll auf 1,09 Prozent des BSP zurückgeführt werden.

Für die Staaten, die der EU beitreten wollen, sind erhebliche Mittel vorgesehen:

Mittel für die Erweiterung der EU

- Zum einen Mittel, die der **Vorbereitung der Erweiterung** dienen in Höhe von gut 3 Milliarden Euro jährlich. Im Rahmen der Landwirtschaft werden die Mittel zur Modernisierung der Betriebe eingesetzt, im Rahmen der Strukturpolitik für den Verkehrs- und Umweltsektor und im Rahmen von PHARE (vgl. Kapitel 30, Abschnitt 5.3) für die Modernisierung von Wirtschaft und Verwaltung.
- Zum anderen Mittel, die im **Rahmen der bisherigen Gemeinschaftspolitik** vor allem in der Agrar- und Strukturpolitik den neuen Mitgliedern nach ihrem Beitritt zufließen werden, von geplanten 4,4 Milliarden Euro im Jahre 2002 bis zu geplanten 15,1 Milliarden Euro im Jahre 2006; insgesamt 48,2 Milliarden Euro.

Zurzeit wird über die vierte Finanzielle Vorausschau (2007–2013) beraten, die sich an die Agenda 2000 (2000–2006) anschließt. Hier liegt der Vorschlag der Kommission vor, der in Tabelle 22.4 wiedergegeben ist. Auffällig ist der Wechsel in den Bezeichnungen der Hauptausgabenkategorien: Statt »Strukturpolitik« wird die Bezeichnung »Nachhaltiges Wachstum« und statt

Mittel für Verpflichtungen	Jeweilige Preise			Preise 2002			
	2000	2001	2002	2003	2004	2005	2006
1. Landwirtschaft	41.738	44.530	46.587	46.449	45.377	44.497	44.209
- GAP-Ausgaben (ausgenommen ländliche Entwicklung)	37.352	40.035	41.992	41.843	40.761	39.870	39.572
- Ländliche Entwicklung und flankierende Maßnahmen	4.386	4.495	4.595	4.606	4.616	4.627	4.637
2. Strukturpolitische Maßnahmen	32.678	32.720	33.638	33.308	32.998	32.735	31.955
- Strukturfonds	30.019	30.005	30.849	30.519	30.316	30.053	29.278
- Kohäsionsfonds	2.659	2.715	2.789	2.789	2.682	2.682	2.677
3. Interne Politikbereiche	6.031	6.272	6.558	6.676	6.793	6.910	7.038
4. Externe Politikbereiche	4.627	4.735	4.873	4.884	4.895	4.905	4.916
5. Verwaltungsausgaben	4.638	4.776	5.012	5.119	5.225	5.332	5.439
6. Reserven	906	916	676	426	426	426	426
- Währungsreserve	500	500	250				
- Soforthilfereserve	203	208	213	213	213	213	213
- Reserve für Darlehensgarantien	203	208	213	213	213	213	213
7. Heranführungshilfe	3.174	3.240	3.328	3.328	3.328	3.328	3.328
- Landwirtschaft	529	540	555	555	555	555	555
- Strukturpolitische Instrumente zur Vorbereitung des Beitritts	1.058	1.080	1.109	1.109	1.109	1.109	1.109
- PHARE (beitrittswillige Länder)	1.587	1.620	1.664	1.664	1.664	1.664	1.664
Mittel für Verpflichtungen insgesamt	93.792	97.189	100.672	100.190	99.042	98.133	97.311
Mittel für Zahlungen insgesamt	91.322	94.730	100.078	100.795	97.645	95.789	95.217
Mittel für Zahlungen in % des BNE	1,10	1,09	1,00	1,00	1,02	0,97	0,95
Verfügbar für Erweiterung (Zahlungen)				4.397	7.125	9.440	12.146	15.097
- Landwirtschaft				1.698	2.154	2.600	3.109	3.608
- Sonstige Ausgaben				2.699	4.971	6.840	9.037	11.489
Obergrenze der Mittel für Zahlungen	91.322	94.730	104.475	107.920	107.085	107.935	110.314
Obergrenze der Mittel für Zahlungen in % des BNE	1,10	1,09	1,14	1,15	1,12	1,10	1,09
Spielraum für unvorhergesehene Ausgaben in % des BNE	0,17	0,18	0,13	0,12	0,15	0,17	0,18
Eigenmittel-Obergrenze in % des BNE	1,27	1,27	1,27	1,27	1,27	1,27	1,27

Quelle: Gesamtbericht über die Tätigkeit der Europäischen Kommission 2001, S. 396.

Tab. 22.3: Finanzielle Vorausschau 2000–2006 (in Mio. €)

»Landwirtschaft« wird die Bezeichnung »Erhaltung und Bewirtschaftung der natürlichen Ressourcen« gewählt. Dies klingt sehr schön, aber verändert die Zuordnung des Hauptteils der vorgesehenen Mittel für die Bereiche Landwirtschaft und Strukturpolitik nicht.

Das Volumen der Verpflichtungsermächtigungen ist deutlich auf zunächst gut 133 Milliarden Euro erhöht worden, dagegen ist die Obergrenze der Eigenmittel auf 1,24 Prozent des Bruttonationaleinkommens reduziert worden. Ob diesem Vorschlag gefolgt wird, ist im November 2005 noch nicht abzusehen.

4.5 Nettoposition

Die **Nettoposition** ergibt sich als Differenz zwischen den Einnahmen der EU aus dem Mitgliedsland und den Zahlungen der EU an diesen Staat.

Verpflichtungsermächtigungen	2007	2008	2009	2010	2011	2012	2013	
Nachhaltiges Wachstum	58.735	61.875	64.895	67.350	69.795	72.865	75.950	
▪ Wettbewerbsfähigkeit für Wachstum und Beschäftigung	12.105	14.390	16.680	18.965	21.250	23.540	25.825	
▪ Kohäsion für Wachstum und Beschäftigung	46.630	47.485	48.215	48.385	48.545	49.325	50.125	
Erhaltung und Bewirtschaftung der natürlichen Ressourcen davon:	57.180	57.900	58.115	57.980	57.850	57.825	57.805	
Landwirtschaft – Aufwendungen für den Markt und direkte Beihilfen	43.500	43.673	43.354	43.034	42.714	42.506	42.293	
Unionsbürgerschaft, Freiheit, Sicherheit und Recht	2.570	2.935	3.235	3.530	3.835	4.145	4.455	
Die EU als globaler Partner	11.280	12.115	12.885	13.720	14.495	15.115	15.740	
Verwaltung	3.675	3.815	3.950	4.090	4.225	4.365	4.500	
Ausgleichszahlungen	120	60	60	0	0	0	0	
Verpflichtungsermächtigungen insgesamt	**133.560**	**138.700**	**143.140**	**146.670**	**150.200**	**154.315**	**158.450**	
Zahlungsermächtigungen insgesamt	124.600	136.500	127.700	126.000	132.400	138.400	143.100	Durchschnitt
Zahlungsermächtigungen in % des BNE	1,15%	1,23%	1,12%	1,08%	1,11%	1,14%	1,15%	1,14%
Verfügbare Marge	0,09%	0,01%	0,12%	0,16%	0,13%	0,10%	0,09%	0,10%
Obergrenze der Eigenmittel in % des BNE	1,24%	1,24%	1,24%	1,24%	1,24%	1,24%	1,24%	1,24%
Quelle: Europäische Kommission								

Tab. 22.4: Finanzielle Vorausschau 2007–2013 (in Mio. €, zu Preisen von 2004)

Die **Zahlungen der Mitgliedsländer an die EU** orientieren sich vor allem an der wirtschaftlichen Leistungsfähigkeit – letztlich überwiegend am BNE – und daneben an der geographischen Lage. BNE-Eigenmittel orientieren sich direkt am BNE und MwSt-Eigenmittel am größten Aggregat des BNE, dem Endverbrauch. Daher zahlen große Länder wie Deutschland insgesamt viel ein, und reiche Länder, wie Luxemburg oder Schweden, zahlen pro Kopf der Bevölkerung viel ein. Die geographische Lage spielt insofern eine Rolle, als an den Außengrenzen abgewickelte Importe dort zu Zolleinnahmen führen, die an die EU abzuführen sind. Dies gilt besonders für Rotterdam und die Niederlande.

Zahlungen an die EU orientieren sich überwiegend am BNE.

Die **Zahlungen der EU an die Mitgliedsländer** orientieren sich vor allem an Umfang und Struktur der Landwirtschaft und am allgemeinen Entwicklungsstand, meist gemessen am BIP pro Kopf: Die Agrarpolitik und die Strukturpolitik finanzieren die wesentlichen Rückflüsse. Daher sind relativ wenig entwickelte Länder mit einem hohen Anteil der Agrarproduktion wie Spanien, Griechenland und Portugal Nettoempfänger, während relativ entwickelte Industrieländer wie Deutschland, Großbritannien oder Schweden Nettozahler sind.

Zahlungen an die Länder orientieren sich überwiegend am Entwicklungsstand.

Die deutsche Nettoposition

Tabelle 22.5 zeigt die **Nettoposition** der EU-Mitgliedstaaten im Jahr 2003. Deutschlands Nettobeitrag zum EU-Haushalt beträgt rund 7,7 Milliarden Euro; dabei hat sich der starke Anstieg bis Mitte der 90er-Jahre zuletzt nicht mehr fortgesetzt. Insgesamt erbringt Deutschland absolut den weitaus größten Teil der Finanzierungslast der EU; im Verhältnis zum Bruttonationaleinkommen sind aber Schweden und die Beneluxstaaten ähnlich hoch belastet. Wenngleich Kosten und Nutzen der EU letztlich nicht quantifiziert werden können, erscheint diese Lastverteilung doch als einseitig. Daher wurde in der Agenda 2000 beschlossen, den Beitrag Deutschlands und der anderen größeren Nettozahler Niederlande, Österreich und Schweden zu reduzieren.[8] Für Deutschland ergibt sich im Zeitraum 2000 bis 2006 eine Minderung von rund 7 Milliarden Euro insgesamt. Vom Grundprinzip, dass reichere und entwickeltere Länder Nettozahler sind, während ärmere und weniger entwickelte Länder Nettoempfänger sind, soll allerdings nicht abgewichen werden.

Land	Nettoposition in % des BNE	Nettoposition in Mio. €
Niederlande	− 0,43	− 1.956
Deutschland	− 0,36	− 7.652
Schweden	− 0,36	− 950
Belgien	− 0,28	− 775
Luxemburg	− 0,28	− 56
Vereinigtes Königreich	− 0,16	− 2.763
Österreich	− 0,15	− 336
Frankreich	− 0,12	− 1.911
Dänemark	− 0,11	− 214
Italien	− 0,06	− 794
Finnland	− 0,01	− 21
Spanien	+ 1,21	+ 8.733
Irland	+ 1,40	+ 1.565
Griechenland	+ 2,22	+ 3.368
Portugal	+ 2,66	+ 3.482
Quelle: Europäische Kommission		

Tab. 22.5: Nettoposition der EU-Mitgliedstaaten 2003

---

[8] Formal wurde der Anteil an der Finanzierung des Beitragsrabatts für Großbritannien auf 25 Prozent reduziert. Dieser Beitragsrabatt, den Großbritannien 1984 durchgesetzt hatte, beträgt im Jahr 2000 z. B. 3,4 Milliarden Euro.

5 Agrarpolitik der EU

Die Gemeinsame Agrarpolitik (GAP) beansprucht immer noch fast die Hälfte des EU-Haushalts und ist damit quantitativ der bedeutsamste Bereich der EU-Wirtschaftspolitik. Bis Anfang der 90er-Jahre bestand die GAP im Wesentlichen aus einem System von Preisstützungen für landwirtschaftliche Produkte. Dies war und ist eine Form einer **sozial motivierten Preispolitik**, die in vielen Bereichen der Wirtschaft, angefangen von Höchstgrenzen für Mieten bis hin zum verbilligten Mensaessen, anzutreffen ist. Die herrschende Wirtschaftswissenschaft hat eine solche Form einer Sozialpolitik immer mit den Argumenten kritisiert, dass dies zu einer Fehlallokation der Ressourcen führe, dass die Kontrollkosten sehr hoch seien und dass die resultierende Wohlfahrtsverbesserung der zu Schützenden relativ gering sei. Daher zieht die Wirtschaftswissenschaft eine **sozial motivierte Einkommenspolitik**, eine direkte Einkommenshilfe vor. Anfang der 90er-Jahre ist das System der Preisstützungen durch die Einführung von direkten Einkommenshilfen ergänzt und seitdem in diesem Sinne fortentwickelt worden. Dieser Wandel im Leitbild der Agrarpolitik ist auch ein Sieg der Ökonomie.

Von der Preisstützung zur direkten Einkommenshilfe

Wandel im Leitbild der Agrarpolitik

5.1 Begründung staatlicher Regulierung des Agrarsektors

Traditionell wird die Landwirtschaft, nicht nur im Rahmen der EU, relativ stark reguliert und geschützt. Dies liegt vor allem an folgenden Strukturdefiziten der landwirtschaftlichen Produktion:

- Landwirtschaftliche Produkte sind **inferiore Güter** mit sehr geringer Einkommenselastizität der Nachfrage, d.h. die Nachfrage nach landwirtschaftlichen Produkten steigt mit steigendem Einkommen, wenn überhaupt, nur noch sehr gering.
- Die Nachfrage nach landwirtschaftlichen Produkten ist sehr **wenig preiselastisch**, d.h. Preisänderungen verändern die Nachfrage kaum. Dies bedeutet auch, dass umgekehrt eine Veränderung der Angebotsmenge zu relativ starken Preisänderungen führt.
- Dies würde in Verbindung mit den im Durchschnitt erheblichen Produktivitätssteigerungen der Landwirtschaft einen anhaltenden und kräftigen **Verfall der Agrarpreise** bewirken (ruinöser Preisverfall), der verteilungspolitisch nicht zu akzeptieren ist.

Strukturdefizite in der Agrarproduktion

Gefahr eines ruinösen Preisverfalls

Hinzu kommt sicher, dass in vielen Ländern eine nationale Deckung des Bedarfs an Lebensmitteln angestrebt wird (Nahrungsmittelautarkie) und dass in vielen Ländern Europas die Landwirtschaft eine wichtige Erwerbsquelle der Bevölkerung ist. Mithin kann als Konsens gelten, dass die Landwirtschaft nicht allein dem Prinzip der wettbewerblichen Selbststeuerung unterworfen werden sollte, fraglich sind nur die geeigneten Schutzmaßnahmen.

5.2 Grundstruktur der traditionellen EU-Agrarpolitik

Explizit sieht der EG-Vertrag für die Landwirtschaft einen Gemeinsamen Markt vor (Art. 32–38 EGV). Dies war allerdings deswegen besonders schwer zu erreichen, weil nationale Märkte im Marktsinne nicht bestanden, vielmehr eine gemeinsame Regulierungspolitik zu entwickeln war. Diese **gemeinsame Regulierungspolitik** besteht im Wesentlichen aus einem System von sog. **Agrarmarktordnungen** (die, wie es treffend heißt, mit Markt nichts und mit Ordnung nur wenig gemein haben).

Grundelemente der Agrarmarktordnungen

> Ihre Grundelemente sind:
> - Schutz vor der Konkurrenz des Weltmarktes durch Agrarabschöpfungen (im Prinzip flexible Zölle) und
> - Garantiepreise für die Erzeuger, die in der Regel über den Gleichgewichtspreisen liegen (Intervention).

Für rund 70 Prozent aller landwirtschaftlichen Produkte gelten das Garantiepreissystem und der Schutz vor der Weltmarktkonkurrenz: Getreide, Zucker, Milchprodukte, Rind-, Schweine- und Schaffleisch, einige Obst- und Gemüsesorten sowie Tafelwein. Für einige Produkte wie Geflügel, Eier, Blumen und einige Obst- und Gemüsesorten gilt nur der Schutz vor billigen Importen. Insgesamt sind etwa 95 Prozent der landwirtschaftlichen Produktion geschützt. Im Einzelnen unterscheiden sich die Regelungen für die jeweiligen Produkte ein wenig, die Grundstruktur ist indes gleich.

5.3 Funktionsweise von Intervention und Agrarabschöpfung

Die Preise für landwirtschaftliche Produkte bilden sich, ebenso wie die Preise für andere Waren, grundsätzlich durch Angebot und Nachfrage. Droht der Erzeugerpreis allerdings ein bestimmtes Niveau zu unterschreiten, so greifen bei Agrarprodukten, die in eine gemeinsame Marktordnung einbezogen sind, preisstützende Maßnahmen. Zu Beginn eines Wirtschaftsjahres setzt der Agrarministerrat die institutionellen Preise fest. Besondere Bedeutung kommt dabei dem **Richtpreis** (agrarpolitisch gewünschter Erzeugerpreis) und dem – meist deutlich niedrigeren – **Interventionspreis** zu. Für die wichtigsten Agrargüter, vor allem Getreide, Zucker, Fleisch und Milch, bildet der Interventionspreis die Untergrenze des Binnenpreisniveaus, da die Interventionsstellen die angebotenen Mengen zum Interventionspreis kaufen, wenn sie auf dem freien Markt nicht zu höheren Preisen verkauft werden können. Damit ist der Interventionspreis der Mindestpreis auf Großhandelsstufe. Diese Mindestpreise werden in der Regel aber auf bestimmte Höchstmengen begrenzt.

Preisstützung durch Intervention

Interventionspreis als Mindestpreis auf Großhandelsstufe

Überschussproduktion

Dieses Preisstützungssystem führt in der Regel zu erheblichen Überschüssen der landwirtschaftlichen Produktion. Diese Überschüsse werden aufgekauft, gelagert, verwertet oder vernichtet. Finanziert wird dies im Rahmen des EU-Haushalts durch den »Europäischen Ausrichtungs- und Garantiefonds für die Landwirtschaft« – Abteilung Garantie, abgekürzt EAGFL-G. Tabelle 22.6 gibt einen Überblick über die Struktur dieser Ausgaben.

Sektor oder Art der Maßnahme	Ausgaben 2000	Ausgaben 2001[2]	Ausgaben 2002	Mittel 2003[2]	Mittel 2004[3]
Landwirtschaftliche Kulturpflanzen[4]	16.663,1	17.466,2	18.590,1	16.790,0	17.568,0
Zucker	1.910,2	1.497,1	1.395,9	1.482,0	1.538,0
Olivenöl	2.210,1	2.523,8	2.329,3	2.341,0	2.364,0
Trockenfutter und Hülsenfrüchte	381,3	374,8	388,3	389,0	384,0
Textilpflanzen	991,4	826,3	816,4	908,0	885,0
Obst und Gemüse	1.551,3	1.558,0	1.551,4	1.609,0	1.598,0
Wein	765,5	1.196,7	1.348,7	1.381,0	1.214,0
Tabak	987,1	973,4	963,2	973,0	941,4
Sonstige Sektoren/pflanzliche Erzeugnisse	350,0	297,4	303,0	303,0	297,0
Milch und Milcherzeugnisse	2.544,3	1.906,6	2.360,0	2.672,0	2.546,0
Rindfleisch	4.539,6	6.054,0	7.071,9	8.404,0	8.032,0
Schaf- und Ziegenfleisch	1.735,6	1.447,3	552,4	1.805,0	1.530,0
Schweinefleisch, Eier und Geflügel und sonstige tierische Erzeugnisse	446,9	137,1	119,2	203,5	156,5
Fischerei	9,4	13,4	15,3	14,45	15,2
Nicht-Anhang-I-Erzeugnisse	572,2	435,6	409,7	415,0	415,0
Nahrungsmittelhilfeprogramme	308,9	281,8	242,7	306,0	299,0
Programme POSEI	226,9	183,6	210,0	264,0	283,0
Veterinär- und Pflanzenschutzmaßnahmen	–	565,5	222,5	190,0	204,9
Kontrolle und Vorbeugung	74,6	32,1	31,0	48,0	26,9
Rechnungsabschluss und Kürzungen/Aussetzungen (B1-10 bis 39)	–1.077,9	–569,7	–235,0	–500,0	–400,0
Verkaufsförderung und Information	48,7	48,9	20,3	66,5	66,0
Sonstige Maßnahmen[5]	933,1	469,8	158,6	18,0	–5,5
Teilrubrik 1a insgesamt	36.172,2	37.719,7	38.864,9	40.082,45	39.958,41
Teilplafond 1a	37.352,0	40.035,0	41.992,0	42.680,0	42.408,0
Marge	1.179,8	2.315,3	3.127,1	2.597,55	2.449,59
Entwicklung des ländlichen Raums und flankierende Maßnahmen (Teilrubrik 1b)	4.176,4	4.363,8	4.349,4	4.698,0	4.803,0
Teilplafond 1b	4.386,0	4.494,5	4.595,0	4.698,0	4.803,0
Marge	209,6	125,7	245,6	0	0
Insgesamt (1a + 1b)	40.348,6	42.088,5	43.214,3	44.780,45	44.761,41
Agrarleitlinie	46.549,0	48.788,0	50.867,0	51.889,0	53.622,0
Marge	6.200,4	6.699,5	7.652,7	7.108,55	8.860,59

[1] Gemäß Eingliederung im Haushaltsentwurf 2003.
[2] Einschließlich der Mittel aus Kapitel B-40 (Reserven und Rückstellungen ohne die bei Kapitel B1–60 eingesetzte Währungsreserve).
[3] Im Berichtigungsschreiben für 2004 eingesetzte Verpflichtungsermächtigungen (einschließlich Reserven und Rückstellungen).
[4] Getreide, Ölsaaten, Eiweißpflanzen und Flächenstilllegung.
[5] Seit dem Haushaltsplan 1996 umfasst dieses Kapitel hauptsächlich agromonetäre Beihilfen.
Quelle: Gesamtbericht über die Tätigkeit der Europäischen Union 2003

Tab. 22.6: Ausgaben des EAGFL-Abteilung Garantie (in Mio. €, nach Sektoren[1])

Schutz vor der Weltmarktkonkurrenz

Um die europäische Landwirtschaft vor billigen Importen zu schützen, gibt es neben den internen Regelungen einen umfassenden Außenschutz für den Agrarbereich. Je nach Marktordnung besteht der Außenschutz aus variablen **Abschöpfungen** oder Zöllen oder einer Kombination aus beidem. Mit Hilfe der variablen Abschöpfungen wird der Einfuhrpreis auf den Schwellenpreis, der in etwa dem Richtpreis entspricht, hochgeschleust. Damit wird erreicht, dass die Importgüter im Inland nicht unter dem Richtpreis angeboten werden können; die EU-Agrarproduktion ist mithin wirksam vor der Weltmarktkonkurrenz geschützt.

Spiegelbildlich zu den Abschöpfungen als Einfuhrhemmnis praktiziert die EU **Exporterstattungen** als Ausfuhrsubventionen. Damit wird der Unterschied zwischen den hohen EU-Preisen und den niedrigen Weltmarktpreisen ausgeglichen: Der Exporteur erhält bei Lieferungen in Gebiete außerhalb der EU also den Weltmarktpreis plus Exporterstattung und steht sich damit etwa so wie bei Verkäufen innerhalb der Gemeinschaft.

Dieses System ist für Agrarproduzenten außerhalb der EU, sofern ihnen nicht Sonderkonditionen eingeräumt werden wie im Rahmen des Allgemeinen Präferenzsystems oder der Abkommen von Lomé, außerordentlich nachteilig. Es verwehrt ihnen einerseits die bei einem Freihandel möglichen Absatzmärkte in der Gemeinschaft und übt andererseits durch die subventionierten Exporte einen erheblichen Druck auf die Weltmarktpreise aus, schmälert also sowohl die erzielbaren Preise als auch die erzielbaren Absatzmengen. In den Verhandlungsrunden der WTO zur Liberalisierung des Welthandels spielt diese Problematik stets eine zentrale Rolle. Insbesondere die Exportsubventionen werden heftig kritisiert; zudem verlangt die WTO, dass direkte Einkommenssubventionen produktionsneutral ausgestaltet sein sollten, d. h. nicht zur Erhöhung der landwirtschaftlichen Überschussproduktion beitragen.

Konflikt mit der Idee des Freihandels

5.4 Bewertung

Hohe Kosten der Preisstützung

Das beschriebene Preisstützungssystem ist sehr teuer, der EU-Haushalt wird durch seine Finanzierung so stark belastet, dass für andere notwendige Aufgaben, z. B. im Bereich der Struktur- und Regionalpolitik, nur wenige Mittel übrig bleiben. Das Preisstützungssystem ist zudem aus mehreren Gründen ineffizient und auch verteilungspolitisch kaum zu vertreten:

- Ein großer Teil der Ausgaben wird für die **Folgen der Preisstützung** verwendet, für die Kosten von Aufkauf, Verwaltung und Lagerhaltung, für Exporterstattungen, Beihilfen für inferiore Verwendung (z. B. Verfütterung von zuvor kostspielig produziertem Milchpulver an Kälber) oder für die Vernichtung. Damit wird das eigentliche Ziel – Erhöhung der Erzeugereinkommen – weitgehend verfehlt. So wird geschätzt, dass den Landwirten nur rund 20 Prozent der Agrarmarktausgaben zufließen.

Ineffizienz der Preisstützung

- Das Preisstützungssystem führt im Wesentlichen zu einer Anhebung der so genannten Bodenrente, des Einkommens, das speziell dem Boden und damit dem Bodeneigentümer zugerechnet wird. Das System stützt mithin das Einkommen der Bodeneigentümer, und bei weitem nicht alle Landwirte sind Bodeneigentümer. Die Vorteile fließen also eher den Großgrundbesitzern zu als den kleinen Pächtern.

Vorteile eher für Großgrundbesitzer

- Das Preisstützungssystem führt zu Marktordnungspreisen, die oft über den Weltmarktpreisen liegen. Damit zahlt nicht nur der Steuerzahler, sondern zusätzlich der Verbraucher für die Preisstützung.
- Schließlich stellt die induzierte Überproduktion eine erhebliche und unnötige Belastung der Umwelt dar.

Belastung der Umwelt

- Und generell verzerrt jeder Eingriff in den Preismechanismus die optimale Verteilung der Produktivkräfte. Die Wirkungen lassen sich indes kaum quantifizieren.

5.5 Reform der Agrarpolitik

Eine Reform der alten Agrarpolitik der EU wurde immer dringlicher, weil die steigenden Ausgaben das Finanzierungssystem der EU zu sprengen drohten und weil die Kritik aus Kreisen der Wissenschaft und der Druck der WTO immer stärker wurden. Anfang der 90er-Jahre wurde eine **grundlegende Neuausrichtung der europäischen Agrarpolitik** eingeleitet. Sie zielt vor allem auf den Abbau der Preisstützungen und auf die Einführung von direkten Einkommenshilfen. Faktisch kombiniert die EU in ihren zahlreichen Agrarreformen folgende Anpassungsmaßnahmen:

Reform der Agrarpolitik

Abbau von Preisstützungen

- Beschränkungen der Abnahmegarantie durch Festsetzung von Produktionsquoten (z. B. »Milchquote«),
- Senkung der Interventionspreise,
- Ausgleich der Einkommensverluste der Bauern verstärkt durch direkte Einkommenshilfen,
- Subvention von Verminderungen der Produktionskapazitäten. Dabei geht es um die Stillegung von Teilflächen landwirtschaftlicher Betriebe (Flächenstillegung), die Förderung der Beendigung landwirtschaftlicher Erwerbstätigkeit (Vorruhestand) sowie die Verringerung des Bestands an Vieh (Abschlachtprämien),
- verstärkte Förderung umweltfreundlicher Produktionsmethoden (z. B. Extensivierung).

Einführung direkter Einkommenshilfen

Schließlich wird versucht, den Anstieg der Marktordnungsausgaben gesondert dadurch zu begrenzen, dass per Beschluss die jährliche Steigerungsrate dieser Ausgaben 74 Prozent der jährlichen Wachstumsrate des Bruttosozialprodukts der EG nicht überschreiten darf (**Agrarleitlinie**).

Die Senkung der Interventionspreise sei genauer erläutert. Der Interventionspreis für Getreide wird ab 2000/2001 um 15 Prozent gesenkt, der Interventionspreis für Rindfleisch wird um 20 Prozent gesenkt und bei Ölsaaten erfolgt eine Angleichung an das Prämienniveau von Getreide innerhalb von drei Jahren. Schließlich sollen die Interventionspreise für Butter und Magermilchpulver ab 2005 um 15 Prozent gesenkt werden. Zum Ausgleich werden die Direktzahlungen angehoben. Diese Senkung der Interventionspreise ist wirksam. Während z. B. der Interventionspreis für Getreide 1992/93 bei rund 176 ECU lag, beträgt der Interventionspreis ab 2001 nur noch rund 101 Euro und liegt damit unter dem Weltmarktpreis (Jahresgutachten des Sachverständigenrates 2001/02, S. 245). Weizen kann daher ohne Exportsubvention ausgeführt werden. Die Reformstrategie, die auf den Ersatz der sozial motivierten Preispolitik durch eine sozial motivierte Einkommenspolitik setzt, wird im Allgemeinen begrüßt und eine konsequente Fortführung wird gefordert.

6 Strukturpolitik der EU

Ungleiche Verteilung der Wohlfahrtsgewinne als Kernproblem

Kernprobleme einer wirtschaftlichen Integration sind die ungleiche Verteilung der Wohlfahrtsgewinne zwischen ihren Mitgliedsregionen und deren ungleiche Entwicklung. Daher wird die regionale Strukturpolitik der EU von zentraler Bedeutung für den Integrationsprozess bleiben. Die EU will regionale Unterschiede in der Gemeinschaft mit finanziellen Mitteln verringern. Die Fördermittel für die Regionen werden im Wesentlichen aus folgenden vier Strukturfonds bereitgestellt:

Vier Strukturfonds

- **Europäischer Fonds für Regionale Entwicklung:** Förderung gewerblicher Investitionen mit Arbeitsplatzeffekten, Infrastrukturinvestitionen und Maßnahmen zur Erschließung des Entwicklungspotenzials von Regionen (**EFRE**),
- **Europäischer Sozialfonds:** Förderung berufsbildender Maßnahmen, Existenzgründungen und Arbeitsplatzbeschaffung (**ESF**),
- **Europäischer Ausrichtungs- und Garantiefonds für die Landwirtschaft – Abt. Ausrichtung**: Umstrukturierung von Agrarregionen, Flächenstillegungen und Umweltschutz (**EAGFL-A**) und
- das **Finanzinstrument für die Ausrichtung der Fischerei**: Strukturfindung im Fischereisektor (**FIAF**).

Plus Kohäsionsfonds

Daneben existiert der so genannte **Kohäsionsfonds:** Dieser sollte die Länder Griechenland, Irland, Portugal und Spanien bei ihren Vorbereitungen zur Wirtschafts- und Währungsunion unterstützen, ist aber nach Vollendung der EWWU nicht aufgelöst worden. Dies zeigt, dass ein Abbau einmal gewährter Vergünstigungen politisch kaum durchzusetzen ist.

Volumen von rund 230 Mrd. Euro 2000–2006

Diese Fonds sind das Hauptinstrument der **Kohäsions- und Konvergenzpolitik** der Gemeinschaft nach Art. 158–162 EGV. Nach der Finanziellen Vorausschau beträgt das Fördervolumen von 2000 bis 2006 rund 211 Milliarden Euro in den vier Strukturfonds und 19 Milliarden Euro im Kohäsionsfonds. Für das Jahr 2006 sind 37,8 Milliarden Euro für die Strukturfonds und 5,9 Milliarden Euro für den Kohäsionsfond vorgesehen. Das Fördervolumen ist also beträchtlich. Diese vier Strukturfonds finanzieren die in Abbildung 22.1

> **Ziel 1:**
> Förderung der regionalen Entwicklung.
> Förderkriterium: Bruttoinlandsprodukt pro Kopf in Kaufkraftstandards der letzten drei Jahre beträgt weniger als 75 Prozent des EU-Durchschnitts.
> Anteil an den Mitteln der Strukturfonds: 70 Prozent.

> **Ziel 2:**
> Erleichterung der wirtschaftlichen und sozialen Umstellung in Gebieten, in denen sich ein wirtschaftlicher Wandel in den Sektoren Industrie und Dienstleistungen vollzieht, in ländlichen Gebieten mit rückläufiger Entwicklung, von der Fischerei abhängigen Krisengebieten sowie in Problemgebieten in den Städten.
> Förderkriterium: das Ausmaß von Strukturproblemen, insbesondere die Höhe der Arbeitslosigkeit. Kriterien: Arbeitslosigkeit insgesamt, Langzeitarbeitslosigkeit außerhalb der Ziel 1-Regionen.
> Anteil an den Mitteln der Strukturfonds: 11,5 Prozent.

> **Ziel 3:**
> Hilfe bei der Anpassung und Modernisierung der Ausbildungs-, Berufsbildungs- und Beschäftigungspolitiken und -systeme. Gilt außerhalb von Ziel 1-Regionen.
> Förderkriterium: das Ausmaß von Problemen wie der sozialen Ausgrenzung, das Bildungs- und Ausbildungsniveau und die Beteiligung von Frauen am Arbeitsmarkt.
> Anteil an den Mitteln der Strukturfonds: 12,3 Prozent.

Gemeinschaftsinitiativen (Finanzierungsanteil 5,35 Prozent)

> **INTERREG:**
> Grenzüberschreitende, transnationale und interregionale Zusammenarbeit zur Förderung einer harmonischen und ausgeglichenen Entwicklung und Raumplanung.

> **EQUAL:**
> Transnationale Zusammenarbeit für neue Praktiken zur Bekämpfung jeglicher Art der Diskriminierung und ungleicher Chancenverteilung im Hinblick auf den Arbeitsmarkt.

> **LEADER:**
> Ländliche Entwicklung über lokale Aktionsgruppen.

> **URBAN:**
> Wirtschaftlicher und sozialer Wiederaufbau mit akuten Problemen konfrontierter Städte und Stadtgebiete zur Förderung nachhaltiger städtischer Entwicklung.

Abb. 22.1: Strukturpolitik der EU 2000–2006 (Ziele und Gemeinschaftsinitiativen)

aufgeführten drei Ziele und daneben vier weniger bedeutsame Gemeinschaftsinitiativen.[9]

---

9 Der Rest von 0,85 Prozent ist für innovative Maßnahmen und zur Anpassung von Fischereistrukturen vorgesehen.

Maßnahmenkatalog

Der Katalog förderungswürdiger Maßnahmen umfasst Infrastrukturprojekte aller Art – so z. B. den Bau von Straßen und Häfen, Beihilfen für Unternehmensinvestitionen, Ausbildung, Weiterbildung, Qualifizierung, Förderung des Fremdenverkehrs durch den Bau von Hotels, Werbekampagnen sowie die Erschließung landwirtschaftlicher Ressourcen über Vermarktungshilfen und Hilfen zur Änderung des Anbauprogramms oder zur Verringerung der Bodenerosion. Die Höhe der Beteiligung der EU an solchen Strukturfördermaßnahmen liegt in der Regel zwischen 25 und 75 Prozent. Dabei muss nach dem **Prinzip der »Additionalität«** eine Mitfinanzierung durch entsprechende nationale Fördermittel erfolgen.

Strukturpolitik ist vor allem regionale Strukturpolitik

Die Strukturpolitik der EU ist also überwiegend regionale Strukturpolitik und daneben sektorale Strukturpolitik, die auf die Modernisierung von Branchenstrukturen gerichtet ist. Ihre Wirksamkeit kann kaum beurteilt werden, weil ein Vergleich mit der wirtschaftlichen Entwicklung ohne Strukturpolitik nicht angestellt werden kann. Man kann aber wenigstens den Stand und die Entwicklung der Unterschiede in der wirtschaftlichen Leistungsfähigkeit der Länder und Regionen[10] feststellen. Der in erster Linie verwendete Indikator ist das Bruttoinlandsprodukt (BIP) pro Kopf der Bevölkerung, kurz: das Pro-Kopf-Einkommen.

Indikator BIP pro Kopf

Große Unterschiede in der Wirtschaftskraft

Die Unterschiede in der Wirtschaftskraft sind beträchtlich: Die zehn reichsten Regionen erreichten 2002 ein Pro-Kopf-BIP von 189 Prozent des EU-25-Durchschnitts, während die zehn ärmsten Regionen nur 36 Prozent des Durchschnittseinkommens der EU erzielten. Die reichsten Regionen sind traditionell die Ballungsräume um London, Brüssel oder Hamburg, die ärmsten Regionen finden sich in Osteuropa, in den baltischen Staaten und in Polen. Auf Länderebene sind die Unterschiede in der Wirtschaftskraft nicht so gewaltig. An der Spitze rangieren Luxemburg mit einem Pro-Kopf-BIP von 215 Prozent des EU-Durchschitts und Irland mit 132 Prozent. Das ärmste Land ist Lettland mit einem Pro-Kopf-BIP von 41 Prozent des EU-Durchschnitts (Kommission der EU: Dritter Zwischenbericht über den Zusammenhalt 2005). Im Zeitablauf haben die Unterschiede in der Wirtschaftskraft, die Disparitäten, ein wenig abgenommen. Dabei haben sich die Disparitäten zwischen den Ländern rascher verringert als zwischen den Regionen. Ausgedrückt mit dem in der Statistik häufig verwendeten Streuungsmaß, der Standardabweichung, hat die Disparität, bezogen auf die Mitgliedstaaten der EU 25, von 22,8 im Jahr 1995 auf 18,1 im Jahr 2003 abgenommen und auf der Ebene der Regionen hat die Disparität von 29,3 im Jahr 1995 auf 27,3 im Jahr 2002 abgenommen (Kommission der EU: Dritter Zwischenbericht über den Zusammenhalt 2005).

Aber Abbau der Disparitäten

Der Abbau der Disparitäten in der wirtschaftlichen Leistungskraft, die Konvergenz, wird nach der klassischen Theorie des internationalen Handels

---

10 In der Systematik der Gebietseinheiten der EU werden drei Ebenen der Regionalgliederung (NUTS) unterschieden: NUTS 1 entspricht Ländern, NUTS 2 Regierungsbezirken und NUTS 3 Gemeinden nach der deutschen Vorgehensweise. Meist wird auf die Ebene 2 (NUTS 2) Bezug genommen.

durch den größeren Freihandel im Binnenmarkt und in der Währungsunion gefördert. Mechanismen sind die Arbitrage im Güterhandel und die Mobilität der Produktionsfaktoren, insbesondere des Produktionsfaktors Kapital. So strömt das in den reicheren Ländern reichlicher vorhandene Kapital in die ärmeren Länder, weil hier die Kapitalproduktivität größer ist und Arbeit wandert von den ärmeren Ländern in die reicheren Länder, weil dort die Arbeitsproduktivität (und der Lohn) höher ist. Dies begründet eine gewisse Konvergenz. Daher wird dem Binnenmarkt und der Währungsunion meist die größere Rolle für den Abbau der Disparitäten zugesprochen als der Strukturpolitik.

Konvergenz vor allem im Rahmen des Freihandels

7 Die Osterweiterung der EU

7.1 Die Herausforderung der Erweiterung

Zum 01.05.2004 sind acht osteuropäische Länder sowie Malta und Zypern in die Gemeinschaft aufgenommen worden. Am 01.01.2007 sollen Bulgarien und Rumänien folgen. Diese Erweiterung, die auch kurz Osterweiterung genannt wird, zählt zu den großen Herausforderungen der Wirtschaftspolitik zu Beginn des 21. Jahrhunderts. Für die EU stand sicher das politische Motiv im Vordergrund, die Integration eines umfassenden Europas zu fördern, während die Beitrittsländer sicher auch den ungehinderten Zugang zum Binnenmarkt, Kapitalhilfen und den verstärkten Zustrom von Direktinvestitionen erhoffen. Insgesamt können aber beide Seiten Handelsgewinne aus der Vergrößerung des Freihandelsgebietes erwarten.

Zunahme von Handelsgewinnen

Der Beitritt bedeutet für die neuen Länder die endgültige und irreversible Übernahme der marktwirtschaftlichen Ordnung. Er bedeutet (nach der Übergangszeit) die Übernahme aller wirtschaftsrechtlicher Regeln der EU, des Acquis communautaire. Der französische Begriff **Acquis communautaire** (Gemeinsamer Besitzstand) umfasst alle EU-Verträge und -Gesetze, Erklärungen und Entschließungen, internationale Übereinkommen zu EU-Angelegenheiten sowie die Urteile des Gerichtshofs. Zu ihm gehören auch gemeinsame Maßnahmen der Regierungen der EU-Mitgliedstaaten im Bereich »Justiz und Inneres« sowie in der Gemeinsamen Außen- und Sicherheitspolitik. Die »Übernahme des Acquis« bedeutet daher, dass man die EU so akzeptiert, wie man sie vorfindet. Die Bewerberländer müssen den »Acquis« vor ihrem Beitritt zur EU akzeptieren und die EU-Rechtsvorschriften in ihr nationales Recht umsetzen.

Übernahme der marktwirtschaftlichen Ordnung

Nach dem geplanten Beitritt der neuen Länder auch in die Währungsunion (EWWU) bedeutet dies die weitgehende Aufgabe einer autonomen nationalen Wirtschaftspolitik. Dies impliziert gewaltige Anpassungen in allen Bereichen der Wirtschaftspolitik, in der Steuer- und Fiskalpolitik, in der Geldpolitik, in der Wettbewerbspolitik, in der Agrarpolitik und in der Sozialpolitik, um nur die wichtigsten Bereiche zu nennen. Und dies impliziert ge-

Gewaltige Anpassungen in allen Bereichen der Wirtschaftspolitk

waltige Anpassungen im Bereich der Produktion von Gütern und Dienstleistungen, die den Normen des Binnenmarktes entsprechen müssen. Dabei handelt es sich um technische und rechtliche Normen, um Sozialnormen und um Normen im Bereich des Umweltschutzes (vgl. Kapitel 23), aber auch um Normen im Bereich der Verwaltung, im Bereich volkswirtschaftlicher Gesamtrechnung und im Bereich von Bildung und Ausbildung.

7.2 Die wirtschaftliche Lage der Beitrittsländer

Die wirtschaftliche Lage der Beitrittsländer kann nur anhand einiger weniger Indikatoren dargestellt werden. Damit soll gezeigt werden, dass die Unterschiede zur EU beträchtlich sind und dass auch innerhalb der Beitrittsgruppe große Unterschiede bestehen; insbesondere die baltischen Staaten und Polen weisen erhebliche Entwicklungsrückstände auf.

Zum Teil erhebliche Entwicklungsrückstände

Tabelle 22.7 gibt einen Überblick über den Stand der wirtschaftlichen Entwicklung der Beitrittsländer. Zum einen wird das Bruttoinlandsprodukt pro Einwohner im Verhältnis zum Durchschnitt in der »alten« EU 15 ausgewiesen. Das heißt dann z. B., dass das Bruttoinlandsprodukt pro Kopf in Ungarn 56,7 Prozent des Durchschnitts der »alten« EU 15 erreicht. Der Abstand zu 100 wird als **Einkommenslücke** bezeichnet. Bei dieser Berechnung wurden nicht die tatsächlichen Wechselkurse zugrunde gelegt, sondern die Kaufkraftparitäten. Dies berücksichtigt, dass man z. B. für 250 ungarische Forint (die im Jahre 2005 rund 1 Euro kosten) in Ungarn mehr Güter kaufen kann als umgerechnet in der »alten« EU, der Forint hat also in Ungarn eine größere Kaufkraft als sie im Wechselkurs zum Ausdruck kommt. Zum ande-

Land	BIP je Einwohner[1]	BWS je Beschäftigten[2]
Slowenien	72,1	73,4
Tschechien	64,2	19,7
Ungarn	56,7	22,9
Slowakei	49,6	20,3
Polen	43,5	18,9
Estland	46,6	15,3
Lettland	40,1	12,0
Litauen	44,0	10,6
Malta	66,3	k.A.
Zypern	74,2	59,4

[1] EU 15 = 100; in Kaufkraftparitäten vergleichbar gemacht (2004)
[2] EU 15 = 100; zu Wechselkursen umgerechnet (2003)
Quelle: Institut der deutschen Wirtschaft; Jahresgutachten des Sachverständigenrates 2004/05

Tab. 22.7: Einkommens- und Produktivitätslücke der Beitrittsländer

ren wird die Bruttowertschöpfung (BWS) pro Beschäftigten ausgewiesen. Das ist der Indikator für die Arbeitsproduktivität, und der Abstand zu 100 wird als **Produktivitätslücke** bezeichnet. Diese Produktivitätslücke ist, mit Ausnahme von Slowenien und Zypern, ganz erheblich. Bei diesem Maß ist allerdings auf die Umrechnung zu Kaufkraftparitäten verzichtet worden; eine solche Umrechnung hätte die Produktivitätslücke etwas kleiner ausgewiesen.

Wählt man als zentralen Wohlstandsindikator das Bruttoinlandsprodukt pro Kopf, so zeigt sich, dass nur Slowenien, Zypern, Malta und Tschechien ein Wohlstandsniveau erreichen, das dem der ärmeren alten EU-Mitgliedstaaten entspricht. Die übrigen Länder fallen noch deutlicher zurück. Nach Einschätzung des Sachverständigenrates ist offensichtlich, dass eine Einkommensangleichung nicht eine Frage von Jahren, sondern von Jahrzehnten ist (Jahresgutachten des Sachverständigenrates 2004/05, S. 104).

In grober Differenzierung gibt es in der erweiterten EU (EU 25) drei wirtschaftliche Gruppen von Ländern:

- Länder mit einem BIP/Kopf von rund 100 Prozent des neuen Gemeinschaftsdurchschnitts und mehr (alle alten Mitgliedstaaten außer Spanien, Portugal und Griechenland).
- Länder mit einer geringeren Einkommenslücke wie Spanien, Portugal und Griechenland sowie Slowenien, Malta, Tschechien und Zypern.
- Übrige Beitrittsländer mit durchschnittlich gut 40 Prozent des Gemeinschaftsdurchschnitts des BIP/Kopf.

Drei Ländergruppen nach der Erweiterung

Dies ist eine Disparität, die die Disparität in der alten EU bei weitem übertrifft und für ganz erhebliche Spannungen sorgen wird.

Erhebliche Disparität

Tabelle 22.8 gibt einen Überblick über die **makroökonomische Stabilität** der Beitrittsländer, die für einen Beitritt in die EWWU relevant wäre. Dabei werden nicht (nur) die Konvergenzkriterien des EU-Vertrages (vgl. Kapitel 21, Abschnitt 3.3) zugrunde gelegt, sondern (auch) andere wichtige Indikatoren. Es zeigt sich, dass die Haushaltsdisziplin gering ist: In fast allen Ländern übersteigt das Haushaltsdefizit das Defizitkriterium von drei Prozent des Bruttoinlandsproduktes deutlich. Die Inflationsrate ist vor allem in der Slowakei, Slowenien und Ungarn überdurchschnittlich hoch. Und Besorgnis erregend sind die hohen Leistungsbilanzdefizite aller Länder mit Ausnahme Sloweniens, weil dies eine Zunahme der Auslandsverschuldung bedeutet. Das Bemühen, die Konvergenzkriterien für einen Beitritt zur EWWU in absehbarer Zeit erfüllen zu können, ist spürbar; allerdings ist der Beitritt für die meisten Länder in naher Zukunft wohl nicht zu realisieren. Vordringlich ist für die Beitrittsländer wohl auch nicht der Beitritt zur EWWU und die Übernahme des Euro, sondern die Sicherung eines nachhaltigen Wachstums. In diesem Punkt übertreffen die Beitrittsländer den Euroraum: Ihre Wachstumsrate, erfasst als Zunahme des realen Bruttoinlandsprodukts, sind deutlich höher als im Durchschnitt des Euroraumes.

Beitritt zur EWWU noch nicht absehbar

Land	Inflation	Wachstum	Haushalts-defizit[1]	Leistungsbilanz-defizit[1]
Slowenien	5,7	2,5	−2,0	0,5
Tschechien	−0,1	3,1	−12,6	−6,6
Ungarn	4,7	3,0	−6,2	−6,2
Slowakei	8,5	4,0	−3,7	−3,8
Polen	0,7	3,8	−3,9	−2,9
Estland	1,4	5,1	3,1	−15,2
Lettland	2,9	7,5	−1,5	−8,6
Litauen	−1,1	9,0	−1,9	−5,7
Malta	1,9	0,2	−9,7	−6,6
Zypern	4,0	2,0	−6,4	−4,4
Euroraum	2,1	0,5	−2,7	1,0

[1] in Prozent des Bruttoinlandsproduktes
Quelle: Jahresgutachten des Sachverständigenrates 2004/05 (Angaben in %)

Tab. 22.8: Makroökonomische Stabilitätskriterien der Beitrittsländer 2003

7.3 Auswirkungen auf die alte EU

Realisierung kleinerer Handelsgewinne

Die EU 25 kann durch die Verbesserung der internationalen Arbeitsteilung im Zuge der Osterweiterung Handelsgewinne realisieren. Diese sind allerdings zum größten Teil bereits durch die Assoziierungsabkommen, die bereits vor dem Beitritt abgeschlossen worden sind, realisiert worden, die sehr rasch eine Rückkehr zu den alten Handelsstrukturen der Zeit vor dem Zweiten Weltkrieg bewirkt haben. Nennenswerte Wachstumseffekte werden darüber hinaus nicht erwartet.

Geringer Zustrom von Arbeitskräften

Befürchtungen, dass es nach der Osterweiterung zu einem starken Zustrom von Arbeitskräften kommen könnte, werden in den Studien der Forschungsinstitute nicht bestätigt. Das European Integration Consortium (EIC), ein Projektzusammenschluss verschiedener europäischer Forschungsinstitute, schätzt für den Zeitraum von 15 Jahren nach Gewährung der vollständigen Freizügigkeit eine Nettozuwanderung von 1,4 Millionen Personen. Diese geringe Zuwanderung wird vor allem damit begründet, dass im Zuge des Beitrittsprozesses durch den wirtschaftlichen Aufholprozess Anreize geschaffen werden, im Heimatland zu bleiben oder sogar in das Heimatland zurückzukehren.

Kosten der Osterweiterung

Die Osterweiterung kostet allerdings viel Geld, vor allem im Bereich der Gemeinsamen Agrarpolitik und der Strukturpolitik. Nach dem Finanzplan der Kommission von Januar 2002 sind für die Osterweiterung bis 2006 rund 40.000 Millionen Euro vorgesehen, davon

- 25.567 Millionen Euro für die Strukturpolitik,
- 9.577 Millionen Euro für die Agrarpolitik und
- 5.016 Millionen Euro für Interne Politikbereiche.

Wie das bestehende Subventionssystem der **Landwirtschaft** auf die osteuropäischen Länder übertragen werden wird, steht noch nicht fest. Eine vollständige Übertragung würde sehr viel Subventionen kosten und zugleich die überkommenen landwirtschaftlichen Wirtschaftsstrukturen der Beitrittsländer konservieren. Der Streit kreist vor allem darum, ob die direkten Einkommenshilfen, die in der alten EU als Ausgleich für den schrittweisen Abbau der Preisstützungen gedacht sind, auch für die Beitrittsländer gezahlt werden sollen, für die es formal gar keinen Abbau von Preisstützungen geben wird. Aus politischen Gründen kann es aber eine »Zwei-Klassen-Union« wohl nicht geben, daher sieht die Kommission eine stufenweise Eingliederung in das System der Einkommenshilfen vor. Insgesamt wird aber ein schmerzhafter Strukturwandel der Landwirtschaft der Beitrittsländer resultieren, insbesondere bei den Ländern mit einem sehr hohen Anteil der Landwirtschaft an der Gesamtproduktion (Rumänien, Polen, Litauen und Lettland) zu erwarten sein.

Gewaltiger Strukturwandel der Landwirtschaft

Im Bereich der **Strukturpolitik** stehen die größten Belastungen an. Die Disparität hat durch die Erweiterung deutlich zugenommen. Insbesondere die neue Gruppe der sehr armen Länder, deren Pro-Kopf-Einkommen kaum mehr als 40 Prozent des EU-15-Durchschnitts beträgt, stellt eine ganz neue Herausforderung für die Strukturpolitik dar, handelt es sich doch um eine gewichtige Gruppe der EU. Es wird dann zu diskutieren sein, die Finanzhilfen im Rahmen der Strukturpolitik auf diese Gruppe zu beschränken. Dies ist eine langfristige Perspektive. In der Zwischenzeit sind teure Kompromisse und Übergangslösungen zu erwarten. Langfristig sollte die Integration der Beitrittsländer eher durch den Binnenmarkt und die EWWU gefördert werden, also durch den Güterhandel, die Faktormobilität und den Technologietransfer und weniger durch die Struktur- und die Agrarpolitik.

Arbeitsaufgaben

1) Klären Sie folgende Begriffe:
   - Zollunion,
   - Währungsunion,
   - Wirtschaftsunion,
   - Gemeinsamer Markt,
   - Agrarabschöpfungen,
   - Interventionspreis,
   - Ziel 1 der Strukturpolitik.
2) Grenzen Sie die Aufschließungseffekte von den Abschließungseffekten ab und bringen Sie Beispiele.
3) Was sind die Probleme einer (regional begrenzten) Integration?

4) Inwiefern sind die Entscheidungsgremien der EU demokratisch wenig legitimiert?
5) Warum hat man die Einnahmeart »Mehrwertsteuer-Eigenmittel« durch Einnahmen auf der Grundlage des Bruttonationaleinkommens ergänzt?
6) Warum wird der Agrarbereich in so gut wie allen Ländern staatlich reguliert?
7) Was bedeuten Agrarabschöpfungen und Exportsubventionen für Agrarproduzenten aus Nicht-EU-Staaten?
8) Was ist Funktion und Ergebnis des Interventionspreissystems der EU?
9) Warum ist eine regionale Strukturpolitik in der EU besonders wichtig, und was sind die wesentlichen Elemente der EU-Strukturpolitik?
10) Was sind die zentralen Finanzierungsprobleme der Osterweiterung für die EU?

Lösungsvorschläge für die Arbeitsaufgaben finden Sie im »Übungsbuch zu Grundlagen und Probleme der Volkswirtschaft«.

Literatur

Über die Entwicklung der europäischen Integration und die Institutionen der Gemeinschaft informieren:
Herz, Dietmar: Die Europäische Union, 2. Aufl., München 2002.
Thiel, Elke: Die Europäische Union, 4. Aufl., München (Bayerische Landeszentrale für politische Bildung) 2001.
Weidenfeld, Werner (Hrsg.): Europa Handbuch, Bonn (Bundeszentrale für politische Bildung) 2002.
Weidenfeld, Werner/Wolfgang Wessels (Hrsg.): Europa von A-Z, 8. Aufl., Bonn (Bundeszentrale für politische Bildung) 2002.
Weindl, Josef/Wichard Woyke: Europäische Union. Institutionelles System, Binnenmarkt sowie Wirtschafts- und Währungspolitik auf der Grundlage des Maastrichter Vertrages, 4. Aufl., München/Wien 1999.

Grundlegend, aber nicht mehr ganz aktuell ist:
Röttinger, Moritz/Claudia Weyringer (Hrsg.): Handbuch der europäischen Integration, 2. Aufl., Köln 1996.

Wichtig sind auch die Verträge selbst:
Vertrag von Amsterdam, Bonn (Bundeszentrale für politische Bildung) 2002.
Europa-Recht, Beck-Texte, 20. Aufl., München 2005.

Aktuell und generell informieren die Publikationen der EU-Kommission, insbesondere die EU-Nachrichten (wöchentlich): http://eu-kommission.de.
Europäische Kommission: Gesamtberichte über die Tätigkeit der Europäischen Union, Brüssel, Luxemburg (jährlich): http://europa.eu.int.

Die Reform der Agrarpolitik analysiert:
Koester, Ulrich: Reform der EU-Agrarpolitik, in: WiSt Heft 4, 2000, S. 194–200.

Die Strukturpolitik beschreibt:
Axt, Heinz-Jürgen: EU-Strukturpolitik, Opladen 2000.

Die Osterweiterung analysieren:
Welfens, Paul J. J. / Andre Jungmittag: Die Integration Osteuropas in die EU, in: WiSt Heft 2, 2001, S. 87–92.
Dicke, Hugo / Federico Foders: Wirtschaftliche Auswirkungen einer EU-Erweiterung auf die Mitgliedstaaten, Tübingen 2000.
Forum Politische Bildung (Hrsg.): EU 25 – Die Erweiterung der Europäischen Union, Innsbruck 2003.

Über Konzepte zur Berechnung von Nettopositionen informiert:
Busch, Berthold: Von Zahlern und Empfängern: Die Berechnung von Nettopositionen im EU-Haushalt, in: iw-trends, Heft 3, 2002, S. 1–9.
Europäische Kommission: http://europa.eu.int/comm/budget/agenda2000/reports_de.htm.

Die Einbindung Deutschlands in den EU-Haushalt analysiert:
Deutsche Bundesbank: Die Finanzbeziehungen Deutschlands zum EU-Haushalt, in: Monatsbericht Oktober 2005, S. 17–32.

Die europäische Integration im Rahmen der Globalisierung bewertet:
Schäfer, Wolf: Europa in der Globalisierung, in: Wirtschaftsdienst, Heft 1/2001, S. 30–37.

23. Kapitel
Der Binnenmarkt und begleitende Politikbereiche

LERNZIELE

Leitfrage:
Welche Prinzipien der Integrationspolitik lassen sich unterscheiden?
- Was ist Inhalt und Ergebnis der funktionellen Integration?
- Was ist Inhalt und Ergebnis der institutionellen Integration?
- Was versteht man unter dem Subsidiaritätsprinzip?
- Welche Integrationspolitik ist im EG-Vertrag angelegt?

Leitfrage:
Welche Grundstrukturen hat das Binnenmarktprogramm?
- Was sind die Freiheiten des Binnenmarktes?
- In welchen Bereichen und wie ist harmonisiert worden?

Leitfrage:
Worin besteht die Bedeutung der begleitenden Politikbereiche?
- Was sind Grundelemente und Grundprobleme der EU-Sozialpolitik?
- Was sind Grundelemente und Grundprobleme der EU-Umweltpolitik?
- Was sind Grundelemente und Grundprobleme der EU-Forschungspolitik?
- Was sind Grundelemente und Grundprobleme der EU-Wettbewerbspolitik?

Der Binnenmarkt ist der ökonomische Kernbereich der Gemeinschaft. Er ist nach der Zollunion die erste ganz entscheidende Weiterentwicklung der europäischen Integration. Er ist der Bereich, der für die Bürger Europas die spürbarsten Veränderungen mit sich gebracht hat und er ist der Bereich, der schließlich durch die Einführung einer gemeinsamen Währung und die Koordinierung weiterer Bereiche der Wirtschaftspolitik einen umfassenden gemeinsamen Markt konstituiert hat. Mit Binnenmarkt und Währungsunion ist im Grunde die wirtschaftliche Integration Europas vollendet.

Binnenmarkt und Währungsunion: wirtschaftliche Integration Europas

Der Binnenmarkt ist formal seit dem 01.01.1993 realisiert. Allerdings ist er materiell noch nicht vollständig realisiert. Daher und wegen seiner grundlegenden Bedeutung wird er hier beschrieben. Neben dem Binnenmarkt sind im EG-Vertrag eine Reihe wichtiger Politikbereiche definiert, die entsprechend ihrer ökonomischen Bedeutung anschließend kurz erläutert werden sollen. Zuvor werden die Prinzipien der Integration beschrieben, die insbesondere auf dem Weg zum Binnenmarkt diskutiert worden sind.

1 Theorie der Integrationspolitik

1.1 Integrationsverfahren

Im Zuge des Integrationsprozesses müssen Behinderungen des Handels abgebaut werden und grundlegende Politikbereiche harmonisiert werden. Um dieses Ziel zu erreichen, können zwei unterschiedliche Verfahren angewendet werden, die funktionelle oder die institutionelle Integration.

Funktionelle Integration als Harmonisierung durch Wettbewerb

Als **funktionelle Integration** bezeichnet man die Harmonisierung durch Wettbewerb. In diesem Fall stellt der Wettbewerb der Produktionen, der Normen und Regeln, der Standorte und der Wirtschaftssysteme das Harmonisierungsergebnis über den Markt her, die Harmonisierung ist damit die Folge des Wettbewerbs. Daher spricht man auch **von Ex-post-Harmonisierung**. Der Wettbewerb entscheidet dann, ob z. B. Bier nur mit Wasser, Hopfen und Malz oder auch mit anderen Zutaten gebraut wird, ob die Rechtsform der deutschen Aktiengesellschaft die beste ist oder ob Fernsehprogramme Werbung enthalten dürfen oder nicht. In sehr weiter Interpretation wird die Harmonisierung im Wettbewerb von *Herbert Giersch* beschrieben:

Wettbewerb der Standorte

»Der internationale Wettbewerb ist ein Wettbewerb auch der Produktionsstandorte und der Arbeitsplätze an diesen Orten. Städte konkurrieren mit Städten, Regionen mit Regionen, Steuersysteme mit Steuersystemen. Ähnliches gilt für die Systeme der sozialen Sicherheit mit ihren Leistungen auf der einen Seite, ihren Zwangsabgaben auf der anderen Seite. Wo viel geboten wird an öffentlichen Gütern und Leistungen im Vergleich zu dem, was die Behörden dafür an Steuern und Abgaben verlangen, ist man attraktiv für die international mobilen Ressourcen, für das Humankapital wie für die Sachinvestitionen. Was zählt, ist das Preis-Leistungsverhältnis. Dieser Standortwettbewerb wird in den öffentlichen Bereich hineinwirken, vor allem als

Triebkraft beim Ansiedeln und Gründen neuer Unternehmen« (Frankfurter Allgemeine Zeitung vom 08.10.1988).

So steht auch die Wirtschaftspolitik selbst im Wettbewerb, der Wettbewerb entscheidet über die Akzeptanz z. B. einer Steuerpolitik, einer Stabilitätspolitik, einer Lohnpolitik oder einer Umweltpolitik.

Als institutionelle Integration bezeichnet man die Harmonisierung durch eine gemeinsam verfolgte Politik. Hier werden Normen, Regeln, Politiken und Institutionen vor dem Einsetzen wettbewerblicher Anpassungsprozesse im Wege der Abstimmung und Verhandlung harmonisiert. Daher spricht man auch von einer **Ex-ante-Harmonisierung**. Die bisherige Integrationspolitik der EG stellt eine Kombination der beiden Integrationsverfahren dar: Die Errichtung der Zollunion war eine funktionelle Integration (durch Wettbewerb), die Konzeption z. B. des gemeinsamen Agrarmarktes war eine Form der institutionellen Integration (durch gemeinsame Politik).

Institutionelle Integration als Harmonisierung durch Politik

Entsprechend liberaler Grundpositionen wird oft argumentiert, dass die funktionelle Integration vorzuziehen ist. Dies deshalb, weil der Wettbewerb am besten geeignet sei, das jeweils optimale Niveau einer Harmonisierung zu entdecken, während umgekehrt keine staatliche Instanz vorab wissen könne, was das Harmonisierungsoptimum im – jeweils zeitlich offenen – dynamischen Integrationsprozess sei. Eine solche Position kann allerdings nur als Grundsatz, nicht aber ohne Ausnahme gelten.

Grundsätzlich gilt der Wettbewerb zwar als »optimales Entdeckungsverfahren« (vgl. Kapitel 7), aber in einigen nicht unerheblichen Ausnahmebereichen kann der Wettbewerb nicht optimal funktionieren. Es sind dies die Fälle des so genannten **Marktversagens**, also kurz zusammengefasst die Bereiche der Produktion öffentlicher Güter und externer Effekte, der Gefahrenschutz für Arbeitnehmer und Konsumenten (mangelnde Transparenz) sowie der Schutz des Wettbewerbs selbst (bei kontinuierlich sinkenden Stückkosten oder bei wettbewerbsbeschränkenden Praktiken, vgl. Kapitel 2). Für diese Ausnahmebereiche wird grundsätzlich die Notwendigkeit gesehen zu prüfen, ob der Markt durch staatliche Eingriffe ergänzt oder ersetzt werden sollte. Dies kann letztlich immer nur im Einzelfall entschieden werden.

Wettbewerb als optimales Entdeckungsverfahren mit Ausnahmen

1.2 Integrationsebenen

Ist entschieden, dass eine staatliche Regulierung sinnvoll ist, muss überlegt werden, auf welcher hierarchischen Ebene der Gemeinschaft reguliert werden sollte: auf der Gemeinschaftsebene, auf der Ebene der nationalen Mitgliedstaaten, auf regionaler Länderebene oder lokaler Gemeindeebene. Grundsätzlich wird bei der Beantwortung dieser Frage das **Subsidiaritätsprinzip** akzeptiert. Es besagt, dass bei gleich guter Aufgabenerfüllung die jeweils untere Ebene vorrangig mit der Aufgabe betraut werden sollte. Man muss dann, wiederum im Einzelfall, prüfen, ob das Ausmaß der jeweils die einzelne Ebene überschreitenden Effekte so groß ist, dass sich eine Regelung

Vorrangig Aufgabenerfüllung durch die untere Ebene

auf der höheren Ebene empfiehlt. Für die EU-Integration ist mithin jeweils das Ausmaß an grenzüberschreitenden Effekten zu prüfen.

1.3 Anwendungsbeispiele

Umweltschäden sind typische Beispiele für externe Effekte (»Drittwirkungen«), der Markt stellt dem Verursacher Umweltschäden in der Regel nicht adäquat in Rechnung. Sind die Umweltschäden erheblich, wie z. B. im Bereich der Luft- und Bodenverschmutzung durch Kraftwerke, Kraftfahrzeuge und Industrieproduktionen, dann müssen staatliche Schutzvorschriften erlassen werden (z. B. die »Technische Anleitung Luft«). Ist darüber hinaus das Ausmaß an grenzüberschreitenden Effekten nicht klein, wie z. B. bei Kraftwerken, dann sollten die Schutzvorschriften auf Gemeinschaftsebene erlassen werden (vgl. Abschnitt 3.3 und Kapitel 29).

Gemeinschaftsregelung bei grenzüberschreitenden Effekten

Arbeitnehmerschutzvorschriften werden erlassen, um Arbeitnehmer vor Gefahren zu schützen, die sie selbst nicht erkennen können (mangelnde Transparenz) oder die sie aufgrund ihrer schwachen Position nicht abwehren können. So wurde von der EG z. B. eine Maschinen-Richtlinie erlassen, die die grundlegenden Sicherheitsanforderungen an Maschinen definiert. Dies gemeinschaftsweit festzulegen, erscheint sinnvoll, weil Maschinen als Güter des internationalen Handels in großem Umfang Grenzen überschreiten. Ähnliches gilt für Spielzeug. Hier müssen die Kinder davor geschützt werden, durch Spielzeug verletzt zu werden. Entsprechend wurde eine Spielzeug-Richtlinie erlassen (vgl. Abschnitt 2.3).

Es muss allerdings betont werden, dass die EG keineswegs generell nach diesen Grundprinzipien harmonisiert hat. Vor allem in der Vergangenheit scheint der Umfang der Harmonisierungen eher zufällig und ad hoc bestimmt worden zu sein, und vor allem wurde zu viel und zu viel im Detail harmonisiert.

1.4 Integrationspolitik im EG-Vertrag

Im EG-Vertrag ist, vor allem in Art. 28, mit dem Recht auf freien Warenverkehr grundsätzlich eine funktionelle Harmonisierung (durch Wettbewerb) angelegt. Diese Wettbewerbsfreiheit findet allerdings die in Art. 30 aufgelisteten Grenzen. Dort heißt es:

Grundsatz der Harmonisierung durch Wettbewerb mit Ausnahmen

Die Bestimmungen über den freien Warenverkehr stehen »Einfuhr-, Ausfuhr- und Durchfuhrverboten oder -beschränkungen nicht entgegen, die aus Gründen der öffentlichen Sittlichkeit, Ordnung und Sicherheit, zum Schutz der Gesundheit und des Lebens von Menschen, Tieren oder Pflanzen, des nationalen Kulturguts von künstlerischem, geschichtlichem oder archäologischem Wert oder des gewerblichen und kommerziellen Eigentums gerechtfertigt sind. Diese Verbote oder Beschränkungen dürfen jedoch weder ein Mittel zur willkürlichen Diskriminierung noch eine verschleierte Beschränkung des Handels zwischen den Mitgliedstaaten darstellen.«

Dieser interpretationsbedürftige Sachverhalt ist vom EuGH unter anderem durch seine Entscheidung im Urteil »Cassis de Dijon« (20.02.1979) und im Fall des deutschen Reinheitsgebots für Bier (12.03.1987) präzisiert worden. Danach können nur »zwingende Erfordernisse« im Bereich der in Art. 30 genannten Gründe den Import von Gütern beschränken, die in einem anderen Land rechtmäßig in Verkehr gebracht worden sind. Und diese zwingenden Erfordernisse z. B. des Gesundheits- und Verbraucherschutzes wurden im Fall des deutschen Bieres nicht gesehen. Entsprechend darf der Import von z. B. belgischem Bier, das nach belgischem Recht gebraut worden ist, aber nicht dem deutschen Reinheitsgebot entspricht, nicht mehr beschränkt werden. Auch eine verschleierte Beschränkung des Handels – etwa durch eine entsprechende Kennzeichnungsverordnung für Importbiere, die für Importbiere vor allem die Bezeichnung »Einfachbier« oder »Schankbier« vorsieht – wäre nicht zulässig.

Präzisierung durch EuGH

Nur zwingende Erfordernisse können den Import beschränken.

Damit kann also im Grundsatz in der EU von der funktionellen Integration ausgegangen werden. Es gilt prinzipiell die gegenseitige Anerkennung nationaler Vorschriften auch beim grenzüberschreitenden Handel, und der Wettbewerb wird entscheiden, welche Vorschriften sich am Markt durchsetzen. Analog zum Besteuerungsprinzip beim grenzüberschreitenden Handel wird das Prinzip der Anerkennung nationaler Vorschriften auch **Ursprungslandprinzip** oder **Herkunftslandprinzip** genannt (vgl. Abschnitt 2.9):

> Was im Ursprungsland rechtens ist, bleibt rechtens auch beim Grenzübertritt in das Bestimmungsland.

So wird immer sehr genau zu prüfen sein, ob Importbeschränkungen nicht eine verschleierte Beschränkung des Freihandels darstellen, wie z. B. im Falle der zeitweiligen Importbeschränkung für britisches Rindfleisch. Im Prinzip geht die Gemeinschaft eben davon aus, dass z. B. Rindfleisch, das in Großbritannien verzehrt werden darf, auch in allen anderen Ländern der Gemeinschaft als nicht gesundheitsgefährdend gilt.

Importbeschränkungen werden sehr genau geprüft.

Bedarf an einer institutionellen Integration (durch gemeinsame Politik) besteht mithin, zusätzlich zum Marktversagen bei Vorliegen der in Art. 30 genannten Ausnahmegründe, wenn diese also zu einer erlaubten Beschränkung des Freihandels führen würden.

2 Grundstrukturen des Binnenmarktes

2.1 Prinzipien und Bereiche des Binnenmarktes

In Art. 14 (dem früheren Art. 7 a) EG-Vertrag heißt es: »Der Binnenmarkt umfasst einen Raum ohne Binnengrenzen, in dem der freie Verkehr von Wa-

Legaldefinition

ren, Personen, Dienstleistungen und Kapital gemäß den Bestimmungen dieses Vertrages gewährleistet ist.«

Konstitutiv für den Binnenmarkt sind nach dieser neuen Legaldefinition also die so genannten vier Freiheiten:

- **Freier Warenverkehr**: Innerhalb der EU sollen alle Güter zu den gleichen Bedingungen angeboten werden; es darf keinen Unterschied machen, aus welchem Mitgliedsland die Güter kommen.
- **Freier Personenverkehr**: Innerhalb der EU sollen sich Personen so frei bewegen können wie innerhalb der nationalen Grenzen eines Landes. Diese Freiheit bezieht sich auf Arbeitnehmer, das Niederlassungsrecht der Selbstständigen und Freiberufler und auf die nicht berufstätigen Personen wie Rentner und Studierende.
- **Freier Dienstleistungsverkehr**: Grenzüberschreitende Dienstleistungen – der Leistungserbringer begibt sich in das andere Land, der Leistungsempfänger begibt sich in das andere Land oder die Dienstleistung selbst ist grenzüberschreitend (z. B. Versicherung) – sollen nicht behindert werden.
- **Freier Kapitalverkehr**: Geld und Kapital sollen ohne Beschränkungen transferiert werden dürfen (freier Kapital- und Zahlungsverkehr).

Damit diese vier Freiheiten realisiert werden konnten, ist das Abstimmungsverfahren für den Binnenmarkt entscheidend verändert worden. Statt, wie vordem, Einstimmigkeit der Ratsbeschlüsse vorzusehen (Art. 94), reichte nun die qualifizierte Mehrheit von damals 62 der insgesamt 87 Stimmen für die Annahme von Binnenmarktvorlagen (Art. 95, Absatz 1); mit Ausnahme der Bestimmungen über Steuern, über Freizügigkeit und über die Rechte der Arbeitnehmer (Art. 95, Absatz 2/vgl. Kapitel 22, Abschnitt 3).

Materiell werden im Allgemeinen die folgenden Bereiche der Binnenmarkt-Harmonisierungen unterschieden:
- Beseitigung der Grenzkontrollen,
- Technische Harmonisierung und Normung,
- Liberalisierung des öffentlichen Auftragswesens,
- Freizügigkeit der Arbeitnehmer und Selbstständigen,
- Freier Dienstleistungsverkehr,
- Freier Kapitalverkehr,
- Schaffung geeigneter Rahmenbedingungen für die industrielle Zusammenarbeit sowie
- Beseitigung der Steuerschranken.

Diese Bereiche werden im Folgenden in ihren Grundzügen beschrieben.

2.2 Beseitigung der Grenzkontrollen

Sichtbarstes Zeichen und unverzichtbarer Bestandteil eines Binnenmarktes ist die Abschaffung der Grenzkontrollen (»**Europa ohne Grenzen**«). Will man Grenzkontrollen beseitigen, so ist zweckmäßigerweise zunächst nach deren Ursachen zu fragen. Diese Ursachen sind vielfältiger Natur, es waren und sind im Wesentlichen:

- Unterschiedliche Tier- und Pflanzenschutzvorschriften und Kontrollverfahren,
- Unterschiede in Mehrwert- und spezieller Verbrauchsteuerbelastung (vgl. Abschnitt 2.9),
- Unterschiede in der Asylpolitik, der Visumpolitik, der Bekämpfung von Kriminalität und Terrorismus (z. B. die Kontrolle des Erwerbs und des Führens von Waffen) sowie des Drogenhandels,
- Kontrolle im gewerblichen Güterverkehr (Transportgenehmigungen, Einhaltung von Schutzvorschriften wie z. B. Fahrtenschreiber und technischen Daten),
- Kontrolle von Abfalltransporten (radioaktive und andere Abfälle) und
- die Statistik des Warenverkehrs setzt zur Überprüfung Kontrollen voraus.

Ursachen der Grenzkontrollen

Will man Grenzkontrollen abschaffen, dann müssen entweder die genannten Kontrollursachen beseitigt werden oder, wenn dies nicht gelingt, die notwendig bleibenden Kontrollen von der Grenze in das Inland verlagert werden. Entsprechend ist die EU vorgegangen.

Im Bereich der Personenkontrolle wird stets geprüft, inwieweit die Grenzkontrollen durch verstärkte Kontrollen im jeweiligen Inland ersetzt werden können, und im Bereich der Kontrolle von Tier- und Pflanzenschutzvorschriften wird die Kontrolle auf das Herkunftsland verlagert.

Prinzip: Beseitigung der Kontrollursachen oder Verlagerung der Kontrollen in das Inland

Mit den Bereichen Tier- und Pflanzenschutz sowie Personenkontrolle sind die Punkte genannt, die den Abbau der Grenzkontrollen besonders erschwert hatten. Die Abschaffung der Personenkontrolle ist überwiegend erreicht. Ursprünglich außerhalb des rechtlichen Rahmens der EU im Schengener Abkommen vereinbart, ist das Schengener Abkommen seit 1999 in die EU integriert und wird von den meisten alten Mitgliedstaaten, mit Ausnahme von Großbritannien und Irland, angewendet; zusätzlich auch von Norwegen und Island. Die neuen EU-Mitgliedstaaten werden den Schengen Acquis vermutlich Anfang 2008 übernehmen. Im Übrigen sind Grenzkontrollen für Güter und Dienstleistungen weitestgehend abgeschafft.

Problembereiche der Grenzkontrollen

2.3 Technische Harmonisierung und Normung

In jedem Mitgliedsland gibt es eine Fülle von Normen – in Deutschland z. B. etwa 20.000 Industrienormen (DIN) – und zahlreiche Vorschriften von Berufsgenossenschaften, Unfallverhütungsvorschriften oder Gesetze für die Produktion und Vermarktung von Lebensmitteln usw. Die Fülle und Unterschiedlichkeit der Normen behindert den grenzüberschreitenden Handel entweder direkt, weil ein Land den Import von Produkten beschränkt, die nicht den nationalen Normen entsprechen, oder indirekt, weil Geräte und Schnittstellen nicht zueinander passen. Eine Harmonisierung kann hier erhebliche Vorteile erbringen: Der Handel wird ausgeweitet und der Wettbe-

Normen als Handelshemmnisse

werb wird intensiviert, wenn der Schutz durch nationale Normen entfällt. Zugleich können die Economies of Scale bei der Produktion größerer Stückzahlen realisiert werden.

Im Einzelnen geht es um die Harmonisierung von
- **Normen**, das sind einheitliche, nicht rechtsverbindliche Festlegungen von Größen, Begriffen, Formen usw., meist durch private Normeninstitutionen;
- **technischen Vorschriften**, das sind rechtsverbindliche Anforderungen des Gesetzgebers, die meist die Gesundheit des Verbrauchers und Arbeitnehmers schützen sollen (Verbraucher- und Arbeitnehmerschutz) oder die Umwelt betreffen (Umweltschutz) und
- **Zulassungsverfahren**, das sind Verfahren, die die Zulassung von Produkten, von Produktionsmethoden und Kontrollmethoden regeln.

Allerdings wird nicht alles harmonisiert. Grundsätzlich gilt auch in diesem Bereich das **Ursprungslandprinzip**. Wie z. B. bei Bier, Kaffeesahne, Nudeln und Wurst hat der EuGH entschieden, dass die Grenzen für Produkte geöffnet werden müssen, auch wenn sie den jeweiligen nationalen Vorschriften nicht entsprechen. Es wird nur dort eine Harmonisierung angestrebt, wo aus wichtigen Gründen ein einheitliches Schutzniveau für alle EU-Bürger sinnvoll erscheint und/oder wenn der Handel wegen der in Art. 30 aufgeführten Gründe beschränkt werden darf.

Neues Harmonisierungskonzept

> Mit dem so genannten »**Neuen Ansatz**« wurde seit 1984 ein neues Konzept der Harmonisierung verfolgt, nämlich
> - Festlegung nur grundlegender, allgemeiner Normen und in der Regel nur in den wichtigen Bereichen von Gesundheit, Sicherheit und Umwelt und
> - Regelung technischer Details durch europäische Normungsinstitute.

Diese europäischen Normungsinstitute – CEN = Comité Européen de Normalisation und CENELEC = Comité Européen de Normalisation Electrotechnique – sind privatrechtliche Organisationen mit Sitz in Brüssel, die nach den Vorgaben der EU-Kommission Spezifikationen für die Produkte gemäß den festgelegten Grundanforderungen ausarbeiten. Produkte, die nach diesen Normen hergestellt sind, können dann ohne Hindernisse innerhalb der EU vertrieben werden. Die Normen sind allerdings nicht zwingend vorgeschrieben. Wer als Hersteller nach anderen Normen produziert, trägt dann aber die Beweislast, dass sein Produkt den entsprechenden EU-Richtlinien entspricht.

Als Beispiele für eine Harmonisierung nach dem »Neuen Ansatz« gelten die Maschinen-Richtlinie 89/392 vom 14.06.1989, Abl. Nr. L 183 vom 14.06.1989 und die Spielzeug-Richtlinie 88/378 vom 03.05.1988, Abl. Nr. L 187 vom 16.07.1988, die nur grundlegende Anforderungen für die Sicherheit von Maschinen und von Spielzeug festlegen. Allerdings ist der Umfang der harmonisierten Normen (bis Ende Oktober 2000 waren rund 1.750 Normen ratifiziert worden) überraschend hoch, weil das Ursprungslandprinzip nationale Normen eigentlich zulässt und es dem Verbraucher überlässt zu entscheiden, welche Norm die Beste ist.

2.4 Liberalisierung des öffentlichen Auftragswesens

Öffentliche Aufträge umfassen Warenlieferungen, Dienstleistungsaufträge und Baumaßnahmen kommunaler, regionaler und nationaler Körperschaften sowie öffentlicher Unternehmen mit Monopolcharakter (Wasser-, Energie-, Verkehrs- und Fernmeldeunternehmen). Ihr Auftragswert entspricht im Jahr 2002 rund 16 Prozent des Bruttoinlandsproduktes der EU. Davon wird bislang nur ein Bruchteil grenzüberschreitend vergeben. Um Transparenz der Nachfrage und Chancengleichheit der Anbieter wie auf einem Binnenmarkt herzustellen, hat sich die EU bemüht, das »System der Hoflieferanten« zu liberalisieren. Die entsprechenden Richtlinien über die Verfahren bei der Vergabe öffentlicher Liefer-, Dienstleistungs- und Bauaufträge sind inzwischen alle erlassen. Grundsätzlich ist damit bei öffentlichen Aufträgen eine EU-weite Ausschreibung im EU-Amtsblatt vorgeschrieben, wenn bei Lieferaufträgen 0,4 Millionen Euro und bei Bauaufträgen 5 Millionen Euro überschritten werden.

Fehlender Wettbewerb bei öffentlichen Aufträgen

EU-weite Ausschreibung vorgeschrieben

Man erwartet, dass mit einer solchen Liberalisierung erhebliche Kosteneinsparungen möglich werden, dass der Wettbewerb zu deutlichen Preissenkungen führt und dass schließlich langfristig wiederum Economies of Scale realisiert werden können. Voraussetzung ist allerdings eine wirksame Kontrolle des öffentlichen Auftragswesens.

2.5 Freizügigkeit

Wesentliches Ziel der EU ist es, die Freizügigkeit aller Bürger (Arbeitnehmer und Selbstständige, Nichterwerbstätige, Rentner und Studenten) formal und materiell zu garantieren. Mobilitätshemmnisse sind vor allem unterschiedliche nationale Befähigungsnachweise bei Berufen und unterschiedliche nationale Sozialleistungen. So kann ein deutscher Schornsteinfeger nicht ohne weiteres in Portugal als Schornsteinfeger arbeiten oder ein deutscher Bafög-Student wird nicht automatisch eine entsprechende Unterstützung seines Studiums in Frankreich erhalten. Entsprechend konzentrieren sich die Liberalisierungsbemühungen der EU einmal auf eine Harmonisierung der Berufsbefähigungsnachweise und zum anderen auf die Regelung der grenzüberschreitenden Gewährung von Sozialleistungen.

Mobilitätshemmnisse: vor allem Berufsbefähigungsnachweise und Sozialleistungen

Nach der mühsamen Prozedur, die Niederlassungsfreiheit von Architekten (dies hat 18 Jahre gedauert), Hebammen, Friseuren und Apothekern zu ermöglichen, stellte die »Allgemeine Regelung zur Anerkennung der Hochschuldiplome, die eine mindestens dreijährige Berufsbildung abschließen«

Wechselseitige Anerkennung aller Berufsbefähigungsnachweise

einen Durchbruch dar (Richtlinie 89/48, vom 21.12.1988 Abl. Nr. L 19 vom 24.01.1989, In-Kraft-Treten 03.01.1991). Anschließend hat die Kommission eine »Zweite allgemeine Regelung zur Anerkennung beruflicher Befähigungsnachweise« vorgelegt, die eine relativ weitgehende wechselseitige Anerkennung aller Berufsbefähigungsnachweise mit sich gebracht hat. Damit wurde eine wesentliche materielle Behinderung der Freizügigkeit von Erwerbstätigen beseitigt. Und am 26.02.2001 ist eine neue Richtlinie zur Vereinfachung der Vorschriften über die Anerkennung von Berufsbefähigungsnachweisen einschließlich der Diplome angenommen worden, die das Recht auf Freizügigkeit noch einmal erweitert.

Anforderungen im sozialen Bereich

Für den sozialen Bereich hat der EuGH eine Reihe von grundlegenden Entscheidungen gefällt und folgende Anforderungen definiert:
- Ein Ortswechsel darf nicht zum Verlust von Ansprüchen führen, die jemand gegenüber Trägern der Sozialversicherung erworben hat;
- Beschäftigungs- und Versicherungszeiten werden anerkannt, ohne Rücksicht darauf, wo sie erworben worden sind;
- Nationales Recht darf nicht um den Preis einer Diskriminierung nach Staatsangehörigkeit durchgesetzt werden.

Freizügigkeit ohne Sozialtourismus

Vor diesem Hintergrund bemüht sich die Kommission um Regelungen, die dem Gebot der Freizügigkeit entsprechen, einen Sozialtourismus jedoch vermeiden. Im Prinzip wird für alle Personengruppen (Nichterwerbstätige, Rentner und Studenten) der Nachweis ausreichender Existenzmittel und entsprechender Krankenversicherungen verlangt (Richtlinie 90/364 EWG; Amtsblatt L 180/26 vom 13.07.1990).

2.6 Beseitigung der technischen Schranken im Dienstleistungssektor

Schwierige Harmonisierung bei unterschiedlicher nationaler Regulierung

Hier geht es vor allem um die Harmonisierung in den Sektoren Banken, Versicherungen, Wertpapiergeschäfte, Verkehr und Telekommunikation. Die Harmonisierung in diesen Bereichen war generell recht schwierig, weil der Marktzugang und die jeweiligen Produktionsbedingungen in allen Ländern relativ stark, aber unterschiedlich reguliert waren. Dies soll für den Bereich der Banken und Versicherungen exemplarisch verdeutlicht werden.

Notwendigkeit des Verbraucherschutzes

Banken und Versicherungen verkaufen ein sensibles, wenig transparentes und im Verbraucherinteresse zu schützendes Gut. Banken verwalten und verzinsen z. B. bei ihnen angelegte Guthaben (Sparguthaben, Terminguthaben, Wertpapiere …), und für den Verbraucher muss gewährleistet werden, dass das Geld »sicher« ist. Versicherungen verkaufen eine Risikoabsicherung, und es muss sichergestellt werden, dass die Versicherung nicht gerade dann Insolvenz anmeldet, wenn man die Leistungen beanspruchen will. Zu diesem Zweck existieren – in jedem Land unterschiedliche – Vorschriften über die Durchführung und Kontrolle solcher Geschäfte: Eigenkapitalmindestsätze, Kreditgewährungsgrundsätze, Informationspflichten gegenüber der Aufsichtsbehörde oder Marktzugangsbedingungen. Und das Problem ist, dass jedes Land gerade seine Vorschriften für sinnvoll hält und den Regelungen anderer Länder misstraut.

Der **Bankenbereich** ist inzwischen – im Sinne eines freien Finanzdienstleistungsverkehrs und der Niederlassungsfreiheit von Banken – liberalisiert und harmonisiert worden. Die grundlegenden Prinzipien der **Bankenrechtsharmonisierung** sind:

- **Einmalzulassung:** Eine einmal in einem Land zugelassene Bank kann mit dieser Zulassung im gesamten EU-Gebiet tätig werden.
- **Heimatkontrolle:** Das Heimatland mit dem Verwaltungssitz des Mutterinstituts übernimmt die Kontrolle über alle Tätigkeiten der Bank im gesamten EU-Gebiet.
- **Mindestharmonisierung:** Damit obige Prinzipien von den Ländern akzeptiert werden, bedarf es einer Harmonisierung der nationalen Bankenregulierungen im Bereich der Kreditgewährungsgrundsätze und im Bereich der Informationspflicht.

Harmonisierung im Bankensektor

Und diese Mindestharmonisierung ist inzwischen weitgehend erreicht. Wichtige Richtlinien sind erlassen, so z. B. die **Eigenkapital-Richtlinie**. Danach muss in jedem Land gewährleistet sein, dass acht Prozent der Risiko-Aktiva (Kredite) durch Eigenkapital gedeckt sind. In der Bundesrepublik galt zuvor – bei allerdings anderer Definition des Eigenkapitals – eine Quote von 5,6 Prozent. Seit dem 01.01.1993 können Banken ihre Dienstleistungen EU-weit anbieten, ohne sich jeweils unterschiedlichen nationalen Regeln anpassen zu müssen.

Mindestharmonisierung

Auch im Bereich der **Finanzdienstleistungen** sind größere Fortschritte in Richtung eines gemeinsamen Finanzmarktes erzielt worden. Zu nennen sind die Verordnung über einheitliche internationale Rechnungslegungsgrundsätze (International Accounting Standards, IAS), die Einführung einheitlicher Börsenprospekte, einheitliche Standards und einheitliche Kontrollen von Bilanzfälschungen und Insiderhandel sowie die stärkere und einheitliche Kontrolle von Finanzkonglomeraten (z. B. Allianz und Dresdner Bank). Insgesamt werden damit die Informations- und Kontrollkosten bei grenzüberschreitender Geldanlage gesenkt und die Bedingungen für eine Dynamisierung des Wettbewerbs im Finanzbereich verbessert.

Auch für den **Versicherungsbereich** wird ein freier Dienstleistungsverkehr angestrebt, aber dies wird nicht so schnell realisierbar sein. Das Versicherungswesen gilt spätestens seit einem entsprechenden Urteil des EuGH vom 04.12.1986 als ein im Hinblick auf den Verbraucherschutz sehr sensibler Bereich. Der Verbraucher bedarf hier eines relativ umfangreichen Schutzes, weil die Transparenz über Leistung und Gegenleistung im Bereich der Lebens-, Kranken- und Kfz-Versicherung gering ist. Daher muss vor einer entsprechenden Harmonisierung z. B. der Allgemeinen Versicherungsbedingungen und der Vorschriften über technische Reserven die Kontrolle durch das jeweilige Tätigkeitsland beibehalten werden.

Umfangreicher Verbraucherschutz im Versicherungsbereich

Dienstleistungsfreiheit bei kommerziellen Großrisiken

Nur in der Versicherung gegen kommerzielle Großrisiken besteht schon das Prinzip der Heimatlandkontrolle und damit die grenzüberschreitende Dienstleistungsfreiheit, weil man davon ausgeht, dass Großunternehmen, die hier die Versicherungsnehmer sind, in der Lage sind, sich genügend Transparenz über die Bonität und die Qualität zu verschaffen. Und auch die gegenseitige Anerkennung der Aufsichtssysteme für Lebens- und Schadensversicherungen ist inzwischen erreicht.

Liberalisierung im Telekombereich

Im **Telekommunikationsbereich** mussten die meisten Mitgliedstaaten der EU bis zum 01.01.1998 ihre Infrastruktur (Netze) und alle Telekommunikationsdienste, inklusive des allgemeinen Telefonverkehrs dem Wettbewerb öffnen (Aufhebung des Netzmonopols und des Sprachdienstmonopols). Diese Liberalisierung ist inzwischen durchgeführt – sie hat zu einer starken Intensivierung des Wettbewerbs geführt. Auf den europäischen Märkten für **Strom und Gas** ist Wettbewerb ermöglicht worden, nur ein gemeinsamer **Verkehrsmarkt** existiert noch nicht.

Schwierig gestaltet sich noch die Realisierung der Dienstleistungsfreiheit bei Dienstleistungen, die eine physische Nähe zum Kunden erfordern, also bei personengebundenen Dienstleistungen wie Handwerksdienstleistungen. Hier gilt Folgendes:

Dienstleistungsfreiheit geplant

- Für **Selbstständige** gilt die Dienstleistungs- und Niederlassungsfreiheit für alle Mitgliedstaaten der EU. Jeder EU-Bürger kann im gesetzlichen Rahmen des jeweiligen Landes eine selbstständige Tätigkeit aufnehmen. Die Gründungen der Selbstständigen konzentrieren sich in Deutschland auf die Gewerke Parkett-, Fliesen-, Platten- und Mosaikverlegung sowie Gebäudereinigung und Gärtnerei, weil hier der Meisterbrief nicht mehr notwendig ist.
- Für (unselbstständige) **Arbeitnehmer** gilt die Entsenderichtlinie der EU. Danach gelten für Arbeitnehmer bei einem Auslandsaufenthalt die Arbeitsbedingungen des Staates, in den sie entsandt sind, z. B. Urlaubs- und Arbeitszeitregelungen oder Mindestlohnbestimmungen. Dies ist allerdings nicht leicht zu kontrollieren und in Deutschland gibt es Mindestlöhne nur in der Bauwirtschaft (Dachdecker, Bauhilfsarbeiter, Maler, Lackierer und Abbruchgewerbe).

Langfristig plant die Europäische Kommission das Herkunftslandprinzip generell für den grenzüberschreitenden Dienstleistungsverkehr anzuwenden. Dann unterliegt ein Dienstleister nur den Rechtsvorschriften des Landes, in dem er sich niedergelassen hat.

2.7 Liberalisierung des Kapitalverkehrs und des Zahlungsverkehrs

Der **Kapitalverkehr** umfasst kurz-, mittel- und langfristige Kreditgeschäfte, Transaktionen in (kurzfristigen) Geldmarktpapieren und Transaktionen in (langfristigen) Kapitalmarktpapieren einschließlich Emission und Handel von Wertpapieren (Aktien, Obligationen usw.). Davon zu unterscheiden ist der diese autonomen Transaktionen quasi als Reflex begleitende **Zahlungsverkehr**.

Die Liberalisierung des Kapitalverkehrs ist am 24.06.1988 mit Wirkung vom 01.07.1990 beschlossen worden (Richtlinie 88/361, Abl. Nr. L 178 vom 08.07.1988). Seit 1993 ist der Kapitalverkehr in der Gemeinschaft vollständig liberalisiert und nach Art. 56 EGV sind inzwischen alle Beschränkungen des Kapitalverkehrs und des Zahlungsverkehrs verboten.

Vollständige Liberalisierung

Die Liberalisierung des Kapitalverkehrs galt als Markstein auf dem Weg zum Binnenmarkt und zur Währungsunion. Eine Währungsunion setzt freien Kapitalverkehr voraus und ein Binnenmarkt ohne freien Kapitalverkehr macht keinen Sinn. Es liegt ja gerade in der ökonomischen Logik eines Binnenmarktes, dass das Kapital, allein beeinflusst von relativen Kapitalknappheiten und erwarteten Kapitalproduktivitäten, unbehindert einer optimalen Verwendung zugeführt wird.

Freier Kapitalverkehr: notwendig für Währungsunion und Binnenmarkt

2.8 Förderung der Kooperation von Unternehmen

Unterschiedliche Regelungen des Unternehmensverfassungsrechts (Gesellschaftsrecht) sind entscheidend dafür, dass die Unternehmenskooperation in der Gemeinschaft in vielen Bereichen gering ist.

> Um hier die grenzüberschreitende Zusammenarbeit zu verbessern, wird auf folgenden Feldern harmonisiert:
> - bei bestehenden gesellschaftsrechtlichen Regelungen (z. B. einheitliche Struktur der Aktiengesellschaft),
> - bei der Konzipierung neuer Rechtsformen supranationalen Zuschnitts (z. B. die Europa-AG) und
> - bei grenzüberschreitenden Fusionen.

Diese Maßnahmen sollen die europaweite Kooperation kleiner und mittlerer Unternehmen (KMU) und die europäische multinationale Unternehmung (»**Euro-Multi**«) fördern, nicht die nationale Großunternehmung. Die Harmonisierungserfolge waren lange Zeit recht bescheiden, insbesondere, weil die Länder sich nicht über einheitliche Regelungen zur Mitbestimmung der Arbeitnehmer einigen konnten. Mittlerweile gibt es einige Richtlinien zur Harmonisierung der Rechnungslegung und Publizität (Bilanz-Richtlinien in Form der 4. und 7. gesellschaftsrechtlichen Richtlinie) sowie zur Gründung und Spaltung von Aktiengesellschaften. Es wurde zunächst eine neue supranationale Rechtsform geschaffen worden, die **Europäische Wirtschaftliche Interessenvereinigung (EWIV)**. Dabei handelt es sich um eine unbedeutende Kooperationsform für kleine und mittlere Unternehmen mit maximal 500 Arbeitnehmern. Und nach 32 Jahren zäher Verhandlungen ist auf dem Gipfel von Nizza Einigung über die **Europa-AG**, die »**Societas Europaea**« (SE) mit einem Mindestkapital von 120.000 Euro erzielt worden.

Europäische Rechtsform: Europa-AG

Generell gilt auch im Bereich des Gesellschaftsrechts das Prinzip der funktionellen Integration (durch Wettbewerb). So kann sich ein in Deutschland tätiges Unternehmen in England nach englischem Gesellschaftsrecht anmelden und nach englischem Recht dies Unternehmen in Deutschland betreiben (dies gilt aber nicht für das Steuerrecht). Recht beliebt ist in Deutschland z. B. die »Private company limited by shares«, eine einfache Version der deutschen GmbH.

2.9 Beseitigung der Steuerschranken

Die europäische Integration erfordert auch eine gewisse Harmonisierung der verschiedenen nationalen Steuersysteme. Dabei ist vorab zu unterscheiden zwischen einer Harmonisierung der indirekten Steuern – das sind hier die Mehrwertsteuer und die speziellen Verbrauchsteuern – und der direkten Steuern – das sind hier im Wesentlichen die Steuern vom Einkommen und Vermögen.

Harmonisierungsdruck ist groß bei indirekten Steuern

Dabei ist der Harmonisierungsdruck für die indirekten Steuern wesentlich größer, weil nur diese Grenzkontrollen bedingen. Entsprechend ist in Art. 93 EG-Vertrag auch nur eine Harmonisierung der indirekten Steuern gefordert, soweit dies für den Binnenmarkt notwendig ist. Daher wird im Folgenden primär auf die indirekten Steuern Bezug genommen. Eine Harmonisierung der direkten Steuern erscheint weniger dringlich, zugleich wesentlich schwieriger, wenn nicht die Harmonisierung durch den **Wettbewerb der Steuersysteme** im Rahmen der Standortentscheidungen von Unternehmern und Arbeitnehmern angestrebt wird.

2.9.1 Probleme einer Harmonisierung der indirekten Steuern

Zielkomplexe

Bei der Harmonisierung der indirekten Steuern geht es um folgende Zielkomplexe:
- Wettbewerbsneutralität,
- Abbau von Grenzkontrollen,
- Konstanz der Verteilung der Steuereinnahmen aus dem grenzüberschreitenden Handel auf die Länder und
- Minimierung der Auswirkung auf nationale Steuereinnahmen.

Meist ist **Wettbewerbsneutralität** das vorrangige Ziel. Um nämlich zu verhindern, dass Produzenten aus einem Land mit hohen Steuersätzen Wettbewerbsnachteile gegenüber Produzenten aus Niedrigsteuerländern haben, wird das Bestimmungslandprinzip angewendet.

Bestimmungslandprinzip

Das **Bestimmungslandprinzip** ist das gängige Prinzip der Besteuerung des Außenhandels, es wurde und wird zzt. noch auch innerhalb der EU praktiziert. Nach diesem Prinzip werden die Steuervorschriften des Landes angewendet, in das die Güter eingeführt (und in der Regel auch verbraucht) werden. Das bedeutet, dass die Exporte im Exportland nicht versteuert werden, aber dass das Importland »an der Grenze« eine Einfuhrsteuer erhebt, die der inländischen Belastung entspricht. Im Fall der Umsatzsteuer[1] wird also eine Einfuhrumsatzsteuer erhoben.

Dieses Verfahren hat den Vorteil, dass die importierten Güter steuerlich wie im Inland erzeugte und verkaufte Güter behandelt werden, der Wettbewerb wird mithin nicht durch unterschiedliche nationale Steuersätze verzerrt (Wettbewerbsneutralität). Zugleich fließt das Steueraufkommen dem Land des Letztverbrauchs zu, was in der Regel so gewollt ist. Der gravierende Nachteil ist, dass beim Bestimmungslandprinzip eine bürokratische Kontrolle des Imports notwendig ist, die üblicherweise an der Grenze vorgenommen wird.

Wettbewerbsneutralität, aber Kontrollen bei Bestimmungslandprinzip

Die Alternative ist das Ursprungslandprinzip. Nach dem **Ursprungslandprinzip** werden die Steuervorschriften des Landes angewendet, in dem die Güter produziert wurden. Es wird also der Export besteuert, der Import bleibt steuerfrei; im Endergebnis ist damit die importierte Ware im Importland mit der Steuer des Exportlandes belastet. Dies hat den Vorteil, dass auf eine bürokratische Kontrolle des Außenhandels verzichtet werden kann, aber den gravierenden Nachteil der Wettbewerbsverzerrung bei unterschiedlichen Steuersätzen. Hinzu kommt, dass die Steuer im Produktionsland, nicht im Verbrauchsland anfällt, was steuerpolitisch mehrheitlich nicht gewollt ist, auf jeden Fall aber zu einer Veränderung der Verteilung des Steueraufkommens aus dem Außenhandel führen würde, wenn das Bestimmungslandprinzip durch das Ursprungslandprinzip ersetzt würde. Länder mit Exportüberschüssen wie die Bundesrepublik würden begünstigt, Länder mit Defiziten in der Handelsbilanz würden benachteiligt. Die Verlagerung der steuerlichen Belastung bei Exportüberschüssen wird als Steuerexport bezeichnet.

Verzicht auf Kontrollen, aber Wettbewerbsverzerrungen bei Ursprungslandprinzip

Veränderung der Verteilung der Steuereinnahmen

Mit der Einführung des Ursprungslandprinzips würde ein Wettbewerb der Standorte mit dem Parameter Höhe und Umfang der Besteuerung einsetzen, sicher mit einem Druck auf eine Harmonisierung nach unten.

Daher spricht vieles für eine **Ex-ante-Harmonisierung** der Besteuerung. Dies war und ist auch das Konzept der Kommission, die im Prinzip Bandbreiten für die Steuersätze vorsieht.

Konzept der Kommission: Bandbreiten

Aber eine solche Ex-ante-Harmonisierung wird nicht leicht herbeizuführen sein. Dies liegt daran, dass eine Angleichung der Steuersätze die Autonomie nationaler Wirtschaftspolitik in einem ganz zentralen Bereich beschränkt (»the power to tax is the power to govern«) und dass im Bereich der Steuerharmonisierung einstimmig beschlossen werden muss. Außerdem unterscheiden sich die historisch gewachsenen Steuersysteme der Länder zu sehr voneinander, als dass eine schnelle Harmonisierung erwartet werden könnte. Dabei ist daran zu denken, dass Steuern ja nicht nur den Zweck haben, dem Staat Einnahmen zu erbringen, sondern häufig auch Produktion

Probleme der Harmonisierung der Besteuerung

---

1 Die üblicherweise Mehrwertsteuer genannte Steuer wird amtlich als Umsatzsteuer bezeichnet. Hier werden beide Bezeichnungen synonym verwendet.

und Konsum beeinflussen sollen: So verfolgt die Alkoholsteuer in Dänemark und Schweden ganz dezidiert gesundheitspolitische Ziele und die Mineralölsteuer z. B. ist Instrument der Verkehrs- und Umweltpolitik.

Übergangsregelungen

Angesichts dieser schwierigen Problemlage hat die EU folgende Übergangsregelungen beschlossen:

- Es bleibt beim Bestimmungslandprinzip.
- Grenzkontrollen entfallen und werden durch nationale Kontrollen ersetzt (Meldung an die nationalen Finanzämter im Rahmen der Umsatzsteuer-Erklärung).
- Für grenzüberschreitende Einkäufe durch Privatpersonen gilt das Ursprungslandprinzip (mit einigen Ausnahmen); Grenzkontrollen entfallen.
- Damit der Wettbewerb im »privaten Außenhandel« allerdings nicht zu sehr verzerrt wird, werden Mindeststeuersätze eingeführt.
- Der Mindeststeuersatz für den Normalsatz der Mehrwertsteuer beträgt 15 Prozent; daneben sind zwei ermäßigte Mehrwertsteuersätze von mindestens 5 Prozent erlaubt, Nullsätze können aber vorläufig beibehalten werden. Faktisch differieren die Normalsätze zwischen 15 Prozent (Luxemburg) und 25 Prozent (Dänemark und Schweden).

2.9.2 Perspektiven einer Harmonisierung der direkten Steuern

Direkte Steuern als Faktor der Standortwahl

Da Steuern vom Einkommen ein wichtiger Bestimmungsfaktor bei der Standortwahl von Unternehmen und letztlich auch Arbeitnehmern sind, können unterschiedliche Belastungen durch direkte Steuern die optimale Allokation der Ressourcen behindern. Insbesondere ist dabei an die Besteuerung der Einkommen von Unternehmen im Rahmen der Körperschaftsteuer zu denken. Entsprechende Harmonisierungsbemühungen der EU-Kommission werden immer wieder verstärkt, allerdings sind Erfolge gering. Einerseits ist eine Harmonisierung in diesem Bereich noch wesentlich schwieriger als bei indirekten Steuern – es geht dabei weniger um die anzuwendenden Steuersätze als um die entsprechende Bemessungsgrundlage Unternehmenseinkommen –, und andererseits ist es sinnvoll, hier stärker auf eine Ex-post-Harmonisierung der Steuersysteme durch den allgemeinen Standortwettbewerb zu setzen. Im Allgemeinen wird ein **Steuersenkungswettlauf** mit den damit verbundenen Gefahren für eine solide Haushaltspolitik erwartet. Denn wenn die Ausgaben nicht gekürzt werden, steigt die Staatsverschuldung.

Harmonisierung durch Standortwettbewerb

Ein spezielles Problem liegt in der **Besteuerung von Zinserträgen**, weil nach der endgültigen Liberalisierung des Kapitalverkehrs und der Einführung der Währungsunion bereits kleine Besteuerungsunterschiede zu erheblichen Kapitalwanderungen führen können. Auch hier geht es nicht nur um eine Harmonisierung der Steuersätze, sondern ebenfalls um das Veranlagungsverfahren – Quellenabzug bzw. Veranlagung – und um die Kontrollmethoden – Bankgeheimnis vs. Kontrollmitteilung. Hier sind Einigungen erzielt worden. So ist die EU-Zinsrichtlinie 2005 in Kraft getreten. In allen Staaten der EU, mit Ausnahme von Belgien, Luxemburg und Österreich, melden die Banken dem zuständigen Finanzamt den Namen und Wohnort des Steuerpflichtigen sowie die Höhe seiner Zinserträge.

2.10 Bewertung

Der Integrationsprozess im Binnenmarkt ist ein offenes, ein vermutlich nie, aber jedenfalls nicht sehr bald abgeschlossenes Verfahren. Die Erfahrungen der Vergangenheit zeigen, dass die Bereitschaft der Mitgliedstaaten, bei stark divergierenden Interessen Kompromisse einzugehen, gering ist. Anderseits hat die Integration eine sich selbst tragende Dynamik entwickelt, die für viele Beobachter überraschend ist.

Integrationsprozess als ein offenes Verfahren mit großer Dynamik

Die Kommission hatte bis Mitte 1990 alle zunächst geplanten 282 Harmonisierungsmaßnahmen vorgelegt und diese Maßnahmen sind weitestgehend in nationales Recht umgesetzt worden – auch in den neuen Mitgliedstaaten. Rückstände gibt es in den Bereichen öffentliche Aufträge, Finanzdienstleistungen sowie geistiges und gewerbliches Eigentum. Die Verwirklichung des Binnenmarktes ist jedoch 1992 bei Weitem nicht abgeschlossen gewesen. In der Zwischenzeit (bis Ende 2004) hat die Kommission insgesamt 1.579 Binnenmarktvorschriften entwickelt, von denen die meisten in nationales Recht überführt worden sind. Das Umsetzungsdefizit, der Prozentsatz der nicht fristgerecht umgesetzten Richtlinien, betrug 2004 im Durchschnitt für alle Mitgliedstaaten 3,6 Prozent. Umsetzungsdefizite bestehen vor allem im Veterinär-, Verkehrs- und Lebensmittelrecht; Deutschland hat ein Umsetzungsdefizit vor allem im Umweltrecht.

Umsetzungsdefizite

Im Zuge der Weiterentwicklung des Binnenmarktes sind Verbesserungen im Rechtsetzungs- und im Durchsetzungsverfahren eingeleitet worden. So hat die Kommission 1993 ein strategisches Programm für die optimale Gestaltung des Binnenmarktes vorgeschlagen. Ein Hauptelement besteht in der verbesserten Zusammenarbeit der Verwaltungen der Mitgliedstaaten. Daneben soll die Vereinfachung der Gesetzgebung (Pilotprojekt SLIM – Simpler Legislation for the Single Market) vorangetrieben werden. Der oft komplizierte Charakter bestimmter Rechtsvorschriften stellt für viele Unternehmen eine erhebliche Belastung dar. Und im Oktober 1999 hat die Kommission eine neue **Binnenmarktstrategie** vorgelegt. Nach dieser Strategie werden vier Ziele verfolgt:

Neue Binnenmarktstrategie

- Verbesserung der Lebensqualität der Bürger;
- Effizienzsteigerung der Güter- und Kapitalmärkte;
- Verbesserung der Rahmenbedingungen für die Wirtschaft und
- bessere Nutzung der Möglichkeiten des Binnenmarktes.

Dies klingt gut, aber es bläht die alte Zielsetzung, ungerechtfertigte Handelshemmnisse zu beseitigen (und sonst nichts), unnötig auf. Wenn der Staat die

Lebensqualität seiner Bürger verbessern will, schränkt er die Freiheit meist ein und entzieht knappe Mittel individuell legitimierten Verwendungen.

Insgesamt fällt die **politische Bilanz** des Binnenmarktes indes recht positiv aus: Grenzkontrollen sind effektiv beseitigt und die beschlossenen und realisierten Freiheitsrechte werden bei wirtschaftlichen Schwierigkeiten der Mitgliedstaaten, anders als früher, auch nicht mehr eingeschränkt.

Ex-ante-Bewertung

Die **ökonomische Bilanz** ist schwierig, weil die Wirkungen der Binnenmarktpolitik von den Wirkungen anderer Einflussfaktoren nicht isoliert werden können. Die Kommission hatte seinerzeit die Vorteile des Binnenmarktes im **Cecchini-Bericht** »Europa '92 – Der Vorteil des Binnenmarktes« quantifiziert. Darin wurden beachtliche Wachstums- und Beschäftigungseffekte für den Zeitraum 1993 bis 1998 in Aussicht gestellt:

Wachstumseffekte des Binnenmarktes

- ein reales Bruttosozialprodukt der Gemeinschaft, das annahmegemäß um (mindestens) 4,5 Prozent, also um etwa 400 Milliarden DM, über dem Niveau des Sozialproduktes liegen wird, welches man bei Fortschreiben des Status quo, also ohne eine Verwirklichung eines Binnenmarktes bis zum 31.12.1992, für möglich erachtet; ferner

Beschäftigungseffekte des Binnenmarktes

- eine Zunahme der Beschäftigung um 1,8 Millionen; schließlich eine deutlich geringere Inflationsrate, reduzierte Haushaltsdefizite und ein verbesserter Außenbeitrag durch gestärkte internationale Wettbewerbsfähigkeit.

Ex-post-Bewertung

Nachfolgend hat die Kommission eine Bewertung des Binnenmarktes ex post vorgelegt: In der Bewertung vom 05.12.1993 werden folgende Erfolge herausgestellt:
- Schaffung von 9 Millionen Arbeitsplätzen,
- zusätzliches Wachstum des BIP um 0,5 Prozent und
- Zunahme der Investitionen um 33,5 Prozent (Weißbuch Wachstum, Wettbewerbsfähigkeit, Beschäftigung, S. 3).

Binnenmarktprogramm als Wachstumsprogramm

Die Zahlen mögen die Größenordnung der Vorteile treffen oder auch nicht, letztlich lassen sich die Effekte der Integration nicht quantifizieren. Ohne Zweifel aber war das Binnenmarktprogramm ein gewaltiges Wachstumsprogramm, das all die beschriebenen Vorteile der Integration (vgl. Kapitel 22, Abschnitt 2) realisieren sollte. Weil es ein Wachstumsprogramm war, muss es aber auch mit den Argumenten der **Wachstumskritik** gewürdigt werden – Zerstörung der Umwelt, Kritik der Arbeitsteilung und Kritik des materialistischen Wohlfahrtskonzeptes sind vor allem zu nennen.

3 Begleitende Politikbereiche

3.1 Überblick

Zollunion, gemeinsamer Agrarmarkt, regionale Strukturpolitik, Binnenmarkt und Wirtschafts- und Währungsunion sind die zentralen Bereiche der Wirtschaftspolitik der EU. Daneben gibt es zahlreiche weitere Politikbereiche, in denen die Integration, insbesondere seit der Vertrags-Erweiterung durch die Einheitliche Europäische Akte (EEA) und die Verträge von Maastricht, Amsterdam und Nizza, vorangetrieben werden soll. Das sind vor allem folgende ökonomisch relevante Felder (vgl. Art. 3 EG-Vertrag):

- Sozialpolitik,
- Umweltpolitik,
- Industriepolitik (einschließlich Forschungs- und Energiepolitik sowie Ausbau transeuropäischer Netze),
- Wettbewerbspolitik,
- Handelspolitik,
- Verkehrspolitik,
- Entwicklungspolitik sowie
- Gesundheits- und Verbraucherpolitik.

Weitere Felder der Integration

Wir können diese Bereiche nicht alle darstellen, sondern greifen hier die zentralen Felder Soziales, Umwelt, Industrie und Wettbewerb heraus. Der Bereich der Entwicklungspolitik der EU wird im 30. Kapitel, Abschnitt 4.4 beschrieben.

Insgesamt unterliegen die vorgesehenen begleitenden Politikbereiche anderen, meist strengeren Entscheidungsvorschriften als das Binnenmarktprogramm. Daher sind hier größere Verzögerungen im Integrationsprozess zu beobachten.

3.2 Sozialpolitik

3.2.1 Aktivitäten der EU

Die Aktivitäten der EU im Bereich der Sozialpolitik zielen im Kern darauf ab, ein Ziel zu verwirklichen, das der Europäische Rat im Juni 1988 formuliert hat: »..., dass der Binnenmarkt so konzipiert werden muss, dass er der gesamten Bevölkerung der Gemeinschaft zugute kommt.« Wesentliche Aspekte dieser Politik sind:

Elemente der EU-Sozialpolitik

- **Verbesserungen des Arbeitnehmerschutzes.** Zahlreiche Richtlinien und Verordnungen zur Verbesserung der Arbeitsbedingungen und des gesundheitlichen und sicherheitsmäßigen Schutzes von Arbeitnehmern sind verabschiedet.
- **Sozialer Dialog.** Seit 1985 bemüht sich die Kommission, die Europäischen Verbände der Arbeitgeber (UNICE) und Arbeitnehmer (Europäischer Gewerkschaftsbund, EGB) an der Diskussion um wirtschafts- und sozialpolitische Fragen mitwirken zu lassen. Gemeinsame Stellungnahmen gibt es z. B. zur Unterrichtung und Anhörung der Arbeitnehmer bei der Einführung neuer Technologien. Durch die institutionelle Verankerung dieses Dialogs im EG-Vertrag (Art. 139) sollen die Sozialpartner bei Planungs- und Korrekturmaßnahmen im sozialen Bereich stärker herangezogen werden.

Sozialcharta als Aktionsprogramm

- **Sozialcharta.** Die Sozialcharta, genauer die »Gemeinschaftscharta der sozialen Grundrechte der Arbeitnehmer«, ist im Dezember 1989 vom Europäischen Rat gebilligt worden.[2] Sie hat den Charakter eines unverbindlichen Aktionsprogramms, auf dessen Basis die Kommission ihrerseits ein sozialpolitisches Aktionsprogramm konzipiert hat (Rats-Dok. Nr. 6660/89). Kernpunkte sind:
  - Recht auf Freizügigkeit,
  - Recht auf Beschäftigung und Arbeitsentgelt,
  - Recht auf Verbesserung der Lebens- und Arbeitsbedingungen,
  - Recht auf sozialen Schutz,
  - Recht auf Koalitionsfreiheit und Tarifverhandlungen,
  - Recht auf Berufsausbildung,
  - Recht auf Gleichbehandlung von Männern und Frauen,
  - Recht auf Unterrichtung, Anhörung und Mitwirkung der Arbeitnehmer,
  - Recht auf Gesundheitsschutz und Sicherheit am Arbeitsplatz,
  - Recht auf Kinder- und Jugendschutz,
  - Rechte der älteren Menschen,
  - Rechte der Behinderten.

Stärkung der sozialen Dimension durch den Vertrag von Maastricht

Mit dem Vertrag von Maastricht sollte die soziale Dimension der Gemeinschaft verstärkt werden (Art. 2, 3 und 136 ff. EGV). Die wesentlichen sozialpolitischen Vereinbarungen, die früher im so genannten »Protokoll über Sozialpolitik« dem EG-Vertrag beigefügt waren, sind durch den Vertrag von Amsterdam in die Sozialvorschriften des EG-Vertrages (Titel XI, Art. 136–145) integriert worden. Dies bedeutet, dass die Regelungen des früheren Abkommens, das nicht für Großbritannien und Nordirland galt, jetzt auf alle 25 Mitgliedstaaten anwendbar sind. Dadurch wird eine einheitliche, alle Mitgliedstaaten umfassende und bindende europäische Sozialpolitik ermöglicht. Für deren konkrete Umsetzung entwickelt die EU-Kommission für dreijährige Zeiträume **Aktionsprogramme**.

Geringe materielle Bedeutung der EU-Sozialpolitik

Die Sozialpolitik wird im Wesentlichen durch den **Europäischen Sozialfonds** (ESF) (Art. 146–148 EGV) finanziert. Vorrangig werden die Mittel eingesetzt, um Langzeitarbeitslosigkeit und Jugendarbeitslosigkeit zu bekämpfen. Bislang ist die Sozialpolitik der EU materiell von geringer Bedeutung. Fast alle Fragen des Arbeits- und Sozialrechts werden auf nationaler Basis entschieden. Die materielle Bedeutung der EU-Sozialpolitik bezieht sich im Wesentlichen auf die folgenden Elemente:

- Auf die Durchsetzung der **Gleichheitsrechte** in vielfältiger Dimension z. B. von Mann und Frau, von einheimischen Arbeitskräften und Wanderarbeitern oder von Rassen;
- auf **Verfahrensvorschriften**, die der Arbeitgeber z. B. bei Massenentlassungen oder bei der Anhörung der Betriebsräte zu beachten hat und
- auf die **Koordination** der Sozialpartner (Art. 139 EGV).

---

2 Sie basiert auf der »Sozialcharta« des Europarats v. 18.10.1961 (BGBl II 1964, S. 1262 ff.).

Ein solcher geringer materieller Gehalt der gemeinschaftsweiten Sozialpolitik ist indes nicht per se ein Nachteil, sondern ermöglicht einen Wettbewerb der Sozialnormen.

3.2.2 Grundprobleme der EU-Sozialpolitik

Im Grunde geht es hier um das immer gleiche Problem der Abwägung zwischen den Vor- und Nachteilen einer funktionellen Integration durch Wettbewerb und einer institutionellen Integration durch politisch formulierte Mindeststandards.

Abwägen zwischen funktioneller und institutioneller Integration

Der Wettbewerb trägt immer dann zur Erosion eines sozialen Schutzes bei, wenn die Kosten dieses sozialen Schutzes nicht durch eine entsprechende Produktivität der Arbeitsprozesse am Markt verdient werden. Die Konsequenz ist zwiespältig:

- Die Gewerkschaften in Ländern mit hohem Produktivitäts- und Schutzniveau befürchten ein »social dumping«, ein Aufweichen sozialer Standards durch den Import billiger Produkte, durch den Zustrom billiger Arbeitskräfte und durch die Abwanderung der Unternehmen in Billiglohnländer, während die Arbeitgeberseite den Wettbewerbsdruck ebenfalls befürchten muss, aber zugleich die verstärkte internationale Konkurrenz als willkommenes Argument benutzt, um sozialpolitischen Forderungen Widerstand entgegensetzen zu können.

Gefahr des Aufweichens sozialer Standards ...

- Umgekehrt ist es in Ländern mit geringem Produktivitäts- und Schutzniveau. Die Arbeitgeberseite befürchtet gemeinschaftsweite soziale Mindeststandards, die für weniger entwickelte Länder nicht finanzierbar wären und sie ihres potenziellen Wettbewerbsvorteiles – Billigproduktion – berauben würden. Gewerkschaften müssen ebenfalls einen Anstieg der Arbeitslosigkeit befürchten, aber zugleich sind gemeinschaftsweit formulierte Mindeststandards willkommene Argumente im Kampf um bessere Arbeitsbedingungen und soziale Rechte.

... oder nichtfinanzierbarer Mindeststandards

Aus wirtschaftswissenschaftlicher Sicht spricht sehr viel für die Formulierung und Durchsetzung sozialer Mindeststandards, aber nicht auf Gemeinschaftsebene, sondern auf Ebene von Staaten oder Regionen. Der Wettbewerb muss die Chance haben, die finanzierbaren Standards zu finden.

3.3 Umweltpolitik

3.3.1 Aktivitäten der EU

Im EG-Vertrag wird dem Umweltschutz formal ein bedeutender Rang zuerkannt. Ziele der Umweltpolitik der Gemeinschaft sind
- Erhaltung und Schutz der Umwelt sowie Verbesserung ihrer Qualität,
- Schutz der menschlichen Gesundheit,

Hoher Rang des Umweltschutzes

- umsichtige und rationelle Verwendung der natürlichen Ressourcen,
- Förderung von Maßnahmen auf internationaler Ebene zur Bewältigung regionaler oder globaler Umweltprobleme (Art. 174 Abs. 1 EGV).

Grundsätze der Umweltpolitik

Dabei wird ein hohes Niveau des Umweltschutzes angestrebt (Art. 2 EGV).

> Artikel 174 Abs. 2 legt die Grundsätze der umweltpolitischen Tätigkeit der Gemeinschaft fest. Dies sind:
> - das Vorsorgeprinzip,
> - die Bekämpfung der Belastung an der Quelle,
> - das Verursacherprinzip.

Schließlich ist in Artikel 6 EGV eine Generalklausel aufgenommen worden, welche die Beachtung des Umweltschutzes bei der Festlegung und Durchführung aller Gemeinschaftspolitiken fordert.

Entgegen einer wohl weit verbreiteten Auffassung ist die EU auch praktisch im Umweltbereich keineswegs untätig. In bisher **sechs Aktionsprogrammen für den Umweltschutz**, die die EG seit 1973 vorgelegt hat, sind zahlreiche Richtlinien verabschiedet worden. Einige der wichtigsten Aktivitäten sind:

Wasserschutz

- **Wasser**: Die Wasserschutzrichtlinie von 1976 teilt Schadstoffe in eine Schwarze und Graue Liste ein. 129 besonders gefährliche Stoffe, deren Einleitung ins Wasser einer Genehmigung bedarf, stehen auf der Schwarzen Liste. Allerdings wurden bislang nur für einige (etwa Quecksilber, Cadmium, DDT) Grenzwerte festgelegt. Für Stoffe der Grauen Liste gelten weniger strenge Maßstäbe. Daneben gibt es Richtlinien über Grund- und Trinkwasser sowie Badegewässer. Sie stellen jeweils bestimmte Qualitätsanforderungen an diese Wasserarten.
  Im Dezember 2000 ist die **Europäische Wasserrahmenrichtlinie** in Kraft getreten, die das Ziel hat, eine ausreichende Versorgung mit Oberflächen- und Grundwasser guter Qualität zu sichern.

Schutz der Luft

- **Luft**: Auch für den Bereich der Luft existiert eine **Luftqualitätsrahmenrichtlinie** mit Grenzwerten für Schwefel- und Stickstoffdioxid, für Benzol, Ozon und Kohlenmonoxid sowie mit der Festlegung von Messmethoden. Hier werden die Grenzwerte stufenweise verschärft wie in der Feinstaubrichtlinie mit strengen Grenzwerten für Schwefeldioxid, Feinstaub und Blei. Daneben existieren Richtlinien zu Autoabgasen und zur Reduzierung der Luftverschmutzung durch Großfeueranlagen. Im Bereich der Klimapolitik hat die Kommission einen EU-weiten **Emissionshandel** eingeführt, also die Schaffung eines Emissionsmarktes, auf dem energieintensive Branchen (Chemie, Stahl, Strom, Zement) Zertifikate zur Verschmutzung der Luft mit CO_2 erhalten. Wer die Produktion dann ausweitet, ohne den Klimaschutz zu verbessern, muss Zertifikate zukaufen. Wer Zertifikate einspart, kann diese an Unternehmen innerhalb der EU verkaufen, die beim Klimaschutz hinterherhinken.

- **Abfall**: Im Bereich der Abfallentsorgung strebt die EU das Prinzip der Produzentenverantwortung an. Beispiele sind die Verpackungsrichtlinie oder die Altautorichtlinie und der Richtlinienvorschlag der Kommission über Abfälle von elektrischen und elektronischen Geräten, die im Prinzip kostenlos zurückgegeben werden sollen. Letztlich werden diese Kosten indes vom Verbraucher getragen werden müssen, da er der Verursacher ist.

    Produzentenverantwortung bei der Abfallentsorgung

- **Natur und biologische Vielfalt**: Die Flora-Fauna-Habitat-Richtlinie von 1992 (Richtlinie 92/43 EWG) fördert den Erhalt der biologischen Vielfalt durch die Ausweisung von »Gebieten gemeinschaftlicher Bedeutung«, die zu einem Netz europäischer Schutzgebiete mit der Bezeichnung »Natura 2000« zusammengefasst werden.

    Erhalt von Natur und Vielfalt

Naturgemäß können hier nicht alle Aktivitäten der EU beschrieben werden. Es sind weit über 300 Richtlinien und Verordnungen im Bereich des Umweltschutzes erlassen worden. Erwähnt werden soll schließlich

- die **Umweltverträglichkeitsprüfung**, die verlangt, dass neue Projekte, wie zum Beispiel Kraftwerke, Stahlhütten, Chemiefabriken, Straßen oder Flugplätze, einer Umweltverträglichkeitsprüfung unterzogen werden;
- die Schaffung der **Europäischen Umweltagentur**, die beratende Funktionen auf dem Gebiet des Umweltschutzes hat und vor allem Umweltdaten sammelt (Sitz in Kopenhagen) und das
- das **Öko-Audit**. Darunter versteht man auf freiwilliger Basis installierte Umweltmanagement-Systeme, die durch externe Gutachter zertifiziert werden und die die Umweltwirkungen des Unternehmens verbessern sollen.

3.3.2 Grundprobleme einer EU-Umweltpolitik

Grundproblem einer Umweltpolitik der EU ist der Tatbestand, dass das Binnenmarkt-Programm und zahlreiche weitere Programme der EU primär Wachstumsprogramme sind. Wachstum ist zwar nicht notwendigerweise mit zunehmender Umweltzerstörung verbunden, aber realistischerweise muss damit gerechnet werden, dass eine wachstumsfixierte Wirtschaftspolitik entscheidend zur Umweltzerstörung beiträgt.

Die Wachtumsorientierung der EU kollidiert mit dem Schutz der Umwelt.

Eine solche Wachstumsorientierung der Wirtschaftspolitik der EU und der Mitgliedstaaten erschwert die Umsetzung umweltpolitischer Aktivitäten, auch deshalb, weil in der Beschlussfassung zu umweltpolitischen Maßnahmen sehr häufig Einstimmigkeit gefordert ist (Art. 175, Abs. 2 EGV). Daher ist für die Umweltpolitik der EU typisch, dass Aktionsprogramme in großer Fülle entwickelt und durchgeführt werden, dass aber in der verbindlichen Umsetzung Defizite festzustellen sind.

Im Übrigen ist stets zu prüfen, ob Umweltschutzregelungen auf nationaler oder auf Gemeinschaftsebene getroffen werden sollten. In Einklang mit den Erörterungen von Abschnitt 1 dieses Kapitels sind Schutzstandards auf Gemeinschaftsebene (fort) zu entwickeln, wenn Umweltschäden grenzüberschreitenden Charakter aufweisen. Im Übrigen sollten wettbewerbliche Anpassungsprozesse geprüft werden. Allerdings ist doch sehr fraglich, ob der Wettbewerb die richtigen Umweltstandards finden kann. Umweltschutzauflagen sind in der Regel teuer und verschlechtern die Wettbewerbsfähigkeit von Standorten und/oder Produkten, und es muss bezweifelt werden, dass genügend umweltbewusste Verbraucher bereit und in der Lage sind, die jeweils umweltschonenderen, aber auch teureren Produkte zu kaufen.

Wettbewerb vermutlich untauglich zur Sicherung von Umweltschutzstandards.

Jedes Land ist zwar berechtigt, für seine Produktionen strengere Umweltvorschriften zu erlassen, als gemeinschaftsweit beschlossen (**positive Selbstdiskriminierung**), aber es ist vermutlich (dies bedürfte jeweils einer Klärung durch den EuGH) nicht gestattet, den Import von Produkten zu beschränken, die weniger umweltschonend hergestellt sind. Daher wäre im Wettbewerbsprozess eine Erosion des Umweltschutzes sehr wahrscheinlich.

3.4 Industrie-, Forschungs- und Technologiepolitik

Der Komplex der Industrie-, Forschungs- und Technologiepolitik ist in den Titeln XV (Transeuropäische Netze), XVI (Industrie) und XVIII (Forschung und technologische Entwicklung) des EG-Vertrages geregelt. Zusammenfassend besteht das **Ziel**, die Wettbewerbsfähigkeit der Industrie der EU zu stärken, um im weltweiten Wettbewerb insbesondere mit Japan und den USA besser bestehen zu können. Auslösendes Moment war die zu Beginn der 80er-Jahre diagnostizierte »**Eurosklerose**« (*Giersch*) der europäischen Wirtschaft, die tiefe Krise der Innovationstätigkeit und der Zukunftsfähigkeit Europas.

Ziel der Überwindung der Eurosklerose

Mittel dieser Politikbereiche sind zusammenfassend:
- Förderung der Wettbewerbsbedingungen, Förderung der Anpassung an den Strukturwandel und Förderung der Zusammenarbeit von Unternehmen,
- Auf- und Ausbau transeuropäischer Netze und vor allem
- Förderung von Forschung und technologischer Entwicklung.

Dabei werden als Adressaten dieser Politiken stets auch die kleinen und mittleren Unternehmen (KMUs) genannt.

Die **Förderung von Forschung und technologischer Entwicklung** ist Schwerpunkt der Ausgaben der EU im Bereich der internen Politik. Nach der Finanziellen Vorausschau sind hier für den Zeitraum 2000 bis 2006 Ausgaben in Höhe von rund 4 Milliarden Euro pro Jahr geplant. Schwerpunkt der Förderung war von Anfang an die Informations- und Kommunikationstechnologie; mittlerweile ist der weitaus größte Teil der Finanzmittel für die Erforschung einer benutzerfreundlichen Informationstechnologie vorgesehen.

Schwerpunkt Informationstechnologie

Diese Fördermittel waren und sind in zahlreiche Förderprogramme eingebunden, an denen Unternehmen und Forschungseinrichtungen beteiligt sind. Wichtige Programme waren und sind:
- ESPRIT (European Strategy Programme for Research and Development in Information Technology), 1984 gegründet unter Beteiligung der zwölf größten Unternehmen der informationstechnischen Industrie.

- EUREKA (European Research Coordination Agency), 1985 gegründet und offen auch für Mitglieder außerhalb der EU.

Daneben ist typische Strategie der EU die Förderung der Ausbildung und der Mobilität der Forscher aus der Gemeinschaft. Hier sind vor allem folgende Programme zu nennen:
- die Studentenaustauschprogramme ERASMUS und nachfolgend SOKRATES sowie
- die Forschungsaustausch- und Berufsbildungsprogramme SCIENCE und nachfolgend LEONARDO DA VINCI.

Transeuropäische Netze sollen die Binnenmarkt-Infrastruktur verbessern. Zentrale Bausteine der mittelfristig geplanten transeuropäischen Netze der Verkehrs-, Telekommunikations- und Energie-Infrastruktur sind:
- Eisenbahnnetze, insbesondere für Hochgeschwindigkeitszüge,
- Straßennetze, insbesondere in den ärmeren Randgebieten,
- Binnenwasserstraßen-Netze,
- Netze für den kombinierten Verkehr auf Schiene, Wasser und Straße,
- Netze für den Energietransport,
- Telekommunikationsnetze für einen gemeinsamen Informationsraum.

Transeuropäische Netze

Industriepolitik, Forschungspolitik und Technologiepolitik werden immer von ordnungspolitischen Bedenken begleitet, weil – in der Ökonomik – die Grundüberzeugung besteht, dass der Wettbewerb der beste Motor von Innovationen und wirtschaftlicher Entwicklung ist und dass eine selektive Förderung von Unternehmen, Branchen oder Technologien den Wettbewerb verzerrt und in eine falsche Richtung drängt, weil der Wettbewerb das optimale Entdeckungsverfahren ist (vgl. Kapitel 7) und staatliche Fördermaßnahmen eine »Anmaßung von Wissen« (*Hayek*) darstellen. Die Ökonomik ist daher immer sehr skeptisch bezüglich der Wirkungen staatlicher Förderung von Forschung und technologischer Entwicklung. Nur wenn Forschungsergebnisse den Charakter eines öffentlichen Gutes haben, also in der Grundlagenforschung, ist nach ökonomischer Sicht eine staatliche Förderung angemessen. Marktnahe Projekte sollten dagegen nicht gefördert werden. Der Auf- und Ausbau einer Verkehrs-, Telekommunikations- und Energie-Infrastruktur sollte hingegen staatlich gefördert werden, weil diese Infrastrukturen in der Regel in hohem Maße den Charakter öffentlicher Güter haben.

Ordnungspolitische Bedenken

Förderung nur der Grundlagenforschung und der Infrastruktur

3.5 Wettbewerbspolitik der EU

3.5.1 Grundstruktur und Anwendungsbereich der EU-Wettbewerbspolitik

Der Binnenmarkt soll den Wettbewerb zwischen den Unternehmen der EU stärken. Dafür braucht es eine einheitliche Wettbewerbspolitik, die den freien Wettbewerb schützt. Die Wettbewerbspolitik der EU hat, anders als die nationale Wettbewerbspolitik, zwei Schutzziele:

Zwei Schutzziele der EU-Wettbewerbspolitik:

... Wettbewerbsbeschränkungen und ...

Zum einen sollen Wettbewerbsbeschränkungen, die von Unternehmen ausgehen, verhindert oder beseitigt werden. Dies entspricht der üblichen nationalen Wettbewerbspolitik und soll hier als **Wettbewerbspolitik im engeren Sinne** bezeichnet werden.

... Wettbewerbsverfälschungen verhindern oder beseitigen

Zum anderen sollen auch die Wettbewerbsverfälschungen verhindert oder beseitigt werden, die von staatlichen Beihilfen – z. B. die Subvention der deutschen Steinkohleproduktion – ausgehen. Dies wird hier als **Beihilfenkontrolle** bezeichnet.

Die Wettbewerbspolitik der EU will den Wettbewerb zwischen den Staaten der Gemeinschaft fördern und schützen; daher werden die Wettbewerbsbeschränkungen geahndet, die den zwischenstaatlichen Handel beeinträchtigen können und/oder die von gemeinschaftsweiter Bedeutung sind. Es gilt die **Zwischenstaatlichkeitsklausel**. Klare rechtliche Regeln zur Abgrenzung von nationaler und gemeinschaftlicher Kompetenz fehlen, aber die Zwischenstaatlichkeitsklausel wird sehr weit ausgelegt: Und es gilt der **grundsätzliche Vorrang des EU-Wettbewerbsrechts** vor dem nationalen Recht. So gilt z. B. ein europäisches Kartellverbot, auch wenn nationale Behörden das Kartell erlauben würden, und umgekehrt gilt die europäische Erlaubnis, auch wenn das Kartell nach nationalem Recht verboten ist. Konfliktfälle sind allerdings eher selten, weil die Wettbewerbsregeln der Gemeinschaft und der Mitgliedstaaten ähnlich strukturiert sind.

Die Kommission als Hüterin der Wettbewerbspolitik

In der EU wird die Wettbewerbs- und Beihilfepolitik durch die Kommission ausgeübt[3] und nicht durch eine von Exekutive und Legislative unabhängige Behörde. Das ist auch die zentrale Kritik dieser institutionellen Regelung: Weil die Kommission vielfältige Aufgaben im Bereich der Exekutive und ansatzweise auch der Legislative hat, gerät sie im Rahmen ihrer Wettbewerbspolitik in vielfältige Interessenskonflikte:

Vielfältige Interessenskonflikte

- zwischen politischer Gestaltung und administrativer Umsetzung,
- zwischen Strukturpolitik und Beihilfenkontrolle und
- zwischen Industriepolitik und Wettbewerbspolitik.

3.5.2 Wettbewerbspolitik im engeren Sinne

Ähnlich wie im deutschen GWB (vgl. Kapitel 7, Abschnitt 3) existieren im Wettbewerbsrecht der EU die drei Säulen:

Drei Säulen der Wettbewerbspolitik

- Kartellverbot,
- Missbrauchsaufsicht und
- Zusammenschlusskontrolle.

Das **Kartellverbot** ist in Art. 81 EGV geregelt: Vereinbarungen zwischen Unternehmen und aufeinander abgestimmte Verhaltensweisen, die geeignet sind, den zwischenstaatlichen Handel zu beeinträchtigen und den Wettbe-

---

3 Die EU-Regelungen sind allerdings auch von den nationalen Behörden und Gerichten anzuwenden.

werb zu beschränken, sind verboten. Art. 81 bezieht sich dabei sowohl auf horizontale Vereinbarungen als auch auf vertikale Vereinbarungen. Diese Vereinbarungen sind grundsätzlich verboten. Von diesen Verboten gibt es aber weit reichende Ausnahmen, nämlich wenn die Vereinbarungen zu deutlichen Vorteilen für die Verbraucher führen oder den technischen Fortschritt fördern. Zur Regelung dieser Ausnahmen hat die Kommission umfassende **Gruppenfreistellungsverordnungen** erlassen: Danach sind vertikale Vereinbarungen immer freigestellt, sofern eine Marktanteilsgrenze von 30 Prozent im relevanten Markt nicht überschritten wird. Daneben existiert eine umfangreiche Gruppenfreistellung auch für horizontale Vereinbarungen, z. B. über Technologietransfer, Patentlizenzen oder Spezialisierungen.

Um die Verfahren zu vereinfachen und zu dezentralisieren, hat die Kommission das **Prinzip der Legalausnahme:** Danach sollen Unternehmen selbst einschätzen, ob ihre Vereinbarungen unter das Kartellverbot fallen. Nationale Wettbewerbsbehörden sollen dann nachträglich – aufgrund eigener Marktbeobachtung oder auf der Grundlage von Beschwerden Dritter – im Streitfall klären, ob die Selbsteinschätzung richtig war.

Möglichkeit der Selbsteinschätzung

Die Geldbußen gegen Kartellunternehmen können durchaus empfindlich ausfallen. Ende 2001 ist die BASF zu einer Strafe von 269 Millionen Euro und Hoffmann La Roche zu einer Strafe von 462 Millionen Euro verurteilt worden: Sie hatten überhöhte Preise für synthetische Vitamine vereinbart.

Empfindliche Geldbußen

Die **Missbrauchsaufsicht** ist in Art. 82 EGV geregelt: Der Missbrauch einer marktbeherrschenden Stellung ist verboten, sofern dadurch der zwischenstaatliche Handel beeinträchtigt wird. Insbesondere geht es um Behinderungsmissbrauch (vgl. Kapitel 7, Abschnitt 3.3), z. B. um Kopplungsgeschäfte, Ausschließlichkeitsbindungen oder um Diskriminierungen. So musste z. B. die Deutsche Post AG eine Geldbuße von 24 Millionen Euro zahlen, weil sie ihre marktbeherrschende Stellung durch Treuerabatte und Quersubventionen von Verlustgeschäften missbraucht hatte (Entscheidung der Kommission vom 20.03.2001).

Die **Zusammenschlusskontrolle** ist nicht im EG-Vertrag geregelt, sondern in der Fusionskontrollverordnung vom 21.12.1989, mittlerweile in der Fassung vom 01.05.2004. Danach sind Unternehmenszusammenschlüsse von gemeinschaftsweiter Bedeutung zu untersagen, wenn sie eine marktbeherrschende Stellung begründen oder verstärken, sofern dadurch wirksamer Wettbewerb wesentlich behindert wird. Dabei sind, anders als im deutschen Recht, Marktergebniskriterien zu prüfen, nämlich ob durch den Zusammenschluss die Entwicklung des technischen und wirtschaftlichen Fortschritts gefördert wird.

Prinzip des Verbots gemeinschaftsweiter Zusammenschlüsse, wenn Wettbewerb behindert wird.

Die **gemeinschaftsweite Bedeutung** ergibt sich aus folgenden Kriterien. Zunächst gilt der Regelfall relativ hoher Schwellenwerte:

- Die beteiligten Unternehmen erzielen einen Gesamtumsatz von mehr als 5 Milliarden Euro und
- mindestens zwei der Unternehmen erzielen einen gemeinschaftsweiten Umsatz von jeweils mehr als 250 Millionen Euro.

Regelfall der gemeinschaftsweiten Bedeutung

Hinzugekommen ist (nach der Änderung von 1997) eine ergänzende Zuständigkeit der Kommission für kleinere Zusammenschlüsse, wenn mindestens drei Mitgliedstaaten betroffen sind:

- Der weltweite Gesamtumsatz aller beteiligten Unternehmen beträgt zusammen mehr als 2,5 Milliarden Euro;
- der Gesamtumsatz aller beteiligten Unternehmen in mindestens drei Mitgliedstaaten übersteigt jeweils 100 Millionen Euro;
- in jedem von mindestens drei dieser Mitgliedstaaten beträgt der Gesamtumsatz von mindestens zwei beteiligten Unternehmen jeweils mehr als 25 Millionen Euro;
- der gemeinschaftsweite Gesamtumsatz von mindestens zwei beteiligten Unternehmen übersteigt jeweils 100 Millionen Euro.

Dies soll eine Anmeldung in möglicherweise zahlreichen Mitgliedstaaten ersparen.

Ausnahme: Zwei-Drittel-Regel

Und generell gilt die **Zwei-Drittel-Regel**: Kein Zusammenschluss von gemeinschaftsweiter Bedeutung liegt vor, wenn die beteiligten Unternehmen jeweils mehr als zwei Drittel ihres gemeinschaftsweiten Umsatzes in ein und demselben Mitgliedstaat erzielen.

3.5.3 Beihilfenkontrolle

Die Beihilfenkontrolle der EU ist in Art. 87 EGV geregelt:[4] Beihilfen, die den Wettbewerb verfälschen und den Handel zwischen den Mitgliedstaaten beeinträchtigen, sind grundsätzlich verboten. Von diesem Verbotsgrundsatz gibt es zahlreiche Ausnahmen, insbesondere Beihilfen zur Förderung unterentwickelter Regionen und Beihilfen im Rahmen der Förderung bestimmter Wirtschaftszweige sind erlaubt. Damit wird die regionale und sektorale Strukturpolitik der EU (vgl. Kapitel 22, Abschnitt 6) ermöglicht. Zudem kann der Rat mit qualifizierter Mehrheit Beihilfen zulassen.

Verbotsgrundsatz

Beihilfen sind nicht eindeutig definiert, aber in der Regel müssen drei Kriterien erfüllt sein:
- Beihilfen sind finanzielle Vorteile,
- gewährt aus öffentlichen Mitteln,
- die nur speziellen Zwecken dienen, also diskriminierend sind.

Vielfalt von Beihilfen

Beihilfen sind z. B. Steuervergünstigungen, Subventionen oder verbilligte Grundstückspreise, aber auch die öffentliche Gewährträgerhaftung für Sparkassen und Landesbanken oder die Gebührenfinanzierung des öffentlich-rechtlichen Rundfunks in Deutschland.[5]

---

4 Nur für die Stahlindustrie gilt das strengere Subventionsverbot der inzwischen beendeten Europäischen Gemeinschaft für Kohle und Stahl (EGKS) auch weiterhin: Beihilfen sind hier nur für Umweltschutz, Forschung und Entwicklung sowie zur Schließung von Stahlwerken zulässig.

5 Diese Gebührenfinanzierung ist nach dem Protokoll Nr. 23 zum Amsterdamer Vertrag erlaubt.

Geplante Beihilfen müssen von den Mitgliedstaaten zuvor angemeldet werden und von der Kommission genehmigt werden. So werden jährlich knapp 1.000 Beihilfeanträge geprüft und meist auch genehmigt; so sind im Jahr 2001 878 Beihilfen angemeldet und davon 40 abgelehnt worden (das Beihilfenregister ist im Internet einsehbar: http://europa.eu.int/comm/competition/state_aid/register/i/). So hatten das Land Sachsen und die Bundesregierung für ein Investitionsvorhaben von VW einen Zuschuss von 703 Millionen DM gewährt, die EU-Kommission aber nur 539 Millionen DM genehmigt; oder die Betriebsbeihilfen für den Schiffbau sind im Jahr 2000 generell abgeschafft worden.

Beihilfen werden selten abgelehnt.

Die Beihilfenkontrolle der EU ist generell schwierig, weil nicht alle Beihilfen bekannt sind und vor allem ihre Wettbewerbswirkungen kaum beurteilt werden können. Zudem steckt die Kommission immer in einem Interessenkonflikt zwischen der Wahrung des Wettbewerbs und der Förderung der wirtschaftlichen Entwicklung unterentwickelter Regionen. Und schließlich ist auch ein »Kuhhandel« möglich: So stimmte Deutschland den bis Ende 2002 befristeten Mineralölsteuerbefreiungen in Frankreich, Italien und den Niederlanden zu. Als Gegenleistung wollten diese Länder der Nachfolgeregelung für die Kohlesubvention in Deutschland nicht im Wege stehen.

Informationsproblem

Interessenkonflikt

Arbeitsaufgaben

1) Welche Grundüberlegung sollte die Entscheidung zwischen institutioneller und funktioneller Integration fundieren?
2) Welche Grundüberlegung sollte die Entscheidung über die hierarchische Ebene einer institutionellen Integration fundieren?
3) Wie würden Sie die bisherige Integrationspolitik der EU unter Verwendung der Begriffe institutioneller vs. funktioneller Integration charakterisieren?
4) Welche Art der Integrationspolitik ist grundsätzlich im EG-Vertrag und der Rechtsprechung des EuGH angelegt?
5) Welche Rolle spielt das Abstimmungsverfahren im Integrationsprozess?
6) Beschreiben Sie die Probleme und die gewählten Integrationsprinzipien der Harmonisierung im Bankenbereich.
7) Was sind die jeweiligen Vor- und Nachteile der Besteuerungsprinzipien Bestimmungslandprinzip und Ursprungslandprinzip unter integrationspolitischem Aspekt?
8) Was befürchten, was erhoffen die Tarifparteien eines hochentwickelten Landes von der EU-Sozialpolitik?
9) Beschreiben Sie den Konflikt zwischen Industriepolitik und Wettbewerbspolitik – grundsätzlich und am Beispiel der EU.
10) Beschreiben und bewerten Sie die Beihilfepolitik der EU.

Lösungsvorschläge für die Arbeitsaufgaben finden Sie im »Übungsbuch zu Grundlagen und Probleme der Volkswirtschaft«.

Literatur

Der Binnenmarkt und die begleitenden Politikbereiche werden dargestellt in den umfassenden Abhandlungen von:

Herz, Dietmar: Die Europäische Union, 2. Aufl., München 2002.

Thiel, Elke: Die Europäische Union, 4. Aufl., München (Bayerische Landeszentrale für politische Bildung) 2001.

Weidenfeld, Werner (Hrsg.): Europa Handbuch, Bonn (Bundeszentrale für politische Bildung) 2002.

Weidenfeld, Werner/Wolfgang Wessels (Hrsg.): Europa von A-Z, 8. Aufl., Bonn (Bundeszentrale für politische Bildung) 2002.

Weindl, Josef/Wichard Woyke: Europäische Union. Institutionelles System, Binnenmarkt sowie Wirtschafts- und Währungspolitik auf der Grundlage des Maastrichter Vertrages, 4. Aufl., München/Wien 1999.

Aktuelle Informationen liefern:

Die EU-Nachrichten (wöchentlich): http://www.eu-kommission.de und speziell der Binnenmarktanzeiger der Kommission: http://europa.eu.int/comm/internal_marktet/de/update/score/score10.htm.

Die Wettbewerbspolitik beschreibt:

Noll, Bernd: Die EU-Kommission als Hüterin des Wettbewerbs und als Beihilfen-Kontrolleur, in: WiSt Heft 1, 2002, S. 15–20.

Nützliche Internet-Adressen sind:

http://europa.eu-int/comm/environment/(Umwelt)
http://europa.eu-int/comm/employment_social/(Soziales)
http://europa.eu-int/comm/competition/(Wettbewerb)
http://europa.eu-int/comm/research/(Forschung)

Von zentraler Bedeutung für die wirtschaftspolitische Strategie der Gemeinschaft ist immer noch das:

»Weißbuch: Wachstum, Wettbewerbsfähigkeit, Beschäftigung«, Europäische Kommission, Luxemburg 1993.

Die positiven Wirkungen des Binnenmarktes hat seinerzeit beschrieben:

Cecchini, Paolo: Europa '92. Der Vorteil des Binnenmarktes, Baden-Baden 1988.

Dieses Buch ist das Endprodukt eines umfassenden Forschungsprogramms über die »Kosten der Nichtverwirklichung Europas«, das von der EG-Kommission initiiert worden war.

24. Kapitel
Inflation

LERNZIELE

Leitfrage:
Was versteht man unter einer Inflation und welche Erscheinungsformen sind zu unterscheiden?
- Was bedeutet »Inflation«?
- Wie wird die Inflation gemessen?
- Welche Entwicklung zeigt die Inflationsrate in Deutschland?
- Welches sind die wichtigsten Erscheinungsformen der Inflation?

Leitfrage:
Woher kommt der Inflationsimpuls und durch welche Faktoren wird die Inflation in Gang gehalten?
- Was versteht man unter einer Nachfrage-, was unter einer Angebotsinflation?
- Worin liegt der auslösende Impuls einer Nachfrageinflation?
- Was ist das auslösende Moment der Lohndruckinflation?
- Was ist eine Gewinndruckinflation und wie lässt sich ihr auslösender Impuls erklären?
- Kann man konkrete Preissteigerungsprozesse ohne weiteres als Angebots- oder Nachfrageinflation identifizieren?
- Wie erklären Monetaristen die Inflation?

Leitfrage:
Wie wirkt die Inflation auf wichtige gesamtwirtschaftliche Größen und welche wirtschaftspolitischen Konsequenzen ergeben sich hieraus?
- Welche Vorstellungen bestehen bezüglich der Beschäftigungswirkungen der Inflation?
- Wie werden die Einkommens- und Vermögensverteilung durch die Inflation verändert?
- Wie wirkt sich die Inflation auf das Wachstum aus?
- Welches ist die herkömmliche Therapie gegen eine Nachfrageinflation und wie ist diese zu beurteilen?
- Welche Lösungsmöglichkeiten des Problems der Angebotsinflation ergeben sich im Rahmen einer staatlichen Einkommenspolitik?

Inflation gehört zu den gesamtwirtschaftlichen Übeln. Sie zu bekämpfen ist Gebot des Stabilitätsgesetzes, das in § 1 Bund und Länder verpflichtet, zur Stabilität des Preisniveaus beizutragen (vgl. Kapitel 14, Abschnitt 3.3). Und auch im Rahmen der Wirtschaftspolitik der EU gehört Preisniveaustabilität zu den zentralen Zielen der Europäischen Zentralbank (vgl. Kapitel 16, Abschnitt 4.2) und der Mitgliedsländer. In Deutschland speziell ist die Furcht vor einer Inflation immer noch im kollektiven Gedächtnis der Bevölkerung verankert, wenngleich die Erfahrungen mit der großen Inflation nach dem 1. Weltkrieg mit einer zuletzt monatlichen Inflationsrate von 32.400 Prozent (Oktober 1923) über 80 Jahre zurückliegen. In diesem Kapitel klären wir den Begriff und die Messung der Inflation, wir beschreiben die Arten der Inflation, analysieren ihre Ursachen und ihre Folgen und stellen Möglichkeiten der Inflationsbekämpfung vor.

Erfahrung der großen Inflation 1923

1 Definition, Messung und Bedeutung der Inflation

Der Begriff der Inflation wird, nach dem lateinischen inflatus = aufgeblasen, allgemein für eine deutliche und ungesunde Zunahme von Dingen oder Sachverhalten verwendet. In der Ökonomie bezieht man sich dabei auf das Preisniveau, auf die durchschnittlichen Preise.

> Unter Inflation versteht man im Allgemeinen eine über einen längeren Zeitraum zu beobachtende Zunahme des Preisniveaus.

Man spricht also nur von Inflation, wenn das Preisniveau in der betreffenden Volkswirtschaft steigt. Das Ansteigen einzelner Preise genügt nicht, die Preise müssen im Durchschnitt steigen, unter Berücksichtigung der Bedeutung der Güter. Um solche durchschnittlichen Preisänderungen zu erfassen, werden Preisindizes berechnet.

Inflation als anhaltende Preisniveausteigerung

In Deutschland wird, vor allem zur Messung der Inflationsrate, seit 2003 ein **Verbraucherpreisindex** ermittelt, der die früher verwendeten Preisindizes für Lebenshaltung abgelöst hat. Methodisch und inhaltlich hat diese Namensänderung wenig Einfluss.

Zur Erläuterung der verwendeten Methode kommen wir zurück auf das Beispiel in Kapitel 9, Abschnitt 1. Der Index wird ermittelt, indem die Preise des jeweiligen Jahres und die eines Basisjahres jeweils mit den Mengen des Basisjahres multipliziert werden. Die so gewonnenen Wertgrößen werden dann durcheinander dividiert.[1]

Messung der Inflation mit Hilfe des Verbraucherpreisindexes

---

[1] Es handelt sich wegen der Gewichtung der Preise mit den Gütermengen des Basisjahres um einen Laspeyres-Preisindex.

Der Preisindex für das Jahr 1996 auf der Basis der Preise 1995 ergibt sich also als $P^{1996,1995} = \frac{\sum p^{1996} \cdot x^{1995}}{\sum p^{1995} \cdot x^{1995}}$, wobei die Summierung $\sum$ sich auf die Preise bzw. Mengen der verschiedenen Güter für die angegebenen Jahre bezieht. In unserem Beispiel ergibt sich der Preisindex für 1996 als:

$$P^{1996,1995} = \frac{p_A^{1996} \cdot x_A^{1995} + p_B^{1996} \cdot x_B^{1995} + p_C^{1996} \cdot x_C^{1995}}{p_A^{1995} \cdot x_A^{1995} + p_B^{1995} \cdot x_B^{1995} + p_C^{1995} \cdot x_C^{1995}}$$

$$= \frac{5 \cdot 300 + 25 \cdot 50 + 15 \cdot 200}{4 \cdot 300 + 20 \cdot 50 + 10 \cdot 200} = \frac{5.750}{4.200} = 1,37$$

Beispiel für die Berechnung des Verbraucherpreisindexes

Entsprechend ergibt sich der Preisindex für 1997 als:

$$P^{1997,1995} = \frac{p_A^{1997} \cdot x_A^{1995} + p_B^{1997} \cdot x_B^{1995} + p_C^{1997} \cdot x_C^{1995}}{p_A^{1995} \cdot x_A^{1995} + p_B^{1995} \cdot x_B^{1995} + p_C^{1995} \cdot x_C^{1995}}$$

$$= \frac{6 \cdot 300 + 30 \cdot 50 + 20 \cdot 200}{4 \cdot 300 + 20 \cdot 50 + 10 \cdot 200} = \frac{7.300}{4.200} = 1,74$$

Die Preisänderungsrate von 1996 auf 1997 wird damit gegeben als $\frac{1,74}{1,37} - 1 = 1,27 - 1 = 0,27$.[2] Die Preissteigerung von 1996 auf 1997 beträgt also in dem Beispiel 27 Prozent.

Kommen wir nun zur Betrachtung der Preissteigerungsrate, die das Statistische Bundesamt ermittelt. Das Statistische Bundesamt geht, wie einführend schon erwähnt, methodisch nach dem Preisbasiskonzept vor. Basisjahr ist derzeit das Jahr 2000, eine Aktualisierung des Gewichtungsschemas ist nach fünf Jahren vorgesehen, dann auf der Basis des Jahres 2005.[3] Die Berechnung von Verbraucherpreisindizes für spezielle Haushaltstypen wird eingestellt. Außerdem werden die Berechnungen nur noch für Deutschland insgesamt vorgenommen.

Abbildung 24.1 zeigt das Gewichtungssystem, das das Statistische Bundesamt gegenwärtig verwendet.

Die Grafik zeigt, dass die Güter in den Bereichen
- Wohnungsmiete, Energie;
- Verkehr;
- Freizeit, Unterhaltung und Kultur sowie
- Nahrungsmittel und alkoholfreie Getränke

---

2 $\frac{P^{1997,1995}}{P^{1996,1995}} = \frac{\frac{p_A^{1997} \cdot x_A^{1995} + p_B^{1997} \cdot x_B^{1995} + p_C^{1997} \cdot x_C^{1995}}{p_A^{1995} \cdot x_A^{1995} + p_B^{1995} \cdot x_B^{1995} + p_C^{1995} \cdot x_C^{1995}}}{\frac{p_A^{1996} \cdot x_A^{1995} + p_B^{1996} \cdot x_B^{1995} + p_C^{1996} \cdot x_C^{1995}}{p_A^{1995} \cdot x_A^{1995} + p_B^{1995} \cdot x_B^{1995} + p_C^{1995} \cdot x_C^{1995}}} = \frac{p_A^{1997} \cdot x_A^{1995} + p_B^{1997} \cdot x_B^{1995} + p_C^{1997} \cdot x_C^{1995}}{p_A^{1996} \cdot x_A^{1995} + p_B^{1996} \cdot x_B^{1995} + p_C^{1996} \cdot x_C^{1995}}$

3 Das Statistische Bundesamt unterscheidet in diesem Zusammenhang zwischen dem »Warenkorb« und dem »Wägungsschema«. Diese Differenzierung wird hier nicht vorgenommen.

Das derzeit verwendete Gewichtungsschema

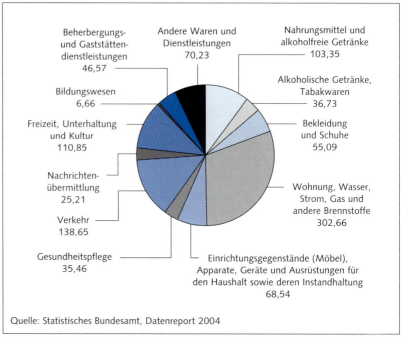

Abb. 24.1: Das aktuelle Gewichtungsschema für den Verbraucherpreisindex auf der Basis des Jahres 2000 (2000 = 100, Angaben in Promille)

bei der Ermittlung des Verbrauchpreisindexes von besonderer Bedeutung sind. Der Leser beachte, dass die obigen Gütergruppen in der Praxis noch weiter aufgegliedert sind. So werden z. B. die Ausgaben für den Bereich Wohnungsmiete und Energie weiter aufgegliedert in Wohnungsmieten, Wasserversorgung und Ähnliches sowie Strom, Gas und andere Brennstoffe, wobei diese Gütergruppen nochmals unterteilt werden. Selbst die dann entstehenden Warengruppen werden noch weiter differenziert. Das Wägungsschema bezieht sich außerdem auf das Verhalten eines »Durchschnittskonsumenten«, der so in der Realität nicht existiert. Das erklärt, dass Konsumenten ihr Verbrauchsverhalten häufig nicht in dem Gewichtungsschema abgebildet sehen, also z. B. die Preiserhöhungen nach der Einführung des Euro als stärker empfunden haben als durch den Verbraucherpreisindex ausgedrückt. Das reflektiert, dass der konkrete Haushalt zum Beispiel häufiger als der Durchschnitt Restaurants besucht hat und deshalb von den Preiserhöhungen in diesem Bereich stärker getroffen wird als der Durchschnittshaushalt.

Natürlich ändert sich das Verbraucherverhalten der Haushalte im Zeitverlauf. Deshalb ist die Änderung des Schemas alle fünf Jahre vorgesehen. Insgesamt bezieht das Statistische Bundesamt derzeit ca. 750 Güter und 35.000 Einzelpreise in seine monatlichen Berechnungen ein. Der Verbraucherpreisindex wird häufig verwendet, um Nominalwerte in Realwerte zu überführen.

Der Verbraucherpreisindex für Deutschland bildet die Grundlage für die Berechnung des deutschen **Harmonisierten Verbraucherpreisindex**. Der Harmonisierte Verbraucherpreisindex dient unter Anderem zur Messung des Konvergenzkriteriums »Preisstabilität« in der EU. Für seine Berechnung hat die EU verbindliche Vorschriften für die einzelnen Mitgliedländer erlassen. Ziel ist der Vergleich der Inflationsraten in den Mitgliedsländern. Die Abweichungen zwischen dem deutschen Harmonisierten Verbraucherpreisindex und dem Verbraucherpreisindex sind gering.

Harmonisierter Verbraucherpreisindex

Aus den nationalen Harmonisierten Verbraucherpreisindizes leitet die Europäische Zentralbank ihren Index für die Berechnung der Geldwertstabilität im Euroraum insgesamt ab. Dies geschieht, indem die nationalen Harmonisierten Verbraucherpreisindizes gemäß ihrem Konsumanteil am Konsum der EU gewichtet und dann multipliziert werden (Kettenindex).

Eine zunehmende Bedeutung erlangt der so genannte **Harmonisierte Verbraucherpreisindex** (HVPI), der im Rahmen der EU zur Berechnung der Inflationsrate verwendet wird. Hier sind die Berechnungsmethoden dergestalt harmonisiert worden, dass nur solche Verbrauchskomponenten zugrunde gelegt werden, die in allen Mitgliedsstaaten der EU einheitlich erfasst werden. Unberücksichtigt bleiben z. B. die Preisentwicklungen bei selbst genutzten Wohnungen oder für Gesundheitsleistungen.

Inflationsraten werden dazu verwendet, nominale Größen in reale Größen umzurechnen. Sofern es sich um Veränderungen handelt, also um Raten, wird von der nominalen Rate die Inflationsrate einfach abgezogen. Dies ist die Vorgehensweise vor allem beim Zinssatz, bei der Lohnsteigerungsrate und bei der Wachstumsrate des Bruttoinlandsprodukts. Entsprechend gilt:

Mit Inflationsraten werden nominale in reale Größen umgerechnet.

Realzins = Nominalzins – Inflationsrate
Reale Lohnsteigerung = Nominale Lohnsteigerung – Inflationsrate
Reale Wachstumsrate = Nominale Wachstumsrate – Inflationsrate

Handelt es sich um absolute Größen wie Geldmenge, Bruttoinlandsprodukt oder Kapitalstock, so werden die realen Größen in der Regel so ermittelt, dass man sie zu den konstanten Preisen einer Basisperiode bewertet.

2 Arten und Ausmaß der Inflation

Ab welcher prozentualen Preiserhöhung überhaupt von Inflation zu sprechen ist, kann nicht »ex cathedra« festgelegt werden. In Einklang mit der Festlegung der Europäischen Zentralbank, die damit der Festlegung vieler nationaler Zentralbanken gefolgt ist, wird allgemein ab einer Preissteigerungsrate von zwei Prozent von Inflation gesprochen.

Inflation ab einer Preissteigerung von zwei Prozent

Die Unterscheidung verschiedener Arten von Inflation knüpft an verschiedene Kriterien an. So unterscheidet man:

Arten der Inflation

- nach der Stärke der Preissteigerung (»Grad der Inflation«) die schleichende und die galoppierende Inflation; nach der Dauer der Preissteigerungen die temporäre und die permanente (»säkulare«) Inflation;

24. Inflation

Index 2000 = 100

Jahr	Gesamtindex	Nahrungsmittel und alkoholfreie Getränke	Alkoholische Getränke, Tabakwaren	Bekleidung und Schuhe	Wohnungsmiete, Wasser, Strom, Gas u. a. Brennstoffe	Einrichtungsgegenstände u. A. für den Haushalt	Gesundheitspflege	Verkehr	Nachrichtenübermittlung	Freizeit, Unterhaltung und Kultur	Bildungswesen	Beherbergungs- und Gaststättendienstleistungen	Andere Waren und Dienstleistungen
1991	81,9	94,0	83,8	90,9	71,7	90,7	81,0	75,9	122,5	88,6	61,3	82,0	77,5
1992	86,1	95,9	88,0	93,4	78,0	93,0	84,0	80,1	125,5	92,0	66,3	86,0	81,4
1993	89,9	96,4	91,4	96,0	84,4	95,3	86,3	83,8	127,0	94,3	73,2	90,7	86,7
1994	92,3	98,0	92,4	97,4	87,9	96,9	89,2	86,8	127,9	95,4	80,5	93,0	90,4
1995	93,9	99,0	92,9	98,1	90,5	97,9	90,2	88,3	127,5	96,3	83,8	94,3	93,4
1996	95,3	99,6	93,7	98,8	92,7	98,6	91,6	90,4	128,7	96,7	86,8	95,3	93,9
1997	97,1	101,0	95,4	99,2	95,2	99,0	98,1	92,2	124,8	98,8	90,3	96,3	95,6
1998	98,0	102,0	97,2	99,6	96,0	99,7	103,2	92,5	124,1	99,3	94,6	97,7	96,0
1999	98,6	100,7	98,5	99,9	97,2	99,8	99,8	95,0	112,4	99,6	98,4	98,9	97,6
2000	100,0	100,0	100,0	100,0	100,0	100,0	100,0	100,0	100,0	100,0	100,0	100,0	100,0
2001	102,0	104,5	101,7	100,8	102,4	100,9	101,3	102,5	94,1	100,6	101,3	101,9	103,0
2002	103,4	105,3	105,8	101,5	103,4	101,9	101,9	104,5	95,7	101,3	104,0	105,6	105,0
2003	104,5	105,2	111,4	100,7	104,9	102,2	102,4	106,7	96,4	100,7	106,2	106,5	106,8
2004	106,2	104,8	119,1	100,0	106,5	102,2	122,1	109,3	95,6	99,7	109,7	107,3	108,3

Veränderung gegenüber dem Vorjahr

Jahr	Gesamtindex	Nahrungsmittel und alkoholfreie Getränke	Alkoholische Getränke, Tabakwaren	Bekleidung und Schuhe	Wohnungsmiete, Wasser, Strom, Gas u. a. Brennstoffe	Einrichtungsgegenstände u. A. für den Haushalt	Gesundheitspflege	Verkehr	Nachrichtenübermittlung	Freizeit, Unterhaltung und Kultur	Bildungswesen	Beherbergungs- und Gaststättendienstleistungen	Andere Waren und Dienstleistungen
1992	5,1	2,0	5,0	2,8	8,8	2,5	3,6	5,5	2,4	3,8	8,3	4,9	5,0
1993	4,4	0,5	3,9	2,8	8,2	2,5	2,7	4,6	1,2	2,5	10,4	5,5	6,5
1994	2,7	1,7	1,1	1,5	4,1	1,7	3,4	3,6	0,7	1,2	10,0	2,5	4,3
1995	1,7	1,0	0,5	0,7	3,0	1,0	1,1	1,7	-0,3	0,9	4,1	1,4	3,3
1996	1,5	0,6	0,9	0,7	2,4	0,7	1,6	2,4	0,9	0,4	3,6	1,1	0,5
1997	1,9	1,4	1,8	0,4	2,7	0,4	7,1	2,0	-3,0	2,2	4,0	1,0	1,8
1998	0,9	1,0	1,9	0,4	0,8	0,7	5,2	0,3	-0,6	0,5	4,8	1,5	0,4
1999	0,6	-1,3	1,3	0,3	1,3	0,3	-3,3	2,7	-9,4	0,3	4,0	1,2	1,7
2000	1,4	-0,7	1,5	0,1	2,9	0,0	0,2	5,3	-11,0	0,4	1,6	1,1	2,5
2001	2,0	4,5	1,7	0,8	2,4	0,9	1,3	2,5	-5,9	0,6	1,3	1,9	3,0
2002	1,4	0,8	4,0	0,7	1,0	1,0	0,6	2,0	1,7	0,7	2,7	3,6	1,9
2003	1,1	-0,1	5,3	-0,8	1,5	0,3	0,5	2,1	0,7	-0,6	2,1	0,9	1,7
2004	1,6	-0,4	6,9	-0,7	1,5	-0,2	19,2	2,4	-0,8	-1,0	3,3	0,8	1,4

Quelle: Statistisches Bundesamt, Verbraucherpreise: Gesamtindex nach 12 Ausgabenkategorien, http://www.destatis.de/themen/d/thm_preise.php#Verbraucherpreise (Stand: November 2005)

Tab. 24.1: Entwicklung des Verbraucherpreisindexes in Deutschland

- nach ordnungspolitischen Aspekten die offene und die zurückgestaute Inflation;
- nach der Ursache der Inflation die Nachfrage- und die Angebotsinflation sowie – als besondere Form der Nachfrageinflation – die monetär verursachte Inflation und
- nach dem Kriterium der Anpassung die vollständig antizipierte (vorweg genommene) und die unvollständig antizipierte Inflation.

Tabelle 24.1 gibt einen Überblick über die am Verbraucherpreisindex gemessenen Preissteigerungsraten in Deutschland von 1991 bis 2004. Man erkennt, dass die Preissteigerungsrate von 1991 bis 1999 im Trend deutlich gesunken ist. Seitdem ist die Rate wieder leicht angestiegen. Im September 2005 wird sich der Verbraucherpreisindex in Deutschland nach den derzeit

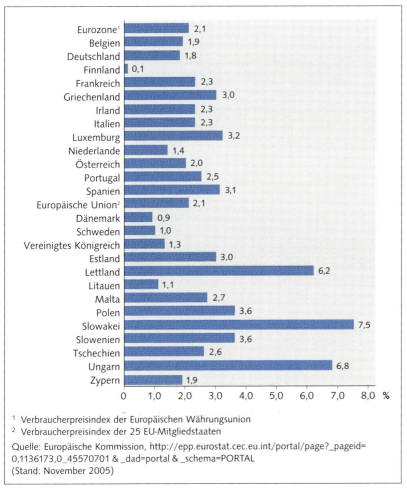

[1] Verbraucherpreisindex der Europäischen Währungsunion
[2] Verbraucherpreisindex der 25 EU-Mitgliedstaaten
Quelle: Europäische Kommission, http://epp.eurostat.cec.eu.int/portal/page?_pageid= 0,1136173,0_45570701 & _dad=portal & _schema=PORTAL
(Stand: November 2005)

Abb. 24.2: Änderungsrate des Harmonisierten Verbraucherpreisindex 2004 in den Mitgliedstaaten der EU (Veränderungsrate des Jahresdurchschnittswerts von 2003 auf 2004, in %)

vorliegenden Ergebnissen gegenüber September 2004 voraussichtlich um 2,5 Prozent erhöhen, was insbesondere auf den gestiegenen Preis für Erdöl und die damit verbundenen Preissteigerungen für Strom, Gas, Heizöl und Benzin zurückzuführen ist.

Deflation als Rückgang der Preise

Das Gegenteil der Inflation ist eine **Deflation**, also eine »Inflation« mit negativem Vorzeichen. In einer Deflation sinken die Preise im Durchschnitt. Das ist in der neueren Wirtschaftsgeschichte sehr selten.

Abbildung 24.2 bietet einen Vergleich der Harmonisierten Verbraucherpreisindizes in den Ländern der EU. Sie zeigt, dass die Änderungsrate in Finnland (zusammen mit der Dänemarks) am niedrigsten ist.

3 Erklärung der Inflation

Im Zusammenhang mit den Ursachen der Inflation werden gemeinhin zwei Arten der Inflation unterschieden, die Nachfrage- und die Angebotsinflation. Was genau unter einer Nachfrage- und einer Angebotsinflation verstanden wird, ist nicht ganz einheitlich definiert. Wir treffen folgende Unterscheidung:

- von einer **Nachfrageinflation** wollen wir sprechen, wenn der erste Anstoß (der Impuls) für die Preiserhöhung von der Nachfrageseite ausgeht, und
- von einer **Angebotsinflation** sprechen wir, wenn der Impuls für die Preissteigerung von der Angebotsseite (insbesondere von Löhnen und Gewinnen) ausgeht.

Wir sprechen also auch dann von einer Nachfrageinflation, wenn nach einer durch eine Nachfrageerhöhung ausgelösten Preiserhöhung die Löhne von den Tarifpartnern, den Marktkräften folgend, den Preisen angepasst werden, obwohl hier Kosten- (Angebots-)Elemente in den Inflationsprozess eingreifen. Ebenso sprechen wir von einer Angebotsinflation, wenn z. B. nach einer durch die Marktmacht der Gewerkschaften erzwungenen (die Produktivitätszuwächse überschreitenden) Lohnerhöhung die Preise steigen und aufgrund der Einkommenswirkungen von Lohn- und Preissteigerungen die Nachfrage reagiert.

Überlagerung von Angebots- und Nachfrageeffekten

Nicht sinnvoll ist es, wenn man den Begriff der Nachfrageinflation – was gelegentlich geschieht – nur auf Preissteigerungsvorgänge beschränkt, die während des gesamten Prozesses bei konstanten Löhnen ausschließlich durch Nachfragesteigerungen hervorgerufen werden. Entsprechendes gilt für die Angebotsinflation. Es gibt dann praktisch keine reine Nachfrage- bzw. Angebotsinflation, und die Unterscheidung zwischen beiden Inflationsarten wäre ziemlich überflüssig. Jede durch Nachfragesteigerungen verursachte Preissteigerung hat normalerweise im weiteren Wirtschaftsablauf Rückwirkungen auf die Löhne; und jede auf dem Arbeitsmarkt durch Marktmacht durchgesetzte Lohnsteigerung hat im Allgemeinen im weiteren Verlauf Nachfragewirkungen.

3.1 Nachfrageinflation

Die Nachfrageinflation ist die älteste der modernen Inflationserklärungen. Sie setzt bei der **inflatorischen Lücke** an – der überschüssigen Güternachfrage über das Angebot bei Vollbeschäftigung – und erklärt den Impuls zur Preisniveausteigerung aus diesem **Nachfrageüberhang** (Angebotslücke). Da bei Vollbeschäftigung kurzfristig keine Ausdehnung der Produktion möglich ist, bewirkt die überschüssige Güternachfrage allein eine Preissteigerung: Trotz ihrer erhöhten Ausgaben erhalten die Nachfrager genauso viel Güter wie bisher, die Preissteigerung »absorbiert« die zusätzliche monetäre Nachfrage. Abbildung 24.3 verdeutlicht diese Zusammenhänge und zeigt auch, dass eine nachfrageverursachte Preissteigerung schon vor Erreichen der Vollbeschäftigung möglich ist, z. B. als Folge branchenbezogener Engpässe.

Inflationsimpuls: Inflatorische Lücke

Die vorausgesetzte Nachfrageerhöhung zeigt sich in der Verschiebung der Nachfragekurve nach rechts: Bei jedem Preis wird mehr Inlandsprodukt nachgefragt. Sie führt zu der Preiserhöhung von P_0 auf P_1 bei konstantem Inlandsprodukt.

Wie lässt sich das **Fortbestehen der Inflation** erklären? Eine einfache – aber rein formale – Erklärung wäre die, zu unterstellen, dass die Nachfrage nach Gütern trotz der Preiserhöhung auf ihrem erhöhten realen Niveau verbleibt: In der betrachteten ersten Periode haben die Nachfrager in ihrer Gesamtheit ja keine zusätzlichen Güter erhalten. Wenn sie weiterhin mehr Güter nachfragen, als das mit dem Inlandsprodukt vereinbar ist und ihre Ausgaben entsprechend erhöhen können, so ergibt sich in der zweiten Periode dieselbe Situation wie in der ersten: Einem Güterangebot in Höhe des

Fortbestand der Inflation

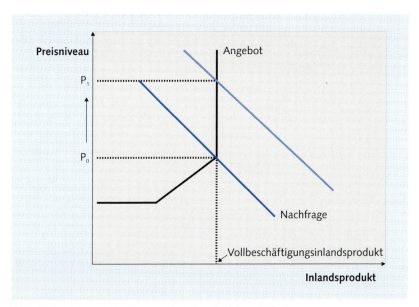

Abb. 24.3: Der Inflationsimpuls bei der Nachfrageinflation

Inlandsproduktes steht eine größere Nachfrage gegenüber – das Preisniveau steigt erneut.

Wie kann es zu einer solchen Situation kommen? Entscheidend für diesen Ablauf ist, dass die Nachfrager ihre Ausgaben entsprechend erhöhen können und wollen. Das kann und wird häufig bei den überwiegend kreditfinanzierten privaten Investitionen der Fall sein, wenn die Investoren gute zukünftige Gewinnchancen sehen. Wie aber ist es bei den Haushalten? Die Unternehmerhaushalte haben im Zuge der Preissteigerung ihr Geldeinkommen »automatisch« steigern können. Anders die Nicht-Unternehmerhaushalte. Doch gehen diese leer aus? Je höher die überschüssige Nachfrage auf dem Gütermarkt ist, umso höher wird die Nachfrage nach Arbeitskraft werden. Es entsteht eine Überschussnachfrage auf dem Arbeitsmarkt, die es den Gewerkschaften – ohne Ausnutzung einer Machtposition – leicht macht, Tariflohnerhöhungen in Höhe der Preissteigerungen durchzusetzen. Die Haushalte (zumindest die Lohn- und Gewinnempfänger) können ihre reale Nachfrage aufrechterhalten. Tun sie dies auch und gilt dasselbe für den Staat und für das Ausland (Exporte), so bleibt die Gesamtnachfrage auf einem über dem Inlandsprodukt liegenden Niveau. Der Inflationsprozess kann sich fortsetzen: Überschussnachfrage – Preissteigerung – Gewinnsteigerung – Lohnsteigerung – Überschussnachfrage – Preissteigerung usw.

Nachfragedruck auf dem Arbeitsmarkt

Wird dieser Prozess ohne staatliche Eingriffe unterbrochen? Im Allgemeinen ja, denn einige Gruppen der Volkswirtschaft werden ihr Einkommen nicht im gleichen Umfang steigern können, wie die Preise steigen (Empfänger von nichtdynamisierten Renten, Zinseinkommensempfänger, Stipendienempfänger). Diese Gruppen werden ihre Güternachfrage einschränken müssen. Eine Verminderung der Güternachfrage ist bei ständig steigenden Preisen und festen Wechselkursen auch vom Ausland zu erwarten, es sei denn, die Preise steigen dort in gleichem Umfang oder sogar stärker.

Wie kann die Nachfrageinflation zum Stillstand kommen?

Zudem könnte der Preissteigerungsprozess auch dadurch gestoppt werden, dass der Staat seine Nachfrage aus wirtschaftspolitischen Gründen in einer derartigen Situation einschränkt, sodass schließlich ein Ausgleich zwischen Inlandsprodukt und Güternachfrage erreicht werden kann.

Ein »Zusammenbrechen« des Inflationsprozesses wird sich auch dann ergeben, wenn die Zentralbank die Geldbasis nicht oder nicht im notwendigen Umfang erhöht, sodass die Geldmenge nicht entsprechend ausgeweitet werden kann. Zwar besitzen die Geschäftsbanken, wie wir im Kapitel 17 gesehen haben, durchaus einen gewissen Spielraum in Bezug auf die Bereitstellung von Krediten und Geld; es erscheint aber unrealistisch anzunehmen, dass dieser Spielraum ausreichend ist, um einen langfristigen Inflationsprozess zu »finanzieren«. Erhöht die Zentralbank die Geldbasis nicht oder nicht in ausreichendem Umfang, so können z. B. die Investoren Kredite für geplante Investitionen nicht erhalten. Der inflationäre Prozess wird gebremst.

Inflationsbegrenzende Wirkung der Geldmenge

> Eine Erhöhung der Geldbasis ist also eine notwendige Bedingung für einen lang anhaltenden Prozess der Nachfrageinflation.

Allgemein kann der Inflationsimpuls – die zusätzliche Güternachfrage – im Prinzip von den privaten Haushalten, den Unternehmungen, dem Staat oder dem Ausland ausgehen. Ist die Zunahme der Nachfrage auf eine Zunahme der Exporte (etwa infolge stärker steigender Preise und Einkommen im Ausland) zurückzuführen, so ergibt sich eine **erste Erscheinungsform** der **importierten Inflation:** Die Inflation wird durch die Nachfrage aus dem Ausland ins Inland hereingetragen. Ist die inflatorische Lücke auf eine inländische Nachfragekomponente zurückzuführen, so spricht man von einer **hausgemachten** Nachfrageinflation.

Importierte Inflation durch steigende Exporte

Hausgemachte Nachfrageinflation

3.2 Angebotsinflation

Preiserhöhungen können, wie im Kapitel 6 gezeigt, nicht nur von der Nachfrageseite ausgehen, sondern auch von der Angebotsseite. Zu Preissteigerungen, die von der Angebotsseite ausgehen, kommt es, wenn Kostensteigerungen über die Preise an die Nachfrage weitergegeben werden oder wenn Anbieter einen höheren Gewinnaufschlag durchsetzen. Damit sind die beiden Grundtypen der Angebotsinflation – die **Kostendruck**- und die **Gewinndruckinflation** – aufgezeigt. Wenn es zu Preissteigerungen bei wirtschaftlicher Stagnation kommt, spricht man auch von **Stagflation** (Stagnation + Inflation).

3.2.1 Kostendruckinflation

Kostensteigerungen können gesamtwirtschaftlich gesehen folgende Ursachen haben (vgl. Kapitel 5):
- eine über dem Prozentsatz der Produktivitätssteigerung liegende Lohnsatzerhöhung;
- eine Zunahme der Preise für importierte Vorprodukte;
- eine Zunahme der Kapitalkosten (Zinskosten), die über die Zunahme der Kapitalproduktivität hinausgeht;
- eine Zunahme der Kostensteuern;
- zunehmende Stückkosten bei abnehmender Kapazitätsauslastung.

Mögliche Gründe für Kostensteigerungen

Wir wollen hier auf die Kapital- und Steuerkosten sowie auf eine Zunahme der Stückkosten infolge abnehmender Kapazitätsauslastung nicht eingehen und uns auch bezüglich der Importpreise auf wenige Bemerkungen beschränken. Stattdessen wollen wir uns ausführlicher mit dem viel diskutierten Fall der Lohndruckinflation beschäftigen.

Zunächst kurz zu den Kostenerhöhungen infolge steigender Importpreise für Rohstoffe und Zwischenprodukte. Steigen die Preise für importierte Rohstoffe und Zwischenprodukte, so haben wir es wieder mit einer vom Ausland ausgehenden Form der Inflation zu tun: eine **zweite Variante der importierten Inflation.**

Importierte Inflation durch steigende Importgüterpreise

Im Gegensatz zu den Preiserhöhungen bei importierten Gütern können die Preissteigerungen von im Inland produzierten Roh- und Zwischenprodukten gesamtwirtschaftlich für die Inflationsanalyse unberücksichtigt bleiben, da die Kosten für diese Produkte sich aus den Kosten für Löhne, Zinsen, Steuern und importierte Vorprodukte zusammensetzen.

Wie im Kapitel 5 gezeigt, bleiben die Lohnkosten pro Stück, gesamtwirtschaftlich also die Lohnkosten pro Einheit des Inlandsprodukts, konstant, wenn der Lohnsatz und die Arbeitsproduktivität um denselben Prozentsatz zunehmen:

Lohnstückkosten

$$\text{Lohnstückkosten} = \frac{\text{Lohnsatz}}{\text{Arbeitsproduktivität}} = \frac{\text{Lohnsatz}}{\frac{\text{Inlandsprodukt}}{\text{Arbeitsstunden}}}.$$

Als Kostensteigerung wirkt sich folglich nur eine über die prozentuale Zunahme der Arbeitsproduktivität hinausgehende prozentuale Erhöhung des Lohnsatzes aus. Der Prozentsatz, um den sich die Lohnstückkosten erhöhen, ist dabei (annähernd) gleich der Differenz zwischen der prozentualen Lohnsatzsteigerung und der Produktivitätserhöhung: Nimmt der Zähler eines Bruches um 10 Prozent zu, der Nenner um 6 Prozent, so nimmt der Wert des Bruches (näherungsweise) um 4 Prozent zu.[4]

Veränderung der Lohnstückkosten bei Lohnsatz- und Produktivitätsänderungen

Das folgende Beispiel verdeutlicht diesen Zusammenhang. Angenommen, die Lohnstückkosten betragen vor der Lohnerhöhung 5,– Euro, wobei der Lohnsatz 10,– Euro pro Arbeitsstunde und die Arbeitsproduktivität zwei Stück pro Arbeitsstunde beträgt:

$$\text{Lohnstückkosten} = \frac{\text{Lohnsatz}}{\text{Arbeitsproduktivität}} = \frac{10}{2} = 5 \text{ Euro pro Stück.}$$

Steigt nun der Lohnsatz um 10 Prozent (von 10 auf 11) und die Arbeitsproduktivität infolge technischen Fortschritts um 6 Prozent (von 2 auf 2,12), so betragen die neuen Lohnstückkosten 11 : 2,12 = 5,189. Das entspricht einer prozentualen Zunahme der Lohnstückkosten um 3,77 Prozent, also annähernd um 4 Prozent.[5]

Erzwingen die Gewerkschaften – mit dem Ziel einer Erhöhung des Anteils der Löhne am Volkseinkommen (vgl. hierzu Kapitel 25) – eine über der pro-

---

[4] Ganz exakt ist die prozentuale Veränderung der Lohnstückkosten gegeben durch die prozentuale Erhöhung des Lohnsatzes (bezogen auf den alten Lohnsatz) multipliziert mit dem Verhältnis zwischen neuer und alter Produktivität und vermindert um die prozentuale Produktivitätserhöhung (bezogen auf die neue Produktivität). Da die sich ergebenden Abweichungen minimal sind, gehen wir im Folgenden von der einfacheren, oben angegebenen Formel aus.

[5] Man erhält gemäß dem in der vorangegangenen Fußnote angegebenen Verfahren den genauen Prozentsatz von 3,77 Prozent, wenn man rechnet:
$\frac{1}{10} \cdot 100 \cdot \frac{2}{2,12} - \frac{0,12}{2,12} \cdot 100 = 3,77$ Prozent.

zentualen Produktivitätssteigerung liegende Erhöhung des Geldlohnsatzes, so steigen die Lohnstückkosten. Damit wird von der Kostenseite ein Anstoß zu Preissteigerungen gegeben, wenn die Unternehmer nicht bereit sind, eine entsprechende Minderung ihrer Gewinne hinzunehmen. Das wird deutlich, wenn die Unternehmer eine Lohnstückkosten-Kalkulation durchführen. Es gilt dann:

Preiswirkungen einer aggressiven Lohnpolitik

Preis = Lohnstückkosten (1 + Aufschlagsatz).

Steigen die Lohnstückkosten also im obigen Beispiel um 4 Prozent, so steigt auch das Preisniveau bei konstantem Aufschlagsatz für Gewinne und sonstige Kosten um (annähernd) 4 Prozent.

Zu fragen ist, wie es in einer durch Stagnation oder sogar durch Rückgang der Produktion gekennzeichneten Situation überhaupt zu einer Steigerung der Löhne kommen kann. Auf dem Arbeitsmarkt wird in einer solchen Situation keine überschüssige Nachfrage nach Arbeitskraft bestehen, sondern vielmehr ein Überschussangebot an Arbeit. Marktkräfte können folglich die Lohnerhöhung nicht bewirken. Als Erklärung bietet sich nur die Marktmacht der Anbieter, in diesem Fall der Gewerkschaften, an. Setzen diese aufgrund ihrer Monopolsituation (sie vertreten ja die Arbeitnehmer bei den Lohnverhandlungen, vgl. Kapitel 25) in einer Stagnationsphase Lohnsteigerungen durch, so geben sie den Anstoß, den Impuls zu Preissteigerungen. Man spricht deshalb von einer **Lohndruckinflation**.

Lohnsteigerungen bei Unterbeschäftigung durch Marktmacht

Eine Inflation ist aber nicht dadurch hinreichend erklärt, dass man den auslösenden Faktor herausarbeitet. Darüber hinaus sind die Kräfte zu beschreiben, die die Inflation in Gang halten. Bei der Lohndruckinflation könnte man eine permanente Inflation folgendermaßen erklären: Auf die (über die Produktivitätserhöhung hinausgehende) Lohnerhöhung reagieren die Unternehmer mit prozentual gleichen Preiserhöhungen, die bei unverändertem Geldwert der Güternachfrage (monetäre Nachfrage) zu einem Rückgang von Produktion und Beschäftigung führen würden (von Y_0 auf Y_1, vgl. Abbildung 24.4).

Inflationsimpuls: Lohnerhöhung

Nun stellen die Löhne gleichzeitig Einkommen der Arbeitnehmerhaushalte dar und Teile der Preise sind Gewinne. Geht man realistischerweise davon aus, dass Produktion und Beschäftigung kurzfristig konstant sind, so bedeutet die Lohn- und Preiserhöhung, dass die Lohn- und Gewinneinkommen in der Volkswirtschaft um den Prozentsatz der Lohnerhöhung zunehmen. Arbeitnehmer und Unternehmer sind also in der Lage, ihre Ausgaben für Güter so zu steigern, dass sie bei gleicher Kaufneigung die gleiche Gütermenge nachfragen wie vor der Lohn- und Preiserhöhung (und zusätzlich eine durch die Produktivitätssteigerung bedingte Produktionssteigerung, von der wir im Folgenden zur Vereinfachung absehen). Auf Abbildung 24.4 bezogen bedeutet dies, dass sich die Nachfragekurve so nach oben verschiebt, dass sie die Angebotskurve bei der alten Produktionsmenge Y_0 schneidet (graue Nachfragekurve). Gütermäßig hat sich weder für die Unternehmer noch für die Arbeitnehmer etwas verändert, lediglich das Preisniveau ist durch den ge-

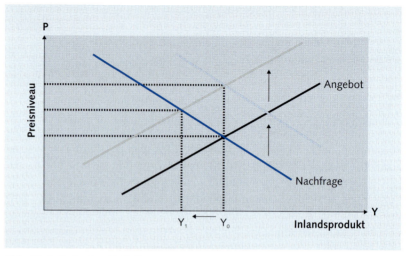

Abb. 24.4: Lohndruckinflation

scheiterten Umverteilungsversuch der Gewerkschaften gestiegen. Versuchen die Gewerkschaften trotzdem erneut, durch Lohnerhöhungen die Lohnquote zu erhöhen, so wiederholt sich der geschilderte Prozess. Es kommt zu der berühmten **Lohn-Preis-Spirale**.

Lohn-Preis-Spirale

Zwei Faktoren könnten den so beschriebenen Fortgang der Inflation (abgesehen vom Lohn- und Preisstopp) jedoch unterbrechen oder zumindest bremsen: **eine Verminderung der Nachfrage nach Gütern** und eine **unveränderte** oder nicht schnell genug steigende **Geldmenge**.

Inflationshemmende Faktoren

Bei der Einschätzung der Nachfrageentwicklung muss man die unterschiedlichen Bestandteile der Nachfrage berücksichtigen: die Konsumgüternachfrage der privaten Haushalte, die Investitionsgüternachfrage der Unternehmer, die staatliche Nachfrage nach Gütern und die Exportnachfrage des Auslandes. Sieht man von möglichen Umverteilungswirkungen der Preissteigerungen zwischen verschiedenen Gruppen der Haushalte ab (z. B. eine zeitweise Veränderung der Lohnquote infolge der zeitlichen Folge von Lohn- und Preissteigerungen), so besteht kein Grund, dauerhaft von einer Abnahme der Nachfrage nach Konsum- und Investitionsgütern auszugehen: Lohn- und Gewinneinkommen steigen ja – wie aufgezeigt – um denselben Prozentsatz, sodass das Realeinkommen von Unternehmer- und Arbeitnehmerhaushalten (ohne Produktivitätssteigerung) unverändert bleibt. Schwieriger ist die Frage zu beantworten, wie sich die staatliche Nachfrage und die Auslandsnachfrage entwickeln. Bei Preissteigerungen im Inland und festen Wechselkursen werden die Exporte mengenmäßig abnehmen, sofern die Preise im Ausland nicht ebenfalls entsprechend steigen. Bei flexiblen Wechselkursen wird die Wirkung wesentlich geringer sein (vgl. Kapitel 20). Wie der Staat seine Güternachfrage verändert, kann allgemein nicht gesagt werden.

Mögliche Nachfrageeinschränkungen

Eine Begrenzung für den Preissteigerungsprozess ergibt sich auch bei diesem Verlauf der Lohndruckinflation durch die Geldmenge, wenn diese konstant gehalten oder nicht wenigstens annähernd entsprechend den Preissteigerungen ausgeweitet wird. Wir können hier die über die begrenzende Wirkung der Geldmenge bei der Nachfrageinflation gemachten Aussagen übernehmen.

3.2.2 Gewinndruckinflation

Wenden wir uns nun der zweiten bedeutsamen Form der Kosteninflation, der Gewinndruckinflation zu. Entsprechend der Lohndruckinflation spricht man von einer **Gewinndruckinflation**, wenn die Unternehmer unter Ausnutzung von Marktmacht die Gewinnaufschläge mit dem Ziel erhöhen, den Gewinnanteil am Inlandsprodukt zu erhöhen. Vorausgesetzt, dass die Unternehmer ihren Preissteigerungsspielraum in der Vergangenheit voll ausgenutzt haben, ist eine Erhöhung der Gewinnspanne bei konstanter oder rückläufiger Nachfrage nur möglich, wenn ihre Marktmacht zunimmt. Eine Zunahme der Marktmacht kann sich auf zwei Wegen ergeben: Einmal kann der Wettbewerb, zum anderen kann die direkte Preiselastizität der Nachfrage abnehmen. Die Abnahme des Wettbewerbs kann ihrerseits verschiedene Gründe haben, die wir im Kapitel 7 diskutiert haben. In einer Phase der wirtschaftlichen Stagnation oder sogar abnehmender Produktion sind eine abnehmende Zahl der Konkurrenten infolge von Konkursen und Zusammenschlüssen sowie wettbewerbsbeschränkende Absprachen plausibel erscheinende Ursachen. Eine abnehmende Preiselastizität – also eine geringer werdende prozentuale Mengenreaktion der Nachfrage auf prozentuale Preiserhöhungen – ergibt sich über längere Zeitabschnitte, wenn im Zuge einer ständigen Verbesserung des Lebensstandards ehemalige Luxusgüter zu »Normalgütern« werden (vgl. Kapitel 4).

Wie wird bei der Gewinndruckinflation der Inflationsprozess in Gang gehalten? Vordergründig genügt es, wieder auf die Wechselwirkung zwischen Preisen und Löhnen hinzuweisen, diesmal auf eine Preis-Lohn-Spirale. Für den tatsächlichen Ablauf des Prozesses muss jedoch auch hier gefragt werden, wie die reale Nachfrage und die Geldmenge sich verändern. Da die Ergebnisse weitgehend den soeben für die Lohndruckinflation abgeleiteten entsprechen, verweisen wir auf diese Ausführungen.

Definition der Gewinndruckinflation

Zunahme von Marktmacht durch Abnahme des Wettbewerbs ...

... und/oder abnehmende Preiselastizität

Preis-Lohn-Spirale

3.3 Überlagerung von Nachfrage- und Angebotsinflation

Bisher haben wir die Nachfrage- und die Angebotsinflation getrennt voneinander behandelt. In der wirtschaftlichen Wirklichkeit können sich beide Inflationsarten überlagern: Man denke z. B. an einen inflationären Nachfrageüberhang, der gekoppelt ist mit einer die Markttendenz übersteigenden Lohnerhöhung.

> Nachfrage- und Angebotsinflation können zwar theoretisch nach dem auslösenden Impuls klar voneinander abgegrenzt werden, in der Praxis kann der auslösende Impuls aber nur selten klar ausgemacht werden.

In der wirtschaftlichen Wirklichkeit beobachten wir im Allgemeinen Preis- und Lohnsteigerungen, die sich mehr oder weniger gleichzeitig vollziehen und wo nur schwer gesagt werden kann, was das auslösende und was das reagierende Element in einem Inflationsprozess ist. Als Indiz kann tendenziell dienen, wie sich reales Inlandsprodukt und Beschäftigung entwickeln. Nehmen beide zu – steigt also die monetäre Nachfrage hinreichend –, so wird man es im Allgemeinen mit einer Nachfrageinflation zu tun haben. Nehmen beide tendenziell ab (oder sinkt zumindest die Wachstumsrate des Inlandsproduktes), so spricht dies für eine Angebotsinflation.

3.4 Monetaristische Inflationserklärung

Aus monetaristischer Sicht gilt:

> »Inflation ist verbunden mit und letztlich ursächlich abhängig von einer erheblich über der Wachstumsrate der realen Produktion liegenden Zuwachsrate des Geldangebots – wobei die Differenz zwischen beiden Raten die Inflationsrate ist.« (*H. G. Johnson*, Inflation – Theorie und Politik, München 1975, S. 110.)

Impuls: übermäßige Erhöhung der Geldmenge

Monetaristen sehen also in einer übermäßigen Vermehrung der Geldmenge, ermöglicht durch eine entsprechende Zunahme der Zentralbankgeldmenge, die eigentliche Ursache der Inflation.

Der Wirkungszusammenhang zwischen Geldmengen- und Preiserhöhungen

Wie kommt es aber von einer Geldmengenerhöhung zur Preiserhöhung? Wir haben den Übertragungsmechanismus geldpolitischer Impulse auf zentrale makroökonomische Größen in Kapitel 17, Abschnitt 4 kennen gelernt und können uns deshalb auf eine Zusammenfassung beschränken. Die erhöhte Geldmenge stört das Gleichgewicht der Vermögensanlage der Wirtschaftseinheiten und führt zunächst zu einer erhöhten Nachfrage nach Wertpapieren (Substitution von Geld durch Wertpapiere). Die steigende Nachfrage erhöht die Preise (Kurse) für Wertpapiere, was – bei gegebener Nominalverzinsung – gleichbedeutend ist mit einer Abnahme ihrer tatsächlichen Verzinsung. Bei unveränderten Preisen und Erträgen des Realvermögens wird deshalb eine Substitution von Forderungen durch Realvermögen lohnend, wodurch die Konsum- und Investitionsgüternachfrage zunimmt. Diese Nachfrageerhöhungen führen dann zu Preissteigerungen. Dieser Preissteigerungsprozess kommt zum Stillstand, wenn die Preise so gestiegen sind, dass die zusätzliche Geldmenge gerade als Transaktionskasse nachgefragt wird.

Auch im Rahmen des monetaristischen Erklärungsansatzes der Inflation müssen neben dem auslösenden Impuls die tragenden Kräfte eines Inflationsprozesses aufgezeigt werden. Die Monetaristen gehen hier von einer sich fortwährend wiederholenden exzessiven Geldmengenvermehrung aus, die die Währungsbehörden durchführen oder zulassen, um eine politisch unerwünschte Beschäftigungskrise zu vermeiden, die durch eine Einschränkung des Geldmengenwachstums mit der entsprechenden Einschränkung der Güternachfrage hervorgerufen würde.

Es wird deutlich, dass die monetaristische Erklärung der Inflation nicht fundamental von der oben beschriebenen Nachfrageinflation abweicht. Der Unterschied besteht vor allem darin, dass die Monetaristen eine allein im Güterbereich der Volkswirtschaft begründete Nachfragesteigerung (z. B. infolge gestiegener Gewinnerwartungen der Unternehmungen oder zunehmender Staatsansprüche an das Inlandsprodukt) nicht als Inflationsursache ansehen, sondern eine entsprechende Geldmengenerhöhung vorgelagert sehen.

> Da aber in beiden Theorien die Zunahme der Geldmenge eine notwendige Bedingung für einen anhaltenden Inflationsprozess darstellt, sind die Ansichten der Monetaristen und der Theoretiker der keynesianischen Nachfrageinflation im Ergebnis nicht sehr konträr.

Die vorangegangenen Ausführungen sollen durch eine Anmerkung ergänzt werden: Bei festen Wechselkursen führen Zahlungsbilanzüberschüsse automatisch zu einer Zunahme der Geldmenge, da die Zentralbank den Devisenüberschuss beim Paritätskurs ankaufen und den Exporteuren dafür heimisches Geld (z. B. Euro) zahlen muss (vgl. Kapitel 20). In einem System fester Wechselkurse braucht die Zunahme der Geldmenge also nicht durch eine bewusste Politik herbeigeführt zu werden, sondern kann sich aus der außenwirtschaftlichen Situation ergeben. Wir haben es hier mit einer **dritten Variante der importierten Inflation** (vgl. Abschnitte 3.1 und 3.2.1 dieses Kapitels) zu tun, einer Variante, die in einem System flexibler Wechselkurse ihre Bedeutung verliert.

Importierte Inflation durch Geldmengenerhöhung bei Zahlungsbilanzüberschüssen und festen Wechselkursen

3.5 Inflation als Verteilungskampf

Über mögliche Überlagerungen angebots- und nachfrageseitig angeregter Preissteigerungen hinaus lassen sich die Nachfrage- und die Angebotsinflation auf eine **gemeinsame Ursache** zurückführen: den Versuch der verschiedenen Gruppen der Volkswirtschaft, das reale Inlandsprodukt zu ihren Gunsten umzuverteilen. Der Unterschied liegt nur darin, dass der Verteilungskampf bei der

Inflation als Verteilungskampf

- Nachfrageinflation um die Verwendung des Inlandsprodukts durch erhöhte Ausgaben geführt wird, sodass die Summe der Ansprüche an das Inlandsprodukt größer ist als das Inlandsprodukt selbst; während der Verteilungskampf bei der
- Angebotsinflation über die Einkommensentstehungsseite durch Lohn- und Preiserhöhungen geführt wird.

Erhöhte Ausgaben

Erhöhte Löhne und Preise

In beiden Fällen aber führt der Verteilungskampf zu Preissteigerungen, die häufig von der staatlichen Wirtschaftspolitik bewusst hingenommen werden, weil sie einen mit letzter Konsequenz geführten Verteilungskampf vermeiden, indem sie ihn auf die Preisebene verlagern und hier unmerklicher machen. Preissteigerungen übernehmen die Funktion »sozialer Besänftigung«.

Besänftigungsfunktion von Preissteigerungen

4 Wirkungen der Inflation

Bisher haben wir die mit inflationären Prozessen verbundenen Wirkungen auf zentrale gesamtwirtschaftliche Größen unberücksichtigt gelassen. Die Kenntnis dieser Wirkungen ist jedoch unerlässlich, wenn man die Notwendigkeit einer Anti-Inflationspolitik richtig einschätzen will. Dabei sind diese Wirkungen sehr vielschichtig und je nach Bedingungskonstellation unterschiedlich. Wichtig erscheint, neben den Kosten und Nutzen einer Inflation auch Kosten und Nutzen einer Inflationsbekämpfung zu berücksichtigen.

4.1 Beschäftigungswirkungen

Gleichermaßen verbreitet wie umstritten ist die Vermutung, eine leichte Inflation fördere die Beschäftigung.

Fördert Inflation die Beschäftigung?

Vereinfacht stellt man sich diesen Zusammenhang folgendermaßen vor: Bei Arbeitslosigkeit erhöht der Staat seine Nachfrage, um über die Multiplikator- und Akzeleratorwirkung (vgl. Kapitel 10) ein höheres Sozialprodukt und eine höhere Beschäftigung zu erreichen. Je mehr man sich der Vollbeschäftigung nähert, desto eher treten in einzelnen Bereichen Produktionsengpässe und damit Kostensteigerungen auf, die die Preise ansteigen lassen. Schließlich können geringfügige Verbesserungen der Beschäftigungslage nur noch durch stark steigende Inflationsraten erkauft werden. Immerhin aber ermöglicht die Inkaufnahme einer höheren Inflationsrate nach dieser Auffassung eine höhere Beschäftigung, d. h. eine geringere Arbeitslosigkeit. Diese Auffassung von einer **Substitutionsmöglichkeit zwischen Arbeitslosigkeit und Inflationsrate** (»mehr Arbeitslosigkeit bedeutet weniger Inflation, weniger Arbeitslosigkeit bedeutet mehr Inflation«) ist heute in der Volkswirtschaftslehre sehr umstritten. Häufig ist indes eine zunehmende (abnehmende) Inflationsrate nur die Begleiterscheinung einer expansiven (kontraktiven) Konjunkturpolitik und nicht die eigentliche Ursache einer zunehmenden oder abnehmenden Beschäftigung.

4.2 Wirkungen auf die Einkommens- und Vermögensverteilung

Mit dem Argument, dass bei der Nachfrage- und Gewinndruckinflation der Preisanstieg dem Lohnanstieg zeitlich vorausgeht, wird verschiedentlich eine Benachteiligung der Lohnempfänger abgeleitet. Umgekehrtes soll bei der Lohndruckinflation gelten. Unseres Erachtens wird man eine solche Umverteilungswirkung nur kurzfristig bejahen können. Sobald man sich an die Inflation gewöhnt hat, werden bei der Nachfrage- und Gewinndruckinflation die Preissteigerungen in den Lohnsteigerungen und bei der Lohndruckinflation die Lohnsteigerungen in den Preissteigerungen antizipiert. Abgesehen hiervon ist die Existenz eines zeitlichen Nachhinkens der Löhne – auch nur vorübergehend – in der Praxis kaum nachweisbar. Es leuchtet ein, dass der Zeitpunkt, in dem mit der Betrachtung begonnen wird, von entscheidender Bedeutung dafür ist, ob sich ein zeitliches Nachhinken der Lohnänderung im Verhältnis zur Preisänderung ergibt oder ob die Lohnänderung zeitlich vorweg geht. Anders ausgedrückt: Die zeitliche Folge von Lohn- und Preiserhöhungen und damit die Frage, ob eine Preis-Lohn- oder eine Lohn-Preis-Spirale vorliegt, kann praktisch nicht fixiert bzw. beantwortet werden.

Zeitlich begrenzte Umverteilungswirkungen?

Eine negative Verteilungswirkung der Inflation wird häufig bei Rentenempfängern gesehen. Dies könnte dann der Fall sein, wenn die Renten sich nicht oder erst mit nennenswerter zeitlicher Verzögerung den inflationären Einkommenssteigerungen anpassen. In Deutschland ist eine Anpassung der Neurenten an die allgemeine Einkommensentwicklung durch die so genannte »dynamische Rentenformel« sichergestellt. Auch die Altrenten sind in der Vergangenheit durch die Rentenanpassungsgesetze stets der Entwicklung der Neurenten und damit der allgemeinen Einkommensentwicklung angepasst worden. Trotzdem werden die Rentner bei zunehmender Inflationsrate insofern benachteiligt, als die Anpassung zeitverzögert erfolgt. Bei abnehmender Inflationsrate haben die Rentner hingegen einen Vorteil. Außerdem bleiben Rentner von der durch die Inflation bedingten Verschärfung der Steuerlast bei einer progressiven Einkommensteuer weitgehend verschont.

Umverteilungswirkungen bei Renten

> Eine echte Benachteiligung von Einkommensempfängern im Inflationsprozess ergibt sich nur bei denen, deren Einkommen weniger stark steigen als die Preise, die sie zahlen müssen.
> Eine Benachteiligung von Vermögensbesitzern im Inflationsprozess ergibt sich bei denen, deren nominales Nettovermögen langsamer zunimmt als das Preisniveau und entsprechend umgekehrt.

So profitiert bei Preissteigerungen im Allgemeinen der Schuldner und verliert der Gläubiger, da der Güterwert der Schuld (der Forderung) mit zunehmender Inflationsrate und Zeitdauer abnimmt. Dies gilt allerdings nur, wenn es dem Gläubiger nicht gelingt, einen entsprechenden Inflationszu-

Schuldner profitieren, Gläubiger verlieren bei Preissteigerungen.

schlag auf den Zins durchzusetzen. Entscheidend für die Entwicklung des Wertes von Forderungen und Verbindlichkeiten ist der so genannte Realzinssatz. Der Realzinssatz entspricht dem Nominalzinssatz abzüglich der Inflationsrate.

Dieser Realzinssatz bleibt langfristig relativ konstant (etwa 4 Prozent). Das heißt aber, dass mit steigender Inflationsrate in der Regel auch der Nominalzinssatz steigt (Inflationszuschlag). Da Kleingläubiger (also kleine Sparer) einen solchen Inflationszuschlag häufig nicht für sich geltend machen können, gehören sie zu den eindeutigen Verlierern der Inflation – ein sozialpolitisch bedenkliches Ergebnis. In diesem Zusammenhang sei angemerkt, dass ältere Personen in Deutschland im Allgemeinen Nettogläubiger und jüngere Personen eher Nettoschuldner sind, sodass die Inflation eine Umverteilung zwischen den Generationen bewirkt. Unmittelbar einsichtig ist die Umverteilungswirkung der Inflation zwischen Geld- und Sachvermögensbesitzern. Geldvermögen in Form von Bargeld und Sichtguthaben verliert im Preissteigerungsprozess im Gegensatz zum Sachvermögen real an Wert, insofern wirkt die Inflation wie eine Steuer auf das Halten von Geld.

Sachvermögensbesitzer gewinnen gegenüber Geldvermögensbesitzern.

Eine weitere Verteilungswirkung der Inflation ergibt sich aus einem progressiven Einkommensteuertarif. Ein real unverändertes Einkommen wird wegen der Gültigkeit des Nominalwertprinzips (»Euro = Euro«) bei steigenden Preisen und Nominaleinkommen einer immer stärker werdenden prozentualen steuerlichen Belastung unterworfen (vgl. Kapitel 13, Abschnitt 3.3). Die Tatsache, dass der Staat infolge der »kalten Progression« auch real ständig höhere Steuereinnahmen empfängt, sagt indes noch nichts darüber, ob er zu den Gewinnern oder zu den Verlierern der Inflation gehört. Hierzu muss sowohl berücksichtigt werden, wie sich der Realwert der staatlichen Forderungen und Verbindlichkeiten verändert, als auch, wie sich die staatlichen Ausgaben im Zuge der Inflation entwickeln. Häufig steigen die Preise der vom Staat gekauften Güter überdurchschnittlich (Baupreise) und gleichen damit den staatlichen Inflationsgewinn bei den Steuern aus oder überkompensieren diesen sogar.

4.3 Wirkungen auf das Wachstum

Am wenigsten sind derzeit die Wirkungen der Inflation auf das Wachstum erforscht.

Mögliche positive Wachstumswirkungen

Positive Wachstumswirkungen können sich aus Verteilungswirkungen der Inflation ergeben, wenn etwa als Folge einer Erhöhung der Gewinne im Inflationsprozess die Investitionen zunehmen oder die Unternehmensverschuldung real abnimmt.

Andererseits verzerrt die Inflation die knappheitsbedingten Preisrelationen einer Volkswirtschaft, da nicht sämtliche Preise um denselben Prozentsatz steigen. Insbesondere bei hohen und stark schwankenden Inflationsraten ergibt sich damit eine steigende Unsicherheit von Erwartungen und die vom Preismechanismus gelieferten Informationen veralten schnell. Beides verursacht höhere Transaktionskosten – Kosten der Risikominimierung und der Informationsbeschaffung. Ferner ergibt sich insbesondere bei zunehmenden Inflationsraten häufig eine **Flucht in die Sachwerte**: Grundstücke und Häuser (»Betongold«) werden gekauft, um dem Wertverlust der Geldhaltung zu entgehen. Kurz: Die Preisstruktur wird erneut verzerrt (Grundstücke und Häuser werden unnötig knapp und teuer) und knappe Produktionsfaktoren der Volkswirtschaft werden fehlgeleitet, weil das Geld seine Wertaufbewahrungsfunktion verliert. Daher neigen die meisten Ökonomen zur Ansicht, eine Inflation mit hohen oder stark schwankenden Preissteigerungsraten beeinflusse das Wachstum überwiegend negativ.

Negative Wachstumswirkungen: Verzerrung der Preisrelationen und Flucht in die Sachwerte

5 Antiinflationspolitik

Eine Erfolg versprechende Wirtschaftspolitik zur Bekämpfung der Inflation muss an den Ursachen ansetzen und darf die Kosten einer Antiinflationspolitik – in der Regel eine vorübergehende Zunahme der Arbeitslosigkeit – nicht außer Acht lassen.

5.1 Bekämpfung der Nachfrageinflation

Bei einem als Nachfrageinflation angesehenen Preissteigerungsprozess wird naturgemäß eine Beschränkung der gesamtwirtschaftlichen Nachfrage durch die Mittel der staatlichen Wirtschaftspolitik anzustreben sein. Mithin wird üblicherweise eine restriktive Finanz- und Geldpolitik gefordert, wobei Monetaristen das Schwergewicht auf die Verringerung der Wachstumsrate der Geldmenge, Keynesianer auf die Verminderung der Staatsausgaben und die Erhöhung der einkommensabhängigen Steuern legen.

Eine solche »Bremspolitik« erscheint jedoch bei genauerer Betrachtung nicht unbedenklich. Eingeschränkt werden vor allem wachstumsfördernde staatliche und private Investitionen, wodurch das zukünftige Wachstum (die Produktivitätssteigerung) vermindert wird. Die evtl. kurzfristig erfolgreiche Stabilisierung des Preisniveaus wird folglich mit einem Wachstumsverlust und damit letztlich – sofern ein Nachfrageüberhang erhalten bleibt – mit einer säkularen schleichenden Inflation bezahlt.

Problematik einer konjunkturorientierten Nachfragesteuerung

Sinnvoller erscheint es, Übersteigerungen der Nachfrage vorbeugend zu bekämpfen und auf eine Verstetigung der wirtschaftlichen Entwicklung hinzuwirken.

> Es wird also eine langfristige, sich von ihrer Orientierung am Konjunkturzyklus lösende Konzeption der Nachfragesteuerung gefordert.

5.2 Bekämpfung der Kosteninflation

Wenn die Inflation Ausdruck des Kampfes zwischen den gesellschaftlichen Gruppen um die Erhöhung oder Verteidigung ihres Anteils am Volkseinkommen ist, so ist es logisch, dass die Wirtschaftspolitik versucht, diesen Verteilungskampf zu entschärfen oder aber seine Wirkungen so gering wie möglich zu halten. Damit ist vor allem die so genannte **Einkommenspolitik** angesprochen. Als Einkommenspolitik bezeichnet man Maßnahmen zur Beeinflussung der Einkommen (Löhne, Zinsen und Gewinne) mit dem Ziel der Preisniveaustabilisierung oder der Korrektur der Einkommensverteilung. Wesentliche Instrumente sind – bei Tarifautonomie – Empfehlungen und Appelle.

Einkommenspolitik

Durch das Stabilitätsgesetz ist die Einkommenspolitik in Deutschland in Form der »**Konzertierten Aktion**« (vgl. auch Kapitel 14, Abschnitt 3.5) in gewissem Umfang institutionalisiert worden. Den Tarifpartnern sollte in der Konzertierten Aktion – in allerdings unverbindlichen Gesprächen unter Beteiligung des Staates – ein stabilitätsgerechtes Verhalten nahegelegt werden, indem in Form von **Lohnleitlinien** Obergrenzen für stabilitätskonforme Lohnsteigerungen vorgelegt werden. Wichtig ist, dass sich die vorgeschlagenen Obergrenzen für die Lohnsatzerhöhungen am Produktivitätsfortschritt der Volkswirtschaft orientieren. Zugrunde liegt das Konzept der sog. **produktivitätsorientierten Lohnpolitik**[6] (vgl. Kapitel 5 und 25).

Konzertierte Aktion als Einkommenspolitik

Allerdings führt auch eine konsequente Verfolgung der produktivitätsorientierten Lohnpolitik nicht mit Sicherheit zur Preisstabilität: Die Produktivitätsfortschritte in den einzelnen Branchen sind unterschiedlich, während die in den Tarifabschlüssen vereinbarten Lohnsatzsteigerungen verhältnismäßig einheitlich sind. Orientiert sich die Lohnpolitik jetzt an der durchschnittlichen Produktivitätssteigerung, so führen entsprechende Lohnsteigerungen in den wachstumsstarken Branchen zu einer Abnahme der Lohnstückkosten. Aufgrund der in einer oligopolistisch strukturierten Volkswirtschaft weitgehend zu beobachtenden Preisstarrheit nach unten bleiben die Preise in den wachstumsstarken Branchen jedoch unverändert, während die Kostensteigerung in den Branchen mit geringer Produktivitätssteigerung zur Preissteigerung führt.

Bei Preisstarrheit nach unten gibt es auch bei produktivitätsorientierter Lohnpolitik Preissteigerungen.

Generell müssen die Erfolgsaussichten der »Konzertierten Aktion« skeptisch beurteilt werden: Zum einen ist festzustellen, dass sie asymmetrisch nur auf eine Beeinflussung der Löhne abstellt; es gibt Lohnleitlinien, aber keine Preisleitlinien. Unter anderem wegen dieser Unsicherheit über die zukünftige Preisentwicklung sind Gewerkschaften nicht ohne weiteres bereit, der Empfehlung der »Konzertierten Aktion« zu folgen. Zum anderen darf nicht

Geringe Erfolgsaussichten der »Konzertierten Aktion«.

---

[6] Genau genommen handelte es sich bei den Lohnleitlinien nicht um das Konzept der produktivitätsorientierten Lohnpolitik, sondern – weitergehend – um eine kostenniveauneutrale Lohnpolitik, die auch die Veränderung anderer Kostenelemente berücksichtigt. Zur Vereinfachung beschränken wir uns hier auf den wichtigsten Kostenfaktor Lohn und damit auf die produktivitätsorientierte Lohnpolitik.

vergessen werden, dass die »Konzertierte Aktion« eben nur Empfehlungen aussprechen kann, am Grundsatz der Tarifautonomie aber nicht rüttelt. Seit langem wird die »Konzertierte Aktion« in Deutschland unter diesem Namen und in dieser streng produktivitätsorientierten Form auch nicht mehr praktiziert.

Mithin bleibt auch zur Bekämpfung einer Angebotsinflation im Prinzip nur eine restriktive Geld- und Finanzpolitik, die über eine Beschränkung der gesamtwirtschaftlichen Nachfrage Preis- und Lohnerhöhungsspielräume verkleinert. Dabei muss gesehen werden, dass eine Bekämpfung einer Angebotsinflation mit den Mitteln der Geld- und Fiskalpolitik ein langfristiger Prozess ist, der zunächst im Wesentlichen Arbeitslosigkeit und Firmenzusammenbrüche bewirkt. Folge ist also zunächst die sog. »**Antiinflationsrezession**«: Preisstabilität muss mit Arbeitslosigkeit und Wachstumseinbußen erkauft werden. Beispielhaft sei auf die Rezessionen 1974/75 und 1992/93 in Deutschland hingewiesen.

Inkaufnahme von Arbeitslosigkeit?

> Langfristig wird es sinnvoller sein, eine Inflation bereits in der Anfangsphase zu bekämpfen. Hierzu bedarf es einer permanenten Antiinflationspolitik, die vor allem
> - eine Stärkung der Marktposition der Verbraucher vorsieht, damit Preiserhöhungen nur schwierig durchzusetzen sind;
> - eine Wettbewerbspolitik betreibt, die einen echten – auch Preiswettbewerb – zwischen den Anbietern garantiert und die Entstehung von Marktmacht von Anbietern verhindert;
> - eine Verteilungspolitik versucht, die die Schärfe von Verteilungskonflikten vermindert und
> - die Wachstumsrate der Geldmenge eng begrenzt.

Arbeitsaufgaben

1) Erläutern Sie folgende Begriffe:
   – Inflation,
   – Preisindex,
   – offene und zurückgestaute Inflation,
   – schleichende und galoppierende Inflation,
   – Konzertierte Aktion.
2) Von welcher Preissteigerungsrate an würden Sie von Inflation sprechen?
3) Warum ist es in der Praxis schwierig, zwischen einer Lohn-Preis- und einer Preis-Lohn-Spirale zu unterscheiden?
4) Beschreiben Sie die monetaristische Inflationserklärung.
5) Wie gefährdet die Inflation die Geldfunktionen?
6) Beschreiben Sie die Wirkungen der Inflation auf die Einkommensverteilung und die Vermögensverteilung.

7) Zeigen Sie, wie eine prozentuale Lohnsteigerung unter den gegenwärtigen Bedingungen einer Marktwirtschaft auf die Preise wirkt, wenn sie die prozentuale Produktivitätssteigerung übertrifft.
8) Nennen und beschreiben Sie kurz die verschiedenen Arten der importierten Inflation.
9) Was versteht man unter einer produktivitätsorientierten Lohnpolitik?
10) Warum ist eine konjunkturorientierte staatliche Nachfrageregulierung zur Bekämpfung der Inflation problematisch?

Lösungsvorschläge für die Arbeitsaufgaben finden Sie im »Übungsbuch zu Grundlagen und Probleme der Volkswirtschaft«

Literatur

Einen sehr kurzen Überblick über Ursachen von Inflation gibt:
Graff, Michael: Ursachen von Inflation, in: Wirtschaftswissenschaftliches Studium (WiSt), Heft 10/2000, S. 589–592.

Konzis, jedoch umfassend informiert:
Cassel, Dieter: Artikel Inflation, in: Vahlens Kompendium der Wirtschaftstheorie und Wirtschaftspolitik, Bd. 1, 8. Aufl., München 2003.

Ausführlich informiert:
Ströbele, Wolfgang: Inflation. Einführung in Theorie und Politik, 4. Aufl., München 2005.

Theoretisch fundiert ist:
Dieckheuer, Gustav: Makroökonomik, 5. Auflage, Berlin, Heidelberg, New York 2003.

Eine neuartige Sicht bietet:
Riese, Hajo: Theorie der Inflation, Tübingen 1986.

Verschiedene Konzepte zur Bekämpfung von Inflation (und Arbeitslosigkeit) werden ausgewogen dargestellt von:
Kromphardt, Jürgen: Arbeitslosigkeit und Inflation. Eine Einführung in die makroökonomischen Kontroversen, 2. Aufl., Göttingen 1998.

Probleme der Inflationsmessung beschreibt:
Deutsche Bundesbank: Monatsbericht Mai 1998, S. 53–66.

Die konkrete Berechnung der Verbraucherpreisindexes beschreibt:
Statistisches Bundesamt: Verbraucherpreisindex auf Basis 2000. Informationsmaterialien zur Pressekonferenz, 2003 (45-seitiges PDF-Dokument, 2218 KB), http://www.destatis.de/presse/deutsch/pk/2003/vpi2000b.htm (Stand: November 2005).

25. Kapitel
Einkommens- und Vermögensverteilung

LERNZIELE

Leitfrage:
Mit welchen Fragestellungen beschäftigt sich die Einkommensverteilungstheorie?
- Worin besteht der Unterschied zwischen der Primär- und der Sekundärverteilung des Einkommens?
- Was wird mit der funktionalen und der personalen Einkommensverteilung beschrieben?
- Welche Rolle spielt die Lohnquote in der verteilungspolitischen Diskussion?
- Was sind die Bestimmungsgründe der Einkommensverteilung?
- Wie sind die Normen der Verteilungsgerechtigkeit zu beurteilen?
- Wie sieht die Einkommensverteilung in Deutschland aus?

Leitfrage:
Welche Erfolgsaussichten haben Maßnahmen zur Einkommensumverteilung?
- Welche Chancen hat eine expansive Lohnpolitik?
- Welches sind die Wirkungen einer staatlichen Umverteilung mittels Steuern und Transfers?
- Welche Verteilungswirkungen können von öffentlichen Gütern ausgehen?

Leitfrage:
Wie ist das Vermögen verteilt und welche Möglichkeiten zur Vermögensumverteilung gibt es?
- Warum sind die Definition und die Bewertung des Vermögens zentrale Punkte jeder verteilungspolitischen Diskussion?
- Nach welchen Gesichtspunkten lässt sich die Verteilung des Vermögens darstellen?
- Umverteilung der Vermögensbestände oder der Vermögenszuwächse?

1 Zur Bedeutung der Verteilung

Verteilung als zentrales Problem jeder Wirtschaftsordnung

Die Verteilung von Einkommen und Vermögen ist eines der zentralen Probleme jeder Wirtschaftsordnung. Um die Verteilung von Einkommen und Vermögen werden in der Regel intensive Kämpfe ausgetragen (Verteilungskämpfe), primär über Löhne und Preise, sekundär auch über Steuern, Abgaben und Subventionen; es werden Umverteilungskoalitionen geschmiedet, die – von der Agrarlobby bis hin zum Zahnärzteverband – versuchen, ihren Anteil am Volkseinkommen zu erhöhen. Für *Ricardo* war es das Hauptproblem der Volkswirtschaftslehre, die Gesetze aufzufinden, welche die Verteilung des Gesamteinkommens auf Lohn, Profit und Rente (Bodenpacht) bestimmen. Und *Marx* hat die Geschichte als Geschichte des Kampfes um die Verteilung des gesellschaftlichen Überschusses interpretiert.

Eine gerechte Verteilung von Einkommen und Vermögen ergibt sich nicht im Markt und ist nicht als Ziel wie z. B. Vollbeschäftigung und Preisniveaustabilität im Stabilitätsgesetz verankert. Es wird aber immer wieder als Ziel in Partei- und Regierungsprogrammen formuliert, wobei die Vorstellungen über das Konzept von Verteilungsgerechtigkeit zwischen den Parteien differieren und zudem im Zeitablauf Veränderungen unterliegen.

Im Folgenden klären wir die Grundbegriffe und Konzepte der Verteilungstheorie, beschreiben die Bestimmungsgründe der Einkommensverteilung in ihren Grundzügen, diskutieren das Konzept von Verteilungsgerechtigkeit und stellen die empirische Einkommensverteilung in Deutschland und Möglichkeiten ihrer Veränderung dar. Eine Beschreibung der Vermögensverteilung und der Möglichkeit ihrer Umverteilung schließt dieses Kapitel ab.

2 Einkommensentstehung und Einkommensverteilung

2.1 Einkommensentstehung

Im gesamtwirtschaftlichen Produktionsprozess werden die Produktionsfaktoren Arbeit, Kapital und Boden eingesetzt. Durch das Zusammenwirken der Produktionsfaktoren werden Güter und Dienstleistungen produziert. Mit einer solchen Abgabe von Faktorleistungen entstehen Einkommensansprüche der Produktionsfaktoren bzw. ihrer Eigentümer. Die Höhe des Einkommensanspruchs bzw. des auf seiner Grundlage gezahlten Einkommens ergibt sich als Produkt aus der Menge der abgegebenen Faktorleistungen (z. B. der Arbeitsstunden) und dem Faktorpreis (z. B. dem Stundenlohn).

Einkommensentstehung in der Marktwirtschaft

Um den Prozess der Einkommensentstehung richtig zu verstehen, muss man sich klarmachen, dass sowohl die verkauften (eingesetzten) Faktormengen als auch ihre Preise in einer Marktwirtschaft auf Märkten bestimmt werden:
- Auf den Faktormärkten bilden sich die Faktorpreise im Prinzip durch Angebot an Produktionsfaktoren und Nachfrage nach Produktionsfaktoren.

- Diese Faktorpreise beeinflussen dann umgekeht die Nachfrage nach Produktionsfaktoren – ihren Einsatz im Produktionsprozess – und das Angebot an Produktionsfaktoren.

Das ist jedenfalls das Grundprinzip. In der Praxis kommt es auf dem wohl wichtigsten Faktormarkt, dem Arbeitsmarkt, infolge der besonderen Marktstruktur (zweiseitiges Monopol zwischen den Tarifparteien) zeitweise zu Ergebnissen, die nicht oder nur teilweise den Angebots- und Nachfragebedingungen entsprechen. Wird dabei ein Lohn vereinbart, der über dem Gleichgewichtslohnsatz liegt (bei dem das Angebot und die Nachfrage nach Arbeit einander entsprechen), so kann dies eine Ursache für Arbeitslosigkeit sein. Langfristig ist indes zu beobachten, dass die Marktgegebenheiten trotz der Marktmacht der Tarifpartner ihren Niederschlag in den vereinbarten Konditionen finden.

2.2 Funktionelle und personelle Einkommensverteilung

Weil eine Trennung zwischen den produktiven Leistungen eines Produktionsfaktors und den Einkommen, die der Eigentümer dieses Produktionsfaktors erhält, möglich ist, muss man zwischen der Funktion des Produktionsfaktors und der Person des Eigentümers differenzieren.

Für den Produktionsfaktor Arbeit gibt es keine Trennung zwischen Faktor und Eigentümer: Der Arbeiter ist Produktionsfaktor und zugleich Eigentümer der Arbeit und erhält den Lohn als Produktionsfaktor und als Eigentümer der Arbeit. Für die Produktionsfaktoren Kapital und Boden aber ist diese Trennung zu beachten: Im technischen Sinne ist der Faktor Kapital und der Faktor Boden an der Produktion beteiligt, das Faktoreinkommen erhält aber der Eigentümer dieser Faktoren. Abbildung 25.1 stellt diesen Prozess der Einkommensentstehung und Einkommensverteilung schematisch dar.

Trennung zwischen der Funktion des Produktionsfaktors und der Person seines Eigentümers

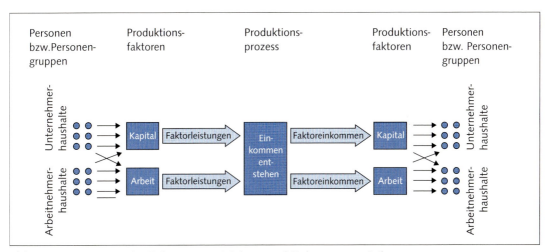

Abb. 25.1: Der Prozess der Einkommensentstehung und Einkommensverteilung

Hier wird auch deutlich, dass den Wirtschaftssubjekten in der Regel Einkommen aus mehreren Faktorquellen zufließen. So erzielen Arbeitnehmerhaushalte meist auch ein Kapitaleinkommen aus Zinsen und Dividenden und Unternehmerhaushalte erzielen neben ihrem Kapitaleinkommen meist auch ein Arbeitseinkommen, weil Unternehmer meist auch als Geschäftsführer tätig sind.

Die Verteilung des Einkommens auf die Produktionsfaktoren wird als **funktionelle Einkommensverteilung** bezeichnet und die Verteilung des Einkommens auf die Eigentümer der Produktionsfaktoren wird als **personelle Einkommensverteilung** bezeichnet.

2.3 Primäre und sekundäre Einkommensverteilung

Als **primäre** Einkommensverteilung bezeichnet man jene Verteilung des Volkseinkommens, die sich unmittelbar aus dem Produktionsprozess ergibt, ohne dass der Staat in die Verteilung eingreift; das Ergebnis wird auch **Bruttoeinkommen**[1] oder **Markteinkommen** genannt.

Als **sekundäre Einkommensverteilung** bezeichnet man die Verteilung des Einkommens auf die Haushalte, die sich nach der Umverteilung durch den Staat ergibt. Der Staat entzieht Einkommen durch direkte Steuern (vor allem Lohn- und Einkommensteuer) und Sozialversicherungsbeiträge (Renten-, Kranken- und Arbeitslosenversicherung) und überträgt Einkommen in Form der unentgeltlichen Übertragungen, auch (Sozial-)Transfers genannt. Das sind Sozialleistungen wie Renten, Arbeitslosenunterstützung, Versicherungsleistungen im Krankheitsfall, aber auch Leistungen wie Wohngeld, Kindergeld, Ausbildungsbeihilfe, Sozialhilfe usw. Es gilt also folgender Zusammenhang:

Bruttoeinkommen (Markteinkommen)
− direkte Steuern
− Sozialversicherungsbeiträge
+ Sozial-Transfers
= verfügbares Einkommen

Die Unterscheidung zwischen primärer und sekundärer Einkommensverteilung entspricht im einzelwirtschaftlichen Bereich also weitgehend dem Unterschied zwischen dem **Bruttoeinkommen** und dem **verfügbaren Einkommen**.

2.4 Lohnquote und ihre verteilungspolitische Bedeutung

In der verteilungspolitischen Diskussion spielt die Lohnquote eine zentrale Rolle. Die **Lohnquote** ist definiert als Anteil der Löhne am Volkseinkommen:

$$\text{Lohnquote} = \frac{\text{Löhne}}{\text{Volkseinkommen}}.$$

---

[1] Das sind Bruttolöhne und -gehälter plus Arbeitgeberanteil an der Sozialversicherung.

Parallel dazu ist die **Gewinnquote** definiert als Anteil der Gewinne am Volkseinkommen:

$$\text{Gewinnquote} = \frac{\text{Gewinne}}{\text{Volkseinkommen}}.$$

Die Lohnquote bzw. ihr Gegenstück, die Gewinnquote, gilt oft als Indikator für die funktionelle Einkommensverteilung. Dies wäre korrekt, wenn hier tatsächlich auf der einen Seite die Einkommen des Produktionsfaktors Arbeit und auf der anderen Seite die Einkommen des Produktionsfaktors Kapital ausgewiesen würden. Man muss aber berücksichtigen, dass der »Gewinn« als Ausdruck für »Einkommen des Produktionsfaktors Kapital« ein komplexes Konzept ist und nicht gleichzusetzen ist mit dem Konzept des Gewinns als Restgröße nach Abzug aller Kosten vom Umsatz.

Lohnquote als Indikator für die funktionelle Einkommensverteilung?

Dementsprechend teilt die amtliche Statistik das Volkseinkommen in
- Arbeitnehmerentgelte sowie
- Unternehmens- und Vermögenseinkommen.

Arbeitnehmerentgelte sind Lohn und Gehalt und daher Entgelt des Produktionsfaktors Arbeit.

Das **Unternehmens- und Vermögenseinkommen** gliedert sich hingegen in folgende Bestandteile
- Einkommen aus Vermögen, nämlich Zinsen, Dividenden, Mieten und Pachten sowie
- Einkommen aus Unternehmertätigkeit.

Das **Einkommen aus Unternehmertätigkeit** setzt sich funktional aus drei Komponenten zusammen:
- aus dem Teil, der eigentlich Arbeitsentgelt ist, weil Unternehmer (das sind in der amtlichen Statistik alle Selbstständigen einschließlich mithelfender Familienangehöriger) in der Regel auch arbeiten. Dieser funktional dem Produktionsfaktor Arbeit zuzurechnende Einkommensteil wird **kalkulatorischer Unternehmerlohn** genannt; er ist ein fiktives Arbeitsentgelt der Selbständigen. Zusammen mit dem Arbeitnehmerentgelt ergibt der kalkulatorische Unternehmerlohn das Arbeitseinkommen und die Arbeitseinkommensquote (vgl. Tabelle 25.1).
- aus dem Teil, der eigentlich Verzinsung des eingesetzten Eigenkapitals ist. Dieses fiktive Zinsentgelt wird **kalkulatorische Eigenkapitalverzinsung** genannt und ist funktional dem Produktionsfaktor Kapital zuzurechnen.
- und schließlich aus dem eigentlichen **Gewinn** als verbleibende Restgröße.

Drei Komponenten des Unternehmenseinkommens

Man müsste also die einzelnen Komponenten der Einkommensverteilung differenziert betrachten. Aus Gründen der Bequemlichkeit, der schnellen Verfügbarkeit und der vordergründigen Anschaulichkeit wird die verteilungspolitische Diskussion indes häufig auf die Lohnquote reduziert.

Diese Reduktion ist aus zwei weiteren Gründen problematisch. Zum einen bleibt unberücksichtigt, dass die Veränderung der Lohnquote auf zwei Kom-

Weitere Problematik der Lohnquote

ponenten zurückgeführt werden kann: auf die Veränderung des Anteils der Arbeiter an den Erwerbstätigen insgesamt und/oder auf die Veränderung der Lohnsätze. Dies zeigt folgende Umrechnung:

$$\text{Lohnquote} = \frac{L}{Y} \text{ wird erweitert mit } \frac{A}{A} \cdot \frac{E}{E}.$$

Dabei bedeutet A die Zahl der Arbeiter und E die Zahl der Erwerbstätigen insgesamt.

$$\frac{L}{Y} = \frac{L}{Y} \cdot \frac{A}{A} \cdot \frac{E}{E}$$

$$= \frac{A}{E} \cdot \frac{E}{A} \cdot \frac{L}{Y} = \frac{A}{E} \cdot \frac{L}{A} \cdot \frac{E}{Y}.$$

Daraus folgt:

$$\frac{L}{Y} = \frac{A}{E} \cdot \frac{\frac{L}{A}}{\frac{Y}{E}}.$$

Erst wenn der Anteil der Arbeiter an den Erwerbstätigen (A/E) konstant wäre, bedeutete ein Anstieg der Lohnquote, dass der durchschnittliche Lohn des Arbeiters (L/A) im Verhältnis zum durchschnittlichen Einkommen aller Erwerbstätigen (Y/E) gestiegen ist. Das wäre dann aussagekräftig. Aus diesem Grund wird die Lohnquote bisweilen auch bei konstanter Beschäftigungsstruktur berechnet und man spricht dann von der **bereinigten Lohnquote**.

Die Reduktion der Diskussion der Einkommensverteilung auf die Lohnquote ist noch aus einem anderen Grunde problematisch: Bei der Gegenüberstellung der beiden großen Aggregate »Arbeitnehmerentgelte« und »Unternehmens- und Vermögenseinkommen« lassen sich die erheblichen Einkommensunterschiede zwischen den einzelnen zu derselben Gruppe gehörigen Erwerbstätigen nicht erkennen. So stehen beispielsweise Arbeitnehmern mit kleinen und mittleren Einkommen die abhängig beschäftigten Führungskräfte (z. B. der Vorstandsvorsitzende einer großen Aktiengesellschaft) gegenüber, deren Einkommen meist sogar erheblich höher ist als das des größten Teils der Selbstständigen.

Einkommensunterschiede innerhalb der beiden großen Gruppen werden nicht sichtbar.

3 Bestimmungsgründe der Einkommensverteilung

3.1 Grundprinzipien der Verteilungstheorien

Eine allgemein akzeptierte Theorie der Erklärung der Einkommensverteilung existiert nicht. Generell müssen die Theorien der funktionellen und der personellen Einkommensverteilung unterschieden werden und in beiden Sparten liegen jeweils unterschiedliche Erklärungsansätze vor. Im Prinzip bauen die Erklärungsansätze indes auf ähnlichen Grundprinzipien auf:

Grundprinzipien und Probleme der Verteilungstheorie

- Die Faktorpreise Lohn, Zins und Rente ergeben sich im Markt; sie sind Einkommen und zugleich Anreizelemente, erfüllen also **Lenkungsfunktionen**.
- Die Faktorpreise Lohn, Zins und Rente werden gezahlt, weil die Produktionsfaktoren Arbeit, Kapital und Boden zum Produktionsergebnis beitragen, also einen Produktionswert erzeugen, **produktiv** sind.
- Die Produktivität der Produktionsfaktoren unterliegt dem **Ertragsgesetz** (vgl. Kapitel 5, Abschnitt 2.2.1): Mit steigendem Einsatz eines Produktionsfaktors, bei gegebener Menge der übrigen Faktoren, nimmt seine Grenzproduktivität ab. Daher nimmt die Faktorentlohnung mit steigendem Faktoreinsatz ceteris paribus meist ab.
- Ein zentrales Problem jeder Verteilungstheorie ist die **Zurechnung**. Es ist nämlich nicht möglich, die produktiven Beiträge den einzelnen Produktionsfaktoren zuzurechnen, wenn, was praktisch immer der Fall ist, mehrere Produktionsfaktoren an der Produktion beteiligt sind, wenn also im Rahmen der so genannten arbeitsteiligen Verbundproduktion produziert wird.

3.2 Klassische Theorien der Einkommensverteilung

Die klassischen Theorien der funktionellen Einkommensverteilung, der Verteilung auf die Aggregate von Lohn, Profit und Rente, bieten auch heute noch wertvolle Einsichten in die Mechanismen der Verteilung.

Verteilungstheorie von Ricardo

Ricardo unterscheidet drei Klassen der Bevölkerung:

Die Klasse der **Landbesitzer** verpachtet ihr Land an die Kapitalisten und erhält dafür ein Entgelt, die so genannte **Rente** (die real als Getreidemenge zu denken ist). Diese Rente hängt von der Bodenproduktivität ab und steigt mit steigender Bodenproduktivität.

Rente als Differentialrente

Die **Kapitalisten** (Pächter) besitzen Kapital (das auch real als Getreide zu denken ist). Dies Kapital setzen sie ein, um Arbeitskräfte, die das Land bearbeiten, zu entlohnen und Pacht zu zahlen. Dies Kapital kann auch als Lohnfonds bezeichnet werden: Es ist ein Fonds an Nahrungsmittel, aus dem die Kapitalisten die Arbeitskräfte bezahlen. Die Kapitalisten zahlen einen Lohn, der in der Regel zwischen dem Existenzminimumlohn und dem Grenzprodukt der Arbeit liegt. Langfristig nimmt *Ricardo* an, der Lohn spiele sich auf dem Existenzminimum ein. *Ricardo* folgt hier *Malthus* (1766–1834), der angenommen hatte, dass die rasch wachsende Bevölkerung – nämlich in geometrischer Progression wachsende Bevölkerung – für ein zunehmendes Arbeitsangebot sorgt, das den Lohn auf das Existenzminimum drücke. Der **Profit** der Kapitalisten ergibt sich als Restgröße, als Residuum: Vom Ertrag des Bodens, zu denken als Getreidemenge multipliziert mit dem Getreidepreis, ist die Pachtsumme und der Lohnfonds abzuziehen und der Rest ist der Gewinn der Kapitalisten.

Die **Arbeiter** setzen ihre Arbeitskraft ein und erhalten dafür einen Lohn, langfristig den **Existenzminimumlohn**.

Die ricardianische Verteilungstheorie ist zugleich eine **Wachstumstheorie**. Motor der Entwicklung ist zunächst die Zunahme der Bevölkerung. Mit steigender Bevölkerung müssen immer schlechtere Böden bebaut werden, die Grenzproduktivität des Bodens sinkt. Dies reduziert den Profit, weil zugleich der Lohnfonds steigt. Wenn die Profitrate Null ist, wenn das gesamte Produkt also für Löhne und Bodenrente verbraucht wird, stagniert die wirtschaftliche Entwicklung: Die Bevölkerung stagniert und die Profitrate ist Null. Eine Bodenrente erzielen in diesem Fall noch die Landbesitzer, die über Böden der besseren Qualität verfügen. Damit ist die funktionelle Einkommensverteilung im Prinzip erklärt: Langfristig verteilt sich das Volkseinkommen auf den Lohn als Existenzminimumlohn und die Rente als Residuum; der Profit wird Null. Ganz offensichtlich hat *Ricardo* dabei die Möglichkeiten des technischen Fortschritts in Landwirtschaft und Industrie weit unterschätzt.

Verteilungstheorie von Marx

Marx unterscheidet nur noch zwei Klassen: die Kapitalisten (einschließlich der Bodenbesitzer) und die Arbeiter. Die Kapitalisten besitzen Kapital, das bei *Marx* als Geldsumme zu denken ist. Dies Kapital wird eingesetzt, um Arbeitskräfte zu entlohnen. Die Arbeiter, die gezwungen sind, ihre Arbeitskraft zu verkaufen, weil sie sonst nichts besitzen, erhalten den Existenzminimumlohn, während die Kapitalisten das gesamte Arbeitsprodukt erhalten. Der Wert des Arbeitsproduktes abzüglich des Existenzminimumlohns ist der Profit der Kapitalisten (vgl. Kapitel 3, Abschnitt 1). Dieser Tauschprozess Geld gegen Arbeitskraft und Arbeitsprodukt gegen Geld vollzieht sich nach den Regeln des Kapitalismus als wertäquivalenter Tausch. Der *Marx*sche »Kunstgriff« ist dabei die Annahme, dass die Arbeit zwei Werte hat: den Wert der Arbeit als Arbeitskraft und den Wert der Arbeit als Arbeitsprodukt und dass der Wert der Arbeit als Arbeitsprodukt den Wert der Arbeit als Arbeitskraft übersteigt.

Nach *Marx* ist die Arbeit die alleinige Grundlage der Wertschöpfung; sie erhält den Existenzminimumlohn und der verbleibende Profit fließt als Residuum den Kapitalisten als Eigentümer der Produktionsmittel zu. Deutlicher als bei *Ricardo* wird hier die unterschiedliche Machtverteilung sichtbar: Die Klasse der Arbeiter ist ökonomisch machtlos, weil sie nichts besitzt als ihre Arbeitskraft und weil sie gezwungen ist, diese zu verkaufen, um leben zu können. Die Kapitalisten haben hingegen die Macht, die Arbeiter zu beschäftigen oder nicht zu beschäftigen.

Auch die *Marx*sche Verteilungstheorie ist zugleich eine **Wachstumstheorie**. Motor der Entwicklung ist hier die Kapitalakkumulation: Die Kapitalisten investieren ihren Gewinn in neue Maschinen und Anlagen. Langfristig steigt damit die Kapitalintensität, das Verhältnis von Kapital zu Arbeit. Weil aber nur die Arbeit Grundlage der Wertschöpfung ist, sinkt langfristig der Profit **im Verhältnis** zum eingesetzten Kapital, die so genannte Profitrate sinkt. Wenn sie Null ist, unterbleibt jede Kapitalakkumulation und die Entwicklung stagniert (bei *Marx* bricht dann das kapitalistische Wirtschaftssystem zusammen). Während bei *Ricardo* die abnehmende Grenzproduktivität des Bodens Schranke für die wirtschaftliche Entwicklung war, ist es bei *Marx* die abnehmende Grenzproduktivität des Kapitals. Ganz offensichtlich hat auch *Marx* die Möglichkeit des technischen Fortschritts weit unterschätzt.

Kapitalakkumulation als Motor der Entwicklung

3.3 Grenzproduktivitätstheorie der Verteilung

Im Zuge der Entwicklung der Wirtschaftstheorie ist die Idee der Entlohnung nach der Grenzproduktivität weiter entwickelt und konsistenter gefasst worden. Die **mikroökonomische Grenzproduktivitätstheorie**, die in Kapitel 5 beschrieben worden ist, soll hier noch einmal rekapituliert werden.

Wenn ein Unternehmer wirtschaftlich kalkuliert, so wird er von einem Produktionsfaktor, z. B. vom Faktor Arbeit, so lange mehr einsetzen, wie der Mehreinsatz seinen Gewinn erhöht. Umgekehrt wird er den Einsatz des Faktors einschränken, wenn dies seinen Gewinn erhöht. Wie lange wird ein Unternehmer den Einsatz des Produktionsfaktors Arbeit ausdehnen, d. h. mehr Arbeitskräfte einstellen wollen? Der Unternehmer wird den Einsatz eines Faktors so lange ausdehnen, wie der zusätzliche Umsatz (Ertrag), den er hierdurch erzielt, größer ist als die Ausgabe für den Faktor. Auf eine Arbeitsstunde bezogen: Der Arbeitseinsatz wird so lange ausgedehnt, wie der Wert des zusätzlichen Produktes einer Arbeitsstunde größer ist als der Lohnsatz pro Stunde. Eine entsprechende Überlegung gilt für jeden Faktor, insbesondere auch für den Faktor Kapital. Nennt man nun das mit seinem Preis bewertete zusätzliche Produkt einer zusätzlichen Mengeneinheit eines Produktionsfaktors »Wert des Grenzproduktes des Faktors«, so erzielt der Unternehmer offenbar einen größtmöglichen Gewinn, wenn er von jedem Faktor so viel einsetzt, bis der Wert seines Grenzproduktes (im Grenzfall) gleich ist dem Preis des Produktionsfaktors (vgl. Kapitel 5). Auf die Arbeitskraft bezogen: Es wird so lange ein zusätzlicher Arbeiter eingestellt, wie der Wert des von ihm zusätzlich hergestellten Produktes größer ist als der Lohn des Arbeiters. Und auf das Kapital bezogen: Es wird so lange zusätzlich Kapital eingesetzt (= investiert), wie der Wert des Grenzprodukts des Kapitals den Zins übersteigt. Im Gleichgewicht ist das Grenzprodukt der Arbeit gleich dem gegebenen Lohn und das Grenzprodukt des Kapitals ist gleich dem gegebenen Zins.

Maxime: Wert des Grenzproduktes ist gleich dem Faktorpreis

In der **makroökonomischen Version der Grenzproduktivitätstheorie** sind die Faktorpreise Lohn und Zins nicht mehr gegeben, sondern sie passen sich im Wettbewerb so an, dass das Angebot an Arbeit und Kapital beschäftigt wird. Der Lohn entspricht dann dem Grenzprodukt des letzten Arbeiters und der Zins dem Grenzprodukt des zuletzt eingesetzten Kapitals.

So erklärt die Grenzproduktivitätstheorie die funktionelle Einkommensverteilung über den Preisbildungsprozess auf den Faktormärkten im Wettbewerb. Die Faktorpreise hängen danach von zwei Faktoren ab:

- Von der relativen Knappheit der Produktionsfaktoren, also von der Knappheit des Produktionsfaktors Arbeit im Verhältnis zum Produktionsfaktor Kapital (und umgekehrt). Je reichlicher das Angebot des einen Faktors im Verhältnis zu dem des anderen Faktors ist, desto kleiner ist seine Grenzproduktivität und damit seine Entlohnung.
- Vom Stand der Produktionstechnologie, ökonomisch formuliert von den Eigenschaften der Produktionsfunktion.

Die Einkommensverteilung wird hier ein Problem der Technik und der vorhandenen Faktormengen.

Mit einer solchen Theorie ist das Problem der Einkommensverteilung also ein Problem der Technik und der Faktormengen. Etwas holzschnittartig formuliert: Der Lohn ist hoch, wenn Arbeit im Verhältnis zum Kapital knapp ist und wenn die Produktionstechnik sehr fortschrittlich ist (und umgekehrt).

Mit der Grenzproduktivitätstheorie ist die alte Fragestellung der klassischen Volkswirtschaftslehre nach dem Ursprung des Wertes fallen gelassen worden; sie lässt sich auch wissenschaftlich nicht beantworten. Heute geht man davon aus, dass die Produktionsfaktoren gemeinsam eingesetzt werden und gemeinsam ein Produkt erstellen, dessen Preis sich auf dem Gütermarkt aus Angebot und Nachfrage ergibt. Eine Zurechnung der produktiven Leistung wird nicht mehr versucht.

3.4 Ungleichheit der Löhne

Löhne sind vor allem deswegen ungleich, weil Löhne eine gesamtwirtschaftliche Lenkungsfunktion haben und weil Lohnunterschiede innerbetrieblicher Leistungsanreiz sind.

Gesamtwirtschaftliche Lenkungsfunktion des Lohnes

Lohn ...

Der Lohn lenkt Arbeitskräfte in die Bereiche der Wirtschaft, die einer zunehmenden Nachfrage begegnen. So zahlen prosperierende Branchen und Betriebe in der Regel einen überdurchschnittlichen Lohn und können damit Arbeitskräfte von stagnierenden Branchen abziehen.

... als Anreiz für Investitionen in Humankapital

Lohnunterschiede sind funktional notwendig, um Menschen zu veranlassen, in ihr Humankapital (Ausbildung, Fähigkeiten) zu investieren; jedenfalls dann, wenn die Kosten der Ausbildung individuell getragen werden. Dies erklärt (teilweise), warum Hochschulabsolventen im Durchschnitt ein höheres Einkommen erzielen als weniger Qualifizierte.

Lohnunterschiede sind funktional notwendig, um Menschen zu einer anstrengenden, gefährlichen oder unangenehmen Arbeit zu bewegen, als Ausgleich für das höhere Arbeitsleid. Dies erklärt (teilweise) die höheren Löhne z. B. von Bergleuten oder Unterwassertauchern.

... als Ausgleich für das Arbeitsleid

Und generell schafft der Marktmechanismus Lohnunterschiede, weil Angebot und Nachfrage nach unterschiedlichen Qualifikationen unterschiedlich sind. Qualifikationen die knapp sind, bei denen also die Nachfrage das Angebot zunächst übersteigt, werden mit einem Knappheitspreis entlohnt. Dies erklärt (teilweise) die hohen Einkommen von Spitzensportlern, Popstars oder Computerspezialisten. Solche Lohnunterschiede sind dann (teilweise) auch funktional notwendig, um solche seltenen und begehrten Qualifikationen gesamtwirtschaftlich sparsam zu verwenden.

... als Knappheitsindikator

Innerbetriebliche Leistungsanreize

Lohnunterschiede sind funktional notwendig, um Leistungsanreize in der arbeitsteiligen Verbundproduktion der klassischen Unternehmung zu schaffen. Hier sind Leistungsanreize zunächst einmal nicht vorhanden, weil die Beiträge zum Produktionsergebnis nicht zurechenbar sind, also weil es nicht möglich ist, z. B. den Beitrag des Brauers, des Buchhalters oder des Bereichsleiters zu erfassen und zur Grundlage der Entlohnung zu machen. Daher müssen Leistungsanreize geschaffen werden.

Lohnunterschiede als Leistungsanreiz

Als wirksam haben sich abgestufte Leistungsanreizsysteme erwiesen. In den Arbeitsbereichen, in denen die Leistung relativ einfach kontrollierbar ist oder sogar vom Takt der Maschinen vorgegeben wird – also im Bereich der so genannten **Einfachen Arbeit** – scheint eine direkte Überwachung durch Vorarbeiter und Meister und eine nur geringe Lohndifferenzierung billig und wirksam zu sein. Die Bedeutung rein materieller Leistungsanreize scheint in den Bereichen stark zuzunehmen, in denen die Leistung nur schwer messbar und kontrollierbar ist, wo der Unternehmer darauf angewiesen ist, dass seine Arbeiter sozusagen freiwillig eine Leistung zum Wohle der Firma erbringen. Angesprochen sind damit vor allem die **Außer-Tarif-Einkommensbereiche** höherer Angestellter und Manager. Lohnunterschiede, die in diesem Bereich beträchtlich sind, sind hier funktional notwendig, um zur Leistung anzuspornen. Das System ist ziemlich listig: Es bietet Karrieren mit Risiko im Sinne einer Lotterie. Einige wenige nur erreichen die Spitzenpositionen, die Spitzenpositionen sind aber so dotiert, dass die übrigen sich umso mehr anstrengen, sie zu erreichen. In diesem Sinne erhält der Vorstand einer AG nicht deswegen ein so hohes Gehalt, weil er so viel leistet, sondern weil die Hauptabteilungsleiter angespornt werden sollen, eine hohe Leistung zu erbringen, und diese erbringen sie in der Hoffnung, selbst einmal in den Vorstand aufzurücken.

Karrieren mit Risiko

3.5 Gewinne und Risikoprämien als Ursachen der Ungleichheit

Das Einkommen der Selbstständigen setzt sich, wie beschrieben, funktional aus drei Komponenten zusammen: dem Unternehmerlohn, der Verzinsung des eingesetzten Kapitals und dem Gewinn als Restgröße. Die Verzinsung des eingesetzten Kapitals wird gedanklich weiter differenziert in:
- eine marktübliche Verzinsung und
- eine Risikoprämie.

Diese **Risikoprämie** ist ein gedanklicher Ausgleich für das Risiko eines Selbstständigen, das in seiner Unternehmung eingesetzte Kapital zu verlieren. Eine solche Risikoprämie trägt zur Ungleichheit der Verteilung bei; sie ist funktional notwendig, um Menschen anzuspornen, Kapital in ihre selbständig geführte Unternehmung zu investieren.

Insbesondere aber die **Gewinne** sind ungleich verteilt, auch im Verhältnis zum eingesetzten Kapital, weil damit die unterschiedlichen Anstrengungen der Unternehmen, Marktchancen aufzuspüren und Innovationen durchzusetzen, belohnt werden sollen. Auch hier sind die Anreizfunktionen von Gewinn und Risikoprämie zentral.

3.6 Ungleiche Machtverteilung als Ursache der Ungleichheit

Die vorgetragenen Begründungen der Einkommensverteilung erklären die Ungleichheiten vermutlich nur partiell. Letztlich bleibt es doch unklar, warum man viel Geld mit Grundstücksspekulation, aber nicht mit Krankenpflege verdienen kann, oder warum gerade die, welche die Gesellschaft am notwendigsten braucht, wie Krankenschwestern, Bauern oder Bäcker, relativ wenig verdienen, oder warum der Vorstand einer Aktiengesellschaft in der Regel ein weit höheres Einkommen erhält als der Bundespräsident.

Die vorgetragenen ökonomischen Erklärungen werden häufig durch eine **soziologische Erklärung** ergänzt, nämlich durch die These, dass das Einkommen einer Gesellschaft weitgehend nach der Macht verteilt wird. Daher ist nach den Ursachen der Ungleichverteilung der Macht zu fragen. Macht ist ungleich verteilt, weil Gesellschaften nicht ohne wirtschaftliche und politische Organisationen funktionieren können. Innerhalb solcher Organisationen sind Hierarchien und ein System von Leistungsanweisungen und Erfolgskontrollen funktional notwendig für einen effizienten Arbeitsablauf. Solche Hierarchien implizieren eine ungleiche Verteilung von Macht und damit eine ungleiche Verteilung von Zugriffsmöglichkeiten auf das gesellschaftliche Einkommen. So hat der Vorstand einer Kapitalgesellschaft ungleich mehr Macht, sein Einkommen zu bestimmen als der Arbeiter und der Angestellte der untersten Stufe der Hierarchie.

Ursachen der Ungleichverteilung der Macht

4 Normen der Verteilungsgerechtigkeit

Die anerkannte Norm für die Verteilung ist **Verteilungsgerechtigkeit**. Allerdings ist dieser Begriff ohne nähere Bestimmung inhaltsleer. Gerechtigkeit heißt, Gleiches gleich zu behandeln. Was aber als gleich anzusehen ist, bleibt umstritten. Meist werden verschiedene Konzepte der Leistungsgerechtigkeit und der Bedarfsgerechtigkeit diskutiert.

Die Forderung nach Verteilungsgerechtigkeit ist – ohne nähere Bestimmung – eine Leerformel.

4.1 Leistungsgerechtigkeit

Nach dieser Norm soll das Einkommen der für die Gesellschaft erbrachten Leistung entsprechen. Damit erhebt sich das Problem, die Leistung zu messen. Vielfach wird argumentiert, in einer wettbewerblich organisierten Marktwirtschaft entspreche die erbrachte Leistung dem Marktentgelt. Dahinter steht der Gedanke, dass die Gütermärkte einer Volkswirtschaft über Preise und Gewinne die Signale geben, welche kaufkräftigen Bedürfnisse in der Volkswirtschaft existieren, dass auf dieser Grundlage die zur Erstellung der entsprechenden Produkte notwendigen Faktorleistungen nachgefragt werden und dass so die Faktorpreise bei gegebenen Faktorangebotsmengen widerspiegeln, wie knapp und wertvoll die jeweiligen Faktorleistungen für die Gesellschaft sind.

Wie wird die Leistung gemessen?

Diese Argumentation erweist sich als problematisch. Es ist bei der in modernen Industriegesellschaften üblichen Verbundproduktion, wie gezeigt, nicht möglich, den Beitrag einer bestimmten Leistung zum Produktionsergebnis separat zu erfassen. Auch der Wert des Grenzprodukts eines Produktionsfaktors ist kein Maß für die produktive Leistung, wenn, was praktisch immer der Fall ist, mehrere Produktionsfaktoren in der Produktion beteiligt sind. Damit entpuppt sich die Aussage, die Einkommen in einer Marktwirtschaft entsprächen der Leistung, als Tautologie. Und die Norm der Leistungsgerechtigkeit bleibt inhaltsleer.

Die Leistung ist in der Verbundproduktion nicht zu messen.

Die Norm der Leistungsgerechtigkeit ist inhaltsleer.

Neben dieser grundsätzlichen Problematik ist auch in speziellen Fällen die Gleichsetzung von Marktentgelt und Leistung überaus fragwürdig:

- Es gibt zahlreiche gesellschaftsförderliche Leistungen, die nicht über den Markt gehen (z. B. Kinderbetreuung, Hausfrauentätigkeit usw.).
- Der Markt bewertet erbrachte Leistungen nicht immer nach »gesellschaftsdienlichen« Kriterien. Man denke an externe Effekte, wie sie in Divergenzen zwischen der unternehmensbezogenen Gewinn- und Verlustrechnung und der gesellschaftsbezogenen Nutzen-Kosten-Rechnung zum Ausdruck kommen können – bekannt sind die Beispiele aus der Umweltdiskussion. Oder der Markt »honoriert« Leistungen, wo sie individuell gar nicht vorliegen (z. B. stellt die beim Verkauf eines privaten Grundstückes realisierte Wertsteigerung – bedingt durch öffentliche Infrastrukturmaßnahmen – keine Leistung des Grundstückseigentümers dar).
- Bei fehlendem oder unzureichendem Wettbewerb spiegelt das Marktergebnis häufig weniger die Leistung als die wirtschaftliche Macht wider.

Neben der im Sinne eines »Outputs« erbrachten Leistung wird im Rahmen der Leistungsgerechtigkeit auch die Beanspruchung des Individuums, das **persönliche Opfer** im Sinne eines »Inputs« als Verteilungsmaßstab diskutiert. Gesichtspunkte wie die physische oder psychische Belastung bei der Leistungserstellung treten dann in den Vordergrund. Das Lohngefüge innerhalb einzelner Industrien und Betriebe in der Bundesrepublik ist wesentlich durch solche **Anforderungskriterien** bestimmt. Diese Verteilungsnorm führt häufig zu anderen Ergebnissen als das Marktleistungskriterium: Eine marktmäßig kaum honorierte Leistung kann für den Leistungsträger mit erheblichen Belastungen verbunden sein und daher Einkommenszuschläge erfordern.

Leistungsbestimmung durch Anforderungskriterien

4.2 Bedarfsgerechtigkeit

Nach diesem Konzept liegt Verteilungsgerechtigkeit vor, wenn alle Individuen die gleiche Wohlfahrtsposition erreichen. Als Wohlfahrt bezeichnet man dabei – ohne genau definieren zu können – die Befriedigung durch soziale und ökonomische Faktoren, durch Faktoren, die auf den Maßstab des Geldes reduziert werden könnten. Diese Norm wird in einfacher Weise mit der Gleichheit der Menschen begründet: Weil die Menschen gleich sind, soll auch ihr Wohlfahrtsniveau gleich sein.

Begründung der Gleichheit

Diese Norm führt zu einer gleichmäßigen Einkommensverteilung (**Egalitätsprinzip**), wenn das Wohlfahrtsniveau für jeden Menschen in gleicher Weise vom Einkommen abhängt (identische Nutzenfunktion). Zum Ergebnis einer gleichmäßigen Einkommensverteilung führt im Prinzip auch das utilitaristische Ziel der Nutzenmaximierung. Das Ziel staatlichen Handelns ist für den **Utilitarismus**, als dessen Begründer der Engländer *Jeremy Bentham* (1748–1832) gilt, die Maximierung der Nutzen der Gesellschaftsmitglieder (»Größtes Glück der größten Zahl«). Hier liegt eine Umverteilung von Reich zu Arm nahe, weil der Nutzenentgang des Reichen, der dem Armen einen Euro gibt, wahrscheinlich kleiner ist als der Nutzenzuwachs des Armen. Dies folgt aus der Idee des abnehmenden Grenznutzens von Gütern und Geld.

Interpersoneller Nutzenvergleich ist nicht möglich.

Wissenschaftlich beweisbar ist dies aber nicht, weil die Nutzenfunktionen der Menschen zwar prinzipiell ähnlich sein mögen, aber nicht identisch sind. Und es ist grundsätzlich nicht möglich, Bedürfnisse und Nutzen der Menschen interpersonell zu vergleichen. Daher bleibt auch die Norm der Bedarfsgerechtigkeit letztlich inhaltsleer, weil die ableitbaren plausiblen Ergebnisse wissenschaftlich nicht überprüft werden können: Es ist nicht beweisbar, dass der Nutzenentgang des Reichen kleiner ist als der Nutzenzuwachs des Armen. Plausibel ist es aber doch und daher wird die Norm der Bedarfsgerechtigkeit im Allgemeinen der Norm der Leistungsgerechtigkeit vorgezogen.

4.3 Abstimmung hinter dem Schleier des Nichtwissens

John Rawls, Professor für Philosophie an der Harvard Universität, hat in seinem 1971 erschienenen Buch »A Theory of Justice« eine konzeptionell bestechende Idee entwickelt, wie Werturteile, z. B. das Werturteil über eine gerechte Verteilung, demokratisch fundiert werden könnten: Die Abstimmung unter Ungeborenen hinter dem Schleier des Nichtwissens. *Rawls* geht davon aus, dass die Standpunkte und Urteile der Menschen von ihren Lebensumständen abhängen, also davon, ob sie reich oder arm, gesund oder behindert, weiblich oder männlich, faul oder fleißig sind, um nur einige Umstände aufzuzählen. Um diesen Einfluss der tatsächlichen Lebensumstände auf das Abstimmungsverhalten auszuschließen, entwickelt *Rawls* die Idee der fiktiven Abstimmung der Menschen vor ihrer Geburt, bevor sie wissen, in welche Lebensumstände sie hineingeboren werden. Niemand kennt seinen künftigen Platz in der künftigen Gesellschaft, seine Klasse, seine Rasse, seine Intelligenz usw.; es kommt nur darauf an, gerechte Regeln für das Zusammenleben zu entwickeln.

Die Abstimmung unter Ungeborenen hinter dem Schleier des Nichtwissens

Dies gedankliche Abstimmungsverfahren kann für sehr viele Regelungen fruchtbar angewendet werden. Für die Regelung der Einkommensverteilung glaubt *Rawls*, dass die Menschen dazu neigen werden, sich insbesondere vor großer Armut schützen zu wollen, dass sie also eine gewisse Risikoscheu aufweisen und Regelungen wählen, die die Position der Menschen am unteren Ende der Einkommensverteilung verbessern. Weil damit der kleine Nutzen der Ärmeren vergrößert würde, nennt man diese Regel auch das **Maximin-Kriterium**. Das Maximin-Kriterium würde also eine Einkommensumverteilung von oben nach unten begründen. Wenngleich ein solches Ergebnis plausibel erscheint, so ist es doch auch nicht wissenschaftlich beweisbar. Daher sind Werturteile zur Frage der Verteilungsgerechtigkeit unvermeidbar.

Vorstellung Risikoscheu

4.4 Funktionale Notwendigkeit der Ungleichheit

Die Ausführungen haben gezeigt, dass der Begriff der Verteilungsgerechtigkeit wissenschaftlich nicht abgeleitet werden kann, dass letztlich Werturteile gefällt werden müssen. Es ist aber auch deutlich geworden, dass es zumindest plausibel ist, dass Regelungen, die die Verteilung gleichmäßiger gestalten, die Wohlfahrt der Menschen erhöhen. In diesem Sinn scheint Übereinstimmung darin zu bestehen, dass eine Verringerung der Ungleichheit eine Annäherung an das Konzept von Verteilungsgerechtigkeit bedeutet.

> Man muss aber sehr deutlich zwischen Gerechtigkeit und Effizienz unterscheiden, zwischen der funktionalen Notwendigkeit von Maßnahmen und der Gerechtigkeit von Maßnahmen.

Funktionale Notwendigkeit von Einkommensunterschieden

Und wie gezeigt, sind in einer kapitalistischen Marktwirtschaft, wie vermutlich in jedem anderem Wirtschaftssystem auch, Einkommensunterschiede als Leistungsanreiz und Lenkungsinstrument funktional notwendig. Daher kann man die Ungleichheit der Verteilung als ungerecht, aber auch als notwendig bezeichnen. Und es wird vermutlich immer darüber zu streiten sein, wie viel Ungleichheit funktional notwendig ist.

5 Einkommensverteilung in Deutschland

5.1 Lohnquote und Verteilung des Volkseinkommens

Tabelle 25.1 zeigt die Verteilung des Volkseinkommens in Deutschland von 1991 bis 2003.[2] In diesem Zeitraum ist die Verteilung des Volkseinkommens relativ konstant geblieben. Die Lohnquote beträgt gut 70 Prozent, die Arbeitseinkommensquote gut 80 Prozent. Damit entfallen auf den Produkti-

Relative Konstanz der Lohnquote

	Lohn (Lohnquote)[1]	Arbeitseinkommensquote[2]	Unternehmens- und Vermögenseinkommen	Davon: kalk. Unternehmenslohn[3]
1991	72,5	79,9	27,5	7,4
1993	74,7	82,9	25,3	8,2
1995	73,3	81,7	26,7	8,4
1997	71,8	80,3	28,2	8,5
1998	71,5	79,9	28,5	8,4
1999	72,0	80,4	28,0	8,3
2000	72,9	81,3	27,1	8,4
2001	72,7	81,2	27,3	8,5
2002	71,9	80,4	28,1	8,5
2003	72,0	80,8	28,0	8,8

[1] Unbereinigte Bruttolohnquote
[2] Arbeitnehmerentgelt + kalkulatorischer Unternehmerlohn
[3] Errechnet aus der Zahl der Selbstständigen, multipliziert mit dem Durchschnittslohn eines Arbeitnehmers.
Quelle: Statistisches Bundesamt

Tab. 25.1: Verteilung des Volkseinkommens in Deutschland (Anteil am Volkseinkommen in %)

---

[2] Nach der Revision der Volkswirtschaftlichen Gesamtrechnungen im Zuge der Umstellung auf ein EU-einheitliches System sind diese Zahlen mit den alten Daten nur noch begrenzt vergleichbar.

onsfaktor Arbeit etwa vier Fünftel des Volkseinkommens, auf den Produktionsfaktor Kapital bzw. seine Eigentümer entfällt etwa ein Fünftel.

Die kleineren Schwankungen, betrachtet am Beispiel der Lohnquote, sind in der Regel auf konjunkturelle Schwankungen zurückzuführen, denen die Lohnentwicklung meist etwas zeitverzögert folgt. So erreicht die Lohnquote 1993 mit 74,7 Prozent ihren höchsten Stand; sie folgt damit dem Konjunkturhoch von 1992 etwas verzögert (Lohn-Lag).

Wie ausgeführt, ist die Lohnquote nur eine unvollkommene Maßgröße für die funktionale Einkommensverteilung, da sie bestimmte – im ökonomischen Sinn – Arbeitseinkommen nicht enthält. Dem trägt die in der zweiten Spalte von Tabelle 25.1 ausgewiesene **Arbeitseinkommensquote** Rechnung.

5.2 Personelle Einkommensverteilung

5.2.1 Zur Verteilungsstatistik

Statistische Darstellungen zur personellen Einkommensverteilung basieren meist auf der **Einkommens- und Verbrauchsstichprobe** (EVS) des Statistischen Bundesamtes und auf Erhebungen im Rahmen des **Sozio-ökonomischen Panels** (SOEP) des Deutschen Instituts für Wirtschaftsforschung (DIW). Die EVS wird alle fünf Jahre erhoben, sie erfasst Einnahmen, Ausgaben und das Vermögen privater Haushalte[3] und bezieht sich mit rund 165.000 Personen in rund 75.000 Haushalten auf etwa 0,2 Prozent der Gesamtbevölkerung. Die bislang letzte EVS gilt für 1998. Im Rahmen des SOEP wird jährlich die Einkommenssituation einer kleineren Stichprobe von 18.000 Personen und 7.400 Haushalten[4] erfasst, auch hier ist der Bereich der reichen Haushalte nur unzureichend erfasst.

Empirische Basis der Verteilungsstatistik

Wegen der erheblichen Schwierigkeiten bei der Erhebung von Verteilungsdaten sind ganz aktuelle Daten kaum erhältlich. Dies ist aber hinnehmbar, weil sich die Verteilung im Zeitablauf als relativ konstant herausgestellt hat. Im internationalen Vergleich, also im Querschnittsvergleich, können dagegen große Unterschiede beobachtet werden. So gilt die Einkommensverteilung z. B. in Schweden und Deutschland als relativ gleichmäßig, in USA und Großbritannien und vor allem in Entwicklungsländern als relativ ungleichmäßig.

Daten zur Verteilung beziehen sich meist auf **Haushalte**, weil Haushalte die relevante Wirtschaftseinheit darstellen. Um den unterschiedlichen Haushaltsgrößen gerecht zu werden, ermittelt man das so genannte **Äquivalenzeinkommen**, ein aus dem Haushaltseinkommen ermitteltes bedarfsgewichtetes Pro-Kopf-Einkommen der Haushaltsmitglieder. Die Bedarfsgewich-

---

3 Weil sehr einkommensstarke Haushalte – mit einem monatlichen Nettoeinkommen über 18.000 Euro – in dieser freiwilligen Befragung kaum vertreten sind, werden sie nicht ausgewiesen.
4 Bei einem Panel werden jeweils die gleichen Personen erfasst.

tung berücksichtigt, dass größere Haushalte größere Vorteile durch ihr gemeinsames Wirtschaften erzielen als kleinere Haushalte.

Bei den Einkommen bezieht man sich meist sowohl auf das **Markteinkommen** (primäre Verteilung) als auch auf das umverteilte **Nettoeinkommen** (sekundäre Verteilung).

Darstellungsmöglichkeiten

Darstellungen zur Verteilung stellen naturgemäß in erster Linie auf Ungleichheitsmaße ab: Gebräuchlich ist insbesondere die Quantilsdarstellung und die Berechnung von statistischen Ungleichheitsmaßen wie der Gini-Koeffizient. Bei den – unmittelbar einsichtigen – **Quantilsdarstellungen** wird angegeben, welcher Anteil (Quantil) der Haushalte welchen Anteil am Einkommen erzielt. So zeigt Tabelle 25.2 die Dezilanteile, nämlich die Einkommensanteile der ärmsten zehn Prozent (1. Dezil) der Haushalte bis hin zum Einkommensanteil der reichsten zehn Prozent der Einkommen (10. Dezil) der Haushalte. Bei einer gleichmäßigen Verteilung erhielten alle Dezile jeweils zehn Prozent des Einkommens. Der **Gini-Koeffizient** ist ein Verteilungsmaß, das die Ungleichheit in einer Zahl ausdrückt: Diese Zahl liegt zwischen Null = völlige Gleichverteilung und 1 = völlige Ungleichverteilung (ein Haushalt erhielte das gesamte Einkommen).

5.2.2 Verteilungsmaße der Einkommen

Die Einkommensverteilung in Deutschland stellen die Tabellen 25.2 und 25.3 dar; sie beziehen sich auf das SOEP. Die Verteilungsmaße nach der EVS entsprechen den Daten der SOEP weitgehend.

Tabelle 25.2 stellt die Dezilanteile des verfügbaren Einkommens[5] für Westdeutschland, Ostdeutschland und Deutschland insgesamt dar:
- Die Einkommensverteilung ist ungleichmäßig: So erhalten z. B. die ärmsten 10 Prozent der Haushalte in Deutschland 3,2 Prozent des Einkommens, dagegen die reichsten 10 Prozent 22,0 Prozent des Einkommens.
- Die Verteilung ist ein wenig ungleichmäßiger geworden, insbesondere der Anteil der ärmsten 10 Prozent ist gesunken und
- die Einkommensverteilung ist in Ostdeutschland etwas gleichmäßiger als in Westdeutschland.

Zunahme der Ungleichheit der Markteinkommen und Nivellierung durch staatliche Umverteilung

Eine präzisere Aussage zum Ausmaß und zur Entwicklung der Ungleichheit erlaubt die Darstellung der Gini-Koeffizienten in Tabelle 25.3. Hier wird nach der Verteilung des Markteinkommens und des verfügbaren Einkommens differenziert. Sehr deutlich wird zum einen die Zunahme der Ungleichheit im Bereich der Markteinkommen von 1991 bis 2002 und zum anderen die stark nivellierende Wirkung der staatlichen Umverteilung durch Steuern und Sozialabgaben.

---

5 Das verfügbare Einkommen wird auch als Nettoeinkommen bezeichnet.

	Früheres Bundesgebiet				Neue Bundesländer				Deutschland			
	1991	1997	2000	2002	1991	1997	2000	2002	1991	1997	2000	2002
	Dezilanteile (%)											
1. Dezil	3,5	3,2	3,2	3,1	4,7	4,2	4,3	3,8	3,5	3,4	3,3	3,2
2. Dezil	5,7	5,5	5,5	5,2	6,5	6,4	6,3	5,9	5,5	5,7	5,6	5,3
3. Dezil	6,8	6,7	6,7	6,4	7,6	7,5	7,3	7,0	6,5	6,8	6,7	6,4
4. Dezil	7,7	7,6	7,6	7,4	8,3	8,2	8,2	7,9	7,5	7,7	7,6	7,4
5. Dezil	8,6	8,5	8,5	8,4	9,0	9,0	8,9	8,8	8,4	8,5	8,5	8,4
6. Dezil	9,6	9,5	9,6	9,5	9,8	9,7	9,9	9,7	9,5	9,5	9,5	9,5
7. Dezil	10,8	10,7	10,7	10,9	10,7	10,7	10,7	10,8	10,7	10,6	10,7	10,8
8. Dezil	12,1	12,2	12,2	12,5	11,9	11,8	11,9	12,1	12,4	12,1	12,1	12,4
9. Dezil	14,4	14,5	14,5	14,8	13,5	13,4	13,7	13,9	14,6	14,4	14,4	14,7
10. Dezil	20,9	21,6	21,7	22,0	18,0	19,1	18,7	20,0	21,4	21,4	21,5	22,0

[1] Markteinkommen abzüglich der Lohn- und Einkommensteuer, abzüglich der Pflichtbeiträge zur Sozialversicherung und zuzüglich der Bezüge aus öffentlichen Renten, Pensionen und Sozialtransfers. Außerdem erfolgt die Äquivalenzgewichtung.
Quelle: Jahresgutachten des Sachverständigenrates 2004/05, S. 570; Originaldaten nach Berechnungen des DIW.

Tab. 25.2: Verteilung des verfügbaren Einkommens (Nettoeinkommens[1]) in Deutschland von 1991 bis 2002 (Basis SOEP)

	Markteinkommen[1]			verfügbares Einkommen[2]		
	früheres Bundesgebiet	neue Bundesländer	Deutschland	früheres Bundesgebiet	neue Bundesländer	Deutschland
	Gini-Koeffizient					
1984	0,4276	–	–	0,2778	–	–
1988	0,4099	–	–	0,2665	–	–
1991	0,4064	0,3920	0,4254	0,2770	0,2254	0,2967
1995	0,4304	0,4439	0,4380	0,2891	0,2316	0,2856
1998	0,4446	0,4815	0,4550	0,2919	0,2435	0,2885
2000	0,4384	0,4688	0,4474	0,2733	0,2169	0,2677
2002	0,4464	0,5066	0,4595	0,2848	0,2420	0,2814

[1] Bruttoeinkommen einschließlich der Arbeitgeberbeiträge zur Sozialversicherung
[2] s. Fußnote 1 in Tabelle 25.2
Quelle: Jahresgutachten des Sachverständigenrates 2004/05, S. 569.

Tab. 25.3: Verteilungsmaße in Deutschland von 1984 bis 2002 (Basis SOEP)

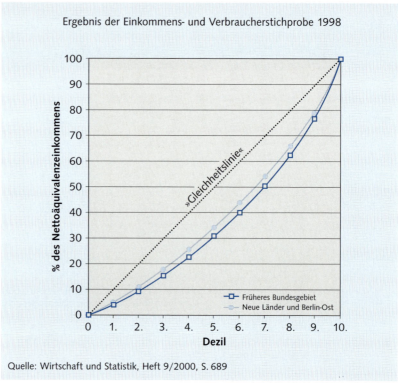

Abb. 25.2: Verteilung des verfügbaren Einkommens (äquivalenzgewichtet) 1998

Eine plastische grafische Darstellung der Ungleichheit der Einkommensverteilung bietet schließlich die so genannte **Lorenzkurve der Verteilung**, bei der die Einkommensanteile der Dezile zu einer Linie verbunden werden (vgl. Abbildung 25.2, diese Darstellung bezieht sich auf die Einkommens- und Verbrauchsstichprobe).

Solche Tabellen und Darstellungen sind relativ komplex und verbergen die konkrete Lebenssituation von Menschen. Relativ plastisch ist dagegen die **Armutsquote**, der Anteil der armen Haushalte an den Haushalten insgesamt. Armut wird relativ definiert und als **Armutsgrenze** gilt ein Einkommen von 50 Prozent des Durchschnittseinkommens. Die Armutsquote, der Anteil der Bevölkerung, der unterhalb der Armutsgrenze lebt, betrug im Jahr 2000 für Deutschland 9,1 Prozent (Quelle: Statistisches Bundesamt, Datenreport 2002).

5.2.3 Verteilungsmaße des Lohns

Interessant ist es auch, die Verteilung der Arbeitseinkommen allein, die so genannte **Lohnspreizung** zu betrachten, da ja die Unterschiedlichkeit der Löhne letztlich eine Lenkungsfunktion hat. Tabelle 25.4 stellt die Lohnspan-

	1. Dezil	bis 14,30 DM
	2. Dezil	14,30 – 17,52 DM
	3. Dezil	17,53 – 19,70 DM
	4. Dezil	19,70 – 21,46 DM
	5. Dezil	21,46 – 23,30 DM
	6. Dezil	23,30 – 25,68 DM
	7. Dezil	25,68 – 28,24 DM
	8. Dezil	28,24 – 35,58 DM
	9. Dezil	35,58 – 38,06 DM
	10. Dezil	über 38,06 DM
Quelle: IW-Trends, Heft 2/2000, S. 5		

Tab. 25.4: Lohnspannen in Lohn-Dezilen[7] (1997/Westdeutschland)

nen für die zehn Lohn-Dezile für 1997 zusammen. Die zehn Prozent der Lohnempfänger mit dem geringsten Lohn erzielten einen Lohn bis zu 14,30 DM, die mit dem höchsten Lohn z. B. einen Lohn über 38,06 DM. Der errechnete Gini-Koeffizient beträgt 0,217, zeigt also eine relativ geringe Lohn-Spreizung an, die zudem im Zeitablauf fast konstant geblieben ist. Diese geringe Spreizung der Lohnstruktur ist sicher eine Folge gewerkschaftlicher Tarifpolitik und gilt als hinderlich für die Flexibilität auf dem Arbeitsmarkt.

Relativ geringe Lohnspreizung

6 Strategien zur Veränderung der Einkommensverteilung

6.1 Institutionelle Gegebenheiten: Tarifvertrag, Tarifparteien und Arbeitskampf

Die Beschäftigung eines Arbeitnehmers erfolgt in der Bundesrepublik aufgrund eines zwischen Arbeitgeber und Arbeitnehmer abgeschlossenen Arbeitsvertrages. In dem **Arbeitsvertrag** verpflichtet sich der Arbeitnehmer, seine Arbeitskraft dem Arbeitgeber unter dessen Leitung und Anweisung gegen ein vereinbartes Entgelt zur Verfügung zu stellen. Der Inhalt des Arbeitsvertrages kann indes nicht völlig frei bestimmt werden, sondern muss den Vorschriften des Arbeitsrechtes entsprechen und (zum Schutz des Arbeitnehmers) teilweise oder vollständig die Regelungen des Tarifvertrages und des Tarifvertragsgesetzes (TVG) berücksichtigen. Wir wollen hier nur auf den Tarifvertrag eingehen.

Arbeitsvertrag

---

6 Bruttostundenlöhne errechnet aus dem Monatseinkommen.

Tarifvertrag

Ein **Tarifvertrag** ist ein Vertrag zwischen einer Arbeitnehmervertretung (Gewerkschaft) und einem Arbeitgeber (beim **Firmentarifvertrag**) bzw. einer Vereinigung von Arbeitgebern (beim Verbandstarifvertrag, meist auch **Flächentarifvertrag** genannt). Gemäß dem Tarifvertragsgesetz regelt der Tarifvertrag die Rechte und Pflichten der Tarifvertragsparteien und enthält Rechtsvorschriften, die den Inhalt, den Abschluss und die Beendigung von Arbeitsverhältnissen sowie betriebliche und betriebsverfassungsrechtliche Fragen regeln können. Tarifverträge gibt es in großer Fülle, 2001 werden rund 55.000 Tarifverträge gezählt, davon knapp 40 Prozent Verbandstarifverträge und gut 60 Prozent Firmentarifverträge. Die Tarifpartner schließen den Tarifvertrag ohne staatliche Einmischung ab. Diese **Tarifautonomie** wird aus Art. 9 Absatz 3 Grundgesetz abgeleitet und ist ehernes Grundrecht der Tarifparteien:

Tarifautonomie

> »Das Recht, zur Wahrung und Förderung der Arbeits- und Wirtschaftsbedingungen Vereinigungen zu bilden, ist für jedermann und für alle Berufe gewährleistet.«

Geltungsbereich des Tarifvertrages

Im Tarifvertrag werden die Lohn- und Gehaltstarife und die sonstigen Arbeitsbedingungen festgelegt. Man unterscheidet zwischen dem längerfristigen **Rahmentarifvertrag**, der die Grundsätze der Entlohnung regelt, und dem längerfristigen **Manteltarifvertrag**, der die auf längere Zeit festgeschriebenen Regelungen (wie z. B. Grundsätze der Urlaubsgewährung, Mehr-, Spät- und Sonntagsarbeit, Kündigungsschutz für ältere Arbeitnehmer und ähnliches) enthält, und dem meist kurzfristigeren (häufig auf 12 Monate befristeten) **Lohn- und Gehaltstarifvertrag**, der die Vergütungsregelungen enthält. Der Tarifvertrag gilt im vollen Umfang zunächst nur für die Mitglieder der Gewerkschaften und für den bzw. die Arbeitgeber, die an der Tarifvereinbarung beteiligt sind (beim Verbandstarifvertrag: die Mitglieder des Arbeitgeberverbandes). Aufgrund des arbeitsrechtlichen Grundsatzes »gleicher Lohn für gleiche Leistung« kommen auch die nicht-organisierten Arbeitnehmer in den Genuss tarifvertraglich vereinbarter Mindestbedingungen. Bei Vorliegen besonderer Voraussetzungen kann der Bundesarbeits-(bzw. der Landesarbeits-)Minister auf Antrag der Tarifparteien die Regelungen des Tarifvertrages auch für die nichtbeteiligten Arbeitgeber des entsprechenden Bereichs als verbindlich erklären. Diese **Allgemeinverbindlichkeitserklärung** ist die Ausnahme, verbreitet ist sie im Baugewerbe. Die Allgemeinverbindlichkeitserklärung (AVE) soll ggf. verhindern, dass Unternehmen in Krisenzeiten bevorzugt solche Arbeitskräfte einstellen, die keiner Gewerkschaft angehören und daher weniger kosten. Daher hat die AVE den Charakter einer Mindestlohnfixierung. Einen Mindestlohn gibt es in Deutschland nicht generell, aber z. B. im Dachdecker- und im Elektrohandwerk sowie im Bauhauptgewerbe. Hier beträgt der Mindestlohn 9,80 Euro im Westen bzw. 8,63 Euro im Osten (2002).

Charakter einer Mindestlohnfixierung

Der Schutzcharakter des Tarifvertrages für den einzelnen Arbeitnehmer kommt deutlich in der Tatsache zum Ausdruck, dass vom Tarifvertrag abweichende Vereinbarungen im Arbeitsvertrag, die für den einzelnen Arbeitnehmer günstiger sind als die Regelungen des Tarifvertrages, zulässig sind und dass ungünstigere Regelungen nicht zulässig sind.

Der Tarifvertrag hat Schutzcharakter für den Arbeitnehmer.

Über den Abschluss eines neuen Tarifvertrages verhandeln Gewerkschaften und Arbeitgeber zunächst frei. Scheitern die Tarifverhandlungen, so wird in der Regel versucht, durch ein auf die Erhaltung des Arbeitsfriedens gerichtetes Schlichtungsverfahren zu einer Einigung zu kommen. Für das **Schlichtungsverfahren** benennen Arbeitgeber und Gewerkschaft in der Regel eine gleich große Zahl von Beratern, denen ein unparteiischer Schlichter, auf den sich die Tarifparteien einigen müssen, vorsitzt. Gelingt der Einigungsversuch nicht, so kann die Schlichtungsstelle ihrerseits einen Einigungsvorschlag machen (Schlichtungsspruch). Wird diesem nicht von beiden Tarifpartnern zugestimmt, so sind die Tarifverhandlungen endgültig gescheitert, da es eine Zwangsschlichtung durch staatliche Stellen in der Bundesrepublik nicht gibt. Mit dem Scheitern der Verhandlungen erlischt die im Tarifvertrag festgelegte Friedenspflicht, derzufolge Gewerkschaft und Arbeitgeberverband auf die Einhaltung der Tarifvereinbarungen drängen müssen. Damit wird ein Arbeitskampf möglich.

Das Verfahren bei Neuabschluss eines Tarifvertrages

Keine Zwangsschlichtung

Das Recht zum **Arbeitskampf** wird allgemein aus dem oben zitierten Grundgesetzartikel über die Koalitionsfreiheit abgeleitet. Diese Auslegung ist durch den im Rahmen der Notstandsgesetzgebung dem Artikel 9, Absatz 3 hinzugefügten Satz 3 des Grundgesetzes indirekt bestätigt worden, der besagt, dass Notstandsmaßnahmen sich nicht gegen Arbeitskämpfe richten dürfen.

Unter welchen Voraussetzungen kommt es zum Arbeitskampf?

Als Arbeitskampfmaßnahmen werden in der Bundesrepublik der Streik und die Aussperrung angewendet. Die Rechtmäßigkeit des Streiks ist dabei unbestritten. Zur Durchsetzung von Forderungen der Gewerkschaft bezüglich Arbeitsbedingungen und Arbeitsentgelt kann er nach einer Urabstimmung in den Betrieben mit mindestens 75 Prozent Stimmenmehrheit der gewerkschaftlich organisierten Arbeitnehmer beschlossen werden. Für die Lohnausfälle während eines Streiks werden aus der Gewerkschaftskasse Streikgelder, die nach der Höhe der Beitragssätze gestaffelt sind, an die streikenden Gewerkschaftsmitglieder gezahlt. Die Inanspruchnahme von Arbeitslosenunterstützung ist nicht möglich. Durch das »Gesetz zur Sicherung der Neutralität der Bundesanstalt für Arbeit bei Arbeitskämpfen« von 1986 wurde der umstrittene § 116 des Arbeitsförderungsgesetzes (AFG) von 1969 dahingehend ergänzt, dass mittelbar arbeitskampfbetroffene Arbeitnehmer außerhalb des fachlichen Geltungsbereichs des umkämpften Tarifvertrags immer Arbeitslosen- bzw. Kurzarbeitergeld erhalten. Mittelbar betroffene Arbeitnehmer außerhalb des räumlichen, aber innerhalb des fachlichen Geltungsbereichs erhalten im Allgemeinen Arbeitslosen- bzw. Kurzarbeitergeld, es sei denn, es handelt sich um einen »Stellvertreterarbeitskampf«, d. h. wenn der Arbeitskampf stellvertretend auch für die Änderung der Arbeitsbedin-

Streik und Aussperrung

gungen der mittelbar betroffenen Arbeitnehmer geführt wird und der Arbeitslose deshalb als beteiligt angesehen wird.

Rechtmäßigkeit von Aussperrungen

Verschiedentlich reagieren die Arbeitgeber auf Schwerpunktstreiks (die nur einzelne Betriebe oder Gebiete des Tarifvertragsgebietes betreffen) mit **Aussperrungen**, d. h. durch Ausschließung von Arbeitnehmern von der Arbeit und vom Bezug des Arbeitsentgeltes. Die Aussperrung ist zulässig, fällt aber unter das **Gebot der Verhältnismäßigkeit**. Wenn zum Beispiel der Streik auf weniger als 25 Prozent der Arbeitnehmer eines Tarifgebietes beschränkt ist, erscheint eine Abwehraussperrung nicht unverhältnismäßig, wenn sie ihrerseits nicht mehr als ein Viertel der Arbeitnehmer dieses Tarifgebietes erfasst. Außerdem ist sowohl die positive wie auch die negative **Koalitionsfreiheit** zu beachten. Auf den Arbeitskampf bezogen heißt dies, dass eine Aussperrung, die gezielt nur die Mitglieder einer streikenden Gewerkschaft erfasst, nicht organisierte Arbeitnehmer jedoch verschont, rechtswidrig ist.

Organisationsformen der Gewerkschaften: Industrieverband – Berufsverband

Die **Gewerkschaften** sind heute überwiegend nach dem so genannten »**Industrieverbandsprinzip**« gebildet, d. h. alle organisierten Arbeitnehmer in einem bestimmten Industriezweig, z. B. der Metallindustrie, gehören der Industriegewerkschaft »Metall« an, unabhängig davon, welchen Beruf sie in ihrem Betrieb ausüben, ob als Dreher, Anstreicher oder Tischler (»Ein Betrieb, eine Gewerkschaft«). Früher (insbesondere vor dem Ersten Weltkrieg) dominierte das Berufsgruppenprinzip, d. h. es gab z. B. eine Gewerkschaft der Dreher, Schneider usw. Das Berufsgruppenprinzip bestimmt heute z. B. noch die gewerkschaftliche Organisation in Großbritannien.

Deutscher Gewerkschaftsbund

Wichtigste Dachorganisation der Gewerkschaften ist in der Bundesrepublik der Deutsche Gewerkschaftsbund (DGB), in dem insgesamt 8 Einzelgewerkschaften zusammengefasst sind. Daneben sind der Christliche Gewerkschaftsbund und der Deutsche Beamtenbund von Bedeutung.

Bundesvereinigung der Deutschen Arbeitgeberverbände

Spitzenorganisation der **Arbeitgeberverbände**, die ebenfalls überwiegend nach dem Industrieverbandsprinzip organisiert sind, ist die **Bundesvereinigung der Deutschen Arbeitgeberverbände (BDA)**.

Mitglieder der Bundesvereinigung der Deutschen Arbeitgeberverbände sind 46, nach Wirtschaftszweigen gebildete Arbeitgeberorganisationen (Fachspitzenverbände) sowie 15 auf Landesebene bestehende Arbeitgeberverbände (Landesverbände). Die Mitglieder wählen über ihre Vertreter den Präsidenten und weitere Mitglieder des Präsidiums. Die Bundesvereinigung hat die Aufgabe, die gemeinschaftlichen sozial- und gesellschaftspolitischen Belange der Mitglieder, die über den Bereich eines Landes oder eines Wirtschaftszweiges hinausgehen, zu wahren.

Organisationsgrad der Gewerkschaften

Abschließend sei darauf verwiesen, dass nicht alle Arbeitnehmer gewerkschaftlich organisiert sind. In Deutschland beträgt der Anteil der beschäftigten Gewerkschaftsmitglieder 2003 rund 23 Prozent aller Arbeitnehmer; der DGB hat Ende 2001 noch rund 6,5 Millionen Mitglieder. Auch ein Tarifvertrag ist nicht bindend vorgeschrieben: 2003 arbeiten in Westdeutschland 60 Prozent der Beschäftigten in Betrieben mit einem Flächentarifvertrag (Branchentarifvertrag); in Ostdeutschland arbeiten 36 Prozent mit einem Flächentarifvertrag; die übrigen Beschäftigten arbeiten mit Firmentarifverträgen oder ohne Tarifvertrag (Erhebung des Instituts für Arbeitsmarkt- und Berufsforschung, IAB).

Im Zuge der Flexibilisierung der Arbeitsmärkte spielen zudem so genannte Öffnungsklauseln eine zunehmende Rolle: Sie erlauben den Betrieben, nach Absprache mit dem Betriebsrat, von den tariflichen Vorgaben abzuweichen. Meist geschieht dies, indem die tariflichen Regelungen zur Arbeitszeit an die betriebliche Situation vor Ort angepasst werden, in einzelnen Branchen wurden die Öffnungsklauseln sogar auf die Tarifentgelte ausgeweitet.

Zunehmende Bedeutung von Öffnungsklauseln

6.2 Expansive (aggressive) Lohnpolitik der Gewerkschaften

> Als »expansiv« (»aggressiv« oder »aktiv«) bezeichnet man eine Lohnpolitik der Gewerkschaften, die Lohnerhöhungen durchzusetzen versucht, die über der Erhöhung der durchschnittlichen Arbeitsproduktivität plus Inflationsrate liegen und damit auf eine Erhöhung der Lohnquote zielen.

Die expansive Lohnpolitik ist mithin vor dem Hintergrund der **produktivitätsorientierten Lohnpolitik**« zu sehen. Dieses Konzept sieht einen Anstieg der Löhne im Durchschnitt in einem Ausmaß vor, der dem Anstieg der gesamtwirtschaftlichen Arbeitsproduktivität – gemessen als Produktionsmenge pro Erwerbstätigem – entspricht. Sinn dieser Lohnformel ist es, durch eine vorrangige Orientierung der Lohnentwicklung am gesamtwirtschaftlichen Produktivitätszuwachs einen Anstieg des Kostenniveaus und von der Kostenseite negative Auswirkungen auf Preisniveau und Beschäftigungsstand zu unterbinden.

Produktivitätsorientierte Lohnpolitik

Zur Veranschaulichung dieses Zusammenhangs dienen die folgenden Gleichungen:

$$\text{Lohnquote} = \frac{\text{Lohnsumme}}{\text{Volkseinkommen}} = \frac{\text{Arbeitsstunden} \cdot \text{Lohnsatz}}{\text{Reales Sozialprodukt} \cdot \text{Preisniveau}}.$$

Nach dem Preisniveau aufgelöst ergibt sich:

$$\text{Preisniveau} = \frac{\text{Lohnsatz}}{\text{Arbeitsproduktivität} \cdot \text{Lohnquote}}.$$

Hieraus folgt:
- steigen der Lohnsatz und die Arbeitsproduktivität um den gleichen Prozentsatz, so bleibt das Preisniveau bei unveränderter Lohnquote konstant;
- steigt der Lohnsatz um einen höheren Prozentsatz als die Arbeitsproduktivität, so nimmt das Preisniveau bei konstanter Lohnquote um den Prozentsatz der aggressiven Lohnsatzsteigerung zu;

- verändern sich Lohnsatz, Arbeitsproduktivität und Lohnquote, so kann man zeigen, dass folgende Beziehung gilt: Prozentuale Preissteigerung ist gleich prozentuale Lohnerhöhung minus prozentuale Zunahme der Arbeitsproduktivität minus prozentuale Zunahme der Lohnquote. Steigt also die Lohnquote, so kann der Lohnsatz um einen höheren Prozentsatz steigen als die Produktivität, ohne dass das Preisniveau zunimmt. Das wird einsichtig, wenn man bedenkt, dass in diesem Fall die aggressive Lohnerhöhung nicht vollständig durch eine Preiserhöhung ausgeglichen wird, sondern zumindest zum Teil auf Kosten der Gewinnquote geht.

Konstante Lohnquote bei produktivitätsorientierter Lohnpolitik

Wichtig ist, dass die produktivitätsorientierte Lohnpolitik von einer konstanten Lohnquote ausgeht, die Einkommensverteilung also als gegebene, nicht zu verändernde Größe hinnimmt. Sie zementiert den Status quo in Bezug auf die durch die Lohnquote gemessene Einkommensverteilung.

Zudem ermöglicht die produktivitätsorientierte Lohnpolitik nur mit Blick auf die Lohnstückkosten Preisstabilität. Andere Bestimmungsgründe der gesamtwirtschaftlichen Stückkosten – Zinsen, Abschreibungen, Veränderungen der Kapazitätsauslastung, Kostensteuern und Veränderungen der Terms of Trade – bleiben unberücksichtigt. Daher hatte der Sachverständigenrat das Konzept der »**kostenniveauneutralen Lohnpolitik**« entwickelt. Dieses Konzept sieht vor, die Löhne gerade so steigen zu lassen, dass das gesamtwirtschaftliche Kostenniveau konstant bleibt. Wenn also z. B. die Kostenbelastung durch indirekte Steuern steigt, dürften die Löhne entsprechend weniger als die Produktivität steigen usw. Dieses Konzept findet allerdings keine explizite Anwendung mehr, doch die Zusammenhänge bleiben gültig.

Geringe Chancen einer aggressiven Lohnpolitik

Aus den Gleichungen folgt, dass eine aggressive Lohnpolitik der Gewerkschaften bei marktwirtschaftlichen Gegebenheiten höchstens kurzfristig die Einkommensverteilung zugunsten der Arbeitnehmer verbessern kann, während mittelfristig die Einkommensverteilung nicht verändert wird. Dies liegt daran, dass Unternehmen in aller Regel steigende Kosten über steigende Preise überwälzen und damit eine aggressive nominale Lohnsteigerung real zunichte machen. Und wenn steigende Kosten ausnahmsweise nicht überwälzt werden, so führen sie zu sinkenden Gewinnen und nachfolgend in der Regel zu einer rückläufigen Investitionstätigkeit und zur Unterbeschäftigung. Es kann dann die Situation eintreten, dass die Arbeitnehmer trotz gestiegener Lohn*quote* insgesamt ein geringeres Lohneinkommen erzielen als vor der Lohnerhöhung. Das wird dann der Fall sein, wenn die prozentuale Lohnerhöhung kleiner ist als der prozentuale Rückgang der Beschäftigung. Ohne hiermit die mögliche Berechtigung des Umverteilungszieles in Frage stellen zu wollen, wird überwiegend bezweifelt, dass eine aggressive Lohnpolitik angesichts der in unserer Volkswirtschaft vorfindbaren Bedingungen – vor allem angesichts der Preissetzungsmacht der Unternehmen – eine sinnvolle Umverteilungsstrategie ist.

6.3 Staatliche Umverteilung

6.3.1 Steuern und Transfers

Staatliche Umverteilung durch direkte Steuern, insbesondere durch eine progressive Einkommensteuer auf der einen Seite und Sozialtransfers auf der anderen Seite, zielt darauf ab, die Verteilung der verfügbaren Einkommen (sekundäre Einkommensverteilung) gleichmäßiger zu gestalten als die Verteilung der Bruttoeinkommen (primäre Einkommensverteilung). Die Auswirkungen dieser Umverteilung zeigt Tabelle 25.3 in den Verteilungsmaßen des dort so genannten Markteinkommens und des Nettoeinkommens: Die Umverteilungswirkung ist erheblich.

Fraglich ist allerdings, ob nicht einzelne Elemente des Umverteilungssystems überwälzt werden. So bewirkt die progressive Einkommensteuer ohne Zweifel eine gleichmäßigere Verteilung der Netto- als der Bruttoeinkommen, da die Bezieher hoher Einkommen eine größere Steuerabzugsquote (höherer Durchschnittssteuersatz, vgl. Kapitel 13, Abschnitt 2.1.4) aufweisen als die Bezieher niedriger Einkommen. Die entscheidende Frage ist jedoch, ob diese Verteilung der Nettoeinkommen auch effektiv gleichmäßiger ist als die, die sich ohne Existenz der progressiven Einkommensteuer einstellen würde. Das würde dann nicht der Fall sein, wenn es den Empfängern hoher Einkommen, in der Regel also den Gewinneinkommensempfängern, gelänge, die von ihnen erhobenen Einkommensteuern auf die Preise ihrer Produkte zu überwälzen, sodass die primäre Einkommensverteilung um diese überwälzten Steuern »aufgebläht« würde. Werden solche Gewinnbestandteile durch die Erhebung der Einkommensteuer abgeschöpft, so stehen sich diese Einkommensempfänger letztlich so, als ob die Steuer gar nicht erhoben worden wäre. Ob dies auch nur teilweise der Fall ist, kann nicht entschieden werden, da die Untersuchungen zu diesem Fragenkomplex z. T. widersprüchlich sind.

Die indirekten Steuern üben formell keinen Einfluss auf die Einkommensverteilung aus. Sofern sie, was allgemein angenommen werden kann, von den Unternehmern auf die Preise überwälzt werden, belasten sie nicht die Unternehmergewinne und lassen die primäre Einkommensverteilung unberührt. Auch die sekundäre Einkommensverteilung berühren sie nicht, wenn man diese rein formal als die Verteilung der Nettoeinkommen ansieht. Um zu einem realistischen Urteil zu kommen, muss bei den indirekten Steuern allerdings die Einkommensverwendung mit in die Betrachtung einbezogen werden. Die Haushalte tragen die indirekten Steuern aus ihrem Nettoeinkommen in dem Augenblick, indem sie die Güter, deren Preise um die indirekten Steuern erhöht sind, erwerben. Bei konstanten Nominaleinkommen ergibt sich dann ein kleineres Realeinkommen. Berücksichtigt man, dass die Empfänger niedriger Einkommen einen weit höheren Anteil ihres Einkommens konsumieren als die Bezieher höherer Einkommen, so ist die relative Belastung der Einkommensschwachen durch die indirekten Steuern größer als die relative Belastung der Einkommensstarken.

Erhebliche Umverteilung

Möglichkeit der Überwälzung von direkten Steuern

Indirekte Steuern berühren die Verteilung formal nicht.

Regressionswirkung der indirekten Steuern in Bezug auf das Einkommen

6.3.2 Öffentliche Güter

Einen weiteren wichtigen Bestimmungsgrund für die Einkommensverteilung stellen die öffentlichen Güter dar, die von den verschiedenen Gruppen der Bevölkerung in unterschiedlichem Ausmaß in Anspruch genommen werden (sog. **Realtransfers**). Vermindern oder erhöhen öffentliche Güter (wie innere und äußere Sicherheit, öffentliches Straßennetz, Bildungseinrichtungen u. Ä.) die Unterschiede in der Sekundärverteilung?

Auch hier kann eine endgültige Antwort nicht gegeben werden, da die wissenschaftlichen Untersuchungen über diese Frage bisher zu keinem abschließenden Ergebnis geführt haben. Dies liegt z. T. daran, dass die Konsumenten ihre Präferenzen beim Konsum öffentlicher Güter nicht offenlegen müssen (das Ausschlussprinzip des Marktes gilt hier nicht) und insofern Maßstäbe für ihren individuellen Konsum weitgehend fehlen.

6.4 Einkommensumverteilung durch Umverteilung des Eigentums am Produktivvermögen

Die für die Einkommensverteilung in einer Marktwirtschaft maßgeblichen Faktoren wie Intelligenz, Vermögen, Ausbildung, Beziehungen, körperliche und psychische Robustheit, Flexibilität und Glück (wobei die genannten Faktoren zum Teil nicht voneinander unabhängig sind) sind ungleichmäßig auf die Einkommensbezieher verteilt. Das gilt in besonderem Maße für einen der wichtigsten Faktoren, das Vermögen, insbesondere das Produktivvermögen. Eine gewisse Umverteilung des Vermögens bzw. des Vermögenszuwachses muss deshalb innerhalb einer Strategie der Einkommensumverteilung eine zentrale Rolle einnehmen, weil damit auch die personelle Einkommensverteilung verändert werden kann. Dies wird in Abschnitt 7.2 dargestellt.

7 Vermögensverteilung

7.1 Vermögen und Vermögensverteilung

Vermögen ist formal die Summe der Werte der Vermögensgegenstände im Eigentum eines Wirtschaftssubjekts oder eines Sektors der Volkswirtschaft. Wertgröße ist der Gegenwartswert der Vermögensgegenstände, in einer sehr umfassenden Sicht der Gegenwartswert aller zukünftigen Erträge der Einkommensquellen. Das Vermögen wird meist eingeteilt in:
- Realvermögen (auch Sachvermögen genannt),
- Geldvermögen (auch Finanzvermögen genannt) und
- Arbeitsvermögen (auch Humankapital genannt).

Statt von Vermögen spricht man häufig auch von Kapital: also Realkapital, Finanzkapital und Humankapital.

Realvermögen umfasst den Wert von Maschinen, Anlagen und Grundstücken (auch Produktivvermögen genannt), den Wert der Infrastruktur einer Volkswirtschaft und den Wert des Konsum- und Gebrauchsvermögens (Autos, Haushaltgeräte). Das **Geldvermögen** ist der Wert der Forderungen (Bankguthaben, Wertpapiere, Versicherungsguthaben, Bausparguthaben usw.) abzüglich der Verbindlichkeiten; man spricht auch von **Nettogeldvermögen**, um dieses vom **Bruttogeldvermögen**, das um die Verbindlichkeiten nicht bereinigt ist, unterscheiden zu können. **Arbeitsvermögen** oder **Humankapital** ist der Wert des Leistungspotenzials von Wirtschaftssubjekten, das zur Einkommenserzielung eingesetzt werden kann (Wissen, Fertigkeiten) und das damit theoretisch in Geld bewertet werden kann.

Am einfachsten ist es, das Geldvermögen zu erfassen, recht schwierig ist die Erfassung und Bewertung des Realvermögens und praktisch fast unmöglich ist die Ermittlung des Arbeitsvermögens. Daher existieren umfassende Vermögensrechnungen nicht.

Umfassende Vermögensrechnungen existieren nicht.

Im Rahmen der Einkommens- und Verbrauchsstichprobe wird in Deutschland seit 1993 das Nettogeldvermögen und das Immobilienvermögen erfasst. Dabei ist jedoch zu beachten, dass die Erhebung freiwillig ist, dass Fragen nach Einkommen und besonders nach Vermögen als heikel gelten und dass Vermögenswerte, insbesondere Werte des Immobilienvermögens, den Eigentümern oft nicht richtig bekannt sind.[7] Mit diesen Vorbehalten sollen die Daten zur Vermögensverteilung dargestellt werden.

Problematik der Vermögensstatistik

In Tabelle 25.5 sind jeweils die Verteilungsmaße für das Nettogeldvermögen, das Immobilienvermögen und das Nettogesamtvermögen, nämlich der Mittelwert, der Gini-Koeffizient und Quantilsanteile dargestellt. Die Quantilsanteile sind in diesem Fall nicht Dezile, sondern Anteile von 25, 20 und, in den oberen Vermögensklassen, von 10 Prozent der Bevölkerung. In der Interpretation beziehen wir uns nur auf das **Nettogesamtvermögen**:

- Das Nettogesamtvermögen der Haushalte beträgt 1998 durchschnittlich 221.984 DM mit deutlichem Unterschied zwischen Westdeutschland (252.632 DM) und Ostdeutschland (87.624 DM).
- Die Ungleichheit der Vermögensverteilung ist mit einem Gini-Koeffizienten von 0,6748 recht groß, deutlich größer als bei der Einkommensverteilung.
- Die Ungleichheit hat in Westdeutschland mit einem Anstieg des Gini-Koeffizienten von 0,6293 auf 0,6511 zugenommen und in Ostdeutschland von 0,7285 auf 0,6953 abgenommen.

---

7 Wegen unterschiedlicher Berichtskreise, wegen Erfassungs- und Zuordnungsfehlern sowie wegen der Nichterfassung bestimmter Geldvermögensbestände (Bargeld und Giralgeld; Guthaben bei Lebensversicherungsunternehmen) sind die im Rahmen der EVS ausgewiesenen Vermögensbestände deutlich niedriger als die von der Deutschen Bundesbank veröffentlichten Zahlen. Vor allem sind aus Gründen der schwierigen statistischen Erfassung »reiche« Haushalte mit einem Nettoeinkommen ab 18.000 Euro pro Monat nicht enthalten.

	Früheres Bundesgebiet		Neue Bundesländer		Deutschland	
	1993	1998	1993	1998	1993	1998
Nettogeldvermögen[1]						
Mittelwert (DM)	61.178	67.188	20.632	29.145	53.205	60.103
Gini-Koeffizient	0,6295	0,6959	0,5956	0,6486	0,6477	0,7013
Quantilsanteile[2] (vH)						
0 bis < 25	0,2	−1,4	−0,6	−2,0	0,1	−1,5
25 bis < 50	8,3	6,2	10,5	8,6	7,6	6,2
50 bis < 70	15,7	14,0	17,4	16,9	14,7	13,6
70 bis < 80	12,6	12,3	13,8	13,7	12,3	12,1
80 bis < 90	18,8	19,1	20,0	20,3	18,8	19,1
90 bis < 100	44,3	49,7	38,8	42,6	46,4	50,4
Immobilienvermögen[3]						
Mittelwert (DM)	215.984	226.011	55.735	76.732	183.509	198.379
Gini-Koeffizient	0,6740	0,6817	0,8563	0,8111	0,7177	0,7121
Quantilsanteile[2] (vH)						
0 bis < 25	0,0	0,0	0,0	0,0	0,0	0,0
25 bis < 50	0,0	0,0	0,0	0,0	0,0	0,0
50 bis < 70	18,4	18,3	0,0	0,5	13,6	13,2
70 bis < 80	11,2	16,6	4,0	9,6	16,5	17,0
80 bis < 90	27,0	20,2	24,3	28,5	16,4	23,6
90 bis < 100	43,3	44,9	71,7	61,5	53,6	46,2
Nettogesamtvermögen[4]						
Mittelwert (DM)	244.525	252.632	70.676	87.624	209.089	221.984
Gini-Koeffizient	0,6293	0,6511	0,7285	0,6953	0,6672	0,6748
Quantilsanteile[2] (vH)						
0 bis < 25	0,3	−0,2	0,2	−0,2	0,3	−0,2
25 bis < 50	5,2	4,5	4,4	4,5	3,8	3,8
50 bis < 70	18,1	17,1	8,7	11,3	14,9	15,0
70 bis < 80	15,1	15,1	9,2	12,8	15,1	15,0
80 bis < 90	20,2	21,1	22,3	23,6	21,3	21,7
90 bis < 100	41,1	42,3	55,2	48,0	44,5	44,7

[1] Summe des Geldvermögens (Versicherungsguthaben, Bausparguthaben, Sparguthaben, Rentenwerte, Aktien, sonstige Anlagen und Wertpapiere) abzüglich Restschuld aus Kreditverpflichtungen (ohne Hypothekarverpflichtungen).
[2] Anteil des auf die Haushalte des jeweiligen Quantils entfallenden Vermögens am Gesamtvermögen.
[3] Summe der Verkehrswerte.
[4] Nettogeldvermögen und Immobilienvermögen abzüglich Restschuld aus Hypothekarverpflichtungen.
Quelle: Jahresgutachten des Sachverständigenrates 2000/01, S. 267.

Tab. 25.5: Vermögensverteilung in Deutschland – Private Haushalte mit einem monatlichen Nettoeinkommen bis 18.000 DM

- Die Ungleichheit ist in Ostdeutschland etwas größer als in Westdeutschland.

Bemerkenswert ist mithin vor allem die erhebliche **Ungleichheit der Vermögensverteilung** und die Zunahme der Ungleichheit. Die Ungleichheit der Vermögensverteilung ist plastisch in der Quantilsdarstellung erkennbar: 1998 hatten die vermögensärmsten 25 Prozent der Haushalte ein negatives Nettovermögen, also Schulden; die ärmsten 50 Prozent der Haushalte verfügten über 3,8 Prozent des Gesamtvermögens, während die reichsten 10 Prozent über 44,7 Prozent des Gesamtvermögens verfügen konnten. Der Umstand, dass in dieser Aufstellung das Betriebsvermögen nicht erfasst ist, dass sehr einkommensstarke Haushalte in der Stichprobe nicht vertreten sind und dass die Summe des erfassten Geldvermögens nur etwas mehr als die Hälfte des Tatsächlichen ausmacht, legt den Schluss nahe, dass der Vermögensanteil der reichsten Haushalte unterzeichnet ist (Gutachten des Sachverständigenrates 2000/01, S. 266).

Erhebliche Ungleichheit der Vermögensverteilung

Das **Vermögen** ist also sehr ungleich verteilt, deutlich ungleicher als die **Markteinkommen** und vor allem die **Nettoeinkommen.** Dies liegt vor allem an folgenden Faktoren:

Gründe der Ungleichheit

- Weil die Sparfähigkeit und die Sparneigung einkommensstarker Haushalte größer ist als die der einkommensschwachen Haushalte, können jene mehr Vermögen bilden.
- Das Vermögen wird über den Lebenszyklus der Menschen aufgebaut und wird, in der Regel nur gering besteuert, vererbt. Dies kumuliert die Vermögen.
- Das Vermögen wird, anders als das Einkommen, nicht umverteilt, sondern allenfalls die Vermögenszuwächse sind Objekt staatlicher Umverteilungspolitik.

Diese erhebliche Ungleichheit der Vermögensverteilung und ihre deutliche Zunahme machen eine Politik der Vermögensumverteilung dringlich.

Notwendigkeit einer Umverteilungspolitik

7.2 Maßnahmen zur Veränderung der Vermögensverteilung

Die Vermögenspolitik hat im Wesentlichen das Ziel, die persönliche materielle Freiheit gleichmäßiger zu verteilen. Gerade der Liberalismus betont die Bedeutung des Privateigentums als Fundament persönlicher Freiheit. Eine gleichmäßigere Verteilung soll die individuellen Entfaltungsspielräume, die Lebenschancen sozial gerechter verteilen. Daneben soll die Vermögenspolitik zu einer Dekonzentration wirtschaftlicher Macht führen – hier spielt die Verteilung des Produktivvermögens eine hervorgehobene Rolle – und die Institution des Privateigentums in der kapitalistischen Marktwirtschaft legitimieren.

Ziele der Vermögenspolitik

Privateigentum als Fundament persönlicher Freiheit

Eine gleichmäßigere Verteilung des Vermögens könnte durchgeführt werden über eine direkte Enteignung oder mittels entsprechend wirkender Steuern, insbesondere der **Vermögen- und Erbschaftsteuer.** Will man ohne Eingriff in bestehende Eigentumsverhältnisse die Vermögensverteilung ändern, so kann man das nur, indem man an den **Vermögenszuwächsen** ansetzt und die weniger Vermögenden an diesen Zuwächsen beteiligt. Da Vermögenszuwächse in der Regel aber nur dadurch erzielt werden, dass Einkommensteile gespart werden, müsste eine solche Vermögensumverteilungspolitik auch an den Einkommen ansetzen.

7.2.1 Eingriff in bestehende Eigentumsverhältnisse

Enteignung

Eine direkte Enteignung als Mittel einer Vermögensumverteilungspolitik wird in den meisten westlichen Ländern abgelehnt. Als Umverteilungsmaßnahme für bestehendes Vermögen wird jedoch – wenn auch in verschiedenen Ländern in recht unterschiedlichem Umfang – auf die Vermögen- und Erbschaftsteuer zurückgegriffen.

Vermögen- und Erbschaftsteuer

Vermögen- und Erbschaftsteuern knüpfen am Vermögen an, wobei die Vermögensteuer an der Existenz des Vermögens ansetzt, während die Erbschaftsteuer auf den Vermögensübergang durch Tod abstellt.

In einer Marktwirtschaft, die das Privateigentum bejaht, muss eine auf Umverteilung des Vermögens im Rahmen dieser Wirtschaftsordnung abzielende Politik die Funktion des Privatvermögens berücksichtigen. Damit sind von vornherein Grenzen für die Vermögensumverteilung durch Steuern gegeben: Weder eine Vermögen- noch eine Erbschaftsteuer darf die Anreizwirkung, die vom Privateigentum erwartet wird, beseitigen oder über Gebühr einschränken.

Unter diesem Gesichtspunkt erscheint die Erbschaftsteuer graduell besser für eine Umverteilung bestehenden Vermögens (in bestimmten Grenzen) geeignet, da der Erblasser selbst von der Steuer nicht belastet wird und daher weniger zu Ausweichreaktionen, wie vermindertes unternehmerisches Engagement und Kapitalflucht ins Ausland, neigen wird. Hinzu kommt, dass der Erbe in der Regel keine eigenen Verdienste für den Vermögenserwerb geltend machen kann. Es kann aber nicht übersehen werden, dass der Wegfall oder die erhebliche Einschränkung eines im Erbrecht fortgesetzten Privateigentums negative Anreizwirkungen zeigen dürfte.

Kaum Umverteilung bestehenden Vermögens durch Vermögen- und Erbschaftsteuer

In der Bundesrepublik waren und sind weder die Vermögensteuer noch die Erbschaftsteuer so ausgestaltet, dass sie eine nennenswerte Vermögensumverteilung bewirken können. Der jährliche Steuersatz betrug bei der Vermögensteuer 0,5 Prozent des steuerpflichtigen Vermögens für natürliche Personen und 0,6 Prozent für Körperschaften, wobei Freibeträge und Freigrenzen dazu führten, dass Vermögensteuer praktisch erst von einem über 70.000 DM (bei natürlichen Personen) bzw. über 100.000 DM (bei Unternehmen) liegenden Vermögen an gezahlt werden musste. Inzwischen wird die Vermögensteuer nach einem Urteil des Bundesverfassungsgerichtes, das eine mögliche Besteuerung der Vermögenssubstanz und die Ungleichbehandlung von Grundvermögen und Kapitalvermögen für nicht verfassungskonform hielt, seit dem 01.01.1997 nicht mehr erhoben.

Die Erbschaftsteuer ist nach dem Verwandtschaftsgrad und der Höhe des vererbten Vermögens gestaffelt. In der praktisch wichtigsten niedrigsten Steuerklasse I (Ehegatten, Kinder, Enkel …) greift der Spitzensteuersatz von 30 Prozent erst bei einem Vermögen über 25.565.000 Euro.

7.2.2 Umverteilung der Vermögenszuwächse

Bei den hier zu betrachtenden Maßnahmen handelt es sich zunächst um solche staatlichen Aktivitäten, die die Bruttofaktoreinkommen der Haushalte, also die primäre Einkommensverteilung, unverändert lassen. Es handelt sich um **Sparförderungsmaßnahmen** in Form von Steuervergünstigungen oder Prämien für den Sparvertrag.

Bestimmte Sparverträge, die so genannten Vorsorgeaufwendungen, können bis zu einer Höchstgrenze als Sonderausgaben vom Einkommen abgesetzt werden. Dadurch vermindert sich die Steuerlast des betreffenden Sparers, sodass er einen Teil der Ersparnis aus der Steuerersparnis leisten kann. Allerdings müssen die begünstigten Aufwendungen für längere Zeit festgelegt werden. Die durch § 10 Einkommensteuergesetz begünstigten Sparformen sind insbesondere die Beitragszahlungen an Lebens- und Rentenversicherungen.

Sonderausgaben gem. § 10 Einkommensteuergesetz

Des Weiteren kann es sich um Maßnahmen zur **Erhöhung der Faktoreinkommen** der Arbeitnehmer handeln.

Im Vordergrund des Interesses stehen hier zwei Maßnahmen:
- der Investivlohn,
- die Ertragsbeteiligung.

Unter dem **Investivlohn** versteht man den Teil des Lohnes, der aufgrund der Vereinbarung zwischen den Tarifpartnern oder einer gesetzlichen Regelung den Arbeitnehmern nicht zur freien Verfügung ausgehändigt wird, sondern in irgendeiner Form und für eine bestimmte Zeit gespart werden muss. Die heute wichtigste Form des Investivlohnes stellen die nach dem Vermögensbildungsgesetz vom 01.01.1999 vorgesehenen vermögenswirksamen Leistungen dar. Diese vermögenswirksamen Leistungen des Arbeitgebers werden mit einer Sparzulage des Staates gefördert, wenn sie zu einem Eigentumserwerb von Produktivkapital der Wirtschaft oder zum Immobilienerwerb führen. Zu denken ist hier an Aktien, Beteiligungen, Genossenschaftsanteile oder Bausparverträge. In die gleiche Richtung zielt im Übrigen die steuerbegünstigte Überlassung von Vermögensbeteiligungen an Arbeitnehmer nach § 19a Einkommensteuergesetz.

Vermögensbildung durch Investivlohn

Eine **Ertrags- oder Gewinnbeteiligung** der Arbeitnehmer ist in vielfältiger Ausgestaltung denkbar. Sie kann einmal Ergebnis eines Tarifvertrages sein, freiwillig von den Unternehmern gewährt werden oder gesetzlich vorgeschrieben werden. Ferner kann sie sich auf den Betrieb, in dem der Arbeitnehmer beschäftigt ist, beziehen oder die Form einer überbetrieblichen Gewinnbeteiligung annehmen. Schließlich kann sie unmittelbar an die

Berechtigten oder an einen zwischengeschalteten Fonds abgeführt werden, an dem die Arbeitnehmer dann Anteilsrechte erwerben.

Eine Vermögensbildung über einen Investivlohn oder eine Form der Gewinnbeteiligung anzustreben, ist grundsätzlich sinnvoll, sie droht aber immer an den in Abschnitt 5.2 aufgezeigten Reaktionsmöglichkeiten der Unternehmen zu scheitern: Entweder werden die Beträge als Kosten überwälzt, dann ändert sich real nichts oder sie können nicht überwälzt werden, dann sinkt die Unternehmensrendite und Investitionstätigkeit und Beschäftigung gehen zurück. Dies sei noch einmal an einem Beispiel erläutert:

Beispiel: Vermögensbildung über Investivlohn

Vor der Einführung des Investivlohnes wird in einer Volkswirtschaft ein nominelles Sozialprodukt in Höhe von 160 erzeugt, das sich auf 100 Löhne und 60 Gewinne verteilt. Das Preisniveau beträgt 1 und damit das Realeinkommen (wie das Nominaleinkommen) 160. Die Arbeitnehmerhaushalte sparen von ihrem Lohneinkommen 20. Es wird nun ein Investivlohn von 10 eingeführt; die Lohnkostenerhöhung von 10 Prozent veranlasst die Unternehmer, die Preise ebenfalls um 10 Prozent heraufzusetzen.

Verlagern die Haushalte nun nach der Einführung des Investivlohnes nur ihre Ersparnis, so werden sie statt 80 jetzt 90 konsumieren wollen. Diese Erhöhung der geldmäßigen Nachfrage erleichtert es den Unternehmern, eine Preissteigerung von 10 Prozent durchzuführen.

Damit ergibt sich folgende Situation: Die Haushalte konsumieren nach Einführung des Investivlohnes in Höhe von 90 (bei einem Preisniveau von 1,1), gütermäßig konsumieren sie also praktisch nach wie vor 80. Das nominelle Sozialprodukt ist auf 176 angewachsen, wovon den Arbeitnehmerhaushalten jetzt 110 und den Unternehmerhaushalten 66 zufließen. Die Lohnquote beträgt nach wie vor 62,5 Prozent. Die Ersparnis der Haushalte bleibt real nahezu unverändert.

Vermögensumverteilung über einen Investivlohn erscheint unwahrscheinlich.

Was passiert, wenn die Arbeitnehmerhaushalte versuchen, den Investivlohn zusätzlich zu ihrer bisherigen Ersparnis von 20 zu sparen? Sie sparen dann 30 bei einem Geldkonsum von 80. In dieser Situation ist es für die Unternehmer schwieriger, die Preiserhöhung von 10 Prozent durchzusetzen, es sei denn, sie nehmen erhebliche Nachfragerückgänge in Kauf. Wir wollen annehmen, dass deshalb im Durchschnitt nur eine Preiserhöhung von 5 Prozent durchgeführt wird. Die Arbeitnehmerhaushalte konsumieren dann real $80 : 1{,}05 =$ ca. 76. Das nominelle Sozialprodukt beträgt 168, das sich auf 110 Löhne und 58 Gewinne verteilt. Die Lohnquote steigt also von 62,5 Prozent auf 65,5 Prozent. Das Absinken des realen Konsums (und evtl. der Investitionen) führt aber im Folgenden zu einer Abnahme des realen Sozialproduktes und damit zu zunehmender Arbeitslosigkeit. Dies wird nur verhindert, wenn der Staat die reale Nachfrage insgesamt nach wie vor auf dem Niveau von 160 hält. Dann aber wird es den Unternehmern eher gelingen, auch eine Preiserhöhung von 10 Prozent durchzusetzen. Bleiben die Arbeitnehmerhaushalte trotzdem real bei ihrer höheren Ersparnis (und damit bei ihrem niedrigeren realen Konsum), so bilden sie jetzt zwar Vermögen, aber aus der eigenen Substanz und bei Preissteigerungen in Höhe des prozentualen Investivlohnes.

Es scheint also, als ob bei der gegebenen Kompetenzverteilung in der Marktwirtschaft – Investitions-, Preis- und Beschäftigungsentscheidungen durch die Unternehmer, Lohnentscheidungen durch Unternehmer und Gewerkschaften – die Arbeitnehmer mittels eines Investivlohnes oder einer Gewinnbeteiligung nur auf Kosten von Unterbeschäftigung, oder aber auf Kosten einer realen Konsumeinschränkung die Verteilung zu ihren Gunsten ändern und damit zusätzliches Vermögen bilden können.

Arbeitsaufgaben

1) Klären Sie folgende Begriffe:
   – primäre/sekundäre Einkommensverteilung,
   – funktionale/personelle Einkommensverteilung.
2) Was verstehen Sie unter der Lohn- und Gewinnquote?
3) Beurteilen Sie die Sinnhaftigkeit der Lohnquote als Maßstab und Zielgröße für die Einkommensverteilung.
4) Wie würden Sie sich eine gerechte Einkommensverteilung vorstellen?
5) Beurteilen Sie die Grenzproduktivitätstheorie der Einkommensverteilung als Maßstab für eine gerechte Einkommensverteilung.
6) Was verstehen Sie unter einer produktivitätsorientierten Lohnpolitik? Wie wirkt sie auf die Einkommensverteilung?
7) Was verstehen Sie unter einer aggressiven Lohnpolitik?
8) Beschreiben Sie die Probleme einer Vermögensverteilungsrechnung.
9) Welche Gesichtspunkte könnten es rechtfertigen, dem Produktivvermögen eine besondere Rolle in der verteilungspolitischen Diskussion einzuräumen?
10) Diskutieren Sie den Zusammenhang zwischen Einkommens- und Vermögensverteilung und zwischen Vermögens- und Einkommensverteilung.

Lösungsvorschläge für die Arbeitsaufgaben finden Sie im »Übungsbuch zu Grundlagen und Probleme der Volkswirtschaft«.

Literatur

Konzis und umfassend informiert:
Siebke, Jürgen: Verteilung, in: Vahlens Kompendium der Wirtschaftstheorie und Wirtschaftspolitik, Bd. 1, 8. Aufl., München 2003.

Verteilungstheorie mit dem Schwerpunkt auf der funktionellen Einkommensverteilung und der Verteilungspolitik behandelt umfassend:
Külp, Bernhard: Verteilungstheorie und -politik, 3. Aufl., Stuttgart 1994.

Das folgende Buch stellt die personelle Einkommensverteilung in den Vordergrund der Untersuchung:

Blümle, Gerold: Theorie der Einkommensverteilung. Eine Einführung, Berlin, Heidelberg, New York 1975.

Einige Erklärungsansätze für die personelle Einkommensverteilung stellt kurz dar:

Blümle, Gerold: Stilisierte Fakten der personellen Einkommensverteilung, in: WISU (Wirtschaftsstudium) Heft 3/2000, S. 363–369.

Grundlegend und verständlich ist:

Roberts, Charles: Verteilungstheorie und Verteilungspolitik. Eine problemorientierte Einführung mit einem Kompendium verteilungstheoretischer und -politischer Begriffe, Köln 1980.

Tinbergen, Jan: Einkommensverteilung. Auf dem Weg zu einer neuen Einkommensgerechtigkeit, Wiesbaden 1978.

Theoretisch sehr anspruchsvoll ist:

Ramser, Hans Jürgen: Verteilungstheorie, Berlin u. a. 1987.

Empirische Verteilungen in Deutschland beschreiben:

Deutsches Institut für Wirtschaftsforschung (DIW, Berlin) in seinen Wochenberichten.

Sachverständigenrat zur Begutachtung der gesamtwirtschaftlichen Entwicklung, in seinen Jahresgutachten.

Statistisches Bundesamt in seiner Zeitschrift »Wirtschaft und Statistik« und im Datenreport.

Die Einkommensverteilung in der EU beschreiben:

Europäische Kommission, Generaldirektion für Beschäftigung und Soziales, Beschreibung der sozialen Lage in Europa 2001, Luxemburg 2001, S. 45–54.

Schröder, Christoph: Armut in Europa, in: iw-trends, Heft 2, 2004, S. 1–22.

Das Buch von Rawls liegt seit langem auch in deutscher Übersetzung vor:

Rawls, John: Eine Theorie der Gerechtigkeit, 12. Aufl., Frankfurt 2001.

Seit 2001 erstellt die Bundesregierung einen Armuts- und Reichtumsbericht. 2005 ist der 2. Armuts- und Reichtumsbericht erschienen.

26. Kapitel
Arbeitslosigkeit: empirischer Befund und Theorie

LERNZIELE

Leitfrage:
Welches sind die Probleme bei der Messung der Arbeitslosigkeit?
- Aus welchen Teilgruppen setzt sich das Erwerbspersonenpotenzial einer Volkswirtschaft zusammen?
- Was ist offene, was verdeckte Arbeitslosigkeit?
- Wie ist die Arbeitslosenquote definiert?

Leitfrage:
Welcher Modellansatz versucht eine Integration einer Vielzahl von Arbeitsmarkttheorien?
- Warum ist die klassische Modellierung des Arbeitsmarktes nicht geeignet, Probleme der Arbeitslosigkeit adäquat zu behandeln?
- Welche Unvollkommenheiten zeichnen reale Arbeitsmärkte aus?
- Was ist die Lohnsetzungskurve?
- Was ist die Preissetzungskurve?
- Was ist und wie bestimmt sich die natürliche Beschäftigung bzw. die NAIRU?
- Welche Komponenten der Arbeitslosigkeit werden in der NAIRU zusammengefasst?

Leitfrage:
Welches sind wichtige Ursachen der Arbeitslosigkeit?
- Welchen Einfluss hat das Sozial- und Steuersystem auf die Arbeitslosigkeit?
- Welche Wirkungen gehen von arbeitsrechtlichen Regelungen wie Kündigungsschutz oder Mitbestimmung auf den Arbeitsmarkt aus?
- Was versteht man unter Mismatch-Arbeitslosigkeit?
- Welche Bedeutung haben Fluktuationskosten für die Lohnbildung und damit für die Beschäftigung?
- Inwiefern kann Kapitalmangel zu Arbeitslosigkeit führen?
- Unter welchen Bedingungen erzeugt technischer Fortschritt wachsende Arbeitslosigkeit?

1 Vorbemerkungen

Arbeitslosigkeit ist individuell und gesellschaftlich teuer.

Arbeitslosigkeit stellt die marktwirtschaftlich organisierten Volkswirtschaften – und wohl nicht nur diese – in den letzten drei Jahrzehnten vor immer größer werdende Probleme. Neben den psychischen Problemen, die für die Betroffenen mit der Arbeitslosigkeit verbunden sind, stehen individuelle materielle Probleme, aber auch Probleme der Finanzierung der Arbeitslosigkeit durch die Gesellschaft. Sicherlich stellt die Arbeitslosigkeit das eklatanteste Koordinationsproblem gegenwärtiger Wirtschaftssysteme überhaupt dar. Wenn man die grobe Schätzung von *Wolfgang Franz* (bekannter deutscher Ökonom, Schwerpunkt Arbeitsmarktforschung, bis Mitte 1999 Mitglied des Sachverständigenrats) bedenkt, dass ein Arbeitsloser die Gesellschaft im Jahr im Durchschnitt ca. 15.000 Euro kostet, so kann man sich leicht ausrechnen, was diese Zahl bei knapp fünf Millionen Arbeitslosen bedeutet: Unser Haushaltsdefizit wäre ohne die Arbeitslosigkeit eine vernachlässigbare Größe, die Staatsschuld praktisch in wenigen Jahren tilgbar. Und erst ganz allmählich wird auch die soziale Katastrophe, die mit der Arbeitslosigkeit verbunden ist, stärker beachtet. Aber es ist wohl immer noch so, dass zwei Prozent mehr Inflation die wirtschaftspolitisch Verantwortlichen zu Radikalkuren für die Ökonomie veranlassen, während Arbeitslosenraten um 10 Prozent kaum zu besonderen Maßnahmen herauszufordern scheinen. Doch wie dem auch sei – wir werden weiter unten ausführlich auf die Ursachen und damit auch möglichen Maßnahmen gegen die Arbeitslosigkeit eingehen.

Warum hat Inflation offensichtlich einen höheren Stellenwert?

2 Definitorisches und Statistisches

Wenn man sich mit einem Problemfeld beschäftigt, wird man zuerst mit einer ganzen Menge von Begriffen überschüttet, deren Bedeutung man kennen muss, wenn man die Diskussion verfolgen will. Die Abbildung 26.1 gibt einen ersten Überblick.

Herkömmlicherweise sind die Zahl der registrierten Arbeitslosen und die Arbeitslosenquote die am meisten verwendeten Größen zur Beschreibung der Arbeitsmarktsituation. Nur um einen Eindruck von den erhebungstechnischen und definitorischen Details zu geben, die gleichwohl den Aussagegehalt der resultierenden Zahlen erheblich beeinflussen, seien hier die Merkmale aufgeführt, die ein offiziell statistisch registrierter Arbeitsloser aufweisen muss (gemäß der Arbeitslosenstatistik der Bundesagentur für Arbeit):

Wer ist ein Arbeitsloser im Sinne der Arbeitslosenstatistik?

Die Person
- muss beim Arbeitsamt persönlich gemeldet sein,
- darf nicht das 65. Lebensjahr überschritten haben,
- muss für die Arbeitsaufnahme als Arbeitnehmer sofort zur Verfügung stehen,

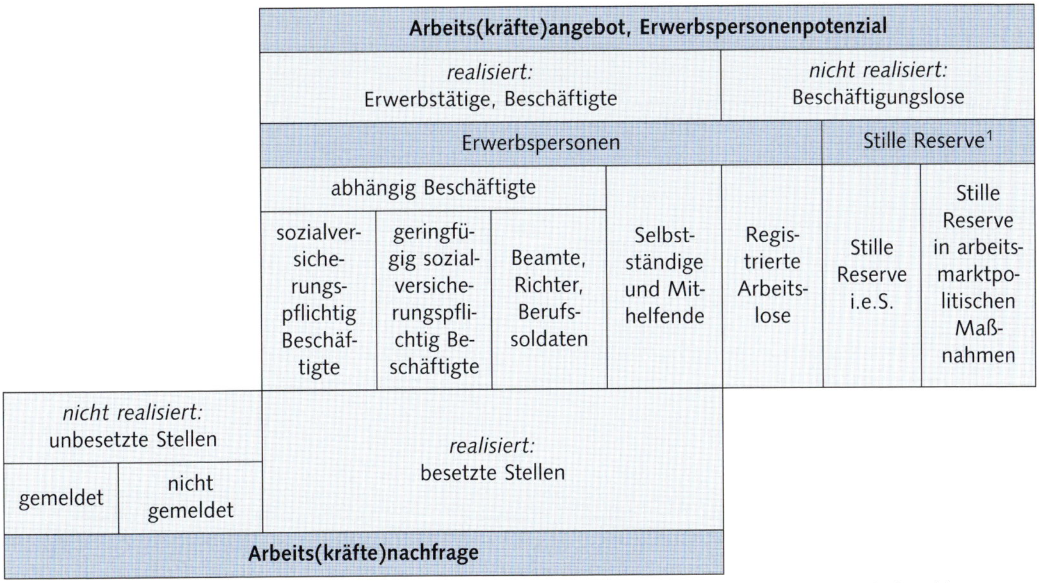

	Arbeits(kräfte)angebot, Erwerbspersonenpotenzial						
	realisiert: Erwerbstätige, Beschäftigte					*nicht realisiert:* Beschäftigungslose	
	Erwerbspersonen					Stille Reserve[1]	
	abhängig Beschäftigte			Selbstständige und Mithelfende	Registrierte Arbeitslose	Stille Reserve i.e.S.	Stille Reserve in arbeitsmarktpolitischen Maßnahmen
	sozialversicherungspflichtig Beschäftigte	geringfügig sozialversicherungspflichtig Beschäftigte	Beamte, Richter, Berufssoldaten				
nicht realisiert: unbesetzte Stellen	*realisiert:* besetzte Stellen						
gemeldet / nicht gemeldet							
Arbeits(kräfte)nachfrage							

[1] Nicht erwerbstätige Personen, die Arbeit suchen, ohne als Arbeitslose registriert zu sein, oder die bei aufnahmefähigem Arbeitsmarkt ihre Arbeitskraft anbieten würden.

Quelle: Jahresbericht 2004 der Bundesagentur für Arbeit

Abb. 26.1: Kenngrößen des deutschen Arbeitsmarktes

- darf nicht 15 oder mehr Stunden wöchentlich in einem Beschäftigungsverhältnis stehen,
- darf nicht Schüler, Student oder Teilnehmer an Maßnahmen zur beruflichen Weiterbildung sein,
- darf nicht arbeitsunfähig erkrankt sein,
- darf nicht Empfänger von Altersrenten sein.

Angesichts dieses Kataloges dürfte klar sein, dass sich hinter den statistisch registrierten Arbeitslosen eine ganze Anzahl nicht registrierter »verdeckter Arbeitsloser« verbirgt, sei es, weil sie sich entmutigt nicht mehr beim Arbeitsamt melden, die Unterstützungskriterien nicht oder nicht mehr erfüllen oder Ähnliches. Für 2003 schätzt der Sachverständigenrat zur Begutachtung der gesamtwirtschaftlichen Entwicklung die Zahl solcher verdeckt Arbeitslosen auf ca. 1,6 Millionen; sie machen damit einen Anteil von rd. 27 Prozent an der Gesamtzahl der Arbeitslosen aus. Ein genaueres Bild über das geschätzte Ausmaß der versteckten Arbeitslosigkeit und ihre Entwicklung bietet Tabelle 26.1.

Offene und verdeckte Arbeitslosigkeit

Ohne dass wir uns hier zu sehr in statistischen Details verlieren wollen, muss noch darauf hingewiesen werden, dass die **Arbeitslosenquote**, also der Quotient aus der Zahl der Arbeitslosen und einer sinnvollen Bezugsgröße (z.B. der Erwerbspersonenzahl) unterschiedlich gemessen wird. Beginnen wir beim Zähler des Bruches (»den Arbeitslosen«). Häufig werden die regis-

	1991	1992	1993	1994	1995	1996	1997	1998	1999	2000	2001	2002	2003
Registrierte Arbeitslosigkeit	2.602	2.979	3.419	3.698	3.612	3.965	4.384	4.281	4.100	3.890	3.853	4.061	4.377
verdeckte Arbeitslosigkeit	2.587	2.654	2.560	2.213	2.153	2.107	1.925	1.876	1.931	1.810	1.767	1.759	1.639
gesamte Arbeitslosigkeit	5.189	5.633	5.979	5.911	5.764	6.072	6.310	6.156	6.031	5.700	5.620	5.820	6.015
Anteil d. verdeckten AL an gesamter AL	49,9 %	47,1 %	42,8 %	37,4 %	37,3 %	34,7 %	30,5 %	30,5 %	32,0 %	31,8 %	31,4 %	30,2 %	27,2 %

Quelle: Sachverständigenrat zur Begutachtung der gesamtwirtschaftlichen Entwicklung, Jahresgutachten 2004/2005: Lange Reihen zum Downloaden, http://www.sachverstaendigenrat-wirtschaft.de/download/tabellen/Tab21jg.xls (November 2005)

Tab. 26.1: Registrierte und verdeckte Arbeitslose in Deutschland (Angaben in Tausend und Prozent, Jahresdurchschnittswerte)

Arbeitslosenquote wird unterschiedlich definiert

trierten Arbeitslosen als Messgröße herangezogen, oft werden die Zahlen aber auch auf der Basis von Stichproben ermittelt. Was den Nenner betrifft, so beziehen sich die wichtigsten Unterschiede darauf, ob nur die abhängigen Erwerbspersonen oder alle (zivilen) Erwerbspersonen als Bezugsgröße herangezogen werden. Zwar setzt sich gegenwärtig die Bezugsgröße »Erwerbspersonen« verstärkt durch, im Interesse der internationalen Vergleichbarkeit benötigt man gleichwohl eine standardisierte Quote. Häufig verwendet wird die **OECD-standardisierte Arbeitslosenquote** (OECD: Organisation for Economic Co-Operation and Development). Die Arbeitslosen werden hier auf der Basis von Stichproben ermittelt, wobei das Verfügbarkeitskriterium strenger ausgelegt wird als bei den Zahlen der Bundesagentur für Arbeit (die Quote fällt von daher kleiner aus). Als Bezugsgröße verwendet die OECD die Gesamtheit der Erwerbspersonen. Entsprechendes gilt für die so genannte harmonisierte Arbeitslosenquote von EUROSTAT.

Abbildung 26.2 zeigt die Entwicklung der Arbeitslosenquote in Deutschland seit 1970. Es ist deutlich erkennbar, dass die Quote seit 1970 in drei Schüben ihr aktuelles Niveau erreicht hat. Für den ersten Schub Mitte der 70er-Jahre sowie für den zweiten Schub Ende der 70er-, Anfang der 80er-Jahre werden vor allem die beiden »Ölkrisen« verantwortlich gemacht. Die Jahre 1983 bis 1990 waren dagegen von einer schrittweisen Absenkung der Arbeitslosenquote gekennzeichnet, wobei dahingestellt sei, ob dies auf die Änderung der Wirtschafts- und Sozialpolitik infolge des konservativen Regierungswechsels 1982 zurückzuführen ist. Der dritte Schub ist vor allem bedingt

Die bundesdeutsche Arbeitslosenquote hat sich schubweise erhöht.

durch die Einbeziehung der neuen Bundesländer infolge der Wiedervereinigung und der insbesondere dort stark gestiegenen Arbeitslosigkeit. Seit 1998 kann wiederum – zeitgleich mit dem Regierungswechsel zur rot-grünen Koalition – eine Phase der Erholung beobachtet werden, welche in 2002 allerdings an ihr Ende gekommen zu sein scheint.

Abbildung 26.3 verdeutlicht die regionalen Größenunterschiede der Arbeitslosigkeit in Deutschland exemplarisch anhand der durchschnittlichen

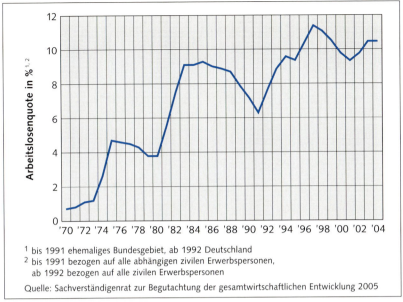

Abb. 26.2: Die Entwicklung der Arbeitslosenquote der Bundesrepublik Deutschland 1970–2004

Arbeitslosenquoten der einzelnen Bundesländer im Jahr 2004. Die Differenzen in den Arbeitslosenquoten sind alarmierend: Mit 20,5 Prozent weist Mecklenburg-Vorpommern (dicht gefolgt von Sachsen-Anhalt mit 20,3 Prozent) die höchste Arbeitslosenquote auf, sie ist mehr als dreimal so hoch wie die Arbeitslosenquote in Baden-Württemberg mit 6,2 Prozent. Insgesamt ist das Gefälle zwischen dem Bundesgebiet West (8,5 Prozent) und dem Bundesgebiet Ost (18,4 Prozent) nach wie vor dramatisch groß.

Wie Abbildung 26.4 zeigt, ergibt sich für die Arbeitsmarktsituation Deutschlands ein im internationalen Vergleich wenig schmeichelhaftes Bild: Die Arbeitslosenquote liegt auf dem Niveau des EU-Durchschnitts und damit deutlich über den Quoten der USA und Japans. Auch im EU-Vergleich schneidet Deutschland gegenüber Ländern wie Schweden, dem Vereinigten Königreich, Dänemark, Irland und Portugal deutlich schlechter ab, ganz zu schweigen von Österreich, den Niederlanden und Luxemburg. Die höchsten Arbeitslosenquoten in der EU-15 weisen Spanien, Deutschland, Frankreich, Griechenland und Finnland auf, in der EU-25 Polen und die Slowakei.

Abbildung 26.5 betrifft eine besondere Problemgruppe: die so genannten Langzeitarbeitslosen, d.h. Erwerbslose, die länger als ein Jahr arbeitslos gemeldet sind. Die Abbildung vergleicht die Langzeitarbeitslosenquoten der EU-15-Länder für die Jahre 1995, 2000 und 2004. Auffällig ist, dass – mit Ausnahme Deutschlands und Griechenlands – alle Staaten, die 1995 eine hohe Langzeitarbeitslosenquote aufwiesen, diese in der zweiten Hälfte der 1990er-Jahre nachhaltig und z.T. drastisch senken konnten. Dies gilt insbesondere für Spanien, die Niederlande, das Vereinigte Königreich, Dänemark

Regional sehr stark differenzierte Arbeitslosigkeit in Deutschland

Die deutsche Arbeitslosenquote in internationalen Vergleich

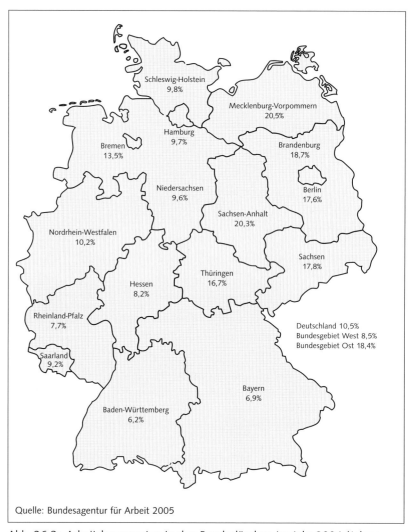

Abb. 26.3: Arbeitslosenquoten in den Bundesländern im Jahr 2004 (Jahresdurchschnittswerte, Arbeitslose bezogen auf alle zivilen Erwerbspersonen)

und Finnland, d. h. für Länder, die bereits in den 90er-Jahren tief greifende Reformen ihrer Sozialsysteme in Richtung auf mehr Eigenverantwortung der Arbeitslosen vorgenommen hatten. In Deutschland dagegen – wo solche Reformen bis zur so genannten Hartz-Arbeitsmarktreform 2004/2005 ausgeblieben sind – stagnierte die Langzeitarbeitslosenquote zwischen 1995 und 2000 und stieg sogar zwischen 2000 und 2004 deutlich an.

Aus der Arbeitslosenquote als Kennziffer kann allerdings nicht abgelesen werden, in welchem Umfange es Bewegungen auf dem Arbeitsmarkt im Sinne von Zugängen in die und Abgängen aus der Arbeitslosigkeit gegeben hat. Sie bringt also nicht zum Ausdruck, dass auch bei unveränderter Quote eine

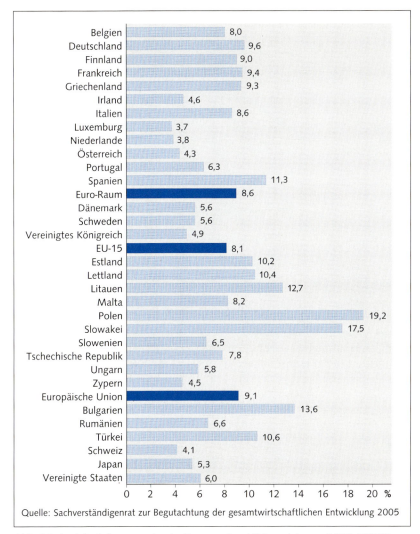

Abb. 26.4: Arbeitslosenquoten in Europa, den USA und Japan 2003 (OECD-harmonisierte Arbeitslosenquoten)

erhebliche Dynamik auf dem Arbeitsmarkt herrschen kann. Dies wird klar, wenn man sich neben den reinen Bestandsgrößen auch den Stromgrößen zuwendet, z. B. den innerhalb eines Jahres von der Beschäftigung in die Arbeitslosigkeit wechselnden Personen und den im gleichen Zeitraum von der Arbeitslosigkeit in die Beschäftigung gelangenden. Abbildung 26.6 zeigt, dass z. B. 1994 bei fast stagnierender Arbeitslosenzahl von 3,7 Millionen Arbeitslosen jeweils rd. 6,0 Mio. Zu- und Abgänge zu verzeichnen waren.

Die Zahlen der Abbildung 26.6 deuten auf eine erhebliche Dynamik hin, die u. a. zurückzuführen ist auf die Aktivitäten der Arbeitsvermittlung, die geographische Mobilitätsbereitschaft und die qualifikatorische Mobilität der Arbeitnehmer.

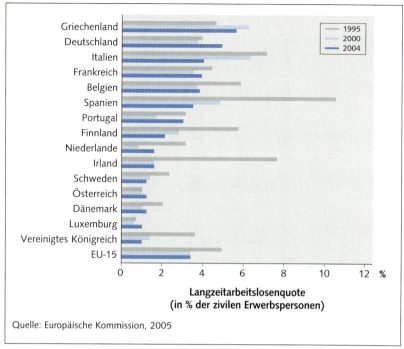

Abb. 26.5: Langzeitarbeitslosigkeit in der EU 1995, 2000 und 2004

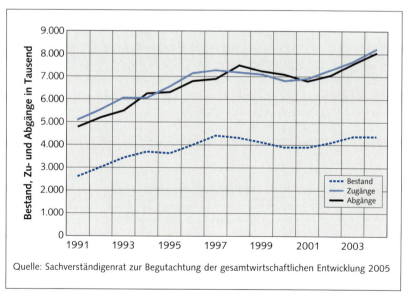

Abb. 26.6: Bestände und Ströme der Arbeitslosigkeit in Deutschland

Bei der Arbeitslosigkeit wird traditionell zwischen verschiedenen Formen unterschieden, wobei die vermeintlichen Ursachen der Arbeitslosigkeit das Unterscheidungskriterium bilden.

Traditionelle Einteilung der Arbeitslosigkeit

Friktionelle Arbeitslosigkeit entsteht bei dem Wechsel von Arbeitnehmern von einer Arbeitsstelle zur anderen. Friktionelle Arbeitslosigkeit ist auch eine Folge kurzfristiger Veränderungen auf dem Arbeitsmarkt, die mit den Strömen »Zugänge« und »Abgänge« in einer engen Beziehung stehen.

Dynamik des Arbeitsmarktes

Strukturelle Arbeitslosigkeit wird durch Veränderungen der Wirtschaftsstrukturen und die sich dadurch verändernden Anforderungsprofile für die Beschäftigten verursacht: Werftarbeiter müssen über andere Qualifikationen verfügen als Beschäftigte der Computerindustrie. Mangelnde Mobilität und Flexibilität der Arbeiter, die bei sich ändernden Produktionsstrukturen nicht bereit oder nicht in der Lage sind, schnell den Standort, den Beruf oder die Branche zu wechseln, sind also als Hauptmerkmale der strukturellen Arbeitslosigkeit anzusehen. Man spricht in diesem Zusammenhang in der neueren Literatur auch von qualifikationsmäßiger und regionaler **Mismatch-Arbeitslosigkeit.**

Saisonale Arbeitslosigkeit entsteht durch schwächere wirtschaftliche Aktivitäten einzelner Wirtschaftsbereiche während bestimmter Jahreszeiten. Besonders betroffen sind hiervon der Agrarsektor, das Baugewerbe, aber auch die Tourismusbranche.

Friktionelle, strukturelle und saisonale Arbeitslosigkeit werden auch unter dem Begriff der **natürlichen Arbeitslosigkeit** zusammengefasst. Dieser Begriff wurde von *Milton Friedman* geprägt und spielt im Konzept der monetaristischen Phillips-Kurve eine zentrale Rolle (vgl. auch Kapitel 11, Abschnitt 2.2). Der Begriff »natürliche« Arbeitslosigkeit ist etwas unglücklich gewählt, da er unterstellen könnte, dass Arbeitslosigkeit etwas quasi Naturgegebenes ist. Von anderer Seite wurde die Alternative »Non-Accelerating Inflation Rate of Unemployment« (NAIRU) – inflationsneutrale Arbeitslosenquote – eingeführt, hinter der eine ähnliche Idee steht wie bei *Friedman*. Auf das NAIRU-Konzept wird später noch genauer eingegangen.

Die **konjunkturelle Arbeitslosigkeit** ist auf eine wiederkehrende Unterauslastung des Produktionspotenzials zurückzuführen, die alle Branchen der Volkswirtschaft im Prinzip in gleicher Weise trifft.

3 Ein Analyserahmen zur Erklärung dauerhaft fortbestehender Arbeitslosigkeit

3.1 Allgemeines

Wie in Kapitel 10 gezeigt wurde, existiert für die klassische Ökonomik das Problem der Arbeitslosigkeit nicht, da mit der Annahme des vollständigen Wettbewerbs (mit vollständiger Flexibilität von Preisen, Löhnen und Zinsen) bei Existenz eines Auktionators (oder stabiler Märkte, auf denen sich

Irrelevanz neoklassischer Modelle für die tatsächliche Arbeitsmarktsituation

die Gleichgewichte fast ohne Zeitverzug einstellen) immer Vollbeschäftigung herrscht. Das Grundmodell der Neuen Klassischen Makroökonomik ist hier ebenso wenig hilfreich. Hier lassen sich zwar (im Rahmen des in Kapitel 12, Abschnitt 1 behandelten Kontrakt-Ansatzes) **kurzfristige** Unterbeschäftigungsgleichgewichte als Folge von Erwartungsfehlern erklären, jedoch **keine dauerhaft bestehende** (unfreiwillige) Arbeitslosigkeit. Dazu bedarf es anderer institutioneller Rahmenbedingungen, auf die im Weiteren noch eingegangen wird.

Nach dem Scheitern des traditionellen keynesianischen Paradigmas Mitte der 70er-Jahre gab es lange Zeit keine in sich geschlossene Theorie der Arbeitslosigkeit, sondern nur eine Vielzahl von zum Teil weitgehend beziehungslos nebeneinander existierenden Theorien zu einzelnen Formen und Gründen der Arbeitslosigkeit, wie zu hohe Löhne, Lohnnebenkosten und Lohnsteuern, Nachfragemangel, Lohn- und Preisstarrheiten, unvollständige Informationen usw. Seit Anfang, insbesondere aber seit Mitte der 90er-Jahre ist in der Wirtschaftstheorie ein **Arbeitsmarktmodell** entwickelt worden, das versucht, einen einheitlichen Analyserahmen für eine Vielzahl der diskutierten Beiträge zur Theorie der Arbeitslosigkeit und ihres Beharrungsvermögens zu liefern. Ob dieses Modell nun eher als neoklassisch oder als keynesianisch zu bezeichnen ist, wird in der Literatur zwar diskutiert, soll hier aber eine nachgeordnete Rolle spielen. Die Berücksichtigung von Marktunvollkommenheiten spricht eher für einen keynesianischen, die herausragende Bedeutung des Reallohnes mehr für einen neoklassischen Ansatz.

Unvollkommener Wettbewerb auf dem Arbeitsmarkt

> Zu den grundlegenden Merkmalen dieses nun zu entwickelnden Modells gehört, dass es sich von der Existenz vollkommener Märkte löst und von **unvollständigem Wettbewerb insbesondere auf dem Arbeitsmarkt** ausgeht. Auf diesem herrscht also keine vollkommene Konkurrenz, stattdessen existieren hier monopolistische Elemente, z. B. Gewerkschaften und Arbeitgebervertretungen.

3.2 Ein Modell mit »gleichgewichtiger« Arbeitslosigkeit

Wie in Kapitel 24 und 25 ausgeführt, ist in Marktwirtschaften ein über Löhne und Preise ausgetragener Verteilungskampf zwischen abhängig Beschäftigten und Gewinneinkommensempfängern möglich, der leicht zu einer Lohn-Preis-Spirale eskalieren kann, sofern die Geldversorgung durch die Zentralbank dies zulässt. Verhält sich dagegen die Zentralbank bezüglich der Geldversorgung restriktiv, so kommt es in der betroffenen Volkswirtschaft zu Arbeitslosigkeit, weil dann die Güterpreise nicht proportional zu den Geldlöhnen steigen können, sodass Erhöhungen der Geldlöhne zu steigenden Reallöhnen und damit sinkender Arbeitsnachfrage der Unternehmen führen.

Man kann sich nun ein Reallohnniveau und damit ein Niveau der Beschäftigung vorstellen, das zwar den Arbeitsmarkt nicht räumt, sich aber trotzdem unter den gegebenen Rahmenbedingungen im Zeitablauf nicht ändert. Für ein solches Unterbeschäftigungsgleichgewicht verwenden Ökonomen unterschiedliche Bezeichnungen. Am verbreitesten sind hier die Begriffe »**quasi gleichgewichtige Arbeitslosenquote**« (Quasi Equilibrium Rate of Unemployment, QERU) und »**inflationsstabile Arbeitslosenquote**« (Non-Accelerating Inflation Rate of Unemployment, NAIRU). Der letztgenannte Begriff entspringt dogmenhistorisch der monetaristischen *Phillips*-Kurven-Diskussion und hebt auf den Aspekt ab, dass sich die in diesem Modellrahmen stabile (natürliche) Arbeitslosenquote nur dann ergeben wird, wenn eine konstante Inflationsrate vorliegt (vgl. Kapitel 11, Abschnitt 2.2). Im heutigen Sprachgebrauch wird allerdings der Begriff der NAIRU auch häufig – streng genommen nicht ganz korrekt – außerhalb der eigentlichen *Phillips*-Kurven-Diskussion für das oben beschriebene (allgemeinere) Konzept der »gleichgewichtigen« Arbeitslosenquote QUERU verwendet. Da die NAIRU insgesamt gesehen jedoch der gebräuchlichere Begriff ist, wollen wir im Weiteren diesem Sprachgebrauch folgen.

Das Konzept der »gleichgewichtigen« Arbeitslosigkeit

Es stellt sich nun die Frage, warum es zu einer solchen gleichgewichtigen Arbeitslosenquote kommen kann, warum also der Lohnmechanismus **dauerhaft** versagt. Wir haben schon oben angedeutet, dass hierfür besondere institutionelle Rahmenbedingungen von zentraler Bedeutung sind.

> Entgegen der Vorstellung einer vollständigen Konkurrenz auf dem Arbeitsmarkt werden die Löhne in der Realität (zumindest in Westeuropa) üblicherweise in Form von kollektiven Tarifabschlüssen zwischen mit Marktmacht versehenen Interessengruppen bestimmt (z. B. Gewerkschaften und Arbeitgeberverbände). Das Zustandekommen zu hoher (Real-)Löhne kann dann aus den spezifischen Interessenlagen dieser Gruppen abgeleitet werden.

Dies sei an einem einfachen Beispiel verdeutlicht: Wir wollen annehmen, dass die Gewerkschaften ihre Lohnvorstellungen weitgehend gegenüber den Unternehmen durchsetzen können und in der Lage sind, ein Unterlaufen der Tarifvereinbarungen zu unterbinden. Sie müssen dabei allerdings im Auge behalten, dass die Arbeitsnachfrage der Unternehmen (und damit die Beschäftigung) umso geringer sein wird, je höher die durchgesetzten Löhne ausfallen. Nun könnte jede Gewerkschaft gerade eine Lohnvereinbarung anstreben, bei welcher die resultierende Nachfrage der Untenehmen des Tarifgebietes gerade noch ausreicht, um Vollbeschäftigung im Tarifgebiet zu gewährleisten. Die Frage ist jedoch, ob dies auch aus Sicht der betrachteten Gewerkschaft bzw. ihrer Klientel optimal ist. Ein etwas höherer Lohnsatz würde für alle Beschäftigten ein höheres Einkommen bedeuten zu dem Preis, dass ein Teil der Arbeitsanbieter arbeitslos wird. Es ist nun leicht vor-

Lohnbildung im Rahmen von kollektiven Tarifverhandlungen als Ausgangspunkt

stellbar, dass die Mehrheit der Mitglieder bereit ist, dieses Risiko bis zu einem gewissen Grade in Kauf zu nehmen, z. B. weil sie damit rechnen, selbst nicht von der Arbeitslosigkeit betroffen zu sein. Die Gewerkschaften werden dann höhere als mit Vollbeschäftigung vereinbare Löhne durchsetzen. Es ist dabei plausibel anzunehmen, dass diese in den Tarifverhandlungen durchsetzbaren Löhne umso höher ausfallen werden, je höher der **gesamtwirtschaftliche** Beschäftigungsstand ist. Dies kann z. B. dadurch begründet werden, dass mit sinkender gesamtwirtschaftlicher Arbeitslosenquote die relative Verhandlungsmacht der Gewerkschaften größer wird oder aber die lohnpolitische Aggressivität der einzelnen Gewerkschaften zunimmt, weil die Wahrscheinlichkeit für den einzelnen Beschäftigten, notfalls außerhalb seines jeweiligen Tarifgebietes eine Beschäftigung zu finden, ansteigt. Die Verhandlungsmacht der Gewerkschaft bestimmt dabei, in welchem Umfange sie ihre optimalen Lohnvorstellungen durchsetzen kann, die (Lohn-)Aggressivität der Gewerkschaft findet ihren Ausdruck in der Höhe dieser optimalen Lohnvorstellung.

Der beschriebene Sachverhalt kann durch die in Abbildung 26.7 abgetragene so genannte **kollektive Lohnsetzungskurve (LSK)** dargestellt werden. Diese gibt an, wie hoch der sich aus den kollektiven Lohnabschlüssen ergebende Reallohn pro Beschäftigten in Abhängigkeit von der gesamtwirtschaftlichen Beschäftigtenzahl ausfällt. Allerdings ist hier darauf hinzuweisen, dass Tariflöhne in der Realität immer Geldlöhne sind. Sofern jedoch die Tarifparteien die Güterpreisentwicklung korrekt antizipieren, werden sie via Geldlohnsetzung auch den implizit durch das Verhandlungsergebnis angestrebten

> Die kollektive Lohnsetzungskurve als grafisches Abbild der möglichen Tarifabschlüsse in Abhängigkeit von der gesamtwirtschaftlichen Beschäftigtenzahl

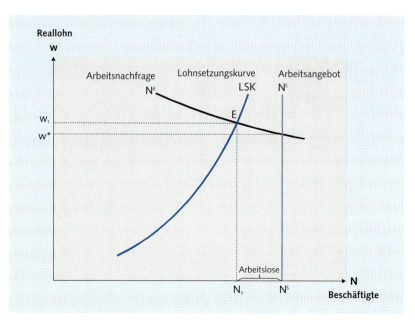

Abb. 26.7: Lohn und Beschäftigung bei unvollkommener Konkurrenz auf dem Arbeitsmarkt

Reallohn erreichen. Die LSK hat einen steigenden Verlauf, weil annahmegemäß mit steigender gesamtwirtschaftlicher Beschäftigung die Lohnaggressivität und/oder die Verhandlungsmacht der Gewerkschaft(en) zunimmt, und sie liegt stets links von der traditionellen gesamtwirtschaftlichen Arbeitsangebotskurve N^s, weil annahmegemäß die Gewerkschaften höhere Löhne als mit Vollbeschäftigung vereinbar durchsetzen. Wir wollen dabei vereinfachend unterstellen, dass das zeitliche Arbeitsangebot des **einzelnen** Haushaltes lohnsatzunelastisch ist und gerade Eins entspricht. Die traditionelle Arbeitsangebotskurve bildet dann die Gesamtzahl aller Arbeitsanbieter ab.

Die Lohnsetzungskurve liegt links von der traditionellen Arbeitsangebotskurve

Um eine Aussage über das sich im Gleichgewicht tatsächlich ergebende Beschäftigungsniveau und damit über die NAIRU machen zu können, muss jetzt noch die Arbeitsnachfrage der Unternehmen einbezogen werden, die ja, wie oben schon erwähnt, bei Arbeitslosigkeit über die Höhe der Beschäftigung entscheidet. Die Arbeitsnachfrage ist dabei (wie in Kapitel 5, Abschnitt 7 für den Fall vollkommener Konkurrenz der Unternehmen gezeigt) eine mit steigendem Reallohn fallende Funktion. Es sei hier vermerkt, dass sich auch im Fall monopolistischer Konkurrenz eine fallende Arbeitsnachfragekurve ergibt, allerdings wird diese dann gegenüber dem Fall vollkommener Konkurrenz nach unten verschoben sein, also eine veränderte Lage aufweisen. Da bei monopolistischer Konkurrenz die Unternehmen Preissetzer sind, wird die Arbeitsnachfragekurve dann häufig auch als **Preissetzungskurve** bezeichnet.

Die Preissetzungskurve ist die Arbeitsnachfragekurve bei monopolistischer Konkurrenz.

Bei dem Reallohn w_1 und der Beschäftigtenzahl N_1 schneiden sich die Lohnsetzungskurve und die Arbeitsnachfragekurve im Punkt E. Nur bei diesem Reallohn entspricht die Arbeitsnachfrage der Unternehmen derjenigen gesamtwirtschaftlichen Beschäftigtenzahl, welche im Rahmen des kollektiven Lohnbildungsprozesses zu dem entsprechenden Reallohn führt. Reallöhne oberhalb von w_1 würden eine zu niedrige gesamtwirtschaftliche Beschäftigtenzahl nach sich ziehen und folglich auf dem Arbeitsmarkt nicht durchsetzbar sein, weil die Lohnaggressivität bzw. die Verhandlungsmacht der Gewerkschaften hierfür nicht ausreicht. Reallöhne unterhalb von w_1 sind für die Unternehmen nicht durchsetzbar, weil bei der resultierenden Beschäftigtenzahl die Gewerkschaften zu aggressiv bzw. zu stark wären, als dass diese Löhne Bestand haben könnten.

Die gleichgewichtige Arbeitslosigkeit ergibt sich beim Schnittpunkt der Arbeitsnachfragekurve und der LSK.

Die Differenz zwischen der Beschäftigtenzahl des Unterbeschäftigungsgleichgewichts N_1 und der Zahl der Arbeitsanbieter N^s gibt dabei die Zahl der Arbeitslosen an. Obwohl durch die gewerkschaftliche Tarifpolitik hervorgerufen, ist diese Arbeitslosigkeit dennoch **unfreiwillig**, weil die individuell (ex post) von ihr betroffenen Arbeitsanbieter lieber beschäftigt als arbeitslos wären. Für diese Arbeitslosen besteht dann grundsätzlich der Anreiz, durch Lohnunterbietung gegenwärtig Beschäftigte aus ihrem Ar-

Die gleichgewichtige Arbeitslosigkeit ist auf der individuellen Ebene unfreiwillig.

beitsverhältnis »herauszukonkurrieren«. Könnten die Gewerkschaften ein Unterlaufen der Tarifverträge auf Seiten der Unternehmen nicht verhindern (annahmegemäß sind sie aber dazu in der Lage), so bliebe den Beschäftigen nur die Wahl, selbst mit ihren Löhnen herunterzugehen oder eben von ihrem Arbeitsplatz verdrängt zu werden. Die Realisation des betrachteten Unterbeschäftigungsgleichgewichts hängt also existenziell von der Marktmacht der Gewerkschaften ab, die Einhaltung der Lohnvereinbarungen auf Seiten der Unternehmen auch erzwingen zu können.

Solange die Rahmenbedingungen, welche die Lagen und Verläufe der gesamtwirtschaftlichen Lohnsetzungs- und Arbeitsnachfragekurve bestimmen, unverändert bleiben, solange wird das dargestellte Unterbeschäftigungsgleichgewicht Bestand haben. Es bildet dann die aktuelle NAIRU bzw. QERU ab (in der Grafik als Absolutwert der Arbeitslosen). Allerdings zeigen empirische Untersuchungen für Deutschland und andere Länder, dass die NAIRU, d. h. die gleichgewichtige Arbeitslosenquote, zwar kurz- und mittelfristig relativ konstant ist, jedoch **langfristig** seit Mitte der 70er-Jahre erheblich zugenommen hat (Tabelle 26.2).

> Die NAIRU der Bundesrepublik hat sich im Zeitablauf erhöht.

Es stellt sich damit die Frage, wie es zu einer solchen langfristigen Erhöhung der gleichgewichtigen Arbeitslosenquote kommen kann. Im Grundsatz stehen sich hier zwei Positionen gegenüber. Die erste Position erklärt die sukzessive Erhöhung der NAIRU aus langfristigen Verschiebungen **struktureller Rahmenbedingungen**, welche inbesondere die Lohnaggressivität und/oder die Verhandlungsmacht der Gewerkschaften im Zeitverlauf erhöht haben.

> Die Erhöhung der NAIRU wird unterschiedlich begründet.

Autor	Zeitraum	Geschätzte NAIRU
Beissinger (2003)	1980	3,3
	1985	4,4
	1990	5,3
	1995	6,7
	1999	6,9
Franz (1987)	1970–1974	1,9
	1975–1979	4,2
	1986	5,7
Funke (1991)	1971–1975	2,5
	1976–1980	6,1
	1981–1985	7,6
	1986–1988	9,0
OECD (1986)	1971–1976	1,1
	1977–1982	3,1
	1983–1987	6,0
Schultze (1987)	1979–1982	4,3
	1981–1983	5,0
	1983–1987	6,5

Quelle: Franz, Arbeitsmarktökonomik, 4. Aufl., Berlin u. a. 1999 und Beissinger 2003

Tab. 26.2: Geschätzte Werte der NAIRU für Deutschland im Zeitablauf

Dies betrifft Aspekte wie den Ausbau des Sozialstaates, die Erhöhung der Mitbestimmungsrechte der Arbeitnehmer oder die Einführung bzw. die Verschärfung von Kündigungsschutzbestimmungen. Zusätzlich bedeutsam ist hier auch die mit der technologischen Entwicklung einhergehende Zunahme der Anforderungen an die Qualifikation der Arbeitnehmer mit der Folge, dass ein wachsender Anteil der Arbeitsanbieter aufgrund unzureichender fachlicher Qualitäten als tatsächliche Konkurrenten auf dem Arbeitsmarkt wegfallen (wachsendes Mismatch). Die zweite Position interpretiert dagegen den sukzessiven Anstieg der NAIRU als vorrangiges Ergebnis von so genannten **Hysterese-Effekten** auf dem Arbeitsmarkt. Unter dem Begriff Hysterese versteht man allgemein die Unfähigkeit eines Systems, nach einer kurzfristigen Störungen in den früheren Gleichgewichtszustand zurückzukehren, auch wenn die eigentliche Störung bereits abgeklungen ist. Störungsbedingte Einbrüche der Beschäftigung führen hier dazu, dass zumindest ein Teil der arbeitslos gewordenen Beschäftigten aus institutionellen, qualifikatorischen oder anderen Gründen ihre Wettbewerbsfähigkeit gegenüber den beschäftigt gebliebenen Arbeitnehmern verliert. Werden nun die Gewerkschaften von den Interessenlagen der Beschäftigten dominiert, so kann dies dazu führen, dass die Wiedereinstellung dieser Arbeitslosen im Rahmen der gewerkschaftlichen Tarifpolitik keine Rolle spielt. Dies hat zur Folge, dass die Lohnaggressivität der Gewerkschaften zunimmt.

Veränderung struktureller Rahmenbedingungen als Ursache der Erhöhung der NAIRU

Hysterese-Effekte von Störungen als Ursache der Erhöhung der NAIRU

Auch wenn diese Positionen häufig als Gegensätze formuliert werden, kann wohl angenommen werden, dass beide Sichtweisen zum Tragen kommen. Es geht hier also weniger um ein »Entweder-Oder« als vielmehr um die Frage der Gewichtung. Wir wollen nun diese Erklärungsansätze für einen sukzessiven Anstieg der gleichgewichtigen Arbeitslosigkeit im Rahmen unseres Modells näher betrachten.

3.3 Sozial- und Steuerpolitik als mögliche Ursache eines Anstiegs der gleichgewichtigen Arbeitslosigkeit

Vielfach werden in der politischen und der theoretischen Diskussion
- die Erhöhung des (faktischen) Niveaus der Sozialleistungen,
- die Ausweitung von Kündigungsschutzregeln und Mitbestimmungsrechten,
- die Erhöhung von Mindestlöhnen sowie
- der Anstieg von Steuer- und Sozialabgabensätzen

für die starke Zunahme der NAIRU in den meisten europäischen Staaten seit den 70er-Jahren verantwortlich gemacht, insbesondere wenn man die seit Mitte der 80er-Jahre deutlich niedrigere NAIRU in den USA oder die Entwicklung der Arbeitslosigkeit in den Niederlanden und dem Vereinigten Königreich als Referenzwerte heranzieht. Theoretisch können die aufgezählten Elemente der so genannten »**Eurosklerose**« ohne Schwierigkeiten im obigen Modellrahmen analysiert werden.

Eurosklerose

Mögliche sozialpolitische Ursachen für eine Linksverschiebung der LSK sind ...

... Anstieg des Niveaus der Sozialleistungen,

Ein **Anstieg des Niveaus der Sozialleistungen** führt dazu, dass das Einkommensrisiko der Arbeitslosigkeit für die Arbeitsanbieter abnimmt. Dies wird im Rahmen unseres Modells die Lohnaggressivität der Gewerkschaften erhöhen, weil die Mitglieder nun eher bereit sind, das Risiko einer sie eventuell treffenden Arbeitslosigkeit in Kauf zu nehmen. Grafisch schlägt sich dies in einer Aufwärts- bzw. Linksverschiebung der Lohnsetzungskurve nieder, d. h. für jede gegebene gesamtwirtschaftliche Beschäftigtenzahl wird nun die Gewerkschaft einen höheren (Real-)Lohn als zuvor anstreben und auch anteilig – je nach ihrer Verhandlungsmacht – durchsetzen.

... Ausweitung der Mitbestimmungsrechte der Arbeitnehmer,

Eine **Ausweitung der Mitbestimmungsrechte** der Arbeitnehmer mag zu einer allgemeinen Verbesserung ihrer Verhandlungsposition gegenüber der Arbeitgeberseite führen mit der Folge, dass dann der für die Gewerkschaftsseite durchsetzbare Lohn ansteigt. Auch dies würde also zu einer Aufwärts- bzw. Linksverschiebung der LSK führen.

... Erhöhung von gesetzlichen Mindestlöhnen und

Eine gesetzliche **Erhöhung der Mindestlöhne** impliziert, dass der für die Unternehmensseite bei Berücksichtigung der gesetzlichen Rahmenbedingungen bestenfalls erreichbare Lohn ansteigt, die für die Unternehmen in diesem Sinne optimale Lohnvereinbarung nähert sich damit der Optimalposition der Gewerkschaften an. Die Bandbreite für eine Verhandlungslösung wird also vom unteren Ende her kommend verringert. Bei unveränderter Machtverteilung zwischen den beiden Seiten wird sich dann ein höherer Verhandlungslohn ergeben.[1] Auch dies impliziert eine Aufwärts- bzw. Linksverschiebung der LSK.

... Erhöhung der Steuer- und Sozialabgabensätze.

Ein **Anstieg der Steuer- und Sozialabgabensätze** der Arbeitnehmer vermindert ihren Nettoreallohn, der Keil zwischen Bruttoentlohnung vor Steuern und Abgaben und Nettoentlohnung nach Steuern und Abgaben wird größer. Für die Arbeitnehmer bedeutet dies, dass sie bei unverändertem Arbeitslosigkeitsrisiko eine Senkung ihres verfügbaren Einkommens hinnehmen müssten. Umgekehrt wäre eine Stabilisierung ihres verfügbaren Einkommens auf dem alten Niveau nur durch eine hinreichend starke Erhöhung ihrer Bruttolöhne möglich, was aufgrund des damit verbundenen Rückganges der Arbeitsnachfrage ihr Arbeitslosigkeitrisiko deutlich erhöhen würde. Am wahrscheinlichsten ist es deshalb, dass die Arbeitnehmer von der Lohnpolitik ihrer Gewerkschaft eine **teilweise Kompensierung ihres Einkommensverlustes** erwarten werden, welche ihr Arbeitslosigkeitrisiko nur moderat erhöht. Die Lohnaggressivität der Gewerkschaft steigt dann und die LSK verschiebt sich aufwärts bzw. nach links.

Abbildung 26.8 fasst die oben beschriebenen Effekte zusammen. Die Linksverschiebung der LSK führt bei unveränderter Arbeitsnachfragekurve zu einer Erhöhung des Reallohnes von w_1 auf w_2 bei Abnahme der Beschäftigung von N_1 auf N_2. Die gleichgewichtige Arbeitslosigkeit steigt also.

Ausweitung des Kündigungsschutzes als mögliche Ursache einer Linksverschiebung der Arbeitsnachfragekurve

Eine **Ausweitung des Kündigungsschutzes** kann wiederum in der Weise interpretiert werden, dass sich die Kosten von (kontraktiven) Beschäfti-

---

[1] Bildlich kann man sich dies so vorstellen: Treffen sich beide Seiten stets in der Mitte der Bandbreite, so verschiebt sich der Mittelwert im Betrag nach oben.

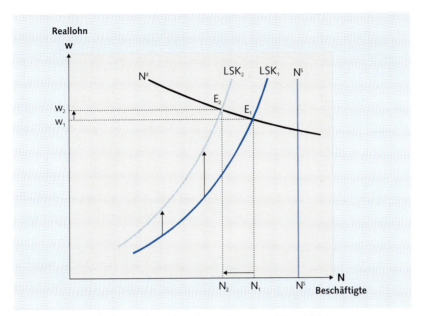

Abb. 26.8: Verschiebung der Lohnsetzungskurve und Beschäftigungsanpassung

gungsanpassungen für die Unternehmen erhöhen, da sie vor dem möglichen Kündigungszeitpunkt freiwillig ausscheidenden Beschäftigten höhere Abfindungen zahlen müssen. Dies erhöht die effektiven Arbeitskosten der Unternehmen mit der Folge, dass sich ihre Arbeitsnachfragekurve nach unten bzw. links verschiebt. Abbildung 26.9 illustriert diesen Fall und zeigt, dass sich dann bei unveränderter LSK die Beschäftigtenzahl von N_1 auf N_2 und der an die weiterhin Beschäftigten gezahlte Reallohn von w_1 auf w_2 vermindert. Allerdings wäre es nicht unplausibel, davon auszugehen, dass die veränderte Kostenlage der Unternehmen auch einen den Beschäftigungseffekt abmildernden Einfluss auf die Lohnsetzungskurve hat. Die einzelne Gewerkschaft wäre infolge der Erhöhung der effektiven Arbeitskosten mit der Situation konfrontiert, dass bei unverändertem Lohn die Beschäftigung der Unternehmen ihres Tarifgebietes abnimmt, sich also das Arbeitslosigkeitsrisiko der eigenen Klientel erhöht. Um diesen Effekt abzumildern, könnte die Lohnaggressivität der Gewerkschaft(en) abnehmen, was die LSK ebenfalls nach unten verschieben und zu einer stärkeren Lohnsenkung bei geringerem Beschäftigungsabbau führen würde, als in Abbildung 26.9 dargestellt.

In ähnlicher Weise wie die eben betrachtete Ausweitung des Kündigungsschutzes wirkt im Modell auch die Zunahme der internationalen Kapitalmobilität infolge der Globalisierung für Länder mit tendenziell weniger attraktiven Standortbedingungen als im Ausland, d. h. für Kapitalexportländer wie z. B. Deutschland. Der verstärkte Kapitalabfluss, d. h. die damit einhergehende Reduzierung des inländischen Kapitalstocks, führt zu einer Links- bzw. Abwärtsverschiebung der Arbeitsnachfragekurve und damit zu sinkenden Reallöhnen bei sinkender Beschäftigung. Da die Unternehmen gleichzeitig

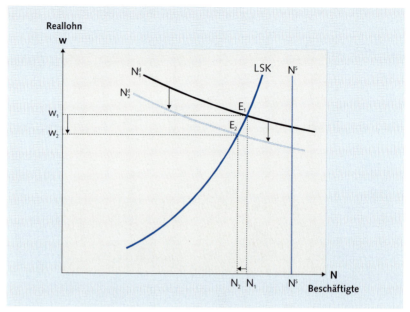

Abb. 26.9: Verschiebung der Arbeitsnachfragekurve und Beschäftigungsanpassung

glaubhafter als zuvor gegenüber den Arbeitnehmern mit (weiterer) Abwanderung drohen können, wird hierbei allerdings auch die Verhandlungsmacht der Arbeitgeberseite gestärkt bzw. die Macht der Arbeitnehmerseite geschwächt, sodass zusätzlich von einer Abwärtsverschiebung der LSK auszugehen ist, was den Trend zu sinkenden Reallöhnen noch verstärkt, jedoch den Trend zur Beschäftigungsreduzierung abschwächt.

Darüber hinaus sollte hier angemerkt werden, dass die quantitative Bedeutung derartiger Effekte im Hinblick auf den langfristigen Anstieg der NAIRU durchaus umstritten ist. So heißt es z. B. bei *Wolfgang Franz* unter Hinweis auf eigene ökonometrische Untersuchungen: »Völlig abwegig wäre es jedoch, den schubweisen Anstieg der Arbeitslosigkeit in Westdeutschland mit Änderungen dieses institutionellen Rahmens (gemeint ist das System der Arbeitslosenunterstützung, die Autoren) erklären zu wollen.« Auch in Bezug auf die Wirkung eines verstärkten Kündigungsschutzes sind die Meinungen keineswegs einheitlich. Klar dürfte zunächst sein, dass existierende Kündigungsschutzregelungen im Konjunkturverlauf die Beschäftigung stabilisieren, da sie bei abnehmender Konjunktur Entlassungen entgegenwirken und bei anziehender Konjunktur Einstellungen hinauszögern. Darüber hinaus kommt z. B. eine viel beachtete empirische Studie der Spanier *S. Bentolila* und *J. J. Dolado* aus dem Jahr 1990 zu dem Schluss, dass eindeutige Effekte höherer Entlassungskosten auf die Beschäftigung nicht nachweisbar sind.

Die Bedeutung von Mindestlöhnen im formalen Sinne war in der Vergangenheit für Deutschland gering, da die tariflichen Löhne fast immer über den Mindestlöhnen lagen, sofern diese überhaupt existierten. Faktisch kommt

Empirische Untersuchungen lassen Zweifel an manchem verbalen Schnellschuss aufkommen.

Mindestlöhnen aber trotzdem eine erhebliche Bedeutung in dem Sinne zu, dass tarifgebundene Unternehmen Tariflöhne nicht unterschreiten dürfen oder sogar eine Allgemeinverbindlichkeitserklärung durch das Arbeitsministerium vorliegt. Praktische Bedeutung könnte dies, wie Abbildung 26.10 zeigt, in Deutschland vor allem für die Gruppe der gering qualifizierten Arbeitnehmer haben. Dementsprechend wird häufig eine stärkere qualifikationsbezogene Differenzierung in der Lohnstruktur (»Spreizung«) gefordert. Gegen dieses unter anderem von *Horst Siebert* (ehemals Präsident des Kieler Instituts für Weltwirtschaft) vorgetragene Argument spricht allerdings, dass von den Unternehmen die im Rahmen des Tarifsystems gegebenen Möglichkeiten der Lohnspreizung kaum ausgenutzt werden, da die Besetzungszahlen in den unteren Lohngruppen sehr gering sind. *Jürgen Kromphardt* fordert deshalb **Lohnsubventionen** für die unteren Lohngruppen, um die Beschäftigung anzukurbeln, was insbesondere angesichts der erschreckenden Bilanz für Personen ohne Ausbildung, die Abbildung 26.10 offen legt, nicht unangemessen erscheint. Auch wenn die Forderung nach Lohnsubventionen rein neoklassischen Ökonomen geradezu den Atem verschlägt, ist doch zu bedenken, dass es in anderen Unternehmensbereichen (z. B. für Investitionen) schon lange und in erheblichem Umfang Subventionen gibt, warum also nicht auch einmal Lohnsubventionen?

Qualifikation ist das A und O für die Beschäftigung.

Sind Lohnsubventionen für die unteren Lohngruppen ein Lösungsansatz?

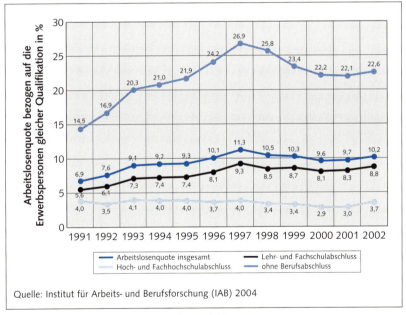

Abb. 26.10: Arbeitslosenquote nach Qualifikationen

3.4 »Mismatch« als mögliche Ursache eines Anstiegs der gleichgewichtigen Arbeitslosigkeit

Mismatch-Arbeitslosigkeit: ein neuer Name für ein altes, aber an Bedeutung gewinnendes Phänomen

Von Mismatch-Arbeitslosigkeit spricht man, wenn Arbeitsangebot und Arbeitsnachfrage in regionaler oder qualifikatorischer Hinsicht voneinander abweichen und deshalb auf dem gesamtwirtschaftlichen Arbeitsmarkt gleichzeitig Arbeitslosigkeit und offene Stellen zu finden sind. Mismatch-Arbeitslosigkeit entspricht im traditionellen Sprachgebrauch der strukurellen Arbeitslosigkeit.

Regionales Mismatch

Gründe für **regionales Mismatch** liegen u. a. in familiären Bindungen, fehlenden Wohnungen, unterschiedlichen Schulsystemen, Sprachproblemen und fehlender Transparenz. Der letzte Punkt macht klar, dass die Arbeitsämter eine wichtige Rolle bei der Reduzierung der regionalen Mismatch-Arbeitslosigkeit spielen sollten.

Qualifikatorisches Mismatch

Qualifikatorisches Mismatch liegt vor, wenn die qualifikativen Ansprüche, die an Personen zwecks sinnvoller Besetzung von freien Arbeitsplätzen gestellt werden, nicht mit den Qualifikationen der Arbeitslosen übereinstimmen. So war es für die Bundesrepublik lange Zeit typisch, dass trotz hoher Arbeitslosigkeit ein Facharbeitermangel existierte. Es liegt auf der Hand, dass Arbeitsmarktmaßnahmen – insbesondere in Form von Umschulung und Weiterbildung – hier eine Schlüsselrolle spielen müssen. Ebenso leuchtet ein, dass qualifikatorisches Mismatch insbesondere in Zeiten starken Strukturwandels an Bedeutung gewinnt. Da ein solcher in den letzten eineinhalb Jahrzehnten insbesondere durch den Siegeszug des Computers zu konstatieren ist und sich durch die Globalisierung der Märkte seit Beginn der 90er-Jahre noch einmal verstärkt hat, ist davon auszugehen, dass Mismatch-Arbeitslosigkeit deutlich zugenommen hat. Die hiermit verbundene Reduktion des »effektiven« Arbeitsangebotes führt ebenfalls zu einer **Linksverschiebung der LSK** (verbunden mit einer entsprechenden Erhöhung der NAIRU): Die Verringerung der Zahl **konkurrenzfähiger** Arbeitsanbieter vermindert das Arbeitslosigkeitsrisiko der Beschäftigten bei gegebenem Lohn, was eine höhere Lohnaggressivität der Gewerkschaften nach sich zieht.

Zunehmendes Mismatch führt zu einer Linksverschiebung der LSK.

Zunehmende Mismatch-Arbeitslosigkeit als empirisches Phänomen

Empirische Untersuchungen bestätigen die Vermutung einer sukzessiven Erhöhung der Mismatch-Arbeitslosigkeit im Zeitverlauf. Der Sachverständigenrat schätzte die Mismatch-Arbeitslosigkeit für 1994 auf ca. 500.000, eine Zahl, die heute (Ende 2005) bei weitem übertroffen sein dürfte. Schon 1991 schätzten *Layard*, *Nickell* und *Jackmann* die Mismatch-Arbeitslosigkeit auf 1/3 aller Arbeitslosen. Nach Meinung der Autoren belegen diese Zahlen einen dringenden Bedarf an Arbeitsförderungsmaßnahmen, insbesondere im Bereich Umschulung und Weiterbildung.

Das Konzept der Beveridge-Kurve

Grafisch ist die Erhöhung der Mismatch-Arbeitslosigkeit in der Bundesrepublik an der schrittweisen Verschiebung der so genannten Beveridge-Kurve (Deutschlands) nach außen zu erkennen. Die Beveridge-Kurve stellt konzeptionell eine hyperbelförmige Beziehung zwischen dem Verhältnis der offenen

Stellen zur Gesamtzahl der Arbeitsanbieter und der Arbeitslosenquote her (vgl. Abbildung 26.11), d.h. sie gibt an, welche Kombinationen der beiden Größen bei einer gegebenem Struktur des Arbeitsmarktes möglich sind.

Entlang des 45°-Strahles entsprechen sich offene Stellen und Arbeitslose (unter Einbeziehung der friktionellen Arbeitslosen). Die zugeordnete Strecke auf der Abszisse OA (auf der die Arbeitslosenquote abgetragen ist), gibt das Ausmaß der strukturellen und friktionellen Arbeitslosigkeit für den Fall an, dass bei gegebener Beveridge-Kurve die Zahl der Arbeitslosen und die Zahl der offenen Stellen sich entsprechen. Der Arbeitsmarkt wäre dann rein rechnerisch geräumt, wenn eine »Arbeitsmarkttechnologie« zur Verfügung stünde, die strukturellen und friktionellen Arbeitslosen auf die offenen Stellen zu verteilen. Dieser Schnittpunkt mit der 45°-Linie (Punkt B) wird erreicht, wenn weder eine konjunkturelle Nachfragestörung noch lohnkostenbedingte Arbeitslosigkeit vorliegt. Im Fall eines konjunkturellen Nachfrageeinbruches und/oder im Fall eines zu hohen Lohnniveaus wird dagegen ein Punkt auf der gegebenem Beveridge-Kurve realisiert, welcher rechts vom Schnittpunkt der Kurve mit der 45°-Linie liegt (z.B. Punkt C). Hier ist die Zahl der offenen Stellen kleiner als die Zahl der Arbeitslosen, sodass auch rechnerisch betrachtet der Arbeitsmarkt nicht im Gleichgewicht ist.

Abbildung 26.12 zeigt, dass sich die empirische Beveridge-Kurve für Deutschland seit den 70er-Jahren immer weiter nach außen verschoben hat. Dies wird dahingehend interpretiert, dass der Anteil der vom Mismatch betroffenen Arbeitsanbieter an der Gesamtzahl der Arbeitsanbieter im Zeitverlauf zunehmend an Bedeutung gewonnen hat.

Rechtsverschiebung der Beveridge-Kurve bei zunehmendem Mismatch

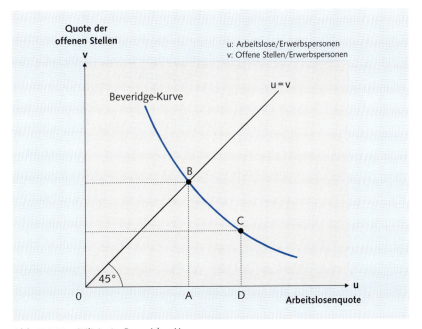

Abb. 26.11: Stilisierte Beveridge-Kurve

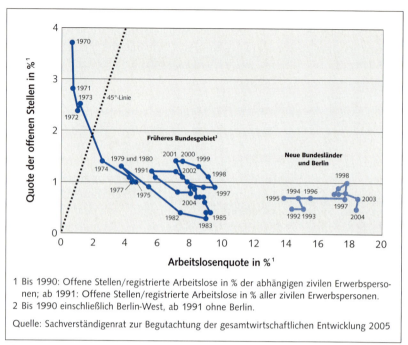

Abb. 26.12: Empirische Beveridge-Kurve für Deutschland

3.5 »Hysterese« als mögliche Ursache eines Anstiegs der gleichgewichtigen Arbeitslosigkeit

Der Begriff der Hysterese verdeutlicht an einem Beispiel

Unter dem Begriff Hysterese versteht man allgemein die Unfähigkeit eines Systems, nach einer Störung zu einem ursprünglichen Gleichgewichtszustand zurückzukehren, auch wenn die eigentliche Störung bereits abgeklungen ist. Plastisch kann man sich dies an dem Verhalten einer Kugel in einer Schale und auf einem Billardtisch verdeutlichen, wenn diese Kugel angestoßen wird (Störung). Im Fall der Schale wird die Kugel über kurz oder lang stets ihren Ruhepunkt im Zentrum der Schale wiederfinden. Im Fall des Billardtisches wird sie in aller Regel nicht wieder an ihrem vorherigen Ruhepunkt zum Stillstand kommen. Im ersten Fall (Schale) ist also der letztendliche Ruhepunkt unabhängig von der Stärke und Richtung der Störung, man sagt dann: Der Gleichgewichtszustand des Systems (Ruhepunkt) ist »zeitpfadunabhängig«. Im zweiten Fall (Billardtisch) wird der nächste Ruhepunkt der Kugel vom vorherigen Ruhepunkt sowie von der Stärke und Richtung der Störung abhängig sein; der Gleichgewichtszustand ist hier also »zeitpfadabhängig«.

> Im Rahmen der Arbeitsmarkttheorie wird der Begriff **Hysterese** verwendet, wenn es infolge eines **kurzfristigen** Schocks zu einer **dauerhaften** Verschiebung der NAIRU kommt.

Streng von der Hysterese zu unterscheiden ist der Begriff der **Persistenz**: Persistenz der Arbeitslosigkeit bedeutet, dass sich nach einem kurzfristigen Schock ceteris paribus zwar die alte NAIRU wieder einstellt, dass es aber geraume Zeit in Anspruch nimmt, bis die tatsächliche Arbeitslosigkeit wieder ihren alten Wert angenommen hat.

Ein Beispiel soll dies illustrieren: Angenommen, es kommt zu einem konjunkturell bedingten Nachfrageeinbruch, welcher die Arbeitslosenquote erhöht. Nach einiger Zeit normalisiert sich wieder die konjunkturelle Lage; der Nachfrageschock als solcher ist abgeklungen. Persistenz bedeutet dann, dass der durch den Schock bewirkte Anstieg der Arbeitslosigkeit auch nach dem Wegfall des Schocks längere Zeit bestehen bleibt und die Beschäftigung nur allmählich wieder zu ihrem Ursprungswert zurückkehrt (unveränderte NAIRU). Hysterese bedeutet dagegen, dass die Arbeitslosigkeit **auch langfristig nicht wieder ihren Ausgangswert erreichen wird**, sondern stattdessen zu einem neuen (in diesem Fall höheren) Gleichgewichtswert hinstrebt (dauerhafte Verschiebung der NAIRU).

Hysterese ist von Persistenz zu unterscheiden.

In der Literatur werden verschiedene Erklärungen für Hysterese-Effekte angeführt, von denen hier nur einer vorgestellt werden soll.

Zentral ist die so genannte **Insider-Outsider-Theorie**, wobei Insider praktisch mit den Beschäftigten und Outsider mit den Arbeitslosen gleichgesetzt werden können. Im Zusammenhang mit dem Ausscheiden und dem Ersatz von Arbeitnehmern entstehen den Unternehmen verschiedene Fluktuationskosten (Turnover-Kosten): Eventuelle Abfindungen, Auswahl- und Einstellungskosten, Einarbeitungszeiten und Ähnliches. Diesen Tatbestand machen sich die Beschäftigten (oder deren Interessensvertreter, die Gewerkschaften) zunutze, die annahmegemäß nur an einem hohen Lohn der Insider und deren weitgehender Beschäftigungssicherung, nicht aber an der Beschäftigung von Arbeitslosen interessiert sind.

Insider-Outsider-Strukturen als mögliche Ursache für Hysterese-Effekte auf dem Arbeitsmarkt.

Fluktuationskosten

> Nach schockbedingten Beschäftigungseinbrüchen ziehen die (verbliebenen) Beschäftigten bzw. Insider Lohnerhöhungen gegenüber Neu- bzw. Wiedereinstellungen vor und schließen unter Berücksichtigung der oben genannten Kosten Lohnvereinbarungen oberhalb des Vollbeschäftigungslohnes mit den Unternehmen gerade so ab, dass die Outsider (Arbeitslose) nicht konkurrenzfähig sind. Dieser Gruppenegoismus verhindert die Wiedereinstellung von Arbeitslosen und führt zu Hysterese-Effekten: Nach jedem Beschäftigungseinbruch ist die natürliche Arbeitslosigkeit (NAIRU) höher als zuvor.

Linksverschiebung der LSK bei wachsender Outsiderzahl

Auch das Verhalten und die Merkmale der Arbeitslosen bieten eine Erklärung für Hysterese-Effekte, denn je länger die Arbeitslosigkeit andauert, umso eher werden das Wissen und die Kenntnisse der Arbeitslosen erodiert und/oder treten Entmutigungseffekte bei der Arbeitsplatzsuche auf und es kommt zu **Langzeitarbeitslosigkeit**. Die LSK verschiebt sich dann wegen des nachlassenden Konkurrenzdrucks von »aktiven« Arbeitslosen nach links.

Persistenz statt Hysterese?

Es ist allerdings empirisch umstritten, ob solche Hysterese im obigen engen Begriffssinne tatsächlich existiert, oder ob nicht lediglich Persistenz vorliegt und die Anpassung der Arbeitslosenquote zur alten NAIRU nach tief greifenden Schocks (wie z. B. den beiden Ölkrisen) so viel Zeit benötigt, dass sich der nächste (kontraktive) Schock schon vorher einstellt. Dafür spricht u. a., dass die Fluktuation zwischen Beschäftigten und Arbeitslosen in der Bundesrepublik Deutschland nach wie vor ein erhebliches Ausmaß hat, wie wir in Abbildung 26.6 gesehen haben. Die im Insider-Outsider-Modell unterstellte strenge Zweiteilung in wettbewerbsfähige Insider (Beschäftigte) und wettbewerbsunfähige Outsider (Arbeitslose) findet somit keine Bestätigung.

In diesem Zusammenhag sei auf eine andere mögliche Ursache von Persistenzeffekten hingewiesen: den so genannten **Sachkapitalmangel** (Kapitalmangelarbeitslosigkeit). Gemäß dieser Argumentation führt eine durch einen temporären Nachfrageschock ausgelöste Zunahme der Arbeitslosigkeit zu einer Unterauslastung des Kapitalstocks der Unternehmen. Diese Unterauslastung führt dazu, dass die Unternehmen die Kapitalgüter nach ihrer Abschreibung nicht ersetzen. Kommt es nun zu einem Konjunkturaufschwung, so braucht der Aufbau neuen Sachkapitals zum Teil erhebliche Zeit. Bei limitationalen Produktionsprozessen (vgl. Kapitel 5) wird dadurch der Abbau der Arbeitslosigkeit behindert, weil in diesem Fall die (technisch sinnvolle bzw. notwendige) Beschäftigtenzahl von der Höhe des zur Verfügung stehenden Kapitalstocks abhängt.

4 Unzureichendes Nachfragewachstum als mögliche Ursache wachsender Arbeitslosigkeit

Dominanz angebotstheoretischer Erklärungsansätze für den Anstieg der NAIRU

Die in Abschnitt 3 behandelten Erklärungsansätze für den Anstieg der gleichgewichtigen Arbeitslosenquote NAIRU bzw. QERU waren dadurch gekennzeichnet, dass der Anstieg der NAIRU letztlich lohnkostenbedingt war. Lediglich die Anstoß**ursachen**, welche das die NAIRU erhöhende Lohnwachstum begründeten, unterschieden sich (Sozial- und Steuerpolitik, wachsendes Mismatch, wachsende Outsidergruppe infolge wiederholter Schocks u. Ä.). Insofern sind diese Erklärungsansätze angebotsorientiert bzw. neoklassisch. Die Entwicklung der Güternachfrage hat in diesen Modellansätzen nur dahingehend eine Bedeutung für die Arbeitslosigkeit, dass es bei Fehleinschätzungen der Nachfrage- und damit der Preisentwicklung zu Tarifabschlüssen kommen kann, welche im Ergebnis zu Reallöhnen und damit Beschäftigtenzahlen führen, welche von der Erwartung der Tarifparteien abweichen (mit möglichen Hysterese-Effekten).

Die These, dass die Lohnkostenentwicklung (wie auch immer begründet) das zentrale Problem der deutschen und westeuropäischen Arbeitsmarktmisere darstellt, ist allerdings nicht unumstritten.

Im Grundsatz ist es auch vorstellbar, dass weniger die Verschlechterung der angebotsseitigen Rahmenbedingungen als vielmehr ein **mittel- und langfristig unzureichendes Wachstum der Güternachfrage** den Anstieg der Arbeitslosenquoten begründet.

Unzureichendes Wachstum der Güternachfrage als alternativer Erklärungsansatz

Um dies zu verdeutlichen, wollen wir der Einfachheit halber annehmen, dass das Inlandsprodukt Y mittels der linearen Produktionsfunktion

Ein einfacher Modellrahmen

$$Y = H \cdot N$$

erzeugt wird. Dabei stellt N die Zahl der im Produktionsprozess eingesetzten Beschäftigten dar, während H die (technisch bedingt) konstante Grenzproduktivität der Arbeit und damit auch die durchschnittliche Arbeitsproduktivität des jeweils aktuellen Zeitpunktes angibt. Bei gegebener Güternachfrage Y^d bestimmt sich dann bei Gütermarktgleichgewicht die aktuelle Beschäftigtenzahl aus

$$N = Y^d/H.$$

Wir werden an dieser Stelle auf die Bestimmungsgründe von Y^d nicht weiter eingehen und zur Vereinfachung unterstellen, dass sich Y^d im Zeitverlauf mit einer konstanten Änderungsrate g entwickelt. Ein zu diesem Ansatz sehr ähnliches Modell, welches die Höhe dieser Wachstumsrate erklärt, findet sich im Exkurs zum Kapitel 27 (postkeynesianisches Wachstumsmodell). Des Weiteren wollen wir annehmen, dass sich aufgrund des technischen Fortschritts die Arbeitsproduktivität H im Zeitablauf stets mit einer konstanten Änderungsrate h > 0 erhöht.

Die Änderungsrate der Beschäftigtenzahl $\hat{N}$ entspricht nun gerade der Differenz zwischen der Änderungsrate der Güternachfrage und der Änderungsrate der Arbeitsproduktivität:

$$\hat{N} = g - h.$$

Es ist unmittelbar einleuchtend, dass sich eine konstante Arbeitslosenquote nur ergeben würde, wenn die Änderungsrate der Beschäftigtenzahl $\hat{N}$ gerade der Änderungsrate der Erwerbspersonenzahl (Arbeitsanbieterzahl) $\hat{N}^s$ entspricht.

> Ist die Änderungsrate der Erwerbspersonenzahl $\hat{N}^s$ dagegen größer als die Änderungsrate der aufgrund der Nachfrageentwicklung tatsächlich Beschäftigten $\hat{N}$, so werden sich die Arbeitslosenquoten im Zeitverlauf immer weiter erhöhen. In diesem Fall ist das Wachstum der Güternachfrage bei gegebenem Wachstum der Arbeitsproduktivität nicht groß

> genug, um eine Entwicklung der Arbeitsnachfrage der Unternehmen zu stimulieren, welche ausreichend wäre, die Arbeitslosenquote zu stabilisieren oder gar zu vermindern.

Arbeitsplatzvernichtung durch technischen Fortschritt

Diese Problem wird bei gegebenem g umso größer sein, je schneller die Arbeitsproduktivität wächst, je schneller also der technische Fortschritt voranschreitet, denn umso langsamer wächst die benötigte Beschäftigtenzahl. Der technische Fortschritt wirkt hier also als Arbeitsplatzvernichter, der Einsatz des Produktionsfaktors »Beschäftigte« kann dank der verbesserten Technik bei gleichem Output und sogar bei gesteigertem Output verringert werden (**Freisetzungshypothese**).

Aus der Gleichung $\hat{N} = g - h$ ergibt sich dabei, dass für den Fall einer wachsenden Erwerbsbevölkerung auch dann ein Anstieg der Arbeitslosenquote möglich ist, wenn die Wachstumsrate der Nachfrage bzw. Produktion g größer ist als die Wachstumsrate der Arbeitsproduktivität h. Die Arbeitslosenquote wird dann zunehmen, wenn die Beschäftigung zwar steigt, aber nicht schnell genug steigt, um mit dem Wachstum der Erwerbsbevölkerung Schritt zu halten, wenn also $\hat{N}^s > g - h$ gilt.

Etwas anders stellt sich die Situation dar, wenn die Erwerbsbevölkerung **konstant oder sogar abnehmend** ist. In diesem Fall müsste die Wachstumsrate des Inlandsproduktes hinter der Wachstumsrate der Arbeitsproduktivität zurückbleiben, damit es zu einem Anstieg der Arbeitslosenquote kommen kann. Empirisch betrachtet lagen dabei die Wachstumsraten des bundesdeutschen Inlandsproduktes (bis auf ganz seltene Ausnahmen) immer über den jeweiligen Wachstumsraten der Arbeitsproduktivität, allerdings vollzog sich dieser Prozess vor dem Hintergrund einer kontinuierlich wachsenden Erwerbsbevölkerung. Für die weitere Zukunft wird dagegen mit einer stagnierenden und sogar abnehmenden Erwerbsbevölkerung gerechnet. Aus Sicht des hier vorgestellten Ansatzes würde dies bedeuten, dass ein **langfristiger** Abbau der Arbeitslosenquote erreicht werden könnte, sofern es gelingt, die Wachstumsrate der Güternachfrage weiterhin über der Wachstumsrate der Arbeitsproduktivität zu halten.

5 Aktuelle Lösungsansätze für die anhaltende Arbeitsmarktkrise

Länder wie die USA und die Niederlande haben Mitte der 80er-Jahre eine Trendwende in ihrer Arbeitslosenentwicklung erreicht. Ähnliches gilt für die skandinavischen Länder und das Vereinigte Königreich, während in Deutschland die Trendwende bislang nicht wirklich eingetreten ist.

Das Beispiel Vereinigtes Königreich

Fragen wir uns beispielhaft, warum Großbritannien der Sprung gelungen ist. In einer neueren Studie des Kieler Instituts für Weltwirtschaft (»Währungsunion und Arbeitsmarkt«) resümieren die Autoren *Dirk Dohse* und *Christiane Krieger-Boden* die Entwicklung im Vereinigten Königreich wie folgt: »Der Arbeitsmarkt im Vereinigten Königreich ist einer der am stärksten dezentralisierten und deregulierten Arbeitsmärkte in der EU … das Vereinigte Königreich (hat) besser als die meisten anderen EU-Länder auf die Herausforderungen der jüngsten Vergangenheit reagiert. Das wesentliche Anpassungsinstrument war dabei weniger die Lohnflexibilität als vielmehr eine ausgesprochen hohe zeitliche Flexibilität, geringe Lohnzusatzkosten und geringe institutionelle Hemmnisse für die Beschäftigungsaufnahme.« (Ebenda, S. 201)

Demgegenüber lautet das Fazit der beiden Autoren für Deutschland: »Die Arbeitsmarktlage in Deutschland hat sich in den letzten Jahren ungünstig entwickelt. Die strukturelle Arbeitslosigkeit ist in den neunziger Jahren stark angestiegen und wird vermutlich noch unterschätzt, da in Ostdeutschland ein weitaus größerer Anteil der Erwerbspersonen in Arbeitsbeschaffungsmaßnahmen oder Fortbildungs- und Umschulungsmaßnahmen tätig ist als in allen anderen EU-Ländern. Die Lohnflexibilität ist, ebenso wie die zeitliche Flexibilität, gering; der Anteil der Sozialabgaben am Bruttoinlandsprodukt ist einer der höchsten in der EU. Die Anreize zur Arbeitsaufnahme sind – insbesondere für ältere Arbeitnehmer – gering. Insgesamt ist die Anpassungsfähigkeit des deutschen Arbeitsmarktes – trotz einiger Veränderungen in die richtige Richtung (wie z.B. die zunehmende Vereinbarung von Öffnungsklauseln in den Flächentarifverträgen) – aufgrund institutioneller Verkrustungen als gering anzusehen.« (Ebenda, S. 139)

Mit gleicher Zielrichtung schlägt *Horst Siebert* folgende Umgestaltungen des »Regelwerks für Arbeit« vor:

Therapievorschläge

1. Der Lohn als entscheidender Regler des Arbeitsmarktes muss auf Arbeitsmarktungleichgewichte reagieren, und zwar sowohl in Bezug auf die Lohnhöhe als auch in Bezug auf die Lohnstruktur.

In diesem Zusammenhang errechnet Siebert, dass eine reale Null-Lohnrunde bei einer Zunahme der Stundenproduktivität der Arbeit um 2 Prozent und einer Reallohnelastizität der Arbeitsnachfrage von 0,5 bei 30 Millionen Beschäftigten zu einer Beschäftigungszunahme von 300.000 Personen pro Jahr führen würde.

2. Der traditionelle Flächentarif (Löhne werden für die gesamte Branche eines Tarifgebietes festgelegt, die Autoren) muss modifiziert werden, da er voraussetzt, dass der Lohnerhöhungsspielraum in den Unternehmen einer Branche vergleichbar ist, was einfach nicht gegeben sei. Deshalb müsse eine größere Lohndifferenzierung möglich sein.

3. Das durch die Tarifautonomie vorgegebene bilaterale Monopol von Gewerkschaften und Arbeitgebern sollte im Interesse der Arbeitslosen geöffnet werden, wobei die oben vorgestellte Insider-Outsider-Theorie den Hintergrund der Argumentation liefert.

4. Eine weniger extensive Gestaltung des Kündigungsschutzes, die auf längere Sicht Unternehmen Einstellungen erleichtert, sei vorzunehmen.

Schließlich benennt *Siebert* noch eine Reihe von Elementen des sozialen Sicherungssystems, die geändert werden müssten, wobei der leitende Grundsatz die Schaffung eines hinreichend großen Abstandes zwischen Einkommen aus Arbeit und aus Nichtarbeit ist.

Es ist unschwer zu erkennen, dass diese Lösungsansätze auf den in Abschnitt 3 vorgestellten Überlegungen fußen. Vor demselben Hintergrund sind auch die Vorschläge der so genannten **Hartz-Kommission** zur Neuordnung des deutschen Arbeitsmarktes bzw. deren Umsetzung im Rahmen der jüngsten Arbeitsmarktreformen zu sehen (vgl. hierzu auch Kapitel 15):

- Ausweitung der Leiharbeit, vermittelt über die Arbeitsämter, um den Unternehmen flexiblere Beschäftigungsverhältnisse zu ermöglichen,
- Absenkung der Arbeitslosenhilfe auf Sozialhilfeniveau (über die Ersetzung der Arbeitslosenhilfe durch das so genannte Arbeitslosengeld II) sowie tendenzielle Verkürzung der Bezugsdauer von Arbeitslosengeld I, um den Druck auf Langzeitarbeitslose zu erhöhen, eine neue Beschäftigung anzunehmen,
- Verschärfung der Zumutbarkeitskriterien für Langzeitarbeitslose bezüglich der Annahme von durch das Arbeitsamt angebotenen Stellen, um deren Mobilität zu erhöhen.

Man mag die vorgetragenen Auffassungen teilen oder auch nicht. Fest stehen dürfte, dass bei den gegebenen Bedingungen auf den Weltmärkten, zu denen auch erleichterte Produktionsauslagerungen, Unternehmensverlegungen und Ähnliches gehören, nichts daran vorbei führt, wettbewerbsfähige Arbeitsplätze zu schaffen und zu erhalten. Dass dabei die soziale Komponente unserer Marktwirtschaft stark an Gewicht verlieren wird, ist ein Preis, der wohl nicht zu vermeiden ist.

Arbeitsaufgaben

1) Definieren Sie die folgenden Begriffe:
   – Erwerbspersonen,
   – Erwerbspotenzial,
   – Registrierte Arbeitslose,
   – Arbeitslosenquote,
   – Stille Reserve.
2) Welche Formen der Arbeitslosigkeit werden traditionell unterschieden?
3) Was verstehen Sie unter einer Lohnsetzungskurve?
4) Wie und warum weicht die Lohnsetzungskurve von der traditionellen Arbeitsangebotskurve ab?
5) Was verstehen Sie unter dem Begriff »gleichgewichtige Arbeitslosigkeit« und wie kommt diese im Grundsatz zustande?
6) Diskutieren Sie mögliche Einflussfaktoren des Sozial- und Steuersystems auf die Höhe der gleichgewichtigen Arbeitslosigkeit (NAIRU).
7) Was ist Mismatch-Arbeitslosigkeit und wie könnte man sie reduzieren?
8) Was bildet die Beveridge-Kurve ab und wie lässt sich die langfristige Verschiebung der Kurve für Deutschland interpretieren?
9) Wie kommt es im Insider-Outsider-Modell zu einer Erhöhung der gleichgewichtigen Arbeitslosigkeit?
10) Was versteht man unter dem »Freisetzungseffekt« des technischen Fortschritts?
11) Wie lassen sich wachsende Arbeitslosenquoten nachfrageseitig erklären und welche Bedeutung hat hier das Wachstum der Arbeitsproduktivität?

Lösungsvorschläge für die Arbeitsaufgaben finden Sie im »Übungsbuch zu Grundlagen und Probleme der Volkswirtschaft«.

Literatur

Zum Einstieg eignen sich:

Brinkmann, Gerhard: Einführung in die Arbeitsökonomik, München/Wien 1999.

Franz, Wolfgang: Arbeitsökonomik, 4. Aufl., Berlin/Heidelberg 1999.

Sesselmeier, Werner/Gregor Blauermel: Arbeitsmarkttheorien, 2. Aufl., Heidelberg 1998.

Zu Beschäftigungsproblemen in der EWWU siehe insbesondere:

Dohse, Dirk/Christiane Krieger-Boden: Währungsunion und Arbeitsmarkt. Kieler Studien 290, Tübingen 1998.

Ansonsten sind einschlägig:

Beißinger, Thomas: Strukturelle Arbeitslosigkeit in Europa: Eine Bestandsaufnahme, in: Mitteilungen aus der Arbeitsmarkt- und Berufsforschung, 36. Jg., Nr. 4, 2003, S. 411–427.

Franz, Wolfgang: Theoretische Ansätze zur Erklärung der Arbeitslosigkeit: Wo stehen wir heute? in: Gahlen, B. u. a., Arbeitslosigkeit und Möglichkeiten ihrer Überwindung, Wirtschaftswissenschaftliches Seminar Ottobeuren, Bd. 25, Tübingen 1996.

Lenk, Thomas: Einfluß des technologischen Fortschritts und des strukturellen Wandels auf den Arbeitsmarkt, in: Sesselmeier, Werner, Probleme der Einheit, 1991.

Bertelsmann-Stiftung: Offensive für mehr Beschäftigung, Forschungsprogramm »Weiterentwicklung und Perspektiven der Sozialen Marktwirtschaft«, Gütersloh 1996.

Oppenländer, Karl Heinrich: Arbeitsmarktwirkungen moderner Technologien, in: Bombach, G. u. a., Arbeitsmärkte und Beschäftigung – Fakten, Analysen, Perspektiven, Tübingen 1987.

Schmid, Alfons: Beschäftigung und Arbeitsmarkt, Frankfurt u. a. 1984.

Siebert, Horst: Hundert Punkte für mehr Beschäftigung, Kieler Diskussionsbeitrag 264, Januar 1996.

Rothschild, Kurt W.: Theorien der Arbeitslosigkeit, 2. Auflage, München/Wien 1994.

27. Kapitel
Bedeutung und Sicherung des Wachstums

LERNZIELE

Leitfrage:
Was ist Wachstum und welche Probleme sind mit dem wirtschaftlichen Wachstum verbunden?
- Was ist Wachstum?
- Wie wird Wachstum gemessen?
- Wie ist Wachstum zu beurteilen?
- Welche Rolle spielen Investitionen und technischer Fortschritt im Wachstumsprozess?
- Wie kann Wachstum durch staatliche Wirtschaftspolitik beeinflusst werden?
- Welcher Zusammenhang besteht zwischen Gegenwartskonsum und Wachstum?
- Was sind Kosten des Wachstums?
- Welche Strukturwandlungen treten im Wachstumsprozess auf?
- Gibt es Grenzen des Wachstums?

Leitfrage:
Welchen Beitrag leistet die moderne Wachstumstheorie für die Erklärung des Wachstumsprozesses?
- Was versteht man unter dem Begriff »gleichgewichtiges Wachstum«?
- Gibt es einen gleichgewichtigen Wachstumspfad der Volkswirtschaft?
- Welche Bedingungen müssen für gleichgewichtiges Wachstum erfüllt sein?
- Wovon hängt gleichgewichtiges Wachstum in der keynesianischen und in der klassisch-neoklassischen Denkschule ab?
- Ist bzw. unter welchen Bedingungen ist gleichgewichtiges Wachstum in den verschiedenen Erklärungsansätzen stabil?
- Wie entwickeln sich die Pro-Kopf-Einkommen bei gleichgewichtigem Wachstum?

1 Begriff des wirtschaftlichen Wachstums

Im Allgemeinen versteht man unter **wirtschaftlichem Wachstum eine anhaltende Zunahme des gesamtwirtschaftlichen Produktionspotenzials**. Das Produktionspotenzial wird begrenzt durch den vorhandenen Bestand der Produktionsfaktoren Arbeit, Kapital, technisches Wissen und Boden und wird bildhaft in Form der Transformationskurve (vgl. Kapitel 1, Abschnitt 1.2) erfasst. Wachstum kann also mit einer Verschiebung der Transformationskurve nach »Nordosten« beschrieben werden. Der *Sachverständigenrat zur Begutachtung der gesamtwirtschaftlichen Entwicklung* hat schon früh ein Konzept zur Messung des Produktionspotenzials, also der volkswirtschaftlichen Produktionsmöglichkeiten, entwickelt und dieses seitdem immer weiter verbessert.

Da die tatsächliche Produktion, abgesehen von konjunkturellen Krisen, langfristig den Produktionsmöglichkeiten entspricht, kann man auch die **Zunahme des Inlandsproduktes** als Maßgröße für das Wachstum ansehen. Dies entspricht dem Vorgehen in der Praxis. Unter Verwendung der Maßgröße Inlandsprodukt unterscheidet man dann häufig folgende Begriffe:

- nominelles Wachstum: Zunahme des Inlandsproduktes, bewertet zu laufenden Preisen;
- reales Wachstum: Zunahme des Inlandsproduktes, bewertet zu konstanten Preisen einer Basisperiode;
- Nullwachstum: Konstanz des realen Inlandsproduktes.

Zusätzlich wird oft die Veränderung des Inlandsproduktes pro Kopf der Bevölkerung berechnet, und man unterscheidet dann:

- intensives Wachstum: Zunahme des Inlandsproduktes pro Kopf;
- extensives Wachstum: Zunahme des Inlandsproduktes, aber keine Zunahme des Inlandsproduktes pro Kopf.

Abbildung 27.1 gibt einen Überblick über die Wachstumsraten des realen Bruttoinlandproduktes der Bundesrepublik Deutschland von 1951 bis 2004. Die Grafik zeigt, dass die Wachstumsraten innerhalb dieses Zeitraumes im Regelfall positiv gewesen sind und dabei recht sprunghafte Veränderungen sowie einen abnehmenden langfristigen Trend aufweisen.

2 Begründung und Kritik des Wachstums

2.1 Begründung des Wachstumsziels

Im Gesetz zur Förderung der Stabilität und des Wachstums der Wirtschaft (vom 08.06.1967) ist das Wachstumsziel in § 1 enthalten:

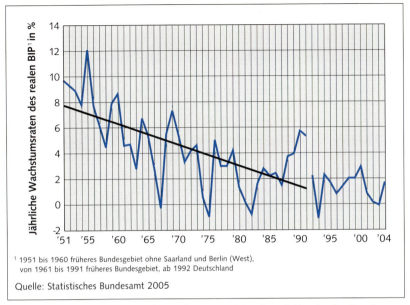

Abb. 27.1: Wachstumsraten des realen Bruttoinlandproduktes in der Bundesrepublik Deutschland 1951–2004

§ 1
Bund und Länder haben bei ihren wirtschafts- und finanzpolitischen Maßnahmen die Erfordernisse des gesamtwirtschaftlichen Gleichgewichts zu beachten. Die Maßnahmen sind so zu treffen, dass sie im Rahmen der marktwirtschaftlichen Ordnung gleichzeitig zur Stabilität des Preisniveaus, zu einem hohen Beschäftigungsstand und außenwirtschaftlichem Gleichgewicht bei stetigem und angemessenem **Wirtschaftswachstum** beitragen.

Wirtschaftliches Wachstum als Ziel wird in der Regel mit folgenden Argumenten begründet:
- Erhöhung des wirtschaftlichen Wohlstandes der Menschen in Form von privatem und/oder öffentlichem Konsum;
- Sicherung oder Steigerung des Arbeitsplatzangebotes;
- Erleichterung der Umverteilung von Einkommen und Vermögen.

Dabei ist richtig, dass die Produktion von mehr Gütern und Dienstleistungen es den Menschen ermöglicht, ihre materiellen Bedürfnisse besser zu befriedigen. Vordringlich ist in vielen Ländern der Welt die Deckung elementarer Grundbedürfnisse, in den entwickelten Industrienationen geht es eher um eine größere Auswahl für die Konsumenten, um Freizeitaktivitäten, kulturelle Bedürfnisse oder Maßnahmen zur Erhaltung der Umwelt.

Wachstum erhöht den Lebensstandard.

Richtig ist auch, dass eine wachsende Wirtschaft unter sonst gleichen Bedingungen die Nachfrage nach Arbeitsleistungen erhöht. Allerdings bleiben die Bedingungen üblicherweise nicht konstant. Wachstum ist in der Regel mit einer Zunahme der Arbeitsproduktivität verbunden. In diesem Fall muss die Wachstumsrate des Inlandsproduktes die Wachstumsrate der Arbeitsproduktivität übersteigen, damit es zu einer Mehrnachfrage nach Arbeit kommt. Fällt dagegen die Wachstumsrate des Inlandsproduktes hinter die Wachstumsrate der Arbeitsproduktivität zurück, so sinken die Arbeitsnachfrage und das Arbeitsvolumen, es kommt dann zu einem Rückgang der Beschäftigtenzahl (vgl. hierzu auch Kapitel 26, Abschnitt 4). Die Lücke zwischen Wachstum der Produktion und Wachstum der Produktivität kann allerdings durch Arbeitszeitverkürzungen geschlossen werden. Nur unter der Bedingung konstanter Arbeitszeit muss die Produktion so wachsen wie die Produktivität, um die Nachfrage nach Arbeit konstant zu halten. Für die Bundesrepublik lässt sich dabei auch empirisch zeigen, dass immer dann, wenn das reale Bruttoinlandsprodukt langsamer gewachsen ist als die Arbeitsproduktivität je Erwerbstätigen, die Zahl der Erwerbstätigen abgenommen hat.

Wachstum sichert Arbeitsplätze.

Die oben zuletzt genannte Begründung für das Wachstumsziel – Erleichterung der Umverteilung – erweist sich bei näherer Betrachtung als »zweischneidiges Schwert«: Sicher ist es richtig, dass Wachstum eine Umverteilung erleichtert, weil Widerstände gegen eine Umverteilung **von Zuwächsen** erfahrungsgemäß kleiner sind als Widerstände gegen eine Umverteilung **bestehender Einkommen und Vermögen** (vgl. hierzu auch Kapitel 25, Abschnitt 5 und 6). Auf der anderen Seite ist die Ungleichheit in der Verteilung im Wesentlichen mit dem Argument des Leistungsanreizes begründet: Eine kapitalistische Marktwirtschaft benötigt den Leistungsanreiz unterschiedlicher Einkommen, um Wachstum herbeizuführen.

Wachstum und Umverteilung

2.2 Wachstumskritik

Die Wachstumskritik muss klar trennen zwischen der Kritik an der richtigen Messung des Inlandsproduktes und der Kritik am grundsätzlichen Konzept des Inlandsproduktes als angemessenem Maßstab für die Wohlfahrtsentwicklung einer Volkswirtschaft.

Zur Kritik der richtigen Messung des Inlandsproduktes vgl. Kapitel 8, Abschnitt 7. Die hier wesentlichen Argumente seien noch einmal zusammengestellt:

Probleme bei der Messung des Inlandsproduktes

- es wird in der Regel nur die Produktion erfasst, die einen Marktpreis hat, nicht der weite Bereich der Nichtmarktproduktionen;
- es werden generell allenfalls die Kosten des Inputs in die Produktion wohlfahrtsrelevanter Güter erfasst, nicht aber der Output an wohlfahrtsrelevanten Gütern. So wird im Inlandsproduktkonzept z. B. die Produktion von Waschmitteln, von Arzneimitteln oder Lärmschutzwänden verbucht, nicht aber die wohlfahrtsrelevante Sauberkeit, Gesundheit oder Ruhe. Dies führt zu erheblicher Verzerrung, weil damit systematisch die

Nachteile einer industriellen Produktion unterschätzt werden, die in vielen Fällen nur den Charakter einer Produktion zur Reparatur von Schäden hat. Man spricht dann von **Kontraproduktivität**, wenn die Produktion von Gütern und Dienstleistungen allenfalls das vor der Produktion bestehende Niveau an Bedürfnisbefriedigung aufrechterhält;
- und schließlich wird der bei der Produktion anfallende Verbrauch an Umweltkapital (z. B. Rohstoffe, Luft, Wasser, Landschaft) und Humankapital (Bestand an Gesundheit und Fähigkeiten) nicht als Abschreibung, also nicht negativ erfasst, wie es richtigerweise sein müsste (vgl. zum Problembereich Umweltschäden Kapitel 29).

Wachstum wird also durch die Zunahme des realen Inlandsproduktes nicht »richtig« gemessen. Aber selbst wenn es gelänge, die konzeptionellen Messprobleme zu lösen, so ist doch unbestritten, dass das Wachstum des Inlandsproduktes nur in sehr begrenztem Maße dazu geeignet ist, die Entwicklung der Wohlfahrt der Gesellschaft widerzuspiegeln.

Inlandsprodukt als Wohlfahrtsindikator?

Die Kritik an diesem Wachstumskonzept ist im Wesentlichen eine Kritik an der industriellen Produktionsweise und den ihr zugrunde liegenden Postulaten. Das Ziel ist hier eine maximale **materielle Wohlfahrt.** Wie *Erich Fromm*[1] es ausgedrückt hat, ist damit das »Haben« die herrschende Existenzweise der Gesellschaft, nicht das »Sein«, das allein zur eigentlichen Entfaltung der menschlichen Fähigkeiten führt. Die maximale materielle Wohlfahrt soll durch maximalen Konsum erreicht werden. Auch dies ist zumindest unsicher:

Industrialismus- und Konsumkritik

- die Befriedigung durch Arbeit wird nicht berücksichtigt, Arbeit wird fälschlicherweise nur als Arbeitsleid gedacht;
- die zum Konsum zur Verfügung stehende Zeit ist begrenzt;
- es gibt Güter, die – wie z. B. das Auto oder Reisen – mit steigendem Konsum zu Beeinträchtigungen (»Verstopfungen«) führen;
- und schließlich führt die Auffassung, durch Konsum allein Bedürfnisse befriedigen zu können, zu Ersatzbefriedigung (man befriedigt z. B. das Bedürfnis nach sozialer Wertschätzung durch den Erwerb von Statussymbolen) und damit zu Frustration.

Schließlich ist für einen maximalen Konsum eine maximale Produktion erforderlich, die ihrerseits wiederum eine weitestgehende Arbeitsteilung bedingt. Mit zunehmender Arbeitsteilung wird menschliche Arbeit indes zunehmend fremdbestimmt (grob gesprochen ist die Arbeit fremdbestimmt, wenn man das, was man produziert, nicht konsumiert, und was man konsumiert, nicht produziert). Arbeitsteilung setzt damit ein System von Leistungsanreizen, Kontrollen und hierarchischen Strukturen voraus, Arbeit wird zunehmend monoton und ihrer Funktionen entkleidet.

Fremdbestimmung der Arbeit

Damit sind wichtige negative Begleiterscheinungen eines Wirtschaftswachstums aufgezeigt. Eine generelle Abwägung der Wünschbarkeit von Wirtschaftswachstum kann hier nicht gegeben werden. Allerdings sollte bei

---

1 *Fromm, Erich:* Haben oder Sein, 8. Aufl., München 1981.

aller Wachstumskritik nicht vergessen werden, dass für die weitaus meisten Bewohner der Erde die Freiheit von materieller Not ein unerreichtes Ziel ist. Wir gehen im Folgenden davon aus, dass Wachstum ein sinnvolles Ziel der Wirtschaftspolitik ist.

3 Bestimmungsgründe des Wachstums: Investitionen und technischer Fortschritt

Das Wissen um die Bestimmungsgründe des Wachstums ist keineswegs vollständig, doch können einige einfache Überlegungen angestellt werden. Die Produktionsmöglichkeiten einer Gesellschaft hängen ab von Menge und Qualität der vorhandenen Produktionsfaktoren Kapital, technisches Wissen, Arbeit und natürliche Ressourcen, wie in Abbildung 27.2 dargestellt.

Da der Bestand an natürlichen Ressourcen gegeben ist und eine Bevölkerungsvermehrung zur Förderung des Wachstums ausgeschlossen wird – letztlich soll ja das Inlandsprodukt pro Kopf erhöht werden –, bleiben Kapitalstock und technisches Wissen, das seinerseits die Qualität von Kapital und Arbeit bestimmt, die entscheidenden Bestimmungsgründe des wirtschaftlichen Wachstums.

Die Rolle des technischen Fortschritts

Das **technische Wissen** vermehrt sich durch den technischen Fortschritt. Sichtbar wird der technische Fortschritt in der
- Produktinnovation (Erstellung neuartiger Güter) und
- Prozessinnovation (Anwendung neuartiger Produktionsmethoden).

Dabei trägt die **Produktinnovation** ganz wesentlich zur Steigerung der materiellen Wohlfahrt bei. Der Leser denke z. B. an Geschirrspülmaschinen, Farbfernseher, PCs, CD-Spieler, Surfbretter etc. Nur sind die Vorteile der Produktinnovation mengenmäßig nicht erfassbar.

Die Vorteile der **Prozessinnovation** sind prinzipiell leicht zu erfassen. Die Prozessinnovation erlaubt, bei gleich bleibendem Einsatz der Produktionsfaktoren Arbeit, Kapital und Boden eine größere Gütermenge zu erstellen oder eine gleiche Gütermenge mit einem geringeren Faktoreinsatz produzieren zu können. Der Leser denke an computergesteuerte Drehbänke, an die bessere Ausnutzung der Energie in Fahrzeugen usw.

Je mehr investiert wird, desto schneller wächst die Wirtschaft.

Der **Kapitalstock** vergrößert sich durch Investitionen (Kapitalakkumulation), und bei gegebener Arbeitsbevölkerung und gegebenem Stand des tech-

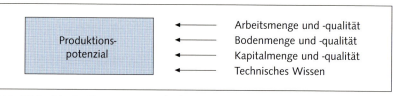

Abb. 27.2: Die Bestimmungsgründe des Wachstums

nischen Wissens wird eine Vergrößerung des Kapitalstocks die Produktionsmöglichkeiten erhöhen: Mit mehr Kapital kann ein höheres Inlandsprodukt erzeugt werden. Es steigt die mögliche Produktion pro Kopf der Erwerbstätigen und damit die mögliche Güterversorgung pro Kopf.

Nicht sicher ist, ob es einen proportionalen Zusammenhang zwischen der Erhöhung des Kapitalbestandes und der Erhöhung der Produktionsmöglichkeiten gibt. In diesem Zusammenhang ist an das Ertragsgesetz (vgl. Kapitel 5, Abschnitt 2.2.1) zu denken, also an die Möglichkeit, dass die zusätzliche Produktivität des Kapitals mit wachsendem Einsatz abnimmt. Dies würde bedeuten, dass unter sonst gleichen Umständen eine Nettoinvestition im Werte von 1.000 Euro nicht mehr wie zur Zeit eine zusätzliche jährliche Produktion von etwa 300–400 Euro ermöglicht, sondern eine kleinere. Es würde immer teurer, die künftigen Produktionsmöglichkeiten zu erhöhen. Bisher aber hat der technische Fortschritt offenbar dazu beigetragen, dass abnehmende Grenzerträge in nennenswertem Umfang noch nicht zu beobachten waren.

Technischer Fortschritt und Kapitalakkumulation bewirken beide eine Erhöhung der Arbeitsproduktivität, erhöhen also die durchschnittliche Produktion pro Arbeitsstunde.

Zunahme der Arbeitsproduktivität führt zu höherem materiellen Lebensstandard und/oder zu mehr Freizeit.

Und hohe **Arbeitsproduktivität** ist die Basis für die Erhöhung des materiellen Lebensstandards oder für die Verlängerung der Freizeit, also Verkürzung der Arbeitszeit, Verlängerung des Urlaubs oder Herabsetzung des Rentenalters.

Damit wird ein Aspekt der Kapitalakkumulation und des technischen Fortschritts sichtbar, der nicht immer positiv bewertet wird: die **mögliche Freisetzung von Arbeitskräften**. Wenn der Produktivitätszuwachs nicht für eine Mehrproduktion von Gütern genutzt wird, weil die Nachfrage das Produktionspotenzial nicht ausschöpft, dann werden die Produktivitätszuwächse dazu benutzt, die gleiche Produktionsmenge mit weniger Arbeit zu produzieren. Investitionen sind dann nicht mehr Erweiterungsinvestitionen, sondern **Rationalisierungsinvestitionen**. Die beiden Möglichkeiten, Produktivitätszuwächse zu nutzen, gilt es klar zu unterscheiden:
- Erhöhung der Produktionsmenge bei gleicher Beschäftigung
- Abnahme der Beschäftigung bei gleicher Produktionsmenge

Wenn die Verringerung der durchschnittlich notwendigen Arbeitszeit im Zuge von Kapitalakkumulation und technischem Fortschritt die Bevölkerung eines Landes auch langfristig dem Traum vom Paradies näher rückt, so bedeutet die Arbeitslosigkeit als unfreiwillige Verringerung der Arbeitszeit für den einzelnen Menschen doch Rückgang seines Lebensstandards und psychische Not. Arbeit ist der Wert, der Selbstachtung und Selbstbewusstsein der Arbeiter trägt, wie es der katholische Sozialwissenschaftler *Oswalt von Nell-Breuning* formulierte. Wenn die Nachfrage das Produktionspotenzial langfristig nicht ausschöpft, wäre es mithin notwendig, die Arbeitszeit für alle zu verringern, nicht aber Überstunden und Arbeitslosigkeit zugleich zu haben.

Begriff und Rolle der Infrastrukturinvestitionen

Wesentliche Vorbedingung für die Investitionstätigkeit privater Unternehmen ist die **Infrastruktur**, auch Sozialkapital genannt, die in der Regel vom Staat bereitgestellt werden muss. Sehr weit gefasst beinhaltet der Begriff Infrastruktur

- die **institutionelle Infrastruktur** als Summe der gesellschaftlichen Normen, Einrichtungen und Verfahrensweisen wie: Rechtsordnung, Verwaltung, Eigentumsordnung, Berufsordnung etc.;
- die **materielle Infrastruktur** als Teil des Kapitalstocks einer Volkswirtschaft, der – aus noch zu erörternden Gründen (vgl. Abschnitt 4) – von der öffentlichen Hand bereitgestellt wird und insbesondere Vorleistungen für Produktion und Konsum erbringt, wie: Verkehrswesen, Kommunikationsnetze, Energieversorgung, Wasserversorgung, Bildungseinrichtungen usw.;
- die **personelle Infrastruktur**, die im Wesentlichen die Qualifikation der Menschen beinhaltet, wie: Gesundheit, Ausbildungsstand, Leistungsmotivation usw.

Infrastrukturinvestitionen sind für das Wachstum einer Volkswirtschaft von grundlegender Bedeutung, da sie z. T. Voraussetzung, z. T. notwendige Begleiterscheinung des Wachstumsprozesses sind. Sollen z. B. an der mecklenburg-vorpommernschen Küste neue Produktionsanlagen entstehen, so müssen zuvor Verkehrswege, allgemeine Kommunikationsmöglichkeiten und Energieversorgung bereitgestellt werden. Zudem müssen gesunde und ausgebildete Arbeitskräfte vorhanden sein, und begleitend muss für den Bau von Krankenhäusern, Schulen und Kindergärten gesorgt werden.

4 Ansatzpunkte einer Wachstumspolitik

Nach den Ausführungen über die notwendigen Wachstumserfordernisse – Erhöhung des Kapitalstocks einschließlich Infrastruktur und technischer Fortschritt – erhebt sich die Frage, wie der Staat in einer marktwirtschaftlichen Ordnung Wachstum beeinflussen kann. Grundsätzlich fällt dem Staat dabei die Aufgabe zu

- im privaten Bereich ein wachstumskonformes Verhalten der Menschen zu fördern und
- selbst die notwendige Infrastruktur zu errichten und durch Förderung von Wissenschaft und Forschung das technische Wissen voranzutreiben.

Stabilisierungspolitik und Wachstum

Wachstumsförderlich ist eine erfolgreiche Stabilisierungspolitik des Staates, die Inflation und Krisen verhindert. In der Krise werden ja Produktionsmöglichkeiten nicht genutzt und insbesondere die für das Wachstum notwendigen Erweiterungsinvestitionen eingeschränkt. Und in der Inflation besteht die Gefahr der Fehlsteuerung des Wirtschaftsprozesses (vgl. Kapitel 24, Abschnitt 4.3). Allgemein kann man sagen, dass eine stetige, von Investoren vorausschaubare Wirtschaftspolitik dazu beiträgt, Unsicherheiten und Reibungsverluste bei Anpassungsprozessen zu vermindern, und damit wachstumsfördernd wirkt.

Es sollte an dieser Stelle indes angemerkt werden, dass diese Argumente nicht unumstritten sind, es gibt z. B. auch die Vorstellung von wachstumsförderlichen »Reinigungskrisen«, doch neigt offenbar die Mehrheit der Wirtschaftswissenschaftler dazu, eine stetige Politik für wachstumsfördernd zu halten.

Außerordentlich bedeutsam für den Wachstumsprozess ist eine erfolgreiche Wettbewerbspolitik, insbesondere der Abbau von Marktzutrittsschranken, der die Unternehmen dauernd einem Konkurrenzkampf unterwirft, der Produkt- und Prozessinnovation erzwingt und Strukturwandlungen der Wirtschaft beschleunigt. Weiterhin ist eine Politik wachstumsfördernd, die die Mobilität von Arbeit und Kapital erhöht, doch dürfen die negativen Aspekte einer erzwungenen Mobilität der Arbeitsbevölkerung nicht übersehen werden.

Wettbewerbspolitik und Wachstum

Wesentliche Vorbedingung einer erfolgreichen Wachstumspolitik ist schließlich eine Vermögenspolitik, die die Vermögenszuwächse gleichmäßiger verteilt. Dies ist notwendig, damit Wachstum nicht allein zur »Vermögensbildung in Unternehmerhand« führt, was auch erhebliche Widerstände gegen wirtschaftliches Wachstum hervorrufen würde.

Ganz generell muss schließlich geprüft werden, inwieweit Beschränkungen der grundsätzlichen Freiheitsrechte, die eine Marktwirtschaft begründen, notwendig sind (z. B. durch bürokratische Verordnungen). Zum einen werden verstärkt Vorschläge zur Öffnung von Märkten gemacht. Diese Vorschläge laufen darauf hinaus, den Wettbewerb in regulierten Märkten wiederherzustellen. So gibt es eine Fülle von regulierenden Vorschriften und Marktzutrittsschranken z. B. im Postbereich, im Verkehrssektor oder im Gesundheitswesen. Der Abbau von Regulierungsvorschriften – die so genannte **Deregulierung** – soll dem dynamischen Wettbewerb mehr Spielraum verschaffen.

Deregulierung und Wachstum

Zum anderen werden Zonen **freier Wirtschaftsaktivität** (Freizonen) als Mittel zur Belebung der Investitionstätigkeit verstärkt diskutiert. Dabei geht es darum, Unternehmern und z. T. auch Arbeitnehmern in bestimmten Regionen zu erlauben, ihre Aktivitäten frei von bestimmten sonst geltenden Vorschriften und Zugangsbarrieren zu entfalten. Z. B. ist der **Offshore-Markt** eine Zone freier Aktivität für Banken. Diese unterliegen dann nicht den nationalen Steuer-, Bankenaufsichts- und Kreditregelungen. Beispiele sind Panama, die Cayman-Inseln oder Singapur. Analog dazu haben die USA und Japan auf eigenem Territorium Offshore-Zentren errichtet. Zu denken ist weiter an Produktions-, Export- oder Versicherungsfreizonen. Eine große Rolle spielen solche Freizonen indes nicht.

Freizonen zur Belebung der wirtschaftlichen Aktivität

Im Bereich seiner Produktion hat der Staat schließlich die Aufgabe, die notwendige Infrastruktur bereitzustellen und das Bildungswesen zu fördern. Infrastrukturinvestitionen können in der Regel nicht der privaten Unternehmerinitiative überlassen werden, weil

Warum muss der Staat für Infrastrukturinvestitionen sorgen?

- die privatwirtschaftliche Rentabilität von Infrastrukturinvestitionen oft unsicher ist (z. B. Wasserstraßen);
- der oft gewaltige Kapitalbedarf von Privaten nicht aufgebracht werden kann (z. B. Eisenbahnverkehrsnetz);
- das private Einziehen von Gebühren oft mit großen Kosten verbunden wäre (z. B. Straßen);
- insbesondere im Bereich der institutionellen Infrastruktur (Rechtsordnung, Verwaltung …) öffentliche Güter produziert werden, die unteilbar letztlich allen Mitgliedern der Gesellschaft zufließen; Nichtkäufer können mithin von ihrer Nutzung nicht ausgeschlossen werden;
- insbesondere im Bereich der personellen Infrastruktur Güter produziert werden, die wegen der sozialen Gerechtigkeit gratis oder unter ihren Kosten abgegeben werden sollen (z. B. Bildung und Gesundheit).

Förderung des technischen Fortschritts

Spezielle Bedeutung gewinnt die »Produktion« des technischen Fortschritts, gerade für ein Land wie die Bundesrepublik, dessen Export von technisch hochwertigen Produkten getragen wird. Sieht man einmal davon ab, dass man technischen Fortschritt importieren kann (durch Patente, Lizenzen und »Know-how«, das mit vielen Formen des Kapitalimports verbunden ist, man denke z. B. an das Volkswagenwerk in Brasilien), so ist davon auszugehen, dass der technische Fortschritt von den Aufwendungen für Forschung und Entwicklung (F & E) und dem Ausbau des Bildungswesens abhängt. Der technische Fortschritt erscheint dann in gewisser Weise gestaltbar, aber man muss zugeben, dass das Wissen um diese Zusammenhänge nicht sehr groß ist. Es gibt Untersuchungen, die zeigen, dass der Beitrag von Forschungs- und Bildungsinvestitionen für das wirtschaftliche Wachstum größer ist als der Beitrag von Investitionen in Sachkapital wie Maschinen und Anlagen. Generell wird heute die Vorteilhaftigkeit und Notwendigkeit einer staatlichen Forschungs- und Bildungspolitik anerkannt, insbesondere im Bereich der Grundlagenforschung und der allgemeinen Bildung.

Große Bedeutung von Forschungs- und Bildungsinvestitionen

Grundlagenforschung gehört zu den Gütern, die mit Hilfe öffentlicher Mittel bereitgestellt werden müssen, weil ihre Vorteile als öffentliche Güter letztlich allen Mitgliedern der Gesellschaft zufließen.

Weitgehend unumstritten ist auch die Aufgabe des Staates, **Bildungspolitik** zu betreiben, also Ausbildungsstätten, Schulen, Universitäten usw. zu errichten und zu fördern. Das vermehrte Wissen der Bevölkerung wird dann in zweifacher Weise von Vorteil sein: Einmal ist jede Bildung ein Wert an sich und kann als ein Konsumgut betrachtet werden; zum anderen wird vermehrtes Wissen zur Förderung des technischen Fortschritts beitragen, ist also ein Investitionsgut mit erheblichen positiven externen Effekten. Damit steht die staatliche Bildungspolitik vor der Wahl, Bildung als wirtschaftliche Investition oder als Konsumgut mit Eigenwert zu fördern.

Zum einen müsste man den Bedarf der Wirtschaft an beruflicher Bildung abschätzen und diesen Bedarf als Grundlage für den Ausbau des Bildungswesens heranziehen. Das Problem, dass man den Bedarf nur sehr ungenau und nicht langfristig im Voraus ermitteln kann, wird im Ansatz dadurch zu lösen versucht, dass man die Flexibilität und Mobilität der Arbeitsbevölkerung (z. B. durch das Arbeitsförderungsgesetz) zu erhöhen trachtet.

Bildung als Investitionsgut und …

Der zweite mögliche Ansatz geht davon aus, den zweckgerichteten Charakter der Bildungspolitik durch eine an der individuellen Neigung orientierte Bildungspolitik zu ersetzen. Damit würde sich das Mischungsverhältnis zwischen Bildung als Berufsvorbildung und Bildung als Konsumgut verschieben. Man darf allerdings nicht übersehen, dass die Bildung als Konsumgut – so notwendig sie für eine sinnvolle Freizeitgestaltung auch sein mag – erhebliche gesellschaftliche Kosten verursachen wird.

… als Konsumgut

5 Sonstige Vorbedingungen und Antriebskräfte des Wachstums

Welche geheimnisvollen Kräfte haben das Rad des Fortschritts im Europa des 18. Jahrhunderts in Gang gesetzt? Wir wollen hier nur zwei Punkte hervorheben, die die Bedeutung der Motivation von Investoren in Marktwirtschaften und die Sparfähigkeit der Bevölkerung betonen, und abschließend einige Punkte stichwortartig auflisten.

Motivation von Investoren und Sparfähigkeit

Max Weber (deutscher Sozialwissenschaftler, 1864–1920) argumentierte, dass die **calvinistische Ethik** (»innerweltliche Askese«), die die Akkumulation von Reichtum mit göttlichem Gnadenerweis verband und zugleich den Konsum des erworbenen Reichtums verbot, den gewaltigen wirtschaftlichen Aufschwung hervorgerufen habe.

Josef Alois Schumpeter (1883–1950) hielt den dynamischen Pionierunternehmer in der Marktwirtschaft für den Motor der wirtschaftlichen Entwicklung. Pionierunternehmer führen bahnbrechende Neuerungen ein, neue Produkte bzw. neue Verfahren, oder erobern neue Märkte. Der Pionierunternehmer oder Bahnbrecher kommt zeitweilig in den Genuss eines Wettbewerbsvorteils gegenüber seinen Konkurrenten. Je höher nun seine Pioniergewinne sind, desto eher und zahlreicher werden Nachahmer angelockt, die den Bahnbrecher unterbieten. In dynamischer Sicht besteht der Wettbewerb hier aus der Abfolge von Innovationen und Imitationen. (Große Innovationswellen waren etwa: Eisenbahnbau, Elektrifizierung, Automobilbau, Automation, Mikroelektronik und jetzt Multimedia.) Es ist die Chance, für eine gewisse Zeit gute Gewinne machen zu können, die den Fortschritt fördert.

Der Pionierunternehmer als Motor der Entwicklung

Zusammenfassend kann man mit *Herbert Giersch* eine illustrative Liste von Vorbedingungen und Antriebskräften des Wachstums im Europa des 18. und 19. Jahrhunderts aufstellen[2]:

---

2   *H. Giersch:* Konjunktur- und Wachstumspolitik, Wiesbaden 1977, S. 17 f.

Vorbedingungen
- Ein funktionsfähiges Transportsystem bildet zusammen mit einer auf Rechtssicherheit bedachten Privatrechtsordnung die Grundlage für eine zunehmende Arbeitsteilung und die räumliche Integration der Märkte.
- Ein entwickeltes Kreditwesen ermöglichte finanziell das Entstehen und Wachsen leistungsstarker Unternehmen.
- Ein ausreichendes Angebot an geeigneten Arbeitskräften war Vorbedingung für den produktiven Einsatz von Kapital in mechanisierten Produktionsprozessen.
- Ein aufgeklärtes Bürgertum mit Leistungsbewusstsein und Sinn für technischen Fortschritt sorgte für ein hinreichendes Angebot an Unternehmerinitiative.

Antriebskräfte
- die protestantische, speziell die calvinistische Ethik,
- der Erwerb von Fähigkeiten im Zuge der Spezialisierung durch Arbeitsteilung,
- die Zuwanderung von ethnischen und religiösen Minderheiten mit hohen fachlichen Qualifikationen,
- die Verminderung übermäßigen Bevölkerungsdrucks durch Auswanderung nach Übersee,
- die Erhöhung der sozialen Mobilität und der Wettbewerbsintensität durch Demokratisierung und Liberalisierung,
- die wirtschaftliche Anwendung und die Ausweitung des technischen Wissens und
- die Erschließung neuer Absatz- und Beschaffungsmärkte.

6 Kosten des Wachstums

6.1 Opportunitätskosten des Wachstums in Form entgangenen Gegenwartskonsums

Wachstum durch Konsumverzicht

Wachstum erfordert – wie bereits herausgestellt wurde – private und öffentliche Investitionen. Will man aus einem gegebenen Inlandsprodukt mehr investieren, so müssen die nichtinvestiven Komponenten der gesamtwirtschaftlichen Nachfrage der gleichen Periode entsprechend reduziert werden: Es muss gespart werden. (Der Leser denke an die volkswirtschaftliche Transformationskurve, Kapitel 1, Abschnitt 1.2.) Wenn man also heute auf möglichen Konsum verzichtet, also spart, und mehr investiert, wird man das Produktionspotenzial für die Zukunft erhöhen und damit einen höheren Konsum in der Zukunft ermöglichen. Abbildung 27.3 zeigt diese Wahlmöglichkeit. Zwei Volkswirtschaften realisieren bei gleicher Ausgangsposition Y_0 unterschiedliche Wachstumsraten; dabei ist die Investitionsquote für die zu-

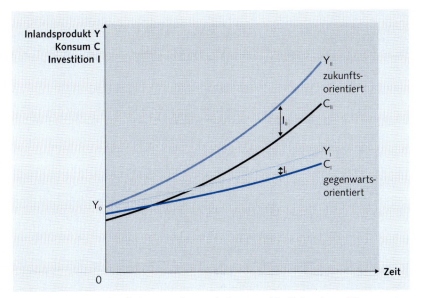

Abb. 27.3: Unterschiedliches Wachstum bei unterschiedlicher Investitionsquote

kunftsorientierte Gesellschaft II (»Japan«) höher als für die gegenwartsorientierte Gesellschaft I (»Marokko«).

Jede Gesellschaft hat also zu entscheiden, ob sie einen höheren Gegenwartskonsum oder einen höheren Konsum in der Zukunft vorzieht. Letztlich ist dies ein Problem der Aufteilung der Lasten innerhalb einer Generation und zwischen den Generationen. Eine Gesellschaft, die heute notwendige Wachstumsinvestitionen unterlässt, beschneidet damit die Konsummöglichkeiten ihrer Nachfolger. Wenn die Bundesregierung z. B. im Interesse der Haushaltssanierung notwendige Infrastrukturinvestitionen (etwa im Verkehrswesen oder im Bildungsbereich) verschiebt, so kann dies zu einer Anhebung des Gegenwartskonsums auf Kosten der Investitionen führen.

Im Prinzip fordert man, dass der entgangene Nutzen aus dem Verzicht auf Gegenwartskonsum durch den zusätzlichen Nutzen aus dem höheren Zukunftskonsum gerade aufgewogen wird (**optimales Wachstum**). Das richtige »Mischungsverhältnis« zu finden, erweist sich praktisch als unmöglich. Man sieht hieran jedoch, dass jedenfalls maximales Wachstum nicht das Ziel einer vernünftigen Wirtschaftspolitik sein kann.

Konflikt zwischen Gegenwarts- und Zukunftskonsum

6.2 Umweltschäden

Der Katalog der Belastungen der Umwelt ist im Zuge der wirtschaftlichen Entwicklung ständig größer geworden. Er enthält im Wesentlichen folgende Schäden:
- Verschlechterung der Qualität von Luft, Wasser und Boden,
- Beeinträchtigung der Landschaft und der Pflanzen- und Tierwelt,

- Ausbeutung der Bodenschätze,
- Gesundheitsschäden und Lärm.

Es ist überaus schwierig, das Ausmaß der Umweltschäden auch nur annähernd zu quantifizieren. Ansätze für die Bundesrepublik finden sich im Rahmen der Umweltökonomischen Gesamtrechnung (vgl. Kapitel 29).

Wachstum ist nicht notwendigerweise mit Umweltschäden verbunden

Mit einer Zunahme des Inlandsproduktes im herkömmlichen Sinne geht die Zunahme von Produktion und Konsum einher und damit die Zunahme der Umweltschäden, sofern keine Gegenmaßnahmen getroffen werden. Wenn, wie heute vielfach üblich, das Wachstum als Ursache der Umweltschäden gesehen wird, so ist das faktisch nicht falsch. Nur ist Wachstum nicht notwendigerweise mit steigenden Umweltschäden verbunden, da es absolut notwendige schädliche Begleiterscheinungen des Wachstums offenbar nicht gibt. Insofern ist die Forderung nach einem Nullwachstum voreilig: Nicht die Wachstumsraten bestimmen die Umweltschäden, sondern das Ausmaß, in dem Technologien im Produktionsprozess eingesetzt werden, die innerbetrieblich Kosten sparen, dafür aber die Allgemeinheit mit hohen Umweltkosten belasten. Daraus folgt auch, dass Wachstum zwar Umweltschäden mit sich bringen kann, dass es aber auch von der Rechtsordnung abhängt, inwieweit sie zugelassen werden. Andererseits ist nicht zu verkennen, dass hohe Wachstumsraten einen Umweltschutz ermöglichen, der nicht zu Lasten des privaten oder öffentlichen Konsums geht. (Zur Umweltpolitik vgl. ebenfalls Kapitel 29)

Hohe Wachstumsraten erhöhen den Spielraum für Umweltpolitik.

7 Strukturwandel als Begleiterscheinung des Wachstums

Wirtschaftliches Wachstum ist mit Strukturänderungen verbunden. Dabei kann man die Strukturänderungen fast beliebig vieler Größen betrachten, denn die meisten Größen lassen sich in Einzelbestandteile zerlegen, deren Anteile an der Gesamtgröße einer Veränderung unterliegen, z. B. Einkommensstruktur, Bevölkerungsstruktur, Struktur der Staatsausgaben usw. Wir beschränken uns auf die Produktionsstruktur und die Preisstruktur.

Wandel der Produktionsstruktur

Betrachten wir zunächst den Wandel der **Produktionsstruktur**. Darunter versteht man den Produktionsanteil der Sektoren oder Branchen am Inlandsprodukt. Man kann beobachten, dass die Produktionsanteile von Landwirtschaft und Rohstoffproduktion im Wachstumsprozess laufend abnehmen, während der Anteil der Dienstleistungen kontinuierlich zunimmt. Der Anteil der Industrieproduktion steigt in weniger entwickelten Gesellschaften im Zuge des Wachstums an, beginnt aber bei einer hohen industriellen Entwicklungsstufe wieder abzunehmen.

Oft wandeln sich die Strukturen, wenn die wirtschaftlichen Aktivitäten auf Hindernisse, auf Beschränkungen stoßen. Wenn Arbeit knapp und teuer ist, wird rationalisiert. Wenn Boden knapp ist, werden Hochhäuser gebaut.

Wenn die Nachfrage nach bestimmten Gütern zurückgeht, muss sich das Angebot entsprechend anpassen usw.

Bisher sind die Hauptursachen des Wandels der Produktionsstruktur in der unterschiedlichen Entwicklung der Nachfrage zu sehen.

Mit steigendem Einkommen steigt die Nachfrage nach den einzelnen Gütern und Dienstleistungen nicht gleichmäßig (vgl. Kapitel 4, Abschnitt 4.3). So sinkt mit steigendem Einkommen der Anteil der Ausgaben für Nahrungsmittel, insbesondere Grundnahrungsmittel (Kartoffeln, Brot usw.), und es steigt der Anteil der Ausgaben für hochwertige Konsumgüter. Plastisch wird dies durch die Nachfragewellen, die in der Bundesrepublik seit 1948 zu beobachten waren, zum Ausdruck gebracht: Fresswelle, Bekleidungswelle, Wohnungswelle, Autowelle, Reisewelle und Freizeitwelle.

Bedeutung unterschiedlicher Einkommenselastizitäten der Nachfrage für den Strukturwandel

Auch Veränderungen der Preisrelationen bewirken eine Verschiebung der Nachfragestruktur. So wurde lange Zeit die Steinkohle durch das billigere Erdöl verdrängt oder inländische Textilien durch billige ausländische ersetzt. Da sich auf lange Sicht die Produktion an der Nachfrage ausrichten muss – es werden keine Güter produziert, für die keine Nachfrage besteht, für die keine Nachfrage geschaffen wird oder für deren Befriedigung andere Güter, die niedrigere Preise haben, zur Verfügung stehen –, bestimmt die Veränderung der Nachfrage die Wandlung der Produktionsstruktur.

Änderung der Preisrelationen und Strukturwandel

Mit dem Wandel der Produktionsstruktur entsteht ein schwieriges Entscheidungsproblem:

Probleme des Strukturwandels

Ein absoluter oder auch nur relativer Rückgang der Produktion einer Branche oder einer Region bedeutet soziale Härten für die dort Beschäftigten. Ein Teil verliert den Arbeitsplatz oder muss mit relativ niedrigeren Löhnen vorlieb nehmen. Daraus ergibt sich oft die Notwendigkeit, den erlernten Beruf zu wechseln und/oder die sozialen Bindungen an den bisherigen Heimatort aufzugeben.

Wird indes die überkommene Wirtschaftsstruktur durch staatliche Hilfe konserviert (etwa durch Erhaltungssubventionen im Gegensatz zu den ggf. sinnvolleren Anpassungssubventionen), so bedeutet dies ein Hemmen des Wirtschaftswachstums und eine erhöhte steuerliche Belastung der Allgemeinheit.

Die **Preisstruktur** – also die Preisrelationen zwischen den verschiedenen Sektoren – wird langfristig durch die unterschiedlichen Möglichkeiten, durch Einsatz von Kapital und technischem Wissen die Arbeitsproduktivität zu erhöhen, verändert. Dabei stellt sich die Entwicklung der Arbeitsproduktivität zwischen den drei grundlegenden Wirtschaftssektoren (primärer, sekundärer und tertiärer Sektor) sehr unterschiedlich dar.

Der primäre Sektor besteht aus der Land- und Forstwirtschaft sowie der Fischerei und ist gekennzeichnet durch mäßige Produktivitätsfortschritte.

Der sekundäre Sektor umfasst das Waren produzierende Gewerbe und gliedert sich in die Teilsektoren Verarbeitendes Gewerbe (Industrie), Bergbau, Energie- und Wasserversorgung sowie Baugewerbe. Vor allem in der Industrie (als dem dominierenden Teilbereich des sekundären Sektors) kommt es regelmäßig zu großen Produktivitätsfortschritten.

Der tertiäre Sektor umfasst den gesamten Dienstleistungsbereich einschließlich staatlicher Dienstleistungen (Handel und Verkehr, Verwaltung, Ausbildung, freie Berufe, einige Handwerksbetriebe, Finanzdienstleistungen u. a.). Für den tertiären Sektor sind nur relativ geringe Produktivitätssteigerungen kennzeichnend. Die Erstellung von Dienstleistungen kann man, jedenfalls nach den bisherigen Erfahrungen, nicht in dem Maße mechanisieren wie etwa die industrielle Produktion. So ist die Produktivitätssteigerung eines Richters, Friseurs, eines Lehrers oder eines Kellners durch Mehreinsatz von Maschinen nur in recht engen Grenzen vorstellbar. Durch den wachsenden Informations- und Kommunikationsbedarf in den industrialisierten Volkswirtschaften, die sich immer weiter intensivierende nationale und internationale Arbeitsteilung, die Entwicklung neuer Informations- und Kommunikationstechnologien sowie kostengünstigerer Transportmöglichkeiten und wahrscheinlich auch durch die hohe Arbeitslosigkeit hat sich in den letzten Jahrzehnten gerade im tertiären Sektor ein gewaltiger Schub nach vorne ergeben (insbesondere im Bereich der Unternehmensdienstleistungen und im Transportwesen).

Mit über zwei Dritteln der Bruttowertschöpfung in Deutschland ist der tertiäre Sektor zum bedeutendsten Bereich der Volkswirtschaft aufgestiegen (**Tertialisierung**), und dieser Prozess wird sich mit großer Wahrscheinlichkeit auch aufgrund der Globalisierung der Märkte weiter fortsetzen. Tabelle 27.1 zeigt sehr deutlich den langfristigen Trend zur Dienstleistungsgesellschaft in der Bundesrepublik.

Sektor	Anteil der Sektoren an der Bruttowertschöpfung der Bundesrepublik Deutschland				
	Früheres Bundesgebiet			Deutschland	
	1970	1980	1990	1991	2004
Primärer Sektor (Land- und Forstwirtschaft, Fischerei)	3,3%	2,0%	1,5%	1,4%	1,1%
Sekundärer Sektor (Waren produzierendes Gewerbe)	48,4%	41,5%	37,7%	36,3%	29,0%
Tertiärer Sektor (Dienstleistungssektor)	48,3%	56,5%	60,8%	62,3%	69,9%
Quelle: Statistisches Bundesamt					

Tab. 27.1: Anteile der Sektoren an der Bruttowertschöpfung der Bundesrepublik Deutschland im Zeitverlauf

8 Grenzen des Wachstums

Schon immer scheint die Menschheit der Alptraum eines drohenden Weltuntergangs oder zumindest die Vorstellung von einem Ende des Wachstums geplagt zu haben, wie folgender kurzer Überblick über die wichtigsten langfristigen Entwicklungsprognosen zeigt.

8.1 Ertragsgesetz

Nach dem Ertragsgesetz müssen die Ertragszuwächse abnehmen, wenn ein Produktionsfaktor bei Konstanz der übrigen Faktoren laufend zunimmt (vgl. Kapitel 5, Abschnitt 2.2.1). Da – so die klassische Auffassung – die Bevölkerung wächst, der Boden aber konstant bleibt, wird das zusätzliche Produkt, das eine wachsende Bevölkerung erstellen kann, immer kleiner, weil eben immer mehr Menschen die gleiche Bodenfläche bebauen. Schließlich wird das Grenzprodukt so klein, dass zusätzliche Menschen nicht mehr ernährt werden können: Das Wachstum der Bevölkerung findet dann seine Grenze in der beschränkten Nahrungsmittelproduktion. Eine weitere Entwicklung wäre dann nicht mehr möglich, die Menschheit erreichte den so genannten **stationären Zustand**.

Stagnation aufgrund des Ertragsgesetzes?

Ähnliche Überlegungen lassen sich auf den Produktionsfaktor Kapital übertragen. Kapital wird – bei heute im Wesentlichen konstanter Bevölkerungszahl und bei konstantem Einsatz des Produktionsfaktors Boden – vermehrt eingesetzt. Bei Gültigkeit des Ertragsgesetzes führt dies zu abnehmenden Grenzerträgen des Kapitals, bis sich schließlich im Endzustand Investitionen nicht mehr lohnen. Auch dies mündet dann in einen stationären Zustand. Dabei wird keineswegs ein solcher stationärer Zustand generell als Übel gesehen, einem Stillstand können auch positive Seiten zugeschrieben werden (»Das Rad des Ixion steht still«, *Schopenhauer*).

Allerdings ist anzumerken, dass sich diese Sichtweise der klassischen Ökonomen bisher nicht bewahrheitet hat. Als wesentlicher Grund hierfür dürfte der technische Fortschritt anzusehen sein, welcher die Grenzproduktivitäten von Arbeit und Kapital laufend steigert.

8.2 Natürliche Grenzen des Wachstums

Das 1972 erschienene Buch »Die Grenzen des Wachstums«[3] löste eine weltweite Wachstums- und Umweltdiskussion aus. Zentrale Gedanken der Studie sind:

---

3 *Meadows, D.* u. a.: Die Grenzen des Wachstums. Bericht des Club of Rome zur Lage der Menschheit, Stuttgart 1972.

Raumschiff Erde

(a) die Vorstellung vom »Raumschiff Erde« mit einer Reihe natürlicher Wachstumsgrenzen:
– begrenzter Lebensraum für eine wachsende Bevölkerung,
– begrenzte Rohstoffreserven,
– begrenzte Absorptionsfähigkeit von Umweltschäden;

Exponentielles Wachstum

(b) die Vorstellung von einem exponentiellen (zunehmenden) Wachstum der entscheidenden Größen des Systems wie Bevölkerung, Umweltverschmutzung und Rohstoffverbrauch, die mit zunehmender Geschwindigkeit ihre Grenzen erreichen.

Hauptprobleme des Wachstums

Die 1980 erschienene und ebenfalls stark diskutierte Studie »Global 2000«[4] kommt in wesentlichen Punkten zu ähnlichen Prognosen. Wir stützen uns im Folgenden auf beide Berichte, die immer noch aktuell sind.

Wachstumsgrenze Nahrungsmittelproduktion und Lebensraum

Die Einwohnerzahl der Erde hat 6,5 Milliarden überschritten. Sie wächst gegenwärtig mit etwa 1,5 Prozent pro Jahr, verdoppelt sich also alle 58 Jahre. Um nur das derzeitige Pro-Kopf-Einkommen aufrecht zu erhalten, muss die Produktion innerhalb von zwei Generationen (ca. 60 Jahre) um 100 Prozent zunehmen. Wächst die Bevölkerung weiterhin mit 1,7 Prozent pro Jahr, dann entfällt in rd. 700 Jahren auf jeden Quadratmeter Boden ein Bewohner. Es ist eine Binsenweisheit, dass die Zahl der Menschen, die auf dem Raumschiff Erde Platz haben, beschränkt ist. Wie groß aber die mögliche Bevölkerungszahl ist, bleibt ungewiss. Die Studie »Global 2000« geht davon aus, dass gegen Ende des 21. Jahrhunderts die Weltbevölkerung mit 30 Milliarden Menschen die äußerste Grenze der Belastbarkeit der Erde erreicht. Dabei erscheint es unsicher, ob die notwendige Steigerung der Nahrungsmittelproduktion angesichts der benötigten Menge an künstlichem Dünger, der beschleunigten Bodenerosion und dem Verlust an natürlicher Bodenfruchtbarkeit erreicht werden kann.

Wachstumsgrenze Rohstoffreserven

Wird der Verbrauch von Rohstoffen in Zukunft mit der gleichen Rate wachsen wie bisher, dann werden die wichtigsten, nicht erneuerbaren Rohstoffe in kurzer Zeit verbraucht sein. Die Berechnungen des »Club of Rome« behaupten, dass, ausgehend von den heute bekannten Rohstoffreserven, sehr viele Rohstoffe innerhalb der nächsten 30 Jahre verbraucht sein werden (u. a. Aluminium, Kupfer, Gold, Blei, Erdöl, Silber, Zinn, Zink). Ähnliche Berechnungen werden in der Studie »Global 2000« angestellt.

Nach Ansicht vieler Wissenschaftler sind diese Perspektiven jedoch zu pessimistisch.

Die vorhandenen Reserven sind unbekannt. Auch optimistische Schätzungen haben sich nach kurzer Zeit schon oft als zu pessimistisch erwiesen.

---

4 Global 2000: Der Bericht an den Präsidenten, Frankfurt/M. 1980

So wird z. B. immer wieder auf die Möglichkeit einer Rohstoffgewinnung aus dem Meer hingewiesen.

Auf der Nachfrageseite ist zu überlegen, ob der Verbrauch von Rohstoffen in Zukunft mit der gleichen Rate wächst. Der Preismechanismus kann durch steigende Preise bei Rohstoffknappheit für Substitution knapper Rohstoffe sorgen (Erdöl durch Nuklearenergie oder Sonnenenergie), er kann zu einem sparsamen Verbrauch führen und die Wiederverwendung von Rohstoffen (»**recycling**«) lohnend machen. Schließlich werden mit steigenden Preisen immer schwierigere Abbaumethoden rentabel (z. B. Schieferöl in den USA).

Außerdem ist darauf hinzuweisen, dass das Wachstum in Zukunft zunehmend von der Expansion des tertiären Sektors getragen sein wird, der relativ wenig Rohstoffe verbraucht.

Wachstumsgrenze Umweltverschmutzung

Die Wachstumsgrenze Umweltverschmutzung ist ebenfalls nicht bekannt. Man weiß nicht, welche Schadstoffmengen man der Umwelt aufladen kann, ohne dass das ökologische Gleichgewicht der Umwelt schwer geschädigt wird. Es ist unbekannt, wie viel Kohlendioxyd oder Abwärme man freisetzen kann, ohne dass sich das Klima der Erde unwiderruflich verändert, oder wie viel Radioaktivität, wie viel Schwefel- und Stickoxyde oder Schädlingsbekämpfungsmittel Pflanzen, Tiere und Menschen aufnehmen können, ohne dass die Lebensprozesse unwiderruflich zerstört werden. »Global 2000« führt aus: »Die vielleicht schwerwiegendste Umweltentwicklung wird in der zunehmenden Verschlechterung und dem Verlust von für die Landwirtschaft wesentlichen Ressourcen bestehen. Zu dieser Gesamtentwicklung gehören: Bodenerosion, Nährstoffverlust und Verdichtung der Böden; zunehmende Versalzung sowohl von künstlich bewässerten Böden als auch des für die Bewässerung verwendeten Wassers; Verlust von hochwertigem Ackerland aufgrund der Stadtausdehnung; Ernteschäden aufgrund zunehmender Luft- und Wasserknappheiten ...« (Global 2000, S. 77 ff.).

Ohne die Relevanz der grundsätzlichen Problematik in Frage stellen zu wollen, muss allerdings konstatiert werden, dass die von den Autoren der obigen beiden Studien gemachten Prognosen bezüglich der **Geschwindigkeit** des Prozesses der Umweltzerstörung und des Ressourcenverbrauchs offensichtlich zu pessimistisch waren. Auf mögliche Gründe hierfür ist bereits oben eingegangen worden.

Ungewisser Zeithorizont für die Grenzen des Wachstums

> Generell gilt: Ohne alle Entwicklungsprognosen und Stagnationstheorien im Einzelnen kritisch zu würdigen, muss darauf hingewiesen werden, dass ein Großteil der Theorien weder die Rolle des technischen Fortschritts noch die bei auftretenden Wachstumshindernissen sich in der Regel ergebenden Strukturwandlungen angemessen berücksichtigt.

8.3 Schumpeters These von der »Stagnation der kapitalistischen Entwicklung«

Schließlich gibt es eine Reihe von psychologisch argumentierenden Stagnationstheorien, von denen wir *Schumpeters* These herausgreifen wollen.

Der Pionierunternehmer stirbt aus.

Der Unternehmer als Eigentümer, der Pionierunternehmer, verliert seine Funktion als Wegbereiter des Fortschritts. An seine Stelle tritt der Unternehmer als bezahlter Angestellter (Manager), der nicht mehr den Pioniergeist der frühen Unternehmer-Eigentümer aufweist. Der technische Fortschritt wird zunehmend organisiert und entpersonalisiert und verliert damit einen Teil seiner Dynamik.

Auch das Eigentum verliert seine Funktion als Leistungsanreiz; das Eigentum wird gestückelt und in Aktien und Anteilsscheinen dematerialisiert, der Eigentümer der Aktien weist nicht mehr den Kampfeswillen und Verantwortungsgeist auf wie sein Vorgänger im 19. Jahrhundert. *Schumpeter* glaubte also, dass die Entwicklung zum Managertum und gestückelten Großkapital die Antriebskräfte des Unternehmertums erlahmen lässt.

9 Exkurs: Grundmodelle der Wachstumstheorie

Abschließend wollen wir uns in diesem Exkurs mit den Grundelementen der Wachstumstheorie beschäftigen. Wachstumstheoretische Modelle sind naturgemäß in der Analysetechnik anspruchsvoller als etwa die kurzfristigen Modelle der Einkommens- und Beschäftigungstheorie, weil sie sich mit der Entwicklung der Ökonomie in der Zeit beschäftigen. Eine Auseinandersetzung mit dieser Thematik erfordert mithin einen etwas höheren Grad an mathematisch-formaler Analyse, als in den anderen Kapiteln dieses Buches gefordert ist. Da die Wachstumstheorie in den letzten Jahrzehnten innerhalb der Makroökonomik stark an Bedeutung gewonnen hat, wollen wir dem Leser hier zumindest die Gelegenheit bieten, sich einen Zugang zu diesem Gebiet zu verschaffen. Das Studium dieses Exkurses ist jedoch nicht Voraussetzung für das Verständnis der übrigen Kapitel dieses Buches.

In der Wachstumstheorie als Teilgebiet der allgemeinen Makroökonomik wird versucht, den Wachstumsprozess von Einkommen und Beschäftigung modellhaft abzubilden und seine Funktionsweise, d. h. seine zentralen Wirkungszusammenhänge zu analysieren. Dabei stehen drei zentrale Fragenkomplexe im Vordergrund:

Zentrale Fragestellungen der Wachstumstheorie

1. Gibt es einen gleichgewichtigen Wachstumspfad der Volkswirtschaft, d. h. eine Entwicklung der Ökonomie in der Zeit, bei welcher das Inlandsprodukt (Nationaleinkommen) stets mit derselben Änderungsrate wächst?

2. Von welchen Größen hängt diese Änderungsrate (Wachstumsrate) ab, d. h. unter welchen Bedingungen ist sie größer bzw. kleiner?
3. Ist der gleichgewichtige Wachstumspfad stabil, d. h. kehrt die Volkswirtschaft nach einer Wachstumsstörung (z. B. infolge eines Konjunktureinbruchs) zum gleichgewichtigen Wachstumspfad zurück oder wird sie sich dann im weiteren Zeitablauf immer weiter von diesem entfernen?

Ähnlich wie in der kurzfristig orientierten Einkommens- und Beschäftigungstheorie existieren auch hier unterschiedliche, miteinander konkurrierende Theorieansätze mit z. T. entgegengesetzten Anworten auf die obigen Fragen. Auf der einen Seite stehen die nachfrageseitig orientierten Modelle der so genannten **postkeynesianischen Wachstumstheorie**, welche sich eng an die keynesianische Einkommens- und Beschäftigungstheorie anlehnen. Auf der anderen Seite steht die angebotsseitig orientierte **neoklassische Wachstumstheorie** in ihren unterschiedlichen Spielarten, welche im Grundansatz durch die Herangehensweise der klassisch-neoklassischen Denkschule geprägt ist. Wir wollen in den nachfolgenden Abschnitten die grundlegenden Annahmen und Schlussfolgerungen dieser Modellansätze näher untersuchen, ihre zentralen Unterschiede aufzeigen und die Modelle mit Blick auf ihre »Realitätsnähe« gegeneinander abwägen.

Postkeynesianische und neoklassische Paradigmen

9.1 Postkeynesianische Wachstumstheorie

9.1.1 Die Modellannahmen des postkeynesianischen Wachstumsmodells

Postkeynesianische Wachstumsmodelle untersuchen die sich aus der keynesianischen Theorie ergebenden Konsequenzen für das Wachstum von Einkommen und Beschäftigung in der mittleren und langen Frist. Das Grundmodell dieser Theorieschule wurde bereits Ende der 30er-Jahre von *Harrod* und *Domar* (unabhängig von einander) entwickelt. Dabei handelt es sich im Kern um eine Variante des einfachen keynesianischen Einkommen-Ausgaben-Modells, wie wir es schon in Kapitel 10, Abschnitt 3.1 kennen gelernt haben. Anders als dort wird jedoch nicht von zinsabhängigen Investitionen ausgegangen, sondern es wird eine Investitionsfunktion unterstellt, bei der sich die Höhe der Investitionen an der **Kapazitätsauslastung** der Unternehmen orientiert. Während die keynesianische Kurzfristanalyse die Investitionen lediglich als Teil der aggregierten Güternachfrage berücksichtigt, untersucht das postkeynesianische Wachstumsmodell die wechselseitigen Abhängigkeiten zwischen Investitionen, gesamtwirtschaftlicher Produktion und Kapazitätsentwicklung.

Das Einkommen-Ausgaben-Modell als Ausgangspunkt

Kapazitätsorientierte Investitionen

Den Ausgangspunkt bildet also das bereits in Kapitel 10 vorgestellte Einkommen-Ausgaben-Modell, wobei zur Vereinfachung die staatliche Güternachfrage vernachlässigt sei. Im Gütermarktgleichgewicht gilt also

$$Y = C + I.$$

Das (reale) Inlandprodukt bzw. Nationaleinkommen wird der effektiven Güternachfrage entsprechen, welche sich hier aus der Konsum- und der Investitionsgüternachfrage zusammensetzt. Wir unterstellen eine konstante (marginale und durchschnittliche) Sparquote s mit $0<s<1$, sodass sich das gesamtwirtschaftliche Sparvolumen $S = Y-C$ aus der Sparfunktion

$$S = s \cdot Y$$

bestimmt. Im Gütermarkt-Gleichgewicht gilt dann die bekannte Gleichgewichtsbedingung

$$I = S.$$

Die Investitionen I »finanzieren« sich gerade aus der gesamtwirtschaftlichen Ersparnis S. Abschreibungen sollen hier (und in den nachfolgenden Abschnitten dieses Kapitels) zur Vereinfachung vernachlässigt werden. Die (Netto-)Investitionen I geben dann den Zuwachs des gesamtwirtschaftlichen Kapitalstocks zur nächsten Periode an ($\Delta K = I$), d.h. den **Kapazitätszuwachs**.

Linear-limitationale Produktionsfunktion

Das postkeynesianische Wachstumsmodell geht nun davon aus, dass zur Produktion einer Einheit Output jeweils der Einsatz einer bestimmten und konstanten Menge der Produktionsfaktoren Kapital und Arbeit benötigt wird. Es ist also eine **linear-limitationale Produktionsfunktion** unterstellt, bei welcher sich Kapital und Arbeit nicht wechselseitig substituieren lassen (vgl. Kapitel 5, Abschnitt 2.1). Der **technische Fortschritt** (Prozessinnovationen) wird dabei als quasi arbeitsvermehrend behandelt, d.h. er wirkt so, als würde er die geleistete physische Arbeitsmenge erhöhen. Man spricht dann von »**Arbeit in Effizienzeinheiten**« oder auch von »**effektiver Arbeitsmenge**« (im Weiteren mit L bezeichnet). Formal gilt dann

Arbeitsvermehrender technischer Fortschritt

$$L = H \cdot N.$$

Der »Technologiefaktor« H spiegelt das aktuelle Niveau des (arbeitsvermehrenden) technischen Fortschritts wider, während N die geleistete physische Arbeitsmenge angibt, die wir der Einfachheit halber durch die Zahl der Beschäftigten messen (N ist hier also die gesamtwirtschaftliche Beschäftigtenzahl).

> Die Höhe des Technologiefaktors H gibt also an, wie groß die effektive Arbeitsleistung des einzelnen Beschäftigten gegenüber der Referenzperiode mit H=1 ist (bei unverändertem Arbeitszeitvolumen).

Beträgt der Technologiefaktor z. B. H=2, so bedeutet dies, dass ein Beschäftigter in der aktuellen Periode aufgrund des technischen Fortschritts (im Durchschnitt) das Doppelte eines Beschäftigten der Referenzperiode leistet. Ein Beispiel zur Verdeutlichung: Nehmen wir an, im Ausgangspunkt brauchte ein Steuerberater zur Bearbeitung der Steuererklärung eines Klienten eine Stunde. Hierfür stand ihm ein einfacher Taschenrechner zur Verfügung. Nun kommt der technische Fortschritt in Form eines programmierbaren Taschenrechners. Um die Steuererklärung des Klienten zu bearbeiten, braucht der Steuerberater nun nur noch die Hälfte der Zeit, sprich: eine halbe Stunde. Innerhalb einer Stunde kann er nun also zwei Steuererklärungen abarbeiten, also das doppelte Pensum wie vorher erledigen. Er leistet in einer Stunde nun soviel wie vorher zwei Steuerberater zusammen. Ist der Zustand vor Einführung des programmierbaren Taschenrechners der Referenzpunkt mit H=1, so erhöht dessen Nutzung nun den Technologiefaktor auf das Doppelte, d. h. auf H=2.

Ein Beispiel für arbeitsvermehrenden technischen Fortschritt

Die gesamtwirtschaftliche Produktionsfunktion des postkeynesianischen Wachstumsmodells kann damit formal durch die Gleichung

$$Y = \min\{K/\gamma, L/\alpha\}$$

dargestellt werden. Dies besagt, dass der Output Y in seiner Höhe stets dem kleineren der beiden Werte K/γ und L/α entsprechen wird. Die Koeffizienten $\gamma > 0$ und $\alpha > 0$ geben dabei an, wie viele Einheiten Kapital und Effizienzeinheiten Arbeit für die Produktion einer Outputeinheit (produktionstechnisch bedingt) mindestens benötigt werden. Bei Unterbeschäftigung, wenn also eine »Reservearmee« von Arbeitslosen existiert, auf welche jederzeit bei Bedarf zurückgegriffen werden kann, stellt der zur Verfügung stehende Kapitalstock K den eigentlichen »Flaschenhals« im Produktionsprozess dar. Ohne Freikapazitäten wären hier keine unmittelbaren Produktionsanpassungen an unerwartete Nachfrageerhöhungen möglich. Wollen die Unternehmen Rationierungen ihrer Kunden infolge nicht antizipierter Schwankungen der aggregierten Güternachfrage vermeiden (z. B. aus Gründen der Kundenbindung), so müssen sie (gewünschte) **Freikapazitäten** vorhalten. Der aus Unternehmenssicht wünschenswerte bzw. »befriedigende« **Kapitalkoeffizient** sei dabei durch

Gewünschte Freikapazitäten

$$v = (K/Y)_b > \gamma.$$

beschrieben.

> Der befriedigende Kapitalkoeffizient v gibt an, welches Kapital-Output-Verhältnis sich ergibt, wenn die Unternehmen die aus ihrer Sicht befriedigenden Freikapazitäten realisieren.

Der befriedigende Kapitalkoeffizient

Wir wollen annehmen, dass der befriedigende Kapitalkoeffizient im Ausgangsgleichgewicht vorliegt mit

$$K/Y = (K/Y)_b = v.$$

Aufrechterhaltung des befriedigenden Kapitalkoeffizienten durch die Investitionen

Für die Unternehmen stellt sich nun das Problem, dass die Schaffung oder auch der Abbau von Kapazitäten Zeit benötigt, d. h. ihre gegenwärtige Investitionsentscheidung determiniert die Höhe der in der nächsten Periode zur Verfügung stehenden Kapazitäten (denn $\Delta K = I$). Um auch in der nächsten Periode die befriedigende Kapazitätsauslastung aufrechtzuerhalten, müssen folglich die (Netto-)Investitionen I gerade so ausfallen, dass der Kapitalstock mit derselben Rate wächst wie das Inlandsprodukt bzw. die Güternachfrage. Es gilt dann also

$$\Delta K/K = \Delta Y/Y \text{ bzw. } I/K = \Delta Y/Y.$$

Dabei gibt ΔK bzw. ΔY die Änderung des gesamtwirtschaftlichen Kapitalstocks bzw. des Inlandsproduktes von dieser zur nächsten Periode an. Aus $K = v \cdot Y$ ergibt sich (da v konstant ist) $\Delta K = v \cdot \Delta Y$ und damit die (kapazitätsorientierte) Investitionsfunktion

$$I = v \cdot \Delta Y.$$

Bei Realisation des befriedigenden Kapitalkoeffizienten v im Ausgangspunkt entspricht das optimale Investitionsvolumen der Unternehmen genau der Output- bzw. Güternachfrage-Änderung ΔY multipliziert mit v. Genau dann wird die befriedigende Kapazitätsauslastung auch in der nächsten Periode fortbestehen. Die Höhe der Änderung der Inlandsproduktion bzw. der Güternachfrage beeinflusst hier also das Investitionsvolumen positiv (je höher ΔY, umso höher I). In einem solchen Fall spricht man von einem so genannten **Akzeleratoreffekt** (»Beschleunigungseffekt«), weil die Entwicklung von I ihrerseits einen positiven Einfluss auf die Höhe der gesamtwirtschaftlichen Güternachfrage hat (durch den **Multiplikatoreffekt** der Investitionen).

Der Akzeleratoreffekt

Der Leser möge sich dabei vergegenwärtigen, dass die obige Investititionsfunktion nur dann optimal ist, wenn im Ausgangspunkt die befriedigene Kapazitätsauslastung bereits vorliegt. Bei **unerwünschten Fehlauslastungen** im Ausgangspunkt wird es dagegen aus individueller Sicht der Unternehmen rational sein, diese unbefriedigende Ausgangslage im Rahmen ihrer Investitionsplanungen zu berücksichtigen. Dabei ist es aus einzelwirtschaftlicher Sicht plausibel anzunehmen, dass die Unternehmen bei Existenz einer **Kapazitäts-Unterauslastung** ($K/Y>v$) die Wachstumsrate ihrer Investitionen absenken, bei einer **Kapazitäts-Überlastung** ($K/Y<v$) dagegen erhöhen werden. Unterstellt man dies, so ergeben sich hieraus im postkeynesianischen Wachstumsmodell (über die Abfolge von Akzelerator- und Multiplikatoreffekten) gravierende Konsequenzen für die Stabilität des Wachstumsprozesses, wie im Weiteren noch deutlich werden wird.

Kapazitätsfehlauslastungen beeinflussen das Investitionsverhalten.

9.1.2 Der gleichgewichtige Wachstumspfad des postkeynesianischen Wachstumsmodells

Es stellt sich nun die Frage, ob hier ein dynamisches Gleichgewicht, d. h. ein gleichgewichtiger Wachstumspfad mit konstanter Wachstumsrate des Inlandsproduktes existiert, in welchem alle Planungen der Akteure stets erfüllt sind. Letzteres ist dann der Fall, wenn

1. der befriedigende Kapitalkoeffizient im Ausgangsgleichgewicht vorliegt,
2. die Investitionen der obigen Investitionsfunktion $I = v \cdot \Delta Y$ entsprechen und
3. die Bedingung für Gütermarkt-Gleichgewicht $I = S = s \cdot Y$ erfüllt ist.

Dann gilt offensichtlich

$$\underbrace{v \cdot \Delta Y}_{I} = \underbrace{s \cdot Y}_{S}.$$

Teil man auf beiden Seiten durch v und Y, so ergibt sich für die Wachstumsrate des Inlandsproduktes

$$\Delta Y/Y = s/v.$$

> Der Term s/v ist die so genannte **befriedigende Wachstumsrate**. Sie gibt an, mit welcher Rate das Inlandsprodukt und damit die gesamtwirtschaftliche Güternachfrage von Periode zu Periode wächst, wenn die Volkswirtschaft stets im Zustand der befriedigenden Kapazitätsauslastung verbleibt. Da s/v konstant ist, befindet sich die Volkswirtschaft dann auf ihrem gleichgewichtigen Wachstumspfad.

Befriedigende Wachstumsrate und gleichgewichtiges Wachstum

In diesem Fall entspricht der **Kapazitätseffekt** der Investitionen I gerade der Änderung der Güternachfrage. Der Kapazitätseffekt gibt dabei an, wie sich der Output bei befriedigender Kapazitätsauslastung infolge der Investitionen erhöht, entspricht also gerade $\Delta Y = I/v$.

Auf dem gleichgewichtigen Wachstumspfad wächst nicht nur das Inlandsprodukt, sondern werden auch alle anderen Out- und Inputs (d. h. I, C, S, K und L) mit der (konstanten) Rate s/v wachsen.[5] Man spricht dann von einem so genannten **Steady-State-Gleichgewicht** (»fortbestehender Zustand«), weil alle In- und Outputs im Zuge des Wachstumsprozesses in festen Relationen zueinander verbleiben und sich nur noch die absoluten Größen der Variablen im Zeitverlauf ändern.

Der gleichgewichtige Wachstumspfad als Steady-State-Gleichgewicht

---

5 Für C ergibt sich dies aus der Konsumfunktion $C = (1-s) \cdot Y$, für S aus der Sparfunktion $S = s \cdot Y$, für I aus der Gleichgewichtbedingung $I = s \cdot Y$, für K aus $K/Y = v$ und für L aus der Beziehung $Y = L/\alpha$, welche aus der Produktionsfunktion hergeleitet werden kann.

Positiver Einfluss der Sparquote auf die gleichgewichtige Wachstumsrate

Die gleichgewichtige (befriedigende) Wachstumsrate s/v ist bei vorgegebenem Kapitalkoeffizienten v umso höher, je größer die Sparquote s ist. Dies erscheint dahingehend bemerkenswert, dass in der keynesianischen Kurzfristanalyse das Inlandsprodukt umso höher ausfällt, je niedriger die Sparquote ist (also gewissermaßen gerade umgekehrt). Je höher s, umso größer muss im Steady-State-Gleichgewicht die Wachstumsrate des Inlandsproduktes bzw. der Güternachfrage sein. Nur dann können die Zuwächse an aggregierter Nachfrage groß genug sein, um bei gestiegener Sparbereitschaft und folglich schneller wachsenden Kapazitäten keine Abweichungen von der befriedigenden Kapazitätsauslastung entstehen zu lassen. Dies sagt jedoch nichts darüber aus, ob sich die betrachtete Volkswirtschaft im Ausgangspunkt tatsächlich auch auf ihrem gleichgewichtigen Wachstumspfad befindet. Wir haben also lediglich eine Aussage darüber getroffen, wie sich im vorliegenden Modellrahmen der weitere Wachstumsprozess darstellen wird, wenn dies der Fall ist.

9.1.3 Konjunkturelle Instabilität (»Wachstum auf Messers Schneide«)

Es stellt sich nun die Frage, ob eine gleichgewichtige Wachstumsentwicklung, wie sie im obigen Abschnitt skizziert wurde, auch stabil ist. Kehrt also die Volkswirtschaft nach einer konjunkturellen Störung ins Steady-State-Gleichgewicht zurück, oder wird eine Ausgangsstörung die weitere Wachstumsentwicklung dauerhaft beeinträchtigen?

Die Antwort auf diese Frage hängt zentral davon ab, wie die Unternehmen im Rahmen ihrer Investitionstätigkeit auf Abweichungen von der befriedigenden Kapazitätsauslastung, also auf unerwünschte Fehlauslastungen reagieren. Wir haben bereits eingangs als einzelwirtschaftlich plausibel unterstellt, dass die Unternehmen bei einer gegebenen Kapazitäts-Unterauslastung ihre bisherige Wachstumsrate der Investitionen absenken werden bzw. diese im Fall einer Kapazitäts-Überauslastung erhöhen werden. Fehlauslastungen werden dann im postkeynesianischen Wachstumsmodell über die makroökonomischen Zusammenhänge eine Abfolge von **Akzelerator- und Multiplikatoreffekten** im Zeitverlauf verursachen, welche die Wachstumsrate des Inlandsproduktes immer weiter von der befriedigenden Wachstumsrate wegführen. Der Akzeleratoreffekt ergibt sich aus der Anpassung der Investitionen an die durch die Güternachfrageentwicklung bedingte Kapazitätslage der Unternehmen. Von der Investitionstätigkeit der Unternehmen gehen wiederum Multiplikatoreffekte aus, wie der Leser sich anhand der folgenden Zusammenhänge verdeutlichen kann (vgl. auch Kapitel 10, Abschnitt 3.1). Im Gütermarktgleichgewicht gilt

Akzelerator- und Multiplikatoreffekte bei ungleichgewichtigem Wachstum

$$Y = C + I.$$

Die Konsumfunktion ist

$$C = (1-s) \cdot Y.$$

Durch Einsetzen in die Gütermarkt-Gleichung ergibt sich

$$Y = (1-s) \cdot Y + I.$$

Durch Auflösen nach Y erhält man

$$Y = \frac{1}{s} \cdot I,$$

wobei 1/s der elementare Multiplikator ist. Dies hat nun zur Folge, dass die Änderungsrate des Inlandsproduktes (über den elementaren Multiplikator) stets der Änderungsrate der Investitionen entsprechen wird, also

$$\Delta Y/Y = \Delta I/I.$$

Bleibt nun die Wachstumsrate des Inlandsproduktes (z. B. aufgrund einer konjunkturellen Störung) hinter der befriedigenden Wachstumsrate zurück, so führt dies zu einer Kapazitäts-Unterauslastung. Infolgedessen sinkt die Änderungsrate der Investitionen ab (Akzeleratoreffekt), was wiederum über den elementaren Multiplikator die Änderungsrate der gesamtwirtschaftlichen Güternachfrage und damit auch der Produktion im selben Umfang vermindert (Multiplikatoreffekt). Dies bewirkt seinerseits, dass sich die Kapazitäts-Unterauslastung im Zeitverlauf weiter verstärkt, was die Änderungsrate der Investitionen weiter absinken lässt (Akzeleratoreffekt). Dies führt wieder zu einer entsprechenden Absenkung der Änderungsrate von Y (Multiplikatoreffekt) mit der Folge, dass sich die Unterauslastung abermals verschärft usw.

Die extreme Instabilität des Wachstumsgleichgewichtes

> Die Wachstumsstörung verstärkt sich also im Zeitverlauf immer weiter, weil jede Anpassung der Unternehmen an die veränderte Kapazitätsauslastung zu Multiplikatoreffekten führt, welche die bereits bestehenden Kapazitätsprobleme weiter verschärfen. Der Multiplikatoreffekt ist hier gewissermaßen dem Akzeleratoreffekt stets um einen Schritt voraus. Gleichgewichtiges Wachstum ist im postkeynesianischen Wachstumsmodell also extrem instabil (**»Wachstum auf Messers Schneide«**). Konjunkturelle Nachfrageeinbrüche ziehen (wenn keine nachfragefördernden Störungen dem entgegenwirken) stetig abnehmende Änderungsraten des Inlandsproduktes nach sich, wobei selbst negative Änderungsraten hier nicht ausgeschlossen sind. Bei expansiv wirkenden Nachfragestörungen ergibt sich ein entsprechendes Bild nur mit umgekehrten Vorzeichen in der Anpassungsrichtung.

»Wachstum auf Messers Schneide«

Stabilität des Steady-State-Gleichgewichts wäre stattdessen dann gegeben, wenn die Unternehmen bei Kapazitäts-Überauslastung die Wachstumsrate der Investitionen senken, bei Unterauslastung dagegen erhöhen würden.

Der Konflikt zwischen einzelwirtschaftlicher und gesamtwirtschaftlicher Rationalität

Dies ist jedoch aus der Perspektive des einzelnen Unternehmens nicht rational, weil jedes Unternehmen davon ausgehen wird, dass seine eigene Investitionsentscheidung die gesamtwirtschaftliche Lage praktisch unbeeinflusst lässt, sodass es nur nach seiner individuellen Kapazitätslage handeln wird. Es kommt hier also zu einem Marktversagen, sodass es gegebenenfalls dem Staat obliegt, z. B. durch antizyklische Fiskalpolitik der Instabilität des Wachstumsprozesses entgegenzuwirken.

9.1.4 Säkulare Instabilität

Herrscht Vollbeschäftigung auf dem gleichgewichtigen Wachstumspfad?

Neben der im voran gegangenen Abschnitt diskutierten konjunkturellen Instabilität ergibt sich im postkeynesianischen Wachstumsmodell noch eine weitere, so genannte säkulare Instabilität. Hierbei geht es um die Frage, ob zumindest im dynamischen Gleichgewicht Vollbeschäftigung gewährleistet ist.

Wegen der produktionstechnischen Beziehung $\alpha = L/Y$ wächst die im Produktionsprozess eingesetzte Arbeit in Effizienzeinheiten gerade mit der Änderungsrate des gesamtwirtschaftlichen Output,

$$\Delta L/L = \Delta Y/Y.$$

Ist diese Rate geringer als die Änderungsrate des Arbeitsangebots in Effizienzeinheiten ($L^s = H \cdot N^s$), so kommt es zwangsläufig zu einem Anstieg der Arbeitslosenquote im Zeitverlauf. Das Wachstum der Güternachfrage reicht dann nicht aus, um über den Produktionsprozess ein Wachstum der Arbeitsnachfrage zu stimulieren, welches hoch genug wäre, um die Arbeitslosenquote zumindest auf dem erreichten Niveau zu halten.

Fortwährend steigende Arbeitslosenquoten bei zu geringem Wirtschaftswachstum

> Befindet sich also die Ökonomie im Steady-State-Gleichgewicht, ist jedoch die befriedigende Wachstumsrate s/v kleiner als die Wachstumsrate von L^s, also des effektiven Arbeitsangebots, so wird sich der Wachstumsprozess bei fortwährend (säkular) steigenden Arbeitslosenquoten vollziehen.

Der technische Fortschritt als »Jobkiller«

Die Geschwindigkeit dieses Anstieges wird dabei umso höher ausfallen, je höher die Änderungsrate des (arbeitsvermehrenden) technischen Fortschritts ist bzw. je schneller die Erwerbsbevölkerung anwächst. Da die gleichgewichtige Wachstumsrate s/v hier unabhängig von der Geschwindigkeit des technischen Fortschritts ist, wirkt dieser stets als »Jobkiller«. Ein zu schnelles Wachstum des technischen Fortschritts (bei gegebener Wachstumsrate des Inlandsproduktes s/v) wird dann einen Rationalisierungsprozess bewirken, innerhalb dessen die Arbeitslosenquoten im Zeitverlauf immer weiter ansteigen. Dagegen wären schrittweise Arbeitszeitverkürzungen im Grundsatz geeignet, einen solchen säkularen Trend wachsender Arbeitslosenquoten zu verlangsamen oder sogar zu brechen.

9.2 Neoklassische Wachstumstheorie

Die neoklassische Wachstumstheorie analysiert die sich aus der klassisch-neoklassischen Einkommens- und Beschäftigungstheorie ergebenden Konsequenzen für das Wachstum einer Volkswirtschaft (vgl. Kapitel 10, Abschnitt 2). Sie stellt also den angebotstheoretischen Gegenentwurf zum nachfrageseitig orientierten postkeynesianischen Wachstumsmodell dar. Der Grundansatz der neoklassischen Wachstumstheorie wurde bereits Mitte der 50er-Jahre durch *Solow* und *Swan* entwickelt, nicht zuletzt deshalb, weil die sich aus der postkeynesianischen Wachstumstheorie ergebende extreme (konjunkturelle) Instabilität des Wachstumsprozesses (»Wachstum auf Messers Schneide«) in der Realität so nicht beobachtet werden konnte. *Solow* und *Swan* unterstellten statt einer limitationalen Produktionsfunktion eine **substitutionale Produktionsfunktion** und zeigten, dass in diesem Fall der gleichgewichtige Wachstumspfad bei (zumindest mittel- und langfristig) flexiblen Güter- und Faktorpreisen stabil ist. Konjunkturelle Störungen können hier lediglich zeitweise zu einem Abweichen der tatsächlichen von der gleichgewichtigen Wachstumsentwicklung führen. Die gleichgewichtige Wachstumsrate hängt dabei von ganz anderen Variablen ab als im postkeynesianischen Modell.

Die neoklassische Wachstumstheorie als Gegenentwurf zur postkeynesianischen

Wir wollen die wichtigsten Eigenschaften der neoklassischen Wachstumstheorie im Rahmen des Grundmodells näher untersuchen und mit denen des postkeynesianischen Wachstumsmodells vergleichen.

9.2.1 Die Modellannahmen des neoklassischen Wachstumsmodells

Es gelten die im Folgenden beschriebenen Annahmen.

Marktsystem
Auf allen Märkten herrscht vollkommene Konkurrenz bei voll flexiblen Güter- und Faktorpreisen. Angebot und Nachfrage werden also durch Preisanpassungen stets ins Gleichgewicht gebracht, mithin herrscht Vollbeschäftigung. Die (relativen) Faktorpreise, d.h. der Reallohn und der (reale) Zins werden sich dann stets so anpassen, dass es für die Unternehmen optimal (Gewinn maximierend) ist, die gegenwärtig zur Verfügung stehenden Faktorbestände (-angebote) in vollem Umfang als Produktionsfaktoren nachzufragen. Dies ist dann der Fall, wenn die Grenzprodukte der Faktoren stets den jeweiligen (realen) Faktorpreisen entsprechen (vgl. auch Kapitel 5, Abschnitt 7).

Vollkommen flexible Preise und stets geräumte Märkte

Gesamtwirtschaftliche Produktionsfunktion (Technologie)

Die substitutionale Produktionsfunktion und ihre Eigenschaften

Die gesamtwirtschaftliche Produktionsfunktion ist substitutional, weist durchgehend positive, aber annehmende Grenzprodukte der Produktionsfaktoren auf und hängt allein von den Produktionsfaktoren Kapital K und Arbeit in Effizienzeinheiten $L = H \cdot N$ ab:

$$Y = F(K, L)$$

Der technische Fortschritt (Prozessinnovationen) wird also wieder als quasi arbeitsvermehrend interpretiert und modelltechnisch durch den Technologiefaktor H berücksichtigt, während N wieder für die Zahl der Beschäftigen steht (vgl. hierzu auch Abschnitt 9.1.1).

Für die Produktionsfunktion wird darüber hinaus unterstellt, dass sie **konstante Skalenerträge** aufweist (vgl. hierzu auch Kapitel 5, Abschnitt 3). Dies bedeutet, dass eine Vervielfachung aller Produktionsfaktoren (also hier von K und L) um denselben Faktor eine Vervielfachung des Output um genau diesen Faktor bringen wird. Formal kann dies ausgedrückt werden durch

$$\lambda \cdot Y = F(\lambda \cdot K, \lambda \cdot L)$$

Darstellung der Produktionsfunktion in ihrer intensiven Form

wobei der Term $\lambda > 0$ den jeweiligen Vervielfachungsfaktor angibt. Setzt man nun $\lambda = 1/L$, so kann die Produktionsfunktion in ihrer so genannten »**intensiven**« **Form** geschrieben werden:

$$\frac{Y}{L} = F\left(\frac{K}{L}, \frac{L}{L}\right) \quad \text{bzw. } y = F(k,1) \quad \text{bzw. } y = f(k).$$

Dabei ist
- $y = Y/L$ der produzierte **Output pro Effizienzeinheit der Arbeit** und
- $k = K/L$ die so genannte **effektive Kapitalintensität**, welche das im gegenwärtigen Produktionsprozess eingesetzte Verhältnis zwischen (Sach-)Kapital K und effektiver Arbeitseinsatzmenge L widerspiegelt.

Der Output pro Effizienzeinheit der Arbeit wird bestimmt durch die effektive Kapitalintensität.

Wir haben angenommen, dass die Produktionsfunktion $Y = F(K, L)$ positive, aber abnehmende Grenzprodukte des Kapitals aufweist. Man kann zeigen, dass sich dann Entsprechendes auch für die intensive Produktionsfunktion im Bezug auf die effektive Kapitalintensität k ergibt. Das bedeutet: Der Output pro Effizienzeinheit der Arbeit y wird umso größer sein, je höher k ist. Allerdings wird der sich aus einem Anstieg von k ergebende Zuwachs von y umso geringer ausfallen, je höher das Niveau von k bereits ist.

Die durchschnittliche Kapitalproduktivität sinkt mit der Höhe der effektiven Kapitalintensität.

Diese Eigenschaften der intensiven Produktionsfunktion beinhalten, dass die **durchschnittliche Kapitalproduktivität**

$$\frac{Y}{K} = \frac{Y/L}{K/L} = \frac{y}{k} = \frac{f(k)}{k} \quad \text{(Output pro Kapitaleinheit)}$$

mit wachsendem k immer kleiner wird.

Die nachfolgende Abbildung 27.4 verdeutlicht den Sachverhalt. Die Steigungen der dort eingezeichneten Fahrstrahlen Z_1 und Z_2 geben dabei gerade die jeweilige Höhe der durchschnittlichen Kapitalproduktivität für die effektiven Kapitalintensitäten k_1 und k_2 an.

Sparfunktion, Gütermarktgleichgewicht und Faktorwachstum

Darüber hinaus wird hier (wie im postkeynesianischen Modell) von einer Sparfunktion mit konstanter durchschnittlicher Sparquote s ausgegangen:

$$S = s \cdot Y.$$

Das Wachstum der Produktionsfaktoren

Im Gütermarkt-Gleichgewicht gilt dann I = S (mit I als den realen Nettoinvestitionen). Der Zuwachs an Kapital im Zeitverlauf entspricht damit wieder

$$\Delta K = I = s \cdot Y.$$

Die Wachstumsraten (Änderungsraten) der Erwerbspersonenzahl und des technischen Fortschritts (bzw. des quasi arbeitsvermehrenden Faktors H) werden wiederum als positiv und **exogen gegeben** unterstellt, es gilt also

$$\hat{N} = \frac{\Delta N}{N} = n > 0 \qquad \hat{H} = \frac{\Delta H}{H} = h > 0$$

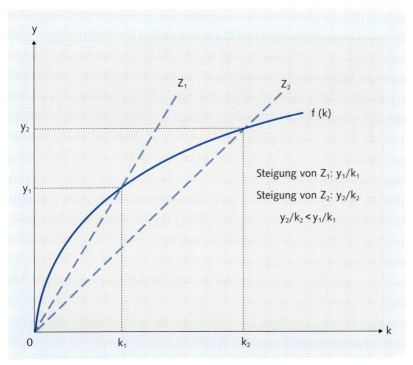

Abb. 27.4: Die neoklassische Produktionsfunktion in intensiver Form

Dabei gibt die Summe dieser beiden Wachstumsraten (streng genommen: näherungsweise) die Wachstumsrate der in der Produktion eingesetzten effektiven Arbeitsmenge L = H · N an:

$$\hat{L} = n + h > 0.$$

9.2.2 Der gleichgewichtige Wachstumspfad des neoklassischen Wachstumsmodells (Steady-State)

Es soll nun (analog zur Vorgehensweise in Abschitt 9.1.2) untersucht werden, ob auch in diesem Modellrahmen ein **Steady-State-Gleichgewicht** existiert, bei welchem alle In- und Outputs mit derselben konstanten Änderungsrate wachsen. Dies würde im Hinblick auf die Inputseite $\hat{K} = \hat{L}$ voraussetzen, sodass die Wachstumsrate des Kapitalstocks $\hat{K}$ der (konstant gegebenen) Wachstumsrate der effektiven Arbeitsmenge $\hat{L} = n + h$ gerade entspricht. Es ist also zunächst zu fragen, unter welchen Bedingungen dies der Fall wäre.

> *Die Wachstumsrate des Kapitalstocks hängt positiv von der durchschnittlichen Kapitalproduktivität ab, fällt also mit steigender effektiver Kapitalintensität.*

Die Wachstumsrate des Kapitalstocks bestimmt sich bei Berücksichtigung von ΔK = I = S = s · Y aus

$$\hat{K} = \frac{\Delta K}{K} = \frac{I}{K} = \frac{S}{K} = s \cdot \frac{Y}{K},$$

entspricht also gerade dem Produkt aus Sparquote s und durchschnittlicher Kapitalproduktivität Y/K.

Aus den Überlegungen zur Produktionsfunktion wissen wir, dass die durchschnittliche Kapitalproduktivität Y/K = f(k)/k mit wachsender effektiver Kapitalintensität k sinkt (vgl. Abbildung 27.4). Also sinkt auch die Wachstumsrate des gesamtwirtschaftlichen Kapitalstocks $\hat{K}$ mit steigendem k (bei gegebener Sparquote). Liegt nun $\hat{K}$ für sehr kleines k oberhalb von $\hat{L}$ und für sehr großes $\hat{K}$ unterhalb von $\hat{L}$, so wird hier **genau eine** (positive) effektive Kapitalintensität k* existieren, bei welcher $\hat{K} = \hat{L}$ erfüllt ist. Die Abbildung 27.5 verdeutlicht den Sachverhalt.

> *Es existiert genau eine effektive Kapitalintensität k*, bei welcher Kapital und effektive Arbeitsmenge mit derselben Rate wachsen.*

> *Bei k* bleibt die effektive Kapitalintensität im Zeitablauf unverändert.*

Für k = k* wachsen die Inputs K und L mit derselben Rate (n + h). Dies bedeutet, dass dann die effektive Kapitalintensität k = K/L gerade noch auf ihrem erreichten Niveau k* gehalten werden kann, sich also **im Zeitablauf nicht mehr ändert**, denn Nenner und Zähler des Bruches wachsen mit demselben Prozentsatz.

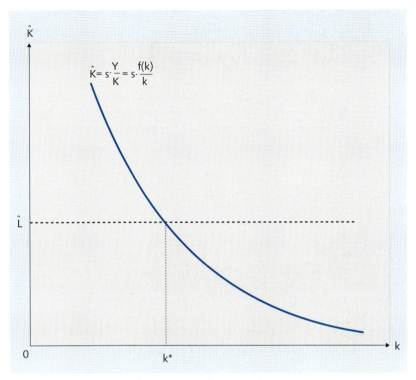

Abb. 27.5: Effektive Steady-State-Kapitalintensität k*

Darüber hinaus wächst dann auch der Output Y mit der Rate der Inputs (aufgrund der konstanten Skalenerträge der unterstellten Produktionsfunktion) und damit ebenso C, S und I (die ersten beiden aufgrund der konstanten Sparquote, das letzte aufgrund der Gleichgewichtsbedingung I = S). Für k=k* liegt also ein Steady-State-Gleichgewicht vor mit

Bei k* ist die Ökonomie im Steady-State-Gleichgewicht, alle In- und Outputs wachsen mit derselben Rate.

$$\hat{Y} = \hat{C} = \hat{S} = \hat{I} = \hat{K} = \hat{L} = n + h > 0.$$

Die **Steady-State-Wachstumsrate** des neoklassischen Wachstumsmodells entspricht der **Wachstumsrate der effektiven Arbeitsmenge** L̂=n+h, welche sich ihrerseits aus der Änderungsrate der Erwerbsbevölkerung n und der Änderungsrate des technischen Fortschritts h zusammensetzt. Im Gegensatz zum postkeynesianischen Modell ist also die Steady-State-Wachstumsrate hier **unabhängig von der Sparquote s**.

Die gleichgewichtige Wachstumsrate ist die Wachstumsrate der effektiven Arbeitsmenge.

Die Sparquote hat hier lediglich Einfluss auf das **Niveau** des Inlandsproduktes im Steady-State. Je höher s bei gegebener Wachstumsrate der effektiven Arbeitsmenge L̂ ausfällt, umso höher ist die im Steady-State erreichbare effektive Kapitalintensität k* und umso größer ist folglich das resultierende Output pro Effizienzeinheit der Arbeit y* (vgl. auch die nachfolgende Abbildung 27.6).

Dagegen wird k* (und damit auch y*) umso geringer sein, je höher $\hat{L}$ bei gegebener Sparquote s ist, wie Abbildung 27.7 verdeutlicht. Je schneller die in der Produktion eingesetzte effektive Arbeitsmenge L wächst, umso geringer ist bei gegebener Sparneigung der Volkswirtschaft das im Steady-State erreichbare Faktoreinsatzverhältnis zwischen Kapital und Arbeit (in Effizienzeinheiten) k*.

Hieraus ergeben sich interessante Schlussfolgerungen in Bezug auf die Entwicklung der **Pro-Kopf-Einkommen** auf dem gleichgewichtigen Wachstumspfad (Steady-State-Wachstumspfad). Da sich das Einkommen **pro Effizienzeinheit der Arbeit** aus

$$y = \frac{Y}{L} = \frac{Y}{H \cdot N} = f(k)$$

bestimmt, erhält man durch beidseitige Multiplikation mit H das **Pro-Kopf-Einkommen**

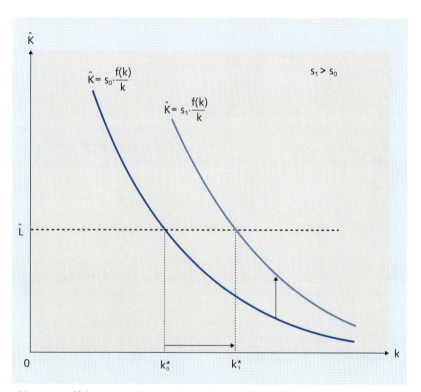

Abb. 27.6: Effektive Steady-State-Kapitalintensität und Sparquote

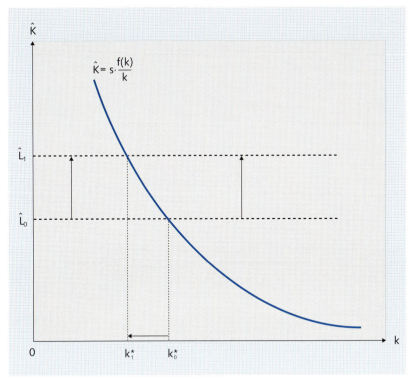

Abb. 27.7: Effektive Steady-State-Kapitalintensität und Änderungsrate der effektiven Arbeitsmenge

$$\frac{Y}{N} = H \cdot f(k).$$

Im Steady-State gilt dann

$$\left(\frac{Y}{N}\right)^* = H \cdot f(k^*),$$

wobei f(k*) konstant ist.

Das Pro-Kopf-Einkommen (= Durchschnittsproduktivität der Beschäftigen) wächst folglich im Steady-State gerade mit der Änderungsrate des technischen Fortschritts $\hat{H} = h > 0$.[6] Je dynamischer sich der technische

Das Pro-Kopf-Einkommen wächst mit der Änderungsrate des technischen Fortschritts.

---

6 Die absolute Änderung des Pro-Kopf-Einkommens im Steady-State bestimmt sich aus

$$\Delta (Y/N)^* = f(k^*) \cdot \Delta H,$$

denn k* bzw. f(k*) ist konstant. Durch Division beider Seiten mit (Y/N)* ergibt sich somit für die Änderungsrate des Pro-Kopf-Einkommens

$$\frac{\Delta (Y/N)^*}{(Y/N)^*} = \frac{f(k^*)}{(Y/N)^*} \cdot \Delta H = \frac{\Delta H}{H} = \hat{H}$$

> Fortschritt entwickelt, umso schneller werden die Pro-Kopf-Einkommen auf dem gleichgewichtigen Wachstumspfad zunehmen. Internationale Unterschiede in den Wachstumsraten der Pro-Kopf-Einkommen sind dann auf unterschiedliche Geschwindigkeiten zurückzuführen, mit denen sich der technische Fortschritt innerhalb der Nationen vollzieht.

Daneben wird für jedes (kurzfristig) gegebene Niveau des technischen Fortschritts (d. h. für jedes H) das Pro-Kopf-Einkommen im Steady-State umso höher sein, je geringer die Wachstumsrate der Erwerbsbevölkerung bzw. je höher die Sparquote ausfällt. Je langsamer die Erwerbsbevölkerung wächst bzw. je schneller sich die Vermögens- und damit die Kapitalakkumulation vollzieht, umso größer wird ceteris paribus die effektive Kapitalintensität im Steady-State k^* (vgl. Abbildung 27.6 und 27.7). Bei ähnlichen Niveaus des technischen Fortschritts werden dann internationale Unterschiede zwischen der **Höhe der Pro-Kopf-Einkommen** vornehmlich aus Unterschieden in den Wachstumsraten der Bevölkerung und/oder der Spar- bzw. Investitionsquoten herrühren.

> Länder mit relativ hohem Bevölkerungswachstum und relativ niedriger Sparquote (z. B. Entwicklungsländer) werden dann durch relativ niedrige Pro-Kopf-Einkommen gekennzeichnet sein, Länder mit relativ niedrigem Bevölkerungswachstum und relativ hoher Sparquote (z. B. Industrieländer) dagegen mit relativ hohen Pro-Kopf-Einkommen.

9.2.3 Stabilität des Steady-State-Gleichgewichts

Das Steady-State-Gleichgewicht bzw. der gleichgewichtige Wachstumspfad ist nur dann als Referenz-Szenario für die mittel- und langfristige Wachstumsentwicklung geeignet, wenn die betrachtete Volkswirtschaft nach Störungen, also Abweichungen vom Steady-State-Gleichgewicht, zu diesem im Zeitverlauf zurückkehrt. Im postkeynesianischen Modell ist dies nicht der Fall (»Wachstum auf Messers Schneide«), das Steady-State-Gleichgewicht ist dort instabil (vgl. Abschnitt 9.1.3). Das Steady-State-Gleichgewicht des neoklassischen Wachstumsmodells ist dagegen stabil, wie sich leicht zeigen lässt.

Im Gegensatz zum postkeynesianischen Modell ist das Wachstumsgleichgewicht im neoklassischen Modell stabil.

Wir wissen aus unseren vorangegangenen Betrachtungen, dass die Wachstumsrate des Kapitals $\hat{K}$ bei gegebener Sparquote s umso geringer ausfallen wird, je höher die effektive Kapitalintensität $k = K/L$ ist. Im Steady-State-Gleichgewicht mit $k = k^*$ entspricht $\hat{K}$ gerade der (konstant gegebenen) Wachstumsrate der effektiven Arbeitsmenge $\hat{L}$, sodass der erreichte Wert von k im Zeitverlauf gerade noch gehalten werden kann (vgl. Abschnitt 9.2.2).

Wäre nun die effektive Kapitalintensität geringer als ihr Steady-State-Wert ($k<k^*$), so würde $\hat{K}$ über $\hat{L}$ hinaus steigen und folglich $k=K/L$ im Zeitablauf zunehmen, denn der Zähler des Bruches wächst dann mit einem höheren Prozentsatz als der Nenner. Dies wird sich so lange wiederholen, wie noch $k<k^*$ vorliegt, d. h. die effektive Kapitalintensität steigt von Periode zu Periode immer weiter an, bis sie schließlich den Steady-State-Wert k^* (wieder) erreicht und dann auf diesem verbleibt. Entsprechendes ergibt sich für $k>k^*$ mit umgekehrten Vorzeichen. Die nachfolgende Abbildung 27.8 verdeutlicht den Sachverhalt.

> Das Steady-State-Gleichgewicht des neoklassischen Wachstumsmodells ist **stabil**, die Volkswirtschaft wird im Zeitablauf stets zu ihrem gleichgewichtigen Wachstumspfad zurückkehren, sofern sie sich im Ausgangspunkt der Betrachtung jenseits dieses Pfades befand. Konjunkturelle Störungen haben hier nur einen zeitlich befristeten Einfluss auf die Wachstumsentwicklung.

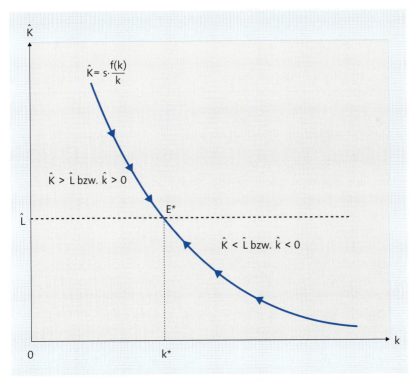

Links von k* steigt die effektive Kapitalintensität k im Zeitablauf, rechts von k* sinkt sie.

Abb. 27.8: Stabilität des Steady-State-Gleichgewichts

9.3 Die »neue« Wachstumstheorie

Nicht zuletzt aufgrund ihrer formalen Eleganz, mikroökonomischen Fundierung und »realitätsnäheren« Stabilitätseigenschaften hat sich die neoklassische Wachstumstheorie heute gegenüber der postkeynesianischen Wachstumstheorie weitgehend in der wachstumstheoretischen Diskussion durchgesetzt. Allerdings ist das neoklassische Wachstumsmodell selbst seit den 50er-Jahren in Annahmen und Methodik immer weiter verfeinert und verbessert worden. Eine ausführliche Darstellung der in der heutigen wachstumstheoretischen Literatur anzutreffenden Spielarten der neoklassischen Wachstumstheorie würde ein eigenes Lehrbuch erfordern und kann an dieser Stelle folglich nicht gegeben werden. Wir wollen uns stattdessen auf eine Modellmodifikation beschränken, welche in den 80er-Jahren – insbesondere beeinflusst durch Arbeiten von *Romer* – zur Bildung einer eigenen Theorieschule innerhalb der neoklassischen Wachstumstheorie geführt hat: der so genannten **»neuen« Wachstumstheorie**. Ausgangspunkt dieser Theorierichtung sind zwei fundamentale Kritikpunkte am Standardansatz der neoklassischen Wachstumstheorie:

Die Kritik der neuen Wachstumstheorie am traditionellen neoklassischen Wachstumsmodell

- Zum einen werden dort die zentralen Antriebskräfte des Wachstums, d. h. das Bevölkerungswachstum und insbesondere der technische Fortschritt in ihrem Zustandekommen nicht erklärt, sondern lediglich exogen gesetzt.
- Zum anderen ist dort (wie in Abschnitt 9.2.2 gezeigt) die gleichgewichtige bzw. langfristige Wachstumsrate des Inlandsproduktes unabhängig von der Spar- bzw. Investitionsquote, während empirische Studien hier eher auf einen positiven Einfluss hinweisen.

Endogener technischer Fortschritt in der neuen Wachstumstheorie

Die neue Wachstumstheorie ist in der Lage, diese beiden Defizite des »traditionellen« neoklassischen Wachstumsmodells durch eine im Grundansatz sehr einfache Modifikation zu beseitigen: Sie setzt den technischen Fortschritt, d. h. den quasi arbeitsvermehrenden Faktor H, in eine positive funktionale Abhängigkeit von der (physischen, nicht effektiven) Kapitalintensität K/N, und zwar üblicherweise mittels der einfachen Form

$$H = K/N \quad \text{(endogener technischer Fortschritt).}$$

Damit wird unterstellt, dass die effektive Arbeitsleistung des einzelnen Beschäftigten umso größer ist, je kapitalintensiver produziert wird, je mehr Kapital also pro Beschäftigten zur Verfügung steht. Dies wird im einfachsten Fall dadurch begründet, dass von steigenden (gesamtwirtschaftlichen) Kapitalintensitäten, also wachsender Technisierung der Produktion, positive externe Effekte auf die Humankapitalbildung ausgehen (z. B. in Form des »Learning-by-doing«). Der Faktor H wird dann als das durchschnittliche **Humankapital** der Beschäftigten interpretiert, während $L = H \cdot N$ das gesamtwirtschaftlich eingesetzte Humankapital ist. Ansonsten gelten dieselben Grundannahmen wie im Standardmodell der neoklassischen Wachstumstheorie.

Die effektive Kapitalintensität k = K/L = K/(H·N) nimmt dann wegen H = K/N immer den Wert Eins an und der gesamtwirtschaftliche Output bestimmt sich aus

$$Y = y \cdot L = f(k) \cdot L = f(K/L) \cdot L = f\left(\frac{K}{H \cdot N}\right) \cdot H \cdot N = \mathbf{f(1) \cdot K}$$

Häufig wird für die konstante Größe f(1) einfach der Buchstabe A verwendet, sodass sich die gesamtwirtschaftliche Produktionsfunktion durch den Ausdruck

$$Y = A \cdot K$$

Die lineare AK-Produktionsfunktion als Ergebnis des endogenen technischen Fortschritts

abbilden lässt. Man spricht dann von einem so genannten »**AK-Modell**«. A bzw. f(1) entspricht dabei gerade der **durchschnittlichen Kapitalproduktivität Y/K**, welche hier also – im Gegensatz zum »traditionellen« neoklassischen Wachstumsmodell – immer konstant, d.h. im Zeitablauf unverändert bleibt. Die Wachstumsrate des Inlandsproduktes Y folgt dann stets der Wachstumsrate des gesamwirtschaftlichen (Sach-)Kapitalbestands K. Es gilt also

$$\hat{Y} = \hat{K}.$$

Bei konstanter Sparquote s und Gütermarktgleichgewicht (I = S) bestimmt sich $\hat{K}$ wiederum aus

$$\hat{K} = \frac{I}{K} = \frac{S}{K} = s \cdot \frac{Y}{K} = s \cdot \frac{A \cdot K}{K} = \mathbf{s \cdot A}$$

sodass auch

$$\hat{Y} = s \cdot A.$$

Die gleichgewichtige Wachstumsrate des Inlandsproduktes

Das gesamtwirtschaftliche Output wächst hier also immer mit der Rate s·A, wird also umso schneller wachsen, je höher die Sparquote s ist. Der Leser möge sich vergegenwärtigen, dass der Term 1/A dabei gerade dem Kapitalkoeffizienten v = K/Y entspricht, denn

$$v = \frac{K}{Y} = \frac{K}{A \cdot K} = \frac{1}{A}.$$

> Die Wachstumsrate der neuen Wachstumstheorie ist also bei genauer Betrachtung nichts anderes als die Steady-State-Wachstumsrate des postkeynesianischen Wachstumsmodells s/v = A·s.[7]

---

[7] Allerdings wird diese Wachstumsrate hier aus einem anderen Modellzusammenhang hergeleitet, nämlich dem der neoklassischen Wachstumstheorie, wobei aufgrund der Substitutionalität der Produktionsfunktion die Bereithaltung von Freikapazitäten unnötig ist.

Gleichzeitig gilt wegen der unterstellten Koppelung des Humankapitalfaktors H an die Kapitalintensität entsprechend H=K/N, dass hier die Wachstumsrate des technischen Fortschritts

$$\hat{H} = \hat{K} - \hat{N} = s \cdot A - n$$

ist (mit n als der Wachstumsrate der Erwerbsbevölkerung, für welche wir $n < s \cdot A$ annehmen). Wegen $\hat{Y} = \hat{K} = s \cdot A$ muss dann für die Wachstumsrate des Inlandsproduktes auch gelten

$$\hat{Y} = n + \hat{H} = \hat{L}.$$

Die Wachstumsrate des gesamtwirtschaftlichen Outputs entspricht damit nicht nur $s/v = s \cdot A$, sondern auch der Änderungsrate der effektiven Arbeitsmenge $\hat{L}$. Mit anderen Worten:

> Die Steady-State-Wachstumsrate der neuen Wachstumstheorie ist **sowohl die Rate des postkeynesianischen Modells s/v als auch diejenige des traditionellen neoklassischen Modells $\hat{L}$**, weil sich beide Raten über die unterstellte Form des endogenen technischen Fortschritts H=K/N stets gerade entsprechen werden ($\hat{L} = s \cdot A = s/v$).

Der Einfluss von Sparquote und Bevölkerungswachstum auf die Wachstumsrate der Pro-Kopf-Einkommen

Die Wachstumsrate der **Pro-Kopf-Einkommen** ist dabei wie im neoklassischen Standardmodell gleich der Änderungsrate des technischen Fortschritts $\hat{H}$, nur dass dieser wegen $\hat{H} = s \cdot A - n$ nun positiv abhängig von der Höhe der Sparquote und negativ abhängig von der Höhe des Bevölkerungswachstums ist. Im Hinblick auf den **internationalen Vergleich** der Wachstumsraten der Pro-Kopf-Einkommen bedeutet dies:

Der Einfluss von Sparquote und Bevölkerungswachstum auf die Wachstumsrate der Pro-Kopf-Einkommen

> In Ländern mit relativ hohem Bevölkerungswachstum und relativ niedriger Sparquote (z. B. Entwicklungsländer) werden die Pro-Kopf-Einkommen langsamer, d. h. mit geringerer Rate wachsen als in Ländern mit niedrigem Bevölkerungswachstum und hoher Sparquote (z. B. Industrieländer). Das Modell der neuen Wachstumstheorie kann damit erklären, warum sich die Schere der Pro-Kopf-Einkommen von 1. Welt und 3. Welt nicht nur absolut, sondern auch relativ im Zeitablauf immer weiter verbreitert hat.

Darüber hinaus gilt hier:

> Im Gegensatz zum postkeynesianischen Wachstumsmodell ist die Steady-State-Wachstumsrate s/v = A·s im Modell der neuen Wachstumstheorie **stabil**.

Genauer formuliert: Die Volkswirtschaft befindet sich **immer** im Steady-State-Gleichgewicht, denn es gilt technologisch bedingt immer $Y = f(1) \cdot K$, die Volkswirtschaft »springt« also **ohne weitere Anpassungsprozesse** in ihren Steady-State. Im Hinblick auf die Empirie ist diese Form der Stabilität jedoch ein »zweischneidiges Schwert«. Zwar vermochte es die neue Wachstumstheorie, die unrealistisch extreme Instabilität des postkeynesianischen Wachstumsmodells zu überwinden und dennoch einen Einfluss der Spar- bzw. Investitionsquote auf die gleichgewichtige Wachstumsrate abzuleiten. Die sofortige Anpassung der Volkswirtschaft an den Steady-State **ohne jeden Zeitverzug** ist jedoch ihrerseits – empirisch betrachtet – unrealistisch. Hinzu kommt, dass die Ergebnisse der neuen Wachstumstheorie bezüglich der gleichgewichtigen Wachstumsrate existenziell von der spezifischen Form der Koppelung des Humankapitalfaktors H an die gesamtwirtschaftliche Kapitalintensität K/N abhängig sind. Diese Form wiederum ist **alles andere als zwingend**. Insofern (und aus anderen Gründen) ist zu konstatieren, dass die Debatte um das »realitätsnähere« Modell in der Wachstumstheorie und damit um die zentralen Determinanten und Wirkungszusammenhänge des Wachstumsprozesses – zumindest in Bezug auf die »traditionelle« und die »neue« (neoklassische) Wachstumstheorie – alles andere als entschieden ist.

Die extreme Stabilität des Wachstumsgleichgewichtes

Arbeitsaufgaben

1) Erklären Sie folgende Begriffe:
   - extensives bzw. intensives Wachstum,
   - reales Wachstum,
   - Infrastruktur und
   - primärer, sekundärer, tertiärer Sektor.
2) Diskutieren Sie das Wachstumsziel (erörtern Sie mögliche Vor- und Nachteile).
3) Inwiefern sind Infrastrukturinvestitionen für das Wachstum bedeutsam und warum muss der Staat diese Investitionen durchführen?
4) Geben Sie Beispiele für die Bedeutung des technischen Fortschritts für das Wachstum von Volkswirtschaften.
5) Welche Bedeutung hat Bildung für das Wachstum einer Volkswirtschaft wie die der Bundesrepublik Deutschland?
6) Warum ist der Wachstumsprozess durch gleichzeitigen Strukturwandel gekennzeichnet? Welcher Art ist dieser Strukturwandel?
7) Inwiefern kann man Wachstum als ein Verteilungsproblem zwischen Generationen interpretieren?
8) Wie kann der Staat das Wachstum fördern?
9) Skizzieren Sie die Grundgedanken der Studie »Grenzen des Wachstums«.
10) Welche Vorbedingungen und Antriebskräfte haben zum Wachstum im vorigen Jahrhundert beigetragen? Sind diese Faktoren heute noch von Bedeutung?

Die nachfolgenden Aufgaben beziehen sich auf den Exkurs:

11) Was verstehen sie unter den Begriffen:
    - Gleichgewichtiges Wachstum des Inlandsproduktes,
    - Steady-State-Gleichgewicht?
12) Erläutern Sie die wesentlichen Modellelemente und Schlussfolgerungen des postkeynesianischen Wachstumsmodells.
13) In welchen zentralen Annahmen und Schlussfolgerungen unterscheidet sich das (traditionelle) neoklassische Wachstumsmodell vom postkeynesianischen?
14) Worin unterscheidet sich die »neue« von der »traditionellen« neoklassischen Wachstumstheorie?
15) Inwiefern bringt die neue Wachstumstheorie eine Synthese zwischen dem postkeynesianischen und dem neoklassischen Ansatz?
16) Versuchen Sie mithilfe der neuen Wachstumstheorie zu erklären, warum die Pro-Kopf-Einkommen in Industrieländern schneller wachsen als in Entwicklungsländern.

> Lösungsvorschläge für die Arbeitsaufgaben finden Sie im »Übungsbuch zu Grundlagen und Probleme der Volkswirtschaft«.

Literatur

Einen allgemeinen Überblick zum Thema verschaffen:
Siebert, Horst: Einführung in die Volkswirtschaftslehre, 14. Aufl., Stuttgart u. a. 2003.
Woll, Artur: Allgemeine Volkswirtschaftslehre, 14. Aufl., München 2003.

Ausführlicher zum Thema Wachstumspolitik informieren:
Giersch, Herbert: Konjunktur- und Wachstumspolitik in der offenen Wirtschaft, Allgemeine Wirtschaftspolitik, 2. Bd., Wiesbaden 1983.

Speziell zum Problem der Grenzen des Wachstums vgl.:
Meadows, Dennis, u. a.: Die Grenzen des Wachstums. Bericht des Club of Rome zur Lage der Menschheit, Stuttgart 1972 (16. Aufl. 1994).
Global 2000: Der Bericht an den Präsidenten. Deutsche Ausgabe Frankfurt 1980.

Einen tiefer gehenden Einblick in die Modelle der Wachstumstheorie vermitteln:
Frenkel, Michael/Hans-Rimbert Hemmer: Grundlagen der Wachstumstheorie, München 1999.
Kromphardt, Jürgen: Wachstum und Konjunktur, 3. Aufl., Göttingen 1993.

Einen kurzen vergleichenden Überblick zur Wachstumstheorie liefert
Wolf, Holger C.: Wachstumstheorien im Widerstreit. Konvergenz oder Divergenz, in: Wirtschaftswissenschaftliches Studium (WiSt), 23. Jg. (1994), S. 187–193.

Zur Vertiefung der neoklassischen Wachstumstheorie (ohne technischen Fortschritt) in grafischer Form eignet sich das Computerprogramm auf der beiliegenden CD.

28. Kapitel
Konjunktur und Krise

LERNZIELE

Leitfrage:
Was sind konjunkturelle Schwankungen und wie kann man sie beschreiben?
- Wie ist der Konjunkturzyklus zu beschreiben?
- Welche wirtschaftlichen Größen spiegeln den Konjunkturzyklus wider?
- Kann man Konjunkturschwankungen vorhersagen?

Leitfrage:
Wie lassen sich Schwankungen der gesamtwirtschaftlichen Aktivität erklären?
- Warum haben expansive und kontraktive Entwicklungen die Tendenz, sich zunächst selbst zu verstärken?
- Wie kommt es zu einer Umkehrung der wirtschaftlichen Entwicklung, vom Aufschwung zum Abschwung und vom Abschwung zum Aufschwung?
- Welche Rolle spielt der »Pionierunternehmer« im Konjunkturzyklus?
- Sind Konjunkturschwankungen auf staatliche Eingriffe in den Wirtschaftsprozess zurückzuführen?

Die Existenz von Schwankungen der ökonomischen Aktivität ist empirisch kaum bestreitbar. Unterschiedlich sind dagegen die Auffassungen darüber, ob solche Schwankungen heute noch hinreichend regelmäßig sind, um von zyklischen Schwankungen sprechen zu können, und welches die Ursachen für beobachtbare Schwankungen der ökonomischen Aktivität sind. Dieser Problembereich soll in diesem Kapitel näher diskutiert werden.

1 Das Erscheinungsbild der Konjunktur

Die Wachstumsraten des Inlandsproduktes schwanken relativ regelmäßig.

Die Wirtschaft steht niemals still. Praktisch alle wirtschaftlichen Größen erfahren im Zeitablauf Änderungen. Auch die Höhe des Inlandsprodukts und seiner Komponenten – privater Konsum, private Investitionen, Staatsausgaben und Exporte – erfuhren in der Vergangenheit große und überraschend regelmäßige Änderungen. Besonders deutlich werden die Schwankungen der Entwicklung des (realen) Inlandsproduktes, wenn wir seine Wachstumsraten abbilden, d.h. die prozentualen Veränderungen seiner Höhe gegenüber dem jeweiligen Vorjahr ($\Delta Y/Y$). In der folgenden Abbildung 28.1 sind die Wachstumsraten des realen Bruttoinlandsproduktes für die Bundesrepublik Deutschland in den Jahren 1951 bis 2004 dargestellt.

Die Abbildung zeigt, dass – mit Ausnahme der Jahre 1967, 1975, 1982, 1993 und 2003 – stets eine reale Zunahme des Inlandsproduktes zu verzeichnen war, diese Zunahme indes bezüglich ihres jeweiligen Umfangs sehr unregelmäßig ausfiel.

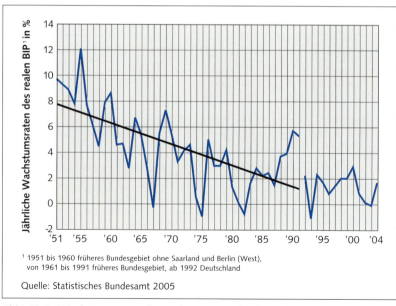

[1] 1951 bis 1960 früheres Bundesgebiet ohne Saarland und Berlin (West), von 1961 bis 1991 früheres Bundesgebiet, ab 1992 Deutschland

Quelle: Statistisches Bundesamt 2005

Abb. 28.1: Wachstumsraten des realen Bruttoinlandsproduktes in der Bundesrepublik Deutschland 1951 bis 2004

Folgende Feststellung gilt allgemein für Marktwirtschaften:
(a) Langfristig ist eine anhaltende Zunahme des Inlandsproduktes und des gesamtwirtschaftlichen Produktionspotenzials in allen Ländern zu beobachten (**Trend**).
(b) Um diesen Trend sind Veränderungen des Inlandsproduktes und **Schwankungen im Auslastungsgrad** des gesamtwirtschaftlichen Produktionspotenzials mit einer gewissen Regelmäßigkeit zu beobachten.

Die Schwankungen im Auslastungsgrad des Produktionspotenzials sind in der Abbildung 28.2 stilisiert dargestellt.

> Die mit einer gewissen Regelmäßigkeit auftretenden (daher auch zyklisch genannten) Schwankungen im Auslastungsgrad des Produktionspotenzials bzw. die Schwankungen der Produktion um ihren langfristigen Trend bezeichnen wir als **Konjunkturzyklen**.

Konjunkturzyklen sind Schwankungen im Auslastungsgrad des Produktionspotenzials.

Obwohl kein Konjunkturzyklus dem anderen gleicht, lässt sich doch ein **Grundmuster des Konjunkturverlaufs** angeben (vgl. Abbildung 28.3).

Phasen eines Konjunkturzyklus

Die **Krise (Depression)** ist durch starke Arbeitslosigkeit und geringe Kapazitätsauslastung gekennzeichnet, das Vertrauen in die wirtschaftliche Entwicklung und die Bereitschaft, Investitionen zu tätigen, sind gering.

Der **Aufschwung (Expansion)** manifestiert sich in einer erst langsamen, dann sich beschleunigenden Zunahme der Produktion, der Verkäufe, der Gewinne. Die Arbeitslosigkeit nimmt in der Regel ab und das Vertrauen in

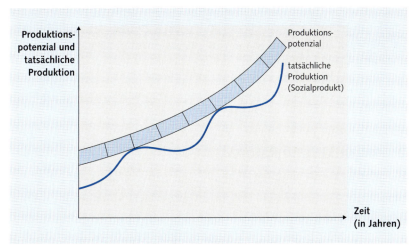

Abb. 28.2: Die Entwicklung der Auslastung des Produktionspotenzials[1]

---

1 Das Produktionspotenzial weist eine gewisse Bandbreite auf, um anzudeuten, dass es nicht exakt bestimmbar ist.

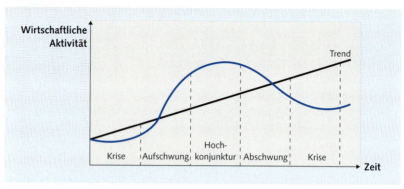

Abb. 28.3: Schematische Darstellung des Konjunkturzyklus

die wirtschaftliche Entwicklung steigt. Mit zunehmender Kapazitätsauslastung wird auch die Investitionstätigkeit wieder zunehmen.

Die **Hochkonjunktur (Boom)** ist durch beginnende Engpässe in den verschiedenen Industrien, große Investitionstätigkeit und zunehmende Preissteigerungen gekennzeichnet.

Der **Abschwung (Rezession)** bezeichnet den beginnenden und sich allmählich verstärkenden Rückgang der wirtschaftlichen Aktivität. Es sinken Nachfrage, Produktion, Investition, Gewinne und Beschäftigung.

Dieses schematisierte Grundmuster des Konjunkturzyklus ist neuerdings durch relativ große sektorale Unterschiede (z. B. zwischen der Stahlindustrie, der Chemieindustrie, der Bauwirtschaft etc.) gekennzeichnet und die Grenzen zwischen den einzelnen Konjunkturphasen sind fließend.

Dauer von Konjunkturzyklen

Wie lange dauert normalerweise ein Konjunkturzyklus? Diese Frage ist nicht generell zu beantworten, da man Konjunkturzyklen ganz verschiedener Länge unterscheidet. Häufig beobachtet werden Zeiträume von 3 bis 5 Jahren, in denen alle Phasen des Auf- und Abschwungs durchlaufen werden. So ist der Konjunkturrhythmus der Bundesrepublik Deutschland gekennzeichnet durch die Krisen von 1949, 1954, 1958, 1962/63, 1967, 1971, 1975, 1981, 1987, 1992, 1996 und 2003, also durch eine Zyklusdauer von 4 bis 7 Jahren.

2 Konjunkturindikatoren

Einige Konjunkturindikatoren

Die einzelnen Phasen des Konjunkturzyklus schlagen sich in den Veränderungen einer Vielzahl ökonomischer Größen nieder, von denen wir im Folgenden einige aufzeigen wollen.

(a) Der Konjunkturverlauf wird definitionsgemäß durch die Schwankungen des Inlandsproduktes und dessen Entwicklungstrend beschrieben. Da das Inlandsprodukt die Konjunktur direkt, d. h. ohne zeitliche Verzögerungen, misst, spricht man auch von einem **Präsensindikator**. Typische Präsensindikatoren sind auch die industrielle Produktion und die Kapazitätsauslastung.

(b) Als weiterer Konjunkturindikator wird die Situation auf dem Arbeitsmarkt angesehen. Allerdings reagiert der Arbeitsmarkt mit deutlicher zeitlicher Verzögerung – es handelt sich um einen so genannten **Spätindikator**. Wichtige Spätindikatoren sind auch die Preise, die den konjunkturellen Entwicklungen nur sehr verzögert folgen.

(c) Neben Präsens- und Spätindikatoren gibt es auch so genannte **Frühindikatoren**, die dem tatsächlichen Konjunkturverlauf voraus eilen. Dies sind z. B. die Reichweite der Auftragsbestände (Zahl der Monate, für die Aufträge vorhanden sind) oder auch der so genannte Geschäftsklima-Index, der sich u. a. auf die Erwartungen der Unternehmer für die nächsten Monate stützt und der regelmäßig bei mehreren Hunderttausend Unternehmen erhoben wird. Abbildung 28.4 zeigt den Verlauf des Geschäftsklima-Index von 1991 bis November 2005. Allerdings ist die Zuverlässigkeit solcher Frühindikatoren sehr begrenzt. Grundsätzlich ist hier zu bedenken, dass der Wirtschaftsprozess sich nicht nach Gesetzen richtet, die etwa denen der Physik oder Astronomie vergleichbar sind. Das Wirtschaftsgeschehen folgt allenfalls Gesetzmäßigkeiten, deren Richtung erkennbar ist. Niemals aber ist die Ursache-Wirkungs-Relation exakt berechenbar. Daher sind die Vorhersagen der Volkswirte nicht unfehlbar, aber meist zutreffender als die von Kartenlegerinnen (*Samuelson*).

Zur Problematik von Konjunkturprognosen

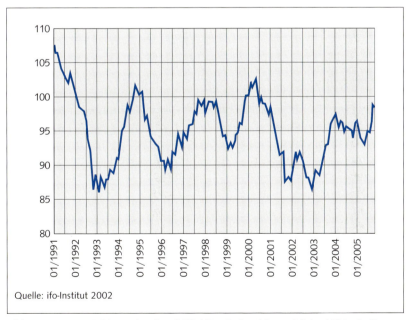

Quelle: ifo-Institut 2002

Abb. 28.4: Entwicklung des Geschäftsklimaindex (Gewerbliche Wirtschaft, saisonbereinigte Monatswerte, Durchschnitt 2000 = 100)

Das Grundmuster des Konjunkturverlaufs zeigt sich in einer Vielzahl weiterer Größen, die wir hier nur erwähnen wollen. Bei genauer Betrachtung der Produktionsschwankungen zeigt sich:
- Die Investitionsgüterproduktion schwankt stärker als die Konsumgüterproduktion;
- im Bereich der Investition verändert sich die Höhe der Vorratsinvestition stärker als die Bau- und Ausrüstungsinvestition;
- im Konsumgüterbereich schwankt die Produktion langlebiger Konsumgüter (Autos, Kühlschränke, Waschmaschinen usw.) stärker als die Produktion der Güter des täglichen Bedarfs;
- im monetären Bereich verändern sich Zinssätze und Aktienkurse parallel zum Konjunkturverlauf;
- schließlich schwanken die Einkommen der Bevölkerung und am stärksten die einbehaltenen Gewinne der Unternehmer.

3 Erklärung des Konjunkturzyklus

Die Erklärungen des Konjunkturzyklus sind zahlreich, doch sie stellen nicht unbedingt Gegensätze dar, vielmehr setzen die Vertreter bestimmter Theorien meist nur unterschiedliche Schwerpunkte. Der Leser erinnere sich an die Erläuterungen in der Einleitung, die gezeigt haben, wie schwierig es ist, eindeutige Erklärungen zu finden. Daher müssen oft mehrere Erklärungen akzeptiert werden. Beobachtete Konjunkturschwankungen vollziehen sich in der Realität im Rahmen einer wachsenden Wirtschaft, also in einer Wirtschaft, in der der Produktionsapparat (Kapitalstock) durch Nettoinvestitionen laufend verbessert und erweitert wird. Es ist nun denkbar, dass sich eine Volkswirtschaft störungsfrei entwickelt, d.h. z.B. jährlich konstant um 5 Prozent wächst. Aufgrund der **Labilität der Investitionen** ist ein solches gleichgewichtiges Wachstum allerdings sehr unwahrscheinlich. Der »gleichgewichtige Wachstumspfad« ist, bildlich gesprochen, sehr schmal, und bei Abweichungen von diesem Pfad verstärken sich erfahrungsgemäß zunächst die Abweichungen, schwächen sich dann aber ab und führen schließlich zu einer Umkehrung, die allerdings wieder über das Ziel hinausschießt usw. Es ist also die Vorstellung eines Korridors angemessen, innerhalb dessen sich die wirtschaftlichen Aktivitäten zyklisch um den gleichgewichtigen Wachstumspfad bewegen.

Einen grundlegenden Erklärungsansatz für diese Schwankungen liefert die so genannte **postkeynesianische Konjunkturtheorie**, welche auf dem in Kapitel 10, Abschnitt 3.1 behandelten keynesianischen Einkommen-Ausgaben-Modell aufbaut und eine gewisse Ähnlichkeit zu dem in Kapitel 27, Abschnitt 9.1. behandelten postkeynesianischen Wachstumsmodell (*Harrod-Domar*-Modell) aufweist. Der Konjunkturzyklus ergibt sich hier infolge fehlerhafter Erwartungen der Investoren bezüglich der weiteren Entwicklung der gesamtwirtschaftlichen Güternachfrage. Wir wollen im Weiteren die zentralen Zusammenhänge analysieren, welche in diesem Modellrahmen zum Konjunkturzyklus führen. Im Anschluss hieran werden einige zusätzliche Aspekte der Bestimmungsgründe der konjunkturellen Entwicklung dargestellt und diskutiert.

3.1 Das postkeynesianische Konjunkturmodell (Akzelerator-Multiplikator-Modell)

Das Modell geht von den folgenden Annahmen aus:
Die Höhe des Inlandsprodukts bzw. des Nationaleinkommens jeder Periode t wird durch die Höhe der gesamtwirtschaftlichen Güternachfrage der Periode bestimmt:

$Y_t = Y_t^d$.

Nachfrageseitig bestimmtes Gütermarktgleichgewicht

Die Güternachfrage Y_t^d setzt sich aus den Bestandteilen Konsum C_t, den so genannten induzierten Investitionen I_t^{ind} und der autonomen Güternachfrage A_t zusammen:

$Y_t^d = C_t + I_t^{ind} + A_t$

Die Nachfrage setzt sich zusammen aus ...

Die autonome Güternachfrage A_t ist die Summe aller einkommensunabhängigen Bestandteile der Güternachfrage (z. B. die staatliche Güternachfrage).
Der Konsum C_t hängt nicht vom laufenden Einkommen der Periode Y_t ab, sondern vom **Einkommen der Vorperiode Y_{t-1}**:

$C_t = c \cdot Y_{t-1}$

... der autonomen Güternachfrage,

... der Konsumgüternachfrage in Abhängigkeit vom Einkommen der Vorperiode,

mit $0 < c < 1$ als konstanter (marginaler und durchschnittlicher) Konsumquote. Dies kann in unterschiedlicher Weise begründet werden:
- Wir könnten unterstellen, dass die Haushalte zum Zeitpunkt der Konsumentscheidung ihr laufendes Periodeneinkommen noch nicht kennen und dabei stets erwarten, in der laufenden Periode dasselbe Einkommen wie in der Vorperiode zu erzielen oder
- wir könnten annehmen, dass die Einkommen der laufenden Periode zeitverzögert erst zu Beginn der nächsten Periode an die Haushalte ausgeschüttet werden, sodass das laufende **verfügbare** Einkommen der Haushalte stets das in der Vorperiode **erwirtschaftete** Einkommen ist (so genannter Robertson-Lag).

Die **induzierten Investitionen I_t^{ind}** stehen annahmegemäß in einem festen Verhältnis v zu der Y-Änderung von der vorletzten Periode t-2 zur letzten Periode t-1:

$I_t^{ind} = v \cdot (Y_{t-1} - Y_{t-2})$ mit $v > 0$.

... den induzierten Investitionen in Abhängigkeit von der erwarteten Nachfrageänderung.

Dies kann folgendermaßen begründet werden: Die Investoren orientieren sich in ihrer Investitionstätigkeit bzw. in ihrem Kapazitätenaufbau an der von ihnen erwarteten Entwicklung der Güternachfrage. Der (konstante) Kapitalkoeffizient v gibt dabei an, wie viele Einheiten Kapital auf eine Einheit Inlandsprodukt von den Unternehmen als produktionstechnisch »optimal« angesehen wird. (Das Konzept ist hier also ähnlich wie im postkeynesianischen Wachstumsmodell in Kapitel 27, Abschnitt 9.1.) Je stärker die Güternachfrage in der Erwartung der Investoren zur nächsten Periode anwachsen wird, umso höher werden folglich die induzierten Investitionen ausfallen, sie werden also durch erwartete Nachfrageänderungen hervorgerufen (»induziert«). Wir unterstellen nun, dass die Investoren zum Zeitpunkt ihrer Investitionsentscheidung die aktuelle Güternachfrage (und natürlich die Nachfrage der darauf folgenden Periode) noch nicht kennen und deshalb davon ausgehen (erwarten), dass die letzte bekannte Änderung der Güternachfrage (eben $Y_{t-1} - Y_{t-2}$) sich fortschreibt.

Die Abhängigkeit des laufenden Einkommens von der vorangegangenen Einkommensentwicklung

> Im Gütermarktgleichgewicht bestimmt sich damit das Inlandsprodukt der laufenden Periode aus
>
> $$Y_t = \underbrace{c \cdot Y_{t-1}}_{C_t} + \underbrace{v \cdot (Y_{t-1} - Y_{t-2})}_{I_t^{ind}} + A_t$$
>
> Es hängt also insbesondere von den Einkommens- bzw. Güternachfrageniveaus der letzten beiden Vorperioden ab.

Der Konjunkturverlauf wird beschrieben durch die Abweichungen des tatsächlichen Inlandsproduktes von seiner Trendgröße.

Wächst nun die autonome Güternachfrage mit einer (beliebig gewählten) Änderungsrate g, so würde sich bei störungsfreiem (gleichgewichtigem) Wachstum das Inlandsprodukt auch mit dieser Rate entwickeln. Bezeichnet man mit $\bar{Y}_t$ diejenige Höhe des Inlandsproduktes, welche sich auf diesem gleichgewichtigen Wachstumspfad (als Trendgröße) ergeben würde, so stellt die Differenz zwischen dem tatsächlichen Y_t und der Trendgröße $\bar{Y}_t$ die aktuelle konjunkturelle Störung des Inlandsproduktes

$$y_t = Y_t - \bar{Y}_t$$

dar. Diese setzt sich aus zwei Komponenten zusammen: aus demjenigen Teil der Konsumgüternachfrage, welcher auf die Störung des Einkommens der Vorperiode zurückzuführen ist [$c \cdot y_{t-1}$], und aus demjenigen Teil der induzierten Investitionen, welcher von der letzten bekannten Änderung der Störungen induziert ist [$v \cdot (y_{t-1} - y_{t-2})$]. Wir wollen den ersten Term als »Multiplikatoreffekt«[2] bezeichnen, den zweiten als »Akzeleratoreffekt«. Die aktuelle Störung des Inlandsproduktes entspricht dann der Summe aus Multiplikatoreffekt und Akzeleratoreffekt:

---

[2] Der Begriff »Multiplikatoreffekt« wird hier also anders verwandt als in der keynesianischen Einkommens- und Beschäftigungstheorie. Man könnte auch stattdessen vom Konsumeffekt und vom Investitionseffekt der Störung sprechen.

$$y_t = \underbrace{c \cdot y_{t-1}}_{\text{Multiplikator-effekt}} + \underbrace{v \cdot (y_{t-1} - y_{t-2})}_{\text{Akzelerator-effekt}}$$

Die Komponenten der konjunkturellen Störung

Der Multiplikatoreffekt gibt also an, welche Wirkung die Störung der Vorperiode auf die Höhe der gegenwärtigen Konsumausgaben hat. Der Akzeleratoreffekt gibt an, welche Wirkung sich aus der letzten bekannten Änderung der Störung auf die Investitionen ergibt. Der Kapitalkoeffizient v wird in diesem Zusammenhang häufig auch als Akzelerator bezeichnet, weil seine Höhe bestimmt, wie stark die Reaktion der Investoren auf eine gegebene Störungsänderung ausfällt.

Der Multiplikatoreffekt wirkt dabei für sich betrachtet störungsabbauend, da stets nur ein Teil der vorangegangen (Einkommens-)Störung y_{t-1} für Konsumausgaben der laufenden Periode verwendet und damit produktionswirksam wird. Wäre $v = 0$ (käme es also zu keinem Akzeleratoreffekt), so würde sich die Störung über den Multiplikatoreffekt von Periode zu Periode um den Betrag von $s \cdot y_{t-1} = (1-c) \cdot y_{t-1}$ verringern. Die nachfolgende Abbildung 28.5 verdeutlicht den Sachverhalt für den Fall $c = \frac{1}{2}$ und $v = 0$. In Periode 0 lag die Ökonomie noch auf ihrem gleichgewichtigen Wachstumspfad ($y_0 = 0$). In Periode 1 kommt es dann zu einer (exogenen) Störung in Höhe von $y_1 = 10$. Da nur die Hälfte der jeweiligen Einkommensstörung in der Anschlussperiode für Konsum verwendet wird, halbiert sich die Störung von Periode zu Periode.

Der Multiplikatoreffekt wirkt isoliert betrachtet stets störungsabbauend im Zeitablauf.

Der Akzeleratoreffekt kann dagegen mal störungsaufbauend, mal störungsabbauend wirken, er ist hier das eigentlich destabilisierende Element. Wir wollen dies an einem Beispiel illustrieren: Nehmen wir der Einfachheit halber an, es wäre $c = 0$, sodass sich die Störungen allein über den Akzelera-

Der Akzeleratoreffekt kann störungsauf- oder störungsabbauend wirken.

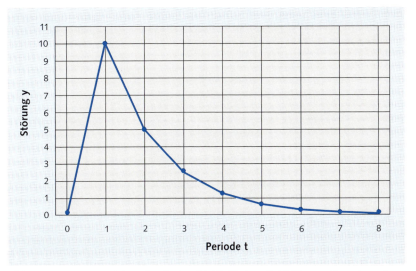

Abb. 28.5: Störungsabbau durch den Multiplikatoreffekt für $c = \frac{1}{2}$ und $v = 0$

toreffekt im Zeitverlauf fortsetzen würden, und v = 1, sodass die gegenwärtige Störung stets der letzten bekannten Änderung der Störung entspräche:

$y_t = y_{t-1} - y_{t-2}$.

Wir unterstellen nun, dass in Periode 0 keine Störung vorlag ($y_0 = 0$) und es in Periode 1 zu einer exogenen Störung in Höhe von $y_1 = 1$ kommt. Wie entwickelt sich nun die Störung im Zeitverlauf weiter?

Wegen $y_1 - y_0 = 1$ ergibt sich für Periode 2 ein Akzeleratoreffekt von Eins, sodass die Störung in Periode 2 ebenfalls den Wert Eins annimmt,

$y_2 = y_1 - y_0 = 1 - 0 = 1$ (Störung der Periode 2).

Die Störung verbleibt also in Periode 2 auf dem in Periode 1 erreichten Niveau, hat sich also gegenüber Periode 1 nicht geändert. Dies führt wiederum dazu, dass der Akzeleratoreffekt von Periode 3 gerade Null entspricht,

$y_3 = y_2 - y_1 = 1 - 1 = 0$ (Störung der Periode 3).

Der Akzeleratoreffekt bei isolierter Betrachtung

In Periode 3 wird die Störung also vollständig abgebaut, die Volkswirtschaft befindet sich wieder auf ihrem gleichgewichtigen Wachstumspfad. Da sich die Störung von Periode 2 zu Periode 3 verringert hat, erwarten nun die Investoren eine weitere Verringerung von y für Periode 4, sie reduzieren also in Periode 4 ihre induzierten Investitionen weiter, sodass sich nun eine negative Nachfragestörung ergibt,

$y_4 = y_3 - y_2 = 0 - 1 = -1$ (Störung der Periode 4).

In Periode 5 ergibt sich dann ein negativer Akzeleratoreffekt entsprechend $y_4 - y_3 = -1$, sodass die Störung in Periode 5 auf dem Niveau der Störung von Periode 4 verbleibt,

$y_5 = y_4 - y_3 = -1 - 0 = -1$ (Störung der Periode 5).

Dies führt wieder dazu, dass der Akzeleratoreffekt und damit auch die Störung in Periode 6 den Wert Null annimmt,

$y_6 = y_5 - y_4 = -1 - (-1) = 0$ (Störung der Periode 6).

Da sich y von Periode 5 zu Periode 6 erhöht hat, erwarten die Investoren einen weiteren Anstieg von y in Periode 7, sodass sich in Periode 7 wieder eine positive Störung von Eins ergibt,

$y_7 = y_6 - y_5 = 0 - (-1) = 1$ (Störung der Periode 7).

Wir haben also mit diesem einfachen Beispiel einen konjunkturellen Zyklus abgebildet, der sich im Zeitverlauf mit unverändertem Muster immer weiter fortsetzen wird. Die nachfolgende Abbildung 28.6 verdeutlicht die Argumentation.

Das Zusammenspiel von Multiplikator- und Akzeleratoreffekt

Allerdings wurde hier aus Vereinfachungsgründen von c=0 ausgegangen. Bei positiver Konsumquote stellt sich der Ablauf komplizierter dar, weil sich dann die Störung nicht nur über den Akzeleratoreffekt, sondern auch über

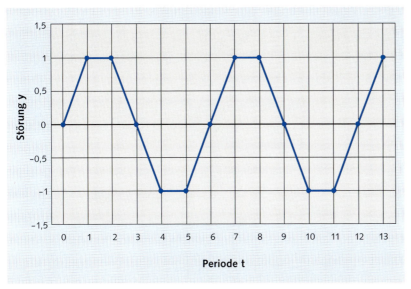

Abb. 28.6: Störungsentwicklung bei alleiniger Wirksamkeit des Akzelerators v = 1

den Multiplikatoreffekt im Zeitverlauf fortsetzt. Wir wollen die in diesem Fall wirkenden Interdependenzen, die zu einem Konjunkturzyklus führen können, zunächst allgemein beschreiben und anschließend an einem numerischen Beispiel illustrieren.

Wir nehmen an, dass die Ökonomie sich zunächst entlang ihres gleichgewichtigen Wachstumspfades entwickelte. Nun kommt es zu einer (exogenen) positiven Konjunkturstörung, das Inlandsprodukt schießt also über seinen Trendwert hinaus. In der Anschlussperiode ergibt sich einerseits über den Multiplikatoreffekt eine Tendenz zum Störungsabbau (da $c<1$). Hinzu kommt jedoch ein positiver Akzeleratoreffekt. Ist der Akzelerator v groß genug, so wird der Akzeleratoreffekt den aus dem Multiplikatoreffekt resultierenden Störungsabbau überkompensieren. Die Störung wird sich also zunächst weiter aufbauen (verstärken). Ist andererseits v nicht zu groß, so wird dieser weitere Störungszuwachs geringer ausfallen als derjenige der Vorperiode. Die Störung wächst dann degressiv, also mit im Betrag abnehmenden Änderungen. Mit zunehmender Störung wird dann die aus dem Multiplikatoreffekt herrührende Abbautendenz im Betrag immer größer, während der Akzeleratoreffekt aufgrund der Abnahme der Zuwächse der Störung immer schwächer wird. Es gibt dann einen Zeitpunkt, zu dem der Störungsaufbau des Akzeleratoreffekts dem Störungsabbau des Multiplikatoreffekts entspricht. Die konjunkturelle Störung y verharrt dann in der betreffenden Periode auf dem zuvor erreichten Niveau, der Höhepunkt des konjunkturellen Aufschwungs ist erreicht. Infolgedessen wirkt in der anschließenden Periode nur der Störungsabbau durch den Multiplikatoreffekt, während der Akzeleratoreffekt (praktisch) Null ist. Die konjunkturelle Entwicklung bewegt sich nun also in Richtung des gleichgewichtigen Wachstumspfades zurück. Die

Für die Möglichkeit eines Konjunkturzyklus darf der Akzelerator v nicht zu groß und nicht zu klein sein.

Störung y wird nicht mehr auf-, sondern abgebaut. Infolgedessen erwarten die Investoren nun eine weitere Verringerung von y für die nächste Periode, sodass nun der Akzeleratoreffekt negativ, also selbst auf einen (beschleunigten) Abbau der Störung hinwirkt. Irgendwann wird dann die Störung vollständig abgebaut, der gleichgewichtige Wachstumspfad also wieder erreicht sein. Für die Anschlussperiode ergibt sich dann kein weiterer Störungsabbau über den Multiplikatoreffekt. Da jedoch y gegenüber der Vorperiode gesunken ist, wirkt weiter ein negativer Akzeleratoreffekt, der das Inlandsprodukt unter das Niveau des gleichgewichtigen Wachstumspfades drückt (negative Störung y). Das Inlandsprodukt entfernt sich also wieder vom gleichgewichtigen Wachstumspfad (nur diesmal nach unten), wodurch ein entsprechender Prozess der Entfernung und Wiederannäherung eingeleitet wird, nur diesmal mit umgekehrten Vorzeichen.

Die Herleitbarkeit eines solchen Zyklus ist dabei nicht für alle Konstellationen von v und c gewährleistet. Allgemein formuliert hängt sie davon ab, dass

- v hinreichend groß ist, sodass ein zeitweiliger Störungsaufbau möglich ist, und
- v gleichzeitig nicht zu groß ist, sodass der Störungsaufbau nur degressiv erfolgen kann.

Ein numerisches Beispiel für einen Konjunkturzyklus

Die nachfolgend wiedergegebene Computer-Simulation (vgl. Tabelle 28.1 sowie Abbildung 28.7) zeigt solche zyklische Schwingungen, die durch den Akzelerator-Multiplikator-Prozess hervorgerufen werden. Dabei wurde v = 1 und c = 0,8 unterstellt. Die autonome Nachfrage ist abgesehen von der Störperiode 1 konstant 1.000. Die Trendgröße entspricht dann der autonomen Nachfrage multipliziert mit dem elementaren Multiplikator, also $\bar{Y}_t = 1.000/0,2 = 5.000$, ist hier also ebenfalls im Zeitablauf konstant.[3] Spalte (1) gibt die jeweilige Periode an. Die Spalten (2) bis (4) enthalten die jeweiligen Werte der Nachfragekomponenten, deren Summe in Spalte (5) den jeweils aktuellen Wert des Inlandsprodukts wiedergibt. Spalte (6) gibt die (konstante) Trendgröße des Inlandsprodukts an. Die Differenz zwischen tatsächlichem Inlandsprodukt und Trendgröße definiert die jeweils vorliegende konjunkturelle Störung y [Spalte (7)]. Die Störung setzt sich zusammen aus den oben beschriebenen Komponenten »Akzeleratoreffekt« [Spalte (8)] und »Multiplikatoreffekt« [Spalte (9)]. Der sich aus dem Multiplikatoreffekt allein ergebende **Störungsabbau** ist in Spalte (10) abgetragen. Er ergibt sich aus der Differenz zwischen der Störung der jeweiligen Vorperiode y_{t-1} und dem Multiplikatoreffekt der laufenden Periode $c \cdot y_{t-1}$, d.h. dem Teil der Einkommensstörung der Vorperiode, der gespart wird und deshalb nicht als Konsumgüternachfrage in der laufenden Periode produktionswirksam ist.

---

3 Die Trendgröße ist jene Größe, welche sich im Zeitablauf auf dem gleichgewichtigen Wachstumspfad ohne konjunkturelle Störungen ergeben würde. Sie ist hier konstant, weil die autonome Güternachfrage als konstant unterstellt ist, also eine Wachstumsrate von Null aufweist.

(1) Periode t	(2) Konsum C_t	(3) Induzierte Investition I_t^{ind}	(4) Autonome Nachfrage A_t	(5) Inlandsprodukt Y_t	(6) Trendgröße $\bar{Y}_t$	(7) Störung $y_t = Y_t - \bar{Y}_t$	(8) Akzeleratoreffekt $v \cdot (y_{t-1} - y_{t-2})$	(9) Multiplikatoreffekt $c \cdot y_{t-1}$	(10) Störungsabbau ME $(1-c) \cdot y_{t-1}$
0	4.000,00	0,00	1.000	5.000,00	5.000	0,00	0,00	0,00	0,00
1	4.000,00	0,00	1.010	5.010,00	5.000	10,00	0	0,00	0,00
2	4.008,00	10,00	1.000	5.018,00	5.000	18,00	10,00	8,00	2,00
3	4.014,40	8,00	1.000	5.022,40	5.000	22,40	8,00	14,40	3,60
4	4.017,92	4,40	1.000	5.022,32	5.000	22,32	4,40	17,92	4,48
5	4.017,86	-0,08	1.000	5.017,78	5.000	17,78	-0,08	17,86	4,46
6	4.014,22	-4,54	1.000	5.009,68	5.000	9,68	-4,54	14,22	3,56
7	4.007,74	-8,10	1.000	4.999,64	5.000	-0,36	-8,10	7,74	1,94
8	3.999,71	-10,03	1.000	4.989,68	5.000	-10,32	-10,03	-0,29	-0,07
9	3.991,74	-9,96	1.000	4.981,78	5.000	-18,22	-9,96	-8,26	-2,06
10	3.985,42	-7,90	1.000	4.977,53	5.000	-22,47	-7,90	-14,58	-3,64
11	3.982,02	-4,25	1.000	4.977,77	5.000	-22,23	-4,25	-17,98	-4,49
12	3.982,21	0,24	1.000	4.982,45	5.000	-17,55	0,24	-17,79	-4,45
13	3.985,96	4,69	1.000	4.990,65	5.000	-9,35	4,69	-14,04	-3,51
14	3.992,52	8,20	1.000	5.000,72	5.000	0,72	8,20	-7,48	-1,87
15	4.000,57	10,07	1.000	5.010,64	5.000	10,64	10,07	0,57	0,14
16	4.008,51	9,92	1.000	5.018,43	5.000	18,43	9,92	8,51	2,13
17	4.014,75	7,80	1.000	5.022,54	5.000	22,54	7,80	14,75	3,69
18	4.018,03	4,11	1.000	5.022,14	5.000	22,14	4,11	18,03	4,51
19	4.017,71	-0,40	1.000	5.017,32	5.000	17,32	-0,40	17,71	4,43
20	4.013,85	-4,83	1.000	5.009,02	5.000	9,02	-4,83	13,85	3,46
21	4.007,22	-8,29	1.000	4.998,93	5.000	-1,07	-8,29	7,22	1,80
22	3.999,14	-10,10	1.000	4.989,05	5.000	-10,95	-10,10	-0,86	-0,21
23	3.991,24	-9,88	1.000	4.981,35	5.000	-18,65	-9,88	-8,76	-2,19
24	3.985,08	-7,69	1.000	4.977,39	5.000	-22,61	-7,69	-14,92	-3,73
25	3.981,91	-3,96	1.000	4.977,95	5.000	-22,05	-3,96	-18,09	-4,52
26	3.982,36	0,56	1.000	4.982,92	5.000	-17,08	0,56	-17,64	-4,41
27	3.986,34	4,97	1.000	4.991,31	5.000	-8,69	4,97	-13,66	-3,42
28	3.993,05	8,38	1.000	5.001,43	5.000	1,43	8,38	-6,95	-1,74
29	4.001,14	10,12	1.000	5.011,27	5.000	11,27	10,12	1,14	0,29
30	4.009,01	9,84	1.000	5.018,85	5.000	18,85	9,84	9,01	2,25

Tab. 28.1: Exemplarischer Konjunkturverlauf nach einer exogenen Störung in Periode 1

In Periode 0 befindet sich die Ökonomie noch auf ihrem Gleichgewichtspfad. In Periode 1 kommt es dann zu einer einmaligen, nur auf diese Periode beschränkten Erhöhung der autonomen Nachfrage um 1 Prozent (exogene Störung). Dies führt in derselben Periode dazu, dass das Inlandsprodukt über seinen Trendwert hinaus schießt auf 5.010. Dadurch wird der Konjunkturzyklus ausgelöst, welcher sich aus dem Zusammenspiel von Akzelerator- und Multiplikatoreffekt ergibt. In der Tabelle ist dabei zu erkennen, dass sich in den Phasen des Störungsaufbaus (wenn also das tatsächliche Inlandsprodukt Y sich von der Trendgröße $\bar{Y}$ entfernt), der Betrag des Akzeleratoreffektes abnimmt (Spalte 8), während der Betrag des Störungsabbaus durch den Multiplikatoreffekt zunimmt (siehe Spalte 10). Der Störungsabbau wird schließlich die dominierende Größe, sodass sich die Inlandsproduktentwicklung wieder umgekehrt mit der Folge, dass dann auch der Akzeleratoreffekt störungsabbauend wirkt. Mit dem (näherungsweisen) Wiedererreichen der Trendgröße geht dann zwar der Multiplikatoreffekt gegen Null, jedoch wirkt der Akzeleratoreffekt weiter. Dies führt zu einem »Überqueren« des Gleichgewichtspfades, sodass sich die konjunkturelle Schwingung – nach demselben Muster – fortsetzt.

Wir wollen den beschriebenen Ablauf anhand der Werte der Tabelle 28.1 numerisch verdeutlichen: In Periode 1 ergibt sich infolge der kurzfristigen Erhöhung der autonomen Nachfrage um 10 eine gleich hohe konjunkturelle Störung $y_1 = 10$. Infolgedessen ergibt sich für Periode 2 ein Multiplikatoreffekt der Störung y_1 in Höhe von $c \cdot y_1 = 8$; ohne den Akzeleratoreffekt würde die Störung also um 2 abgebaut. Aufgrund des Anstiegs der Störung von Periode 0 zu Periode 1 in Höhe $y_1 - y_0 = 10$ kommt es jedoch zu einem Akzeleratoreffekt dieser Störungsänderung in gleicher Höhe, sodass die Störung in Periode 2 auf 18 Einheiten anwächst. Dies führt für die Periode 3 zu einem Multiplikatoreffekt der Störung y_2 in Höhe von 14,4; der Störungsabbau durch den Multiplikatoreffekt beträgt jetzt also 3,6 und hat sich damit gegenüber der Vorperiode mit 2 um 1,6 erhöht. Der Akzeleratoreffekt wiederum beträgt nun 8, ist also gegenüber dem Akzeleratoreffekt der Vorperiode mit 10 um 2 kleiner geworden. Insgesamt erhöht sich die Störung also auf 22,4 in Periode 3. In Periode 4 führt dies zu einem Multiplikatoreffekt der Störung in Höhe von 17,92, während der Störungsabbau durch den Multiplikatoreffekt auf 4,48 steigt. Der Akzeleratoreffekt der Periode 4 sinkt dagegen ab auf 4,40. Der Störungsaufbau durch den Akzeleratoreffekt ist also um 0,08 kleiner als der Störungsabbau durch den Multiplikatoreffekt. Der Gipfel des konjunkurellen Aufschwungs ist überschritten und die Störung vermindert sich um 0,08 auf 22,32. Es ergibt sich dann für Periode 5 ein negativer Akzeleratoreffekt in Höhe von −0,08. Hinzukommt abermals ein Störungsabbau durch den Multiplikatoreffekt in Höhe von 4,46, sodass die Störung von 22,33 in Periode 4 auf 17,78 in Periode 5 absinkt. Der Störterm y sinkt dann in der Folge – mit abnehmendem Störungsabbau durch den Multiplikator und wachsendem Störungsabbau durch den Akzelerator – immer weiter ab, bis in Periode 7 mit $y_7 = -0{,}36$ die Trendgröße praktisch wieder erreicht wird. Für Periode 8 ergibt sich dann mit −0,07 eine gegen Null gehende Störungsabbautendenz durch den Multiplikatoreffekt, während der bis eben noch störungsabbauend wirkende Akzeleratoreffekt mit −10,03 die nun negative Störung weiter aufbaut usw.

Die Abbildung 28.7 verdeutlicht die Zusammenhänge grafisch. Dabei ist zu erkennen, dass in unserem Beispiel die Spannweite (Amplitude) der Zyklen konstant bleibt. Dies liegt allerdings an dem gewählten Wert des Kapitalkoeffizienten v = 1. Wäre v > 1, so würden sich zunehmende Amplituden ergeben (»explosive Zyklen«), wäre v < 1 dagegen abnehmende. Für die Bundesrepublik wird v auf einen Wert von ca. 2,8 geschätzt. Auf der Basis dieses Modells würde sich folglich die Spannweite der Zyklen immer weiter erhö-

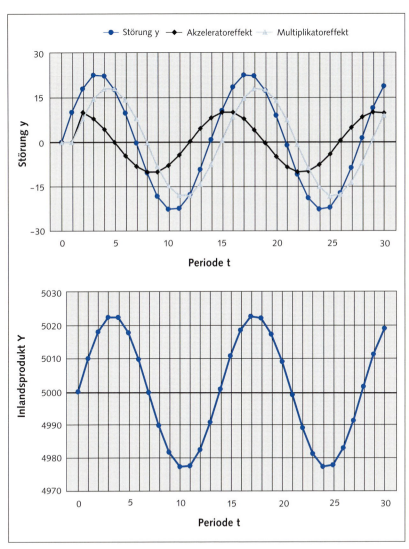

Abb. 28.7: Grafische Darstellung des Konjunkturmodells

hen. Der endogene Konjunkturzyklus würde dann im Zeitverlauf an gegebene Ober- bzw. Untergrenzen stoßen und dort gebrochen werden. Wir wollen dies jedoch hier nicht weiter vertiefen.

3.2 Beharrungsvermögen der Konsumausgaben

Die Abweichungen von der trendmäßigen Entwicklung der Volkswirtschaft werden geringer, wenn es Ausgaben gibt, die zunächst nur zurückhaltend auf die veränderte Konjunkturlage reagieren. Gelegentlich verhalten sich die Exporte in dieser Weise, sehr häufig die Konsumausgaben der privaten Haushalte.

Stabilisierungswirkung durch starre Konsumgewohnheiten

Zum einen sind die Konsumgewohnheiten der Verbraucher von einem gewissen **Beharrungsvermögen** geprägt: Bei steigendem Einkommen werden die Konsumausgaben in der Regel nicht sofort proportional erhöht, es braucht vielmehr eine gewisse Zeit, sich auf einen neuen Lebensstandard einzustellen. So wird man sich z. B. vernünftigerweise erst in Ruhe umsehen, bevor man seine Mietwohnung kündigt, um ein Haus zu kaufen; so wird man die alten Möbel vielleicht noch eine Zeitlang nutzen, bevor man sich bessere kauft usw. Umgekehrt braucht es ebenfalls eine gewisse Zeit, seine Ausgaben bei einem Einkommensrückgang einzuschränken; zunächst wird der durchschnittliche Haushalt versuchen, seinen Lebensstandard durch verringertes Sparen bzw. durch Rückgriff auf sein Vermögen aufrechtzuerhalten. Bezogen auf unser obiges Beispiel bedeutet dies, dass die Konsumquote bezüglich der Störungskomponente des Einkommens y sehr klein oder sogar Null ist.

Zum anderen sind die Konsumausgaben im Konjunkturzyklus deshalb relativ starr, weil die **funktionale Einkommensverteilung** auf Löhne und Gewinne eine Änderung erfährt (vgl. hierzu auch Kapitel 25): Die Löhne schwanken im Konjunkturzyklus weniger stark als die Gewinne, d. h. im Aufschwung (Abschwung) steigen (fallen) die Gewinne schneller als die Löhne (Lohn-Lag). Dies liegt im Wesentlichen daran, dass Löhne in Tarifvereinbarungen für einen Zeitraum von meist ein bis zwei Jahren festgelegt werden und dass Gewerkschaften die im Aufschwung steigenden Gewinne nicht vorhersehen können. Wenn sich dann hinterher herausstellt, dass die Gewinne stärker gestiegen sind als die Löhne, versuchen die Gewerkschaften dies im nächsten Tarifvertrag zu berücksichtigen, hinken aber bei weiter steigenden Gewinnen zunächst weiter hinterher. Umgekehrt versuchen Gewerkschaften im Abschwung ein einmal erreichtes Lohnniveau zu halten. Da Lohnempfänger im Durchschnitt einen größeren Anteil ihres Einkommens für Konsumzwecke ausgeben als Gewinnempfänger, wird aus diesem Grund die Konsumquote im Aufschwung abnehmen und im Abschwung zunehmen, sodass der Konsum auf die konjunkturbedingten Änderungen des Nationaleinkommens verhältnismäßig unelastisch reagiert.

Ein solches verzögertes Steigen bzw. Sinken der Konsumausgaben bewirkt, dass der Akzeleratoreffekt abgeschwächt wird, weil die konjunkturbedingten

Einkommensänderungen geringer ausfallen. Die Zyklen sind dann weniger ausgeprägt und erreichen schneller ihre Wendepunkte.

3.3 Schwankungen der Gewinne

In der Realität lässt sich beobachten, dass im Regelfall am Ende einer Aufschwungphase die Gewinne der Unternehmen deutlich absinken, während sie am Ende einer Abschwungphase deutlich ansteigen. Dieses Phänomen kann auf verschiedene Faktoren zurückgeführt werden.

Bei Überhitzung der Konjunktur kommt es üblicherweise
- zu überdurchschnittlich steigenden Investitionsgüterpreisen,
- zu starken Erhöhungen der (realen) Kreditzinsen,
- zu deutlichen Erhöhungen der realen Löhne.

Eine umgekehrte Entwicklung ist in der Endphase des konjunkturellen Abschwungs zu beobachten.

Stabilisierende Wirkungen von Gewinnschwankungen im Konjunkturverlauf

Sind nun die Investitionen positiv von der Höhe der Gewinne abhängig, so lässt sich hieraus eine ähnliche konjunkturglättende Wirkung ableiten, wie wir sie für das Beharrungsvermögen der Konsumausgaben beschrieben haben. Die mit dem Konjunkturaufschwung sich schließlich deutlich verschlechternde Gewinnsituation wird die Investitionstätigkeit dämpfen, d. h. den Akzeleratoreffekt abschwächen, sodass es zur konjunkturellen Wende kommt. Umgekehrt wird die sich im Zuge des Konjunkturabschwunges schließlich deutlich verbessernde Gewinnlage die Investitionstätigkeit wieder beleben, sodass der Aufschwung eingeleitet wird.

3.4 Schumpeters Konjunkturerklärung

Joseph A. Schumpeter (1883–1950) unterschied zwischen der **Invention** (Erfindung, Entdeckung und Entwicklung neuer Güter, neuer Prozesse oder neuer Methoden) und der **Innovation** (kommerzielle Verwertung der Erfindungen in den Unternehmen). Während die Inventionen gleichmäßig erfolgen, werden sich Innovationen in zyklischen Schwankungen ausbreiten. Der Grund liegt darin, dass die Menschen von Natur aus konservativ sind und zögern, neue Methoden zu übernehmen, solange sie nicht erprobt sind. Einige mutige »Pionierunternehmer« sind hingegen bereit, neue Inventionen zu erproben und der Entwicklung den Weg zu weisen. Als Belohnung winken ihnen hohe »Pioniergewinne«. Dadurch angelockt, folgen die anderen Unternehmer (**Imitation**). Es beginnt eine zunehmende Investitionstätigkeit, die die Ökonomie über die damit verbundenen Multiplikatoreffekte in eine Boomphase führt.

Innovationen durch den Pionierunternehmer

Konjunkturaufschwung durch Imitation

Das Ende des Aufschwunges ist dann erreicht, wenn die neuen Anlagen erstellt sind und die Investitionstätigkeit wieder nachlässt. Dann wird die Nachfrage sinken. Die Preise und Gewinne aus den neuen Anlagen gehen zu-

Konjunkturabschwung nach der Imitationsphase

rück. Eine allgemein pessimistische Stimmung breitet sich aus, und die Wirtschaft gleitet in Abschwächung und Rezession. Der Motor der wirtschaftlichen Entwicklung ist zugleich die Kraft, die die zyklischen Schwankungen der wirtschaftlichen Aktivität in Marktwirtschaften entstehen lässt.

3.5 Staatliche Wirtschaftspolitik

Der Staat als Verursacher des Konjunkturzyklus?

In den vorangehenden Abschnitten dieses Kapitels sind einige Mechanismen beschrieben worden, die konjunkturelle Bewegungen hervorrufen können. Damit ist jedoch die kontroverse Frage, ob eine Marktwirtschaft notwendig solchen konjunkturellen Schwankungen unterliegt, nicht beantwortet. Gelegentlich wird die Auffassung vertreten, dass die in der Realität zu beobachtenden Zyklen in erster Linie auf staatliche Eingriffe in den Wirtschaftsprozess zurückzuführen sind (**Interventionszyklen**). Diese Auffassung wird in dem nachfolgenden Zitat näher beschrieben, in dem angenommen ist, dass der Zyklus mit steigenden Preisen beginnt:

»Schließlich wird die steigende Inflationsrate als unerträglich empfunden, was zu kontraktiven Maßnahmen veranlasst. Diese drosseln jedoch nur die Erlöse der Unternehmungen, nicht aber ihre Kosten, da die Faktorpreise – insbesondere die Löhne – nach unten hin starr sind. Sobald aber die Kosten nicht mehr gedeckt werden, bleibt nur der Ausweg, die Beschäftigung zurückzunehmen. Diese einsetzende Arbeitslosigkeit ändert die Erwartungen der Bürger, die nun vorsichtig disponieren, was sich in erhöhter Kassenhaltung niederschlägt. Beide Verhaltensweisen lassen den Geldkreislauf schrumpfen und verletzen das Vollbeschäftigungspostulat, sodass das wirtschaftspolitische Instrumentarium bald wieder expansiv eingesetzt werden muss, um die Arbeitslosigkeit zu absorbieren. Die Expansionsmaßnahmen lassen aber erst dann die Konjunktur anspringen, wenn die Bürger erneut ihre Erwartungen geändert haben: Von ihrer zurückhaltenden Ausgabendisposition lassen sie erst ab, wenn ein gewisser Beschäftigungsanstieg sichtbar geworden ist. Im Verlauf des Abbaus ihrer überhöhten Kassenbestände weitet sich dann die Gesamtnachfrage schnell aus, bis schließlich der nicht aufgelöste inflationäre Kostensockel der voraufgegangenen Talfahrt überspült wird und die Wirtschaft auf breiter Front expandiert. Das verstärkt dann erneut den Inflationstrend, bis das Spiel von Neuem beginnt.

Was somit die praktische Wirtschaftspolitik betrifft, hat der Keynesianismus einen ›neuen Konjunkturzyklus‹ kreiert: Die Inflation zu bekämpfen, erfordert das ›Stop‹, die drohende Arbeitslosigkeit zu vermeiden oder die eingetretene abzubauen, das ›Go‹. Dadurch kommt ein künstlicher Zyklus mit zwangsläufiger Abfolge zustande, den man schlicht als Interventionszyklus bezeichnen kann.« (*Besters, Hans*, »Keynes im Licht der Erfahrungen der Nachkriegszeit«, Wirtschaftsdienst, 1976, Heft VII, S. 335.)

Interventionszyklen

Nun ist unzweifelhaft, dass die Politik der Nachfragesteuerung zur Vermeidung konjunktureller Ausschläge zunehmend skeptisch beurteilt wird:

»Im Rückblick auf die im Zeichen der nachfrageorientierten Stabilitätspolitik stehenden 60er- und 70er-Jahre erscheinen die praktischen Ergebnisse der Globalsteuerung wenig ermutigend: Das wiederholte ›stop and go‹ hat in der Bundesrepublik Deutschland wie anderswo nicht zu mehr Stabilität, sondern offenbar zum Aufschaukeln von Inflation und Arbeitslosigkeit geführt. … Diese Entwicklung geht auf eine Reihe von Konstruktionsfehlern der antizyklischen Nachfragesteuerung zurück, die auch von keynesianisch orientierten Ökonomen gesehen werden:

Probleme der Nachfragesteuerung

- Die theoretisch postulierte Rückführung des zur Rezessionsbekämpfung herbeigeführten Anstiegs von Staatsausgaben- und Staatsschuldenquote stieß praktisch auf politischen Widerstand. Das zyklusdurchschnittliche Anwachsen der Defizitquote ließ den staatlichen Schuldendienst zu Lasten der Investitionsausgaben anwachsen. Die aufkommenden Zweifel an der Wiederholbarkeit der antizyklischen Therapie, verbunden mit der Erwartung künftiger Steuererhöhungen, dämpfte die Ausgabenneigung der Privaten, sodass zusätzlicher fiskalpolitischer Handlungsbedarf entstand.
- Stabilitätspolitisch primär an den Komponenten der volkswirtschaftlichen Gesamtnachfrage anzusetzen, wurde fragwürdig, als strukturelle Probleme, nicht aber Anzeichen einer allgemeinen Nachfrageschwäche in den Vordergrund rückten. Unzureichender Strukturwandel und nachlassende Wachstumsdynamik bedeuteten, dass sich die Erfolgsaussichten für die Nachfragesteuerung verschlechtern mussten und die Lösung der angebotsseitigen Probleme verzögert wurde.
- Die antizyklische Geld- und Fiskalpolitik lief Gefahr, die Wirtschaft entgegen der eigenen Absicht zu destabilisieren, sobald Haushalte und Unternehmer ihre Inflations- und Politikillusion verloren und immer weniger nach jenem Verhaltensmuster auf expansive und kontraktive Maßnahmen reagierten, das der theoretischen Wirkungsanalyse der Globalsteuerung zugrunde liegt.
- Schließlich erwiesen sich in einer Zeit, in der Anpassungsfähigkeit besonders gefordert war, Größe und Beharrungsvermögen des Staatssektors als schwere Hypothek, während die von der öffentlichen Neuverschuldung über das jeweils geldpolitisch induzierte Maß hinaus hochgehaltenen (Real-)Zinsen privatwirtschaftliche Investitionen erschweren, die doch Voraussetzung für eine rasche Umstrukturierung des Produktionsapparates waren. Mehr noch, die Unternehmen legten ihre Eigenmittel, statt sie zu investieren, in renditeträchtigen Staatsschuldtiteln an.« (*Cassel, D.*: Beschäftigungs- und Stabilitätspolitik. In: Bundesministerium für innerdeutsche Beziehungen, Materialien zum Bericht zur Lage der Nation im geteilten Deutschland 1987, Bonn 1987, S. 81)

Richtig an dieser Einschätzung ist sicher die konstatierte asymmetrische Anwendung der Fiskalpolitik (d.h. die Erhöhung der Staatsausgaben in der Krise, nicht aber ihre Senkung im Boom) und ihre Unfähigkeit, Strukturprobleme zu lösen. Zusätzlich sind die Probleme des richtigen »Timings« der Ausgaben und des Crowding-out zu beachten (vgl. hierzu Kapitel 10).

Damit ist jedoch kein abschließendes Urteil über die keynesianische Nachfragesteuerung gesprochen und vor allem keine Aussage darüber gemacht, ob die von solchen staatlichen Eingriffen unbeeinflusste wirtschaftliche Aktivität in einer Marktwirtschaft relativ störungsfrei verläuft. Wenn dies nicht der Fall ist – und die Autoren sind, u. a. weil es schon vor mehr als 100 Jahren auch ohne keynesianische Eingriffe in den Wirtschaftsprozess tief greifende Konjunkturzyklen gegeben hat, dieser Meinung –, so stellt sich die Frage, ob, und wenn ja, wie der Staat hier regulierend eingreifen kann. Seit Beginn der 80er-Jahre ist ein mehr mittelfristiges Konzept populär und zur Anwendung gekommen, das die Wachstums- und Effizienzbedingungen der Produktion verbessern will: die **Angebotspolitik**. Die Grundsätze einer solchen Politik sind z. B. im Jahreswirtschaftsbericht 1984, S. 83, formuliert:

Angebotspolitik als Alternative zur Nachfragesteuerung?

- »ordnungspolitische Neubesinnung auf die Grundsätze der Sozialen Marktwirtschaft, insbesondere verlässliche und widerspruchsfreie wirtschaftspolitische Rahmenbedingungen, Stärkung der Leistungs- und Risikobereitschaft, Sicherung des Wettbewerbs und Verringerung bürokratischer Hemmnisse;
- Wiederherstellung der finanzpolitischen Handlungsfähigkeit des Staates, Konsolidierung der öffentlichen Finanzen, Rückführung des Staatsanteils, qualitative Verbesserung der Ausgabenstruktur und eine leistungsfreundlichere Besteuerung;
- eine Sozialpolitik, die sich von den Grundsätzen sozialer Gerechtigkeit, Solidarität und Subsidiarität leiten läßt und die Finanzierbarkeit der sozialen Sicherungssysteme dauerhaft gewährleistet; sowie
- intensives Bemühen um europäische und weltwirtschaftliche Konzertierung und Kooperation zur Verbesserung der Rahmenbedingungen für eine Ausweitung des Welthandels und die Bekämpfung der Arbeitslosigkeit.«

Aber obwohl die keynesianische Nachfragesteuerung seit Mitte der 70er-Jahre in Deutschland (und anderen Ländern) stark an Bedeutung verloren hat und spätestens seit Beginn der 80er-Jahre eine mehr angebotsorientierte Wirtschaftspolitik an ihre Stelle getreten ist, sind deutliche konjunkturelle Ausschläge nach wie vor beobachtbar. Im Zuge dieser Entwicklung verblieb die Arbeitslosigkeit – von der sicher nur ein Teil struktureller Natur ist – nicht nur auf hohem Niveau, sondern stieg sogar deutlich an. Es stellt sich somit nach wie vor die Frage, ob eine richtig praktizierte, d. h. mittelfristig orientierte »verstetigte« Nachfragesteuerung nicht einen Beitrag zur Lösung dieser Probleme liefern könnte.

Arbeitsaufgaben

1) Erläutern Sie die Begriffe Konjunkturzyklus und Konjunkturindikatoren.
2) Kennzeichnen Sie die Phasen eines typischen Konjunkturzyklus.
3) Welche wirtschaftlichen Größen schwanken parallel zum Konjunkturzyklus und welche nicht?
4) Welche Komponenten der Gesamtnachfrage sind den stärksten Schwankungen ausgesetzt?
5) Erläutern Sie den Modellrahmen des keynesianischen Akzelerator-Multiplikator-Modells.
6) Versuchen Sie, den kombinierten Multiplikator-Akzelerator-Prozess zu beschreiben.
7) Warum kann ein Beharrungsvermögen der Konsumausgaben den Konjunkturzyklus glätten?
8) Erläutern Sie mögliche Einflüsse der Gewinnentwicklung auf den Konjunkturzyklus?
9) Wie erklärt *Schumpeter* den Konjunkturzyklus?
10) Inwiefern könnte der Staat Verursacher von Konjunkturschwankungen sein?

Lösungsvorschläge für die Arbeitsaufgaben finden Sie im »Übungsbuch zu Grundlagen und Probleme der Volkswirtschaft«.

Literatur

Einen einfachen Einblick in die Probleme des Konjunkturzyklus geben:
Samuelson, Paul A. / William D. Nordhaus: Volkswirtschaftslehre, 18. Aufl., Heidelberg 2005.

Eine umfassende Darstellung des Konjunkturverlaufs, der Konjunkturtheorie und auch der Konjunkturpolitik geben:
Dahl, Dieter: Volkswirtschaftslehre, 8. Aufl., Wiesbaden 1993, 7. Teil.
Teichmann, Ulrich: Grundriß der Konjunkturpolitik, 5. Aufl., München 1997.

Eine sehr detaillierte, aber leider auch verhältnismäßig anspruchsvolle Darstellung der Konjunkturtheorie findet sich bei:
Assenmacher, Walter: Konjunkturtheorie, 8. Aufl., München 1998.

Einen ausführlichen Überblick über die konjunkturelle Lage in der Bundesrepublik gibt jeweils das jährlich im Dezember erscheinende:
Jahresgutachten des Sachverständigenrates zur Begutachtung der gesamtwirtschaftlichen Entwicklung.

29. Kapitel
Umweltökonomie

LERNZIELE

Leitfrage:
Was ist Umwelt und warum ist die Umwelt bedroht?
- Welche Bedeutung hat die Umwelt?
- Was sind die Ursachen der Umweltschäden?
- Warum versagt der Preismechanismus bei der Regelung von Umweltproblemen?
- Wie kann die Umweltqualität erfasst werden?

Leitfrage:
Wie kann Umweltschutz praktiziert werden?
- Welche umweltpolitischen Ziele werden verfolgt?
- Welche umweltpolitischen Prinzipien gibt es?
- Welche umweltpolitischen Instrumente werden eingesetzt?
- Welche Rolle spielt die Internalisierung externer Effekte?
- Welche Rolle spielt die Verteilung der Eigentumsrechte?

Einführung

Traditionell wurden in der Volkswirtschaftslehre die drei Produktionsfaktoren Arbeit, Kapital und Boden unterschieden. Natur und Umwelt spielten keine Rolle, sie waren einmal **freie Güter,** für die kein Preis gezahlt werden musste, da sie im Überfluss vorhanden waren. Dies hat sich im Laufe der wirtschaftlichen Entwicklung bis heute grundlegend geändert. Natur und Umwelt gehören zu den **knappen Gütern**, die im Produktions- und Konsumprozess verbraucht werden. Natur und Umwelt müssten daher eigentlich einen Preis haben, der die Kosten ihrer Reproduktion angemessen reflektiert. Eine solche Preisbildung gibt es aber bis heute nicht oder nur in Ansätzen und daher kann der Preismechanismus die optimale Allokation der Ressourcen im Umweltbereich nicht bewerkstelligen.

> Umwelt ist heute ein knappes Gut.

Diese Frage der optimalen Allokation der Ressourcen im Umweltbereich hat zwei Dimensionen:

- Zum einen geht es um den optimalen gegenwärtigen Umweltschutz, um das optimale Ausmaß der Vermeidung von Umweltbelastungen.
- Zum anderen geht es um die langfristige Sicherung der Bereitstellung natürlicher Ressourcen für die zukünftigen Generationen. Dies ist ein intertemporales Allokationsproblem zwischen den Generationen, das nicht über den Markt geregelt werden kann, weil im Markt prinzipiell nur die Bedürfnisse der gegenwärtig Lebenden berücksichtigt werden.

Wir behandeln in diesem Kapitel überwiegend die erste Frage, obwohl in der Praxis die Fragen des Umweltschutzes von denen der Rohstoffschonung kaum zu trennen sind. Wir klären die Ursachen der Umweltschäden und bewerten ihre Kosten, beschreiben die Prinzipien der Umweltökonomie und der Umweltpolitik und analysieren abschließend die Instrumente der Umweltpolitik.

1 Begriff und Nutzung der Umwelt

Umwelt wird vom Rat von Sachverständigen für Umweltfragen wie folgt definiert:

> »Unter Umwelt (wird) der Komplex der Beziehungen einer Lebenseinheit zu ihrer spezifischen Umgebung verstanden. Umwelt ist stets auf Lebewesen oder – allgemeiner gesagt – biologische Systeme bezogen und kann nicht unabhängig von diesen existieren oder verwendet werden. Geht man vom Lebewesen (meistens dem Menschen) aus, so steht eine räumlich-strukturelle Betrachtung im Vordergrund. Dazu wird in der Regel das Gesamtsystem Umwelt in Teilsysteme, die Ökosysteme, untergliedert. Der Ort eines bestimmten, räumlich fixierten Ökosystems heißt Ökotop.« (Umweltgutachten 1987, S. 15).

Etwas weniger allgemein versteht man unter Umwelt häufig den in einer bestimmten zeitlichen und räumlichen Situation bestehenden Zustand natürlicher Lebensgrundlagen, nämlich der Umweltmedien Wasser, Luft, Boden einschließlich der Tier- und Pflanzenwelt, der Landschaft und der Bodenschätze.

Solche Definitionen werden operationaler, wenn man die Umwelt als natürliche Ressource erfasst, die umfangreiche Nutzungen in verschiedener Form zulässt:

- **Umwelt als Konsumgut.** Die Umwelt versorgt die Menschen mit lebenswichtigen Gütern wie Luft und Wasser und bietet Erholung und Freizeitaktivitäten.
- **Umwelt als Produktionsfaktor.** Die Umwelt liefert Rohstoffe, die als Input in den Produktionsprozess eingehen, wie Wasser, Bodenschätze oder Energie, und sie umfasst den Boden als Produktionsfläche.
- **Umwelt als Aufnahmemedium für Schadstoffe.** Schadstoffe wie Abwässer, Müll, Strahlungen oder Disprodukte, wie Lärm und Überhitzungen, werden von der Umwelt aufgenommen und zum Teil absorbiert.

Funktionen der Umwelt

In diesen Dimensionen gibt die Umwelt Leistungen ab, die im Prinzip über den Preis als optimales Informationskonzentrat zugeteilt und rationiert werden sollten, aber diese Preise gibt es nicht.

2 Ursachen für Umweltbelastungen

Warum kommt es zu einer Überbelastung der Umwelt? Es können im Wesentlichen zwei Kategorien von Ursachen ausgemacht werden:
- die entwicklungsbedingte Zunahme der Produktion und
- das Versagen des Preismechanismus.

2.1 Entwicklungsbedingte Zunahme der Produktion

Für die entwicklungsbedingte Zunahme der Produktion ist das **Bevölkerungswachstum** zwar nicht notwendigerweise, aber faktisch von entscheidender Bedeutung. Im Jahre 1950 betrug die Weltbevölkerung 2 Milliarden, 1994 hatte sie sich auf 5,5 Milliarden erhöht. Im Jahr 2000 lebten gut 6 Milliarden Menschen auf der Erde und nach dem US-Bericht Global 2000 ist für das Jahr 2030 mit einer Erdbevölkerung von etwa 10 Milliarden zu rechnen. Es ist einleuchtend, dass sich aus dieser Entwicklung erhebliche Umweltprobleme ergeben. Denn zum einen muss die Nahrungsmittelproduktion durch intensive Bodennutzung sowie eine Ausdehnung der Anbaufläche erhöht werden. Gefahren wie Erosion, Verkarstung, Versalzung, Zunahme von Düngemitteln und der Einsatz von Schädlingsbekämpfungsmitteln sind die Folge. Zum anderen wird auch die industrielle Produktion erhöht werden müssen, z. B. für Kleidung und Wohnung, für Verkehrsmittel und langlebige

Bevölkerungswachstum führt zu intensiverer Bodennutzung und ...

... steigendem Natur- und Umweltverbrauch.

Konsumgüter. Mit der steigenden Produktion von Gütern geht ein steigender Verbrauch von Energie, Rohstoffen und Umwelt einher. Und schließlich entstehen auch mehr Abfälle und Schadstoffe, deren ordnungsgemäße Entsorgung immer schwieriger wird.

Mit dem Bevölkerungswachstum eng verknüpft ist das Problem der **Zunahme von städtischen Ballungszentren**. In Entwicklungsländern konnte die Landflucht bisher nicht erfolgreich eingedämmt werden. Durch räumliche Zusammenballung der Bevölkerung werden die Umweltmedien Luft, Wasser und Boden immer stärker beansprucht – weitere Umweltbelastungen und -gefährdungen sind die Folge.

Die Zunahme der Produktion pro Kopf erhöht die Umweltbelastung.

Neben dem Wachstum der Bevölkerung ist auch die Zunahme der Produktion pro Kopf, also das **intensive Wachstum** der Weltwirtschaft, Ursache für den steigenden Umweltverbrauch; zwar nicht notwendigerweise, aber doch faktisch. In allen Sektoren steigt die Umweltbelastung. Der gewaltige Produktivitätsfortschritt im primären Sektor (Landwirtschaft) wurde erkauft mit dem Einsatz von Düngemitteln, Schädlingsbekämpfungsmitteln und der Mechanisierung der landwirtschaftlichen Produktion in Monokulturen: Dies verbraucht Boden (Bodenerosion) und führt zur Verschlechterung der Qualität von Wasser und Luft. Der sekundäre Sektor (Industrie) verbraucht Rohstoffe und Energie und belastet Luft und Wasser durch Schadstoffemissionen und sogar der tertiäre Sektor (Dienstleistungen) verbraucht Teile der Umwelt, insbesondere der Tourismus. Begleitet wird das Wirtschaftswachstum von einer **Zunahme des Verkehrs**, weil eine Triebfeder des Wachstums die zunehmende Arbeitsteilung ist. Und generell wird das Wirtschaftswachstum durch **Kapitalakkumulation** gespeist, durch die zunehmende Substitution menschlicher Arbeit durch Maschinen, die Energie und Rohstoffe verbrauchen. Es ist aber zu fragen, warum der zunehmende Verbrauch der knappen Umwelt nicht durch den Preismechanismus gesteuert wird. Die Antwort gibt die ökonomische Analyse der Ursachen.

2.2 Versagen des Preismechanismus

Keine Anwendung des Marktausschlussprinzips

Produktion und Verbrauch von Umweltgütern werden nicht durch den Preismechanismus gesteuert, weil Umweltgüter in der Regel keinen Preis haben. Dies liegt daran, dass Umweltgüter partiell öffentliche Güter sind, für sie kann das Marktausschlussprinzip nicht oder nur unvollkommen angewendet werden, weil Eigentumsrechte nicht oder nur mit größter Mühe definiert und durchgesetzt werden können. Dies gilt für Luft, die Landschaft und die Natur; es gilt eingeschränkt für Wasser und es gilt nicht für den Boden, an dem Eigentumsrechte sehr einfach definiert und durchgesetzt werden können. Wenn Eigentumsrechte nicht existieren, gibt es zunächst auch keinen Preis, weil der Preis funktionslos wäre: Das Gut kann zu positiven Preisen nicht verkauft werden, weil auch Nichtkäufer das Gut nutzen können.

In der Umweltökonomie wird diese Diskussion meist mit dem Konzept der externen Effekte geführt. **Externe Effekte** sind Auswirkungen der ökonomischen Aktivitäten eines Wirtschaftssubjektes, die, im Gegensatz zu Markttransaktionen, zwischen den Beteiligten keine Rechte auf Entgelt oder Kompensation begründen (vgl. Kapitel 2, Abschnitt 4). Es sind Wirkungen, bei denen Verursacher und Betroffener nicht übereinstimmen. Diese Effekte werden dann vom Verursacher in der Regel nicht berücksichtigt. Solche Drittwirkungen können den Nutzen oder den Gewinn Anderer positiv oder negativ beeinflussen. Man spricht von positiven bzw. negativen externen Effekten bzw. von **externen Erträgen** und **externen Kosten**. Es sind also Effekte, die in die Gewinn- bzw. Nutzenfunktion Anderer eingehen, ohne dass sie im (internen) betrieblichen Rechnungswesen oder der (internen) Wirtschaftsrechnung der Verursacher als Kosten oder Erträge auftauchen (Luftverschmutzung durch Industrie- und Autoabgase, Verschlechterung der Trinkwasserqualität, Verringerung des Wohnwerts und der Wohnqualität durch Straßenverkehrs- oder Fluglärm als Beispiele für externe Kosten und die Verbesserung des Klimas durch die Forstwirtschaft oder die Erhaltung der Alpenflora durch die Bergbauernwirtschaft als Beispiele für externe Erträge). Da diese Kosten bzw. Erträge zusätzlich zu den privaten Kosten bzw. Erträgen anfallen, bezeichnet man sie auch als **soziale Zusatzkosten** bzw. **soziale Zusatzerträge**. Die Ursache für die Existenz solcher Externalitäten ist darin zu sehen, dass Eigentumsrechte an den in Frage stehenden Umweltgütern nicht existieren. Der Luftverschmutzer muss für die Luftverschmutzung nicht bezahlen, weil keine Eigentumsrechte an sauberer Luft bestehen und die Forstwirtschaft bekommt für die Produktion von Sauerstoff kein Geld, weil sie keine Eigentumsrechte am Sauerstoff hat und diesen daher nicht verkaufen kann.

> Umweltwirkungen sind häufig externe Effekte, die vom Verursacher nicht berücksichtigt werden.

Weil die Nutzung der Umwelt nicht oder nicht angemessen bezahlt werden muss, gehen der Verbrauch der Umwelt und daraus resultierende Nutzeneinbußen Anderer nicht in das Entscheidungskalkül des Umweltverbrauchers ein: Die Umwelt wird exzessiv konsumiert und exzessiv im Produktionsprozess eingesetzt. Es fehlt der private Zwang zu sparsamer Nutzung der Umwelt. Und umgekehrt fehlt der private Anreiz, zur Verbesserung der Umweltqualität beizutragen.

3 Erfassung der Umweltqualität

Die Erfassung und Bewertung der Umweltqualität ist ungemein schwierig, weil die Umwelt außerordentlich komplex ist und weil Methoden, ihre Qualität zu erfassen, erst langsam entwickelt werden. Inzwischen existieren *Ansätze*, statistische Informationssysteme zur Umweltqualität aufzubauen. Sie haben das Ziel, die Nachhaltigkeit (s. u.) der Umweltressourcen zu sichern und den natürlichen Kapitalstock (Bestand und Qualität von Wasser, Luft und Boden sowie Rohstoffe) zu erhalten.

Indikatoren zur Erfassung der Nachhaltigkeit

Die **Vereinten Nationen** (1996) haben Indikatoren vorgestellt, die die Nachhaltigkeit der Entwicklung auf allen Ebenen erfassen sollen. Dabei werden drei Indikatortypen unterschieden:

- **Antriebsindikatoren** (Pressure): Sie erfassen Aktivitäten, die Wirkungen auf die Umwelt haben und daher als Ursachen von Umweltbelastungen gelten können. Dies sind im Bereich der Wirtschaft vor allem das BIP/Kopf, der Anteil der Nettoinvestitionen am BIP, der Anteil der Exporte am BIP, der Energieverbrauch oder der Anteil rohstoffintensiver Industrien an der gesamten Wertschöpfung.
- **Zustandsindikatoren** (State): Sie erfassen die aktuelle Umweltsituation in vielfältiger Dimension. Indikatoren sind z. B. der nachgewiesene Bestand an Bodenschätzen, fossilen Brennstoffen und Energiereserven, die Materialnutzungsintensität, die Ressourcennutzungsintensität oder die Energieintensität.
- **Reaktionsindikatoren** (Response): Sie messen den Umfang getroffener Maßnahmen, z. B. den Anteil der Umweltschutzausgaben am BIP.

Solche Erfassungskonzepte werden weltweit erprobt, auch im Rahmen der EU.

Erfassungskonzepte in Deutschland

In der Bundesrepublik hat das Statistische Bundesamt **Umweltökonomische Gesamtrechnungen** (UGR) entwickelt, die sich im Prinzip an diesem Pressure-/State-/Response-Ansatz orientieren. Die UGR sind an der Nachhaltigkeit ausgerichtet: Im Sinne einer dauerhaft umweltgerechten Entwicklung soll der natürliche Kapitalstock erhalten bleiben und neue Umweltschäden sollen per saldo vermieden werden. Die UGR gliedern sich in fünf Bereiche:

- Material- und Energieflussrechnungen (Pressure),
- Nutzung von Fläche und Raum (Pressure),
- Umweltzustand (State),
- Maßnahmen des Umweltschutzes (Response) und
- Kosten der Vermeidung von Umweltschäden (Response).

Die statistische Erfassung ist unterschiedlich weit entwickelt, insbesondere Kosten der Vermeidung von Umweltschäden sind bislang nicht erfasst.

Ein gutes **Beispiel für Material- und Energieflussrechnungen** ist Tabelle 29.1, die den Ressourcenverbrauch pro 1.000 DM reales BIP ausweist. Dabei werden die aus der inländischen Umwelt entnommenen Ressourcen Rohstoffe, Energie, Wasser, Boden sowie die Belastung der Umwelt mit Schadstoffen und Abfall zuzüglich des Saldos im Außenhandel mit Rohstoffen und Energie erfasst. Wie Tabelle 29.1 zeigt, ist der Verbrauch an natürlichen Ressourcen zwischen 1960 und 1999 pro 1.000 DM reales BIP deutlich zurückgegangen. Absolut gesehen (dies ist in Tabelle 29.1 nicht ausgewiesen) kann man einen etwa stagnierenden Ressourcenverbrauch feststellen.

Aus den Daten der UGR hat das deutsche Umweltbundesamt einen Gesamtindex zur Darstellung des Umweltzustandes entwickelt. Dieser **Deut-

	Maß-einheit	1960	1970	1980	1990	1991	1995	1999
Rohstoffe und Energieträger	kg	840,0	737,4	607,0	466,6	515,7	493,9	446,8
Primärenergie-verbrauch	kg SKE³	211,5	218,2	193,4	155,6	169,7	157,6	147,8
Endenergie-verbrauch	kg SKE³	145,6	149,0	127,3	100,6	107,6	102,7	96,5
Wasser-verbrauch	m³	20,3	21,1	22,0	17,3	17,4	15,8	14,2
Abwasser	m³	17,5	18,9	19,4	15,3	15,0	13,2	12,2
Siedlungs- und Verkehrsfläche	m²	–	–	–	–	11,9	–	13,1
Hausmüll/ Produktions-abfälle	kg	–	–	–	–	50,5	40,8	28,4
Luft-emissionen	kg	567,9	502,5	407,5	287,7	341,4	298,7	274,3

[1] Ab 1991 einschließlich neue Bundesländer.
[2] In Preisen von 1991.
[3] Steinkohleeinheiten.
Quelle: iw-trends, Heft 3, 2000, S. 114

Tab. 29.1: Intensität des Verbrauchs an natürlichen Ressourcen in Deutschland[1] von 1960 bis 1999 (Verbrauch pro 1.000 DM reales BIP[2])

sche **Umweltindex** (DUX) fasst Daten zu den Bereichen Klima, Luftqualität, Wasser, Artenvielfalt, Landwirtschaft, Rohstoffproduktivität, Energieproduktivität, Mobilität und Boden zu einer Zustandsbeschreibung (State) zusammen. Dabei werden die Daten mit den gegebenen Umweltzielen gewichtet und zu einem Index zusammengefasst, der bei Erreichung aller Ziele den Wert von 9.000 erreichen würde. Im Februar 2005 erreichte der DUX nach Berechnungen des Umweltbundesamtes den Wert von 3.742 (http://www.umweltbundesamt.de/dux).

Solche plakativen Indikatoren sind vor allem dem Verlangen der Öffentlichkeit nach Reduktion von Komplexität geschuldet: Weil die Informationsverarbeitungskapazität begrenzt ist, entsteht der Wunsch, komplexe Sachverhalte wie die Umweltqualität in einer einzigen Zahl ausgedrückt zu erhalten (Magie der Zahl). Selbstverständlich kann eine einzige Zahl »die« Umweltqualität nicht reflektieren, dazu sind die erfassten Daten zu spärlich und die Gewichtungen zu angreifbar.

Ein **Beispiel für den Ausweis von Reaktionsindikatoren** (Response) ist die Zusammenstellung der Umweltschutzausgaben der Länder, die in Tabelle 29.2 gegeben wird. Deutschland nimmt in dieser Aufstellung einen hinteren Platz ein und der Anteil der Umweltschutzausgaben am BIP ist gesunken.

Der Deutsche Umweltindex als Gesamtindex

Kritik des Gesamtindex

Land	1990	1995	1999[1]
Niederlande	1,7	1,8	1,9
USA	1,5	1,6	1,7
Frankreich	1,2	1,4	1,6
Österreich	2,0	1,7	1,4
Deutschland	1,6	1,5	1,4
Kanada	0,9	1,1	1,2
Dänemark	0,9	0,9	0,9
Großbritannien	1,0	0,3	–

[1] Schätzung des Instituts der deutschen Wirtschaft Köln.
[2] BIP in Kaufkraftparitäten und Preisen von 1991.
Quelle: iw-trends, Heft 3, 2000, S. 120

Tab. 29.2: Umweltschutzausgaben im Ländervergleich und im Zeitverlauf 1990 bis 1999 (Ausgaben in Prozent des realen BIP[2])

Dies liegt aber auch an den unterschiedlichen Erfassungsmethoden: So werden in Deutschland nicht die vorsorgenden, sondern nur die nachsorgenden Umweltschutzausgaben erfasst.

4 Umweltpolitische Ziele und Prinzipien

4.1 Ziele der Umweltpolitik

Entwicklung der Umweltpolitik zu einem zentralen Politikfeld

Mit dem Umweltprogramm 1971 der Bundesregierung ist die Umweltpolitik zu einer eigenständigen öffentlichen Aufgabe erklärt worden. Dem generellen Ziel »Schutz der natürlichen Lebensgrundlagen« wird damit der gleiche politische Rang eingeräumt wie anderen öffentlichen Aufgaben (Sicherheit, Bildung, soziale Sicherung). 1971 wird der Sachverständigenrat für Umweltfragen berufen, 1974 wird das Umweltbundesamt gegründet und ein eigenständiges Umweltministerium entsteht 1986 nach der Katastrophe von Tschernobyl. Und 1994 wird der **Umweltschutz als Staatsziel** in Art. 20a des Grundgesetzes verankert. »Der Staat schützt auch in Verantwortung für die künftigen Generationen die natürlichen Lebensgrundlagen im Rahmen der verfassungsmäßigen Ordnung durch die Gesetzgebung und nach Maßgabe von Gesetz und Recht durch die vollziehende Gewalt und die Rechtsprechung.« Umweltpolitik hat sich also zu einem neuen Politikfeld entwickelt.

Ziele der Umweltpolitik

Welches sind nun konkret die Ziele der Umweltpolitik? Dabei geht es um alle Maßnahmen, die darauf gerichtet sind, die Umwelt so zu erhalten bzw. zu verbessern, dass:

- bestehende Umweltschäden vermindert und beseitigt werden,
- Schäden für Mensch und Umwelt abgewehrt werden,
- Risiken für Menschen, Tiere und Pflanzen, Natur und Landschaft, Umweltmedien und Sachgüter minimiert werden,
- Freiräume für die Entwicklung der künftigen Generationen sowie Freiräume für die Entwicklung der Vielfalt von wildlebenden Arten sowie Landschaftsräumen erhalten bleiben und erweitert werden.

Insbesondere der Schutz künftiger Generationen wird zunehmend wichtig. Das Prinzip der »**Nachhaltigkeit**« (**sustainable development**) als Leitvorstellung für wirtschaftliche Entwicklung ist erstmalig 1987 von der Weltkommission für Umwelt und Entwicklung im Brundtland-Bericht formuliert worden. Nachhaltige Entwicklung wird dort definiert als eine »Entwicklung, die die Bedürfnisse der Gegenwart befriedigt, ohne zu riskieren, dass künftige Generationen ihre eigenen Bedürfnisse nicht befriedigen können.« *Prinzip der Nachhaltigkeit*

Um spätere Generationen bei der Umweltqualität und Versorgung mit natürlichen Ressourcen nicht schlechter zu stellen, soll der »natürliche Kapitalstock« konstant gehalten werden. Dazu sollen folgende Regeln in der wirtschaftlichen Praxis beachtet werden: *Konstanz des natürlichen Kapitalstocks*

- Der Abbau nicht erneuerbarer Ressourcen ist nur dann erlaubt, wenn späteren Generationen der Zugriff auf Alternativen ermöglicht wird. Es müssen also gleichzeitig zum Ressourcenverbrauch neue Techniken, z.B. für die nachhaltige Nutzung regenerativer Quellen, erschlossen werden.
- Die Emissionen in Luft und Wasser sowie die Deponierung von Abfällen dürfen die Aufnahmefähigkeit der Natur nicht überschreiten.
- Erneuerbare Ressourcen wie Biomasse dürfen nur soweit genutzt werden, wie ihre Regenerationsrate nicht überschritten wird.

Solche recht allgemein gehaltenen Formulierungen werden dann in unterschiedlicher Weise und auf unterschiedlichen Ebenen konkretisiert. Darauf wird hier nicht einzugehen sein. Es sei nur darauf verwiesen, dass Ziele der Umweltpolitik, sofern sie grenzüberschreitender Natur sind, letztlich nur auf dem Verhandlungsweg erreicht werden können. Hier erweist es sich meist als notwendig, dass die »Geschädigten« die »Schädiger« für die Reduktion von Umweltbelastungen kompensieren müssen. Das macht die Verhandlungen schwierig.

Aus ökonomischer Sicht sind die Ziele der Umweltpolitik in das allgemeine Ziel der Wohlfahrtsmaximierung einzubetten. Wohlfahrtsmaximierung gilt als erreicht, wenn es nicht mehr möglich ist, durch eine Änderung des Zustands gesamtwirtschaftlicher Allokation ein Mitglied der Gesellschaft besser zu stellen ohne ein anderes schlechter zu stellen (Pareto-Optimum, vgl. Kapitel 2). Auf die Umwelt bezogen heißt dies, dass das Ziel nicht maximale, sondern optimale Umweltqualität ist. Diese ist in der Einzelfallbetrachtung z.B. dann erreicht, wenn der zusätzliche Schaden einer Umweltbe- *Ziel ist nicht maximale, sondern optimale Umweltqualität.*

lastung (Grenzschaden) gerade den zusätzlichen Kosten der Schadensvermeidung (Grenzvermeidungskosten) entspricht. Wenn also die Kosten einer Schadensbeseitigung größer sind als die Kosten der Umweltschäden selbst, würde sich aus ökonomischer Sicht eine Schadensbeseitigung nicht lohnen.

4.2 Prinzipien der Umweltpolitik

Die Durchsetzung der Umweltpolitik beruht in der Bundesrepublik auf mehreren grundlegenden Prinzipien, deren Bedeutung größtenteils auf die Ursachen für Umweltbelastungen zurückzuführen ist. Zu ihnen gehören das:

- Verursacherprinzip,
- Kooperationsprinzip,
- Vorsorgeprinzip und
- Gemeinlastprinzip.

Das Verursacherprinzip ist umweltpolitische Leitlinie.

Alle umweltpolitischen Maßnahmen, die sich am **Verursacherprinzip** – gewissermaßen der umweltpolitischen Leitlinie – orientieren, zielen darauf ab, die bisher als externe Kosten (soziale Zusatzkosten) entstandenen Umweltschäden von Konsum und Produktion möglichst vollständig den Umweltschädigern (Verursachern) anzulasten – aus externen Kosten werden dann interne Kosten bzw. die Kosten werden internalisiert. Auch wenn grundsätzlich die Anwendung dieses Prinzips – wo immer möglich – befürwortet werden kann, zeigen sich bei seiner praktischen Durchsetzung doch einige Probleme und Grenzen.

Probleme gibt es bei der Identifizierung des Verursachers, ...

Es ist nicht immer möglich, den Verursacher der Umweltbelastungen genau zu identifizieren. Das liegt einmal daran, dass es **kumulative Wirkungen** gibt (wessen Tropfen bringt das Fass zum Überlaufen?), zum anderen können auch **Wirkungsketten** entstehen, die es nahezu unmöglich machen, entstandene Schäden zuzurechnen, sodass eine Kostenaufteilung unmöglich ist (Beispiel: bei Kraftfahrzeugen gibt es eine emissionsbezogene Verursacherkette, an der der Fahrzeugbetreiber, der Hersteller und der Verkäufer von umweltbelastendem Treibstoff beteiligt sind).

... der Feststellung des Umfangs seiner Umweltbelastung,

Außerdem gibt es Fälle, in denen die Verursacher und deren Anteile an der Umweltbelastung unbekannt sind oder bei denen die anzulastende Höhe der Umweltkosten nicht berechenbar ist. Es kann auch sein, dass Umweltschäden bereits in der Vergangenheit verursacht worden sind oder durch ausländische Wirtschaftssubjekte hervorgerufen werden.

... der administrativen Durchsetzung.

Und schließlich ist die Durchsetzung des Verursacherprinzips administrativ häufig schwierig, da Kontrollfunktionen von der staatlichen Verwaltung nicht effizient ausgeübt werden können (z. B. die Überwachung von individuell verursachten Belastungen im Verkehrsbereich). Aus diesen Gründen muss immer dann, wenn das Verursacherprinzip nicht angewendet werden kann, auf andere Prinzipien zurückgegriffen werden.

Beim **Kooperationsprinzip** handelt es sich um einen Ansatz, der die Mitverantwortlichkeit und Mitwirkung der Betroffenen von umweltbeeinträchtigenden Aktivitäten (Straßenbau, Errichtung von Kraftwerken, Bau von Müllverbrennungsanlagen usw.) und die Beteiligung bei vorgesehenen umweltschützenden Maßnahmen hervorhebt. Wenigstens theoretisch kann bei Anwendung dieses Prinzips ein ausgewogenes Verhältnis zwischen individuellen Freiheiten und gesellschaftlichen Bedürfnissen erreicht werden. Es stellt ein Leitbild für die Gestaltung von umweltpolitischen Entscheidungsprozessen dar, wobei die frühzeitige Einbindung der Betroffenen besonders wichtig ist. Beispiele sind Branchenabkommen, bei denen zwischen der Umweltbehörde und einer Branche oder einzelnen Branchenmitgliedern ein Umweltschutzziel festgelegt wird, das in einem bestimmten Zeitraum erreicht werden soll (Beispiel: Abkommen mit der Glasindustrie über mehr Altglasrecycling). Wenn sich die Mitglieder einer Branche zum Unterlassen von umweltschädigenden Aktivitäten verpflichten, spricht man von einem **Selbstbindungsabkommen** (z. B. Verzicht auf die Verwendung von FCKW). Wenn sie bereit sind, umweltfreundliche Aktivitäten durchzuführen, liegt ein **Selbstverpflichtungsabkommen** vor.

Mitverantwortung und Mitwirkung der Betroffenen

Beim **Vorsorgeprinzip** geht es darum, umweltpolitische Maßnahmen so zu treffen, dass möglichst von vornherein Gefahren für die Umwelt vermieden werden. Damit wird angestrebt, die natürliche Lebensgrundlage der Menschen schonend in Anspruch zu nehmen, sodass nicht nur das Wohlbefinden und die Gesundheit der Menschen jetzt gesichert, die Leistungsfähigkeit des Naturhaushaltes erhalten, Schäden an Kultur- und Wirtschaftsgütern vermieden werden, sondern auch zukünftigen Generationen eine möglichst intakte Umwelt hinterlassen wird (Nachhaltigkeit). Dies ist deswegen von besonderer Bedeutung, weil Menschen tendenziell dazu neigen, Gegenwartsgüter höher zu bewerten als Zukunftsgüter. Dieses »Fehlverhalten« kann durch Anwendung des Vorsorgeprinzips korrigiert werden.

Der Maxime »Vorbeugen ist besser als Heilen« folgt das Vorsorgeprinzip.

Wegen der komplexen Problemlage kann es zu Situationen kommen, in denen keines der bisher erörterten Prinzipien so richtig greift. In solchen Fällen sind Maßnahmen nach dem **Gemeinlastprinzip** vorzusehen, d.h. dass die öffentliche Hand anstelle der Verursacher Umweltbelastungen durch den direkten oder indirekten Einsatz öffentlicher Mittel zu verringern versucht. In unserer individualistisch-marktwirtschaftlich orientierten Wirtschaftsordnung sollte indes dem Gemeinlastprinzip bestenfalls ein komplementärer Charakter zukommen. Es als alleinige Strategie zu verfolgen, würde – nicht nur wegen begrenzt einsetzbarer Finanzmittel des Staates – wenig Erfolg verheißen. Im Allgemeinen unterliegen Maßnahmen, die nach dem Gemeinlastprinzip (z. B. Finanzierungsanreize für umweltfreundliche Investitionen, Finanzhilfen, Steuervergünstigungen, zinsverbilligte Darlehen usw.) durchgeführt werden, keiner marktmäßigen Bewertung. Somit besteht die Gefahr, dass die eingesetzten Ressourcen nicht unbedingt in die umweltpolitisch am meisten erwünschten Verwendungen gelenkt werden.

Das Gemeinlastprinzip – die öffentliche Hand beseitigt Umweltschäden – sollte nur komplementär greifen.

5 Instrumente der Umweltpolitik

5.1 Die Leitidee der Internalisierung externer Umwelteffekte

Mit den Instrumenten der Umweltpolitik soll ein optimaler Zustand der Umwelt erreicht werden. Dies kann nach der umweltpolitischen Leitidee der Umweltökonomie vor allem durch eine **Internalisierung der externen Effekte** der Umweltnutzung erreicht werden. Diese Strategie setzt an der Diagnose an, dass die eigentliche Ursache von Umweltschäden das Versagen des Preismechanismus als Allokationsmechanismus ist, weil Umweltgüter keine Preise haben. Daher konzentrieren sich die Überlegungen der Umweltökonomie primär auf Instrumente, die eine Zurechnung von Handlungsfolgen ermöglichen; nach Möglichkeit Preise, die die verlorene Optimalität des Marktes wieder herstellen. Solche Preise sollen die externen Effekte wieder in die privaten Kosten-Nutzen-Analysen einbringen, also internalisieren.

Zurechnung von Handlungsfolgen als Ziel

Möglichkeiten dazu sind **Verhandlungen** zwischen Schädigern und Geschädigten, die **Haftung** des Schädigers oder die **Besteuerung bzw. Subventionierung** von Umweltaktivitäten.

In der umweltpolitischen Praxis kann und soll die Internalisierung externer Umwelteffekte nicht immer realisiert werden. Sie wird ergänzt durch staatlich formulierte **Auflagen** bzw. Standards der Umweltnutzung und durch eine direkte staatliche Tätigkeit im Umweltbereich, z. B. eine kommunale Abwasserentsorgung. Auf diesen letzten Aspekt gehen wir hier nicht ein.

5.2 Internalisierung externer Effekte durch Verhandlungen

Das Grundprinzip lässt sich recht gut an dem aus Wildwestfilmen bekannten Konflikt zwischen Ranchern und Farmern, zwischen Viehzüchtern und Getreidebauern verdeutlichen. Viehzüchter lassen ihre Herden frei weiden, dabei werden auch die Getreidefelder zertrampelt und die Getreideernte wird kleiner ausfallen als ohne Schädigung (dies ist der negative externe Effekt der Viehzucht).

Dieser Zustand ist in aller Regel gesamtwirtschaftlich nicht optimal (höchstens durch Zufall), weil und insofern der Nutzen für die Viehzüchter kleiner ist als der Schaden für die Getreidebauern. Daraus ergibt sich ein Potenzial an Wohlfahrtsverbesserungen für *beide* Seiten, das durch Verhandlungen ausgelotet werden kann. Das *gemeinsame* Allokationsoptimum ist dann erreicht, wenn der Grenznutzen des Viehzüchters aus der Nutzung der Getreidefelder gerade genauso groß ist wie der Grenzschaden des Getreidebauers.

Voraussetzung für den Erfolg von Verhandlungen ist die Definition und die Zuteilung von Eigentumsrechten. Wie ebenfalls aus Wildwestfilmen bekannt, ist die Verteilung von Eigentumsrechten keineswegs naturrechtlich determiniert. Denkbar sind zwei Möglichkeiten: Der Viehzüchter darf seine Herde überall weiden lassen (das ist das **Laissez-Faire-Prinzip** oder das

Wildwestprinzip) oder der Getreidebauer hat das unbeschränkte Eigentumsrecht an seinen Feldern, also auch das Recht, seine Felder nicht zertrampeln zu lassen (das entspricht dem **Verursacherprinzip**, das europäischer Denktradition nahe steht). Die Entscheidung über die Zuteilung der Eigentumsrechte muss der Staat fällen.

Mit der Zuteilung von Eigentumsrechten wird die vordem freie Ressource der Bodennutzung zu einem marktfähigen Gut gemacht. Dies ist die Parallele zur Umweltnutzung. Entweder zahlt der Verursacher (der Viehzüchter) für die angerichteten Schäden, nämlich dann, wenn der Getreidebauer die Eigentumsrechte hat, oder der Getreidebauer bezahlt den Viehzüchter dafür, dass dieser seine Herde einzäunt. Das Verhandlungsergebnis ist in beiden Fällen das Gleiche: Der Getreideanbau erfolgt ohne Störung durch die Viehherden des Viehzüchters, die Allokation der Ressourcen ist also unabhängig von der Verteilung der Eigentumsrechte. Diese entscheidet nur darüber, wer zahlt und wer bekommt. Das ist der Inhalt des berühmten **Coase-Theorems**.[1]

Zuteilung von Eigentumsrechten

Entscheidend für die Möglichkeit der Verhandlungslösung sind also Eigentumsrechte an Umweltgütern. Diese begründen dann einen Anspruch auf Schadensersatz oder Kompensation und damit werden die externen Effekte internalisiert.

Allerdings können Eigentumsrechte nicht generell und einfach definiert und zugeteilt werden, gerade bei internationalen Umweltproblemen nicht, weil es hier keine übergeordnete staatliche Gewalt gibt. Auch bei unklaren Nutzungsrechten sind Verhandlungen möglich, aber hier – auch das ist aus Wildwestfilmen bekannt – entscheidet die Verhandlungsmacht der Parteien im Rahmen des Laissez-Faire-Prinzips: Der Geschädigte kompensiert dann meist den Schädiger für die Unterlassung der Schädigung.

Probleme der Zuteilung von Eigentumsrechten

Auch bei einer großen Zahl von Betroffenen und/oder bei hohen Informations-, Verhandlungs- und Kontrollkosten der Vereinbarung können Verhandlungslösungen von dem Ergebnis abweichen, das *Coase* beschrieben hat. Zentral bleibt aber die Erkenntnis, dass Verhandlungen die Situation für alle verbessern können und dass Eigentumsrechte ein ideales Instrument sind, externe Effekte zu internalisieren.

5.3 Internalisierung externer Effekte durch das Umwelthaftungsrecht

Umwelthaftung bedeutet, dass Umweltschädiger für die Schäden haften müssen, die sie verursacht haben. Man unterscheidet hier die **Verschuldungshaftung**, bei der ein schuldhaftes Verhalten (meist die »Missachtung der im Verkehr erforderlichen Sorgfalt«) nachgewiesen werden muss und

---

[1] *Ronald R. Coase*, geb. 1910 in England, erhielt 1991 den Nobelpreis für Ökonomie für Arbeiten zu diesem Gebiet und zum Gebiet der Transaktionskosten und Institutionenökonomik.

die strengere **Gefährdungshaftung**, bei der für den Schaden gehaftet werden muss, unabhängig davon, ob ein Verschulden vorliegt. In beiden Fällen muss in der Regel aber die Kausalität nachgewiesen werden, d. h. der Geschädigte muss seinen Schaden auf bestimmte Aktivitäten kausal zurückführen.

Unabhängig von diesen eher juristischen Problemen kann mit der Institution des Haftungsrechts eine Internalisierung externer Effekte erwartet werden, weil der Schädiger dann die Schadenskosten in seiner privaten Wirtschaftsrechnung berücksichtigen wird.

Das Haftungsrecht kann externe Effekte internalisieren.

Das Haftungsrecht greift aber nur, wenn die Privatsphäre Einzelner direkt betroffen ist; es greift also nicht bei globalen Umweltschäden oder bei Fragen der intertemporalen Allokation zwischen den Generationen.

Das seit 1991 in Deutschland geltende **Umwelthaftungsrecht** (UHG) kodifiziert in § 1 die Gefährdungshaftung und sieht in § 6, Absatz 1 eine allgemeine Kausalitätsvermutung vor (wenn die Anlage nach den Gegebenheiten des Einzelfalles geeignet ist, den Schaden zu verursachen), die allerdings durch den Nachweis eines bestimmungsmäßigen und störfallfreien Betriebs widerlegt werden kann. Die Möglichkeit, die allgemeine Kausalitätsvermutung zu widerlegen, schränkt die Internalisierung der Effekte sicher ein, insgesamt sind die Allokationseffekte aber positiv zu werten.

5.4 Internalisierung externer Effekte durch Steuern und Subventionen

Die Idee, die Verursacher von negativen externen Effekten, z. B. einer Schadstoffemission, mit einer Steuer zu belegen und die Verursacher von positiven externen Effekten mit Subventionen (negativen Steuern) zu fördern, stammt von *Pigou*.[2] Daher werden solche Steuern auch **Pigou-Steuern** genannt. Dabei sollen die Steuersätze so kalkuliert werden, dass die externen Effekte in genau dem Umfang internalisiert werden, der zum gesamtwirtschaftlichen Optimum führt: Der Verursacher einer negativen Externalität wird mit einem Steuersatz belastet, der den externen Grenzkosten entspricht, die im gesamtwirtschaftlichen Optimum entstehen. Damit gehen die gesellschaftlichen Gesamtkosten der Schadstoffemission in die Wirtschaftsrechnung des Verursachers ein, mit der Folge, dass der Preis des umweltschädigend erstellten Gutes steigt und Nachfrage und Produktion des Gutes sinken.

Pigou-Steuern führen zum gesamtwirtschaftlichen Optimum.

Um eine *Pigou*-Steuer (in optimaler Höhe) kalkulieren zu können, müsste der Staat die Grenzschadenskosten und die genauen Grenzkosten der Produktion kennen und zudem das gesamtwirtschaftliche Optimum berechnen können. Dies ist praktisch nicht möglich. Daher begnügt man sich in der Praxis mit einer Besteuerung umweltschädigender Aktivitäten, die nur im Prinzip externe Kosten internalisiert. Die Produktionskosten steigen durch die Besteuerung und bewirken dann eine Annäherung an das Optimum.

Hohe Informationskosten bei Pigou-Steuern

---

[2] *Arthur Cecil Pigou* (1877–1959), britischer Ökonom, der vor allem durch seine Wohlfahrtsökonomik bekannt geworden ist.

Man unterscheidet hier die **Besteuerung der Endproduktmenge** (z. B. phosphathaltige Waschmittel), die **Besteuerung von Produktionsmitteln** (z. B. Energie) oder die **Besteuerung der Schadstoffemission** selbst. Dabei gilt die Emissionssteuer als relativ am geeignetsten, weil die Verursacher hier flexibel gemäß ihrer individuellen Kostenstruktur reagieren können. Verursacher mit hohen Vermeidungskosten drosseln ihre Emission dann weniger, während Verursacher mit geringen Vermeidungskosten ihr Emissionsvolumen stärker reduzieren.

<small>Emissionssteuer gilt als angemessen.</small>

Die in Deutschland zum 01.04.1999 begonnene **ökologische Steuerreform** (»Gesetz zum Einstieg in die ökologische Steuerreform«) will den Verbrauch von Energie verteuern, es handelt sich also um eine Produktionsmittelsteuer, in diesem Fall auf Strom und auf Mineralöl. Diese Verteuerung wird langfristig zu Energieeinsparungen im Produktionsprozess führen, sowohl dadurch, dass energieintensiv erstellte Produkte relativ teurer werden und daher weniger nachgefragt werden, als auch dadurch, dass Produktionsprozesse generell Energie sparender werden.

<small>Die ökologische Steuerreform arbeitet mit einer Produktionsmittelsteuer.</small>

Die ökologische Steuerreform in Deutschland will nicht nur den Umweltverbrauch verteuern, in diesem Fall Energie, sondern zugleich den Produktionsfaktor Arbeit verbilligen. Dahinter steht die Erkenntnis, dass die Verteuerung des Umweltverbrauchs nur eine Seite der Umweltpolitik sein kann, und dass es auch wichtig ist, die Substitution des Produktionsfaktors Umwelt durch den weniger Umwelt verbrauchenden Produktionsfaktor Arbeit zu fördern.

5.5 Umweltauflagen

Bei **Umweltauflagen** soll der Verursacher durch Einhaltung der Auflagen gezwungen werden, die Umweltbelastungen zu verringern. Bei Verboten wird das umweltschädigende Verhalten völlig unterbunden (Beispiel: DDT-Verbot), bei Geboten können bestimmte Umweltbelastungen noch zugelassen sein. Mögliche Ansatzpunkte sind **Emissionen** (Festlegung von Grenzwerten im Sinne höchstzulässiger Schadstoffmengen, wie sie z. B. nach der Feinstaub-Richtlinie der EU vom 22.04.1999 für Luft verunreinigende Stoffe wie Schwefeldioxid, Feinstaub und Blei festgelegt sind), der **Produktionsprozess** (Verbot der Verwendung bestimmter, die Umwelt stark belastender Roh- oder Betriebsstoffe; Festlegung der Anwendung einer bestimmten Technologie im Sinne einer Prozessnorm – Heizungsanlagen müssen einen bestimmten Wirkungsgrad haben) oder die **Produktion** selbst (Begrenzung der Produktionsmengen für besonders schadstoffintensiv produzierte Güter – wichtig z. B. bei Smog-Situationen – oder Produktionsverbote).

Die Vorteile von Auflagen werden in ihrer schnellen Wirksamkeit, ihrer größeren Reaktionssicherheit in Bezug auf den angestrebten Erfolg sowie ihrer prinzipiell größeren Praktikabilität gesehen. Die Nachteile liegen vor allem darin, dass die verfolgten Umweltschutzziele nicht notwendigerweise mit den niedrigsten Kosten erreicht werden, dass es zu Wettbewerbsverzer-

<small>Vor- und Nachteile von Auflagen</small>

rungen kommen kann, und dass die dynamische Anreizwirkung, nach neuen umweltverträglicheren Lösungen zu suchen, völlig fehlt.

Bei **Umweltzertifikaten** (Emissionslizenzen) werden Märkte für die Inanspruchnahme von Umweltnutzungen geschaffen, meist handelt es sich um die Nutzung der Umwelt als Aufnahmemedium von Rückständen (Emissionen). Der Staat legt die Höchstmenge an Emissionen in einem bestimmten Gebiet fest. Diese Höchstmenge wird gestückelt und in Emissionszertifikaten verbrieft. Diese Zertifikate werden dann an die potenziellen Emittenten verteilt oder verkauft. Wer dann mehr Schadstoffe emittieren will als er an Zertifikaten besitzt, muss Zertifikate zukaufen, und wer umweltschonend produziert, kann seine Zertifikate verkaufen. Damit bildet sich ein Markt für Umweltzertifikate und ein Preis für die Umweltbelastung. Dieser Preis belohnt die Umweltschonung und bestraft die Umweltschädiger. Zugleich ist damit sichergestellt, dass die Umweltschäden dort vermieden werden, wo die Schadensvermeidungskosten am geringsten sind. Eine solche marktbezogene Strategie wird z. B. seit dem 01.01.1995 in den USA zur Begrenzung von Schwefeldioxyd-Emissionen durchgeführt und wird seit dem 01.01.2005 auch in der EU angewendet (vgl. Kapitel 23, Abschnitt 3.3). Hier können Zertifikate zur Emission von Kohlendioxid (CO_2), vor allem in der Energiewirtschaft zugeteilt, gehandelt werden. Der Preis hat sich Anfang 2005 auf 8–9 Euro pro Tonne CO_2 eingependelt (Umwelt-Service Nr. 1/2005).

6 Globale Umweltprobleme

Eine besondere Schwierigkeit der Umweltpolitik besteht darin, dass zahlreiche Umweltschäden internationale bzw. globale Dimensionen annehmen, insbesondere Luftverschmutzung, Gewässerverschmutzung und Klimaverschlechterung allgemein. Hier sind im Prinzip alle Länder in unterschiedlichem Umfang Verursacher und Geschädigte zugleich. Notwendig wären hier weltweit geltende Standards der Umweltpolitik, um Wettbewerbsverzerrungen zu vermeiden. Das Problem ist, dass es aber auf globaler Ebene keine Instanz gibt, die Umweltpolitik durchsetzen könnte, und dass die Länder in unterschiedlichem Maße über Mittel verfügen, Umweltschutzmaßnahmen zu finanzieren. Daher sollten die entwickelten Industrienationen eine Vorreiterrolle in den Anstrengungen zum Schutz der Umwelt übernehmen.

Im Prinzip ist dies im so genannten Kyoto-Protokoll, das am 16.02.2005 in Kraft getreten ist, auch so gehandhabt worden. Hier haben die Unterzeichnerstaaten völkerrechtlich verbindliche Grenzen für den Ausstoß von Treibhausgasen (vor allem CO_2) vereinbart: Bis 2012 soll der Ausstoß dieser Gase um 5 Prozent unter das Niveau von 1990 sinken und dabei sollen die alten Industrienationen den größeren Beitrag leisten, z. B. Deutschland mit einem Minus von 21 Prozent. Leider haben sich aber einige Länder, wie die USA, geweigert das Abkommen zu ratifizieren.

Marktlösung für Umweltnutzungen

Arbeitsaufgaben

1) Was versteht man unter Umwelt, und welche wichtigen Funktionen sollte die Umwelt erfüllen?
2) Worin sehen Sie die Hauptursachen des Umweltproblems?
3) Warum gibt es kaum Preise für die Umweltnutzungen und welche Konsequenzen ergeben sich daraus für das Ausmaß der Umweltnutzungen?
4) Erörtern Sie wichtige Ziele der Umweltpolitik.
5) Warum kann man das Verursacherprinzip als allgemeine umweltpolitische Leitlinie bezeichnen?
6) Aus welchen Gründen muss das Verursacherprinzip durch andere Prinzipien ergänzt werden?
7) Welche Instrumente der Umweltpolitik gibt es?
8) Erläutern Sie die Idee der *Pigou*-Steuer.
9) Erörtern Sie die Möglichkeiten der Internalisierung externer Effekte durch Verhandlungen.
10) Was sind die Vorteile von Umweltzertifikaten?

Lösungsvorschläge für die Arbeitsaufgaben finden Sie im »Übungsbuch zu Grundlagen und Probleme der Volkswirtschaft«.

Literatur

Einen kurzen Überblick zur Umweltökonomie geben:
Endres, Alfred / Brigitte Staiger: Umweltökonomie, in: Wirtschaftswissenschaftliches Studium (WiSt), 23. Jg. (1994), S. 218–223.
Hartwig, Karl-Hans: Umweltökonomie, in: Vahlens Kompendium der Wirtschaftstheorie und Wirtschaftspolitik, Bd. 2, 8. Aufl., München 2003.

Lehrbücher zur Umweltökonomie sind:
Binder, Klaus Georg: Grundzüge der Umweltökonomie, München 1999.
Endres, Alfred: Umweltökonomie, 2. Aufl. Stuttgart u. a. 2000.
Frey, Bruno: Umweltökonomie, 3. Aufl., Göttingen 1992.
Siebert, Horst: Economics of the Environment, 6. Aufl., Berlin u. a. 2004.
Wicke, Lutz: Umweltökonomie, 4. Aufl., München 1993.

Eine Darstellung von Politik, Recht und Management des Umweltschutzes bieten:
Jänicke, Martin / Philip Kunig / Michael Stitzel: Umweltpolitik, 2. Aufl., Bonn (Bundeszentrale für politische Bildung) 2003.

Die globale Perspektive beschreibt:
Simonis, Udo Ernst (Hrsg.): Weltumweltpolitik. Grundriß und Bausteine eines neuen Politikfeldes, Berlin 1996.

Zahlenmaterial und wichtige Überblicke bieten:
Rat der Sachverständigen für Umweltfragen: Umweltgutachten sowie eine Reihe von Sondergutachten.
Umweltbundesamt: Jahresberichte, Berlin, laufende Jahrgänge.
Bundesministerium für Umwelt, Naturschutz und Reaktorsicherheit (BMU): Berichte, Bonn, laufende Jahrgänge.
Institut der deutschen Wirtschaft: IW-Umwelt-Service (vierteljährlich).

Das Statistische Bundesamt gibt die Fachserie 19 »Umwelt« heraus. Hier sind auch die Umweltökonomischen Gesamtrechnungen enthalten (in Reihe 4 und 5).
Indikatoren zur Messung der Umweltqualität beschreibt:
Voss, Gerhard: Indikatoren der nachhaltigen Entwicklung, Aussagekraft und Probleme, in: iw-trends, Heft 3, 2000, S 1–14.

Instrumente der Umweltpolitik beschreibt kurz:
Binder, Klaus Georg: Instrumente der Umweltpolitik, in: WISU, Heft 7, 2000, S. 983–989.

Zu den ökologischen und sozialen Folgekosten äußert sich umfassend:
Leipert, Christian: Die heimlichen Kosten des Fortschritts. Wie Umweltzerstörung das Wirtschaftswachstum fördert, Frankfurt am Main 1989.

30. Kapitel
Probleme der Entwicklungsländer

LERNZIELE

Leitfrage:
Welche Probleme stehen einer wirtschaftlichen Entwicklung in traditioneller Sicht entgegen?
- Was definiert ein Entwicklungsland?
- Welche Grundtatbestände setzt ein Entwicklungsprozess voraus?
- Welche Ursachen (Theorien) der Unterentwicklung werden traditionell unterschieden?
- Welche traditionellen Entwicklungsstrategien werden aus den unterschiedlichen Theorien der Unterentwicklung abgeleitet?

Leitfrage:
Was besagt der »Washington Konsensus« und welches Gegenkonzept hat die Weltbank entwickelt?
- Vor welchem Hintergrund kam der Washington Konsensus zustande?
- Was sind die konstitutiven Elemente des Washington Konsensus?
- Wie hat sich der Washington Konsensus ausgewirkt?
- Welches sind die konstitutiven Elemente des »Comprehensive Development Framework« der Weltbank?
- Was sind Institutionen und welche Rolle spielen sie im Entwicklungsprozess?

Leitfrage:
Was versteht man unter Entwicklungshilfe?
- Wie definiert die OECD Entwicklungshilfe?
- Welche Ziele verfolgt Entwicklungshilfe?
- Über welche Kanäle erreicht Entwicklungshilfe die Nehmerländer?
- Welche Entwicklungshilfe leistet die Bundesrepublik Deutschland?
- Welche wichtigen Elemente enthält die Entwicklungshilfe der EU?
- Was ist und wer leistet multilaterale Entwicklungshilfe?

1 Was ist ein Entwicklungsland?

> »Die Länder, in denen die durch die moderne Industrie hervorgerufenen Vor- und Nachteile fehlen, werden allgemein als unterentwickelt bezeichnet.« (*Joan Robinson, John Eatwell*: Einführung in die Volkswirtschaftslehre, München 1974, S. 448)

Eine solche einfache Definition sagt nicht sehr viel, sie deutet indes darauf hin, dass die Volkswirte den Entwicklungszustand eines Landes lange Zeit allein von der Warte der modernen Industriegesellschaft aus beurteilt haben.

Es gibt bis heute keine einheitliche Definition für Entwicklungsländer. Wir gehen hier zunächst von der von den Vereinten Nationen verwendeten Begriffsbestimmung für die »**Am wenigsten entwickelten Länder**« (LDC = Least Developed Countries) aus. Seit 1990 sind grundsätzlich die folgenden **Kriterien** für die Einstufung als LDC maßgebend:

- das **Bruttoinlandsprodukt pro Kopf**;
- der **Erweiterte Index für die physische Lebensqualität**, berechnet aus Lebenserwartung bei der Geburt, Kalorienversorgung, Einschulungs- sowie Alphabetisierungsrate;
- der **Index der ökonomischen Verwundbarkeit**, zusammengesetzt u. a. aus dem Anteil der industriellen Produktion am BIP, der Instabilität der landwirtschaftlichen Produktion und der Exportorientierung der Wirtschaft;
- die **Einwohnerzahl**, sie darf nicht über 75 Millionen liegen (Bangladesch bildet hier die einzige Ausnahme, da es bereits LDC war, als dieses Kriterium eingeführt wurde).

Darüber hinaus werden Kriterien wie die natürlichen Voraussetzungen des Landes (z. B. die Anfälligkeit für Naturkatastrophen oder ein etwaiger Meereszugang) mit berücksichtigt.

Ein Land wird u. a. von der LDC-Liste gestrichen, wenn es den Grenzwert für das Bruttoinlandsprodukt pro Kopf von 900 US-Dollar überschreitet[1] und entweder beim erweiterten Index für die physische Lebensqualität und/oder beim Index der ökonomischen Verwundbarkeit bereits seit drei Jahren über einem Grenzwert liegt.

Gegenwärtig werden 50 Länder als LDC eingestuft, die bei weitem meisten Länder liegen in Afrika, gefolgt von Asien.

---

[1] Genau genommen handelt es sich nicht einfach um das Einkommen in Landeswährung, das nach dem herrschenden Wechselkurs in US-Dollar (im Folgenden einfach Dollar) umgerechnet wird, sondern es werden die Preise in beiden Ländern berücksichtigt, um das Einkommen in Dollar-Kaufkraft zu bestimmen (so genannte Dollar-Kaufkraftparität). Die Einkommen werden also praktisch so normiert, dass sie allgemein vergleichbar sind – bezogen auf die Kaufkraft der Einkommen in den USA.

Häufig wird anstatt eines relativ komplizierten (und wegen der Auswahl und der Gewichtung der Indizes auch nicht ganz unproblematischen) Systems sozialer Indikatoren nur das reale Einkommen pro Kopf (unter Berücksichtigung der Kaufkraft) als Einteilungskriterium gewählt. Man kann dies damit rechtfertigen, dass das Pro-Kopf-Einkommen in vielerlei Hinsicht ein Indikator für die übrigen – z. B. beim Index der Vereinten Nationen zusätzlich verwendeten – Größen ist. Wie in Kapitel 8 ausgeführt, ist die Verwendung des Inlandsproduktes oder Nationaleinkommens zum Vergleich der Wohlfahrt unterschiedlicher Länder aber deshalb problematisch, weil der Anteil der Nichtmarktproduktion bei den verglichenen Ländern unterschiedlich sein kann. Allerdings dürften die diesbezüglichen Unterschiede zwischen den im Entwicklungskontext relevanten Ländern nicht allzu gravierend sein.

Pro-Kopf-Einkommen als Maß für die Entwicklung

Die OECD (Organisation for Economic Cooperation and Development, Organisation für wirtschaftliche Zusammenarbeit und Entwicklung) und ihr Entwicklungshilfeausschuss (DAC) definieren Entwicklungsländer über eine im Dreijahresturnus überprüfte Liste der »Empfänger von Offizieller Entwicklungshilfe und Offizieller Hilfe«. In Teil 1 dieser Liste (vgl. Tabelle 30.1) sind diejenigen Länder aufgeführt, die die OECD – unter Anlehnung an die Kriterien der Vereinten Nationen und der Weltbank – zu den Entwicklungsländern zählt. Entwicklungsländer, die öffentliche »Offizielle Entwicklungshilfe« (ODA) erhalten[2], sind demnach:

Entwicklungsländer nach der Klassifizierung der OECD

- die LDC-Länder der Weltbank (z. B. Afghanistan, Kongo, Haiti, Nepal, Sudan);
- andere Niedrigeinkommensländer mit einem Pro-Kopf-Bruttonationaleinkommen unter 760 Dollar (z. B. China, Indien, Armenien, Kamerun, Vietnam);
- Länder mit mittleren Einkommen der unteren Kategorie (Pro-Kopf-Bruttonationaleinkommen von 761–3.030 Dollar, z. B. Albanien, Algerien, Kuba, Irak);
- Länder mit mittleren Einkommen der oberen Kategorie (3.031–9.360 Dollar, z. B. Brasilien, Chile, Kroatien, Türkei) und
- bestimmte Hocheinkommensländer (über 9.360 Dollar).

In Teil 2 der Liste werden die so genannten Übergangsländer erfasst. Hilfen an diese Länder werden als »Öffentliche Hilfe« (Official Aid, OA) bezeichnet.

---

2 Staatliche offizielle Entwicklungshilfen sind solche, die einen »Geschenkanteil« von mindestens 25 Prozent aufweisen. Nur diese Entwicklungshilfe wird in offiziellen Statistiken bei der Berechnung des Anteils der Entwicklungshilfe am BIP eines Landes angerechnet.

Entwicklungsländer und -gebiete[1]

Europa
Albanien
Bosnien-Herzegowina
Kroatien
Mazedonien
Moldau, Republik
Serbien und Montenegro
Türkei

Afrika

nördlich der Sahara
Ägypten
Algerien
Marokko
Tunesien

südlich der Sahara
Angola (1994)
Äquatorialguinea (1982)
Äthiopien (1971)
Benin (1971)
Botsuana
Burkina Faso (1971)
Burundi (1971)
Côte d'Ivoire
Dschibuti (1982)
Eritrea (1994)
Gabun
Gambia (1975)
Ghana
Guinea (1971)
Guinea-Bissau (1981)
Kamerun
Kap verde (1977)
Kenia
Komoren (1977)
Kongo
Kongo, Dem. Rep. (1991)
Lesotho (1971)
Liberia (1990)
Madagaskar (1991)
Malawi (1971)
Mali (1971)
Mauretanien (1986)
Mauritius
Mayotte
Mosambik (1988)
Namibia
Niger (1971)
Nigeria
Ruanda (1971)
Sambia (1991)
São Tomé u. Principe (1982)
Senegal (2001)
Seychellen
Sierra Leone (1982)
Simbabwe
Somalia (1971)
St. Helena
Sudan (1971)
Südafrika
Swasiland
Tansania (1971)
Togo (1982)
Tschad (1971)
Uganda (1971)
Zentralafrikanische Republik (1975)

Amerika

Nord-/Mittelamerika
Anguilla
Antigua und Barbuda
Barbados
Belize
Costa Rica
domenica
Dominikan. Republik
El Salvador
Grenada
Guatemala
Haiti (1971)
Honduras
Jamaika
Kuba
Mexiko
Montserrat
Nicaragua
Panama
St. Kitts und Nevis
St. Lucia
St. Vincent u. Grenadinen
Trinidad u. Tobago
Turks- u. Caicosinseln

Südamerika
Argentinien
Bolivien
Brasilien
Chile
Ecuador
Guyana
Kolumbien
Paraguay
Peru
Suriname
Uruguay
Venezuela

Asien

Naher/Mittlerer Osten
Bahrain
Irak
Iran
Jemen (1971/1975)
Jordanien
Libanon
Oman
Palästinensische Gebiete[2]
Saudi-Arabien
Syrien

Süd- u. Zentralasien
Afghanistan (1971)
Armenien
Aserbaidschan
Bangladesch (1975)
Bhutan (1971)
Georgien
Indien
Kasachstan
Kirgisistan
Malediven (1971)
Myanmar (1987)
Nepal (1971)
Pakistan
Sri Lanka
Tadschikistan
Turkmenistan
Usbekistan

Ostasien
China
Indonesien
Kambodscha (1991)
Korea, DVR
Laos (1971)
Malaysia
Mongolei
Philippinen
Thailand
Timor-Leste (2003)
Vietnam

Ozeanien
Cookinseln
Fidschi
Kiribati (1986)
Marshallinseln
Mikronesien
Nauru
Niue
Palau
Papua-Neuguinea
Salomonen (1991)
Samoa (1971)
Tokelau
Tonga
Tuvalu (1986)
Vanuatu (1985)
Wallis und Futuna

Übergangsländer und -gebiete

Mittel- und Osteuropäische Länder/NUS
Bulgarien
Estland
Lettland
Litauen
Polen
Rumänien
Russische Föderation
Slowakei
Tschechische Republik
Ukraine
Ungarn
Weißrussland

Fortgeschrittene Entwicklungsländer
Aruba
Bahamas
Bermuda
Britische Jungferninseln
Brunei
Chinesisch Taipeh
Falklandinseln
Französisch-Polynesien
Gibraltar
Hongkong, China
Israel
Kaimaninseln
Katar
Korea, Republik
Kuwait
Libyen
Macau
Malta[3]
Neukaledonien
Niederländische Antillen
Singapur
Slowenien[3]
Vereinigte Arabische Emirate
Zypern

Stand 2003, gemäß dem Ausschuss für Entwicklungshilfe gültig bis 2005
[1] (...) = die am wenigsten entwickelten Länder (LDC), mit Jahr der Anerkennung in Klammern.
[2] Die für diese Gebiete zu berücksichtigenden Leistungen umfassen auch Leistungen an Palästinenser im Westjordanland und Ost-Jerusalem.
[3] Zum 1. Januar 2003 in die Kategorie Industrieländer gewechselt.
Quelle: Zwölfter Bericht zur Entwicklungspolitik der Bundesregierung, Bonn 2005, S. 216.

Tab. 30.1: Liste der Entwicklungsländer und -gebiete sowie Übergangsländer und -gebiete

Armutsgrenze 1,08 $ pro Tag[1]	Millionen Menschen		Anteil der Gesamtbevölkerung (%)		Anteil der Armen in ländlichen Gebieten[2] (%)	Ländliche Bevölkerung als Anteil an der Gesamtbevölkerung (%)
Region	1990	2001	1990	2001	2001[3]	2001
Afrika südlich der Sahara	227	313	45	46	73	67
Lateinamerika und Karibik	49	50	11	10	42	24
Naher Osten und Nordafrika	6	7	2	2	63	42
Ostasien	472	271	30	15	80	63
Osteuropa und Zentralasien	2	17	1	4	53	37
Südasien	462	431	41	31	77	72
Armutsgrenze 2,15 $ pro Tag[1]	**Millionen Menschen**				**Anteil an der Gesamtbevölkerung (%)**	
Region	1990		2001		1990	2001
Afrika südlich der Sahara	382		516		75	77
Lateinamerika und Karibik	125		128		28	25
Naher Osten und Nordafrika	51		70		21	23
Ostasien	1.116		865		70	47

[1] Armutsgrenzen festgelegt in $ von 1993, nach Kaufkraftparität bereinigt.
[2] Berechnet als ländliche Armutsrate × (100 − Urbanisierungsrate)/nationale Armutsrate. Zu beachten ist, dass die veröffentlichten Armutsraten die städtische Armut oft nicht hinreichend erfassen.
[3] Wo keine Daten für 2001 verfügbar sind, werden die Daten des letzten verfügbaren Jahres verwendet.
Quelle: VN-Millenniums-Projekt 2005: In die Entwicklung investieren, Überblick, New York 2005 (»Sachs-Bericht«)

Tab. 30.2 Unter der Armutsgrenze lebende Menschen 1990 und 2001

Tabelle 30.2 gibt einen Überblick über die internationale Verteilung der Pro-Kopf-Einkommen für die Jahre 1999 und 2001. Anschaulicher als ein eindimensionaler oder wenige Kriterien umfassender Maßstab ist ein Katalog von Merkmalen, die ein Entwicklungsland im Allgemeinen aufweist und die zugleich Einblick in die Vielfalt der Probleme geben. Häufig werden folgende Aspekte genannt:

Typische Merkmale eines Entwicklungslandes

- Die Güterversorgung ist schlecht, d. h. große Gruppen der Bevölkerung sind schlecht mit Nahrungsmitteln versorgt, was zu Unternährung und Hunger führt.
- Das Pro-Kopf-Einkommen ist niedrig, es herrscht Armut.
- Die Ersparnis und die Investitionen sind gering.
- Die Arbeitsproduktivität ist gering.
- Die Gesundheitsversorgung ist mangelhaft, die Kindersterblichkeit ist groß und die Lebenserwartung gering.
- Die Arbeitslosigkeit ist hoch, der Lebensstandard ist insgesamt niedrig, die vorhandenen Güter sind oft extrem ungleich verteilt.

- Die Geburtenrate ist hoch, die Sterberate ist ebenfalls relativ hoch, und als Differenz ergibt sich eine hohe Bevölkerungswachstumsrate von 2 bis über 3 Prozent.
- Die Infrastruktur ist unterentwickelt (Rechtsordnung, Verwaltung, Bildung, Gesundheit, Verkehrswege, Energieversorgung, Kommunikationsmittel etc.).
- Ein hoher Anteil der Bevölkerung ist in der Landwirtschaft tätig (50–80 Prozent).
- Der Anteil der Industrieproduktion am Bruttoinlandsprodukt ist niedrig.
- Die Verteilung der Einkommen und Vermögen ist sehr ungleichmäßig.
- Die Verteilung der Wirtschaftskraft auf die Regionen ist sehr ungleichmäßig; es stehen sich modernste industrialisierte Bereiche und unterentwickelte Regionen gegenüber (z. B. São Paulo und Nordostbrasilien). Modernste Verfahren und vorindustrielle Methoden werden zur gleichen Zeit angewendet (z. B. Flugzeug und Maultier). Eine solche ungleichmäßige Entwicklung wird **Dualismus** genannt.

2 Ursachen der Unterentwicklung und entwicklungspolitische Strategien in traditioneller Sicht

Unterentwicklung von Ländern und ganzen Regionen ist besonders nach dem Zweiten Weltkrieg Thema in Wissenschaft und Politik geworden. Dabei kann man den Zeitraum bis Mitte der 90er-Jahre als **traditionelle Phase** von Entwicklungstheorie und -politik bezeichnen, da mit dem Ende des »kalten Krieges« und dem weltweiten Siegeszug des marktwirtschaftlichen Paradigmas verbunden mit neuen Erkenntnissen ein gewisses Umdenken zu verzeichnen ist. Wir wollen in diesem Abschnitt zunächst die traditionelle Phase betrachten.

Von einem bekannten deutschen Experten der Entwicklungspolitik stammt die Feststellung:

Unterentwicklung ist ein vielschichtiges Problem.

> »Es gibt keine für alle Kontinente und Ländergruppen mit verschiedenen Strukturproblemen passenden entwicklungstheoretischen Universalschlüssel. Unterentwicklung ist ein komplexer Zustand ..., der nicht mit griffigen Formeln erfasst werden kann. Monokausale Erklärungen, die den Zustand der Unterentwicklung auf einzelne Ursachen zurückführen, bringen allenfalls Halbwahrheiten hervor.«[3]

In diesem Zusammenhang sei daran erinnert, dass auch die geheimnisvollen Kräfte, die den gewaltigen Aufschwung der heutigen Industrienationen

---

[3] *Franz Nuscheler*: Lern- und Arbeitsbuch Entwicklungspolitik, Bonn 1991, S. 92.

letztlich bewirkt haben, schwer zu bestimmen sind (vgl. Kapitel 27). Trotzdem lassen sich einige weitgehend unbestrittene ökonomische Grundbedingungen wirtschaftlicher Entwicklung identifizieren.

Soll das Elend der Bevölkerung in Entwicklungsländern vermindert werden, dann muss die Produktion pro Kopf erhöht werden. Wenn der Mensch im Produktionsprozess nur den Boden und seine Arbeitskraft einsetzt, kann er unter günstigen Bedingungen seinen Lebensunterhalt produzieren. Bei steigender Bevölkerungszahl und begrenztem Boden führt das Gesetz vom abnehmenden Ertragszuwachs zu Hunger und Armut.

> Nur der Einsatz von Kapital und technischem Wissen vermag – bei gegebenen natürlichen Ressourcen – die Produktion pro Kopf nachhaltig zu steigern.

Welche Grundvoraussetzungen müssen erfüllt sein, damit eine **Kapitalgüterproduktion** ermöglicht wird? Dies kann man sich anhand eines einfachen Beispieles klar machen: Der Bauer, der eine Sense in seinem Betrieb einsetzen will, muss dem Schmied mindestens soviel Nahrungsmittel (oder entsprechende Geldmittel) zur Verfügung stellen, dass dieser sich ernähren kann. Der Bauer muss also einen Überschuss produzieren, er muss mehr produzieren, als er selbst verbraucht, er muss eine **Ersparnis** bilden und diese für die Kapitalbildung (also für Investitionen) verwenden. Wenn der Kapitalbildungsprozess einmal in Gang gekommen ist, kann er sich selbst verstärken: Mehr Maschinen erhöhen die Produktion pro Arbeitskraft. Der größere Überschuss ermöglicht eine Zunahme der Kapitalgüterproduktion, deren Einsatz wiederum die Produktion pro Kopf erhöht. Wichtig ist, dass ein solcher **Entwicklungsprozess** nicht dadurch zum Scheitern verurteilt wird, dass der erwirtschaftete Überschuss zu früh für vermehrten Konsum verbraucht oder von der herrschenden Klasse ins Ausland transferiert wird.

Grundmuster ökonomischer Entwicklung

Produktion von Kapitalgütern

> Fassen wir die **Grundbedingungen einer Entwicklung aus eigener Kraft** zusammen:
> - Es muss ein Überschuss produziert werden.
> - Der Überschuss darf nicht konsumtiv verwendet werden, sondern muss gespart werden.
> - Die Ersparnis muss investiert werden.
> - Die Investition muss die Produktionsmöglichkeit erhöhen.
> - Die Produktion muss verkaufbar sein.

Was hier grundsätzlich für eine einzelne Wirtschaftseinheit formuliert worden ist, gilt auch für eine ganze Volkswirtschaft. Hat diese wirtschaftliche Beziehungen zum Ausland, so bleibt neben der Ersparnisbildung (und der hier zunächst vernachlässigten Möglichkeit der Schenkung) grundsätzlich noch der Weg der Verschuldung gegenüber dem Ausland, um auf dem Importweg zusätzliche Produktionsmittel zu erwerben. Allerdings setzt dies voraus, dass die Verschuldung vom Ausland akzeptiert wird. Außerdem muss die Volkswirtschaft später einen Teil ihres geschaffenen Einkommens für Schuldentilgung und Zinsen verwenden, was dann ihre Kapitalbildungsmöglichkeit entsprechend einschränkt.

Aus den beschriebenen Grundbedingungen für einen Entwicklungsprozess lassen sich unmittelbar mögliche Ursachen für das Ausbleiben von Entwicklung und Möglichkeiten der Korrektur ableiten.

2.1 Kapitalmangel

Unterstellt sei zunächst eine konstante Bevölkerung und eine Volkswirtschaft ohne wirtschaftliche Beziehungen zum Ausland (»geschlossene« Volkswirtschaft). Die mögliche (und stets realisierte) Produktion Y sei proportional zum vorhanden Kapitalbestand; Arbeit sei im Überfluss vorhanden und könne nicht »ersatzweise« zur Erhöhung der Produktion eingesetzt werden.[4] Wenn man mit vier Kapitaleinheiten (Maschinen) maximal eine Produktionseinheit erstellen kann (Kapitalkoeffizient v = 4, vgl. Kapitel 27), so lautet der produktionstechnische Zusammenhang $Y = ¼ \cdot K$.

Kapitalmangel als Grundproblem ökonomischer Entwicklung

Eine Verzehnfachung der Produktion ist dann nur möglich, wenn auch K um das Zehnfache zunimmt. Und intuitiv leuchtet ein, dass die (mögliche) Wachstumsrate des realen Inlandsproduktes g_Y dann der Wachstumsrate des Kapitalbestandes entspricht.[5] Aus diesem simplen wachstumstheoretischen Zusammenhang wurde für die Entwicklungsländer die folgende These abgeleitet:

> Entwicklungsländer verfügen über wenig Kapitalgüter und damit über ein geringes Inlandsprodukt Y und ein niedriges Pro-Kopf-Einkommen. Folglich können sie wenig sparen und damit wenig Kapital bilden, sodass sie ihre Produktion und ihr Pro-Kopf-Einkommen im Zeitverlauf nur geringfügig steigern können. **Entwicklungsländer bleiben also arm, weil sie arm sind.**

---

4 Es handelt sich also um eine linear-limitationale Produktionsfunktion mit Kapital als knappem Produktionsfaktor (vgl. Kapitel 5).

5 Die Wachstumsrate von Y entspricht bei konstantem v der Wachstumsrate von K. Nun ist $g_K = \Delta K/K = I/K$. Im Gütermarktgleichgewicht ist die Investition I gleich der Ersparnis. Diese wiederum ist im einfachsten Fall proportional zur konstanten Sparquote s, also: $S = s \cdot Y$. Damit gilt $g_Y = g_K = sY/K = s/v$. Es ergibt sich also die Wachstumsrate des postkeynesianischen Wachstumsmodells (vgl. Kapitel 27).

Die so genannte **Modernisierungstheorie** zog hieraus die Schlussfolgerung, dass Entwicklungsländer nur per Schenkung oder per (subventioniertem) Kredit mit so viel Kapital ausgestattet werden könnten, dass sie in der Lage wären, in absehbarer Zeit aus dem Zustand der Unterentwicklung herauszuwachsen.

2.2 Bevölkerungswachstum

Aus dem beschriebenen Kapitalmangel wird ein »**Teufelskreis der Armut**« (mit selbst verstärkendem Effekt), wenn das für Entwicklungsländer typische hohe Bevölkerungswachstum als weiterer Einflussfaktor des Pro-Kopf-Einkommens berücksichtigt werden muss. Da das Einkommen pro Kopf y definiert ist als

$y = Y/N$

(mit N als der Bevölkerungszahl), folgt für die Veränderungsrate des Pro-Kopf-Einkommens: $g_y = g_Y - g_N$. Wächst also zum Beispiel das Inlandsprodukt Y (infolge eines gleich hohen Kapitalwachstums) um 3 Prozent und die Bevölkerung um 4 Prozent, so nimmt das Pro-Kopf-Einkommen um 1 Prozent ab. Ein Teufelskreis der Armut ergibt sich dann, wenn

- es bei zunehmendem Kapitalbestand zunächst zu einer Zuwachsrate des Inlandsproduktes kommt, die größer ist als die bisherige Zuwachsrate der Bevölkerung, sodass das Pro-Kopf-Einkommen steigt,
- die Wachstumsrate der Bevölkerung dann aber (evtl. sogar aufgrund der verbesserten Lebensbedingungen) so stark zunimmt, dass das Pro-Kopf-Einkommen wieder auf sein ursprüngliches Niveau (oder sogar darunter) absinkt.

Hohes Bevölkerungswachstum verschärft das Problem des Kapitalmangels.

> Für die Entwicklungstheorie ergibt sich aus diesem Zusammenhang die Schlussfolgerung, dass eine im Verhältnis zum Bevölkerungswachstum zu geringe Wachstumsrate des Kapitalbestandes Ursache der Unterentwicklung ist.

Und für die modifizierte Modernisierungstheorie folgte hieraus die Therapie: Initiierung eines verstärkten Realkapitalzuflusses plus restriktive Bevölkerungspolitik, wobei versucht werden kann, Letztere über Anreize oder per Dekret mit Strafandrohung (Beispiel seit den 80er-Jahren: China) umzusetzen.

2.3 Auslandsverschuldung als beschränkender Faktor für die Kapitalakkumulation

Werden die für den Wachstumsprozess notwendigen zusätzlichen Kapitalgüter den Entwicklungsländern bei stagnierenden Exporten nicht unentgeltlich, sondern nur über Kreditgewährung zur Verfügung gestellt, so ergibt sich im Zeitablauf eine Verstärkung des Problems des Realkapitalmangels. In dem Umfang, wie die im Zuge des Importes von Kapitalgütern entstehenden Auslandsverbindlichkeiten zunehmen, steigen auch die Tilgungs- und Zinslasten, die von dem Schuldnerland zu tragen sind. Dies schränkt seine Investitionsmöglichkeit in zukünftigen Perioden ein, da die Ersparnis durch den Kapitaldienst (Zinsen und Tilgung) entsprechend reduziert wird.

Auslandsverschuldung beschränkt mittel- und langfristig die Möglichkeit der Kapitalbildung.

Aus eigener Kraft kann ein Entwicklungsland dem nur entgegenwirken, indem es entweder
- den Konsumgüterimport (und notfalls auch Investitionsgüterimporte) reduziert und durch eigene Produkte ersetzt oder
- seinen Exportsektor so entwickelt, dass über die Exporterlöse der Schuldenaufbau aus dem Import von Gütern verhindert oder zumindest stark eingeschränkt wird (**Exportausweitung und -diversifizierung, Importsubstitution**).

Importsubstitution und Exportdiversifizierung als Mittel zur Begrenzung der Auslandsverschuldung von Entwicklungsländern

Wir erläutern diese Entwicklungsstrategien weiter unten im Zusammenhang mit einer weiteren Ursache der Unterentwicklung, der so genannten Abhängigkeits-(Dependenz-)Hypothese.

Abgesehen von Importsubstitution und Exportförderung bleibt für die Entwicklungsländer nur die Möglichkeit, bei den Gläubigerländern auf Schuldenerlass oder zumindest Schuldenreduktion zu drängen, was bei den ärmsten Ländern zumindest teilweise auch zum Erfolg geführt hat. Trotzdem ist die Belastung der Entwicklungsländer durch Auslandsverschuldung gewaltig – wie Tabelle 30.3 zeigt.

Die Auslandschulden der ärmsten Länder sind gigantisch.

	Gesamte Auslandsschulden (in Mrd. $)			
	1980	1990	2000	2003
Afrika südlich der Sahara	60,6	176,9	211,3	231,4
Ostasien und Pazifik	89,5	234,1	500,7	525,5
Südasien	38,1	124,4	156,2	184,7
Europa und Zentralasien	57,2	217,2	510.8	676.0
Naher Osten und Nordafrika	83,9	139,6	144,6	158,8
Lateinamerika und Karibik	253,3	444,9	755,1	779,6
Zusammen	586,7	1.337,1	2.282,6	2.554,1

Quellen: World Bank: World Development Indicators 2005, Global Development Finance 2001, Global Development Finance 2005 – Statistical Appendix

Tab. 30.3: Entwicklung des Schuldenstands der ärmsten Länder 1980 – 2003

2.4 »Enge« der heimischen Märkte

Wie oben im Zusammenhang mit den Grundbedingungen ökonomischer Entwicklung erläutert, liegt das Problem der Entwicklung nicht nur in der **Verfügbarkeit** von Kapitalgütern. Die mit zusätzlich verfügbaren Kapitalgütern produzierbaren Güter müssen auch absetzbar sein, um die erforderliche Investitionsneigung zu stimulieren. Da dies aus weiter unten noch erläuterten Gründen nicht ohne weiteres über die Exportschiene möglich ist, andererseits aber wegen der niedrigen Pro-Kopf-Einkommen die heimische Kaufkraft gering ist, entsteht mit der für Entwicklungsländer typischen Enge des heimischen Marktes ein weiteres Entwicklungshemmnis. Um dieses zu beseitigen, stehen sich zwei Strategien gegenüber, die des gleichgewichtigen und die des ungleichgewichtigen Wachstums.

Investitionen setzen Absatzmärkte voraus.

Nach dem Konzept des **gleichgewichtigen Wachstums** sollen durch gleichzeitige staatliche Förderung möglichst vieler wichtiger Bereiche der Endnachfrage (Konsum- oder Investitionsgüter) mittels Subventionierung oder Eigennachfrage des Staates **expansive, sich kumulierende Nachfrageeffekte** ausgelöst werden. Der »big push« soll dabei dadurch erfolgen, dass
- die geförderten Bereiche weitere Endnachfrage stimulieren (Motto: Werden mehr Wohnungen nachgefragt, so steigt auch die Nachfrage nach Möbeln.),
- die Expansion im Endnachfragebereich zu einer erhöhten Nachfrage nach Inputs vorgelagerter Produktionsstufen führt (Baustoffe wie Zement und Holz, Metallerzeugnisse etc.).

Die Strategie des gleichgewichtigen Wachstums setzt auf eine breit angelegte staatliche Förderung der Güternachfrage, um ausreichend Absatzmärkte zu schaffen.

Ein interessanter Nebeneffekt des Konzepts des gleichgewichtigen Wachstums wird darin gesehen, dass auch eine gleich gerichtete landwirtschaftliche Entwicklung gefördert und damit eine »Dualisierung« der Volkswirtschaft (s. u.) vermieden werden kann. Gründe hierfür sind:
- der zu erwartende Abzug verdeckter Arbeitsloser aus dem personell stark überbesetzten landwirtschaftlichen Bereich in die expandierende industrielle Produktion (mit der damit verbundenen Erhöhung der Produktivität der Landwirtschaft);
- die verstärkte Nachfrage nach landwirtschaftlichen Vorprodukten für die industrielle Produktion (z. B. Mehl für die Lebensmittelindustrie) sowie
- die verstärkte Nachfrage nach landwirtschaftlichen Konsumgütern durch die wachsenden Einkommen im industriellen Sektor.

Gleichgewichtiges Wachstum fördert auch die landwirtschaftliche Entwicklung.

> Industrieförderung könnte so gleichzeitig als Förderung der Landwirtschaft verstanden werden, die zu Beginn eines Entwicklungsprozesses zumeist der dominierende Sektor der Volkswirtschaft ist.

Nach dem Konzept des **ungleichgewichtigen Wachstums** soll – insbesondere im Hinblick auf die nur schwach ausgeprägte Unternehmerqualität – nur eine Stimulierung von Investitionen in **wenigen** zentralen Endproduktbereichen der Wirtschaft versucht werden. Die erwarteten **Rückkopplungseffekte** auf nachgelagerte Produktionsstufen (Zulieferanten) sollen auf diesen Märkten für Übernachfrage sorgen und so auch noch weniger ausgeprägte Unternehmerpersönlichkeiten auf expandierenden Märkten zu Investitionen animieren. Die staatliche Aufgabe ist es, geeignete Anstoßprojekte auszumachen und durch Subventionierung »Pionierunternehmer« zu Investitionen zu bewegen.

Die Strategie des ungleichgewichtigen Wachstums berücksichtigt die unzureichende Verfügbarkeit geeigneter Pionierunternehmer in Entwicklungsländern und setzt auf eine punktuelle Stimulierung der Nachfrage.

> Letztlich ist der Unterschied zwischen gleichgewichtigem und ungleichgewichtigem Wachstum also eher gradueller Natur, wobei beim Konzept des ungleichgewichtigen Wachstums die Rolle des Pionierunternehmers *Schumpeter*scher Prägung (vgl. Kapitel 27) besonders betont wird.

2.5 »Dependenz« als Ursache von Unterentwicklung

Neben den direkt aus dem oben vorgestellten Grundschema ökonomischer Entwicklung ableitbaren Ursachen von Unterentwicklung gibt es andere, als »extern« anzusehende Faktoren. Die bekannteste Theorie in diesem Zusammenhang ist die so genannte **Dependenz-(Abhängigkeits-)Theorie**.

Die Dependenztheorie führt die Unterentwicklung auf den Kolonialismus/Imperialismus zurück.

> Hier wird die plausible These vertreten, dass die Industrienationen in ihren ehemaligen Kolonien eine für die jeweiligen Kolonialherren günstige »komplementäre« Wirtschaftsstruktur (z. B. Rohstoffabbau-Industrien, um den heimischen Rohstoffbedarf zu decken) aufgebaut haben und in der Regel bis in die Gegenwart hinein zementieren konnten.

In den betroffenen Entwicklungsländern sei dadurch eine zu sozialen Spannungen führende Wirtschaftsstruktur entstanden, in der traditionell feudale Wirtschaftsweisen mit kapitalistischen Produktionsstrukturen aufeinander prallen (**Dualismus**).

Vor allem aber sei die Außenhandelsstruktur der Entwicklungsländer so geprägt worden, dass diese mit ungünstigen Bedingungen für ihre Produkte auf den Weltmärkten konfrontiert waren und sind:

Die historisch bedingte Außenhandelsstruktur ist geprägt durch abnehmende Terms of Trade der Entwicklungsländer und starke Schwankungen ihrer Exporterlöse.

- Niedrigen Einkommenselastizitäten der von Entwicklungsländern erzeugten und exportierten Grundstoffe und Nahrungsmittel stehen hohe Einkommenselastizitäten bei den importierten Industrieprodukten (Kapital- und Konsumgüter) gegenüber, sodass der Exportsektor eher stagniert, während der Importbereich expandiert. Hieraus ergeben sich Abwertungstendenzen für die Währungen der Entwicklungsländer, die zu einer **Verbilligung der heimischen Produkte** und zu einer **Verteuerung der ausländischen Produkte** (meistens in der Auslandswährung Dollar) führen (vgl. Kapitel 20). Dadurch verschlechtern sich die »**Terms of Trade**« der Länder (vgl. Tabelle 30.4), die angeben, wie viele Einheiten ausländischer Produkte ein Entwicklungsland für eine Einheit inländischer Produkte erhält (z. B. die Zahl der Maschinen im Austausch gegen 1 Tonne Zinn).[6]

- **Hohe Preisschwankungen** der Exportprodukte (wie z. B. Rohkaffee und Metalle) auf den internationalen Märkten sind verbunden mit der Tendenz einer hohen Instabilität der Exporteinnahmen.

> Die politische Abhängigkeit der Entwicklungsländer in der Kolonialzeit (über 100 Entwicklungsländer sind ehemalige Kolonien) und die damals festgeschriebene Wirtschaftsstruktur der Länder hat also gemäß der Dependenztheorie zu der bis in die Gegenwart andauernden Unterprivilegierung der Entwicklungsländer geführt. Dies gilt umso mehr, als es den Industrienationen im Zuge der Entkolonialisierung in der Regel gelungen ist, durch in den Entwicklungsländern tätige multinationale Unternehmen ihren Einfluss zu erhalten (nicht-konkurrenzfähige heimische Industrie).

An die Stelle der politischen Abhängigkeit der Entwicklungsländer ist häufig eine wirtschaftliche Abhängigkeit getreten.

Tabelle 30.3 zeigt die Entwicklung der Terms of Trade von Entwicklungs- und Industrieländern für den Zeitraum von 1983 bis 2005. Lässt man die Sonderentwicklung bei den Erdöl exportierenden Entwicklungsländern (die aus den relativ starken Schwankungen des Weltmarktpreises für Öl und den Schwankungen des Dollarkurses resultieren) außer Acht, so bestätigt sich – abgesehen von 1994 und 1995 – zwischen 1996 und 2001 die These von den abnehmenden Terms of Trade der Entwicklungsländer. Von 2002 bis einschließlich 2005 haben sich die dagegen die Terms of Trade dieser Länder über die Jahre kumuliert näherungsweise um denselben Prozentsatz verbessert, um den sie in den vorangegangenen Jahren abgenommen hatten.

---

[6] Eng verwandt mit der Dependenztheorie ist die so genannte »Außenhandelstheorie« der Unterentwicklung. Hiernach ist in Bezug auf die Struktur der Weltwirtschaft zwischen einem »Zentrum« (Industrieländer) und einer »Peripherie« (Entwicklungsländer) zu unterscheiden, wobei – wie in der Dependenztheorie – niedrige Einkommenselastizitäten nach den von den Entwicklungsländern produzierten Grundstoffen in den Zentren, hohe Einkommenselastizitäten nach Industrieerzeugnissen in der Peripherie gegenüberstehen. Aus dieser Konstellation wird wie oben eine Abnahme der »Terms of Trade«, also des Güteraustauschverhältnisses zwischen Entwicklungsländern und Industrieländern zu Lasten der Entwicklungsländer abgeleitet. Die Außenhandeltheorien gehen damit von den gleichen Voraussetzungen aus wie die Dependenztheorien, ohne aber die Ursache für die Existenz von Zentrum und Peripherie zu hinterfragen.

Jahr	Industrie-länder	Entwicklungs-länder Insgesamt	Entwicklungs-länder, die Erdöl exportieren	Entwicklungs-länder, die kein Erdöl exportieren
1987–1996 (Durchschnitt)	0,3	–0,6	–	–0,5
1997–2006 (Durchschnitt)	–0,1	1,6	8,6	0,4
1997	–0,6	–0,5	0,6	–0,5
1998	1,3	–6,7	–29,1	–3,0
1999	–0,1	5,7	42,6	1,1
2000	–3,1	7,2	48,4	1
2001	0,4	–3,0	–12,0	–1,1
2002	0,9	1	2,2	0,8
2003	1,6	1,3	2,1	1,1
2004	–	3,3	15,7	1,3
2005	–0,8	7,1	30,8	2,8

Quelle: IWF, World Economic Outlook, September 2005, Statistical Appendix

Tab. 30.4: Entwicklung der Terms of Trade 1987–2005 (durchschnittliche jährliche Veränderung in %)

Die Strategie der von Dependenz betroffenen Länder lag insbesondere in den 50er- und 60er-Jahren

- in der Ablösung der kapitalistischen Wirtschaftssysteme durch Systeme der zentralen Planung,
- in der zunächst Konsum-, dann auch Investitionsgüter betreffenden Importsubstitution,
- in der Exportdiversifizierung und
- in der Forderung nach Stabilisierung der Exporterlöse,

wobei die beiden erstgenannten Strategien häufig zusammen angewendet wurden.

Durch Importsubstitution versuchen Entwicklungsländer, sich aus der wirtschaftlichen Abhängigkeit von den Industrieländern zu befreien.

Bei der **Importsubstitution** versucht das Entwicklungsland, die bisher importierten Güter in eigener Regie im eigenen Land zu erzeugen. In einer ersten Phase sind dabei zunächst importierte Konsumgüter betroffen, die durch vergleichsweise einfache, standardisierte Inlandsprodukte ersetzt werden, welche mit wenig kapitalintensiven Verfahren produziert werden können. In einer späteren Phase werden auch Investitionsgüterimporte durch heimische Güter ersetzt. Da die Produktionsstrukturen, das technische Wissen und die Ausbildung der Arbeitskräfte im Vergleich zu den potenziell konkurrierenden Industrieländern hoffnungslos unterlegen waren, konnte diese Strategie nur durch eine fast totale Abschottung von den Exportmärkten der Industrienationen mittels hoher Zollschranken und anderer Importhemmnisse verwirklicht werden. Der Vorteil bestand dabei darin, dass Märkte für entsprechende Produkte bereits bestanden, auch wenn dies bis dahin ganz überwiegend Märkte für Importgüter waren.

Da die Abschottung aber den internationalen Wettbewerb ausschaltete und zudem oft mit der grundsätzlichen Ineffizienz des zentralplanwirtschaftlichen Systems (vgl. Kapitel 3) einherging, waren die letztlich von der heimischen Bevölkerung zu tragenden Preis- und Qualitätsunterschiede sehr groß. Angesichts der beschriebenen Ausgangssituation mag es aber für viele Volkswirtschaften keine Alternative zum Weg dieser **autozentrierten Entwicklung** gegeben haben. Allerdings ist zu betonen, dass der mangelnde Wettbewerb nicht notwendige Folge der autozentrierten Entwicklung ist. Solange für Wettbewerb zwischen den heimischen Anbietern gesorgt wird, besteht ein Anreiz für diese, neue Technologien und Produkte zu entwickeln, um höhere Erträge zu erzielen. Schließlich soll daran erinnert werden, dass auch viele Industrieländer sich zunächst hinter hohen Zollmauern verschanzten und ihre Industrien wettbewerbsfähig machten, bevor sie ihre Märkte der Welt öffneten (**Entwicklungsprotektionismus**).

Importsubstitution birgt die Gefahr mangelnden Wettbewerbs.

Autozentrierte Entwicklung kann auch auf Entwicklungsprotektionismus zielen.

Letztlich hat sich die Strategie der außenwirtschaftlichen Isolierung nicht bewährt, häufig weil die Zollschranken eben nicht zum Aufbau einer **wettbewerbsfähigen Industrie** genutzt wurden. Empirische Untersuchungen zeigen deshalb auch, dass Länder, die den alternativen Weg der **Exportdiversifizierung** gegangen sind, deutlich besser abgeschnitten haben. Allerdings standen die Länder, die sich für die außenwirtschaftliche Öffnung entschieden, zunächst vor großen Schwierigkeiten, da sie

Exportdiversifizierung stellt die Entwicklungsländer zunächst vor schwierige Aufgaben, weil sie sich ihre Absatzmärkte erst schaffen müssen.

- die Qualität ihrer Produkte auf Weltmarktstandard bringen mussten,
- preislich zunächst meist nur über Exportsubventionierung wettbewerbsfähig waren,
- die neuen Märkte und ihre Bedingungen erst finden und im Detail erkunden und »bearbeiten« mussten,
- mit einer Abschottung der heimischen Markte der Industrienationen durch tarifäre (Zölle) und nichttarifäre (Einfuhrkontingente) Hemmnisse konfrontiert waren.

Häufig entschieden sie sich deshalb zunächst für die Importsubstitution, um die Produktion auf Weltmarktstandard vorzubereiten.

Allmählich wurden dann Güter, die zunächst als Importsubstitute fungierten, als Exportgüter entwickelt und eingesetzt. Dabei wurden meist in einer ersten Stufe rohstoff- und relativ arbeitsintensiv produzierte Industriegüter (wie Schuhe und Textilien) ausgewählt, bei denen aufgrund des niedrigen Lohnniveaus komparative Kostenvorteile bestanden. Später ging man dann zu kapitalintensiver produzierten Gütern über, deren Produktionstechnik schon relativ ausgereift und deshalb leicht imitierbar war (Photoapparate, Uhren, Schiffsbau, Personenkraftwagen).

Importsubstitution kann der Ausgangspunkt für eine spätere Exportdiversifizierung sein.

Letztlich hat gerade die Offenheit dieser Volkswirtschaften den Entwicklungsländern die Möglichkeit gegeben, technische Standards des Auslands

Langfristig war Exportdiversifizierung erfolgreicher als Autozentrierung.

leichter zu übernehmen und so langfristig ihre Wettbewerbsfähigkeit auszubauen. Mehreren südasiatischen Ländern (z. B. Singapur, Südkorea) ist es dabei sogar in relativ kurzer Zeit gelungen, die konkurrierenden alten Industrieländer bei vielen Produkten in Bezug auf die Produktionskosten zu überflügeln. Allerdings mussten auch diese Länder im Zuge von Finanzkrisen häufig ihren Preis für die bedingungslose Öffnung ihrer Märkte zahlen.

Schon lange versucht eine Vielzahl von Entwicklungsländern eine **Stabilisierung ihrer Exporterlöse** zu erreichen.

Die EU hat schon relativ früh die Exportbemühungen von Entwicklungsländern durch eine Stabilisierung der Exporterlöse unterstützt.

Am erfolgreichsten in ihren Bemühungen waren die so genannten **AKP-Staaten**, also die Entwicklungsländer **A**frikas (südlich der Sahara), der **K**aribik und des **P**azifiks. Im Rahmen des erstmals 1975 zwischen der Europäischen Union und den AKP-Staaten geschlossenen **Abkommens von Lomé** wurde den AKP-Staaten neben weitgehenden Zugeständnissen bezüglich ihrer Exportmöglichkeiten in die EU auch eine signifikante Stabilisierung ihrer Erlöse zunächst aus den Exporten landwirtschaftlicher Produkte und später auch ihrer Bergbauerzeugnisse (z. B. Kupfer, Kobalt, Phosphate, Mangan, Bauxit, Zinn, Eisenerz und Gold) zugesagt. Die Systeme funktionierten dabei im Prinzip so, dass für Produkte, deren Exporterlöse einen bestimmten Anteil am Gesamtexport des Landes überschritten (z. B. 5 Prozent bei landwirtschaftlichen und 15 Prozent bei bergbaulichen Produkten), ein mehrjähriger durchschnittlicher Exporterlös ermittelt wurde. Unterschritt der tatsächliche Exporterlös eines Jahres dieses Durchschnittsniveau, so wurde die Differenz dem Land (mit geringfügigen Abschlägen) aus EU-Mitteln erstattet. Das letzte Lomé-Abkommen (Lomé IV) ist Februar 2000 ausgelaufen. An seine Stelle ist das im Juni 2000 unterzeichnete Partnerschaftsabkommen von **Cotonou** (Benin) getreten, das im Prinzip die Exportstabilisierung fortschreibt. Wir werden auf dieses Abkommen im Zusammenhang mit der Darstellung der EU-Entwicklungshilfe zurückkommen.

2.6 Kulturelle Ursachen der Unterentwicklung

Schon *Max Weber* hat zu Beginn des 20. Jahrhunderts darauf hingewiesen, dass ein Zusammenhang zwischen der **protestantischen Ethik** und dem **Geist des Kapitalismus** besteht.

Asketische Moralvorstellungen können ein Motor für die Entwicklung sein.

Nach der protestantischen Ethik ist Gott demjenigen wohlgefällig, der hart arbeitet, aber sich durch den dabei erzielten Gewinn nicht zu übermäßigem Konsum verleiten lässt (»innerweltliche Askese«), sodass der Gewinn wieder investiert werden kann. Von daher besteht nach *Weber* ein Zusammenhang zwischen der wirtschaftlichen Entwicklung und dem religiös-kulturellen Wertesystem. Eine Hypothese über den Zusammenhang zwischen **gesellschaftlicher Organisation** und **Entwicklung** stammt von *Robert Putnam*. *Putnam* argumentiert, dass der im 12. Jahrhundert in Italien gegebene autoritäre Zentralstaat im Süden und die kommunale Autonomie im Norden zu dem heutigen Gegensatz von Stagnation im Süden Italiens und der Prosperität in Norditalien geführt haben.

Wie sind solche Argumente zu bewerten? Sicher existiert ein Zusammenhang zwischen dem historisch gewachsenen Wertesystem einer Gesellschaft und ihrer wirtschaftlichen Leistungsbereitschaft und auch die klimatischen Bedingungen dürften von Bedeutung sein. Von daher sollten bei der Erklärung entwicklungstheoretischer Zusammenhänge **interdisziplinäre Aspekte** berücksichtigt werden. Ob aber der Zusammenhang zwischen Leistungsbereitschaft und religiös-kulturell-klimatischem Umfeld eng genug ist, um stark divergierende Entwicklungen zu erklären, bleibt dahingestellt.

3 Ziele der Entwicklungszusammenarbeit

Anlässlich der Jahrtausendwende sind im September 2000 fast 150 Staats- und Regierungschefs in New York zum so genannten Millenniumsgipfel der Vereinten Nationen zusammen gekommen, um die wichtigsten Probleme der Weltorganisation im 21. Jahrhundert zu benennen und die Rolle der Vereinten Nationen bei ihrer Lösung zu diskutieren. In ihrer »**Millenniumserklärung**« haben sich die Nationen verpflichtet

Millenniumsgipfel und Millenniumsziele

- die weltweite Armut zu bekämpfen,
- den Frieden zu sichern,
- die Umwelt zu schützen und
- die Globalisierung gerecht und nachhaltig zu gestalten.

Auf der Grundlage der Millenniumserklärung hat die Generalversammlung der Vereinten Nationen auf Vorschlag ihres Generalsekretärs acht wichtige Ziele der Entwicklungspolitik festgelegt (Millenniumsziele – MZ – bzw. »Millennium Development Goals« – MDG), wobei sich alle Mitgliedstaaten verpflichtet haben, diese Ziele bis 2015 zu erreichen. Tabelle 30.5 gibt einen Überblick über diese Ziele und die konkreten Zielvorgaben bis 2015.

Die Ziele eins bis sechs beziehen sich auf angestrebte Veränderungen in den Entwicklungsländern. Die Ziele sieben und acht beziehen auch die übrigen Nationen mit ein. Mit den Millenniumszielen ist es zum ersten Male gelungen, termingebundene und quantifizierte entwicklungspolitische Vorgaben auf breitester internationaler Ebene festzulegen. Die Entwicklungsziele sind die am breitesten unterstützten, umfassendsten und konkretesten Vorgaben zur Verringerung der Armut, die die Welt je aufgestellt hat.

Überwölbendes Ziel ist die **Reduzierung von Armut** in ihren vielfältigen Erscheinungsformen – extrem niedriges Einkommen, Hunger, Krankheit, Mangel an angemessenem Wohnraum, fehlende Hygiene und Ausgrenzung. Zudem sollen die Gleichstellung der Geschlechter (»gender«) und die ökologische Nachhaltigkeit der Entwicklung gefördert werden. Der in der umweltpolitischen Diskussion entwickelter Begriff der Nachhaltigkeit wird hier auf die Entwicklungspolitik übertragen. Nachhaltig ist eine Entwicklung, die die Bedürfnisse der Gegenwart befriedigt, ohne Gefahr zu laufen, dass künftige Generationen ihre eigenen Bedürfnisse nicht (mehr) befriedigen können.

Armutsbekämpfung als zentrales Ziel

Ziele	Zielvorgaben
Ziel 1	**Zielvorgabe 1.**
Beseitigung der extremen Armut und des Hungers	Zwischen 1990 und 2015 den Anteil der Menschen halbieren, deren Einkommen weniger als 1 Dollar pro Tag beträgt
	Zielvorgabe 2.
	Zwischen 1990 und 2015 den Anteil der Menschen halbieren, die Hunger leiden
Ziel 2	**Zielvorgabe 3.**
Verwirklichung der allgemeinen Grundschulbildung	Bis zum Jahr 2015 sicherstellen, dass Kinder in der ganzen Welt, Jungen wie Mädchen, eine Grundschulbildung vollständig abschließen können
Ziel 3	**Zielvorgabe 4.**
Förderung der Gleichstellung der Geschlechter und Ermächtigung der Frau	Das Geschlechtergefälle in der Grund- und Sekundarschulbildung beseitigen, vorzugsweise bis 2005 und auf allen Bildungsebenen bis spätestens 2015
Ziel 4	**Zielvorgabe 5.**
Senkung der Kindersterblichkeit	Zwischen 1990 und 2015 die Sterblichkeitsrate von Kindern unter fünf Jahren um zwei Drittel senken
Ziel 5	**Zielvorgabe 6.**
Verbesserung der Gesundheit von Müttern	Zwischen 1990 und 2015 die Müttersterblichkeitsrate um drei Viertel senken
Ziel 6	**Zielvorgabe 7.**
Bekämpfung von HIV/Aids, Malaria und anderen Krankheiten	Bis 2015 die Ausbreitung von HIV/Aids zum Stillstand bringen und allmählich umkehren
	Zielvorgabe 8.
	Bis 2015 die Ausbreitung von Malaria und anderen schweren Krankheiten zum Stillstand bringen und allmählich umkehren
Ziel 7	**Zielvorgabe 9.**
Sicherung der ökologischen Nachhaltigkeit	Die Grundsätze der nachhaltigen Entwicklung in einzelstaatliche Politiken und Programme einbauen und den Verlust von Umweltressourcen umkehren
	Zielvorgabe 10.
	Bis 2015 den Anteil der Menschen um die Hälfte senken, die keinen nachhaltigen Zugang zu einwandfreiem Trinkwasser und grundlegenden sanitären Einrichtungen haben
	Zielvorgabe 11.
	Bis 2020 eine erhebliche Verbesserung der Lebensbedingungen von mindestens 100 Millionen Slumbewohnern herbeiführen

Ziel 8	Zielvorgabe 12.
Aufbau einer weltweiten Entwicklungspartnerschaft	Ein offenes, regelgestütztes, berechenbares und nichtdiskriminierendes Handels- und Finanzsystem weiterentwickeln (umfasst die Verpflichtung auf eine gute Regierungs- und Verwaltungsführung, die Entwicklung und die Armutsreduzierung auf nationaler und internationaler Ebene)
	Zielvorgabe 13.
	Den besonderen Bedürfnissen der am wenigsten entwickelten Länder Rechnung tragen (umfasst einen zoll- und quotenfreien Zugang für die Exportgüter der am wenigsten entwickelten Länder, ein verstärktes Schuldenerleichterungsprogramm für die hochverschuldeten armen Länder und die Streichung der bilateralen öffentlichen Schulden sowie die Gewährung großzügigerer öffentlicher Entwicklungshilfe für Länder, die zur Armutsminderung entschlossen sind)
	Zielvorgabe 14.
	Den besonderen Bedürfnissen der Binnen- und kleinen Inselentwicklungsländer Rechnung tragen (durch das Aktionsprogramm für die nachhaltige Entwicklung der kleinen Inselstaaten unter den Entwicklungsländern und die Ergebnisse der zweiundzwanzigsten Sondertagung der Generalversammlung)
	Zielvorgabe 15.
	Die Schuldenprobleme der Entwicklungsländer durch Maßnahmen auf nationaler und internationaler Ebene umfassend angehen und so die Schulden langfristig tragbar werden lassen (Einige der nachstehend aufgeführten Indikatoren werden für die am wenigsten entwickelten Länder, Afrika, die Binnenentwicklungsländer und die kleinen Inselentwicklungsländer getrennt überwacht.)
	Zielvorgabe 16.
	In Zusammenarbeit mit den Entwicklungsländern Strategien zur Beschaffung menschenwürdiger und produktiver Arbeit für junge Menschen erarbeiten und umsetzen
	Zielvorgabe 17.
	In Zusammenarbeit mit den Pharmaunternehmen unentbehrliche Arzneimittel zu bezahlbaren Kosten in den Entwicklungsländern verfügbar machen
	Zielvorgabe 18.
	In Zusammenarbeit mit dem Privatsektor dafür sorgen, dass die Vorteile der neuen Technologien, insbesondere der Informations- und Kommunikationstechnologien, genutzt werden können

Quelle: VN-Millenniums-Projekt 2005: In Entwicklung investieren: Ein praktischer Plan zur Erreichung der Millenniums-Entwicklungsziele. Überblick.

Tab. 30.5: Millenniumsziele und -zielvorgaben

Die Welt bei Erreichung der Millenniumsziele

Wenn es gelingen würde, die Millenniumsziele fristgerecht zur erreichen, würden (würde) im Jahr 2015[7]

- mehr als 500 Millionen Menschen nicht mehr unter extremer Armut leiden,
- mehr als 300 Millionen Menschen nicht mehr hungern,
- 30 Millionen Kinder, die ohne das Aktionsprogramm vor Erreichen des fünften Lebensjahres gestorben wären, leben,
- mehr als zwei Millionen Müttern das Leben gerettet werden,
- sich die Zahl der Menschen, die Zugang zu einwandfreiem Trinkwasser hätten, um 350 Millionen erhöhen,
- die Zahl der Menschen, die ohne minimale sanitäre Standards leben müssen, sich um 650 Millionen verringern,
- 100 Millionen mehr Frauen und Mädchen eine Schulbildung erhalten, wirtschaftliche und politische Gestaltungsspielräume besitzen und mehr Sicherheit genießen.

Im Jahr 2002 fand erneut ein Gipfeltreffen führender Staaten in Monterrey (Mexiko) statt, auf dem die globale Entwicklungspartnerschaft bekräftigt wurde. In demselben Jahr kam es zum Weltgipfelkonferenz der Mitgliedstaaten der Vereinten Nationen in Johannesburg (Südafrika), bei dem die Millenniumsziele und insbesondere der Zeitfahrplan zur Erreichung dieser Ziele bestätigt wurde.

Im September 2002 fand in New York eine Sonderversammlung der Vereinten Nationen statt, auf dem die Umsetzung der Millenniumsziele überprüft wurde. Die Ergebnisse des Gipfels waren eher bescheiden. Als positive Bilanz sind der im Vorfeld des Gipfeltreffens vereinbarte Stufenplan der EU zur Steigerung der Mittel für die Entwicklungshilfe ODA sowie der auf dem G8-Gipfel beschlossene weitere multilaterale Schuldenerlass anzusehen.

Vorbedingungen der Millenniumsziele

Es besteht Einigkeit darüber, dass die Ziele der Millenniumserklärung nur unter Einsatz erheblicher Ressourcen der Entwicklungs- und der Geberländer und unter Verwendung eines geeigneten entwicklungspolitischen Ansatzes erreicht werden können. Wir beschäftigen uns deshalb im folgenden Abschnitt 4 mit neueren entwicklungspolitischen Konzeptionen.

4 Neuere Paradigmen der Entwicklungspolitik

Entwicklungspolitik bildete sich in der zweiten Hälfte des 20. Jahrhunderts im Zusammenhang von Entkolonialisierung, Ost-West-Gegensatz und zunehmender ökonomischer und politischer Integration heraus.

In den 90er-Jahren, nach dem Zusammenbruch des sowjetischen Imperiums, dominierte auf dem Hintergrund der Renaissance klassischen Denkens in Gestalt der Neuen Klassischen Makroökonomik in der Entwicklungspolitik ein Konzept, das als »**Washington Konsensus**« bezeichnet wird. Es wur-

---

7 VN-Millenniums-Projekt 2005, a.a.O., im Folgenden zitiert als »Sachs-Bericht«.

de abgelöst von einem neuen Konzept der Entwicklungspolitik, das Entwicklungspolitik in einem umfassenderen Rahmen stellt.

4.1 Der »Washington Konsensus«

Der Washington Konsensus wurde im Wesentlichen von der US-Administration, dem Internationalen Währungsfonds (IWF) und der Weltbank getragen. Entscheidendes Kennzeichen dieser Denkrichtung war, dass die weitgehende **Privatisierung** einer Volkswirtschaft verbunden mit einer **Liberalisierung (Deregulierung)** der nationalen Märkte und des internationalen Handels sowie einer makroökonomischen Stabilisierung (im Sinne einer **Reduzierung der Inflation**) als hinreichend für die Entfaltung der Marktkräfte und die sie begleitende Schaffung von Wachstum und Wohlstand in den Entwicklungs- und Transformationsländern angesehen wurden. Der Staat sollte nach dem Motto »je weniger, desto besser« auf seine Minimalfunktionen und eine minimale Größe zurückgedrängt werden.

Der Washington Konsens setzt allein auf Privatisierung, Liberalisierung und Inflationsbekämpfung als Instrumente der Entwicklungspolitik.

Besonders betroffen von diesem entwicklungspolitischen Paradigma waren und sind die osteuropäischen Transformationsländer (einschließlich der ehemaligen DDR). Die Ergebnisse sind bekannt: Die hastige Privatisierung der ehemaligen Staatsbetriebe und die Liberalisierung der Märkte in den Transformationsländern sorgten dafür, dass ihre Einkommen z. T. bis heute noch unter dem Niveau vor der »Wende« liegen. Ein eindrucksvolles Beispiel hierfür liefert Russland. Und auch für Ostdeutschland ist leider zu konstatieren, dass dort bis dato – trotz starker Unterstützung aus den alten Bundesländern – keine »blühenden Landschaften« entstanden sind.

Das Konzept des Washington Konsensus hat sich in der Realität nicht bewährt.

Vor dem Hintergrund dieser Erfahrungen und mit Blick auf die wirtschaftlichen Erfolge der südostasiatischen »Tigerstaaten« (Indonesien, Malaysia, Singapur, Südkorea, Thailand) kamen Zweifel an der empfohlenen Strategie des Washington Konsensus auf. Die Weltbank beschäftigte sich Mitte der 90er-Jahre in einer breit angelegten Studie mit der Frage, wie der märchenhafte Aufstieg der Tigerstaaten über drei Jahrzehnte zu erklären sei, der folgende Auswirkungen hatte:

- eine Vervielfachung der Pro-Kopf-Einkommen bei relativ gleichmäßiger Verteilung und
- die Befreiung von Millionen von Menschen von den Geißeln der Einkommensarmut und der gesundheitlichen sowie ausbildungsbezogenen Unterversorgung.

Die erfolgreichen Entwicklungsländer Südostasiens haben auf eine starke Beteiligung des Staates und zum Teil auch auf Marktregulierungen gesetzt.

Dieser in der Weltgeschichte als einmalig angesehene Entwicklungsprozess war so ganz und gar nicht nach dem Muster des Washington Konsensus erfolgt, sondern stattdessen mit starker Beteiligung des Staates und vielen Marktregulierungen.

Außerdem wurde Ende der 90er-Jahre weitgehend akzeptiert, dass Privatisierung und Liberalisierung ohne entsprechende Wettbewerbsordnung und Regulierungssysteme zu kurz greifen. Zumindest im Nachhinein steht fest, dass ein Teil der Misserfolge z. B. in Russland darauf zurückzuführen ist, dass Vorbedingungen für eine Marktwirtschaft nicht geschaffen wurden.

4.2 Ein umfassendes Rahmenwerk der Entwicklungspolitik

Wesentlich angeregt durch ihren damaligen Vizepräsidenten und Chefökonomen *Joseph Stiglitz*[8] hat die Weltbank 1999 einen breit angelegten Entwicklungsansatz vorgestellt (Comprehensive Development Framework – CDF, Umfassendes Rahmenwerk für Entwicklung).[9] Das CDF ist ein **ganzheitlicher Ansatz**, in dem die Interdependenz von sozialer, menschlicher und struktureller, von ökonomischer und ökologischer Entwicklung betont wird. Die Weltbank und mit ihr die Weltgemeinschaft haben mit dem CDF endgültig das Konzept der nachholenden Entwicklung (im Sinne einer Imitierung der Entwicklung von Industrieländern) und der eindimensionalen Ausrichtung auf die Wachstumsrate des Inlandsproduktes bzw. Nationaleinkommens hinter sich gelassen. Die Weltbank setzt sich seitdem bei der Erarbeitung von Entwicklungsprogrammen für eine starke Einbindung der betroffenen Länder selbst (»**Ownership**«) ein und zwar auf allen Ebenen: auf den Ebenen der Regierung, der Zivilgesellschaft (im Sinne von religiösen Organisationen, Stiftungen, Gewerkschaften und Arbeitnehmerverbänden, Arbeitgeberverbänden und Nicht-Regierungsorganisationen[10] mit internationalem und lokalen Wirkungsbereich) sowie auf der Ebene des privaten Sektors. Geberländer und Entwicklungsländer werden als **Partner** gesehen, um einen umfassenden und nachhaltigen Entwicklungsprozess in Gang zu setzen. Dabei werden auch die Entwicklungsländer stärker in die Pflicht genommen. Seit der Verabschiedung der Millenniumsziele ist die Armutsbekämpfung oberstes Orientierungsziel. Dies trägt der Erfahrung Rechnung, dass Wachstum nicht immer die Armut signifikant vermindert, dass es bei Entwicklung um Armut reduzierendes Wachstum geht.

Die folgenden **Prinzipien** kennzeichnen das umfassende Entwicklungskonzept:
- Entwicklungsziele und Programme werden von den Entwicklungsländern selbst formuliert und nicht von den Geberländern oder Geberinstitutionen (»Ownership« by the Country). Im Vordergrund stehen dabei so genannte Strategiepapier zur Reduzierung von Armut (Powerty Reduction Strategy Papers – PRSP), die von den betroffenen Ländern selbst zu ent-

---

[8] *Joseph Eugene Stiglitz,* geboren 1943 in den USA, erhielt 2001 für seine Arbeiten zur Informationsökonomik den Nobelpreis für Wirtschaftswissenschaft. Er war mehrere Jahre Vizepräsident und Chefökonom der Weltbank, wurde aber 1999 von dieser wegen seiner harschen Kritik an der Bank entlassen.
[9] Die Institutionen Weltbank und Internationaler Währungsfonds werden in Abschnitt 5.4 näher vorgestellt.
[10] Nicht-Staatliche-Organisationen (NGO), die sich insbesondere in den Bereichen Entwicklungs- und Umweltpolitik engagieren.

wickeln sind.[11] Die Mittel, die zur Realisierung der Armutsreduzierungsprogramme notwendig sind, werden in Zusammenarbeit mit der Regierung, der Zivilgesellschaft und des privaten Sektors des betroffenen Landes festgelegt. Von den Entwicklungsländern wird **gute Regierungsführung** (»good gorvernance«) verlangt, d.h. die Regierungen müssen auf gesetzlicher Grundlage handeln, demokratischen Prinzipien folgen und Menschenrechte achten, ihr Handeln muss für die Öffentlichkeit transparent sein, sie müssen effizient arbeiten, ihre Maßnahmen und deren Ergebnisse offen legen und Korruption ausmerzen.

- Der Zeitrahmen für die Entwicklung ist langfristig angelegt und die Maßnahmen sollen von der Bevölkerung dauerhaft unterstützt werden.
- Soziale und strukturelle Faktoren werden als genauso wichtig angesehen wie ökonomische Faktoren und gleichrangig gefördert.
- Landesspezifischen Ursachen für die Armut sind herauszuarbeiten. Priorität haben Maßnahmen mit hoher Wirkung für die Armen.
- Kennzeichnend für den Ansatz ist im Gegensatz zum Washington Konsensus auch, dass der Staat eine wichtige Rolle im Entwicklungsprozess einnehmen soll. Beispiele für wesentliche Felder staatlicher Aktivität sind: Makroökonomische Stabilisierung (über das Ziel der Inflationsbekämpfung hinaus), Wettbewerbsaufsicht und Wettbewerbsförderung, Etablierung eines funktionsfähigen Finanzsystems, Schaffung eines sozialen Netzes, Grundschulausbildung, Gesundheitswesen, Straßenbau, Umweltschutz, Herstellung von Recht und Ordnung. Technologieförderung und Sicherung des Technologietransfers[12] sowie der Verfügbarkeit anderer **internationaler öffentlicher Güter**[13]. Primärer Motor der Entwicklung soll aber der private Sektor einer Volkswirtschaft sein, indem Rahmenbedingungen geschaffen werden, die Anreize für heimische und ausländische Investitionen bieten.

Der dezentrale und partizipatorische Ansatz des CDF ist positiv zu bewerten, da er den einheimischer Institutionen des jeweiligen Entwicklungslan-

---

11 Dieses Instrument wurde 1999 von der Weltbank und dem IWF im Zuge des Armutsbekämpfungsprogramms entwickelt. In ihm sollen die ärmsten Länder eine eigene Strategie für die Entwicklung von Wirtschaft und Gesellschaft entwickeln und die Verantwortung für ihre Durchführung übernehmen. Die Strategien sollen in einem partizipativen Prozess entstehen.

12 Der Markt allein sorgt für keine hinreichende Versorgung mit Humankapital, da es nahezu unmöglich ist, Kredit auf der Basis erwarteter zukünftiger Einkommen zu erhalten: Humankapital ist nicht als Sicherheit verpfändbar. Ganz ähnlich wie bei der Bildung von Humankapital verhält es sich beim Technologietransfer. Da Technologie für die Gesellschaft wegen der Übertragungseffekte (ein einmal entdecktes physikalisches Gesetz kann von allen angewandt werden) wertvoller ist als für den Produzenten (positive externe Effekte), liefert der Markt keine hinreichende Versorgung. Staatliche Maßnahmen, die den Transfer von Technologie erleichtern, gehören deshalb zu den Schlüsselmaßnahmen für die Entwicklung.

13 Internationale (globale) öffentliche Güter, sind solche öffentliche Güter (Nichtausschluss und Nicht-Rivalität), deren Nutzen über die Grenzen hinaus reicht (intakte Umwelt, Frieden, Sicherheit, Wissen, finanzielle Stabilität).

des (Regierung, Zivilgesellschaft) die Möglichkeit zur Entwicklung eigenständige Entwicklungskonzepte gibt, damit motivierend wirkt und die verschiedenen Gruppierungen eines Landes mit ihren spezifischen Interessen integriert. Demgegenüber wurden traditionell Reformvorgaben den Entwicklungsländern häufig von Außen (das heißt von den Geberländern und -institutionen) oktroyiert.

Die Breite des neuen Ansatzes verdeutlicht die in Abbildung 30.1 wiedergegebene Matrix, die auf *James D. Wolfensohn* zurückgeht.[14]

Matrixdarstellung des CDF

Die Matrix enthält in der Kopfzeile die angesprochenen unterschiedlichen Aspekte des CDF (Struktur, Menschen, Physisches, jeweils mit weiterer Untergliederung) sowie konkrete Strategien für die außerstädtischen Regionen, für die Stadtregionen und den Privatsektor der Entwicklungsländer sowie (unter Ziffer 14) Felder für länderspezifische Aspekte, z. B. beim umfassenden Entwicklungsrahmen Boliviens den Problembereich »Rückzug aus dem Kreis der Kokainhändler«.

In der Vertikalen sind die Akteure im Entwicklungsprozess aufgelistet, von den verschiednen Regierungsebenen des jeweiligen Entwicklungslandes über multilaterale und bilaterale Institutionen der Entwicklungshilfe sowie über die Zivilgesellschaft bis hin zum privaten Sektor des Entwicklungslandes. Das Feld der Matrix, die durch die erste Zeile (Regierung) und die zweite Spalte (Justizsystem) gebildet wird, würde z. B. die Maßnahmen der Zentralregierung des Entwicklungslandes aufnehmen, die zur Schaffung von Rechtssicherheit, zur Zuordnung von Eigentumsrechten etc. geplant sind.

Die Weltbank betont, dass das CDF die verschiedenen Aspekte von Entwicklung bündeln, die Koordination zwischen den Entwicklungspartnern untereinander und zwischen Gebern und Entwicklungsland verbessern und vor allem der ganzheitlichen Sicht des Entwicklungsprozesses dienen soll. Das CDF soll also der Beratung und Abstimmung zwischen den Partnern im Entwicklungsprozess dienen, Ownership und Partizipation fördern. Keineswegs soll es zur Gängelung der Entwicklungsländer dienen, die zusätzlich in dem von ihnen zu erstellenden Strategiepapier zur Armutsreduzierung (PRSP) ihre Prioritäten setzen können. Die Regierungen sollen also autonom in ihren Bemühungen um mehr Entwicklung sein. Das bedeutet nicht, dass von den Regierungen der Entwicklungsländer keinerlei Beiträge erwartet werden. Dem Engagement der meisten Entwicklungspartner, wie z. B. der Bundesrepublik Deutschland, ist es förderlich, wenn in dem Entwicklungsland die folgenden Kriterien erfüllt sind:

Strategiepapier zur Armutsreduzierung (PRSP)

(1) Achtung der Menschenrechte (Freiheit von Folter, Religionsfreiheit, Minderheitenschutz),
(2) Beteiligung der Bevölkerung an politischen Entscheidungen (Vereinigungsfreiheit, demokratische Wahlpraxis, Pressefreiheit),
(3) Rechtsstaatlichkeit und Rechtssicherheit (Unabhängigkeit der Justiz, gleiches Recht für alle, Transparenz und Berechenbarkeit staatlichen Handelns),

---

[14] *James D. Wolfensohn* war von 1995 bis 2005 Direktor der Weltbank.

	DIE VORBEDINGUNGEN FÜR NACHHALTIGES WACHSTUM UND ARMUTSLINDERUNG													
	Strukturell				Menschlich			Physisch			Konkrete Strategien			
	(1) Gutes und untadeliges Regierungshandeln	(2) Justizsystem	(3) Finanzsystem	(4) Netz für soziale Sicherheit und Sozialprogramme	(5) Bildungs- und Wissenseinrichtungen	(6) Gesundheit und Bevölkerung	(7) Wasser und Kanalisation	(8) Energie	(9) Straßen, Transport und Telekommunikation	(10) Umwelt- und Kulturfragen	(11) Landstrategie	(12) Stadtstrategie	(13) Strategie für den Privatsektor	(14) (Länderspezifische Überschriften)
Regierung – National – In Provinzen – Lokal														
Multilaterale und bilaterale Institutionen														
Zivilgesellschaft														
DIE AKTIVITÄTEN VON PARTNERN IM ENTWICKLUNGSPROZESS														

Quelle: James D. Wolfensohn: Ein Vorschlag für einen umfassenden Entwicklungsrahmen, Washington (DC), 21. Januar 1999 (http://siteresources.worldbank.org/CDF/Resources/cdf-german.pdf, November 2005).

Abb. 30.1: Matrixdarstellung des umfassenden Entwicklungsrahmens

(4) Marktorientierte soziale Wirtschaftsordnung (u.a. Schutz des Eigentums, Preisfindung auf Märkten, Wettbewerbsprinzip),
(5) die Regierungspolitik bemüht sich um ökologische, ökonomische und sozial nachhaltige Entwicklung, Korruptionsbekämpfung, Effizenz der staatlichen Verwaltung und die Senkung der Militärausgaben.

Der IWF folgt der Reformidee der Weltdatenbank.

Der **Internationale Währungsfonds** hat sich im Herbst 1999 der Reformidee der Weltbank angeschlossen und die so genannte »Poverty Reduction and Growth Facility« (PRGF, Kreditfazilität zur Reduzierung von Armut und zur Schaffung von Wachstum) geschaffen. Die betreffenden Kredite sollen zu besonders günstigen Konditionen an die ärmsten Länder vergeben werden, die zuvor das schon erwähnte Strategiepapier zur Armutsreduzierung ausarbeiten und vorlegen müssen.

Das Bundesministerium für Zusammenarbeit und Entwicklung (BMZ), setzt sich stark für die Verwirklichung eines so definierten neuen Konzeptes der Entwicklungszusammenarbeit ein und betont in diesem Zusammenhang die Rolle von **Institutionen** für den Entwicklungsprozess. In einer Publikation des Ministeriums für wirtschaftliche Entwicklung und Zusammenarbeit vom Januar 2005 heißt es hierzu: »Um nationale Entwicklungsstrategien zur Bekämpfung der Armut erfolgreich umzusetzen, bedarf es in vielen Entwicklungsländern neben ausreichendem politischen Willen auch effizienten Institutionen. Effiziente Institutionen – formelle und informelle Spielregeln, die das Verhalten einer Gesellschaft steuern, und Organisationen, in denen sich solche Spielregeln repräsentieren – sind für erfolgreiche Entwicklungsprozesse entscheidend. Nach Berechnungen des IWF können allein mit Unterschieden in der institutionellen Qualität fast zwei Drittel der Einkommensunterschiede zwischen den Ländern erklärt werden. So könnte das Pro-Kopf-Einkommen in den Ländern Afrikas südlich der Sahara um rund 80 Prozent erhöht werden, wenn es gelänge, die Qualität der Institutionen auf das durchschnittliche Niveau in den Entwicklungsländern anzuheben. Die Erkenntnis, dass die Leistungsfähigkeit von Institutionen von entscheidender Bedeutung für dem Entwicklungsprozess ist, hat in der Praxis der Entwicklungszusammenarbeit bisher nicht in ausreichendem Maße Eingang gefunden … Grundsätzlich richtige Empfehlungen wie Liberalisierung, Deregulierung und Privatisierung des Wirtschaftsprozesses dürfen nicht zum Rückzug des Staates aus Kernfunktionen führen. Dazu hat das BMZ auf der Frühjahrstagung der Weltbank im Mai 2004 eine umfangreiches Diskussionspapier (Titel: Post-Washington Konsensus) vorgelegt. Danach kommt es darauf an, die politische Verantwortung der Entwicklungsländer weiter zu stärken, äußeren Schocks vorzubeugen, neue Überlegungen zur Schuldenfähigkeit anzustellen und die PRPs und andere Entwicklungsstrategien zu wirksamen Instrumenten der nationalen Politik auszubauen, denen sich auch die Gebergemeinschaft unterwerfen muss.«

Das BMZ betont die Rolle von Institutionen im Entwicklungsprozess.

Beispiele für die Notwendigkeit der Bildung von Institutionen gibt es viele. So ist im monetären Bereich eines überwiegend landwirtschaftlich strukturierten Entwicklungslandes z. B. dafür zu sorgen, dass Kleinbauern über Mikrokredite Möglichkeiten zu Investitionen erhalten.[15] Hierzu muss Folgendes geschehen:

- Einerseits muss das Eigentumsrecht an Grund und Boden eindeutig dem Kleinbauern zugewiesen werden (was häufig eine Bodenreform voraussetzt). Und dieses Verfügungsrecht muss auch mittels staatlicher Autorität durchsetzbar sein. Damit steigt die Kreditwürdigkeit des Bauern, da er wegen seines Verfügungsrechtes über das Land dieses bei der Kreditaufnahme auch als Sicherheit verwenden kann.
- Andererseits muss der Finanzsektor so entwickelt werden, dass es Anbieter für solche Kredite gibt. Gegebenenfalls müssen hierzu durch geeignete Rechtsvorschriften Anreize (in Form von Garantieübernahmen, Steuervergünstigungen und Ähnliches) geschaffen werden.

Bedeutung der Mikrofinanzierung

Die Investition des Bauern, die Stärkung seiner Produktivkraft und damit die Einleitung eines individuellen Entwicklungsprozesses wird also erst möglich, nachdem Institutionen neu geschaffen bzw. verändert worden sind; Institutionen, ohne die der Bauer auf seinem alten Produktionsniveau verharren würde. Im vorliegenden Kontext müssten also geschaffen werden

- die formelle (weil gesetzlich fixierte) Institution »Verfügungsrecht über Land«,
- die formelle rechtliche Institution »Kreditvergabe« mit entsprechender Garantie des Rückzahlungsanspruche sowie
- die Verankerung der Steuervergünstigung im Steuerrecht und damit die Änderung der bisherigen (formellen) institutionellen Regelungen in diesem Bereich.

Neben solchen formellen Institutionen sind auch informelle Institutionen für die Entwicklung von Bedeutung. Beispiele sind private Schiedsgerichte bei Rechtsstreitigkeiten oder die implizite Vereinbarung, sich wie ein »ehrbarer Kaufmann« zu verhalten (mit der möglichen Sanktion des Ausschlusses aus dieser Gemeinschaft bei Zuwiderhandlung).

Weitere Beispiele für in Entwicklungsländern häufig fehlende institutionelle Voraussetzungen für die Entfaltung von Märkten sind Rechtssicherheit (z. B. die Sicherheit, nach der Lieferung der Ware auch das Entgelt einfordern zu können), Absicherungsmöglichkeiten gegen Schäden aus lang anhaltender Trockenheit (etwa durch die Möglichkeit der Versicherung), Schutz gegen Willkür staatlicher Stellen (z. B. zu Unrecht geforderte Steuern oder Abgaben). Man könnte sehr viele Beispiele dieser Art finden, doch wichtiger ist für uns die Schlussfolgerung:

Beispiele fehlender institutioneller Voraussetzungen für Entwicklung

---

15 Einen hervorragenden Überblick über die Entwicklung des Mikrokredites in den Entwicklungsländern gibt *Manfred Nitsch,* Auf dem Weg zum kommerziellen Mikrokredit, in: Entwicklung und Zusammenarbeit, Heft 11/2000. Erwähnt sei in diesem Zusammenhang, dass die Vereinten Nationen das Jahr 2005 zum Jahr des Mikrokredites ausgerufen haben.

> Indem die Betroffenen selbst oder der Staat die **Schaffung geeigneter Institutionen** vorantreiben, fördern sie die wirtschaftliche Aktivität und bringen einen Entwicklungsprozess in Gang. Natürlich ändert auch die Schaffung solcher Institutionen nichts daran, dass die Wirtschaftakteure für ihre unternehmerische Tätigkeit neben (meist reichlich vorhandener) Arbeitskraft auch Realkapital benötigen und für dessen Erwerb letztlich Ersparnisse bilden müssen. Aber vermutlich entsteht die Nachfrage nach solchem Kapital eher und wächst die Möglichkeit und Bereitschaft zur Ersparnisbildung, wenn bestimmte institutionelle Voraussetzungen gegeben sind.

Ohne die notwendigen Institutionen können die traditionellen Produktionsfaktoren Boden, Arbeit und Kapital ihre Wirksamkeit nicht entfalten. Hiervon weitgehend zu abstrahieren, war sicher lange ein Fehler nicht nur der Entwicklungstheorie und -politik, sondern der Volkswirtschaftslehre überhaupt.[16]

Das Humankapital ist für die institutionelle Infrastruktur von zentraler Bedeutung.

Für die Schaffung einer leistungsfähigen »Institutionellen Infrastruktur« ist dabei die Qualität des zur Verfügung stehenden Humankapitals von zentraler Bedeutung, wie der Weltwirtschaftsbericht der Weltbank 2002 beispielhaft ausführt[17]:

»Humankapital beeinflusst die Qualität und das Wirksamwerden der Regeln, die die Marktransaktionen steuern. Die Fähigkeit, Lesen und Schreiben zu können und die technische Geschicklichkeit sind zwischen Ländern und auch innerhalb eines Landes stark unterschiedlich. Die ärmsten Ökonomien der früheren Sowjetunion haben Einkommensniveaus, die niedriger liegen als die mancher Länder in Afrika oder Asien, sie verfügen aber über eine universelle Grundschulausbildung. So sind Sprache und Schrift für einen Armenier bei der Inanspruchnahme formeller Institutionen (z. B. eines Gerichts, die Autoren) ein geringeres Hindernis, als sie es für einige Menschen aus Angola sein mögen – und (diese Inanspruchnahme) ist für den Malaysier der heutigen Generation ein geringeres Problem, als für den der vorherigen Generation. Die Regeln und Organisationen, die das Marktgeschehen steuern, müssen es den Marktteilnehmern möglich machen, sich ihrer leicht zu bedienen. Dieses Argument gilt sowohl innerhalb eines Landes als auch z. B. zwischen armen ländlichen und reicheren städtischen Regionen. Die Nützlichkeit von Institutionen hängt auch von der Fähigkeiten ihrer Administratoren ab. Richter, die im Gesellschaftsrecht und in der Buchhaltung ungeübt sind, mögen z. B. nicht die besten Schiedsrichter bei Konkursfällen

---

16 Der US-Ökonom *Douglas C. North* erhielt 1993 den Nobelpreis für Wirtschaftswissenschaften für seine wirtschaftshistorischen Forschungen, insbesondere für seine Arbeiten über Entwicklungsbedingungen von Ökonomien in längerfristigen Zeiträumen, die Institutionen in den Vordergrund der Betrachtung rücken.
17 Im Weltentwicklungsbericht der Weltbank 2002 »Building Institutions for Markets« findet der Leser eine ausführliche und mit zahlreichen Beispielen versehene Darstellung dieser Problematik. Der Bericht ist auch auf Deutsch verfügbar.

sein. Erfolgreiche Konstrukteure von Institutionen müssen entweder die Institutionen auf die gegebenen administrativen Fähigkeiten hin zuschneiden (indem sie z. B. einfachere Konkursregeln verwenden) oder die Institutionenbildung durch eine strenge Fokussierung auf die gleichzeitige Entwicklung technischer Fähigkeiten der Administratoren (von buchhalterischen Fähigkeiten zum ausgebildeten Ökonomen) komplettieren.« (World Development Report 2002, Building Institutions for Markets, S. 13, eigene Übersetzung).

> Mit diesen Ausführungen soll nicht der Eindruck erweckt werden, dass traditionelle Maßnahmen der Entwicklungspolitik wie die Bereitstellung von Mitteln für die Verbesserung der Infrastruktur oder für sonstige investive und konsumtive Ausgaben nunmehr weniger bedeutsam geworden wären. Es scheint nur so zu sein, dass die Berücksichtigung zusätzlicher Aspekte des Entwicklungsprozesses die Produktivität solcher Hilfen entscheidend erhöht und vielleicht langfristig sogar erst sicherstellt.

Institutionen verstärken die Produktivität von Realkapital, können es aber nicht ersetzen.

5 Entwicklungshilfe

5.1 Begriff und Formen der »Entwicklungshilfe«

In einem weiten Wortsinn kann man »alle von entwickelten Ländern eingesetzten Maßnahmen, die unmittelbar oder mittelbar in den Empfängerländern die Überwindung der Unterentwicklung fördern sollen«[18], als Entwicklungshilfe bezeichnen.[19] Nach der Praxis des OECD Entwicklungshilfeausschusses DAC (Development Assistance Committee) und anderer multinationaler Organisationen werden jedoch nur die Leistungen an Entwicklungsländer als offizielle Entwicklungshilfe (Official Developement Assistance, ODA) bezeichnet, die
- von der öffentlichen Hand stammen,
- die Förderung des wirtschaftlichen Fortschritts der Entwicklungsländer zum Ziel haben und
- zu vergünstigten Bedingungen erbracht werden, d. h. ihr Zuschusselement (Schenkung) muss mindestens 25 Prozent betragen.

Entwicklungshilfe nach der Definition der OECD

---

18 *Bender, Dieter*: Entwicklungspolitik, in: *Bender, Dieter u. a.* (Hrsg.), Vahlens Kompendium der Wirtschaftstheorie und Wirtschaftspolitik, Bd. 2, München 2003.
19 Um den partnerschaftlichen Aspekt der Entwicklungshilfe und ihren Nutzen für Entwicklungsländer und Geberländer zu unterstreichen, präferiert das BMZ die Bezeichnung »Entwicklungszusammenarbeit«. Wir verwenden die Begriffe Entwicklungshilfe und Entwicklungszusammenarbeit synonym.

Nur diese ODA-Leistungen werden auf die 0,7 Prozent des Bruttonationaleinkommens angerechnet, die 1970 auf der Generalversammlung der Vereinten Nationen als Zielgröße der Geberländer vereinbart wurden, leider ohne dass ein Zeitpunkt für die Erfüllung dieser Zusage festgelegt wurde.

Daneben werden die staatlichen Hilfen an Transformationsländer als »Offizielle Hilfe« (Official Aid, OA) anerkannt. Die OA erfüllt ansonsten dieselben Kriterien wie die offizielle Entwicklungshilfe ODA, nur ist ihr Adressat kein offizielles Entwicklungsland.

Aufteilung der Entwicklungshilfe Deutschlands auf ODA und OA

Jahr	ODA in Mrd. €	ODA/BNE-Verhältnis in %	OA in Mrd. €	ODA + OA in Mrd. €	Leistung/BNE[1]-Verhältnis in %
1998	5,020	0,26	0,588	5,609	0,29
1999	5,177	0,26	0,684	5,861	0,30
2000	5,458	0,27	0,702	6,161	0,31
2001	5,571	0,27	0,767	6,338	0,31
2002	5,650	0,27	0,827	6,477	0,31

1 BNE: Bruttonationaleinkommen (Bruttosozialprodukt)
Quelle: BMZ, Medienhandbuch Entwicklungspolitik 2002 und 2004/2005

Tab. 30.6: Offizielle Entwicklungshilfe (ODA) und Offizielle Hilfe (OA) Deutschlands

Tabelle 30.6 zeigt die gesamte öffentliche Entwicklungshilfe Deutschlands und ihrer Aufteilung auf ODA und OA für die Jahre 1998 bis 2002.

Die Zahlen zeigen, dass Deutschland das 1970 zugesagte Volumen von 0,7 Prozent des Bruttonationaleinkommens (damals des Bruttosozialproduktes) bei weitem nicht realisiert hat – auch wenn die ODA-Quote 2004 bei 0,28 Prozent lag und die Entwicklungsminister der EU im Mai 2005 beschlossen haben, die Entwicklungsleistungen bis 2010 auf 0,51 Prozent und bis 2015 auf 0,7 Prozent des Bruttonationaleinkommens zu steigern. Kürzlich (November 2005) hat die Bundesministerin für Zusammenarbeit und Entwicklung zugesichert, das Deutschland seine in der EU eingegangene Verpflichtung, bis 2006 seine ODA-Quote auf 0,33 Prozent zu erhöhen, einhalten wird. Dagegen hat Dänemark schon im Jahr 2000 (und davor) seine Zusage mit mehr als 1 Prozent deutlich übererfüllt, ebenso wie die Niederlande mit 0,84 Prozent, Schweden mit 0,80 Prozent sowie Luxemburg mit 0,71 Prozent. Schlusslicht sind die USA mit 0,10 Prozent, die trotzdem absolut gesehen das größte Geberland sind.

Die Entwicklungshilfe eines Landes soll 0,7 Prozent des BNE betragen.

Bezüglich des »Kanals«, über den die Entwicklungshilfe geleistet wird, ist zu unterscheiden zwischen

- der bilateralen Entwicklungshilfe, bei der die Leistungen direkt von Deutschland als »Geberland« an die Entwicklungsländer fließen,
- der supranationalen Entwicklungshilfe, der Entwicklungshilfe Deutschlands über die EU und

Bilaterale, supranationale und multilaterale Entwicklungshilfe

- der multilateralen Entwicklungshilfe, bei der die Leistungen Deutschlands über multinationale Organisationen fließen, insbesondere Weltbank, Internationaler Währungsfonds und Vereinte Nationen.

Der bilateralen Entwicklungshilfe liegen völkerrechtliche Verträge zwischen der Bundesrepublik Deutschland und dem jeweiligen Entwicklungsland zugrunde. Bei der supranationalen Entwicklungshilfe ist die EU, bei der multinationalen Entwicklungshilfe sind die entsprechenden internationalen Organisationen Vertragspartner der Entwicklungsländer.

Die Bundesregierung versucht, bilaterale, europäische und multinationale Hilfe länder- und aufgabenspezifisch möglichst gut aufeinander abzustimmen. Ein regionaler Schwerpunkt der deutschen Entwicklungshilfe liegt auf Afrika südlich der Sahara. Die Bundesregierung führt die entwicklungspolitischen Maßnahmen nicht selbst aus, sondern beauftragt andere Institutionen hiermit.

Staatliche deutsche Entwicklungshilfe wird in Form finanzieller und technischer Zusammenarbeit geleistet.

Entwicklungshilfe wird als finanzielle und als technische Hilfe geleistet.

Ziel der **finanziellen Zusammenarbeit** ist es insbesondere, Investitionen in die Infrastruktur zu fördern. Die Bundesregierung bemüht sich im Rahmen der finanziellen Zusammenarbeit auch um die Beschaffung von Privatkapital, indem sie z. B. Bürgschaften übernimmt. Grundsätzlich werden rückzahlbare Darlehen gewährt, nur die ärmsten Entwicklungsländer erhalten nicht rückzahlbare Zuschüsse. Für der Durchführung der finanziellen Zusammenarbeit ist die KfW Entwicklungsbank zuständig. Die KfW Entwicklungsbank wählt die Projektträger aus und unterstützt diese bei der Vorbereitung und Durchführung im Partnerland und führt die Erfolgskontrolle durch.

Formen der finanziellen Hilfe

Zur finanziellen Zusammenarbeit gehört auch der Schuldenerlass für Länder mit großer Armut, die wegen der hohen Zins- und Tilgungsverpflichtungen kaum noch Mittel für entwicklungsfördernde Maßnahmen aufbringen können (vgl. Tabelle 30.3). Zentral für die Bemühungen um die Herbeiführung einer **dauerhaft tragfähigen Schuldenlast** hoch verschuldeter Entwicklungsländer ist die so genannte »High indebted poor countries«-Initiative« (**HIPC-Initiative**), die erstmals 1996 von Weltbank und Internationalem Währungsfonds beschlossen wurde (HIPC1). Auf dem G7-Gipfel[20] von Köln (HIPC2) wurde eine Erweiterung der Entschuldungsinitiative durch eine zwischen öffentlichen Gläubigern im Rahmen der bi- und multilateralen Entwicklungshilfe koordinierte Schuldenreduktion für solche hoch verschuldeten Länder beschlossen, die

- einen Schuldenstand aufweisen, der mehr als 150 Prozent der Exporte oder mehr als 250 Prozent der Staatseinnahmen ausmacht,
- sich deutlich zu wirtschafts- und sozialpolitischen Reformen bekennen und eine solide Wirtschaftspolitik betreiben sowie

---

20 G7-Staaten sind Deutschland, Frankreich, Großbritannien, Italien, Japan, Kanada, die USA. Zu den G8-Staaten gehört außerdem Russland.

- ein nationales Armutsbekämpfungsprogramm vorgelegt haben.

Der Umfang der bisherigen Entlastung durch den Wegfall von Zinszahlungen und Tilgungen wird auf ca. 70 Milliarden Dollar beziffert. Diese Summe teilt sich wie folgt auf:[21]

- 20 Milliarden Dollar an auf die Regierungen übergegangenen Handelsforderungen, die im Rahmen des Pariser Clubs verhandelt werden,
- 20 Milliarden Dollar an Schulden aus der Entwicklungszusammenarbeit,
- 5 Milliarden Dollar an Schulden gegenüber privaten Gläubigern und Regierungen außerhalb des Pariser Clubs sowie
- 25 Milliarden Dollar an Schulden gegenüber der Weltbank, dem Internationalen Währungsfonds, den Regionalen Entwicklungsbanken und einer Vielzahl kleinerer, subregionaler multilateraler Gläubiger.

Im Juni 2005 beschlossen die Finanzminister der G-8-Staaten einen weiter gehenden Schuldenerlass, der den für die HIPC-Initiative qualifizierten Ländern zusätzlich noch einmal bis zu 55 Milliarden Dollar Verbindlichkeiten erlässt.

Technische Hilfe durch die GTZ

Bei der **technischen Zusammenarbeit** soll die Leistungsfähigkeit von Menschen und Organisationen verbessert werden, indem technische, wirtschaftliche und organisatorische Kenntnisse und Fähigkeiten vermittelt werden. Die technische Hilfe wird für die Entwicklungsländer unentgeltlich und vor allem in Form von Beratungs- und Sachleistungen erbracht. Mit der Wahrnehmung der technischen Zusammenarbeit beauftragt die Bundesregierung in der Regel die (bundeseigene) Deutsche Gesellschaft für Technische Zusammenarbeit (GTZ).

Wie schon erwähnt, wird neben der staatlichen Entwicklungshilfe auch **private Entwicklungshilfe** geleistet, vor allem in Form von Direktinvestitionen. Das Volumen der hierzu gehörigen Kapitalströme macht inzwischen ein Vielfaches der öffentlichen Hilfen aus. Die folgenden Ausführungen beziehen sich ausschließlich auf die staatliche Entwicklungshilfe im Sinne der OECD.

Zur Entwicklungszusammenarbeit gehören auch die Bemühungen zur Stärkung der Position der Entwicklungshilfe im **Welthandel**. Damit die Entwicklungsländer aus der Armutsfalle entkommen können, ist es notwendig, ihre Interessen im Welthandelssystem besser zu berücksichtigen. Denn noch immer behindern Importzölle, Importkontingente, Exportsubventionierung und andere Handelsbarrieren massiv dem Absatz der Produkte der Entwicklungsländer.

Zentral für die Veränderungen der Handelsbedingungen in der Welt waren bzw. sind die im Rahmen des GATT (General Agreement on Tariffs and Trade, Allgemeines Zoll und Handelsabkommen) und der Nachfolgeorganisation WTO (World Trade Organization, Welthandelsorganisation) getroffenen Vereinbarungen. Das GATT trat 1948 in Kraft und bestimmte

---

21 Quelle: http://www.bmz.de/de/service/infothek/fach/spezial/spezial034/a4.html (November 2005)

lange die Regeln für den internationalen Handel. Das GATT bildete den Grundstein für die Gründung der Welthandelsorganisation WTO im Jahr 1995. Verhandlungsrunden des GATT sind Genf 1947, Annecy 1949, Torquay 1951, Genf 1956, Genf 1960–1961 (Dillon-Runde), Genf 1964–1967 (Kennedy-Runde), Genf 1973–1979 (Tokio-Runde) und Genf 1986–1994 (Uruguay-Runde). Ministerkonferenzen der WTO fanden in Singapur 1996, Genf 1998, Seattle 1999 und Cancún 2003 statt. Die Konferenzen von Singapur (1996) und Genf (1998) überprüften im Wesentlichen nur die Umsetzung der Beschlüsse der Uruguay-Runde. Die dritte Ministerkonferenz in Seattle (1999) scheiterte formal wegen gewalttätiger Ausschreitungen, inhaltlich aber an der unterschiedlichen Interessenlage von Industriestaaten und Entwicklungsländern. Insbesondere wurde der Forderung der Entwicklungsländer nach Liberalisierung der Agrar- und Textilmärkte nicht entsprochen. Die vierte WTO-Ministerkonferenz fand Ende 2001 in Doha (Katar) statt. In Doha wurde eine weitere Verhandlungsrunde mit dem Ziel beschlossen, die Märkte im industriellen, im Dienstleistungs- und im Agrarbereich weiter zu öffnen, um die Entwicklungsländer besser in den Welthandel zu integrieren. Die fünfte Verhandlungsrunde der WTO 2003 in Cancun, Mexiko brachte jedoch keine Ergebnisse. Ende 2005 wird in Honkong eine weitere Verhandlungsrunde stattfinden. Schon jetzt ist erkennbar, dass auch diese Verhandlungsrunde scheitern wird, da die WTO-Staaten bei den drei großen Themen Agrarsubventionen, Industriezölle und Dienstleistungsliberalisierung stark voneinander abweichende Positionen einnehmen.

Hervorzuheben ist in diesem Zusammenhang die unter starker Unterstützung durch Deutschland betriebene »Everything but arms«-Initiative (Initiative »alles außer Waffen«) der EU. Diese Initiative gibt den am wenigsten entwickelten Ländern (LDCs) die Möglichkeit, gemäß einem Stufenplan ca. 800 Agrarpodukte ohne Quoten und ohne Zollschranken in die EU zu exportieren. Bei weiteren Produkten (Bananen, Reis und Zucker) ist eine stufenweise Liberalisierung mit Übergangsregeln geplant. Immer noch bleibt es aber auch bei der EU bei einer häufig zu beobachtenden Vorgehensweise, Zölle umso höher anzusetzen, je höher der Verarbeitungsgrad der Waren ist (»Tarifeskalation«). Das ist besonders bedenklich, denn die Exporte der Entwicklungsländer bestehen gegenwärtig schon zu 66 Prozent aus verarbeiteten Produkten, zu 14 Prozent aus Brennstoffen, zu 10 Prozent aus Nahrungsmitteln, zu 4 Prozent aus Erzen und Metallen und zu 2 Prozent aus Agrarstoffen.[22] Für Entwicklungsländer, die sich ja gerade über Exportdiversifizierung aus ihrer Schuldenfalle befreien wollen, werden mit den Handelshemmnissen häufig unüberwindbare Hürden aufgebaut. Hilfreich für die Entwicklungsländer wäre dagegen häufig eine Stabilisierung der Preise ihrer Exporterzeugnisse, z. B. durch eine Bindung an die Preise für Industriegüter. Allerdings ist zu bedenken, dass durch eine solche Regelung besonders arme Entwicklungsländer, die keine Rohstoffe besitzen und auch Industriegüter

Das GATT hat die Handelsbedingungen in der Welt verändert.

Die WTO als Nachfolgeorganisation des GATT

Tarifeskalation bei EU-Zöllen

---

22 Der verbleibende Rest von 4 Prozent ist nicht weiter klassifiziert.

einführen müssen, durch die Verteuerung ihrer Importgüterpreise noch stärker belastet wären.

5.2 Bilaterale Entwicklungshilfe Deutschlands

Förderung von Investitionen in soziale und materielle Infrastruktur.

Bei der bilateralen finanziellen Hilfe der Bundesrepublik werden Investitionen der Entwicklungsländer in die soziale Infrastruktur gefördert (Bildungs- und Gesundheitswesen, Wasserver- und -entsorgung) und in die materielle Infrastruktur (Bewässerungssysteme, Transportwesen, Energieerzeugung und -verteilung). Finanzielle Hilfen werden grundsätzlich als vergünstigte Darlehen vergeben, nur für die am wenigsten entwickelten Länder ist die Hilfe nicht zurückzuzahlen. Länder mit einem Jahreseinkommen pro Kopf der Bevölkerung von bis zu 1.445 Dollar erhalten auch besonders günstige Kreditkonditionen.

Vom Beginn der Entwicklungshilfe bis zum 31.12.2002 hat Deutschland den Entwicklungsländern insgesamt 51,5 Milliarden Euro zugesagt; im Jahr 2002 betrug die Hilfe 1 Milliarde Euro. Bei der Größenordnung der Zahlungen ist zu beachten, dass es sich (wie bei allen Entwicklungshilfeleistungen) um Nettozahlungen handelt, bei Krediten also um die Bruttokreditgewährung abzüglich der Rückflüsse.

Im Rahmen der technischen Zusammenarbeit soll die Leistungsfähigkeit der Menschen und Organisationen – unter besonderer Berücksichtigung der ärmeren Bevölkerungsgruppen – gestärkt und die Menschen dabei unterstützt werden, ihre Lebensbedingungen aus eigener Kraft zu verbessern. Im Wesentlichen handelt es sich um Beratungs- und Sachleistungen. Wie schon erwähnt, wird die unentgeltlich bereitgestellte technische Hilfe im Auftrag der Bundesregierung ganz überwiegend von der Deutschen Gesellschaft für Technische Zusammenarbeit geleistet. Von 1960 bis Ende 2002 wurden an technischer Hilfe 18,1 Milliarden Euro zugesagt und 13,8 Milliarden Euro ausgezahlt. Für 2003 waren 0,62 Milliarden Euro an Zusagen vorgesehen.

Derzeit gibt es über 150 Länder, die vom Ausschuss für Entwicklungshilfe der OECD als Entwicklungsländer angesehen werden (vgl. Tabelle 30.1). Bis Ende de 90er-Jahre hat Deutschland ca. 120 Entwicklungsländer (Kooperationsländer) durch bilaterale Entwicklungszusammenarbeit gefördert. 1998 wurde eine Konzentration der bilateralen staatlichen Entwicklungszusammenarbeit auf insgesamt 70 Länder vorgenommen.

Schwerpunktländer und Partnerländer.

Bei den Kooperationsländern unterscheidet man zwischen Schwerpunktländern und Partnerländern. **Schwerpunktländer** sind dadurch gekennzeichnet, dass mehrere Ziele des Zielkataloges der deutschen Entwicklungshilfe verfolgt und in der Regel spezielle Länderkonzepte für die Entwicklung aufgestellt werden. Demgegenüber wird bei den **Partnerländern** – um zumindest partiell wirksam helfen zu können – nur ein Schwerpunkt bei der Entwicklungshilfe gesetzt.

5.3 Entwicklungshilfe der Europäischen Union und der deutsche Beitrag

> Von der weltweiten öffentlichen Entwicklungshilfe ODA leisten die Mitgliedstaaten der Union (zusammen mit ihren bilateralen Hilfen) ca. 50 Prozent. Damit ist die EU international der größte Geber. Darüber hinaus versucht die EU mit handelspolitischen Maßnahmen Entwicklungspolitik zu betreiben.

Oberstes Ziel der Entwicklungspolitik der EU ist – in Anlehnung an die Millenniumsziele – die **Armutsbekämpfung**. Daneben werden sechs prioritäre Bereiche genannt, bei denen die EU komparative Vorteile zu besitzen glaubt:
- Handel,
- Regionale Integration,
- Unterstützung der makroökonomischen Politiken, insbesondere in den Bereichen Gesundheit und Bildung,
- Transport,
- Ernährungssicherung und nachhaltige ländliche Entwicklung und
- Ausbau der institutionellen Kapazitäten in den Entwicklungsländern (vgl. Abschnitt 4.2).

Ziel der EU-Entwicklungspolitik: Armutsbekämpfung.

Die EU ist weltweit entwicklungspolitisch engagiert. Im Jahr 2005 hat die EU 5,2 Milliarden Euro (ohne die bilateralen Hilfen der Mitgliedsländer) für entwicklungspolitische Maßnahmen verwendet, von denen zwei Drittel aus dem EU-Haushalt und ein Drittel über den Etat des Europäischen Entwicklungsfonds (EEF) finanziert wurden. Die Mittel des EEF, die aus Beiträgen der Mitgliedstaaten stammen, werden ausschließlich für Hilfen an derzeit 78 Entwicklungsländer Afrikas, der Karibik und des Pazifiks verwendet (so genannte AKP-Staaten). Ein so genannter EEF hat eine Laufzeit von 5 Jahren. Für den neunten EEF von 2000–2005 sind insgesamt 13,5 Milliarden Euro vorgesehen. Verteilt man die EEF-Mittel gleichmäßig auf den Fünfjahreszeitraum, so ergibt sich ein jährliches Volumen von 2,7 Milliarden Euro.

Die Mittel aus dem allgemeinen EU-Haushalt werden für den Mittelmeerraum, Asien und Lateinamerika, Osteuropa und Mittelasien sowie für Südosteuropa eingesetzt.

Zusammenarbeit mit den AKP-Staaten

Schon von 1975 bis 1980 regelten die **Lomé-Abkommen** die besonderen Beziehungen zwischen der EU und den AKP-Staaten. Die Verträge, denen Modellcharakter zugesprochen wird, sind im Juli 2000 in Cotonou (Benin) durch ein noch ambitionierteres Abkommen mit den AKP-Staaten abgelöst worden. Zwar werden im Cotonou-Abkommen wesentliche Teile der Lomé-Abkommen fortgeschrieben, es enthält aber auch neue Elemente. Neben

Die Lomé-Abkommen und das Abkommen von Cotonou

dem Ziel der Armutsbekämpfung wurden in dem Abkommen vor allem vereinbart:

- Diskussionen über allgemeinpolitische Fragen (Demokratisierung, Menschenrechte, Friedenspolitik, nachhaltige Entwicklung und Umweltfragen),
- ein transparenter und verantwortungsvoller Umgang mit menschlichen, natürlichen und finanziellen Ressourcen zum Zwecke einer nachhaltigen Entwicklung und im Zusammenhang hiermit »gute Regierungsführung«,
- neue Handelsregelungen und
- Regelungen für die Exportstabilisierung.

Insgesamt soll die politische Dimension der Partnerschaft gestärkt, mehr Flexibilität gewährleistet und den AKP-Staaten mehr Verantwortung auferlegt werden.

Die EU gewährt den AKP-Staaten großzügige Exportmöglichkeiten in die Union.

> Von besonderer praktischer Bedeutung dürften die vorgesehenen neuen Handelsregelungen sein, denen zufolge bis 2008 regionale Freihandelsabkommen zwischen EU und AKP-Staaten abgeschlossen werden sollen. Dabei sind allerdings Übergangsfristen von zehn bis zwölf Jahren vorgesehen, während derer die Märkte allmählich geöffnet werden sollen. Bis zum In-Kraft-Treten der Freihandelsabkommen gelten die Regeln der Lomé-Abkommen, wonach Fertigerzeugnisse und Agrarerzeugnisse, die nicht unmittelbar mit den unter die Gemeinsame Agrarpolitik fallenden Erzeugnissen konkurrieren, ohne Zölle und mengenmäßige Beschränkungen in die EU eingeführt werden können. Besondere Bestimmungen gelten auch für einige Produkte, die für die Wirtschaft mehrerer AKP-Staaten von besonderer Bedeutung sind, wie Bananen, Reis oder Zucker.

Erwähnt sei hier, dass bis 2010 auch mit den Mittelmeer-Drittländern eine Freihandelszone errichtet werden soll, die **euro-mediterrane Zone** (Barcelona-Prozess). Außerdem soll den Entwicklungsländern Asiens und Lateinamerikas die Teilnahme am zollrechtlichen System der »allgemeinen Präferenzen« ermöglicht werden, das den Handel durch Abbau von Zöllen und anderer Handelshemmnisse (Einfuhrkontingente u. Ä.) erleichtert.

Zusammenarbeit mit den Ländern Mittel- und Osteuropas (MOE) und der ehemaligen Sowjetunion (NUS)

Spezielle EU-Förderprogramme für die ost- und südosteuropäischen Transformationsländer

Mit dem »Technical Assistance to the Commonwealth of Independent States«-Programm (TACIS, Technische Hilfe zum Gemeinsamen Wohl Unabhängiger Staaten) zugunsten der Nachfolgestaaten der Sowjetunion und der Mongolei sowie dem »Community Asssistance for Reconstruction, Democracy and Stabilisation«-Programm (CARDS, Hilfe der Gemeinschaft für Wiederaufbau, Demokratie und Stabilisierung) zugunsten der Länder Südosteuropas hat die EU zwei umfangreiche Förderprogramme geschaffen, um Demokratie und Marktwirtschaft zu fördern (und in Südosteuropa auch den Wiederaufbau sowie die Rückkehr von Flüchtlingen). Das **TACIS-Programm** ist mit einem nicht rückzahlbarem Fördervolumen von 3,14 Milliarden Euro für den Zeitraum von 2000 bis 2006 ausgestattet. Es soll institutionelle, rechtliche und administrative Reformen sowie den Privatsektor unterstützen. Darüber hinaus dient TACIS der Bewältigung der sozialen Folgen der Systemtransformation sowie der Förderung von Infrastruktur und Umweltschutz.

CARDS ist das Hauptinstrument der EU für die finanzielle und technische Unterstützung der Balkanstaaten Albanien, Bosnien-Herzegowina, Bundesrepublik Jugoslawien (Serbien, Montenegro, Kosovo), Kroatien und Mazedonien. Im Rahmen von CARDS stellt die EU von 2000 bis 2006 Mittel in Höhe von 4,65 Milliarden Euro bereit. Es handelt sich um nicht rückzahlbare Zuschüsse.

Programmname	Betrag (in Mio. € p.a., in Preisen von 1999)	Programmziel
PHARE (Poland and Hungary Action for Restructuring of the Economy)	1.560	Verwaltungsaufbau, insb. Verwaltungspartnerschaften (»Twinnings«), Finanzierung der Teilnahme an Gemeinschaftsprogrammen, Investitionen zur Angleichung an EU-Normen und -Standards, Investitionen zur sozialen und regionalen Kohäsion – Vorläufer des Sozial- und Regionalfonds
ISPA (Ergänzung zum PHARE-Programm für Finanzinvestitionen im Umweltbereich und im Transportwesen)	1.040	Investitionen in den Bereichen Umwelt und Verkehr – Vorläuferinstrument für den Kohäsionsfonds
SAPARD (Ergänzung zum PHARE-Programm für die Unterstützung der landwirtschaftlichen und ländlichen Entwicklung)	520	Investitionen in der Landwirtschaft – Vorläufer des Agrarfonds

Bemerkungen: Die Hilfe wird grundsätzlich in Form nicht rückzahlbarer Zuschüsse gewährt, die Unterstützung ist grundsätzlich von den Beitrittsländern mitzufinanzieren.
Quelle: BMZ, Medienhandbuch Entwicklungspolitik 2004/2005

Tab. 30.7: Programme zur Förderung der (potenziellen) EU-Beitrittsländer

Vorbereitungshilfen für die (potenziellen) Beitrittsländer der EU

Zentral ist hier das »Poland and Hungary Action for Reconstruction of the Economy« – Programm der EU (PHARE, Aktion zum Wiederaufbau Polens und Ungarns), das schon 1989 für Polen und Ungarn aufgelegt und später auch auf andere mittel- und osteuropäische Staaten ausgedehnt wurde. Seit In-Kraft-Treten des CARDS-Programms in 2000 betrifft PHARE nur noch die osteuropäischen Beitrittsländer. Dementsprechend dient es – wie die

PHARE, ISPA und SAPARD als spezielle Vorbereitungshilfen für die (potenziellen) Beitrittsländer der EU

zwei ergänzenden Programme ISPA und SAPARD – den Maßnahmen zur Vorbereitung des Beitritts. Die nicht rückzahlbaren Mittel und die Ziele dieser Programme sind in der Tabelle 30.7 zusammengefasst.

Abschließend sei zur Entwicklungshilfe der EU noch das Nahrungsmittelprogramm erwähnt, das für Nahrungsmittellieferungen in Not- und Krisengebiete vorgesehen ist. Das Programm hatte im Jahr 2000 ein Volumen von knapp 0,5 Milliarden Euro.

5.4 Entwicklungshilfe multinationaler Organisationen und der deutsche Beitrag

Ein Teil der Entwicklungshilfe der Bundesrepublik Deutschland wird weder bilateral noch supranational über die EU, sondern über multinationale Organisationen und Institutionen erbracht. Dies geschieht zum einen, um die Hilfen international besser aufeinander abstimmen zu können, zum anderen um bei der Hilfe auch die häufig notwendige Größenordnung erreichen zu können.

Weltbankgruppe

Die Weltbank ist eine Sonderorganisation der Vereinten Nationen und wurde 1944 zusammen mit dem Internationalen Währungsfonds in Bretton Woods (USA) gegründet. Präsident der Weltbankgruppe ist bis 2010 der US-Amerikaner *Paul Wolfowitz*.

Die Entwicklungsarbeit der Weltbankgruppe

Die Weltbank agiert weitgehend unabhängig von den Vereinten Nationen und verfolgt, wie schon ausgeführt, seit der Millenniumserklärung aus dem Jahr 2000 verstärkt vor allem das Ziel der Halbierung des Anteils der Armen an der Weltbevölkerung bis 2015. Wie oben beschrieben hat die Weltbankgruppe seit 1999 ihr entwicklungspolitisches Konzept zu einem »Umfassendes Rahmenwerk für Entwicklung« (Comprehensive Development Framework, CDF) erweitert.

Von den verschiedenen Weltbankgruppen wollen wir hier nur zwei betrachten:
- die International Bank for Reconstruction and Development IRDB (Internationale Bank für Wiederaufbau und Entwicklung) und
- die International Development Organisation IDA (Internationale Entwicklungsorganisation).

Das Kapital der IRDB in Höhe von ca. 190 Milliarden Dollar wird von den 184 Mitgliedsländern gehalten, zu denen auch Deutschland gehört.

Die IRDB vergibt langfristige Kredite an Entwicklungsländer zu marktnahen Konditionen.

Die Bank vergibt überwiegend langfristige Kredite an Entwicklungsländer zu **marktnahen Konditionen**, wobei sie die Mittel auf den internationalen Kapitalmärkten aufgrund ihrer hohen Bonität zinsgünstig aufnehmen kann. Ihre entwicklungspolitische Bedeutung liegt deshalb vor allem darin, dass sie Entwicklungsländern Kreditmöglichkeiten eröffnet, die ihnen ansonsten aufgrund fehlender Bonität versagt blieben. Die Nehmerländer finanzieren mit den Krediten der Bank Investitionsprojekte, technische Hilfe und Strukturanpassungsprogramme auf der Basis von Länderstrategien, die zusammen mit der Weltbank entwickelt werden.

Die IDA ist für das Armutsbekämpfungsprogramm der Weltbankgruppe federführend. Anders als die Bank für Wiederaufbau und Entwicklung finanziert die IDA ihre Tätigkeit nicht aus der Kreditaufnahme auf den internationalen Kapitalmärkten, sondern aus Beiträgen ihrer Mitglieder und aus rückfließenden Krediten. Ihre Kreditgewährung erfolgt unter wesentlich günstigeren Bedingungen als die der IRDB, nämlich zinslos und für 35–40 Jahre bei 10 Jahren ohne Tilgung. Deshalb kommen die Kredite nur denjenigen Ländern zugute, die ein Pro-Kopf-Einkommen von weniger als 885 Dollar pro Jahr aufweisen. Seit 1999 erhalten nur solche Länder Kredite, die sich durch eine gute Regierungsführung auszeichnen, d. h. Verantwortlichkeit, Transparenz, Rechtsstaatlichkeit und Beteiligung der Bevölkerung demonstrieren. 2003 vergab die IDA Kredite und Zuschüsse in Höhe von ca. 7,3 Milliarden Dollar für 141 Projekte und Programme in 55 Ländern.

Die IDA vergibt zinslose Kredite an die ärmsten Entwicklungsländer.

Internationaler Währungsfonds

Der 1944 auf der Währungskonferenz der Vereinten Nationen in Bretton Woods (New Hampshire, USA) gegründeten Internationalen Währungsfonds (IWF) ist seit 1945 eine Sonderorganisation der Vereinten Nationen. Dem Fonds gehören zur Zeit 183 Mitgliedsländer an. Seine Mittel stammen überwiegend aus Einzahlungen seiner Mitgliedsländer. In unserem Zusammenhang ist von Bedeutung, dass der Fonds Sonderkreditmöglichkeiten insbesondere für die Entwicklungsländer unter seinen Mitgliedern geschaffen hat. Besonders bedeutsam ist dabei die seit Mitte 1988 verfügbare Erweiterte Strukturanpassungsfazilität (ESAF), die für einkommensschwache Mitgliedsländer mit schwer wiegenden Zahlungsbilanzproblemen, die umfassende Strukturanpassungsprogramme durchführen, zur Verfügung stehen. Seit 1999 sind die ESAF in »Armutsreduzierungs- und Wachstumsfazilitäten« umbenannt worden.

> Die Kredite werden seitdem nur an solche armen Länder vergeben, die dem IWF ein selbstständig erarbeitetes Armutsbekämpfungskonzept (Poverty Reduction Strategy Paper, PRSP) vorlegen, mit dessen Einführung 1999 auch der IWF (wie die Weltbank) seine Entwicklungspolitik in Richtung von mehr Selbstständigkeit der Nehmerländer verändern wollte.

Der IWF verfolgt eine mit der Weltbank abgestimmte entwicklungspolitische Konzeption.

Es bleibt abzuwarten, inwieweit mit den avisierten Veränderungen auch ein tatsächlich verändertes Verhalten des IWF einhergeht, der in der Ära des »Washington Konsensus« für seine rigiden, den Kredit suchenden Ländern aufgezwungenen Auflagen in Bezug auf Inflationsbekämpfung und Gestaltung des Staathaushaltes bekannt war. Die Bundesregierung trägt zu dem neuen Programm ca. 2 Milliarden Euro bei.

Vereinte Nationen

Die Vereinten Nationen sind bei den von ihnen geleisteten Hilfen, die teils aus freiwilligen Beiträgen der Mitgliedsländer direkt an die Vereinten Nationen, teils aus Beiträgen der Mitglieder an die verschiedenen Sonderorganisationen gespeist werden, als sehr neutral bekannt. Dies mag auch damit zu tun haben, dass eine deutliche Mehrheit ihrer Mitgliedsländer zur Gruppe der Entwicklungsländer gehört und deshalb die Generalversammlung dominiert. Die gesamte Entwicklungsarbeit der UN wird von dem »Entwicklungsprogramm der Vereinten Nationen« (UNDP, United Nations Development Programme) koordiniert.

Der Schwerpunkt der Entwicklungspolitik der UN liegt auf der Armutsbekämpfung und spiegelt sich in der Politik vieler Sonderorganisationen der UN wider.

Ziel von UNDP ist der Auf- und Ausbau institutioneller und personeller Kapazitäten unter Berücksichtigung des Prinzips der »nachhaltigen Entwicklung« in den Entwicklungsländern, wobei der Schwerpunkt auf der Armutsbekämpfung liegt. Im Zusammenhang damit finden Gesichtspunkte wie demokratische Regierungsführung, Krisenvorsorge und Konfliktbewältigung, Energie und Umwelt, Informations- und Kommunikationstechniken sowie HIV/AIDS-Bekämpfung Berücksichtigung. Im Jahr 2003 verfügte das UNDP über ein reguläres Budget in Höhe von 770 Millionen Dollar. Dazu kamen zweckgebundene Beiträge und Kofinanzierungsmittel in etwa gleicher Höhe, insgesamt damit ca. 1,5 Milliarden Dollar. Deutschland beteiligte sich 2003 mit 25,66 Millionen Euro am regulären Budget vom UNDP.

Multinationale regionale Entwicklungsbanken

Multinationale regionale Entwicklungsbanken finanzieren nur Projekte und Programme in bestimmten Regionen, wobei sie überwiegend **staatliche Investitionen** fördern. Wichtige multinationale Regionalbanken sind z. B. die Inter-Amerikanische Entwicklungsbank (IDB), die Afrikanische Entwicklungsbank, die Asiatische Entwicklungsbank und die Europäische Bank für Wiederaufbau und Entwicklung, die insofern eine Ausnahme darstellt, als sie satzungsgemäß 60 Prozent ihrer Mittel für die Förderung des **privaten Sektors** der Volkswirtschaften einsetzt. Das Eigenkapital der Entwicklungsbanken resultiert aus den Einlagen von Mitglieds-Geberländern. Ihre Kredittätigkeit finanzieren sie hauptsächlich aus Mittelaufnahmen am internationalen Kapitalmarkt, zu dem sie wegen der Beteiligung und Haftung der beteiligten Industrieländer fast unbegrenzten Zugang haben. Deutschland ist an mehreren multinationalen Entwicklungsbanken bzw. deren Fonds beteiligt.

Multinationale regionale Entwicklungsbanken agieren regional beschränkt, ihre Funktion besteht im Wesentlichen in der Beschaffung von Kreditmöglichkeiten für wenig kreditwürdige Länder.

Tabelle 30.8 zeigt, dass Deutschland jährlich Entwicklungshilfe über multinationale Organisationen und Institutionen (ohne die EU) im Umfang von ca. einer Milliarde Euro vergibt.

Leistungsart	Betrag (Mio. €)
1. Zuschüsse bzw. Beiträge an UN-Organisationen und Fonds darunter:	265,0
– Entwicklungsprogramm der UN	25,7
– Welternährungsprogramm	23,0
– Weltgesundheitsorganisation	77,0
– Umweltprogramm	8,2
– Zweckgebundene Beiträge an UN-Organisationen	89,7
2. Zuschüsse für besondere Verwendungen darunter:	31,2
– Internationale Agrarforschung	15,0
– Sonstige	16,2
3. Einzahlungen auf Kapital- und Fondsanteile darunter:	700,6
– Weltbankgruppe	434,6
– Regionale Entwicklungsbanken	129,3
– Sonstige Einrichtungen	136,7
4. Beiträge an die Europäische Union	1.414,5
Gesamtbetrag	**2.411,3**
Quelle: BMZ, Medienhandbuch Entwicklungspolitik 2004/2005	

Tab. 30.8: Offizielle Entwicklungshilfe Deutschlands über multinationale Einrichtungen und die EU im Jahr 2003

6 Wie weit sind die Millenniumsziele im Jahr 2005 realisiert?

Mit der in der Überschrift dieses Abschnitts gestellten Frage befasste sich auf UN-Ebene der schon erwähnte Sachs-Bericht und auf deutscher Ebene der Bericht des Bundesministeriums für wirtschaftliche Zusammenarbeit und Entwicklung »Der Beitrag Deutschlands zur Umsetzung der Millenniums-Entwicklungsziele«[23]. Wir konzentrieren uns hier auf die globalen Ergebnisse des Sachs-Berichtes, dessen wichtigste Ergebnisse in der Tabelle 30.9 zusammengefasst sind. Die Tabelle zeigt, dass vor allem in Afrika südlich der Sahara, in Ozeanien und in der Gemeinschaft unabhängiger Staaten bei vielen Zielen bisher keine Fortschritte erzielt worden sind.

Der Sachs-Bericht überprüft, inwieweit die Millenniumsziele realisiert sind.

---

23 BMZ, Materialien Nr. 140, Bonn, Januar 2005.

	Afrika		Asien				Ozeanien	Latein-amerika & Karibik	Gemeinschaft Unabhängiger Staaten	
	Nordafrika	südlich der Sahara	Ostasien	Südostasien	Südasien	Westasien			Europa	Asien
Ziel 1 Beseitigung der extremen Armut und des Hungers										
Extreme Armut halbieren	auf gutem Weg	unverändert hoch	erreicht	auf gutem Weg	auf gutem Weg	steigend	keine Daten	gering, minimale Verbesserung	steigend	steigend
Hunger halbieren	unverändert hoch	sehr hoch, kaum verändert	Fortschritte, aber schleppend	Fortschritte, aber schleppend	Fortschritte, aber schleppend	steigend	mäßig, unverändert	auf gutem Weg	gering, unverändert	steigend
Ziel 2 Verwirklichung der allgemeinen Grundschulbildung										
Allgemeine Grundschulbildung[1]	auf gutem Weg	Fortschritte, aber schleppend	auf gutem Weg	schleppend	Fortschritte, aber schleppend	hoch, aber unverändert	Fortschritte, aber schleppend	auf gutem Weg	rückläufig	auf gutem Weg
Ziel 3 Förderung der Gleichstellung der Geschlechter und Ermächtigung der Frau										
Gleiche Einschulungsquote in Grundschulen	auf gutem Weg	Fortschritte, aber schleppend	erreicht	auf gutem Weg	Fortschritte, aber schleppend	Fortschritte, aber schleppend	auf gutem Weg	auf gutem Weg	erreicht	auf gutem Weg
Gleiche Einschulungsquote in Sekundarschulen	erreicht	Fortschritte, aber schleppend	keine Daten	erreicht	Fortschritte, aber schleppend	kaum Veränderungen	Fortschritte, aber schleppend	auf gutem Weg	erreicht	erreicht
Parität bei der Alphabetisierung junger Frauen und Männer	schleppend	schleppend	erreicht	erreicht	schleppend	schleppend	schleppend	erreicht	erreicht	erreicht
Gleich hohe Vertretung von Frauen in nationalen Parlamenten	Fortschritte, aber schleppend	Fortschritte, aber schleppend	rückläufig	Fortschritte, aber schleppend	sehr gering, einige Fortschritte	sehr gering, unverändert	Fortschritte, aber schleppend	Fortschritte, aber schleppend	Fortschritte in jüngster Zeit	rückläufig
Ziel 4 Senkung der Kindersterblichkeit										
Sterblichkeit von Kindern unter fünf Jahren um zwei Drittel senken	auf gutem Weg	sehr hoch, unverändert	Fortschritte, aber schleppend	auf gutem Weg	Fortschritte, aber schleppend	mäßig, unverändert	mäßig, unverändert	auf gutem Weg	gering, unverändert	steigend
Immunisierung gegen Masern	erreicht	gering, unverändert	keine Daten	auf gutem Weg	Fortschritte, aber schleppend	auf gutem Weg	rückläufig	erreicht	erreicht	erreicht
Ziel 5 Verbesserung der Gesundheit von Müttern										
Müttersterblichkeit um drei Viertel senken	mäßig	sehr hoch	gering	hoch	sehr hoch	mäßig	hoch	mäßig	gering	gering

	Afrika		Asien				Ozeanien	Latein-amerika & Karibik	Gemeinschaft Unabhängiger Staaten	
	Nordafrika	südlich der Sahara	Ostasien	Südostasien	Südasien	Westasien			Europa	Asien
Ziel 6 Bekämpfung von HIV/Aids, Malaria und anderen Krankheiten										
Ausbreitung von HIV/Aids zum Stillstand bringen und umkehren	keine Daten	stabil	steigend	stabil	steigend	keine Daten	steigend	stabil	steigend	steigend
Ausbreitung von Malaria zum Stillstand bringen und umkehren	gering	hoch	mäßig	mäßig	mäßig	gering	gering	mäßig	gering	gering
Ausbreitung von TB zum Stillstand und umkehren	gering, rückläufig	hoch, steigend	mäßig, rückläufig	hoch, rückläufig	hoch, rückläufig	gering, rückläufig	hoch, steigend	gering, rückläufig	mäßig, steigend	mäßig, steigend
Ziel 7 Sicherung der ökologischen Nachhaltigkeit										
Waldverlust umkehren	weniger als 1% Wälder	zurückgehend	erreicht	zurückgehend	geringer Rückgang	weniger als 1% Wälder	zurückgehend	zurückgehend, außer Karibik	erreicht	erreicht
Anteil der Stadtbevölkerung ohne Zugang zu sauberem Trinkwasser halbieren	erreicht	unverändert	Zugang rückläufig	hoher Zugang, unverändert	erreicht	erreicht	hoher Zugang, unverändert	erreicht	erreicht	erreicht
Anteil der Landbevölkerung ohne Zugang zu sauberem Trinkwasser halbieren	hoher Zugang, kaum verändert	Fortschritte, aber schleppend	Fortschritte, aber schleppend	Fortschritte, aber schleppend	auf gutem Weg	Fortschritte, aber schleppend	geringer Zugang, unverändert	Fortschritte, aber schleppend	hoher Zugang, begrenzte Veränderung	hoher Zugang, begrenzte Veränderung
Anteil der Stadtbevölkerung ohne Zugang zu sanitären Einrichtungen halbieren	auf gutem Weg	geringer Zugang, unverändert	Fortschritte, aber schleppend	auf gutem Weg	auf gutem Weg	erreicht	hoher Zugang, unverändert	hoher Zugang, unverändert	hoher Zugang, unverändert	hoher Zugang, unverändert
Anteil der Landbevölkerung ohne Zugang zu sanitären Einrichtungen halbieren	Fortschritte, aber schleppend	unverändert	Fortschritte, aber schleppend	Fortschritte, aber schleppend	Fortschritte, aber schleppend	unverändert	unverändert	Fortschritte, aber schleppend	wenig verändert	wenig verändert
Lebensbedingungen von Slumbewohnern verbessern	auf gutem Weg	steigende Zahlen	Fortschritte, aber schleppend	auf gutem Weg	einige Fortschritte	steigende Zahlen	keine Daten	Fortschritte, aber schleppend	niedrig, aber unverändert	niedrig, aber unverändert
Ziel 8 Eine weltweite Entwicklungspartnerschaft										
Jugendarbeitslosigkeit	hoch, unverändert	hoch, unverändert	gering, steigend	rasch steigend	gering, steigend	hoch, steigend	gering, steigend	steigend	gering, rasch steigend	gering, rasch steigend

■ erzielt oder auf gutem Weg   □ Fortschritte, aber zu langsam   ■ keine oder negative Veränderungen   □ keine Daten

1 Die Ergebnisse basieren auf Messungen der Einschulungsquote. Wenn Messungen der Grundschul-Abschlussquote zugrunde gelegt werden, können sich die Ergebnisse verändern. So zeigen Schätzungen der Abschlussquoten in Lateinamerika, dass 8–10 Prozent der Kinder im Schulalter die Grundschule nicht abschließen werden, was bedeutet, dass die Region bei der Erreichung des Ziels der allgemeinen Grundschulbildung nicht auf Kurs ist.

Quelle: VN-Statistikabteilung, UNDESA 2004.

Tab. 30.9: Die Realisierung der Millenniumsziele im Jahre 2005 nach Regionen.

Im Bericht heißt es zu den afrikanischen Staaten: »Besonders dramatisch ist die Lage in Afrika südlich der Sahara, das sich in einer Abwärtsspirale von Aids, wieder verstärktem Auftreten von Malaria, rückläufiger Nahrungsmittelproduktion pro Kopf, immer schlechteren Wohnbedingungen und zunehmender Umweltzerstörung befindet, ... Klimaänderungen könnten die Situation verschlimmern, indem sie die Ernährungsunsicherheit erhöhen, vektorübertragene Krankheiten verbreiten und die Wahrscheinlichkeit von Naturkatastrophen erhöhen; in Teilen Afrikas hat ein andauernder Rückgang der Regenfälle bereits verheerende Schäden angerichtet.«[24] Der Bericht setzt sich auch mit den **Ursachen** dieser katastrophalen Entwicklungen auseinander und stellt fest, dass es vielerorts an den einfachsten Bedingungen für ein produktives Leben, wie ausreichendes Humankapital (z. B. die Versorgung mit Grundnahrungsmitteln oder Lese-, Schreib- und Rechenfertigkeiten), materielle Infrastruktur (z. B. befestigte Straßen sowie sichere und verlässliche Transportdienste, einschließlich des nicht-motorisierten Verkehrs) sowie grundlegende politische, soziale und wirtschaftliche Rechte, fehlt. Weiter heißt es in dem Bericht: »Wenn in jedem Dorf eine Straße, Zugang zu Transportmitteln, eine Krankenstation, Strom, einwandfreies Trinkwasser, Schulen und andere unerlässliche Elemente vorhanden sind, werden Dorfbewohner in sehr armen Ländern die gleiche Entschlossenheit und den gleichen Unternehmensgeist an den Tag legen wie Menschen anderswo in der Welt.«

Dem ist nichts hinzuzufügen.

---

[24] Sachs-Bericht, S. 2.

Arbeitsaufgaben

1) Welche Merkmale werden im Allgemeinen einem Entwicklungsland zugeordnet?
2) Erläutern Sie folgende Begriffe:
   - Armutsfalle und Teufelskreis der Armut,
   - gleichgewichtiges und ungleichgewichtiges Wachstum,
   - Importsubstitution und Exportdiversifizierung,
   - autozentrierte Entwicklung,
   - nachhaltige Entwicklung,
   - Dualismus.
3) Diskutieren Sie die Bedeutung der Kapitalakkumulation für die Entwicklung.
4) Erläutern Sie zentrale Hemmnisse für eine wachstumskonforme Kapitalakkumulation in Entwicklungsländern.
5) Was besagt die Dependenztheorie?
6) Welche Sichtweise vertritt der Washington Konsensus im Hinblick auf geeignete Maßnahmen zur Schaffung von Entwicklung?
7) Nennen Sie mögliche Gründe, warum sich die Weltbank Ende der 90er-Jahre vom Washington Konsensus gelöst hat.
8) Welche Bedeutung hat die Schaffung geeigneter Institutionen für den Entwicklungsprozess?
9) Benennen Sie zentrale Ziele des umfassenden Entwicklungsrahmens der Weltbank.
10) Wie definiert die OECD Entwicklungshilfe?

Lösungsvorschläge für die Arbeitsaufgaben finden Sie im »Übungsbuch zu Grundlagen und Probleme der Volkswirtschaft«.

Literatur

Eine umfassende und verständliche Darstellung der wirtschaftstheoretischen und -politischen Grundlagen des Themas enthält der Band von:

Hemmer, Hans-Rimbert: Wirtschaftsprobleme der Entwicklungsländer. Eine Einführung, 3. Aufl., München 2002.

Wolff, Jürgen H.: Entwicklungspolitik, Entwicklungsländer. Fakten – Erfahrungen – Lehren, 2. Aufl., Landsberg 1998.

Deutscher, Eckhard / Uwe Holtz / Roland Röscheisen (Hrsg.): Zukunftsfähige Entwicklungspolitik, Unkel 1998.

Lachmann, Werner: Entwicklungspolitik 1. Grundlagen, München 2003; Entwicklungspolitik 2. Binnenwirtschaftliche Aspekte der Entwicklung, München 1997.

Wichtige Stichworte zu entwicklungspolitischen Themen finden sich in:
Nohlen, Dieter (Hrsg.): Lexikon Dritte Welt, Reinbek/Hamburg 2002.

Wegen der Anschaulichkeit sind zu Unterrichtszwecken gut einsetzbar:
Entwicklungsländer, Informationen zur politischen Bildung, H. 252, 1996.
Nuscheler, Franz: Lern- und Arbeitsbuch Entwicklungspolitik, 5. Aufl., Bonn 2004.

Die von der *Weltbank* publizierten *Weltentwicklungsberichte* (jährlich) enthalten grundlegende Analysen der wichtigsten weltwirtschaftlichen und entwicklungspolitischen Probleme (mit vielen Statistiken).

Instruktive Hinweise und Analysen zur deutschen und internationalen Entwicklungspolitik finden sich in:

Bundesministerium für wirtschaftliche Zusammenarbeit und Entwicklung: Medienhandbuch Entwicklungspolitik 2004/2005 im Internet unter www.bmz.de verfügbar. Auf der Homepage des BMZ findet der Leser auch ansonsten sehr gutes Informationsmaterial.

Bundesministerium für wirtschaftliche Zusammenarbeit und Entwicklung, Zwölfter Bericht zur Entwicklungspolitik der Bundesregierung, 2005.

Für die Beschreibung und Analyse der aktuellen Situation in den Entwicklungsländern ist sehr zu empfehlen:

VN-Millenniums-Projekt 2005. In die Entwicklung investieren: Ein praktischer Plan zur Erreichung der Millenniums-Enwicklungsziele. Überblick.

Für den Schulunterricht bietet ausgezeichnet aufbereitetes Material:
Bundesministerium für wirtschaftliche Zusammenarbeit und Entwicklung, Materialien, Entwicklungspolitik im Schaubild. Folien für Tageslichtschreiber. (Die Publikation kann unentgeltlich als BMZ-Materialie Nr. 1/6 bestellt werden.

Stichwortverzeichnis

A
Abgabenquote 395
Abschöpfung 682
Abwertung 572
Acquis communautaire 687
Aggregation 220
Aggregationsproblem 274
Agrarabschöpfung 680
Agrarpolitik 683
AKP-Staaten 933, 934
Aktion
–, Konzertierte 432
Akzelerationshypothese 358
Akzelerator-Multiplikator-
  Modell 865
Allgemeines Zoll und Handelsab-
  kommen 930
Allgemeinverbindlichkeitserklä-
  rung 770
Allianz
–, strategische 198
Altenlastquotient 462, 466
Angebotserhöhung 174
Angebotskurve 160
Angebotsmonopol
–, Gewinnmaximierung 179
Angebotspolitik 878
Anpassungssubventionen 400
Antiinflationspolitik 745
Äquivalenzprinzip 383, 438
Arbeitgeberverbände 772
Arbeitsangebot 128
Arbeitsangebotsfunktion 129
Arbeitsaufgaben 943
Arbeitseinkommensquote 765
Arbeitsentgelt 235
Arbeitsförderung 453
Arbeitskampf 771
Arbeitslosengeld I 454
–, Anspruchsdauer 454, 456
–, Anwartschaft 454
–, Höhe 454

Arbeitslosengeld II 440, 455, 461
–, Bedarfsgemeinschaft 455
–, Empfängerkreis 455
–, Leistungsniveau 455
–, Sozialgeld 455
Arbeitslosenhilfe 455, 461
Arbeitslosenquote 787
–, Bundesländer 790
–, inflationsstabile 795
–, quasi gleichgewichtige 795
Arbeitslosenversicherung 453
–, Beitragsbemessungsgrenze 454
Arbeitslosigkeit 785
–, friktionelle 793
–, gleichgewichtige 794
–, keynesianische 369
–, klassische 369
–, konjunkturelle 793
–, Mismatch 793, 804
–, natürliche 793
–, saisonale 793
–, strukturelle 793
Arbeitsmarkt
–, Klassik 299
–, neoklassische Synthese 338
–, Ostdeutschland 90
Arbeitsmarktkrise
–, Lösungen 810
Arbeitsmarktmodell 794
Arbeitsnachfrage 155
Arbeitsproduktivität 821
–, gesamtwirtschaftliche 152
Arbeitsteilung 21
–, weltweite 543
Arbeitsvertrag 769
Armut 916
–, Erscheinungsformen 915
Armutsbekämpfung 933
Armutsgrenze 768
Armuts-Quote 768
Aufholfusion 201

Aufschwung 861
Aufwertung 571
Auktionator 170
Auktionsmarkt 171
Ausbeutung
–, kapitalistische 63
Ausgabenkonzept 240, 256
Ausländerkonvertibilität 568
Auslandskonto 238, 285
Auslandsverschuldung 908
Außenbeitrag 230, 246, 594, 596
–, Bestimmungsgründe 569
–, Einkommensmechanismus 575
–, Preismechanismus 574
Aussperrung 771

B
Bankgebühr
–, unterstellte 243
Banknoten 477
Barwert 164
Basiszinssatz 523
Bedarfsgerechtigkeit 762
Bedürfnisse 12
Beharrungsvermögen
–, Konsumausgaben 874
Beihilfenkontrolle
–, in der EU 722
Beiträge 397
Beitragssatz 460
Beitrittsländer
–, der EU 688
Berufsgenossenschaft 453
Beschäftigungstheorie
–, keynesianische 364
Bestandsgrößen 220
Besteuerung
–, Grundsätze der 382
–, nachgelagerte 467
–, vorgelagerte 467
Bestimmungslandprinzip 708
Betriebsgröße

–, mindestoptimale 200
Beveridge-Kurve 804
Bevölkerungswachstum 883, 907
Bewertungsproblem bei öffentlichen Gütern 240
Bildungspolitik 824
Binnenmarkt 659, 695, 699
Binnenmarktstrategie 711
Bonität 580
Boom 862
Börse 171
Bretton-Woods-System 582, 622
Bruttoinlandsprodukt 226
Bruttoinvestition 228
Bruttoprinzip 410
Bruttowertschöpfung 255
Buchgeld 478
Budget 408
–, optimales 408
Budgetgerade 115
Bundesagentur für Arbeit
–, Arbeits- und Ausbildungsstellenvermittlung 454
–, Arbeits- und Berufsberatung 454
–, Arbeitsbeschaffungsmaßnahmen 454
–, Arbeitsförderung 453
–, Arbeitslosengeld I und II 454
–, Aufgabenbereiche 454
–, berufliche Bildung 454
–, Konkursausfallgeld 454
–, Kurzarbeitergeld 454
–, Lohnkostenzuschuss 454
–, Mobilitätshilfe 454
–, Schlechtwettergeld 454
Bundesanstalt für Arbeit 453
Bundesbank
–, Deutsche 486
–, Währungsreserven 636
Bundesländer
–, Beiträge zum BIP 2004 281
Bündnis für Arbeit 432
Bürgergeld 462
Bürgerversicherung 462

C

CARDS 935
CDF 920
Cecchini-Bericht 712
Ceteris-Paribus-Klausel 6
cif 285
Coase-Theorem 893
Commercial Paper 490
Comprehensive Development Framework 920
Cournotscher Punkt 179
Crowding-out 422
Crowding-out-Effekt 327, 345

D

Daseinsvorsorge 439
Defizit 419
–, staatliches 251
Defizitquote 421
Deflationierung 269
Deflationierungsmethode 272
Dependenztheorie 910
Depression 861
Deregulierung 823, 919
Derivatemarkt 492
Deutscher Umweltindex 886
Devisenbewirtschaftung 568
Devisenbilanz 286
Devisenmarkt 576
Devisenswaps 526
Dichotomie
–, klassische 303
Dienstleistungssektor 280
Diskontpolitik 523
Doppelzählungen
–, VGR 224
Dualismus 910
Durchschnittsproduktivität 152

E

Economies of scale 46, 199
Economies of scope 200
Effekt 892
–, externer 46, 885
Effizienz
–, allokative 43
–, produktive 43
Egalitätsprinzip 762

EG-Vertrag
–, Integrationspolitik 698
Eigenkapitalverzinsung
–, kalkulatorische 753
Einfuhrumsatzsteuer 388
Eingangssteuersatz 391
Einheit
–, europäische 658
Einheit des Haushalts
–, Grundsatz der 410
Einheitliche Europäische Akte (EEA) 659
Einkommen 224
–, verfügbares 234, 246, 250, 752
–, Verteilungsmaße 766
Einkommens- und Verbrauchsstichprobe (EVS) 765
Einkommenseffekt 104, 122
Einkommenselastizität
–, der Nachfrage 113
Einkommensentstehung 750
Einkommensentstehungskonto 256
Einkommenskonto 222
–, nationales 232
–, nationales zusammengefasstes 235
Einkommenslücke 688
Einkommensmaß 220
Einkommensmultiplikator 310, 327
Einkommenspolitik 746
Einkommensteuer 386
–, veranschlagte 386
Einkommensverteilung 750
–, Bestimmungsgröße 755
–, funktionelle 751
–, in Deutschland 764
–, klassische Theorien 755
–, personelle 751, 765
–, primäre 256, 752
–, sekundäre 256, 752
Einkommensverwendungskonto 256
Einlagefazilität 529
Einzelplan 413
Endprodukt 227

Enteignung 780
Entgeltpunkt 450
Entscheidungshypothese
–, duale 367
Entstehungsseite 226
Entwicklung
–, nachhaltige 938
–, umfassendes Rahmenwerk 920
Entwicklungsbanken 938
Entwicklungshilfe
–, Begriff 927
–, bilaterale 928, 932
–, Definition 927
–, EU 933
–, Formen 927
–, Kanal 928
–, multilaterale 929
–, multinationale 936
–, Multinationale Organisationen 936
–, private 930
–, staatliche 930
–, supranationale 928
Entwicklungsland 900
Entwicklungspartnerschaft
–, Aufbau einer weltweiten 917
Entwicklungspolitik
–, Neuere Paradigmen 918
–, Paradigmen der 918
–, Umfassendes Rahmenwerk 920
Entwicklungsprozess
–, Akteure 922
Entwicklungszusammenarbeit
–, Ziele 915
Enumerationsprinzip 227
Erbschaftssteuer 388, 780
Erhaltungssubventionen 400
Ertrags- oder Gewinnbeteiligung 781
Ertragsgesetz 137, 831
Erwartungen
–, adaptive 349
–, rationale 362
Erwartungs-Crowding-out 347
Erweiterter Rat
–, der ESZB 482
Erwerbseinkünfte 397

Erziehungszollargument 552
ESVG 1995 222, 245
EU
–, Agrarpolitik 679
–, Haushalt 671
–, institutionelles System 666
–, Osterweiterung 687
–, Rat 667, 670
–, Strukturpolitik 684
Euromarkt 638
Europa-AG 707
Europäische Union
–, Entwicklungshilfe 933
Europäische Wirtschaftliche Interessenvereinigung (EWIV) 707
Europäische Wirtschafts- und Währungsunion (EWWU) 639
Europäische Zentralbank 480
–, Offenmarktpolitik 525
–, Zinssteuerung 533
Europäisches System der Zentralbanken (ESZB) 481
Europäisches System Volkswirtschaftlicher Gesamtrechnungen 222
Europäisches Währungssystem (EWS) 640
Eurosklerose 799
EWWU
–, Errichtung 643
Exportdiversifizierung 913
Exportgüter 228
Exportüberschuss 289
EZB
–, Unabhängigkeit 485

F
Faktorausstattung 546
Faktorproportionen-Theorem 547
Fazilitäten
–, ständige 528
Festlohnfall 332, 339
Festpreisbasis 268
Finanzausgleich 402, 404
Finanzhilfe 399
Finanzierungssaldo 247

Finanzplanung
–, mittelfristige 415
Finanz-Serviceleistung
–, VGR 243
Firmentarifvertrag 770
Fiskalpolitik 327, 425
–, bei festem Wechselkurs 613
–, bei flexiblem Wechselkurs 607
Flächentarifvertrag 770
fob 285
Freihandel 551
Freiheit 56
–, formale 42
Freisetzungshypothese 810
Freizügigkeit
–, in der EU 703
Frühindikator 863
Funktionsbereich 222
Funktionskonto 251
–, gesamtwirtschaftliches 222
Fürsorgeprinzip 440
Fusion 203

G
GATT 555, 930
Gebietskörperschaft 378
Gebühren 397
Geld
–, elektronisches 478
–, Funktionen 474
Geldangebot 508
Geldhaltung
–, spekulative 321
Geldkarte 478
Geldlohnsatzsenkung 344
Geldmarkt 320, 488
–, Euro 491
–, Klassik 301
Geldmarktgleichgewicht 321, 514
Geldmarktpapier 490
Geldmenge 478
Geldmengenpolitik
–, potenzialorientierte 522
Geldnachfrage 510
–, Zinsabhängigkeit 513
Geldpolitik 328, 522
–, bei festem Wechselkurs 615

–, bei flexiblem Wechselkurs 609
–, potenzialorientierte 536
Geldschöpfung 496
–, multiple 507
Geldvermögen 236
Geldvernichtung 496
Geldwirkung 515
Gemeinschaftsaufgabe 403
Gemeinschaftssteuer 389
General Agreement on Tariffs and Trade 930
Generationenvertrag 450, 462
Gerichtshof
–, Europäischer 669
Gesamtwirtschaftliche Ziele 219
Geschäftsbank
–, Geldschöpfungspotenzial 502
Geschäftsbanken
–, Zulassungen 533
Geschäftsbankengiralgeld 499
Geschäftsklima 863
Gesetz gegen Wettbewerbsbeschränkungen (GWB) 204
Gesetz von Walras 297
Gesetzliche Krankenversicherung 451
–, Beitragsbemessungsgrenze 452
–, Beitragsfinanzierung 452
–, Beitragsrückgewährung 470
–, Beitragssätze 452
–, freiwillige zusätzliche Leistung 452
–, Geldleistung 452
–, Gesundheits-Reformgesetz 469
–, Hausarztmodell 470
–, Krankengeld 470
–, Leistungsbegrenzung 469
–, Praxisgebühr 470
–, Probleme 468
–, Regelleistung 452
–, Risikostrukturausgleich 452
–, Sachleistung 452
–, Scheininnovation 470
–, Selbstbehalt 470
–, Versicherungspflichtgrenze 451

–, Versicherungsträger 451
–, Zahnersatz 470
–, Zuzahlungspflicht 452, 461, 469
–, Zuzahlungsregelung 470
Gesetzliche Pflegeversicherung 456
–, Beitragsbemessungsgrenze 457
–, Beitragsfinanzierung 457
–, Höhe des Beitrags 457
–, Leistungen 457, 458
–, Träger 457
Gesetzliche Rentenversicherung 449
–, Anreizprobleme 463
–, Beitragsbemessungsgrenze 449
–, Beitragszahlung 449
–, Bevölkerungsstrukturentwicklung 464
–, Bundeszuschuss 449
–, Demographie-Faktor 466
–, Grundrente 464
–, Nachhaltigkeitsfaktor 466, 468
–, Probleme 462
–, Rentenreformgesetz 465
–, Schwankungsreserve 449
–, Zuwanderung 464
Gesetzliche Unfallversicherung 453
Gesundheits-Reformgesetz 469
Gesundheitsstrukturgesetz 469
Gewerkschaften 772
Gewinn 158, 753
–, Schwankung 875
Gewinnmaximierung 157, 176
Gewinnquote 753
Giralgeldschöpfung 500
Gleichgewichtspreis 173
Gleichgewichtswechselkurs 577
Globalisierung 22
Globalsteuerung 53, 426
Gold 635
Gold-Dollar-Standard 624
Good governance 921
Grenzkontrolle

–, Binnenmarkt 700
Grenzleistungsfähigkeit
–, des Kapitals 165
Grenzproduktivitätstheorie
–, der Verteilung 757
Grenzrate
–, der Substitution 118
Grenzsteuersatz 391
Grundfreibetrag 391
Grundschulbildung 916
Grundsteuer 388
Gruppenfreistellungsverordnung 721
Gut 14
–, demeritorisches 379
–, Einteilung 16
–, inferiores 679
–, komplementäres 112
–, meritorisches 379
–, öffentliches 44, 379, 776
–, öffentliches, internationales 921
–, substitutionales 112
Güterangebot 157
–, neoklassische Synthese 338
Güteraufkommen
–, verfügbares 246
Gütermarkt
–, keynesianischer 305
–, Klassik 300
–, neoklassische Synthese 341
Güternachfrage
–, effektive 306
Gütersubvention 255

H

Halbeinkünfteverfahren 388
Handel
–, internationaler 542
Handelspartner
–, Deutschlands 290
Harrod-Domar-Modell 864
Hartz-Kommission 812
Hartz-Reform 440, 455
Haushalte
–, Bedarfsstruktur 116
–, Nachfrage 97
Haushaltsgleichgewicht 120
Haushaltskreislauf 411

Haushaltsplan 408
Haushaltsvermerke 413
Hedonische Preismesssung 276
HIPC-Initiative 929
Humankapital 852, 926
Hypothese 3
Hysterese 799, 806

I
I = S-Gleichung 249
Imitation 875
Importgüter 228
Importsubstitution 908
Importüberschuss 289
Index
–, verketteter 274
Indifferenzkurve 118
Indifferenzkurvensystem 119
Individualkonsum 241
Individualprinzip 438
Inflation
–, Angebots- 735
–, Arten 729
–, Definition 726
–, Erklärung 732
–, Gewinndruck- 739
–, importierte 735, 741
–, Kostendruck- 735
–, Lohndruck- 737
–, Nachfrage 733
–, Wirkungen 742
Inflationserklärung
–, monetaristische 740
Information
–, unvollkommene 349
Informationsasymmetrie-Ansatz 350
Infrastruktur 822
Inländer 283
Inländerkonvertibilität 568
Inländerkonzept 232
Inlandsgeldmarkt 488
Inlandskonzept 225
Inlandsprimäreinkommen 231, 235
Inlandsprodukt 226, 249
–, Entstehungsrechnung 231
–, in Vorjahrespreisen 275

–, nominales 268, 275
–, reales 268
–, Strukturgrößen 278
–, Verteilungsrechnung 231
–, Verwendungsrechnung 231
–, Verwendungsseite 246
–, zeitliche Entwicklung 278
Insider-Outsider-Theorie 807
Instabilität
–, säkulare 842
Institution 29, 924, 926
–, formelle 925
–, informelle 925
Institutionenökonomik 29
Integrationspolitik
–, EU 696
Interdependenz
–, allgemeine 4
–, ökonomische 39
Internationale Bank für Wiederaufbau und Entwicklung 936
Internationale Entwicklungsorganisation 936
Internationaler Währungsfonds (IWF) 622, 924, 937
Interventionspreis 680
Interventionszyklus 876
Invention 875
Investition
–, Brutto- 228
–, Netto- 228
–, private 161
–, staatliche 228
Investitionsfalle 338
Investitionsgüter 227
Investivlohn 781
IS/LM-Gleichgewicht 327, 328
–, bei variablem Preisniveau 332
IS/LM-Modell
–, offene Volkswirtschaft 592
IS-Kurve 317
Isolationshypothese 606
Isoquanten 140
ISPA 936
IWF
–, Kreditfazilitäten 631
–, Quoten 627

J
Jahreswirtschaftsbericht 431
Jährlichkeit
–, Prinzip der 410
Johannesburg 918
Jugendlastquotient 462

K
Kapitalakkumulation 67
Kapitalbilanz 286
Kapitaldeckungsverfahren 449, 465
Kapitalertragsteuer 386
Kapitalexport 286, 578
Kapitalgesellschaft
–, finanzielle 252
–, nichtfinanzielle 252
Kapitalimport 286, 578
Kapitalintensität 67
Kapitalismuskritik
–, marxistische 62
Kapitalmangel 906
Kapitalmobilität 601
Kapitalstock 820
Kapitalwert 165
Kartell 198
Kartellverbot 205, 720
Kassenhaltungskoeffizient 302
Kaufkraftparität
–, relative 580
Kaufkraftparitätentheorie 579
Kettenglieder 273, 275
Kettenindizes 273, 275
Keynes-Effekt 334, 348
Keynesianismus
–, Neuer 370
–, traditioneller 305
Kindersterblichkeit 916
Klarheit
–, Grundsätze von 410
Knappheit 19
Koalitionsfreiheit 772
Kohäsions- und Konvergenzpolitik 684
Kohäsionsfonds 684
Kollektivgüter 240
Kollektivverbrauch

–, des Staates 242
Kommission
–, der EU 666
Konjunktur 52, 860
–, Indikator 862
–, Instabilität 840
–, Zyklus 861
Konjunkturerklärung
–, Schumpeter 875
Konjunkturrat 431
Konjunkturtheorie
–, postkeynesianische 864
Konkurrenz
–, monopolistische 183
–, vollkommene 51, 171
–, vollständige 157
Konsumgüter 227
Konsumgütermarkt 37
Konsumhypothese 127
Konsumplan
–, intertemporaler 126
Kontrakt
–, expliziter 23
–, impliziter 23
Kontrakt-Ansatz 350
Kontrakt-Modell
–, neoklassisches 352
Kontraproduktivität 819
Konvergenz 665
Konvergenzkriterien 641
Konvergenzprogramm 645
Konvertibilität 568
Konzentration 196
Konzernart 197
Koordination 24
Körperschaftsteuer 387
Kosten
–, fixe 149
–, komparative 548
–, variable 149
Kostenfunktion 148
Krankenkassen 451
Krankenversicherung
–, gesetzliche 451
Kreditfinanzierungsquote 419
Kreislaufbild
–, ökonomische Aktivitäten 258
Kreislaufdiagramm 259

Kreislaufgleichung 248
Kreuzpreiselastizität 195
–, der Nachfrage 111
Kündigungsschutz 800

L

Langzeitarbeitslosigkeit 808
–, EU 792
Laspeyres-Volumenmaß 271
Leistungsanreiz
–, innerbetrieblicher 759
Leistungsbilanz 285
–, normale Reaktion 573
Leistungsbilanzüberschuss 287
Leistungsfähigkeitsprinzip 383
Leistungsgerechtigkeit 761
Liberalisierung 919
Liberalismus
–, klassischer 192
Liquidität
–, internationale 634
Liquiditätsfalle 324, 338, 515
Liquiditätstheorie
–, des Zinses 514
LM-Kurve 320
Lohn
–, Ungleichheit 758
–, Verteilungsmaß 768
Lohnpolitik
–, expansive 773
–, kostenniveauneutrale 774
–, produktivitätsorientierte 432, 746, 773
Lohn-Preis-Spirale 738
Lohnquote 752
Lohnsetzungskurve
–, kollektive 796
Lohn-Spreizung 768
Lohnsteuer 386
Lohnstückkosten 736
Lohnsubvention 803
Lomé-Abkommen 933
Londoner Club 639
Lücke
–, technologische 545

M

Makroökonomik
–, Neue Klassische 362

Manteltarifvertrag 770
Markt 99
–, bestreitbarer 194
–, Enge 909
–, Koordinierungsmechanismus 36
–, relevanter 195
Marktangebot 161
Marktbeherrschung 208
Markttauschrate 116
Marktversagen 44, 697
Marktvorgänge
–, VGR 239
Marktwirtschaft
–, soziale 48, 53
Marktzutrittsschranke 194
MASLOW-Pyramide 13
Maximin-Kriterium 763
Mehrwertsteuer 388
Meistbegünstigung 556
Mengenanpasserverhalten 157
Mengennotierung 570
Mengentender 527
Menükosten 374
Millenniumserklärung 915
Millenniumsgipfel 915
Millenniumsziele 915, 918, 939
–, Realisierung 939
Mindestlohn 800
Mindestreservepolitik 530
Mindestreservesatz 530
Minimalkostenkombination 143, 146
Mismatch 804
Missbrauchsaufsicht 208
Modell 5
–, Klassik 298
–, Struktur 6
Monetäre Finanzinstitute 479
Monopol 177
–, natürliches 180
Monopolkommission 204
Monterrey 918
Moral-Hazard-Problem 461, 468, 627
Multiplikatoreffekt 596, 838
Multiplikatorprinzip 313
Mundell/Fleming-Modell 592

–, bei festem Wechselkurs 610
–, bei flexiblem Wechselkurs 605
Münzgewinn 496
Münzregal 496

N

Nachfrage
–, abgeleitete 39
–, Haushalte 97
Nachfrageerhöhung 174
Nachfragefunktion 103
Nachfragekurve 103, 114
Nachfrageüberhang 733
Nachgelagerte Besteuerung 467
Nachhaltigkeit 889, 915, 916
NAIRU 793, 798
Nationaleinkommen 232, 249
–, Aufteilungsseite 246
Nettoinlandsprodukt 226, 228, 231, 235
–, Verwendungsseite 229, 246
Nettoinvestition 228
Nettokapitalexport 287, 594
Nettokapitalimport 287
Nettokreditaufnahme 419
Nettonationaleinkommen 247
Nettoproduktion 223
Nettoproduktionsabgabe 225
Netto-Produktionsmaß 223
Nettowertschöpfung 255
Netz
–, transeuropäisches 719
Netzgeld 478
Netzzugang
–, allgemeiner 209
Neuverschuldung 419
Nicht-Ausschluss 45
Nichtmarktproduktion 239
–, des Staates 262
–, Privater Haushalte 242
Nicht-Rivalität 45
Nichtzweckbindung 382
Non-Accelerating Inflation Rate of Unemployment (NAIRU) 793, 798
Normung 701
Nutzenfunktion 130

O

OECD 927
Offenmarktpolitik 523
Official Aid, OA 928
Official Developement Assistance, ODA 927
Offizielle Hilfe 928
Oligopol 180
Opfertheorie 384
Opportunitätskosten 18
Ostdeutschland
–, öffentliche Leistungen 92
OTC-Handel 492
Ownership 920

P

Paasche-Preisindex 271
Pareto-Optimum 43
Pariser Club 639
Parlament
–, Europäisches 668
Partnerländer 932
Pensionssatz 524
Persistenz 807
Pflegeversicherung
–, gesetzliche 456
PHARE 935
Phillips-Kurve 354
Pionierunternehmer 825, 875
Planbilanz 72
Planung
–, zentrale 25, 71
Polypol
–, heterogenes 183
–, homogenes 170
Portfoliokapital 563
Portfoliotheorie 513
Powerty Reduction 920
Präferenzordnung 116
Präsensindikator 862
Preis-Absatz-Funktion
–, doppelt geknickte 184
Preis-Absatz-Kurve 178
Preisanpassung 373
Preisbasisjahr 269
Preisbildung 98, 169
Preise
–, administrierte 182
Preiselastizität

–, der Nachfrage 106
Preisempfehlung 206
Preisfixierer 170
Preisführer 182
Preis-Lohn-Spirale 739
Preismechanismus 185
Preisnotierung 570
Preissetzer 372
Preissetzung 176
–, heterogenes Polypol 183
–, Monopol 177
–, Oligopol 180
Preissetzungskurve 797
Preisstabilität 48, 484, 537
Preisstruktur 829
Preiszusammenhang
–, internationaler 589
Prinzipal-Agent-Theorie 30
Private Haushalte 252
–, Funktionskonten 253
–, Kontensystem 253
Privateigentum 40
Privatisierung 80, 86, 919
production boundary 227, 243, 260
Produktinnovation 820
Produktion 15, 227
–, staatliche 239
Produktionsabgabe 224, 235
Produktionsbegriff
–, enger 260
Produktionsfunktion 135
–, linear-limitationale 136, 836
–, substitutionale 136
Produktionsinput 260
–, unzureichende Erfassung 261
Produktionskonto 222, 224
–, nationales 223, 225, 228, 256
Produktionsmaß 220
Produktionsmöglichkeit 17
Produktionsoutput 260
Produktionspotenzial
–, Auslastung 861
Produktionsprozess 227
Produktionsstruktur 828
Produktionswert
–, Kreditinstitut 244
Produktivitätslücke 689

Produktivvermögen 261
Profitrate
–, tendenzieller Fall 67
Progression
–, indirekte 390
Pro-Kopf-Einkommen 848
Protektionismus 551
–, Entwicklungs- 913
Prozessinnovation 820

Q

Qualitätsänderung 276
Qualitätsbereinigung 276
Quantitätsgleichung 302
Quantitätstheorie 535
Quellenabzugsverfahren 386

R

Rahmentarifvertrag 770
Rationierungsgleichgewicht 369
Rationierungstheorie 365
Reale Größe 269
Reale Inlandsproduktgröße 270
Realeinkommen 277
Recheneinheit
–, Geld 475
Rechnungssystem
–, gesamtwirtschaftliches 219
Regierungsführung 921
Reinvermögen 236
Rente
–, dynamische 451
Rentenartfaktor 450
Rentenformel
–, aktueller Rentenwert 451
–, Entgeltpunkte 450
–, Rentenfaktor 450
–, Zugangsfaktor 450
Rentenreformgesetz 465
Rentenversicherung
–, gesetzliche 441, 449
Rentenwert 451
Repo-Geschäft 524
Repo-Rate 524
Reputation 31
Reservetranche 627
Reservewährung 636
Rezession 862

Reziprozität 556
Riester-Rente 467
Rürup-Rente 468

S

Sachkapital 564
Sachleistung
–, individuell zurechenbare 241
Sachleistungen
–, Soziale 241
Sachs-Bericht 939
Sachvermögen 236
SAPARD 936
Satellitensystem 261
–, Haushaltsproduktion 243
–, Umweltökonomische Gesamtrechnung 262
Say'sches Theorem 300
Schattenwirtschaft 245
Schatzanweisung 490
Schatzwechsel 490
Schenkungssteuer 388
Schleier des Nichtwissens 763
Schlichtungsverfahren 771
Schuldenlast
–, dauerhaft tragfähige 929
Schuldenquote 421
Schwerpunktland 932
Sektor 219
Selbstverwaltungsprinzip 440
Sicherung
–, Soziale 437
Skalenerträge 142
SNA 1993 222
Sonderziehungsrecht 629
Sozialbudget 441, 450
–, Kennziffer 442
–, nach Arten der Finanzierung 445
–, nach Funktionen 445
–, nach Institutionen 445
–, Sozialbeiträge 445, 459
–, Sozialleistungen 459
–, Sozialleistungen nach Finanzierungsarten 448
–, Sozialleistungen nach Funktionen 446, 447

–, Sozialleistungen nach Institutionen 443
–, Sozialleistungsquote 459
–, West-Ost-Transfers 449
–, Zuweisungen 445
Sozialcharta 714
Soziale Sicherung
–, Eigenvorsorge 438
–, Fürsorgeprinzip 440
–, Gestaltungsprinzip 439
–, Grundprinzip 438
–, Individualprinzip 438
–, kollektive Vorsorge 438
–, Kostenentwicklung 458
–, Ordnungsprinzip 439
–, Probleme 458
–, Sozialprinzip 438
–, Sozial-Versicherungsprinzip 440
–, Versorgungsprinzip 440
Sozialgeld 455
Sozialhilfe 440, 455
Sozialleistung 441
–, nach Finanzierungsarten 448
–, nach Funktionen 446, 447
–, nach Institutionen 443, 444
Sozialpolitik
–, der EU 713
Sozialprinzip 439
Sozialprodukt 226
Sozialversicherung
–, Arbeitslosenversicherung 453
–, Beitragssätze 459, 460
–, Gesetzliche Krankenversicherung 451
–, Gesetzliche Pflegeversicherung 456
–, Gesetzliche Rentenversicherung 449
–, Gesetzliche Unfallversicherung 453
–, paritätische Beitragsfinanzierung 460
–, Zweige 438
Sozial-Versicherungsprinzip 440
Sozialversicherungsträger 378
Sparen 234
Sparförderungsmaßnahme 781

Spätindikator 863
Spekulationskasse 511
Spezialität
–, Grundsatz der 410
Spitzenrefinanzierungsfazilität 528
Spitzensteuersatz 391
Staat 378
–, Rolle im Entwicklungsprozess 921
Staatsquote 398
Staatsversagen 55
Staatsverschuldung 416
–, ökonomische Grenzen der 421
–, rechtliche Grenzen der 420
Stabilisator
–, automatischer 430
Stabilitätsgesetz 431
Stagflation 735
Steady-State-Gleichgewicht 839, 846
–, Stabilität 850
Steuer 382, 775
–, direkte 385
–, Harmonisierung in der EU 708
–, indirekte 385
Steuereinholung 393
Steuerhinterziehung 393
Steuerlast 394
Steuerpolitik
–, antizyklische 426
Steuerquote 395
Steuerreform
–, ökologische 895
Steuerschätzung 411
Steuerschuldner 393
Steuertarif
–, proportionaler 391
Steuerträger 393
Steuerüberwälzung 393
Steuervergünstigungen 399
Steuervermeidung 393
Steuerzahler 393
Streik 771
Strömungsgröße 220
Struktur einer Volkswirtschaft 279

Strukturpolitik 52, 691
Strukturwandel 828
Subsidiaritätsprinzip 697
Substitution
–, intertemporale 124
Substitutionseffekt 103, 122
Subvention 224, 235, 255, 399
Synthese
–, neoklassische 332

T

TACIS 934
Tagesgeld 488
Tarif
–, progressiver 389
–, regressiver 391
Tarifautonomie 770
Tarifvertrag 770
Tauschmittel
–, 474
Teilsektor
–, VGR 252
Tenderverfahren 526
Termingeld 489
Terms of Trade 554
Tertialisierung 830
Tertiarisierung 280
Tigerstaat 919
Timing 429
Trade-off 358
Transaktion
–, intersektorale 258
Transaktionskasse 511
Transaktionskassen-Crowding-out 345
Transaktionskosten 23
Transfer
–, Vermögens- 237
Transfers 233, 775
Transformation 79
–, DDR 83
Transformationskurve 18
Transformationsländer 928, 934
–, osteuropäische 919
Transportkosten 560
Treuhandanstalt 86
Trittbrettfahrer-Problem 461

U

Umfassendes Entwicklungskonzept
–, Prinzipien 920
Umlageverfahren 449
Umlaufgeschwindigkeit
–, des Geldes 535
Umsatzsteuer 388
Umverteilung 51
–, staatliche 775
Umwelt
–, Belastung 883
–, Definition 882
–, Politik 888
–, Qualität 885
Umweltauflage 895
Umwelthaftungsrecht 893
Umweltökonomie 881
Umweltökonomische Gesamtrechnung (UGR) 886
Umweltpolitik
–, in der EU 715
Umweltproblem
–, globales 896
Umweltschaden 827
Umweltzertifikat 896
Unfallversicherung
–, gesetzliche 453
Union
–, europäische 659
Unterbeschäftigung 19
Unterbeschäftigungsgleichgewicht 342
Unterentwicklung
–, kulturelle Ursachen 914
–, Ursachen 904
Unternehmerlohn
–, kalkulatorischer 753
Unterproduktion 45
Ursprungslandprinzip 699, 702, 709
Utilitarismus 762

V

Veränderungsbilanz 236
Verbraucherpreisindex 277
Verbrauchskonzept 240, 241
Verbrauchsteuer
–, allgemeine 388
–, spezielle 388

Vereinte Nationen 938
–, Entwicklungsprogramm 938
Vermögen
–, Definition 776
Vermögensänderungskonto 222, 236
–, Nationales 237
Vermögensbildung 236, 247
Vermögens-Crowding-out 345
Vermögenseinkommen 235
Vermögenssteuer 780
Vermögenstransfers 238
Vermögensverteilung 776
–, in Deutschland 778
Verpflichtungsermächtigung 413
Verschuldung
–, explizite 419
–, implizite 419
Versorgungsprinzip 440
Verteilungsgerechtigkeit 761
Verteilungskampf 741
Verteilungstheorie 755
–, Marx 756
–, Ricardo 755
Vertrag von Maastricht 659
VGR
–, neue 251
–, Sektoren 251
–, Teilsektoren 252
Viereck
–, magisches 431
Volkseinkommen 248
Volkswirtschaft
–, geschlossene 248
Volkswirtschaftlichen Gesamtrechnung (VGR) 217, 220
–, im engeren Sinne 221
–, traditionelle 220
Vollbeschäftigung 47
Vollständigkeit
–, Grundsatz von 410
Volumenindex 273
Volumenwert
–, aggregierter 270
Vorgelagerte Besteuerung 467
Vorherigkeit
–, Prinzip der 410

Vorjahrespreisbasis 268, 270, 272
Vorleistung 223
Vorratsinvestition 228
Vorsichtskasse 512

W

Wachstum
–, Antriebskraft 825
–, Bestimmungsgrund 820
–, Definition 816
–, Grenzen 831
–, Kosten 826
–, Wirkung der Inflation 744
Wachstumspfad
–, gleichgewichtiger 839
Wachstumspolitik 822
Wachstumsrate
–, reales BIP im internationalen Vergleich 279
Wachstumstheorie
–, neoklassische 843
–, neue 852
–, postkeynesianische 835
Wahrheit
–, Grundsätze von 410
Währungsraum
–, optimaler 591
Währungsreserve 586, 587
Währungsschlange 639
Währungssystem 567
Währungsunion 591
Währungswettbewerb 589
Warengeld 477
Washington Konsensus 918, 919
Wechsel 490
Wechselkurs
–, fester 582
–, flexibler 576
–, nominaler 570
–, realer 574
Wechselkursbindung 625
Wechselkursmechanismus 570, 578
Wechselkurspolitik 617
Weltbank 919, 920, 922, 929
Weltbankgruppe 936
Welthandel 930

Welthandelsordnung 555
Wertaufbewahrungsmittel
–, Geld 476
Wertpapierpensionsgeschäft 524
Wertschöpfung 226, 255
Werturteil 7
Wettbewerb 50
–, Definition 190
–, Strukturprobleme 46
Wettbewerbsfreiheit 194
Wettbewerbspolitik 192
–, Deutschland 203
–, in der EU 719
Wirtschaftsgesellschaft
–, Grundtatbestände 11
Wirtschaftspolitik 876
–, neoklassische Synthese 343
Wirtschaftssystem 25
–, Einteilung 28
–, klassisch-liberales 56
–, Transformation 79
Wirtschaftsverfassung 26, 54
Wirtschaftswissenschaft
–, Systematik 1
World Trade Organization, Welthandelsorganisation 930
WTO 556, 930
–, Cancún 931
–, Genf 931
–, Seattle 931
–, Singapur 931

Z

Zahlungsbilanz 220, 267
–, Aufbau 282
–, ausgeglichene 599
–, Begriff 282
–, BRD 287
–, BRD 2004 288
–, EWU 287, 291
–, EWU 2004 292
–, Schematische Darstellung 284
Zahlungsbilanzdefizit 584, 585
Zahlungsbilanzsaldo 595
Zahlungsbilanzüberschuss 586
Zahlungsbilanzungleichgewicht 583
Zentralbank

–, Geldschöpfungspotenzial 501
Zentralbankgeld 496
Zentralbankgeldmenge 507
Ziele
–, wirtschaftspolitische 7
Zielkonkurrenz 8
Zinsparität 581
Zinsparitätentheorie 580

Zinstender 527
Zivilgesellschaft 920
Zoll 388
Zollunion 658
Zugangsfaktor 450
Zumutbarkeitsregelung 456
Zusammenarbeit
–, finanzielle 929

–, technische 930
Zusammenschlusskontrolle 210
Zusatzlast 395
Zustand
–, stationärer 831
Zwischenstaatlichkeitsklausel 720
ZZ-Kurve
–, Herleitung 600

Systemvoraussetzungen:

Prozessor:	Pentium II (oder vergleichbarer Prozessor), 300 MHz oder höher
Speicher:	mindestens 64 MB RAM (128 MB RAM empfohlen)
Betriebssystem:	Windows 98SE, ME, 2000 oder XP
Browser:	Internet Explorer ab 5.5 SP2, Firefox ab 0.8, Mozilla ab 1.4
Java-Machine:	Microsoft Virtual Machine (VM) oder Sun Java RE ab 1.5.0_05 (Sun Java RE 1.5.0_05 ist auf der CD-ROM enthalten)
Festplatte:	mindestens 130 MB freier Speicher, falls eine Java-Machine installiert werden muss
Monitor:	VGA-Monitor mit mindestens 800 × 600 Auflösung (empfohlen: 1024 × 768)

Die Unterstützung von Cookies, Java, Javascript und Pop-Ups muss aktiviert sein.
Weitere Informationen zum Aktivieren dieser Funktionen finden Sie im Hilfe-Menü Ihres Browsers.
Bitte beachten Sie auch die Dateien »ReadMe.txt« und »Hilfe.htm« auf der CD-ROM.
Support-E-Mail: BTVW@schaeffer-poeschel.de

Starten der Anwendung:

Die Anwendung startet direkt von der CD-ROM.
Bitte rufen Sie die Datei »Start.htm« auf ([Laufwerksname]:Start.htm).

Volkswirtschaft interaktiv!

Erstmals ist dem Lehrbuch eine CD-ROM mit einem Lernprogramm beigefügt. Die didaktisch optimierten, abgeschlossenen Lernmodule ermöglichen ein selbstständiges »Modelltraining«. Ausführliche Tutorien bieten zusätzlich eine kompakte Wiederholung der Inhalte. Als Dozent können Sie das Programm in Übungen und Vorlesungen »live« mit Gewinn einsetzen und zudem komfortabel Abbildungen generieren.

Folgende Themengebiete werden auf der CD-ROM ausführlich dargestellt:

IS/LM-Analyse der geschlossenen Volkswirtschaft, IS/LM-Analyse der offenen Volkswirtschaft (flexible und feste Wechselkurse), Neoklassische Synthese bei vollkommener Information (flexible Löhne und Festlohnfall), Neoklassische Synthese bei unvollkommener Information (adaptive Erwartungen und rationale Erwartungen), Neoklassische Wachstumstheorie, Haushaltstheorie (optimale Konsumgüterwahl, optimales Arbeitsangebot und optimale Sparentscheidung), Produktions- und Kostentheorie (Kostenminimierung und gewinnmaximale Ausbringung bei vollkommener Konkurrenz und im Monopolfall).